Garantenstellung und Notwehrrecht

Schriften zum Strafrecht und Strafprozeßrecht

Herausgegeben von Manfred Maiwald
und Carsten Momsen

Band 118

PL ACADEMIC RESEARCH

Philipp Christoph Kleinherne

Garantenstellung und Notwehrrecht

Zugleich ein Beitrag zum Entstehen und Erlöschen von Garantenstellungen

PL ACADEMIC RESEARCH

Bibliografische Information der Deutschen Nationalbibliothek
Die Deutsche Nationalbibliothek verzeichnet diese Publikation in der Deutschen Nationalbibliografie; detaillierte bibliografische Daten sind im Internet über http://dnb.d-nb.de abrufbar.

Zugl.: Göttingen, Univ., Diss., 2013

D 7
ISSN 0938-6181
ISBN 978-3-631-64844-5 (Print)
E-ISBN 978-3-653-03826-2 (E-Book)
DOI 10.3726/978-3-653-03826-2

PL Academic Research ist ein Imprint der Peter Lang GmbH.

Peter Lang – Frankfurt am Main · Bern · Bruxelles · New York · Oxford · Warszawa · Wien

Dieses Buch erscheint in einer Herausgeberreihe bei PL Academic Research und wurde vor Erscheinen peer reviewed.

www.peterlang.com

Vorwort

Die vorliegende Arbeit wurde im Mai 2012 als Dissertation eingereicht und im Wintersemester 2012/2013 von der Juristischen Fakultät der Georg-August-Universität Göttingen angenommen. Die das Thema der Arbeit betreffende Literatur und Rechtsprechung wurden bis Mai 2012 berücksichtigt.

Das Entstehen der hiesigen Arbeit ist vielen Personen zu verdanken. Zuvorderst zu nennen ist mein Doktorvater, Herr Prof. Dr. Fritz Loos. Er hat mein besonderes Interesse für die Strafrechtswissenschaft geweckt und mich als Mitarbeiter seines Lehrstuhls stets gefördert. Fachlich und menschlich kann man es wohl nicht besser treffen! Das Promotionsvorhaben hat er mit steter Diskussionsbereitschaft begleitet. Besonderer Dank gilt auch Herrn Prof. Dr. Uwe Murmann, der das Erstgutachten erstattet und die mündliche Prüfung abgenommen hat. Für den Vorsitz hierbei danke ich ebenfalls Herrn Prof. Dr. Gunnar Duttge.

Zu Dank bin ich ebenfalls der Begabtenförderung des Landes Niedersachsen verpflichtet, deren Stipendium den notwendigen finanziellen Freiraum gewährte.

Den Herausgebern der Reihe „Schriften zum Strafrecht und Strafprozessrecht“ danke ich für die Aufnahme dieser Arbeit.

Zutiefst dankbar bin ich für die unablässige Unterstützung meiner Freunde, Kollegen und Familie, allen voran Kerstin, der ich alles zu verdanken habe, – auch hinsichtlich der Entstehung dieser Arbeit. Danke!

Baunatal, im November 2013 Philipp Kleinherne

Inhaltsverzeichnis

1 Einleitung: Untersuchungsanlass und -verlauf

1.1 Umfang des Notwehrrechts und praktischer Ausgangspunkt

Das Notwehrrecht in § 32 des Strafgesetzbuches gewährt dem Verteidiger weitreichende Abwehrbefugnisse. Unter den Voraussetzungen eines gegenwärtigen, rechtswidrigen Angriffs[1] gestattet es die erforderliche Verteidigung, also diejenige Abwehr, die den Angriff sicher sofort beendet. Existieren mehrere Mittel, auf die dies zutrifft, ist das für den Aggressor relativ mildeste zu wählen[2]. Ein Abwägen der durch den Angriff und eine potentielle Verteidigung jeweils bedrohten Interessen, wie es § 34 StGB vorsieht, mit anderen Worten: Güterproportionalität ist grundsätzlich[3] nicht geboten. Dadurch rechtfertigt die Notwehr auch die Verteidigung verhältnismäßig geringer Rechtsgutsgefahren mit deutlich gefährlicheren, sogar tödlichen Abwehrmitteln. Diese Schneidigkeit des Notwehrrechts bedingt Bestrebungen zu dessen Begrenzung in bestimmten Konstellationen. Ausgangspunkt der vorliegenden Arbeit bildet eine dieser Konstellationen: die Einschränkung des Notwehrrechts in Garantenverhältnissen. Dabei ist bereits die Kennzeichnung der Gruppe insoweit streitig, als sie Aufschluss über den dogmatischen Anknüpfungspunkt einer Begrenzung gibt[4].

Den praktischen Ausgangspunkt der Problematik jenseits der seit Jahren ausgetragenen wissenschaftlichen Kontroverse bilden fünf exemplarisch ausgewählte[5] Entscheidungen:

---

1 Zur Definition der Merkmale „gegenwärtig“, „rechtswidrig“ und „Angriff“ vgl. nur *Fischer*, StGB, § 32, Rn. 5 ff.; Schönke/Schröder-*Perron*, § 32, Rn. 3 ff. jeweils m. w. N. Der mitunter diesbezüglich herrschende Streit ist für die vorliegende Arbeit nicht von Bedeutung.

2 Statt vieler BGH NStZ 1993, S. 117;NStZ-RR 2004, S. 10 f.; *Fischer*, StGB, § 32, Rn. 28 ff.; *Roxin*, AT, Bd. 1, § 15, Rn.42 ff.

3 Zu möglichen Abwehrrechtsbeschränkungen bei „unerträglichem Missverhältnis“ zwischen dem angegriffenen und dem durch die Verteidigung bedrohten Rechtsgut vgl. nur RGSt 23, 116 (Schusswaffeneinsatz zum Schutz von Biergläsern); BGH NJW 1976, S. 41; SK-*Günther*, § 32, Rn. 110; *Jakobs*, Strafrecht AT, 12/47; *Kühl*, Jura 1993, S. 58; Schönke/Schröder-*Perron*, § 32, Rn. 50 f.

4 Zur Auseinandersetzung mit den verschiedenen Ansätzen einschließlich der nachfolgend dargestellten Entscheidungen siehe Teil 1 C.

5 Umfassender zu den möglichen Positionen der Rechtsprechung siehe Teil 1 C II.

Im ersten Fall attackierte ein Mann seine Ehefrau körperlich aber ohne Waffen und diese setzte sich mit einem „wuchtigen“ Stoß eines Schirmes gegen den Kopf ihres Mannes zur Wehr. Der Mann trachtete nach den tatsächlichen Feststellungen nicht nach dem Leben seiner Gattin. Der ihn abwehrende Stoß verursachte seinen Tod. Eine Rechtfertigung der Frau wurde mit Blick auf das Ehegattenverhältnis zwischen Angreifer und Verteidigerin abgelehnt. Die Frau hätte weniger gefährliche, wenn auch zugleich weniger sichere Abwehrmittel wählen müssen. Allgemein müsse der Angegriffene ausweichen, wenn ihm dies ohne unzumutbare Preisgabe seiner Ehre möglich sei. Es sei ein strenger Maßstab an die Erforderlichkeit anzulegen bei „an sich nicht feindlich Gesinnten desselben Lebenskreises“. Es folgte eine Verurteilung der Ehefrau wegen Körperverletzung mit Todesfolge.[6]

Ganz ähnlich liegt der Sachverhalt in der zweiten Entscheidung. Der Ehemann griff seine Frau nicht lebensbedrohlich tätlich an und die letale Verteidigung der Ehefrau wurde nicht als gerechtfertigt angesehen; erneut mit der Folge einer Verurteilung nach §§ 223, 227 StGB. Sie hatte sich im Laufe einer Auseinandersetzung mit ihrem Mann mit einem Messer bewaffnet und dieses zur Verteidigung mit einem Stich in die linke Brustseite des Mannes eingesetzt. Auch dort wurde auf den strengen Erforderlichkeitsmaßstab bei der Verteidigung zwischen an sich nicht feindlich Gesinnten desselben Lebenskreises, wie Ehegatten, rekurriert. Im Hinblick auf das erstgenannte Urteil wurde jedoch klargestellt, dass nicht der Vorsatz des Aggressors, sondern die objektive Gefährlichkeit seines Angriffs für die Abwehrrechtsbeschränkung bedeutsam ist.[7]

Auch die dritte Entscheidung beruht auf einem Konflikt zwischen Ehegatten. Zwischen ihnen war es in de Vergangenheit wiederholt zu tätlichen Auseinandersetzungen gekommen. Die schwangere Ehefrau war zeitweilig aus der gemeinsamen Wohnung ausgezogen. Bei einer der Kontroversen wollte die Frau ihren Mann am Verlassen der Wohnung hindern, indem sie die Haustür abschloss und den Schlüssel an sich nahm. Sie fürchtete die erneute Verwendung von Teilen des Familieneinkommens, die der Mann an sich genommen hatte, zum Erwerb von Betäubungsmitteln. Um die Herausgabe des Schlüssels zu erzwingen, schlug der Mann seine Gattin und stieß sie gegen ein Möbelstück. Sie verteidigte sich zunächst mit Tritten und drohte sodann mit dem Einsatz eines Messers. Er ließ sich dadurch nicht von einem weiteren Angriff abbringen, dem sich die Frau, schützend eine Hand hebend, mit einem Messerstich auf den Oberkörper, welcher das Herz traf, erwehrte. Die erstinstanzliche Verurteilung wegen Totschlags hob das Gericht auf die Rüge der Verletzung materiellen

6 BGH NJW 1969, S. 802 und in derselben Sache auch BGH GA 1969, S. 117 f.

7 BGH NJW 1975, S. 62 f.

Rechts auf. Würde der Ehemann widerrechtlich zu einem Schlag gegen den Kopf seiner schwangeren Frau ausholen, könne von dieser nach einer Warnung, sich notfalls mit dem Messer zu verteidigen, nicht der Verzicht auf eine Verteidigung mit dem Messer erwartet werden, weil diese für den Mann lebensbedrohlich wäre. Die Frage, ob das Notwehrrecht in „engen persönlichen Beziehungen" zu begrenzen ist, ließ das Gericht unbeantwortet, da die Frau nicht wie in den bisher entschiedenen Fällen bloß leichtere Körperverletzungen zu befürchten habe und mildere, erfolgversprechende Abwehrmittel nicht ersichtlich seien.[8]

Eine weitere Entscheidung befasst sich zwar nicht mit einer Notwehrsituation, setzt sich allerdings mit den Grenzen strafbewehrter Garantenpflichten von Ehegatten auseinander. Sie ist deshalb zum einen zumindest mittelbar bedeutsam für den hier vertretenen Anknüpfungspunkt einer Notwehrrechtsbeschränkung, der aus der Garantenstellung folgenden Garantenpflicht[9]. Zum anderen wurde sie zum Anlass genommen, über die Grenzen der Notwehr zwischen Ehegatten nachzudenken[10].

Konkret drangen Dritte in die Wohnung des Ehemannes ein und misshandelten diesen körperlich. Seine Gattin wusste von dem Vorhaben, unternahm jedoch nicht dagegen. Sie hatte sich vier Wochen zuvor von ihrem Gatten getrennt und einem neuen Mann zugewandt. Das Tatsachengericht verurteilte sie wegen Beihilfe zur Körperverletzung durch Unterlassen. In der Auseinandersetzung mit der Grundlage ehelicher Garantenpflichten geht das Revisionsgericht von § 1353 BGB aus. Eine räumliche Trennung, das Fehlen einer Hausgemeinschaft zeitige nicht zugleich das Ende der Ehegemeinschaft. Für ein Ende der besonderen Pflichtenstellung sei aber auch nicht eine Scheidung erforderlich. Es genüge vielmehr die Trennung in der ernsthaften Absicht, die Lebensgemeinschaft nicht mehr herzustellen. Die Entscheidung darüber ließe sich auf Basis der bisherigen tatsächlichen Feststellungen nicht treffen, weshalb das angegriffene Urteil mit seinen Feststellungen aufzuheben und zurück zu verweisen war.[11]

Im abschließend zu nennenden Fall flüchtete eine Frau samt ihrer Tochter vor den seit geraumer Zeit ertragenen Misshandlungen ihres Mannes in ein Frauenhaus, um im Anschluss eine eigene Wohnung zu beziehen. Nach Wiederherstellen des Kontakts zum Mann schlug dieser nunmehr nicht ausschließlich seine Frau, sondern auch die gemeinsame Tochter, die er zudem sexuell missbrauchte. Einem körperlichen Angriff auf die Tochter unterband die Mutter schließlich, indem sie ihren Mann erstach.

---

8 BGH NJW 1984, S. 986 f.

9 Ausführlicher zur Terminologie bei Teil 2 A I 2.

10 Vgl. nur *Freund*, NJW 2003, S. 3386, Fn. 8.

11 BGH NJW 2003, S. 3212 ff.

Der BGH nimmt in diesem Fall eine Ausweich- und Deeskalationspflicht dergestalt an, dass die Mutter mit ihrer Tochter die Wohnung habe verlassen müssen, weil sie sich und ihre Tochter bewusst einer gefährlichen eskalationsträchtigen Situation ausgesetzt habe. Hinsichtlich der Ausweichmöglichkeit habe die erstinstanzliche Entscheidung Feststellungen vermissen lassen, weshalb das Urteil aufzuheben war. Durch den Rückgriff auf die Fallgruppe der Notwehrprovokation vermeidet die Rechtsprechung dort eine Stellungnahme zur Frage der Einschränkung des Notwehrrechts unter Ehegatten.[12]

1.2 Streit um Begründungen und Ergebnisse: Folgeprobleme

Den praktischen Anlass der rechtlichen Schwierigkeiten bilden – „im Sein" – augenscheinlich Auseinandersetzungen zwischen Ehegatten. Auf Seiten des Gesetzes – „im Sollen" – gehen die Schwierigkeiten auf die Schneidigkeit des Notwehrrechts in § 32 StGB zurück. Es besteht einerseits vielfach[13] das Bedürfnis, zwischen Ehegatten die Notwehr nicht mit ihren rigorosen – mitunter tödlichen – Folgen zur Anwendung kommen zu lassen. Andererseits wird typischerweise der eine Ehegatte vom anderen tätlich angegriffen und man möchte den Angegriffenen nicht zu Gunsten des Aggressors schutzlos stellen und sich dem Vorwurf aussetzen, sich auf die Seite der prügelnden Ehemänner geschlagen zu haben.

Aus diesem – nicht zuletzt auf der Ebene des Rechtsgefühls initiierten – Dilemma[14] folgt eine Vielzahl rechtlicher Probleme. Ganz grundsätzlich ist man sich bereits nicht einig, ob in diesen Fällen überhaupt eine Abwehrrechtsbegrenzung angezeigt ist. Eine beachtliche Anzahl von Autoren bestreitet dies[15]. Unter denjenigen, die für eine Restriktion eintreten, herrscht nahezu über jeden Gesichtspunkt Streit. Dieser beginnt bei der Frage, in welchen Konstellationen überhaupt eine Begrenzung erfolgen soll. Kommt eine solche ausschließlich bei

---

12 BGH NStZ-RR 2002, S. 203; kritisch gegenüber der Provokationslösung u. a. *Walther*, JZ 2003, S. 55.

13 Vgl. die Auffassungen unter Teil 1 B II bis IX.

14 Bezeichnenderweise entspricht der rechtlichen Kontroverse auch ein Dissens im Rechtsgefühl der Bevölkerung: In einer telefonischen Umfrage unter 3463 Erwachsenen sprachen sich 48 % gegen und 52 % für eine Einschränkung des Notwehrrechts zwischen Ehegatten aus, *Amelung/Kilian*, Schreiber-FS, S. 3 ff., wobei die Mehrzahl der befragten Frauen ein uneingeschränktes Notwehrrecht ablehnten, S. 11.

15 Ausführlich zur Auseinandersetzung mit dieser ablehnenden Position Teil 1 C I. Ablehnend beispielsweise *Engels*, GA 1982, S. 109 ff.; *Freund*, NJW 2003, S. 3386, Fn. 8; *Frister*, GA 1988, S. 291 ff.; *Gropp*, AT, § 3, Rn. 86 f.; *Spendel*, JZ 1984, S. 507 ff.

Ehegatten in Betracht oder bezieht man „an sich nicht feindlich Gesinnte desselben Lebenskreises", enge persönliche Beziehungen, einander Nahestehende oder gar gemeinsame Betriebs- oder Vereinszugehörigkeiten mit ein?[16] Die Bestimmung dieser persönlichen Voraussetzungen geht wiederum zurück auf den dogmatischen Anknüpfungspunkt für eine Begrenzung, sofern ein solcher benannt wird. Auch hier besteht keineswegs Einigkeit. Statt an die Garantenpflicht wird zum Beispiel ebenso an Art. 6 I GG oder ein Solidaritätsverhältnis angeknüpft[17].

Hat man sich einmal für eine bestimmte Konstellation und deren dogmatische Begründung entschieden, stellen sich Folgeprobleme: Unter welchen Voraussetzungen entstehen die relevanten Personenverhältnisse und unter welchen enden sie? Wie wirkt sich insbesondere der Angriff aus? Wie ist schließlich konkret die Notwehr zu begrenzen?

Eine Antwort auf diese Fragen versucht die vorliegende Untersuchung. Dabei ist logisch vorrangig zu klären, ob und aus welchem dogmatischen Grund das Notwehrrecht zu beschränken ist (Gliederungspunkt 2 der Arbeit).

Nach hiesigem Dafürhalten ist der zutreffende Anknüpfungspunkt, das sei im Vorgriff erwähnt, die Schutzpflicht des Garanten. Die dafür vorausgesetzte Garantenstellung[18] ist jedoch ebenfalls keineswegs abschließend inhaltlich bestimmt. Will man aber eine Aussage darüber treffen, wann eine Notwehrrechtsrestriktion zu erwägen ist und wie sich der Angriff auf die Garantenstellung auswirkt, sind die Entstehungsvoraussetzungen einer Garantenstellung zu ermitteln (Gliederungspunkt 3), was den Schwerpunkt der Arbeit bildet.

Möglicherweise entfallen die Entstehungsvoraussetzungen der Garantenstellung und damit eine Notwehrbeschränkung infolge bestimmter Angriffe. Wenn aber die aus der Garantenstellung folgende Garantenpflicht den Anknüpfungspunkt einer Notwehrrestriktion bildet, sind die Pflichtenposition und ihr Inhalt ebenso beim Inhalt und Umfang dieser Restriktion zu beachten. Deshalb sind das Notwehrrecht und die Garantenstellung mit ihren Entstehungsvoraussetzungen zusammenzuführen und dadurch die eigentliche Problemlösung zu ermitteln (Gliederungspunkt 4): Unter welchen Voraussetzungen und in welchem Umfang ist das Notwehrrecht zu begrenzen?

---

16 Zu diesen Positionen siehe Teil 1 C, vor allem II bis IV.

17 Hierzu ausführlich Teil 1 C, insbesondere VI bis IX.

18 Ausführlicher zum Verhältnis von Garantenstellung und Garantenpflicht bei Teil 2 A I 2.

2 Notwehrrecht

2.1 Notwehrprinzipien

Ausgehend von der beschriebenen Rigorosität des Notwehrrechts[19], dem Verzicht auf Güterproportionalität, stellt sich die Frage, wie dieses Abwehrrecht zu begründen ist. Dazu werden verschiedene Ansätze verfolgt, wobei im Wesentlichen entweder auf einen Gedanken, dann spricht man von monistischen Lehren, oder auf zwei im Rahmen von dualistischen Lehren rekurriert wird[20].

In dieser Arbeit wird in Übereinstimmung mit der wohl herrschenden Meinung eine dualistische Notwehrlegitimation aus dem Schutzprinzip und dem Rechtsbewährungsinteresse zugrunde gelegt[21]. Dies zum einen, weil eine eingehende Auseinandersetzung die Anzahl der in *einer* Arbeit zu behandelnden Themen auf eine nicht mehr handhabbare Größe anwachsen ließe. Neben diesem eher praktischen Argument dreht sich zum anderen die Kontroverse oftmals ausschließlich um Begründungen und nicht um Ergebnisse. Entscheidend ist schließlich, dass die Notwehrprinzipien für die Problemstellung nach der hier vertretenen Auffassung bloß von untergeordneter Bedeutung sind[22]. Dogmatisch beruht nach hiesigem Dafürhalten die Notwehrrechtsbeschränkung auf einem Gedanken außerhalb der Notwehr, der Garantenpflicht[23]. Die aus ihr hergeleite-

---

19 Teil 1 A I.

20 Aus den zahlreichen Konzeptionen: MK-*Erb*, StGB, § 32, Rn. 8 ff., monistisch-individualistisch begründend ; *Haas*, Notwehr und Nothilfe, S. 354 ff., mit einer monistisch-überinvidualistischen Begründung ; *Kargl*, ZStW 110, S. 38 ff., der individualistische und überindividualistische Aspekte in einer „intersubjektiven" Theorie vereinigt; *Klesczewski*, E. A. Wolff-FS, S. 225 ff., Gerechtigkeitsformen Kants; *Köhler*, AT, S. 261 ff., „interpersonale Verantwortlichkeit des Angreifers; *Koriath*, Müller-Dietz-FS, S. 367 ff., mit rein individualistischer Begründung; *Montenbruck*, Thesen zur Notwehr, S. 33 ff., mit dem Gedanken der Risikoübernahme des Angreifers; *Neumann*, Zurechnung und „Vorverschulden", S. 165 f., mit einer rein individualrechtlichen Legitimation; *Pawlik*, ZStW 114, S. 259 ff., „interpersonale" Legitimiation; *Schmidhäuser*, GA 1991, S. 101, monistisch allein mit dem Rechtsbewährungsprinzip operierend.

21 Vgl. statt vieler: BGHSt 24, 356; BSG NJW 1999, S. 2302; *Fischer*, § 32, Rn. 2; *Graul*, JuS 1995, S. 1052; *Hassemer*, Bockelmann-FS, S. 239 ff.; *Jescheck/Weigend*, AT, S. 337; *Kühl*, AT, § 7, Rn. 6 ff.; *Rengier*, AT, 18/1; *Roxin*, AT, Bd. 1, § 15, Rn. 1 ff.

22 Zumal die Notwehrprinzipien, insbesondere das Rechtsbewährungsprinzip, von zweifelhaften Nutzen für die Begründung und konkrete Bestimmung einer Abwehrrechtsbegrenzung sind, siehe sogleich Teil 1 B II.

23 Zur Begründung siehe Teil 1 C X.

ten Beschränkungen müssen sind beim Zusammenführen von Notwehrrecht und Garentenpflicht auf ihre Vereinbarkeit mit den Notwehrprinzipien zu prüfen[24].

2.1.1 Schutzprinzip

Zweck des Strafrechts ist nach zutreffender Ansicht der Rechtsgüterschutz[25]. Die konkrete, tatsächliche Durchsetzung des Schutzes obliegt dem Staat im Rahmen des zu seinen Gunsten geschaffenen Gewaltmonopols. Die selbständige Durchsetzung des Rechts ist dem Einzelnen grundsätzlich untersagt. Oftmals ist staatliche Hilfe aber beim Rechtsgüterschutz nicht rechtzeitig verfügbar. Um das Individuum in dieser Notlage nicht gänzlich schutzlos zu stellen, steht unter den Voraussetzungen des § 32 StGB dem Einzelnen das Recht zu, sich ihrer, oder im Falle der Nothilfe: fremder, Not gewaltsam zu erwehren. Diese Schutzfunktion des Notwehrrechts erfasst der Begriff „Schutzprinzip".

Die Freiheit des Individuums[26] beinhaltet auch das Recht, frei von durch Dritte bedingte Gutsbeeinträchtigungen und gegebenenfalls Schmerzen zu sein. Darüber hinaus bedarf das Individuum seiner Güter zur Entfaltung seiner Freiheit. Neben der unmittelbaren Funktion des Rechtsgüterschutzes dient die Notwehr somit zumindest mittelbar dem Schutz der Freiheit des Einzelnen.[27]

2.1.2 Rechtsbewährungsinteresse

Mit dem Schutzprinzip allein ist die Besonderheit des Rechtsfertigungsgrundes Notwehr, der Verzicht auf eine Abwägung der durch den Angriff und die Verteidigung jeweils bedrohten Interessen, nicht erklärbar[28]. Denn dann wäre der Angegriffene verpflichtet, nach Möglichkeit dem Angriff auszuweichen, da er seine Rechtsgüter auch solchermaßen und nicht ausschließlich durch eine Verteidi-

---

24 Zu dieser Überprüfung siehe Teil 3 C I 1 d.

25 Vgl. nur *Schünemann*, GA 1995, S. 201 ff., 218; *ders*., Roxin-FS, S. 16; *Roxin*, AT, Bd. 1, 2/1 ff., 2/28, Fn 69 m. w. N.; *Seibert*, Garantenpflichten beim Betrug, S. 19; zur abweichenden Meinung *Jakobs*, Strafrecht AT, 2/1 ff., siehe Teil 2 B IX.

26 Ausführlich zur Bedeutung der Freiheit Teil 2 C II 1 a.

27 Ähnlich Wagner, Individualistische oder überindividualistische Notwehrbegründung, S. 30 ff.; wohl auch Kratzsch, StV 1987, S. 228; ablehnend Kargl, ZStW 110, S. 42; Schönke/Schröder-Perron, § 32, Rn. 1a, der zutreffend ausführt, mit dem Freiheitsschutz ließe sich der Unterschied zu anderen Rechtfertigungsgründen nicht erklären. Den hiesigen dualistischen Ansatz tangiert diese Kritik hingegen nicht.

28 Stellvertretend für die Anhänger einer dualistischen Lösung Schönke/Schröder-*Perron*, § 32, Rn. 1a.

gung schützen könnte. Weil die Notwehr keinen Sanktionscharakter hat und der Aggressor wegen seines Angriffs auch nicht rechtlos gestellt wird, ist mit dem Ziel des Rechtsgüterschutzes außerdem nicht erklärlich, warum zur Verteidigung geringwertigerer Rechtsgüter höherwertigere verletzt werden dürfen.

Diese Erklärung liefert erst ein weiteres Prinzip, das Rechtsbewährungsprinzip. Es trägt der Besonderheit der Notwehr Rechnung, dass bei ihr die rechtfertigungsgrund-typische Interessenkollision durch einen gegenwärtigen rechtswidrigen Angriff eines Menschen initiiert ist. Das Merkmal der Rechtswidrigkeit bedingt, dass der Aggressor nicht bloß die Rechtsgüter des Angegriffenen attackiert, sondern zugleich die Geltung der Rechtsordnung in Frage stellt. Folglich verteidigt der Angegriffene – an Stelle des Staates[29] – auch diese neben den konkret bedrohten Rechtsgütern.[30]

Bei genauerer Betrachtung sind Verstöße gegen die Rechtsordnung durch Menschen jedoch keine Seltenheit. Darüber hinaus kommt dem Staat anlässlich des ihm zustehenden Gewaltmonopols generell die Aufgabe zu, erforderlichenfalls für den gerechten Ausgleich von Rechtsverstößen zu sorgen. Gewährte nun die Notwehr wegen eines „Angriffs" auf die Rechtsordnung in allen diesen Fällen ein Eingriffsrecht, wären nicht Rechtsfrieden, sondern permanente Konflikte die Konsequenz. Mit dem staatlichen Gewaltmonopol wäre eine solche Allzuständigkeit des Einzelnen für Rechtsverstöße ebenfalls unvereinbar. Aus dem Rechtsbewährungsprinzip folgt deshalb nicht ein allgemeines Unrechtsverhinderungsrecht. Durch Notwehr darf der Einzelne nur Angriffe „von sich oder einem anderen" abwenden. Das Rechtsbewährungsinteresse wirkt also über das „Medium des Einzelschutzes".[31] Der Individualschutz und der Schutz der Geltung der Rechtsordnung werden so zusammengeführt und legitimieren nur gemeinsam die Notwehr.

Das Rechtsbewährungsinteresse wird sowohl zur Erklärung der Schneidigkeit des Notwehrrechts im Vergleich zu anderen Notrechten bemüht[32], als auch herangezogen, um Notwehrbegrenzungen zu begründen[33]. Es findet in sämtlichen Fallgruppen, in denen eine Notwehreinschränkung diskutiert wird, von der Notwehrprovokation bis zum Angriff Schuldloser, bei einer Vielzahl von An-

---

29 *Kühl*, AT, § 7, Rn. 10.

30 Statt vieler BGHSt 24, 359;48, 212; NK-*Herzog*, § 32, Rn. 2; MK-*Erb*, § 32, Rn. 6; *Kühl*, JuS 1993, S. 178; *Schmidhäuser*, GA 1991, S. 113.

31 Treffend Schönke/Schröder-*Perron*, § 32, Rn. 1a.

32 Vgl. statt vieler Schönke/Schröder-*Perron*, § 32, Rn. 1a.

33 Vgl. nur für Fälle der Ehegattennotwehr: *Bitzilekis*, Tendenz, S. 123; *Ebert*, Strafrecht AT, S. 77; *Jescheck/Weigend*, AT, S. 346; NK-*Herzog* § 32, Rn. 111; Schönke/Schröder-*Perron* § 32, Rn. 53; *Schumann*, JuS 1977, S. 566; *Tiedemann*, Anfängerübung, S. 132.

sichten Verwendung, weil es gestattet, der Notwehr immanente Schranken zu ziehen und dadurch unbedenklich im Hinblick auf Art. 103 II GG erscheint.

Als problematisch erweist sich allerdings die jeweilige dogmatische Begründung einer Notwehrbegrenzung mittels Rechtsbewährungsprinzip. Interessanterweise wird zum Beispiel innerhalb der Fallgruppe der sog. „Ehegattennotwehr" von verschieden Vertretern derselben Position entweder mit einem reduzierten[34] oder mit dem Gegenteil, einer besonders starken Geltung des Rechtsbewährungsinteresses[35], argumentiert, was auf eine gewisse Beliebigkeit bei der Begründung hinweist[36]. Unverhohlen wird als Begründung für das Rechtsbewährungsprinzip ausgeführt, das Schutzprinzip alleine sei zu „unflexibel" für – offenbar für richtig erachtete – sozialethische Einschränkungen der Notwehr[37]. Ob solchermaßen das Rechtsbewährungsprinzip begründet werden kann, muss bezweifelt werden, da die dogmatisch überzeugendere Begründungsreihenfolge der Schluss vom – anderweitig begründeten – Notwehrprinzip auf deren Einschränkung wäre und nicht umgekehrt[38]. Deshalb erscheint es jedenfalls bei der hier untersuchten Problemstellung vorzugswürdig, nicht notwehrimmanent nach einem dogmatischen Ansatz für eine Beschränkung zu suchen, sondern stattdessen auch notwehr-externe Begründungen, also gegenläufige Prinzipien, zu erwägen[39].

---

34 *Ebert*, Strafrecht AT, S. 77; *Jescheck/Weigend*, AT, S. 346.

35 *Bitzilekis*, Tendenz, S. 123.

36 Kritisch gegenüber dem Rechtsbewährungsprinzp u. a. *Koch*, ZStW 104, S. 790 ff.

37 *Scherenberg*, Sozialethische Einschränkungen der Notwehr, S. 47 f..

38 Die Argumentation wird bedrohlich zirkulär, wenn man das Rechtsbewährungsprinzip mit der damit möglichen Notwehrrechtsbegrenzung begründet und in der Folge eine Notwehrbeschränkung mit dem verminderten Rechtsbewährungsinteresse begründet.

39 Zumal es nur ein vermeintliches Prädikat darstellt, notwehrimmanent zu argumentieren, wenn man bedenkt, dass es genügt, einem externen Umstand Einfluss auf eines der beiden Prinzipien zuzuschreiben, um von einer „internen" Notwehrrechtsrestriktion zu sprechen. Diese Einflussnahme ist um so leichter feststellbar, als das Rechtsbewährungsprinzip recht aufnahmefähig ist, wird doch damit die Geltung der Rechtsordnung verteidigt. Mitunter ist es aber gerade thema probandum, wie die Rechtsordnung zu einem Rechtsproblem steht und ob sie eingeschränkt oder schrankenlos verteidigt werden soll. Der Schritt zur petitio principii ist dann nicht mehr weit.
Offen, aber auch entlarvend ist es insoweit, wenn *Scherenberg*, Sozialethische Einschränkungen der Notwehr, S. 48, ausführt, nur durch das Rechtsbewährungsinteresse ließen sich „... Unbilligkeiten zu Lasten des Täters durch die Kreierung 'sozialethischer' Einschränkungen... „ ausräumen.

2.1.3 Eigenverantwortlichkeitsprinzip, Selbstgefährdung und „Risikoübernahme" des Angreifers

2.1.3.1 Eigenverantwortlichkeitsprinzip und Selbstgefährdung

Das Eigenverantwortlichkeitsprinzip und die Selbstgefährdung sind mittlerweile etablierte Bestandteile der Lehre von der objektiven Zurechnung und damit der Strafrechtsdogmatik[40]. Beide werden im Rahmen der Entwicklung eines eigenen Garantenstellungsansatzes ausführlicher thematisiert[41], so dass es an dieser Stelle genügt, kurz ihre mögliche Bedeutung zur Notwehrrechtslegitimation aufzuzeigen.

Das Eigenverantwortlichkeitsprinzip besagt nichts Anderes, als dass grundsätzlich jeder lediglich für das eigene nicht aber das Verhalten anderer verantwortlich ist. Wenn der T den O schlägt, trifft den unbeteiligten U keine strafrechtliche Verantwortung für die Verletzungen des O. Dieses Prinzip impliziert, dass auch der Rechtsgutsgeschädigte selbst für den Schaden an seinen Rechtsgütern verantwortlich sein kann. Dabei kann das voluntative Element beim Geschädigten hinsichtlich des Schadens von unterschiedlicher Qualität sein. Ist er mit der Verletzung seiner Güter einverstanden, ist eine – überwiegend als rechtfertigend beurteilte – Einwilligung gegeben und ein Schädiger straflos; so in dem Fall, in dem ein Patient mit der Gabe einer schmerzstillenden Spritze durch den Arzt einverstanden ist. Ebenso denkbar ist, dass der Geschädigte die Rechtsgutsverletzung zwar nicht will, aber die Gefährdung seiner Güter bewusst in Kauf nimmt. Entschließt sich die O beispielsweise zum ungeschützten Geschlechtsverkehr mit T, obwohl sie um dessen HIV-Infektion weiß, so kann die

40 Mitunter wird die Selbstgefährdung als Argument bei der Notwehrprovokation erwogen (Roxin ZStW 93, S. 86; NK-Herzog, § 32, Rn. 115; Gropp, AT, § 6, Rn. 92; sowie zu weitgehend auf demselben Grundgedanken beruhend aber von einer Einwilligung ausgehend Maurach/Zipf, Strafrecht AT, TB 1, § 26, Rn. 43), also in Fällen, in denen der spätere Verteidiger die Entstehung der Notwehrsituation absichtlich oder zumindest schuldhaft herbeigeführt hat und deshalb sein Verteidigungsrecht möglicherweise zu begrenzen ist. Zur Begründung einer solchen Begrenzung wird dort unter anderem angeführt, der spätere Verteidiger habe sich durch sein Vorverhalten selbst in Gefahr gebracht. Hinter Letzterem steckt die Argumentation, dass derjenige, der auf Grund einer Provokation mitverantwortlich für die Notwehrsituation ist, nur eingeschränkten Schutz durch § 32 StGB genießt. Für das Thema der vorliegenden Arbeit sind diese Überlegungen vernachlässigbar. Sie beschäftigen sich nicht mit der Frage der Legitimation von Notwehr, sondern mit deren Beschränkung in einer bestimmten hier nicht interessierenden Konstellation.

41 Siehe vor allem Teil 2 C III 1 c.

Ansteckung der O dem T nicht zugerechnet werden[42]. Diese hat sich bewusst, eigenverantwortlich selbst gefährdet und die Gefahr hat sich realisiert. Die bewusste Selbstgefährdung der Verletzten führt zur Zurechnung der Verletzung zu ihr.[43]

Den zurechnungshindernden Gedanken der Selbstgefährdung könnte man nun bei der Notwehr fruchtbar machen. Denn im Falle eines Angriffs auf Rechtsgüter anderer besteht zumindest abstrakt die Gefahr der Verteidigung der Rechtsgüter, insbesondere durch den Rechtsgutsträger, und damit die Schädigung des Angreifers durch diese Abwehr. Regelmäßig ist der Angreifer nicht mit der Verletzung seiner Güter durch eine Abwehr einverstanden. Dagegen trifft man oftmals den Fall an, in dem der Aggressor um die Gefahr, durch eine mögliche Verteidigung verletzt zu werden, weiß. Mit seinem Angriff nimmt er dann bewusst das Risiko einer Verletzung durch die Verteidigung in Kauf; mit anderen Worten: Der Angriff bildet eine bewusste Selbstgefährdung des Angreifers. Daran anknüpfend könnte man nunmehr auch in den Notwehrfällen eine strafrechtliche Haftung des Verteidigers verneinen, weil der Angreifer sich bewusst selbst gefährdet hat. Im Ergebnis hieße das, die Notwehr neben dem Selbstschutz- und Rechtsbewährungsprinzip auch durch die Selbstgefährdung des Angreifers zu legitimieren.[44]

So bestechend dieser Gedanke möglicherweise auf den ersten Blick erscheinen mag, so wenig tragfähig ist er bei genauerer Betrachtung. Denn mittels der Lehre von der objektiven Zurechnung und der in ihr beheimateten eigenverantwortlichen Selbstgefährdung lassen sich auf Tatbestandsebene Aussagen darüber treffen, ob ein Erfolg einer bestimmten Person zuzurechnen ist. Dies ist aber nicht stets identisch mit einer Entscheidung darüber, ob eine bestimmte Handlung vorgenommen werden durfte. Dieses Urteil wird auf der Ebene der Rechtswidrigkeit gefällt. Bei der Erfolgszurechnung und der rechtlichen Missbilligung handelt es sich um zwei verschiedene Fragen, die systematisch getrennt auf verschiedenen Ebenen der Straftatsystematik beantwortet werden. So ist es durchaus denkbar, dass eine Handlung rechtlich missbilligt wird, obwohl auf Grund ihrer kein missbilligter Erfolg zurechenbar ist[45].

---

42 Gebildet nach BayObLG NJW 1990, S. 331.

43 Ausführlich zur eigenverantwortlichen Selbstgefährdung statt vieler BGHSt 32, 262 ff.; BGH NStZ 1985, S. 25; *Kühl*, AT, § 4, Rn. 86; *Wessels/Beulke*, Strafrecht AT, Rn. 185.

44 So im Ergebnis *Montenbruck*, Thesen zur Notwehr, S. 33 ff., ausführlicher zu diesem Ansatz sogleich.

45 Denkbar ist allerdings auch, was den vorliegenden Einwand relativiert, dass der Gesichtspunkt der Selbstgefährdung einer *rechtlich missbilligten* Gefahrschaffung durch einen anderen entgegensteht. Reicht beispielsweise die Ehefrau ihrem Mann eine Säge

Einen weiteren Nachteil des Selbstgefährdungsprinzips im Rahmen der Notwehr bildet das Verlagern von notwehrrechtsbegründenden Aspekten in die Psyche des Angreifers. Ob der Angreifer mit seiner Gefährdung rechnet, stellt eine innere Tatsache dar, deren Vorhandensein vom Verteidiger nur schwer beurteilt werden kann. Diese Schwierigkeiten fallen in den üblichen Selbstgefährdungskonstellationen bei der Entscheidung, ob ein Erfolg dem Täter oder dem sich selbst gefährdenden Opfer zuzurechnen ist, nicht zwingend sonderlich ins Gewicht. In einer Notwehrsituation hingegen bürdete man dem Verteidiger auf, in oftmals nur Sekundenbruchteilen darüber zu befinden, ob der Angreifer mit seiner Gefährdung durch eine Verteidigung rechnet, wenn man die Notwehr zumindest auch davon abhängig machte[46], ob der Angreifer sich bewusst selbst gefährdet hat. Diese Schwierigkeit sollte man vermeiden und dem Verteidiger in der Notwehrsituation nicht via Selbstgefährdungsprinzip Unmögliches abverlangen und damit de facto das Notwehrrecht durch lebensfremde und unpraktikable Anforderungen begrenzen.

Gegen die eigenverantwortliche Selbstgefährdung als Ansatzpunkt einer Notwehrlegitimation spricht schließlich, dass mit ihr nur ein sehr unzuverlässiges und sporadisch zum Einsatz kommendes Begründungsprinzip gefunden wäre. Denn in der überwiegenden Zahl der Notwehrfälle wird man einhellig zu einer gerechtfertigten Verteidigung gelangen, ohne dass man dort eine eigenverantwortliche Selbstgefährdung des Aggressors vorfände. So zum Beispiel in all den Situationen, in denen der Angreifer nicht mit einer Verteidigung und damit einer Gefahr für sich rechnet, weil er das Überraschungsmoment oder die Unüberwindlichkeit eines vehementen Angriffs auf seiner Seite glaubt.

Zweifelsohne wird man beispielsweise ein Notwehrrecht des A bejahen, wenn er den ihm im Dunkeln auflauernden B noch vor dessen Angriff bemerkt und sich deshalb erfolgreich gegen die Attacke zur Wehr zu setzen vermag. Genauso wird man urteilen, wenn der A sich entgegen der Erwartung des B gegen dessen vermeintlich unüberwindbaren Angriff doch verteidigen kann. In diesen Konstellationen würde es an einer eigenverantwortlichen Selbstgefährdung fehlen, denn der Aggressor rechnet nicht mit einer Verteidigung und damit zugleich auch nicht mit einer Gefährdung seiner Rechtsgüter und dennoch nähme man ein Notwehrrecht an. Zudem würde es unter Wertungsgesichtspunkten nicht überzeugen, gerade bei besonders listigen oder intensiven Angriffen das Not-

---

mit der Aufforderung, er solle ein ihm gehörendes Möbelstück zersägen, fehlt es bereits an einer rechtlich missbilligten Gefahrschaffung seitens der Frau.

46 Zumindest eine partielle Abhängigkeit vom Vorliegen einer bewussten Selbstgefährdung Angreifers wird man wohl beim Heranziehen dieses Prinzips nicht verneinen können, da man sonst dem Notwehrrecht ein folgen- und voraussetzungsloses Prinzip zuschlüge, das dogmatisch keinen Gewinn zeitigte.

wehrrecht mangels bewusster Selbstgefährdung des Angreifers zu versagen oder zu beschränken. Wenn man aber die Selbstgefährdung des Aggressors zum die Notwehr rechtfertigenden Prinzip erhöbe, gelangte man in diesen Fällen in Begründungsnöte, da man erklären müsste, warum man ein Recht nach § 32 StGB trotz Fehlens des angeblichen Prinzips Selbstgefährdung bejaht.

Inwieweit dem Gedanken der Selbstgefährdung bei der Beschränkung des Notwehrrechts innerhalb von Garantenverhältnissen oder gar als Schranken-Schranke Bedeutung zukommt, wird an den entsprechenden stellen dieser Arbeit thematisiert[47].

2.1.3.2 Der Gedanke der Risikoübernahme des Angreifers nach Montenbruck

2.1.3.2.1 Darstellung

Trotz der sich aufdrängenden Einwände hat *Montenbruck* den mutigen Versuch unternommen, den Gedanken der Selbstgefährdung des Angreifers, in seiner Terminologie „Risikoübernahme“, in die Notwehrdogmatik zu integrieren.

Dazu teilt er das Notwehrrecht anhand der beim Verteidiger und Angreifer jeweils tangierten Rechtsgüter zunächst in einen Kern- und einen Randbereich ein. Bei dieser rechtsgüterbasierten Einteilung differenziert der Autor vor allem nach der Disponibilität der betroffenen Rechtsgüter. Soweit disponible Rechtsgüter involviert seien, lägen die Konstellationen im Randbereich des Notwehrrechts, in dem auch problematische Zweifelsfälle zu verorten seien.[48]

Den Gedanken der Disponibilität bemüht *Montenbruck* im weiteren Verlauf seiner Arbeit zudem zur Fallgruppenbildung und Lösung von problematischen Notwehrkonstellationen[49]. Dazu führt er im einzelnen aus, der Angreifer müsse bei jedem Angriff mit Abwehrmaßnahmen rechnen, weshalb er den Schutzwert derjenigen Güter mindere, die er bei seinem Angriff bei sich führe. Mit dem Angriff riskiere der Angreifer diese Rechtsgüter. Er willige mit der Attacke not-

---

47 Zur Beschränkung auf Grund Selbstgefährdung siehe sogleich im Text, zur Frage der Schranken-Schranke siehe Teil 3 C I 1 e.

48 *Montenbruck*, Thesen zur Notwehr, S. 9 ff., 71 f.

49 *Montenbruck*, Thesen zur Notwehr, S. 33 ff. Insofern ist die Verbindung zwischen dem Gedanken der Risikoübernahme und seinen vorangestellten dogmatischen Überlegungen zum „Kernbereich“ und „Umfeld“ der Notwehr eher loser Natur, so dass für die hier interessierende Frage, inwieweit die Risikoübernahme durch den Angreifer ein in der Notwehr beachtlicher Aspekt ist, eine ausführliche Darstellung der „Kernbereich-Umfeld“-Dogmatik verzichtbar ist, deren Wert eher in ihrer Anschaulichkeit liegt.

wendig in die Gefährdung seiner Rechtsgüter ein. Die im Angriff liegende Risikoübernahme mindere den Wert der Interessen des Aggressors nicht unerheblich.[50] Mittels dieses Gedankens der Risikoübernahme löst *Montenbruck* einzelne Problemkonstellationen wie beispielsweise die Verteidigung von Vermögenswerten durch eine letale Abwehr[51]. Die Risikoübernahme gebe mitunter in Zweifelsfällen wie diesen den Ausschlag zu Gunsten eines Notwehrrechts des Verteidigers. In diesem Zusammenhang setzt der Autor oftmals die Risikoübernahme neben oder an die Stelle des Rechtsbewährungsprinzips bei der Legitimation der Notwehr. Dabei hat die Risikoübernahme entweder bewusst oder zumindest fahrlässig im Sinne eines Verschuldens des Angreifers gegen sich selbst zu erfolgen[52].

In der weiteren Konsequenz soll bei Angriffen Dispositionsunfähiger, wie Kindern und anderen schuldunfähigen Angreifern, selbst bei einem lebensgefährlichen Angriff eine letale Verteidigung allenfalls nach § 35 StGB entschuldigt sein[53].

Die Relevanz des Risikoübernahmegedankens begründet der Autor weiter mit einem Hinweis auf die §§ 213, 216 StGB. Sowohl bei der Tötung auf Verlangen, § 216 StGB, als auch beim minderschweren Totschlag, § 213 StGB, komme durch die geringere Strafdrohung des Gesetzes der in diesen Fällen geringere Schutzwert des verletzten Rechtsguts zum Ausdruck.

Im Falle von § 213 StGB müsse der Provokateur – wie der Angreifer in einer Notwehrsituation – mit einer Abwehrhandlung rechnen. Deshalb werde der provozierte Totschläger milder bestraft. In der milderen Bestrafung komme das von Gesetzes wegen geringere Schutzinteresse des das Risiko einer Reaktion auf seine Provokation Übernehmenden zum Ausdruck. Demzufolge bedinge eine –

---

50 *Montenbruck*, Thesen zur Notwehr, S. 33 ff., 42 f., 59, 68, 75.

51 Erwogen werden verschiedene Lösungsvarianten von einer Rechtsfertigung bis zu einer Entschuldigung abhängig davon, wie massiv die dem Verteidiger drohenden Schäden sind, *Montenbruck*, Thesen zur Notwehr, S. 59 ff.

52 *Montenbruck*, Thesen zur Notwehr, S. 38, 45.

53 *Montenbruck*, Thesen zur Notwehr, S. 66, der freilich keine explizite Erklärung für dieses Ergebnis liefert, wohl aber naheliegenderweise von einer rechtlich unbeachtlichen Risikoübernahme mangels Dispositionsfähigkeit ausgeht. Die dabei stillschweigend vorgenommene Gleichsetzung von Schuldunfähigkeit und Dispositionsunfähigkeit ist jedoch keineswegs evident zutreffend und unstreitig. Strafrechtlich nicht für Rechtsgutsverletzungen bei Dritten zur Verantwortung gezogen werden zu können, muss nicht zwingend bedeuten, die Tragweite der Disposition über eigene Rechtsgüter nicht absehen und damit rechtlich nicht verantworten zu können.

dort provokationsbedingte – Risikoübernahme einen reduzierten Schutzwert des Rechtsguts des Provokateurs.[54]

Die geringere Strafdrohung des § 216 StGB für den Totschlag auf Verlangen belege zudem, dass eine Einwilligung des Opfers in die Vernichtung der Existenz deren Schutzwert mindere. Zwischen einer solchen Einwilligung und dem Eingehen des Risikos einer Lebensgefahr bestehe aber nur ein gradueller Unterschied. Aus dem an der gegenüber § 212 StGB reduzierten Strafdrohung hergeleiteten, erheblich verminderten Schutzwert des Lebens bei der Tötung auf Verlangen schließt *Montenbruck*, dass auch derjenige, der das Risiko einer das Leben gefährdenden Abwehrhandlung eingeht, den Schutzwert seiner Existenz erheblich mindert.[55]

2.1.3.2.2 Kritische Würdigung

Montenbrucks Versuch, die Risikoübernahme als weiteren Begründungstopos für das Notwehrrecht zu etablieren, überzeugt ebenso wenig wie die zuvor angestellten Überlegungen[56] zur eigenverantwortlichen Selbstgefährdung, sondern bietet neben dem dort Geäußerten weiteren Anlass zur Kritik.

Es erschließt sich nicht, wieso von der Disponibilität von Rechtsgütern bei der Einteilung der Notwehr in einen Kern- und Randbereich auf eine Relevanz der – im Angriff erblickten – Disposition für die Begründung des Notwehrrechts geschlossen wird. Dadurch vollzieht der Autor den Schluss von einer im Gesetz so nicht vorgesehenen Beschreibung des Notwehrrechts auf dessen Begründung[57]. Warum aber ein Kriterium zur Kennzeichnung eines Teilbereichs der Notwehr, den Randbereich, nun zum generellen Legitimationsgrund erhoben wird, bleibt unklar. Weder ist der Schritt vom Einteilungs- zum Begründungskriterium noch der vom Teilbereich zum gesamten Notwehrrecht evident zutreffend, sondern hätte der Erläuterung bedurft.

---

54 *Montenbruck*, Thesen zur Notwehr, S. 60 f., 78 f.

55 *Montenbruck*, Thesen zur Notwehr, S. 59 f., 78.

56 Siehe unmittelbar zuvor Teil 1 A III 1.

57 Dagegen kann der umgekehrte Weg von der Begründung zur Einteilung durchaus beschritten werden, da dann zweckmäßiger Weise bereits in der Beschreibung die spezifische Begründung zum Ausdruck kommt.
Bei *Montenbruck*s Ansatz besteht diese Möglichkeit jedoch nicht, da zum einen ein angeblich für die Notwehrbegründung generell beachtliches Element, die Disposition, als Disponibilität zur Kennzeichnung nur eines speziellen Teilbereichs der Notwehr, des Randbereichs, mithin also eine generelle Begründung zur spezifischen Beschreibung verwendet würde. Zum anderen vollzöge ein solcher Schluss die semantisch fragwürdige Gleichsetzung von Disposition und Disponibilität.

Darüber hinaus kann *Montenbrucks* dogmatischem Hauptargument bereits nicht gefolgt werden. Es basiert auf der Annahme, dass das bewusste oder zumindest schuldhafte Riskieren von Rechtsgütern deren Schutzwert, deren gesetzlichen Schutz, mindert. Nun mögen die eingangs beschriebenen Überlegungen[58] zur Selbstgefährdung zu dieser Annahme verleiten. In der von Montenbruck beanspruchten Allgemeinheit ist sie jedoch unzutreffend. Generell gestattet das Riskieren von Rechtsgütern keine Aussage darüber, ob das Recht dieses Riskieren missbilligt und als Rechtsfolge den riskierten Gütern geringeren oder gar keinen Schutz gewährt. Bereits ein Blick auf die Notwehrsituation widerlegt diese Behauptung. Denn jeder Angegriffene, der nicht die „schimpfliche Flucht" sucht, sondern – getreu dem anerkannten Grundsatz, dass das Recht dem Unrecht nicht weichen müsse – von seinem Notwehrrecht Gebrauch macht, riskiert mit seiner Verteidigung seine Rechtsgüter, da er bewusst in der Konfliktsituation verweilt und sich dem Risiko einer Verletzung durch den Angreifer aussetzt. Abstrakt ist dieses Risiko für die Rechtsgüter beim Verteidiger sogar noch höher als beim Aggressor. Während nämlich für den Angreifer das Risiko nur in der möglichen Verteidigung liegt, steht für den Verteidiger bereits fest, dass seine Güter durch den Angriff bedroht werden. Trotz dieses noch größeren Risikos beim Verteidiger wird richtigerweise dessen Notwehrrecht nicht deshalb begrenzt, weil er seine Güter mit der Abwehr bewusst riskiert habe. Das bewusste Riskieren erlaubt demnach keine Aussage darüber, wie das Recht dazu steht.

Nun ist Montenbrucks Ansatz aber auch nicht dadurch zu halten, dass man im Hinblick auf die vorstehenden Gegenbeispiele behauptet, dort sei die Risikoübernahme nicht schuldhaft, weil beispielsweise für Feuerwehrleute eine Rechtspflicht zum Riskieren besteht oder der Angreifer die riskante Notwehrsituation initiiert habe. Trotz dieses Einwandes hätte das Gegenbeispiel des jenseits der Pflichten nach § 323c StGB Helfenden Bestand. Im Übrigen müsste man dann inzident beim Merkmal „schuldhaft" prüfen, ob das Recht das Riskieren rechtlich missbilligt oder verlangt. Dabei handelt es sich aber genau um die Rechtsfrage, die es zu beantworten gilt und auf die Montenbruck bezogen auf die Notwehr eine Antwort zu geben versucht. Deshalb kann sie nicht zugleich innerhalb eines einzelnen Tatbestandsmerkmals thematisiert werden kann, ohne einen Zirkelschluss zu vollziehen. Daher scheitert der Ansatz bereits an der unhaltbaren Annahme, das Riskieren von Rechtsgütern mindere deren rechtlichen Schutz.

Soweit der Autor die §§ 213, 216 StGB argumentativ bemüht, geht bereits die zu Grunde liegende Prämisse fehl. So leitet er den behaupteten geringeren rechtlichen Schutzwert der tangierten Güter in diesen Fällen aus dem gegenüber

---

58 Siehe Teil 1 A III 1.

dem Grundtatbestand § 212 StGB reduzierten Strafrahmen her. Eine solche Argumentation setzt allerdings voraus, dass für die Sanktion allein der Schutzwert des bedrohten oder verletzten Rechtsguts maßgebend ist. Die dabei implizierte Festlegung auf die Prävention als alleinigen Strafzweck ist aber keineswegs unstreitig und deshalb begründungsbedürftig. Außerdem sind für die Sanktion und ihren Strafrahmen für den Gesetzgeber offensichtlich, vgl. nur § 46 StGB, auch und vor allem in der Person des Täters liegende Umstände von Bedeutung. § 211 StGB fordert beispielsweise eine qualifizierte Sanktion bei bestimmten Motiven oder Begehungsweisen des Täters. Der von Montenbruck bemühte § 213 StGB setzt eine bestimmte emotionale Verfassung beim Täter, „...zum Zorn gereizt..." oder „...zur Tat hingerissen...", für eine Privilegierung voraus. Warum nun aber das Rechtsgut Leben rechtlich schützenswerter sein soll, weil der Täter es aus fragwürdigen Motiven statt aus nachvollziehbarem Zorn vernichtet hat, ist nicht einsehbar. Knüpft man hingegen im Sinne von § 46 I StGB an die persönliche Schuld des Täters an, sind die unterschiedlichen Strafrahmen ohne Weiteres erklärbar. Demzufolge ist die vom Autor vorausgesetzte Gleichsetzung von Strafrahmen und Schutzwert contra legem.

Weiter überzeugt es nicht, wenn Montenbruck einräumt, zwischen der Einwilligung in die Verletzung bei § 216 StGB und dem bloßen Riskieren von Rechtsgütern des Angreifers durch dessen Angriff bestünde, ein „beachtlicher" Unterschied, er aber gleichwohl an § 216 StGB als Argument festhält. Der Unterschied ist hier nicht bloß von „gradueller" Art und beides ist keineswegs „auf einer niedrigen Stufe mit der der Tötung auf Verlangen vergleichbar"[59]. Während bei § 216 StGB das Opfer die Rechtsgutsverletzung gerade will, strebt der Angreifer regelmäßig nach der Verletzung eines anderen nicht aber seiner selbst.

Schließlich ist es axiologisch überaus zweifelhaft, ob die letale Verteidigung gegen einen tödlichen Angriff tatsächlich rechtlich missbilligt, also rechtswidrig, und lediglich entschuldigt ist.

2.1.4 Zusammenfassung

Das Schutz- und das Rechtsbewährungsprinzip legitimieren die Notwehr nur gemeinsam. Der Gesichtspunkt einer etwaigen Risikoübernahme des Angreifers ist dagegen bedeutungslos.

---

59 *Montenbruck*, Thesen zur Notwehr, S. 60.

2.2 Lösungsansätze und Argumentationstopoi zur Notwehrrechtsbeschränkung in besonderen persönlichen Verhältnissen[60]

Falls nicht ausdrücklich abweichend gekennzeichnet handelt es sich im Folgenden um *de lege lata* vorgenommene Beschränkungen des Notwehrrechts.

2.2.1 Keine Notwehreinschränkung

Eine beachtliche Anzahl an Autoren lehnt eine Beschränkung des Notwehrrechts in besonderen persönlichen Verhältnissen zwischen Angreifer und Verteidiger ab[61].

An der Begrenzung wird grundlegend kritisiert, dass sie weder vom Wortlaut des § 32 StGB gedeckt noch hinreichend bestimmt sei und deshalb in Konflikt mit der Verfassung, Art. 103 II GG, stehe[62]. Dem Wortlautargument ist die Gebotenheit als Anknüpfungspunkt entgegenzuhalten. *Koch* meint, diese beinhalte nach ihrem Wortlaut allenfalls die immanente Schranke der Vereinbarkeit mit den Notwehrprinzipien, erlaube nicht die Berücksichtigung regelungsfremder Prinzipien[63], wie sie beispielsweise in § 13 StGB zum Ausdruck kommen könnten. Ein solches Verständnis der Gebotenheit erscheint jedoch keinesfalls zwingend.

Ebenfalls überspannt werden die Anforderungen an die Bestimmtheit. Man mag den Standpunkt einnehmen, § 32 StGB und vor allem seine Beschränkun-

---

60 Die genaue Kennzeichnung der notwehrrechtsbegrenzenden Konstellation, grundlegend: die Garantenstellung, siehe Teil 1 C X, konkreter: enge Gemeinschaftsverhältnisse auf Grund einer Selbstverpflichtung, siehe Teil 3 A II, stellt gerade die mit den hier angestellten Überlegungen zu beantwortende Frage dar, deren Vorwegnahme – an dieser Stelle – nicht zu beantwortende Fragen aufwerfen würde.

61 So u. a. *Engels*, GA 1982, S. 119 ff.; *Freund*, AT, § 3, Rn. 123 ff.; *ders.*, NJW 2003, S. 3386, Fn. 8; *Frister*, GA 1988, S. 308; *Gropp*, AT, § 6, Rn. 86 f.; *Koch*, ZStW 104, S. 818 f.; *Rienen*, „Sozialethischen" Einschränkungen des Notwehrrechts, S. 292; *Scherenberg*, Sozialethische Einschränkungen der Notwehr, S. 175 f.; *Spendel*, JZ 1984, S. 507 ff.; LK-*Spendel*, § 32, Rn. 308; *Zenz*, Vom Nutzen, S. 79, der eine Lösung über den topos „krasses Missverhältnis" befürwortet; *Zieschang*, Jura 2003, S. 531 f.
RGSt 60, 261 f. lehnt zwar eine Begrenzung nicht explizit ab, erwägt diese jedoch nocht nicht mal. Dies mag aber auch der im dortigen Fall gegenüber dem Angegriffenen bestandenen Todesdrohung geschuldet sein.

62 *Engels*, GA 1982, S. 119 ff., 124 f.; *Koch*, ZStW 104, S. 818 f.; LK-*Spendel*, § 32, Rn. 308.

63 *Koch*, ZStW 104, S. 818 f.

gen seien zu unbestimmt. Doch mit dieser Strenge gemessen müsste man wohl nicht unerhebliche Teile des StGB als zu unbestimmt verwerfen. Abgesehen davon ist durchaus zweifelhaft, ob Art. 103 II GG uneingeschränkt auf Rechtfertigungsgründe anwendbar ist[64].

Soweit an einer Begrenzung bemängelt wird, Familienangehörige dürften hinsichtlich ihres Notwehrrechts nicht schlechter gestellt sein als jeder andere[65], handelt es sich dabei um eine Meinung und nicht ein Argument. Die Behauptung kann auch nicht – man beachte nur die große Anzahl an Gegenpositionen – auf Grund eines Evidenzerlebnisses ungeteilte Zustimmung beanspruchen.

Bezugnehmend auf die Notwehrkonzeption wird gegen eine Begrenzung der Einwand erhoben, die Notwehr habe in erster Linie den Interessen des Angegriffenen und nicht denen des Angreifers zu dienen[66]. Dies gibt ein konzeptionelles Element der Notwehr – man beachte nur das Erforderlichkeitsmerkmal und das grundsätzliche Fehlen einer Abwägung der bedrohten Interessen der Beteiligten – zwar zutreffend wieder, schließt jedoch eine zurückhaltende Restriktion nicht per se aus. Denn mit diesem unspezifischen Argument könnte man jeder Notwehrrechtsbegrenzung entgegentreten, was wohl die wenigsten für axiologisch vertretbar halten würden.

Als Indiz gegen eine Notwehrrechtsbeschränkung sollen die Bestrebungen der Gesetzgebung zur Eindämmung der „häuslichen Gewalt" zu werten sein. Ihnen sei der Gedanke zu entnehmen, Gewalttätigkeiten im sozialen Nahbereich seien gerade keine exklusiven Privatangelegenheiten.[67] Die zweite Aussage ist zustimmungsfähig. Die behauptete Indizwirkung ist allerdings nicht erkennbar, da auch bei einer Notwehrrechtsbeschränkung die Rechtsordnung den Angriff mit ihrem schärfsten Mittel der Sozialkontrolle, der Kriminalstrafe, zumindest als Versuch ahndet, so dass von einer „exklusiven Privatangelegenheit" nicht die Rede sein kann.

Oftmals wird der Beschränkung des Abwehrrechts der Widerspruch vorgehalten, dem sich der Angreifer aussetze. Er negiere selbst mit seiner Attacke die besondere Beziehung, weshalb er zu seinen Gunsten auch keine besondere Aufopferung beanspruchen könne[68]. Dieser Einwand überzeugt zwar grundsätzlich, ist jedoch zu undifferenziert und zeitigt deshalb fälschlicherweise das Ergebnis, eine Notwehrrestriktion in jedem Fall zu verneinen. Dabei wird verkannt, dass

---

64 Verneinend zum Beispiel *Schmidthäuser*, AT, 25/6.

65 *Spendel*, JZ 1984, S. 507.

66 *Spendel*, JZ 1984, S. 507.

67 *Rienen*, „Sozialethische" Einschränkungen des Notwehrrechts, S. 271.

68 Vgl. nur *Freund*, AT, § 3, Rn. 124; *Gropp*, AT, § 6, Rn. 87; in diesem Sinne auch *Engels*, GA 1982, S. 113; *Rienen*, „Sozialethische" Einschränkungen des Notwehrrechts, S. 275.

mitnichten jeder Angriff zwangsläufig die Gemeinschaft negiert, diese aufhebt. Es liegt in der Natur enger Gemeinschaften, dass in diesen Konflikte entstehen, die gar in Angriffen münden können. Doch nicht jeder dieser „Angriffe“ erreicht ein Niveau, das die Gemeinschaft als solche in Frage stellt. Denkbar sind beispielsweise auch Bedrohungen der Willensfreiheit oder der persönlichen Ehre; Letztere oftmals situativ bedroht oder verletzt. Sollte aber jeder Angriff und damit jedes böse Wort die Gemeinschaft aufheben können?[69]

Der Widerspruch liegt hier eher auf Seiten der Kritiker einer Notwehrrechtsbegrenzung. Denn wenn es sich um besagte „besondere Gemeinschaftsverhältnisse“ handelt, dann ist Bestandteil dieser Besonderheit auch eine besondere Strapazierfähigkeit und Belastbarkeit der Verhältnisse, die auch Konflikte und Zuwiderhandlungen verkraften. Demgegenüber erscheint es paradox, das besonders gute Verhältnis zu betonen, ihm aber jegliche Belastbarkeit abzusprechen und das Verhältnis demjenigen zwischen einander völlig Fremden gleichzusetzen. Dass die Grenzen der Belastbarkeit je nach Angriffsintensität mitunter recht schnell überschritten sein können[70], ist damit nicht in Abrede gestellt.

Im Übrigen ist dem Recht eine Rigorosität dahingehend, dass jede Pflichtverletzung in einem wechselseitigen Pflichtverhältnis, wie es auch die wechselseitigen Garantenpflichten darstellen, zu einem Erlöschen des Verhältnisses führt, fremd. Das offenbart bereits ein Blick auf wechselseitige Pflichtenstellungen im Zivilrecht, beispielsweise auf die §§ 320, 323 BGB oder § 626 BGB, die eine Aufhebung des Pflichtverhältnisses an besondere, über eine Pflichtverletzung hinausgehende Bedingungen knüpfen.

Von dem Argument, ein Verteidigungsrecht sei dem Angegriffenen wegen der jederzeitigen Kündbarkeit des Garantenverhältnisses nicht versagbar[71], hat *Freund* wohl wieder Abstand genommen[72]. Denn zumindest zur Unzeit, also im Bedarfsfall, wie es die Notwehrsituation ist, kann die Pflichtenstellung nicht konkludent durch Üben der erforderlichen Abwehr aufgekündigt werden[73].

In eine ähnliche Richtung zielt der Hinweis der Kritiker, der Angreifer begehe gegenüber dem Jedermann ein gesteigertes Unrecht, wenn er sich am Partner seines Gemeinschaftsverhältnis vergehe[74]. Diese Feststellung ist ebenso zutreffend wie wenig geeignet als Gegenargument. Dem gesteigerten Unrecht kann

69 In dieser Richtung auch *Roxin*, AT, Bd. 1, § 15, Rn. 88.

70 Zu dieser Fragestellung siehe Teil 3 B I 3 b.

71 *Freund*, AT, § 3, Rn. 124.

72 Dort gegen eine Beendbarkeit zur Unzeit *ders.*, NJW 2003, S. 3387.

73 Zur Herleitung dieser Einschränkung der Beendbarkeit von Garantenstellungen siehe Teil 3 B I 2 b.

74 *Freund*, AT, § 3, Rn. 123; *Scherenberg*, Sozialethische Einschränkungen der Notwehr, S. 175; *Spendel*, JZ 1984, S. 509.

ohne Weiteres in der Sanktion gegen den Angreifer, der im Falle einer Notwehrrechtsbegrenzung ja nicht straffrei ist, Rechnung getragen werden. Einer Notwehrbeschränkung steht dies nicht entgegen.

Ausgehend vom Solidaritätsprinzip und dessen Grenzen komme eine Notwehrbeschränkung mangels Hilfsbedürftigkeit des Angreifers nicht in Betracht, da dieser sich durch den Angriffsabbruch ausreichend selbst schützen könne[75].

Darauf wird erwidert, dass zwar nur eine Notsituation Solidarität erfordere, eine solche Not aber in engen Beziehung eher als zwischen Fremden gegeben sei, weil die Bezeihung selbst in Gefahr schwebe[76]. Diesem Einwand kann nicht gefolgt werden. Er geht von den zweifelhaften Annahmen aus, die Beziehung selbst sei durch eine eingeschränkte Abwehr zu schützen. Daran muss man zum einen die unzureichend präzise Beschreibung der schützenswerten Beziehungen bemängeln. Zum anderen muss an der Funktionalität einer solchen Notwehrrestriktion im Hinblick auf den Beziehungsschutz gezweifelt werden[77].

Vielmehr ist auf Basis der hier verfochtenen Beschränkung zu widersprechen. Den Garanten trifft generell auch dann, losgelöst von der Notwehrsituation, eine Rettungspflicht, wenn der zu Beschützende bewusst Risiken eingeht. Gerade in solchen Fällen ist er auf die Hilfe anderer angewiesen. So käme zum Beispiel wohl niemand auf die Idee, dass die Ehefrau ihrem Mann bei einem Motorradunfall nicht helfen müsse, weil sich ihr Mann des ihm bekannt riskanten Fahrens hätte enthalten können und mithin nicht hilfsbedürftig war.

Soweit argumentiert wird, eine Abwehrbeschränkung sei nicht zumutbar und niemand sei verpflichtet, sich verprügeln zu lassen[78], kann man dem nur zustimmen. Zu ergänzen ist allerdings, dass unterhalb der Schwelle des Verprügeln-Lassens durchaus noch weiter Raum für Notwehrrechtsbegrenzungen bleibt.

---

75 *Frister*, GA 1988, S. 308; ihm folgend: *Scherenberg*, Sozialethische Einschränkungen der Notwehr, S. 169; *Rienen*, „Sozialethische" Einschränkungen des Notwehrrechts, S. 274 f., dessen Hinweis auf die Dogmatik der Unterlassungsdelikte dahingehend, dass dort keine Erfolgsabwendungspflicht bestehe, wenn der zu Beschützende sich frei verantwortlich in Gefahr begebe und Entsprechendes für den Angreifer gelte, in dieser Allgemeinheit weder unbestritten ist noch zutrifft. Die Pflicht erlischt gerade nicht, wenn der zu Beschützende sich bewusst einem Risiko aussetzt (anderes gilt für die bewusste Selbst*schädigung*, die aber der Angriff gerade nicht ist). Andernfalls entfiele beispielsweise die Garantenpflicht des Mannes, wenn seine Gattin mit dem Motorrad verunglückt. Denn dass jeder Motorradfahrer sich großen Risiken aussetzt, stellt nicht gerade ein Geheimnis dar, ist jedem Fahrer bewusst, siehe auch Teil 1 C X 3 b aa.

76 *Kühl*, AT, § 7, Rn. 203.

77 Siehe dazu ausführlicher die Kritik bei Teil 1 C III 1 b.

78 *Gropp*, AT, § 6, Rn. 87.

Weiter führe ein auf Gleichberechtigung aufbauendes Lebensverhältnis dazu, dass jeder selbst entscheiden dürfe, ob er sich zur Wehr setze[79]. In wieweit dies einer Notwehrrestriktion entgegenstehen soll, ist nicht erkennbar. Die Gleichberechtigung ist nicht identisch mit der Freiheit von Pflichten, sondern bedeutet gleiche Rechte und Pflichten der Gemeinschaftsmitglieder. Damit gebietet sie die Beschränkung der Abwehr von beiden Partnern gleichermaßen, steht ihr aber nicht schlechthin entgegen.

Gegen eine Restriktion wird weiter angeführt, sie stelle den Verteidiger vor die misslichen Alternativen, entweder leichte Körperverletzungen oder andere Nachteile erdulden zu müssen oder bestraft zu werden[80]. Diese Handlungsalternativen mögen wenig attraktiv sein, sind jedoch typisch für Garantenpflichten Unterworfene. Das Befolgen dieser Pflichten führt stets jedenfalls insoweit zu „Nachteilen", als zumindest die allgemeine Handlungsfreiheit für die Zeit der Pflichterfüllung eingeschränkt ist oder aber man riskiert eine Sanktion. Knüpft man wie die vorliegende Arbeit eine Abwehrbeschränkung an die Garantenstellung und die aus ihr erwachsenen Schutzpflichten, wird sogar die Aufopferung bis zur Zumutbarkeitsgrenze verlangt[81]. Vor die besagten Alternativen gestellt zu sein, spricht demnach nicht gegen die Lösung eines Strafrechtspflichtenproblems.

Nicht zu widerlegen ist, dass die Beschränkungen ablehnende Position im Vergleich zu den postulierten Notwehrrechtsbeschränkungen die Grenzen des Notwehrrechts eindeutiger zu bestimmen vermag[82]. Der für diese Klarheit zu entrichtende Preis ist indes zu hoch. Sie bringt axiologisch fragwürdige Ergebnisse hervor, setzt die strikt ablehnende Position einem argumentum ad absurdum aus. Denn ein unbeschränktes Abwehrrecht hätte zur Folge, das auch auf verhältnismäßig geringe Angriffe mit der ganzen Schneidigkeit des § 32 reagiert werden dürfte. So dürfte beispielsweise der Ehemann die nicht enden wollende Schimpftirade seiner Gattin durch ein – Erforderlichkeit wegen der Erregung der Ehefrau unterstellt – Niederschlagen derselben beenden, obwohl er genauso gut den Raum verlassen könnte, bis sich die Situation wieder beruhigt hat. Hierin eine „schimpfliche Flucht" und ein Zurückweichen des Rechts vor dem Unrecht zu sehen, befremdet, zurückhaltend formuliert. In einem anderen Beispielsfall hätte der Ehemann das Recht, seine Frau mit einem Schuss in die Beine niederzustrecken, wenn auf anderem Wege nicht sicher verhinderbar wäre, dass seine Gattin ihrem Kind 150 € aus dem Portemonnaie ihres Mannes zum Schuhkauf

79 *Gropp*, AT, § 6, Rn. 87.
80 *Spendel*, JZ 1984, S. 509.
81 Siehe dazu im Rahmen der Notwehrsituation Teil 3 C I 1 c.
82 *Spendel*, JZ 1984, S. 509.

aushändigt – ebenfalls ein Ergebnis, das nicht auf sonderlich breite Zustimmung stoßen dürfte.

Die Nennung der vorstehenden Beispiele erscheint um so wichtiger, als bei den ablehnenden Ansichten – allzu billig – das Rechtsgefühl prädisponiert werden soll, indem nimmermüde Beispiele gewählt werden, in denen die körperlich unterlegene Ehefrau sich einem jahrelangen Martyrium eines brutalen Trunkenbolds ausgesetzt sieht. Dass in diesen Fällen selbstverständlich (!) eine Notwehrrechtsbeschränkung ausscheidet, darf wohl kaum als Beleg für eine kategorische Ablehnung gelten. – Ein „schlagendes" Argument ist nicht stets auch ein überzeugendes.

Der generelle Vorhalt, eine Restriktion lasse dem Angreifer mehr Mitgefühl und Verständnis zuteil werden als dem Angegriffenen[83], entbehrt einer sachlichen Grundlage. In rechtlicher Hinsicht wird der Angreifer so sanktioniert, wie es das Gesetz vorsieht; im Falle der gleichzeitigen Schutzpflichtverletzung gar mit nachteiligen Folgen für ihn in der Strafzumessung. Das „Mitgefühl" und „Verständnis" des Gesetzes und der Rechtsanwender halten sich tatsächlich also in eher engen Grenzen.

Erwägbare Abwehrrechtsbeschränkungen haben überdies nicht das Ziel, gegenüber dem Aggressor besonderes Verständnis und Mitgefühl zum Ausdruck zu bringen, sondern die Abwehrbefugnisse gegebenenfalls auf das rechte Maß zu begrenzen. Ob es einer sachlichen Problemlösung zuträglich ist, eine beschränkte Rechtsausübung sogleich als „Verständnis und Mitgefühl" für den Angreifer zu verunglimpfen, um anschließend gegen sie zu polemisieren („Einladung an den Angreifer zur Gewaltanwendung"[84]), muss bezweifelt werden.

Als weiteres Gegenargument wird darauf hingewiesen, dass der Angreifer gegen eine die Grenzen eines beschränkten Abwehrrechts überschreitende Verteidigung seinerseits Notwehr üben dürfe, und sich letztlich nur deshalb verteidigen dürfe, "... weil er seine eigene Ehefrau (und nicht eine fremde Person) angegriffen ..." habe[85]. Dieses Argument beruht jedoch auf einer sehr selektiven Ursachenwahrnehmung. Sicherlich ist für das Notwehrrecht – auch! – der ursprüngliche Angriff kausal. Sachlicher Grund für das Notwehrrecht des Angreifers ist allerdings die Überschreitung der Notwehrgrenzen bei der Verteidigung, woran rechtlich nichts auszusetzen ist. Mit der genannten „Letztlich"-Argumentation ließe sich überdies jedwede Abwehr gegen eine rechtswidrige Verteidigung verwerfen, denn „letztlich" geht sie stets auf den ursprünglichen Angriff zurück.

---

83 *Rienen*, „Sozialethische" Einschränkungen des Notwehrrechts, S. 288.

84 *Rienen*, „Sozialethische" Einschränkungen des Notwehrrechts, S. 289.

85 *Rienen*, a. a. O.

Bezogen auf das zuvor genannte 150 €-Beispiel hätte andernfalls die Ehefrau kein Recht, den Schuss in die Beine abzuwehren. Ob dieses Ergebnis von dem Kritiker tatsächlich gewollt ist, muss bezweifelt werden[86].

Der laienpsychologischen – obgleich nicht unplausiblen - Behauptung zur Ablehnung einer Notwehrrechtsbeschränkung, eine verminderte Abwehr bürge die Gefahr der Eskalation, weil der Ehemann diese Abwehr nicht ernst nehme und noch mehr gereizt würde[87], kommt mangels Überprüfbarkeit nur eine eingeschränkte Überzeugungskraft zu. Jedenfalls erscheint fraglich, ob im Hinblick auf die Eskalationsgefahr eine uneingeschränkte Abwehr vorzugswürdig ist.

Insgesamt geht deshalb die strikte Ablehnung einer Notwehrrestriktion in besonderen persönlichen Verhältnissen fehl.

2.2.2 Positionen der Rechtsprechung

Seinen Anfang nahm das Problem – soweit ersichtlich und untersucht[88] – mit einem Urteil des Reichsgerichts aus dem Jahr 1926[89], einer durch Notwehr gerechtfertigten Tötung des Ehegatten durch die Ehefrau, um bisher letztmalig im Jahr 2002[90] mit einer mangels Angriff nicht gerechtfertigten Tötung des Ehepartners die höchstrichterliche Rechtsprechung zu beschäftigen. Die in der Zwischenzeit ergangenen Entscheidungen weisen eine solche Bandbreite auf, ohne dabei frühere Ansichten – zumindest ausdrücklich – aufzugeben, dass man von „möglichen Positionen“ der Rechtsprechung sprechen muss. Im Folgenden wird der Versuch unternommen, die einzelnen Standpunkte der Praxis mit ihrer jeweiligen Begründung zu systematisieren. Zudem wird zugleich eine Zusammenstellung derjenigen Fälle geliefert, in denen die Praxis sich mit dem Problem hätte befassen können, falls dort nicht auf die durch das Personenverhältnis bedingten Einschränkungen eingegangen wurde.

---

86 Vgl. die Argumentation *Rienens* a. a. O.

87 *Rienen*, „Sozialethische“ Einschränkungen des Notwehrrechts, S. 291

88 Bei der Analyse der Lösungsansätze zur konkreten Problemstellung wurde die Rechtsprechung beginnend mit der reichsgerichtlichen Rechtsprechung ausgewertet. Die Untersuchung früherer Entscheidungen verspricht mit Rücksicht auf die damaligen abweichenden gesetzlichen und dogmatischen Ausgangspositionen nur wenig Erkenntnisgewinn für eine aktuell dogmatisch und praktisch überzeugende Problemlösung.

89 RGSt 60, S. 261 f.

90 BGH NStZ-RR 2002, S. 203 ff.

2.2.2.1 „An sich nicht feindlich Gesinnte desselben Lebenskreises“

2.2.2.1.1 Darstellung

Abgesehen von einzelnen, speziellen Fällen[91] ohne Definition der maßgebenden Fallkonstellation schränkte die Rechtsprechung zunächst die Notwehr zwischen „an sich nicht feindliche Gesinnten desselben Lebenskreises“ ein[92].

Allerdings ist diese Deutung der genannten Urteile keineswegs unbestritten[93]. Zum Teil wird den Urteilen das Ehegattenverhältnis[94], zum Teil eine enge persönliche Beziehung[95] oder auch ein Gemeinschaftsverhältnis[96] als das einer Notwehrbeschränkung zugrunde liegende Personenverhältnis entnommen. Die drei letztgenannten Interpretationen finden jedoch in den Urteilen keine Grundlage. Zwar befassen sich die Entscheidungen aus den Jahren 1969 und 1975 mit Fällen der Ehegattennotwehr, doch führt das nicht zu der Folgerung, das Ehegattenverhältnis, eine enge persönliche Beziehung bzw. ein Gemeinschaftsverhältnis kennzeichne in den genannten Urteilen die persönlichen Voraussetzungen. Vielmehr zwingen die Formulierungen in den Urteilen „... die Ehegatten waren sich im Grunde nicht feindlich gesinnt ...“[97], sowie die Feststellung, dass das Nicht-feindlich-gesinnt-Sein in „verstärktem Maße“ für Ehegatten gelte[98], zu dem Schluss, dass es sich bei dem Ehegattenverhältnis nur um einen Unterfall der durch „an sich nicht feindlich Gesinnte“ umschriebenen Konstellation handelt. Das nachfolgende Urteil[99] ändert diese Position sachlich nicht, sondern be-

---

91 Tödliche Notwehr des Sohnes gegen den Vater, OLG Celle HannRPfl 1947, S. 15 f.; Notwehr zwischen Angehörigen desselben Betriebs, OLG Stuttgart NJW 1950, S. 119; Ausweichpflicht der Ehefrau wegen der Trunkenheit des angreifenden Ehemannes, BGH bei Dallinger 1974, S. 722.

92 BGH bei Dallinger MDR 1958, S. 12 f.; BGH GA 1969, S. 117 sowie in derselben Sache BGH NJW 1969, S. 802; BGH NJW 1975, S. 62 f.; BayObLG OLGSt zu § 53; dem sich anschließend *Pfeiffer/Maul/Schulte*, StGB, § 53, 6.

93 Die von *Schöneborn*, in NStZ 1981, 203, Fn. 21, für seinen notwehreinschränkenden Ansatz bei „honorierungswürdiger Gemütsregung“ des Angreifers als stützendes Argument ausgemachte Blickwendung auf den Angreifer ist nicht zu erkennen. Die Entscheidungen äußern sich zu „Ehegatt*en*“ als „Gesinnt*en*“ (Plural) und deren Verhältnis.

94 *Bockelmann/Volk*, AT, § 15 B I 3; *Montenbruck*, JR 1985, S. 115; *Sangviroatjanapat*, Einschränkungen, 77; *Fischer*, § 32, Rn. 19.

95 *Hoyer*, AT I, S. 77; Schönke/Schröder-*Perron*, § 32, Rn. 53; *Schroth*, NJW 1984, S. 2562.

96 *Otto*, Würtenberger-FS, S. 148; *ders.*, AT, § 8, Rn. 90.

97 BGH NJW 1969, S. 802.

98 BGH GA 1969, S. 117.

99 BGH NJW 1975, S. 62 f.

reinigt sie nach der berechtigten Kritik[100] lediglich terminologisch. Von engen, persönlichen Beziehungen und Gemeinschaftsverhältnissen ist erst in späteren Entscheidungen[101] die Rede. Weder der konkrete Fall des Ehegattenverhältnisses noch die übergeordnete Kategorie der „nicht feindlich Gesinnten" erlauben es, zu einer in ihrer Allgemeinheit zwischen beiden liegenden Kennzeichnung der einschlägigen Personengruppe zu gelangen. Deshalb ist an der anfangs dargestellten Deutung festzuhalten.

Soweit eine Begründung der Notwehrbegrenzung nicht gänzlich fehlt[102] wird sie zum einen unmittelbar aus den persönlichen Voraussetzungen, dem An-sich-nicht-feindlich-gesinnt-Sein[103], und zum anderen aus den besonderen persönlichen Verhältnissen, der Verbundenheit in enger Lebensgemeinschaft und der Verpflichtung zu verständnisvollem Eingehen und Rücksichtnehmen, also aus dem Wesen der Ehe[104], hergeleitet[105]. Schließlich wird noch in Anlehnung an ein anderes Urteil[106] mit dem einzuhaltenden Erfordernis einer in ihrer Art und Weise den ganzen Umständen angemessenen Abwehr argumentiert[107]. Dagegen bemüht der BGH nicht die Garantenpflicht, wie vereinzelt behauptet[108], als dogmatisches Argument. Auf sie wird in keinem der Urteile Bezug genommen. Auch aus der „Verpflichtung zu verständnisvollem Eingehen und Rücksichtnehmen" ergibt sich nichts anderes. Denn diese Verpflichtung ist keineswegs identisch mit den Pflichten eines Garanten, die sich originär auf die Abwendung eines tatbestandlichen Erfolges eines Strafgesetzes richten, § 13 I StGB, und deren Ausfluss allenfalls als minor eine schlichte Rücksichtnahmepflicht sein kann.

2.2.2.1.2 Kritische Würdigung

Dem Topos der Rechtsprechung, „an sich nicht feindlich Gesinnte desselben Lebenskreises", kann man mit Recht vorhalten, er sei zu weit[109] und ergebe eine ei-

---

100 *Deubner,* NJW 1969, S. 1184.

101 BGH NJW 1980, S.2263 f.; BGH NJW 1984, S. 986 f.; BGH NJW 2001, S.3200 ff.

102 BGH bei Dallinger MDR 1958, S. 12 f.

103 BayObLG OLGSt zu § 53; ebenso verstanden von *Sangviroatjanapat*, Einschränkungen, S. 77.

104 *Marxen*, „Sozialethische" Grenzen der Notwehr, S. 34; ders., Lüderssen/Sack, S. 67 f.

105 BGH GA 1969, 117; darauf verweisend BGH NJW 1975, S. 62. Ebenso die Deutung der Argumentation der Rechtsprechung bei: *Marxen*, „Sozialethische" Grenzen der Notwehr, S. 22; *Sangviroatjanapat*, Einschränkungen, S. 77; Wohlers JZ 1999, S. 438.

106 BayObLG NJW 1963, S. 824 f.

107 BGH NJW 1969, S. 802.

108 *Matt*, AT, Kap. 3, § 3, Rn. 41.

109 *Köhler*, AT, Kap. 5, III, 2.3.4; *Roxin* , AT, Bd. 1, § 15, Rn 87.

genartige Mischung[110] von Fällen. Es würden nahezu alle nicht von Feindschaft geprägten, sozialen Kontakte des Notwehrübenden darunter fallen. Warum aber flüchtigen Bekannten gegenüber das Notwehrrecht beschränkt sein soll, ist ebenso wenig sachlich begründbar, wie die Gleichbehandlung von Notwehr gegenüber den eigenen Kindern und gegenüber einfachen Nachbarn. Im Übrigen könnte man allein schon wegen des Angriffs Zweifel an der nicht feindlichen Gesinnung hegen.

Gegen ein solchermaßen gekennzeichnetes Personenverhältnis kann man weiter einwenden, dass innerhalb vieler Lebenskreise Konkurrenz, Rivalität und Druck vorherrschen (beispielsweise in Betrieben oder Fußballvereinen). Deswegen ist hier eine besondere Rücksichtnahmepflicht nicht gerade naheliegend[111].

Ebenfalls schwerwiegenden Bedenken begegnet das Herleiten einer Notwehrschranke aus den persönlichen Voraussetzungen selbst. Denn *dass* eine Beschränkung innerhalb der genannten Personenverhältnisse vorgenommen wird erklärt noch nicht deren Berechtigung. Auf ein Evidenzerlebnis lässt sich die Umschreibung „an sich nicht feindlich Gesinnte desselben Lebenskreises“ jedenfalls nicht stützen.

Auch das Argumentieren mit dem persönlichen Verhältnis, der Verbundenheit in enger Lebensgemeinschaft und der Verpflichtung zu verständnisvollem Eingehen und Rücksichtnehmen überzeugt nicht. Die Ausführungen der Rechtsprechung lesen sich wie die Umschreibung der ehelichen Pflichten. Es hätte aber noch weiterer Argumentationsschritte bedurft, warum diese Pflichten zu einer Notwehrbegrenzung führen. So aber wird lediglich die eine Rechtspflicht (Zurückhaltung bei der Notwehr) durch die Nennung einer anderen, ebenso nicht begründeten Pflicht („verständnisvolles Eingehen und Rücksichtnehmen“) legitimiert und damit letztlich gar nichts begründet. Denn dass diese aus jener folgt, wäre zu beweisen gewesen. Darüber hinaus sind nicht schlechterdings alle „an sich nicht feindlich Gesinnte“ in enger Lebensgemeinschaft verbunden, weshalb diese Wendung nicht als Argument für das angeblich bei einer Notwehrbeschränkung vorauszusetzende Personenverhältnis taugt.

Gleichermaßen kritisieren muss man die Berufung auf eine den Umständen im Ganzen angemessene Verteidigung. Denn entweder wird dort die Notwehrrestriktion innerhalb bestimmter Personenverhältnisse mit einer allgemeiner formulierten Begrenzung erklärt, welche eine eigene Begründung vermissen lässt, oder aber man versteht die Ausführungen im Ausgangsurteil[112], auf das die Entscheidung zur Begründung verweist, lediglich als Überleitung ohne eigenständi-

---

110 *Geilen*, JR 1976, S. 317, Fn. 17.

111 *Roxin,* ZStW 93, S. 101.

112 BayObLG NJW 1963, S. 825.

gen argumentativen Gehalt zu der anschließend erwähnten Pflicht auszuweichen, wenn das ohne Interessenpreisgabe möglich sei. Für letzteres Verständnis spricht die sehr allgemeine und inhaltlich nicht sonderlich ergiebige Formulierung einer im Ganzen den Umständen angemessenen Abwehr. Weiter muss man bezweifeln, ob die Einfügung einer Angemessenheitsklausel bei § 32 StGB mit Rücksicht auf die gerade in diesem Punkt abweichende Fassung des § 34 StGB dem ausdrücklichen Unterschied und damit dem gesetzgeberischen Willen und Wortlaut der Bestimmung gerecht wird.

Aus diesen Gründen bietet der topos „An sich nicht feindlich Gesinnte desselben Lebenskreises" keinen überzeugenden Ansatz zur Kennzeichnung der einschlägigen Konstellationen.

2.2.2.2 Enge persönliche Beziehung

2.2.2.2.1 Darstellung

In den nachfolgenden Urteilen wird begrüßenswerterweise deutlich enger als zuvor für eine Einschränkung des Notwehrrechts eine „enge persönliche Beziehung" gefordert[113]. Diese Entscheidungen haben gemein, dass sie zwar die enge persönliche Beziehung als Voraussetzung nennen, im Ergebnis aber eine Notwehreinschränkung ablehnen, weil in den konkreten Fällen die erforderliche besondere Beziehung gerade nicht gegeben ist.

Möglicherweise ist dies die Ursache für das völlige Fehlen von Argumenten für eine derart ausgestaltete Restriktion: Da die Beschränkung nicht einschlägig gewesen ist, hat man sich auch nicht veranlasst gesehen, sie zu erklären.

2.2.2.2.2 Kritische Würdigung

Offensichtlich schwer wiegt das Fehlen einer Begründung für das Verlangen einer engen persönlichen Beziehung für eine Notwehrbeschränkung, drängt sich doch nach dem Wortlaut des § 32 StGB eine so gefasste Begrenzung nicht auf.

Außerdem ist weithin unklar, wie die Beziehung ausgestaltet, ob sie beispielsweise grundsätzlich intakt sein muss, und folglich, welche konkreten Fälle zu subsumieren sind[114]. Denn anders als bei der Garantenstellung aus natürlicher Verbundenheit kann hier nicht auf eine umfassende, dogmatische Diskussion zu-

113 OLG Hamm NJW 1977, S. 592; BGH NJW 1980, S. 2263; BGH NJW 2001, S. 3202: „persönliches Näherverhältnis"; BGH NJW 1984, S. 986 f. nennt zwar die „enge persönliche Beziehung" als Voraussetzung, lässt aber ausdrücklich offen, ob die Notwehr zu beschränken ist. *Matt*, AT, Kap. 3, § 2, Rn. 41, deutet die letztgenannte Entscheidung ebenfalls dahingehend, dass die Rechtsprechung eine solche Beziehung verlangt.

114 In derselben Richtung *Wohlers*, JZ 1999, S. 435.

rückgegriffen werden. Demnach ist im Hinblick auf die mangelnde Abgrenzungsfähigkeit des Anwendungsbereichs die Leistungsfähigkeit dieser Ansicht unzureichend, sie nicht weiter zu verfolgen.

2.2.2.3 Familiärer Bereich, gemeinsame Betriebszugehörigkeit, Vereinsmitgliedschaft, „schulinterne Situationen" sowie Soldaten untereinander

2.2.2.3.1 Darstellung

Neben den bekannten, für das Problem typischen Fällen der Notwehr zwischen Ehegatten, welche in Praxis und Wissenschaft den größten Stellenwert einnehmen, hat die Rechtsprechung noch in einigen besonderen Konstellation eine Notwehrbeschränkung erwogen. Abgesehen von zwei Ausnahmen[115] wird dabei das vorausgesetzte Personenverhältnis nicht abstrakt definiert, sondern nur eine Einschränkung in dieser speziellen Konstellation erörtert, so dass sich eine sehr heterogene Zusammenstellung von Einzelfällen ergibt, die nicht in die zwei vorgenannten Kategorien eingeordnet werden können.

Noch im familiären Bereich liegen die Ausweichpflicht eines Sohnes vor dem angreifenden Vater[116] und der Ehefrau vor dem trunkenen Gatten[117]. Darüber hinaus wird allerdings eine Beschränkung zwischen Angehörigen desselben Betriebs[118], Mitgliedern eines Sportvereins[119] angenommen, hingegen in neueren Entscheidungen bei Auseinandersetzungen zwischen Schülern in der Schule[120] und Soldaten[121] verneint.

Zur Zeit des totalitären nationalsozialistischen Regimes wurde – vor dem Hintergrund der damaligen, weitgehenden Leugnung der Bedeutung des Indivi-

115 BayObLG OLGSt zu § 53; BGH NJW 1980, S. 2263 f.

116 OLG Celle NdsRpfl 1947, S. 15 f.; im Ergebnis zustimmend *Marxen*, „Sozialethische" Grenzen der Notwehr, S. 55.

117 BGH bei Dallinger MDR 1974, 722; ebenfalls zur Ehegattenkonstellation ohne eine abstrakte Voraussetzungsdefinition eine Einschränkung, aber ausdrücklich offen lassend: BGH NStZ-RR 2002, S. 203 ff.

118 OLG Stuttgart NJW 1950, S. 119; auch für Betriebsangehörige jedoch mit dem Oberbegriff „nicht feindlich Gesinnte...": BGH bei Dallinger MDR 1958, S. 12 f.; offen lassend OLG Hamm NJW 1977, S. 590 ff.

119 BayObLG OLGSt zu § 53, allerdings auch innerhalb der Kategorie der „nicht feindlich Gesinnten...".

120 BGH NJW 1980, S. 2263 unter der übergeordneten Definition „enge persönliche Beziehung".

121 BGH NStZ 1983, S. 117.

duums und seiner Rechte zugunsten der „völkischen Rechtserneuerung“[122] – dem sich gegen einen Untergebenen verteidigenden SA-Angehörigen[123] und dem sich gegen Zivilisten zur Wehr setzenden SS-Angehörigen[124] ein nicht eingeschränktes, sondern sehr weitgehendes Notwehrrecht zugestanden.

Als Argument für eine Notwehrbeschränkung wird auf die grundsätzlich als bestehend vorausgesetzte Pflicht auszuweichen, falls dies nicht ehrrührig ist, Bezug genommen. Das Ausweichen des Sohnes vor dem Vater sei nie ehrmindernd[125]; ebenso das Ausweichen vor dem trunkenen Ehemann, wobei die Trunkenheit und nicht das persönliche Verhältnis der Beteiligten entscheidend gewesen ist[126]. Nunmehr wird erläutert, die gemeinsame Betriebszugehörigkeit vermindere die durch den Angriff tatsächlich drohende Gefahr, da sich der Angegriffene des Schutzes der Betriebsgemeinschaft versichert fühlen darf[127]. Im Übrigen werden entweder keine Begründungen geliefert[128] oder sind bereits bei der jeweils übergeordneten Gruppenkennzeichnung dargelegt[129].

2.2.2.3.2 *Kritische Würdigung*

Zutreffend wird eine Einschränkung in diesen Fällen allgemein äußerst kritisch beurteilt. Bereits die Rechtsprechung lehnt sie bei „schulinternen Situationen“[130] ab, oder erwägt sie bei Soldaten[131] gar nicht erst. Ebenso wird in der Literatur weit überwiegend eine Begrenzung wegen gemeinsamer Betriebszugehörigkeit oder Sportvereinsmitgliedschaft abgelehnt[132]. Eine solche Bandbreite an Fällen löst jedenfalls dann schwere Bedenken aus, wenn sie ohne eine die Gemeinsam-

---

122 Nachweis der Zitate bei *Rüthers*, Die unbegrenzte Auslegung, S. 99 ff., 111 ff., 136 ff. und 270 ff.

123 RGSt 69, 179 ff.: Schutz des Ansehens und der Belange der verkörperten Befehlsgewalt.

124 RGSt 72, 383f: vielmehr eine Ausdehnung der Notwehr zum Schutze des ansehens der SS-Uniform.

125 OLG Celle NdsRpfl 1947, S. 15.

126 BGH bei Dallinger MDR 1974, S. 722.

127 OLG Stuttgart NJW 1950, S. 119.

128 BGH NStZ 1983, S. 117.

129 Siehe dazu bei Teil 1 C II 1 und 2.

130 BGH NJW 1980, S. 2263; zustimmend: *Bitzilekis*, Tendenz, S. 125; *Roxin*. AT, Bd. 1, § 15, Rn. 87; *Sangvitoatjanapat*, Einschränkungen, S. 120; Schönke/Schröder-*Perron*, § 32, Rn. 53.

131 BGH NStZ 1983, S. 117.

132 Vgl. nur: *Bitzilekis*, Tendenz, S. 125; *Kühl*, AT, § 7, Rn. 206; *Marxen*, „Sozialethische“ Grenzen der Notwehr, S. 55; *Sangviroatjanapat*, Einschränkungen, S. 120; Schönke/Schröder-*Perron*, § 32, Rn. 53; LK-*Spendel*, § 32, Rn. 310 f.; *Schumann*, JuS 1979, S. 566.

keiten bzw. Unterschiede aufzeigende abstrakte Definition der Voraussetzungen eingeordnet werden. Die Frage nach einer dogmatischen Begründung bleibt unbeantwortet und der Willkürverdacht unausgeräumt.

Die Bezugnahme auf eine grundsätzlich bestehende Pflicht auszuweichen, falls dies nicht ehrrührig sei, vermag nicht zu überzeugen. Bei ihr handelt es sich vielmehr um eine petitio principii. Denn die Annahme einer generellen Ausweichpflicht – selbst beschränkt auf Fallgestaltungen wie das Vater-Sohn-Verhältnis – ist keineswegs unstreitig, wäre zu begründen[133]. Gegen sie spricht vor allem der Widerspruch zum Wortlaut des § 32 StGB: Ein Ausweichen wendet den Angriff nicht ab, da es ihn unangetastet lässt und ist damit gerade keine „Verteidigung". Alternativ könnte man die Ausweichpflicht als Folge einer Notwehrbeschränkung begreifen. Abgesehen davon, dass ein solches Verständnis die Urteile nicht nahe legen, verlöre der Hinweis auf eine Ausweichpflicht dadurch endgültig seinen Charakter als Argument.

Nicht nachzuvollziehen ist die Behauptung, die tatsächliche Gefahr sei bei Angriffen zwischen Angehörigen desselben Betriebs vermindert, da der Angegriffene sich des Schutzes der Betriebsgemeinschaft versichert fühlen darf. Es mögen Fälle existieren, bei denen das Maß der erforderlichen Verteidigung bei Auseinandersetzungen innerhalb eines Betriebes durch die dort verfügbare Hilfe Dritter – möglicherweise durch dazu besonders Berufener, wie den Werksschutz, oder Kollegen – geringer ist, als für den Fall, dass der Angegriffene auf sich allein gestellt ist. Davon aber verallgemeinernd allein auf Grund des Sich-der-Hilfe-versichert-Fühlens auszugehen, ist keine generalisierbare Annahme.

Soweit das einschränkungsbegründende Personenverhältnis nicht abstrakt definiert und inhaltlich beschrieben, sondern sich auf die schlichte Feststellung einer Begrenzung im konkreten Fall beschränkt wird, bleibt außerdem eine wesentliche Funktion juristischer Theorien[134], die begriffliche und dogmatische Einordnung einer Problemlösung, unerfüllt.

2.2.2.4 Gegenwärtige Position(en) und Tendenz der Rechtsprechung

Die zuvor dargestellten unterschiedlichen Standpunkte der Rechtsprechung, das Fehlen einer ausdrücklichen Aufgabe früherer Positionen, sowie das nicht seltene Offen-Lassen einer Einschränkung erlauben es nicht, eine Rechtsprechungs-

133 Dies schließt eine Notwehrrechtsbeschränkung in Gestalt einer Ausweichpflicht, wie sie auch in dieser Arbeit unter bestimmten Voraussetzungen vertreten wird, Teil 3 C I, nicht aus. Nur kann diese lediglich die Konsequenz einer anderweitig begründeten Abwehrrechtsrestriktion sein und nicht ihrerseits die Begründung für eine Beschränkung liefern.

134 Vgl. dazu nur *Canaris*, JZ 1993, S. 377 ff.

position herauszuarbeiten. Daher wird sie zutreffend als unklar, gar diffus beschrieben[135]. Einige Tendenzen sind allerdings aufzuzeigen.

Schon seit geraumer Zeit beschränkt sich die Rechtsprechung nicht mehr auf die schlichte Nennung des einschlägigen Falles, wie die Betriebszugehörigkeit[136] oder das Vater-Sohn-Verhältnis[137], ohne dabei das zugrunde liegende Personenverhältnis zumindest vage zu bestimmen, so dass ein solches Vorgehen nicht mehr zu erwarten ist. Sie ist wohl von einer Einschränkung in weniger engen Gemeinschaftsverhältnissen wie bei Betriebsangehörigen, Sportvereinsmitgliedern, Schülern und Soldaten abgerückt[138], sind doch die letzteren beiden betreffend Einschränkungen abgelehnt[139], bzw. nicht erwogen[140], hingegen bei Betriebsangehörigen ausdrücklich offen gelassen worden[141]. Insgesamt ist eine Tendenz zur Einschränkung der Voraussetzungen dieser Fallgruppe in der Rechtsprechung festzustellen[142], haben sich doch die persönlichen Anforderungen von Betriebsangehörigen über „an sich nicht feindlich Gesinnte desselben Lebenskreises“ bis zu engen persönlichen Beziehungen entwickelt. Zumal zwischenzeitlich trotz Vorliegen einer einschlägigen Personenkonstellation eine daraus resultierende Einschränkung mehrfach unerwogen blieb[143]. Nach alledem ist durchaus ungewiss, ob überhaupt noch eine Notwehrbegrenzung von der Rechtsprechung vorgenommen wird[144]. Die Vermeidung einer eindeutigen Stellungnahme seitens der Rechtsprechung[145] lässt zumindest eine gewisse Distan-

---

135 SK-*Günther*, § 32, Rn. 129; *Rienen*, „Sozialethische“ Einschränkungen des Notwehrrechts, S. 263; *Roxin*, AT, Bd. 1, § 15, Rn. 86; *Sangviroatjanapat*, Einschränkungen, S. 78; *Scherenberg*, Sozialethische Einschränkungen der Notwehr, S. 166 f.; *Wohlers*, JZ 1999, S. 435.

136 OLG Stuttgart NJW 1950, S. 119.

137 OLG Celle NdsRpfl 1947, S. 15 f.

138 Ebenso gedeutet von *Wohlers*, JZ 1999, S. 434.

139 BGH NJW 1980, S. 2263 f.

140 BGH NStZ 1983, S. 117.

141 OLG Hamm NJW 1977, S. 590 ff.

142 So auch *Loos*, JuS 1985, S. 862, Fn. 39; *Montenbruck*, JR 1985, S. 116; *Rienen*, „Sozialethische“ Einschränkungen des Notwehrrechts, S. 262; *Roxin*, AT, Bd. 1, § 15, Rn. 86; *Scherenberg*, Sozialethische Einschränkungen der Notwehr, S. 160; *Wohlers*, JZ 1999, S. 434.

143 BGH NStZ 1987, S. 322 f. (Ehegatten); BGH NStZ 1994, S. 581 f. (Ehegatten); BGH NStZ 1996, S. 433 f. (nichteheliche Liäson); allerdings boten die Entscheidungen zum Teil bereits an anderer Stelle Gelegenheit, eine Notwehrrechtfertigung zu verneinen.

144 Dies ausdrücklich offen lassend: BGH NJW 1984, 986f; BGH NStZ-RR 2002, 203ff (zweifelnd gegenüber der bisherigen Rspr.).

145 Vgl. BGH NJW 1984, S. 986 f.; BGH NStZ-RR 2002, S. 203; BGH NJW 2003, S. 3212 ff., in der freilich keine Notwehrsituation gegeben war; wegen der Anwendung

zierung von früheren Positionen vermuten. Auch aus Gründen der Rechtssicherheit wäre das Beziehen einer eindeutigen Position wünschenswert gewesen.

2.2.3 „Ehegatten" und „enge familiäre Beziehungen"

2.2.3.1 Der Ansatz de lege lata

2.2.3.1.1 Darstellung

Überwiegend[146] weniger an die tatsächliche sondern mehr an die rechtliche Beziehung der unmittelbar am Konflikt Beteiligten knüpfen diejenigen an, die von einer Einschränkung zwischen „Ehegatten"[147] , innerhalb „enger familiärer Beziehungen"[148] oder „ rechtlich institutionalisierter Verbindungen"[149] ausgehen. Vereinzelt wird dabei im Tatsächlichen einschränkend verlangt, es müsse sich um intakte aber nicht notwendig konfliktfreie Beziehungen handeln[150].

Als Argument hierfür wird die „Menschlichkeit" bzw. „Ehegatten- und Kindespflicht" bemüht[151]. Weiter wird ausgeführt, eines der Notwehrprinzipien, das Rechtsbewährungsprinzip, komme aus Rücksicht auf den Fortbestand der rechtlich besonders geschützten Beziehungen nicht voll zur Geltung[152], weshalb die Notwehr zu begrenzen sei. Weiterhin spreche für eine nur eingeschränkte Geltung des Prinzips, dass die „allgemeine Ebene des Rechts" nur bei schweren oder gefährlichen Angriffen verletzt sei[153]. Zum Teil wird für ein vermindertes Rechtsbewährungsinteresse auch auf die zugleich gegebene Garantenstellung des Angegriffenen verwiesen[154]. Außerdem wird noch mit dem Spannungsver-

---

von § 33 StGB offen lassend BGHR, § 33, Furcht 3.

Eine Einschränkung gar nicht thematisierend: BGH NStZ 1987, S. 322; 1994, S. 581 f.; NStZ-RR 2007, S. 199 f.

146 Nicht so bei Schönke/Schröder-*Perron* § 32, Rn. 53.

147 *Schumann* JuS 1977, S. 566.

148 *Oetker*, Frank-FS, S. 375 („Ehegatten" und Eltern-Kind-Verhältnis); Schönke/Schröder-*Perron* § 32, Rn. 53; *Tiedemann*, Anfängerübung, S. 132; *Fischer* § 32, Rn. 19; *Wessels/Beulke*, AT, Rn. 345.

149 *Matt*, AT, Kap. 3, § 2, Rn. 42.

150 Schönke/Schröder-*Perron* § 32, Rn. 53.

151 *Oetker*, Frank-FS, 375.

152 *Matt*, AT, Kap. 3, § 2, Rn. 42; Schönke/Schröder-*Perron* § 32, Rn. 53; *Tiedemann*, Anfängerübung, S. 132.

153 *Matt*, AT, Kap. 3, § 2, Rn. 42.

154 *Schumann*, JuS 1977, S. 566.

hältnis zwischen Selbstverteidigungsrecht und – insofern etwas spezieller als zuvor – Beschützergarantenstellung argumentiert[155].

2.2.3.1.2 *Kritische Würdigung*

Neben den genannten Argumenten spricht scheinbar für eine solche Umschreibung der persönlichen Voraussetzungen ihr verhältnismäßig klar umgrenzter Anwendungsbereich, lässt sich doch der Ehegattenstatus und in den meisten Fällen die enge familiäre Beziehung recht eindeutig feststellen. Indes ist der Preis, den man für solchermaßen formale Anknüpfung zu zahlen hat, zu hoch. Denn wenn man nicht doch wieder zu Lasten der Eindeutigkeit Einschränkungen der persönlichen Voraussetzungen, wie das Fordern einer intakten Beziehung, vornimmt[156], erfüllen auch Schein- oder zerrüttete Ehen die Voraussetzungen. Innerhalb dieser nicht aber zwischen den seit zwanzig Jahren glücklich zusammenwohnenden Lebensgefährten eine Einschränkung zu postulieren, ist axiologisch fragwürdig und ohne eine weitere Erklärung, wie sie beispielsweise Art. 6 I GG liefern könnte[157], mit dem Gleichheitsgrundsatz nur schwer zu vereinen. Axiologisch liegt eher das umgekehrte Ergebnis nahe.

Sofern bei den persönlichen Voraussetzungen eine „rechtlich institutionalisierten Verbindung" statt Ehegatten und enge familiäre Beziehung gefordert wird, verliert man zudem den Vorteil einer verhältnismäßig eindeutigen Beschreibung des Anwendungsbereichs. Denn es bleibt unklar, ob ausschließlich grundgesetzlich gewährleistete Einrichtungen gemeint sind, also vornehmlich aus Art. 6 I GG, oder ob auch solche des einfachen Rechts einzubeziehen sind. Namentlich im Bereich der (gleichgeschlechtlichen) Lebenspartnerschaften, denen zugegebenermaßen zum Teil ebenfalls der Schutz der Verfassung aus Art. 6 I GG gewährt wird, sind Abgrenzungsschwierigkeiten zu erwarten.

Dem in diesem Zusammenhang geltend gemachten Gesichtspunkt, die „allgemeine Ebene des Rechts" sei in institutionalisierten Verbindungen nur bei schweren Angriffen verletzt, kommt keine Überzeugungskraft zu. Vor dem Hintergrund, dass zuvor vom selben Autor ein rechtsfreier Raum innerhalb solcher Beziehungen ausdrücklich abgelehnt wurde[158], drängt sich sogleich die Frage auf, welche „Ebene des Rechts" denn verletzt ist, eine „besondere" oder „private"?, und wie diese definiert wird. Neben diesen Unklarheiten streitet gegen die Differenzierung die in jeder Notwehrlage vorausgesetzte Rechtswidrigkeit des

155 *Fischer* § 32, Rn. 19; *Wessels/Beulke,* AT, Rn. 345.

156 So Schönke/Schröder-*Perron* § 32, Rn. 53.

157 So – letztlich ebenfalls aber aus anderen Gründen nicht überzeugend – *Sangviroatjanapat*, Einschränkung, S. 99 ff.

158 *Matt*, AT, Kap. 3, § 2, Rn. 41.

Angriffs. Der drohende Rechtsgutsschaden und in der Folge die dagegen zur Verfügung stehenden Abwehrmöglichkeiten mögen unterschiedlich intensiv ausfallen können. Die Rechtswidrigkeit aber ist binär konstruiert, kennt nur zwei Zustände, rechtswidrig oder nicht rechtswidrig, und nicht verschiedene Ebenen des Rechtsverstoßes.

In dem Hinweis auf die „Menschlichkeit" und „Ehegattenpflicht" kann nicht mehr als ein Appell an das Rechtsgefühl erblickt werden. Denn warum beides eine Notwehreinschränkung zur Folge hat, wäre zu belegen gewesen.

Eher in die zutreffende Richtung weist die Berufung auf das Garantenverhältnis. Im Bereich dieser Fallgruppe stellt sie jedoch kein tragfähiges Argument dar. Denn wenn man die Garantenpflicht als dogmatisches Argument bemüht, dann liegt es sehr nahe, die Garantenstellung zur Kennzeichnung der persönlichen Voraussetzungen heranzuziehen. Im Mindesten hätte erklärt werden müssen, warum das Garantenverhältnis das ausschlaggebende Argument für eine Begrenzung nicht aber deren Voraussetzung ist. Demzufolge misslingt der Schluss von der Begründung, der Garantenstellung, auf die daraus gefolgerte Fallgruppenbeschreibung, nämlich nicht Garantenverhältnis, sondern Ehegatten und enge familiäre Beziehung.

Gegen eine Reduzierung des Rechtsbewährungsinteresses aus Rücksicht auf den Fortbestand rechtlich besonders geschützter Beziehungen wird eingewandt, es handele sich um ein metaphorisches Argument, welches verdecke, dass es eigentlich um die Einschränkung des Rechtsbewährungsprinzips in bestimmten Fallgruppen gehe[159]. Der Einwand überzeugt nicht. Denn mit nichts anderem als der erwünschten Einschränkung des Rechtsbewährungsinteresses in einer bestimmten Fallgruppe, hier: Ehegatten und enge familiäre Beziehungen, operiert die angegriffene Ansicht. Er geht sogar in Gänze fehl, da mit der Feststellung, dass das Rechtsbewährungsprinzip in einer Konstellation beschränkt sei, nichts gewonnen ist, solange nicht begründet wird, *warum* es eingeschränkt ist.

Weiter werden grundsätzliche Einwände gegen ein Argumentieren mit einem verminderten Rechtsbewährungsinteresse erhoben. Zunächst wird bemängelt, es handele sich um nicht mehr als eine petitio principii. Es bleibe die Frage offen, weshalb sich das Recht weniger bewähren müsse[160]. Soweit nicht erläutert wird, warum ein Umstand zu einer Reduzierung führt, ist dem Einwand beizupflichten, wobei in jedem Fall die Vorfrage zu klären ist, was „Rechtsbewährung" überhaupt meint. Wenn hingegen ausgeführt wird, das Rechtsbewährungsinteresse sei auch im Falle einer Restriktion ungeschmälert vorhanden, weil die Einschränkung ein Vorgang „innerhalb" der staatlichen Rechtsordnung sei, wes-

159 *Schroth,* NJW 1984, S. 2563.

160 *Montenbruck,* JR 1985, S. 117.

halb sich das Recht gerade durch eine nur eingeschränkte Verteidigungsbefugnis bewähre[161], muss dagegen der Vorwurf einer petitio principii erhoben werden. Man kann ein vermindertes Rechtsbewährungsinteresse nicht mit der Behauptung ablehnen, das Recht wolle eine nur eingeschränkte Abwehr in den besagten Fällen und dadurch bewähre es sich. Denn wenn man Rechtsbewährung als Verwirklichung dessen, was das Recht will, versteht, so ist damit noch nichts darüber ausgesagt, *was* das rechtlich Richtige in einem konkreten Fall ist. Es ist schließlich gerade die Frage, ob das Recht hier eine lediglich eingeschränkte Notwehr verlangt.

Weiter wird einem verminderten Rechtsbewährungsinteresse entgegengehalten, dass dies einen Notwehrausschluss zur Folge haben müsse, weil allein mit dem Aspekt des Güterschutzes die Notwehr nicht zu begründen sei[162]. Letzteres trifft zwar zu[163] erklärt jedoch nicht einen zwingenden Notwehrausschluss. Warum soll ein vermindert vorhandenes Rechtsbewährungsprinzip automatisch zu einem Notwehrausschluss und nicht bloß seinerseits zu einer Verminderung der Notwehrbefugnisse führen? Folglich überzeugt die grundsätzliche Ablehnung eines reduzierten Rechtsbewährungsinteresses nicht.

Bedenken ergeben sich hingegen aus einer anderen Richtung. Zunächst kann man zweifeln, ob Beziehungen, innerhalb derer es zu Tätlichkeiten kommt, schützens- und letztlich für die Zukunft erhaltenswert sind. Bei verhältnismäßig geringfügigen und in einer sonst intakten Beziehung bisher einmaligen Angriffen kann allerdings ein Interesse am Fortbestand bestehen. Erheblich schwerer wiegen die Zweifel, die man im Hinblick auf das mit der Einschränkung verfolgte Ziel haben muss. Ob man den Schutz der Beziehungen durch eine Einschränkung des Notwehrrechts erreichen kann, erscheint äußerst fraglich. Im Gegenteil, das Wissen um eine nur eingeschränkte Verteidigungsmöglichkeit innerhalb einer Beziehung veranlasst dazu, eine solche gar nicht erst einzugehen. Im übrigen ergäbe sich der Widerspruch, dass man innerhalb „besonders geschützter Beziehungen“ besonders schutzlos gegenüber dem Partner wäre!

2.2.3.2 De lege ferenda: „In Ehe Verbundene“

2.2.3.2.1 Darstellung

Mitunter wird das einschlägige Personenverhältnis zwar ähnlich den bereits genannten Varianten definiert, eine Einschränkung de lege lata aber ausgeschlos-

161 *Marxen*, „Sozialethische“ Grenzen der Notwehr, S. 37 f.

162 *Bitzilekis*, Tendenz, S. 123.

163 Zu den Notwehrprinzipien siehe Teil 1 B.

sen und eine Begrenzung de lege ferenda gefordert. Die Notwehr sei durch Gesetz zwischen „in der Ehe Verbundenen“ zu begrenzen[164].

Ausgehend von der Annahme, die Notwehr habe ausschließlich den Sinn, die Autonomie des Einzelnen zu schützen[165], wird die Möglichkeit einer immanenten Restriktion verneint[166]. Das Rechtsbewährungsprinzip erlaube aber ebenfalls keine – dann „externe“ – Begründung, da es lediglich zum Ausdruck bringen solle, dass die Notwehr in die gesamte Rechtsordnung einzubinden und diese Einbindung bereits durch das Rechtswidrigkeitserfordernis beim Angriff erfolgt sei[167].

Welche Rechtsgedanken eine Notwehrbeschränkung tragen und wie sie umzusetzen sei, ergebe sich aus der Anwendung einer „Prinzipientheorie“[168] im Strafrecht[169]. Hier nur äußerst kurz skizziert unterscheidet eine Prinzipientheorie zwischen Regeln und Prinzipien. In Regeln werden die für die Rechtsordnung maßgebenden Werte, die Prinzipien, umgesetzt. Die Kollision verschiedener Prinzipien miteinander soll durch eine das Maß der Beeinträchtigung und die Wichtigkeit der Erfüllung der beteiligten Prinzipien bedenkende Abwägung aufzulösen sein. Beim hier diskutierten Problem würden das Recht zur Verteidigung, die Selbstbestimmung über die eigenen Rechtsgüter, mit der Verpflichtung zum verständnisvollen Eingehen und Rücksichtnehmen der untereinander als Ehegatten Verbundenen als Prinzipien miteinander streiten. Um Letzterem gerecht zu werden, sei das Notwehrrecht zu beschränken[170].

2.2.3.2.2 Kritische Würdigung

Der vorgeschlagenen Einschränkung zwischen „in der Ehe Verbundenen“ kann nicht gefolgt werden. Soweit eine Begrenzung – und so muss man diese Ansicht wohl verstehen – an rechtliche Gesichtspunkte, den Ehegattenstatus, anknüpft, kommen als Erstes die zuvor dagegen aufgezeigten Bedenken[171] zum Tragen.

---

164 *Koch*, ZStW 104, S., 812 und 815.

165 *Koch*, ZStW 104, S. 796 f.

166 *Koch*, ZStW 104, S. 797 f.

167 *Koch*, ZStW 104, S. 798.

168 Grundlegend zur Prinzipientheorie: *Alexy*, Rechtstheorie, S. 59 ff.; *ders.*, Theorie der Grundrechte, S. 71 ff.; *Canaris*, Systemdenken und Systembegriff, S. 46 ff.; *Esser*, Grundsatz und Norm, S. 1 ff.; *Larenz*, Methodenlehre, S. 404 ff. und 456 ff.
Nochmals sei darauf hingewiesen, dass es sich aus Gründen des Umfangs und Zweckmäßigkeit nur um eine stark vereinfachende Darstellung handelt, welche den Theorien in ihrer Gänze und Komplexität nicht gerecht zu werden vermag.

169 *Koch*, ZStW 104, S. 802 ff.

170 *Koch*, ZStW 104, S. 812 und 815.

171 Siehe Teil 1 C III 1 b.

Obwohl das Rechtsbewährungsinteresse nach hiesigem Dafürhalten nur einen sehr begrenzten argumentativen Nutzen für eine Notwehrbegrenzung aufweist[172], kann ein solches Vorgehen nicht schon mit Hinweis verworfen werden, der Notwehr liege als Prinzip lediglich der Schutz der Autonomie des Einzelnen zu Grunde, weil dieser Grundsatz allein die Notwehr zu legitimieren vermag[173].

Noch schwerer wiegt der Mangel, dass selbst wenn man eine Prinzipientheorie nicht a limine ablehnt, der Ansatz auch einer prinzipientheorie-immanenten Kritik nicht Stand hält: Da die Prinzipientheorie bei der Kollision verschiedener Prinzipien, so bei der Erwägung einer Notwehrrestriktion, sich ausschließlich an den beteiligten, widerstreitenden Prinzipien orientiert, muss sie die Frage nach der Herkunft der Prinzipien befriedigend beantworten können. Die Antwort wird dergestalt versucht, dass Prinzipien als „Leitgedanken rechtlicher Regelungen" nach erfolgter Abwägung in bereits bestehenden Gesetzesnormen konkretisiert seien[174]. Beim hiesigen Problem wird das für eine Notwehreinschränkung angeführte Prinzip jedoch nicht einer vorhandenen Regelung, sondern dem Urteil eines Gerichts entnommen, in dem ohne kritische Überprüfung der Topos „Verpflichtung zum verständnisvollen Eingehen und Rücksichtnehmen" aus der Entscheidung übernommen wird. Da ausdrücklich das „besondere Gewicht"[175] bereits Gesetz gewordener Prinzipien hervorgehoben wird, hätte eine Gesetzesnorm als Ausgangspunkt eines Prinzips den Vorzug vor jener ungeprüften, demokratisch nicht legitimierten und nur einen Einzelfall betreffenden Prinzipienquelle zu erhalten. Eine solche gesetzliche Grundlage bietet aber § 13 StGB. In ihm kommt eine gesteigerte, weil im Vergleich zur allgemeinen Regelung des § 323c StGB mit einer erhöhten Strafdrohung versehene Erfolgsabwendungspflicht zum Ausdruck, die grundsätzlich auch für Ehegatten angenommen wird. Demzufolge hätte ein Rückgriff auf § 13 StGB als Prinzipienquelle nahe gelegen. Wenn man deshalb mit Prinzipien argumentiert und diese bevorzugt bestehenden gesetzlichen Regelungen entnehmen will, so hätte man § 13 StGB als Ausgangspunkt zumindest erwägen müssen. Mit dem stattdessen erfolgten Rückgriff auf eine Formulierung aus verschiedenen Gerichtsentscheidungen begründet man erneut eine Verpflichtung zur zurückhaltenden Abwehr mit einer Pflicht zur Rücksichtnahme, welche ebenfalls zu begründen gewesen wäre. Der Unterschied besteht hier lediglich darin, dass der unbegründeten Pflicht plötzlich Prinzipienqualität zuerkannt wird. Überzeugend ist aber auch das nicht.

---

172 Teil 1 B II.

173 Teil 1 B; zur grundlegenden Bedeutung der Freiheit über die Notwehr hinaus vgl. Teil 2 C II 1, insbesondere a.

174 So *Koch*, ZStW 104, 805.

175 *Koch,* ZStW 104, S. 805.

2.2.3.3 De lege ferenda: Nach § 1353 I BGB zur ehelichen Lebensgemeinschaft Verpflichtete

2.2.3.3.1 Darstellung

Daneben nimmt eine weitere Auffassung an, auf Basis der jetzigen gesetzlichen Regelung sei die an sich erforderliche Notwehrbegrenzung nicht möglich[176]. De lege ferenda wird eine Einschränkung postuliert für den Fall, dass der Angreifer dem Verteidiger nach § 1353 BGB zur Herstellung der ehelichen Lebensgemeinschaft verpflichtet ist[177]. Entsprechend wird eine Beschränkung abgelehnt, wenn die Pflicht nach § 1353 II BGB nicht mehr besteht[178].

Die Restriktion wird mit der Rechtspflicht des Verteidigers zu sozialer Rücksichtnahme unter Verzicht auf eigene Rechte erklärt. Die Verpflichtung wiederum ergebe sich aus dem Sozialstaatsprinzip, welches die Schaffung eines Solidaritätsgebots im Notwehrrecht erfordere. Für die Geltung des Gedankens der sozialen Mitverantwortung sprächen eine Vielzahl von Urteilen, in denen das Notwehrrecht aus „sozialethischen Gründen“ eingeschränkt werde[179].

2.2.3.3.2 Kritische Würdigung

Die Auffassung, das Notwehrrecht des Angegriffenen de lege ferenda in den Fällen zu beschränken, in denen er dem Angreifer zur Herstellung der ehelichen Lebensgemeinschaft verpflichtet ist, verfügt über den Vorzug, dass mit § 1353 II BGB das Verhältnis der Beteiligten noch eine gewisse inhaltliche Qualität aufweisen muss und eine Beschränkung nicht formalistisch ausschließlich an den Ehegattenstatus anknüpft. Erfreulicherweise erschöpft sich die Begründung auch nicht in dem schlichten Hinweis auf eine Rücksichtnahmepflicht, sondern diese ergebe sich aus dem Sozialstaatsprinzip.

Trotzdem verdient der Ansatz keine Zustimmung. Schon der Ausgangspunkt der Begründung, das Sozialstaatsprinzip, sieht sich erheblichen Bedenken ausgesetzt. Nach herkömmlichen Verständnis im Öffentlichen Recht soll das Sozialstaatsprinzip als Staatszielbestimmung aus Art. 20 I GG im Wesentlichen zweierlei sicherstellen: die Herstellung und Erhaltung sozialer Gerechtigkeit und sozialer Sicherheit[180]. Unter sozialer Gerechtigkeit wird ein Verteilungsprinzip ver-

---

176 *Kratzsch*, JuS 1975, S. 437.

177 *Kratzsch*, JuS 1975, S. 441.

178 *Kratzsch*, JuS 1975, S. 436; ebenso eine Beschränkung für diesen Fall ablehnend *Loos*, JuS 1985, S. 863.

179 *Kratzsch*, JuS 1975, S. 440.

180 *Badura*, DÖV 1989, S. 491; *Degenhart*, Staatsrecht I, Rn. 354; *Hesse*, Verfassungsrecht, Rn. 207 ff.

standen, dass jeder Schicht der Bevölkerung ein angemessenes kulturelles und wirtschaftliches Leben ermöglicht[181]. Soziale Sicherheit werde geschaffen durch die Daseinshilfe in Krisenzeiten falls die Daseinsreserven des Bürgers nicht ausreichen[182]. Offensichtlich kann vorliegend allenfalls letzterer Gesichtspunkt tangiert sein. Gegen den Aspekt spricht nicht, dass der Angreifer sich selbst durch den Angriff in die Notlage gebracht hat, denn existentielle Daseinshilfe wird grundsätzlich unabhängig von der Verantwortung für die Notlage gewährt. Es erscheint allerdings fraglich, ob insgesamt die soziale Sicherheit durch *Verminderung* der Selbstschutzmöglichkeiten *vermehrt* wird, stehen doch schließlich auch Interessen des Angegriffenen auf dem Spiel. Selbst wenn das der Fall wäre, erscheint äußerst zweifelhaft, ob mit Rücksicht auf die von der öffentlich-rechtlichen Literatur angemahnte Zurückhaltung beim Anspruch auf Schaffung bestimmte gesetzlicher Regelungen durch den Staat[183] und auf den in diesem Bereich dem Gesetzgeber zustehenden Gestaltungsspielraum, aus dem Sozialstaatsprinzip ein Anspruch auf die vorgeschlagene gesetzliche Beschränkung des Notwehrrechts besteht. Ebenso kritisch ist die vorgeschlagene Umsetzung des Sozialstaatsgedankens zu beurteilen. Bekanntlich hat jedermann einen Anspruch auf soziale Sicherheit und zwar gegen den Staat. Demnach kann der Staat nicht, nur weil er augenblicklich keine Sicherheit gewähren kann, ohne Weiteres einen Privaten, noch dazu den Angegriffenen, zur Hilfe verpflichten Der in der Argumentation stillschweigend vorausgesetzte Schluss vom Sozialstaatsprinzip, der Verpflichtung des Staates, auf eine Solidaritätspflicht privater Personen untereinander ist zweifelhaft, im Mindesten begründungsbedürftig. Außerdem steht der Schutzanspruch jedermann zu. Demzufolge ist nicht erklärlich, warum nur diejenigen durch ein eingeschränktes Notwehrrecht privilegiert werden, die ihren Ehegatten angreifen. Aus dem Sozialstaatsprinzip hätte konsequenterweise die Gewährung sozialer Sicherheit für Jedermann und nicht nur für Ehegatten zu folgen. Die Herleitung der Fallgruppendefinition, zur ehelichen Lebensgemeinschaft Verpflichtete nach § 1353 I BGB, aus dem Sozialstaatsprinzip konnte nicht gelingen, weil verfassungsrechtlicher Ausgangspunkt der Norm Art. 6 I GG[184] und nicht jenes Prinzip ist.

Überdies verdient die Argumentationskette keinen Beifall, nach der sich die Restriktion aus dem Gedanken der sozialen Mitverantwortung ergebe, dessen Relevanz für § 32 StGB wiederum durch die Vielzahl an Urteilen zur „sozialethischen Einschränkung“ der Notwehr belegt werde. Der Verteidigungsbe-

181 *Maunz/Zippelius*, Staatsrecht, S. 98.

182 *Stern*, Staatsrecht I, S. 911.

183 Vgl. nur *Degenhart*, Staatsrecht I, Rn. 359ff m.w.N. .

184 Vgl. nur Palandt-*Brudermüller*, Einf v § 1353, Rn. 3.

schränkung liegen in den Entscheidungen sehr unterschiedliche Aspekte zu Grunde, die von Besonderheiten beim Verteidiger („Notwehrprovokation" bzw. „sonstige schuldhafte Herbeiführung einer Notwehrlage") über solche beim Angriffssubjekt (Schuldlose, Irrende) bis zu denjenigen beim Angriffsobjekt („Bagatellangriffe", „krasses Missverhältnis") reichen. Will man all diese verschiedenen Fälle auf einen gemeinsamen Gedanken zurückführen, muss der notwendig sehr allgemein ausfallen. Selbst wenn man als einen solchen gemeinsamen Grundgedanken die soziale Mitverantwortung akzeptiert, so ist dieser doch viel zu allgemein, um aus ihm konkrete Schlüsse für die Beschränkung des Notwehrrechts für eine bestimmte Fallgruppe herzuleiten, ganz zu schweigen von der abstrakten Umschreibung der Fallgruppe. Welche Fallgruppenkennzeichnung sollte sich denn aus dem „Gedanken der sozialen Mitverantwortung" für den mit der vorliegenden Arbeit anvisierten Problemkreis ergeben? Offensichtlich ist eine begründete Antwort nicht möglich. Bezeichnenderweise wird in der „Vielzahl an Urteilen zur 'sozialethischen Einschränkung' der Notwehr" eine Notwehrbegrenzung auch nicht dem Gedanken der sozialen Mitverantwortung entnommen, sondern wesentlich konkreter argumentiert. Der *Vielzahl* an angeführten Urteilen steht somit ein *einmaliger*, nur von der hier diskutierten Ansicht vollzogener Schluss gegenüber.

Darüber hinaus greift der schlichte Hinweis auf sich aus § 1353 BGB ergebende Rücksichtspflichten zu kurz und verkennt die Zweischneidigkeit des Arguments. § 1353 BGB gewährt den Ehegatten das Recht zur ehelichen Lebensgemeinschaft. Aus der eherechtlichen Generalklausel ergeben sich für die Ehegatten Beistands- und Rücksichtspflichten[185]. Da es sich hierbei um ein absolutes Recht handelt, erwachsen aus ihm sowohl Ansprüche der Eheleute gegen Dritte als auch gegeneinander[186]. Dazu zählen auch Abwehr und Unterlassungsansprüche. Wenn nun aber der eine Ehegatte den anderen angreift, so ist keineswegs ausgemacht, dass Beistands- und Rücksichtpflichten zu einer Notwehrbegrenzung führen. Denn zum einen reicht die Beistandspflicht nur soweit, wie es nach der Bedeutung der Sache zumutbar erscheint[187], was bei der Hinnahme eines Angriffs keineswegs feststeht. Und zum anderen könnte der ehelichen Lebensgemeinschaft mit einer – hier logischerweise nicht tödlichen – Abwehr eher gedient sein als mit einem Ausweichen, indem sie dem Aggressor seinen Gemeinschaftsbruch vor Augen führt. Die Notwehr könnte als Form der – auch eheintern möglichen – Abwehr der Störung der ehelichen Lebensgemeinschaft durch die Attacke begriffen werden. Schließlich gewährt § 1353 BGB auch Ansprüche

185 Palandt-*Brudermüller* § 1353 BGB, Rn. 9 f.
186 Palandt-*Brudermüller* Einf v § 1353 BGB, Rn. 5.
187 Palandt-*Brudermüller* § 1353 BGB, Rn. 9.

der Ehegatten untereinander zum Schutz der ehelichen Lebensgemeinschaft. Kurz gesagt: Die eheliche Lebensgemeinschaft könnte eine Notwehr zu ihrem Schutz geradezu ge- und nicht verbieten. Nach alledem ist der vorstehende Ansatz zu verwerfen.

2.2.4 „Enge persönliche Beziehung", „Nahestehende Personen" und ähnliche Formulierungen

2.2.4.1 Darstellung

Von der Anknüpfung an rechtliche Gesichtspunkte wie der Eheschließung und dem Erfordernis einer engen familiären Beziehung löst sich die nachfolgende Auffassung. Ihr gemäß soll die Notwehr bei Angriffen innerhalb „enger persönlicher Beziehungen" einzuschränken sein[188] und steht damit im Einklang mit einem Teil der Rechtsprechung[189]. Davon lediglich in der Formulierung nicht aber in der Sache erkennbar wesentlich abweichend wird auch von „nahestehenden Personen"[190], „persönlichen Näheverhältnissen"[191], Lebensgemeinschaft[192] und Gemeinschaftsverhältnissen[193] sowie „familiären bzw. eng partnerschaftlichen Beziehungen"[194] gesprochen. Gelegentlich wird darüber hinaus eine Intaktheit[195] oder friedliche Strukturierung der Beziehung für erforderlich erachtet[196].

Scheinbar als Synthese der zwei vorhergehenden Positionen wird schließlich noch vereinzelt ein innerfamiliäres oder besonderes Gemeinschaftsverhältnis verlangt[197]. Als besonders schutzwürdig wird dann nur die tatsächliche Ehegemeinschaft und nicht die zerrüttete oder Scheinehe erachtet[198]. Auf Grund der

---

188 *Benfer*, AT, Rn. 155; *Deubner*, NJW 1969, S. 1184 („enge, menschliche Beziehung"); *Eisele*, JA 2001, S. 924 f.; Hauf, AT, C 3.1.2.3; *Hoyer*, AT I, S. 77; *Jescheck/Weigend*, AT, S. 346; *Schroth*, NJW 1984, S. 2562.

189 OLG Hamm NJW 1977, S. 592; BGH NJW 1980, S. 2263; BGH NJW 2001, S. 3202: „persönliches Näherverhältnis"; BGH NJW 1984, S. 986 f. nennt die „enge persönliche Beziehung" als Voraussetzung, lässt aber die Begrenzung der Notwehr ausdrücklich offen; näher dazu bereits oben unter I 1 a bb.

190 *Ebert*, Strafrecht AT, S. 70; *Montenbruck*, Thesen zur Notwehr, S. 44.

191 *Maurach/Zipf*, § 26, Rn. 33.

192 *Baumann/Weber/Mitsch*, Strafrecht AT, § 17, Rn. 41.

193 *Schünemann*, GA 1985, S. 367.

194 NK-*Herzog* § 32, Rn. 111.

195 NK-*Herzog* § 32, Rn. 111.

196 *Schroth*, NJW 1984, S. 2562.

197 *Bitzilekis*, Tendenz, S. 120.

198 *Bitzilekis*, Tendenz, S. 125, Fn. 139.

letztgenannten Orientierung der Auffassung an den tatsächlichen Gegebenheiten kann aber die innerfamiliäre Beziehung als ein spezieller – freilich rechtlich institutionalisierter – Fall des besonderen Gemeinschaftsverhältnisses betrachtet werden, welcher der hiesigen Meinungsgruppe zuzuschlagen ist.

Sofern nicht gänzlich darauf verzichtet wird[199], findet sich eine Vielzahl von höchst unterschiedlichen Argumenten. So solle sich aus Rücksichtnahme-[200], Beistands-[201] und Einstandspflichten[202] eine Notwehrbegrenzung ergeben. Etwas präziser wird ein reduziertes Rechtsbewährungsinteresse wegen der besagten Einstandspflicht als Erklärung angeführt[203]. Andere wiederum betrachten nicht die Auswirkungen dieser Pflichten auf die Notwehrprinzipien, sondern versuchen, die Entstehung jener zu legitimieren. Dabei wird auf die Ehe[204], – dem ähnlich – auf § 1353 BGB[205] oder auf eine Solidargemeinschaft zwischen den unmittelbar Beteiligten[206] zurückgegriffen. Nochmals anders rücken einige die „rechtlich besonders geschützte Beziehung" der beiden Konfliktparteien in den Vordergrund. Um die Gemeinschaft beziehungsadäquat fortsetzen zu können[207], trete das Rechtsbewährungsinteresse zurück. Schließlich findet sich hier ebenfalls als Begründung für eine Einschränkung der Hinweis auf die Beschützergarantenstellung des Angegriffenen[208].

Vom vorstehenden in der Begründung abweichend wird ein Zurücktreten des Rechtsbewährungsinteresses als Grund für eine Notwehreinschränkung innerhalb innerfamiliärer oder besonderer Gemeinschaftsverhältnisse vehement bestritten[209]. Dabei wird von der Prämisse ausgegangen, der Notwehr lägen allein das Rechtsbewährungsprinzip und nicht noch zusätzlich individual-rechtliche Interessen zu Grunde[210]. Unter Rechtsbewährung wird – die Grundannahmen dieser Auffassung skizzierend – die Verteidigung der Rechtsordnung als einer bestimmten Rangverhältnissen von Werten Ausdruck verleihende Wertordnung verstanden. Daher habe der Notwehrübende bei seiner Verteidigung we-

199 Wie bei *Benfer*, AT, Rn. 155.

200 *Hoyer*, AT I, S 77.

201 *Maurach/Zipf*, § 26, Rn. 33.

202 *Hauf*, AT, C 3.1.2.3.

203 *Ebert* , Strafrecht AT, S. 77; *Jescheck/Weigend*, AT, S. 346.

204 *Deubner*, NJW 1969, S. 1184.

205 *Schroth*, NJW 1984, S. 2563.

206 *Schroth*, NJW 1984, S. 2563.

207 NK-*Herzog*, § 32, Rn. 111.

208 *Eisele*, JA 2001, S. 925.

209 *Bitzilekis*, Tendenz, S. 122.

210 *Bitzilekis*, Tendenz, S. 58 ff., 62; allgemein zu den Notwehrprinzipien und zu *Bitzilekis*, Teil 1 B.

sentliche Bestandteile und Wertungsgesichtspunkte der Rechtsordnung zu beachten[211]. In den vorliegenden Fällen kämen das besondere Interesse und die besondere Rücksichtnahme der Rechtsordnung gegenüber innerfamiliären Beziehungen durch eine nur subsidiär gestattete Notwehrausübung zum Ausdruck. So sei der gesetzlichen Werteordnung zu entsprechen. Demzufolge spiele die volle Beachtung der Rechtsordnung und ihrer Wertungen statt eines geminderten Rechtsbewährungsinteresses die entscheidende Rolle bei der Legitimation einer Restriktion[212]. Strengere Anforderungen bei der Verteidigung für Angehörige einer innerfamiliären Lebensgemeinschaft ergäben sich zudem aus dem allgemeinen Rechtsinteresse, die Institute der Ehe und Familie als wesentliche Grundelemente der Gesellschaft zu schützen[213].

2.2.4.2 Kritische Würdigung

Im Gegensatz zu den vorhergehenden Ansätzen kann man diesem vorhalten, er beschreibe den persönlichen Anwendungsbereich einer Notwehrbegrenzung nicht hinreichend präzise. Er erschöpft sich in einer schlagwortartigen Kennzeichnung der Fallgruppe. Denn was hat man unter engen persönlichen Beziehungen oder nahestehenden Personen zu verstehen? Wie muss das Verhältnis der Beteiligten ausgestaltet sein? Welche Erwartungen hinsichtlich der Pflichten haben die Beteiligten und inwiefern bestehen Verpflichtungen bei einem Angriff oder sind Erwartungen noch berechtigt? Für diese Fragen werden nur vage Antworten angeboten: Intakt, strukturell friedlich müssten die Beziehungen sein. Mit dem ungenauen „Nahe“ oder „eng“ ist diesbezüglich ebenfalls nichts gewonnen. Hier hätte eine exemplarische Nennung solcher Beziehungen einen ersten Anhalt geboten. Eine nähere Umschreibung des Verhältnisses wäre dringend erforderlich gewesen. Deshalb sind die vereinzelten Konkretisierungsversuche in dieser Richtung[214], das Fordern einer intakten oder friedlich strukturierten Beziehung, zu begrüßen.

Gegen eine Verteidigungsbegrenzung auf Grund von verschieden formulierten Verpflichtungen, wie Rücksichtnahme- oder Einstandspflichten, wird eingewandt, dass sie auf Gegenseitigkeit beruhen würden und durch den Angriff durchbrochen werde, so dass der Angreifer die Konsequenzen zu tragen habe[215]. Auch wenn nicht in Abrede gestellt werden soll, dass der Angriff auf das Ver-

211 *Bitzilekis*, Tendenz, S. 107.
212 *Bitzilekis*, Tendenz, S. 123.
213 *Bitzilekis*, Tendenz, S. 125.
214 NK-*Herzog* § 32, Rn. 111; *Schroth*, NJW 1984, S. 2562.
215 *Matt*, 3. Kap., § 2, Rn. 41.

hältnis der Konfliktparteien und damit auf deren Pflichten Einfluss haben kann[216], geht die Prämisse des Einwands und damit dieser letztlich selbst fehl, weil nicht eine gegenseitige Verpflichtung, sondern nur eine des Verteidigers gegenüber dem Angreifer für eine Notwehrbegrenzung vonnöten ist. Warum sollte darüber hinaus eine Pflicht des Angreifers, deren Bruch als Argument herangezogen wird, nötig sein? Im Übrigen müsste noch erklärt werden, warum ein Angriff a limine die Obligationen des Angegriffenen beenden soll. An der obigen Begründung einer Restriktion ist vielmehr zweierlei zu kritisieren: Erstens wird auch hier nicht erläutert[217], wie man von diesen Pflichten zu einer Einschränkung des Notwehrrechts gelangt. Insofern ist die Behauptung, die Pflichten minderten das Rechtsbewährungsinteresse nur ein erster Schritt in Richtung einer dogmatischen Erklärung. Zweitens – und diesen Mangel lässt auch die letztgenannte Ergänzung unbehoben – vermisst man eine Antwort auf die Frage nach dem Entstehungsgrund der Verpflichtungen. Die liefern wiederum andere Autoren, indem sie zur Pflichtenlegitimation die „Ehe“ bzw. § 1353 BGB oder den Solidaritätsgedanken anführen. An einer Legitimation der Fürsorgepflicht durch die Ehe wird bemängelt, dass mit dem Eingehen der Ehe nicht zugleich in die Verletzung höchstpersönlicher Rechtsgüter eingewilligt werde[218]. Obwohl der Aussage für sich betrachtet beizupflichten ist, widerlegt sie nicht die Herleitung einer Verpflichtung. Denn die Fürsorgepflicht ist nicht identisch mit einer Einwilligung. Während diese die Verletzung von Rechtsgütern rechtfertigt, verlangt jene einen aktiven Beistand, welcher nicht notwendig eine Rechtsgutspreisgabe zur Folge hat. Weiterhin wurde schon zuvor auf die Zweischneidigkeit von § 1353 BGB als Argument für eine Begrenzung hingewiesen, könnte die Vorschrift doch ebenso dem Angegriffenen statt des Aggressors Schutz gewähren[219].

Als weitere Schwäche des Rückgriffs auf die Ehe und § 1353 BGB muss hervorgehoben werden, dass er die Kennzeichnung der Fallgruppe, enge persönliche Beziehung, nicht stützt, sondern davon abweichend eine Begrenzung auf die eheliche Lebensgemeinschaft nahe legt. Demzufolge erweisen sich das Argument und die aus ihm gezogene Schlussfolgerung als inkonsistent. Demselben Vorwurf setzt man sich bei dem Argumentieren mit der Beschützergarantenstellung aus[220].

---

216 Teil 3 B I 3 b.

217 Teil 1 C II 1 b.

218 *Matt*, 3. Kap., § 2, Rn. 41.

219 Teil 1 C III 3 b.

220 Zu den Einwänden gegen die Garantenstellung als Anknüpfungspunkt Teil 1 C X 2.

An der Erklärung, die Fürsorgepflicht entspringe der in engen persönlichen Beziehungen gegebenen Solidargemeinschaft, wird kritisiert, dass Solidarität nur beim Schutze des anderen vor Angriffen „von außen" entstehe[221]. Dem liegt wohl ein der Soziologie entlehntes Verständnis von Solidarität zu Grunde, als einem Zustand, in dem eine Vielheit, in der Regel durch störende Eingriffe von außen motiviert, als Einheit agiert. Es erscheint jedoch argumentativ unlauter, einem in einer Begründung verwendeten Begriff eine spezielle, vom Autor ersichtlich nicht gemeinte Bedeutung beizumessen, um anschließend wegen dieser Interpretation dem Argument die Überzeugungskraft abzusprechen. Dagegen hat bei einem allgemeineren Verständnis von „Solidarisieren" als einem „für jemanden einstehen, sich mit jemandem verbünden, um gemeinsame Interessen zu verfolgen"[222] die These, der Angriff müsse von außen kommen, keinen Bestand mehr. Denn das mit einer Begrenzung der Notwehr erstrebte, gemeinsame Ziel kann auch die Erhaltung des Lebens des Angreifers sein, dessen Vernichtung schließlich das Ende der Solidargemeinschaft bedeuten würde. Mit der Feststellung, dass Solidarität sich auch in dem Verzicht auf eine tödliche Notwehr äußern *kann*, ist allerdings keineswegs dargetan, dass sich das Mitglied der (hier Zwei-Personen-) Solidargemeinschaft, der Verteidiger, so verhalten *muss*. Demnach bleibt das Zurückgreifen auf die Solidargemeinschaft die eigentliche Begründung einer Notwehrbeschränkung schuldig und legitimiert eine unbestimmte Fürsorgepflicht mit dem keine zwingenden konkreten Schlussfolgerungen zulassenden, ebenfalls unbestimmten Begriff der Solidargemeinschaft.

Die bereits geäußerten Bedenken gegenüber dem argumentativen Nutzen des Rechtsbewährungsinteresses[223] zum Schutz einer „rechtlich besonders geschützten Beziehung", kommen hier ebenfalls zum Tragen. Darüber hinaus ergibt sich ein weiterer Mangel im Hinblick auf die hier vorgeschlagene Fallgruppe. Während sich nämlich für Ehegatten noch der behauptete, besondere rechtliche Schutz aus Art. 6 GG und § 1353 BGB herleiten lässt, fehlt eine entsprechende gesetzliche Grundlage für enge persönliche Beziehungen oder gar nahestehende Personen. Selbst wenn man also die Funktionalität einer Begrenzung unterstellte, liefe das Argument für enge persönliche Beziehung ins Leere, da für sie der in der Begründung vorausgesetzte besondere rechtliche Schutz nicht ersichtlich ist.

Der gegenläufigen Begründung einer Restriktion mit der Betonung des vollen Rechtsbewährungsinteresses, welches gerade die Einschränkung verlange,

221 *Sangviroatjanapat*, Einschränkung, S. 95.

222 Wermke/Klosa/Kunkel-*Razum/Scholze-Stubenrecht*, Duden Fremdwörterbuch, Stichwort „solidarisieren".

223 Teil 1 B II.

kann ebenfalls nicht zugestimmt werden. An der Begründung wird bemängelt, sie sei widersprüchlich, weil die besondere Bedeutung des Rechtsbewährungsprinzips zugleich zur Folge habe, dass die Angriffsabwehr der Rechtsbewährung diene und damit zu einer unbeschränkten Verteidigung und nicht zum Gegenteil, einer Begrenzung der Abwehrmöglichkeiten, führen müsse[224]. Diese Kritik kann indes keinen Anklang finden. Der vorgehaltene Widerspruch entsteht nämlich nur dann, wenn man an die Stelle der ursprünglichen Prämisse, nämlich: Rechtsbewährung meine die Verwirklichung der wesentlichen Wertungsgesichtspunkte der Rechtsordnung[225], eine andere setzt, die unter Rechtsbewährung stets Angriffsabwehr versteht[226]. Ob jedoch die Rechtsbewährung eine Angriffsabwehr erfordert, ist die offene Frage und folglich als Ausgangspunkt für eine widerlegende Argumentation ungeeignet.

Eine Kritik hat stattdessen bei der zu Grunde gelegten Prämisse anzusetzen. Die zuvor begründete Ablehnung[227] der ausschließlichen Legitimation des Notwehrrechts mit dem Rechtsbewährungsinteresse ohne jedweden individual-rechtlichen Aspekt ist für sich betrachtet allerdings nicht im Stande, diesen Begründungsansatz zu widerlegen, wird doch das Notwehrrecht nach der hier vertretenen Ansicht[228] neben dem Schutz zumindest auch auf das Rechtsbewährungsprinzip gestützt. Zu verwerfen sind hingegen das Ausgangsverständnis des Rechtsbewährungsinteresses und die Art und Weise, wie sie zur Erklärung von Notwehrbegrenzungen herangezogen werden. Denn wenn man davon ausgeht, dass die Rechtsbewährung das Respektieren der wesentlichen Wertungsgesichtspunkte der gesamten Rechtsordnung bei der Notwehrausübung postuliere, so kann damit nahezu jede beliebige Notwehreinschränkung erklärt werden. Man muss dazu nur den gewünschten Wert als einen wesentlichen einstufen und schon ist er bei der Notwehr über das Einfalltor Rechtsbewährung zu beachten. Es bleibt wegen der Fülle möglicher Aspekte völlig unklar, wann ein wesentlicher Bestandteil gegeben ist und wie diese untereinander zu gewichten sind. Ganz abgesehen von Bedenken hinsichtlich der Praktikabilität einer Notwehr, bei deren Ausübung stets alle wesentlichen Wertungen der gesamten Rechtsordnung zu beachten wären.

Soweit sich auf den Schutz der Institute Ehe und Familie als Begründung berufen wurde, fehlt es – wie zuvor bei der herangezogenen Beschützergaran-

---

224 *Sangviroatjanapat*, Einschränkung, S. 93 f.

225 *Bitzilekis*, Tendenz, S. 107.

226 So *Sangviroatjanapat*, Einschränkungen, S. 94.

227 Teil 1 B II.

228 Teil 1 B.

tenstellung – am Zusammenhang mit der dann inkonsequent weiten Fallgruppenkennzeichnung „besondere Gemeinschaftsverhältnisse“.

2.2.5 Tatsächliche Einschränkung der Notwehr durch besonders präzise bestimmbare Erforderlichkeit

2.2.5.1 Darstellung

Ein anderer Ansatz lehnt eine normative Einschränkung der Notwehr bei Auseinandersetzungen innerhalb eines Gemeinschaftsverhältnisses ab[229]. Allerdings ergäbe sich eine tatsächliche Einschränkung der Notwehr, weil die Erforderlichkeit in diesen Konstellationen besonders präzise bestimmbar sei. Das besondere Verhältnis des Verteidigers zum Angreifer ermögliche jenem anders als einem objektiven Dritten als Beobachter, das gegenüber dem äußeren Anschein tatsächlich geringere Ausmaß der Gefahr zu erkennen[230]. Das müsse bei einer entsprechend zurückhaltenderen Abwehr berücksichtigt werden. Wisse beispielsweise der Verteidiger, dass trotz anderen Anscheins keine schweren Verletzungen durch den Angriff drohen, so müsse er sich bei seiner Verteidigung nach der ihm bekannten wirklichen Sachlage richten[231].

2.2.5.2 Kritische Würdigung

Der Auffassung wird vorgehalten, sie mache das Erforderlichkeitsmerkmal von der subjektiven Einstellung des Angegriffenen abhängig. Man setze sich dadurch in Widerspruch zu der verbreiteten und richtigen Ansicht, die Erforderlichkeit bestimme sich allein nach objektiven Maßstäben[232]. Der Einwand geht jedoch fehl, weil er sich gegen eine von der kritisierten Ansicht nicht bezogene Position richtet. Es wird von ihr keineswegs behauptet, die Erforderlichkeit richte sich nach den subjektiven Vorstellungen des Angegriffenen, sondern, dass sie sich nach einem objektiven ex ante Urteil[233] und zwar im Regelfall nach dem äußeren Bild des Angriffs bestimmt[234].

229 *Otto*, Würtenberger-FS, S. 148f.; *ders.*, AT, § 8, Rn. 92; *Wagner*, Notwehrbegründung, S. 55, Fn. 58.

230 *Otto*, Würtenberger-FS, S. 149; *ders.*; AT, § 8, Rn. 92.

231 *Otto*, Würtenberger-FS, S. 149.

232 *Sangviroatjanapat*, Einschränkungen, S. 94.

233 *Otto*, AT, § 8, Rn. 45.

234 *Otto*, Würtenberger-FS, S. 149.

Stattdessen überzeugen die insoweit zu Unrecht kritisierten Ausführungen insofern, dass sie eine gelungene Lösung für ein besonderes Problem anbieten: Falls man nämlich – wie dort – die Erforderlichkeit der Verteidigung nicht nach den objektiven Umständen, sondern den objektiv erkennbaren Umständen bestimmt, so stellt sich die Frage, wie zu verfahren ist, wenn dem Verteidiger auf Grund von Sonderwissen bekannt ist, dass die tatsächliche Gefahr durch den Angriff geringer ist, als es für einen objektiven Beobachter erscheint. Sie wird zutreffend dahingehend beantwortet, dass die Erforderlichkeit der Verteidigung sich dann nicht nach dem objektiv erkennbaren, sondern dem vom konkreten Verteidiger richtig erkannten, tatsächlichen Angriffsausmaß richtet[235]. Das überzeugt auch insoweit, als das Erforderlichkeitsmerkmal den Verteidiger weitestgehend von Risiken bei der Angriffsabwehr freihalten soll. Dagegen ist nicht einzusehen, warum der Angegriffene zu schärferen Abwehrmaßnahmen greifen darf, als nach den objektiven und zutreffend subjektiv erkannten Umständen erforderlich ist, nur weil die schärferen Maßnahmen nach den objektiv erkennbaren Umständen erforderlich wären, aber nun mal erkanntermaßen nicht sind.

Keinen Beifall verdient hingegen die beispielhaft vorgenommene Übertragung dieser Erkenntnisse auf die Fälle der sogenannten „Ehegattennotwehr", der gemäß der Angegriffene sich trotz des Anscheins eines gefährlichen Angriffs nur eingeschränkt verteidigen dürfe, weil er um die „wirkliche Sachlage weiß". Zunächst wird mit Recht bestritten, dass der angegriffene Ehegatte auf Grund seiner Erfahrungen wissen kann, was ihm wirklich droht, nur weil in der Vergangenheit die Angriffsfolgen nie so gravierend ausfielen, wie der Angriff vermuten ließ[236]. Erheblich schwerer wiegt der Bruch mit der von der kritisierten Meinung selbst vertretenen[237], allgemein anerkannten Bestimmung der Erforderlichkeit. Danach ist diejenige Verteidigung erforderlich, die sofortige und endgültige Beseitigung der Gefahr gewährleistet. Auf das Risiko einer ungenügenden Abwehrhandlung braucht sich der Verteidiger nicht einzulassen[238]. Wenn nun aber der angegriffene Ehegatte dazu verpflichtet wird, sich bei seiner Verteidigung gegen einen dem Anschein nach lebensgefährlichen Angriff an einer milderen, nicht lebensgefährlichen Attacke zu orientieren, weil zuvor der lebensbedrohlich erschienene Angriff doch nicht so gefährlich war, so wird ihm genau dieses Risiko einer unzureichenden Abwehr aufgebürdet. Denn stets be-

235 Im Ergebnis ebenso *Rienen*, „Sozialethische" Einschränkungen des Notwehrrechts, S. 283.

236 *Sangviroatjanapat*, Einschränkungen, S. 94.

237 So *Otto*, AT, § 8, Rn. 43 f.

238 Vgl. statt vieler *Kühl*, AT, § 7, Rn. 88 m.w.N.; und auch *Otto*, AT, § 8, Rn. 43 f.; sowie aus d. st. Rspr. d. BGH: StV 1999, S. 145; NStZ 1998, S. 508, NStZ 1997, S. 68, NJW 1980, S. 2263.

steht das Risiko, dass der Angriff doch mal exakt die Folgen hat, die für einen objektiven Beobachter drohen. Außerdem stellte die Meinung den Verteidiger vor die unannehmbaren Alternativen entweder durch die reduzierte Verteidigung schwere Schäden, möglicherweise den Tod zu riskieren oder bei Strafe die postulierten Notwehrgrenzen zu überschreiten. Letzteres wäre nämlich die Konsequenz einer an der objektiv erkennbaren Gefahr orientierten Abwehr, da sich in den allermeisten Fällen bei erfolgter Abwehr die tatsächlichen Folgen des Angriffs nicht mehr werden ermitteln lassen. Wenn man aber den Angegriffenen nicht mit dem Risiko einer unzureichenden Verteidigung belasten will, so muss das auch für die Fälle gelten, in denen der Verteidiger auf Grund seiner Erfahrungen weiß, dass die schweren Folgen bisher trotz gegenteiligen Anscheins nicht eingetreten sind. Denn auch dort besteht die Gefahr der gravierenden Folgen – wenn sie auch geringer sein mag, als es den Anschein hat. Schließlich ist das Risiko objektiv kein anderes, nur weil der Angegriffene es anlässlich seiner Erfahrungen besonders gut einschätzen kann. Etwas anderes ergibt sich nur dann, wenn das Sonderwissen des Attackierten dahin geht, dass er sicher weiß, dass der Angriff nur bestimmte Folgen haben kann. Dieses sichere Wissen mag zum Beispiel anzunehmen sein, wenn dem Angegriffenen bekannt ist, dass die Waffe des Aggressors nicht geladen ist, nicht aber bei lediglich auf Erfahrungen durch frühere Angriffe beruhenden Wahrscheinlichkeiten.

Selbst wenn man eine besonders präzise bestimmbare Erforderlichkeit zugestehen würde, erklärte das nicht den Verzicht auf anderweitige rechtliche Begrenzungen der Notwehr in den hier problematisierten Fällen.

Demzufolge ist zwar dieser Ansicht insoweit zuzustimmen, als das Sonder*wissen* des Verteidigers bei der Abwehr zu berücksichtigen sein kann. Allerdings ist die Erfahrung mit bisherigen Angriffen desselben Aggressors keine zuverlässige Quelle solchen Wissens, sondern lässt allenfalls veränderte Wahrscheinlichkeitsurteile zu. Auf eine bloße Wahrscheinlichkeit muss sich aber niemand mit dem herrschenden Verständnis der Erforderlichkeit verweisen lassen. Daher ist die vorgenommene grundsätzliche Anwendung der obigen „Sonderwissensdogmatik“ auf die hiesige Fallgruppe abzulehnen.

2.2.6 Auf wechselseitiger Personensorge aufbauendes Solidaritätsverhältnis

2.2.6.1 Darstellung

Einer weiteren Ansicht nach ist immer dann das Notwehrrecht zu begrenzen, wenn die Konfliktparteien sich wechselseitig Personensorge wegen eines zwischen ihnen bestehenden Solidaritätsverhältnisses schulden. Das Verhältnis müsse faktisch vorhanden, noch intakt sein[239]. Obwohl sich der Ansatz wie eine abstrakte Umschreibung der Garantenstellung aus natürlicher Verbundenheit liest, distanziert er sich dezidiert von einer Garantenstellung als persönlicher Voraussetzung für eine Notwehrrestriktion[240].

Es wird ausgeführt, dass die einer Begrenzung zu Grunde enge Nähebeziehung sich allein aus dem Gedanken der zwischenmenschlichen Solidarität herleite. Daher sei materielle Grundlage für Notwehreinschränkungen diese Solidaritätspflicht des Angegriffenen gegenüber dem Angreifer und nicht eine Garantenpflicht[241]. Eine Verrechtlichung der Solidaritätspflichten sei entgegen *Kant*[242] und *Mill*[243] durchaus möglich[244]. Dies habe allerdings wegen der Gefahr einer zu weitgehenden Einschränkung der Handlungsfreiheit des Einzelnen zurückhaltend im Wege der Abwägung zu geschehen, deren Ergebnis führe zur obigen Fallgruppenkennzeichnung[245].

2.2.6.2 Kritische Würdigung

Das Postulieren einer wechselseitigen Personensorge überzeugt nicht. Denn wenn die Beschränkung der Abwehrrechte des Verteidigers zur Diskussion steht, ist nicht ersichtlich, warum nicht dessen Verpflichtung gegenüber dem Angreifer ausreichend sein soll, sondern auch noch eine Pflicht des Angreifers gegenüber dem Verteidiger gefordert wird. Die Angreiferpflicht ist bei der Erklärung einer Restriktion sogar eher hinderlich, erfordert sie doch stets eine Rechtfertigung dafür, dass der Verteidiger zur Solidarität gegenüber dem seinerseits die Solidarität durch den Angriff missachtenden Aggressor verpflichtet ist.

---

239 *Wohlers* JZ 1999, S. 441.

240 *Wohlers* JZ 1999, S. 439.

241 *Wohlers* JZ 1999, S. 439.

242 *Kant*, Metaphysik der Sitten, S. 337, S. 520.

243 *Mill*, Der Utilitarismus, S. 87.

244 *Wohlers* JZ 1999, S. 440 f.

245 *Wohlers* JZ 1999, S. 441.

Ebenso ist die von dieser Meinung aufgestellte Argumentationskette an mehreren Punkten angreifbar. Danach sei die Notwehr bei einer Garantenpflicht aus enger Nähebeziehung eingeschränkt. Materielle Grundlage dieser Einschränkung stelle aber die Solidaritätspflicht dar, so dass letztlich eine Begrenzung bei bestehendem Solidaritätsverhältnis zu erfolgen habe[246]. Ein solches Vorgehen setzt zweifach etwas voraus, was zu begründen gewesen wäre. Zum einen wäre eine lückenlose Herleitung nur dann gegeben, wenn die Prämisse, die Einschränkung bei einer Garantenstellung aus natürlicher Verbundenheit, zuträfe. Dies mag im Ergebnis der Fall sein. Allein eine Begründung dafür wird nicht geliefert. Vielmehr sei der Gesichtspunkt der Garantenstellung „durchgreifenden Einwänden" ausgesetzt[247], was wohl eher eine Ablehnung des Garantenarguments vermuten lässt. Zum anderen ist keineswegs allgemein anerkannt und unproblematisch, dass eine Garantenstellung in engen Nähebeziehungen auf den Solidaritätsgedanken zurückzuführen ist[248]. Soweit ein einheitliches Prinzip zur Begründung von Garantenpflichten favorisiert wird, bewegen sich die Lösungen unter anderem zwischen „faktischen Erwartungs-Erwartungen" in der Gesellschaft, der „Herrschaft über den Grund des Erfolgs" und der „Entscheidungshoheit des Individuums"[249]. Insbesondere für die spezielle Fallgruppe der Garantenstellung aus natürlicher Verbundenheit ist noch kein allgemein anerkannter Entstehungsgrund gefunden worden. So wird die Garantenpflicht der Eltern für ihre Kinder aus deren konstitutioneller Unfähigkeit zum Selbstschutz hergeleitet[250], der Ehegatten untereinander aus dem freiwilligen Eingehen der Ehegemeinschaft[251]. Demzufolge kann der bloßen Behauptung, die Garantenstellung beruhe auf dem Solidaritätsgedanken – schon gar nicht ohne Begründung –, nicht beigepflichtet werden.

Im Übrigen muss bezweifelt werden, dass die bemühte Solidarität tatsächlich ein Entstehungsgrund für Garantenpflichten sein kann. Denn „Solidarisieren" meint vereinfacht nichts anderes als das gemeinsame Verfolgen eines Zieles[252], hier konkret also das Ziel, den anderen vor Schaden an Rechtsgütern zu bewahren. Dadurch wird deutlich, dass die Erfolgsabwendungspflicht aus § 13 StGB lediglich mit einem anderen Etikett, der Solidaritätspflicht versehen wurde, letztere jedoch keineswegs den Grund für eine solche Pflicht liefert. *Warum*

246 So die Argumentationskette bei *Wohlers*, JZ 1999, 439.

247 *Wohlers*, JZ 1999, S. 439.

248 Abweichende Begründung auch in dieser Arbeit, Teil 2 C V 2 b.

249 So die Topoi von *Brammsen, Schünemann* und *Herzberg.*

250 *Gallas*, Studien zum Unterlassungsdelikt, S. 92; *Kahlo*, Das Probem des Pflichtwidrigkeitszusammenhangs, S. 316 f.; *Freund*, Erfolgsdelikt und Unterlassen, S. 273.

251 *Freund*, Erfolgsdelikt und Unterlassen, S. 289; *Kühl*, AT, § 18, Rn. 56.

252 Zum Begriff „Solidarisieren" siehe Teil 1 C III 3 b.

sich der Angegriffene solidarisch bei seiner Verteidigung zeigen muss, wäre der materielle Grund hinter der Pflicht gewesen, nicht aber die Bezeichnung der Pflicht als Solidaritätspflicht.

Die vorgenommene Verrechtlichung der Solidaritätspflicht begegnet ebenfalls Bedenken. Es ist allem Anschein nach widersinnig, zunächst die Garantenpflicht als *die* Verrechtlichung einer Erfolgsabwendungspflicht im Bereich der Notwehreinschränkung zu kritisieren, um anschließend umständlich über einen wenig transparenten Abwägungsvorgang die Verrechtlichung von Beistandspflichten zu versuchen. Es drängt sich die Frage auf, warum nicht auf die vorhandene Verrechtlichung mit gleicher Zielsetzung, also § 13 StGB, zurückzugreifen ist? Das Abstellen auf die Solidaritätspflicht führt demnach nicht weiter und bleibt in vielen Punkten unbegründet.

2.2.7 Personenverhältnisse innerhalb des Schutzbereichs von Art. 6 I GG

2.2.7.1 Darstellung

Ausgehend von Art. 6 I GG beschränkt eine weitere Auffassung das Notwehrrecht für all diejenigen Personenverhältnisse, die nach dieser Ansicht in den Schutzbereich dieser Norm fallen, daher als Ehe oder Familie im Sinne von Art. 6 I GG zu bezeichnen sind[253]. Als konstituierend für die Ehe werden neben der staatlichen Kontrolle, also der Eheschließung in der gesetzlich bestimmten Form, und der grundsätzlichen Unauflöslichkeit der Gemeinschaft, die Verschiedengeschlechtlichkeit der Gemeinschaftsmitglieder angesehen[254]. Deshalb fielen sowohl nichteheliche Lebensgemeinschaften mangels staatlicher Kontrolle[255] als auch gleichgeschlechtliche Paare – sie könnten mangels Reproduktionsfähigkeit nicht den Zweck von Art. 6 I GG, die Sicherung des Fortbestands der Gesellschaft, erfüllen[256] – nicht in den Schutzbereich. Als Familie wird die Gemeinschaft mindestens eines Elternteils, auch Stief- oder Adoptivelternteils, mit dem Kind verstanden[257].

Basierend auf der Theorie der mittelbaren Drittwirkung von Grundrechten ergebe sich die obige Fallgruppe[258]. Dieser Theorie zu Folge könnten Grund-

253 *Sangviroatjanapat*, Einschränkungen, S. 109 ff.
254 *Sangviroatjanapat,* Einschränkungen, S. 110 f.
255 *Sangviroatjanapat*, Einschränkungen, S. 114.
256 *Sangviroatjanapat*, Einschränkungen, S. 117.
257 *Sangviroatjanapat*, Einschränkungen, S. 111 ff.
258 *Sangviroatjanapat*, Einschränkungen, S. 108.

rechte als objektive Wertordnung in allen Bereichen des Rechts Geltung beanspruchen. Dies geschehe allerdings nur mittelbar über wertausfüllungsfähige und wertausfüllungsbedürftige Begriffe und Generalklauseln des Privatrechts[259]. Im Notwehrrecht entfalte Art. 6 I GG über die Gebotenheitsklausel seine Drittwirkung.[260]. Strafrechtsdogmatisch habe dies eine Minderung des Rechtsbewährungsinteresses zur Folge[261]. Als Gründe für eine Einschränkung werden genannt: Die Institute Ehe und Familie seien wichtige Kernbereiche der Gesellschaft und genössen besonderen strafrechtlichen Schutz (vgl. §§ 169,170, 171, 172, 173 StGB). Weiter ermögliche Art. 6 I GG eine klare Unterscheidung zwischen Ehe und anderen Lebensgemeinschaften. Der Kreis der Umfassten halte sich im Gegensatz zum Garantenpflichtgedanken in Grenzen. So würde beispielsweise bei gleichgeschlechtlichen Lebensgemeinschaften erst dann eine Restriktion erwogen, wenn diese Kinder hätten. Weiter habe die vorgeschlagene Lösung den kriminalpolitischen Vorzug, dass sie nicht wie die Garantenstellung wegen der dortigen wechselseitigen Pflichtenstellung das Notwehrrecht desjenigen, der an seinen ehelichen Pflichten festhält, zugunsten eines Pflichtenbrechers einschränkt, sondern das Notwehrrecht auf Grund des Instituts der Ehe begrenze. Ein solches Ergebnis befriedige das Rechtsgefühl.[262]

2.2.7.2 Kritische Würdigung

Sofern eine Notwehrbeschränkung aus Art. 6 I GG hergeleitet wird, bereitet augenscheinlich bereits die Rechtfertigung der Auswirkungen des Grundrechts auf § 32 StGB erhebliche Schwierigkeiten[263]. Man streitet sich schon um die Wirkung von Grundrechten im Privatrecht, ob sie unmittelbar[264], mittelbar über Generalklauseln[265], oder über eine Schutzgebotsfunktion[266] einwirken. Noch unkla-

259 Vgl. statt vieler BVerfG 7, 198 (205f); 24, 272 (282); 73, 261 (269); 81, 242 (261ff); *Hesse*, Verfassungsrecht, Rn. 357; *Erichsen*, Jura 1996, S. 530; *Merten*, NJW 1972, S. 1799; *Pieroth/Schlink*, Grundrechte, Rn. 193 ff.

260 *Sangviroatjanapat*, Einschränkungen, S. 108 f.

261 *Sangviroatjanapat*, Einschränkungen, S. 99.

262 So die Argumentation, *Sangviroatjanapat*, Einschränkungen, S. 99 f.

263 Beachtlicherweise nimmt dieser Teil im eigenen Ansatz des Autors den größten Raum ein.

264 BAG NJW 1957, S. 1689; BAG 1, 185 (193f); 4, 240 (243); 24, 438 (441); *Krüger*, NJW 1949, 163 ff.; *Nipperdey*, Molitor-FS, S. 25 f.; *v. Münch*, Staatsrecht I[4], Rn. 189.

265 BVerfG 7, 198 (205 f.); 24, 272 (282); 73, 261 (269); 81, 242 (261 ff.); *Hesse*, Verfassungsrecht, Rn. 357; *Erichsen*, Jura 1996, S. 530; *Merten*, NJW 1972, S. 1799; *Pieroth/Schlink*, Grundrechte, Rn. 193 ff.

266 Die Theorie von der staatlichen Schutzpflicht: *Canaris*, Grundrechte und Privatrecht, S. 38; *Klein*, NJW 1989, S. 1633; *Starck*, JuS 1981, 244; *Jarass*, AöR 120, 352 f.;

rer ist die Problematik allerdings im Strafrecht, bei dem es zwar grundsätzlich um die Ausübung staatlicher Gewalt geht, etwas anderes aber für die Notwehr als Verteidigungsrecht von Privatpersonen gegen Private gelten könnte. Als problematisch erweist sich dabei wiederum, ob es sich bei der Ausübung der Notwehr tatsächlich um einen privatrechtlichen[267] oder staatlichen Akt handelt und wie es sich auswirkt, dass der Staat die Eingriffsbefugnis erteilt. All diese Schwierigkeiten verdeutlichen, dass man sich mit der Heranziehung von Art. 6 I GG in der Notwehr keineswegs in dogmatisch gesicherten Bereichen bewegt. Deshalb erscheint es im zumindest unangemessen, für ein solches Vorgehen eine besondere Unstreitigkeit und Eindeutigkeit zu beanspruchen: „Fraglos muss das Notwehrrecht aufgrund des Art. 6 I GG eingeschränkt werden."[268].

Ebenso wenig vermögen die sonst für diese Ansicht vorgetragenen Argumente zu überzeugen: In der Tat sind die Institute Ehe und Familie wichtige Kernbereiche der Gesellschaft. Aber warum sich aus dieser Feststellung gleichsam von selbst eine Einschränkung des Rechtsbewährungsinteresses ergeben soll, wird nicht belegt.

Zutreffend wird weiter darauf hingewiesen, dass die Institute in den §§ 169-173 StGB besonderen strafrechtlichen Schutz genössen. Zu beachten ist allerdings, dass sich der spezielle Schutz durch ein „Mehr" an Strafbewehrung – die Doppelehe, § 172 StGB, der Beischlaf unter Verwandten, § 173 StGB, sowie die Verletzung der Unterhalts- und Erziehungspflicht mit Gefährdungsfolge, §§ 170, 171 StGB, – gegenüber dem unbeteiligten Dritten ergibt. Einem solchen offensichtlich intendierten zusätzlichen strafrechtlichen Schutz bei Verfehlungen der Institutionsmitglieder gegeneinander liefe aber die Verminderung des allgemeinen Rechts zum Selbstschutz aus § 32 StGB, der unmittelbarsten Schutzgewährung, zuwider. Wieso sollte man bei vom besonderen Schutz vor internen Verfehlungen auf ein reduziertes Abwehrrecht bei eben solchen Verfehlungen schließen können? Demnach geht der Hinweis auf die §§ 169 ff. StGB fehl.

Überdies muss bezweifelt werden, ob für eine Orientierung am Schutzbereich von Art. 6 I GG zur Bestimmung der persönlichen Voraussetzungen einer Notwehrbeschränkung wirklich eine besonders klare und eindeutige Fallgruppenkennzeichnung spricht. Denn diese Kennzeichnung ist nur so klar, wie der Schutzbereich unstreitig ist. Das diesbezüglich aber erhebliche Meinungsverschiedenheiten bestehen wird schon aus den vom Autor selbst aufgezeigten Streitigkeiten deutlich[269]. Im Übrigen führt die sehr formalistische Anknüpfung an den Schutzbereich dazu, dass auch Schein- und zerrüttete Ehen, in denen

---

Stern, Staatsrecht III/1, § 76 II 4 b, IV 5.

267 *Sangviroatjanapat*, Einschränkungen, S. 106.

268 *Sangviroatjanapat*, Einschränkungen, S. 109.

Konflikte alltäglich geworden sind, durch eine Notwehrbegrenzung zu schützen wären, wohingegen bei seit Jahrzehnten bestehenden, intakten nichtehelichen oder gleichgeschlechtlichen Lebensgemeinschaften ein besonderer Schutz versagt würde. Einem solchen Schutz zerrütteter und Scheinehen kann man neben seiner axiologischen Fragwürdigkeit entgegenhalten, dass das Gesetz selbst deren Auflösung ermöglicht, also gerade hier eine Ausnahme von der grundsätzlichen Unauflöslichkeit macht, § 1314 BGB, insbesondere §§ 1314 II Nr. 5, 1353 I BGB sowie §§ 1564 ff. BGB[270].

Abgesehen davon, dass der angebliche Vorzug dieses Ansatzes gegenüber dem Garantenpflichtgedanken, der Kreis der Beteiligten hielte sich in Grenzen, eher ein Argument gegen die Garantenpflicht als für die hier erörterte Auffassung ist, kommt er über eine petitio principii nicht hinaus. Es ist nämlich genau die streitige Frage, ob die vorgenommene Eingrenzung der Beteiligten sachgemäß ist. Als unzulässig, weil tautologisch, erweist sich demzufolge, als Begründung für die vorgenommene Fallgruppeneingrenzung auf den eingegrenzten Kreis der erfassten Personen zu verweisen. Aus demselben Grund führt das Argument, gleichgeschlechtliche Lebensgemeinschaften seien nur erfasst, wenn sie Kinder hätten, nicht weiter. Erneut wird das zu Beweisende, die Nichtberücksichtigung solcher Lebensgemeinschaften, beim Argumentieren als zutreffend vorausgesetzt.

Nur kurz angedeutet werden soll der Einwand, ob es nicht durch die Beschränkung des Notwehrrechts innerhalb der Ehe statt zur Verfolgung der Ziele von Art. 6 I GG vielmehr zu einem Verstoß gegen das dortige Diskriminierungsverbot kommt. Immerhin haben Ehegatten im Gegensatz zu Partnern in nichtehelichen Beziehungen nur noch ein eingeschränktes Notwehrrecht. In dieser Beschneidung der Rechte der Ehegatten gegenüber den sonstigen Lebensgemeinschaften könnte man eine Schlechterstellung erblicken. Möglicherweise bildet folglich Art. 6 I GG nicht ein Argument für, sondern *gegen* eine Notwehrrestriktion.

Weiterhin bleibt bei diesem Ansatz unklar und wirkt deshalb willkürlich, warum sich der Autor ausgerechnet und ausschließlich auf das Grundrecht aus Art. 6 I GG konzentriert. Denn wenn man schon die „Grundrechtskarte ausspielt“, hat man konsequenterweise sämtliche Grundrechte zu erwägen. Weniger metaphorisch ausgedrückt: Falls man für eine Notwehreinschränkung Grundrechte streiten lässt, so muss man deren Relevanz auch für das uneingeschränkte Abwehrrecht erörtern. Der Verteidiger könnte sich beispielsweise auf Art. 2 II

269 Siehe nur u.a. die Probleme bei der Schutzbereichsbestimmung *Sangviroatjanapat*s auf den S. 110, 111 (zwei Mal) und 113.

270 Ähnlich argumentierend *Marxen*, Lüderssen/Sack, S. 71.

GG, welcher freilich anders als Art. 6 I GG unter Gesetzesvorbehalt steht, bei Angriffen auf seine körperliche Integrität stützen. Denkbar wäre auch, Art. 14 GG in Ansatz bringen, falls Eigentum durch einen Angriff bedroht ist. Ohne eine Auseinandersetzung mit widerstreitenden Grundrechten bleibt die Bezugnahme auf die Verfassung einseitig und oberflächlich[271].

Der gravierendste Mangel dieser Meinung tritt jedoch zu Tage, wenn man deren Funktionalität im Hinblick auf das angestrebte Ziel, Schutz der Institutionen Ehe und Familie, untersucht. So wird nicht begründet, inwiefern eine Notwehreinschränkung dem Schutz der genannten Institute überhaupt dient – sieht man einmal davon ab, dass die konkrete Ehe nur fortbestehen kann, wenn deren Mitglieder nicht in Notwehr getötet werden. Vielmehr spricht die eingeschränkte Verteidigungsmöglichkeit innerhalb der Institute – und damit deren Schlechterstellung gegenüber nichtehelichen Lebensgemeinschaften – gegen die Bereitschaft, sich überhaupt in solchen Instituten zusammenzuschließen. Es ergibt sich erneut[272] die Paradoxie, die Institute dadurch besonders schützen zu wollen, indem man deren Mitglieder besonders schutzlos stellt. Dass damit das Gegenteil erreicht wird, liegt nahe. Auf Grund all dieser Mängel kann dem Ansatz nicht gefolgt werden.

2.2.8 Selbstgefährdung bzw. „Risikoübernahme"

2.2.8.1 Darstellung

Obwohl der Gedanke der Selbstgefährdung als Legitimationsprinzip der Notwehr bereits verworfen worden ist[273], scheidet er damit bei der Lösung des hiesigen Problems nicht *a limine* aus. Denn eine Notwehrrechtsbeschränkung muss nicht zwangsweise ausschließlich immanent anhand der Notwehrprinzipien erfolgen, sondern nur mit diesen vereinbar sein und in sinnvolle Wechselwirkung treten können. Einen solch begrenzender, notwehrexterner Gesichtspunkt könnte Selbstgefährdung bilden.

So hat *Montenbruck* den Versuch unternommen die – nach seiner Terminologie - „Risikoübernahme" bei der Notwehr zwischen „nahestehenden

271 Nicht in der Auseinandersetzung mit dieser Meinung aber allgemein auf den geringen Nutzen einer verfassungsrechtlichen Argumentation weist auch *Marxen*, Lüderssen/Sack, S. 68, hin. In ähnlicher Richtung kritisch *Rienen*, „Sozialethischen" Einschränkungen des Notwehrrechts, S. 273.

272 Siehe bereits Teil 1 C III 1 b.

273 Siehe oben Teil 1 B III.

Personen"[274] nutzbar zu machen. Habe der Angegriffene bereits in der Vergangenheit darauf verzichtet, seine Abwehr über eine bestimmte Gefahrenschwelle für den Angreifer hinaus zu steigern, habe er konkludent zu erkennen gegeben, bereit zu sein, bestimmte Beeinträchtigungen an „verfügbaren Interessen", die nicht die „soziale Existenz gefährden, hinzunehmen. Die erforderliche Abwehr dürfe dann nicht ohne Vorwarnung eingesetzt werden. Ohne dies explizit auszusprechen meint *Montenbruck* damit wohl, mit dem früheren Verzicht auf die erforderliche Verteidigung habe der Angegriffene das Risiko übernommen, im Angriffsfalle mit dieser reduzierten Verteidigung Beeinträchtigungen zu erleiden.

2.2.8.2 Kritische Würdigung

Diese Ansicht verdient keinen Beifall. Es muss bereits bezweifelt werden, dass der Verzicht auf die erforderliche Verteidigung stets als Übernahme des Verletzungsrisikos durch den Angegriffenen zu deuten ist. Auch derjenige, der die Flucht antritt, übt zwar nicht die erforderliche Verteidigung, gibt aber gleichwohl durch sein Verhalten zu verstehen, eine Verletzung vermeiden, diese nicht riskieren zu wollen. Ein solches Verlassen der riskanten Situation ist folglich nicht zwingend als Risikoübernahme deutbar.

In der Sache ähnelt die Lösung *Montenbrucks* der aus dem Zivilrecht bekannten Verwirkung. Der Verteidiger verzichtet mit dem Ausweichen auf die Geltendmachung eines Rechts in der Vergangenheit, weshalb der Angreifer darauf vertrauen könnte, der Angegriffene wird es auch in Zukunft so halten. Diese Parallele zur Verwirkung spricht allerdings gegen und nicht für die untersuchte Auffassung. Weder findet sich konkret in § 32 StGB ein Anhaltspunkt für die Anwendung des Verwirkungsgedankens, noch findet er generell im Strafrecht Anwendung. Im Übrigen bestehen zwischen Verwirkungssachverhalten im Zivilrecht und der Notwehrsituation entscheidende Unterschiede. Während nämlich sich Verwirkung nur auf die bereits länger mögliche aber bislang unterlassene Rechtsausübung eines bereits in der Vergangenheit bestehenden Rechts bezieht (Zeitmoment), wird bei der Notwehrsituation die Ausübung eines zukünftigen, noch nicht mal existenten Rechts versagt oder eingeschränkt. Bezüglich künftiger, einzelner Notwehrrechte kann aber mangels Entstehung gar kein Zeitmoment gegeben sein. Vielmehr soll nach *Montenbruck* der Verzicht auf ein spezielles Recht in der Vergangenheit zu einem generellen Verlust des Rechts – und nicht bloß desjenigen, auf das konkret bisher verzichtet wurde, gegenüber bestimmten Personen für die Zukunft führen. Eine Konsequenz, die weder das

274 Zu dieser Voraussetzung siehe ausführlich Teil 1 B III 2.

Zivilrecht bei der Verwirkung zieht noch das Strafrecht in seiner Dogmatik geschweige denn in seinen Regelungen.[275]

Übertragen auf das Zivilrecht führte *Montenbrucks* Ansatz beispielsweise dazu, dass beim verwirkungsrelevanten Verzicht auf Geltendmachung einer Mietforderung des V gegen M für eine bestimmte Mietsache, der V auch für andere an M vermietete Sachen und andere Mietzeiträume seinen Zahlungsanspruch verwirkt hätte – eine im Zivilrecht nicht gezogene Konsequenz.

Weiterhin ist nicht erkennbar und axiologisch wenig überzeugend, das Vertrauen desjenigen zu schützen, der bisher widerstandslos die Rechtsgüter anderer verletzt hat, dies auch in Zukunft tun zu können[276].

Etwas überspitzt formuliert wandelt sich nach dieser Meinung das Notwehrrecht in eine Notwehrpflicht. Denn wenn der Verzicht auf die Rechtsausübung in der Vergangenheit zum Verlust des Rechts in der Zukunft führt, ist man zum Erhalt zukünftiger Verteidigungsrechte gezwungen, sich stets mit den erforderlichen Mitteln zu verteidigen. Dass in der praktischen Konsequenz eine solche Rechtsauffassung das eigentlich wünschenswerte Ziel der Deeskalation und friedlichen Beendigung von Konflikten konterkariert, liegt auf der Hand.

Aus dem Umstand, dass in der Vergangenheit die erforderliche Verteidigung unterblieb, lassen sich deshalb keine rechtlichen Konsequenzen ziehen. Die Konstruktion einer Risikoübernahme durch den früher zurückhaltenden Verteidiger ist abzulehnen.

2.2.9 Eheliches Zusammenwohnen mit fehlender Ausweichmöglichkeit und Mitverschulden des Angegriffenen

2.2.9.1 Darstellung

Einer weiteren Ansicht zufolge ist auf die näheren Umstände des ehelichen Zusammenlebens abzuheben. Zwischen den Ehegatten fehle es im Vergleich zueinander Fremden an räumlicher und emotionaler Distanz[277]. Sie befänden sich im „permanenten, institutionalisierten Kontakt“ miteinander und es fehle regelmäßig bis zum getrennten Wohnen an Ausweich- und Rückzugsmöglichkeiten für die Konfliktbeteiligten[278]. In der dortigen, an der Person des Angreifers orien-

275 Gegen den zum Ausdruck kommenden Verwirkungsgedanken auch: NK-*Herzog*, § 32, Rn. 111; *Rienen*, „Sozialethische“ Einschränkungen des Notwehrrechts, S. 285.

276 Ähnlich *Rienen*, „Sozialethische“ Einschränkungen des Notwehrrechts, S. 284

277 *Baumann/Weber/Mitsch*, Strafrecht AT, § 17, Rn. 42.

278 *Mitsch*, Rechtfertigung und Opferverhalten, S. 390.

tierten Notwehrkonzeption fehle es dem Angreifer an „Angriffsvermeidemacht“. Darüber hinaus sei der Angegriffene häufig mitverantwortlich für den Konflikt, weshalb dieser nicht allein durch eine unbeschränkte Notwehr zu Lasten des Angreifers aufzulösen sei. In Anbetracht und unter Voraussetzung dieser Umstände sei vielmehr eine übergesetzliche Einschränkung des Notwehrrechts vorzunehmen.[279]

2.2.9.2 Kritische Würdigung

Abgesehen von der unterstellten Mitverantwortlichkeit des Angegriffenen dürfte die Beschreibung der tatsächlichen Umstände der Konfliktsituationen regelmäßig zutreffen. Der daraus gezogene Schluss kann dagegen nicht gefolgt werden. Sofern eine Mitverantwortlichkeit des Angegriffenen für die Notwehrsituation wirklich gegeben ist, ist die Lösung innerhalb der Fallgruppe der „Notwehrprovokation“ bzw. „sonstigen schuldhaften Herbeiführung der Notwehrlage“ zu suchen. Das Abstellen auf fehlende Rückzugs- und Ausweichmöglichkeiten ist aber dem Angegriffenen allenfalls dann anzulasten, wenn dieser tatsächlich dazu die Möglichkeit hatte – ultra posse nemo obligatur. Dies aber verlangt der Ansatz gerade nicht, sieht die Möglichkeit, dass einsofortiges Ausziehen auch aus finanziellen Gründen unmöglich sein kann[280]. Folglich gereicht dem Angegriffenen die Nichtvornahme eines ihm – mitunter – tatsächlich unmöglichen Verhaltens rechtlich zum Nachteil, was abzulehnen ist. Im Ergebnis spräche man axiologisch inakzeptabel dem wiederholt angegriffenen Ehegatten ein uneingeschränktes Notwehrrecht ab, weil er bislang zeitlich oder finanziell nicht zum Ausziehen aus dem „Kriegsschauplatz“ eheliche Wohnung im Stande war. Ihm dies im Rahmen von Konflikten anzulasten, kommt einer Verkehrung von Ursache und Wirkung gleich: Nicht dem Angegriffenen ist der fehlende „Rückzug“ als Mitverantwortlichkeit für den Konflikt vorzuwerfen, sondern dem Aggressor seine Attacken und damit das Erzwingen des Auszugs aus der gemeinsamen Wohnung.

Ebenfalls gegen die vorgebrachte Argumentation spricht, dass zahlreiche andere Zwangsgemeinschaften existieren wie in der Schule, im Beruf oder im Dienst als Soldat, in denen man unausweichlich mit anderen auf engstem Raum konfrontiert ist, ohne dass daraus eine – dann in zahllosen Lebensbereichen bestehende – Notwehrrechtsbegrenzung gefolgert würde[281].

---

279 *Baumann/Weber/Mitsch*, Strafrecht AT, § 17, Rn. 42; *Mitsch*, Rechtfertigung und Opferverhalten, S. 390 f.

280 *Mitsch*, Rechtfertigung und Opferverhalten, S. 390.

2.3 Eigener Lösungsansatz: Die Schutzpflicht des Garanten aus § 13 StGB

2.3.1 Darstellung der bestehenden garantenbasierten Notwehrbeschränkungen

Schließlich erblickt ein Teil der Literatur im Garantengedanken den entscheidenden Ansatzpunkt für eine Notwehrrestriktion. Davon ausgehend werden verschiedene Fallgruppendefinitionen angeboten. Zum Teil wird – allgemein gehalten – eine Garantenpflicht[282] und zum Teil etwas spezieller eine „Garantenpflicht kraft Institution"[283] bzw. eine „institutionelle Garantenstellung"[284] oder aber eine „Beschützergarantenstellung"[285] des Verteidigers gegenüber dem Angreifer postuliert. – Die Funktionenlehre[286] differenziert danach, ob der Garant bestimmte Rechtsgüter vor Schaden („Beschützergarant") oder unbestimmte Rechtsgüter vor Verletzungen aus bestimmten Gefahrenquellen („Überwachungsgarant") zu bewahren hat. Bei diesem sind bestimmte Gefahrenquellen bei jenem bestimmte

---

281 Sinngemäß auch *Rienen*, „Sozialethische" Einschränkungen des Notwehrrechts, S. 280 f.

282 *Geilen*, AT, S. 97; *ders.*, Jura 1981, S. 374; *Joecks*, StGB, § 32, Rn. 31; *Köhler*, AT, Kap. 5 II 2.3.4; *Kühl*, AT, § 7, Rn. 202; *Marxen*, „Sozialethische" Grenzen der Notwehr, S. 50; *Metzger/Blei*, AT, S. 140; *Roxin*, AT, Bd. 1, § 15, Rn. 83; *ders.*, ZStW 93, S. 102.

283 *Jakobs*, Strafrecht AT, 12/57 f.

284 *Kindhäuser*, LPK-StGB, § 32, Rn. 52.

285 SK-*Günther*, § 32, Rn. 128.

286 Vgl. u.a. *Kaufmann*, Dogmatik der Unterlassungsdelikte, S. 283 ff.; SK-*Rudolphi*, § 13, Rn. 24 f.; *Otto/Brammsen*, Jura 1985, S. 530 ff., 592 ff., 646 ff.
Dem gegenüber versuchen die materiellen Rechtspflichtenlehren die Garantenstellungen nach ihrem materiellen Entstehungsgrund einzuteilen, wobei von einem, Otto, AT, § 9, Rn. 42 ff.: „Erwartungserwartung"; Rudolphi, NStZ 1984, S. 149 ff.: „Grundsatz der Verantwrotung auf Grund zugewiesener Schutzfunktion"; Schünemann, ZStW 96, S. 293 ff.: „Herrschaft über den Erfolgsgrund"; E. A. Wolff, Kausalität von Tun und Unterlassen, S. 36 ff.: „Vertrauensprinzip", aber auch mehreren Haftungsprinzipien, Jakobs, Strafrecht AT, 28/1 ff.; ders., Die strafrechtliche Zurechunung von Tun und Unterlassung, S. 19 ff. und 30 ff.; ähnl. Kindhäuser LPK-StGB, § 13, Rn. 35 ff., ausgegangen wird.
Die Einteilung nach den materiellen Entstehungsgründen von Garantenstellungen ist vorzugswürdig, da nur diese im Gegensatz zur Funktionenlehre eine eindeutige Zuordnung der einzelnen Garantenstellungen ermöglicht und zudem eine der praktischen Rechtsanwendung dienliche Systematisierung bietet; ausführlich dazu Teil 2 C II 5 b.

Rechtsgüter abzuschirmen. Nur bei Letzterem sei eine eingeschränkte Abwehr geboten.

Ergänzend wird ein „grundsätzlich intaktes Näheverhältnis“[287], ein „tatsächlich existierendes und praktiziertes Garantieverhältnis“[288] verlangt. Der Angriff müsse Ausnahmecharakter besessen haben[289], es dürfe keine regelmäßige Misshandlung erfolgt sein[290]. Bei den spezielleren Kennzeichnungen der Garantenstellung ist zu beachten, dass ihnen unterschiedliche Kriterien zur Systematisierung der Garantenstellungen zu Grunde liegen, was inhaltlich verschiedene persönliche Voraussetzungen zur Konsequenz haben kann.

Für die Garantenstellung (und der aus ihr folgenden Garantenpflicht) als Ausgangspunkt einer Notwehrbeschränkung werden zahlreiche Argumente bemüht. So wird ausgeführt, der Verteidiger habe hier eine besondere Verantwortung[291], sei Garant für das Leben des Angreifers[292]; die Garantenbeziehung reduziere die Verteidigungsbefugnis[293]. Das Spannungsverhältnis zwischen Rechtfertigungsgrund und Garantenpflicht habe ein eingeschränktes Abwehrrecht zur Folge[294]. Zum selben Ergebnis solle man auf Grund des Solidaritätsgedankens gelangen[295].

Mitunter wird bei den Notwehrprinzipien angesetzt. Die Pflichten aus dem Innenverhältnis zwischen den Konfliktparteien hätten gegenüber der Bewährung der Rechtsordnung Vorrang[296]. Das generalpräventive Interesse, dem auch das Rechtsbewährungsprinzip diene, sei innerhalb von Garantieverhältnissen geringer wegen der dort bestehenden Pflicht zur sozialen Rücksichtnahme[297].

Dagegen wurde früher betont, ein vermindertes Interesse an der Bewährung der Rechtsordnung ergebe sich aus dem „privaten Charakter“ des Streits; er sei auf den „internen Lebensbereich“ beschränkt und betreffe nicht so die Öffentlichkeit[298].

---

287 *Köhler*, AT, Kap. 5 III 2.3.4.

288 *Kühl*, AT, § 7, Rn. 202.

289 *Joecks*, StGB, § 32, Rn. 31; *Kühl*, AT, § 7, Rn. 202.

290 *Geilen*, JR 1976, S. 316 f.; *Roxin*, AT, Bd. 1, § 15, Rn. 85; *ders.*, ZStW 93, S. 103.

291 *Kindhäuser*, LPK-StGB, § 32, Rn. 52.

292 *Joecks*, StGB, § 32, Rn. 31.

293 *Köhler*, AT, Kap. 5 III 2.3.4 .

294 *Geilen*, JR 1976, S. 316; *ders.*, Jura 1985, 374; *Roxin*, AT, Bd. 1, § 15, Rn. 84; *ders.*, ZStW 93, S. 102 f.

295 SK-*Günther*, § 32, Rn. 128; *Kühl*, AT, § 7, Rn. 203.

296 *Metzger/Blei*, AT, S. 140; *Roxin*, AT, Bd. 1, Rn. 83 und 87.

297 *Roxin*, ZStW 93, S. 76.

298 So *Roxin* früher in ZStW 75, S. 581, Fn. 112.

Nicht ausschließlich mit dem Rechtsbewährungsprinzip, sondern mit den Sicherheitsinteressen des Angegriffenen erklärt eine andere Auffassung die Schärfe der Notwehr im Vergleich zu anderen Notrechten. Es gelte das Primat der Sekuritätsinteressen des Verteidigers, er solle bei der Abwehr vor unkalkulierbaren Risiken geschützt werden. Bei Ehegatten, insbesondere wenn es bereits zuvor zu Angriffen gekommen sei, existiere diese Unkalkulierbarkeit nicht im üblichen Ausmaß, weshalb man eine Notwehrbegrenzung erwägen könne[299].

Weiterhin wird auch[300] hier dargelegt, dass der Fortbestand des Gemeinschaftsverhältnisses selbst eine Abwehrbegrenzung erfordere[301]. Daneben wird zur Begründung einer Begrenzung ein Vergleich mit dem „Normalfall" der Notwehr herangezogen: Es sei unter faktischen und normativen Gesichtspunkten unangemessen, die „Entgleisung" eines Ehepartners mit dem Angriff eines Außenstehenden gleichzusetzen. Das Strafrecht dürfe den „Streit bis aufs Messer" nicht begünstigen[302].

Einen grundlegenderen Weg beschreitet *Marxen*[303]. Er versucht, die Bedeutung der Garantenprinzip außerhalb der Unterlassungsdelikte im Bereich des positiven Tuns, insbesondere die Relevanz für die Notwehr, nachzuweisen. In einem weiteren Schritt soll ein notwendiger Zusammenhang zwischen dem Prinzip und dem Umfang des Notwehrrechts belegt werden.

2.3.2 Kritische Würdigung

Als mindestens ebenso zahlreich wie die Fürsprecher eines Rückgriffs auf den Garantengedanken erweisen sich dessen Kritiker. In der Tat begegnen Argumentation und Fallgruppenkennzeichnung stellenweise Bedenken, lassen aber zumindest essentielle Fragen unbeantwortet.

Gegen das Postulat einer „Garantenstellung" als persönliche Voraussetzung wird eingewandt, eine Notwehrbegrenzung müsse dann in allen Fällen einer Ga-

299 *Geilen*, JR 1976, S. 316, welcher aber selbst das Argument im Ergebnis ablehnt, da es zu dem paradoxen Ergebnis führe, dass die dauernde Misshandlung zu einer „Erosion der Notwehr" führe.

300 Zuvor schon als Argument bei „Ehegatten" und Teil 1 C III, „Engen persönlichen Beziehungen", Teil 1 C II 2.

301 *Kühl*, AT, § 7, Rn. 202.

302 *Roxin*, AT, Bd. 1, § 15, Rn. 88.

303 *Marxen*, „Sozialethische" Grenzen der Notwehr, S. 38ff; soweit ersichtlich geht die Idee, eine Notwehrbeschränkung in der hiesigen problematischen Fallgruppe mit einer Garantenstellung zu begründen und konsequenterweise diese als persönliche Voraussetzung zu fordern auf *Geilen*, JR 1976, S. 314 ff. zurück und wurde von *Marxen* näher ausgeführt.

rantenstellung zu einer Abwehrbegrenzung führen[304], also beispielsweise auch für den Führer einer Bergtour, der von einem Gefährten angegriffen wird[305] oder dem von einem Patienten angegriffenen Arzt. Garantenstellungen könnten sich aus Umständen ergeben, die keinen Bezug zu sozialen Näheverhältnissen aufwiesen, also ohne Bezug zu den hier in Frage stehenden Fallkonstellationen sein[306]. Die Auffassung sei deshalb zu verwerfen[307]. Dem ist lediglich bezüglich der zuerst erwähnten, konkreten Fälle zuzustimmen, im Hinblick auf die Argumentation und die aus ihr gezogenen Schlussfolgerungen allerdings zu widersprechen. Damit nämlich die Argumentation überzeugt, muss zwar nicht nachgewiesen werden, warum es unangemessen ist, in allen Fällen der Garantenstellung die Notwehr zu beschränken. Dies Beispiele können ein gewisses Evidenzerlebnis für sich beanspruchen. Warum aber als positive Gruppenkennzeichnung nur soziale Näheverhältnisse in Frage kommen sollen, hätte der Erläuterung bedurft. So bleibt der Hinweis im Stadium der Behauptung stecken.

Ebenso ist es verfehlt, von der Nichteinschränkung der Notwehr für bestimmte Fälle, unter anderem bei den bemühten Beispielen der Arzt-Patient-Konflikte, auf die allgemeine Untauglichkeit und Fehlerhaftigkeit des Garantengedankens im Notwehrkontext zu schließen. Sachdienlich ist die vorgetragene Kritik hingegen insoweit, als dass sie indirekt eine konsequente Anwendung des Garantengedankens anmahnt. Damit gelangt man zu der Notwendigkeit, die Einschränkungsvoraussetzung „Garantenstellung" begründet zu präzisieren[308]. Soweit ersichtlich ist dies bisher noch nicht ausreichend geschehen und erfolgt im Rahmen des eigenen Ansatzes[309].

Denjenigen, die als Voraussetzung eine „Garantenpflicht" gegenüber dem Angreifer für notwendig erachten, kann also eine ungenaue, möglicherweise sachlich unangemessene Kennzeichnung vorgehalten werden. Unklar insofern,

---

304 *Schroth*, NJW 1984, S. 2563, der entgegen der Behauptung *Sangviroatjanapat*s, Einschränkungen, S. 96, sich nicht *für*, sondern *gegen* die Garantenstellung als Einschränkungskriterium ausspricht.
So auch die Kritik bei *Scherenberg*, Sozialethische Einschränkungen der Notwehr, S. 170 und *Rienen*, „Sozialethische" Einschränkungen des Notwehrrechts, S. 276 bezogen auf die „Beschützergarantenstellung".

305 *Bitzilekis*, Tendenz, S. 124.

306 *Wohlers*, JZ 1999, S. 439.

307 *Bitzilekis*, Tendenz, S. 124; *Engels*, GA 1982, S. 113; *Sangviroatjanapat*, Einschränkungen, S. 96 f.; *Wohlers*, JZ 1999, S. 439.

308 Eine inhaltliche Präzisierung der Voraussetzung „Beschützergarantenstellung" mahnt deshalb zu Recht *Scherenberg*, Sozialethische Einschränkungen der Notwehr, S. 167 f. an.

309 Teil 3 A II.

als dass eine Bezugnahme auf eine allgemeine Garantenpflicht nicht hinreichend verdeutlicht, ob damit wirklich jedwede Garantenstellung gemeint ist oder nur ausgewählte. Eine Abwehrrechtsbegrenzung bei sämtlichen Garantenstellungen ist zumindest bei Sicherungsgaranten – der verbreiteten Terminologie der Funktionenlehre folgend[310] – nicht sachgemäß[311].

Entsprechenden Bedenken sehen sich die materiellen Rechtspflichtenlehren[312], die eine Notwehrrestriktion an eine Garantenstellung kraft Institution knüpfen, ausgesetzt. Zu den institutionellen Garantenstellungen wird nämlich auch die Fallgruppe „Verantwortung für fremdes Handeln" gezählt. Dabei handelt es sich um Fälle, die nach der Funktionenlehre den Überwachungsgaranten zugeordnet werden. Demnach schlagen unabhängig davon, welcher Einteilung der Garantenstellungen man folgt, die dagegen bestehenden Einwände auch hier durch.

Auch der Einwand, die Garantenstellung gehe niemals soweit, voll verantwortliche Selbstschädigungen zu unterbinden, weshalb erst recht keine Pflicht zum Schutze des Anderen in einer Notwehrsituation bestehe[313], geht ins Leere. Denn der Angreifer schädigt sich nicht voll verantwortlich durch seinen Angriff selbst. Allenfalls riskiert er seine Rechtsgüter. Deren Schädigung will er aber gerade nicht.

An der ausdrücklich nur vereinzelt postulierten Voraussetzung eines „Beschützergarantenverhältnisses" zwischen den unmittelbar Beteiligten ist die gegenüber der Umschreibung „Garantenstellung" größere Präzision[314] und der folgerichtige Ausschluss von Überwachungsgaranten zu begrüßen. Diesem Ansatz gebricht es allerdings grundlegend daran, dass eine eindeutige Trennung von Beschützer- und Überwachungsgaranten nicht möglich ist[315], und deshalb an die Differenzierung nicht so weitreichende Konsequenzen wie die Entscheidung über eine Notwehrbegrenzung geknüpft werden dürfen. Überdies ist eine solche Kennzeichnung immer noch zu unbestimmt. Die obigen Beispiele wecken berechtigte Zweifel, ob nicht auch die Beschützergarantenstellung eine zu weitgehende Notwehreinschränkung zur Folge hat: Soll etwa das Notwehrrecht des Arztes, wohl ein Beschützergarant, beschränkt werden, dem der Patient ein Mo-

---

310 Zusammenfassend und kritisch zu deren Systematisierung Teil 3 C II 5.

311 Siehe Teil 2 C III 3.

312 Siehe vor allem zu *Jakobs*, Teil 2 B IX.

313 *Rienen*, „Sozialethische" Einschränkungen des Notwehrrechts, S. 274 f.; *Scherenberg*, Sozialethische Einschränkungen der Notwehr, S. 169 f.

314 Zwar ist nicht auszuschließen, dass von denjenigen, die eine „Garantenstellung" fordern, einige stillschweigend „Beschützergaranten" meinen. Gerade deswegen ist aber am Vorwurf der mangelnden Präzision festzuhalten.

315 Teil 3 C II 5.

biltelefon zu entwenden sucht? Wie verhält es sich bei Angriff auf ein anderes Mannschaftsmitglied bei einem gemeinsamen Segeltörn? In beiden ist eine Abwehrrestriktion zu verneinen. Eine gelungene Präzisierung und Begründung der persönlichen Voraussetzungen steht offensichtlich im Bereich Garantenstellung ebenfalls noch aus und muss gelingen, soll der Garantengedanke als Ausgangspunkt Bestand haben. In ihrer bisherigen Allgemeinheit überzeugen die Kennzeichnungen „Garantenstellung“ oder „Beschützergarant“ nicht.

Für weitere Unklarheiten im Bereich der Fallgruppendefinition sorgen die mitunter zusätzlichen Einschränkungen in Gestalt der Erfordernisse „intaktes“ oder „praktiziertes“ Garantieverhältnis. Soweit darin zum Ausdruck kommt, für eine Notwehrrechtsbeschränkung müsse die Garantenstellung noch bestehen, handelt es sich um eine Selbstverständlichkeit für diesen Ansatz. Zum einen scheinen die Voraussetzungen ausschließlich auf die Garantenstellung aus natürlicher Verbundenheit bezogen zu sein, ohne dass geklärt wäre, warum nur in diesen eine Abwehrrechtsrestriktion in Betracht kommen soll[316]. Zum anderen stellen sie – jedenfalls beim „praktizierten Garantenverhältnis“ – Anforderungen dar, die – wohl – über die Voraussetzung „Garantenstellung“ hinausgehen, deswegen begründungsbedürftig und in die Unterlassungsdogmatik zu integrieren wären. Möglicherweise gehen die Topoi in einer präzisen Kennzeichnung der Voraussetzungen für den (Fort-) Bestand von Garantenstellungen auf. In dieser Form und Kürze verdienen die Ergänzungen keine Zustimmung.

Neben den Definitionen der persönlichen Voraussetzungen bietet die Argumentation ebenfalls Anlass zur Kritik. Die Betonung der „besonderen Verantwortung“ des Garanten, dass er „Garant für das Leben des Angreifers“ sei und die Garantenbeziehung die Verteidigungsbefugnis reduziere, stellt lediglich das angestrebte Ergebnis fest, begründet dies aber nicht und ist deshalb wenig hilfreich.

Wie bereits zuvor bemängelt, besitzt die herangezogene Solidaritätspflicht[317] keinen eigenständigen Argumentationsgehalt. Der Erfolgsabwendungspflicht des Garanten wird lediglich ein anderer Name zugewiesen. Warum aber die Solidaritätspflicht des Garanten zu einer Notwehrbegrenzung führen soll, wird nicht dargetan. Den gleichen Begründungsmangel weist trotz Bezugnahme auf die Notwehrprinzipien der festgestellte und gerade nicht begründete Vorrang der

316 Dies stimmt im Ergebnis mit der hier vertretenen Ansicht überein, der gemäß eine Beschränkung lediglich in engen Gemeinschaftsverhältnissen und im Eltern-Kind-Verhältnis vorzunehmen ist, ausführlich dazu Teil 3 A II.

317 Zur Kritik daran siehe Teil 1 C III 3 b; zu Recht kritisch gegenüber einer Begründung mittels Solidaritätspflichten auch *Rienen*, „Sozialethische“ Einschränkungen des Notwehrrechts, S. 278 ff., m. w. N.

Garantenpflichten vor dem Rechtsbewährungsinteresse auf. Der Vorrang wird in der Begründung vorausgesetzt, obwohl er zu beweisen wäre[318].

Dem Hinweis, das generalpräventive Interesse an der Notwehr sei innerhalb interner Garantieverhältnisse wegen der dortigen Pflicht zur sozialen Rücksichtnahme geringer, ist zu widersprechen[319]. Zutreffend wird bemängelt, es bleibe unklar, ob das Interesse tatsächlich geringer sei oder auf Grund normativer Überlegungen zurücktrete, weil jenes nicht plausibel und dieses zu begründen sei[320]. Empirische Erkenntnisse der Soziologie sprechen hingegen eher für ein verstärktes Bedürfnis nach (negativer) Generalprävention. Denn wenn es zu Gewalttätigkeiten in der Ehe kommt, bleiben diese meistens kein Einzelfall[321].

Als widerlegt gelten muss der früher vorgetragene, mittlerweile vom Autor selbst relativierte[322] Gesichtspunkt, der „interne Charakter" des Streits, der deshalb „die Öffentlichkeit nicht so" betreffe, reduziere das Rechtsbewährungsinteresse und erfordere folglich eine Notwehrbegrenzung. Richtigerweise wird darauf hingewiesen, dass die Ehe kein quasi rechtsfreier, der Öffentlichkeit entzogener Raum sei[323]. Der dortige Verhaltensnormbruch wiege nicht weniger schwer als der eines Dritten[324]. Vielmehr legt der soeben erwähnte empirische Aspekt ein verstärktes Rechtsbewährungsinteresse nahe.

Soweit kritisierend vorgebracht wird, Garantenstellung und Erforderlichkeit stünden in keinerlei funktionalem Zusammenhang[325], spricht dies lediglich gegen die Erforderlichkeit als positiv-rechtlichen Anhalt[326] für eine Einschränkung, indessen nicht grundsätzlich gegen den Garantengedanken als Ausgangspunkt einer Notwehrrestriktion.

Häufig beanstanden Gegner des Garantengedankens, der Angreifer verletze seinerseits seine Schutz-, Fürsorgepflicht und damit Garantenpflichten eklatant, weshalb eine Beschränkung der Notwehr des verteidigenden Garanten ausscheide. Dieser müsse seinen Garantenpflichten nun auch nicht mehr entsprechen.[327]

---

318 So auch *Engels*, GA 1982, S. 114.

319 *Frister*, GA 1988, S. 308.

320 *Engels* GA 1982, S. 114, mit der gleichen Argumentation gegen den Gedanken, das Rechtsbewährungsprinzip komme nicht voll zur Geltung; *Frister*, GA 1988, S. 308, Fn. 67.

321 Vgl. nur *Lau/Boss/Stender*, Aggressionsopfer Frau, S. 105 m.w.N. .

322 *Roxin*, ZStW 93, S. 101 gegen *Roxin*, ZStW 75, S. 581, Fn. 112.

323 *Bitzilekis*, Tendenz, S. 122 f.; *Marxen*, Die sozialethischen Grenzen, S. 35.

324 *Freund*, AT, § 3, Rn. 123.

325 *Engels*, GA 1982, S. 113.

326 Siehe ausführlicher zu diesem Ansatz unter Teil 1 C V.

Obwohl eine solche Kritik auf einen beachtlichen Aspekt hinweist, ist sie in ihrer Allgemeinheit nicht haltbar.[328]

Der Kritik wird zutreffend entgegengehalten, ein Angriff schließe die Garantenstellung bzw. –pflicht nicht in jedem Fall von vornherein aus[329]. Richtigerweise wird von den Kritikern die Frage gestellt, wie sich ein Angriff auf die Pflichten des angegriffenen Garanten auswirkt. Unzutreffend wird sie allerdings dahingehend beantwortet, jeder Angriff führe zum Erlöschen der Pflichten.[330] Wenn Ausgangspunkt einer Restriktion die Garantenstellung und damit letztlich die aus ihr folgende Garantenpflicht sind, so hat man – ansatzimmanent – genau zu untersuchen, welche Antwort die Unterlassungsdogmatik liefert, welche Konsequenzen sie aus dem Angriff zieht und nicht ohne weitere Begründung ein Ende der Pflichten für jeden Fall zu konstatieren. Es erscheint voreilig, ohne eine eingehendere Prüfung einem Angriff auf die Ehre und einem auf existentielle Güter die gleiche Bedeutung für die Pflichten des verteidigenden Garanten beizumessen. Lebensnah-überzeugend wird deshalb darauf hingewiesen, dass keine Ehe Bestand haben könne, wenn auf „Ausrutscher" nicht mit Maß und Nachsicht reagiert würde[331]. Es drängt sich allerdings sogleich die entscheidende Anschlussfrage auf, wo die Grenze zum „Ausrutscher" überschritten wird. Die genaue Untersuchung dieser offensichtlich bislang unzureichend geklärten Problematik erfolgt im eigenen Ansatz[332].

Einstweilen ist am Ausgangseinwand zu bemängeln, dass er fälschlicherweise von einem wechselseitigen Pflichtverhältnis ausgeht, welches nicht notwendig erforderlich ist. Für eine Einschränkung der Verteidigungsrechte des Angegriffenen ist nur dessen Garantenstellung gegenüber dem Aggressor vonnöten nicht aber umgekehrt. Demnach ist der in obigen, kritischen Argumentation vorausgesetzte Pflichtenbruch des Angreifers nicht zwangsläufig gegeben.

Gegen das Argument, den Fortbestand des Gemeinschaftsverhältnisses durch eine Begrenzung der Abwehrbefugnis zu sichern, kann man die schon

---

327 Vgl. nur *Engels*, GA 1982, S. 113 mit zust. Anm. *Dencker,* NStZ 1983, S. 399; *Otto*, AT, § 8, Rn. 91; *Sangviroatjanapat*, Einschränkungen, S. 97, 99 f.; Schönke/Schröder-*Perron*, § 32 StGB, Rn. 53.

328 Siehe bereits die Stellungnahme bei Teil 1 C I.

329 *Geilen*, JR 1976, S. 316 (Fn. 16); *Jakobs*, Strafrecht AT, 12/58 (Fn. 113a); *Kühl*, AT, § 7, Rn. 202 (Fn. 479); *Roxin*, AT, Bd. 1, § 15, Rn. 84. SK-*Günther*, § 32 StGB, Rn. 130 (im familieren Bereich).

330 Ausführlich dazu Teil 3 B I 3 b.

331 *Roxin*, AT, Bd. 1, § 15, Rn. 88.

332 Teil 3 B I 3 b.

vorher geäußerten Zweifel an der Funktionalität einer solchen Restriktion einwenden[333].

Das Argument, der Fortbestand des Gemeinschaftsverhältnisses selbst erfordere eine Notwehrbegrenzung begegnet zweierlei Bedenken: Erstens liegt nicht jeder Garantenstellung ein besonderes Gemeinschaftsverhältnis zu Grunde. So besteht beispielsweise kein solches Verhältnis zwischen Bademeister und Badegästen. Folglich passen auf das Gemeinschaftsverhältnis zielende Argumente nicht zur vorgeschlagenen Einschränkung des Notwehrrechts in „Garantenverhältnissen".

Zweitens dient die Erfolgsabwendungspflicht des Garanten aus § 13 StGB dem Rechtsgüterschutz, und zwar den Rechtsgütern, die durch die überwiegend am positiven Tun ausgerichteten Bestimmungen des Besonderen Teils des StGB geschützt werden. Diesem dort festgeschriebenen Schutz unterstehen jedoch keineswegs alle in Frage kommenden Garantenverhältnisse; allenfalls Ehe und Familie – beachte §§ 169 ff. StGB – nicht aber zum Beispiel die tatsächliche Übernahme von Schutzfunktionen. Daran ändert auch § 221 I Nr. 2 StGB nichts. Er setzt zwar im Tatbestand eine Garantenstellung voraus, allerdings mit dem Zweck, vor konkreter Lebens- oder qualifizierter Leibesgefährdung, nicht aber das der tatbestandlichen Voraussetzung zu Grunde liegende Verhältnis selbst zu schützen. Wenn nun aber folglich die durch eine Notwehrbegrenzung besonders zu schützenden Gemeinschaftsverhältnisse nicht mittels Normen des besonderen Teils des StGB in Verbindung mit § 13 StGB Schutz genießen, löst man sich mit der obigen Argumentation in der dogmatischen Konstruktion von § 13 StGB. Konstruktiv gebietet dem diskutierten Argument folgend nicht die Erfolgsabwendungspflicht dieser Vorschrift eine Abwehreinschränkung, sondern die Bewahrung der von § 13 StGB *vorausgesetzten* Gemeinschaftsverhältnissen. Infolgedessen kann nicht mehr der Imperativsatz des § 13 StGB als gesetzliche Grundlage für eine Beschränkung bemüht werden. Vielmehr müsste dargelegt werden, woraus sich eine Pflicht zum Schutze der – wie zuvor beispielhaft erläutert mitunter losen – Garantenverhältnisse ergibt. Solange dieser Nachweis noch aussteht, kann dem hier erörterten Argument nicht gefolgt werden.

Darüber hinaus wird erklärt, die Schärfe des Notwehrrechts ergebe sich aus dem dortigen Vorrang der Sicherheitsinteressen des Verteidigers. Er solle vor Risiken aus unkalkulierbaren Angriffen geschützt werden. Die Unkalkulierbarkeit und somit die Verteidigungsbefugnis seien bei Ehegatten, insbesondere wenn es bereits vorher schon zu Attacken gekommen sei, geringer. Sogleich re-

333 Siehe bereits Teil 1 C III 1 b: Wird ein Verhältnis besonders geschützt, indem man seine Mitglieder untereinander besonders schutzlos stellt und dadurch die Attraktivität des Verhältnisses mindert?

lativiert der Autor, die sich ergebende Paradoxie, dass fortlaufende Misshandlungen zu einer Erosion des Notwehrrechts führen, sei dadurch zu vermeiden, dass Quantität in Qualität umschlage und die fortlaufende Misshandlung keine Bagatelle sei und deshalb eine Verteidigungsrestriktion ausscheide[334]. Letzterem ist im Ergebnis beizupflichten[335]. Dogmatisch sauberer, weil ohne eine neue Voraussetzung „keine Bagatellangriffe“ auskommend, erscheint es jedoch, zu überprüfen, ob nicht die Garantenstellung durch die wiederholten Angriffe entfällt.

Gegen das Argument wird zudem eingewandt, es sei trotz vorhergehender Angriffe unklar, ob der gegenwärtige genauso verlaufen werde[336]. Diese Kritik zielt in die richtige Richtung und entspricht derjenigen, die bereits bei der Beurteilung der Ansicht, die lediglich durch eine besonders genau bestimmte Erforderlichkeit die Notwehr nur tatsächlich einschränken möchte, geäußert wurde: Auf bloßen Erfahrungen mit früheren Auseinandersetzungen basierende Wahrscheinlichkeitsurteile bezüglich der Gefährlichkeit eines Angriffs sind als Quelle einer Notwehreinschränkung untauglich, solange man am herkömmlichen Verständnis der Erforderlichkeit festhält[337]. Im Übrigen weist die Begründung Schwächen auf. Weder existiert die bessere Kalkulierbarkeit bei allen „Beschützergarantenverhältnissen“, noch handelt es sich um ein garantenstellungsspezifisches Argument. Eine gesteigerte Berechenbarkeit kann zum Beispiel nicht bei dem erstmaligen Angriff auf den dem Aggressor nur vage bekannten Garanten aus tatsächlicher Übernahme, wohl aber bei guten, langjährigen, nicht in einem Garantieverhältnis stehenden Freunden, zwischen denen es gelegentlich zu Raufereien kommt, anzunehmen sein.

Weiterhin kann man zweifeln, ob die Feststellung, dass es unter normativen und faktischen Gesichtspunkten unangemessen sei, die Entgleisung eines Ehegatten mit dem Angriff eines Außenstehenden gleichzusetzen, mehr zum Ausdruck bringt als die Kongruenz von rechtlich für richtig erachtetem Ergebnis und Rechtsgefühl. Die normative Unangemessenheit wird schließlich schon mit der geforderten Beschränkung des Notwehrrechts zwischen Garanten ausgedrückt. Stattdessen hätte eine Offenlegung der dem vorgeschlagenen Ergebnis zu Grunde liegenden Wertungen weiter geführt. Außerdem kann – von der Garantenstellung selbst abgesehen – kein allzu großer „faktischer“ Unterschied zwischen einem „Außenstehenden“ und manchen Beschützergaranten, wie dem

334 *Geilen* JR 1976, S. 316; insoweit ist die bei *Sangviroatjanpat*, Einschränkungen, auf S. 96 kritisierte Begründung *Geilens* bei jenem verzerrend kurz dargestellt.

335 Teil 3 B I 3 b aa (2).

336 *Sangviroatjanapat*, Einschränkungen, S. 96.

337 Zur Kritik im einzelnen siehe oben C V 2.

den Schutz tatsächlich Übernehmenden unter Umständen dem zu Beschützenden sonst Fremden (z.B. Bademeister), ausgemacht werden. Daneben stützen die Ausführungen, „Entgleisung eines Ehegatten", nicht die allgemeiner gefasste persönliche Voraussetzung „Garantenstellung".

In seiner Allgemeinheit zutreffend, konkret aber nicht weiterführend ist die Forderung, dass Strafrecht dürfe nicht den „Streit bis aufs Messer" begünstigen[338], denn bei der Ausgestaltung des Notwehrrechts hat – in Ermangelung einer Ausweichpflicht – die Deeskalation offensichtlich nicht oberste Priorität genossen. Richtigerweise wird aber für die hiesigen Fälle die Lösung außerhalb der strikten Forderung nach der „erforderlichen Verteidigung" gesucht.

Aus dem vermeintlichen Parallelfall, in dem eine Ehefrau, die ihren Ehemann gegen die Trutzwehr einer vom Mann angegriffenen Dritten verteidigt, nur nach § 35 StGB entschuldigt nicht aber gerechtfertigt sei, wird gefolgert, dass die Garantin auch keine Pflicht zum Schutze der Rechtsgüter treffe. Dies gelte auch bzw. „erst recht" für den Fall, dass sie selbst angegriffen werde, weshalb die Garantenstellung als Grund für eine Notwehrbegrenzung ausscheide.[339] Überzeugend wird dem entgegengehalten, die fehlende Pflicht der Frau erkläre sich mit den berechtigten Interessen des Dritten[340]. Warum sollte auch die Rettungspflicht eines anwesenden Garanten für Rechtsgüter des Angreifers zu einer Begrenzung der Verteidigungsbefugnisse[341] des angegriffenen Dritten führen? Interessen Dritter sind hingegen nicht tangiert, wenn lediglich der attackierte Garant und der Angreifer involviert sind. Der aus dem Beispielsfall gezogene Schluss kann daher nicht nachvollzogen werden.

Gegen den Ansatz wird weiter vorgebracht, es fehle an einer vergleichbaren Interessenlage bzw. an einem funktionalen Zusammenhang zwischen der Garantenstellung und einer Notwehrbegrenzung. Der Garantenstellung komme nur die Funktion zu, die Gleichstellung von Begehungs- und Unterlassungstäter auf Grund eines besonderen, mit bestimmten Pflichten verbundenen Verhältnisses zum Opfer zu legitimieren, habe aber keine Funktion in der Notwehr.[342] Fragwürdig ist daran bereits das angeblich für eine Garantenstellung nötige besondere Verhältnis zum Opfer. Ein solches mag auf Basis der fragwürdigen Funktionenlehre[343] bei den Beschützergarantenstellungen noch anzunehmen sein. Bei

338 *Roxin*, AT, Bd. 1, § 15, Rn. 88.

339 *Montenbruck*, JR 1985, S. 116; *Rienen*, „Sozialethische" Einschränkungen des Notwehrrechts, S. 275.

340 *Loos*, JuS 1985, S. 862 (Fn. 45).

341 Hier mittelbar über die Pflicht und der damit notwendig verbundenen Rechtfertigung des Garanten, zum Schutze des Aggressors rettend tätig zu werden.

342 *Scherenberg*, Sozialethische Einschränkungen der Notwehr, S. 167 f.

343 Zur Kritik an dieser siehe Teil 2 C II 5 b.

Überwachungsgaranten besteht diese besondere Beziehung – per definitionem – zur Gefahrenquelle und gerade nicht zum Opfer[344].

Weiter beruht die Kritik auf der unzutreffenden Annahme, eine Notwehrrechtsbeschränkung gehe dogmatisch allein auf die Garantenstellung als Tatbestandsmerkmal zurück. Tatsächlich beruht die Restriktion jedoch auf der mittels § 13 StGB strafbewehrten Schutzpflicht der Garanten gegenüber dem Angreifer. Diese Norm beansprucht neben § 32 StGB Geltung[345] und bedingt die Notwehrrechtsbegrenzung. Die Garantenstellung bildet zwar das wesentliche Merkmal der Verpflichtung aus § 13 StGB, aber nicht allein sie ist geltendes, zu beachtendes Recht, sondern § 13 StGB. Indem die Kritik lediglich die Funktion des Tatbestandsmerkmals Garantenstellung des § 13 StGB und nicht die Funktion der Norm insgesamt betrachtet, verengt sie den Blick unzutreffend. Funktion des § 13 StGB ist hingegen die besagte, strafbewehrte Rechtsgüterschutzpflicht für bestimmte Personen im Bedarfsfall. Diese Funktion, Schutz der Rechtsgüter bestimmter Personen, deckt sich aber mit der der sozialethischen Einschränkungen der Notwehr. Beide bezwecken den Schutz des Angreifers. Betrachtet man also § 13 StGB insgesamt in seiner Funktion, wozu man gezwungen ist, da die Notwehrrechtsbeschränkung darauf zurückgeht, besteht eine vergleichbare Interessenlage. Die diesbezügliche Kritik verfängt nicht. Zuzugeben ist ihr allerdings, dass der Anknüpfungspunkt „Garantenstellung“ sprachlich etwas verkürzt ist und der Klarstellung bedarf.

Dem nahestehend wird gegen den Garantenstellungsansatz mit der Erfolgsabwendungspflicht des Garanten der Vorwurf erhoben, er sei strukturell untauglich, eine Notwehrbegrenzung zu begründen[346]. Außerhalb des Bereichs der Unterlassungsdelikte habe die Erfolgsabwendungspflicht keine Bedeutung.[347] Denn eine Garantenstellung stehe immer in Verbindung mit einer Erfolgsabwendungspflicht (und nicht mit einer Notwehrbegrenzung)[348]. Diese kategorische Ablehnung verdient keine Zustimmung. Sie gelangt mit der Prämisse, das Garantieprinzip habe nur in der Unterlassungsdogmatik Relevanz, zu einer strikten Trennung von Notwehr und Garantenpflicht. Bereits die Prämisse geht jedoch fehl. Wie im Rahmen des eigenen Ansatzes ausführlicher erläutert[349] wird, handelt es

344 Lediglich die Beschützergarantenstellung meint der Autor ersichtlich nicht, da er sich mit der Funktion der Garantenstellung in § 13 StGB im Allgemeinen befasst.

345 Ausführlicher zu diesem Argument unter Teil 1 C X 3 b.

346 *Matt*, AT, Kap. 3, § 2, Rn. 41.

347 *Bitzilekis*, Tendenz, S. 124; *Matt*, AT, Kap. 3, § 2, Rn. 41.

348 *Bitzilekis*, Tendenz, S. 124.

349 Siehe dazu unten Teil 1 C X 3 a aa.

sich bei der aus Selbstverpflichtungen[350] und dem Neminem-laede-Prinzip[351] folgenden Garantenstellungen um essentielle Regeln für den freien und in Gesellschaft lebenden Menschen. Als weiteres Argument gegen die Bedeutungslosigkeit der Erfolgsabwendungspflicht außerhalb der Unterlassungsdelikte mag hier der Hinweis auf die §§ 174, 174a, 203, 225 StGB genügen.

Aber auch die konstatierte strikte Trennung existiert nicht. Man stelle sich nur einen Fall vor, in dem die erforderliche Verteidigung durch ein Unterlassen der Gefahrabwendung erfolgen kann. Beispielsweise bemerkt die den Ehemann wüst beschimpfende Ehefrau beim Versuch, eine Straße zu überqueren, um zu ihrem Mann zu gelangen, den sich nähernden Fahrradfahrer nicht. Die drohende Kollision mit dem Fahrradfahrer wäre die einzige Möglichkeit, die Schimpftirade zu unterbrechen und damit die erforderliche Verteidigung. Hat nun der Mann keine Erfolgsabwendungs- und daher keine Warnpflicht? Ungeachtet dessen, welcher Antwort man zuneigt, widerlegt das Beispiel die Behauptung der völligen Trennung der Bereiche Notwehr und Unterlassungsdelikte. Sie stehen nicht zwangsläufig nebeneinander, sondern können sich überschneiden.

Soweit eine Notwehrbegrenzung mit dem Hinweis auf das Spannungsverhältnis zwischen Rechtfertigungsgrund und Garantenpflicht begründet wird, ist diese Erklärung etwas knapp und dadurch undeutlich ausgefallen. Immerhin deutet sie auf ein Kernproblem des Garantenansatzes hin. Die Schwierigkeit ergibt sich nun daraus, dass das Gesetz neben der Erfolgsabwendungspflicht in § 13 StGB zugleich in § 32 StGB ein Verteidigungsrecht gewährt, welches ebenso wie die Garantenpflicht dem Schutz von Rechtsgütern dient. Offensichtlich ist ein Zielkonflikt gegeben: Welches Schutzinteresse verdient nun den Vorzug: das aus § 13 StGB oder das aus § 32 StGB?

Der Versuch, der Geltung von § 13 StGB gerecht zu werden und zugleich das Spannungsverhältnis zwischen Schutz*pflicht* und Verteidigungs*recht* begründet aufzulösen, soll im eigenen Ansatz unternommen werden. Einstweilen bleibt festzuhalten, dass das angeführte Spannungsverhältnis zwar Wesentliches andeutet, allerdings noch eine eingehendere Untersuchung erfordert. Insgesamt wird demzufolge augenblicklich noch zu Recht beanstandet, der eigentliche Begründungsschritt fehle noch[352]. Dabei ist – dass sei an dieser Stelle vorweggenommen[353] – durchaus offen, in welche Richtung, sprich Ergebnis, der Schritt vollzogen werden muss: Müsste er erklären, warum die Garantenpflicht und nicht das Verteidigungsrecht Priorität genießt oder ist vielmehr nachzuweisen,

350 Siehe Teil 2 C II 1 b bb.

351 Siehe Teil 2 C II 1 b aa.

352 *Engels*, GA 1982, S. 113 (konkret zur Ehefrau).

353 Siehe dazu unten C X 3 a bb.

warum die Garantenpflicht gerade hinter dem Notwehrrecht zurückzustehen hat? Damit ist eine weitere noch offene Kernfrage aufgezeigt, welcher im Rahmen des eigenen Ansatzes nachgegangen werden soll.

2.3.3 Eigener Lösungsansatz: garantenstellungsbasierte Schutzpflicht aus § 13 StGB

Obwohl der überwiegende Teil der Kritik am Garantengedanken nicht zu überzeugen vermochte[354], konnten anhand ihrer doch einige offene Fragen und Problemkreise aufgezeigt werden: Zunächst ist zu prüfen, ob dem Garantenverhältnis überhaupt Bedeutung bei der Notwehr zukommen kann und ob einem Notwehrrecht trotz Garantenstellung Relevanz zukommen kann. Die Erfolgsabwendungspflicht und das Garantenverhältnis entstammen der Dogmatik der Unterlassungsdelikte und nicht unmittelbar der Notwehr. Will man nun das Notwehrrecht bei Konflikten innerhalb bestimmter Garantenverhältnisse begrenzen, so muss der Nachweis gelingen, dass beide Bereiche nicht isoliert nebeneinander stehen, sondern aufeinander einwirken können dergestalt, dass die Erfolgsabwendungspflicht nicht in jedem Fall in der Notwehrsituation entfällt[355].

Schließlich sind noch die Gründe zu erörtern, die über die vorstehend thematisierten hinaus für eine Notwehrrechtsbeschränkung auf Grundlage der Schutzpflicht aus § 13 StGB sprechen.

2.3.3.1 Relevanz des Garantieprinzips im Bereich des positiven Tuns

§ 13 StGB sanktioniert ein Unterlassen. Eine Verteidigung in Notwehr erfolgt hingegen regelmäßig durch ein positives Tun. Dieser augenscheinliche Unterschied erfordert für den hiesigen Ansatz den Nachweis, dass dem Garantieprinzip auch im Bereich des Tuns Bedeutung zukommen kann.

Das Gelingen dieses notwendigen Begründungsschrittes ist soweit ersichtlich im wesentlichen *Marxen*s Verdienst[356]. Er weist nach, dass das Garantie-

354 Siehe unmittelbar zuvor Teil 1 C X 2.

355 Mit dieser für die Diskussion um eine Notwehrbeschränkung untypischen, „verkehrten" Formulierung wird bereits angedeutet, dass die Frage nicht zwangsläufig lauten muss, inwieweit das Notwehrrecht durch die Erfolgsabwendungspflicht begrenzt wird, sondern zumindest auch umgekehrt zu prüfen ist, ob die Erfolgsabwendungspflicht auf Grund des Notwehrrechts entfällt.

356 *Marxen*, Die „sozialethischen" Grenzen der Notwehr, S. 39 ff. Soweit *Scherenberg*, Sozialethische Einschränkungen der Notwehr, S. 168 (und mit vergleichbarer Argumentation *Rienen*, „Sozialethische" Einschränkungen des Notwehrrechts, S. 274), eine

prinzip als ein wesentliches Strukturelement des gesamten Strafrechts auch im Bereich des positiven Tuns, und zwar auf allen Ebenen der Straftatsystematik, Wirkung zeitigt. Auf Tatbestandsniveau stellt es in zahlreichen Delikten das konstitutive Element dar. Bestimmte Personen, die Garanten, trifft im Verhältnis zu bestimmten Rechtsgutsträgern eine besondere Schutzpflicht, welche sich auf strafrechtstypische Weise darin zeigt, dass die Verletzung von ausgewählten Rechtsgütern dieser Träger unter – zum Teil als unechtes Sonderdelikt verschärfte – Strafe gestellt ist: so bei §§ 174, 174a StGB, der sexuelle Missbrauch von Schutzbefohlenen bzw. Gefangenen, behördlich Verwahrten usw.; § 203 StGB, die Verletzung von anvertrauten Privatgeheimnissen; § 221 I Nr. 2, II Nr. 1 StGB, die Aussetzung von unter der Obhut des Täters Stehenden, insbesondere von Kindern und Anvertrauten; § 225 StGB sowie die Misshandlung Schutzbefohlener[357].

Das überwiegend in der objektiven Zurechnung Verwendung findende Verantwortungsprinzip wird von der Garantenhaftung überlagert. Die grundsätzliche Unterbrechung des Zurechnungszusammenhangs zum Erstverursacher wegen Dazwischentretens des Letztverursachers soll nicht stattfinden, wenn der Erstverursacher wegen Sonderpflichten für die Unversehrtheit des verletzten Rechtsguts einzustehen hat[358]. Das Garantieprinzip kommt demnach bei der objektiven Zurechnung zum Tragen.

Bedeutung des hiesigen Ansatzes über § 13 StGB für die Notwehr verneint, da die Garantenpflicht nur ein Handlungsgebot und nicht ein -verbot beinhalte und eine Notwehrrechtsbeschränkung sei nun mal ein Verbot, überzeigt dies nicht. Dabei orientiert er sich oberflächlich am Phänotyp des jeweils in der Realität feststellbaren Verhaltens (Garanten müssten „aktiv tätig werden"), ohne den Zweck der Verhaltenspflichten hinreichend zu beobachten. Zweck der Pflichten aus § 13 StGB ist die Verhinderung von Rechtsgutseinbußen bei bestimmten Personen. Ob diese Pflicht in concreto ein Tun oder Unterlassen verlangt, ist unerheblich und oftmals vom Zufall abhängig (ausführlich dazu unter Teil 2 C II 4 a). Im Übrigen kann die Notwehrrechtsbeschränkung in Gestalt der Ausweichpflicht problemlos als „aktiv tätig werden" begriffen werden, also als genau das, was der Autor als Charakteristikum der Garantenpflichten ausgemacht zu haben meint.

357 *Marxen*, „Sozialethische" Grenzen der Notwehr, S. 39; dies nur ein Auszug aus dessen Beispielen. Weitere Beispiele bei *Herzberg*, Die Unterlassung im Strafrecht, S. 49 ff. sowie bei *Langer*, Sonderverbrechen, S. 185 ff. und *Roxin*, Täterschaft und Tatherrschaft, S. 384 f.

358 *Frisch*, Tatbestandsmäßiges Verhalten und Zurechnung, S. 352 ff.; *Jakobs*, ZStW 89, S. 23; *Renzikowski*, Restriktiver Täterbegriff und fahrlässige Beteiligung, S. 146 ff. und 264 ff.; Schönke/Schröder-*Stree*, Vorbem §§ 13 ff., Rn. 101d; *Wehrle*, Regreßverbot?, S. 100 ff.; aber auch die kritisch beurteilte Entscheidung des BGH, JR 1979, S. 429.

Im Bereich der Rechtswidrigkeit äußert sich die Relevanz des Garantenprinzips zum Beispiel in der Konkretisierung der unbestimmten Angemessenheitsklausel in § 34 S. 2 StGB. Aus einem Garantieverhältnis ergibt sich eine erhöhte Gefahrtragungspflicht[359]. Darüber hinaus ist es ist bereits als ein Faktor bei der Interessenabwägung zu gewichten[360].

Im Schuldbereich existiert ebenfalls in § 35 I 2 StGB eine auf dem Garantieprinzip basierende besondere Gefahrtragungspflicht[361].

Schließlich kommt das Garantenprinzip über § 46 II StGB bei der Strafzumessung zum Tragen, indem Delikte des Garanten gegen seinen Schutzbefohlenen in der Regel härter bestraft werden als vergleichbare Taten gegen den Jedermann[362].

Dass sogar – wie *Marxen* meint[363] – in der Sicherung bestimmter sozialer Sonderbeziehungen der Schwerpunkt staatlichen Strafens liegt, verdient nur Zustimmung, falls man abstrakt auf die Verhaltensanforderungen an die Normadressaten abstellt. Aktives Tun zum Güterschutz verlangt abstrakt betrachtet sicherlich mehr als Untätigbleiben. In der konkreten Situation kann es jedoch bedeutend mehr verlangt sein, auf einen rettenden Eingriff in fremde Rechtsgüter zu verzichten als durch Tun zu schützen[364]. Orientiert man sich an der Quantität der praktischen Fälle, so ist sicherlich ein Überwiegen der Begehungsdelikte festzustellen. Allenthalben genügt die Feststellung der Bedeutsamkeit des Garantieprinzips auch im Bereich des Tuns.

---

359 *Marxen*, Die sozialethischen Grenzen, S. 40. Außerdem auf die Bedeutung des Garantenprinzips für die Bestimmung der Angemessenheit hinweisend: u.a. *Grebing*, GA 1979, S. 93; *Jescheck/Weigend*, AT, S. 292; *Lenckner*, Notstand, S. 101 ff.

360 SK-*Günther*, § 34, Rn. 46 f.; *Wessels/Beulke*, AT, Rn. 311.

361 *Marxen*, „Sozialethische" Grenzen der Notwehr, S. 40.

362 *Marxen*, „Sozialethische" Grenzen der Notwehr, S. 40. Unter Nennung von Beispielen aus der Rspr. dazu: BGH VRS 12, 199 (205); 14, 48 (56); BGH bei Dallinger, MDR 1966, 26; aus der Literatur: *Bruns*, Strafzumessungsrecht, S. 407.

363 *Marxen*, „Sozialethische" Grenzen der Notwehr, S. 40 f.

364 So ist beispielsweise kein besonderer Aufwand für den Garanten nötig, um den zu Beschützenden mündlich darauf aufmerksam zu machen, dass er soeben seine Brieftasche verloren hat. Demgegenüber wird wohl mehr abverlangt, wenn man nur eine eingeschränkte Notwehr in bestimmten Fällen, zum Beispiel bei Angriffen Schuldloser oder Irrender, zulässt.

2.3.3.2 Relevanz des Garantieprinzips im Bereich der Notwehr und Relevanz der Notwehr im Bereich des Garantieprinzips

Mit dem Nachweis der Bedeutung des Garantieprinzips im Bereich des positiven Tuns ist der erste notwendige Begründungsschritt in Richtung des hier vertretenen dogmatischen Ausgangspunktes einer Notwehreinschränkung erfolgt. Im Zweiten noch ausstehenden ist nunmehr zu untersuchen, inwieweit Notwehrrecht und Garantieprinzip einander beeinflussen. Da dies ausschließlich im Rahmen der Notwehrdogmatik erörtert wird, findet sich in Rechtsprechung und Literatur ausschließlich die Ausgangsfrage in der Gestalt, ob das Notwehrrecht durch das Garantenprinzip begrenzt wird. Folglich soll auch hier zunächst von dieser Fragestellung ausgegangen werden. Später wird zu zeigen sein, dass ein anderer Topos durchaus berechtigt und gewinnbringend sein kann.

Einer Berücksichtigung des Garantieprinzips steht nicht im Hinblick auf die zuvor erwähnte[365], mögliche schärfere Bestrafung des den Anvertrauten verletzenden Garanten das Verbot der Doppelverwertung entgegen. Denn nach § 46 III StGB ist diese bei der Strafschärfung untersagt, hindert dagegen nicht die Beachtung des Umstandes auf Tatbestands – oder Rechtswidrigkeitsebene.

Ein erster Nachweis für einen notwendigen Zusammenhang zwischen dem Garantieprinzip und dem Umfang des Notwehrrechts solle mit dem folgenden Gedankenexperiment gelingen. Bezweckte der Staat mit dem Strafrecht allein einen allgemeinen Rechtsgüterschutz und würde besondere soziale Beziehungen nicht durch eine Unterlassungsstrafbarkeit hervorheben, müsste diese Strafrechtsstruktur dazu führen, dass man ohne Rücksicht auf die Person des Angreifers stets zur erforderlichen Verteidigung berechtigt und nie als Angegriffener zu Aufopferung von Interessen verpflichtet ist.[366] Als problematisch hieran erweist sich, dass man aus der Tatsache, dass nach unserem Rechtsverständnis - im Gegensatz zu demjenigen aus dem Gedankenexperiment - der Angegriffene in bestimmten Konstellationen doch zur Interessenpreisgabe verpflichtet sein kann, nicht zwingend schlussfolgern kann, dass dies auch bei besonderen sozialen Bindungen zwischen Angreifer und Verteidiger zutrifft. So wird beispielsweise angenommen, bei Angriffen Schuldloser oder Irrender besitze der Angegriffene nur ein eingeschränktes Notwehrrecht. Doch beruht diese Aufopferung von Verteidigerinteressen nicht auf der Berücksichtigung besonderer sozialer Beziehungen, sondern auf anderen, aber ebenfalls in der Person des Aggressors

365 Siehe oben C I 3 a aa.

366 *Marxen*, „Sozialethische" Grenzen der Notwehr, S. 41. Dabei setzt er für die argumentative Kraft des Beispiels stillschweigend voraus, dass dieses Notwehrverständnis evident nicht dem des Gesetzgebers entspricht.

liegenden Gründen[367]. Daher vermag das bemühte Beispiel den Zusammenhang zwischen Notwehr und Garantieprinzip nicht zu belegen.

Anhand eines weiteren Beispielsfalles solle die Bedeutung des Garantenprinzips für das Notwehrrecht plastisch werden: Drohe dem Vater wegen eines Angriffs auf die Mutter eine tödliche Verteidigung, so hat der Sohn – soweit ihm möglich – durch sein Eingreifen für eine schonende, nicht letale Abwehr zu sorgen. So wie der Garant bei einem Angriff auf einen Dritten zu einer weniger gravierenden Verteidigung gegen den von ihm zu Schützenden beizutragen habe, so sei er auch zu schonender Abwehr bei einer Attacke auf sich selbst verpflichtet.[368]

Die genannten Beispielsfälle sind ebenfalls nicht im Stande, den angenommenen Zusammenhang zu beweisen. Der Garant hat zwar die Folgen der Verteidigung eines Dritten für den Angreifer, den von ihm zu Beschützenden, abzumildern. Dabei darf er jedoch nicht die Wirksamkeit der Abwehr beeinträchtigen, weil die Anwesenheit des Garanten nicht zu einer Aufopferungspflicht des sich verteidigenden Dritten führen kann, dessen Abwehr immerhin wegen der Rechtfertigung aus § 32 StGB rechtmäßig ist. Demzufolge bleibt der Umfang des Notwehrrechts (hier: des Dritten) von dem Garantieprinzip unberührt. Die Abmilderungspflicht ist hier nur eine im Tatsächlichen besondere Variante der Erfolgsabwendungspflicht nach § 13 StGB für den Fall, dass die Rechtsgüter des zu Beschützenden durch eine spezielle Schadensquelle, die Verteidigung, bedroht werden. Ist aber eine Beschränkung des Notwehrrechts beim Dritten nicht zu konstatieren, so kann aus der Abmilderungspflicht schlechterdings eine über das Erforderlichkeitsmerkmal hinausgehende Verteidigungsrestriktion für den Fall des Angriffs auf den Garanten selbst hergeleitet werden. Damit ist keineswegs eine solche Notwehrbegrenzung ausgeschlossen. Nur lässt sie sich nicht mittels der erwähnten Beispiele nachweisen.

Für den Zusammenhang spricht hingegen die Rechtshistorie. Mit der Zurückhaltung bei der Strafbarkeit wegen unechten Unterlassens im 19. Jahrhundert ging eine rigide Notwehrauffassung einher. Parallel zur Ausdehnung der Strafbarkeit wegen unechten Unterlassens mit Beginn des 20. Jahrhunderts ein-

367 Schuldlose oder Irrende werden von den Normverboten und –geboten in dieser konkreten Situation nicht erreicht, und stellen daher mit ihrem Angriff wenn überhaupt die Geltung der Rechtsordnung nicht in dem Umfang in Frage, wie dies bei einem nicht defizitären Angreifer der Fall ist. Das Interesse, die Geltung der Rechtsordnung durch eine Verteidigung zu dokumentieren und durchzusetzen sei – so üblicherweise die überzeugende Argumentation – deshalb gegenüber dem Normalfall gemindert. Ob deswegen zugleich ein Angriff zu verneinen ist, ist damit nicht entschieden.

368 *Marxen*, „Sozialethische“ Grenzen der Notwehr, S. 42 f.

setzend sind auch die Grenzen des Notwehrrechts immer enger gezogen worden[369].

Bei all diesen argumentativen Anstrengungen ist bisher eine das eigentlich Offensichtliche zum Ausdruck bringende aber nichtsdestoweniger wesentliche Feststellung unterblieben: § 13 StGB gilt![370] § 13 StGB schreibt für bestimmte Personen, Garanten, nach hiesigem Verständnis[371] die Pflicht fest, durch positives Tun den Eintritt tatbestandlicher Erfolge zu verhindern. Weder aus § 13 StGB noch § 32 StGB geht hervor, dass diese Erfolgsabwendungspflicht im Falle einer Notwehrsituation nicht mehr besteht. Man ignorierte diese aktuelle Gesetzeslage, wollte man § 13 StGB ohne Weiteres bei der Notwehr ausblenden. Wie soeben gezeigt ist es unerheblich, dass es bei der Notwehrhandlung in der Regel um eine Rettung durch ein Unterlassen (der erforderlichen Verteidigung) geht. Denn dem Garantieprinzip kommt als wesentlichem Strukturelement des Strafrechts auch beim positiven Tun Bedeutung zu. Daher hat man sich auch im Falle der Notwehr mit der in § 13 StGB aufgestellten Verpflichtung auseinander zusetzen und darf sie nicht a priori abweisen, nur weil die Pflichterfüllung sich in einer bestimmten Situation, der Notwehr, stellt. Es ist vielmehr zu analysieren, ob die Eigenheiten der Notwehrsituation generell zur Folge haben, dass einer Erfolgsabwendungspflicht aus § 13 StGB nicht mehr nachzukommen ist. Nur bei Bejahung des Vorstehenden könnte man von vornherein von einer Irrelevanz des Garantieprinzips in der Notwehr ausgehen. Deshalb kann man die zu untersuchende Frage auch dahingehend fassen, welche Bedeutung die Notwehr im Bereich des Garantieprinzips besitzt.

Dem gegenüber schlägt die Kritik am Garantenansatz, die eine Anwendung des Garantieprinzips außerhalb der Unterlassungsdelikte, eine „analoge Anwendung des § 13 StGB" ablehnt[372], nicht durch. Sie führt als Begründung an, eine Garantenstellung stehe immer in Verbindung mit der Erfolgsabwendungspflicht. Wie unmittelbar zuvor dargelegt geht bereits die Prämisse, das Garantieprinzip habe außerhalb der Unterlassungsdogmatik keine Bedeutung, fehl. Unklar ist zudem, warum von einer analogen Anwendung des § 13 StGB und einer Lücke im

369 Erläutert von *Marxen*, „Sozialethische" Grenzen der Notwehr, S. 41 f., m.w.N.

370 Dies verkennt beispielsweise *Rienen*, „Sozialethische" Einschränkungen des Notwehrrechts, S. 292, der gegen eine Notwehrrechtsbeschränkung unter anderem die Erzwingung der Normanerkennung im Sinne des Rechtsbewährungsinteresses anführt. Anerkennung kann auch § 13 StGB beanspruchen.

371 Denkbar ist demgegenüber ebenfalls ein Verständnis des Wortlautes von § 13 StGB, „... rechtlich dafür einzustehen hat, dass der Erfolg nicht eintritt", dahingehend, dass ein Verstoß gegen eine von § 13 StGB bereits vorgefundene Rechtspflicht strafrechtlich sanktioniert werden soll.

372 *Bitzilekis*, Tendenz, S. 124.

Notwehrrecht[373] gesprochen wird. Eine Lücke setzt nämlich voraus, dass § 13 StGB grundsätzlich im Notwehrfalle nicht gilt. Wie dargelegt ist dafür aber weder der einen noch der anderen Norm etwas zu entnehmen. Insbesondere verwundert das Argumentieren mit der Erfolgsabwendungspflicht. Warum eine Erfolgsabwendungspflicht für einen Garanten in keinerlei Zusammenhang mit einer Erfolgsherbeiführung durch denselben– beispielsweise durch Abwehr – stehen soll, ist nicht ersichtlich und hätte deshalb begründet werden müssen. Mit der Verneinung eines Zusammenhangs wäre die Pflicht des Garanten, den Begehungstäter an der Verletzung des Anvertrauten zu hindern, ebenso wenig erklärlich wie die regelmäßig schärfere Bestrafung des Garanten, wenn er als Begehungstäter den zu Beschützenden verletzt. Demnach ist die vorgetragene Kritik am Garantenstellungsansatz nicht überzeugend.

Somit ergeben sich folgende gedanklichen Schritte: Weder § 32 StGB noch § 13 StGB selbst schließen die Geltung von § 13 StGB und der aus ihm folgenden Erfolgsabwendungspflicht aus. Deshalb ist zunächst zu untersuchen, ob die Notwehrsituation immer so beschaffen ist, dass eine Schutzpflicht des Garanten entfällt. Ist das nicht der Fall, bestehen sowohl Notwehrrecht als auch Garantenpflicht. Dies mündet in die Kernfrage, wie diese Kollision von Recht und Pflicht aufzulösen ist.

2.3.3.2.1 Kein kategorischer Entfall der Schutzpflichten des angegriffenen Garanten

Logisch vorrangig ist demzufolge die Prüfung, ob die Eigenheiten der Notwehrsituation allgemein eine Strafbarkeit des Garanten ausschließen. Eine solche Prüfung hat am Maßstab der allgemein anerkannten, in der Dogmatik der Omissivdelikte entwickelten Voraussetzungen der Strafbarkeit eines Garanten wegen unterlassener Rettung zu geschehen. Die unterbliebene Rettungshandlung ist dabei die hinter dem Erforderlichen zurückbleibende Abwehr. Daher ist die Verletzung des vom Garanten grundsätzlich zu beschützenden Angreifers mittels Vornahme der erforderlichen Verteidigung durch den attackierten Garanten zugrunde zu legen.

Mit der Verletzung durch die erforderliche Verteidigung sind der Eintritt des tatbestandlichen Erfolgs und das Ausbleiben der Rettungshandlung gegeben. Weiter müsste dem angegriffenen Garanten die Rettungshandlung, hier das Unterlassen der erforderlichen Verteidigung, individuell möglich gewesen sein. Offensichtlich entfällt diese Rettungsmöglichkeit nicht zwingend in einer Notwehrsituation. Es kann beispielsweise dem Angegriffenen möglich sein, der Attacke

373 So aber *Bitzilekis*, Tendenz, S. 124.

auszuweichen. Das genannte Beispiel demonstriert ebenfalls, dass die Quasi-Kausalität nicht notwendig zu verneinen ist.

Nunmehr ist zumindest kurz die Frage aufzuwerfen, ob die Garantenstellung auf Grund des Angriffs oder der Verteidigung stets entfällt[374], da bejahendenfalls eine garantenstellungsbasierte Notwehrrechtsbegrenzung a limine ausschiede[375]. Die genaue Antwort hängt davon ab, unter welchen Voraussetzungen man Garantenstellungen entstehen und vor allem wieder erlöschen lässt. Dieser Frage widmet sich der zweite Teil dieser Arbeit eingehend.

Unabhängig davon, wie man diese Voraussetzungen bestimmt, zeigt allerdings ein einfaches Beispiel – als Evidenzerlebnis –, dass die Garanten*stellung*[376] jedenfalls nicht zwangsläufig in einer Notwehrsituation entfällt: Eine Frau beleidigt während eines Spazierganges den Ehemann in einer nicht enden wollenden Schimpftirade. Gerade als sie ausholt, ihren Gatten mit der flachen Hand auf den Oberarm zu schlagen, nähert sich den beiden von hinten ein PKW. Allein der Mann bemerkt den Wagen. Es besteht kein Zweifel daran, dass der Ehemann hier als Garant verpflichtet ist, die Frau davor zu bewahren, überfahren zu werden. Die Rettungspflicht nach § 13 StGB und nicht lediglich nach § 323c StGB beruht auf der weiterhin trotz Notwehrsituation bestehenden Garantenstellung des Mannes. Ein abweichendes Ergebnis ist im Hinblick auf die beteiligten Rechtsgutsinteressen axiologisch schwerlich akzeptabel. Der in beliebiger Argumentationsrichtung gerade bei dieser Fallgruppe verwendete Rechtsbewährungsgedanke, Notwehrlegitimation aber auch -restriktion[377], ist demgegenüber kaum geeignet, überzeugend ein abweichendes Ergebnis zu rechtfertigen. Das schließt nicht die Möglichkeit von Angriffen aus, die wegen ihrer Intensität die Garantenstellung aufheben. Nur ist das eben nicht in jeder Notwehrsituation der Fall.

Nunmehr ist zu klären, ob die sonstigen Bedingungen einer solchen Rettungspflicht gegeben sind, ob sich also der Garant bei einem Unterlassen strafbar machen würde. Diesbezüglich ergeben sich beim subjektiven Tatbestand und der Rechtswidrigkeit keine Bedenken. Eine Garantenhaftung könnte an der Unzumutbarkeit normgemäßen Verhaltens scheitern. Streitig ist die straftatsystematische Einordnung der Zumutbarkeit. Überwiegend geschieht dies in der Schuld. Bei einer solchen Verortung der Zumutbarkeit wäre diese für die Frage nach

---

374 Nur dies ist hier zunächst prüfen. Eine andere, später zu beantwortende Frage ist, unter welchen Voraussetzungen eine Garantenstellung auf Grund des Angriffs, beispielsweise dessen Intensität oder der Häufigkeit von Attacken, erlischt, vgl. dazu Teil 3 B I 3 b.

375 Auf einer allgemeineren Ebene gegen den prinzipiellen Ausschluss einer Notwehrrechtsbegrenzung unabhängig von der Garantenstellung: Teil 1 C I.

376 Zum Verhältnis von Garantenstellung und Garantenpflicht BGHSt 16, 155 ff. sowie Teil 2 A I 2.

377 Siehe Teil 1 A II.

dem Fortbestehen der Rechts*pflicht* nicht erheblich. Aber auch wenn man der Zumutbarkeit bereits im Rahmen der Rechtspflicht Bedeutung zuspricht, führt dies nicht zwangsläufig zum Entfall der Garantenpflicht. Unzumutbar ist eine Handlung, wenn sie billigenswerte Interessen des an sich Rettungspflichtigen in erheblichem Umfang beeinträchtigt und diese in einem angemessenen Verhältnis zum drohenden Schaden stehen[378]. Es sind die widerstreitenden Interessen gegeneinander abzuwägen[379]. Dabei sind insbesondere die Schwere der jeweils möglichen Beeinträchtigungen[380] und die Erfolgsaussichten einer Rettung[381] zu berücksichtigen. Eine Rettung ist aber nicht schon immer deshalb unzumutbar, weil der zu Rettende – in der Notwehrsituation der Angreifer - schuldhaft zur Rettungsbedürftigkeit beigetragen hat. Andernfalls entfiele beispielsweise eine Garantenpflicht des Ehemannes zu Gunsten seiner mit dem Motorrad verunglückten Frau, wenn diese den Unfall selbst schuldhaft herbeigeführt hat.

Auch § 35 I 2 StGB steht dem nicht entgegen. Denn er entschuldigt dann einen Normbruch, beim Unterlassen den Verzicht auf die Rettung, nicht, wenn der Täter die Gefahr verursacht hat. In der Notwehrsituation hingegen hat nicht der möglicherweise Rettungspflichtige, der Angegriffene, sondern das „Opfer" die Gefahr, nämlich durch den Angriff, verursacht. Der Gedanke des § 35 I 2 StGB würde demnach dem Verteidiger mehr an möglichen Einbußen zumuten, wenn er die Gefahr, den Angriff, verursacht hat. Nichts anderes geschieht in den Provokationsfällen. Stattdessen ergibt sich aus der Norm nicht eine Entbindung von der Rettungsverpflichtung, wenn dem Bedrohten, hier dem Angreifer, die Gefahr zuzuschreiben ist. Sonst müsste es in § 35 I 2 StGB heißen, dass insbesondere dann ein normgerechtetes Verhalten unzumutbar ist, wenn das Opfer die Gefahr verursacht hat. § 35 I 2 StGB schließt die Unzumutbarkeit bei Gefahrverursachung durch den Täter aus, begründet diese aber nicht bei Gefahrverursachung durch das Opfer.

Zumindest ein zusätzliches Indiz für Zurückhaltung bei der Annahme von Unzumutbarkeit im Falle einer bestehenden Garantenpflicht liefert die Behandlung von Sachverhalten, in denen mit der Rettung eine Auslieferung von Angehörigen an die Strafverfolgungsbehörden einhergeht. In solchen Fällen soll dem Rechtsgedanken der §§ 258 VI, 139 III StGB, 52, 55 StPO folgend zwar grundsätzlich niemandem zuzumuten sein, Angehörige der Strafverfolgung auszulie-

---

378 Schönke/Schröder-*Stree*, Vorbem §§ 13ff., Rn. 156 (nicht tatbestandsmäßiges Unterlassen); *Ulsenheimer*, GA 1972, S. 26.

379 BGH NJW 1998, S. 1574.

380 BGHSt 4, 23.

381 BGH NStZ 1994, S. 29.

fern, bei einer von der abzuwendenden Gefahr unabhängigen Garantenstellung und gravierenden drohenden Schäden soll aber eine Rettung zumutbar sein[382].

Betrachtet man weiter beispielsweise den Fall, in dem ein Angriff entweder durch die erforderliche aber schwerste körperliche Verletzungen hervorrufende Verteidigung abgewehrt oder aber ihm durch Flucht sicher ausgewichen werden kann, so darf unter Beachtung der Rettungschancen (hier sichere Rettung durch Flucht) und Schwere der Rechtsgutsbeeinträchtigungen (Willensbeugung statt schwerster Körperverletzung) nicht von einer Unzumutbarkeit ausgegangen werden. Das Beispiel belegt, dass in Notwehrsituationen eine eingeschränkte Verteidigung nicht stets unzumutbar ist. Demzufolge ist in einer Notwehrsituation eine Rettung durch Verzicht auf die erforderliche Verteidigung auch nicht stets unzumutbar.

Insgesamt kann für die Bedeutung der Notwehr im Bereich der Garantenhaftung festgestellt werden, dass unter Heranziehung der Eigenheiten der Notwehrsituation sich keineswegs ergibt, dass eine Schutzpflicht des Garanten generell entfällt.

2.3.3.2.2 Kein kategorischer Entfall des Notwehrrechts des angegriffenen Garanten

Umgekehrt führt aber auch nicht das Bestehen einer Garantenstellung des Angegriffenen zu Gunsten des Angreifers stets zum Entfall des Notwehrrechts.

Die Argumentation verläuft parallel zur obigen für § 13 StGB. Weder diesem noch § 32 StGB ist zu entnehmen, dass ein Abwehrrecht im Falle einer Garantenstellung des Angegriffenen gegenüber dem Aggressor ausscheidet. Auch § 32 StGB gilt!

Andernfalls wäre wohl auch niemand mehr bereit als Garant in bestimmten Verhältnissen Schutzpflichten zu übernehmen. Wer ginge noch eine Ehe oder ein enges Gemeinschaftsverhältnis ein, wenn er sich damit zugleich seines Selbstschutzrechtes begäbe?

Überdies begäbe man sich in Widerspruch zur Verfassung. Diese stattet den Einzelnen mit vielfältigen Freiheitsrechten – nicht bloß gegen den Staat im Sinne eines status negativus – aus und betrachtet ihn als freies selbständiges Wesen[383]. Mit dieser Freiheit und Eigenverantwortlichkeit ist aber eine Schutzlosstellung und Selbstaufgabe im Binnenverhältnis von Garantenstellungen unvereinbar.

Notwehrrecht und Schutzpflicht können demnach nebeneinander stehen. So wenig die Erfolgsabwendungspflicht dazu führt, dass der Angegriffene kein

382 *Roxin*, AT, Bd. 1, § 31, Rn. 223, 225.

383 Ausführlicher zum Menschenbild unserer Rechtsordnung bei Teil 2 C II 1 a.

Notwehrrecht hat, so wenig hat § 32 StGB zur Folge, dass dem Garant a priori keinerlei Schutzverpflichtung zukommt.

2.3.3.2.3 Das Verhältnis von Notwehrrecht und Erfolgsabwendungspflicht

Das gleichzeitige Bestehen von Notwehrrecht und Erfolgsabwendungspflicht führt zu einer Kollision. Denn macht der Garant von seinem Notwehrrecht uneingeschränkten Gebrauch, verletzt er die Rechtsgüter desjenigen, zu dessen Schutz er grundsätzlich verpflichtet ist. Schützt bzw. schont er hingegen dessen Rechtsgüter zumindest teilweise, kann er nicht sein volles Notwehrrecht ausüben. Daher ist nunmehr zu klären, wie der Konflikt zwischen Notwehrrecht und Erfolgsabwendungspflicht aufzulösen ist.

Offensichtlich streitet für einen Vorrang des Notwehrrechts der rechtswidrige Angriff. Mit einem eingeschränkten Abwehrrecht verpflichtete man den Angegriffenen zum Schutz gerade desjenigen, der seinerseits nicht bloß den Angegriffenen nicht schützt, sondern – mehr noch – ihn zu verletzen sucht. Es will nicht recht einleuchten, dass man denjenigen vor Schaden bewahren soll, der einem selbst Schaden zufügen will. So überzeugend das Argument auf den ersten Blick aussieht, so undifferenziert und damit oberflächlich ist es bei genauerer Betrachtung. Wie bereits gezeigt, erlischt die Garantenstellung nicht automatisch im Falle eines Angriffs. Man entschiede sehr undifferenziert, würde dem Einzelfall nicht gerecht und begäbe sich in Widerspruch zu den Lösungen in parallel gelagerten Fällen, entließe man jemanden aus einer umfassenden Verpflichtung wie der Garantenpflicht bei jedweder Bedrohung von Interessen des Verpflichteten. Im Zivilrecht hat beispielsweise *nicht jede Gefahr*, dass jemand seine vertraglichen Verpflichtungen nicht erfüllt, zur Folge, dass der Vertrag unwirksam ist oder der Bedrohte von seinen vertraglichen Verpflichtungen zurücktreten kann. Hierfür genügt erneut der Hinweis auf §§ 320, 323 BGB oder § 626 BGB, die eine Aufhebung des Pflichtverhältnisses an besondere, über eine Pflichtverletzung hinausgehende Bedingungen knüpfen.

Maßgebend ist vielmehr, *welche* Verpflichtung in welchem Umfang verletzt zu werden droht. Auch im Strafrecht wird differenziert. Wenn jemand dafür verantwortlich ist, dass seine Sache einen Menschen bedroht, so hat dies nicht zur Folge, dass der Bedrohte in jedem Fall von seiner Pflicht, niemandes Rechtsgüter zu verletzen, entbunden ist und die Sache in jedem Fall zerstören darf, vgl. § 228 BGB. Ebenso ist es aber zu undifferenziert, anzunehmen, dass beispielsweise eine Beleidigung des Garanten dazu führen kann, dass dessen Pflicht entfällt, das Leben des andern zu schützen. Die praktische Konsequenz einer solchen immer bestehenden Priorität des Verteidigungsrechts wäre, dass der Ehegatte die Schimpftirade seines Ehepartners – soweit dies die erforderliche Verteidigung wäre – gewaltsam durch Schläge beenden dürfte; oder aber der Ehemann die Frau mit einem nicht lebensgefährlichen aber zur Abwehr erforderlichen Messerstich daran hindern dürfte, aus dem Portemonnaie des Mannes dem gemeinsamen Kind 50,- Euro für die Teilnahme an einer Klassenfahrt auszuhändigen. Dies sind praktische Ergebnisse, die mindestens befremdlich wirken. Der besondere Vertrauensbruch, dass sich der zu Beschützende mit dem Angriff gegen seinen Garanten vergeht, bleibt auch mit der Annahme einer möglichen Notwehrrestriktion nicht unbeachtet. In der Regel wird dieser Umstand über § 46 II StGB schärfend in der Strafzumessung berücksichtigt[384] und kann äußerstenfalls zum Erlöschen der Garantenstellung führen[385].

Weiter kann man dem Einwand gegen eine Rettungspflicht, der zu Beschützende greife den Garanten an und ein Rettungsbegehren sei deshalb widersprüchlich, entgegenhalten, dass auch sonst eine Rettungspflicht des Garanten nach § 13 StGB oder des Jedermanns nach § 323c StGB nicht schon bei schuldhafter Verursachung der Notlage entfällt. Prinzipiell nichts anderes als die schuldhafte Verursachung einer Notlage stellt jedoch ein Angriff dar. Daher kann auch hier die schuldhafte Verursachung der Rettungsbedürftigkeit, der Angriff, nicht zwingend den Wegfall der Rettungspflicht nach sich ziehen.

Für den „Normalfall" der Notwehr entbindet sie grundsätzlich den Verteidiger von der Neminem-laede-Verpflichtung gegenüber Jedermann. In der hier diskutierten Konstellation steht aber nicht die Verletzung von irgendjemandem, sondern des vom Garanten zu Beschützenden zur Debatte. Diesem gegenüber hat der Garant nicht nur wie gegenüber jedem Fremden die Pflicht, keinen Schaden zuzufügen, sondern aktiv dessen Rechtsgüter durch positives Tun zu schützen. Dieses Mehr an Schutzpflicht spricht dafür, vom angegriffenen Garanten auch in der Notwehr ein Mehr an Schutz gegenüber dem Angreifer zu verlangen und nicht zur erforderlichen Verteidigung zu greifen. Wenn in anderen Fallgruppen sozialethische Einschränkungen gegenüber jedermann befürwortet werden, so kann eine Restriktion bei Verteidigung gegen denjenigen, den zu schützen der Angegriffene besonders verpflichtet ist, nicht a priori abgewiesen werden.

Erlegt man dem angegriffenen Garanten eine Abwehrbeschränkung auf, so schränkt man damit seine Rechte ein. Er kann nicht von seinem Notwehrrecht Gebrauch machen.

§ 13 StGB verpflichtet den Garanten generell, jenseits einer Notwehrsituation, zur Rettung. Mit dieser Pflicht schränkt man stets ebenfalls die Rechte des Garanten ein. Zumindest kann er nicht sein grundgesetzliches Recht der allgemeinen Handlungsfreiheit, Art. 2 I GG, ausüben, er kann nicht tun, was er will,

---

384 Vgl. *Marxen*, Die „sozialethischen" Einschränkungen der Notwehr, S. 40 m.w. N. .
385 Teil 3 B I 3 b.

sondern muss retten. Darüber hinaus hat er bei der Rettung bis an die Grenze des Zumutbaren eigene Rechte preiszugeben. Dies schließt zur Abwendung von Lebensgefahren in jedem Fall Eigentumsverletzungen wohl aber auch gewisse Einbußen der körperlichen Integrität mit ein. Wenn nun aber allgemein bei der Erfolgsabwendung vielfältige, zum Teil erhebliche Rechtsbeeinträchtigungen hinzunehmen sind, so ist nicht einzusehen, warum nicht ebenso die Notwehr eines dieser Rechte sein kann. Schließlich handelt es sich bei der Notwehr nicht um ein absolutes, niemals aufzuopferndes Recht – man bedenke nur die sonstigen sozialethischen Einschränkungen –, sondern lediglich um ein Mittel zum unmittelbaren Rechtsgüterschutz[386]. Es entsteht unter Rechtsgutsschutzgesichtspunkten ein Wertungswiderspruch, wenn zur Rettung nach § 13 StGB Rechtsgüter, zum Beispiel Eigentum von erheblichem Wert oder die körperliche Integrität aufzuopfern sind, deutlich geringwertigere Rechtsgüter, wie beispielsweise die Willensfreiheit, jedoch unantastbar sind und um den Preis einer ungleich gravierenderen Rechtsgutsverletzung verteidigt werden, nur weil sie mittelbar über die Notwehr Schutz genießen.

Zu diesem Ergebnis führt auch ein Erst-recht-Schluss beim Vergleich der Freiheitseinbußen. Außerhalb der Notwehrsituation ist der Garant im Bedarfsfall zu einer Rettungshandlung verpflichtet. Für seine Freiheit bedeutet dies, dass das Recht ihm regelmäßig in der Notsituation, so nicht ausnahmsweise mehrere Rettungsarten möglich sind, noch genau eine Verhaltensweise gestattet ist, die Rettungshandlung. Dem angegriffenen Garanten stehen hingegen im Falle einer durchgreifenden Notwehrrechtsbeschränkung[387] grundsätzlich sämtliche Verhaltensweisen offen, bis auf eine einzige, die erforderliche Verteidigung. Während also der Garant generell zu genau einem Verhalten gezwungen ist, ihn verglichen mit der Notwehrsituation ein Mehr an Freiheitsbeschränkung trifft, ist ihm in der Notwehrsituation oftmals nur ein Verhalten nicht erlaubt. In letzterem Falle ist demnach die Einschränkung seiner Freiheit grundsätzlich geringer, weshalb er in der Notwehrsituation mit Rücksicht auf die dort geringeren Freiheitseinbußen – a maiore ad minus – erst recht zum Schutz in Gestalt eines reduzierten Verteidigungsrechts verpflichtet ist.

Zum gleichen Ergebnis gelangt man beim Vergleich der Phänotypen der Rettungshandlungen. Phänotypisch stellt die Rettungshandlung des Garanten regelmäßig, außerhalb der Notwehrsituation, ein Tun dar. In der Notwehrsituation ist nach dem äußeren Erscheinungsbild dagegen als „Rettung" ein Unterlassen der erforderlichen Verteidigung verlangt. Ein Unterlassen fällt aber generell

---

386 Zum im Hinblick auf den argumentativen Nutzen eher kritisch beurteilten Rechtsbewährungsgedanken siehe Teil 1 A II.

387 Zu den genauen Voraussetzungen und Folgen siehe vor allem Teil 3.

leichter – auch nach Ansicht des Gesetzgebers, § 13 II StGB –, erfordert weniger kriminelle Energie, als ein Tun[388]. Wenn also das „schwerere" Tun dem Garanten abzuverlangen ist, muss dies erst recht für das grundsätzlich leichter fallende Unterlassen (der erforderlichen Verteidigung) gelten.[389]

Daran ändert ein Verweis auf das Rechtsbewährungsprinzip[390] ebenfalls nichts. Geht man davon aus, dass in Notwehr neben den Rechtsgütern zugleich die Rechtsordnung verteidigt wird, genügt der Hinweis, dass § 13 StGB gleichfalls Bestandteil der Rechtsordnung ist. Daher kann die Verteidigung der Rechtsordnung mitnichten als Argument bemüht werden, falls mit dieser Verteidigung ein anderer konkret einschlägiger Bestandteil der Rechtsordnung wie § 13 StGB verletzt würde. Ein Unterschied besteht allerdings zugegebenermaßen insoweit, als der Aggressor in der Notwehrsituation die Rechtsordnung buchstäblich angreift, während der angegriffene Garant diese durch ein uneingeschränkt ausgeübtes Abwehrrecht in Gestalt der Pflicht aus § 13 StGB verletzt. Im Übrigen statuiert § 32 StGB ein Abwehrrecht und keine -pflicht. Dem Angegriffenen steht es frei, auf seine Verteidigung zu verzichten. Daher ist nicht ersichtlich, inwieweit die Rechtsordnung bei einer nur eingeschränkten Verteidigung Schaden nähme, wenn zugleich die in ihr statuierten Garantenpflichten beobachtet werden.

Betont man hingegen mehr die generalpräventive Funktion der Notwehr, kann dem entgegengehalten werden, dass auch die Erfüllung der Erfolgsabwendungspflicht mittels Generalprävention angestrebt wird.

Auch das Schutzprinzip[391] schließt eine Restriktion der Notwehr nicht aus. Der Garant ist zur Aufopferung von Gütern und Rechten bis zur Grenze der Zumutbarkeit verpflichtet. In diesem Umfang ist aber folglich auch sein Schutzanspruch gemindert. So dass sich in der Notwehrbeschränkung lediglich der tatsächliche Umfang des speziellen Schutzanspruchs des Garanten aktualisiert.

Dies gilt umso mehr auf Grundlage des mit dieser Arbeit verfochtenen Garantenansatzes. Danach kommt eine Notwehrbeschränkung ausschließlich bei

---

388 Vgl. nur *Arzt*, JA 1980, S. 556; *Schultz*, Amtswalterunterlassen, S. 75, Fn. 45.

389 Dem könnte man auf den ersten Blick entgegenhalten, dass die konkret in dieser Arbeit vorgesehene Notwehrrechtsbegrenzung, siehe Teil 3 C I, auch ein Tun des angegriffenen Garanten, wie das Ausweichen, erfordern kann. Darauf lässt sich allerdings erwidern, dass der Garant keineswegs zum Ausweichen verpflichtet ist. Es ist ihm unbenommen, dem Angriff mit einem Unterlassen entgegenzusehen. Die Beschränkung beschreibt lediglich die Grenze dessen, was dem Garanten an Verteidigung erlaubt ist, nicht aber, was er leisten muss.

390 Zu diesem Prinzip siehe Teil 1 B II.

391 Teil I B I.

Garantenstellung auf Grund einer Selbstverpflichtung in Betracht[392]. Notwendige Voraussetzung dieser Selbstverpflichtung bildet ein freiwilliger Realakt[393]. Danach hat sich aber der Garant bewusst und freiwillig seine Pflichtenposition auferlegt und damit zugleich in diesem Zusammenhang seinen Rechtsgüterschutz selbst freiwillig beschränkt.

Dem Garantenansatz und der aus ihm folgenden Notwehrrechtsbeschränkung (einschließlich einer Ausweichpflicht unter bestimmten Voraussetzungen[394]) kann auch nicht die oftmals bemühte Programmatik der Notwehr, das Recht brauche dem Unrecht nicht zu weichen[395], entgegen gehalten werden. Nachdem zuvor festgestellt wurde, dass § 13 StGB auch in Notwehrsituationen Geltung beansprucht, kann man erwidern, dass das Recht dem Unrecht zwar nicht weichen muss, die Pflicht (aus § 13 StGB) dem Recht aber auch nicht. Mit dem gegenteiligen Ergebnis setzte man sich überdies einem argumentum ad absurdum aus[396].

Eine Schonung des Angreifers wäre auch keineswegs konzeptionell unvereinbar mit § 32 StGB. Denn dieser gestattet nicht jede denkbare effektive Verteidigung, sondern nur die erforderliche. Außerhalb des Erforderlich haben folglich nach dem Willen des Gesetzgebers die Entscheidungsfreiheit und Schutzinteressen des Angegriffenen hinter der Schonung des Angreifers zurückzustehen.

Den Widerspruch zwischen den Erfolgsabwendungspflichten eines Garanten in einer sonstigen Notlage und den Verpflichtungen des angegriffenen Garanten in einer Notwehrsituation, falls man fälschlicherweise von einem allgemeinen Vorrang des Notwehrrechts vor der Garantenpflicht ausginge, illustrieren folgende Beispiele: Droht der Ehemann zu ertrinken, weil er schuldhaft seine Fähigkeiten überschätzt hat, ist die Ehefrau nach § 13 StGB bei Strafe, §§ 212/222, 13 StGB, gehalten, diesen zu retten. Dabei hat sie soweit nötig sowohl ihre Kleidung im Wert von 1.500,- € aufzuopfern, als auch eine mögliche Erkältung in Kauf zu nehmen.

Ginge man von einem generellen Vorrang des Notwehrrechts aus, dürfte aber der Ehemann die Ehefrau durch die erforderliche Verteidigung töten (oder beispielsweise nur schwer verletzen, falls man prinzipiell eine Tötung zur Verteidigung von Sachwerten ablehnt), wenn die Frau mit 150,- Euro Bargeld des Mannes zu verschwinden droht. Führt man sich vor Augen, dass das Strafrecht nach hiesigem Verständnis letztlich dem Rechtsgüterschutz dient, lassen sich

392 Teil 2 C III 3.

393 Teil 2 C IV 1.

394 Siehe Teil 3 C I 1 b.

395 Vgl. nur *Schmidhäuser*, Honig-FS, S. 185 ff.

396 Siehe die Beispielsfälle unter Teil 1 C I.

diese Ergebnisse nicht miteinander in Einklang bringen. Zur Lebensrettung wird die Aufopferung von 1500,- Euro und der körperlichen Integrität verlangt, aber zur Verteidigung wesentlich geringwertigerer Güter darf eben dieses Leben vernichtet werden. Der Angriff vermag daran grundsätzlich nichts zu ändern, da die schuldhafte Verursachung der Notlage nicht von der Rettungspflicht befreit.

Eine Unvereinbarkeit der Ergebnisse lässt sich außerdem feststellen, wenn man die Duldungs- und Aufopferungspflichten eines unbeteiligten Dritten nach § 34 StGB als Vergleichsfall heranzieht. Der Garant darf nach § 34 StGB zur Rettung seiner lebensgefährlich verletzten Frau aus einer brennenden Wohnung eine im Treppenhaus im Fluchtwege stehenden Dritten umstoßen, so dass dieser sich einen Finger bricht. Stellt man diesen Fall dem zuvor erwähnten 150-Euro-Notwehrfall gegenüber, überzeugte auch hier die Rechtfertigung nicht. Wenn ein unbeteiligter Dritter, den keine Verantwortung für die Notlage trifft, seine Gesundheit aufzuopfern hat, um hochwertige Rechtsgüter wie das Leben zu erhalten, so muss der Garant, der zudem gegenüber dem Dritten wesentlich stärker zur Hilfe verpflichtet ist, erst recht selbst deutlich geringwertige Rechtsgüter preisgeben.

Mit § 13 StGB wird die gesetzliche Grundlage einer Notwehrrechtsbeschränkung und nicht irgendeine Pflicht unbelegter Herkunft benannt. Dies stellt nicht bloß einen Vorzug gegenüber den sonstigen Einschränkungsversuchen in dieser Fallgruppe dar, sondern auch gegenüber den Fallgruppen, in denen eine „sozialethische" Einschränkung der Notwehr vorgenommen wird und für die regelmäßig eine konkrete gesetzliche Grundlage fehlt.

Er verstößt zudem nicht wie all diejenigen, die eine Notwehrbeschränkung nur innerhalb von ehelichen Lebensgemeinschaften annehmen, gegen das Diskriminierungsverbot aus Art. 6 I GG, da er deren Mitglieder nicht durch eine Abwehrbegrenzung schlechter stellt als Mitglieder nichtehelicher Lebensgemeinschaften.

Die Garantenstellung ermöglicht den direkten Schluss vom dogmatischen Ausgangspunkt auf die Definition der Fallgruppe und muss nicht mit diffusen Rücksichts- oder Solidaritätspflichten operieren. Voraussetzung ist „lediglich" die genaue Bestimmung der dogmatischen Grundlage der Garantenstellung und das Herausarbeiten, in welchen Konstellationen konkret eine Restriktion zu erfolgen hat.

Setzt man den Ansatz konsequent um, so erübrigen sich begründungsbedürftige Ausnahmen wie das Ausklammern von zerrütteten und das Fordern von intakten Verhältnissen. Sie sind bereits in der zutreffend und präzise bestimmten Prämisse der bestehenden Garantenstellung enthalten. Der Garantenansatz erlaubt die präzise und begründete Bestimmung, unter welchen Voraussetzungen eine Notwehrbeschränkung noch in Betracht kommt und wann dies infolge des Erlöschens der Garantenstellung oder des eingeschränkten Umfangs der Garantenpflicht nicht der Fall ist. Für die Rechtsunterworfenen intransparente und den Rechtsanwender nicht handhabbare Appelle an das Rechtsgefühl werden entbehrlich.

Nur über die Beachtung von § 13 StGB im Rahmen von Notwehrsituationen gelingt es, Recht und Pflicht miteinander zu harmonisieren und Wertungswidersprüche zu den sonstigen Rettungsverpflichtungen des Garanten zu vermeiden.

Aus alldem folgt zwangsläufig, dass das Abwehrrecht aus § 32 StGB nicht stets vor der Erfolgsabwendungspflicht des § 13 StGB Vorrang genießt, sondern letztere zu einer Notwehrbeschränkung führen kann. Unter welchen Bedingungen dies zu erfolgen hat und wann das uneingeschränkte Notwehrrecht trotz § 13 StGB besteht, bedarf hingegen noch der Präzisierung[397].

Oftmals wird zumindest sprachlich[398] etwas verkürzt die Notwehrbegrenzung auf die „Garantenstellung" zurückgeführt. Präzise formuliert führt nicht dieses einzelne Merkmal zu einer Abwehrechtsbeschränkung, sondern die aus § 13 StGB entstammende Schutzpflicht mit ihren tatbestandlichen Voraussetzungen. Dabei handelt es sich eigentlich um eine Selbstverständlichkeit, da in der Sache nicht ein einzelnes, wenn auch entscheidendes und charakteristisches Tatbestandsmerkmal, ein Recht zu begrenzen vermag, sondern nur eine weitere Rechtspflicht wie hier § 13 StGB. Im wesentlichen konstitutiv für diese Rechtspflicht ist allerdings die Garantenstellung, weshalb es sachlich etwas verknappt aber noch vertretbar ist, aus Gründen der sprachlichen Handhabbarkeit von einer Beschränkung auf Grund einer Garantenstellung zu sprechen.

Für eine Abwehrrechtsbegrenzung müssen daneben noch die weiteren tatbestandlichen Voraussetzungen der Schutzpflicht gegeben sein: im Wesentlichen die aus dem Ultra-posse-nemo-obligatur-Prinzip fließende physisch-reale Abwendungsmöglichkeit, die Garantenpflicht und die Zumutbarkeit. Die letzten beiden Bedingungen sind in den Teilen 2 und 3 der Arbeit berücksichtigt. Das Ultra-posse-Prinzip hingegen ist als Selbstverständlichkeit immer gedanklich bei einer Abwehrrechtsbeschränkung mitzuprüfen. Auf eine ihm physisch unmögliche, beschränkte Abwehr ist niemand zu verweisen.[399]

397 Siehe vor allem Teil 3 mit den in Teil 2 geschaffenen Grundlagen.

398 Sofern eine Notwehrrechtsbeschränkung tatsächlich dogmatisch-konstruktiv und nicht bloß sprachlich verkürzt ausschließlich auf das Tatbestandsmerkmal Garantenstellung zurückgeführt werden sollte, stößt dies zu Recht auf Kritik (*Scherenberg*, Sozialethische Einschränkungen der Notwehr, S. 167 f.). Einen Einwand gegen die Notwehrrechtsbeschränkung aus der Schutzpflicht des § 13 StGB trägt diese Kritik aber gerade nicht, Teil 1 C X 2.

399 Siehe im Übrigen dazu Teil 2 A II 1.

2.3.4 Zusammenfassung

Die generelle Ablehnung einer Notwehrrechtsbeschränkung auf Grund besonderer persönlicher Verhältnisse zwischen Angreifer und Verteidiger überzeugt ebenso wenig[400] wie die kategorische Ablehnung einer speziellen Schutzpflicht des angegriffenen Garanten[401]. Die garantenbasierte Schutzpflicht aus § 13 StGB führt allerdings auch nicht stets zum Wegfall eines Abwehrrechts aus § 32 StGB[402].

Außerhalb des Schutzpflichtansatzes ist es bislang nicht gelungen, einen tragfähigen Ansatz für eine Notwehrrechtsbeschränkung in den hier zu untersuchenden Konstellationen zu finden[403]. Oftmals lässt die Kennzeichnung des einschlägigen Personenkreises die für die konsistente, rationale Rechtsanwendung nötige Bestimmtheit oder aber eine Begründung für die Fallgruppenbestimmung vermissen.

Mit der Schutzpflicht des § 13 StGB und der für sie konstitutiven Garantenstellung ist dagegen der zutreffende dogmatische Anknüpfungspunkt einer Notwehrrechtsbeschränkung dargetan. Dieser bedarf aber noch der weiteren Präzisierung. So ist insbesondere zu untersuchen, wie sich der Angriff auf die Garantenstellung auswirkt, bis zu welcher Aufopferungsgrenze der Garant zur zurückhaltenden Verteidigung verpflichtet ist und wie diese Zurückhaltung auszusehen hat.[404]

Für die Beantwortung dieser Fragen ist offensichtlich unerlässlich, zunächst im zweiten Teil der Arbeit zu klären, unter welchen Voraussetzungen Garantenstellungen entstehen.

---

400 Teil 1 C I.

401 Teil 1 C X 3 b aa.

402 Teil 1 C X 3 b bb.

403 Teil 1 C II bis VIII.

404 Teil 1 C X.

3 Garantenstellung

3.1 Terminologie und Untersuchungsgegenstand

3.1.1 Terminologie

Bevor nunmehr die Garantenstellung zum Diskussionsgegenstand gemacht werden kann, muss Klarheit über die Verwendung der wichtigsten einschlägigen Termini hergestellt werden.

3.1.1.1 Echte und unechte Unterlassungsdelikte

Diskutiert wird bereits, was unter dem Terminus „unechte Unterlassungsdelikte" zu verstehen ist. Mit der im Hinblick auf das Thema dieser Arbeit gebotenen Vereinfachung kann man zwei Grundpositionen ausmachen. Einerseits wird eine formale Abgrenzung danach vorgenommen, ob das Unterlassen explizit in einer einschlägigen Norm des Besonderen Teils des StGB geregelt ist (dann echtes Unterlassungsdelikt) oder ob ein nach § 13 StGB Sonderpflichtiger eine ihrem Wortlaut nach nur Begehen erfassende Vorschrift verletzt (dann unechtes Unterlassungsdelikt)[405]. Andererseits erfolgt eine Unterscheidung nach materiellen Kriterien. Dieser Meinung folgend würden die echten Unterlassungsdelikte das Gegenstück zu den schlichten Tätigkeitsdelikten bilden und zur Erfüllung jener reiche das Unterlassen der rechtlich gebotenen Handlung aus. Das unechte Unterlassungsdelikt wiederum erfordere, dass das Unterlassen eines Sonderpflichtigen zur Herbeiführung eines tatbestandlichen Erfolges[406] geführt hat.[407] Zu Recht hat *Maiwald* diese Thematik als „höchst streitig und wenig fruchtbar" bezeichnet[408]. Denn im Grunde ist man sich einig, auf welche Delikte man § 13 StGB anwenden oder wo man zumindest die Garantenstellung zur Bestimmung des Täterkreises heranziehen möchte[409]. Jedenfalls in dem diese Arbeit interessieren-

405 *Kindhäuser*, Strafrecht Allgemeiner Teil, § 35, 1 f., § 36, 1 ff.; *Maurach/Gössel/Zipf*, Strafrecht AT, TB 2, S. 176 ff; *Stratenwerth/Kuhlen*, Strafrecht Allgemeiner Teil I, S. 330 ff; *Welzel*, Das deutsche Strafrecht, S.202 f.

406 Wobei hier „Erfolg" im weiteren Sinne gemeint ist, also abweichend von der Tatbestandslehre neben Rechtsgutsverletzungen und konkreter Rechtsgutsgefährdung auch abstrakte Gefährdungen erfasst sein sollen.

407 BGHSt 14, 280 (281); *Gropp*, AT § 11, Rn. 94; *Krey*, Deutsches Strafrecht Allgemeiner Teil, Bd. 1, Rn. 184; SK-*Rudolphi*, Vor § 13, Rn. 8 m. w. N.

408 *Maiwald*, JuS 1981, S. 473.

409 So auch das Fazit von *Dießner*, Unterlassungsstrafbarkeit der Kinder- und Jugendhilfe, S. 159.

den Bereich, also im Wesentlichen bei den in der Notwehrsituation regelmäßig einschlägigen §§ 223 und 212 StGB, herrscht Einigkeit über die Einordnung als unechte Unterlassungsdelikte und die Anwendung von § 13 StGB, so dass die unmittelbar vorstehende Problematik hier keiner weiteren Diskussion bedarf und im weiteren Verlauf unproblematisch von unechten Unterlassungsdelikten gesprochen werden kann.

Soweit im Gang der Arbeit von „Unterlassungsdelikt" oder „Unterlassen" die Rede ist, ist damit regelmäßig[410] das eine Garantenstellung erfordernde unechte Unterlassungsdelikt gemeint.

3.1.1.2 Garantenstellung und Garantenpflicht

Garantenstellung und Garantenpflicht bezeichnen zwei verschiedene, aufeinander aufbauende Voraussetzungen der Schutzpflicht aus § 13 StGB. Im Wesentlichen ist man sich über die Bedeutung dieser Begriffe einig.

Unter Garantenstellung ist die Gesamtheit von Umständen zu verstehen, aus denen sich die besondere strafrechtliche Verantwortung einer Person für ein Rechtsgut ergibt[411]. Sie wird im Tatbestand verortet. Die aus dieser Position folgende Rechtspflicht zum Rechtsgüterschutz wird als Garantenpflicht bezeichnet[412]. Im Deliktsaufbau wird sie weit überwiegend bei der Rechtswidrigkeit eingeordnet. Da sich aus der Garantenstellung die Garantenpflicht ergibt, werden beide Begriffe häufig synonym verwendet[413].

Dies ist unschädlich – und findet sich aus sprachlichen Gründen mitunter auch in dieser Arbeit, soweit man sich dreierlei vor Augen führt: Zum einen ist eine Differenzierung bei Irrtumsfällen nötig. Denn während der Irrtum über die Garantenstellung als Tatbestandsirrtum nach § 16 StGB behandelt wird, führt ein Irrtum über die Garantenpflicht zur Anwendung von § 17 StGB[414].

410 Soweit einmal das Unterlassen als realer Vorgang gemeint ist, erschließt sich dies unmittelbar aus dem Kontext oder es wird ausdrücklich darauf hingewiesen.

411 Vgl.. statt vieler *S. Böhm*, Garantenpflichten aus familiären Beziehungen, S. 45, Fn. 195; Schönke/Schröder-*Stree*, § 13, Rn. 7; *Fischer*, § 13, Rn. 5; BGHSt 16, 155 (157).

412 Wieder statt vieler *S. Böhm*, Garantenpflichten aus familiären Beziehungen, S. 45, Fn. 195; S. v. Coelln, Das „rechtliche Einstehenmüssen", S. 85; Schönke/Schröder-*Stree*, § 13, Rn. 14; *Fischer*, § 13, Rn. 5; BGHSt 16, 155 (157).

413 So beispielsweise in den Arbeiten von *S. Böhm*, Garantenpflichten aus familiären Beziehungen, und *Brammsen*, Die Entstehungsvoraussetzungen von Garantenpflichten, der trotz dieses Titels inhaltlich die Entstehungsvoraussetzungen von Garanten*stellungen* zu ergründen sucht; *Wessels/Beulke*, Strafrecht Allgemeiner Teil, Rn. 715 ff., 718ff., 738.

414 Vgl. statt vieler: *Fischer*, § 13, Rn. 12; BGHSt 16, 155ff; 19, 295; problematisch allerdings mitunter im Nebenstrafrecht wie dem Steuerrecht nach *Bremen* StV 1985, 298.

Zum anderen sind zur zutreffenden Falllösung im Rahmen der Garantenpflicht Inhalt und Zielrichtung der aus der Garantenstellung folgenden Schutzpflicht zu präzisieren[415]. So zieht nicht jede Garantenstellung solch umfassende Schutzpflichten für Rechtsgüter nach sich, wie sie beispielsweise die oft bemühte Mutter gegenüber ihrem Kind inne hat. Dagegen hat ein Arzt zwar eine Garantenstellung für die Rechtsgüter Gesundheit und Leben seiner Patienten. Allerdings hat er diese Rechtsgüter nicht vor jedweder Gefahr zu schützen. Bemerkt er zum Beispiel auf seinem Heimweg wie einer seiner Patienten verprügelt wird, so trifft ihn keine andere Hilfspflicht als jeden beliebigen Dritten, also allenfalls eine aus § 323c StGB. Diese Präzisierung der Garantenpflicht wird insbesondere bei der Lösung des Ausgangsproblems der Arbeit bedeutsam werden[416]. Ihre genaue dogmatische Verortung unter der Garantenpflicht ist jedenfalls für die Lösung des Ausgangsproblems nicht von entscheidender Bedeutung, solange man nur überhaupt eine mögliche Einschränkung von Garantenpflichten durch deren genaue inhaltliche Bestimmung beachtet.

Schließlich kann trotz Bestehens einer Garantenstellung den Garanten keine Garantenpflicht treffen, wenn zur gleichen Zeit zwei gleichwertige Rechtsgüter mit gleicher Intensität gefährdet sind, er aber nur eines retten kann. Bei dieser - garantenpflichttypisch - im Rahmen der Rechtswidrigkeit zu erörternden Konstellation der Pflichtenkollision trifft den Garanten lediglich die Pflicht, eines der beiden Rechtsgüter zu schützen. Denn zu Unmöglichem ist man rechtlich nicht verpflichtet gemäß dem Grundsatz *ultra posse nemo obligatur*[417].

Sofern im Rahmen der Arbeit von einem „Unterlassungsproblem" oder „Garantenproblem" gesprochen wird, meint dies die Frage nach den Entstehungs-

---

Lässt beispielsweise eine Mutter jemanden ertrinken, ohne zu erkennen, dass es sich dabei um ihr zehnjähriges Kind handelt, so ist sie nicht aus den §§ 212, 13 StGB zu bestrafen, da sie sich über das Vorliegen einer Garantenstellung in ihrer Person irrte, also nicht alle Umstände kannte, die zum gesetzlichen Tatbestand gehören, hier: „Dort ertrinkt *mein* Kind". Dies führt zur Anwendung von § 16 StGB, weshalb allenfalls eine Strafbarkeit nach §§ 222,13 StGB oder 323c StGB in Betracht kommt.

Variiert man den Fall dahingehend, dass die Mutter zwar ihr Kind erkennt, aber glaubt, sie wäre zu dessen Rettung nicht verpflichtet, da das Kind an diesem Wochenende seinen von ihr getrennt lebenden Vater besucht, irrt sie über ihre Garantenpflicht, erliegt einem Verbotsirrtum und ist deshalb nach den §§ 212, 13, 17 StGB zu beurteilen.

415 So beispielsweise auch *v. d. Grün*, Garantenstellung von Amtsträgern, S. 24f; Schönke/Schröder-*Stree*, § 13, Rn. 14.

416 Teil 3 A.

417 Zur Pflichtenkollision in solchen Fällen: *Brückner*, Das Angehörigenverhältnis der Eltern im Straf- und Strafprozeßrecht, S. 68 f; *Gropp*, Hirsch-FS, 210 ff; Armin Kaufmann, Dogmatik der Unterlassungsdelikte, S. 137 f; *Küper*, JuS 1987, S. 89; *Lackner/Kühl*, § 34, Rn. 15; *Otto*, Jura 2005, S. 472.

voraussetzungen einer Garantenstellung; bei „Erfolgsabwendungs-" und „Einstandspflichten" sind bei Fehlen näherer Angaben diejenigen eines Garanten gemeint.

3.1.1.3 Beschützer- und Überwachungsgarant, Entsprechungsklausel

Im Anschluss an die noch ausführlicher darzustellende Garantendogmatik von *Armin Kaufmann*[418] wird im Rahmen der Unterlassungsdogmatik weitaus überwiegend zwischen Obhuts- oder auch Beschützergaranten und Sicherungs- oder auch Überwachungsgaranten unterschieden. Diese Einteilung beruht auf der Funktion, die der Garant beim Rechtsgüterschutz ausübt. Naheliegenderweise spricht man deshalb auch von der Funktionenlehre. Während der Beschützergarant bildlich gesprochen schützend vor dem Rechtsgut steht und es vor Schaden bewahren soll, steht der Überwachungsgarant abschirmend vor der Gefahrenquelle und soll grundsätzlich verhindern, dass aus dieser irgendjemand Schaden erleidet.[419] Ein gängiges Beispiel für jenen stellt die Mutter dar, die jedenfalls die Rechtsgüter Leben und Gesundheit ihres Kindes vor Schäden zu bewahren hat. Dagegen ist als Überwachungsgarant beispielsweise der Hauseigentümer verpflichtet, dafür zu sorgen, dass von seinem Haus keine Gefahren, zum Beispiel durch ein loses Treppengeländer, für andere ausgehen.

Obwohl die hier vertretene Meinung dieser *Einteilung* nicht folgt[420], soll die oben skizzierte *Terminologie* auf Grund ihrer Verbreitung[421] der Einfachheit halber zu Grunde gelegt werden. Denn wenn man auch die Einteilung der Funktionenlehre nicht favorisiert, so weiß doch jeder mit der Materie Befasste, was unter einem Beschützergaranten zu verstehen ist. Ebenso ist allgemein bekannt, welche Fallgruppen gemeinhin den beiden Garantenstellungen jeweils zugeord-

418 *Armin Kaufmann*, Dogmatik der Unterlassungsdelikte, S. 282 ff.; vereinzelt wird die Urheberschaft auch *Ulrich Mayer*, Die besonderen Tatbestandsmerkmale der unechten Unterlassungsdelikte, S. 80 ff. zugeschrieben (so von *Brammsen*, Entstehungsvoraussetzungen von Garantenpflichten, S. 134 f). Zumindest die Überwachungsgarantenstellung erfasst *U. Mayer* entsprechend der heutigen Funktionenlehre. Bei der Beschützergarantenstellung hingegen ist dies nach hiesigem Verständnis zweifelhaft, jedenfalls nicht in der Klarheit wie bei den Sicherungsgaranten der Fall.

419 Dieser Terminologie und Einteilung folgen beispielsweise stellvertretend für viele BGHSt 48, 77 (82 ff.); MK-*Freund*, Band 1, § 13, Rn. 101 ff., 156 ff.; Schönke/Schröder-*Stree*, § 13, Rn. 9 ff.; *Fischer*, § 13, Rn. 5b ff.

420 Vgl. ausführlich zur hier vertretenen Garantendogmatik und der aus ihr folgenden Einteilung Teil 2 C I 5.

421 *Dominok*, Strafrechtliche Unterlassungshaftung von Amtsträgern in Umweltbehörden, S. 103, konstatiert zutreffend, diese Einteilung habe in der Unterlassungsdogmatik faktisch den Rang eines Axioms.

net werden. Dies liegt jedoch – wie später gezeigt wird[422] – weniger an der eindeutigen Zuordenbarkeit der einzelnen Fallgruppen als vielmehr an der generellen Übereinstimmung der Autoren bei der Zuordnung.

Soweit im Rahmen dieser Untersuchung von einer „Entsprechungsklausel" gesprochen wird, ist damit der letzte Halbsatz des § 13 I StGB gemeint: „...wenn das Unterlassen der Verwirklichung des gesetzlichen Tatbestandes durch ein Tun entspricht", ohne dass damit ein bestimmtes dogmatisches Verständnis dieser Klausel verbunden wird.

3.1.1.4 Rechtsgutsbegriff

Gerade im Strafrecht, dem gemeinhin das Ansinnen zugeschrieben wird, den Schutz von Rechtsgütern zu bezwecken, muss, wenn schon nicht allgemeingültig so doch für die hiesige Arbeit stipulatorisch[423], definiert werden, was unter dem Rechtsgutsbegriff zu verstehen ist. Als Rechtsgut bezeichnet man Lebensgüter, zum Beispiel Leben oder körperliche Unversehrtheit, Sozialwerte und rechtlich anerkannte Interessen des Einzelnen oder der Allgemeinheit, beispielsweise die Rechtspflege oder die Unbestechlichkeit von Amtsträgern, die wegen ihrer besonderen Bedeutung für die Gesellschaft Rechtsschutz genießen. Gemeint sind damit die ideellen Sozialwerte. Davon zu unterscheiden sind die Handlungsobjekte, das heißt die konkreten Gegenstände, die das Rechtsgut in der Realität repräsentieren.[424] Da aber wegen dieser Repräsentationsfunktion mit dem konkreten Handlungsobjekt zugleich auch das abstrakte Rechtsgut verletzt wird, wird mitunter verkürzt – auch in dieser Arbeit – von Rechtsgütern gesprochen, wenn eigentlich das Handlungsobjekt und das durch es verkörperte Rechtsgut gemeint sind. Diese Verkürzung ist jedoch im Kontext dieser Arbeit inhaltlich unschädlich.

3.1.2 Untersuchungsanlass, -gegenstand und -verlauf

Zutreffender Ansatzpunkt für eine mögliche Beschränkung des Notwehrrechts stellt nach den Ergebnissen des ersten Teils[425] die Garantenstellung dar. Um zu

422 Siehe Teil 2 C III 5.

423 Gemeint ist damit in dieser Arbeit nicht eine mit einem allgemeinen Anspruch auf Richtigkeit aufgestellte Definition, sondern eine mit dem Leser vereinbarte Wortbedeutung im Sinne eine Konvention.

424 *Bärwinkel*, Struktur der Garantieverhältnisse bei den unechten Unterlassungsdelikten, S. 103 f.; *Wessels/Beulke*, Strafrecht AT, Rn. 7 f.

425 Siehe dazu Teil 1 C X.

überprüfen, ob die theoretische Möglichkeit der Notwehrrechtsbeschränkung auf Grund einer Garantenstellung zur tatsächlichen Gewissheit reift, ist die Beantwortung bestimmter Fragen unerlässlich. Fundiert, überzeugend und praktisch verwertbar ist eine Restriktion aus dem Garantengedanken nur, wenn man beantworten kann, warum und unter welchen Voraussetzungen Garantenstellungen überhaupt entstehen. Der pauschale Hinweis auf die Einschränkung des Notwehrrechts auf Grund einer Garantenstellung genügt ersichtlich nicht, da bereits das Arztbeispiel aus dem ersten Teil der Arbeit gezeigt hat, dass nicht jede Garantenstellung zu einer solchen Beschränkung führt. In diesem Beispiel ist auf das evident richtige Ergebnis hingewiesen worden, dass allein aus der Behandlung eines Patienten durch einen Arzt und der damit einhergehenden Garantenstellung des Arztes noch nicht eine Beschränkung des Notwehrrechts des Arztes im Falle eines Angriffs durch den Patienten folgt. Um dieses zu Recht als zutreffend empfundene Ergebnis zu begründen und vor allem um beantworten zu können, bei welchen Garantenstellungen eine Restriktion in Betracht kommt, muss man den Entstehungsgrund bzw. die Entstehungsgründe[426] aufzeigen und aus ihnen den Inhalt der Garantenstellungen entwickeln. Denn nur wenn man den Entstehungsgrund und dessen konkrete Voraussetzungen kennt, kann man eine Aussage darüber treffen, ob gemessen daran Inhalt einer spezifischen Garantenpflicht (auch) der Schutz innerhalb einer Notwehrsituation ist.

Darüber hinaus ist den Besonderheiten der Notwehrsituation im Zusammenhang mit der Garantenstellung Rechnung zu tragen. Immerhin attackiert in der Notwehrsituation der vom Garanten in irgendeiner Form vor Schaden zu Bewahrende seinen „Bewahrer“. Daher muss man sich die Frage stellen, ob ein solches, als undankbar empfundenes Verhalten nicht rechtliche Konsequenzen zeitigt und zu einer Einschränkung oder gar Erlöschen der Einstandspflicht nach § 13 StGB führt. Um diese Frage nachvollziehbar beantworten zu können, ist ebenfalls das Wissen um den Entstehungsgrund erforderlich. Nur wenn man weiß, warum und unter welchen Voraussetzungen eine Garantenstellung entsteht, kann man ergründen, ob der Entstehungsgrund bei einem Angriff nicht mehr gegeben ist. Wäre dies der Fall, bliebe es bei der theoretischen Möglichkeit der Notwehrrestriktion, die sich aber in concreto nicht bewahrheitet hätte. Denkbar ist ebenso, dass die Schutzpflicht erst bei einer bestimmten Quantität oder Qualität des Angriffs erlischt. Begründet man die Garantenstellung mit dem Vertrauensgedanken, könnte ein Angriff ganze andere Folgen zeitigen als bei einer Herleitung aus gesellschaftlichen Erwartungen oder auf Grund verfas-

426 Nach hiesiger Auffassung, siehe Teil 2 C III, ist die Garantenstellung durch zweierlei Gründe legitimiert. Um der Lesbarkeit willen wird aber nachfolgend nur von „Entstehungsgrund“ im Singular gesprochen.

sungsrechtlicher Abwägungen. Nun wäre es aber weder logisch noch ökonomisch, diese möglichen Folgen bei einer Auswahl von Garantenstellungsansätzen zu untersuchen, ohne zuvor geklärt zu haben, ob diesem Ansatz überhaupt zu folgen ist. Demzufolge ist zur Klärung der Fragen, bei welchen Garantenstellungen eine Notwehrrechtsbeschränkung in Betracht kommt und ob ein Angriff generell oder nur unter bestimmten Bedingungen zu einem Erlöschen der Rettungspflicht führt, eine eindeutige, dogmatisch fundierte Herleitung des Entstehungsgrunds und der aus ihm folgenden konkreten Voraussetzungen von Garantenstellungen unentbehrlich.

Die Garantenstellung ist der strittigste und schwierigste Bestandteil[427] der unechten Unterlassungsdelikte. Allgemein formuliert geht es um Unterlassen im Rahmen von Delikten, die als Tatbestandsmerkmal unter anderem die Garantenstellung aufweisen. Aus diesem generellen Themenkreis sind jedoch wegen der hier allein interessierenden Frage der Notwehrrestriktion die weitaus überwiegende Anzahl von Problemen auszuscheiden.

3.1.2.1 Keine Analyse der Strafbarkeitsvoraussetzungen des unechten Unterlassungsdelikts im Allgemeinen und der Verfassungsmäßigkeit von § 13 StGB

Die Strafbarkeit wegen unechten Unterlassens hängt neben der Garantenstellung von zahlreichen anderen Voraussetzungen ab. Zu diesen zählen unter anderem das grundlegende Problem, ob überhaupt ein Unterlassen oder doch ein Tun im Rechtssinne gegeben ist[428], die Frage der Quasikausalität der Unterlassung für den tatbestandlichen Erfolg[429] und – straftatsystematisch: schließlich - die Zumutbarkeit normgerechten Verhaltens[430]. Ansatzpunkt für eine Notwehrbeschränkung ist jedoch nicht das Negieren einer Rechtfertigung auf Grund einer Unterlassungs*strafbarkeit*, sondern eine mögliche Einschränkung des Verteidigungsrechts auf Grund einer Handlungs*pflicht*. Demzufolge kann sich die nachfolgende Betrachtung auf dasjenige beschränken, das für Entstehen und Erlö-

427 So der allgemeine, unveränderte Befund seit Jahrzehnten, statt vieler: *Freund*, Erfolgsdelikt und Unterlassen, S. 43; *Jakobs*, Strafrecht AT, 29/26; *Ordeig*, ZStW 111, S. 307; *Sangenstedt* Garantenstellung von Amtsträgern, S. 45.

428 Vgl. zu dieser Problemstellung RGSt 63, 392 („Radleuchtenfall"); BGHSt 6, 59; *Engisch*, Gallas-FS, S. 163; *Kühl*, AT, § 18, Rn. 13 ff.; *Otto/Brammsen*, Jura 1985, S. 530; *Samson*, Welzel-FS, S. 579.

429 Vgl. dazu nur BGHSt 6, 1 ff.; 37, 106 ff., 126; *Gropp*, AT, § 11, Rn. 71; *Kühl*, AT, § 18, Rn. 35 ff.; Schönke/Schröder-*Stree*, § 13, Rn. 61.

430 Dazu jeweils m. w. N.: *Kühl*, AT, § 18, Rn. 140 f.; *Loos*, JR 1994, S. 511 ff. (insbesondere zur Irrtumsproblematik); SK-*Rudolphi*, Vor § 13, Rn. 31.

schen dieser Pflicht Relevanz besitzt. Die (Garanten-) Pflicht wiederum ergibt sich aus der Garantenstellung und erfährt Einschränkungen für den Fall der Unzumutbarkeit der Pflichterfüllung. Daher gilt die Konzentration der die Pflicht begründenden Garantenstellung.

Im Unterschied zu den eben genannten Prüfungspunkten bei der Strafbarkeit wegen unechten Unterlassens kann die Frage der Verfassungsmäßigkeit von § 13 StGB evident auch für das in dieser Arbeit diskutierte Notwehrproblem von entscheidender Bedeutung sein. Wenn nämlich eine Notwehrrechtsrestriktion auf Grund von § 13 StGB erwogen wird, dann schiede eine solche aus, wenn § 13 StGB verfassungswidrig wäre. Indes soll dieses Problem ausgeklammert werden, da es zum einen wegen seines Umfangs eine Einzeluntersuchung erfordern würde. - Es existieren praktisch keine Arbeiten, die dieses Thema *en passent* bearbeiten. - Zum anderen gehen der weitaus überwiegende Teil der Rechtswissenschaft und die Rechtsprechung von einer Vereinbarkeit mit der Verfassung aus[431].

Auf Basis der hier vertretenen Verfassungsmäßigkeit wird deshalb – allein schon um der praktischen Verwertbarkeit der gefundenen Ergebnisse willen – ausschließlich eine Lösung *de lege lata* und nicht *de lege ferenda* angestrebt.

3.1.2.2 Die Garantenstellung im Besonderen und der Untersuchungsverlauf

Soweit die Lösung konkreter Fälle aus dem Gebiet der unechten Unterlassungsdelikte ansteht, ist man sich häufig weniger im Ergebnis denn in dessen Begründung uneins. So ist beispielsweise unbestritten, die ihr Baby verhungern lassende Mutter nach den §§ 212, 13 StGB grundsätzlich[432] einem Begehungstäter gleich wegen Totschlags durch Unterlassen zu bestrafen. In der Begründung dieses Urteils gehen die Meinungen aber weit auseinander. Zu Recht könnte man sich nun zu Beginn dieses Teils die Frage stellen, warum es – neben der genannten Begründungsproblematik - einer eingehenden Analyse der Garantenstellung und ihrer Herleitung bedarf, wenn doch in vielen Fällen Einigkeit über das Er-

---

431 Für eine Verfassungsmäßigkeit u. a.: BVerfGE 96, 97; BVerfG NJW 2003, S. 1030 f.; *Gropp*, AT, § 11, Rn. 7; *Lenckner*, JuS 1968, S. 304 ff.; *Maurach/Gössel/Zipf*, Strafrecht AT, TB 2, § 46, Rn. 40, 42; *Rudolphi*, MDR 1967, S. 1 f.; Schönke/Schröder-*Stree*, § 13, Rn. 5 f.; *Vogel*, Norm und Pflicht, S. 335; dagegen: *Köhler*, AT, S. 213 f., der zu Unrecht auf Schönke/Schröder-*Stree* verweist; *Schöne*, Unterlassene Erfolgsabwendungen, S. 340 ff.; 355 f.; *Schürmann*, Unterlassungsstrafbarkeit und Gesetzlichkeitsgrundsatz, S. 149, 186.

432 Die fakultative Strafminderung aus § 13 II StGB soll in diesem Zusammenhang außer Acht bleiben.

gebnis besteht. Dem ist zweierlei zu erwidern: Erstens lässt sich wirkliche Rechtstreue auf Grund Rechtsüberzeugung bei den Menschen nur dann erzielen, wenn man nicht bloß mit dem Rechtsgefühl harmonierende Ergebnisse zu präsentieren vermag, sondern auch eine überzeugende Begründung für diese Ergebnisse liefern kann. Zweitens ist eine Lösung neuer oder strittiger Fälle nur überzeugend mittels eines allgemeinen dogmatischen Systems möglich. Wo sonst sollte sich eine Lösung bislang ungelöster Konstellationen finden? Da es bisher nach hiesigem Dafürhalten an einem solchen System mangelt, wird ein eigener Lösungsansatz in der Folge erarbeitet und auf dessen Basis im dritten Teil der Arbeit das Ausgangsproblem zu lösen versucht.

Bei der Garantenstellung streitet man nicht (mehr[433]) um ihre grundsätzliche Bedeutung sondern um ihren Inhalt und dessen dogmatische Herleitung. Auf diese beiden Fragen konzentriert sich der zweite Teil der Untersuchung. Dabei wird stets die Ausgangsproblematik, die Einschränkung des Notwehrrechts in bestimmten Konstellationen, im Auge behalten. So konzentriert sich die Arbeit im Rahmen des von ihr verfochtenen, dualistischen Garantensystems[434] aber auch bei der Begutachtung anderer Ansichten auf den Teil der Garantenstellungen, bei dem überhaupt Konsequenzen für die Notwehr denkbar sind. Um nicht schon an dieser Stelle unbegründet die eigene Einteilung der Garantenstellungen[435] zugrunde zu legen, kommt eine Einschränkung nach der auf *Armin Kaufmann* zurückgehenden Funktionenlehre jedenfalls[436] – wie später näher erläutert[437] - nicht bei den sogenannten Sicherungs- bzw. Überwachungsgaranten in

433 *H. Mayer* hat sich vehement gegen die Garantenstellung gewandt mit der Begründung, sie stelle eine verbotene Analogie dar, *H. Mayer*, Strafrecht; S. 113f, 139f, 147f, 151ff. Dieser Einwand wurde allerdings vor Einführung des § 13 StGB erhoben, so dass er mit dessen Schaffung obsolet geworden sein dürfte.
Eingehender und kritisch zur Auffassung *H. Mayer*s, nach der - vereinfacht dargestellt - Unterlassen als echtes Tun im Rechtssinne den Tatbeständen des Besonderen Teils des StGB subsumierbar sei, wenn es die Betätigung einer dem Begehen gleichwertigen „Verbrechensenergie" sei: *Herzberg*, Die Unterlassung im Strafrecht, 109ff; *Nickel*, Problematik der unechten Unterlassungsdelikte, S. 69f; *Rudolphi*, Gleichstellungsproblematik, S. 70.
Die inhaltliche Bestimmung des Garantenbegriffs *Naglers* schon anmahnend *Vogt*, ZStW 63, S. 381, 394.

434 Ausführlich zu diesem System in Teil 2 C III.

435 Siehe ausführlich zur in dieser Arbeit angeregten Einteilung der Garantenstellungen nach den zwei erarbeiteten Entstehungsgründen der Garantenstellung Teil 2 C III 5.

436 Der hier erarbeitete eigene Ansatz wird zudem offenbaren, dass eine Restriktion innerhalb der Gruppe der Beschützergaranten nur bei bestimmten Garantenstellungen in Betracht kommt, Teil 3 A.

437 Siehe Teil 2 C IV 3.

Betracht. Folgerichtig wird dieser Bereich nur soweit es für die Darstellung des eigenen Systems von Garantenstellungen von Nöten ist untersucht.

Nicht von Interesse ist dagegen der dogmatische Standort der Garantenstellung im Verbrechensaufbau, da dies für die Frage der Notwehrrechtsrestriktion unerheblich ist. Soweit ersichtlich wird dieser mittlerweile[438] weitgehend einhellig im Tatbestand erblickt. Ebenso wenig interessiert aus dem gleichen Grund die dogmatische Verortung der Garantenpflicht, die die herrschende Meinung bei der Rechtswidrigkeit einordnet[439].

438 Diesbezüglich hat der Haftungsgrund des unechten Unterlassens eine bewegte Geschichte hinter sich. Während zunächst vergeblich versucht worden ist, die naturalistische Kausalität des tatsächlichen Unterlassens im Rahmen des Tatbestandes zu beweisen, ist er anschließend bei der Rechtswidrigkeit thematisiert worden, um dann schließlich wieder im Tatbestand erörtert zu werden; instruktiv dazu *Vogt*, ZStW 63, S. 384 ff.

439 BGHSt 16, 155; 19, 295; SK-*Rudolphi*, Vorbem. § 13, Rn. 25; *Stratenwerth*, Strafrecht AT, Rn. 1038 f.

3.2 Untersuchung ausgewählter Ansätze und Argumentationstopoi

Sollte bereits eine überzeugende Garantenstellungstheorie existieren, so wäre die Entwicklung eines eigenen Ansatzes entbehrlich. Deshalb untersucht diese Arbeit nachfolgend eingehend, ob nicht bereits eine solche existiert. Erstaunlicherweise erfreut sich ein solches Vorgehen in neueren Monographien zum Thema keiner großen Beliebtheit. Wenn nicht gänzlich auf eine Untersuchung divergierender Positionen verzichtet wird, beschränkt man sich auf äußert knappe, oberflächliche Betrachtungen[440]. So stellt beispielsweise *Dominok* bereits nach zwei Seiten „Diskussion" fest, dass bislang der Grundgedanke der Garantenstellung nicht identifiziert werden konnte[441]. Überwiegend wird sich auch nicht mit der von den Kritisierten vorgebrachten Verteidigung auseinandergesetzt[442]. Ein solches Vorgehen verdient ebenso wenig Beifall wie das Kapitulieren vor der Stoffmenge oder der Schwierigkeit des Problems. Damit genügt man weder wissenschaftlichen Ansprüchen noch wird man der Leistung und Mühe anderer Autoren gerecht. Soweit man auf ein spezielles Problem fokussiert ist, ist eine Beschränkung der Stoffmenge sicherlich arbeitsökonomisch sinnvoll. Sofern man aber eine Aussage darüber treffen möchte, ob in bestimmten Konstellationen eine Garantenhaftung besteht, ist es nach hiesigem Dafürhalten unerlässlich, sich zumindest in Grundzügen mit der bestehenden Dogmatik zu diesem Thema zu befassen und diese auf gangbare Lösungswege zu untersuchen. Daher beschreitet diese Arbeit einen anderen Weg und widmet sich eingehender bereits existierenden Lösungsversuchen. Dabei brächte selbstverständlich das bloße Zusammentragen und Wiederholen bereits dargestellter Einwände und Vorzüge allein noch keinen großen Erkenntnisgewinn. Aus diesem Grund gibt die nachstehende Analyse bereits vorgetragene Argumente - wenn überhaupt - nur knapp wieder. Sie konzentriert sich statt dessen darauf, bestimmte bereits erhobene, mitunter vorschnelle[443] und dann oft ungeprüft übernommene Einwände kritisch zu analysieren und vor allem neue Gesichtspunkte in der Auseinandersetzung

---

440 Vgl. nur die Arbeiten von *S. v. Coelln*, Das „rechtliche Einstehenmüssen"; *Chen*, Das Garantensonderdelikt; *Dießner*, Die Unterlassungsstrafbarkeit der Kinder- und Jugendhilfe; *Dominok*, strafrechtliche Unterlassungshaftung von Amtsträgern in Umweltbehörden; *Seibert*, Die Garantenpflicht beim Betrug.

441 *Dominok*, strafrechtliche Unterlassungshaftung von Amtsträgern in Umweltbehörden, S. 93.

442 Um bloß ein Beispiel zu nennen: Die Verteidigung der viel kritisierten Herrschaftslehre bei *Schünemann*, ZStW 96, S. 287 ff. oder in der Monographie *Seiberts*, Garantenpflicht beim Betrug, wird überwiegend ignoriert.

aufzuzeigen. Besondere Aufmerksamkeit soll zudem neueren, bislang nicht eingehend untersuchten Ansätzen zu Teil werden. Insgesamt hofft diese Arbeit eine aktuelle, einigermaßen umfassende Analyse der wichtigsten[444] „Grundströmungen" und neueren Ansätze zum Garantenproblem vorgenommen zu haben, da eine solche – soweit ersichtlich – in den letzten 25 Jahren nicht erfolgt und sich in weiten Teilen auf die Rezeption bestehender Erkenntnisse beschränkt worden ist[445].

Systematisiert werden die untersuchten Ansätze grundsätzlich nach ihrem Entstehungsgrund. Hinzu kommen immer wiederkehrende Begründungstopoi,

---

443 Sehr oft findet sich die Behauptung, ein Merkmal sei „zu unbestimmt", ohne dass dies näher begründet oder die nachfolgende Präzisierung des Merkmals beachtet wird.

444 Eine solche zu treffende Auswahl ist stets subjektiv gefärbt und steht zunächst unter dem Verdacht der Willkür. Um diesen Verdacht auszuräumen, seien hier kurz die Wertgesichtspunkte für die Auswahl aufgezeigt und exemplarisch verdeutlicht. Untersucht werden neuere Ansichten, deren Diskussion noch aussteht, sowie Ansätze und Begründungstopoi (z. B. das Kehrseitenargument, das Gefahrenmoment), auf die Literatur und Rechtsprechung immer wieder Bezug nehmen, also rein quantitativ eine gewisse Verbreitung in der einschlägigen Dogmatik besitzen (z. B. die formell-materielle Garantenlehre, die Herrschaftslehre). Verzichtet wird hingegen auf ältere Einzelpositionen, die keine Resonanz erfahren haben, sowie auf Ansätze, die ersichtlich heute auf eine breite Ablehnung stoßen, soweit sie nicht die Grundlage für neuere Meinungen bilden, wie dies zum Beispiel bei der formellen Rechtspflichtenlehre der Fall ist.
Um Letzteres zu veranschaulichen, wird beispielsweise auf die Theorie von *Dahm*, ZStW 59, S. 133 ff. verzichtet, da sie heute wohl einhellig abgelehnt würde. So macht *Dahm* eine Haftung wegen eines unechten Unterlassungsdelikts, davon abhängig, dass der Täter dem „Tätertyp", dem Bild vom Täter, der jeweils einschlägigen Begehungsnorm entspricht (S. 143 ff.). Weiter könnten sich die besonderen Pflichtenstellungen unmittelbar aus der „völkischen Lebensordnung" (S. 174), aus besonders starken sittlichen Pflichten ergeben (S. 166). Denkbar ist somit beispielsweise eine Haftung wegen Mitgliedschaft in einer Partei, wobei die Wortwahl *Dahms* und der historische Kontext eine bestimmte Partei nahe legen. Neben der darin anklingenden Nähe zur Lehre vom konkreten Ordnungsdenken von *Carl Schmitt* ist allein die Bezugnahme auf sittliche Pflichten mittlerweile als *contra legem* zu qualifizieren, da § 13 StGB von einem *rechtlichen* Einstehenmüssen spricht. Daneben ist der Tätertyp als zu unbestimmtes Merkmal abzulehnen. Die Tatbestände sind regelmäßig notwendigerweise so abstrakt gehalten, dass aus ihnen schwerlich ein Tätertyp ermittelt werden kann. Wie soll man sich beispielsweise den Tätertyp Totschläger vorzustellen haben? Und selbst wenn man meint, ein solches Bild des Täters mittels der jeweils einschlägigen *Begehung*sdelikte zeichnen zu können, so entspricht dem sicherlich nicht ein *Unterlassung*stäter. Daher erscheint es sinnvoll, *Dahm*s Position nicht eingehender zu untersuchen.

445 Außen vor soll in diesem Zusammenhang die Lehrbuchliteratur bleiben, die – unter dem Ausbildungsaspekt – häufig einen instruktiven und umfassenden Überblick über die Problematik vermittelt.

die sich in unterschiedlichen Ansätzen finden. Es erscheint sinnvoll, diese „vor die Klammer zu ziehen“ und sie losgelöst vom jeweils auf sie Bezug nehmenden Ansatz zu überprüfen. Die Indienstnahme desselben Arguments durch verschiedene Ansätze – soviel sei bereits an dieser Stelle kritisch festgestellt - ist allerdings ein eindeutiger Hinweis darauf, dass es sich bei den fraglichen Argumenten nicht um solche handelt, die einen speziellen Ansatz stützen, sondern allenfalls um generelle Begründungen einer Garantenstellung in einer bestimmten, tatsächlichen Konstellation.

Um eine vergebliche Suche zu vermeiden, ist noch darauf hinzuweisen, dass ein einziger, eigener Gliederungspunkt für die Position der Rechtsprechung nicht existiert, weil diese zunächst unter Zustimmung von Teilen der Literatur der formellen Rechtspflichtenlehre anhing und sich nunmehr ohne ausdrückliches Bekenntnis dazu der formell-materiellen Garantenlehre angeschlossenen hat. Insgesamt zeichnet sich die Rechtsprechung immer noch durch eine sehr situative, fallgruppenbezogene Argumentation aus, die charakteristisch für die formell-materielle Garantenlehre ist. Aus dem Grund können ihr trotz der weitaus überwiegend zustimmungsbedürftigen Ergebnisse nur wenig allgemeine dogmatische Erkenntnisse über die unechten Unterlassungsdelikte abgewonnen werden. Getreu dem hier verwendeten Einteilungskriterium des Inhalts von und der Argumente für Garantentheorien – statt der Urheberschaft – findet sich die Rechtsprechungsansicht bei den im Wesentlichen von ihr eingenommenen Standpunkten[446].

3.2.1 Ausgewählte Argumentationstopoi und Voraussetzungen

Die nachfolgend untersuchten Argumente bzw. Voraussetzungen werden nahezu ausschließlich als alleinige oder ergänzende Begründung einzelner Garantenstellungen in bestimmten Konstellationen verwendet. Generelle Bedeutung wird ihnen nur ausnahmsweise beigemessen[447]. Aus diesem Grund handelt es sich bei Ihnen nicht um Garantenlehren, sondern um Argumentationsmuster. Bei der nachstehenden Untersuchung ist deshalb zu bedenken, dass die diskutierten Topoi nicht den Anspruch erheben, eine generalisierbare Garantenlehre anbieten zu

446 Zur Rechtsprechung im Rahmen der formellen Rechtspflichtenlehre siehe Teil 2 B II, als Anhängerin der formell-materiellen Garantenlehre siehe Teil 2 B IV.

447 So bei *A. Böhm*, Rechtspflicht zum Handeln bei den unechten Unterlassungsdelikten, S. 71 ff., das Argument, dass aus dem Recht die Pflicht folgt.

können. Gemessen daran mag der einzelne Topos ergänzend bei der Konturierung von Garantenstellungen nutzbar gemacht werden können[448].

3.2.1.1 Das Kehrseitenargument: Schutzpflicht auf Grund besonderer Rechte

3.2.1.1.1 Darstellung

Dem ersten untersuchten Argumentationsmuster gemäß führe das Einräumen besonderer Rechte zum Entstehen von besonderen Pflichten, nämlich Einstandspflichten im Sinne von § 13 StGB. Die Pflicht bilde gewissermaßen die „Kehrseite", den „Preis" des Rechts[449]. Plastisch wird dies im Falle von Amtsträgern: Ihnen seien vom Staat besondere hoheitliche Eingriffsrechte, beispielsweise den Polizeibeamten in der StPO und vor allem zur Gefahrenabwehr in den jeweiligen Landesgesetzen, gewährt, und deshalb besäßen die Amtsträger besondere (Garanten-) Pflichten.[450] So führten landespolizeirechtliche Eingriffsrechte zum Zwecke der Gefahrenabwehr zu Garantenstellungen zu Gunsten von Individualrechtsgütern.

Zum Teil beschränkt sich die Argumentation auf die Berufung auf das besagte, allgemeine Prinzip, wem die Rechtsordnung besondere Rechte einräume, den belege sie auch mit besonderen (Garanten-) Pflichten[451]. Exemplifiziert wird dies am Eigentum, das nicht nur Rechte, sondern auch Pflichten nach sich ziehe[452]. Darüber hinausgehend wird bei Amtsträgern mit der Zweckmäßigkeit argumentiert, wenn ausgeführt wird, auf Grund der gewährten hoheitlichen Eingriffsrechte könnten die Amtsträger besonders wirksam Rechtsgüter schützen[453]. Dem gegenüber etwas zurückhaltender wird die Bedeutung von Rechten zumin-

---

448 So bei der nach hiesiger Auffassung eine gewisse Sonderstellung einnehmende Garantenstellung der Eltern für ihre Kinder, siehe Teil 2 C V 1.

449 *Freund*, Erfolgsdelikt und Unterlassen, S. 274.

450 Vgl. beispielsweise die Begründung der Amtsträgergarantenstellung bei BGHSt 38, 290; LG Bremen, NStZ 1982, S. 164; *v. d. Grün*, Garantenstellung von Amtsträgern im Umweltbereich, S. 161; *Laubenthal*, JuS 1993, S. 909; *Chr. Schneider*, wistra 2004, S. 3.

451 LG Bremen, NStZ 1982, S. 164 (speziell zur Amtsträgergarantenstellung); *Blei*, Strafrecht (17. A.), S. 295 (Wohnungsinhaber); *A. Böhm*, Rechtspflicht zum Handeln bei den unechten Unterlassungsdelikten, S. 71;. *Dahm*, ZStW 59, S. 174; *Freund*, Erfolgsdelikt und Unterlassen, S. 73, 274 (Eltern); *Chr. Schneider*, wistra 2004, S. 3 (Amtsträger).

452 *Dahm*, ZStW 59, S. 174.

453 BGHSt 38, 390; *v. d. Grün*, Garantenstellung von Amtsträgern im Umweltbereich, S. 161; *Laubenthal*, JuS 1993, S. 909.

dest darin erblickt, dass sie bestehende Pflichten zu Garantenpflichten verstärken könnten[454]. *Jakobs* schließlich stellt für die Ingerenz und den Sicherungspflichten allgemein fest, dass Sonderrechte zu erlaubtem, gefährlichem Handeln besondere Erfolgsabwendungspflichten bedingten. Zur Begründung verweist er auf die Gefährdungshaftung und den Pflichtversicherungsschutz im KFZ-, Bahn- und Luftverkehr.[455]

3.2.1.1.2 Kritische Würdigung

Das behauptete, allgemeine Prinzip[456], wem von der Rechtsordnung besondere Rechte gewährt würden, der habe auch besondere Pflichten, kann allenfalls eine rein gefühlsmäßige, intuitiv-anschauliche Plausibilität im Sinne eines Gleichgewichts von Recht und Pflicht für sich beanspruchen. Eine Entsprechung von Rechten und Pflichten ist zwar naturgemäß relativen Rechten eigen. Dort korrespondiert dem Recht des einen die Pflicht des anderen. Dabei entsteht aber nicht in ein und derselben Person eine Pflicht auf Grund eines Rechts. Tatsächlich existiert ein solches Prinzip in der behaupteten Form in unserer Rechtsordnung nicht. Der Gesetzgeber statuiert Rechte und Pflichten auf Grund von Wertentscheidungen und nicht zum Erhalt einer Rechte-Pflichten-Balance. Diese Wertentscheidungen basieren stattdessen oftmals auf der Verwirklichung grundgesetzlich verbürgter Freiheiten, auf dem Schutz von Rechten und Rechtsgütern oder dienen dem sozialen Ausgleich bei unterschiedlich starken Positionen im Rechtsverkehr. Auf dem letztgenannten Aspekt beruhen beispielsweise die Widerrufsrechte von Verbrauchern bei Fernabsatzverträgen und Haustürgeschäften, §§ 312 ff., 355 BGB. Diesen besonderen Rechten entsprechen jedoch nicht zugleich besondere Pflichten der Verbraucher, da sonst der mit der Wertentscheidung beabsichtigte Schutz wieder nivelliert würde. Ein weiteres Gegenbeispiel liefert das häufig als Grundfall der Garantenstellung bemühte Eltern-Kind-Verhältnis. Es finden sich unzählige elterliche Pflichten und Rechte des Kindes: in der Verfassung in Art. 6 II 1 („zuvörderst obliegende Pflicht"), 6 III, V GG und näher konkretisiert im Zivilrecht §§ 1601, 1609 Nr. 1 BGB (Unterhaltsrecht des Kindes mit besonderer Privilegierung in der Rangfolge), § 1626 BGB (Personen- und Vermögenssorge der Eltern). Eine dem auch nur annähernd gleichkommende Verpflichtung des Kindes sucht man jedoch vergebens. Daran vermag

454 *Schultz*, Amtswalterunterlassen, S. 137.

455 *Jakobs*, Strafrecht AT, 29/42.

456 Denkbar erscheint allerdings, dass dem Argument dort ergänzende Kraft zukommt, wo besondere Rechte zu Lasten anderer – etwas in Gestalt erlaubter Gefährdungen - eingeräumt werden.

Dahms[457] Hinweis auf das Eigentum nichts zu ändern, da ein einzelnes Beispiel zwar ein allgemeingültiges Prinzip entkräften nicht aber belegen kann.

Ebenso wenig verfängt das Argument, auf Grund der Rechte könne der Garant besonders wirksam für Schutz sorgen[458]. Auch sonst kann nicht aus der Möglichkeit der besonders wirksamen Pflichterfüllung auf das Bestehen dieser Verpflichtung in der Person des besonders Schutzfähigen geschlossen werden. Dies liefe letztlich auf einen Schluss vom (besonders effektiven) Können auf das Müssen hinaus, mit dem man genauso gut jeden besonders schutzfähigen Dritten verpflichten könnte.

Selbst wenn man trotz all dieser Bedenken den Schluss vom Recht auf die Pflicht zuließe, fehlt es außerdem an Kriterien dafür, wann eine solche Pflicht strafbewehrt ist.

Jabobs beobachtet zwar zutreffend, dass bestimmte erlaubte Gefährdungen besondere Pflichten nach sich ziehen[459], doch belegt dies nicht den hier diskutierten Argumentationstopos. Zum einen geht es in Jakobs' Fällen um Rechte, die gefährliches Verhalten um seiner sozialen Nützlichkeit willen gestatten. Ein solches Verhalten verpflichtet aber schon wegen des allgemeinen Verletzungsverbots des Neminem-Laede zum Rechtsgüterschutz[460] und nicht erst auf Grund einer Rechtsgewährung. Im Übrigen sind die von Jakobs beispielhaft genannten Pflichten der Gefährdungshaftung und der Pflichtversicherung nicht zum Zwecke des präventiven Rechtsgüterschutzes aufgestellt worden, sondern um bei bereits erfolgter Rechtsgutsbeeinträchtigung den Verletzten wirtschaftlich schadlos zu halten. Demzufolge überzeugt es nicht, aus diesen Ausgleichspflichten auf Schutzpflichten zu schließen.

Gegen das Kehrseitenargument muss man zudem einwenden, dass es – vergleichbar der Kritik an dem Kriterium des Vertrauen-Dürfens[461] - das Verhältnis von Grund und Folge verkennt[462]. Die Logik und der Grundsatz *ultra posse nemo obligatur*[463] gebieten es, demjenigen Verpflichteten, der zur Erfüllung seiner Pflichten bestimmte Rechte benötigt, diese Rechte auch einzuräumen. Demzufolge sind die Rechte dort Folge und nicht Voraussetzung einer Pflicht und

---

457 *Dahm*, ZStW 59, S. 174.

458 BGHSt 38, 390; *v. d. Grün*, Garantenstellung von Amtsträgern im Umweltbereich, S. 161; *Laubenthal*, JuS 1993, S. 909.

459 *Jakobs*, Strafrecht AT, 29/42.

460 Näher dazu im eigenen Ansatz unter Teil 2 C III und IV.

461 Siehe dazu Teil 2 B V 2 a bb (1).

462 So auch der Grundgedanke der Kritik bei *Bärwinkel*, Struktur der Garantieverhältnisse, S. 88.

463 Niemand ist zu etwas, was außerhalb des eigenen Könnens liegt, also zu Unmöglichem, verpflichtet.

der Schluss vom Recht auf die Pflicht verbietet sich. Dem tritt *Schultz* mit der Bemerkung entgegen, diese Argumentation sei zu vordergründig. Der regelmäßige Schluss von der Pflicht auf das Recht schließe nicht aus, dass die primären Pflichten durch „sekundäre" Rechte zur Erfüllung der Pflichten noch verstärkt würden[464]. Diese Antikritik überzeugt nicht. Sie impliziert zunächst, dass auch ohne das Recht eine Pflicht vorhanden ist, die nun durch das die Erfüllung ermöglichende Recht verstärkt wird. Genau das trifft nach den vorstehenden Ausführungen nicht zu. Ohne die Möglichkeit - mittels des Rechts – zur Pflichterfüllung, besteht die Pflicht nicht. Denn zu Unmöglichem ist niemand verpflichtet. Im Übrigen geht es zu weit, eine Pflicht zu einer Garantenpflicht zu erheben, bloß weil ein Recht zur Erfüllung der Pflicht eingeräumt wurde. Denn das hieße immer dort, wo zufällig zur Pflichterfüllung ein Recht notwendig wäre, aus der Pflicht eine Garantenpflicht zu machen, was zu einer unangemessenen Ausweitung der Garantenhaftung führen würde. So müsste man beispielsweise bei der Erfüllung der Jedermannspflicht aus § 323c StGB eine Garantenpflicht annehmen, wenn zur Pflichterfüllung man sich § 32 oder § 34 StGB bedienen müsste. Exemplarisch würde derjenige, der einem völlig Fremden nach einem Autounfall wegen § 323c StGB helfen müsste, dadurch zum Garanten, dass er zur Hilfeleistung einem Dritten, Hilfsunwilligen, mit Gewalt dessen Mobilfunkgerät abnehmen müsste und dabei durch § 34 StGB gerechtfertigt wäre. Dieses Ergebnis ist aber evident unrichtig. Außerdem käme dann – immer mal zufällig – dem eingeräumten Recht eine garantenstellungsbegründende Funktion zu. Eine solche ist aber weder nach dem Willen des Gesetzgebers beabsichtigt noch entspricht es dem von der Rechtsprechung und Lehre angenommenen *telos* der jeweiligen Norm. Es ist beispielsweise nicht Zweck des Gewährens hoheitlicher Eingriffsrechte zu Gunsten von Polizeibeamten, deren Garantenstellung zu legitimieren[465]. Folglich kann *Schultz* den obigen Einwand nicht entkräften.

3.2.1.2 Schutzpflicht auf Grund Schutzunfähigkeit

3.2.1.2.1 Darstellung

Mitunter wird auf die Schutzunfähigkeit, Schutzbedürftigkeit oder Hilflosigkeit des Opfers zur Legitimation von Garantenstellungen zurückgegriffen. Wenn der Rechtsgutsträger selbst generell oder partiell wehrunfähig sei, unterstelle die

464 *Schultz*, Amtswalterunterlassen, S. 137.

465 Mit unter anderem den hoheitlichen Eingriffsrechten von Polizisten begründet die Rechtsprechung deren Garantenstellung zu Gunsten von Individualrechtsgütern, BGHSt 38, 390.

Rechtsordnung seine Rechtsgüter zum Ausgleich dem Schutz des Garanten[466]. Auf Grund der Technisierung und Arbeitsteilung im modernen Leben sei ein Gemeinschaftsleben ohne auf den Posten gestellte Garanten nicht möglich, weil der Einzelne nicht in der Lage sei, allen ihm und seinen Rechtsgütern drohenden Gefahren wirksam zu begegnen, weshalb Garantenpflichten entstünden[467]. Auf diese Weise wird beispielsweise die elterliche Pflichtenstellung begründet[468]. Großer Beliebtheit erfreut sich dieser Argumentationstopos insbesondere bei der Konstruktion der Einstandspflicht von Amtsträgern zu Gunsten von Umweltgütern wie den Gewässern. Die ökologischen Rechtsgüter hätten keinen individuellen Träger, sondern bloß die Allgemeinheit als solchen. Im Übrigen fehlten den Bürgern die technischen, wirtschaftlichen und rechtlichen Mittel zum effektiven Umweltschutz. Aus diesen Gründen seien die ökologischen Rechtsgüter schutzlos und deshalb zu ihren Gunsten die zuständigen Amtsträger in Umweltbehörden zum Schutz verpflichtet.[469]

3.2.1.2.2 Kritische Würdigung

Bei Betrachten dieses Argumentationstopos drängt sich zunächst die Frage auf, welches Maß an Schutzlosigkeit nötig ist, um eine Einstandspflicht im Sinne von § 13 StGB zu bedingen und wie diese zu quantifizieren ist. Darf der Schutzbedürftige über keinerlei wirksamen Schutz verfügen oder reicht die überwiegende Wahrscheinlichkeit eines Schadens, weil nur geringer Schutz existiert, im Bedrohungsfalle aus? Da bislang die Antwort darauf noch aussteht, bleibt unklar, wann überhaupt mit der Schutzbedürftigkeit argumentiert werden kann[470].

---

466 BGHSt 7, 212; v. *d. Grün*, Garantenstellung von Amtsträgern in Umweltbehörden, S. 66; *Horn*, NJW 1981, S. 6; *Karakaya*, Doping und Unterlassen, S. 139, 141 und 144; *Laubenthal*, JuS 1993, S. 909; SK-*Rudolphi*, § 13, Rn. 42: *ders.*, JR 1987, S. 338; im Ergebnis darauf abstellend: *Busse*, Täterschaft und Teilnahme bei Unterlassungsdelikten, S. 360; *Chen*, Garantensonderdelikt, S. 63; *Wollweber*, wistra 2000, S. 338 (Schutzwirkung (und Garantenstellung) kraft eines Vertrages zu Gunsten eines Dritten nur bei dessen Schutzbedürftigkeit).

467 *Rudolphi*, Gleichstellungsproblematik der unechten Unterlassungsdelikte und der Gedanke der Ingerenz, S. 23.

468 *Rudolphi*, NStZ 1984, S. 153.

469 *Dominok*, Strafrechtliche Unterlassungshaftung von Amtsträgern in Umweltbehörden, S. 122 f.; *v. d. Grün*, Garantenstellung von Amtsträgern in Umweltbehörden, S. 70, 74; *Zeitler*, Strafrechtliche Haftung für Verwaltungsentscheidungen nach dem neuen Umweltstrafrecht, S. 82 ff.

470 Eine parallele Problematik bloß unter umgekehrten Vorzeichen stellt sich im Rahmen der Gefährdungsansätze, wenn *Blei*, H. Mayer-FS, S. 126 und 141 f., auf den Verzicht des objektiv erforderlichen Schutzes abstellt. Insofern kann ergänzend auf die dortige Kritik verwiesen werden, siehe Teil 2 B VI 1 b.

Denkbar scheint allerdings umso eher ein ergänzender Rückgriff auf die Schutzunfähigkeit, desto umfassender sich diese darstellt, wie beispielsweise bei Kindern, wobei die Schutzpflicht hier im Kern nicht auf die Schutzunfähigkeit selbst zurückgeht, sondern auf die sich in der verfassungsmäßigen Ordnung widerspiegelnden Vorgaben aus der Natur des Menschen[471]. Im Ergebnis aber ebenfalls in der Argumentation, wenn auch nach hiesiger Auffassung nicht vollständig in der Begründung, verweist daher *Rudolphi* überzeugend auf die Schutzlosigkeit der Kinder[472].

Rudolphi scheint allerdings davon auszugehen, dass ein doch recht umfassender Rechtsgüterschutz zu gewährleisten ist, bei dessen Fehlen die Schutzlosigkeit des Bedrohten eine Garantenstellung erfordere[473]. Soweit diese Prämisse tatsächlich zu Grunde gelegt wird, ist ihr zu widersprechen. Erstens ist ein solcher Rechtsgüterschutz auf Grund der Vielfältigkeit des Lebens und der zahlreichen, sich der menschlichen Kontrolle und einem effektiven Schutz entziehenden Gefahrenquellen, wie zum Beispiel bei Naturkatastrophen, praktisch nicht leistbar, weshalb das Recht einen solchen nicht sinnvoll anstreben geschweige denn garantieren kann. Die fragmentarische Natur des Strafrechts[474] und dessen Charakter als ultima ratio der Sozialkontrolle[475] verbieten es zudem, davon auszugehen, umfassender Rechtsgüterschutz sei mit Mitteln des Strafrechts herbeizuführen[476].

Evident und schwerwiegend spricht gegen das dortige Begründungsmuster, dass das Bedürfnis nach Hilfe nie eine Selektion erlaubt, wer zur Hilfe verpflichtet ist, da es sich ausschließlich am Status des Opfers orientiert. Deutlich wird dies schon an dem schlichten Beispiel, in dem eine ertrinkende Frau durch einen beliebigen ihr Fremden und ihren Ehemann gerettet werden könnte. Schutzlosigkeit und Hilfsbedürftigkeit sind Eigenschaften einzig der Hilfsbedürftigen und gestatten es nicht, eine bestimmte Pflichtbeziehung zu einem der beiden Rettungsfähigen herzustellen. Schon gar nicht erscheint es möglich, auf

---

471 Ausführlicher hierzu bei Teil 2 C V 1.

472 *Rudolphi*, NStZ 1984, S. 153.

473 Vgl. seine Ausführungen und Beispiele in Gleichstellungsproblematik der unechten Unterlassungsdelikte und der Gedanke der Ingerenz, S. 17, 23, 106 f.; primäre Garantenstellungen entstünden, weil der Einzelne nicht in der Lage sei, allen ihm und seinen Rechtsgütern drohenden Gefahren wirksam zu begegnen.

474 Soweit erkennbar geht diese Bezeichnung zurück auf *Binding*, BT 1, S. 20 ff.; vgl. außerdem *Arthur Kaufmann*, Henkel-FS, S. 89 ff., mit Ausführungen zur Geschichte.

475 Zu dieser Natur des Strafrechts vgl. BVerfGE 39, 1 (47); LK-*Jescheck*, Einl. (Bd. 1), Rn. 3; *Arthur Kaufmann*, JuS 1978, S. 365; SK-*Rudolphi*, Vor § 1, Rn. 14.

476 In diesem Sinne gegen eine umfassende Rechtsgüterschutzfunktion des Strafrechts BVerfGE 39, 1 (47); *Schünemann*, Grund und Grenzen, S. 130 f.

Grund *ihrer* Position eine Entscheidung hinsichtlich der Intensität der jeweiligen Verpflichtung, § 323c oder §§ 212, 13 StGB?, zu treffen. An dieser Untauglichkeit zur Selektion ändert sich nichts, wenn man nicht die akute Notsituation, sondern einen Zeitpunkt davor betrachtet. Auch dann lässt sich anhand der Schutzunfähigkeit des Opfers nicht auf einen bestimmten Schutzverpflichteten schließen. Daher ist die Schutzunfähigkeit als Argumentationstopos im Unterlassungsbereich insofern deplatziert, als dass mit ihr konkrete Garantenstellungen zu begründen wären.

Wenn nun weiter kritisiert wird, hilfsbedürftig sei jeder in Not Geratene, weshalb man darauf nicht abstellen könne[477], ist dies etwas zu verknappt und stellt zu einseitig auf die konkrete Notlage ab, lenkt aber mit der Ausrichtung auf einen bestimmten Zeitpunkt den Blick auf eine weitere Schwierigkeit des Topos'. Dieser ist mit bislang nicht beseitigten Unklarheiten und Unbestimmtheiten belastet. Es wird stets von *der* Schutzunfähigkeit des Opfers gesprochen, ohne dass dabei beachtet würde, dass zwei Anknüpfungszeitpunkte dafür in Betracht kommen: die akute Notsituation selbst und ein Zeitpunkt *vor* der konkreten Not. Daraus resultieren aber auch in aller Regel zwei verschiedene Arten von Schutzlosigkeit. Da vor der konkreten Notlage meist nur eine theoretische und keine konkrete Bedrohung für das Opfer existiert, kann noch nicht von einer tatsächlichen, konkreten Schutzlosigkeit, sondern allenfalls von einer denkbaren, zukünftigen gesprochen werden. Stellt man hingegen auf die akute Notsituation ab, ist eine tatsächliche, aktuelle Hilflosigkeit konstatierbar. Auf welchen der beiden Zeitpunkte und damit auf welche Schutzlosigkeit abzuheben ist, bleibt allenthalben offen – auf Kosten der Klarheit. Aber selbst eine Festlegung auf einen der beiden Zeitpunkte führte nicht zur Tragfähigkeit der Argumentation. Stellte man auf den Zeitpunkt vor der akuten Gefahr ab, könnte man in Fällen, in denen sich das Opfer wegen der Schutzzusage in Gefahr begibt, diesem die Hilflosigkeit absprechen, weil es sich selbst noch mit dem Verzicht auf die gefährliche Tätigkeit hätte schützen können[478]. Bei einer Gefahrengemeinschaft wie einer gemeinsamen Bergtour sind die Mitglieder zum Beispiel vor Beginn der Tour nicht hilflos, da sie einfach von ihr Abstand nehmen könnten. Generell hät-

477 *Dominok*, Strafrechtliche Unterlassungshaftung von Amtsträgern in Umweltbehörden, S. 95, der bemerkenswerterweise an anderer Stelle, S. 122 f., selbst mit der Schutzlosigkeit argumentiert.

478 Möchte man dagegen einen Handlungsverzicht als Selbstschutzmöglichkeit nicht berücksichtigen, so müsste man detailliert begründen, warum welche Selbstschutzmaßnahmen außer Betracht bleiben sollen. Erste Überlegungen in diese Richtung hat beispielsweise *Seibert*, Betrug durch Unterlassen, S. 178 ff., mit der Differenzierung zwischen „normativer" und „faktischer Hilflosigkeit" angestellt, freilich als Vertreter der Herrschaftslehre, ausführlich dazu unten bei Teil 2 B VIII 3.

te man stets zu untersuchen, welche Selbstschutzmaßnahmen das Opfer vor Entstehen der Garantenstellung ergriffen hat, um festzustellen, ob es tatsächlich schutzunfähig war. Legte man sich statt dessen auf den Zeitpunkt der Notsituation fest, ergäbe sich tatsächlich der am Beginn dieses Absatzes genannte Einwand. Ihn näher erläuternd: Es ist eine Selbstverständlichkeit aus der Lehre der objektiven Zurechnung, dass eine Zurechnung eines strafrechtlichen Erfolges nur dann erfolgen kann, wenn das Opfer sich nicht selbst hätte schützen können, also keine eigenverantwortliche Selbstverletzung oder -gefährdung gegeben war[479].

Mit dem Konzentrieren auf die Bedürfnisse des Opfers vernachlässigt man außerdem die Rechtsposition des Garanten. Denn jede Inpflichtnahme bedeutet einen Verlust an Freiheit, zumindest in Form der allgemeinen Handlungsfreiheit aus Art. 2 I GG, beim Verpflichteten. Diesen Preis der Erfüllung des Schutzbedürfnisses durch einen Garanten verliert man aber leicht aus dem Blick, wenn man mit dem Opferbedürfnis argumentiert.

Probleme ergeben sich weiterhin bei kumulativem Schutz durch mehrere Garanten. Sobald der erste Garant seinen schützenden Dienst versieht, ist das Opfer nicht mehr schutzlos. Deswegen können alle zeitlich später begründeten, aber im übrigen völlig identischen Garantenstellungen nicht mehr mit der Schutzbedürftigkeit des Opfers begründet werden. Um die Überzeugungskraft eines Arguments ist es aber schlecht bestellt, wenn es sich bei völlig identisch begründeten Garantenstellungen nur bei der Entstehung der – oftmals zufällig – zeitlich ersten Einstandspflicht als tragfähig erweist.

Aus all diesen Gründen ist ein Argumentieren mit der Schutzlosigkeit des Opfers zur Begründung konkreter Garantenstellungen abzulehnen.

3.2.1.3 Schutzpflicht auf Grund einer Monopolstellung

3.2.1.3.1 Darstellung

Die Monopolstellung wird zum einen herangezogen, um bestimmte Garantenstellungen, insbesondere von Amtsträgern, zu begründen[480]. Zum anderen wird ihr aber auch generelle Bedeutung bei der Pflichtenlegitimation beigemessen[481].

479 Vgl. dazu nur *Kühl*, AT, § 4, Rn. 86 ff. *Wessels/Beulke*, Strafrecht AT, Rn. 185 ff. jeweils m. w. N.

480 *Chen*, Garantensonderdelikt, S. 63; *v. d. Grün*, Garantenstellung von Amtsträgern in Umweltbehörden, S. 69; *Rudolphi*, NStZ 1997, S. 600 f.

481 *Androulakis*, Studien zur Problematik der unechten Unterlassungsdelikte, S. 221; *Bärwinkel*, Struktur der Garantieverhältnisse bei den unechten Unterlassungsdelikten, S. 119; *Rudolphi*, Gleichstellungsproblematik der unechten Unterlassungsdelikte und der

Eine Monopolstellung begründe eine Einstandspflicht nach § 13 StGB, wenn sich jemand in einer Position befinde, deren Gegenstand und Aufgabe die alleinige Bekämpfung von Gefahren oder der alleinige Schutz von Rechtsgütern ist[482]. Teile der Staat beispielsweise Amtsträgern eine Aufgabe zu und „steht und fällt" deren Bewältigung mit der pflichtgemäßen Aufgabenerfüllung durch den Amtsträger, komme diesem eine Garantenstellung zu[483]. In der konkreten Anwendung führe dies zum Beispiel zu einer Garantenposition des zuständigen Amtsträgers innerhalb der Gemeinde hinsichtlich des Gewässerschutzes, da allein die Gemeinden nach dem jeweiligen Landesrecht[484] für den Gewässerschutz zuständig seien[485]. Einem anderen Beispiel zufolge komme den in § 343 StGB erfassten Amtsträgern anlässlich ihrer Monopolstellung eine Schutzgarantenrolle bezüglich der mit der Vorschrift geschützten, staatlichen Rechtspflege zu[486]. Ebenso treffe die Mitglieder einer Gefahrengemeinschaft wie einer Bergsteigergruppe auf Grund der Übernahme und der Monopolstellung eine besondere Erfolgsabwendungspflicht im Sinne des § 13 StGB[487].

3.2.1.3.2 Kritische Würdigung

Als zwingendes alleiniges oder gar generelles Kriterium zur Begründung von Garantenpflichten ist die Monopolstellung ungeeignet. Zieht man die Äußerungen der Vertreter dieses Argumentationstopos heran, so fällt auf, dass nicht von *der* Monopolstellung gesprochen werden kann, sondern der Begriff mit unterschiedlicher Bedeutung Verwendung findet, also inhaltlich zu unbestimmt ist. Ursache für diese heterogene Verwendung ist – entsprechend der Kritik beim Schutzunfähigkeitsargument[488] - erneut die mangelnde Klarheit darüber, auf welchen Zeitpunkt es ankommen soll: den der Notsituation oder den davor liegenden der Pflichtbegründung. Kommt es darauf an, dass nur eine Person die Schutz- oder Überwachungsaufgabe vor der Notlage übernommen hat oder ist ausschlaggebend, dass der potentielle Garant – möglicherweise nach einer vorherigen Übernahme – im akuten Notfall allein zur Schadensabwendung im Stande ist? Beide Positionen werden von den Vertretern eingenommen, was auch

Gedanke der Ingerenz, S. 24.

482 So wörtlich oder sinngemäß: *Chen*, Garantensonderdelikt, S. 63; *v. d. Grün*, Garantenstellung von Amtsträgern in Umweltbehörden, S. 69; *Rudolphi*, Gleichstellungsproblematik der unechten Unterlassungsdelikte und der Gedanke der Ingerenz, S. 24.

483 *Rudolphi*, NStZ 1997, S. 600 f.

484 Vgl. zum Beispiel § 45 b I 1 WG Ba-Wü

485 *V. d. Grün*, Garantenstellung von Amtsträgern in Umweltbehörden, S. 69.

486 *Chen*, Garantensonderdelikt, S. 63.

487 *Welzel*, Das Deutsche Strafrecht (11. Aufl.), S. 218.

488 Siehe zur Kritik daran unmittelbar zuvor Teil 2 B I 2 b.

daran liegen mag, dass die alleinige Übernahme oft die alleinige Schutzmöglichkeit bedingt. Der Rechtsanwender ist aber in der misslichen Lage, nicht zu wissen, auf welchen Zeitpunkt er abzustellen hat.

Unabhängig von dieser Unbestimmtheit muss man bei *beiden* denkbaren Positionen an der Tragfähigkeit des Monopolstellungsarguments zweifeln. Denn es hängt häufig vom Zufall ab, ob der Schutzverpflichtete in der Notsituation oder bei Übernahme eine Monopolstellung inne hat. Fragt zum Beispiel A seine beiden Freunde B und C, ob sie ihm beim Schwimmen durch einen Fluss sicherheitshalber helfend zur Seite stehen, hinge mit dem Monopolstellungsargument eine Garantenstellung letztlich von Zufälligkeiten ab: Stellte man auf den Zeitpunkt der Schutzzusage ab, entstünde eine Garantenstellung allein dann, wenn zufällig nur einer der Freunde zusagen würde, wohingegen beim Abstellen auf die akute Notlage, eine besondere Einstandspflicht nur bei Erscheinen von einem der beiden Helfer zu bejahen wäre. Diese Zufallsabhängigkeit ist jedoch in beiden Fällen axiologisch inakzeptabel.

Das Beispiel deutet außerdem auf eine weitere Unzulänglichkeit beim kumulativen Bestehen mehrerer Garantenstellungen hin. Für den Fall, dass beide Freunde zusagen, müsste man nämlich mangels Monopolstellung eine Garantenverpflichtung verneinen, was letztlich in ein *argumentum ad absurdum* mündet. Auch bei der Zusage beider würde man bei beiden statt mit dem Monopolgedanken bei keinem eine Garantenstellung bejahen. Zudem haben beispielsweise weder Eltern und Bademeister bei einem Schwimmbadbesuch des Kindes mit den Eltern eine Monopolstellung inne, noch existiert eine solche im Bereich des Katastrophenschutzes, bei dem zugleich das Technische Hilfswerk (THW) und die Feuerwehr zuständig sein können. Trotzdem zweifelt wohl niemand an den Garantenstellungen aller jeweils Genannten. Selbstverständlich könnte man auch nicht so verfahren, die beiden jeweils Beteiligten als Einheit anzusehen und etwa zu argumentieren, Eltern und Bademeister verfügten zusammen über ein Monopol. Denn mit diesem Argumentationsmuster könnte man jeder beliebigen Zahl von Beteiligten stets eine Monopolstellung zuschreiben und würde den Monopolbegriff inhaltlich entleeren. Daher bleibt es auch für die Fälle des kumulativen Schutzes bei einem *argumentum ad absurdum* gegen die Monopolstellung. Zum selben Ergebnis führt es, wenn man bedenkt, dass auch der jedermann – zumindest bei Abstellen auf die konkrete Notsituation - über ein Monopol verfügen kann, ohne dass er deshalb gleich zum Garanten aufstiege[489]. So in dem Fall, in dem allein ein völlig Fremder eine ertrinkende Frau retten könnte.

Die vorstehenden Beispiele stehen dem diskutierten Ansatz unabhängig davon entgegen, ob man die Monopolstellung als notwendige Voraussetzung jeder

489 Ähnliche Kritik an der Monopolstellung bei *Bernsmann*, JuS 1994, S. 10.

Garantenstellung begreift oder nur als einen weiteren Einstandspflicht konstituierenden topos begreift, da die Beispiele jedenfalls auch dem Bereich entliehen sind, in dem mit der Monopolstellung argumentiert wird, wie den Amtsträgern.

Neben dem fraglichen Zeitpunkt der Monopolstellung trägt noch ein weiterer Faktor zur Unbestimmtheit bei. Man hebt häufig nicht auf das Monopol des einzelnen Garanten, sondern auf dasjenige der Gruppe, der der Garant zugeschlagen wird, ab. Es wird mit der Monopolstellung der Gemeinde für den Gewässerschutz[490] und mit derjenigen der Gruppe von Garanten, die für öffentliche Urkunden zuständig seien[491], argumentiert und nicht von der Einzelperson ausgegangen. Wenn es aber nicht auf die Monopolstellung des Einzelnen, sondern auf die der Gruppe ankommt, der der Garant zugeordnet wird, stellt sich die Frage, nach welchen Kriterien diese Gruppen gebildet werden dürfen und welchen der Garant zugeschlagen werden kann. Beantwortet man dies nicht, können Monopol- und damit Garantenstellungen willkürlich durch Zusammenfassung von Garanten zu einer Gruppe, die wiederum ein Schutzmonopol hat, kreiert werden.

Soweit in der konkreten Anwendung *Chen* den von § 343 StGB erfassten Amtsträgern eine Schutzgarantenstellung hinsichtlich der staatlichen Rechtspflege wegen deren Monopolstellung zuschreibt[492], muss dem schon mit Hinweis auf den Wortlaut der Norm, § 343 StGB spricht von „*Mit*wirkung" der Amtsträger, widersprochen werden. Nur im Ergebnis nicht in der Begründung überzeugt *Welzels* Annahme einer Garantenstellung der Mitglieder einer Gefahrengemeinschaft. Denn zählt diese Gemeinschaft mehr als zwei Mitglieder, so kann bezogen auf die Einzelperson nicht von einer Monopolstellung gesprochen werden. Eine Zusammenfassung aller zu einer Einheit bzw. Gruppe und die Annahme einer Monopolstellung dieser Gruppe verbietet sich aus den zuvor genannten Gründen. Der Argumentationstopos Monopolstellung vermag insgesamt nicht zu überzeugen.

3.2.1.4 Schutzpflicht auf Grund des Wertes des bedrohten Rechtsguts

3.2.1.4.1 Darstellung

Gelegentlich wird auf die Höhe des drohenden Schadens zur Legitimation einer Garantenstellung abgehoben. Dies wird negativ pflichtbegrenzend dahingehend spezifiziert, dass eine strafrechtlich relevante Handlungspflicht im Sinne des § 13 StGB bei Bagatellpflichten nicht bestehe. So begründe die eingegangene Verpflichtung, die Blumen des Nachbarn während dessen Urlaubs zu gießen,

490 *V. d. Grün*, Garantenstellung von Amtsträgern in Umweltbehörden, S. 69.

491 *Chen*, Garantensonderdelikt, S. 67.

492 *Chen*, Garantensonderdelikt, S. 63.

keine Garantenposition.[493] Positiv pflichtbegründend wirke die Schadenshöhe dagegen speziell beim Betrug. Bei Drohen eines besonders hohen Schadens entstünde eine Offenbarungspflicht gegenüber dem Bedrohten.[494]

Für ein Abstellen auf die Hochwertigkeit des bedrohten Rechtsguts wird angeführt, dass eine Garantenpflicht in bestimmten Konstellationen anerkanntermaßen nur zu Gunsten von Leib und Leben nicht aber zu Gunsten geringwertigerer Güter bestehe. Ein Beispiel dafür biete die Schutzpflicht der Eltern hinsichtlich ihres Kindes, dem gegenüber sie zum Schutz von Leben und Gesundheit nicht aber des Spielzeugs verpflichtet seien.[495]

3.2.1.4.2 Kritische Würdigung

Für eine Relevanz der Schadenshöhe könnte man das Antragserfordernis bei geringfügigem Schaden aus § 248a StGB anführen. Das überzeugt im Ergebnis hingegen nicht, da der Wortlaut der Vorschrift zum einen belegt, dass die Herbeiführung auch nur geringfügigen Schadens strafrechtliches Unrecht darstellt, das allerdings unter bestimmten Bedingungen nicht verfolgt wird. Zum anderen würde im Unterlassungsbereich die intendierte Abhängigkeit der Strafverfolgung vom Willen des Verletzten negiert, wenn sie dort wegen des Bagatellcharakters obligatorisch mangels Garantenstellung ausgeschlossen wäre.

Auch eine Berufung auf § 323c StGB, immerhin ein Unterlassungsdelikt, führt zu keinem anderen Ergebnis, obwohl in dieser Norm die Strafbarkeit unter anderem vom Umfang des drohenden Schadens abhängt. Die Beschränkung auf eine bestimmte Schadenshöhe rührt hier daher, dass § 323c StGB als Jedermannsdelikt weitreichende freiheitsbeschränkende Wirkung zeitigt, ohne dass diese Verpflichtung Ausdruck einer freiheitlichen Betätigung des Menschen oder Folge des allgemeinen Verletzungsverbots ist[496]. Auf Grund dieses Ausnahmecharakters ist die Inpflichtnahme dort durch die Schadenshöhe zu begrenzen. Demzufolge beruht der Schadenshöheaspekt in dieser Regelung auf der notwendigen Begrenzung der freiheitseinschränkenden Wirkung und ist nicht Ausdruck eines allgemeinen Prinzips, das nun in die Unterlassungsdelikte hineingelesen werden müsste.

---

493 *Blei*, H. Mayer-FS, S. 126, 141 Fn, 107; NK-*Seelmann*, § 13, Rn. 54.

494 OLG Hamburg, NJW 1969, S. 336.

495 So die Argumentation von *Bärwinkel*, Struktur der Garantieverhältnisse bei den unechten Unterlassungsdelikten, S. 125: die Hochwertigkeit als „objektives Bewertungsmerkmal“ (meint: Voraussetzung) einer Erfolgsabwendungspflicht.

496 Zur grundsätzlichen Notwendigkeit eines dieser beiden Haftungsgründe siehe Teil 2 C III 1.

Schließlich kann dieses Prinzip ebenfalls nicht auf den Umstand gestützt werden, dass das Rechtsgutsschutzinteresse, dem das Strafrecht allgemein dient, um so geringer sei, desto geringwertiger die betroffenen Rechtsgüter sind. Diesem Umstand hat der Gesetzgeber im Wesentlichen bereits durch die Normierung unterschiedlicher Strafmaße Rechnung getragen.

Ohne späteren Ausführungen[497] vorzugreifen, kann in diesem Zusammenhang festgestellt werden, dass der *Umfang* von Garantenpflichten in merhfacher Hinsicht inhaltlich begrenzt und konkretisiert werden kann, im Wesentlichen: welche Rechtsgüter und vor welchen Gefahren (möglicherweise wie) zu schützen sind. Daher kann der Inhalt einer Einstandspflicht dahin gehen, bloß bestimmte, hochwertige Rechtsgüter schützen zu müssen. Eine solche inhaltliche Pflichtbeschränkung ergibt sich aus bereits begründeten Garantenstellungen, hat aber auf deren *Entstehen* keinen Einfluss. Schon gar nicht existiert eine dahingehende, verallgemeinerbare Regel. Deshalb verfängt der argumentative Hinweis *Bärwinkels* darauf, dass in bestimmten Konstellationen anerkanntermaßen nur eine besondere Schutzpflicht zu Gunsten hochwertiger nicht aber geringwertigerer Rechtsgüter bestehe[498], nicht. Es werden dabei Inhalt und Entstehungsvoraussetzungen einer Pflicht verwechselt. Was und warum zu schützen ist, sind jedoch zwei verschiedene Fragen. Diese Verwechslung beruht darauf, dass zwar eine Rettungspflicht nur dann *be*steht, wenn ein Rechtsgut bedroht ist, das nach dem Inhalt der Pflicht vom Garanten zu schützen ist. Dies führt aber nicht dazu, dass Art und Wertigkeit des Rechtsguts Voraussetzung für das *Ent*stehen der Verpflichtung sind. Zum Beispiel ist der in seiner Praxis den Patienten behandelnde Arzt Garant bezüglich Leib und Leben des Patienten nicht aber im Hinblick auf dessen Geldbörse. Der Garantenstellung des Arztes ist aber nicht deshalb entstanden, weil so hochwertige Rechtsgüter beim Patienten statt beispielsweise des Vermögens zu schützen sind, sondern weil er spätestens mit dem Beginn der Behandlung des Patienten diesem gegenüber eine Schutzpflicht bezüglich gerade dieser Güter tatsächlich übernommen hat[499]. Folgte man statt dessen der kritisierten Argumentation, müsste man konsequenter- aber fälschlicherweise – wie das Arzt-Beispiel gezeigt hat - überall dort, wo nicht geringwertige Rechtsgüter zu schützen sind, die Hochwertigkeit zur Entstehungsvoraussetzung einer Garantenstellung erheben.

---

497 Teil 3 A.

498 *Bärwinkel*, Struktur der Garantieverhältnisse bei den unechten Unterlassungsdelikten, S. 125.

499 So wohl die Lösung der herrschenden Meinung; ausführlicher und davon dogmatisch etwas abweichend aber im Ergebnis zustimmend im eigenen Ansatz, Teil 2 C VI 3.

Darüber hinaus muss man der Garantenstellungsvoraussetzung Schadenshöhe vorhalten, dass sich eher wenig Anhalt hierfür im Gesetz finden lässt. Denn wenn der Gesetzgeber eine solche Voraussetzung bei den unechten Unterlassungsdelikten im Sinn gehabt hätte, war es ihm unbenommen, eine entsprechende Regelung zu schaffen. *Dass* er diesen Aspekt überhaupt gesehen hat, belegt beispielsweise § 248a StGB. Insofern scheint die Annahme nicht zu gewagt, dass der bisherige Verzicht des Gesetzgebers kein bloßes Versehen, sondern eine bewusste Entscheidung ist. Genauso hätte er mit der Einführung von § 13 StGB auf die Schadenshöhe abstellen können. Eine solche Regelung hätte auch nicht eine von ihm bewusst vermiedene Festlegung bei der dogmatischen Konstruktion der Garantenstellungen bedeutet.

Zutreffend in eine ähnliche Richtung zielt die Kritik der Rechtsprechung, wenn sie eine Orientierung an der Schadenshöhe ablehnt, weil damit mangels Bestimmtheit gegen Art. 103 II GG verstoßen würde[500]. In der Tat fehlt es an einem Maßstab und einer Grenze dafür, wann noch ein garantenstellungsirrelevanter Schaden gegeben ist und wann nicht mehr. Offen ist bereits, ob diese Grenze relativ zum Bedrohten oder absolut zu bestimmen ist.

Dagegen liefert die Berufung auf den Ultima-Ratio-Charakter des Strafrechts[501] ein tragfähiges Argument für ein Schadenshöhekriterium. Zwar bedient sich der Gesetzgeber anderer Instrumente wie dem Opportunitätsprinzip, um dem Ultima-Ratio-Prinzip zu entsprechen. Auch misst er dem Handlungsunrecht größere Bedeutung als dem Erfolgsunrecht für die Entscheidung darüber bei, ob ein Verhalten überhaupt unter Strafe zu stellen ist. Denn wie sonst ließe sich erklären, dass eine fahrlässige Sachbeschädigung nie, auch nicht bei noch so großem Schaden, strafbar sein kann, bei der vorsätzlichen Sachbeschädigung unter der Bedingung des § 303c StGB dies jedoch immer möglich ist? Aber auch im materiellen Strafrecht findet die Schadenshöhe Beachtung. So stellt sie– neben der Entlastung der Justiz – einen Grund für die Schaffung des § 248a StGB dar.

Letztlich scheitert die Voraussetzung indessen auch daran, dass kein Grund dafür ersichtlich ist, wieso allein beim Unterlassen die Schadenshöhe entscheidend für das Ob einer Strafbarkeit sein soll, nicht aber beim Begehen – selbst bei im übrigen identischem, einschlägigen Tatbestand und Schadensumfang. Dem Umstand, dass ein Unterlassen grundsätzlich eine geringere Willensan-

---

500 So treffend BGHSt 39, 401; OLG Köln, JuS 1981, S. 231; zustimmend *Naucke*, NJW 1994, S. 2810. Der Einwand in BGH NJW 2001, S. 454, dass die Schadenshöhe nur vom Zufall abhänge und deshalb kein taugliches Merkmal sei, ist dagegen lediglich ein fallspezifisches - bezogen auf Fehlbuchungsfälle - Argument.

501 NK-*Seelmann*, § 13, Rn. 54.

strengung erfordert als eine aktive Verletzung, wurde bereits in § 13 II StGB Rechnung getragen[502]. Die Vorschrift erlaubt im Übrigen lediglich eine fakultative Strafmilderung, über die eine obligatorische Straflosigkeit unterhalb eines gewissen Schadensmaßes deutlich hinaus ginge, welche vom Gesetzgeber gerade nicht geschaffen worden ist und kriminalpolitisch nicht sinnvoll erscheint.

3.2.1.5 Addition mehrerer, nur teilweise erfüllter Garantenstellungsvoraussetzungen zu einer Garantenstellung

3.2.1.5.1 Darstellung

Einige Autoren gehen davon aus oder halten es zumindest für diskutabel, dass mehrere, isoliert betrachtet jeweils nicht anzunehmende Garantenstellungen, deren Voraussetzungen nur teilweise gegeben sind, gemeinsam zu einer vollen Garantenstellung zu addieren sind[503]. Konkret könnte zum Beispiel die Pflichten der Ehegatten untereinander und die besondere Herrschaft über einen Gefahrenbereich wie die Ehewohnung gemeinsam eine Einstandspflicht begründen[504].

3.2.1.5.2 Kritische Würdigung

Zu Recht wird gegen ein solches Vorgehen eingewandt, Rechtssicherheit könne so nicht mehr gewährleistet sein, da man nicht wisse, „wie viele" der Garantenstellungsvoraussetzungen jeweils vorliegen müssten, damit sich daraus eine vollständige Pflichtenposition ergibt[505]. Darüber hinaus ist diese „Methode" abzulehnen, weil ein solcher Mechanismus dem Recht fremd ist. Auch sonst führt das unvollständige Vorliegen von Voraussetzungen für verschiedene Pflichten identischen Inhalts nicht dazu, dass diese addiert werden und gemeinsam die Pflicht begründen. So käme beispielsweise niemand auf die Idee, mehrere beinahe geschlossene Verträge, die identische Rechtsfolgen gehabt hätten, zu *einer* vertraglichen Verpflichtung zusammenzufügen.

---

502 Zutreffen weist *Loos*, Samson-FS, S. 87, in diesem Zusammenhang auf den typischerweise größeren Aufwand für denjenigen, der durch Handeln ein Gebot befolgt, als für den verbotsgemäß die Verletzung Unterlassenden hin. Erhöhte Leistungsanforderungen, oftmals durch eine „dauerhafte" Beanspruchung als Garant, wie z. B. der Eltern würden unrechtsmindernd für die Anwendung der Milderungsmöglichkeit sprechen, *Loos*, Samson-FS, S. 91

503 BGHSt 1953, S. 591; *Arzt*, JA 1980, S. 649; *Meyer-Bahlburg*, Erörterung der Unterlassungsdelikte, S. 99 f.

504 BGHSt 1953, S. 591; *Meyer-Bahlburg*, Erörterung der Unterlassungsdelikte, S. 99 f.

505 *S. v. Coelln*, Das „rechtliche Einstehenmüssen", S. 99; *Schünemann*, ZStW 96, S. 296f, Fn. 32; NK-*Seelmann*, § 13, Rn. 56..

3.2.2 Formelle Rechtspflichtenlehre

Die Rechtspflichtenlehren sind keineswegs von bloß rechtshistorischem Interesse. Unter anderem[506] *S. Böhm* hat sie in jüngster Vergangenheit aufgegriffen[507]. Zudem arbeitet die formell-materielle Garantenlehre[508] mit Grundgedanken der Rechtspflichtenlehren. Eine kritische Auseinandersetzung mit diesen neueren Lehren erfordert daher zumindest in Grundzügen eine Beschäftigung mit deren Grundlagen.

3.2.2.1 Formelle Rechtspflichtenlehre im Allgemeinen

3.2.2.1.1 Darstellung

Theoretisch sind drei Varianten der formellen Rechtspflichtenlehre denkbar. Als Quellen förmlicher Rechtspflichten kommen allein das Strafrecht[509], ausschließlich außerstrafrechtliche Rechtsquellen[510] oder beide gemeinsam in Betracht. Entsprechend dem üblichen Verständnis soll hier einzig die Variante der außerstrafrechtlichen Rechtsquellen näher untersucht werden, da ein Anknüpfen an das Strafrecht wenig vielversprechend erscheint[511].

Die formelle Rechtspflichtenlehre ist untrennbar mit der Historie der Unterlassungsdogmatik verknüpft. Nachdem man zunächst strafrechtliche Erfolgsabwendungspflichten sowohl mit rechtlichen als auch mit sittlichen Pflichten be-

506 Im Ergebnis eine formelle Rechtsquelle verlangen ebenso: *Baumann/Weber/Mitsch*, Strafrecht AT, § 15, Rn. 52 ff., 73.

507 Aus dem Jahr 2006: *S. Böhm*, Garantenpflichten aus familiären Beziehungen; dazu eingehend Teil 2 B II 2.

508 Zu diesen Lehren siehe Teil 2 B IV.

509 So im Ergebnis *Herzberg*, Die Unterlassung im Strafrecht, S. 215 f., „strafrechtsgenuine" Pflichten.

510 Vgl. nur RGSt 58, 131 f.; 63, 394.

511 Gegen ausschließlich strafrechtsgenuine Pflichten spricht zum einen, dass nicht erkennbar ist, wie durch sie bestimmte, allgemein anerkannte Garantenstellungen begründet werden könnten. Wie sollte man beispielsweise die Garantenstellung aus enger Lebensgemeinschaft oder gar tatsächlicher Übernahme erklären? Daneben ist außerdem kein Anhalt dafür ersichtlich, welche Rechtsgüter für welche Dauer zu schützen sind. Zum anderen müsste man aufwendig begründen, warum die Jedermannspflichten aus §§ 323c und 138 StGB keine Garantenpflichten darstellen. Schließlich wird zu Recht darauf hingewiesen, *Schünemann*, ZStW 96, S. 298, dass eine Tautologie die Folge wäre: Strafrechtlich wegen Unterlassens haftete man, wenn man strafrechtlich dafür einzustehen hätte, dass der Erfolg nicht eintritt.

gründet hatte[512], beschränkte man sich anschließend auf formelle Rechtspflichten, also solche, deren Quelle eine bestimmte Qualität aufweist. In formeller Hinsicht wollte man damit die Gesetzeslücke schließen, die im Bereich der unechten Unterlassungsdelikte existierte, in materieller Hinsicht berief man sich auf *Feuerbach* und dessen Schüler *Spangenberg.* Da die „ursprüngliche Verbindlichkeit des Bürgers nur auf Unterlassungen" also nur dahin gehe, anderen nicht zu schaden, sei man zu positivem Tun rechtlich bloß bei Vorliegen eines besonderen Rechtsgrundes gehalten. Diese Rechtspflichten erwüchsen aus den Quellen Gesetz und Vertrag sowie „besonderen rechtlichen Verhältnissen" wie der Ehe.[513] So begründe beispielsweise § 1353 I 2 2. HS BGB die wechselseitige Pflicht der Ehegatten zum Schutz durch positives Tun[514], an welcher es bei bloßer Verlobung mangels entsprechender Rechtsstellung des Bräutigams im BGB fehle[515]; ebenso könnten sich strafbewehrte Handlungspflichten durch einen Vertrag zur Pflege eines anderen[516] oder aus einem Versicherungsvertrag ergeben[517]. Diese Rechtsquellen wurden dann später um das vorangegangene, gefährliche Tun[518] und enge Lebens- und Gefahrgemeinschaften[519] ergänzt, wobei der formelle Rechtsquellencharakter der Ingerenz mit Gewohnheitsrecht[520] oder einer zivilrechtlichen Schadensersatzpflicht[521] legitimiert wurde. Letztlich verfährt die formelle Rechtspflichtenlehre demnach so, dass sie die gesamte Rechtsordnung, also Rechtsquellen der vorgenannten Art, nach Rechtspflichten absucht, die Pflichten zum – rechtsgutsschützenden – Handeln begründen. Sie stellt demnach allein auf eine bestimmte Rechtsquelle und nicht auf materielle Kriterien einer Pflicht ab. Um diese zum Teil als zu weit empfundene Haftung zu begrenzen, wird ergänzend gefordert, es dürften keine allgemeinen, jeden Bürger treffenden Handlungspflichten sein[522], und sie müssten gerade auf die Abwendung des tatbestandsmäßigen Erfolges des einschlägigen Strafgesetzes gerichtet sein[523].

512 Vgl. nur RGSt 30, 125.

513 *Feuerbach*, Lehrbuch, § 24 und § 32; ihm folgend und ergänzend um besagte „besondere rechtliche Verhältnisse" *Spangenberg*, Archiv des Criminalrechts Band 3, S. 527 ff.

514 RGSt 71, 189; BGHSt 2, 153.

515 RGSt 56, 168.

516 RGSt 10, 101 f.

517 RGSt 71, 193.

518 RGSt 24, 340; 46, 343; 64, 276; BGHSt 4, 22; 19, 152; 26, 37; 37, 115 ff.

519 RGSt 69, 323; 73, 391; 74, 310; BGHSt 19, 168.

520 RGSt 58, 132; 63, 390; *Metzger*, Strafrecht, S. 145.

521 *Traeger*, Das Problem der Unterlassungsdelikte im Straf- und Zivilrecht, S. 96 f.

522 *V. Hippel*, Deutsches Strafrecht Band II, S. 161 und 166.; *Nagler*, GS 111, S. 59 ff.

523 *Traeger*, Das Problem der Unterlassungsdelikte im Straf- und Zivilrecht, S. 77.

Diese formelle Rechtspflichtenlehre wurde lange Zeit von der Rechtsprechung unter Zustimmung der Literatur[524] vertreten. Mitunter wird sie auch heute noch von Letzterer befürwortet[525]. Als Argument wird insbesondere die große Rechtssicherheit zu Gunsten dieser Theorie angeführt[526]. Die Rechtsprechung folgt mittlerweile überwiegend - ohne ausdrückliches Bekenntnis - der formell-materiellen Garantenlehre[527]. Bemerkenswert ist in diesem Zusammenhang allerdings, dass sowohl in der Rechtsprechung als auch der Literatur immer wieder in Fällen der Unterlassung eine Handlungspflicht im Sinne von § 13 StGB - zum Teil sogar ausschließlich - unter Hinweis auf eine bestimmte Gesetzesnorm begründet wird: beispielsweise für den Sozialarbeiter in der Kinder- und Jugendhilfe aus dem SGB VIII in Verbindung mit § 1666 BGB[528] bzw. § 1 III und § 2 SGB VIII[529]; für Polizisten zu Gunsten des staatlichen Strafverfolgungsinteresses aus § 160 StPO[530] oder für einen Bürgermeister einer hessischen Gemeinde für das Umweltgut Wasser aus dem Wasserhaushaltsgesetz und dem Hessischen Wassergesetz[531].

3.2.2.1.2 Kritische Würdigung

Obwohl die formelle Rechtspflichtenlehre immer noch vereinzelt vertreten und nicht selten zur Legitimation einzelner Pflichtenstellungen auf bestimmte Gesetzesnormen verwiesen wird, erfährt sie weitaus überwiegend zu Recht Ablehnung. Allerdings halten nicht alle Einwände gegen sie einer kritischen Überprüfung stand.

Der verbreitetste Vorwurf geht dahin, das formelle Rechtsquellenkriterium produziere kontingente und häufig allgemein abzulehnende Ergebnisse. Es sei einerseits zu eng und andererseits zu weit[532]. Zu eng insoweit, als dass die ganz überwiegend anerkannten Garantenstellungen aus Ingerenz und enger Lebensge-

---

524 Vgl. nur *Beling*, Die Lehre vom Verbrechen, S. 161 ff.; *Frank*, Das Strafgesetzbuch, § 1 StGB; *vV. Hippel*, Deutsches Strafrecht Band II, S. 101 ff.; *von Liszt/Schmidt*, Lehrbuch des Deutschen Strafrechts, S. 189 ff.; *Metzger*, Strafrecht, S. 138.

525 *Baumann/Weber/Mitsch*, Strafrecht AT, § 15, Rn. 52 ff., 73; zumindest *de lege ferenda* für eine Lösung im besonderen Teil des StGB und gegen § 13 StGB, *Schöne*, Unterlassene Erfolgsabwendung und Strafgesetz, S. 341 f., 355 f.; *Welzel*, Das Deutsche Strafrecht, S. 213, der zwar keine ausdrückliche und unmittelbare Regelung im Gesetz aber den Nachweis einer rechtlichen Verfestigung verlangt.

526 *Baumann/Weber/Mitsch*, Strafrecht AT, § 15, Rn. 73.

527 Siehe Teil 2 B IV 1.

528 *St. Cramer*, NStZ 1997, S. 239.

529 *Bringewat*, NStZ 1996, S. 440 ff.

530 *Mitsch*, NStZ 1993, 384 f.

531 BGH JuS 1993, S. 347.

meinschaft mangels formeller Rechtspflicht nicht erfasst würden[533]. Das trifft den eigentlichen Einwand gegen die formelle Rechtspflichtentheorie in diesem Zusammenhang allerdings nicht ganz. Diese Strafbarkeitslücken bemerkend erweitert die hier untersuchte Auffassung ihren Katalog an Rechtsquellen um die Ingerenz, so dass eine Lücke nicht entsteht. Statt dessen muss man die Inkonsequenz der formellen Rechtspflichtenlehre bemängeln. Denn tatsächlich handelt es sich weder bei der Ingerenz noch der engen Lebensgemeinschaft um eine formelle Rechtsquelle, sondern um bestimmte Fallgruppen, die einen ähnlich formalisierten Charakter wie ein Vertrag oder eine Rechtsnorm gerade vermissen lassen[534]. Dieser Unzulänglichkeit gewahr unternimmt die Rechtspflichtenlehre einen – zweiten - Rettungsversuch, indem sie sich bei diesen beiden Fallgruppen auf Gewohnheitsrecht[535] bzw. Schadensersatzansprüche[536] beruft und somit eine formelle Rechtsquelle aufzuzeigen hofft. Dem ist zu entgegnen, dass bei der höchst streitigen Ingerenz wohl kaum die Voraussetzung der allgemeinen Rechtsauffassung[537] erfüllt sein dürfte. Jedenfalls scheitert strafbegründendes Gewohnheitsrecht an der Garantiefunktion des Art. 103 II GG. Die Berufung auf Schadensersatzansprüche als formelle Rechtsquelle überzeugt schon deshalb nicht[538], weil deren primäres Ziel die Kompensation bereits erlittener Schäden und nicht die Verhinderung solcher ist. Außerdem setzt eine Schadensersatzpflicht einen Schaden voraus, der aber im Strafrecht gerade nicht stets – wie beim Versuch des unechten Unterlassungsdelikts – Bedingung einer Rechtsfolge ist. Daher ist die Einbeziehung von Ingerenz und enger Lebensgemeinschaft für die Rechtspflichtenlehre nicht erklärbar. Die ebenfalls erhobene Kritik, die Fälle der Gefahrengemeinschaft, wie beispielsweise der zu gegenseitigem Schutz ver-

---

532 So der Vorwurf von u. a. *Dominok*, Strafrechtliche Unterlassungshaftung von Amtsträgern in Umweltbehörden, S. 22; *Grünewald*, Zivilrechtlich begründete Garantenpflichten im Strafrecht?, S. *20; Meyer-Bahlburg*, Beitrag zur Erörterung der Unterlassungsdelikte, S. 40; *Rudolphi*, Die Gleichstellungsproblematik der unechten Unterlassungsdelikte und der Gedanke der Ingerenz, S. 29; *Sangenstedt*, Garantenstellung von Amtsträgern, S. 182.

533 Vgl. nur *S. Böhm*, Garantenpflichten aus familiären Beziehungen, S. 52; *v. Coelln*, Das „rechtliche Einstehenmüssen“, S. 38; *Katsanos*, Garantenstellung aus engen Lebensgemeinschaften, S. 4 f.; *Sangenstedt*, Garantenstellung von Amtsträgern, S. 182.

534 In diese Richtung zielt auch die Kritik von *Albrecht*, Garantenstellungen in familiären und familienähnlichen Beziehungen, S. 26; *Otto/Brammsen*, Jura 1985, S. 530 ff.

535 RGSt 58, 132; 63, 390; *Metzger*, Strafrecht, S. 145..

536 *Traeger*, Das Problem der Unterlassungsdelikte im Straf- und Zivilrecht, S. 96 f.

537 Vgl. zu dieser Voraussetzung für das Vorliegen von Gewohnheitsrecht nur BVerfGE 22, 114, 121.

538 Ohne Begründung ebenfalls ablehnend *v. Coelln*, Das „rechtliche Einstehenmüssen“, S. 90.

pflichteten Bergsteigergruppe, würden nicht von der Rechtspflichtenlehre erfasst[539], überzeugt hingegen nicht vollends, da in diesen Fällen die Gründung einer BGB-Gesellschaft nach § 705 BGB immerhin denkbar erscheint. Als zu restriktiv erweist sich die formelle Rechtspflichtenlehre aber unter anderem bei dem Vertragserfordernis. So wäre beispielsweise eine siebzehnjährige Babysitterin, deren Eltern weder in den Dienstvertrag mit den Eltern des zu betreuenden Kleinkindes eingewilligt noch diesen genehmigt haben, vgl. §§ 107 f. BGB, mangels wirksamen Vertrages und damit formeller Rechtsquelle nicht als Garantin dazu verpflichtet, das im Gartenteich ertrinkende Kleinkind während ihres Babysitterdienstes zu retten.

Als zu extensiv erweist sich die formelle Rechtspflichttheorie insofern, dass nicht jeder Vertrag oder Satzung, die zweifellos eine Rechtspflicht begründen, zu einer Erfolgsabwendungspflicht führen können[540]. Anschaulich belegt dies das Beispiel *Meyer-Bahlburgs*, in dem die Mitglieder eines exklusiven Gesangsvereins satzungsgemäß zu jederzeitigem Beistand in Notlagen verpflichtet sind. Erblickt nun ein Sangesbruder den anderen betrunken am Straßenrand, hilft ihm nicht und dieser erfriert infolgedessen, so müsste der Unterlassende wegen fahrlässiger Tötung zu verurteilen sein, was wohl allgemein auf Ablehnung stoßen dürfte.[541]

Der in diesem Kontext erhobene Einwand, die formelle Rechtspflichtenlehre müsse eigentlich über die §§ 323c und 138 StGB jedermann zum Garanten erheben, da diese gesetzlich eine Handlungspflicht grundsätzlich für jeden Menschen vorschrieben[542], überzeugt dagegen nicht völlig. Zum einen kann man mit guten Gründen[543] ausschließlich außerstrafrechtliche Rechtspflichten im Rahmen der Rechtspflichtenlehre heranziehen. Zum anderen will diese Lehre – jedenfalls zum Teil - den Jedermann gerade nicht erfassen, wenn sie verlangt, es dürfe sich nicht um allgemeine, jeden Bürger treffende Pflichten handeln[544]. Diese Voraussetzung führt zwar zum zustimmungspflichtigen Ausschluss der Garantenhaftung des Jedermanns, stellt aber nichts anderes dar als eine Paraphrase der oben

539 *v. Coelln*, Das „rechtliche Einstehenmüssen“, S. 92; *Dominok*, Strafrechtliche Unterlassungshaftung von Amtsträgern in Umweltbehörden, S. 101; *Seibert*, Die Garantenpflicht beim Betrug, S. 124.

540 Vgl. statt vieler *S. Böhm*, Garantenpflichten aus familiären Beziehungen, S. 47; *Schünemann*, Grund und Grenzen, S. 54.

541 Beispiel gebildet nach *Meyer-Bahlburg*, Beitrag zur Erörterung der Unterlassungsdelikte, S. 28.

542 So beispielsweise die Kritik von *Meyer-Bahlburg*, Beitrag zur Erörterung der Unterlassungsdelikte, S. 27.

543 Siehe oben Teil 2 B II 1 a.

544 *V. Hippel*, Deutsches Strafrecht Band II, S. 161 und 166.; *Nagler*, GS 111, S. 59 ff.

erwähnten[545] Feststellung *Feuerbachs*, dass es zur Begründung einer Handlungspflicht einer besonderen Rechtspflicht bedürfe. Es wird folglich lediglich ein Selektionsauftrag formuliert, ohne dass tatsächlich Kriterien mit einer Selektions- oder Deskriptionsfunktion benannt würden. Deshalb beschert die genannte Voraussetzung keinen Erkenntnisgewinn.

Der angeblich die Rechtspflichtenlehre auszeichnende Vorzug der Rechtssicherheit[546] hält einer genaueren Überprüfung nicht stand. Leitet man nämlich strafrechtliche Erfolgsabwendungspflichten aus dem Zivilrecht her, macht man sich auch dessen mitunter bestehenden Ungenauigkeiten zu eigen. Häufig greift das Zivilrecht nämlich genau in den Fällen, in denen die formelle Rechtspflichtenlehre an es anknüpft, auf Generalklauseln zurück. So ergeben sich vertragliche Schutzpflichten zum Teil aus der mit dem Schuldrechtsmodernisierungsgesetz eingeführten Generalklausel des § 241 II BGB[547]. Ebenso stellt der für die Garantenstellung der Ehegatten untereinander so oft bemühte § 1353 I 2 BGB nichts anderes als eine Generalklausel dar[548]. Es ist deshalb ersichtlich unzutreffend, der Rechtspflichtenlehre eine besondere, Rechtssicherheit stiftende Funktion zuzuschreiben. Im Übrigen nützte die klarste Regelung nichts, wenn sie - wie zuvor anhand von Beispielen demonstriert – zu fragwürdigen Ergebnissen führt.

Als nach hiesiger Ansicht nicht zustimmungsfähig erweist sich die Kritik, es fehle an einer Begründung dafür, warum formelle Rechtspflichten zur Legitimation von Garantenstellungen ausschlaggebend seien[549]. Dabei ist zwischen zwei Zeitpunkten zu differenzieren. Vor Inkrafttreten des § 13 StGB besitzt dieses Gegenargument zwar noch eine gewisse Berechtigung. Allerdings gründet es letztlich auf der fehlenden Äußerung des Gesetzgebers zur Haftung wegen unechten Unterlassens. Darunter haben aber bis zur Kodifizierung des § 13 StGB alle Lehren zur Unterlassungsproblematik zu leiden, so dass dieser Einwand die formelle Rechtspflichtenlehre nicht negativ von allen anderen Ansichten abhebt. Nach Schaffung des § 13 StGB streitet auf den ersten Blick sogar dessen Wortlaut für die formelle Rechtspflichtenlehre. Denn „rechtlich einzustehen“ könnte

---

545 Siehe oben bei der Herleitung dieser Ansicht Teil 2 B II 1 a.

546 *Baumann/Weber/Mitsch*, Strafrecht AT, § 15, Rn. 73; obwohl die formelle Rechtspflichtenlehre im Ergebnis ablehnend diesen Vorzug ebenfalls konstatierend *Sangenstedt*, Garantenstellung von Amtsträgern, S. 188.

547 Vgl. Palandt-*Heinrichs*, § 241, Rn. 7.

548 Vgl. Palandt-*Brudermüller*, § 1353, Rn. 2.

549 *Katsanos*, Garantenstellung aus engen Lebensgemeinschaften, S. 4; *Rudolphi*, Die Gleichstellungsproblematik der unechten Unterlassungsdelikte und der Gedanke der Ingerenz, S. 30 f., allerdings vor Inkrafttreten des § 13 StGB; *Sangenstedt*, Garantenstellung von Amtsträgern, S. 183, explizit die Kritik auf die Zeit vor Inkrafttreten des 2. Strafrechtsmodernisierungsgesetzes beziehend.

man im Sinne einer formellen Rechtspflicht verstehen. Indes verhilft auch dies nicht der formellen Rechtspflichtenlehre zum Durchbruch. Zum einen ist § 13 StGB gerade nicht zu entnehmen, dass die erforderliche Rechtspflicht formell bestimmten Anforderungen zu genügen hat. Zum anderen widerspräche ein solches Verständnis der historischen Auslegung. Danach wollte der Gesetzgeber nicht jede Rechtspflicht genügen lassen, sondern „etwas ganz Spezifisches und Seltenes“ verlangen, die Notwendigkeit einer Garantenstellung verdeutlichen[550]. Schließlich ändert die der historischen Auslegung widersprechende Rückführung der formellen Rechtspflichtenlehre auf den Wortlaut des § 13 StGB nichts an der zuvor geäußerten Kritik, dass diese Lehre auf Grund des Fehlens jeglicher materieller Kriterien abzulehnende Ergebnisse produziert. Sie ist teilweise zu restriktiv, teilweise zu extensiv. Aus alldem folgt trotz der Relativierung einiger Gegenargumente deren Ablehnung.

3.2.2.2 S. Böhm: Allgemein anerkannte Garantenstellungen aus kodifizierten Rechtspflichten

Mit der Dissertation *S. Böhms*[551] hat – entgegen den mittlerweile üblichen, weitgehend an materiellen Kriterien orientierten Garantenlehren – die formelle Rechtspflichtenlehre auch eine Vertreterin aktuelleren Datums. Soweit erkennbar hat eine kritische Auseinandersetzung mit diesem Ansatz bislang noch nicht stattgefunden, weswegen er nachfolgend etwas eingehender diskutiert wird.

3.2.2.2.1 Darstellung

Angestoßen durch die immer noch geäußerten Bedenken an der Verfassungsmäßigkeit des § 13 StGB, insbesondere an dessen Bestimmtheit[552], untersucht die Autorin, ob diese Norm gemessen an den Anforderungen von Art. 103 II GG

550 So die Materialien zu § 13 E 1962, auf dessen Basis die geltende Norm entstanden ist; vgl. nur 2. Schriftl. Bericht des Sonderausschusses für die Strafrechtsreform, BT-Drucks. V/4095, S. 8; *Eb. Schmidt*, Niederschriften 12, S. 89; E 1962 Begründung, S. 124.

551 Aus dem Jahr 2006: *S. Böhm,* Garantenpflichten aus familiären Beziehungen.

552 Vgl. nur die geäußerten Bedenken, ohne dass letztlich die Konsequenz der Verfassungswidrigkeit gezogen wird von LK-*Jescheck*, § 13 Rn. 14; *Jakobs*, Strafrecht AT, 29/4; *Marxen*, Kampf, S. 260; *Roxin,* AT, Bd. 2, § 31 Rn. 32 f; *Sangenstedt*, Garantenstellung, S. 66; SK-*Rudolphi* § 13 Rn. 2. Für verfassungswidrig halten § 13 StGB u. a.: *Kamberger*, Garantenstellung, S. 194 ff; *Köhler*, AT, S. 213; MüKo-StGB-*Schmitz* § 1 Rn. 47; *Schöne*, Erfolgsabwendungen, S. 340 ff.; *Schürmann*, Unterlassungsstrafbarkeit, S. 157, 187 f.

ausreichend bestimmt ist. Diese Anforderungen bestimmt sie zunächst näher. Sie sind maßgebend für die von ihr *de lege lata* anerkannten Garantenstellungen.

Zum Verständnis vorwegzuschicken ist, dass – zumindest auch – weitaus überwiegend anerkannter Zweck der genannten grundgesetzlichen Bestimmung die Gewährleistung von Rechtsstaatlichkeit ist[553]. Die Bestimmtheit soll konkret Voraussehbarkeit staatlicher Strafreaktionen, Rechtssicherheit und Gleichheit vor dem Gesetz[554] gewährleisten.

Die Arbeit geht nun aus diversen Gründen[555] davon aus, Art. 103 II GG verlange bei der Aufstellung strafrechtlicher Normen zur Verwirklichung der genannten Zwecke nicht eine strikte, größtmögliche also absolute, sondern lediglich eine relative Bestimmtheit[556]. Diese fordere generell, der Anwendungsbereich einer Norm müsse sich durch Auslegung ermitteln lassen, wobei die Wortlautgrenze nicht überschritten werden dürfe[557]. Abhängig vom Typ eines Tatbestandsmerkmals, sei unterschiedlichen Bestimmtheitsanforderungen zu genügen[558]. Zur Bestimmung des Merkmalstyps entwickelt *S. Böhm* folgende Systematik: Zunächst differenziert sie – wie häufig in der Literatur – zwischen deskriptiven und normativen Merkmalen. Bei Letzteren seien wiederum „wertgefüllte" und „wertausfüllungsbedürftige" Tatbestandsmerkmale zu unterscheiden.

---

553 Vgl. statt vieler aus der Rspr.: BVerfGE 26, 41 (42); 37, 201 (207); 41, 314 (319); 75, 329 (341); 85, 69 (73); 96, 68 (97); 105, 135 (153); BGHSt 18, 136 (140); 23, 40 (41); 23, 167 (171); 28, 72 (73f); 28, 312 (313) und aus der Literatur: *Ipsen*, Staatsrecht 2; Rn. 869; *Jarass/Pieroth* Art. 103, Rn. 140; *Krey*, Blau-FS, S. 130ff; *Kühl*, StV 1987, S. 124; *v. Mangoldt/Klein/Starck-Nolte* Art. 103, Rn. 102, 140; *Maunz/Dürig-Schmidt-Aßmann* Art. 103, Rn. 166, 179; Schönke/Schröder-*Eser* § 1, Rn. 17; *Seebode*, Spendel-FS, S. 321. Neben dem Rechtsstaatsprinzip werden noch die Gewaltenteilung, das Demokratieprinzip, mitunter auch das Schuldprinzip und die Generalprävention genannt.

554 Zu letzterem, seltener zu findenden Gesichtspunkt vgl. *Krahl*, Rechtsprechung, S. 26 f.

555 Angeführt werden die Vagheit von Sprache, *S. Böhm,* Garantenpflichten aus familiären Beziehungen, S. 120-124, die zu umfangreiche Kodifikation bei einem zu hohem Detailgrad derselben, S. 124-126, die grundgesetzliche Verpflichtung des Gesetzgebers, Rechtsgüter der Bürger zu schützen, notfalls auch mit etwas unbestimmteren Normen, S. 126-129, das praktische Problem, alle denkbaren zukünftigen Konstellationen zum Zeitpunkt der Gesetzgebung zu bedenken, S. 138 f., sowie die materielle Gerechtigkeit, welche die Bestimmtheit im Rahmen einer praktischen Konkordanz beschränke, S. 129-137.

556 *S. Böhm,* Garantenpflichten aus familiären Beziehungen, S. 139.

557 *S. Böhm,* Garantenpflichten aus familiären Beziehungen, S. 140 f., sogenannte „Auslegungsbestimmtheit" und S. 170.

558 Um den Umfang der Arbeit nicht unnötig zu erhöhen, werden in nachstehendem Absatz die Anforderungen lediglich für diejenigen Merkmalstypen aufgeführt, die sich in § 13 StGB finden lassen.

Wertgefüllte normative Merkmale kennzeichne der Bezug auf andere rechtliche Wertungen, wertausfüllungsbedürftige hingegen der Verweis auf außerrechtliche. Bei den wertgefüllten seien schließlich die Blankett- von den rechtlich-institutionellen Vorschriften anhand des Inhalts[559] zu scheiden. Beschreibe die Vorschrift eine ge- oder verbotene Handlung, liege eine Blankettvorschrift vor, nenne die Regelung hingegen die Voraussetzungen für eine bestimmte Eigenschaft oder Situation, sei eine rechtlich-institutionelle gegeben.[560]

Der konkret in Frage stehende § 13 StGB wird zerlegt in die Merkmale „rechtlich" und „dafür einzustehen hat"[561]. Mit jenem sei ein normatives, *wertgefülltes* Merkmal gegeben. Rechtstechnisch handele es sich bei § 13 StGB um eine Blankettvorschrift. Dies wird durch einen Vergleich mit den §§ 324a ff, 330 d Nr. 4 StGB begründet. In dem Element „unter Verletzung verwaltungsrechtlicher Pflichten" komme dort der Blankettcharakter zum Ausdruck. Die in § 13 StGB zu findende Wendung „rechtlich einzustehen hat" sei ohne Weiteres in „unter Verletzung einer rechtlichen Einstandspflicht" umformbar und kennzeichne so durch eine den §§ 324a ff StGB entsprechende Formulierung ebenfalls eine Blankettvorschrift.[562] Für ein solchermaßen eingeordnetes Merkmal verlange das Bestimmtheitserfordernis, dass sowohl das Merkmal „rechtlich" als auch die durch es in Bezug genommenen Normen durch Auslegung hinreichend bestimmbar sein müssten, ohne jeweils die Wortlautgrenze zu überschreiten[563]. Diese Anforderungen, der Blankettnormcharakter, das Verbot, eine gewohnheitsrechtliche Norm in Bezug zu nehmen sowie das Ziel der Vorhersehbarkeit staatlicher Strafreaktionen verlangten, dass die von §13 StGB vorausgesetzte Rechtspflicht stets irgendwo im deutschen Recht kodifiziert sein muss[564]. Soweit dies der Fall sei, genüge das Merkmal „rechtlich" dem Bestimmtheitserfordernis des Art. 103 II GG[565]. Demzufolge kann nach *S. Böhm* Grundlage einer Garantenstellung nur eine kodifizierte Rechtspflicht sein, was in der Sache einer restriktiv verstandenen, formellen Rechtspflichtenlehre entspricht.

---

559 Zur Begründung der Verwendung dieses strittigen Differenzierungskriteriums siehe *S. Böhm,* Garantenpflichten aus familiären Beziehungen, S. 147 f., Fn. 741 und 743.

560 Darstellung dieser Systematik bei *S. Böhm,* Garantenpflichten aus familiären Beziehungen, auf den Seiten 140-149.

561 *S. Böhm* begrenzt ihre Analyse hierauf. Das Merkmal „Erfolg" und die Entsprechungsklausel werden ausgespart.

562 *S. Böhm,* Garantenpflichten aus familiären Beziehungen, S. 175 f.

563 *S. Böhm,* Garantenpflichten aus familiären Beziehungen, S. 149, 170, 182.

564 *S. Böhm,* Garantenpflichten aus familiären Beziehungen, S.176 f. Inwieweit auch untergesetzliche Vorschriften diesen Anforderungen genügen, S. 179 ff.

565 *S. Böhm,* Garantenpflichten aus familiären Beziehungen, S. 182 f.

Das andere Merkmal „einzustehen hat“ umschreibe nach seiner Wortbedeutung[566] eine besondere Rechtspflicht. Mittels dieses Kriteriums solle die bei den formellen Rechtspflichtenlehren offen gebliebene Frage[567] nach der Auswahl unter den Rechtspflichten beantwortet werden. Da allerdings keine außertatbestandlichen Normen ersichtlich seien, die eine besondere Rechtspflicht kennzeichnen könnten, also letztlich persönliche Wertungen hierfür erforderlich seien, handele es sich um ein normatives *wertausfüllungsbedürftiges* Tatbestandsmerkmal[568]. Die Bestimmtheitsanforderungen für diese Art Merkmal ergäben sich gemäß der Lehre vom Mindestgemeinsamen. Sie besagt, dass nur auf solche Werturteile zurückgegriffen werden kann, die allgemein anerkannt sind, demnach auf diejenigen, über die als „kleinster gemeinsamer Nenner“ unter allen Ansichten Konsens herrscht. Dies wird allerdings ergänzt um die Beschränkung auf vertretbare Meinungen, die folglich nicht *contra legem* sein dürfen und zudem um den Ausschluss von Auffassungen, die jeden nur im Ansatz nachvollziehbaren Gedankengang vermissen lassen und allein vertreten werden, um eine Bestrafung zu verhindern. Als Begründung wird vorgetragen, der Bürger könne Sanktionen vorhersehen, wenn die Tatbestandsmerkmale seinen eigenen Wertungen entsprechend ausgelegt würden, seine Meinung mittels des Mindestgemeinsamen berücksichtigt würde. Andernfalls müsse er nämlich das Risiko tragen, dass seine Meinung nicht der Mehrheitsmeinung entspricht. Auf diese Weise sei das konkrete Urteil noch Ausdruck der gesetzgeberischen Wertentscheidung[569]. Das Mindestgemeinsame beim hier in Frage stehenden Merkmal verlange daher die allgemeine Anerkennung konkreter Pflichten als Garantenstellung. Alle vertretbaren Auffassungen müssten zu einer Garantenstellung gelangen.[570] Dadurch wird der kodifizierten Rechtspflicht im Ergebnis ein äußerst restriktives Merkmal, das Mindestgemeinsame aller materiellen Ansätze, an die Seite gestellt.

Generell besteht nach *S. Böhm* aufgrund der Bestimmtheitsanforderungen demzufolge eine Garantenstellung, wenn irgendwo in der Rechtsordnung eine kodifizierte Rechtspflicht auffindbar ist und diese Pflicht als Garantenpflicht eindeutig und einhellig allgemein anerkannt ist[571].

---

566 Dazu im Detail die Verweise bei *S. Böhm,* Garantenpflichten aus familiären Beziehungen, auf S. 184.

567 So *S. Böhm,* Garantenpflichten aus familiären Beziehungen, auf S. 47 ff. kritisch zu diesen Ansichten.

568 *S. Böhm,* Garantenpflichten aus familiären Beziehungen, S. 185

569 *S. Böhm,* Garantenpflichten aus familiären Beziehungen, S. 161 ff.

570 *S. Böhm,* Garantenpflichten aus familiären Beziehungen, S. 186 f.

571 *S. Böhm,* Garantenpflichten aus familiären Beziehungen, S. 190, 228.

De lege lata ergibt sich wegen der restriktiven zweiten Bedingung, dass allein eine Garantenpflicht der Eltern, bzw. Adoptiv- oder Pflegeeltern und des Vaters für ihre nicht volljährigen Kinder hinsichtlich deren Leben und Gesundheit besteht. Auch eine Überwachungspflicht der Eltern über ihre Kinder wird anerkannt[572]. Die Pflicht ergebe sich aus den §§ 1626 I, 1631 I BGB daneben aus § 1618a BGB[573] ggf. i. V.m. § 1754 I BGB oder einer familiengerichtlichen Sorgerechtsentscheidung[574]. Lediglich darüber herrsche allgemeiner Konsens. Weitere Garantenstellungen scheiterten wegen ihrer kontroversen Beurteilung an der Lehre vom Mindestgemeinsamen[575]. Da ein solches Ergebnis für das Gerechtigkeitsempfinden äußerst unbefriedigend sei, regt die Autorin *de lege ferenda* eine abschließende Aufzählung der *familiären* Garantenpflichten an[576]:

„Wer es unterlässt, einen Erfolg abzuwenden, steht demjenigen gleich, der den Erfolg verursacht hat, wenn

1. er mit dem Opfer im ersten Grad verwandt ist oder
2. das Opfer sein Ehepartner oder Lebenspartner ist und das Ende der Bezie hung diesem noch nicht deutlich gemacht wurde oder
3. der Erfolg durch sein minderjähriges Kind verursacht wurde.“

3.2.2.2.2 Kritische Würdigung

Die *de lege lata* gefundenen Ergebnisse sind ebenso mutig, wie sie Kritik herausfordern. Eine Besprechung der vorstehenden Meinung griffe jedoch zu kurz, beschränkte sie sich auf das Anprangern ihrer offensichtlich mit dem Rechtsempfinden unvereinbaren Folgen[577].

Schwerwiegenden Bedenken begegnet die Deutung des Wortes „rechtlich“ als Verweis auf ausschließlich kodifizierte Rechtspflichten. Zum einen widerspricht sie dem Wortlaut der Norm. Nach dem allgemeinen Sprachverständnis und demjenigen des Gesetzgebers, vgl. nur beispielsweise Art. 20 III GG, sind „rechtlich“ und „gesetzlich“ keineswegs Synonyme. Es darf wohl in diesem Zusammenhang kaum als sprachlicher Zufall oder verbale Ungenauigkeit gelten, dass in § 14 E 1959 und § 12 AE für eine Unterlassungshaftung unter anderem als alternative Voraussetzungen noch eine Verpflichtung „kraft Gesetzes“ oder

572 *S. Böhm,* Garantenpflichten aus familiären Beziehungen, S. 229 f.

573 *S. Böhm,* Garantenpflichten aus familiären Beziehungen, S. 203 ff.

574 *S. Böhm,* Garantenpflichten aus familiären Beziehungen, S. 219 ff.

575 *S. Böhm,* Garantenpflichten aus familiären Beziehungen, S.229 f.

576 *S. Böhm,* Garantenpflichten aus familiären Beziehungen, S. 238.

577 *S. Böhm,* Garantenpflichten aus familiären Beziehungen, S. 231, räumt dies freimütig ein.

durch Übernahme[578] genannt werden, in dem schließlich in Kraft getretenen § 13 StGB beide Voraussetzungen zu Gunsten des „rechtlich“ entfielen. Der Gesetzgeber wollte sich mit der heute geltenden Formulierung inhaltlich nicht von den Entwürfen abwenden, sondern weiterhin neben bestimmten gesetzlichen Pflichten auch solche aus anderen Gründen wie der Übernahme erfasst wissen[579]. Demnach spricht zum anderen neben dem Wortlaut – jedenfalls nach allgemeinem und gesetzgeberischem Sprachverständnis – die historische Auslegung dagegen, in der Wendung „rechtlich“ einen Verweis auf ausschließlich kodifizierte Rechtspflichten zu sehen.

Als weiterer Einwand gegen eine solche Auslegung des § 13 StGB sei auf das zuvor von *S. Böhm* dem Bestimmtheitsgebot zugeschriebene Ziel der Vorhersehbarkeit für den Bürger hingewiesen. Keineswegs kann ihr bei dem Argument gefolgt werden, dieses Ziel sei bei ihrer Auslegung „unproblematisch gewahrt“[580]. Die Zahl der möglichen Rechtspflichten, die irgendwo in der deutschen Rechtsordnung kodifiziert sind, ist offensichtlich unüberschaubar. Da an dieser Stelle noch kein Kriterium für eine Auswahl unter diesen angeboten wird[581], ist der argumentative Hinweis auf die Vorhersehbarkeit für den Bürger nicht nachvollziehbar.

Gravierende Schwierigkeiten ergeben sich zudem aus dem Umstand, dass mit außerstrafrechtlichen Rechtspflichten auch strafrechtsfremde Zwecke verfolgt werden[582] und dabei strafrechtliche Zurechnungsvoraussetzungen nicht stets gegeben sind. Dies wird selbst bei einer kurzen exemplarischen Betrachtung zivilrechtlicher Verkehrspflichten im Deliktsrecht und leistungsbegleiten-

---

578 Vgl. nur § 14 E 1959 1. Absatz.

579 BR-Drucksache 270/60, S. 116ff; BT-Drucksache V/4095, S. 8 (u. a. zum Problem der Garantenstellung trotz unwirksamen Vertrags). Zudem so auch erstaunlicherweise die Deutung bei *S. Böhm,* Garantenpflichten aus familiären Beziehungen, S. 104. Es sollte mit der abweichenden Formulierung eine unerwünschte, verfrühte Festlegung der Rechtsentwicklung verhindert werden, BR-Drucks. 270/60, S. 117; BT-Drucks. IV/650, S. 124 f.

580 *S. Böhm,* Garantenpflichten aus familiären Beziehungen, S. 178.

581 Ein solch weiteres Kriterium würde auch nicht die Auslegung des § 13 StGB im Sinne einer „kodifizierten Rechtspflicht“ stützen, wenn es wie hier einem weiteren Tatbestandsmerkmal, dem „einzustehen hat“, entnommen wird. Denn die Auslegung eines Merkmals, hier „rechtlich“, wird nicht dadurch vorhersehbarer für den Bürger, dass ein weiteres Kriterium, hier „einzustehen hat“, die Ergebnisse des ersten Merkmals weiter einschränkt. Die Existenz des und Notwendigkeit für ein weiteres und zwar restriktives Merkmal weisen im Gegenteil eher auf eine zu große Weite des ersten Merkmals hin.

582 Der sprachlichen Fassung von *S. Böhm,* Garantenpflichten aus familiären Beziehungen, auf S. 186 und dem Fehlen jeglicher Erwähnung im weiteren Verlauf der Arbeit ist zu entnehmen, das der dort erwähnten Schutzzwecklehre nicht gefolgt wird.

der Schutzpflichten im Vertragsrecht deutlich, welchen – zugegeben umstrittenermaßen – auch Präventionsaufgaben zugeschrieben werden[583] und die deshalb als besonders strafrechtsnah eingestuft werden können. Neben der Prävention haben diese zivilrechtlichen Pflichten den (Haupt-) Zweck, erlittene Schäden auszugleichen[584] und nach bestimmten sozialpolitischen und ökonomischen Erwägungen Risiken und daraus entstehende Lasten zu verteilen[585]. Zumindest Letzteres ist sicher nicht Aufgabe des Strafrechts, weshalb es höchst bedenklich ist, solchermaßen motivierte Rechtspflichten für das Strafrecht fruchtbar zu machen[586]. Die genannten distributiven Zwecke führen mitunter bei der Zurechnung zum Verzicht auf die strikte Anwendung des Verschuldensgrundsatzes zu Gunsten einer Gefährdungshaftung[587] sowie zur Gewährung von Erleichterungen beim Kausalitätsnachweis. Die Begründung eines strafrechtlichen Garantengebots auf Basis einer Gefährdungshaftung ist jedoch mit dem Schuldprinzip unvereinbar. Demzufolge begegnet die grundsätzlich uneingeschränkte Heranziehung jeglicher kodifizierter Rechtspflichten größten Bedenken.[588]

Als zweites garantenstellungskonstituierendes Merkmal zieht *S. Böhm* die Wendung „einzustehen hat" heran. Die diesbezügliche Kritik richtet sich weniger gegen an die Einordnung des Merkmals als wertausfüllungsbedürftiges als gegen die auf Merkmale dieser Art angewendete Lehre vom Mindestgemeinsamen[589].

Als Erstes ist zu bezweifeln, ob diese Lehre der Bestimmtheit von Tatbestandsmerkmalen wirklich zuträglich ist. Der Minimalkonsens aller vertretbaren nicht querulatorischen Meinungen dürfte sicherlich nicht in bestimmten Details, sondern in allgemein gefassten Inhalten zu finden sein. Je allgemeiner und unbestimmter sich Merkmalsbeschreibungen darstellen, desto eher sind andere damit vereinbar. Umgekehrt stehen besonders spezielle und inhaltlich genau bestimmte Definitionen am wahrscheinlichsten in Widerspruch zu anderen Auffassungen

583 Die Prävention zumindest als Sekundärzweck anerkennend: *Mertens*, Begriff des Vermögensschadens, S. 109; *Deutsch*, Haftungsrecht, Rn. 907, 911; BGH NJW 1995, S. 861 (865); NJW 1996, S. 984 (985). Explizit ablehnend dagegen: MüKo-*Grunsky* Vor § 249 Rn. 3; *J. Schmidt*, Schadensersatz, S. 50 f.

584 Vgl. statt vieler MüKo-*Mertens* Vor § 823-853 Rn. 41 ff.; MüKo-*Grunsky* Vor § 249 Rn. 3; *Deutsch*, JZ 1971, S. 244 (245).

585 *Esser/Schmidt*, Schuldrecht I/1, § 2 III 1, 2; *Brüggemeier*, Deliktsrecht, S. 38; *Deutsch*, Haftungsrecht, Rn. 4.

586 Kritisch dazu ebenfalls *Grünewald*, Zivilrechtliche Garantenpflichten?, S. 124ff.

587 Zu dieser Entwicklung *Kötz*, AcP 170, S. 9ff; *Steffen*, ZVersWiss 82 (1993), S. 28.

588 Ausführlich und überzeugend zur Problematik zivilrechtlich begründeter Garantenpflichten im Strafrecht: *Grünewald*, Zivilrechtliche Garantenpflichten?.

589 Zum Inhalt dieser Lehre siehe oben in der Darstellung *S. Böhms* Ansicht.

– denn wie wahrscheinlich ist es, dass zwei Ansichten sich im Detail gleichen? – und sind damit nach der Lehre vom Mindestgemeinsamen zumindest in ihrem bestimmten Teil nicht anzuwenden. Folglich fördert das Mittel, Minimalkonsens bei wertausfüllungsbedürftigen Tatbestandsmerkmalen, nicht das angestrebte Ziel, die Bestimmtheit.

Darüber hinaus ist durchaus denkbar – und die verschwindend geringe Zahl von Garantenstellungen *de lege lata* nach dieser Ansicht sind ein Symptom dafür –, dass es zu einzelnen Merkmalen überhaupt keinen Konsens gibt. Die fatale Folge wäre ein inhaltsloses Merkmal. Führt man sich die zahlreichen unversöhnlichen Kontroversen im Strafrecht vor Augen dürfte dieser beklagenswerte, eine Entscheidung verhindernde Zustand nicht selten anzutreffen sein. Erschwerend kommt hinzu, dass bereits *eine* vertretbare, vom sonst unter allen Meinungen herrschenden Konsens abweichende Ansicht ausreichte, um diesen Zustand herbeizuführen. Die angestrebte besondere Vorhersehbarkeit wird durch die notwendige Kenntnis aller vertretbaren – einschließlich der vor Kurzem erst entstandenen – Ansichten ebenfalls nur schwerlich gefördert. Nur am Rande seien erhebliche Zweifel geäußert, ob eine solche Begrenzung der richterlichen Entscheidungsbefugnis nicht durch das Gesetz selbst, dem der Richter unterworfen ist, sondern durch das Konglomerat aller vertretenen Meinungen mit Art. 97 I GG in Einklang zu bringen ist.

Gerade das konkrete Beispiel des § 13 StGB veranschaulicht, wie wenig überzeugend das vorgebrachte Argument ist, die Lehre vom Mindestgemeinsamen gewährleiste die (mit der Norm getroffene) Beachtung der gesetzgeberischen Wertentscheidung[590]. Denn die durch sie produzierten Ergebnisse widersprechen fundamental dem von *S. Böhm* selbst festgestellten[591] Willen des Gesetzgebers. Ebenso wenig verfängt als Begründung *für* die Minimalkonsenslehre, eine Mehrheitsmeinung könne zur Bestimmung eines Merkmals nicht maßgebend sein, weil sie weder vom Bürger noch vom Richter ermittelbar sei[592]. Denn offensichtlich muss dies *a minore ad maius* erst recht für die Ermittlung aller vertretbaren Ansichten gelten.

Schließlich hinderte die Lehre vom Mindestgemeinsamen das Entstehen neuer Ansichten und damit die Rechtsentwicklung. Wenn nämlich eine bestimmte wohlbegründete Auslegung eines wertausfüllungsbedürftigen Merkmals allein deshalb nicht anwendbar ist, weil sich irgendwo im „Meinungsdschungel“ eine Gegenposition findet, so besteht wenig Veranlassung, eine eigene Position

590 *S. Böhm,* Garantenpflichten aus familiären Beziehungen, S. 163

591 Auf den Seiten 98 ff., insbesondere S. 104.

592 *S. Böhm,* Garantenpflichten aus familiären Beziehungen, S. 164.

überhaupt erst zu entwickeln und kund zu tun[593]. Warum auch sollte man unanwendbare Ansichten entwickeln? Dieser Mangel wiegt um so schwerer, als gerade die noch erforderliche Rechtsentwicklung ein erklärtes Ziel des Gesetzgebers bei der Verwendung wertausfüllungsbedürftiger Tatbestandsmerkmale darstellt; wie beispielsweise vorliegend bei der Unterlassungsstrafbarkeit[594].

Nach alldem ist die Lehre vom Mindestgemeinsamen zu verwerfen. Damit sind zugleich die Prämissen, anhand derer das Merkmal „einzustehen hat" von der Autorin entwickelt worden ist, mithin konsequenterweise die Auslegung des Merkmals selbst abzulehnen. Ohne dieses Merkmal ist die vorstehend untersuchte Garantenlehre nicht existenzfähig, weshalb ihr nicht gefolgt wird.

Ein Grund für die Aufstellung einer äußerst restriktiven Garantenlehre *de lege lata* dürfte das Anliegen der Autorin gewesen sein, den Gesetzgeber zu einer abschließenden gesetzlichen Regelung zu veranlassen. Der diesbezügliche Vorschlag einer Garantenhaftung im familienrechtlichen Bereich *de lege ferenda* dürfte in weiten Teilen konsensfähig sein. Insbesondere gefällt die Passage zum Erlöschen der ehelichen Garantenpflichten[595].

3.2.3 Funktionen- und Sammelgruppenlehre

Sowohl die Funktionenlehre *Armin Kaufmann*s als auch die Sammelgruppenlehre *Henkel*s verdienen heute noch Aufmerksamkeit. Auf *Kaufmann* geht die bereits zuvor erwähnte[596] Einteilung von Garantenstellungen zurück. Außerdem ist im Anschluss an *Kaufmann* die formell-materielle Garantenlehre[597] entstanden, die in der Sache *Henkel*s Position nahe steht.

3.2.3.1 Darstellung

Als Vertreter der finalen Handlungslehre versteht *Kaufmann* unter einer Handlung das bewusste, zielgerichtete Wirken eines Menschen. Die Unterlassung hingegen sei das genaue Gegenteil einer Handlung[598]. Der Unterlassung komme

593 Dies gilt jedenfalls für den – wohl häufig in strittigen Bereichen anzutreffenden – Fall, dass die Gegenposition durch eine andere existierende Meinung bereits außer Funktion gesetzt wurde, und dieses Ziel als Grund für die Artikulation einer Meinung ausscheidet.

594 Vgl. BT-Drucks. IV/650, Begründung § 13, S. 124.

595 Ausführlicher dazu im eigenen Ansatz unten Teil 3 B.

596 Siehe oben Teil 2 A II 3.

597 Ausführlich zu dieser Lehre siehe unten Teil 2 B IV.

598 *Armin Kaufmann*, Dogmatik der Unterlassungsdelikte, S. 87.

aber Bewirkungsqualität auf Grund bestimmter axiologischer Überlegungen[599] zu. Während der Begehungstäter einen *Verbots*tatbestand verletze, verstoße der Unterlassungstäter gegen ein Tätigkeits*gebot*[600]. Ein strafbares unechtes Unterlassen erfordere ein eben solches Gebot mit dem Inhalt, eine bestimmte Rechtsgutsverletzung zu verhindern. Sodann sei zu prüfen, ob die Gebotsverletzung in Unrechtsgehalt und Schuldvorwurf dem Begehungsdelikt annähernd gleich komme[601]. In Abkehr von der formellen Rechtspflichtenlehre geht *Kaufmann* nicht mehr vom förmlichen Entstehungsgrund einer Erfolgsabwendungspflicht aus, sondern misst der sozialen Funktion des Garanten, Schutz oder Sicherung, entscheidende Bedeutung zu[602].

Im Anschluss an *Kaufmann* hat *Henkel* eine noch speziellere Einteilung innerhalb der von jenem gefundenen zwei Garantengruppen, Beschützer- und Sicherungsgaranten, vorgenommen.

Henkel geht davon aus, eine erschöpfende tatbestandliche Ausformung der Garantenstellung sei dem Gesetzgeber nicht möglich, weil die zu erfassenden Sachverhalte zu reichhaltig und vielgestaltig seien. Außerdem sei eine typisierende, abschließende gesetzliche Regelung nicht im Stande, neue zukünftige Typen zu erfassen[603]. Der Gesetzgeber habe deshalb mit § 13 StGB[604] die zutreffende Konsequenz gezogen und eine Generalklausel geschaffen[605]. Diese habe den Vorzug, dass sie der ständigen Entwicklung durch den Wandel der Sozialverhältnisse und der „sozialethischen Allgemeinwertungen" Rechnung tragen könne[606].

Folglich habe die Antwort auf die Frage nach der Haftung wegen eines unechten Unterlassungsdelikts in drei Schritten zu erfolgen. Erstens habe der Gesetzgeber mit einer Generalklausel die gesetzliche Grundlage zu schaffen (welche mittlerweile mit § 13 StGB, der damals nur als Entwurf existierte, vorliegt). Zweitens haben auf Basis dieser Vorschrift die höchstrichterliche Rechtsprechung und die Wissenschaft Fallgruppen herauszuarbeiten und somit die Gene-

---

599 Diese axiologischen Überlegungen müssen hier nicht näher ausgeführt werden, da sie für die hiesige Würdigung des Ansatzes nicht von Bedeutung sind.

600 *Armin Kaufmann*, Dogmatik der Unterlassungsdelikte, S. 241, 260 f.

601 *Armin Kaufmann*, Dogmatik der Unterlassungsdelikte, S. 284 ff.; *ders.*, JuS 1961, S. 176 f.

602 Ausführlicher dazu oben, Teil 2 A III sowie die hier verfochtene abweichende Einteilung unter Teil 2 C III 5.

603 *Henkel*, MschrKrim 1961, S. 186.

604 Der von *Henkel* in Bezug genommene § 13 E 1960 entspricht inhaltlich dem heutigen § 13 StGB (so auch *Sangenstedt*, Garantenstellung von Amtsträgern, S. 153).

605 *Henkel*, MschrKrim 1961, S. 187.

606 *Henkel*, MschrKrim 1961, S. 186 f.

ralklausel auszufüllen. Im dritten Schritt habe dann der Rechtsanwender, der Tatrichter, unter Beachtung der Besonderheiten des individuellen Falls in einem besonderen Wertungsakt zu entscheiden, ob das Unterlassen dem tatbestandlichen Tun in diesem konkreten Fall gleichwertig ist[607].

Dem zweiten Schritt, der Fallgruppenbildung, widmet *Henkel* in der Folge besondere Aufmerksamkeit. Im Rahmen der Bildung dieser Fallgruppen nimmt er die bereits erwähnte, weitere Konkretisierung der Zweiteilung *Kaufmann*s vor. Dabei soll sich in Abkehr von der formellen Rechtspflichtenlehre ausschließlich an materiellen Merkmalen zu orientieren sein[608]. Bei den Schutzgaranten unterscheidet er zwischen Fürsorge- und Obhutsverhältnissen auf der einen und Gemeinschaftsverhältnissen auf der anderen Seite. Zu jenen zählten beispielsweise die Eltern und Kindermädchen, Ärzte und Krankenschwestern; zu diesen Haus-, Betriebs und Gefahrengemeinschaften[609]. Bei den Sicherungsgaranten wiederum differenziert er zwischen den Pflichten, gefährliche Sachen abzuschirmen, zur Erhaltung des gefahrlosen Zustands eines zu überwachenden Bereichs, mit anderen Worten: Verkehrssicherungspflichten und den Pflichten zur Verhinderung von Straftaten im anvertrauten Herrschaftsbereich. Dazu zähle außerdem als weitere Gruppe die Verpflichtung, für Gefahrschaffungen einzustehen, wenn "aus der Art des mit dem Betroffenen entstandenen 'sozialen Kontakts' eine rechtliche Schutzpflicht zur Erfolgsabwendung erwächst“[610]. In einem Prozess der weiteren Dogmatisierung seien die Gruppenmerkmale, die tragenden Gesichtspunkte der Gruppenbildung, genauer herauszuarbeiten[611].

An den Fallgruppen habe sich der Rechtsanwender im dritten, abschließenden Entscheidungsschritt zu orientieren. Dabei finde der Anwender mit den Gruppenbezeichnungen zwar kein subsumtionsfähiges Begriffsgebilde vor, wohl aber Rechtsgedanken und leitende Richtlinien[612]. Die gebildeten Fallgruppen böten zugleich einen Angliederungspunkt für etwaige neue Gruppen, was ein weiter Vorzug des „offenen“ Fallgruppensystems sei[613].

3.2.3.2 Kritische Würdigung

Armin Kaufmanns Systematisierung von Garantenstellungen hat große Zustimmung erfahren und kann augenblicklich als herrschend bezeichnet werden. Trotz

607 *Henkel*, MschrKrim 1961, S. 189.
608 *Henkel*, MschrKrim 1961, S. 189.
609 *Henkel*, MschrKrim 1961, S. 190.
610 *Henkel*, MschrKrim 1961, S. 191.
611 *Henkel*, MschrKrim 1961, S. 191 f.
612 *Henkel*, MschrKrim 1961, S. 192.
613 *Henkel*, MschrKrim 1961, S. 193.

ihrer unbestreitbaren Vorzüge, soll sich erst nach der Erarbeitung eines eigenen Garantenansatzes mit der kaufmannschen Einteilung auseinander und ihr eine eigene Systematik entgegengesetzt werden[614]. An dieser Stelle soll ausschließlich untersucht werden, ob Kaufmann und Henkel eine Antwort auf die Frage gelungen ist, wann eine Garantenstellung überhaupt entsteht und nicht, wie diese Garantenstellungen einzuteilen sind.

Für die Frage nach den Entstehungsvoraussetzungen einer Garantenstellung ist jedoch die neuartige Einteilung nicht ohne Bedeutung gewesen. Die bis zu Kaufmanns Ausführungen herrschende formelle Rechtspflichtenlehre glaubte, mit der Einteilung anhand der Rechtsquellen zugleich die Entstehungsvoraussetzungen von Garantenstellungen bestimmt zu haben. Indem Kaufmann nun in seiner Einteilung den Blick auf die Funktion des Garanten lenkte, Schutz bestimmter Rechtsgüter oder Abschirmung bestimmter Gefahren, wurde eine neue Antwort auf die Frage nach den Entstehungsvoraussetzungen erforderlich und zwar eine unter Beachtung materieller Kriterien für die Erfolgsabwendungspflichten. Somit ist es zumindest auch ein Verdienst Kaufmanns, eine Abkehr von der formellen Rechtspflichtenlehre hin zu materiellen Entstehungsgründen initiiert zu haben.

Eine zustimmungsfähige Lösung für das Problem, wann Garantenstellungen entstehen, ist allerdings nach hiesigem Dafürhalten weder Kaufmann noch Henkel gelungen.

Kaufmann muss man zunächst vorhalten, dass er zur Verhinderung von Strafbarkeitslücken mit der eigenen, finalen Handlungslehre bricht. Soweit noch zutreffend konstatiert er, Unterlassen sei gerade keine Handlung im Sinne eines bewussten zielgerichteten Wirkens, sondern deren Gegenteil[615]. Denn wer nichts tut, der bewirkt nun mal auch nicht zielgerichtet. Um die leidige Konsequenz der Straflosigkeit sämtlicher Unterlassungen zu vermeiden, spricht er ihnen inkonsequenterweise aber auf Grund „axiologischer Überlegungen“ dennoch Bewirkungsqualität zu[616]. Denn unabhängig vom Inhalt dieser Überlegungen, können die in ihnen enthaltenen Wertungen nicht dazu führen, dass ein Unterlassen zu einem Bewirken im Sinne der Definition der finalen Handlungslehre wird[617]. Das allgemeine Sprachverständnis und erst recht die eigene Definition verbieten es beispielsweise in einem Fall, in dem eine Mutter nicht verhindert, dass ihr Freund ihr Kind misshandelt, davon zu sprechen, die Mutter habe die Misshandlung bewusst und zielgerichtet bewirkt. Um untragbare Ergebnisse wie hier die

---

614 Sie dazu unten Teil 2 C III 5.

615 *Armin Kaufmann*, Dogmatik der Unterlassungsdelikte, S. 87.

616 *Armin Kaufmann*, Dogmatik der Unterlassungsdelikte, S. 241, 260 f.

617 So auch *Kahlo*, Handlungsform der Unterlassung, S. 255.

Straflosigkeit der Mutter zu vermeiden, erklärt Kaufmann unter Bruch mit der eigenen Definition bestimmte Unterlassungen wertungsmäßig zu einem Bewirken.

Henkel gelingt ebenfalls kein überzeugendes Argument, wenn er ausführt, die Unterlassungssituationen seien zu verschieden, um daraus abstrakte Oberbegriffe herzuleiten. Ohne weitere Erläuterungen bleiben solche Ausführungen im Stadium der Behauptung stecken. Denn nur weil der Behauptende nicht Willens oder in der Lage ist, eines oder mehrere abstrakte Merkmale aufzuzeigen, ist damit nicht belegt, dass dies schlechterdings unmöglich ist.

Beiden Autoren ist zudem ein schwerwiegendes Begründungsdefizit vorzuhalten. Die Methode der Typenbildung ist an sich ein durchaus gangbarer Weg zur Lösung juristischer Probleme, so dass eine Fallgruppenbildung, die bestimmte Typen widerspiegelt, nicht a priori abzulehnen ist[618]. Es wird allerdings der leitende Wertgesichtspunkt zur Bildung der Fallgruppen vermisst. Es fehlt einerseits an einer Begründung dafür, warum in bestimmten Konstellationen eine Garantenstellung entstehen soll und anderseits dafür, warum bestimmte Fälle zu einer Gruppe zusammengefasst werden[619]. Ohne ein leitendes Prinzip bleibt die Gruppenbildung willkürlich. Dieses Begründungsdefizit wird auch nicht dadurch behoben, dass zur Gruppenbildung materielle Merkmale heranzuziehen sein sollen[620]. Denn diese Merkmale werden weder benannt, geschweige denn begründet. Im übrigen können sich durch ein ebenfalls erklärungsbedürftiges Heranziehen materieller Kriterien neue (Begründungs-) Probleme ergeben[621]. Das fehlende Leitprinzip zieht weitere gravierende Probleme nach sich. Mangels Kriterien ist eine Bestimmung des Pflichteninhalts ebenso wenig möglich wie eine Überprüfung von Zweifelsfällen, also ob bestimmte Fälle von der Rechtsprechung oder Literatur zutreffend als garantenstellungsbegründend eingeordnet worden sind. So sieht Henkel zwar die Notwendigkeit der inhaltlichen Bestimmung, wenn er bestimmten Garanten den Schutz von Leben und Gesundheit (den Eltern gegenüber ihren Kindern) oder bloß des Vermögens (dem Nacht-

---

618 Zur Lehre vom Typus vgl. nur *Larenz*, Methodenlehre, S. 423 ff.; *Henkel*, Rechtsphilosophie, S. 353 f.

619 Dieses Begründungsdefizit bei *Kaufmann* oder *Henkel* beklagen ebenso *Albrecht*, Begründung von Garantenstellungen in familiären und familienähnlichen Beziehungen, S. 46; *Arzt*, JA 1980, S. 648 f; *Honig*, Schaffstein-FS, S. 91 f; *Katsanos*, Garantenstellung aus engen Lebensgemeinschaften, S. 26; S*angenstedt*, Garantenstellung von Amtsträgern, S. 156; *Schünemann*, ZStW 96, S. 305 f.

620 *Henkel*, MschrKrim 1961, S. 189.

621 Dieser Problematik sieht sich die formell-materielle Garantenlehre gegenüber, siehe Teil 2 B IV 1 b.

wächter) zuschreibt[622]. Eine Erklärung oder einen Maßstab für eine Grenzziehung vermag er aber nicht zu liefern.

Aus demselben Grund handelt es sich bei der Offenheit des Fallgruppensystems und der ihr eigenen Möglichkeit, neue Gruppen an das bestehende System „anzugliedern"[623] nur um einen vermeintlichen Vorzug. Solange nämlich kein Kriterium für die Begründung von Garantenstellung benannt ist, besteht die naheliegende Gefahr der unkontrollierbaren Ausdehnung der Unterlassungshaftung. Bietet diese Lehre keinen Maßstab zur Beurteilung dafür, wann Garantenstellungen entstehen, kann sie nicht begründet darüber Auskunft geben, ob eine neue Konstellation in eine neu zu bildende Fallgruppe mündet oder nicht. Demnach ist dieser Ansatz sowohl bei bestehenden als auch neuen Fallgestaltungen nicht in der Lage, der Unterlassungshaftung nachvollziehbare Schranken zu setzen[624].

Symptomatisch für das Begründungsdefizit sind auch die bei der Bildung der konkreten Fallgruppen offenbarten Schwierigkeiten. So ist die Gruppe der „Gemeinschaftsverhältnisse" bedenklich weit gefasst. Man könnte darunter ein enges freundschaftliches Verhältnis genauso verstehen wie die Gemeinschaft zwischen Eltern und Kindern. Letztere soll aber einer anderen Gruppe, den Fürsorge- und Obhutsverhältnissen, zugehörig sein, während bei Ersterem eine Garantenhaftung allgemein verneint wird[625]. Ohne ein Leitprinzip lässt sich aber nicht erklären, warum die soeben genannten Fälle nicht den Gemeinschaftsverhältnissen zugeschlagen werden.

Das Fehlen eines Maßstabs und damit einer Haftungsbeschränkung zeitigt offensichtlich Probleme. So finden sich innerhalb der Gruppen oder als eigenständige Gruppe Fallgestaltungen, bei denen eine Unterlassungshaftung äußerst zweifelhaft ist. Bereits bei der „Hausgemeinschaft" als Teil der Gruppe der Gemeinschaftsverhältnisse ist eine Garantenstellung zu bezweifeln, zumindest aber von zusätzlichen Kriterien abhängig zu machen[626]. Ebenso verhält es sich bei der Gruppe der Straftatverhinderungspflicht im anvertrauten Herrschaftsbereich[627]. In allen diesen Fällen lässt sich mangels Kriterien keine begründete Aussage

622 *Henkel*, MschrKrim 1961, S. 190.

623 *Henkel*, MschrKrim 1961, S. 193.

624 Die fehlenden Schranken bei der „Angliederung neuer Fallgruppen" kritisieren ebenso *Albrecht*, Begründung von Garantenstellungen in familiären und familienähnlichen Beziehungen, S. 46 und *Sangenstedt*, Garantenstellung von Amtsträgern, S. 157.

625 OLG Düsseldorf NJW 1994, S. 272; *Arzt*, JA 1980, S. 649; *Kühl*, AT, § 18, Rn. 63; SK-*Rudolphi*, § 13, Rn. 57; Schönke/Schröder-*Stree*, § 13, Rn. 17; *Fischer*, § 13, Rn. 10.

626 Vgl. dazu nur Teil 2 C VI 2 c.

627 Vgl. dazu nur die Kontroverse bei Teil 2 C VI 4 d.

darüber treffen, ob eine Garantenstellung zu bejahen ist. In Anbetracht der offenbar werdenden bedenklichen Weite der Haftung wäre dies aber dringend erforderlich.

Schließlich ist noch der mitunter bei der Kennzeichnung der Fallgruppen vollzogene Zirkelschluss zu kritisieren. So umschreibt Henkel Gruppen mit der Pflicht, für einen gefahrlosen Zustand eines vom Garanten „zu überwachenden Bereichs" zu sorgen, oder mit dem Einstehen für Gefahrschaffungen, „wenn aus der Art des mit dem Betroffenen entstandenen 'sozialen Kontakts' eine rechtliche Schutzpflicht zur Erfolgsabwendung erwächst"[628]. Ob aber ein Bereich von einem Menschen zu überwachen ist, ob eine Erfolgsabwendungspflicht tatsächlich aus einem sozialen Kontakt erwächst, ist gerade die Frage, auf die Garantenlehren eine Antwort liefern müssen. Deshalb bietet eine solche Formulierung als Kennzeichnung von Fallgruppen keine Lösungen für die Garantenfrage an, sondern setzt sie bereits voraus.

Soweit *Henkel* fordert, man solle sich bei der Garantenhaftung an dem „Wandel der Sozialverhältnisse" und an „sozialethischen Allgemeinwertungen" orientieren[629], verdient dies ebenfalls keine Zustimmung. Es ergeben sich ähnliche Einwände, wie sie noch gegen die sozialethisch fundierten Garantenlehren zu erheben sind[630]. Ohne den Einwänden vorzugreifen, bemühen sich diese Lehren um ein Kriterium, nach dem zu entscheiden ist, welche sozialethischen Pflichten zu Garantenpflichten führen. Denn allein der Wortlaut des § 13 StGB, in dem ein *„rechtliches"* Einstehen müssen verlangt wird, verbietet es, aus jedweder sozialethischen Pflicht eine Erfolgsabwendungspflicht herzuleiten. So operieren *Otto/Brammsen* beispielsweise mit den Erwartungen bzw. Erwartungserwartungen als Auswahlkriterium[631]. *Henkel* jedoch versäumt es, ein solches eingrenzendes Auswahlkriterium zu formulieren[632]. Ohne ein solches Kriterium ist eine Orientierung an der Sozialethik aber gänzlich ausgeschlossen. Weder lässt sich ein solches Vorgehen mit dem Wortlaut von § 13 StGB vereinbaren, noch ist es so möglich, die uferlose Weite der sozialethischen Pflichten auf die strafrechtlich relevanten zu begrenzen. Auch aus diesem Grund ist der Ansatz *Henkel*s abzulehnen.

---

628 *Henkel*, MschrKrim 1961, S. 190 f.

629 *Henkel*, MschrKrim 1961, S. 186 f.

630 Siehe zu diesen Ansätzen ausführlich unter Teil 2 B VII, insbesondere die Kritik unter 1 b aa.

631 *Otto/Brammsen*, Jura 1985, S. 536 f.; *Brammsen*, Entstehungsvoraussetzungen von Garantenpflichten, S. 114 ff.

632 In diese Richtung geht auch die Kritik von *Sangenstedt*, Garantenstellung von Amtsträgern, S. 158.

Zwar ist es vor allem *Kaufmann* gelungen, die Dogmatik der Unterlassungsdelikte voranzubringen und eine allgemein akzeptierte, neue Einteilung von Garantenstellungen zu etablieren. Insgesamt vermag sein Ansatz aber ebenso wenig wie der *Henkel*s eine überzeugende Antwort auf die Frage, wann Garantenstellungen entstehen, zu liefern.

3.2.4 Formell-materielle Garantenlehre

3.2.4.1 Formell-materielle Garantenlehre im Allgemeinen

3.2.4.1.1 Darstellung

Die formell-materielle Garantenlehre weist keine originär eigenen Entstehungsvoraussetzungen auf, sondern greift auf die Ideen anderer Ansätze zurück und verbindet diese zu einer eigenen, neuen Lösung. Dabei bedient sie sich dreier Elemente. Ausgangspunkt[633] bildet die von *Armin Kaufmann* vorgenommene Einteilung der Garantenstellungen nach ihrer Schutzfunktion[634], bekannt als Funktionenlehre. Bei der Begründung der einzelnen Garantenstellungen innerhalb dieser Einteilung bedient sie sich dann in Anlehnung an die formellen Rechtspflichtenlehren sowohl formeller Rechtsquellen wie des Gesetzes als auch von anderen Ansätzen erarbeiteter materieller Kriterien wie unter anderem des Vertrauensgedankens, des Gefahrschaffungselements, der Monopolstellung (des Garanten), der Schutzunfähigkeit (des Rechtsgutsträgers). Mittels der materiellen Kriterien werden die Fallgruppen *Kaufmanns* „angereichert“[635]. Dadurch vermeide man eine unerträgliche Ausweitung der Garantenhaftung[636]. Zudem erhielten sie über die formelle Rechtsquelle eine „formelle Stütze“, würden „rechtsquellenmäßig legitimiert“[637]. Bei der Verwendung der Kriterien beanspruchen die Vertreter weitgehende Freiheiten. So werden nicht stets formelle

633 So beispielsweise bei *Dießner*, Unterlassungsstrafbarkeit der Kinder- und Jugendhilfe, S. 231; *v. d. Grün*, Garantenstellung von Amtsträgern im Umweltbereich, S. 26 f.; LK-*Jescheck*, § 13, Rn. 19; *Krey*, AT Bd. 2, Rn. 332 ff.; Schönke/Schröder-*Stree*, § 13, Rn. 9; der Sache nach, ohne sich ausdrücklich zu dieser Lehre zu bekennen: BGHSt 38, 388 ff.; 43, 82 ff.; 48, 77 (91); ähnlich die Bildung von Sammelgruppen durch *Henkel*, MschrKrim 1961, S. 178 ff., 189 f. anhand „ausschließlich materieller Merkmale“, dazu Näheres oben Teil 2 B II.

634 Zu *Armin Kaufmann* und der Funktionenlehre siehe Teil 2 A II 3 und Teil 2 B III.

635 So die Formulierung *Dießners*, Unterlassungsstrafbarkeit der Kinder- und Jugendhilfe, S. 231.

636 *Stree*, H. Mayer-FS, S. 147.

637 *Stree*, H. Mayer-FS, S. 146.

Rechtsquellen *und* materielle Merkmale zugleich angewandt, sondern teilweise auch nur eines von beiden. Die Verfechter dieser Meinung ziehen auch nicht immer dieselben materiellen Kriterien zur Begründung einer bestimmten Garantenstellung heran. Während die Rechtsprechung beispielsweise die Garantenstellung eines Amtsträger unter anderem mit subjektiven Rechten des Bürgers gegen den Staat begründet[638], beruft sich *von der Grün* in ihrer Begründung auf das „Vertrauen der Allgemeinheit" und die den Amtsträgern im Gesetz eingeräumten besonderen Befugnisse[639]. Teilweise werden zur Herleitung mehrere Merkmale gemeinsam verwendet. Auf Bedenken dahingehend, dass kein einheitliches Garantenkriterium benannt werde, erwidern die Vertreter der Lehre, das sei nicht weiter problematisch, da die anderen diskutierten Ansichten zum Garantenproblem ein solches ebenfalls nicht hätten ermitteln können[640]. Dagegen erlaube das Vorgehen der formell-materiellen Garantenlehre eine möglichst umfassende Einbeziehung der bislang gewonnen Erkenntnisse[641]. Für es spreche weiterhin, dass keine „Einzelgarantenlehre" eine breitere Gefolgschaft gefunden habe[642].

Anschaulich wird das Vorgehen der formell-materiellen Garantenlehre durch die Betrachtung der weiteren nachstehenden Anwendungsbeispiele. Nach *Krey* beruhten die besonderen Schutzpflichten der Eltern gegenüber ihren Kindern auf den §§ 1626, 1631 BGB in Verbindung mit Art. 6 I GG. Sie Ehegatten untereinander seien aus § 1353 BGB in Verbindung mit Art. 6 I GG besonders verpflichtet[643]. Die Legitimation erfolgt in solch einem Fall ausschließlich mittels Hinweis auf gesetzliche Vorschriften. Dem gegenüber sei ein Babysitter Garant kraft tatsächlicher Übernahme wegen des von ihm geschaffenen Vertrauenstatbestandes und des darauf folgenden Verzichts auf Schutzmaßnahmen[644].

Von der Grün verwendet zur Legitimation einer Garantenstellung ebenfalls eine Vielzahl von Kriterien. Ein Amtsträger im Umweltbereich, dem Gewässerschutz, werde zum Garanten, weil das Rechtsgut Umwelt keinen Träger habe und deswegen generell „wehrunfähig" sei. Außerdem habe er auf Grund seines öffentlich-rechtlichen Pflichtenkreises und des genau umrissenen Aufgabenbereiches für den Schutz der Gewässer einzustehen. Ursache für die besonderen

---

638 BGHSt 38, 388 (390), für die Garantenstellung von Polizeibeamten.

639 *v. d. Grün*, Garantenstellung von Amtsträgern im Umweltbereich, S. 69.

640 *Dießner*, Unterlassungsstrafbarkeit der Kinder- und Jugendhilfe, S. 232, 461; ohne sich ausdrücklich zur formell-materiellen Garantenlehre zu bekennen: *Dominok*, Strafrechtliche Unterlassungshaftung von Amtsträgern in Umweltbehörden, S. 93 ff., 104, 238.

641 *v. d. Grün*, Garantenstellung von Amtsträgern im Umweltbereich, S. 26.

642 *v. d. Grün*, Garantenstellung von Amtsträgern im Umweltbereich, S. 27.

643 *Krey*, AT Bd. 2, Rn. 334f zu den genannten zwei Fällen Eltern und Ehegatten.

644 *Krey*, AT Bd. 2, Rn. 344 f.

Schutzpflichten seien zudem die Monopolstellung (der Gemeinden zur Abwasserbeseitigung) und das Vertrauen der Allgemeinheit auf ein schützendes Eingreifen der Amtsträger[645].

3.2.4.1.2 Kritische Würdigung

Die formell-materielle Garantenlehre verdient keine Zustimmung. Zunächst ist es sehr verwunderlich, wenn die fehlende „breite Gefolgschaft“ einzelner Ansätze als Argument für die eigene Position angeführt wird. Der implizierte Schluss von der fehlenden Quantität der Anhänger auf die mangelnde Qualität eines Ansatzes ist ebenso wenig nachvollziehbar, wie begreifbar ist, inwiefern dies *für* die formell-materielle Lehre sprechen soll. Dem Quantitätsargument folgend könnte man die wissenschaftliche Diskussion mit dem Herausbilden einer herrschenden Ansicht beenden.

Fehl geht ebenso die Bemerkung, die anderen Ansichten hätten ebenfalls kein einheitliches Garantenkriterium anzubieten als ein Argument *für* die Auffassung der formell-materiellen Lehre. Eine solche Feststellung bietet allenfalls Anlass für die Entwicklung eines neuen Ansatzes. Dagegen verwundert es, wenn als Konsequenz der ausgemachten Unzulänglichkeiten der anderen Meinungen deren Hauptkriterien übernommen werden, statt etwas Neues - ohne die bemakelten Merkmale - zu ersinnen.

Der angebliche Vorzug dieser Meinung, die Erkenntnisse der Unterlassungsdogmatik möglichst umfassend einbeziehen zu können, erweist sich bei genauerer Betrachtung als Nachteil. So übernimmt man nämlich nicht bloß die Erkenntnisse, sondern zugleich auch deren Unzulänglichkeiten. Daher kann an dieser Stelle auf die Kritik an den anderen Ansätzen verwiesen werden. Anschaulich wird die Übernahme der Probleme beispielsweise bei *Kreys* Begründung der besonderen Pflichtpositionen der Eltern und Ehegatten. Sie ist in ihrem ausschließlichen Rückgriff auf Gesetzesnormen identisch mit der formellen Rechtspflichtenlehre. Identisch ist allerdings auch die Kritik[646]. So bleibt die Frage unbeantwortet, *warum* gerade aus diesen Rechtsnormen hier eine Garantenstellung folgen soll. Denn es ist allgemein anerkannt, dass nicht jede Gesetzespflicht eine Garantenstellung begründet. Es ist also bereits äußerst fraglich, ob in der Übernahme der Elemente anderer Ansichten tatsächlich ein Gewinn liegt.

Den bei anderen Meinungen erhobenen Einwand der mangelnden Verallgemeinerbarkeit muss sich die formell- materielle Lehre allerdings nicht entgegenhalten lassen. Denn sie verneint gerade die Existenz eines allgemeinen Entste-

---

645 Die genannten Kriterien finden sich bei *v. d. Grün*, Garantenstellung von Amtsträgern im Umweltbereich, S. 66, 68 f.

646 Ausführlicher zur Kritik an der formellen Rechtspflichtenlehre oben Teil 2 B II 1b.

hungsgrundes, setzt stattdessen derer viele ein. Der für diesen Vorzug zu entrichtende Preis ist indes zu hoch. Die Lehre leidet an wenigstens zwei nicht akzeptablen Begründungsdefiziten. Erstens kann es mit der Nennung fremden Ansichten entnommener Kriterien und deren Anwendung nicht sein Bewenden haben, will man jemanden von der Richtigkeit des eigenen Vorgehens überzeugen. Unabdingbar dafür ist nämlich auch die Antwort auf die Frage, *warum* ein bestimmtes Merkmal darüber entscheidet, ob jemand als Garant haftet. Diese Antwort bleiben die Vertreter in weiten Teilen schuldig. Exemplarisch hierfür ist die oben erwähnte Nennung der Kriterien bei *von der Grün*[647]. Dort wird auf einer Seite ausgeführt, die Garantenstellung ergebe sich aus dem genau umrissenen Aufgabenbereich und der Monopolstellung der Amtsträger. Eine tatsächliche Begründung, warum überhaupt eine Garantenstellung auf Grund der bemühten Merkmale entsteht, vermisst man hingegen[648].

Nun könnte man möglicherweise über das Fehlen einer eigenständigen Begründung für Merkmale noch hinwegsehen, wenn man zu Gunsten der formell-materiellen Lehre davon ausginge, diese habe sich nun mal die Erklärungen derjenigen zu eigen gemacht, die die Kriterien ursprünglich aufgezeigt oder ersonnen haben. Damit machte man sich jedoch auch ungeprüft deren Probleme bei der Herleitung zu eigen und ignoriert, dass dadurch mitunter unvereinbare Begründungen gemeinsam herangezogen werden. So steht der dogmatische Ausgangspunkt der formellen Rechtspflichtenlehre unvereinbar einer gerade nicht auf einer formellen Rechtsquelle beruhenden Herleitung anhand soziologischer Ansätze, wie der Erwartungslehre, gegenüber. Man ist sogar versucht zu bemängeln, dass die Gegensätze kaum größer sein könnten. Auf der einen Seite die strenge Orientierung an einem bestimmten Kanon von Quellen für Rechtspflichten und auf der anderen das Abstellen auf Erwartungen in der Gesellschaft. Dessen ungerührt verwendet zum Beispiel *Dießner* in ihrem formell-materiellen Ansatz sowohl Gedanken der formellen Rechtsquelle als auch soziologisch fundierte[649]. Der so entstehende Widerspruch beruht auf der Übernahme fremder Kriterien, ohne die Vereinbarkeit von deren Begründungen zu überprüfen. Daher scheitern die Übernahme fremder Kriterien und deren Begründung.

Während man bei dem ersten Begründungsdefizit die Antwort auf die Frage vermisste, warum ein Merkmal überhaupt zu einer Garantenstellung führt, stellt man sich im Anschluss unweigerlich die Frage, warum unter den denkbaren Kri-

647 *V. d. Grün*, Garantenstellung von Amtsträgern im Umweltbereich, S. 69.

648 Der dortige Verweis auf ein BGH-Urteil hilft ebenso wenig, wie die Behauptung, die Allgemeinheit vertraue mit Recht auf die Pflichterfüllung der Amtsträger.

649 *Dießner*, Unterlassungsstrafbarkeit der Kinder- und Jugendhilfe, S. 232 ff. einerseits und S. 254 ff. andererseits.

terien gerade eines oder mehrere zur Legitimation einer bestimmten Garantenstellung ausgewählt wurden. Zur Verdeutlichung: Erstens mangelt es an einer eigenen, generellen Begründung, warum beispielsweise Monopolstellungen der Retter oder Gefahrschaffungen zu einer Garantenpflicht führen (erstes Begründungsdefizit). Zweitens wurde versäumt zu erklären, wieso zum Beispiel die Garantenstellung des Amtsträgers in Umweltbehörden unter anderem auf der Monopolstellung beruht, bei den Ehegatten man aber nichts mehr davon wissen möchte, sondern dort allein § 1353 BGB und Art. 6 I GG heranzieht. Es fehlt demnach zusätzlich an einer Begründung für die Auswahl der Kriterien bei den einzelnen Garantenstellungen (zweites Begründungsdefizit). Es besteht die Gefahr, immer gerade diejenigen Kriterien heranzuziehen, die in der aktuellen Fallkonstellation das dem Rechtsgefühl genehme Ergebnis rechtfertigen.

Diese Begründungsdefizite haben fatale Folgen für den Rechtsanwender und die Rechtsunterworfenen. Mangels Begründung bleibt intransparent, warum in concreto eine Garantenstellung entsteht. Für die Rechtsunterworfenen erscheinen die gefundenen Ergebnisse unberechenbar und zufällig. Denn mit der formell-materiellen Garantenlehre kann ihnen niemand prognostizieren, unter welchen Voraussetzungen sie als Garant haften, werden doch mal diese mal jene Kriterien herangezogen. Auf Dauer schadet eine solche Theorie damit dem Rechtsvertrauen und der Rechtstreue. Dies tritt zunächst nicht so deutlich zu Tage, solange man sich im Bereich der anerkannten Garantenstellungen wie die der Eltern für ihr Kind bewegt. Soweit das Ergebnis allgemein als richtig empfunden wird, wirkt Fehlen einer Begründung nicht sonderlich störend. Wendet man sich jedoch umstritteneren Bereichen zu, wird das Begründungsdilemma offenbar. *Von der Grün* erklärt beispielsweise die Garantenstellung des Amtsträgers in einer Umweltbehörde mit den Kriterien „klar umrissener öffentlich-rechtlicher Pflichtenkreis", Monopolstellung und „Wehrunfähigkeit"[650]. Später wirft sie die Frage auf, ob Beamte der allgemeinen Schutzpolizei ebenfalls Garanten für strafrechtlich geschützte Umweltgüter wie Gewässer sind, und bejaht diese[651]. Zur Bestätigung dieses Ergebnisses kann nun nicht mehr auf die beim selben Rechtsgut zuvor benutzten Kriterien zurückgegriffen werden. Denn die Schutzpflicht der Amtsträger in Umweltbehörden für dasselbe Rechtsgut verbietet es, hier von einer Monopolstellung oder Wehrlosigkeit zu sprechen. Wenn die zuständige Umweltbehörde bereits Garant ist, kann man nicht bei Polizisten noch von einer Schutzlosigkeit des Rechtsguts oder einer Monopolstellung dieser ausgehen. Dieses Problem hat *von der Grün* wohl ebenfalls gesehen, weshalb sie den zuvor für die Umweltbehördenamtsträger entscheidenden Krite-

650 *V. d. Grün*, Garantenstellung von Amtsträgern im Umweltbereich, S. 66 ff.

651 *V. d. Grün*, Garantenstellung von Amtsträgern im Umweltbereich, S. 144 ff.

rien, Monopolstellung und Wehrlosigkeit, bei der allgemeinen Schutzpolizei keine Bedeutung beimisst[652]. Diese Inkonsequenz muss bei den konkret Betroffenen Verwunderung und Bestürzen auslösen. Hätten Polizisten sich bei ihrem Verhalten an den bei den Umweltbehördenamtsträgern entscheidenden Gründen orientiert, wären sie vermutlich nicht auf die Idee gekommen, sie könnten ebenfalls Garanten sein.

Nur am Rande sei angemerkt, dass die Annahme einer Garantenstellung der allgemeinen Schutzpolizei im Nachhinein auch die Argumentation mit der Monopolstellung und Wehrlosigkeit bei den Umweltbehördenamtsträgern ihrer Grundlage beraubt. Es kann nicht entscheidend sein, in welcher Reihenfolge man diese beiden Garantenstellungen erörtert. Hätte man aber zuerst die Pflichten der Polizisten bejaht, hätte man die Garantenpflichten der zuständigen Beamten in den Umweltbehörden nicht mehr mit der Monopolstellung und der Wehrlosigkeit rechtfertigen können.

Wie zufällig und offensichtlich austauschbar die Begründungstopoi sind, veranschaulicht auch der Umstand, dass die Vertreter der formell-materiellen Lehre für die Legitimation der besonderen Pflichtenstellung desselben Garantentyps jeweils verschiedene Kriterien heranziehen. Während die Rechtsprechung beispielsweise den Amtsträger auf Grund der subjektiven Rechte der Bürger gegen den Staat für verpflichtet hält[653], verwendet *von der Grün* die genannten Begründungen.

Vorstehendes mag zur Illustrierung der Intransparenz, Inkonsequenz und damit Unberechenbarkeit der formell-materiellen Lehre genügen.

3.2.4.2 Dießner: Verfassungsrechtliche Legitimation der formell-materiellen Garantenlehre

3.2.4.2.1 Darstellung

Schwerpunkt der Arbeit Dießners bildet die Frage, welchen Strafbarkeitsrisiken hinsichtlich fahrlässiger, unechter Unterlassungsdelikte die Mitarbeiter der Kinder- und Jugendhilfe ausgesetzt sind.

Dabei hat Dießner sich der formell-materiellen Garantenlehre angeschlossen[654]. Der Zweiteilung Armin Kaufmanns folgend möchte sie die jeweilige Garantenstellungsgruppe mit Kriterien aus anderen materiellen Ansätzen anrei-

---

652 *V. d. Grün*, Garantenstellung von Amtsträgern im Umweltbereich, S. 149 ff.

653 BGHSt 38, 390.

654 Ebenfalls einer formell-materiellen Garantenlehre anhängend und sich mit dem gleichen Personenkreis befassend: *Kronseder*, Strafbarkeit von Mitarbeitern des Jugendamtes, S. 66 f.

chern[655]. Dieses Vorgehen rechtfertigt sie unter Bezugnahme auf die Verfassung. Das Primat verfassungskonformer Auslegung[656] solle dazu zwingen, die Lesart des Gesetzes zu bevorzugen, die „am besten mit der Verfassung in Einklang" stehe[657]. Konkret sei § 13 StGB an Art. 103 II GG im Allgemeinen und am Bestimmtheitsgrundsatz[658] im Besonderen zu messen, so dass ein möglichst „bestimmter" Ansatz zu wählen sei[659]. Der Grundsatz verlange letztlich kein kasuistisches Vorgehen, sondern die Schaffung eines vom Wortlaut nicht völlig gelösten Systems[660]. Die mit diesem Ziel und dem Bestimmtheitsgrundsatz am besten zu vereinbarende Auffassung sei die Armin Kaufmanns ergänzt durch gewisse, anderen Meinungen entlehnte Merkmale wie „Vertrauendürfen", „Abhängigkeit", „Gefährdung" oder „Nähe".

3.2.4.2.2 Kritische Würdigung

Unabhängig davon, welche Ergebnisse die Meinung Dießners in den konkreten Fallkonstellationen liefert, verdient ein solches Vorgehen keine Zustimmung.

Es mag zwar im Sinne der praktischen Ausrichtung der Arbeit liegen, durch Heranziehen des Bestimmtheitsgrundsatzes eine größtmögliche Handlungssicherheit für die Mitarbeiter der Kinder- und Jugendhilfe erzielen zu wollen. Juristisch überzeugend ist ein solches Vorgehen dagegen nicht. Bereits die argumentative Prämisse, vorzugswürdig sei die Ansicht mit der größten Bestimmtheit i. S. v. Art. 103 II GG, verkennt die Funktion der Verfassung und insbesondere des Art. 103 II GG im Rahmen der Gesetzesauslegung. Beide sollen im Interesse der Rechtsstaatlichkeit einen verfassungskonformen Mindeststandard bei der Schaffung und Auslegung von Strafgesetzen gewährleisten, nämlich Bestimmbarkeit (und nicht maximale Bestimmtheit), nicht jedoch ein stets alles entscheidendes Auslegungskriterium liefern[661]. Ein zwingendes Argument für Kaufmanns Auffassung ergäbe sich nur, wenn er die einzig verfassungskonforme Auslegung von § 13 StGB anzubieten hätte, was aber – offensichtlich man-

---

655 *Dießner*, Unterlassungsstrafbarkeit der Kinder- und Jugendhilfe, S. 231, 281 und 457.

656 Neben einer zweiten Komponente findet sich ein ähnlicher Ansatzpunkt bei *S. v. Coelln*, Das „rechtliche Einstehenmüssen"; zu deren Ansicht ausführlicher bei Teil 2 B VIII 4.

657 *Dießner*, Unterlassungsstrafbarkeit der Kinder- und Jugendhilfe, S. 208.

658 Zu Art. 103 II GG und dem Bestimmtheitsgrundsatz ausführlicher bei der Darstellung der Meinung von *S. Böhm*, Teil 2 B II 2.

659 *Dießner*, Unterlassungsstrafbarkeit der Kinder- und Jugendhilfe, S. 229, 461.

660 *Dießner*, Unterlassungsstrafbarkeit der Kinder- und Jugendhilfe, S. 211.

661 Andernfalls müsste man sich fragen, wieso sich das Kriterium der maximalen Bestimmtheit nicht bei der Lösung aller strafrechtlichen Auslegungsprobleme wiederfindet.

gels Nachweisbarkeit - die Autorin nicht behauptet. Im Übrigen stellt sich bei Dießners Auswahlverfahren das praktische Problem der Quantifizierbarkeit von Verfassungskonformität und Bestimmtheit. Es bleibt dunkel, wie beides zu bemessen ist. Weiter verwundert der Anschluss an die Sammelgruppenlehre, da der Bestimmtheitsgrundsatz – wie Dießner selbst ausführt[662] - gerade den Verzicht auf ein kasuistisches Vorgehen verlange, die Sammelgruppenlehre aber nichts anderes als geordnete Kasuistik darstellt.

Zusätzlich zu den oben dargelegten Mängeln der formell-materiellen Garantenlehre verstrickt sich die Autorin in Widersprüche, wenn sie selbst konstatiert, die materialen Kriterien trügen „nichts zur Rechtssicherheit" bei[663], mittels ihrer aber „anreichern" will mit dem Ziel größerer Bestimmtheit.

Insgesamt ist es auch *Dießner* daher nicht überzeugend gelungen, auf Basis der formell-materiellen Garantenlehre eine befriedigende Lösung des Garantenproblems aufzuzeigen.

3.2.4.3 Dominok: Induktive Herleitung aus anerkannten Fallgruppen

Anders als *Dießner* und *von der Grün* bekennt sich *Dominok* nicht ausdrücklich zur formell-materiellen Garantenlehre. In der Sache entspricht er ihr aber, da er von einer gesetzlichen Handlungspflicht ausgeht und diese um weitere materielle Merkmale anderer Ansätze ergänzt. Die Herleitung seines Ansatzes unterscheidet sich jedoch von dem Vorstehenden, weshalb *Dominoks* Position und dabei insbesondere seiner Methode gesondert Aufmerksamkeit gewidmet werden soll.

Seine Arbeit befasst sich mit der strafrechtlichen Unterlassungshaftung von Amtsträgern in Umweltbehörden[664]. Zwar handelt es sich hierbei um eine spezielle Fallgruppe der Unterlassungsdogmatik. An ihr lässt sich aber sehr gut nachvollziehen, ob die gewählte Methode einen verallgemeinerbaren Weg zur Lösung der Garantenproblematik aufzeigt.

3.2.4.3.1 Darstellung

In seiner Untersuchung der vorhandenen Garantendogmatik gelangt Dominok auf Grund der Analyse bestehender Garantenansätze zu dem Ergebnis, dass es bislang Rechtsprechung und Literatur nicht gelungen sei, den Grundgedanken der Garantenhaftung zu identifizieren[665]. Belegt wird dieser Befund zudem durch eine exemplarische Betrachtung der Garantenstellung der Eltern für ihre Klein-

662 *Dießner*, Unterlassungsstrafbarkeit der Kinder- und Jugendhilfe, S. 211.

663 *Dießner*, Unterlassungsstrafbarkeit der Kinder- und Jugendhilfe, S. 230.

664 So der gleichlautende Titel seiner Dissertation aus dem Jahr 2007.

kinder. Die unterschiedlichen Begründungen der einhellig angenommenen, elterlichen Garantenposition belegten das Fehlen eines gelungenen, übergeordneten Garantensystems[666]. Deshalb lehnt er die Heranziehung eines existierenden, abstrakt-generellen Garantenansatzes ab, um nicht in einer „unausgegorenen Verlegenheitsdogmatik" Zuflucht zu suchen[667]. Den Ausweg aus diesem Dilemma weise vielmehr eine induktive Methode. Mit ihr solle ermittelt werden, ob und unter welchen Voraussetzungen ein Amtsträger in Umweltbehörden als Garant wegen unechten Unterlassens hafte. So möchte er die Haftungsmaßstäbe aus anerkannten Erscheinungsformen der Beschützergarantenstellungen gewinnen, aus den in Literatur und Rechtsprechung herausgebildeten, tatsächlichen Strukturen der strafrechtlichen Haftung[668]. Es solle ein normativer Vergleich des Amtsträgers in Umweltbehörden mit anerkannten Fallgruppen der unechten Unterlassung angestellt werden[669]. Sodann sei zu prüfen, ob die gefundenen materiellen Haftungsgründe beim Amtsträger „einschlägig" seien[670].

Auszugehen sei im Rahmen der Induktion – der formell-materiellen Lehre entsprechend - von der Zweiteilung der Funktionenlehre in Beschützer- und Überwachungsgarant[671]. In Betracht komme beim Amtsträger in Umweltbehörden eine Beschützergarantenstellung und dort konkret die Fallgruppe der freiwilligen Übernahme einer Schutzfunktion[672]. In einem ersten Induktionsschritt leitet der Autor das Erfordernis einer gesetzlichen Handlungspflicht aus der Garantenstellung der Eltern für ihr Kleinkind sowie aus dem Wortlaut des § 13 StGB, der von rechtlichem Einstehenmüssen spricht, her[673]. In einem zweiten er-

665 *Dominok*, Strafrechtliche Unterlassungshaftung von Amtsträgern in Umweltbehörden, S. 93ff, 98, 104, 238, ebenso *Dießner*, Unterlassungsstrafbarkeit der Kinder- und Jugendhilfe, S. 232, 461.

666 *Dominok*, Strafrechtliche Unterlassungshaftung von Amtsträgern in Umweltbehörden, S. 94.

667 *Dominok*, Strafrechtliche Unterlassungshaftung von Amtsträgern in Umweltbehörden, S. 98, 111.

668 *Dominok*, Strafrechtliche Unterlassungshaftung von Amtsträgern in Umweltbehörden, S. 100. 238.

669 *Dominok*, Strafrechtliche Unterlassungshaftung von Amtsträgern in Umweltbehörden, S. 115 f.

670 *Dominok*, Strafrechtliche Unterlassungshaftung von Amtsträgern in Umweltbehörden, S. 120.

671 *Dominok*, Strafrechtliche Unterlassungshaftung von Amtsträgern in Umweltbehörden, S. 111.

672 *Dominok*, Strafrechtliche Unterlassungshaftung von Amtsträgern in Umweltbehörden, S. 114.

673 *Dominok*, Strafrechtliche Unterlassungshaftung von Amtsträgern in Umweltbehörden, S. 115 ff. Bei den ihn interessierenden Amtsträgern in Umweltbehörden zum Gewäs-

gebe die Betrachtung der Erfolgsabwendungspflichten von Babysittern und Bergführern als anerkannten Fällen der Beschützergarantenstellung, dass ein „Obhutsverhältnis" zwischen potentiellem Garant und Rechtsgut zu fordern ist. Dieses Obhutsverhältnis konkretisiert Dominok, indem er die Fallgruppe der tatsächlichen Übernahme bemüht. Er stellt fest, nach ganz überwiegender Ansicht beruhe dort die Haftung auf den zwei Elementen Vertrauen und Schutzlosigkeit. Diese seien die gesuchten materiellen Haftungsgründe, die im Wege der Induktion den anerkannten Fallgruppen abgewonnen werden könnten. Diese beiden materiellen Kriterien beschreibt er sodann genauer: Der Beschützte setze sich im Vertrauen auf den Garanten Gefahren aus oder verzichte auf Schutzmaßnahmen und sei daher schutzlos. Beides treffe auf das Verhältnis des Amtsträgers in Umweltbehörden zu den Umweltmedien zu. Zwar sei dem Rechtsgutsträger der Umweltmedien, der Allgemeinheit, strukturell die Bildung von „intellektuell-realem" Vertrauen nicht möglich. Dies sei aber der Inpflichtnahme der Amtsträger nicht abträglich. Denn im Babysitterfall vertraue nicht der Rechtsgutsträger, das Baby, sondern die eigentlich „sorgeberechtigten" Eltern auf den Schutz des Babysitters für ihr Kind[674]. In Übertragung auf den Amtsträger bedeute dies: Für die Umweltmedien sei der eigentlich Sorgeberechtigte der Gesetzgeber. Dieser vertraue darauf, dass die von ihm per Gesetz den Wasserbehörden zugewiesene Schutzaufgabe von den betreffenden Amtsträgern erfüllt werde. Das entspreche strukturell dem Verhältnis der Eltern zum Babysitter. Im Übrigen habe der Gesetzgeber nach der Schaffung der Wasserbehörden auf weitere Schutzmaßnahmen verzichtet. Dadurch sei ebenso diese Voraussetzung für das Entstehen einer Garantenstellung gegeben. Daher ergebe die Induktion, dass ein Amtsträger in Umweltbehörden Beschützergarant auf Grund seiner gesetzlichen Handlungspflicht und seinem Obhutsverhältnis zu den Umweltmedien sei. Die für Letzteres erforderlichen konstitutiven Merkmale der Schutzlosigkeit und des Vertrauens seien gegeben[675] [676].

---

serschutz seien es die §§ 31a ff. NWG (Niedersächsisches Wassergesetz. in der Fassung der Bekanntmachung vom 10.06.2004 (Nds. GVBl. 2004, 171) zuletzt geändert durch Gesetz vom 17.12.2004 (Nds. GVBl. 2004, 664).

674 *Dominok*, Strafrechtliche Unterlassungshaftung von Amtsträgern in Umweltbehörden, S. 120 f., 239.

675 *Dominok*, Strafrechtliche Unterlassungshaftung von Amtsträgern in Umweltbehörden, S. 120 ff., 238 ff.

676 Zusätzlich postuliert *Dominok* für das Vorliegen einer Beschützergarantenstellung noch das Vorliegen einer „realen Zugriffsmöglichkeit" des Garanten, Strafrechtliche Unterlassungshaftung von Amtsträgern in Umweltbehörden, S. 123 f. was er an anderer Stelle, S. 239, treffender als „tatsächliche Schutzmöglichkeit" formuliert. Auf diese dogmatisch fragwürdige Einordnung dieser Voraussetzung (die Garantenstellung wäre

3.2.4.3.2 Kritische Würdigung

Bereits *Dominoks* Begründung für den von ihm eingeschlagenen induktiven Weg vermag nicht zu überzeugen. Ebenso wenig wie bei *Dießner*[677] verfängt das Argument, es gebe keinen überzeugenden allgemeinen Garantenansatz, weshalb eine fallgruppenspezifische, induktive Lösung zu wählen sei[678]. Eine überzeugende Darlegung der Feststellung des ersten Halbsatzes muss bezweifelt werden, da sie erstmalig nach lediglich zwei (!) Seiten „Diskussion" der bestehenden Meinungen getroffen wird, wobei nur vier von ihnen mit jeweils einem kurzen Argument verworfen werden[679]. Eine Feststellung dieser Absolutheit hätte vor dem Hintergrund des von zahlreichen Autoren betriebenen Aufwands einer entscheidend umfangreicheren Erklärung bedurft. Sicherlich könnte man konstatieren, dass sich bislang kein Ansatz durchgesetzt hat. Daraus lässt sich aber schwerlich zwingend folgern, es existiere kein brauchbarer. Statt dessen muss er sich entsprechend der Kritik bei *Dießner* fragen lassen, warum er nicht als eigentlich logische Konsequenz eine eigene allgemeine Theorie entwickelt hat. Diese Lösungsmöglichkeit lehnt er jedoch unter dem Hinweis ab, ein eigener Ansatz würde „den Rahmen der Arbeit sprengen"[680]. Dies stellt allenfalls ein plausibles, persönlich-praktisches Argument aber kein juristisches dar[681].

Genauso wenig verfängt der einem Beispiel entnommene, argumentative Verweis *Dominoks* auf die unterschiedlichen Begründungen der Garantenstellung der Eltern für ihre Kleinkinder[682]. Denn es ist offensichtlich unzulässig, aus der Unterschiedlichkeit im Speziellen auf die Untauglichkeit im Allgemeinen zu

abhängig von der tatsächlichen Rettungsmöglichkeit; wie sollte dann eine befriedigende Lösung der Fälle der omissio libera in causa aussehen?) braucht hier nicht näher eingegangen werden, da nicht ersichtlich ist, in wieweit sie sich von der üblicherweise an anderer Stelle im Tatbestand eingeordneten Voraussetzung der physisch-realen Erfolgsabwendungsmöglichkeit unterscheidet.

677 Zur Kritik an der vergleichbaren Argumentation *Dießner*s vgl. Teil 2 B IV 2 b.

678 *Dominok*, Strafrechtliche Unterlassungshaftung von Amtsträgern in Umweltbehörden, S. 93, 98, 111.

679 *Dominok*, Strafrechtliche Unterlassungshaftung von Amtsträgern in Umweltbehörden, S. 91-93. Stilistisch äußerst fragwürdig ist es, wenn er im Folgenden mögliche Versuche, eine allgemeine Garantendogmatik zu entwickeln, pauschal vorab als „unausgegorene Verlegenheitsdogmatik" zu disqualifizieren versucht, *Dominok*, Strafrechtliche Unterlassungshaftung von Amtsträgern in Umweltbehörden, S. 111. Damit diskreditiert er indirekt jeden, der einen solchen Versuch mühevoll wagt.

680 So *Dominok*, Strafrechtliche Unterlassungshaftung von Amtsträgern in Umweltbehörden, S. 100.

681 Zumal in jüngster Vergangenheit andere Autoren diesen Aufwand nicht gescheut haben, siehe beispielsweise die Arbeit *S. v. Coellns*, Das „rechtliche Einstehenmüssen" aus dem Jahr 2008.

schließen. Nur weil verschiedene Herleitungen bei einer Konstellation existieren, bedeutet das noch nicht, dass sämtliche Ansätze generell unbrauchbar sind. Somit fehlt es schon an einer tragfähigen Begründung für *Dominoks* induktive Methode.

Das Vorgehen des Autors bei der Induktion verdient ebenfalls keinen Beifall. Vor dem Hintergrund seiner eigenen Ausführungen überzeugt es nicht, wenn *Dominok* von der Zweiteilung der Funktionenlehre ausgeht, den Umweltbehördenamtsträger als Beschützergarant auffasst und als Induktionsbasis deshalb nur anerkannte Beschützergarantenstellungen heranzieht. Der hiergegen zu erhebende Einwand richtet sich, dies sei der Klarheit halber angemerkt, weder gegen die Funktionenlehre[683] noch gegen die Einordnung des Amtsträgers als Garant aus freiwilliger Übernahme[684]. Er entzündet sich stattdessen an der von Dominok selbst geäußerten Kritik an der Einteilung der Funktionenlehre. Er bemängelt an ihr – wie spätere Ausführungen erweisen werden[685] zu Recht -, die anerkannten Haftungskonstellationen ließen sich stets sowohl als Beschützer- als auch als Überwachungsstellung formulieren. Die Kategorisierung der Funktionenlehre überzeuge deshalb nicht. Es könnten die Fälle beliebig zwischen den beiden Kategorien ausgetauscht werden[686]. Wenn nun aber jede Garantenstellung sowohl als Beschützer- als auch als Überwachungsgarantenstellung eingeordnet werden kann, trifft dies auch auf die des Amtsträgers in Umweltbehörden zu. Wenn der fragliche Garant demnach genauso als Überwacher bezeichnet werden könnte, macht es keinen Sinn, die Induktionsbasis auf anerkannte Beschützergarantenfälle zu beschränken. Diese Beschränkung ist auf Basis der von *Dominok* selbst geäußerten Kritik willkürlich. Statt dessen hätten als Induktionsbasis sämtliche anerkannten Fallgruppen herangezogen werden müssen. Nochmals: Es wird nicht die Einordnung der Umweltbehördenamtsträger bestritten, sondern allein das Bemühen einer zuvor verworfenen Systematisierung. Demzufolge leidet die Arbeit an entscheidenden Stellen an inakzeptablen Widersprüchen.

Die Begründung der Voraussetzung der gesetzlichen Handlungspflicht ist nicht schlüssig. Soweit auf den Wortlaut des § 13 StGB, „rechtliches" Einste-

---

682 *Dominok*, Strafrechtliche Unterlassungshaftung von Amtsträgern in Umweltbehörden, S. 94.

683 Zu deren Vorzügen und Nachteilen wird ausführlich bei der Entwicklung einer eigenen Garantenstellungseinteilung Stellung genommen, Teil 2 C III 5.

684 Diese Einordnung deckt sich im Ergebnis mit der hier vertretenen Ansicht, Teil 2 C VI 6.

685 Siehe Teil 2 C III 5.

686 *Dominok*, Strafrechtliche Unterlassungshaftung von Amtsträgern in Umweltbehörden, S. 102 f. In Teilbereichen lässt sich diese Unzulänglichkeit durch eine Ergänzung der Funktionenlehre vermeiden; siehe Teil 2 C III 5.

henmüssen, verwiesen wird, kann dem entgegen gehalten werden, dass der Gesetzgeber ausweislich der Protokolle des Gesetzgebungsverfahrens zu § 13 StGB sich gerade nicht auf bestimmte Entstehungsgründe wie eine gesetzliche Handlungspflicht festlegen wollte[687]. Warum das Erfordernis einer gesetzlichen Pflicht sich gerade aus dem Vergleich mit der Garantenstellung der Eltern für ihr Kleinkind ergeben soll, wo doch *Dominok* selbst einräumt, diese beruhe auf einer „*vorrechtlichen*, natürlichen Anschauung“[688], bleibt unklar.

Darüber hinaus ist nicht ersichtlich, welchen Erkenntnisgewinn die induktive Methode durch den von ihr angestellten normativen Vergleich mit anerkannten Fallgruppen bringen soll hinsichtlich der Beantwortung der Frage, ob in einer konkreten Situation eine Garantenstellung anzunehmen ist. Zunächst verbietet sich ein Heranziehen der ontischen Strukturen der anerkannten Fälle, da sich die tatsächlichen Strukturen zwischen den Fällen zu sehr unterscheiden. Dies wird bereits deutlich beim Vergleich des Verhältnisses der Eltern zu ihrem Kleinkind mit demjenigen des Beamten in Umweltbehörden zu den Umweltmedien. In tatsächlicher Hinsicht haben diese Verhältnisse nichts Entscheidendes gemein. Während es hier um das denkbar intimste und ursprünglichste Verhältnis zwischen Menschen geht, handelt es sich dort um ein rein beruflich bedingtes Verhältnis zu einem Abstraktum, einem Umweltmedium, dessen Träger ebenfalls ein Abstraktum, die Allgemeinheit, ist.

Daneben überzeugt eine Übertragung der materiellen Haftungskriterien, wie sie auch die formell-materielle Garantenlehre vornimmt, ebenfalls nicht. Sie leidet unter den dort aufgezeigten Begründungsdefiziten. Es fehlt an einer Erklärung dafür, warum ein Merkmal notwendige Voraussetzung für eine Garantenstellung sein soll, und warum unter der Vielzahl der existierenden Merkmale bestimmte herangezogen werden[689]. Konkret begründet *Dominok* nicht, warum er gerade den Vertrauensgedanken und die Schutzlosigkeit übernimmt und nicht beispielsweise die soziale Rolle oder die sozialen Verhaltenserwartungen. Es ist im Gegenteil im Lichte seiner eigenen Ausführungen widersprüchlich, auf gerade diese zwei Merkmale zurückzugreifen. So lehnt er zuvor an anderer Stelle den Vertrauensgedanken und - zu Recht - insbesondere das tatsächliche Vertrauen als tatsächlichen, psychischen Befund ab[690], nur um später als Merkmal ein „intellektuell-reales Vertrauen“ heranzuziehen[691]. Genau so verhält es sich auch mit der Schutzlosigkeit. Zuvor lehnt er die Hilflosigkeit des Opfers als Kriterium

687 Vgl. nur BT-Drucks. IV/650, Begründung § 13, S. 124.

688 *Dominok*, Strafrechtliche Unterlassungshaftung von Amtsträgern in Umweltbehörden, S. 123 (Hervorhebung nicht im Original).

689 Ausführlicher zu diesen Begründungsdefiziten, Teil 2 B IV 1 b.

690 *Dominok*, Strafrechtliche Unterlassungshaftung von Amtsträgern in Umweltbehörden, S. 92.

wegen eines Widerspruchs zu den allgemeinen Haftungsgrundsätzen der Unterlassungsdelikte ab[692]. Diese Widersprüche müssen notwendigerweise auftreten[693], wenn man zuerst meint, alle materiellen Ansätze wegen ihnen immanenter Unzulänglichkeiten ablehnen zu müssen, dann aber deren Kriterien überträgt.

Zudem muss der Argumentation auch an anderer Stelle entgegen getreten werden. Wer behauptet, es existiere kein generell-abstrakter Grundgedanke, um jede Garantenstellung widerspruchslos zu erklären[694], führt dieses Defizit letztlich auf die Verschiedenheit der zu erfassenden Konstellationen zurück. Wenn aber die Verschiedenheit der Fallgruppen eine generelle Lösung verbietet, müsste sie ebenso einer Übertragung von Merkmalen von einer speziellen Fallgruppe auf die andere entgegen stehen. Wenn die Verschiedenheit der Konstellationen bereits die Übertragung eines allgemeinen Merkmals hindert, so muss dies *a maiore ad minus* erst recht für spezielle Merkmale einer bestimmten Fallgruppe, die naturgemäß noch enger gefasst sind, gelten. Das induktive Heranziehen von Merkmalen einer speziellen Fallgruppe für eine andere ist also auf Basis der von *Dominok* getroffenen Feststellungen paradox.

Aus alldem ergibt sich, dass *Dominoks* im Ergebnis der formell-materiellen Garantenlehre entsprechende Position und insbesondere seine induktive Methode keinen gangbaren Weg zur Lösung des Garantenproblems aufzeigen. Die unüberwindbaren Schwierigkeiten einer Induktion offenbaren sich beispielhaft an der vom Autor untersuchten Konstellation des Amtsträgers in Umweltbehörden.

3.2.5 Vertrauensgedanke

Ein Vertrauenselement findet man in vielfältigen Variationen sprachlicher und inhaltlicher Art in einer Vielzahl von Garantenlehren. Zunächst ist zwischen tatsächlichem Vertrauen des Opfers als subjektivem psychischem Befund (Gliederungspunkt 1) und dem objektiven Vertrauen-Dürfen (2) zu differenzieren. Nicht

691 *Dominok*, Strafrechtliche Unterlassungshaftung von Amtsträgern in Umweltbehörden, S. 121.

692 *Dominok*, Strafrechtliche Unterlassungshaftung von Amtsträgern in Umweltbehörden, S. 95 f.

693 Diese Notwendigkeit würde nur dann nicht entstehen, wenn die ursprüngliche Ablehnung der Kriterien auf ihrer mangelnden Verallgemeinerbarkeit beruht hätte, denn verallgemeinern will *Dominok* sie – entsprechend der formell-materiellen Garantenlehre - gerade nicht. Den Einwand der fehlenden Generalisierbarkeit erhebt er gegen die besagten beiden Merkmale aber nicht, sondern spricht ihnen kategorisch die Funktionalität ab.

694 *Dominok*, Strafrechtliche Unterlassungshaftung von Amtsträgern in Umweltbehörden, S. 93.

immer ist mit Letzterem jedoch ein eigenständiges, garantenstellungsbegründendes Kriterium gemeint. Soweit dies doch der Fall ist, werden die Ansichten unter 2 a diskutiert. Häufig handelt es sich beim Vertrauenskriterium um nicht mehr als ein Etikett, das inhaltlich durch andere materielle Kriterien konkretisiert wird. Der verbreitetsten dieser Konkretisierungen[695], dem Gefahrenmoment, wird an anderer Stelle nachgegangen[696]. Die Übrigen werden systematisiert nachstehend untersucht (2 b bis 2 d). Soweit sich die Kritik gegen das Vertrauen-Dürfen im Allgemeinen richtet, wird sie bloß einmalig vorab ausgeführt (2 a bb (1)).

3.2.5.1 Subjektiver Vertrauenstatbestand: Tatsächliches Vertrauen

3.2.5.1.1 Darstellung

Zum Teil wird für die Annahme einer Garantenstellung ein tatsächliches Vertrauen des Opfers auf die schützende Funktion des Garanten verlangt[697]. Der Bedrohte muss danach subjektiv von einer Rettungshandlung des Garanten im Bedarfsfall ausgehen.

Nach Jescheck erforderten alle Garantenpositionen, dass der Schutz von der positiven Leistung des Garanten abhänge und dass alle Beteiligten auf diesen Schutz vertrauten und vertrauen dürften[698]. Nötig sei nach *Bringewat* ein „unreflektiertes Vertrauen" des Rechtsgutsträgers oder eines Dritten (zu Gunsten des Rechtsgutsträgers) in die tätige Verwirklichung des Schutzes[699]. Zum Beispiel sei ein „untrügliches äußeres Anzeichen" für das Vertrauen des gefährdeten Kin-

695 Zu finden beispielsweise bei *Blei*, H. Mayer-FS, S. 140; *Dominok*, Strafrechtliche Unterlassungshaftung von Amtsträgern in Umweltbehörden, S. 121; *Krey*, Strafrecht AT, Bd. 2, Rn. 344 f.; *Kühne*, Geschäftstüchtigkeit oder Betrug?, S. 80 f.; *Rudolphi*, NStZ 1984, S. 151 f.; *Tenckhoff*, JuS 1978, S. 311.

696 Siehe dazu Teil 2 B VI.

697 LK-*Jescheck*, § 13, Rn. 4; *Karakaya*, Doping und Unterlassen als strafbare Körperverletzung?, S. 121 f., S. 137 f. und S. 152 f.; *Bringewat*, NJW 1998, S. 946; so auch die Deutung *Bringewats* von *Dießner*, Unterlassungsstrafbarkeit in der Kinder- und Jugendhilfe, S. 235; neben weiteren Voraussetzungen auch bei NK-*Seelmann*, § 13, Rn. 49 sowie ihm folgend *Grünewald*, Zivilrechtlich begründete Garantenpflichten im Strafrecht?, S. 138.

698 LK-*Jescheck*, § 13, Rn. 4; *Jescheck/Weigend*, AT, § 59 IV 1; wobei allerdings an anderer Stelle für Beschützergaranten ein Gefahrenmoment verlangt wird, *Jescheck/Weigend*, Strafrecht Allgemeiner Teil, § 59 IV 3.

699 *Bringewat*, NJW 1998, S. 946.

des in die jugendamtliche Hilfe dessen „Hilflosigkeit“ und „Ausgeliefertsein an die Gefährdungen“[700].

3.2.5.1.2 Kritische Würdigung

Das tatsächliche Vertrauen in die Hilfeleistung des Garanten ist als garantenstellungsbegründende Voraussetzung abzulehnen. Soweit allerdings bemängelt wird, dass danach die Strafbarkeit vom Opfer abhänge[701], kann dieser Kritik nicht gefolgt werden. Eine solche Abhängigkeit ist weder ungewöhnlich noch völlig ausgeschlossen im Strafrecht. Neben anderen Voraussetzungen spielt zum Beispiel für eine Strafbarkeit wegen Untreue und Veruntreuung nach den §§ 266 und 246 II StGB das Opfer eine entscheidende Rolle; es ist dort gar ein Vertrauen in den Täter nötig.

Ausschlaggebend ist statt dessen, dass ein Abstellen auf tatsächliches Vertrauen die Naiven und Gutgläubigen gegenüber den Umsichtigen und Skeptischen privilegiert, da zum Schutze Letztgenannter mangels tatsächlichem Vertrauen keine Garantenstellung bestünde[702]. Zwar schützt das Strafrecht *auch* und insbesondere die Unbedarften – um ein Argument der Gegner der Viktimodogmatik zu verwenden - *nicht jedoch ausschließlich*. Im Übrigen würde man die konstitutionell bedingt zum tatsächlichen, psychischen Vertrauen Unfähigen, wie beispielsweise Babys und bewusstlose Unfallopfer, schutzlos stellen, obwohl sie besonders des Beistands bedürfen. Dieses Gegenbeispiel wird auch nicht etwa durch die nicht nachzuvollziehende Gleichsetzung *Bringewats* von Schutzbedürftigkeit und tatsächlichem Vertrauen widerlegt[703]. Dies hat die Ablehnung der hier untersuchten Meinung zur Folge.

3.2.5.2 Objektiver Vertrauenstatbestand: Vertrauen-Dürfen

Die weitaus überwiegende Anzahl der Anhänger eines Vertrauenselements verlangen statt eines tatsächlichen Vertrauens ein Vertrauen-Dürfen im Sinne eines Normvertrauens. Zum Teil ergänzen sie dieses Vertrauen-Dürfen noch um ein weiteres Merkmal, ohne dass sie jenes näher beschrieben (Gliederungspunkt 2 a), zum Teil konkretisieren sie, was darunter zu verstehen sei (2 b bis d).

---

700 *Bringewat*, Tod eines Kindes, S. 57; ders., Sozialpädagogische Familienhilfe und strafrechtliche Risiken, S. 19.

701 *Katsanos*, Garantenstellung aus engen Lebensgemeinschaften, S. 94.

702 Ebenso kritisch *Dominok*, Strafrechtliche Unterlassungshaftung von Amtsträgern in Umweltbehörden, S. 92; *Sangenstedt*, Garantenstellung von Amtsträgern, S. 221.

703 Ähnlich und zutreffend Dießner, Unterlassungsstrafbarkeit in der Kinder- und Jugendhilfe, S. 235.

3.2.5.2.1 Unkonkretisiertes Vertrauen-Dürfen neben einer weiteren Voraussetzung

3.2.5.2.1.1 Darstellung

Gemein haben die im Folgenden dargestellten Ansichten den Verzicht auf eine Präzisierung dessen, was unter Vertrauen-Dürfen zu verstehen ist. *Kratzsch* verlangt für das Entstehen einer (Übernahme-) Garantenstellung *neben* einem Gefahrenmoment das Entstehen einer „Vertrauenslage“, die eine Herrschaft über die Hilflosigkeit des zu schützenden Rechtsguts im *schünemann*schen Sinne erzeuge[704]. Vergleichbar damit fordert *Stree* neben dem „Hervorrufen eines Gefahrenmoments“eine „Vertrauenslage“, da man der Rechtsordnung nirgends entnehmen könne, dass die Schaffung einer Vertrauenslage besondere Rechtspflichten erzeuge[705].

Wieder anders setzt nach Maiwald eine (Übernahme-) Garantenstellung ein Vertrauen-Dürfen und das Verzichten-Dürfen[706] auf anderweitige Hilfe des Zusageempfängers voraus. Zur Begründung verweist er auf das Beispiel einer telefonischen Hilfszusage eines Arztes gegenüber einem Patienten, die für die Annahme einer Garantenpflicht ausreiche und nicht zudem eine „tatsächliche Übernahme“ des Dienstes am Krankenbett erfordere. Dies belege, dass der tatsächliche Schutzverzicht nicht davon abhänge, dass der Garant seinen Dienst tatsächlich antritt, sondern dass schon die Schutzzusage zum Schutzverzicht führen könne.[707]

3.2.5.2.1.2 Kritische Würdigung

Allgemeine Einwände gegen das Vertrauen-Dürfen

Zu Recht wird gegen das Vertrauen-Dürfen eingewandt, es sei zu unbestimmt und inhaltsleer und erfordere die Benennung von Maßstäben und Kriterien dafür, wann Vertrauen berechtigt ist[708]. Denn Vertrauen und Vertrauen-Dürfen

---

704 *Kratzsch*, ZGR 1985, S. 520.

705 *Stree*, H. Mayer-FS, S. 154.

706 Damit ist ersichtlich etwas anderes gemeint, als das später untersuchte Gefahrenmoment, siehe Teil 2 B VI, das an die tatsächlichen Gegebenheiten anknüpft, also ob tatsächlich auf Schutz verzichtet wurde.

707 *Maiwald*, JuS 1981, S. 481 f.; ihm folgend *Wessels/Beulke*, Strafrecht AT, Rn. 720.

708 *Albrecht*, Garantenstellungen in familiären und familienähnlichen Beziehungen, S. 57; *Brammsen*, Entstehungsvoraussetzungen von Garantenpflichten, S. 85; *Dießner*, Unterlassungsstrafbarkeit in der Kinder- und Jugendhilfe, S. 230; *Dominok*, Strafrechtliche Unterlassungshaftung von Amtsträgern in Umweltbehörden, S. 92; *Perdomo-Torres*, Garantenpflichten aus Vertrautheit, S. 61; *Tenckhoff*, JuS 1978, S. 309. Zu Unrecht

existieren in den verschiedenartigsten sozialen Verhältnissen und haben mannigfaltige Inhalte. Der zum Beispiel auf Grund eines Krampfes beim Schwimmen Ertrinkende vertraut ebenso auf Grund erwarteter, normaler mitmenschlicher Solidarität auf die Hilfe eines zufällig vorbeifahrenden Bootsführers, wie der Ehemann in vergleichbarer Situation mit der Hilfe seiner Ehefrau rechnet. Freunde vertrauen auf gegenseitige Hilfe wie auch Geschwister. Ohne weitere Merkmale lassen sich allein bei diesen Beispielsfällen nicht die nach § 13 StGB besonders Strafwürdigen von den Übrigen abschichten.

Als eine solche Konkretisierungsmöglichkeit scheidet die nicht selten in Bezug genommene strafrechtliche Schutzpflicht hingegen aus, da dies offensichtlich zu einem Zirkelschluss führt[709]. Das Bestehen einer Garantenpflicht als strafrechtlicher Rechtspflicht ist gerade das *thema probandum*.

Gegen das Vertrauenskriterium spricht weiter, dass ihre Vertreter das Verhältnis von Grund und Folge verkennen. In unserem freiheitlich-demokratischen Rechtsstaat setzt der Staat in aller Regel das Recht – im Hinblick auf die Dispositionsmaxime und das Strafantragserfordernis mitunter abhängig von der Initiative seiner Bürger – zwangsweise durch. Dessen ist sich die Bevölkerung bewusst und erfüllt zumindest deswegen regelmäßig ihre rechtlichen Verpflichtungen. Auf diese Rechtspflichterfüllung darf der Bürger wegen der zwangsweisen Rechtsdurchsetzung vertrauen und vertraut er tatsächlich[710]. Das Vertrauen folgt also auf die Rechtspflicht. Folge der Garantenpflicht als einer dieser Rechtspflichten ist das Vertrauen der Rechtsgutsträger auf das schützende Eingreifen des Garanten. Dann kann aber das Vertrauen-Dürfen nicht zugleich auch die Voraussetzung einer Erfolgsabwendungspflicht darstellen, ohne dass man in einen Zirkelschluss gerät[711]. So kommt man beispielsweise im Zivilrecht auch nicht auf die Idee, das *Zustandekommen*[712] eines Vertrages auf das Vertrauen-Dürfen (auf dessen Erfüllung) zu stützen. Auf diese Kritik wird erwidert,

erhebt allerdings *Schünemann*, Grund und Grenzen, S. 352 f. diesen Einwand gegen *Blei*, H. Mayer-FS, der das Vertrauen-Dürfen in einem Gefahrenmoment konkretisiert, S. 140.

709 So die berechtigte Kritik unter anderem von *Grünewald*, Zivilrechtlich begründete Garantenpflichten im Strafrecht?, S. 25; *Seibert*, Garantenpflicht beim Betrug, S. 129.

710 So wäre zum Beispiel unser Wirtschaftsleben mit seiner nicht stets gleichzeitigen Erfüllung von Leistung und Gegenleistung unvorstellbar ohne das Vertrauen und Vertrauen-Dürfen der Partizipierenden.

711 Inhaltlich entsprechende Kritik bei *Schünemann*, Grund und Grenzen, S. 251.

712 Gegen diese Feststellung spricht auch nicht etwa § 242 BGB oder die Annahme eines faktischen Vertrages auf Grund des Prinzips des *venire contra factum proprium*, da dort an das tatsächliche Verhalten als Voraussetzung einer Verpflichtung und nicht an ein abstraktes Vertrauen-Dürfen angeknüpft wird.

Vertrauen-Dürfen sei zwar Folge des Bestehens einer Garantenstellung, doch man könne den Zirkelschluss vermeiden, wenn man jemanden erst dann zum Garanten erklärte, wenn auf dessen bestimmte Rettungshandlung vertraut werde[713]. Bei einer solchen Konkretisierung entfiele in der Tat der Vorwurf des Zirkelschlusses. Allerdings bedient man sich statt dessen des zuvor abgelehnten Merkmals des tatsächlichen, psychischen Vertrauens[714].

Einen wesentlichen generellen Mangel des Vertrauenskriteriums bildet schließlich die regelmäßig fehlende dogmatische Begründung für seine strafrechtliche Relevanz[715]. Nicht ausreichend ist in diesem Zusammenhang, dass es – scheinbar - allgemein konsensfähige Ergebnisse produziert. Diese beruhen nämlich weniger auf der Güte des Vertrauensgedankens als vielmehr auf dessen Unbestimmtheit und dem bereits vorhandenen Wissen um das gemeinhin präferierte Ergebnis. Der Rechtsanwender weiß um oder sein Rechtsgefühl diktiert ihm die besondere Inpflichtnahme und deshalb gelangt er zu der Erkenntnis, das Opfer habe vertrauen dürfen. Es ist die Konsequenz der bemängelten Vertauschung, dass überall dort, wo man vertrauen darf, auch eine Garantenstellung annehmen kann, ohne dass sogleich auffällt, dass man von der Wirkung, dem Vertrauen-Dürfen, auf die Ursache, die Rechtspflicht des Garanten, geschlossen hat.

Ebenso wenig liefert die mögliche Beobachtung, dass man in den anerkannten Garantenstellungsfällen überall ein Vertrauen-Dürfen des Opfers ausmachen könne, ein Argument für dessen Erhebung zu einer Voraussetzung. Auch hier beruht die Untauglichkeit der aus dem Phänotyp der Garantensituation hergeleiteten Voraussetzung auf der Verwechslung von Grund und Folge. In einer Situation, in der eine Rechtspflicht zu befolgen ist, kann man immer als Folge der Rechtspflicht ein Vertrauen-Dürfen beobachten, ohne dass dieses gleichzeitig eine Voraussetzung der Rechtspflicht darstellt. Um dies anhand eines soeben bemühten Beispiels zu verdeutlichen: Bei Verträgen, insbesondere solchen mit synallagmatischen Pflichten, wird man in aller Regel ein Vertrauen und Vertrauen-Dürfen der Parteien in die Leistungserbringung des anderen Teils feststellen können, ohne dass man auf Grund dieser Beobachtung zur Annahme gelangen darf, ein Vertragsschluss setze ein Vertrauen-Dürfen voraus.

Den zuvor erhobenen Einwänden des Zirkelschlusses und der Inhaltsleere kann das Merkmal des Vertrauen-Dürfens nur entgehen, wenn es durch weitere Merkmale näher konkretisiert wird. Dann allerdings handelt es sich bei ihm

713 *Schultz*, Amtswalterunterlassen, S. 137.

714 Zu dieser Kritik siehe Teil 2 B V 1 b.

715 Statt vieler *Albrecht*, Garantenstellung in familiären und familienähnlichen Beziehungen, S. 57 f.; *Schünemann*, Grund und Grenzen, S. 251; NK-*Seelmann*, § 13, Rn. 42.

nicht mehr um ein materielles Kriterium, sondern lediglich um besagtes Etikett, eine sprachliche Variation zur Feststellung einer Garantenstellung. Zum Kern solcher konkretisierenden Ansätze dringt man vor, indem man ihre eigentlichen, das Vertrauen-Dürfen näher bestimmenden Merkmale untersucht, was nachfolgend sowohl in diesem Abschnitt als auch gesondert[716] geschieht.

Kritik speziell am unkonkretisierten Vertrauen-Dürfen neben weiteren Voraussetzungen

Neben der soeben vorgetragenen, allgemeinen Kritik sprechen noch weitere Gründe gegen die Ansichten *Stree*s und *Maiwalds*. *Stree*s Argumentation für seine Ergänzung des Vertrauen-Dürfens, man könne der Rechtsordnung nirgends entnehmen, dass eine besondere Rechtspflicht aus einer Vertrauenslage entstehe[717], lässt sich bereits mit einem Hinweis auf die §§ 266, 246 II StGB entkräften.

Soweit Maiwald vom Merkmal der Tatsächlichkeit der Übernahme bei den Übernahmegarantenstellungen abrückt, verdient er uneingeschränkte Zustimmung[718]. Diesbezüglich ist sein Beispiel äußerst instruktiv. Allerdings stellt sein Merkmal des Verzichten-Dürfens nicht mehr als eine zutreffende Beschreibung der praktischen Folgen einer bestehenden Schutzpflicht dar. Dass hingegen der tatsächliche Verzicht auf Schutzmaßnahmen auch – wie das Beispiel illustriert – aus anderen Gründen als der tatsächlichen Übernahme erfolgen kann, liefert kein Argument für das Kriterium des Verzichten-Dürfens. Denn dass in bestimmten Konstellationen auf Schutz tatsächlich verzichtet wird, bedeutet nicht zwangsläufig, dass man dies von Rechts wegen auch darf und man dieses Verzichten-Dürfen zur Voraussetzung einer besonderen Rechtspflicht erheben kann. Vielmehr werden auch hier wieder Ursache und Wirkung vertauscht, so dass auf die vorstehende Kritik verwiesen werden kann[719]. Es ist eine denkbare Folge einer bestehenden Rechtspflicht, dass der Begünstigte ihretwegen auf anderweitigen Schutz verzichten darf, nicht aber deren Voraussetzung.

---

716 Vgl. dazu insbesondere die weit verbreitete Konkretisierung des Vertrauen-Dürfens im Gefahrenmoment, Teil 2 B VI.

717 *Stree*, H. Mayer-FS, S. 154.

718 *Maiwald*, JuS 1981, S. 481 f.; zur entsprechenden, mit dieser Arbeit vertretenen Position siehe Teil 2 C VI 3 b.

719 Siehe Teil 2 B V 2 a bb (1).

3.2.5.2.2 Kasuistische und abstrakte Konkretisierungen des Vertrauen-Dürfens

3.2.5.2.2.1 Darstellung

Es können zwei Arten von Konkretisierungen des Vertrauen-Dürfens unterschieden werden. Auf der einen Seite kann man kasuistische Konkretisierungen ausmachen. Kennzeichnend für sie ist nicht eine abstrakte, allgemeingültige Präzisierung des Merkmals, sondern die Nennung der Umstände, die in einem konkreten Fall zur Annahme einer garantenstellungsbegründenden Vertrauenslage geführt haben bzw. bei ihrem Vorliegen geführt hätten. Exemplarisch sind aus der Rechtsprechung zu nennen: die Vereinbarung[720] einer Aufklärungspflicht oder langjährige Geschäftsbeziehung[721] zwischen Vertragsparteien zur Begründung eines besonderen Vertrauensverhältnisses oder einer Vertrauenslage aus der Aufnahme in eine Wohnung[722]; und aus der Literatur: ein besonderes Vertrauensverhältnis, wenn die zivilrechtlichen Voraussetzungen der Prospekthaftung vorlägen[723], selbiges, wenn ein institutionelles Informationsgefälle zwischen Geschäftspartnern im Geschäftsverkehr [724] oder ein wechselseitiges Vertrauensverhältnis von Ehegatten bei praktizierter Lebensgemeinschaft bestehe[725].

Auf der anderen Seite werden verallgemeinerbare, abstrakte inhaltliche Bestimmungen des Vertrauen-Dürfens herausgearbeitet. Neben denjenigen, die auf ein Gefahrenmoment rekurrieren[726], sind zwei weitere kurz zu nennen. Unter Rückgriff auf die Philosophie des deutschen Idealismus versucht *Matt*, rechtsphilosophisch fundiert die Haftung wegen unechten Unterlassens einzugrenzen. Verkürzt und vereinfacht verlangt er für die Haftung wegen unechten Unterlassens die Manifestation intersubjektiv konkretisierter Vertrauensbeziehungen durch einen eigenverantwortlichen „actus intersubjectivus". Ein solcher Akt

720 BGHSt 46, 203; BGH NJW 2001, S. 453, 455; vergleichbar: OLG Karlsruhe JZ 1960, S. 179, das ein Vertrauensverhältnis aus der Annahme eines Auftrags im Sinne der §§ 662 ff. BGB angenommen hätte, wäre kein Widerruf nach § 671 BGB erfolgt; OLG Hamburg NJW 1969, S. 336: aus Vertragspflichten.

721 BGH wistra 1984, S. 224.

722 BGH JuS 1977, S. 266; vergleichbar: BGH NStZ 1982, S. 245..

723 *Wollweber*, wistra 2000, S. 338.

724 *Worms*, wistra 1984, S. 128, der daneben noch als Konkretisierungen des besonderen Vertrauensverhältnisses den Umstand nennt, dass fachkundige Beratung der einen Vertragspartei durch die andere den Vertrag wesentlich mit prägt.

725 *Ingelfinger* NStZ 2004, S. 410 und 412.

726 Dazu mehr unter Teil 2 B VI.

könne zum Beispiel in einer Willenserklärung zur Übernahme der Überwachung bestimmter Gefahren erblickt werden.[727]

Einen gänzlich anderen Weg beschreitet *Busse*. Er differenziert zwischen den Tätermerkmalen Tatherrschaft und Sonderpflichtverletzung. Von den unechten Unterlassungsdelikten ordnet er jenem diejenigen zu, die für die dem Rechtsgut drohende Gefahr, in Form einer Person, Sache oder vorangegangenem Tun, verantwortlich sind - nach der Terminologie *Armin Kaufmanns*[728] im Wesentlichen die Sicherungsgaranten. Dem Typus Beschützergaranten entsprechen diejenigen Unterlassenden, die dem Rechtsgut gegenüber unabhängig von der ihm drohenden Gefahr eine besondere Schutzverpflichtung, eine „Sonderpflicht", haben.[729] Hinsichtlich Letzterer präzisiert *Busse*, dass das Rechtsgut dem Erfolgsabwendungspflichtigen so anvertraut sein müsse, dass dieser unmittelbar für dessen Bestand einzustehen habe. Er müsse sich in einem Vertrauensverhältnis befinden, das ihn wie einen Treuhänder für den Bestand des Rechtsguts einstehen lasse, ihm eine selbständige Stellung und Verfügungsbefugnis über das Rechtsgut entsprechend dem Inhaber einräume. Eine treuhänderische Garantenstellung sei zum Beispiel gegeben, wenn der Rechtsgutsinhaber dieses nicht selbst schützen könne, wie im Falle von Kindern, deren Leben den Eltern treuhänderisch anvertraut sei.[730]

3.2.5.2.2.2 Kritische Würdigung

Die kasuistischen Konkretisierungen mögen im jeweiligen Einzelfall eine das Rechtsgefühl befriedigende Abgrenzung von strafbaren und straflosen Unterlassungen ermöglichen. Es liegt aber in ihrer Natur, dass sie das eigentliche Problem, nämlich verallgemeinerbare Kriterien dafür zu benennen, wann eine Garantenstellung entsteht, nicht zu lösen vermögen. Daher gelingt ihnen nicht der Schritt von der Feststellung des Ergebnisses zu dessen Begründung. Darüber hinaus ist zu bemängeln, dass zwar Merkmale benannt werden, wann im konkreten Fall ein garantenstellungserzeugendes, besonderes Vertrauensverhältnis anzunehmen ist. Warum aber gerade ein solches Verhältnis konstitutiv für die Erfolgsabwendungspflicht ist, wird nicht begründet.

Der Vorwurf fehlender Begründung seines Ansatzes kann gegenüber *Matt* nicht erhoben werden. Eher leidet seine Arbeit darunter, dass sie zwar eine sorgfältige, konsequente rechtsphilosophische Legitimation anbietet, eine überzeu-

---

727 *Matt*, Kausalität aus Freiheit, S. 204 f., 208.

728 Siehe Ausführlicher zur Funktionenlehre *Kaufmanns* als Einteilungsmodus der Garantenstellungen Teil 2 B III.

729 *Busse*, Täterschaft und Teilnahme bei Unterlassungsdelikten, S. 257 ff., 350 ff .

730 *Busse*, Täterschaft und Teilnahme bei Unterlassungsdelikten, S. 351, 357 ff.

gende, anwendbare Garantenformel aber vermissen lässt. Es bleibt im Unklaren, was unter der Manifestation intersubjektiv konkretisierter Vertrauensbeziehungen zu verstehen ist. Muss sich ein tatsächliches Vertrauen zwischen den Beteiligten manifestieren, oder genügt, dass ein Schluss auf eine konkrete oder abstrakte (?) Vertrauensbeziehung bloß möglich ist anhand der Manifestation? Ohne eine Antwort darauf erscheint eine Anwendung von *Matt*s Theorie nicht möglich. Wie wenig selektiv sein Ansatz wirkt und wie wenig er damit seinem Anliegen, einer uferlosen Ausdehnung der Garantenverpflichtungen entgegenzutreten, gerecht wird, verdeutlicht das von ihm für die Manifestation angeführte Beispiel der Willenserklärung. Willenserklärungen sind notwendiger Bestandteil von Verträgen. Es ist aber spätestens seit der Überwindung der formellen Rechtspflichtenlehre anerkannt, dass Verträge allein keine hinreichende Grundlage für die Annahme von Garantenstellungen bieten. Die deswegen dringend gebotene Präzisierung, welche Willenserklärungen die geforderte Manifestation darstellen, welche Vertragspflichten zugleich Garantenpflichten nach sich ziehen, findet sich bei *Matt* nicht.

Genauso wenig verdient *Busses* Theorie Zustimmung. Bei seiner Beschreibung des Vertrauensverhältnisses als eine Sonderbeziehung, in der der Garant unmittelbar für den Rechtsgutsbestand einzustehen habe[731], handelt es sich evident um einen Zirkelschluss. Denn das Einstehenmüssen - man beachte nur die Formulierung in § 13 StGB - ist nichts anderes als eine alternative Umschreibung der Garantenstellung. Die Kennzeichnung des Erfolgsabwendungspflichtigen als Treuhänder schießt hingegen über das Ziel hinaus und erweist sich als zu restriktiv. Treuhänder können zwar auch – insbesondere, wenn man wie Busse § 266 StGB als Prototyp heranzieht – eine Garantenstellung inne haben. Umgekehrt sind aber zahlreiche, anerkannte Garantenpositionen nicht zugleich treuhänderischer Natur. Als Gegenbeispiele genügen hier das Kindermädchen und sogar das vom Autor selbst bemühte Verhältnis der Eltern zu ihren Kindern[732]. Abgesehen von geringfügigen Rechtsgutsverletzungen zu Erziehungszwecken, um dem Kind lehrreiche Erfahrungen zu ermöglichen, haben die Eltern nicht das Recht, auf die Rechtsgüter des Kindes einzuwirken wie ein Treuhänder auf das ihm anvertraute Vermögen. Dessen ist sich offenbar auch *Busse* bewusst, weshalb er kurzerhand die treuhänderische Garantenposition mit der fehlenden Selbstschutzfähigkeit des Kindes begründet[733]. Wie bereits gezeigt[734] ist das Schutzbedürfnis kein taugliches Argument zur Legitimation von Garantenstel-

731 *Busse*, Täterschaft und Teilnahme bei Unterlassungsdelikten, S. 357.

732 *Busse*, Täterschaft und Teilnahme bei Unterlassungsdelikten, S. 360.

733 *Busse*, Täterschaft und Teilnahme bei Unterlassungsdelikten, S. 360.

734 Vgl. die Kritik oben bei Teil 2 B I 2 b.

lungen. Daneben bleibt im Dunkeln, wie man von einer Schutzbedürftigkeit zwingend auf eine treuhänderische Position schließen können soll.

Schwierigkeiten ergeben sich zudem, weil das Fordern der Treuhändervoraussetzung von der Einordnung eines unechten Unterlassens als Sonderpflichtverletzung abhängig gemacht wird[735]. *Busses* Differenzierung zwischen Sonderpflicht- und Tatherrschafts-Unterlassungsdelikten entspricht der Unterscheidung der Funktionenlehre zwischen Beschützer- und Überwachungsgaranten. Beiden gemein ist die fehlende eindeutige Zuordenbarkeit zu einer der beiden Gruppen[736]. Ohne eindeutige Zuordenbarkeit lässt sich aber auch nicht sicher sagen, wann nach *Busse* eine Treuhänderstellung zu verlangen ist.

Daher vermag keine der bislang untersuchten Präzisierungen des Vertrauensgedankens zu überzeugen.

3.2.5.2.3 E. A. Wolff: Vertrauen -Dürfen als Abhängigkeitsverhältnis

3.2.5.2.3.1 Darstellung

Obwohl *E. A. Wolff* seine Ausführungen nominell auf die Kausalität bezieht[737], geht es ihm nicht um die Quasikausalität bei unechten Unterlassungsdelikten, sondern um das hier behandelte Zurechnungsproblem, wann eine besondere Erfolgsabwendungspflicht bei diesen Delikten besteht.

Seine Analyse des Begehungsdelikts ergibt, dass die Strafbarkeit von einem „Bewirken" des verpönten Erfolgs abhänge; allgemein: der Täter es dem Opfer „zum Schlechteren gewendet" haben müsse[738]. Betrachte man nun zur Bestimmung des Bewirkens durch Unterlassen den anerkannten Fall der mütterlichen Schutzpflicht gegenüber ihrem Kind, so zeige sich, dass es einer „ursprünglichen Abhängigkeit" wie des Kindes von der Mutter bedürfe. Weiter werde deutlich, dass die unterlassene Handlung nicht eine besondere, außergewöhnliche Vergünstigung zu Gunsten des Opfers sein, sondern zum „normalen, bestim-

---

735 *Busse*, Täterschaft und Teilnahme bei Unterlassungsdelikten, S. 350 ff.

736 Ausführlich zu diesem Mangel der Funktionenlehre bei Teil 2 C III 5. Die Willkürlichkeit der Einteilung veranschaulicht *Busses* Differenzierung zwischen Schwimmlehrer (Sonderpflichtgarant) und Bademeister (Tatherrschafts- also Überwachungsgarant), *ders.*, Täterschaft und Teilnahme bei Unterlassungsdelikten, S. 358, Fn. 1. Denn hinsichtlich ihrer Pflicht, die Schwimmer vor schwimm-spezifischen Gefahren zu schützen unterscheiden sich die beiden nicht. Dass daneben noch dem Schwimmlehrer die Aufgabe zukommt zu lehren, vermag daran nichts zu ändern.

737 Man beachte nur den Titel seiner Monographie *E. A. Wolff*, Kausalität von Tun und Unterlassen.

738 *E. A. Wolff*, Kausalität von Tun und Unterlassen, S. 33 f.

mungsgemäßen Leben" gehören müsse wie die Abhängigkeit des Kindes von seiner Mutter.[739]

In Ermangelung einer gesetzlichen Regelung des nötigen Abhängigkeitsverhältnisses, sei dieses aus der Rechtsordnung als Ganzer herzuleiten[740]. Die Rechtsordnung wiederum stelle den Einzelnen den Anderen als selbständiges Wesen gegenüber, weshalb man grundsätzlich nicht stets anderen helfend zur Seite eilen müsse. In besonderen Fällen allerdings versichere sich der Mensch zum Ausgleich seines Mangels an Gestaltungsmöglichkeiten – niemand könne sich um alles selber kümmern – der Leistung anderer im Rahmen seines „normalen Lebens". Dadurch entstehe das geforderte Abhängigkeitsverhältnis, innerhalb dessen das Opfer dem Garanten unselbständig gegenüber stehe. Dieses Abhängigkeitsverhältnis könne man ebenso als Vertrauensverhältnis bezeichnen, da man auf Grund des Vertrauens in die Leistungserbringung des Anderen von diesem abhängig sei. Dabei habe es sich um ein „rechtlich gegründetes", „vom Recht anerkanntes" Vertrauen zu handeln.[741]

Mit Hilfe des Merkmals ursprüngliches Abhängigkeits- bzw. Vertrauensverhältnis gelinge auch die Abgrenzung zur Jedermannspflicht aus § 323c StGB. So dürfe man im Unglücksfall nicht darauf vertrauen, dass ein zufällig anwesender Jedermann zugegen ist und hilft.[742]

3.2.5.2.3.2 Kritische Würdigung

E. A. Wolffs Theorie begegnet vielfältigen Bedenken. Bereits die Annahme, besondere strafbewehrte Erfolgsabwendungspflichten zögen ausschließlich für das „normale, bestimmungsgemäße Leben" notwendige Handlungen nach sich, geht fehl. Schon die Ermittlung dessen, was zum normalen Leben gehört, gestaltet sich schwierig. Eine allgemeine, abstrakte Antwort lässt sich sicher nicht geben, da sie je nach den persönlichen Lebensumständen der Beteiligten unterschiedlich ausfiele. Das normale Leben eines Pflegebedürftigen sieht sicherlich anders aus als das eines körperlich voll leistungsfähigen Feuerwehrmannes. Ermittelte man das „Normale" aber stets individuell, hätte dies zwei gravierende Folgen: Erstens bestünde bei der erstmaligen Erfüllung einer Schutzpflicht noch keine Garantenstellung, denn ohne eine über einen gewissen Zeitraum erfolgende

739 *E. A. Wolff*, Kausalität von Tun und Unterlassen, S. 36 f. Die daneben geforderte freie Entscheidung (S. 37 und S. 45) des Unterlassenden ist für die hiesige Zurechnungsproblematik ohne Belang.

740 *E. A. Wolff*, Kausalität von Tun und Unterlassen, S. 38.

741 *E. A. Wolff*, Kausalität von Tun und Unterlassen, S. 37 und S. 40, insbesondere auch Fn. 18.

742 *E. A. Wolff*, Kausalität von Tun und Unterlassen, S. 44.

Übung kann man noch nicht davon sprechen, dass eine Hilfshandlung zur Normalität gehört. Zweitens haben Notsituationen, insbesondere existenzbedrohende, in aller Regel Ausnahmecharakter, ohne dass es axiologisch sinnvoll erscheint, deswegen Garantenpflichten zu verneinen. Zum Beispiel gehört die Rettung vor einem Hausbrand im ehelichen Domizil – glücklicherweise – nicht zum normalen, bestimmungsgemäßen Leben, und trotzdem wird man eine Garantenpflicht zwischen den glücklich verheirateten Ehegatten annehmen.[743]

Ebenso ist die Voraussetzung „ursprüngliches Abhängigkeitsverhältnisse" abzulehnen. Sie war auf Grund der Induktion aus dem Mutter-Kind-Verhältnis zum Scheitern verurteilt. Denn dabei handelt es sich um einen ausgesprochenen Sonderfall[744], so dass die vom Autor gefundene Voraussetzung nicht verallgemeinerbar ist und deshalb in bestimmten Fällen ein argumentum ad absurdum liefert. Sie scheitert wie die Ansätze Androulakis' und Schünemanns an der Verknüpfung ihrer jeweiligen Haftungsvoraussetzung, dort „Daneben-Sein" im Sinne einer sozialen Nähe[745] bzw. „Herrschaft"[746], mit der Bedingung, dass schon vor der Notsituation eine Garantenstellung und damit die garantenstellungsbegründenden Kriterien vorgelegen haben müssen. So wenig, wie man in einigen anerkannten Garantenkonstellationen stets vor der Notsituation eine soziale Nähe oder eine Herrschaftsbeziehung zwischen Garant und Opfer ausmachen kann, so wenig besteht immer eine ursprüngliche Abhängigkeitsbeziehung zwischen den beiden. Insofern kann auf die dortige Kritik ver-[747] und nur kurz beispielhaft auf den Fall hingewiesen werden, in dem ein dem diensthabenden Arzt bis dato völlig unbekannter Patient in die Notaufnahme eingeliefert wird. So einstimmig, wie man eine Garantenstellung des Arztes bejahen muss, wird man ein ursprüngliches Abhängigkeitsverhältnis zwischen ihm und den Patienten verneinen müssen. Denn wo ist bei einer spontan erforderlichen Notoperation an einem Unbekannten ein solches Verhältnis auffindbar?

Die nähere Umschreibung des Abhängigkeitsverhältnisses als vom Recht anerkanntes Vertrauensverhältnis sieht sich dem gegen das nicht näher konkretisierte Vertrauen-Dürfen erhobenen Vorwurf ausgesetzt, dass es ohne präzisierende Kriterien eine Leerformel bleibt, deren Anwendung nicht rational nach-

---

743 Kritisch gegenüber dem Normalitätserfordernis auch *Sangenstedt*, Garantenstellung von Amtswaltern, S. 240 f.; *Schünemann*, Grund und Grenzen, S. 95 f.

744 Zum Ausnahmecharakter dieser Garantenstellung siehe Teil 2 C VI 1.

745 *Androulakis*, Studien zur Problematik der unechten Unterlassungsdelikte, S. 208.

746 *Schünemann*, Grund und Grenzen, S. 240ff., 292ff, 342ff; *ders.*, Internationale Dogmatik, S. 49, 55, 72, 77; *Chen*, Das Garantensonderdelikt, S. 92; *Seibert*, Garantenpflicht beim Betrug, 195 f.

747 Siehe ausführlich zur Kritik bei *Schünemann* Teil 2 B VIII 1 b dd. und kürzer bei *Androulakis* Teil 2 B VII 1 b aa.

vollziehbar ist[748]. Dem gegenüber sorgt die postulierte rechtliche Anerkennung nicht für Abhilfe. Laut *E. A. Wolff* reiche dafür „eine zivilrechtliche Pflicht *allein*“ nicht aus[749]. Wie aber ist dann der Fall des zivilrechtlich nichtigen Vertrages der Eltern mit dem Kindermädchen, das seinen Dienst tatsächlich antritt, zu lösen? Wendete man E. *A. Wolffs* Voraussetzungen konsequent an, müsste man zum allgemein abgelehnten Ergebnis gelangen, dem Kindermädchen eine Garantenstellung abzusprechen. Eine rechtliche Anerkennung im obigen Sinne schiede aus, da noch nicht mal eine - allein nicht ausreichende – zivilrechtliche Pflicht vorläge. Verstünde man „rechtliche Anerkennung“ hingegen im Sinne einer strafrechtlichen Garantenpflicht, setzte man sich dem Vorwurf einer petitio principii aus.

Wie wenig praktikabel *E. A. Wolffs* Vertrauenskriterium ist, erweist das von ihm vorgelegte Beispiel für die Abgrenzung der Jedermannspflicht aus § 323c StGB von der Garantenpflicht[750]. Denn so wenig man darauf vertrauen kann, dass ein beliebiger Dritter zufällig anwesend ist, so wenig kann man auf die Anwesenheit und Hilfe eines Garanten in Notsituationen vertrauen. Auch dieser hat sich nicht stets rettungsbereit in räumlicher Nähe des ihm anvertrauten Rechtsguts aufzuhalten. Insofern besteht gerade kein Unterschied zwischen den beiden. Realiter wird man aber auf die Hilfe *Anwesender* – sei es nun ein Garant oder nicht – vertrauen dürfen, da die allgemeine Solidaritätspflicht aus § 323c StGB tief im Bewusstsein der Bevölkerung verankert ist. Beleg dafür ist bereits die allgemeine, in den Medien häufig dokumentierte Empörung, wenn diese Solidarpflicht ausnahmsweise missachtet wird[751].

Keinen Beifall verdient die Feststellung, in einer Abhängigkeitsbeziehung trete das Opfer dem Garanten unselbständig gegenüber[752]. Während dies im Verhältnis Mutter-Kleinkind noch zutreffen mag, kann davon generell nicht die Rede sein. Vielmehr ist es ein Ausdruck von Selbständigkeit, wenn ein Erwachsener sich eigenständig und unaufgefordert aus reiner Vorsicht menschliche Helfer organisiert; wie beispielsweise derjenige, der einen Freund bittet, ihn beim Schwimmen durch einen Fluss sicherheitshalber mit einem Boot zu begleiten. Insgesamt ist deshalb der Ansatz *E. A. Wolffs* zu verwerfen.

---

748 Eingehender zu dieser Kritik Teil 2 B V 2 a bb (2).

749 *E. A. Wolff*, Kausalität von Tun und Unterlassen, S. 40, Fn. 18 (Hervorhebung nicht im Original).

750 *E. A. Wolff*, Kausalität von Tun und Unterlassen, S. 44, ohne freilich den Begriff „Garantenpflicht“ zu verwenden.

751 Ähnliche Kritik bei *Sangenstedt*, Garantenstellung von Amtswaltern, S. 241.

752 *E. A. Wolff*, Kausalität von Tun und Unterlassen, S. 37.

3.2.5.2.4 *Schultz: Vertrauen-Dürfen als Erfordernis objektiv sorgfaltsgemäßen Verhaltens*

3.2.5.2.4.1 Darstellung

Schultz verwendet in seiner Arbeit zum Amtswalterunterlassen neben einem Gefährdungskriterium[753] ein Vertrauenselement. Auf Grund seiner Nähe zur Lehre von der objektiven Zurechnung nutzt Schultz das Element des Vertrauen-Dürfens zur Abgrenzung von Verantwortungsbereichen. Derjenige, der den Schutz eines Rechtsguts einem anderen übertrage, dürfe auf dessen Hilfe vertrauen, wenn er bei der Übertragung objektiv sorgfaltsgemäß gehandelt habe. Umgekehrt dürfe der sorgfaltswidrige Disponent nicht auf die Übernahme des anderen vertrauen. Durch die Sorgfaltswidrigkeit des Disponierenden werde der Zurechnungszusammenhang unterbrochen, weshalb der Übernehmende nicht zum Garanten werde[754]. Für dieses Ergebnis spreche die Perspektive des Schutz Übernehmenden. Eine wirksame Übertragung einer Schutzaufgabe wäre für den Übernehmenden nicht vorhersehbar. Dieser dürfe darauf vertrauen, dass er nicht Garant auf Grund einer sorgfaltswidrigen Disposition wird[755].

3.2.5.2.4.2 Kritische Würdigung

Schultz' Instrumentalisierung des Vertrauensgedankens zu Zurechnungszwecken überzeugt aus diversen Gründen nicht. Seine Regeln der Haftungsverteilung gelten nicht nur im Verhältnis zweier Garanten, zum Beispiel zwischen Eltern und Kindermädchen, sondern ebenso im Verhältnis des Rechtsgutsträgers zum Garanten, beispielsweise des Bademeisters zum Schwimmer. Bei letzterem erhalten somit über das Vertrauen-Dürfen viktimologische Aspekte Einzug in die strafrechtliche Bewertung. Wäre es objektiv sorgfaltswidrig vom Badegast, auf das Eingreifen des Bademeisters zu vertrauen, so wäre er nicht vom Bademeister als Garant zu schützen. Der Schutz des Opfers würde beschränkt, weil dieses nicht schutzwürdig wäre. Damit erzielt man aber genau das Ergebnis, das in einem anderen Kontext, nämlich bei § 263 StGB zu Recht abgelehnt wird[756]. Dadurch ge-

753 Siehe zu diesem Teil von *Schultz'* Position ausführlicher unter Teil 2 B V 2.

754 *Schultz*, Amtswalterunterlassen, S. 143 f.

755 *Schultz*, Amtswalterunterlassen, S. 144.

756 Dort soll viktimologischen Ansätzen zu Folge ein Betrug mangels Irrtum nicht in Betracht kommen, wenn das Opfer auf Grund konkreter Anhaltspunkte an der Richtigkeit der Tätererklärung zweifelt (Nuancierungen in den Ansichten wie dem Für-möglich-Halten oder dem Für-wahrscheinlich-Halten sollen hier außer Betracht bleiben); zu den viktimodogmatischen Ansätzen: *R. Hassemer*, Schutzbedürftigkeit des Opfers und Strafrechtsdogmatik, S. 113 ff., 146 f., 166 f.; *Schünemann*, Bockelmann-FS, S. 130 f.; *Amelung*, GA 1977, 1 ff.

nössen Leichtgläubige, Naive, oder geistig Unterlegene im Ergebnis weniger Schutz als der Durchschnittsbürger. Weder macht es aber axiologisch Sinn, diese besonders Schutzbedürftigen schutzlos zu stellen, noch gibt es dafür eine Grundlage im Strafgesetz. Eine weitere Folge wären systematische Unstimmigkeiten im Verhältnis zur Haftung der Begehungstäter. So käme wohl niemand auf die Idee, einem schalker Fußballfan, der leichtfertig an einem Bundesligaspieltag am dortmunder Hauptbahnhof umsteigt, den strafrechtlichen Schutz vor prügelnden, rivalisierenden Fans zu versagen. Offensichtlich führt sorgfaltswidriges Verhalten im Begehungsbereich nicht automatisch zu einer Beschränkung des Opferschutzes. Eine Begründung dafür, warum dies beim Unterlassen anders sein soll, wird hingegen vermisst. Sicherlich erwägenswert ist es hingegen, im Verhältnis zweier Personen dem unsorgfältig den Schutz übertragenden Garanten die Entlastung zu versagen[757].

Das aus der Perspektive des Übernehmers vorgebrachte Argument verfängt nicht. Ein schützenswertes Vertrauen des Übernehmenden, durch sorgfaltswidrige Übertragungen nicht zum Garanten zu werden, ist dann nicht anzuerkennen, wenn er die Sorgfaltswidrigkeit bewusst herbeiführen will. So ist nicht erkennbar, warum derjenige Übernehmende schützenswert sein soll, der bewusst Signale für seine Unzuverlässigkeit an den Übertragenden sendet, nur um eine Garantenstellung zu vermeiden. Einem solchen Ergebnis steht schon der Grundsatz des Verbots des *venire contra factum proprium* entgegen.

Praktische, axiologisch fragwürdige Konsequenz *Schultz*' Vertrauenskriteriums wäre, dass diejenigen, die schon in der Vergangenheit übernommene Schutzpflichten geflissentlich ignoriert haben, damit „belohnt" würden, nicht mehr als Garanten zum Schutz verpflichtet zu sein. Denn es wäre für einen Disponenten objektiv sorgfaltswidrig, darauf zu vertrauen, ein schon zuvor Unzuverlässiger werde ihn schützen. Umgekehrt müsste der in der Vergangenheit stets Zuverlässige im Gegensatz zum Unzuverlässigen mit beständiger Inpflichtnahme als Garant rechnen.

Setzte sich *Schultz*' Auffassung durch und würde publik, so hätte dies unerwünschte, sozialpolitische Folgen. Denn es wäre regelmäßig sorgfaltswidrig und damit mangels eines Vertrauen-Dürfens nicht garantenstellungsbegründend, Straftäter in einem Bereich einzusetzen, in dem sie sich bereits auf Grund ihrer früheren Delinquenz als unzuverlässig erwiesen haben. Praktische Konsequenz wären (noch) weitreichendere, im Ergebnis einem Berufsverbot nahe kommende Schwierigkeiten für frühere Straftäter, in Lohn und Brot zu gelangen. Denn welcher Arbeitgeber würde früheren Straftätern eine Aufgabe übertragen, wenn rechtlich bereits äußerst zweifelhaft wäre, dass mit der Übernahme der Aufgabe

757 Siehe ausführlich dazu bei Teil 2 C VI 4 a bb.

eine besondere, strafbewehrte Pflichtenstellung gegenüber dem Arbeitgeber entsteht?

Insgesamt kann deshalb *Schultz*' Verständnis des Vertrauen-Dürfens nicht gefolgt werden. Es zeitigte axiologisch, sozialpolitisch und viktimologisch äußerst fragwürdige Ergebnisse.

3.2.6 Das Gefahrenmoment

3.2.6.1 Der Gefahrenmomentansatz im Allgemeinen

3.2.6.1.1 Darstellung

Das Gefahrenmoment erfreut sich großer Beliebtheit als materielles Garantenstellungskriterium. Allerdings bildet es lediglich einen Grundgedanken, der unterschiedlich konkretisiert und ergänzt wird. Zum Teil wird ihm generelle Bedeutung bei der Kennzeichnung von Garantenstellungen beigemessen[758], zum Teil nur im Hinblick auf bestimmte Garantenstellungen wie derjenigen auf Grund tatsächlicher Übernahme[759]. Gemein ist ihnen die Schaffung eines Gefahrenmoments im weitesten Sinne durch das Verhalten des Garanten.

Stark abstrahierend können zwei Grundpositionen unterschieden werden: das objektiv und das subjektiv bestimmte Gefahrenmoment. Diese auf Grund der inhaltlichen Unterschiede nötige Differenzierung wird kaum vorgenommen. Statt dessen wird jene Grundposition dieser fälschlicherweise zugeschlagen[760].

Blei als Vertreter des objektiv bestimmten Gefahrenmoments erblickt im Verhalten des Garanten nur dann eine „für das Strafrecht erhebliche Gefahr" (sprich: eine garantenstellungsbegründende), wenn es zur Folge hat, dass *objektiv erforderlicher* Schutz durch den Rechtsgutsträger oder rechtsgutsverantwort-

---

758 Vgl. z. B. *Arzt*, JA 1980, S. 560, 714 und 717; *Blei*, H. Mayer-FS, S. 126 ff.; *Grünewald*, Zivilrechtlich begründete Garantenpflichten im Strafrecht?, S. 133 ff.; LK-*Jescheck*, § 13, Rn. 4; *Schultz*, Amtswalterunterlassen, S. 14 ff.; NK-*Seelmann*, § 13, Rn. 48 ff.; *Sonnen*, JA 1982, S. 51; *Vogler*, Lange-FS, S. 281.

759 Vgl. hierzu *Bärwinkel*, Zur Struktur der Garantieverhältnisse bei den unechten Unterlassungsdelikten, S. 122; *Doering*, MDR 1982, S. 665; *Dominok*, Strafrechtliche Unterlassungshaftung von Amtsträgern in Umweltbehörden, S. 121 f. (tatsächliche Übernahme und Amtsträger); *Gallas*, Studien zum Unterlassungsdelikt, S. 81 ff.; *Krey*, Strafrecht AT Bd. 2, Rn. 344 ff.; *Rudolphi*, NStZ 1984, S. 150 ff. (tatsächliche Übernahme und Gefahrengemeinschaften); *Stree*, H. Mayer-FS, S. 151 ff.; *Tenckhoff*, JuS 1978, S. 311; *Walter*, ZStW 116, S. 568 und S. 581 f.

760 Vgl. nur Krey, Strafrecht AT Bd. 2, Rn. 344, der sich unzutreffend auf Blei beruft bei der Benennung seines subjektiv bestimmten Gefahrenmoments.

lichen Dritten unterbleibt. Wird dagegen nur Bagatellschutz oder „unnötiger" Schutz zu Gunsten eines „Überängstlichen" übernommen, entstünden mangels objektiv erforderlichen Schutzes keine Garantenpflichten. Wenn beispielsweise der Überängstliche einen Leibwächter engagiere, hafte dieser ebenso wenig wegen Körperverletzung durch Unterlassen, wenn er das Opfer nicht vor Angriffen durch Straßenpassanten schütze, wie derjenige wegen Sachbeschädigung durch Unterlassen hafte, der absprachewidrig nicht den Kirschbaum vor Vögeln schütze.[761]

Dem gegenüber überwiegt zahlenmäßig das subjektiv bestimmte Gefahrenmoment. Danach entstehe eine Garantenstellung, wenn allgemein das Verhalten des Garanten bzw. konkret dessen Schutzzusage oder -übernahme[762] dazu führt, dass das Opfer sich in Gefahr begibt oder es oder ein Schutzzuständiger Dritter auf anderweitige Schutzmaßnahmen verzichtet[763]. Abgestellt wird hierbei auf das tatsächliche, *subjektive Verhalten des* konkreten Opfers bzw. Dritter. Bliebe das Garantenverhalten ohne Einfluss auf das Verhalten anderer, käme eine besondere Erfolgsabwendungspflicht nicht in Betracht, weil dies der unbemerkten Schutzübernahme entspräche, bei der es dem Rechtsempfinden widerstrebe, eine solche Pflicht anzunehmen. So verneine man beispielsweise eine Garantenstellung des Spaziergängers, der unbemerkt ein unbeaufsichtigt an einem Teich spielendes Kind überwache.[764]

Rudolphi ergänzt, nicht erforderlich sei, dass das Opfer sich ohne die Schutzzusage der Gefahr nicht ausgesetzt hätte oder überhaupt anderweitigen

---

761 *Blei*, H. Mayer-FS, S. 126 und 141 f.

762 Hinsichtlich dieser konkretisierenden Einschränkung unterscheiden sich naheliegenderweise diejenigen, die dem Gefahrengedanken generelle Bedeutung zukommen lassen, von denjenigen, die ihn lediglich bei den Fällen der tatsächlichen Übernahme in Ansatz bringen.

763 *Arzt*, JA 1980, S. 560, 714 und 717, der einen starken Akzent auf formelle Rechtsquellen setzt und selbst in Fällen nichtiger zivilrechtlicher Vereinbarungen (vgl. den gängigen „Kindermädchenfall") „faktische Verträge" oder „faktische Gesellschaften" annehmen will, S. 650 und S. 652; zumindest im Bereich der rechtlichen Verpflichtungen Minderjähriger dürfte der Gesichtspunkt des faktischen Vertrages jedoch nicht tragfähig sein, ohne dass der zivilrechtliche Minderjährigenschutz unzulässig ausgehebelt würde; *Bärwinkel*, Zur Struktur der Garantieverhältnisse bei den unechten Unterlassungsdelikten, S. 122; *Doering*, MDR 1982, S. 665; *Dominok*, Strafrechtliche Unterlassungshaftung von Amtsträgern in Umweltbehörden, S. 121 f.; *Gallas*, Studien zum Unterlassungsdelikt, S. 81 ff.; *Krey*, Strafrecht AT Bd. 2, Rn. 344 ff.; *Rudolphi*, NStZ 1984, S. 150 ff.; Schönke/Schröder-*Stree*, § 13, Rn. 27; *Sonnen*, JA 1982, S. 51; *Vogler*, Lange-FS, S. 281.; *Tenckhoff*, JuS 1978, S. 311; *Walter*, ZStW 116, S. 568 und S. 581 f.

764 Diese Begründung findet sich bei *Stree*, H. Mayer-FS, S. 158 f.

Schutz hätte ergreifen können[765]. Bei Fällen der Lebensgemeinschaft und der vertraglichen Übernahme liege nach *Arzt* das Gefahrenmoment in der Enttäuschung des Vertrauens des Opfers durch das Unterlassen des Garanten[766]. Bei den Amtsträgern ergebe sich das Gefahrenelement aus dem Verzicht des Gesetzgebers auf weitere Schutzmaßnahmen in Form von Gesetzen, nachdem er die Pflichten von Amtsträgern zum Rechtsgüterschutz, zum Beispiel Umweltschutz, gesetzlich festgeschrieben habe[767].

3.2.6.1.2 Kritische Würdigung

Die Lehre vom Gefahrenmoment ist zu Recht auf Kritik gestoßen. Allerdings ist diese nicht in allen Fällen berechtigt. Wenn Katsanos einwendet, der einer Strafbarkeit entgegenstehende Gesichtspunkt der eigenverantwortlichen Selbstgefährdung aus der Lehre von der objektiven Zurechnung werde – insbesondere bei der Voraussetzung des Sich-in-Gefahr-Begebens – vernachlässigt[768], ist das in dieser Allgemeinheit unzutreffend[769]. Außerdem ist von einer freiverantwortlichen Selbstgefährdung dann nicht zu sprechen, wenn das Opfer den Umfang der Selbstgefährdung verkennt, weil es irrig an ein schützendes Eingreifen des Garanten glaubt und damit den Umfang des eingegangenen Risikos falsch beurteilt[770]. Daher stünde dieser Aspekt einer Strafbarkeit des untätigen Garanten,

---

765 *Rudolphi,* NStZ 1984, S. 152. Soweit er zudem noch ergänzt, das Opfer müsse sich einer Gefahr aussetzen, der es allein nicht gewachsen sei und es müsse schutzlos sein, wenn der Garant nicht helfe, kommt dem keine eigenständige Bedeutung zu. Denn wenn das Opfer selbst in der Lage gewesen wäre, sich zu schützen, also nicht schutzlos gewesen wäre, dann schiede eine Zurechnung des Verletzungserfolgs zum Garanten schon auf Grund einer eigenverantwortlichen Selbstschädigung bzw. -gefährdung des Opfers aus. Insofern bringt Rudolphi lediglich einen zutreffenden, anerkannten Zurechnungsgesichtspunkt zum Ausdruck, ohne das damit den Strafbarkeitsvoraussetzungen ein neuer Aspekt hinzugefügt würde.

766 *Arzt,* JA 1980, S. 650, 652.

767 *Dominok,* Strafrechtliche Unterlassungshaftung von Amtsträgern in Umweltbehörden, S. 121 f.

768 *Katsanos,* Garantenstellung aus engen Lebensgemeinschaften, S. 47 f.

769 Vgl. zur Berücksichtigung dieses Aspekts nur die Arbeiten von *Grünewald,* Zivilrechtlich begründete Garantenpflichten im Strafrecht?, S.133 ff.; *Schultz,* Amtswalterunterlassen, S. 143f.; *Seelmann,* GA 1989, S. 241 ff.; NK-*Seelmann,* § 13, Rn. 47 ff.

770 Auf den möglicherweise unter viktimodogmatischen Aspekten anders zu beurteilenden Sonderfall, dass das Opfer schuldhaft den Risikoumfang verkennt, soll hier nicht näher eingegangen werden, da es sich dabei um ein Sonderproblem der objektiven Zurechnung handelt, das dem vorgetragenen Gegenargument nicht grundsätzlich entgegensteht.

nachdem sich das Opfer in Erwartung von dessen Hilfe in Gefahr begeben hat, gerade nicht entgegen.

Ebenso wenig überzeugt die Kritik, bei Anwendung der Gefahrmomentslehre würden karitativ Tätige mit einer Garantenhaftung „belohnt“. Unterließen beispielsweise Mitarbeiter karitativer Einrichtungen die bisherige Versorgung von Obdachlosen mit Nahrung und diese würden verhungern, weil sie auf die Selbstversorgung im Vertrauen auf die Einrichtung verzichtet hätten, hafteten diese Mitarbeiter als Garanten, was inakzeptabel sei[771]. *Katsanos* setzt hierbei zweifelhaft die Leistung tatsächlicher Hilfe mit der – möglicherweise - garantenstellungsbegründenden Zusage derselben gleich[772]. Im Übrigen könnten sich die Mitarbeiter selbst bei Annahme einer Garantenstellung von dieser wieder lossagen, wenn dies nicht zur Unzeit[773] geschähe, also schon immer dann, wenn die Obdachlosen nicht kurz vor dem Hungertod stehend in der Einrichtung eintreffen.

Etwas oberflächlich ist der Einwand *Dominoks*, ein Unterlassen, also ein Nichtstun, könne niemals eine Gefahr schaffen[774]. Die Aussage mag zutreffen, wird jedoch von den Vertretern des Gefahrenmoments auch nicht bestritten. Diese stellen vielmehr auf das Verhalten des Garanten *vor* der Notsituation ab, weshalb der Einwand neben der Sache liegt. Soweit dagegen *Arzt* seiner Annahme, jeder Garantenstellung sei ein rudimentäres Gefahrschaffungselement eigen[775], dadurch gerecht zu werden versucht, indem er bei Fällen der Lebensgemeinschaft und des Vertrags „erst“ in der Enttäuschung der Hilfserwartung ein Gefährdungsmoment erblickt, wird er zu Recht kritisiert[776]. Er stellt dadurch inkonsequent und erläuterungsbedürftig auf zwei verschiedene Zeitpunkte ab: mal auf denjenigen der Schutzzusage und mal auf den der unterlassenen Hilfe in der konkreten Notsituation. Auf letzteren kann es aber schlechterdings nicht ankommen, da sonst das tatsächliche Unterlassen via Gefahrschaffung zur Voraussetzung

771 *Katsanos*, Garantenstellung aus engen Lebensgemeinschaften, S. 49, 51.

772 Ausführlicher zu diesem Fehlschluss bei der Lösung des „Wandererfalles“ im eigenen Ansatz, Teil 2 C VI 3.

773 Ausführlich zum Erlöschen von Garantenstellungen in Teil 3 B.

774 Dominok, Strafrechtliche Unterlassungshaftung von Amtsträgern in Umweltbehörden, S. 92.

775 *Arzt*, JA 1980, S. 560, 714 und 717. Anders die Deutung *Arzts* durch *S. Böhm*, Garantenpflichten aus familiären Beziehungen, S. 56 f., Fn. 250, die aber ebenfalls einräumt, das *Arzts* Äußerungen nicht eindeutig seien; wie hier statt dessen *Seelmann*, GA 1989, S. 241 und 243.

776 *Albrecht*, Garantenstellungen in familiären und familienähnlichen Beziehungen, S. 41; *Brammsen*, Entstehungsvoraussetzungen von Garantenpflichten, S. 133; NK-*Seelmann*, § 13, Rn. 38.

zung der Unterlassungshaftung würde. Der (Pflicht?) Verstoß, der gerade fraglich ist, schüfe die Pflicht.

Die kritisch gemeinte Feststellung, durch das Gefahrenelement werde die Garantenstellung aus tatsächlicher Übernahme zur Ingerenz[777], greift etwas zu kurz. Eine Vereinheitlichung von Garantenstellungen wäre per se nichts dogmatisch Abzulehnendes. Allerdings stellen sich in der Folge neue und alte Fragen, die ihrer Beantwortung noch harren. So ist weiterhin offen, welche Qualität ein garantenpflichtbegründendes Vorverhalten aufweisen muss[778]. Entweder man „importiert" mit dem Gefahrenmoment dieses Problem in die anderen Garantenstellungen oder man muss zumindest begründen, warum bei der tatsächlichen Übernahme stets rechtmäßiges Vorverhalten ausreicht[779]. Zweifel an der behaupteten Parallelität von Ingerenz und Gefahrenmoment bei der tatsächlichen Übernahme ergeben sich, wenn man bedenkt, dass bei der Ingerenz eine konkrete Gefahr geschaffen wird, durch den (das Gefahrenmoment unter anderem begründenden) Verzicht auf Schutzmaßnahmen jedoch nicht.

Das leitet zu einem weiteren, der Gefahrschaffungslehre immanenten Problem über. So weisen die Verhaltensalternativen, die eine Gefahr schaffen, sehr unterschiedliche Qualitäten bezüglich des Grades der Gefährdung auf. Umfasst sind das Begeben in eine konkrete Gefahr aber auch der bloße Verzicht auf Schutzmaßnahmen ohne bestehende konkrete Gefährdung. Indessen allein der Verzicht schafft in aller Regel noch keine Gefahr. Folgende Beispiele mögen dies illustrieren: In einer Wohngemeinschaft gestattet der A dem B, mit einem Zweitschlüssel As Auto unter der Bedingung zu benutzen, dass B das Fahrzeug vor Anbruch der Dunkelheit in eine dann erst frei werdende Garage umparkt, um es vor Dieben zu schützen, weil A häufig erst spät nach hause kommt. Hätte B sich damit nicht einverstanden erklärt, hätte sich A der Umpark-Hilfe seiner Mitbewohnerin und Schwester versichert. Im gutbürgerlichen Viertel, in dem die beiden wohnen, kommt es allerdings nur äußerst selten zu Autodiebstählen. In einem anderen Fall fährt A in eine osteuropäische Hauptstadt nur deshalb mit dem eigenen PKW, weil er zuvor dort einen Stellplatz für sein Fahrzeug auf dem von C bewachten Parkplatz gemietet hatte. Das Auswärtige Amt hat ausdrücklich davor gewarnt, dass in dieser Stadt Fahrzeuge, insbesondere Limousinen

777 *Stratenwerth*, Strafrecht AT, Rn. 1002.

778 Das Hervorrufen einer nahen, adäquaten Gefahr lassen genügen: BGHSt 3, 203; 11, 355; *Arzt*, JA 1980, S. 714 ff.; *Herzberg*, JuS 1971, S. 74 ff.; *Welp*, Vorangegangenes Tun, S. 209 ff., 271 ff., ein pflichtwidriges Vorverhalten verlangen: *Brammsen*, GA 1993, S. 109; *Samson*, StV 1991, S. 194; *Welzel*, Das Deutsche Strafrecht, § 28 A I 4a.

779 Eine solche Begründung lässt beispielsweise *Stree*, H. Mayer-FS, S. 145 ff., vermissen, obwohl er die Ingerenz ausdrücklich als Rechtsquelle der Garantenstellung aus tatsächlicher Übernahme benennt.

wie A sie fährt, mit ausländischen Kennzeichen auf unbewachten Parkplätzen mit hoher Wahrscheinlichkeit entwendet würden. Nach der Lehre vom Gefahrenmoment entstünden sowohl für B (wegen des Schutzverzichts des A) als auch für C (wegen des Sich-In-Gefahr-Begebens) Garantenstellungen. Während aber im ersten Fall nur eine theoretische Möglichkeit der Rechtsgutsbeeinträchtigung besteht, hat im zweiten das Verhalten des C eine unmittelbare konkrete Gefährdung der Rechtsgüter des A zur Folge. Offensichtlich weist das Sich-in-Gefahr-Begeben regelmäßig eine viel höhere Gefährdungsqualität auf als der Verzicht auf anderweitigen Schutz. Warum aber dessen ungeachtet beide gleichermaßen eine Garantenstellung zur Folge haben, hätte einer Begründung bedurft, so dass wesentlich Ungleiches unbegründet gleich behandelt wird.

Bleis Abstellen auf den Verzicht auf objektiv erforderlichen Schutz ist neben der nachstehend kritisierten, mangelnden Verallgemeinerbarkeit vorzuhalten, dass es keine Maßstäbe für die Bestimmung dessen, was objektiv erforderlich ist, liefert. Es stellt sich sogar die Frage, wofür, also für welches Maß an Schutz, die versäumten Maßnahmen erforderlich sein müssten. Lückenloser, umfassender Rechtsgüterschutz kann nicht gemeint sein, da dieser weder erreich- noch mit dem fragmentarischen Charakter des Strafrechts[780] vereinbar wäre. Die Bestimmung eines „durchschnittlichen", „angemessenen" Schutzes erscheint aber auf Grund der vielfältigen Gefahren und individuell verschiedenen Schutzbedürfnisse ebenfalls kaum möglich.

Ebenso wenig kann der Lehre vom subjektiv bestimmten Gefahrenmoment gefolgt werden. Strees Begründung für die Notwendigkeit eines gefahrschaffenden Vorverhaltens des Garanten[781] überzeugt nicht. Wenn er dazu auf die Fälle der unbemerkt gebliebenen Schutzübernahme verweist, ist ihm zu erwidern, dass zwar in der Tat in dem von ihm genannten Fall eine Garantenstellung des Spaziergängers ausscheidet, dies aber nicht einen verallgemeinerbaren Schluss auf die Notwendigkeit eines Gefahrenmoments gestattet. Der Spaziergänger unterscheidet sich nicht vom Jedermann, so dass die Verneinung seiner Garantenhaftung nicht bloß mit dem Gefahrschaffungsansatz möglich ist. Die Fähigkeit, den Beispielsfall zutreffend lösen zu können, kann die Gefahrmomentstheorie also nicht exklusiv für sich beanspruchen und deshalb auch nicht als Argument für sich verwenden. Allgemein verdient Strees Annahme, eine Garantenstellung scheide aus, wenn das Opfer von ihrer Übernahme nichts bemerkt habe, keinen Beifall. Denn dies ist regelmäßig bei Überwachungsgarantenstellungen gegeben, ohne dass deswegen jemand an der Schutzpflicht zweifelt.

780 *Binding*, BT 1, S. 20 ff.; *Arthur Kaufmann*, Henkel-FS, S. 89 ff.

781 *Stree*, H. Mayer-FS, S. 158.

Ein entscheidendes Gegenargument liefert die Tatsache, dass die Gefahrschaffungslehren nicht in der Lage sind, zahlreiche, allgemein anerkannte Fälle von Garantenstellung zutreffend zu erfassen. Bereits beim Grundfall der Garantenstellung der Mutter gegenüber ihrem Kind ist nicht erkennbar, dass das Kind sich wegen des mütterlichen Verhaltens in Gefahr begeben oder auf Schutz verzichtet hat[782]. Zu einem solchen Verhalten ist ein Baby schon konstitutionell nicht im Stande. Ebenso scheitert die Legitimation der Garantenstellungen der Ehegatten untereinander. Auch dort ist keine Gefahrschaffung im obigen Sinne ersichtlich. Weder begeben sich Eheleute wegen der Eheschließung in bestimmte Gefahren noch verzichten sie ihretwegen auf bestimmten Schutz. Im Falle der Gefahrengemeinschaft, die bereits aus 19 Bergsteigern besteht und zu der dann ein weiterer hinzustößt, zweifelt niemand daran, dass auch der letzte Hinzustoßende eine Garantenstellung hinsichtlich der übrigen Teilnehmer inne hat. Eine Gefährdung dieser Übrigen wegen jenem „Nachzügler" ist aber nicht ersichtlich. Sie haben wegen seiner Zusage weder darauf verzichtet, weitere Teilnehmer anzuheuern, noch haben sie derentwegen die Bergbesteigung in Angriff genommen. Sie hätten den Berg auch ohne die Zusage des Nachzüglers bestiegen. Generell müsste immer dann nach dem Gefahrschaffungsansatz eine Garantenstellung verneint werden, wenn das Opfer sich auch ohne die Schutzzusage in Gefahr begeben hätte. So hätte beispielsweise der Bademeister keine Schutzpflicht gegenüber Badegästen, die auch ohne ihn gebadet hätten - ein Ergebnis, das wohl weit überwiegend auf Ablehnung stößt. Diese Schwierigkeit hat Rudolphi erkannt, weshalb er ergänzt, nicht erforderlich sei, dass das Opfer sich ohne die Schutzzusage der Gefahr nicht ausgesetzt hätte[783]. Damit vermeidet er inakzeptable Ergebnisse auf Kosten der Logik. Denn wenn postuliert wird, das Opfer müsse sich wegen der Schutzzusage des Garanten in Gefahr begeben haben, heißt dies logisch nichts Anderes, als dass dies ohne sie nicht geschehen wäre.

Große Probleme bereiten auch Fälle des kumulativen Schutzes[784]. Fragt zum Beispiel A seine beiden Freunde B und C, ob sie ihm beim Schwimmen durch einen Fluss sicherheitshalber helfend zur Seite stehen, und A verzichtet wegen der Zusage des B darauf, auch noch D zu fragen, sondern nimmt deswegen das Unternehmen in Angriff, könnte für den später zusagenden C keine Garantenstellung mehr entstehen. Denn seine Zusage schüfe kein Gefahrenmoment mehr,

782 Kritisch gegenüber der Gefahrenmomentslehre für diesen Fall *S. Böhm*, Garantenpflichten aus familiären Beziehungen, S. 58; *Grünewald*, Zivilrechtlich begründete Garantenpflichten im Strafrecht?, S. 22.

783 *Rudolphi*, NStZ 1984, S. 152.

784 Kritisch bezüglich der Lösbarkeit dieser Fälle für die Gefahrschaffungstheorie *Brammsen*, Entstehungsvoraussetzungen von Garantenpflichten, S. 187, Fn. 214; *Herzberg*, Die Unterlassung im Strafrecht, S. 353 f.

da A schon wegen der Zusage des B auf Ds Hilfe verzichtet hat. Damit hinge es aber letztlich vom Zufall ab, welcher der beiden Helfer, B oder C, zuerst seine Hilfe zusagt, da nur diesen eine Garantenpflicht träfe. Eine solch zufallsabhängige Garantenlehre ist abzulehnen.

Das subjektiv bestimmte Gefahrenmoment zeitigt zudem noch praktische Probleme. Denn für einen Unterlassungsvorsatz ist die Kenntnis der garantenstellungsbegründenden Umstände notwendig. Der Verzicht auf anderweitigen Schutz ist aber ein Element, das regelmäßig nur in der Psyche des Opfers existiert und deshalb im Prozess nur schwer objektiv verifizierbar ist. Es ergäben sich daraus formidable Möglichkeiten zu Schutzbehauptungen für den Unterlassenden. Er könnte sehr häufig mit gewisser Plausibilität behaupten, er sei nicht davon ausgegangen, das Opfer habe seinetwegen auf anderweitigen Schutz verzichtet, mit der kriminalpolitisch wenig angenehmen Folge, dass er allenfalls wegen eines fahrlässigen Unterlassungsdelikts belangt werden könnte.

Neben der bedenklichen Terminologie[785], nach der ein Verzicht auf Sicherungsmaßnahmen eine „Gefahr" schaffe, ist auf eine weitere Schwierigkeit der Gefährdungslehre mittels des nachstehenden Beispiels hinzuweisen. Politiker P begibt sich, aus Bequemlichkeit ohne eine kugelsichere Weste anzulegen, in ein Restaurant zum Abendessen. Seinem üblichen Leibwächter hatte er frei gegeben, da er einen Vertreter V organisiert hatte. Dort angekommen wird P von T mit der von G organisierten Waffe erschossen. V hatte sich bei den ersten Anzeichen einer Gefahr Richtung Toilette entschuldigt, statt P schnellstmöglich in Sicherheit zu bringen, was ihm noch möglich gewesen wäre. In diesem Beispiel wäre unter anderem V wegen eines unechten Unterlassungsdelikts zu bestrafen[786]. Zu diesem wohl weitgehend akzeptierten Ergebnis würde auch die Gefahrschaffungslehre mit der Begründung gelangen, der V habe durch seine Schutzübernahme eine Gefahr für den P begründet, weil dieser wegen der Zusage des V auf seinen üblichen Leibwächter verzichtet habe. Zu bedenken ist aber Folgendes: Entscheidende Faktoren für den Erfolg waren in diesem Fall unter anderem[787] neben dem Handeln des V, offensichtlich das des T und G, ohne dessen Waffe der Schuss nicht möglich gewesen wäre, und sogar der P selbst, in-

785 Siehe zu diesen Bedenken ausführlicher die Ausführungen zu *Schultz* Terminus der „Innengefahr", die für den hiesigen Terminus „Gefahr" entsprechend gelten, Teil 2 B VI 3 b.

786 Die Strafbarkeit der anderen Personen interessiert hier ebenso wenig, wie der genau von V verwirklichte Tatbestand, der im einzelnen unter anderem davon abhängt, mit was für Verletzungen er gerechnet hat.

787 Diese Liste wäre natürlich auf Basis der Äquivalenztheorie noch beliebig erweiterbar. Ausgewählt wurden zu Demonstrationszwecken nur die naheliegenden, relativ erfolgsnahen Ursachen.

dem er auf die kugelsichere Weste verzichtete. Daher war das Handeln des V und der Verzicht des P auf einen anderen Leibwächter nur einer von mehreren erfolgswesentlichen Faktoren. Die Gefahrschaffungslehre müsste nun begründen, warum gerade Letzterer eine Täterschaft begründet, nicht aber das Verhalten des G oder warum die Zurechnung nicht am Verzicht des P auf eine kugelsichere Weste scheitert. Letzterer stellt immerhin auch einen Schutzverzicht dar. Genau diese Erklärung liefert die Lehre aber nicht. Folglich bleibt das Abstellen auf den zusagebedingten Schutzverzicht eine unbegründete Willkür. Abstrakt formuliert lautet der Einwand gegen die Gefahrenmomenttheorie, dass sie nicht erklärt, warum sie aus der Vielzahl denkbarer Erfolgsursachen dem Schutzverzicht so überragende, täterschaftsbegründende Bedeutung beimisst[788].

Aufschlussreich für die generellen Mängel der Gefahrschaffungstheorie sind zudem die in ihrer konkreten Anwendung sich offenbarenden Schwierigkeiten. Diesbezüglich kann auf die Ausführungen zu *Schultz* verwiesen werden[789]. Die dortige Kritik trifft vollumfänglich auf die Gefahrschaffungslehre im Allgemeinen und nicht bloß auf *Schultz*' Variante zu. Die Schwierigkeiten, mit dem Gefahrschaffungsansatz im konkreten Fall Garantenstellungen zu begründen, treten auch in *Dominoks* Versuch der Legitimation der Unterlassungshaftung von Amtsträgern hervor. Bei diesen ergebe sich die Gefahrschaffung aus dem Verzicht des Gesetzgebers auf weitere Schutzmaßnahmen, nachdem er die Pflichten von Amtsträgern, zum Beispiel Umweltschutz, gesetzlich festgeschrieben habe[790]. Es fehlt hier an dem sonst geforderten kausalen Zusammenhang von Schutzzusage des Garanten und Schutzverzicht. Der Staat als Gesetzgeber verzichtet nicht wegen der Übernahme des öffentlichen Amtes durch den Garanten auf weiteren gesetzlichen Schutz, sondern bereits vor dessen Zusage, weil er den geschaffenen Schutz für ausreichend erachtet.

Daher gelangt die vorstehend untersuchte Lehre zwar mitunter – insbesondere bei der Übernahme – zu zutreffenden Ergebnissen. Sie ist aber weder verallgemeinerbar noch vermag sie sämtliche Übernahmefälle befriedigend zu lösen. Daher kann ihr nicht gefolgt werden.

---

788 Einem ähnlichen Einwand sieht sich *Seibert* anlässlich der von ihm vertretenen Variante der Herrschaftslehre ausgesetzt; dortige Kritik unter Teil 2 B VIII 3 b.

789 Siehe im Anschluss Teil 2 B VI 3 b.

790 *Dominok*, Strafrechtliche Unterlassungshaftung von Amtsträgern in Umweltbehörden, S. 121 f.

3.2.6.2 Seelmann: Entzug von Abwehrbereitschaft, Gefahrbegründung oder -erhöhung und Übernahme von Gefahrverantwortlichkeit

3.2.6.2.1 Darstellung

Seelmann und ihm folgend *Grünewald* kennen zwei Entstehungsmodi von Garantenstellungen. Zum einen unterscheiden sie ausgehend von philosophischen Überlegungen[791] zwischen bloß moralischen „Tugendpflichten" und Rechtspflichten. Letztere gingen nur dahin, andere nicht in ihren Freiheitsrechten zu verletzen, weshalb auch Handlungspflichten bei Unterlassungen letztlich auf ein Verletzungsverbot rückführbar sein müssten.[792] Deshalb entstünden Sicherungspflichten bei Schaffung, Erhöhung einer Gefahr oder Übernahme der Verantwortlichkeit über eine Gefahr sowie Obhutspflichten bei Entziehung von Abwehrbereitschaft gegenüber Gefahren. Der Garant müsse durch sein Vorverhalten – gemeint ist das Verhalten vor der akuten Notsituation – die Ursache für die spätere Verletzung gesetzt haben.[793] Eine lediglich rechtliche Verantwortungszuschreibung, beispielsweise über eine Eigentümerstellung, reiche nicht aus[794]. An einem solchen Vorverhalten fehle es zum Beispiel bei konsensunabhängiger Rechtsnachfolge wie der Erbschaft[795].

Da es letztlich um die Vermeidung schädlicher Erfolge gehe, sei bei einer pflichtwidrigen Schaffung einer Gefahr deren Realisierung zu verhindern. Bei Setzung einer nicht-pflichtwidrigen Ursache für die spätere Verletzung ergebe sich eine besondere Erfolgsabwendungspflicht, wenn etwas im „Interesse der sozialen Dynamik" erlaubt, dies aber noch nicht die endgültige Risikoverteilung der Rechtsordnung zwischen den Beteiligten sei. Dies sei der Fall, wenn das Entziehen von Abwehrbereitschaft geeignet sei, Vertrauen in die Übernahme der Abwehrbereitschaft durch den Garanten zu erwecken und tatsächlich erweckt habe. Ein verletzungsgleiches Unterlassen liege bei einer Gefahrschaffung oder -erhöhung dann vor, wenn es sich um Gefahren handele, vor denen nicht jeder-

---

791 Vgl. dazu *Thomasius*, Fundamenta Iuris Naturae et Gentium; *Feuerbach*, Revision der Grundsätze und Grundbegriffe des positiven peinlichen Rechts; *Kant*, Metaphysik und Sitten; *Hegel*, Grundlinien der Philosophie des Rechts.

792 *Seelmann*, GA 1989, S. 251 f.; NK-*Seelmann*, § 13, Rn. 47 f.; *Grünewald*, Zivilrechtlich begründete Garantenpflichten im Strafrecht?, S. 64 und S.133.

793 So die der Funktionenlehre entlehnte Terminologie bei *Seelmann*, GA 1989, S. 253.; NK-*Seelmann*, § 13, Rn. 49; *Grünewald*, Zivilrechtlich begründete Garantenpflichten im Strafrecht?, S. 136.

794 *Grünewald*, Zivilrechtlich begründete Garantenpflichten im Strafrecht?, S.139.

795 Ablehnend *Seelmann*, GA 1989, S. 253, Fn. 67 einerseits.; vorsichtiger („nicht unproblematisch") andererseits NK-Seelmann, § 13, Rn.50.

mann selbst „normalerweise" Vorsorge treffe. Diese beiden Voraussetzungen träten bei nicht-pflichtwidrigem Vorverhalten hinzu.[796]

Zum anderen entstünde beim zweiten Entstehungsmodus von Garantenstellungen unabhängig vom Vorverhalten eine besondere Erfolgsabwendungspflicht, wenn sie „notwendige Bedingung von normativ geordneten Beziehungen" sei, es sich um eine Pflicht handele, die für andere freiheitsverbürgende Rechtspflichten als notwendig vorausgesetzt werden müsse. Dies sei beispielsweise anzunehmen bei den elterlichen Schutzpflichten gegenüber ihren Kindern, ohne die ein von staatlicher Kontrolle befreiter „Innenbereich der Familie" nicht bestehen könne. Die Garantenstellungen von Amtsträgern ergäben sich, weil deren Bestehen eine „Bedingung für das System der Handlungsverantwortung" sei.[797]

Auf Grund des Systems der individuellen Handlungsverantwortung und der daraus folgenden Notwendigkeit der Isolierung von Verantwortlichkeiten sei ein Unterlassen nicht strafwürdig, wenn das Opfer selbst die Gefahr zurechenbar mit verursacht habe, also in dem Zivilrecht nach § 254 BGB entsprechenden Fällen; so beispielsweise bei einer Gefahrschaffung durch eine gerechtfertigte Verteidigung gegen einen Angriff des Gefährdeten[798].

3.2.6.2.2 Kritische Würdigung

Obwohl *Seelmann* mit der Heranziehung des Interferenzverbots einen vielversprechenden[799] Aspekt in den Vordergrund rückt, kann den von ihm gezogenen Konsequenzen nicht zugestimmt werden. Zunächst ist der grundlegende Einwand gegen ihn zu erheben, dass es letztlich nicht möglich ist, sämtliche Garantenstellungen auf das Nicht-Schädigen-Gebot zurückzuführen. Dies ist ihm offensichtlich bewusst. Zwar versucht *Seelmann* gewisse Strafbarkeitslücken zu vermeiden, indem er eine Garantenstellung auch in Fällen annimmt, in denen die Pflicht eine notwendige Bedingung „normativ geordneter zwischenmenschlicher Beziehungen" sei, sie notwendige Bedingung für andere freiheitsverbürgende Rechtspflichten und für das System der Handlungsverantwortung sei[800]. Auf diese Weise versucht er beispielsweise, die elterliche Garantenstellung zu begrün-

---

796 NK-*Seelmann*, § 13, Rn. 49; *Grünewald*, Zivilrechtlich begründete Garantenpflichten im Strafrecht?, S.136.

797 *Seelmann*, GA 1989, S. 255; NK-*Seelmann*, § 13, Rn. 50; *Grünewald*, Zivilrechtlich begründete Garantenpflichten im Strafrecht?, S.140 f.

798 NK-*Seelmann*, § 13, Rn. 52; *Grünewald*, Zivilrechtlich begründete Garantenpflichten im Strafrecht?, S.140 f.

799 Zur Fruchtbarmachung des Schädigungsverbots im Rahmen eines dualistischen Haftungssystems siehe den eigenen Ansatz dieser Arbeit unter Teil 2 C III und IV.

800 *Seelmann*, GA 1989, S. 255; NK-Seelmann, § 13, Rn. 50.

den, welche sich ersichtlich nicht über das Verletzungsverbot herleiten ließe. Allerdings könnte ihm dies allenfalls um den Preis des Bruchs mit dem für ihn elementaren Verletzungsverbot gelingen, auf das diese Pflichten nicht rückführbar sind[801]. Der alternative Begründungsweg verdient genauso wenig Zustimmung. Es bleibt dunkel, inwiefern die elterlichen Schutzpflichten für die Existenz des Systems der Handlungsverantwortung und für andere „freiheitsverbürgende Rechtspflichten“ notwendig sein sollen. Unabhängig davon, ob es zutrifft[802], dass Freiheit von staatlicher Kontrolle innerhalb des Familienlebens gleichzeitig das Auferlegen elterlicher Schutzpflichten erfordert[803], wären diese elterlichen Schutzpflichten lediglich notwendig, um eben diese in Art. 6 GG verbürgten Freiheiten zu ermöglichen, nicht aber notwendige Bedingung für ein System der Handlungsverantwortung.

Auch generell vermag die besagte zweite Entstehungsmöglichkeit von Garantenstellungen bei Seelmann nicht zu überzeugen. Sie zeitigt sowohl zu restriktive als auch zu extensive Folgen. Einerseits existieren Pflichten, deren Einhaltung eine notwendige Bedingung normativ geordneter zwischenmenschlicher Beziehungen darstellt, ohne dass sie zugleich Garantenpflichten nach sich zögen. Eine solche notwendige Bedingung bildet beispielsweise die Erfüllung vertraglicher Pflichten, ohne die modernes Leben nicht denkbar wäre, die aber anerkanntermaßen nicht stets identisch mit Garantenpflichten sind[804]. Naheliegend erscheint es ebenfalls, in der über § 323c StGB abgesicherten minimalen Solidaritätspflicht eine notwendige Bedingung zwischenmenschlicher Beziehungen zu erblicken, ohne dass es sich dabei um eine Garantenpflicht handelt. Andererseits erweist sich obige Formel als zu restriktiv, da Garantenstellungen existieren, die weder mittels des Gefahrenmoments noch über den zweiten Entstehungsgrund erfassbar sind. Zum Beispiel hat die weitaus überwiegend[805] angenommene Garantenstellung von Amtsträgern in Umweltbehörden weder ihre Ursache darin, dass der Amtsträger im Hinblick auf die Umweltgüter eine Gefahr geschaffen hat, noch darin, dass eine zwischenmenschliche Beziehung (zu den Umweltgütern?) normativer Ordnung bedürfte. Die gegenteilige Behauptung Grünewalds,

---

801 *S. Böhm*, Garantenpflichten aus familiären Beziehungen, S. 58; *Vogel*, Norm und Pflicht, S. 353.

802 Zur Kritik an dem anklingenden Schluss vom Recht auf die Pflicht siehe Teil 2 B I 1 b.

803 So *Seelmanns* Begründung in GA 1989, S. 255.

804 Vgl. nur *Gallas*, Studien zum Unterlassungsdelikt, S. 76.

805 Vgl. statt vieler: BGHSt 38, 325 ff.;LG Bremen NStZ 1984, S. 164; OLG Frankfurt NJW 1987, S. 2757; *Horn*, NJW 1981, S. 6 und S. 9; *Otto*, Jura 1991, S. 315; *Sack*, Umweltschutzstrafrecht, § 324, Rn. 202 d *Winkelbauer*, NStZ 1986, S. 151; ablehnend dagegen: *Rudolphi*, Dünnebier-FS, S. 578 ff.; *Schünemann*, wistra 1986, S. 244; *Weber*, Strafrechtliche Verantwortlichkeit, S. 56 f..

die Amtsträgergarantenstellung stelle eine „Bedingung für das System der Handlungsverantwortung“ dar[806], ist mangels irgendeiner näheren Erläuterung nicht nachvollziehbar und keineswegs evident zutreffend. Daher gelingt es Seelmann und Grünewald nicht, sämtliche Garantenstellungen ihrer philosophischen Fundierung entsprechend auf ein Verletzungsverbot zurückzuführen. Die soeben untersuchte alternative Legitimation geht aber ebenso fehl[807].

Keine Zustimmung verdienen die ergänzenden Voraussetzungen für den Fall des nicht-pflichtwridigen Vorverhaltens. Indem *Seelmann* bei der Entziehung von Abwehrbereitschaft fordert, das Verhalten müsse geeignet sein, Vertrauen in das schützende Eingreifen des Garanten zu begründen, und dieses auch tatsächlich hervorgerufen haben[808], bietet er Anlass zu Kritik. Das Merkmal tatsächliches Vertrauen ist aus den erörterten Gründen abzulehnen[809]. Soweit eine Eignung zur Vertrauenserzeugung verlangt wird, vermisst man die Benennung eines Maßstabes, anhand dessen sie sich feststellen ließe. Bereits die naheliegende Frage, ob ein möglicher oder zwingender Schluss vom Verhalten auf die Eignung nötig ist, bleibt unbeantwortet. Das Postulat „Entziehen von Abwehrbereitschaft“ ist zumindest unglücklich formuliert. Ein In-Gefahr-Begeben ist damit nur sehr konstruiert erfassbar, indem man das Nicht-in-Gefahr-Begeben als Abwehrmaßnahme begreift. Dadurch „wehrte“ man aber etwas ab, dass für einen selbst noch gar nicht existiert, da man sich noch nicht hinein begeben hat.

Schwerer wiegen dem gegenüber die Bedenken gegen die ergänzende Voraussetzung bei der Gefahrschaffung oder -erhöhung, es müsse sich dabei um Gefahren handeln, gegen die der Jedermann normalerweise keine Vorsorge trifft[810]. Dieses Merkmal ist mit erheblichen Unsicherheiten belastet. Es bleibt völlig im Unklaren, welches Maß an Vorsorge hierfür nötig ist. Muss der Normalbürger effektiven, umfassenden Schutz installieren oder genügen Maßnahmen, die möglicherweise Schutz gewähren? Ist beispielsweise vor der Gefahr Autodiebstahl als Schutz das Parken eines abgeschlossenen Autos mit Alarmanlage in einer Garage als „normale Vorsorge“ von Nöten oder genügt bereits eine der genannten Maßnahmen? Im Übrigen existieren keine empirischen Erkenntnisse über die von den Bürgern getroffenen Schutzvorkehrungen hinsichtlich jedweder Gefahr, so dass der Rechtsanwender diesbezüglich häufig mutmaßen müsste.

806 *Grünewald*, Zivilrechtlich begründete Garantenpflichten im Strafrecht?, S. 141.

807 Kritisch gegenüber dieser Alternative ebenso *Albrecht*, Garantenstellungen in familiären und familienähnlichen Beziehungen, S. 56, ohne freilich über den Vorwurf hinauszugehen, *Seelmann* erläutere den zweiten Begründungsmodus von Garantenstellungen neben der Gefahrschaffung nicht näher.

808 NK-*Seelmann*, § 13, Rn. 49.

809 Siehe oben Teil 2 B V 1 b.

810 NK-*Seelmann*, § 13, Rn. 49.

Das „Normale" würde regelmäßig allein auf Basis der subjektiven Eindrücke des Urteilenden bestimmt.

Ungeachtet all dieser Unwägbarkeiten kann der Voraussetzung auch in der Sache nicht gefolgt werden. Unter axiologischen Gesichtspunkten ergibt es keinen Sinn, eine Garantenstellung bei Schaffung von Gefahren, gegen die normalerweise Vorsoge getroffen wird, zu verneinen. Denn regelmäßig treffen die Menschen gegen besonders verbreitete oder auch schwere Gefahren Vorsorge. Im Hinblick auf den mit dem Strafrecht bezweckten Rechtsgüterschutz ist aber kein überzeugender Grund ersichtlich, warum Schutzpflichten nicht hierfür wohl aber bei „exotischen" Gefahren entstehen sollen. Für die Straf- und Schutzbedürftigkeit bzw. -würdigkeit spielt es keine Rolle, wie verbreitet Gefahr und Schutzvorkehrungen dagegen sind. Warum aber soll man Gefahren nur deshalb nicht mehr bei Strafe abschirmen müssen, weil potentielle Opfer sich gegen sie zu schützen versuchen? Das Mehr an Selbstschutz durch die Opfer hätte ein Weniger an Strafrechtsschutz als paradoxen Effekt. Die Menschen müssten beständig danach trachten, den üblichen Schutz vor bestimmten Gefahren auch für sich selbst zu etablieren, da sie nunmehr geringeren strafrechtlichen Schutz genössen. Nicht aber jeder ist zum normalen Schutz in der Lage, weil dieser möglicherweise gewisse finanzielle Mittel erfordert. Ein Beispiel illustriert die fragwürdigen Ergebnisse, die *Seelmann*s Theorie liefern würde: Es entstünde anfangs bei einer besonders robusten und gefährlichen Grippeart stets eine Sicherungsgarantenstellung desjenigen, der andere anstecken könnte, da die Gefahr noch nicht in der Öffentlichkeit publik wäre und sich infolgedessen auch niemand vor dem Grippevirus „normalerweise" schützte. Nachdem aber die Bedrohung durch die Medien kommuniziert worden, in das Bewusstsein der Bevölkerung vorgedrungen ist und die Menschen Schutzvorkehrungen wie Mundschutz oder Impfung getroffen haben, müsste man eine Sicherungsgarantenstellung des Infektiösen ablehnen, da nunmehr „normalerweise" Schutzvorkehrungen getroffen würden - ein wenig überzeugendes Ergebnis.

Abzulehnen ist auch das im Hinblick auf das Verletzungsverbot strikte Fordern eines Vorverhaltens des Garanten[811]. Machte man mit diesem Postulat ernst, hätte der Staat nicht die Möglichkeit, neue, strafbewehrte Erfolgsabwendungspflichten und Gefahrzuständigkeiten zu begründen, was aber wegen des Rechtsgüterschutzes dringend notwendig sein kann, insbesondere, wenn neue Gefahrenquellen auf Grund der technischen Entwicklung entstehen. Beschlösse der Staat beispielsweise bestimmte Streupflichten für Schnee- und Eisglätte im Winter, müsste mangels Vorverhalten sich niemand bei Strafe daran halten. Der pauschalen Ablehnung der garantenstellungsbegründenden Funktion von Eigen-

811 So *Seelmann*, GA 1989, S. 253.

tümerstellungen wiederum[812], zum Beispiel bezüglich gefährlicher Sachen, ist zu widersprechen, weil eine solche Stellung auch Folge eines Vorverhaltens sein kann. Das Fordern einer Konsensabhängigkeit – allerdings speziell bei der Rechtsnachfolge - deutet hingegen insofern in eine auch hier als zutreffend beurteilte Richtung, als in ihm ein Freiwilligkeitserfordernis anklingt[813].

Schließlich sieht sich das Ausklammern von Fällen, in denen das Opfer die Gefahr selbst „mitverursacht" hat[814], gravierenden Einwänden ausgesetzt. Selbst wenn man die Anlehnung an § 254 BGB akzeptierte, ist *Seelmann*s Formulierung ersichtlich zu weit geraten, da sie von bloßem „Verursachen" statt „Mitverschulden" spricht. Zumindest Letzteres müsste man verlangen. Außerdem ist diesem viktimodogmatischen Element das üblicherweise gegen die Viktimodogmatik zu Recht vorgebrachte Argument entgegen zu halten, dass das Strafrecht nicht bloß die Vernünftigen und Umsichtigen, sondern auch und gerade die Schwachen und Naiven schützt. Zudem stützt auch der argumentative Hinweis auf § 254 BGB nicht *Seelmann*s Position. Während das Zivilrecht nämlich nach dem Grad des Mitverschuldens bei der Rechtsfolge die jeweiligen Haftungsquoten bemessen kann, liegen die Dinge im Strafrecht wegen der gravierenden gesellschaftlichen Stigmatisierung, die mit einer strafrechtlichen Verurteilung regelmäßig einhergeht, anders und man muss von einem „binären" Ergebnis – Verurteilung oder nicht - sprechen. Dort ist es zunächst für den Angeklagten entscheidend, ob er freigesprochen wird oder strafrechtlich verantwortlich ist[815]. Dafür müsste aber beantwortet werden, welches Maß an Mitverschulden zu einem Freispruch führt und wie man dieses Mitverschulden messen sollte. Im Zivilrecht könnte man beispielsweise bei dreißigprozentigem Mitverschulden eine entsprechende Haftungsquote bilden. Im Strafrecht hingegen müsste man sich fragen, ob bei dreißig Prozent noch eine Strafbarkeit des Täters gegeben ist. Eine Antwort darauf gibt der Autor nicht und sie ist begründet auch gar nicht möglich. Dann aber ist das Rekurrieren auf eine Mitverursachung und § 254 BGB zu verwerfen.[816] Auf Grund der vorstehenden Kritik kann *Seelmann* nicht gefolgt werden.

---

812 *Grünewald*, Zivilrechtlich begründete Garantenpflichten im Strafrecht?, S.139.

813 Ausführlicher zu diesem Erfordernis im Rahmen des auf dem Neminem-Laede-Prinzip basierenden Herrschaftsgedankens im eigenen Ansatz Teil 2 C IV 1 c.

814 NK-*Seelmann*, § 13, Rn. 52.

815 Dies gilt jedenfalls außerhalb der Bagatellkriminalität, bei der alternative Möglichkeiten der Verfahrensbeendigung wie beispielsweise die §§ 153 ff. StPO existieren. Die bei der Strafzumessung mögliche Differenzierung nach dem Grad des Mitverschuldens des Opfers ist hingegen in aller Regel für die gesellschaftliche Stigmatisierung von sehr untergeordneter Bedeutung. Öffentlich wahrgenommen wird vor allem die Verurteilung wegen einer Straftat.

3.2.6.3 Schultz: Differenzierung zwischen Innen- und Außengefahr

3.2.6.3.1 Darstellung

Schultz verlangt neben anderen Voraussetzungen ebenfalls ein Element der Gefahrschaffung für das Vorliegen einer Garantenstellung. In ihrer konkreten Ausgestaltung unterscheidet sich seine Position in einer eine getrennte Untersuchung erfordernden Weise von den herkömmlichen Vertretern dieser Auffassung. Zur Lösung des von Schultz in den Blick genommenen Problems der Garantenstellung von Amtsträgern entwickelt er eine eigene, allgemeine Garantentheorie. Auch insofern unterscheidet er sich von den meisten anderen Anhängern des Gefahrkriteriums, die selbiges in aller Regel nur bei der Fallgruppe der tatsächlichen Übernahme von Schutzfunktionen anwenden wollen[817]. Soweit er daneben noch den Vertrauensgedanken fruchtbar macht, ist darauf an anderer Stelle eingegangen worden[818].

Grundlage der Garantenstellung speziell des Amtswalters könnten wegen des Prinzips der Einheit der Rechtsordnung auch öffentlich-rechtliche Pflichten sein[819]. Allerdings müssten diese Pflichten dasselbe Rechtsgut schützen wie die jeweils fragliche, möglicherweise verletzte Norm aus dem besonderen Teil des StGB[820].

Von dieser speziellen Fallgruppe abstrahierend wendet sich Schultz sodann im Rahmen eines generellen Ansatzes dem Gefahrenmoment zu. Er differenziert zwischen einer „Innengefahr“ und einer „Außengefahr“. Eine Innengefahr werde immer dann geschaffen, wenn der Bedrohte auf Grund der Schutzzusage des Garanten auf andere Sicherungsmaßnahmen verzichte. So bewirke beispielsweise das Kindermädchen eine (Innen-) Gefahr, weil die Eltern des zu betreuenden Kindes ihretwegen auf Sicherungsmittel verzichten würden. Dem gegenüber meint der Begriff Außengefahr die von außen drohende Gefahr für das Rechts-

---

816 Anzumerken ist in diesem Zusammenhang, dass selbstverständlich auch im Unterlassungsbereich die Regeln der objektiven Zurechnung gelten, nach denen ein Erfolg – eine Versuchsstrafbarkeit ist aber weiterhin denkbar – dem Täter nicht zugerechnet werden kann, wenn eine eigenverantwortliche Selbstgefährdung des Opfers angenommen werden kann. Dem gegenüber geht Seelmanns Ansatz aus den genannten Gründen zu weit. Mit der besagten Rechtsfigur aus der objektiven Zurechnung ist das Opferverhalten hinreichend berücksichtigt.

817 Vgl. zu einem engeren Anwendungsbereich die ausdrücklich zunächst nur auf die Übernahme beschränkten Ausführungen von *Stree*, H. Mayer-FS, S. 145ff.

818 Zu dem Vertrauensgedanken siehe Teil 2 B V 2 d.

819 *Schultz*, Amtswalterunterlassen, S. 41, insbesondere Fn. 28.

820 *Schultz*, Amtswalterunterlassen, S. 43 f.

gut[821], also die Gefahrenquelle, aus der dem Rechtsgut tatsächlich Schaden droht. So schafft beispielsweise Freund F eine Innengefahr, wenn der Schwimmwillige S wegen der Zusage des F, ihm von seinem Boot notfalls zu Hilfe zu kommen, beim Schwimmen auf eine Schwimmweste verzichtet. Unter Außengefahr ist in dem Beispiel die Gefahr des Ertrinkens zu verstehen, konkreter: die Gefahr, von einer Strömung mitgerissen zu werden und zu ertrinken. Der Erfolg trete ein, weil Außen- und Innengefahr bestünden. Zwischen beiden bestehe ein Gefahrverwirklichungszusammenhang. Beide Gefahrentypen sollen zum Entstehen einer Garantenstellung führen können. Einerseits hafte als Garant wegen einer Innengefahr, wer bei Bestehen einer Außengefahr eine Innengefahr zurechenbar geschaffen habe. Dann nämlich könne dem Garanten die Realisierung der Außengefahr zugerechnet werden[822]. Andererseits entstehe eine Garantenstellung, wenn durch einen Übernahmeakt die Herrschaft über eine Außengefahr begründet werde. Garant sei also, wer bei bestehender Innengefahr die Außengefahr zurechenbar beherrsche. Eine Innengefahr bestehe in solchen Fällen schon immer deswegen, weil der Schutz unbestimmter Rechtsgüter außerhalb der Herrschaft über die Gefahrenquelle unmöglich oder nur stark eingeschränkt möglich sei. Das erfasse die üblicherweise als Herrschaft über die Gefahrenquelle bezeichneten Fälle; sei es originär eigene Herrschaft zum Beispiel über gefährliche eigene Sachen, sei es eine Herrschaft anlässlich der Disposition eines anderen wie der Übertragung einer Streupflicht im Winter[823].

Hinsichtlich der ihn speziell interessierenden Frage nach der Garantenstellung von Amtswaltern[824] gelangt Schultz zu folgenden Ergebnissen[825]. Zunächst übernehme der Staat bestimmte Aufgaben, sprich Schutzfunktionen. Folge dieser Übernahme sei der Verzicht der Rechtsgutsinhaber, zu denen auch die Allgemeinheit gehören könne[826], auf eigene, private Schutzmaßnahmen, weil durch die Schaffung einer staatlichen Aufgabe eine öffentlich-rechtliche Sicherung installiert worden sei. Für den Sonderfall, dass kein Verzicht der Rechtsgutsträger auf Schutzmaßnahmen erfolgen kann, weil keine Schutzmittel existieren - Schultz denkt hierbei wohl an Umweltmedien -, liege eine Innengefahr in der

821 *Schultz*, Amtswalterunterlassen, S. 140 f.

822 *Schultz*, Amtswalterunterlassen, S. 140, 147.

823 *Schultz*, Amtswalterunterlassen, S. 142, 147.

824 Zwar handelt es sich hierbei um eine besondere Fragestellung, die nicht Gegenstand der hiesigen Arbeit ist, doch lässt sich mittels der dort gegebenen Antwort in der sich anschließenden, kritischen Würdigung eine Aussage über die von *Schultz* behauptete Generalisierbarkeit des Gefährdungsansatzes treffen.

825 Zum folgenden Absatz *Schultz*, Amtswalterunterlassen, S. 149 ff.

826 Gemeint ist hiermit wohl die Allgemeinheit als Inhaberin der Rechtsgüter Umweltmedien.

Tatsache, dass das Rechtsgut so schwierig zu schützen ist. Der Staat bewirke eine Gefahr durch die Übernahme der Schutzaufgabe. Vom Staat wiederum übernehme dann ein Amtswalter die Schutzaufgaben und werde somit zum Garanten.

Für den konkreten Fall des Gewässerschutzes liege die gefahrschaffende Disposition im Verzicht auf andere Sicherungsmittel neben der Schaffung von kompetenten Wasserbehörden[827].

3.2.6.3.2 Kritische Würdigung

Schultz' Variante der Gefahrschaffungstheorien kann nicht gefolgt werden. Der eingangs von ihm erhobenen Forderung, Zweck der übernommenen Pflicht müsse der Schutz des strafrechtlich geschützten Rechtsguts sein, kann noch beigepflichtet werden[828]. Keine Zustimmung verdient aber das Argument der Einheit der Rechtsordnung für die Rechtsquelle öffentlich-rechtliche Pflicht. Aus der diesem Prinzip zu entnehmenden allgemeinen Anerkennung außerstrafrechtlicher Rechtfertigungsgründe innerhalb des Strafrechts folgt nicht, dass selbiges auch für außerstrafrechtliche Pflichten gelten muss. Während nämlich bei der fehlenden Berücksichtigung außerstrafrechtlicher Erlaubnissätze im Strafrecht ein Widerspruch entstünde: außerstrafrechtlich Erlaubtes wäre strafrechtlich verboten, droht ein solcher bei Nichtberücksichtigung außerstrafrechtlicher Pflichten im Strafrecht nicht. Die Geltung der außerstrafrechtlichen Pflicht würde nicht durch das Fehlen einer korrespondierenden Strafrechtspflicht in Frage gestellt. Sie hätte unvermindert Bestand. Nur wäre die Folge ihrer Verletzung nicht zwangsläufig Kriminalstrafe. Es ist aber wegen des ultima ratio Charakters des Strafrechts[829] die Regel, dass außerstrafrechtliche Pflichten nicht zugleich Strafrechtspflichten nach sich ziehen.

Die für Schultz' Ansatz charakteristische Differenzierung zwischen Innen- und Außengefahr überzeugt ebenfalls nicht. Der Begriff Innengefahr beschert keinerlei Gewinn. Es muss bereits bezweifelt werden, ob die von ihm beschriebene Konstellation tatsächlich eine Gefahr darstellt. Denn durch den Schutzverzicht selbst entsteht regelmäßig gerade noch keine Gefahr. So kann beispielsweise kaum behauptet werden, der Verzicht auf einen Feuerlöscher in einer Wohnung begründe eine Brandgefahr oder halte diese aufrecht. Die Gefahrenquelle, aus der dem Rechtsgut Schaden droht, in der Terminologie Schultz' die

827 *Schultz*, Amtswalterunterlassen, S. 167.

828 Ausführlicher zu dieser Voraussetzung in der Herleitung des eigenen Ansatzes bei Teil 2 C V 3.

829 BVerfGE 39, 1 (47); LK-*Jescheck*, Einl. (Bd. 1), Rn. 3; *Arthur Kaufmann*, JuS 1978, S. 365; SK-*Rudolphi*, Vor § 1, Rn. 14.

Außengefahr, stellt die einzige, die tatsächliche Gefahr dar. Ohne Außengefahr ist kein Schaden möglich, ohne Innengefahr hingegen schon. Die Außengefahr muss, die Innengefahr kann eine Rolle für den Schadenseintritt spielen. Aber deswegen stellen nicht beide eine Gefahr dar. Bei der Innengefahr handelt es sich stattdessen lediglich um einen von zahlreichen, denkbaren Faktoren, die die Höhe des Risikos aus der einen (Außen-) Gefahr beeinflussen. Die theoretische Möglichkeit des Einflusses auf den schädigenden Kausalverlauf lässt aus dem Schutzverzicht allerdings noch keine Gefahr werden. Die fehlende Begründbarkeit der konstitutiven Funktion dieses einen Kausalfaktors für die Garantenhaftung ist ein weiteres grundlegendes Problem des Gefährdungsansatzes[830].

Die soeben erläuterte Feststellung, dass ein Schutzverzicht nicht automatisch eine Gefahr darstellt, kann auch nicht durch das geschickt gewählte Beispiel des Kindermädchens widerlegt werden. Zwar führt in diesem Fall der zeitweilige Verzicht auf den elterlichen Schutz, tatsächlich zu einer Gefahr; hier für das Kind. Dies beruht aber nicht auf der Richtigkeit von *Schultz*' Ausführungen. Ursache ist vielmehr die beim Kleinkind konstitutionell bedingte, permanente Außengefahr. Auf Grund seiner noch nicht abgeschlossenen körperlichen und geistigen Entwicklung schweben Kleinkinder stets in Gefahr, Schaden zu nehmen. Diese ausnahmsweise dauernd bestehende Außengefahr führt nun in diesem Sonderfall dazu, dass ein Schutzverzicht automatisch zur Erhöhung der Gefahrenlage führt. Diese permanente Außengefahr ist aber eine Besonderheit des Beispiels und keineswegs charakteristisch für alle Fälle der Garantenstellung. Es bleibt demnach bei der Kritik, dass die Außengefahr und nicht eine konstruierte Innengefahr die Rechtsgüter bedroht. Somit ist die Innengefahr als künstliche, terminologisch und vor allem sachlich fragwürdige Abspaltung eines Risiko beeinflussenden Faktors abzulehnen.

Daneben vermisst man eine Begründung dafür, warum eine Gefahrschaffung Unterlassungsunrecht konstituiert soll. Letztlich beruht die Annahme einer Garantenstellung bei Schultz auf der Zurechnung einer Gefahrschaffung. Darin und in den Ausführungen des Verfassers kommt eine gewisse Nähe zur Risikoerhöhungslehre zum Ausdruck, nach der ein Erfolg dann zuzurechnen sei, wenn sich in ihm die vom Täter begründete oder erhöhte Gefahr realisiert hat, die zugleich der Steuerbarkeit des Täters unterlegen hat[831]. Allerdings sind die dortigen Ausführungen ausschließlich auf das Begehen bezogen, so dass auch sie nicht den Gefahrenansatz beim Unterlassen legitimieren können. Die Kritik an der fehlenden Begründung hat deshalb Bestand[832].

---

830 Zu diesem Gegenargument vgl. die entsprechenden Ausführungen bei Teil 2 B V 1 b.

831 Vgl. stellvertretend für die Anhänger dieser Lehre *Otto*, AT, § 6 I 2 b, 4d.

Ebenfalls erhebliche Schwierigkeiten weist Schultz' Meinung bei der zweiten von ihm gefundenen, großen Gruppe von Garantenstellungen, derjenigen der Herrschaft über die Außengefahr, auf. Dabei richtet sich die Kritik nicht gegen das Element der Herrschaft, das auch nach der hier vertretenen dualistischen Theorie Bedeutung hat[833]. Sie entzündet sich vielmehr an der fehlenden Harmonie mit dem Gefahrschaffungsmoment. Denn unrechtskonstituierendes Merkmal dieses Ansatzes solle die Schaffung oder Aufrechterhaltung einer Gefahr sein. Genau dieses Merkmal fehlt in Teilbereichen der Herrschaft über die Außengefahr. So fallen unter diese Gruppe zum Beispiel die Fälle, in denen man eine Sache als Gefahrenquelle zu überwachen hat, also die Pflicht des Hauseigentümers, vor herabstürzenden Ziegeln zu schützen. Es fällt aber sogleich auf, dass die Herrschaft über eine Sache nicht immer zugleich eine Gefahr schafft oder konserviert. So begründet in dem genannten Beispiel die Hauseigentümerstellung und Herrschaft über das Haus weder eine Gefahr (herabstürzender Ziegel), noch erhält sie diese. Demzufolge lassen sich diese Garantenstellungen mit dem Gefahrenelement gerade nicht legitimieren. Damit fehlt es zudem letztlich an einer Begründung für die im Ergebnis durchaus zustimmungsbedürftige Annahme, aus der Herrschaft über Sachen könne die Pflicht folgen, diese als Gefahrenquelle abzuschirmen[834].

Instruktiv hinsichtlich der generellen Probleme des Gefahrenansatzes, insbesondere bezüglich seiner Verallgemeinerbarkeit, sind Schultz' Anwendung seines Ansatzes auf die Amtsträger im Allgemeinen und auf diejenigen in Wasserbehörden im Speziellen. Um im ersteren Fall mit dem Gefahrschaffungskriterium zu einer Garantenstellung zu gelangen, führt der Autor aus, als Folge der Schutzübernahme durch den Staat würden die Rechtsgutsinhaber, zu denen auch die Allgemeinheit zähle, auf eigene Schutzmaßnahmen verzichten. Daran ist dreierlei zweifelhaft. Zum einen ließe sich diese Behauptung nur halten, wenn wissenschaftlich akzeptabel mit den Methoden der Soziologie das Verhalten der

---

832 Geradezu leichtfertig vergibt Schultz eine Begründungsmöglichkeit, wenn er die Übertragbarkeit seines Gefahrenmoments vom Unterlassen auf das Tun damit begründet, dass auch dort für die Realisierung einer Gefahr hafte, wer diese zurechenbar geschaffen habe, Schultz, Amtswalterunterlassen, S. 145. Hätte er diesen Schluss umgekehrt, so wäre dadurch ein Argument für das Gefahrenmoment beim Unterlassen gewonnen gewesen: Die Bedeutung der Gefahrschaffung beim Tun hätte ein erstes Indiz liefern können, dass sie auch beim Unterlassen unrechtskonstituierend sein könnte.
In eine ähnliche Richtung zielt die Anmerkung von Sangenstedt, Garantenstellung von Amtsträgern, S. 262, Fn. 109

833 Siehe zum Herrschaftsaspekt im Rahmen des hiesigen Ansatzes, Teil 2 C IV 1.

834 Die fehlende Begründung für die Herrschaftskomponente bemängelt ebenfalls Sangenstedt, Garantenstellung von Amtsträgern, S. 274 f.

Allgemeinheit ergründet worden wäre, was aber ersichtlich nicht geschehen ist. Zum anderen muss bezweifelt werden, ob überhaupt ein einheitliches, feststellbares Verhalten der Allgemeinheit existiert und nicht stattdessen mit der Vielzahl der Personen auch eine entsprechende Vielzahl von Verhaltensweisen einhergeht. Schließlich erscheint in der Sache zweifelhaft, ob tatsächlich Bürger beispielsweise auf Maßnahmen zum Gewässerschutz verzichten, weil sie auf den Schutz des Staates vertrauen. Regelmäßig wird es ihnen in diesem Bereich schon an den Schutzmitteln fehlen. Bezüglich Letzterem regen sich wohl auch bei Schultz Bedenken, weshalb bei Fehlen von Schutzmitteln die Innengefahr schon in der Tatsache begründet liegen solle, dass das Rechtsgut so schwierig zu schützen sei[835]. Dies stellt jedoch weniger eine Begründung als eine Tautologie dar. Denn das Vorliegen einer Innengefahr wird so im Falle fehlender Schutzmittel und damit fehlenden Schutzverzichts mit der Unmöglichkeit des Schutzes für den Einzelnen begründet. Im Übrigen ergibt sich bei Fehlen von Schutzmöglichkeiten für die Allgemeinheit ein logisches Problem. Wenn der Bürger sowieso keine Schutzmöglichkeit hatte, dann kann die Schutzübernahme durch den Staat mangels Verzichtsmöglichkeit keine Auswirkungen auf ihn gehabt haben. Dann aber kann die staatliche Schutzübernahme mangels Auswirkungen auf den Einzelnen auch keine Gefahr geschaffen haben. Ergo begründet auch hier die Gefahrschaffung keine Garantenstellung. Daran vermag die besagte Ad-hoc-Tautologie selbstverständlich nichts zu ändern.

Ebenso unschlüssig ist die Begründung einer Garantenhaftung für Amtsträger in Wasserbehörden. Dort solle die gefahrschaffende Disposition darin liegen, dass die Allgemeinheit mit der Schaffung von Wasserbehörden auf andere Sicherungsmittel verzichtet habe[836]. Diese Argumentation ist abzulehnen, da sie auf dem unzulässigen Schluss von der Schaffung von Schutz auf den Verzicht anderer Sicherungsmaßnahmen basiert. Dass die Schaffung von Schutz – dann automatisch – zum Verzicht auf jegliche andere Schutzmaßnahmen geführt hat, ist eine bloße Unterstellung. Mit dieser Argumentation könnte bei jeder Inpflichtnahme eine Garantenhaftung konstruiert werden, da man stets behaupten könnte, man habe wegen der Inpflichtnahme auf anderweitigen Schutz verzichtet. Wenn dieser Automatismus, Inpflichtnahme führt zu Schutzverzicht, tatsächlich existierte, bräuchte man stets nur die Inpflichtnahme zu konstatieren und könnte auf die Feststellung des – dann stets gegebenen - Gefahrenelements verzichten. Damit ist ein weiteres grundlegendes Problem des Gefährdungsansatzes offen gelegt[837].

835 *Schultz*, Amtswalterunterlassen, S. 149.
836 *Schultz*, Amtswalterunterlassen, S. 167.

Insgesamt verhilft Schultz Differenzierung zwischen einer Innen- und Außengefahr der Theorie vom Gefahrenmoment nicht zum Durchbruch. Die Innengefahr ist als terminologisch fragwürdig und sachlich verfehlt abzulehnen. Für die garantenstellungskonstituierende Bedeutung des Gefahrschaffungselements fehlt ebenso eine Begründung wie für die Rückführbarkeit der Herrschaft über die Außengefahr auf dieses Element.

3.2.6.4 Dießner: Abstrakte Möglichkeit einer Gefahr

3.2.6.4.1 Darstellung

Neuerdings verlangt *Dießner*[838] fälschlicherweise unter Bezugnahme auf die Rechtsprechung[839], im Rahmen ihres formell-materiellen Ansatzes die abstrakte Möglichkeit einer Gefahr. Nur wenn eine solche – neben weiteren, hier nicht interessierenden Voraussetzungen[840] - bestehe, begründe die tatsächliche Übernahme eine Garantenstellung.

3.2.6.4.2 Kritische Würdigung

Die neuere Variante des Gefahrenmoments von *Dießner* verdient keinen Beifall, führt sie doch zu zusätzlichen Unsicherheiten bei der Prüfung einer Garantenstellung. Denn so klar das von Tatbestandsmerkmalen des Besonderen Teils des

---

837 Gänzlich unklar bleibt daneben, wieso gemäß Schultz die Übernahme einer Streupflicht im Winter zu einer „Herrschaft“ über die Außengefahr führen soll. Der Übernehmende verfügt über keine anderen faktischen Zugriffsmöglichkeiten auf den Gehweg wie jeder beliebige andere, von dem er sich nur durch die Streupflicht unterscheidet. Daher hätte es einer genaueren Erläuterung bedurft, was unter „Herrschaft“ zu verstehen ist; ähnlich kritisch zum Streupflichtbeispiel Sangenstedt, Garantenstellung von Amtsträgern, S. 275, Fn. 143.

838 *Dießner*, Unterlassungsstrafbarkeit der Kinder- und Jugendhilfe, S. 260 f.

839 *Dießner*, Unterlassungsstrafbarkeit der Kinder- und Jugendhilfe, S. 260, Fn. 213 ist der Ansicht, aus der Wendung „...erst dann..., wenn der Helfende die Situation wesentlich für den Hilfsbedürftigen verändert, insbesondere andere Rettungsmöglichkeiten ausschließt oder neue Gefahren begründet...“ (so der BGH in NStZ 1994, S. 85; Hervorhebung von *Dießner*) folgern zu können, der BGH ließe „offensichtlich“ die Möglichkeit einer Gefährdung genügen. So offensichtlich ist dieser Schluss jedoch keineswegs. Denn das „Insbesondere“ kann sich genauso gut, wenn nicht naheliegender, da unmittelbar am Wortlaut orientiert, allein auf die Situationsveränderung beziehen. Eine Situationsveränderung beinhaltet aber nicht stets die Möglichkeit einer Gefährdung, so dass der BGH diese nicht „offensichtlich“ meint.

840 Zum daneben von *Dießner* geforderten Vertrauendürfen siehe ausführlicher Teil 2 B V 2.

StGB bekannte Kriterium der abstrakten (hier: Möglichkeit der) Gefahr auf den ersten Blick erscheint, so schwierig ist es in concreto zu ermitteln, was folgendes Beispiel erweist. Ein Wanderer hilft einem zufällig entdeckten Verletzten[841]. Ein Dritter bemerkt dies. Die Schwierigkeiten ergeben sich, wenn Dritte als potentielle Helfer in einer Notsituation in Frage kommen, aber nicht eingreifen. Reicht es für die abstrakte Möglichkeit einer Gefahr aus, dass der Dritte sinnlich wahrnimmt, dass der Wanderer sich um den Verletzten kümmert? Begründet also die Wahrnehmung eines weiteren potentiellen Helfers bereits die Möglichkeit einer abstrakten Gefahr für den Verletzten dadurch, dass die Möglichkeit besteht, dass die Anwesenheit des bereits Helfenden ihn von Rettungsmaßnahmen Abstand nehmen lässt? Ist dabei die konkrete oder abstrakte Rettungswilligkeit und/oder -fähigkeit des Dritten ebenfalls zu beachten? Besteht die abstrakte Möglichkeit einer Gefahr also auch dann, wenn dieser Dritte gar nicht hätte helfen können oder wollen? Ist gar die mögliche Wahrnehmung durch einen Dritten bereits ausreichend? Diese Vielzahl an offenen und teilweise schwierig zu beantwortenden Fragen stellt sich mit dem Erfordernis der abstrakten Möglichkeit einer Gefahr. Die Schwierigkeiten ergeben sich aus dem Gefahrenbegriff, dem bereits ein unsicheres, prognostisches Element eigen ist. Dazu tritt jetzt ein weiteres unbestimmtes Element: die Möglichkeit, noch dazu eine bloß abstrakte. Beide in Kombination ergeben ein untragbar ungenaues Kriterium.

Ließe man im Übrigen die sinnliche Wahrnehmung eines Dritten genügen, hinge das Entstehen einer Garantenstellung letztlich von einem Zufall ab, ohne dass sichergestellt ist, dass dieser Dritte irgendeinen Einfluss auf die Rettungschancen hatte. Ohne tatsächlichen Einfluss auf die Rettungschancen ist eine solch entscheidende Rolle des Zufalls axiologisch inakzeptabel[842].

841 Das Gefahrenmoment wurde von vielen Autoren speziell für die das Rechtsgefühl befriedigende Lösung des wohl auf *Traeger*, Eneccerus-Festgabe, S. 87, zurückgehenden „Wandererfalls" geschaffen.

842 Zugegeben: Ob Dritte als potentielle Helfer in der Notsituation dazu stoßen, hängt in aller Regel vom Zufall ab. Nur erscheint es axiologisch untragbar, dass dem Zufall selbst dann eine entscheidende Bedeutung zukommt, wenn er in concreto keinerlei Bedeutung für die Rettungschancen hatte, weil der Dritte gar nicht hätte helfen können. Unabhängig von der hier vertretenen generellen Ablehnung des Gefahrenmoments zur Begründung von Garantenstellungen erscheint zumindest wertungsmäßig ein anderes Ergebnis denkbar, wenn der Dritte tatsächlich geholfen hätte.

3.2.7 Sozialethische Fundierungen

Es existiert eine Vielzahl von Ansätzen[843], die man etwas ungenau aber noch treffend als sozialethisch fundiert charakterisieren kann. Daneben finden sich bei einigen Garantenlehren zumindest stellenweise Bezugnahmen auf sozialethische Elemente[844]. Ihnen gemein ist, dass sie in den Seins-Strukturen, speziell in den gesellschaftlichen Strukturen und dortigen Wertanschauungen, die Lösung des Garantenproblems suchen. Um nicht wenig gewinnbringend eine Vielzahl von sozialethisch begründeten Ansichten zu schildern, die sich oftmals nur in Nuancen unterscheiden, werden nachstehen drei ausgewählte Theorien dieser Provenienz untersucht, die recht gut die Bandbreite der verschiedenen Position aus diesem Bereich widerspiegeln.

3.2.7.1 Androulakis: Unechtes Unterlassungsdelikt bei ontologischer Vergleichbarkeit von Tun und Unterlassen auf Grund sozialer Nähe und Vorliegen objektiver Bewertungsmerkmale

3.2.7.1.1 Darstellung

Vergleichbar anderen Ansätzen wie der Herrschaftslehre sind nach *Androulakis*' Unterlassungslehre Handlung und unechtes Unterlassen, in dessen Terminologie „Lassung“, gleich zu bestrafen, wenn sie gleich unwertig seien[845]. Diese Gleichwertigkeit soll jedoch nicht durch eine aus dem Gesetz oder dem Recht zu gewinnende Dogmatik sicher gestellt werden. Unter Verwendung des heuristischen Verfahrens der Topik[846] versucht *Androulakis* vielmehr die Natur der Sa-

843 So u. a. bei BGH NJW 1954, S. 1047 f.; KG Berlin VRS 10, S. 138; *Androulakis*, Studien zur Problematik der unechten Unterlassungsdelikte; *Bärwinkel*, Struktur der Garantieverhältnissen bei den unechten Unterlassungsdelikten; *Herzberg*, Die Unterlassung im Strafrecht, S. 215; *Otto*, AT, § 9, Rn. 42 ff.; *Vogt*, ZStW 63, S. 399 ff.

844 Vgl. nur *S. v. Coelln,* Das „rechtliche Einstehenmüssen“, S. 133, 233; *Grünewald*, Zivilrechtlich begründete Garantenpflichten im -Strafrecht, S. 140 f.; *Herzberg*, Die Unterlassung im Strafrecht, S. 353; *Nickel*, Die Problematik der unechten Unterlassungsdelikte im Hinblick auf den Grundsatz 'nullum crimen sine lege', S. 178 ff.; *Ranft*, JZ 1987, S. 911; *Rudolphi*, Die Gleichstellungsproblematik der unechten Unterlassungsdelikte und der Gedanke der Ingerenz, S. 93 und S. 97; *C. P. Schmidt*, Strafrechtliche Verantwortlichkeit Betriebsangehöriger für Arbeitsunfälle, S. 68 und S. 76; *Schultz*, Amtswalterunterlassen, S. 76.

845 *Androulakis*, Studien zur Problematik der unechten Unterlassungsdelikte, S. 172 f., 272.

846 Die Topik als Mittel der Erkenntnisgewinnung verwendet, falls verifizierbare Gewissheiten nicht zu erzielen sind, allgemein anerkannte, konsensfähige Argumente und

che, das Wesen der unechten Unterlassung zu erforschen und so die Haftungsvoraussetzungen zu ermitteln. Er möchte also mittels einer Untersuchung des Seinscharakters der unechten Unterlassung ergründen, wann jemand wegen unechten Unterlassens strafrechtlich zur Verantwortung zu ziehen ist. Damit knüpft er zwar nicht unmittelbar an sozialethische Erwägungen aber - wie die sozialethischen Ansätze - an Strukturen des Seins an.

Eine erste Analyse typischer, anerkannter Fälle unechter Unterlassungen solle dieses Vorgehen stützen. Sie ergebe, dass deren entscheidende ontologische Elemente das jeweilige Gefahrenmoment und das Verhältnis gewisser Menschen zu diesem seien. Dort träfe die Täter eine strafrechtliche Haftung, weil sie nicht als „irgendjemand", sondern als „dieser", als jemand Besonderes, im Verhältnis zum „Geschehensbereich", zum Gefahrenmoment, stünden. Verbliebe beispielsweise ein Mulltupfer im Körper des operierten Patienten oder liege ein verletztes Kind auf der Straße, so gäbe es keine Zweifel an der Rettungspflicht des Arztes oder der Mutter. Das hier vorrechtliche Sollen entspringe wörtlich dem Sein und werde vom Recht übernommen.[847]

Nach dieser Legitimation der Orientierung am Sein gelangt *Androulakis* zu zwei sequentiellen Prüfungsschritten[848] für die Ermittlung, wann ein unechtes Unterlassungsdelikt gegeben sei. Im ersten Schritt prüft er, ob überhaupt eine unechte Unterlassung anzunehmen und im zweiten, ob diese auch strafwürdig, also ein unechtes Unterlassungs*delikt* gegeben ist.

Erstens sei eine unechte Unterlassung zu bejahen, wenn das Unterlassen mit einer möglichen, wählbaren und sinnvollen Handlung des Täters ontologisch vergleichbar sei. Wenn also der verpönte Erfolg auch durch eine Handlung des konkret unterlassenden Subjekts sinnvoll erzielbar gewesen wäre; wenn der Täter das Unterlassen als eine der beiden ihm möglichen „Durchführungsarten des Bösen", Handlung oder Lassung, gewählt habe. So seien zum Beispiel die unter-

---

nicht feste Standpunkte und Axiome zur Begründung einer Problemlösung, bildet also eine Argumentationsmethode. In der Jurisprudenz soll sie die Argumente für eine möglichst gerechte Entscheidung liefern, *Androulakis*, Studien zur Problematik der unechten Unterlassungsdelikte, S. 8 ff.; vgl. zur Topik *Esser*, Grundsatz und Norm, S. 1-15, 218 ff.; *Engisch*, StG 1957, S. 180; *Larenz*, Methodenlehre, S. 133.

847 *Androulakis*, Studien zur Problematik der unechten Unterlassungsdelikte, S. 20 ff., insbesondere 34 f.

848 Dies verkennt *Seibert*, Die Garantenpflicht beim Betrug, S. 133, der den zweiten Schritt, das Abstellen auf die Gegebenheiten der Gegenwart, als *alternative* Möglichkeit zur Konkretisierung der sozialen Nähe auffasst, statt es *kumulativ* als zwingenden zweiten Prüfungspunkt nach Feststellung der Nähe anzuwenden. Allein Letzteres entspricht aber *Androulakis*' Auffassung, siehe *ders.*, Studien zur Problematik der unechten Unterlassungsdelikte, S. 205, 222.

lassene Ernährung des Kindes durch die Mutter mit dem Erwürgen des Abkömmlings und das Nicht-Retten des ertrinkenden Badegastes durch den Bademeister mit dem Ins-Wasser-Stoßen ontologisch vergleichbar.[849] Weiter präzisierend führt *Androulakis* zum unechten Unterlassen aus, dessen Charakteristikum sei eine „gewisse Nähe" des Unterlassers zum Träger des geschützten Rechtsguts oder zum Gefahrenherd. Damit sei keine räumlich-metrische, sondern eine innere, soziale, mitmenschliche Nähe gemeint. Genauer müsse der Haftende nicht bloß zum Zeitpunkt der Gefährdung, sondern schon vorher in engster Verbindung zum Gefahrenherd oder Rechtsgutsträger stehen, d. h. „schon vorher Da-neben-sein", „schon vorher für jemanden da-sein".[850] In Anlehnung an *Vogt* bedeute das „schon vorher für jemanden da-sein", mit diesem in eine engere soziale Ordnung gestellt zu sein[851]. Zwischen beiden müsse eine „Einander-Zugehörigkeit", ein „persönlich gefärbtes Verhältnis" existieren. Dies sei beispielsweise der Fall zwischen dem Vater und „*seinem* Kind " oder dem Arzt und „*seinem* Patienten". Das geforderte Näheverhältnis sei ebenfalls bei Fällen des vorangegangenen gefährlichen Tuns vorzufinden. Denn der Gefährdete gehe den Garanten näher an als jeder beliebige Dritte. Durch die Gefährdung rücke der Gefahrverursacher in die unmittelbare Nähe des Gefährdeten. Dieser sei ihm als „innigst Verbundener" anvertraut. Das Schon-vorher-Da-neben-Sein verlange zudem, dass der Täter schon vorher neben der später wirksamen Gefahr gewesen sei.[852]

Nachdem solchermaßen das Vorliegen einer unechten Unterlassung festgestellt worden sei, müsse in einem zweiten Schritt noch die Frage nach der Strafwürdigkeit der gefundenen unechten Unterlassungen beantwortet werden. Die Antwort darauf hänge von den jeweiligen „Gegebenheiten der Gegenwart", von dem vorherrschenden, weltanschaulichen, politischen kurzum dem allgemeinen sozialen Klima ab. Diesem seien „objektive Bewertungsmerkmale" wie der Grad der Blutsverwandtschaft, die Monopolstellung zur Erfolgsabwendung, oder die Herrschaftsstellung zu entnehmen. Erst durch das Vorliegen und am Maßstab dieser Merkmale würden aus den unechten Unterlassungen strafbare Unterlassungsdelikte.[853]

---

849 *Androulakis*, Studien zur Problematik der unechten Unterlassungsdelikte, S. 158 f., 205, 272.

850 *Androulakis*, Studien zur Problematik der unechten Unterlassungsdelikte, S. 159, 272.

851 *Androulakis*, Studien zur Problematik der unechten Unterlassungsdelikte, S. 207; *Vogt*, ZStW 1963, S. 399.

852 *Androulakis*, Studien zur Problematik der unechten Unterlassungsdelikte, S. 206 ff. (Hervorhebung im Original), 214 (zur Ingerenz), 222 f.

853 *Androulakis*, Studien zur Problematik der unechten Unterlassungsdelikte, S. 220 ff.

3.2.7.1.2 Kritische Würdigung

Um Wiederholungen bei der kritischen Würdigung der sozialethisch fundierten Ansätze zu vermeiden, sollen Einwände, die gegen solche Ansichten generell, unabhängig von ihrer spezifischen Ausprägung erhoben werden können, nachfolgend einmalig geschildert und dann im Weiteren nur noch in Bezug genommen werden[854]. Die nachstehende Kritik wendet sich daher grundsätzlich gegen alle sozialethisch fundierten Ansichten.

3.2.7.1.2.1 Allgemeine Einwände gegen die sozialethische Fundierung

Gemeinsames Charakteristikum der sozialethischen Ansätze ist – sei es, dass aus der ontologischen Vergleichbarkeit von Handlung und Unterlassung auf Grund „sozialer Nähe"[855], sei es, dass aus der „sozialen Rolle"[856] oder „gesellschaftlichen Erwartung"[857] auf die Garantenstellungsvoraussetzungen geschlossen wird – der Schluss vom Sein auf das Sollen. Die „soziale Nähe" oder „soziale Rolle" sind ebenso wie „gesellschaftliche Erwartungen" Phänomene der Seinsebene, aus denen letztlich auf ein Sollen, die Erfolgsabwendungspflicht, geschlossen wird. Ohne dass damit zugleich dem Rechtspositivismus der „reinen Rechtslehre" *Kelsens* gefolgt werden soll[858], ist dieser Schluss auf Grund der nachfolgenden Einwände abzulehnen. Zunächst ist in diesem Vorgehen ein von *Moore* bzw. *Hume* zu Recht kritisierter naturalistischer bzw. Sein-Sollen-Fehlschluss zu sehen[859]. Diesem eigen ist der häufig unmerkliche, logisch nicht nachvollziehbare Schluss von einer Deskription auf eine Präskription, also der Schluss von einer Beschreibung auf ein Vorschreiben. Daraus, dass etwas ist, kann nicht logisch geschlussfolgert werden, dass es „gut" ist und deswegen sein soll. Um ein

---

854 Eine Darstellung vor der Erörterung von *Androulakis'* Ansatz wäre zwar gliederungslogisch vorzugswürdig gewesen, hätte aber der Verständlichkeit Abbruch getan, da Kritik ohne vorherige Darstellung des Kritisierten geäußert worden wäre.

855 *Androulakis*, Studien zur Problematik der unechten Unterlassungsdelikte, S. 158 f.

856 *Bärwinkel*, Struktur der Garantieverhältnisse bei den unechten Unterlassungsdelikten, S. 105 ff.

857 *Brammsen*, Entstehungsvoraussetzungen von Garantenpflichten, S. 114 f.

858 Siehe dazu dessen rechtstheoretisches Werk: *Kelsen*, Reine Rechtslehre. Die dort verfochtene strikte Trennung der Seins- und Sollensebene findet nach hiesigem Dafürhalten in der Wirklichkeit keine Entsprechung. Statt dessen existieren Übergänge und Wirkungszusammenhänge zwischen beiden Ebenen. So ist regelmäßig Ziel des Rechts als Ausdruck des Sollens, bestimmte unerwünschte Seinszustände in erwünschte zu überführen oder den Erhalt erwünschter Seinszustände sicherzustellen.

859 Grundlegend dazu deren Werke, die sich zwar inhaltlich in ihrem philosophischen Ausgangspunkt und ihrer Kritik nicht entsprechen, aber im Grundgedanken ihres Einwandes ähneln: *Moore*, Principica ethica; *Hume*, A Treatise of Human Nature.

Brammsens Ansatz nahestehendes Beispiel zu bilden: Aus der Tatsache, dass regelmäßig Eltern die Rechtsgüter ihrer Kinder schützen und dies von den Eltern – mit den Methoden der Soziologie sicherlich messbar – allgemein erwartet wird, lässt sich nicht logisch folgern, dass dies ethisch als „gut" anzusehen ist und dazu eine strafbewehrte Pflicht besteht. Letzteres mag das Rechtsgefühl suggerieren, logisch zu folgern ist es indes nicht. Zu dem ethischen Urteil „gut" gelangt man nicht auf Grund irgendwelcher Seinsstrukturen, sondern nur durch Anlegen von Wertmaßstäben, die beispielsweise religiösen oder philosophischen Ursprungs sein können. Ebenso gelangt man nicht gleichsam automatisch vom Sein zu einer Rechtspflicht. Rechtspflichten ergeben sich aus den jeweils anerkannten Rechtsquellen, wie beispielsweise beim Rechtspositivismus ausschließlich dem kodifizierten Recht. Als eine zulässige Rechtsquelle kommt das Sein aber nicht in Frage. Dagegen spricht einerseits, dass das Sein zu vielgestaltig ist, als dass sich aus ihm stets ein abstraktes, allgemeingültiges Sollen herleiten ließe. So gibt es Konstellationen, in denen nur von Teilen der Bevölkerung Rettungshandlungen erbracht und auch nur von Teilen erwartet werden, so beispielsweise zwischen zerstrittenen aber noch verheirateten Ehegatten. Dort wird man weder mit Sicherheit stets eine Hilfeleistung in der Realität vorfinden noch wird diese erwartet werden. Zudem kann bei neu entstandenen Phänomenen des Seins[860], beispielsweise auf Grund technischer Entwicklung, noch gar keine konkrete Ordnung existieren, aus der ein Sollen herleitbar wäre. Ein anschauliches Beispiel dafür aus der jüngsten Vergangenheit liefert die unterschiedliche Haltung der Bevölkerung zur mittlerweile technisch möglichen Vervielfältigung und Übertragung (sogenanntes „Download") von digitalen Daten, insbesondere von Audio-Daten. Erst allmählich und häufig unzureichend reagiert der Gesetzgeber darauf[861]. Trotz mittlerweile kodifizierter Verbote ist in Teilen der Bevölkerung immer noch die Meinung vorherrschend, man habe ein „Recht" auf - nach dem Gesetz illegale – Beschaffung und Verwendung digitaler Daten[862].

860 In diese Richtung gehen auch die Bedenken *Rudolphi*s, Die Gleichstellungsproblematik der unechten Unterlassungsdelikte und der Gedanke der Ingerenz, S. 44.

861 Am 01.01.2008 trat das am 31.10.2007 verkündete „Zweite Gesetz zur Regelung des Urheberrechts in der Informationsgesellschaft" in Kraft, mit der für Verbraucher hinsichtlich des „Downloads" von Musikdateien entscheidenden Neuerung des § 53 UWG, siehe BGBl. 2007, S. 2513 ff.

862 Instruktiv diesbezüglich allein die Pressemitteilungen der GVU (Gesellschaft zu Verfolgung von Urheberrechtsverletzungen e. V.), in der eine Vielzahl von Urheberrechtsverstößen dokumentiert wird, http://www.gvu.de/8_Pressemitteilungen.htm (letzter Zugriff 13.11.2009). Nach einer Statistik der BSA (Business Software Allience) ist im Jahr 2007 in Deutschland ca. 27 % aller Software illegal installiert worden, http://www.bsa.org/country/Research%20and%20Statistics/~/media/BEE6D-

Zum anderen wäre das Recht bei einem stets vom Sein auf das Sollen vollzogenen Schluss überflüssig. Wenn das Sollen dem (schon existierenden) Sein nachgebildet wird, ist jenes schlicht redundant. Denn das, was sein soll, ist ja sowieso schon. Der letztgenannte Einwand leitet zu einem weiteren über. Schlösse man stets vom Sein auf das Sollen, beraubte man das Recht seiner verhaltenssteuernden, seinsgestaltenden Funktion. Es wäre nicht möglich, Fehlentwicklungen im Sein durch dessen Änderung bezweckende Rechtssetzungen abzuhelfen. Dies ist aber für das gedeihliche Zusammenleben des Menschen in Gesellschaft unerlässlich, da Menschen nicht immer das Sinnvolle, Gemeinverträgliche tun, sondern sich oft ausschließlich am Eigennutz orientieren. Der Hinweis auf den zwingend mit Mitteln des Rechts gebotenen Schutz der Umweltgüter, die der Mensch aus Bequemlichkeit und wirtschaftlichen Interessen nur zu gern auf Grund ihrer überindividuellen Natur aufzuopfern bereit ist, mag hier als Beispiel genügen. Schließlich unterminiert der Sein-Sollen-Schluss die freiheitliche Natur des Menschen. Er wäre dem Sein ausgeliefert und man nähme ihm die Fähigkeit, sich selbst unabhängig von der allgemeinen Übung, Werte und Regeln zu setzen. Er wäre gewissermaßen ein „Sklave des Seins" und müsste die Wirklichkeit so nehmen, wie sie ist, ohne sie über das selbst gesetzte Sollen gestalten zu können.

Selbst wenn man den Schluss akzeptierte, bliebe unklar, wie bei dem gefolgerten rechtlichen Sollen zwischen strafrechtlichen und nicht-strafrechtlichen Pflichten differenzieren werden sollte. So würde man beispielsweise in dem Fall, in dem jemand vertraglich den Schutz einer fremden Sache verspricht, deren Beschädigung er dann aber fahrlässig zulässt, nicht an einer verletzten Rechtspflicht zum Schutze der Sache zweifeln. Wieso aber bloß eine zivilrechtliche Schadensersatzhaftung nicht aber mangels strafbarer fahrlässiger Sachbeschädigung eine strafrechtliche Verantwortung die Folge ist, kann aus dem Sein nicht erklärt werden. All dies führt zur Ablehnung des letztlich von allen sozialethischen Lehren vollzogenen Schlusses vom Sein auf das Sollen.

Selbst bei Außerachtlassen der vorstehenden Kritik kann den sozialethischen Lehren nicht zugestimmt werden. Die Schwierigkeiten beschränken sich nicht darauf, dass die erwähnte Vielgestaltigkeit der Wirklichkeit in vielen Bereichen das Entstehen eines einheitlichen Seins verhindert. Hinzu kommt in diesem Zusammenhang die fehlende wissenschaftliche Fundierung des - angeblich einheitlichen – Seins, dem das Sollen entnommen werden soll. Die Formulierung von Garantenlehren mit sozialethischen Elementen vermittelt sehr häufig den irrigen

C1E056F4B9699B30E69E7E1DD68.ashx (letzter Zugriff 13.11.2009). Daneben könnte wohl jeder Student, der mal in einem Studentenwohnheim gelebt hat, ein beredtes Zeugnis darüber ablegen, wie verbreitet illegal beschaffte, digitale Daten sind.

Eindruck, man könne problemlos die jeweils für relevant erachtete Seinsstruktur auffinden. Dabei wird in den seltensten Fällen eine (sozial-) wissenschaftliche Fundierung der Seinsvorgaben gefordert[863], sondern deren Ermittelbarkeit für den konkreten Fall[864] unterstellt. Eine empirisch-soziologische Legitimation ist aber unabdingbar für eine transparente, rational verifizierbare Rechtsfindung. Ohne eine wissenschaftliche Basis müsste der Rechtsanwender selbst entscheiden, ob einem Menschen eine besondere Erfolgsabwendungspflicht zukommt, weil diesem „eine soziale Schutzfunktion zugewiesen"[865], dessen Pflicht „für die gesellschaftliche Ordnung unerlässlich" ist[866], ihn eine „im sozialen Leben anerkannte, besondere Verantwortlichkeit" trifft[867] oder weil er eine bestimmte „Stellung im sozialen Leben"[868] hat. Ohne verlässliche Daten beruhte eine solche Entscheidung allein auf dem Judiz und der persönlichen Wahrnehmung der Realität durch den jeweils Urteilenden, was evident einer einheitlichen, berechenbaren und rational prüfbaren Rechtsfindung widerspricht[869].

Bei der genaueren Betrachtung der soeben genannten Zitate fällt weiterhin deren Unergiebigkeit für konkrete Falllösungen auf. Trotz angenommener soziologischer Fundierung sind die Formulierungen so abstrakt und allgemein gehalten, dass sich nahezu jedes beliebige Ergebnis mit ihnen begründen ließe. So bleibt die Falllösung selbst bei wissenschaftlicher Absicherung letztlich dem subjektiven Empfinden des Rechtsanwenders überlassen, wenn über eine Garantenstellung beispielsweise mittels einer „im sozialen Leben anerkannten, besonderen Verantwortung" entschieden werden soll, ohne dass objektive Kriterien dafür benannt werden, was das „Besondere" der Verantwortung ausmachen soll.

Die grammatische und historische Auslegung des § 13 StGB ergibt außerdem, dass sittliche Pflichten für die Begründung von besonderen Erfolgsabwen-

---

863 So aber explizit von *Brammsen*, Entstehungsvoraussetzungen von Garantenpflichten, S. 124 f. und 129 f. Erst bei Fehlen wissenschaftlich abgesicherter Erkenntnisse über gesellschaftliche Erwartungen solle auf das „typische soziale Alltagsverhalten" abgestellt werden. Letzteres bildet allerdings einen unzureichenden Ersatz für eine wissenschaftliche Fundierung, siehe die Kritik unter Teil 2 B VII 3 b.

864 An der Ermittelbarkeit zweifeln auch *Sangenstedt*, Garantenstellung von Amtswaltern, S. 137; *Schöne*, Unterlassene Erfolgsabwendungen, S. 21.

865 *Nickel*, Die Problematik der unechten Unterlassungsdelikte im Hinblick auf den Grundsatz 'nullum crimen sine lege', S. 178 ff.

866 *Grünewald*, Zivilrechtlich begründete Garantenpflichten im Strafrecht?, S. 140 f.

867 *Herzberg*, Die Unterlassung im Strafrecht, S. 215.

868 *Rens/Vogel*, MDR 1990, S. 869 ff.

869 Kritisch in dieser Richtung - allerdings beschränkt auf *Brammsens* Ansatz - auch *Dominok.*, Strafrechtliche Unterlassungshaftung von Amtsträgern in Umweltbehörden, S. 91 f.

dungspflichten gerade nicht ausreichen[870]. Die Norm spricht explizit von einem *rechtlichen* Einstehenmüssen und nicht von einem sittlichen. Sittliche Pflichten sind aber Bestandteil der Sozialethik. Bei einer Begründung von Garantenstellungen aus einer Seinsethik, gesellschaftlichen Erwartungen oder Ähnlichem, setzt man sich demzufolge immer der Gefahr aus, entgegen der Intention des Gesetzes auch sittliche Pflichten zu erfassen. Darüber hinaus besteht die Gefahr, bei einem Schluss von der Realität auf das Recht, sich zu stark an Schutzbedürfnissen und Strafwürdigkeitsüberlegungen zu orientieren. Auf die Bedeutung von letzterem weisen beispielsweise *Otto/Brammsen* hin[871]. Beide Aspekte sind im Hinblick auf Art. 103 II GG allenfalls ergänzend heranziehbar.

3.2.7.1.2.2 Kritik speziell an Androulakis

Abgesehen von der unmittelbar zuvor geäußerten allgemeinen Kritik sprechen auch zahlreiche ansatzspezifische Gründe gegen *Androulakis*' Auffassung.

Von der generellen Ablehnung des Schlusses vom Sein auf das Sollen darf auch nicht anlässlich der von Androulakis vorgetragenen Argumente abgerückt werden. Er führt bei seiner Analyse typischer unechter Unterlassungsfälle aus, es bestünde bei ihnen kein Zweifel an den unmittelbaren Rettungspflichten der dort interessierenden Personen, konkret: der Mutter bzw. des Arztes. Diese Zweifelsfreiheit solle belegen, dass das Sollen hier dem Sein entspringe[872]. Die Argumentation erweist sich als nicht stichhaltig. In der Tat ist an einer strafrechtlichen Haftung in den von ihm genannten Fällen nicht zu zweifeln. Damit ist allerdings nicht mehr als das einhellig anerkannte Ergebnis wiedergegeben. Dass sich dieses rechtliche Ergebnis aber gewissermaßen von selbst aus dem Sein ergibt, ist eine bloße Behauptung des Autors. Auch wenn bestimmte rechtliche Beurteilungen von Sachverhalten offensichtlich zutreffend sind, belegt dies nicht, dass die Lösung den Sachverhalten selbst, dem Sein, entstammt. Eine evidente Lösung ist nämlich auch stets dann gegeben, wenn eine Konstellation zweifelsfrei dem einschlägigen Tatbestand zu subsumieren ist.

Die von Androulakis in seinem ersten Prüfungsschritt für das Vorliegen einer unechten Unterlassung geforderte ontologische Vergleichbarkeit des Unterlassens mit einer dem konkreten Subjekt ebenfalls möglichen, wählbaren und sinnvollen, erfolgsherbeiführenden Handlung[873] begegnet erheblichen Bedenken. Zunächst stellt sie einen beinahe unmerklichen Bruch mit dem juristischen Syl-

870 Allgemeine Ansicht, vgl. nur BGHSt 30, 394.

871 *Otto/Brammsen*, Jura 1985, S. 537.

872 *Androulakis*, Studien zur Problematik der unechten Unterlassungsdelikte, S. 21 ff., insbesondere S. 35.

873 *Androulakis*, Studien zur Problematik der unechten Unterlassungsdelikte, S. 158, 205.

logismus dar. Denn zur Feststellung, ob ein unechtes Unterlassen zu bejahen ist, wird das konkrete Unterlassen von ihm nicht einem Obersatz, sondern einem – wie sogleich gezeigt wird – willkürlich bestimmten Untersatz, einer hypothetischen, konkreten Handlung des gleichen Subjekts, als Vergleichsgegenstand gegenübergestellt[874].

Diese Methode leidet zudem darunter, dass unklar ist, was alles bei der Bildung der konkret vergleichbaren Handlung mit einzubeziehen ist und deshalb der Vergleichsgegenstand willkürlich gebildet wird. Instruktiv hierfür und für weitere Unzulänglichkeiten des Ansatzes ist nachfolgendes Beispiel: Eine Frau ist ihres launischen, nur noch für den Fußball leidenschaftliche Gefühle hegenden Ehemannes überdrüssig und macht diesen deshalb nicht auf eine Baugrube aufmerksam, in die der Mann bei einem nächtlichen Spaziergang stürzt und in der Folge zu Tode kommt. Die allgemein angenommene Strafbarkeit der Ehefrau wegen eines unechten Unterlassungsdelikts hinge nach Androulakis in seinem ersten Prüfungsschritt davon ab, ob die Frau den Todeserfolg auch durch eine andere sinnvolle, ihr mögliche Handlung hätte herbeiführen können. Dieser schlichte Fall stellt den Rechtsanwender vor unlösbare Probleme. Wäre die Frau nicht in der Lage, ihren Mann in die Grube zu stoßen, fehlte es an einer solchen ontologisch vergleichbaren Handlung und damit an einem unechten Unterlassen. Oder ist etwa auch das Mobilisieren von Hilfsmitteln wie die Hilfe Dritter, die den Mann hätten stoßen können, in die Betrachtung mit einzubeziehen? Ist gar von der konkreten Todesart abstrahierend auf die Herbeiführung des Todes auf irgendeine Art, also beispielsweise durch Erschießen, abzustellen? Dann wiederum existierte eine wählbare Alternative für die Frau. Bei vertauschten Rollen, die Frau stürzt in die Grube, und der üblicherweise physischen Überlegenheit des Mannes stellten sich diese Fragen nicht, da der Mann zu einer vergleichbaren Handlung in der Lage wäre. Zu dieser wäre aber ebenso – so eine denkbare Fallvariante - ein guter Freund der Frau in der Lage. Auch er könnte zwischen den beiden alternativen Durchführungsarten des Bösen, Stoßen der Frau oder Hineinstolpern-Lassen, wählen. Dies verdeutlicht die Schwierigkeiten bei Androulakis' Voraussetzung der ontologischen vergleichbaren Handlung. Eine Ver-

874 Letztlich bleibt *Androulakis* auch nichts anderes übrig. Denn hätte er diesen Vorwurf vermeiden wollen und das Unterlassen mit einem abstrakten Tun aus dem jeweils einschlägigen Tatbestand verglichen, hätte er nicht mehr zum Ergebnis einer *ontologischen* Vergleichbarkeit gelangen können, da dann ein Element des konkreten Seins, das konkrete Unterlassen, mit einem nicht-ontologischen Element des Sollens, dem abstrakten Tun verglichen, worden wäre. Beides sind gleichermaßen schwerwiegende Unzulänglichkeiten seines Ansatzes, so dass er sich mit der Voraussetzung der ontologischen Vergleichbarkeit in eine Position manövriert hat, aus der es keinen kritikfreien Ausweg gibt.

gleichbarkeit hinge zum einen von Zufälligkeiten, wie hier der physischen Möglichkeit, den Erfolg durch eine alternative Handlung herbeiführen zu können, ab. Zum anderen wäre entscheidend, was alles in die hypothetische, alternative Handlung mit einzubeziehen ist. So lange für Letzteres aber keine objektiven Anhaltspunkte angeboten werden, bleibt deren Auswahl willkürlich. Schließlich können auch Nicht-Garanten wie der Freund der Frau über eine ontologisch vergleichbare Handlung verfügen. Nach Androulakis müsste dies zum Vorliegen eines unechten Unterlassens führen, was wohl gemeinhin abgelehnt würde.

Die Zweifel an dem aufgestellten Erfordernis verstärken sich noch, wenn man es abstrakter formuliert. Letztlich stellt die mögliche, alternative Handlung nichts anderes dar als ein Schädigen-Können auf eine bestimmte, konkrete Weise. Warum aber ein solches Schädigen-Können notwendige Bedingung einer Unterlassungshaftung, also eines Retten-Müssens, sein soll, ist nicht ersichtlich. Es ist weder ein dogmatischer noch axiologischer Grund dafür erkennbar, dass nur derjenige für ein unechtes Unterlassen haften soll, der den durch es ermöglichten Erfolg – zufälligerweise - auch anders hätte herbeiführen können.

Ebenso ist das Kriterium der sozialen Nähe schwerwiegenden Einwänden ausgesetzt. Zunächst überrascht, dass mit ihm die ontologische Vergleichbarkeit sichergestellt und präzisiert werden soll. Denn während bei der Rechtsgutsverletzung durch ein positives Tun in aller Regel eine tatsächliche räumliche Nähe des Täters zum Träger des verletzten Rechtsgut oder zum Gefahrenherd vorliegt, soll beim Unterlassen gerade keine solche tatsächliche sondern eine soziale Nähe vonnöten sein. Dieser Sprung von einer tatsächlichen zur sozialen Nähe wird weder begründet noch liegt er nahe. Demzufolge scheint zweifelhaft, ob die soziale Nähe das geeignete Merkmal zur Sicherstellung ontologischer Vergleichbarkeit ist[875]. Tatsächlich regt sich der nicht weiter zu untersuchende Verdacht, dass die soziale Nähe in Wahrheit ein normatives Merkmal ist.

Zu Recht wird an dem Merkmal der sozialen Nähe dessen Unbestimmtheit und Inhaltsleere bemängelt[876], was insbesondere zu einer unkontrollierbaren Ausdehnung der Haftung führt und eine rationale Überprüfbarkeit der Ergebnisse verhindert. Denn was als strafwürdig empfunden wird, dem wird eine soziale Nähebeziehung zugeschrieben. Man müsste eine soziale Nähe beispielsweise zwischen Freunden oder Vertragspartnern bejahen. Eine besondere Erfolgsab-

875 Kritik in ähnlicher Richtung äußert auch *Sangenstedt*, Garantenstellung von Amtsträgern, S. 126.

876 So die Kritik u. a. von *Albrecht*, Garantenstellungen in familiären und familienähnlichen Beziehungen, S. 40; *Bärwinkel*, Struktur der Garantieverhältnisse bei den unechten Unterlassungsdelikten, S. 73; *Brammsen*, Entstehungsvoraussetzungen von Garantenpflichten, S. 52; *Schöne*, Unterlassene Erfolgsabwendungen, S. 21; *Schünemann*, Grund und Grenzen, S. 151.

wendungspflicht wird in diesen Konstellationen aber gemeinhin nicht angenommen. Zutreffend pointiert wird dieser Mangel von Schünemann, wenn er ausführt, man könne eine soziale Nähe wohl bei jedem konstatieren, der mit dem konkreten, strafrechtlich zu beurteilenden Geschehen etwas zu tun hat[877]. Dass ein so geartetes Kriterium unbrauchbar ist, muss nicht näher erläutert werden.

Für Abhilfe sorgt in diesem Zusammenhang auch nicht, wenn Androulakis die soziale Nähe dadurch genauer zu kennzeichnen versucht, indem er sie als „innere", „mitmenschliche" bezeichnet und eine „Einander-Zugehörigkeit", ein „persönlich gefärbtes Verhältnis" verlangt[878]. Zwar mögen diese Attribute auf die vom Autor in diesem Zusammenhang genannten Fälle wie das Eltern-Kind- oder Arzt-Patienten-Verhältnis zutreffen und dort eine gewisse selektive Funktion entfalten. Allerdings erhebt er den Anspruch der Verallgemeinerbarkeit seiner Merkmale. Gänzlich fehl gehen diese jedoch weitgehend in den Fällen der Sicherungsgaranten. Bei der Überwachungsgarantenstellung kraft Herrschaft über eine gefährliche Sache wird man wohl kaum von einer inneren, mitmenschlichen Nähe oder einem persönlich gefärbten Verhältnis zur zu überwachenden Sache oder zu allen (!) potentiell Gefährdeten, womit die beiden denkbaren Bezugspunkte der Nähe genannt wären, sprechen können. Folglich führt die konsequente Anwendung der erwähnten, konkretisierenden Merkmale zu einer Ablehnung anerkannter unechter Unterlassungskonstellationen. Entsprechende Probleme bereitet die Anwendung der Formeln „für jemanden da sein" und „mit ihm in eine soziale Ordnung gestellt" sein. Beides lässt sich nicht auf die besagten Fälle der (Sach-) Überwachungsgarantenstellungen anwenden, ohne zu einem argumentum ad absurdum zu gelangen, weil diese nicht erfasst wären.

Nicht zu überzeugen vermag die konkrete Anwendung des Nähekriteriums auf Fälle der Ingerenz. Durch die Gefährdung rücke dort der Gefahrverursacher in die unmittelbare Nähe des Gefährdeten, sei mit ihm „innigst" verbunden[879]. Abgesehen davon, dass danach das schon vorher Daneben-Sein nicht gegeben wäre, da ohne Gefährdung keine Nähe existierte, stellt diese „gewaltsame" Erfassung der Ingerenz nichts weiter als eine petitio principii dar. Die in Fällen des vorangegangenen gefährlichen Tuns gerade fragliche Nähe wird als vorhanden vorausgesetzt[880].

---

877 *Schünemann*, Grund und Grenzen, S. 151.

878 So *Androulakis*, Studien zur Problematik der unechten Unterlassungsdelikte, S. 158, 206, 272.

879 *Androulakis*, Studien zur Problematik der unechten Unterlassungsdelikte, S. 214.

880 In eine ähnliche Richtung geht die Kritik *Schünemann*s, Grund und Grenzen, S. 153, der meint, Nähe würde bei der Ingerenz von *Androulakis* als bloßes Synonym für eine Garantenstellung verwendet.

Als zu restriktiv erweist sich ebenfalls die nähere Bestimmung des „schon vorher Daneben-Seins“, als ein schon vorher neben der später wirksamen Gefahr sein[881]. Es existieren Beschützergarantenfälle, bei denen bei konsequenter Handhabung dieser Voraussetzung ein unechtes Unterlassungsdelikt verneint werden müsste. Typischerweise befindet sich der Garant bei diesen Fällen nach der metaphorischen Terminologie Androulakis' vor Entstehen der Gefahrensituation zwar in einem Näheverhältnis zum Rechtsgutsträger, regelmäßig aber nicht in einem solchen zur später wirksamen Gefahr, die oft noch gar nicht existent ist. So befinden sich beispielsweise die Eltern in der „sozialen Nähe“ ihres Kindes, nicht aber in der Nähe des PKW, der irgendwann ihr Kind zu überfahren droht. Daher ist obige Konkretisierung des Daneben-Seins abzulehnen. Bei der die soziale Nähe genauer kennzeichnenden Umschreibung des „schon vorher Daneben-Seins“ handelt es sich nach den vorstehenden Ausführungen nicht um einen subsumtionsfähigen Begriff, sondern bloß um eine metaphorische Umschreibung eines kleinen Teiles der Garantenstellungen.

Hinsichtlich der zeitlichen Komponente, also der schon vor der Gefahrensituation bestehenden Nähe, kann auf die Kritik an dem identischen zeitlichen Element bei der Herrschaftslehre verwiesen werden[882].

Schließlich kann auch Androulakis' zweitem Prüfungsschritt nicht gefolgt werden. Das Ableiten objektiver Bewertungsmerkmale aus den Gegebenheiten der Gegenwart, dem allgemeinen, politischen und weltanschaulichen Klima, zur Beantwortung der Frage nach der Strafwürdigkeit der unechten Unterlassung[883] ist aus diversen Gründen abzulehnen. Erstens steht das von Androulakis ungelöste Problem im Raum, was unter einem solchen Klima zu verstehen ist. Wie soll der konkrete Rechtsanwender, meistens der Richter, das allgemeine politische Klima ermitteln[884]? Da dafür wissenschaftlich gewonnene Erkenntnisse fehlen und nach Androulakis auch gar nicht zu Rate zu ziehen sind, erfolgt die Ermittlung rein subjektiv-gefühlsmäßig durch den Rechtsanwender, dessen Eindrücke nur zufällig mal repräsentativ für das tatsächliche Klima sein können. Zweitens verstößt ein solches Vorgehen offensichtlich gegen Art. 103 II GG[885].

881 *Androulakis*, Studien zur Problematik der unechten Unterlassungsdelikte, S. 208.

882 Siehe Teil 2 B VIII 1 b dd

883 So *Androulakis*, Studien zur Problematik der unechten Unterlassungsdelikte, S. 220 ff.

884 Die Ermittelbarkeit verneinen ebenfalls *Bärwinkel*, Struktur der Garantieverhältnisse bei den unechten Unterlassungsdelikten, S. 72; *Rudolphi*, Die Gleichstellungsproblematik der unechten Unterlassungsdelikte und der Gedanke der Ingerenz, S. 62; *Sangenstedt*, Garantenstellung von Amtsträgern, S. 130.

885 Einen solchen Verstoß bemängeln ebenfalls *S. Böhm*, Garantenpflichten aus familiären Beziehungen, S. 59; *Nickel*, Die Problematik der unechten Unterlassungsdelikte im Hinblick auf den Grundsatz „nullum crimen sine lege“, S. 78 f.

Folgte man dem Autor, dann entschiede nicht der Gesetzgeber mittels einer lex scripta et certa, sondern die – sowieso nicht ermittelbare – aktuelle Stimmungslage im Land über die Strafbarkeitsvoraussetzungen. Selbst wenn man diese beiden Einwände ignorierte, ist drittens nicht erkennbar, wie dem allgemeinen Begriff des weltanschaulichen Klimas konkrete objektive Bewertungsmerkmale wie der Grad der Blutsverwandtschaft zu entnehmen sein sollen. Bezeichnenderweise legt Androulakis die Herleitung der von ihm genannten objektiven Bewertungsmerkmale nicht offen, sondern behauptet deren Relevanz und Herleitung bloß. „Zufällig" decken sich die von ihm gefundenen Merkmale mit materialen Kriterien anderer Ansichten zur Begründung von Garantenstellungen. Demzufolge muss man abschließend – zugegeben etwas polemisch – feststellen, dass es schwer fällt, einen unbestimmteren und unberechenbareren Maßstab als das aktuelle politische Klima zu ersinnen.

3.2.7.2 Bärwinkel: Garantenstellungen auf Grund sozialer Rollen

3.2.7.2.1 Darstellung

Entsprechend den hier diskutierten Meinungen leitet auch *Bärwinkel* die Garantenstellungsvoraussetzungen aus dem Sein her. Zur Begründung führt er zunächst aus, die Erfolgsabwendungspflicht werde entscheidend durch die funktional-arbeitsteilige Struktur der Gesellschaft geprägt. In Erfüllung seiner jeweiligen Pflichten leiste der Einzelne seinen Beitrag zur arbeitsteilig erbrachten Gesamtleistung.[886]

Gesetzgebungstechnisch sei das unechte Unterlassen in den Normen des Besonderen Teils des StGB mittels eines unbestimmten Rechtsbegriffs geregelt[887]. Diese unbestimmten Rechtsbegriffe verwiesen auf das Sein, da das Gesetz ein Teil der Rechtsordnung, die wiederum Teil der Sozialordnung, also der „faktisch gelebten Ordnung" sei, weshalb das Recht letztlich in dieser faktisch gelebten Ordnung gründe. Deshalb verweise das Recht auf die sozialethische Pflichtenordnung.[888]

---

886 *Bärwinkel*, Struktur der Garantieverhältnisse bei den unechten Unterlassungsdelikten, S. 46 f.

887 *Bärwinkel*, Struktur der Garantieverhältnisse bei den unechten Unterlassungsdelikten, S. 17 ff.,52 ff. Dogmatisch konstruiert wird diese Annahme durch eine Differenzierung zwischen Kodifikations- (Wortlaut der Norm) und Auslegungstatbeständen (durch Auslegung ermittelter Inhalt der Norm). Die in Letzteren enthaltenen abstrakten Verhaltensmerkmale erfassten das unechte Unterlassen als unbestimmten Rechtsbegriff.

888 *Bärwinkel*, Struktur der Garantieverhältnisse bei den unechten Unterlassungsdelikten, S. 54 f., S. 98.

Den zentralen Begriff in *Bärwinkels* Ansicht bildet das Gemeinwohl, das als die kulturellen Bedingungen definiert wird, die die Gesamtheit und der Einzelne zur Entfaltung benötigen. Endzweck des Rechts sei es, das für das Gemeinwohl Unerlässliche zu sichern. Speziell das Strafrecht solle per Rechtsgüterschutz dasjenige bewahren, dessen Schutz für ein gedeihliches Zusammenleben besonders dringlich sei. Durch den Prozess der Verwirklichung des Gemeinwohls hätten sich in der Gesellschaft bestimmte Strukturen herausgebildet. Da das Recht auf der faktisch gelebten Ordnung und damit auf einem Gegenstand soziologischer Betrachtungen beruhe, käme der (Rechts-) Soziologie nun die Aufgabe zu, die herausgebildeten, gesellschaftlichen Strukturen, auf die die unbestimmten Rechtsbegriffe verwiesen, zu beschreiben.[889]

Im Zuge dieser soziologischen Betrachtung gelangt *Bärwinkel* zur „sozialen Rolle" als Typisierung allgemein anerkannter und erwarteter Verhaltensmuster eines Menschen. Strafbar könne nur derjenige sein, dessen soziale Rolle ihm die Erfolgsabwendung geböte. Man könne nun zum einen eine für das Gemeinwohl notwendige Rolle in der Gesamtgesellschaft inne haben, die durch das Ziel des Gemeinwohls unmittelbar festgelegt sei. Zum anderen existierten soziale Rollen innerhalb von Gruppen. Darunter sei eine Mehrheit aufeinander bezogener und voneinander abhängiger Menschen in einer sinnbestimmten Einheit zu verstehen. Innerhalb dieser Gruppen kämen dem Einzelnen im Rahmen seiner Rolle Teilfunktionen zur Erfüllung der überindividuellen Gruppenaufgabe zu. Strafrechtliche Bedeutung erlangten aber nur Rollen in Gruppen, deren Aufgabe für das Gemeinschaftsleben notwendig sei. Innerhalb einer solchen Gruppe müsse der Erfolgsabwendungspflichtige eine „gruppennotwendige" und nicht bloß „gruppenmögliche" Rolle bekleiden. Jene fordere, dass die Rolle für die Verwirklichung der Gruppenaufgabe eine notwendige (Teil-) Funktion besitze.[890]

Dies mündet in die Bestimmung von Erfolgsabwendungspflichten im Rahmen unechter Unterlassungsdelikte anhand dreier Bewertungsschritte: Zunächst sei zu prüfen, ob das im konkreten Fall tangierte Rechtsgut durch eine Strafrechtsnorm geschützt ist. Sodann sei eine gruppennotwendige Rolle in einer Gruppe zu suchen, deren Aufgabenerfüllung für das Gemeinwohl notwendig ist. Diese Rolle müsse den Schutz des betroffenen Rechtsguts zum Gegenstand haben. Schließlich sei mittels „objektiver Bewertungsmerkmale" sicherzustellen, dass dieser Rechtsgüterschutz tatsächlich notwendig für das Gemeinwohl ist. Diese Merkmale seien aus der Sinnorientierung der jeweiligen Gruppen zu er-

889 *Bärwinkel*, Struktur der Garantieverhältnisse bei den unechten Unterlassungsdelikten, S. 95 ff., S. 102.

890 *Bärwinkel*, Struktur der Garantieverhältnisse bei den unechten Unterlassungsdelikten, S. 105 ff.

mitteln und von Gruppe zu Gruppe verschieden. So ergäben sich als Kriterien beispielsweise Grad der Konkretheit der Gefahr bei der Ingerenz, Hochwertigkeit des Rechtsguts oder die Monopolstellung.[891]

In der konkreten Anwendung seines Ansatzes nimmt *Bärwinkel* an, in der Gruppe der Betriebsgemeinschaft habe der Arbeitgeber auf Grund seiner sozialen Rolle für das Leben und die Gesundheit der Arbeitnehmer zu sorgen, wie diese für das Eigentum des Arbeitgebers im Betrieb zu sorgen hätten[892].

Ebenso könnten innerhalb einer „Gangstergruppe" Pflichten zum Schutze der Rechtsgüter der Mitglieder entstehen, wenn diese „auf Leben und Tod verschworen" seien und nicht bloß gelegentlich gemeinsam aktiv wären, also eine Gruppe mit den Aspekten einer Lebensgemeinschaft bestehe[893].

3.2.7.2.2 Kritische Würdigung

Die zuvor geäußerte, generelle Kritik gegenüber den sozialethisch fundierten Ansätzen hat ebenso gegenüber *Bärwinkel* Bestand. Neben dem bereits dort abgelehnten Schluss vom Sein auf das Sollen überzeugen die von dem Autor für diesen Schluss vorgebrachten Argumente ebenfalls nicht. Die Berufung auf die funktionale Arbeitsteilung in der Gesellschaft[894] bietet kein schlüssiges Argument. Die besondere Erfolgsabwendungspflicht bei den unechten Unterlassungsdelikten *kann* Bestandteil einer Arbeitsteilung in der Realität sein[895]. Indes kann weder überall dort, wo Handlungspflichten im Rahmen einer Aufgabenteilung bestehen, von einer qualifiziert strafbewehrten Rettungspflicht ausgegangen werden. So ist zum Beispiel bei einer spontanen Hilfeleistung unter Freunden, die eine Arbeitsteilung beinhaltet, nicht immer von einer Garantenstellung[896] auszugehen. Noch ist es möglich, jede besondere Erfolgsabwendungspflicht auf eine solche Teilung zurückzuführen. Man betrachte nur die Situation von Schutzbedürftigen, die schutz- und absprachenunfähig sind. Beispielsweise im Verhältnis der Eltern zu ihrem Säugling verbietet es sich, von einer funktionalen

891 *Bärwinkel*, Struktur der Garantieverhältnisse bei den unechten Unterlassungsdelikten, S. 114 ff.

892 *Bärwinkel*, Struktur der Garantieverhältnisse bei den unechten Unterlassungsdelikten, S. 114.

893 *Bärwinkel*, Struktur der Garantieverhältnisse bei den unechten Unterlassungsdelikten, S. 117.

894 *Bärwinkel*, Struktur der Garantieverhältnisse bei den unechten Unterlassungsdelikten, S. 47 f.

895 So beispielsweise bei dem für die Sicherung einer Straßenbaustelle zuständigen Bauarbeiter.

896 Der sprachlichen Variation und der Effizienz halber soll der Begriff Garantenstellung hier verwendet werden, obwohl *Bärwinkel* ihn nicht bei seinem Ansatz benutzt.

Arbeitsteilung zu sprechen. Der Umstand, dass Garantenstellung und Arbeitsteilung in der Realität nur stellenweise korrelieren, rechtfertigt es aber nicht, generell vom Sein (Arbeitsteilung) auf das Sollen (Garantenpflicht) zu schließen.

Als genauso fragwürdig erweist sich in diesem Zusammenhang die Argumentation, dass Gesetz sei ein Teil der Sozialordnung, also der „faktisch gelebten Ordnung", weshalb es in dieser Ordnung gründe und sich von selbst aus deren sozialethischen Pflichten ergebe[897]. Denn die Annahme, dass etwas (hier: das Recht, speziell die Erfolgsabwendungspflicht) Teilmenge einer Gesamtmenge (hier: die Sozialordnung) ist, erlaubt es logisch nicht, von dieser auf jene zu schließen. Die Teilmengeneigenschaft führt nicht zur Herleitbarkeit der Teilmenge aus der Gesamtmenge.

Im Übrigen ist mit der Schaffung des § 13 StGB die Annahme, die jeweiligen Normen des Besonderen Teils des StGB verwiesen zur Regelung der unechten Unterlassungsdelikte mittels eines unbestimmten Rechtsbegriffs auf die Sozialordnung, nicht mehr haltbar[898].

Neben der zu Recht kritisierten Unergiebigkeit des zentralen Gemeinwohlbegriffs[899] ist dessen unterschiedliche Inbezugnahme - insbesondere beim Merkmal der sozialen Rolle - zu bemängeln. Nachdem *Bärwinkel* zunächst äußert, das Recht sichere das für das Gemeinwohl Notwendige und das Strafrecht übernehme die diesbezüglich besonders dringlichen Schutzaufgaben[900], weicht er davon an anderer Stelle entscheidend ab. Das Strafrecht soll dort nur noch das für das gedeihliche Zusammenleben Notwendige schützen[901]. Die aus der fehlenden Abgrenzbarkeit von Recht und Strafrecht resultierenden, offensichtlichen definitorischen Mängel wiegen an solch einer für den Ansatz entscheidenden Stelle schwer[902].

---

897 So *Bärwinkel*, Struktur der Garantieverhältnisse bei den unechten Unterlassungsdelikten, S. 54 f. 98.

898 Eingehender kritisch zur Vereinbarkeit sozialethischer Fundierungen mit § 13 StGB zuvor unter Teil 2 B VII 1 b aa. Beim Verfassen von *Bärwinkel*s Arbeit war die Vorschrift allerdings noch nicht Bestandteil des StGB.

899 Am umfassendsten und überzeugendsten bei *Schünemann*, Grund und Grenzen, S. 128 f.; ebenso kritisch: *Albrecht*, Garantenstellungen in familiären und familienähnlichen Beziehungen, S. 43; *Brammsen*, Entstehungsvoraussetzungen von Garantenpflichten, S. 55 f.; *S. v. Coelln*, Das „rechtliche Einstehenmüssen", S. 107.

900 *Bärwinkel*, Struktur der Garantieverhältnisse bei den unechten Unterlassungsdelikten, S. 95, 111.

901 So die Beschreibung unter anderem bei *Bärwinkel*, Struktur der Garantieverhältnisse bei den unechten Unterlassungsdelikten, S. 111 und S. 113.

902 *Sangenstedt*, Garantenstellung von Amtsträgern, S. 139, Fn. 20, vermutet bloß eine ungenaue Formulierung und nicht eine Unsicherheit in der Sache. Auf Grund der Häufigkeit der „Ungenauigkeit" und der besonderen Bedeutung der Definitionen für den An-

Weiter müssen in diesem Kontext die Gemeinwohldefinition selbst und ihre Folgen für die Unterlassungsstrafbarkeit kritisch untersucht werden. Indem *Bärwinkel* das Gemeinwohl als diejenigen kulturellen Bedingungen definiert, die die Gesamtheit und *der Einzelne* zur Entfaltung benötigen[903], integriert er den Individualrechtsgüterschutz in seinen Ansatz, da der Einzelne des Schutzes seiner Rechtsgüter zur Entfaltung bedarf[904]. Die Kehrseite dieser Integration von Individualinteressen ist allerdings eine inakzeptable Weite des Gemeinwohlbegriffs und folglich der Unterlassungshaftung. Denn dadurch wird per definitionem all das zum Gemeinwohl erklärt, was ein Einzelner zur Entfaltung benötigt. Dem gegenüber hat die „Präzisierung", das Strafrecht schütze das für das Gemeinwohl Notwendige, keinerlei weitere selektive Wirkung, verwendet es doch bloß das Synonym „notwendig" statt „benötigt". Es liefe aber dem Wesen des Strafrechts als *ultima ratio* der Sozialkontrolle[905] zuwider, griffe es stets bereits zum Schutze des dem Einzelnen zur Entfaltung Nötigen ein[906]. Im Übrigen ist nicht erkennbar, wie mit dieser Definition die Jedermannspflichten von den Garantenpflichten zu scheiden sein sollen. Denn für das intendierte Ziel Gemeinwohlschutz via Rechtsgutsschutz ist es unerheblich, ob ein Garant oder ein „Jedermann" hilft. Außerdem muss bezweifelt werden, ob tatsächlich Einzel- und Gemeinwohl einander „durchdringen" und „wechselseitig bedingen", wie *Bärwinkel* ausführt[907]. In der vom Autor beanspruchten Verallgemeinerbarkeit ist diese Aussage nicht haltbar. Nicht selten stehen sich allgemeiner und Individualnutzen statt dessen unvereinbar gegenüber. Der Entfaltung des einzelnen Straftäters S steht zum Beispiel die Anordnung einer Sicherheitsverwahrung genauso entgegen, wie im gleichen Fall dessen Freilassung dem Schutze der Allgemeinheit wegen der Gefährlichkeit des S widerspräche. Es ließe sich also entweder das Gemeinwohl in der Person des S oder der gefährdeten Allgemeinheit verwirkli-

---

satz wäre dies aber ein nahezu ebenso schwerer Mangel.

903 *Bärwinkel*, Struktur der Garantieverhältnisse bei den unechten Unterlassungsdelikten, S. 97 (Hervorhebung nicht im Original).

904 Insofern überzeugt *Schünemann* Grund und Grenzen, S. 139, Fn. 47, nicht, wenn er kritisiert, dass *Bärwinkel* den Rechtsgüterschutz „nur" hinsichtlich seiner Wichtigkeit für bestimmte Individuen prüfe. Eine solche Prüfung ist ganz im Sinne *Bärwinkels* Gemeinwohldefinition.

905 Zu dieser Natur des Strafrechts vgl. BVerfGE 39, 1 (47); LK-*Jescheck*, Einl. (Bd. 1), Rn. 3; *Arthur Kaufmann*, JuS 1978, S. 365; SK-*Rudolphi*, Vor § 1, Rn. 14.

906 Eine solche Orientierung des Strafrechtsschutzes am Nutzen eines Rechtsguts zur Entfaltung einer Person vernachlässigt außerdem die in der Person des Täters liegenden Gesichtspunkte wie das jeweilige Handlungsunrecht.

907 *Bärwinkel*, Struktur der Garantieverhältnisse bei den unechten Unterlassungsdelikten, S. 97.

chen. Daher muss konstatiert werden, dass weder mit dem Gemeinwohlbegriff im Allgemeinen noch in der Definition *Bärwinkels* Gewinn in der Garantendogmatik zu erzielen ist.

Überzeugend hat *Bärwinkel* erkannt, dass erfolgsabwendungspflichtbegründende Rollen nicht bloß innerhalb von Gruppen, sondern auch isoliert in der Gesellschaft existieren können, da er in beiden Konstellationen eine Haftung wegen unechten Unterlassens kraft sozialer Rolle zulässt[908]. Tatsächlich wird häufig der Sicherungsgarant nicht Mitglied einer unterlassungsrelevanten Gruppe sein. Er steht der Sozietät vielmehr als Einzelner gegenüber, der bestimmte Gefahrenquellen abzuschirmen hat; wie beispielsweise der Hauseigentümer Passanten vor der Gefahr herabfallender Dachziegel zu schützen hat, ohne mit den Passanten eine Gruppe zu bilden. Als problematisch erweist sich hingegen, dass der Begriff der sozialen Rolle nahezu ausschließlich in Bezug auf die *Rolle innerhalb einer Grupp*e inhaltlich bestimmt wird. Dies hat zur der Folge, dass der Rollenbegriff außerhalb des Gruppenkontextes, also bei den eben genannten Überwachungsgarantenstellungen, inhaltslos und unbestimmt bleibt. So werde die Rolle durch die sachliche Teilfunktion innerhalb einer Gruppe unverwechselbar festgelegt, werde durch den ihr zukommenden Teil der Gruppenaufgabe bestimmt.[909] Für das Strafrecht seien nur Rollen in denjenigen Gruppen relevant, deren Aufgabe für das Gemeinschaftsleben notwendig sei[910]. Die im dritten Wertungsschritt zur Ermittlung von besonderen Pflichtpositionen heranzuziehenden objektiven Bewertungsmerkmale seien gar „nur aus der jeweiligen Gruppensituation heraus zu begreifen“[911]. Demzufolge vermeidet die Annahme von gruppenexternen Rollen zwar Strafbarkeitslücken im Bereich der Sicherungsgarantenstellung, Diese Rollen leiden allerdings wegen der auf die Rollen innerhalb von Gruppen zugeschnittenen Ausführungen an einer inhaltlichen Unterbestimmung.

Weitere Kritik hat bei den eben erwähnten objektiven Bewertungsmerkmalen anzusetzen. Das Problem liegt weniger in der mangelnden Bestimmtheit der Merkmale[912] als in der fehlenden Antwort auf die Fragen, warum wann welche

---

908 *Bärwinkel*, Struktur der Garantieverhältnisse bei den unechten Unterlassungsdelikten, S. 113.

909 *Bärwinkel*, Struktur der Garantieverhältnisse bei den unechten Unterlassungsdelikten, S. 108.

910 *Bärwinkel*, Struktur der Garantieverhältnisse bei den unechten Unterlassungsdelikten, S. 111 f., mit zum Teil negativer Formulierung aber inhaltlich entsprechend.

911 *Bärwinkel*, Struktur der Garantieverhältnisse bei den unechten Unterlassungsdelikten, S. 119.

912 So aber *Albrecht*, Garantenstellungen in familiären und familienähnlichen Beziehungen, S. 43.

Kriterien in bestimmten Situationen heranzuziehen sind[913]. Eine Begründung dafür vermisst man. Der Hinweis, die Merkmale seien von Gruppe zu Gruppe verschieden und ergäben sich aus der „durch die Sinnorientierung der Gruppe entstanden Situation"[914], hilft bei der konkreten Falllösung evident nicht weiter. Daher lesen sich *Bärwinkels* Beispiele für diese Kriterien - vergleichbar der Kritik an der formell-materiellen Garantenlehre - als ein eklektisches „Who is Who" materieller Haftungsgründe der Unterlassungsdogmatik ohne jegliche nachvollziehbare Legitimation.

Darüber hinaus kann keine Verbindung zum zentralen Oberbegriff des Gemeinwohls hergestellt werden und man fragt sich, wie dieses zu einem Schluss auf immer situativ wechselnde Haftungsvoraussetzungen führen soll. Wieso zum Beispiel ist die Monopolstellung[915] überhaupt ein Kriterium dafür, dass die Erfüllung einer Rettungspflicht für das gedeihliche Zusammenleben notwendig ist? Wäre es nicht im Sinne eines den Rechtsgüterschutz umfassenden Gemeinwohls, unabhängig von der Monopolstellung der Rettungsfähigen eine Rettungspflicht anzunehmen? Soweit ersichtlich stehen demzufolge die objektiven Bewertungskriterien, die die Notwendigkeit einer Rettungshandlung für das Gemeinwohl sicherstellen sollen, beziehungslos neben dem Gemeinwohl. Daher sind sie mangels rational nachvollziehbarer, transparenter Rückführbarkeit auf den Oberbegriff Gemeinwohl als Haftungsvoraussetzungen abzulehnen.

In seinen konkreten Falllösungen weiß *Bärwinkel* ebenfalls nicht zu überzeugen. Denn so zweifelsfrei er von der sozialen Rolle des Betriebsinhabers auf dessen rechtliche Pflicht, für das Leben und die Gesundheit seine Angestellten zu sorgen, schließt[916], so zweifelhaft ist diese Haftung. Einigermaßen unstrittig kann man allenfalls von einer Gefahrsicherungspflicht und damit von einer Sicherungsgarantenstellung des Betriebsinhabers hinsichtlich Gefahrenquellen innerhalb seines Betriebes ausgehen. Eine darüber hinausgehende, allgemeine Beschützergarantenstellung bezüglich der körperlichen Integrität seiner Mitarbeiter ist dagegen äußerst fraglich. Eine solche könnte sich lediglich aus dem Arbeitsvertrag ergeben. Dass aber aus nebenvertraglichen, zivilrechtlichen Schutzpflichten eine umfassende Beschützergarantenstellung einsteht, hat noch nicht einmal die formelle Rechtspflichtenlehre angenommen.

---

913 *Sangenstedt*, Garantenstellung von Amtsträgern, S. 140; *Seibert*, Die Garantenpflicht beim Betrug, S. 136.

914 *Bärwinkel*, Struktur der Garantieverhältnisse bei den unechten Unterlassungsdelikten, S. 119.

915 Zu diesem fragwürdigen Kriterium im Speziellen siehe Teil 2 B I 3.

916 *Bärwinkel*, Struktur der Garantieverhältnisse bei den unechten Unterlassungsdelikten, S. 114.

Die Annahme einer Erfolgsabwendungspflicht innerhalb einer „Gangstergruppe“[917] ist zwar im Ergebnis zustimmungsfähig. Allerdings steht sie nicht im Einklang mit *Bärwinkels* übrigen Ausführungen. Abstrakt postuliert er für eine solche Pflicht eine gruppennotwendige soziale Rolle innerhalb einer Gruppe, deren Aufgabe dem Gemeinwohl dient[918]. Auf einen Zusammenschluss mit dem Zweck der effizienteren und risikoloseren Begehung von Straftaten trifft dies sicherlich nicht zu[919]. Wenn statt dessen darauf abgestellt wird, dass die Gruppenmitglieder „auf Leben und Tod verschworen“ sind, so mag das unter Rückgriff auf Aspekte einer Garantenstellung aus tatsächlicher Übernahme in der Sache korrekt sein, verdeutlicht aber zugleich, dass die dogmatische Konstruktion über die Gruppe und die soziale Rolle zur Falllösung nichts beiträgt, sondern nutzlos als dogmatischer Überbau zurück bleibt. Auf Grund all dieser Mängel ist *Bärwinkels* Ansatz zu verwerfen.

3.2.7.3 Brammsen/Otto: Garantenstellungen auf Grund von Erwartungen

3.2.7.3.1 Darstellung

Gemäß der grundlegenden Prämisse der sozialethischen Garantenlehren leiten *Otto* und sein Schüler *Brammsen* aus der Realität, genauer: aus vorrechtlichen, sozialen Systemen, die Entstehungsvoraussetzungen von Garantenpflichten[920] – gemeint sind Garantenstellungen - her[921]. Begründet wird die Berechtigung einer solche Orientierung an den tatsächlichen Verhältnissen im Wesentlichen damit, dass sich insbesondere an den unechten Unterlassungsdelikten zeigen lasse, wie der Wandel der Realität zu einem korrespondierenden Wandel der diesbezüglichen Rechtsprechung geführt habe. Deutlich werde dies speziell an dem Wegfall bestimmter Pflichtenstellungen wie der Straftatverhinderungspflicht unter Ehegatten.[922]

---

917 *Bärwinkel*, Struktur der Garantieverhältnisse bei den unechten Unterlassungsdelikten, S. 117.

918 *Bärwinkel*, Struktur der Garantieverhältnisse bei den unechten Unterlassungsdelikten, S. 112 f.

919 Ebenso kritisch diesbezüglich *Schünemann*, Grund und Grenzen, S. 139.

920 So der gleichlautende Titel der Dissertation *Brammsens*.

921 *Brammsen*, Entstehungsvoraussetzungen von Garantenpflichten, S. 27; *Otto*, AT, § 9, Rn. 42 ff.; *Otto/Brammsen*, Jura 1985, S. 536 f.

922 *Brammsen*, Entstehungsvoraussetzungen von Garantenpflichten, S. 30 ff., insbesondere 32 und 44.

Zentrales Element der Lehre *Otto/Brammsens* ist der Begriff der Erwartung, welche als dasjenige definiert wird, was ein Individuum in einer bestimmten Situation tun soll bzw. wird[923]. Die strafrechtliche Normsetzung stabilisiere lediglich reale, allgemein in der Sozietät existierende Verhaltenserwartungen. Alle Straftatbestände beruhten auf einer vom Gesetzgeber negativ bewerteten Nichtbefolgung real existierender Verhaltenserwartungen. Daher seien die Garantenpflichten ebenfalls aus real existierenden Verhaltenserwartungen herzuleiten.[924]

Wann eine solche Garantenpflicht besteht, ermitteln *Otto/Brammsen* konkret in einem vierschrittigen Verfahren: Nach der Bestimmung der erforderlichen Rettungshandlung (1. Schritt)[925] sei zu prüfen, ob auf Basis der Rollen- und Systemtheorie *Luhmanns*[926] in der Realität eine soziale Position existiert, an die sich die verfestigte Erwartung richtet, dass der Inhaber dieser Position die Rettungshandlung zwingend vorzunehmen hat (2. Schritt), also eine allgemeine Verhaltenserwartung existiere, die sich in einer bestimmten sozialen Rolle manifestiere. Die Nichtbefolgung dieser „Muss-Erwartung" müsse zudem über einen längeren Zeitraum nach möglichst einhelliger Meinung in der Bevölkerung als sozialschädlich angesehen werden. Diese Erwartung einer Rettungshandlung müsse weiter vom Garanten seinerseits erwartet werden können (3. Schritt), „Erwartungserwartung" genannt. Grundsätzlich sei das Vorliegen dieser beiden Erwartungen mit den wissenschaftlichen Methoden der Soziologie zu prüfen. Falls solchermaßen gewonnene Erkenntnisse in einem Bereich fehlten, sei auf das übliche und typische soziale Alltagsverhalten abzustellen. Eine Muss-Erwartung sei gegeben, wenn sich die Sozietät am erwarteten Verhalten wie selbstverständlich orientiere und sich deshalb ein besonderer überantworteter sozialer Einflussbereich verfestigt habe. Schließlich sei noch erforderlich, dass die Erwartungen den Erhalt elementarer Rechtsgüter oder des gesamtgesellschaftlichen Sozialgefüges zum Inhalt hätten, ihre Nichtbefolgung also zur Erschütterung des gesamtgesellschaftlichen Wert- und Sozialgefüges führe (4. Schritt). Die Enttäuschung dieser Erwartungen müsse einen derart schweren Schaden für die Vertrauensbasis des Soziallebens bedeuten wie deren Beschädigung durch ein positives Tun.[927]

---

923 *Brammsen*, Entstehungsvoraussetzungen von Garantenpflichten, S. 70, 85.

924 *Brammsen*, Entstehungsvoraussetzungen von Garantenpflichten, S. 99 f., 114 f.; *Otto*, AT, § 9, Rn. 42 ff.; *Otto/Brammsen*, Jura 1985, S. 530, 536.

925 Dieser erste Schritt ist evident kein besonderes Charakteristikum des Erwartungsansatzes, sondern ein logisch notwendiger Arbeitsschritt bei jeder Unterlassungshaftung, wird aber von *Brammsen*, Entstehungsvoraussetzungen von Garantenpflichten, S. 129, ausdrücklich und deshalb der Vollständigkeit halber auch hier genannt.

926 *Luhmann*, Rechtssoziologie, S. 33 ff.

In der konkreten Anwendung auf bekannte Fallgruppen gelangen *Otto/Brammsen* beispielsweise zur Annahme einer Garantenstellung der Eltern für ihre Kinder, weil sich die Gesellschaft an der sozialen Stellung der Eltern orientiere, deren Erziehungsgewalt respektiere und die Eltern notwendig eine enge, emotionale Beziehung zu ihren Abkömmlingen besäßen[928]. Eine solche Schutzposition hätte ebenso der „Zahlvater" inne, dessen Zuwendung an seine Kinder sich auf das Finanzielle beschränkt, da sich nicht an den konkreten, tatsächlichen Verhältnissen, sondern an den heutzutage typischen, gesellschaftlichen Vorstellungen von der Vaterposition zu orientieren sei[929]. Zwischen Geschwistern bestünden hingegen nur Garantenpflichten, wenn sie ihre enge Verbundenheit durch das Leben in einem gemeinsamen Haushalt dokumentierten[930]. Die wechselseitigen, besonderen Schutzpflichten der Ehegatten begründet *Brammsen* mit der in eine rhetorische Frage gekleideten Aussage, dass niemand jemanden heiraten würde, dessen Hilfe er in einer kritischen Situation nicht erwarten könne. Im Wandererfall[931] entstehe eine Garantenstellung des Hilfe Zusagenden, wenn und weil andere Hilfswillige dessen Hilfe erwarteten, auf eigene Rettungsmaßnahmen deswegen verzichteten und der Versprechende in der Folge „herausragende Einflussmöglichkeiten" hinsichtlich der tatsächlichen Rettung habe[932].

3.2.7.3.2 Kritische Würdigung

Dem sozialethischen Erwartungsansatz kann nicht gefolgt werden. *Albrecht* allerdings verkennt in ihrer Kritik, *Brammsen* zähle bloß Garantenstellungen auf und beschreibe sie, lasse aber eine *rechtliche* Fundierung vermissen[933], die Natur des Ansatzes. Die Herleitung der rechtlichen Voraussetzungen aus der Realität – statt beispielsweise dem Gesetz - ist gerade das Spezifikum dieser Theorie. Für eine überzeugende Kritik kann es deshalb nicht ausreichen, dieses Spezifikum zu benennen, sondern es hätte dargelegt werden müssen, warum ein Abstellen auf die Realität abzulehnen ist.

927 *Brammsen*, Entstehungsvoraussetzungen von Garantenpflichten, S. 115 ff., S. 209, zusammengefasst auf den S. 129 ff.; *Otto*, AT, § 9, Rn. 43-46; *Otto/Brammsen*, Jura 1985, S. 530 ff.

928 *Brammsen*, Entstehungsvoraussetzungen von Garantenpflichten, S. 151 ff.

929 *Brammsen*, Entstehungsvoraussetzungen von Garantenpflichten, S. 157 f.

930 *Brammsen*, Entstehungsvoraussetzungen von Garantenpflichten, S. 159 f.

931 Darstellung dieser bekannten Fallgestaltung aus dem Bereich der Unterlassungsdelikte bei Teil 2 B VI 3 b.

932 *Brammsen*, Entstehungsvoraussetzungen von Garantenpflichten, S. 205.

933 *Albrecht*, Garantenstellungen in familiären und familienähnlichen Beziehungen, S. 45 (Hervorhebung nicht im Original).

Neben der daran bereits abstrakt geäußerten Kritik[934] weist Brammsens Kernargument für eine Orientierung an der Realität bei der Begründung von Garantenstellungen, dass nämlich der Wandel in der Realität zu einem Wandel der Unterlassungsrechtsprechung geführt habe[935], mehrere Unzulänglichkeiten auf. Sicherlich haben die Realität und ihr Wandel mitunter Einfluss auf die Rechtsprechung. Keinesfalls lässt sich aber aus der bloßen Korrelation von Realitäts- und Rechtsprechungswandel schlussfolgern, aus diesem folge jener. Eine Änderung der Rechtsprechung lässt sich genauso gut damit erklären, dass sich auf Basis des geltenden Rechts und nicht auf Grund veränderter Realität eine neue Dogmatik herausgebildet hat, die zeitgleich mit der veränderten Realität zur Anwendung kommt[936]. Solange dieser alternative Änderungsgrund - neben dem noch andere existieren – nicht ausgeschlossen ist, ist es Brammsen allenfalls gelungen, punktuell eine Korrelation aufzuzeigen, ohne dass die behauptete Kausalbeziehung zwischen Realität und Rechtsprechung bewiesen wäre. Aber selbst wenn man eine solche Beziehung als zutreffend unterstellte, würde die Argumentation unter entscheidenden Erklärungsdefiziten leiden. Es müsste nämlich begründet werden, dass die Rechtsprechung sich an der Realität orientieren durfte und die von ihr gefundenen Ergebnisse rechtlich überzeugend sind, was aber gerade nicht belegt wird. Mit anderen Worten: Nur weil die Rechtsprechung sich möglicherweise an der Realität orientiert, muss ein solches Vorgehen noch nicht rechtlich richtig sein. Ebenso könnte man eine andere, von einem Realitätswandel unbeeinflusste Position als Argument dafür heranziehen, dass man sich keinesfalls an der Wirklichkeit zu orientieren habe.

Ebenso fehl geht die Prämisse, die strafrechtliche Normsetzung stabilisiere stets bereits real existierende Erwartungen[937]. Auf die gegenüber *S. v. Coelln* dagegen vorgebrachten Argumente kann hier vollumfänglich verwiesen werden. Es existieren Erwartungen[938] ohne eine entsprechende Rechtsnorm als deren Fol-

---

934 Siehe zuvor bei Teil 2 B VII 1 b aa.

935 *Brammsen*, Entstehungsvoraussetzungen von Garantenpflichten, S. 30 ff.

936 Bezogen auf das von *Brammsen* bemühte Beispiel des Wegfalls der Straftatverhinderungspflicht unter Ehegatten bedeutet dies, dass der Wegfall ebenso plausibel mit dem aus dem Grundgesetz folgenden Menschenbild und der Gleichheit und Freiheit von Mann und Frau und damit rechtlich und nicht aus der Realität erklärbar ist.

937 *Brammsen*, Entstehungsvoraussetzungen von Garantenpflichten, S. 99 f., 114 f.; *Otto*, AT, § 9, Rn. 42 ff.; *Otto/Brammsen*, Jura 1985, S. 530, 536.

938 Die Definition des zentralen Erwartungsbegriffs ist zudem zumindest nicht sonderlich glücklich, sondern kontraintuitiv. Erwartungen müssen sich nicht – so aber die Definition bei *Brammsen*, Entstehungsvoraussetzungen von Garantenpflichten, S. 70, 85 – zwangsläufig auf das (zukünftige) Verhalten einer Person beziehen. Nach gängigem Sprachverständnis können genauso personenunabhängige, zukünftige Vorgänge oder

ge, wie es Normen gibt, mit denen keine gesellschaftliche Erwartung korrespondiert[939].

Geradezu typisch für sozialethisch fundierte Garantenlehren stößt der Ansatz *Otto/Brammsens* bei der konkreten Herleitung von Falllösungen aus der Realität auf Schwierigkeiten. Diese räumt *Brammsen* ein und stellt fest, es existierten in weiten Teilen keine wissenschaftlich abgesicherten, soziologischen Erkenntnisse zu den gesellschaftlichen Erwartungen in den einschlägigen Konstellationen, weshalb man sich am typischen Alltagsverhalten zu orientieren habe[940]. Diese behelfsweise Orientierung zieht ersichtlich Probleme nach sich. Eine Grenzziehung in strittigen Unterlassungsfällen ist mittels typischen Alltagsverhaltens nicht möglich. Denn wie sollte dieses objektiv ermittelbar sein? Es würden die Rettungen als typisches Alltagsverhalten angesehen, bei denen die Unterlassung als strafwürdig empfunden wird. Und sind nicht die meisten Befolgungen von Rechtspflichten im Alltag typisch und der Rechtsbrecher die Ausnahme? Mit der Berücksichtigung jedweder typischerweise befolgten Rechtspflicht im Alltag, was beispielsweise vertragliche Pflichten beinhaltet, zöge man aber den Kreis der Garantenstellungen ersichtlich zu weit. Umgekehrt ergäbe sich keine Garantenstellung, wenn der Verstoß gegen eine Handlungspflicht im Alltagsverhalten typisch wäre. Das wiederum leitet zu einem bereits zuvor gegen die sozialethischen Ansätze vorgebrachten Einwand[941] über, dem gemäß es gerade das Ziel des Gesetzgebers sein kann, das typische Alltagsverhalten in einem Bereich zu ändern. Das aber wäre beim Abstellen auf das Alltagsverhalten für die Bestimmung des Sollens nicht möglich.

Einen weiteren wesentlichen, bislang noch nicht artikulierten Mangel stellt der wechselnde und damit beliebige Bezugspunkt der Erwartung dar. So ist unklar, auf welche Rolle bzw. Position die Erwartungen zu beziehen sind. Deutlich wird dieses Manko vor allem bei der Betrachtung der konkreten Falllösungen. Bei der Garantenpflicht des Zahlvaters soll sich nicht am konkreten Vater und auch nicht am Zahlvater im Allgemeinen, sondern vielmehr an der abstrakten, gesellschaftstypischen Vaterposition bei der Bestimmung der Erwartungen auszurichten sein[942]. Zwischen Geschwistern bestünden hingegen nur dann Garantenpflichten, wenn diese konkret in einem gemeinsamen Haushalt in einer Lebensgemeinschaft zusammen lebten[943]. Bei der letztgenannten Fallgruppe wird

---

Zustände in Bezug genommen werden, wie man beispielsweise ein bestimmtes Wetter erwarten kann.

939 Zu dieser Kritik siehe unter Teil 2 B VIII 4 b.

940 *Brammsen*, Entstehungsvoraussetzungen von Garantenpflichten, S. 126.

941 Siehe dazu oben Teil 2 B VII 1 b aa.

942 *Brammsen*, Entstehungsvoraussetzungen von Garantenpflichten, S. 157 f.

943 *Brammsen*, Entstehungsvoraussetzungen von Garantenpflichten, S. 159 f.

demzufolge auf die konkrete Situation, beim Zahlvater stattdessen auf einen abstrakten Typus abgestellt. Warum diese unterschiedlichen Bezugspunkte, einerseits konkrete Konstellation und andererseits abstrakter Typus, gewählt werden, wird nicht erklärt. Dieser offensichtlich bestehende Spielraum bei der Wahl des Bezugspunktes der Erwartungen führt zur Unberechenbarkeit und Beliebigkeit des Ansatzes. Hätte man sich zum Beispiel am konkreten Zahlvater orientiert, der bloß nolens volens seine gesetzlichen Unterhaltspflichten erfüllen aber keinerlei Kontakt zum Kind haben möchte, so hätte man nicht problemlos eine gesellschaftliche Erwartung hinsichtlich Garantenschutzpflichten zu Gunsten des Kindes bejahen können. Dies mag als beredtes Argument dafür, dass die Annahme von garantenstellungsbegründenden Erwartungen mit dem Bezugspunkt der Erwartung steht und fällt, genügen. Solange aber die Wahl des Bezugspunktes nicht begründet wird, sind die gefundenen Ergebnisse intransparent, unberechen- und beliebig gestaltbar.

Neben dem Bezugspunkt der Erwartungen führt auch die mitunter ungeklärte Frage, auf wessen Erwartung es ankommt, zu Unwägbarkeiten. Allgemein sei zwar auf die gesellschaftlichen Erwartungen abzustellen. Dass darüber aber Unklarheit herrschen kann, belegt beispielsweise die Lösung des Wandererfalles[944]. Denn dort wird nicht auf die allgemeinen gesellschaftlichen Erwartungen oder gar die des Schutzbedürftigen, sondern plötzlich auf die Erwartung konkret hilfswilliger Dritter abgestellt[945]. Dieses Vorgehen wird ebenso wenig begründet wie die überraschende Relevanz der „herausragenden Einflussmöglichkeit" des Rettung Versprechenden, einem Kriterium, dem man eher bei der Herrschaftslehre Bedeutung zugemessen hätte. Folglich ist festzuhalten, dass keine zuverlässige, allgemeingültige Aussage darüber, auf wessen Erwartungen es im konkreten Fall nach der Erwartungslehre ankommt[946], getroffen werden kann und der Verdacht im Raum steht, dass diese Unsicherheit zur Begründung des jeweils gewünschten Ergebnisses benutzt wird.

Die Voraussetzung der Erwartungserwartung beim Garanten liefert weitere Einwände gegen die Theorie *Brammsen*s und *Otto*s. Unter der Erwartung an eine Person hinsichtlich eines bestimmten Verhaltens ist nach allgemeinem Sprachverständnis und vor allem nach dem ihr von ihren Vertretern zugeschriebenen Forderungscharakter[947] die Pflicht der Person zu einem bestimmten Ver-

944 Zum Wandererfall im allgemeinen siehe Teil 2 B VI 3 b.

945 *Brammsen*, Entstehungsvoraussetzungen von Garantenpflichten, S. 205.

946 Ohne das dogmatische Problem zu benennen, ist diese ungeklärte Frage auch der eigentliche Grund für das von *S. v. Coelln* gegen die Erwartungslehre vorgebrachte Beispiel, *S. v. Coelln*, Das „rechtliche Einstehenmüssen" beim unechten Unterlassungsdelikt, S. 109 f.

947 Vgl. nur *Brammsen*, Entstehungsvoraussetzungen von Garantenpflichten, S. 70.

halten zu verstehen, an die sich die Erwartung richtet. Muss der Garant die an ihn gerichtete Erwartung kennen können[948], so muss er um ihren Inhalt, die an ihn gerichtete Pflicht, wissen. Daher wird letztendlich nichts Anderes verlangt als das Kennen-Können der Handlungspflicht, also der Garantenpflicht. Damit setzt sich die Ansicht zweierlei Bedenken aus. Zum einen ist es höchst streitig, ob und inwieweit sich der subjektive Tatbestand auf die Garantenpflicht zu beziehen hat. Dies hätte insbesondere einer Erläuterung und begründeten Positionierung bedurft, als dieses Problem nun straftatsystematisch via Garantenstellung in den objektiven Tatbestand verlagert wird. Zum anderen klingt im Kennen-Können in der Sache ein der Fahrlässigkeit entsprechender Sorgfaltspflichtmaßstab an. Deshalb wäre die Frage zu klären gewesen, ob wegen eines Vorsatzdelikts auch derjenige bestraft werden kann, der bloß fahrlässig die an ihn gerichtete Erwartungserwartung verkennt. Eine solche Klärung vermisst man. Zwar legt die Formulierung des Ansatzes nahe, dass Fahrlässigkeit ausreicht, doch dann erscheint es widersprüchlich, zumindest aber begründungsbedürftig, warum bloß fahrlässiges Handlungsunrecht bezüglich der an den Garanten gerichteten Erwartung zu einer Vorsatzstrafe führen soll. Lediglich am Rande sei hier noch die Frage aufgeworfen, inwiefern das Kennen-Können der Garantenpflicht etwas anderes darstellt als eine spezielle Problematik des in § 17 StGB geregelten Verbotsirrtums[949]? Jedenfalls wirft das Erfordernis der Erwartungserwartung nach dem augenblicklichen Diskussionsstand ungeklärte essentielle Fragen auf.

Darüber hinaus regen sich Zweifel an der Voraussetzung für das Vorliegen einer Muss-Erwartung, diese müsse von solcher Festigkeit und solchem Gewicht sein, dass ihre Verletzung einen derart schweren Schaden für die Vertrauensbasis des Soziallebens bedeute wie deren Beschädigung durch positives Tun[950]. Es erscheint fragwürdig, auf Schäden an einer Vertrauensbasis abzustellen, wenn einhellig anerkannt ist, dass auch heimliche Rechtsgutsverletzungen, deren niemand, bei unbewusster Fahrlässigkeit noch nicht mal der Täter selbst, gewahr wird, strafbar sind. Denn werden Rechtsgutsverletzungen von niemandem bemerkt, so ist ein Schaden an der Vertrauensbasis ausgeschlossen.

Wie wenig ergiebig der Erwartungsansatz ist, offenbart das konstante Heranziehen von für die Erwartungslehre sachfremden Gesichtspunkten bei der Lösung konkreter Fälle. So wird die elterliche Garantenstellung auch mit der not-

948 So eine der Voraussetzungen der Lehre, *Brammsen*, Entstehungsvoraussetzungen von Garantenpflichten, S. 124.

949 Oder ist gar § 16 StGB einschlägig, da es sich um ein Tatbestandsmerkmal handelt? Beide Fragen hätten einer Klärung bedurft.

950 *Brammsen*, Entstehungsvoraussetzungen von Garantenpflichten, S. 115 ff.

wendigen emotionalen Beziehung zwischen Eltern und Kind sowie dem Respektieren der elterlichen Erziehungsprärogative durch die Gesellschaft begründet[951]. Weder die gesellschaftliche Anerkennung des elterlichen Erziehungsrechts noch die emotionale Bindung zwischen Eltern und Kind lassen jedoch einen zwingenden Schluss auf die Erwartung besonderer Schutzpflichten zu. Dass es sich beim Schluss vom Recht auf die Pflicht um einen Fehlschluss handelt, wurde bereits erläutert[952]. Eine besondere emotionale Bindung existiert beispielsweise auch zwischen sehr guten Freunden, ohne dass daraus eine Garantenstellung herzuleiten wäre.

Ebenso geht die Begründung der Garantenstellung zwischen Ehegatten fehl. Dort wird mit der rhetorischen Frage argumentiert, wer würde jemanden heiraten, wenn er nicht dessen besondere Hilfsbereitschaft in gefährlichen Situationen erwarten könne[953]? Diese Argumentation verdeutlicht ein Grundproblem der Erwartungslehre, das sie mit anderen Ansichten wie dem Vertrauensansatz teilt: Es werden Grund und Folge einer Garantenstellung verkannt. Erwartungen konstituieren nicht Garantenstellungen, sondern sind deren Folge. Befragte man Ehegatten nach dem Grund ihrer Eheschließung, so würden diese kaum erwidern, sie hätten deshalb geheiratet, weil sie gegenseitigen Beistand in gefährlichen Situationen erwarteten und hätten andernfalls auf die Ehe verzichtet. Statt dessen würden sich die meisten wohl dahingehend einlassen, dass sie Hilfe erwarteten, weil sie verheiratet sind. Insofern erscheint es gewagt anzunehmen, zwischen Ehegatten begründete die Erwartung die Garantenpflicht. Ein umgekehrtes Grund-Folge-Verhältnis liegt näher, ist zumindest aber ebenso denkbar.

3.2.8 Herrschaftsprinzip

Die monistische Theorie *Schünemann*s hat im Laufe der Zeit einige Gefolgschaft gefunden[954]. Neben der Kraft ihrer Argumente mag dies auch der Tatsache geschuldet sein, dass es zugleich das Rechtsgefühl befriedigt, für eine bege-

---

951 *Brammsen*, Entstehungsvoraussetzungen von Garantenpflichten, S. 151 ff.

952 Siehe oben Teil 2 B I 1 b.

953 *Brammsen*, Entstehungsvoraussetzungen von Garantenpflichten, S. 161.

954 Neben den nachfolgend noch näher Untersuchten hat sich unter anderem auch *Roxin*, AT, Bd. 2, § 32, Rn. 19 ff, grundsätzlich *Schünemann* angeschlossen. Ebenso folgt ihm neuerdings *Chen*, Das Garantensonderdelikt, der *Schünemann*s Position gegen ihre Kritiker zu verteidigen versucht, eingehender dazu im Folgenden, und sich von ihm nur in soweit unterscheidet, als er die eigenhändigen Delikte entweder als Garantensonderdelikte (so z. B. bei §§ 153f., 339 StGB) oder als (Handlungs-) Herrschaftsdelikte (§§ 173, 181a StGB) einordnet, S. 112 ff.

hungsgleiche Bestrafung der Unterlassung ein Element zu verlangen, das man als konstitutiv für die Begehungsstrafbarkeit erachtet. Mitunter hat der Ansatz noch Ergänzungen[955] oder Modifikationen[956] erfahren. Diesen soll sich nach einer Analyse der Ausgangstheorie zugewendet werden.

3.2.8.1 Schünemann: Das Herrschaftsprinzip im Allgemeinen

3.2.8.1.1 Darstellung

Schünemann unternimmt den Versuch, das Problem der Unterlassungshaftung auf dem Boden der neukantianischen Begriffsbildungsmethode[957] zu lösen. Vereinfacht dargestellt soll danach ein Begriff die wesentlichen Merkmale eines Gegenstandes aufnehmen. Die Wesentlichkeit bestimme sich wiederum am Maßstab eines übergeordneten Wertes[958]. Dieser Wertgesichtspunkt sei bei den unechten Unterlassungsdelikten die Begehungsgleichheit[959]. Als methodisches Instrument bemüht er zur Begriffsbildung zudem die „Natur der Sache". Den dabei festgestellten Widerspruch[960] zum (deutschen) Idealismus, auf den der Neukantianismus zurückgeht, meint er unter anderem mit dem Hinweis auf die Verpflichtung der Rechtswissenschaft zu praktischen Ergebnissen überwinden zu können[961]. Die „Natur der Sache" begreift die Herrschaftslehre nicht als Rechts-

955 So bei *Seibert*, Betrug durch Unterlassen.

956 *S. v. Coelln*, Das „rechtliche Einstehenmüssen"; *Sangenstedt*, Garantenstellung von Amtsträgern; *Rudolphi* in verschiedenen Publikationen, zum Beispiel *Rudolphi*, Die Gleichstellungsproblematik der unechten Unterlassungsdelikte und der Gedanke der Ingerenz, oder *ders.*, NStZ 1984, 149 ff.

957 Grundlegend dazu *Rickert*, Die Grenzen naturwissenschaftlicher Begriffsbildung; *Lask*, Rechtsphilosophie, Ges. Schriften I, S. 275 ff.; *Radbruch*, Grundzüge der Rechtsphilosophie; *Schwinge*, Teleologische Begriffsbildung.

958 *Rickert*, Die Grenzen der naturwissenschaftlichen Begriffsbildung, S. 318 ff., 325 ff.

959 *Schünemann*, Grund und Grenzen, S. 232.

960 Der Neukantianismus, der sich aus dem deutschen Idealismus als Gegenbewegung zum Materialismus entwickelt habe, gehe - kurz gefasst - davon aus, in den Kulturwissenschaften, zu denen auch die Rechtswissenschaft zähle, seien rechtliche Phänomene nur Produkte einer Begriffsbildung, *Lask*, Schriften I, S. 307. Eine Begriffsbildung anhand der „Natur der Sache" orientiere sich nach dem *schünemann*schen Verständnis jedoch auch am Sein. Phänomene wären nach Letzterem daher nicht bloß Produkte, sondern auch Grundlage der Begriffsbildung. Ob dieser Widerspruch zu Recht als überwunden anzusehen ist, soll nicht weiter diskutiert werden, da der Begriff der „Natur der Sache" bereits einigen Anlass zur Kritik bietet.

961 *Schünemann*, Grund und Grenzen, S. 36 f.

quelle, sondern als Instrument der Begriffsbildung im Sinne einer Typenbildung[962].

Anlässlich des als entscheidend angesehenen Wertgesichtspunkts der Begehungsgleichheit versucht Schünemann zunächst anhand einer Analyse der Begehungsdelikte, wobei er sich auf die Erfolgsdelikte beschränkt, den dortigen Grund der Bestrafung aufzudecken, um diesen dann auf das Unterlassen zu übertragen. Dieses Vorgehen bezeichnet er als „analogistisches Verfahren“[963]. Den gesuchten Grund erblickt er in der Zurechnung des schädlichen Erfolges zu einer Person: weil diese den Erfolg mit ihrer Handlung herbeigeführt habe. Grund für diese Zurechnung anlässlich der vorgenommenen Handlung bilde die Tatsache, dass der Täter seine Körperbewegungen und damit die Tathandlung[964], ergo den Erfolgsgrund, beherrsche. Ein Täter sei also deshalb zu bestrafen, weil er mittels einer Handlung einen verpönten Erfolg herbeigeführt und diese Handlung, den Erfolgsgrund, beherrscht habe. Grund der Bestrafung sei demzufolge die Herrschaft über den Grund des Erfolges Dieser Grund müsse deshalb dem analogistischen Verfahren entsprechend beim unechten Unterlassungsdelikt im Merkmal der Garantenstellung gegeben sein[965]. Bei der Voraussetzung „Herrschaft über den Grund des Erfolges“ sei das Merkmal „Herrschaft“ weitgehend „entnormativiert“ als Existentialurteil. Der „Grund des Erfolges“ sei jedoch nicht als Kausalität, sondern als Werturteil zu verstehen, weshalb die gesamte Formel letztlich doch eine normative Richtlinie bilde[966].

Weiter differenzierend führt Schünemann aus, die Herrschaft über den Grund des Erfolges könne beim unechten Unterlassungsdelikt in zwei Formen auftreten: einerseits als Herrschaft über eine wesentliche Station des Kausalver-

---

962 *Schünemann*, Grund und Grenzen, S. 40 f; *ders.*, GA 1974, S. 234, Fn. 22; *Chen*, Das Garantensonderdelikt, S. 87 f. Dabei handele es sich um eine Rechtsfindungsmethode, die den Mittelweg zwischen Naturalismus und Normativismus, zwischen Sachverhalt bzw. Sein und Norm bzw. Sollen, beschreite, *Schünemann*, Madrid-Symposium, S. 74 f.

963 *Schünemann*, Grund und Grenzen, S. 229; diesem Verfahren zustimmend: *Freund*, Erfolgsdelikt und Unterlassen, S. 140; *Rudolphi*, Die Gleichstellungsproblematik der unechten Unterlassungsdelikte und der Gedanke der Ingerenz, S. 93; *Sangenstedt*, Garantenstellung von Amtsträgern, S. 292.

964 Für diesen Zurechnungsgrund ebenfalls *Sangenstedt*, Garantenstellung von Amtsträgern, S. 293; nahestehend *Rudolphi*, Die Gleichstellungsproblematik der unechten Unterlassungsdelikte und der Gedanke der Ingerenz, S. 98.

965 *Schünemann*, Grund und Grenzen, S. 234 ff.

966 *Schünemann*, Grund und Grenzen, S. 241.

laufs und andererseits als Herrschaft über die Hilflosigkeit, die Anfälligkeit des Opfers[967].

Die Annahme einer garantenstellungsbegründenden Herrschaft erfordere außerdem das Vorliegen eines Herrschaftswillens in der Person des Garanten. Das Begründen der Herrschaft müsse ein willentliches Ergreifen derselben sein im Sinne eines konkludent-generellen Willens. Für die Fortdauer der Herrschaft sei sogar lediglich ein latenter Wille ausreichend, der bei der Herrschaft über Sachen praktisch erst mit der Besitzaufgabe entfalle[968].

Weiterhin präzisiert die Herrschaftslehre den Zeitpunkt, in dem eine Herrschaftsbeziehung bestehen muss. Einerseits verlangt sie ein Beherrschen bereits vor Eintritt der Gefahr[969]. Unter anderem dadurch soll das Entstehen einer Garantenstellung allein auf Grund der Rettungsmöglichkeit während der konkreten Gefahrensituation verhindert werden. Schon zuvor muss eine „Kontrollherrschaft" bestanden haben in dem Sinne, dass Objekt und Quelle des Verletzungsgeschehens bereits kontrolliert werden. Dann müsse dem Täter das in dem von ihm beherrschten, „ganz gegenständlich zu verstehenden" sozialen Bereich stattfindende schädigende Geschehen zugerechnet werden[970]. Andererseits sei im Zeitpunkt der Unterlassung nicht bloß eine Erfolgsabwendungsmöglichkeit als potentielle Herrschaft, sondern statt dessen eine aktuelle Herrschaft zu verlangen. Aus diesem Grund sei die Ingerenzgarantenstellung abzulehnen[971], bei der die Herrschaft nur hinsichtlich der in der Vergangenheit liegenden Gefahrschaffung bestanden habe[972].

Speziell zur Herrschaft über die Hilflosigkeit des Opfers werden die Modi der Herrschaftserlangung enumerativ aufgezählt. Erstens könne die Herrschaft existentiell vorgegeben sein, wie im Verhältnis zwischen Mutter und dem in ihr heranwachsenden Embryo[973]. Zweitens entstünde eine Herrschaft über die An-

967 *Schünemann*, Grund und Grenzen, S. 241, 359; Chen, Das Garantensonderdelikt, S. 63 (zur Herrschaft über die Hilflosigkeit).

968 Schünemann, Grund und Grenzen, S. 292 f.

969 *Schünemann*, Grund und Grenzen, S. 240 ff., 29 2ff., 342 ff.; *ders.*, Internationale Dogmatik, 49 (55, 72, 77); *Chen*, Das Garantensonderdelikt, S. 92; *Seibert*, Garantenpflicht beim Betrug, 195 f.

970 *Schünemann*, Madrid-Symposium, S. 72; *Chen*, Das Garantensonderdelikt, S. 90.

971 *Schünemann*, Grund und Grenzen, S. 381 und im Anschluss an ihn *Chen*, Das Garantensonderdelikt, S. 99 fordern stattdessen *de lege ferenda* eine Qualifikation zu § 323c StGB.

972 *Schünemann*, Grund und Grenzen, S. 316 ff; *Chen*, Das Garantensonderdelikt, S. 89 f.

973 *Schünemann*, Grund und Grenzen, S. 342 f. Dieser Modus komme allerdings nur bei konstitutionell bedingter Hilflosigkeit (wegen jugendlichen Alters, Gebrechlichkeit und Krankheit) in Frage. Bei partieller Hilflosigkeit (Opfer nur zum Schutz vor bestimmten Gefahren nicht im Stande) beschränke sich die Herrschaftserlangung auf die

fälligkeit des Opfers durch eigenen Zugriff des Garanten, so beispielsweise bei demjenigen, der ein unmündiges Findelkind bei sich aufnehme. Schließlich könne noch ein fremder Vertrauensakt das geforderte Herrschaftsverhältnis begründen. So lägen die Dinge zum Beispiel bei der Aufnahme in ein Altersheim[974].

In der konkreten Fallanwendung stellt sich die Herrschaftslehre wie folgt dar. Die Mutter habe die Gewalt über den in ihrem Bauch befindlichen Embryo. Die dadurch begründete Herrschaft über die Hilflosigkeit des Kindes bestehe bis zum vollständigen Abschluss des kindlichen Reifungsprozesses fort[975]. Allerdings wird an anderer Stelle von Schünemann modifiziert: „Genaugenommen" liege eine existentielle Herrschaft der Mutter nur im Verhältnis zur Leibesfrucht vor. Die Fortsetzung der Herrschaft setze sich wegen „unserer Familienordnung" allerdings nach der Geburt fort[976]. Eine Obhutsherrschaft bestehe ebenso fort bei ins Kino gegangenen Eltern über deren schlafende Kinder [977].

In den als „Gefahrengemeinschaft" firmierenden Fällen, also zum Beispiel beim Zusammenschluss mehrerer Bergsteiger zu einer gemeinsamen Bergbesteigung, besitze jedes Mitglied eine Teilherrschaft über die Anfälligkeit der anderen Teilnehmer und damit eine Garantenstellung[978].

Eine besondere Form der Gefahrengemeinschaft stelle die Lebensgemeinschaft dar. Dort schlössen sich zwei Menschen zusammen, um die allgemeinen Lebensrisiken besser bestehen zu können[979].

Im „Wandererfall"[980] begründe die bloße Hilfeleistung des Samariters[981] nur dann – im Begründungsmodus des Vertrauensaktes - eine Garantenstellung, wenn der Akt für das Opfer zwar nicht notwendig anfälligkeitsbegründend zumindest aber anfälligkeitsverändernd ist, also die „Hilflosigkeitsstruktur" verändere. Nötig sei beim Handeln mit Willen des Bedrohten dessen übernahmebedingte, anfälligkeitsverändernde Disposition[982].

---

beiden letztgenannten Arten, *Schünemann*, Grund und Grenzen, S. 348 f.

974 *Schünemann*, Grund und Grenzen, S. 342 ff.

975 *Schünemann*, Grund und Grenzen, S. 342 f.

976 So *Schünemann*, Grund und Grenzen, S. 360, Fn. 1, korrigierend.

977 *Schünemann*, Grund und Grenzen, S. 346, insbesondere Fn. 83a; *ders.*, Madrid-Symposium, S. 78, Fn. 130. *Chen*, Das Garantensonderdelikt, S. 92 f., hier im weiteren Verlauf „Kino-Fall" genannt.

978 *Schünemann*, Grund und Grenzen, S. 355.

979 *Schünemann*, Grund und Grenzen, S. 355.

980 Darstellung dieses Standardfalles der Unterlassungsdogmatik hier bei Teil 2 B VI 3 b.

981 Zum namensgebenden Gleichnis siehe das Evangelium nach Lukas, 10, 25-37.

982 *Schünemann*, Grund und Grenzen, S. 351.

3.2.8.1.2 Kritische Würdigung

Die Zahl der Kritiker und Kritikpunkte an *Schünemanns* Ansatz ist groß. Den Anlass dafür allein in dessen Mängeln zu sehen, griffe zu kurz. - Zumal einige Einwände, wie die nachfolgende Untersuchung zeigen wird, vorschnell und zu Unrecht erhoben wurden. - Wie wenige andere hat *Schünemann* sowohl über die von ihm gewählte Methode als auch über die gefundenen Ergebnisse bis hin zu einzelnen Fallgruppen ein umfassendes Zeugnis abgelegt. Wer solchermaßen eine Angriffsfläche bietet, der findet auch zahlreiche Angreifer. Nach hiesigem Dafürhalten bietet die Herrschaftstheorie in ihrer monistischen Anwendung in der Tat reichlich Anlass zur Kritik. Positiv festzustellen bleibt eingangs aber, dass *Schünemanns* umfangreiche Stellungnahme eine umfassende rationale Auseinandersetzung mit seinem Ansatz erst ermöglicht hat.

3.2.8.1.2.1 Kritik an der analogistischen Herleitung eines universellen Haftungsprinzips insbesondere im Hinblick auf die Pflichtdelikte; überzeugende Analyse der Erfolgsdelikte

Weder die Herleitung des Ansatzes noch die gefundene Herrschaftsformel und deren konkrete Anwendung halten einer kritischen Überprüfung stand. Offensichtlich nicht überzeugend ist der argumentative Verweis *Chens* auf den monistischen Charakter der Herrschaftslehre. Denn das Aufzeigen eines einheitlichen Garantenprinzips erklärt nicht per se dessen sachliche Richtigkeit.

Schon die grundlegende Feststellung des Herrschaftsprinzips, Grund der Zurechnung bei den Begehungsdelikten sei allein die Herrschaft des Täters über seinen Körper, muss bezweifelt werden[983]. Denn einige Begehungsdelikte wie § 266 StGB oder § 339 StGB verlangen beim Täter eine besondere Pflichtenstellung[984]. Demzufolge ist bei diesen Pflichtdelikten[985] die Herrschaft des Täters über seinen Körper gerade nicht der alleinige Zurechnungsgrund[986]. Während bei bestimmten Delikten die Bestrafung durchaus auf die Herrschaft des Täters über die Tathandlung in der Tatsituation rückführbar erscheint (z. B. § 212 StGB: der Täter beherrscht die Abgabe des todbringenden Schusses), ist dies bei Pflichtde-

983 Zu Recht kritisch *Vogel*, Norm und Pflicht, S. 351.

984 *Lackner/Kühl*, § 13, Rn. 18; *Roxin*, AT, Bd. 2, § 32, Rn. 20; so auch bereits erkannt von *Dahm*, ZStW 59, S. 161, der von „besonderen Pflichtmomenten“ spricht.

985 Für diese verbreitete Bezeichnung vgl. nur *Freund*, AT, § 10, Rn. 48; *Wessels/Beulke*, AT, § 13, Rn. 552. Von Pflichtdelikten spricht man, wenn der Tatbestand eine besondere, tatbestandsspezifische Pflichtenstellung des Täters voraussetzt wie beispielsweise die Vermögensbetreuungspflicht bei § 266 StGB oder die Amtsträgereigenschaft in den §§ 331 ff. StGB.

986 So auch *Brammsen*, Entstehungsvoraussetzungen von Garantenpflichten, S. 74.

likten nicht möglich. Es kommt zum Zeitpunkt der Schädigung bei ihnen darauf an, ob der Täter eine bestimmte Pflichtenstellung inne hat. Das Innehaben einer solchen Pflichtenstellung hängt aber gerade nicht von irgendeiner Herrschaft im Tatzeitpunkt ab. So haftet bei § 266 StGB der Inhaber einer Vermögensbetreuungspflicht auch dann, wenn ein Dritter das zu schützende Vermögen schädigt[987]. Man wird wohl kaum behaupten können, die Herrschaft des Schützen oder des schädigenden Dritten in den Beispielen sei identisch mit der des Vermögensbetreuungspflichtigen. Offensichtlich bestehen strukturelle Unterschiede. Man muss also der Herrschaftslehre vorhalten, dass sie die Vergleichsbasis für ihre analogistische Methode unvollständig bestimmt, die besondere Pflichtenstellung ignoriert.

Das offenbart zudem zwei besondere Probleme der analogistischen Methode. Sie setzt voraus, dass man die Analogie zu den richtigen Merkmalen zieht und diese sämtlich erfasst hat[988]. An Letzterem muss man bereits deshalb zweifeln, weil Schünemann sich ohne weitere Erklärung als Vergleichsgrundlage auf Erfolgsdelikte beschränkt und damit die Illusion der Homogenität der Vergleichsbasis schafft. Diese Unsicherheiten übertragen sich folgerichtig auf die analogistisch ermittelte Unterlassungsdogmatik. Auch dort muss man sich fragen, ob man alle und die zutreffenden Zurechnungskriterien der Analyse der Be-

---

987 Von der vereinzelt als problematisch angesehenen *täterschaftlichen* Haftung des den Begehungstäter nicht hindernden Garanten, für eine Gehilfenhaftung beispielsweise *Gallas*, JZ 1960, S. 686 ff.; *Kühl*, AT, § 20, Rn. *230;* differenzierend gemäß der Einteilung der Funktionenlehre u. a. *Vogel*, Norm und Pflicht, S. 285 ff., 292 f.; *Seier*, JA 1990, 383 f.; soll hier ausgegangen werden, um das Beispiel nicht unnötig zu verkomplizieren.

988 *Herzberg*, Die Unterlassung im Strafrecht, S. 196, kritisiert in eine ähnliche Richtung gehend, das Begehen könne kein dogmatisches Vorrecht gegenüber dem Unterlassen beanspruchen, weshalb nicht erklärbar sei, warum man die Haftungsvoraussetzungen vom Tun auf das Unterlassen und nicht umgekehrt übertrage. In Verteidigung der Herrschaftslehre ist dem entgegen zu halten, dass § 13 StGB nun mal die Begehungsentsprechung des Unterlassens fordert und nicht umgekehrt. Dies legt nahe, bei einem analogistischen Verfahren vom Begehen auszugehen.
Dagegen hat *Brammsens* Kritik, Entstehungsvoraussetzungen von Garantenpflichten, S. 74, im Zusammenhang mit den Pflichtdelikten hingegen weiterhin Bestand: *Schünemann* begreife die unechten Unterlassungsdelikte im Rahmen seiner Deliktseinteilung als Fall der Pflichtdelikte (in *Schünemann*s Terminologie: „Sonderpflichtdelikte"). Getreu seiner Einteilung unterschieden sich Begehungs- und Sonderpflichtdelikte hinsichtlich des Haftungsgrundes. Wenn aber Begehungs- und Sonderpflichtdelikte auf verschiedenen Haftungsgründen beruhen, dann kann nicht der Haftungsgrund eines Unterfalls der Sonderpflichtdelikte, der Unterlassungsdelikte, dem der Begehungsdelikte entsprechen.

gehungsdelikte entnommen hat. Eine Übertragung des Zurechnungsgrundes vom Tun auf das Unterlassen[989] hätte folglich eine Begründung erfordert, warum man gerade diesen Zurechnungsgrund überträgt[990]. Denn die Existenz der Pflichtdelikte dürfte die Annahme eines universellen Zurechnungsgrundes hinreichend widerlegt haben.

Die auf der Existenz der Pflichtdelikte fußende Kritik versucht neuerdings *Seibert*[991] zu entkräften. Er meint, bei den Pflichtdelikten hätten die Täter zwar eine besondere Pflichtenstellung; bei § 266 StGB die des Vermögensbetreuungspflichtigen und bei § 339 StGB die des Leiters einer Rechtsentscheidung. Diese besonderen Stellungen bedingten allerdings die geforderte Herrschaft. Der Täter beherrsche die Hilflosigkeit seiner Opfer wegen seiner Pflichtenstellung. Die Existenz der Pflichtendelikte widerlege deshalb nicht das Herrschaftsprinzip, sondern bestätige es. Diese Antikritik verfängt nicht. *Seibert* führt selber aus, die Herrschaft bestehe „wegen" (!) der Pflichtenstellung. Das heißt aber nichts anderes, als dass die Zurechnung in diesen Fällen letztlich auf der Pflichtenstellung beruht und sich eben nicht allein aus der Herrschaft ergibt. Deshalb überzeugt es nicht, wenn *Seibert* schlussfolgert, das Herrschaftsprinzip sei in diesen Fällen „besonders geeignet, die Begehungsgleichheit herzustellen". Damit ergreift er das gerade passende Zurechnungskriterium Herrschaft und ignoriert völlig die eigene Erkenntnis, worauf letztlich die Herrschaft in diesen Fällen beruht, nämlich der Pflichtenstellung. Ein solches Vorgehen verdient keinen Beifall.

Chen versucht dem Problem des – aus seiner Perspektive nur angeblich – fehlenden Herrschaftscharakters der Pflichtdelikte zu entgehen, indem er erwidert, Haftungsgrund bei diesen Delikten sei nicht die aktuelle Tatherrschaft, son-

---

989 Der Umstand, dass *Schünemann* von der Bildung eines „Oberbegriffs" spricht, verleitet zu der Annahme, mit der Herrschaft über den Grund des Erfolges sei ein gemeinsamer Oberbegriff für die Haftung bei Tun und Unterlassen gefunden. Tatsächlich jedoch wird dieser „Oberbegriff" zur Herrschaft über den Körper per Abstraktion gewonnen und auf das Unterlassen übertragen, ohne dass bewiesen wäre, dass es sich um einen gemeinsamen Obergriff für Tun und Unterlassen handelt oder – logisch vorrangig -, dass ein gemeinsamer Haftungsgrund existiert.

990 In eine ähnliche Richtung geht auch die Kritik von *Herzberg*, Die Unterlassung im Strafrecht, S. 192f, der beklagt, es bleibe unbeantwortet, warum die beim Unterlassen offensichtlich nicht unmittelbar passende Herrschaft über den Körper auf eine bestimmte Art und Weise übertragen werde. *Chens* Antikritik, Das Garantensonderdelikt, S. 88ff, dass die Einwände allein auf einer Verwechslung von aktueller und potentieller Herrschaft beruhten und dass *Herzberg* fälschlicherweise das Aktualitätsmerkmal aus dem Herrschaftsbegriff zu entfernen versuche, liegt neben der Sache. Die Bezugnahme *Herzbergs* auf das Aktualitätsmerkmal erfolgt lediglich exemplarisch zur Verdeutlichung des soeben beklagten Begründungsdefizits der Herrschaftslehre.

991 Die nachfolgende Antikritik findet sich bei *Seibert*, Betrug durch Unterlassen, S. 142.

dern die aktuelle „Kontrollherrschaft über einen sozialen Bereich", weshalb es sich bei den Pflichtdelikten um eine Art spezielles Herrschaftsdelikt handele[992]. Diese Erwiderung entkräftet den erhobenen Einwand indes nicht. Das Problem der zwei verschiedenen Haftungsstrukturen wird auch nicht etwa dadurch lösbar, indem man wie Chen die Haftungsstruktur der Pflichtdelikte als „Herrschaft über einen sozialen Bereich" sprachlich verunklart. Die unterschiedliche Terminologie ändert nichts an der strukturellen Differenz der Haftungsgründe. Auch wenn man beispielsweise die Rechtspflicht, fremdes Vermögen vor Schädigungen Dritter zu bewahren unter Missachtung des Prinzips der semantisch sinnvollen Begriffsbildung als „Kontrollherrschaft" bezeichnet, ist diese Rechtspflicht des Vermögensbetreuungspflichtigen strukturell verschieden zur Handlungsherrschaft des konkret Schädigenden.

Das Vorstehende genügt[993], um bereits die Herleitung eines universell anwendbaren Herrschaftsprinzips abzulehnen. Die zu ihrer Verteidigung vorgebrachten Gegenargumente überzeugen nicht.

Dies ist um so bedauerlicher, da die Ergebnisse der Analyse der Erfolgsdelikte für sich betrachtet Zustimmung verdienen. Soll also der Täter für den Erfolg strafrechtlich zur Verantwortung zu ziehen sein, muss ihm dieser zuzurechnen sein. Einzig durch seine Handlung leistet der Täter bei den Erfolgsdelikten einen Beitrag zur Entstehung des verpönten Erfolgs. Daher muss die Zurechnung des Erfolgs über seine Handlung erfolgen, die ihm ebenfalls zurechenbar sein muss. Die Erklärung, es handele sich immerhin um „seine" Handlung, greift dafür aber zu kurz. Treffend arbeitet Schünemann heraus, dass dem Täter die Handlung zugerechnet werde, weil er sie willentlich beherrscht habe[994]. Auf diese Erkenntnisse kann im eigenen Ansatz gewinnbringend zurück gegriffen werden[995].

992 *Chen*, Das Garantensonderdelikt, S. 94.

993 Daneben wird noch vehement der methodische Rückgriff auf die „Natur der Sache" kritisiert. Ein solcher verbiete sich im Wesentlichen wegen des unklaren und strittigen Inhalts dieses Elements, *Albrecht*, Garantenstellungen in familiären und familienähnlichen Beziehungen, S. 55; *Brammsen*, Entstehungsvoraussetzungen von Garantenpflichten, S. 70f; *S. v. Coelln*, Das „rechtliche Einstehenmüssen", S. 128; *Katsanos*, Garantenstellung aus engen Lebensgemeinschaften, S. 60; *Schünemann* dagegen zustimmend: *Chen*, Das Garantensonderdelikt, S. 87f.

994 *Schünemann*, Grund und Grenzen, S. 231 ff.

995 Zur Verwendung dieser Erkenntnisse und deren ausführlichere Herausarbeitung siehe Teil 2 C IV 1 a.

3.2.8.1.2.2 Die Unbestimmtheit des Herrschaftsbegriffs

Häufig wird in der Weite und Unbestimmtheit des zentralen Herrschaftsbegriffs ein entscheidender Mangel dieser Lehre erblickt[996]. Dabei reicht die Kritik von der bloßen Behauptung[997] bis zur Erläuterung anhand von Beispielen[998]. Ob ein Begriff als „zu" unbestimmt kritisiert wird, folgt in aller Regel aus einem Werturteil, dessen Maßstäbe die Kritisierenden oft nicht offen legen. Deshalb ist dieser Einwand häufig subjektiv gefärbt und schwer überprüfbar. Plastizität gewinnt die Kritik hingegen, wenn man sie mittels Beispielen belegt. So hat *Maiwald* aufgezeigt, auch dem Empfänger unverlangt zugesandter Gegenstände oder dem Einbrecher gegenüber den im Haus schlafenden Kindern müsste wegen der Weite der postulierten Voraussetzung der faktischen Herrschaft eine – in den genannten Situationen wohl einhellig abgelehnte - Garantenstellung zuzuschreiben sein[999]. Zu ihrer Verteidigung führt die Herrschaftslehre demgegenüber aus, eine Garantenstellung entstünde nach ihr gerade nicht, da es am Herrschaftswillen der Täter, am Vertrauensakt zur Erlangung der Herrschaft und dem Bestehen der Herrschaft schon vor der Unterlassung fehle[1000].

Auf den Unbestimmtheitsvorwurf hat *Seibert* entgegnet, der Herrschaftsbegriff sei nicht schon deshalb untauglich, weil er konkretisierungsbedürftig sei. Es handele sich wie bei jedem Rechtsbegriff um einen interpretationsbedürftigen Begriff, der durch normative Erwägungen auszufüllen sei[1001]. *Seiberts* Erwiderung geht fehl. Nicht die Konkretisierungsbedürftigkeit hat der Herrschaftslehre den Vorwurf der Unbestimmtheit eingetragen, sondern der Versuch, zu Unterschiedliches mit dem Herrschaftsbegriff erfassen zu wollen. So soll sie sowohl bei einer rein tatsächlichen Willensmacht als auch bei einer rechtlichen Verpflichtung möglich sein[1002]. Das Hauptproblem in diesem Zusammenhang stellt der Zwang dar, sämtliche Beschützer- und Überwachungsgarantenstellungen mit

---

996 *Albrecht*, Garantenstellung in familiären und familienähnlichen Beziehungen, S. 55; *Brammsen*, Entstehungsvoraussetzungen von Garantenpflichten, S. 75 f.; *Dießner*, Unterlassungsstrafbarkeit der Kinder- und Jugendhilfe, S. 231; *Dominok*, Strafrechtliche Unterlassungshaftung von Amtsträgern in Umweltbehörden, S. 93; *Grünewald*, Zivilrechtlich begründete Garantenpflichten im Strafrecht?, S. 23 f.; *Herzberg*, Die Unterlassung im Strafrecht, S. 193 f.; *Kahlo*, Handlungsform der Unterlassung, S. 191; *Maiwald*, JuS 1981, S. 480 f.; *Otto/Brammsen*, Jura 1985, S. 534.

997 Die Kritik beschränkt sich auf die nicht näher begründete Behauptung, der Herrschaftsbegriff sei „unklar" bei *Karakaya*, Doping und Unterlassen, S. 140.

998 *Maiwald*, JuS 1981, S. 480 f.

999 *Maiwald*, JuS 1981, S. 481 f.

1000 *Schünemann*, Madrid-Symposium, S. 74; ihm folgend *Chen*, Das Garantensonderdelikt, S. 91 f.

1001 *Seibert*, Betrug durch Unterlassen, S. 143.

dem Herrschaftsbegriff erfassen zu müssen. Bei den Überwachungsgaranten scheint damit nicht bloß ein möglicher, sondern zeugender Ansatzpunkt gewonnen zu sein[1003]. Die Beschützergaranten dagegen kann man nur mit Hilfe des – wie nachstehend gezeigt wird - wenig überzeugenden Bezuges auf die Hilflosigkeit des Opfers dem Herrschaftsansatz subsumieren. Dass man beispielsweise mit dem Eingehen der Ehe die Hilflosigkeit des Partners beherrscht, ist nur mit einem sehr abstrakten und damit zugleich zu unbestimmten Verständnis von Herrschaft möglich[1004].

Instruktiv hinsichtlich der Unbestimmtheit der Herrschaftslehre ist zudem die ihr neuerdings folgende Arbeit von *Chen*. Zur Legitimation der Herrschaft werden eine Vielzahl sehr verschiedener Merkmale herangezogen, die nur einem sehr weit gefassten, unbestimmten Herrschaftsbegriff entnommen werden könnten und deren Zusammenstellung ähnlich eklektisch wirkt wie bei der formell-materiellen Garantenlehre[1005]. Als Merkmale verwendet werden: die Selbständigkeit und der Entscheidungsspielraum[1006], ein Vertrauensakt[1007], eine Monopolstellung bezüglich der Rettungsmöglichkeit[1008], das Wissen um den Aufenthaltsort des Bedrohten, die Kenntnis der Gefahrenquelle[1009], die Befehlsgewalt über eine große räumliche Distanz gegenüber einem Menschen, der die Anweisungen es Garanten nicht befolgt[1010].

Daher hat die Kritik an der Unbestimmtheit und Weite des Herrschaftsbegriffs weiterhin Bestand.

3.2.8.1.2.3 Kritik an der Fallgruppe der Herrschaft über die Hilflosigkeit

Daneben hat die Kritik am Unterfall der Herrschaft über die Anfälligkeit des Opfers anzusetzen. An der Herrschaftstheorie wird bemängelt, dass sie nicht konsequent bloß begehungsgleiches Unterlassen bestrafen will. Während man

1002 In diese Richtung zielt auch die Kritik *Albrechts*, Garantenstellung in familiären Beziehungen, S. 55.

1003 Im einzelnen dazu beim eigenen Ansatz, Teil 2 C IV.

1004 In die gleiche Richtung zielt die Kritik bei *Brammsen*, Entstehungsvoraussetzungen von Garantenpflichten, S. 76; *S. Böhm*, Garantenpflichten aus familiären Beziehungen, S. 55 f.; *Dominok*, Strafrechtliche Unterlassungshaftung von Amtsträgern in Umweltbehörden, S. 108; *Herzberg*, Die Unterlassung im Strafrecht, S. 194; *Otto*, MSchrKrim 1974, S. 125.

1005 Zu den Begründungsdefiziten dieser Meinung, Teil 2 B IV 1 b.

1006 *Chen*, Das Garantensonderdelikt, S. 279.

1007 *Chen*, Das Garantensonderdelikt, S. 278 f., 282.

1008 *Chen*, Das Garantensonderdelikt, S. 278.

1009 *Chen*, Das Garantensonderdelikt, S. 93.

1010 *Chen*, Das Garantensonderdelikt, S. 96.

beim Unterlassen in einem Teil der Fälle an die Herrschaft über die Hilflosigkeit des Opfers anknüpfen will, scheine es darauf beim Begehungsdelikt nicht anzukommen.[1011] Dem sind *Seibert* und *Sangenstedt*[1012] mit dem Hinweis entgegen getreten, bei der Zurechnung des Vollendungserfolgs beim Begehungsdelikt komme es auch auf die Hilflosigkeit des Opfers an. Als Beispiel wird ein Polizist genannt, auf den geschossen werde und bei dem der tödliche Ausgang davon abhänge, ob er seine kugelsichere Weste angelegt habe. Das Beispiel belege, dass auch bei den Begehungsdelikten die Schutzlosigkeit des Opfers eine Rolle spiele. Dort werde sie als zusätzliche Voraussetzung für den Erfolg stillschweigend mitgedacht. Die Feststellungen der Gegenkritik treffen zwar zu und insofern kann man der Herrschaftstheorie nicht vorhalten, sie verwende beim Begehen bedeutungslose Faktoren. Mit dieser Verteidigung wird allerdings nolens volens der Blick auf eine viel schwerwiegendere Unzulänglichkeit des Herrschaftsansatzes gelenkt, nämlich auf die Hilflosigkeit als Bezugspunkt der Herrschaft. Wenn man zunächst einmal die Hilflosigkeit bei Begehen näher betrachtet, so offenbart das Polizistenbeispiel, immerhin von der Gegenkritik vorgetragen, dass sie zwar eine Rolle spielt bei der Erfolgsvollendung, aber gerade nicht vom Täter beherrscht wird. Ob er tatsächlich eine kugelsichere Weste anlegt, ist die Entscheidung des Polizisten, also des Opfers und nicht des Täters. Daher ist der Herrschaftslehre vorzuwerfen, dass sie einen Kausalfaktor, die Hilflosigkeit, beim Begehen herausgreift, den der Täter *dort* nicht beherrscht, und dann beim Unterlassen die Strafbarkeit davon abhängig machen will, dass der Täter *hier* den Kausalfaktor beherrscht. Dieser wesentliche Unterschied wird bei der Anwendung der analogistischen Methode stillschweigend übergangen; ein entscheidender Makel der Herrschaftstheorie.

Die Anknüpfung an die Hilflosigkeit beim Begehen wirft daneben ein weiteres Problem auf. So stellt die Schutzlosigkeit des Opfers nur *einen* von vielen Kausalfaktoren dort dar. Denkbar sind unzählige andere, wie, um bei obigem Beispiel zu bleiben, die Funktionsfähigkeit der Pistole, die körperliche Konstitution des Polizisten. Sogar die Eltern des Täters als dessen Erzeuger kommen in Betracht. Diese Vielzahl denkbarer Kausalfaktoren bildet das entscheidende Problem der Äquivalenztheorie[1013], weshalb sie durch die im Zivilrecht herrschende Adäquanztheorie[1014] bzw. die Lehre von der objektiven Zurechnung[1015] eine Korrektur erfährt. Genau eine solche Eingrenzung auf die beachtlichen

1011 *Herzberg*, Die Unterlassung im Strafrecht, S. 193.

1012 Nachstehende Gegenkritik bei *Sangenstedt*, .Garantenstellung von Amtsträgern, S. 312f., und *Seibert*, Betrug durch Unterlassen, S. 143, von dem das folgende Polizistenbeispiel stammt.

1013 Zu dieser vgl. RGSt 1, 373; BGHSt 1, 332; *Ebert*, Jura 1979, S. 561 ff.; *Schlüchter*, JuS 1976, S. 312 ff.

Kausalfaktoren muss man von der Herrschaftslehre fordern. Die Herrschaftslehre ist aber die Begründung dafür schuldig geblieben, warum sie gerade die Hilflosigkeit aus der Fülle der denkbaren Faktoren beim Begehen herausgreift und auf das Unterlassen überträgt. Als eine solche Begründung kommt auch nicht etwa in Frage, dass man sich auf „wesentliche Kausalfaktoren" zu konzentrieren habe und ein solcher die Hilflosigkeit sei . Denn erstens stellt sich dann die Frage, nach welchem Kriterium man bestimmen soll, welcher Kausalfaktor wesentlich ist. Zweitens stellt sich erneut das Auswahlproblem, da es mehr als nur den einen – angeblich – wesentlichen Kausalfaktor Hilflosigkeit gibt. Drittens muss bezweifelt werden, dass die Hilflosigkeit tatsächlich stets eine wesentliche Ursache beim Begehen ist, wenn sie dort bloß „stillschweigend" mitgedacht wird.

Ein schlagendes Argument gegen das Hilflosigkeitskriterium liefert zusätzlich die Tatsache, dass nicht jeder, dem eine Garantenstellung innerhalb dieser Fallgruppe zugesprochen wird, tatsächlich hilflos ist. Inwiefern Ehegatten bzw. Lebenspartner, zwischen denen allgemein eine Garantenstellung bejaht wird, hilflos sind, ist nicht ersichtlich. Der Hinweis auf den Schutz vor den allgemeinen Lebensrisiken[1016] vermag daran nichts zu ändern. Gegenüber dem allgemeinen Lebensrisiko ist jeder „anfällig", es droht jedermann jederzeit, wenn auch in unterschiedlicher Stärke. Ein solche permanente Jedermannsanfälligkeit lässt sich aber nicht beherrschen. Zudem sind Situationen denkbar, in denen der Garant die Anfälligkeit gegenüber dem allgemeinen Lebensrisiko nicht anders „beherrscht" als ein Jedermann. So beispielsweise in dem Fall, in dem ein Ehemann und ein Dritter die Ehefrau wegen eines Krampfes in einem See zufällig ertrinken sehen und beide sie retten könnten. Wieso hier der Ehemann die Anfälligkeit der Frau gegenüber dem allgemeinen Lebensrisiko anders „beherrscht" als der beliebige Dritte, ist nicht erkennbar.

Um eine solche Erfassung des Jedermanns zu vermeiden, wird ausgeführt, die Herrschaft sei nicht auf das Rettungsmittel zu beziehen[1017]. Abgesehen davon, dass sich dadurch das vorstehende Beispiel nicht entkräften lässt, da ohne die Rettungsmöglichkeit völlig unklar bleibt, auf was sich die „faktische" (!) Herrschaft dort (sonst) beziehen sollte, provoziert die Äußerung einen weiteren Einwand. In Übernahmefällen ergibt sich die „Herrschaft" über die Anfälligkeit im Sinne der Herrschaftslehre regelmäßig aus dem Verzicht des Opfers auf an-

---

1014 Dazu vgl. BGHSt 4, 360; 7, 268; *Baumann/Weber/Mitsch*, Strafrecht AT, § 14, Rn. 33 ff.; kritisch zur Adäquanztheorie *Koriath*, Grundlagen strafrechtlicher Zurechnung, S. 470 ff.

1015 Zusammenfassung dieser Lehre bei *Kühl*, AT, § 4, Rn. 40ff.; *Wessels/Beulke*, Strafrecht Allgemeiner Teil, Rn. 176 ff., jeweils m. w. N.

1016 *Schünemann*, Grund und Grenzen, S. 355.

1017 *Schünemann*, Grund und Grenzen, S. 246.

derweitige Rettungsmittel. Diesen Verzicht „beherrscht“ der Garant. Hier wird demzufolge zur Garantenstellungsbegründung auf die Herrschaft über den Rettungsmittelverzicht abgestellt. In der Sache stellt aber die Herrschaft über Rettungsmittelverzicht nur eine spezielle Form der Beherrschung von Rettungsmitteln dar. Daher verstrickt sich die Herrschaftslehre in einen Widerspruch durch die Forderung, die Herrschaft sei nicht auf Rettungsmittel zu beziehen.

3.2.8.1.2.4 Argumentum ad absurdum auf Grund der zeitlichen Präzisierung der Herrschaftsbeziehung

Die Annahme im Rahmen der Präzisierung der Theorie, die Garantenstellung müsse bereits *vor* der eigentlichen Gefahrensituation bestanden haben, verdient sicherlich Zustimmung. Denn ließe man das Rettenkönnen in der Notsituation ausreichen, wäre jeder Rettungsfähige ein Garant[1018]. Schwierigkeiten ergeben sich jedoch aus der Verbindung mit der anzuwendenden Garantenformel immer dann, wenn diese ein bestimmtes Vorher-Verhältnis – sei es Herrschaft oder sei es „soziale Nähe“[1019] - zu einer konkreten Gefahr oder einem konkreten Rechtsgutsträger verlangt, weil dies realiter bei anerkannten Fällen nicht immer gegeben ist. Es werden besondere Schutzpflichten mitunter nur für den Bedarfsfall und auch nicht gegenüber dem später Bedrohten übernommen; so beim in der Notaufnahme eines Krankenhauses tätigen Arzt. Es müsste im Sinne der Herrschaftslehre bereits vor der konkreten Risikosituation der Täter die Herrschaft über den Grund des Erfolges, also beispielsweise über die Hilflosigkeit des Opfers besessen haben. Dies kann jedoch in bestimmten Konstellationen fraglich sein, in denen Täter und Opfer sich erstmals in der Gefahrensituation begegnen. Es wäre mit dem Vorher-Erfordernis – wie bereits angedeutet – die einhellig angenommene Garantenstellung eines Chirurgen in der Notaufnahme eines Krankenhauses gegenüber einem gerade eingelieferten, ihm bis dahin unbekannten, bewusstlosen Verletzten nicht erklärbar[1020]. Das Herrschaftsprinzip gerät hier of-

1018 Aus diesem Grund stellt u. a. *Seibert*, Garantenpflicht beim Betrug, 195 f. diese Voraussetzung auf.

1019 Unter dem identischen Problem auf Grund der Verbindung des Vorher-Erfordernisses mit der Garantenformel leidet der Ansatz *Androulakis'*, der eine „soziale Nähe“ zum Rechtsgutsträger oder dem Gefahrenherd *vor* der Gefahrensituation verlangt.

1020 So ein Beispiel für eine zweifelsfreie Garantenstellung - freilich in einem anderen Kontext - bei *Chen*, Das Garantensonderdelikt, S. 102. Ebenso ist beispielsweise ein Fall denkbar und nicht unüblich, in dem jemand sich erstmalig zu einem Vermögensberater begibt und dieser seinem Neukunden nur deshalb zum Kauf bestimmter Wertpapiere rät, weil er selbst solche Papiere hält und alsbald verkaufen möchte. Letzteres legt er gegenüber dem Kunden allerdings nicht offen. Wegen der Kauforder des Kunden steigt der Kurs, und der Berater kann seine Papiere mit Gewinn verkaufen. Genau

fensichtlich in Erklärungsnöte. Es müsste erstens nicht nur die Hilflosigkeit des Opfers, sondern zweitens noch die Beherrschung dieser Hilflosigkeit jeweils bereits *vor* der Gefahrensituation begründen, was ihr mangels Kontakt zwischen Täter und Opfer sichtlich schwer fallen dürfte. Bezeichnenderweise findet sich jeweils bei der Besprechung der Fälle kein Wort zum Erfordernis der *vor* der Gefahrensituation bestehenden Herrschaft über die Hilflosigkeit. Denn dieses hätte zwingend zur Verneinung einer Garantenhaftung führen müssen. Daher ist die Herrschaftstheorie gezwungen, situativ ihre eigenen Voraussetzungen zu ignorieren. Die Tatsache, dass Hilflosigkeit mitunter auch erst in der Notsituation entstehen kann, ist zudem ein weiterer eindeutiger Hinweis darauf, mit ihr den falschen Bezugspunkt für die Herrschaft gewählt zu haben.

Daneben ist ebenfalls die Voraussetzung der Kontrolle von Objekt *und* Quelle des Verletzungsgeschehens vor Entstehen der Notsituation strikt abzulehnen. Jedenfalls *vor* der Gefahrensituation beherrscht der Beschützergarant – anders als der Sicherungsgarant – die Gefahrenquelle regelmäßig ebenso wenig wie der Sicherungsgarant das bedrohte Objekt. Sie werden ihnen jeweils vielfach noch nicht mal konkret bekannt sein. So wie in aller Regel Zweck der Sicherungsgarantenstellung ist, noch nicht näher bestimmte Rechtsgutsträger zu schützen, ist es regelmäßig[1021] Sinn der Beschützergarantenstellung, vor konkret unbekannten Gefahren zu bewahren. Eltern haben zum Beispiel Kinder vor jedweder – auch noch unbekannten – Gefahr ebenso wie der eine Grube aushebende Bauarbeiter jeden, auch Unbekannte, vor einem Sturz in die Grube zu schützen. Ergebnis dieser Voraussetzung wäre zudem beispielsweise, dass Eltern ihr Kind zwar vor schon vorher beherrschten Gefahren in der gemeinsamen Wohnung wie Stromschläge aus Steckdosen nicht jedoch vor nicht zuvor beherrsch-

---

das hatte der Berater schon beim Kauf seiner Wertpapiere beabsichtigt (So stellt sich die Grundkonstellation beim „Scalping", einem Sonderfall des sog. „Frontrunning" dar, das auch nach dem WpHG und BörsG strafbar sein kann. Weiter zum „Scalping": (aus Sicht der Praxis) BGHSt 48, 373ff., (der Literatur) *Mühlbauer*, wistra 2003, S. 244 ff.; *Petersen*, wistra 1999, S. 328 ff.; *Widder*, BB 2004, 15 f.; NK-*Zieschang*, KapitalmarktstrafR, § 263, Rn. 151.; denkbar sind selbstverständlich auch andere Fälle, in denen es gleich beim Erstkontakt zwischen Täter und Opfer zu einem Geschäftsabschluss kommt wie dem Gebrauchtwagenkauf). In solch einem Fall gelangen insbesondere die Vertreter der Herrschaftslehre zu einem Betrug durch Unterlassen (*Seibert,* Garantenpflicht beim Betrug, S. 201 f.).

1021 Anders gelagerte Fälle sind jeweils selbstverständlich denkbar, nur nicht die Regel: So ist demjenigen Beschützergaranten, der einem Freund bei Schwimmen durch einen Fluss zur Seite steht, die Gefahrenquelle Fluss bereits vor der Notsituation bekannt. (Dass diesbezüglich aber kaum von der erforderlichen Kontrollherrschaft gesprochen werden kann, stellt einen weiteren Einwand gegen die hier kritisierte Voraussetzung dar).

ten, unbekannten Radfahrern, die das Kind zu überfahren drohen, zu bewahren haben; ein axiologisch inakzeptables Ergebnis. Sollte es sich bei dem Erfordernis allerdings um ein sprachliches Versehen[1022] handeln, ist dieses schnellstens zu korrigieren, denn sachlich ist es in dieser Fassung verfehlt. Es produziert – wie die Beispiele gezeigt haben – kontingente, nicht sachgerechte Ergebnisse und liefert daher ein argumentum ad absurdum.

Auch die zweite zeitliche Präzisierung des Herrschaftskriteriums, die Bedingung der *aktuellen* Herrschaft in der Notsituation, ist zu verwerfen. Dies nicht allein wegen der daraus resultierenden Ablehnung der Ingerenzhaftung. Die dort de lege lata entstehenden Strafbarkeitslücken könnten möglicherweise tatsächlich de lege ferenda durch eine Qualifikation des § 323c StGB leidlich geschlossen werden. Vielmehr liefert die konsequente Anwendung erneut ein *argumentum ad absurdum*, was folgendes Beispiel verdeutlicht. Kinder machen mit Freunden einen Ausflug zu einem den Eltern der Kinder gänzlich unbekannten Bauernhof. Dort fallen sie in eine „Jauchegrube". In ihrer Not rufen sie mit ihrem Mobiltelefon ihre Eltern an. Über die den Eltern in dieser Situation zukommende Garantenstellung wird es sicherlich keine zwei Meinungen geben. Nur lässt sich dieses Ergebnis mangels Aktualität der Herrschaft nicht mit der Herrschaftslehre begründen. Irgendeine Form der – faktisch zu bestimmenden (!) - Herrschaft der Eltern über die am unbekannten Ort befindlichen Kinder und deren Hilflosigkeit ist nicht ersichtlich. Es fehlt sogar an den für die Herrschaft angeführten Argumenten im „Kino-Fall"[1023]. Das Einzige, was hier noch *aktuell* gegeben ist, ist die Garantenpflicht der Eltern zur Rettung ihrer Kinder, nicht jedoch die dafür angeblich konstitutive, aktuelle Herrschaft; schon gar nicht über einen „ganz gegenständlich zu verstehenden, sozialen Bereich". Evident ist ebenfalls, dass die rechtliche Verpflichtung der Eltern das Einzige ist, was bereits *vor* der Notlage vorhanden war *und* auch jetzt noch *aktuell* vorhanden ist. Offensichtlich kann es weder vor noch bei der Notlage auf ein Herrschaftselement ankommen. Es ist schlechterdings nicht auffindbar in manchen, einstimmig anerkannten Garantenkonstellationen. Aus alldem folgt die Ablehnung des Aktualitätserfordernisses.

1022 Indem die vorherige Kontrolle von Quelle „*und*" (Hervorhebung nicht im Original) Objekt des Verletzungsgeschehens kumulativ statt alternativ verlangt wird, wird den beiden Varianten der Herrschaft, Herrschaft über eine wesentliche Station des Kausalverlaufs oder über die Hilflosigkeit des Opfers, jeweils das Bezugsobjekt der anderen Variante hinzugefügt.

1023 Dort wurde mit dem Wissen um den Aufenthaltsort der Kinder und dem Besitz des Wohnungsschlüssels argumentiert, *Schünemann*, Grund und Grenzen, S. 346, insbesondere Fn. 83a; *ders.*, Madrid-Symposium, S. 78, Fn. 130. *Chen*, Das Garantensonderdelikt, S. 92 f.

3.2.8.1.2.5 Kritik an den verschiedenen Begründungsmodi der Herrschaft über die Hilflosigkeit

Die Aufzählung der drei denkbaren Arten der Erlangung der Herrschaft über die Hilflosigkeit, existentiell vorgegebene Herrschaft, eigener Zugriff des Garanten und Vertrauensakt, wirft zwei von der Herrschaftslehre nicht beantwortete Fragen auf. Zum einen wird nicht erklärt, warum gerade diese drei und zwar *nur* diese drei Modi existieren[1024]. Ihre Existenz wird bei den untersuchten Fällen einfach vorausgesetzt. Zum anderen bleibt unklar, wann und warum welcher Modus bei der Falllösung zur Anwendung zu kommen hat. Dieses Defizit ist besonders misslich, wenn verschiedene Modi zu unterschiedlichen Ergebnissen gelangen würden. Als Beispiel hierfür kann *Schünemanns* Lösung des „Wandererfalls“[1025] dienen. Dort wird eine Garantenhaftung des helfenden Jedermanns unter Hinweis auf das Fehlen eines anfälligkeitsverändernden Vertrauensakts verneint[1026]. Genauso gut wäre aber die Annahme einer Sonderpflicht des tatsächlich Helfenden kraft eigenen Zugriffs denkbar gewesen. Nur wird dieser Modus mit keinem Wort erwähnt, weil er ein anderes als das präferierte Ergebnis beschert hätte. Daher leidet die Konkretisierung der Herrschaftserlangung an zwei gravierenden Begründungsdefiziten.

3.2.8.1.2.6 Inkonsequenz bei den konkreten Falllösungen

Zwar kann man der Herrschaftslehre in weiten Teilen nicht vorhalten, sie gelange bei den von ihr erörterten Fällen zu inakzeptablen Ergebnissen. Dies gelingt ihr allerdings nur unter Preisgabe und Ad-hoc-Modifikation ihrer eigenen Kriterien.

In einer Fußnote wenig verhohlen tritt der Widerspruch bei der Garantenstellung der Mutter gegenüber ihrem Kind hervor. Die „genaugenommen“ mit der Geburt endende, existentiell vorgegebene Herrschaft bestehe wegen der „Familienordnung“ fort[1027]. Die Familienordnung ist aber nicht in der Lage eine „entnormativiert“ bestimmte Herrschaft[1028] zu begründen[1029].

1024 Der kurze Hinweis auf § 221 StGB, *Schünemann*, Grund und Grenzen, S. 342, genügt nicht. Denn dessen Bezug und abschließende Geltung für einen bestimmten Teil der Garantenstellungen wird ebenfalls nicht erklärt

1025 Darstellung dieses Standardfalles bei Teil 2 B V 3 b.

1026 *Schünemann*, Grund und Grenzen, S. 351.

1027 *Schünemann*, Grund und Grenzen, S. 360, Fn. 1.

1028 Zu einem solchermaßen zu bestimmenden Herrschaftsbegriff: *Schünemann*, Grund und Grenzen, S. 241; *ders.*, ZStW 96, S. 284, Fn. 26.

1029 Ebenso kritisch *Sangenstedt*, Garantenstellung von Amtsträgern, S. 315, Fn. 82.

Ebenso wenig kann stets vom Bestehen einer „Teilherrschaft über die Anfälligkeit“[1030] bei Gefahrengemeinschaften wie einer Bergsteigergruppe ausgegangen werden. Wenn sich einer großen Gruppe von 19 Personen noch ein weiteres Mitglied anschließt, so hat dies im Ergebnis keinerlei Einfluss darauf, wie anfällig die übrigen Mitglieder hinsichtlich der Gefahren des Bergsteigens sind. Abgesehen davon wird nicht erläutert, weshalb eine *Teil*herrschaft hier ausreichend ist.

Verhältnismäßig offensichtlich ist die Ad-hoc-Modifikation bei der Lösung des Wandererfalls. Wird doch plötzlich eine anfälligkeitsverändernde Disposition im Modus des Vertrauensaktes verlangt[1031], wovon zuvor noch nie die Rede war, um zum erwünschten, restriktiven Ergebnis zu gelangen.

Symptomatisch für die verfehlten Prämissen der Herrschaftslehre ist schließlich die Lösung des Kampfhundfalles[1032]. Wenn man nämlich die Garantenstellung von der „entnormativiert“ zu bestimmenden Herrschaft über einen „ganz gegenständlich zu verstehenden sozialen Bereich“ abhängig macht, kann sich der Garant einfach durch das Entlassen der Gefahrenquelle aus diesem Bereich seiner Haftung entledigen. Um dieses unbefriedigende Ergebnis zu verhindern, wird im Kampfhundfall kurzerhand eine Herrschaft kraft Befehlsgewalt des bisherigen Garanten angenommen, selbst wenn der nunmehr tatsächlich die Gefahrenquelle Kontrollierende gar nicht auf Anweisungen des Garanten reagiert.

Diese Auswahl an - soweit ersichtlich - zu einem nicht geringen Teil neuen Argumenten mag genügen, um zu erklären, warum dem monistischen Herrschaftsansatz hier nicht zu folgen ist.

3.2.8.2 Rudolphi: Garant als „Zentralgestalt“ auf Grund von Herrschaft und von auf sozialen Gegebenheiten basierender Schutzfunktion

3.2.8.2.1 Darstellung

Rudolphi führt mittlerweile seinen Garantenbegriff ebenfalls - zumindest unter anderem - auf den Herrschaftsgedanken zurück[1033], nachdem dies in seiner früheren Monographie allenfalls andeutungsweise zum Ausdruck kam[1034]. Methodisch

1030 *Schünemann*, Grund und Grenzen, S. 355.

1031 *Schünemann*, Grund und Grenzen, S. 351.

1032 *Chen*, Das Garantensonderdelikt, S. 96.

1033 SK-*Rudolphi*, § 13, Rn. 23; *ders.*, JR 1974, S. 160 f; *ders.*, Dünnebier-FS, S. 574 f.; *ders.*, NStZ 1984, S. 151.

1034 *Rudolphi*, Die Gleichstellungsproblematik der unechten Unterlassungsdelikte und der Gedanke der Ingerenz, S. 98 f.: dem Garanten müsse die „maßgebliche Entscheidung über den Eintritt der Rechtsgutsverletzung“ obliegen.

greift er wie *Schünemann*[1035] auf ein „analogistisches Verfahren" zurück. Die für das Unterlassen konstitutiven Unrechtselemente sollen dem Begehungsdelikt entnommen und auf das Unterlassungsdelikt übertragen werden[1036]. Die solchermaßen gewonnenen Merkmale sind neben dem Herrschaftsgedanken allerdings auch anderen Garantenansätzen wie dem Gefahrenmoment, der Schutzpflicht auf Grund Schutzlosigkeit und den sozialethisch fundierten Lehren – man beachte nur die Überschrift zu diesem Abschnitt – zuzuordnen. Diese Nichtherrschafts-Kriterien sollen hier nur an passender Stelle der Vollständigkeit und Präzision halber genannt, im Übrigen aber in den ihnen gesondert gewidmeten Abschnitten untersucht werden. Darstellung und kritische Würdigung beschränken sich deshalb im Wesentlichen auf die Herleitung von *Rudolphi*s Ansatz und dessen Herrschaftsbezug.

Im ersten Schritt seines analogistischen Verfahrens macht *Rudolphi* drei unrechtskonstituierende Elemente bei den Begehungsdelikten aus: die Rechtsgutsverletzung, den fehlerhaften Willensentschluss und das Verfehlen der sozial-rechtlichen Pflichtenstellung[1037]. Während davon bei der Übertragung auf das unechte Unterlassungsdelikt Rechtsgutsverletzung und intellektuelles Element des fehlerhaften Willensentschlusses unverändert auch aufzufinden seien, lägen die Dinge beim voluntativen Element des Willensentschlusses anders. Die Vornahme einer Handlung verlange gewöhnlich eine größere Willensenergie als das Unterlassen. Eine dem Begehen entsprechende verbrecherische Willensanstrengung sei beim Unterlassen nur sichergestellt, wenn der Täter zugleich seine soziale Pflichtenstellung verfehle. Für diese soziale Pflichtenstellung sei an die Stellung des Unterlassenden im sozialen Leben und seine Beziehung zum gefährdeten Rechtsgut, an dessen „soziale Rolle"[1038], anzuknüpfen[1039]. Weiter meint *Rudolphi* bei der Analyse der „Handlung" erkannt zu haben, das verbin-

1035 Allerdings ist darauf hinzuweisen, dass *Rudolphi*s Monographie vor der *schünemann*schen erschien, damit nicht der umgekehrte Eindruck auf Grund der Formulierung und Bearbeitungsreihenfolge entsteht. Daher kann allenfalls *Schünemann* von *Rudolphi* das besagte analogistische Verfahren übernommen haben, nicht aber umgekehrt.

1036 *Rudolphi*, Die Gleichstellungsproblematik der unechten Unterlassungsdelikte und der Gedanke der Ingerenz, S. 93; zustimmend: *Sangenstedt*, Garantenstellung von Amtsträgern, S. 281.

1037 *Rudolphi*, Die Gleichstellungsproblematik der unechten Unterlassungsdelikte und der Gedanke der Ingerenz, S. 93. Das Merkmal der sozialen Pflichtverfehlung verwendet *Rudolphi* beim Begehungsdelikt zum Ausscheiden von Fällen, bei denen der Täter nicht die maßgebliche Entscheidung über die Unrechtsverwirklichung hatte, also beispielsweise beim Nötigungsnotstand, *Rudolphi*, Die Gleichstellungsproblematik der unechten Unterlassungsdelikte und der Gedanke der Ingerenz, S. 98.

1038 Zu diesem sozialethischen Ansatzpunkt - wie eingangs erwähnt - bei den sozialethisch fundierten Garantenstellungen, Teil 2 B VII 2.

dende Grundelement aller vorsätzlichen Begehungsdelikte sei die finale, auf Verwirklichung des Tatbestandsunrechts gerichtete menschliche Tätigkeit. Daher sei beim Tun wie beim Unterlassen zu fordern, dass der Täter die maßgebliche Entscheidung über den Eintritt der Rechtsgutsverletzung getroffen habe. Nur dann „beherrsche er das zur Rechtsgutsverletzung hindrängende Geschehen“[1040], sei er dessen „Zentralgestalt“[1041].

Die Ermittlung konkreter Garantenstellungen habe sodann in drei Arbeitsschritten zu erfolgen. Zunächst seien die Grundtypen der „sozialen Erscheinungsformen“ der Garantenstellungen zu ermitteln. Zweitens müssten jeweils die gesetzlichen Wertvorstellungen und Ordnungsprinzipien, die darüber entscheiden, ob der Unterlassende Zentralgestalt des Geschehens ist, für die verschiedenen Typen bestimmt werden. Schließlich seien mittels dieser Wertmaßstäbe die sozialen Erscheinungsformen zu werten[1042]. Dadurch gelangt *Rudolphi* zu zwei Grundtypen von Garantenstellungen entsprechend der Funktionenlehre. Einmal obliege dem Garanten der Schutz für bestimmte Rechtsgüter und einmal die Überwachung einer Gefahrenquelle[1043]. Die Ursachen dieser sozialen Erscheinungsformen, denen gemein sei, dass die sozialen Verhältnisse die Schutzpositionen bedingten, unterteilt er in zwei Kategorien. Einerseits entstünden unabhängig vom Willen der Beteiligten Schutzpositionen, deren Notwendigkeit sich unmittelbar aus bestimmten Gegebenheiten des sozialen Gemeinschaftslebens ergebe. Solche Gegebenheiten existierten in zwei Konstellationen: wenn bestimmte Personen zum Schutz ihrer Rechtsgüter unfähig seien (z. B. Kinder), und wenn alle Menschen nicht in der Lage seien, sich vor bestimmten Gefahren zu schützen[1044]. Andererseits ergäbe sich die Notwendigkeit einer Schutzposition, dieses Mal abhängig vom Verhalten der Beteiligten, bei der Störung des sozialen Gleichgewichts der Kräfte. Letzteres sei der Fall, wenn neue Gefahren geschaffen würden oder auf bestehende Schutzinstanzen eingewirkt werde[1045] (z.

1039 *Rudolphi*, Die Gleichstellungsproblematik der unechten Unterlassungsdelikte und der Gedanke der Ingerenz, S. 96 f.

1040 SK-*Rudolphi*, § 13, Rn. 22.

1041 *Rudolphi*, Die Gleichstellungsproblematik der unechten Unterlassungsdelikte und der Gedanke der Ingerenz, S. 99; *ders.* im SK, § 13, Rn. 21.

1042 *Rudolphi*, Die Gleichstellungsproblematik der unechten Unterlassungsdelikte und der Gedanke der Ingerenz, S. 100.

1043 *Rudolphi*, Die Gleichstellungsproblematik der unechten Unterlassungsdelikte und der Gedanke der Ingerenz, S. 101.

1044 Der hier zum Ausdruck kommende Begründungstopos „Schutzunfähigkeit führt zu Schutzpflicht“ wird an anderer Stelle erörtert, Teil 2, B I 2.

1045 Zu diesem Gefahrschaffungsmoment näher bei Teil 2 B VI.

B. wenn die Eltern ihr Kind zeitweilig der Obhut eines Kindermädchens überlassen)[1046].

Das analogistische Verfahren und der auf ihm beruhende Dreischritt haben schließlich zu drei grundlegenden Voraussetzungen für eine Inpflichtnahme des Garanten als „Zentralgestalt" des rechtsgutsbedrohenden Geschehens bei *Rudolphi* geführt. Erstens müsse das Opfer gegenüber der drohenden Rechtsgutsverletzung schutzunfähig sein. Zweitens müsse dem Unterlassenden der Schutz des Rechtsguts vor der drohenden Gefahr rechtlich geboten sein. Schließlich sei erforderlich, dass der Garant die letzte und maßgebliche Entscheidung über den Eintritt des Unrechtserfolges besitze, also das zur Rechtsgutsverletzung hindrängende Geschehen beherrsche. Dieser Garantenbegriff sei unter Rückgriff auf das Herrschaftsprinzip als leitenden Wertgesichtspunkt gebildet worden[1047].

3.2.8.2.2 Kritische Würdigung

*Rudolphi*s Ansatz hält einer kritischen Überprüfung nicht stand. Entgegen anders lautender Kritik scheitert sein Ansatz jedoch nicht schon an der Verwendung des Begriffs „Zentralgestalt". Isoliert betrachtet mag dieser möglicherweise als unbestimmt erscheinen[1048]. Der Vorwurf kann hingegen keinen Bestand haben, wenn man *Rudolphi*s Konkretisierung dieses Oberbegriffs in die Betrachtung mit einbezieht. Dass diese Konkretisierung im Ergebnis abgelehnt wird, ändert daran nichts. Es erstaunt, dass überhaupt der Vorwurf der mangelnden inhaltlichen Bestimmung erhoben wird, leidet der Begriff doch nach hiesiger Auffassung an einem „Zu viel" an Inhalt. Zu Recht wird seine Wahl nämlich als „unglücklich"bezeichnet, da ihm bereits die Funktion der Abgrenzung von Täterschaft und Teilnahme beim Begehen zukommt[1049]. Damit einher geht die Schwierigkeit einer inhaltlichen Verbindung zu dem Begriff „Tatherrschaft", von der der unbefangene Rechtsanwender zunächst wohl ausgehen wird, sodass „Zentralgestalt" in der Tat eine unglücklich gewählte Bezeichnung darstellt.

Bei der Untersuchung der Begehungsdelikte vernachlässigt *Rudolphi* wie *Schünemann* die Pflichtdelikte und den ihnen eigenen Zurechnungsgrund. Des-

1046 *Rudolphi*, Die Gleichstellungsproblematik der unechten Unterlassungsdelikte und der Gedanke der Ingerenz, S. 106 ff, spricht bei den zwei Grundkategorien der sozialen Erscheinungsformen von „primären" und „sekundären" Garantenstellungen.

1047 SK-*Rudolphi*, § 13, Rn. 21 ff.

1048 *Albrecht*, Garantenstellungen in familiären und familienähnlichen Beziehungen, S. 54; *Dießner*, Unterlassungsstrafbarkeit der Kinder- und Jugendhilfe, S. 231; *Katsanos*, Garantenstellung aus engen Lebensgemeinschaften, S. 54; *Seibert*, Garantenpflicht beim Betrug, S. 139.

1049 So zutreffend: Sangenstedt, Garantenstellung von Amtsträgern, S. 281; Schünemann, Grund und Grenzen, S. 163.

halb hat die dortige Kritik auch gegenüber *Rudolphi* Bestand[1050]. Die Vergleichsbasis bei beiden analogistischen Verfahren ist unvollständig bestimmt. Bei der Pflichtenstellung handelt es sich auch nicht etwa um eine bei dem Verfahren auszuklammernde Besonderheit eines einzelnen Tatbestandes wie beispielsweise besondere Tatmodalitäten[1051], sondern um ein entscheidendes Element für die *Rudolphi* interessierende Frage[1052] der Beziehung des Unterlassenden zum geschützten Rechtsgut.

Die Feststellung, beim Unterlassen sei das voluntative Element regelmäßig schwächer ausgeprägt als beim entsprechenden tätigen Verletzen desselben Rechtsguts, trifft nach hiesiger Auffassung zu. Keine Zustimmung verdient allerdings die Begründung einer dem Begehen entsprechenden verbrecherischen Willensanstrengung durch die soziale Pflichtenstellung. Der soeben bejahten Feststellung könnte bereits durch die fakultative Strafmilderungsmöglichkeit in § 13 II StGB Rechnung getragen sein, so dass eine Kompensation des geringeren voluntativen Elements beim Unterlassen entbehrlich sein könnte[1053]. Darüber hinaus muss eine solche Kompensation an der fehlenden Quantifizierbarkeit verbrecherischer Willensanstrengungen scheitern. Im Übrigen ist die Willensbildung ein komplexer Prozess, an dem verschiedene Motivationen für und gegen die Vornahme einer (Rettungs-) Handlung mitwirken, wie die materiellen und immateriellen Vor- und Nachteile der jeweiligen Verhaltensalternativen. Je nach vorhandenen Motivbündeln zu Gunsten und zu Lasten einer Hilfeleistung ist aber ein anderes Maß an Willensanstrengung erforderlich. Verspricht sich der Unterlassungstäter beispielsweise einen monetären Vorteil, ein Erbe, vom Ertrinkenlassen des ihm ohnehin wegen früherer Misshandlungen verhassten Vaters, so ist die für das Unterlassen erforderliche Willensanstrengung weitaus geringer, als bei dem den mittellosen Vater eigentlich liebenden Sohn, der auf Grund irrationaler Angst nur um sein eigenes Wohl fürchtet. Dieses Beispiel belegt, dass es sich bei der Willensanstrengung um eine – wie auch immer quantifizierbare - variable Größe handelt. Die soziale Pflichtenstellung ist hingegen eine statische Größe. Die Pflicht des Sohnes ist in beiden Fällen identisch. Nun kann aber eine statische Größe nicht das Fehlen einer jeweils variablen ausglei-

1050 Zur dortigen Kritik siehe Teil 2 B VIII 1 b aa

1051 *Rudolphi*, Die Gleichstellungsproblematik der unechten Unterlassungsdelikte und der Gedanke der Ingerenz, S. 58.

1052 *Rudolphi*, Die Gleichstellungsproblematik der unechten Unterlassungsdelikte und der Gedanke der Ingerenz, S. 59.

1053 Zu *Rudolphis* Verteidigung ist jedoch darauf hinzuweisen, dass zum Zeitpunkt seiner Monographie § 13 StGB noch nicht geltendes Recht war, sondern erst mit Geltung vom 01.01.1975 mit dem 2. Strafrechtsreformgesetz eingeführt wurde.

chen[1054]. Die Bezugnahme auf die verbrecherische Willensanstrengung und der Kompensationsversuch via sozialer Pflichtenstellung sind demzufolge abzulehnen.

Ebenso wenig überzeugt die dreischrittige Methode zur Ermittlung der konkreten Garantenstellungen. Bereits der erste Schritt wirft unbeantwortete Fragen auf. Es bleibt unklar, woher der Rechtsanwender wissen soll, dass er alle sozialen Erscheinungsformen von Garantenstellungen erfasst und zutreffend eingeteilt hat und wie er einen neuen Grundtyp erkennen soll. *Rudolphi* gelingt das Auffinden und Einteilen nur, weil ihm die bestehende Dogmatik mit ihren allgemein anerkannten Fallgruppen bekannt ist. Verfügt man aber wie bei möglichen, neuen Typen nicht über dieses Wissen, so misslingt bereits der erste Schritt. Im Übrigen kann dieses Wissen die fehlende Begründung nicht ersetzen.

Ähnlich liegen die Probleme beim zweiten Schritt, der Ermittlung der gesetzlichen Wertgesichtspunkte für die jeweiligen[1055] Garantentypen. Gesetzliche Wertgesichtspunkte sind nicht zuletzt gesetzlichen Pflichten zu entnehmen (dort unter anderem dem *telos* für die statuierte Pflicht). Damit macht sich Rudolphi nolens volens die Probleme der formellen Rechtspflichtenlehre zu eigen. Auch er müsste Auskunft darüber geben, warum und aus welchen Pflichten Wertgesichtspunkte herzuleiten sind, was er aber versäumt[1056]. Außerdem setzt dieser zweite Schritt voraus, dass für jeden im ersten gefundenen Grundtyp auch ein Wertgesichtspunkt im Gesetz auffindbar ist. An dieser Prämisse ist aber bereits mit Blick auf die anerkannte Garantenstellung aus tatsächlicher Übernahme trotz zivilrechtlich nichtigem Vertrag, häufig als „Kindermädchenfall“ gebildet, ernstlich zu zweifeln.

Zudem fordert die Herleitung und Anwendung des Herrschaftsgedanken Kritik heraus. Dass sich *Rudolphi*s zweite, allgemeine Garantenstellungsvoraussetzung, der Schutz des bedrohten Rechtsguts müsse dem Garanten rechtlich geboten sein, aus dem Herrschaftsgedanken heraus entwickeln lässt, scheint nicht möglich. Daher fehlt es bereits in diesem Punkt an einer Verbindung zwischen seinem „leitenden Wertgesichtspunkt“ und der postulierten Voraussetzung.

1054 Logisch denkbar wäre allenfalls, dass die statische Größe so groß ist, das sie stets die variable auszugleichen vermag. Dies ist aber weder von *Rudolphi* dargetan worden, noch scheint dieser Nachweis wegen der fehlenden exakten Quantifizierbarkeit der jeweiligen Größen möglich.

1055 Dass die Wertgesichtspunkte *jeweils* bezogen auf die Grundtypen zu ermitteln sind, verkennt *Nickel*, Die Problematik der unechten Unterlassungsdelikte im Hinblick auf den Grundsatz 'nullum crimen sine lege', S. 79 ff.

1056 Zur Kritik an der formellen Rechtspflichtenlehre und insbesondere diesem Problem siehe Teil 2 B II 1 b.

Bei der Herleitung des Herrschaftsgedankens entnimmt *Rudolphi* letztlich einer – im Hinblick auf die Pflichtdelikte unvollständigen – Zusammenschau der Begehungsdelikte, dass deren gemeinsames Grundelement die finale, rechtsgutsverletzende Tätigkeit eines Menschen ist. Aus dieser Ausgangserkenntnis wiederum leitet er ab, der Täter müsse die letzte, maßgebliche Entscheidung über den Erfolgseintritt treffen, was wegen des analogistischen Verfahrens auch für die unechten Unterlassungsdelikte zu gelten habe. Dieses Vorgehen weist zwei aufeinander aufbauende Mängel auf. Erstens untersucht *Rudolphi* mit der „Handlung" eine rein ontologische Erscheinung und überträgt im Rahmen seines analogistischen Verfahrens das gefundene Grundelement auf das „begehungsgleiche Unterlassen", einen stark normativen Begriff. Letzten Endes vollzieht er somit einen unbegründeten, abzulehnenden Schluss vom Sein auf das Sollen[1057]. Diese Vermischung der Seins- und Sollensebene führt zweitens dazu, dass unklar bleibt, wie bei der Voraussetzung „maßgebliche Entscheidung über den Erfolgseintritt" die Maßgeblichkeit inhaltlich zu bestimmen ist. Während es beim Tun - der ontologischen Quelle entsprechend - noch um ein deskriptives Merkmal zu gehen scheint, wer handelt, beherrscht physisch den Erfolgseintritt, kann dies beim Unterlassen ersichtlich nicht gemeint sein, da dort die physische Beherrschung des Erfolgseintritts nichts anderes als die bloße Rettungsmöglichkeit beschreibt. Letzteres kann aber nicht garantenpflichtkonstituierend sein, da sonst auch jeder beliebige Dritte Garant würde. Wenn aber beim Unterlassen mangels Selektionswirkung kein korrespondierendes, deskriptives Merkmal gebildet werden kann, muss es sich wohl um ein normatives handeln. Dessen Inhalt, die wertenden Gesichtspunkte, wird aber nicht aufgezeigt. Ohne Bestimmung der Maßgeblichkeit ist aber die gesamte Konkretisierung des Herrschaftsgedankens im Merkmal „maßgebliche Entscheidung über den Erfolgseintritt" ertragslos und deshalb unbrauchbar.

Ebenso wenig überzeugen die drei allgemeinen Voraussetzungen für Garantenstellungen. Auf die geforderte Schutzunfähigkeit des Opfers wird an anderer Stelle eingegangen[1058]. Ob jemandem der Schutz eines anderen vor drohenden Rechtsgutsverletzungen „rechtlich geboten" ist, ist gerade *thema probandum*. Deshalb kann die Anwendung dieses Merkmals nur zu einem Zirkelschluss führen. Auf die konkrete Inhaltsleere des Merkmals „maßgebliche Entscheidung für den Erfolgseintritt" wurde bereits im vorhergehenden Absatz hingewiesen. Der dortige Befund wirft die Frage auf, welches Ergebnis die Anwendung dieser Voraussetzung wohl im Falle eines den Begehungstäter nicht hindernden Garan-

1057 In dieser Richtung ähnlich kritisch *Schünemann*, Grund und Grenzen, S. 278.

1058 Siehe Teil 2 B I 2.

ten[1059] lieferte. Ohne die Semantik des Merkmals völlig zu ignorieren, könnte man nur zu dem Schluss gelangen, dass der Begehungstäter selbst, nicht aber der Garant die „letzte und maßgebliche Entscheidung" über den Erfolgseintritt trifft. Die konkrete Anwendung der Voraussetzung würde folglich zu einem abzulehnenden Ergebnis führen.

Letztlich ist *Rudolphi*s Ansatz wegen seiner methodischen Mängel, des fragwürdigen und ertragslosen Bezugs zum Herrschaftsgedanken und der wenig selektiven, allgemeinen Garantenmerkmale abzulehnen.

3.2.8.3 Seibert: Die Konkretisierung des Herrschaftsprinzips

3.2.8.3.1 Darstellung

In jüngerer Vergangenheit hat sich *Seibert*[1060] der Herrschaftslehre *Schünemann*s angeschlossen. Dabei hat er einige Ergänzungen vorgenommen. Aus diesem Grund ist ihm gesondert Aufmerksamkeit zu widmen.

Konkret befasst *Seibert* sich mit dem Betrug durch Unterlassen. In der Untersuchung dieses bekannten Problemfeldes löst er sich von speziell dort üblicherweise[1061] als Entstehungsgrund einer Garantenstellung angeführten Ursachen wie Gesetz, Vertrag, Ingerenz sowie Treu und Glauben (§ 242 BGB) und möchte den Betrug durch Unterlassen anhand einer „allgemeinen Unterlassungsdogmatik" beurteilen[1062]. Nach seinem Dafürhalten verdient dabei die Herrschaftslehre Zustimmung[1063]. Allerdings sei Bezugspunkt der Garantenpflicht nicht die Aufklärungspflicht, sondern das Vermögen[1064]. Die Aufklärungspflicht wiederum ergebe sich aus der erforderlichen Handlungsäquivalenz gemäß der Entsprechungsklausel des § 13 I 2. HS StGB[1065].

1059 Da es hier nur um die strafbarkeitsbegründende Funktion des von *Rudolphi* vorgeschlagenen Garantenmerkmals geht, kann die strittige Frage, in welcher Beteiligungsform der Garant zu haften hätte, hier außer Acht bleiben.

1060 *Seibert*, Betrug durch Unterlassen, aus dem Jahr 2007.

1061 Vgl. statt vieler nur: (aus Gesetz, z. T. mit zusätzlichen Voraussetzungen) OLG Hamm, NJW 1987, S. 2245 (2245); *Haft*, BT I, S. 91; *Maaß*, Betrug durch Schweigen, S. 53ff; *Otto*, BT, § 51, Rn. 19; (aus Vertrag) BGH, NJW 1985, S. 1563 (1563f); OLG Stuttgart , NJW 1989, S. 2552 (2553); *Kugelmann*, Betrug durch Unterlassen, S. 67 f.; (Ingerenz) RGSt 58, 130 (133); BGHSt 46, 196 (202); *Heinrich*, Jura 1997, S. 370 f.; *Locher*, Recht der bildenden Kunst, S. 187; (Treu und Glauben) RGSt 70, 151 (155); BGHSt 39, 392 (400 f.); *Sauckel*, Warenterminoptionen, S. 142.

1062 *Seibert*, Betrug durch Unterlassen, S. 118.

1063 *Seibert*, Betrug durch Unterlassen, S. 155 ff, 177, 361.

1064 *Seibert*, Betrug durch Unterlassen, S. 157 ff.

1065 *Seibert*, Betrug durch Unterlassen, S. 267 ff.

Im Anschluss an *Schünemann* erblickt *Seibert* in der Herrschaft über den Grund des Erfolges das entscheidende Zurechnungskriterium, welches er bei den Unterlassungsdelikten nochmals in die Herrschaft über eine wesentliche Ursache des Kausalverlaufs und über die Hilflosigkeit des Opfers untergliedert[1066].

Die besondere Hilflosigkeit des Opfers setze voraus, dass der Täter über dieses eine „Schutz- oder Obhutsherrschaft" ausübt. In der Folge konkretisiert er die Hilflosigkeit dergestalt, dass hilflos sei, wer sich selbst nicht schützen könne[1067]. Man müsse also das Opferverhalten beim Unterlassen berücksichtigen. Nach dem Prinzip der Eigenverantwortlichkeit müsse grundsätzlich jeder nur für sich selbst sorgen und könne prinzipiell keine aktive, fremde Rettung verlangen. Eine Garantenstellung entstehe nur, wenn das Opfer sich ausreichend selbst geschützt habe[1068]. Allerdings habe man nicht jede Selbstschutzmöglichkeit zu nutzen und völligen Handlungsverzicht zu üben. Dies wolle unsere marktwirtschaftliche Wirtschaftsordnung nicht und es sei unpraktikabel, da der Wirtschaftsverkehr lahm gelegt würde[1069].

Anschließend präzisiert der Autor die Hilflosigkeit, indem er zwischen einer faktischen und normativen Hilflosigkeit differenziert. Faktisch Hilflose hätten schon nicht die Fähigkeit, sich selbst schützen zu können, weil ihnen die intellektuellen oder physischen Fähigkeiten dazu fehlten; so beispielsweise Kindern auf Grund ihrer unentwickelten Fähigkeiten, aber auch geistig Gesunden, denen bei bestimmten Vermögensgeschäften der Sachverstand fehle, um beurteilen zu können, welche Informationen und Verhaltensweisen überhaupt bei dem Geschäft von Bedeutung sind[1070]. Unter normativer Hilflosigkeit wird dagegen eine Situation verstanden, in der das Opfer sich zwar schützen kann aber ausnahmsweise nicht schützen muss. Voraussetzung für diese Ausnahme sei, dass das Opfer alles zum Selbstschutz getan habe, was die Rechtsordnung von ihm dazu verlangt, es sich also sorgfaltsgemäß verhalten hat. Normativ hilflos sei, wer die im Verkehr erforderliche Sorgfalt eingehalten habe[1071]. Vereinbarten Vertragsparteien zum Beispiel ausdrücklich individualvertraglich, dass sie einander über bestimmte, vermögensrelevante Umstände aufzuklären hätten, so sei es nicht mehr sorgfaltswidrig, wenn die Parteien diese Informationen nicht selbst einholten.

1066 *Seibert*, Betrug durch Unterlassen, S. 177.

1067 *Seibert*, Betrug durch Unterlassen, S. 178, 195.

1068 *Seibert*, Betrug durch Unterlassen, S. 186f, 361.

1069 *Seibert*, Betrug durch Unterlassen, S. 181f., wobei es sich wohl eher um Aspekte desselben Arguments handelt: unsere Marktwirtschaft gestattet und erfordert ein anderes Verhalten.

1070 *Seibert*, Betrug durch Unterlassen, S. 183, 195, 361.

1071 *Seibert*, Betrug durch Unterlassen, S. 184, 195, 361.

Schünemann[1072] entsprechend verlangt *Seibert* ein willentliches Ergreifen der Herrschaft[1073]. Darüber hinaus fordert er konkretisierend, für den Herrschaftswillen des Täters müsse dieser die Hilflosigkeit des Opfers erkennen. Wer zum Beispiel mit jemandem schwimmen gehe, von dem er irrig annehme, er könne schwimmen, kenne dessen Hilflosigkeit nicht und beherrsche sie deshalb auch nicht willentlich[1074].

In der Anwendung auf den konkreten Fall nimmt *Seibert* eine Herrschaft über die Hilflosigkeit und damit eine Garantenstellung bei Schwimmlehrern und Bergführern an. Gegenüber beiden befänden sich jeweils Nichtschwimmer und Bergtouristen in einem Abhängigkeitsverhältnis, weil sie sich im Vertrauen auf die beiden den Gefahren von Wasser bzw. Gebirge ausgesetzt hätten.

Ebenso bejaht er eine Garantenstellung der Eltern für ihre Kleinkinder auf Grund der Herrschaft über die Hilflosigkeit des Kindes. Es sei auf den elterlichen Schutz angewiesen. Die Eltern hätten eine „Kontrollherrschaft"[1075].

Weiter sei eine Garantenstellung in einer tatsächlich praktizierten Lebensgemeinschaft denkbar. Beide lebten in gemeinsamen „Sphären" und könnten den Lebensbereich des anderen grundsätzlich kontrollieren, hätten eine Art „Kontrollherrschaft".

3.2.8.3.2 Kritische Würdigung

Soweit *Seibert* eine Abkehr von den beim Betrug durch Unterlassen weit verbreiteten Entstehungsgründen Gesetz, Vertrag, Ingerenz und Treu und Glauben verlangt, verdient er uneingeschränkte Zustimmung. Im Lichte der Entwicklung der Garantendogmatik mutet es fast schon als ein Anachronismus an, sich an Entstehungsgründen der weithin abgelehnten formellen Rechtspflichtenlehre zu orientieren. Völlig zu Recht wird demgegenüber eine Lösung auf Basis einer allgemeinen Garantendogmatik gefordert, da nur dadurch tatsächlich der Schritt von der Kasuistik zu einem dogmatischen System und damit zu mehr Rechtssicherheit gelingen kann.

Ohne hier eine genauere Analyse anzustellen, scheint es konsequent im Sinne einer solchen einheitlichen Garantenlehre, auch beim Betrug die Garantenpflichten auf das Vermögen und nicht auf die Aufklärungspflicht zu beziehen. Schließlich wird bei § 263 StGB jedenfalls primär das Vermögen und nicht ein Anspruch auf zutreffende und vollständige Informationen geschützt. Ebenso Beifall verdient die dogmatische Fundierung der Aufklärungspflicht mit der Ent-

1072 *Schünemann*, Grund und Grenzen, S. 243, 343.

1073 *Seibert*, Betrug durch Unterlassen, S. 196.

1074 *Seibert*, Betrug durch Unterlassen, S. 196 f.

1075 Alle drei Fälle finden sich bei *Seibert*, Betrug durch Unterlassen, S. 177.

sprechungsklausel, ist es doch nach der hier vertretenen Meinung ihr Zweck, beim Unterlassungsdelikt ein den Handlungsmodalitäten des Begehungsdelikts entsprechendes Äquivalent sicherzustellen.

Bedauerlicherweise kann der Herrschaftslehre auch nicht in der von *Seibert* angebotenen Variante gefolgt werden. Zwar ist er bemüht, durch die Konkretisierung der Hilflosigkeit Bestimmtheitsschwächen der allgemeinen Herrschaftslehre zu beseitigen (und zugleich gewisse viktimodogmatische Überlegungen[1076] zur Lösung seiner konkreten Fallgestaltungen einfließen zu lassen). Indes gelingt ihm dies, wie die nachfolgende Analyse zeigen wird, nicht überzeugend. Durch seine Ergänzungen schafft er mitunter neue Probleme.

Soweit für das Beherrschen der Hilflosigkeit eine „Schutz- oder Obhutsherrschaft über das Opfer" vorausgesetzt wird, ist damit nichts gewonnen. Ersichtlich kann das bloße Rettenkönnen mangels Unterschied zum Jedermann nicht gemeint sein. Dann aber stellt diese Voraussetzung nichts weiter als einen Zirkelschluss dar, denn ob jemand das Opfer in seiner Obhut, es zu beschützen hat, ist gerade die in der Garantenproblematik zu beantwortende Frage - und nicht deren Lösung.

Aber auch die konkrete Verwendung des Merkmals der Hilflosigkeit als „sich selbst nicht helfen können" zieht Probleme nach sich. Zunächst verwundert es, wenn als Beispiel für die Hilflosigkeit die in einer *akuten* Notlage sich aktualisierende Unfähigkeit zum Selbstschutz herangezogen wird[1077]. In den Beispielen soll das Kleinkind hilflos sein , weil es sich vor einem konkreten Hausbrand nicht schützen kann, sowie der Nichtschwimmer, dem akut das Ertrinken droht. Sich in einer akuten Notlage nicht selbst schützen zu können, haben aber alle Notleidenden, denen gegenüber ein strafbares Unterlassen erwogen wird, unabhängig von der Garantenstellung eines Dritten gemein. Denn bei bestehen-

1076 Die Viktimodogmatik orientiert sich am Opferverhalten und versucht, auf dessen Basis bei der Auslegung von Tatbestandsmerkmalen die schutzwürdigen von den schutz*un*würdigen Opfern zu scheiden. Ihr argumentativer Ausgangspunkt ist das Eigenverantwortlichkeitsprinzip: Strafrechtlicher Schutz solle versagt werden, wenn dem Opfer Selbstschutz hätte zugemutet werden können; Näheres zu dieser Lehre *Amelung*, GA 77, 1 ff. Kritisch demgegenüber: *Günther*, Lenckner-FS, S. 71 ff; Schönke/Schröder-*Lenckner*, § 13, Rn. 70b.
Einer ihrer Hauptanwendungsbereiche soll § 263 StGB sein, so dass es nicht verwundert, bei *Seibert* viktimodogmatische Inhalte auszumachen. Da *Seiberts* Fälle überwiegend im Bereich der wirtschaftlichen Interaktion von Menschen liegen und damit in einem Gebiet, in dem kraft marktwirtschaftlicher Wirtschaftsordnung notwendig Interessengegensätze der Akteure aufeinandertreffen, ist natürlich eine denkbare Lösung, über die Viktimodogmatik für einen Interessenausgleich zu sorgen, um nicht einseitig via Strafrechtsschutz Partei zu ergreifen.

1077 So beispielsweise aber nicht nur bei *Seibert*, Betrug durch Unterlassen, S. 178 f.

der Selbstschutzmöglichkeit wäre die Rechtsgutsverletzung nicht dem Unterlassenden, sondern allein dem Geschädigten selbst zuzurechnen. In dieser Situation beherrscht der Schwimmlehrer diese aktuelle Hilflosigkeit nicht stärker oder anders als jeder andere anwesende Rettungsfähige. Die Verwunderung verstärkt sich noch, weil *Seibert* in Übereinstimmung mit *Schünemann* fordert, man müsse als Garant *vor* Eintritt der Gefahr die Herrschaft (über die Hilflosigkeit) inne gehabt haben[1078]. Wie kann aber die Hilflosigkeit vor dem Gefahreintritt beherrscht werden, wenn sie erst in der akuten Gefahrensituation entsteht, über diese bestimmt wird? Pointiert formuliert: Wie kann etwas beherrscht werden, was noch nicht existiert? Deshalb muss sich *Seibert* zumindest vorhalten lassen, die Beispiele unglücklich gewählt zu haben. Es bleibt zudem die Sorge, dass hier mit verschiedenen zeitlichen Bezugspunkten der Hilflosigkeit operiert wird.

Die Definition der Hilflosigkeit wirft darüber hinaus weitere Schwierigkeiten auf. Da hilflos danach sei, wer sich selbst nicht schützen kann, stellt sich die Frage, welche Selbstschutzmaßnahmen das Opfer ergreifen muss. Offensichtlich die effektivste Maßnahme ist, sämtliche gefährlichen Aktivitäten zu vermeiden. Soweit möchte *Seibert* verständlicherweise nicht gehen, weshalb er argumentiert, dass völligen Verzicht unsere Wirtschaftsordnung nicht wolle, er unpraktikabel sei, da er den Wirtschaftsverkehr lähme[1079]. Dies mag ein betrugsspezifisch überzeugendes Argument sein. Allerdings ist es nicht verallgemeinerbar. So kann mit ihm mangels wirtschaftlicher Relevanz nicht erklärt werden, warum ein Schwimmer nicht auf das Schwimmen verzichten muss als Selbstschutz und der Schwimmlehrer ihn gegebenenfalls retten müsste. Richtigerweise müsste das allgemeine Argument lauten, dass nach dem Menschenbild des Grundgesetzes der Mensch frei ist in der Entfaltung seiner Persönlichkeit und ihm gerade zur Selbstverwirklichung freiheitsschützende Grundrechte eingeräumt werden. Damit wäre aber eine einfachgesetzliche Forderung des Strafrechts, sich zum Selbstschutz jeglicher gefährlicher Aktivitäten zu enthalten, unvereinbar. Mit diesem hier nachgereichten Argument wäre zwar begründet, dass allgemein nicht jede Selbstschutzmöglichkeit zu nutzen ist. Die entscheidende Frage ist damit aber immer noch nicht beantwortet: Welche Selbstschutzmöglichkeiten hat der Mensch zu nutzen? Und warum ist gerade dieses zu findende Maß an Selbstschutz zu verlangen? Das allgemeine Eigenverantwortlichkeitsprinzip vermag nicht die Antwort für die Lösung des Besonderen zu liefern. Ist bei den Anforde-

1078 *Schünemann*, Grund und Grenzen, 240 ff., 292 ff, 342 ff; *ders.*, Internationale Dogmatik, 49 (55, 72, 77); *Seibert*, Garantenpflicht beim Betrug, 195 f.

1079 *Seibert*, Betrug durch Unterlassen, S. 181 f. Dass es sich hierbei wohl eher um Variationen desselben Arguments handelt, braucht für die kritische Würdigung nicht weiter vertieft werden.

rungen an den Selbstschutz von Bedeutung, welchem Zweck die gefährliche Aktivität dient? Sind also intensivere Selbstschutzmaßnahmen bis hin zum Handlungsverzicht bei lediglich riskanten, frivolen Aktivitäten zu fordern? Die Argumentation mit der Wirtschaftsordnung sowie die viktimodogmatische Prägung des *seibert*schen Ansatzes legen eine solche Orientierung am Zweck der gefährlichen Aktivität nahe. Indes die Antworten auf all diese Fragen ist *Seibert* schuldig geblieben, obwohl sie essentiell für seinen mit der Hilflosigkeit arbeitenden Ansatz sind.

Die weitere Konkretisierung in Form der normativen Hilflosigkeit überzeugt ebenfalls nicht. Deren Definition als „sich selbst nicht helfen müssen"[1080] führt zu fragwürdigen Effekten. Auf Grund dieser Definition kann das Entstehen einer Garantenstellung zu Hilflosigkeit führen. Folgendes mag das illustrieren. Wenn Garant G den Schutz von Person P übernimmt, so muss sich P nicht mehr selbst schützen. Er agiert sorgfaltsgemäß, wenn er sich auf Gs Schutz verlässt. Daher führt das Entstehen einer Garantenstellung auf Grund angeblicher Herrschaft über die Hilflosigkeit zu weiterer, *normativer* Hilflosigkeit des zu Beschützenden. Beauftragte P noch weitere Garanten mit seinem Schutz, so hätte das nicht - wie zu vermuten wäre - einen entlastenden, sondern einen belastenden Effekt für alle Garanten. Mit jedem weiteren Beschützer wird P schließlich (normativ) hilfloser. Je besser also P geschützt ist, desto (normativ) hilfloser wird er. Diese Effekte lassen den Begriff Hilflosigkeit zumindest kontraintuitiv, wenn nicht sogar misslungen erscheinen.

Vor noch größere Schwierigkeiten stellte die normative Hilflosigkeit den Rechtsanwender, wenn man sie konsequent auf einfache Fallgestaltungen anwendete. Man denke sich nur den Abschluss irgendeines zivilrechtlichen Vertrages. Nach § 280 I 1 BGB (bzw. vor Vertragsschluss gegebenenfalls gemäß §§ 311, 241 II BGB) trifft die Parteien eine allgemeine Schutzpflicht für Rechtsgüter des Vertragspartners wie dessen Gesundheit, Leben und Eigentum[1081]. Deswegen ist beispielsweise der Arbeitnehmer A verpflichtet, seinem Arbeitgeber eigentumsschädigende Handlungen anderer Arbeitnehmer anzuzeigen, wenn eine Wiederholungsgefahr besteht[1082]. Der Arbeitgeber kann sich darauf verlassen. Es ist von ihm nicht sorgfaltswidrig, seine Arbeitnehmer nicht ständig selbst zu überwachen. Demzufolge kann hier der Arbeitgeber als normativ hilflos bezeichnet werden bezüglich seines durch Teile seiner Arbeiter beschädigten

1080 Genaueres dazu in der Darstellung oben Teil 2 C VIII 3 a.

1081 Für weitere Einzelheiten zu dieser Schutzpflicht innerhalb vertraglich begründeter Sonderverbindungen vgl. RG 148, 150; BGH 116, 203; BGH NJW 1992, S. 40; Palandt-*Heinrichs,* § 280, Rn. 28 f. m. w. N.

1082 Gebildet nach BAG DB 1970, S. 1598.

Eigentums. Da er seine Arbeitnehmer und sein Eigentum nicht ständig überwacht, gerade *weil* er sich auf deren vertragsgemäßes Verhalten verlässt, beherrscht A die Hilflosigkeit seines Arbeitgebers. Bei konsequenter Anwendung des Kriteriums der normativen Hilflosigkeit müsste man A deswegen wegen Sachbeschädigung durch Unterlassen bestrafen. Diese Konsequenz möchte jedoch richtigerweise niemand mehr ziehen[1083]. Es wird richtigerweise allgemein und insbesondere von *Seibert*[1084] angenommen, die Begründung vertraglicher Pflichten allein reiche nicht aus für die Entstehung einer Garantenstellung. Wendete man also *Seiberts* Lehre folgerichtig im Lichte seiner normativen Hilflosigkeit an, gelangte man zu allgemein abgelehnten Ergebnissen.

Strikt zu widersprechen ist außerdem der Forderung, die Garantenstellung erfordere wegen des nötigen Herrschaftswillens die Kenntnis des Täters von der Hilflosigkeit des Opfers[1085]. Auf diese Weise würde ein dem subjektiven Tatbestand zugehöriges Element der vorsätzlichen Unterlassungsdelikte konstituierend für Garantenstellungen. Dadurch wäre in diesem Bereich ein fahrlässiges Unterlassungsdelikt nicht mehr möglich. Die daraus entstehenden Strafbarkeitslücken sind inakzeptabel. Um das von *Seibert* selbst in diesem Zusammenhang bemühte Beispiel[1086] aufzugreifen: Würde der Schwimmlehrer aus Fahrlässigkeit, wegen einer Personenverwechslung, verkennen, dass jemand nicht schwimmen kann und sich deshalb in die Pause verabschieden und der tatsächliche Nichtschwimmer würde in der Folge ertrinken, so müsste man mit *Seibert* zur Straflosigkeit gelangen. Nach seiner Lösung hätte der Schwimmlehrer keine Kenntnis von der Hilflosigkeit des Opfers und damit keine Garantenstellung. Deshalb schiede jedenfalls eine Strafbarkeit nach §§ 222, 13 StGB aus, ein evident unrichtiges Ergebnis. Folglich ist die vorausgesetzte Kenntnis von der Hilflosigkeit des Opfers wegen der entstehenden Strafbarkeitslücken abzulehnen.

In der Anwendung auf den konkreten Fall offenbart *Seibert* weitere Schwächen. Soweit er bei den Bergtouristen und Schwimmschülern das Abhängigkeitsverhältnis, dessen Inhalt und Bedeutung im Übrigen in der Arbeit unerläutert bleibt, und die Garantenstellung auf den Umstand stützt, sie hätten sich nur im Vertrauen auf den Schutz der Bergführers bzw. Schwimmlehrers den Gefahren ausgesetzt[1087], begibt er sich damit in Widerspruch zu seinen eigenen Aus-

1083 Für eine Garantenstellung in einem ähnlichen Diebstahlsfall aber noch der BGH in Bd. 5, 190 ff. Zur einhelligen Kritik daran vgl. nur *Bärwinkel*, Struktur der Garantieverhältnisse bei den unechten Unterlassungsdelikten, S. 61; *Armin Kaufmann*, Dogmatik der Unterlassungsdelikte, S. 286; *ders.*, JuS 1961, S. 177.

1084 *Seibert*, Betrug durch Unterlassen, S. 118 ff.

1085 *Seibert*, Betrug durch Unterlassen, S. 196.

1086 *Seibert*, Betrug durch Unterlassen, S. 196.

1087 *Seibert*, Betrug durch Unterlassen, S. 177.

führungen. Der Sache nach stellt er damit nämlich auf nichts anderes als ein Element der Gefahrschaffung ab, was er aber zuvor strikt abgelehnt hat[1088]. Zudem verwendet er ein für seinen Ansatz sachfremdes Kriterium.

Wie wenig tragfähig das Merkmal Hilflosigkeit ist, erweist die Begründung von Garantenstellungen bei tatsächlich praktizierten Lebensgemeinschaften[1089]. Beinahe unmerklich wird sich dort von besagtem Merkmal entfernt. Zur Begründung wird ausgeführt, die Partner „lebten in gemeinsamen Sphären", könnten den „Lebensbereich des anderen grundsätzlich kontrollieren" und übten „jeweils eine Art Kontrollherrschaft aus". Auffälligerweise findet sich dort kein Wort zur Hilflosigkeit. Vielmehr wird von Einfluss auf Kontrolle und dann schließlich auf Herrschaft geschlossen, ohne dass irgendein Bezug zur Hilflosigkeit hergestellt wird. Diese Kette von Schlussfolgerungen ist abzulehnen. Warum Einfluss gleichbedeutend mit Kontrolle sein soll, erschließt sich nicht. Abgesehen davon widerspricht es der Wirklichkeit, in solchen Beziehungen stets von „Kontrollherrschaft" der Partner übereinander zu sprechen – und die meisten Partner würden sich gegen eine solche Beziehung verwahren. Demnach belegt dieses Beispiel anschaulich, wie wenig hilfreich das Hilflosigkeitsmerkmal im Einzelfall ist. Es bedarf einer Reihe nicht nachvollziehbarer Schlüsse und eines völligen Ignorierens des Merkmals, um in einem der unstrittigsten Fälle zum überzeugenden Ergebnis zu gelangen. Bezeichnenderweise findet sich allein bei der elterlichen Garantenstellung für Kleinkinder ein Hinweis auf die Hilflosigkeit. Denn allein dort scheint es sich als halbwegs tragfähig zu erweisen. Zusammenfassend ist mit der Herrschaft über die Hilflosigkeit für die Lösung zahlreicher Unterlassungsfälle nichts gewonnen.

Insgesamt bringen *Seibert*s Ergänzungen der Herrschaftslehre mehr Schaden als Nutzen und sind deswegen zu verwerfen. Auch ihm ist es nicht gelungen, die monistische Ausprägung des Herrschaftsprinzips überzeugend zu legitimieren. Wie anfangs erläutert, verdienen seine allgemeinen Ausführungen zur Unterlassungsdogmatik beim Betrug allerdings Zustimmung.

3.2.8.4 Sibylle von Coelln: Garantenstellung kraft verfassungsrechtlicher Abwägung und gesellschaftlicher Erwartungen auf Basis des Herrschaftsprinzips

Eine umfassendere Analyse des Ansatzes *Sibylle von Coelln*s steht – soweit ersichtlich – noch aus, weshalb ihr nachstehend etwas mehr Platz eingeräumt wird.

1088 *Seibert*, Betrug durch Unterlassen, S. 128.

1089 *Seibert*, Betrug durch Unterlassen, S. 177 f.

3.2.8.4.1 Darstellung

Die Autorin favorisiert zwar eine Lösung de lege ferenda[1090], bietet allerdings ebenso eine de lege lata an. Sie möchte dabei auf der Herrschaftslehre *Schünemanns* aufbauen[1091] und deren von ihr konstatierte Schwächen[1092] durch zwei grundlegende Ansatzpunkte überwinden. Im Unterschied zu *Schünemann* verfolgt sie demzufolge keine monistische Theorie mehr. Zum einen soll nach ihr das „rechtliche Einstehenmüssen" näher durch eine verfassungskonforme Auslegung bestimmt werden, und zum anderen im Anschluss an soziologische Ansätze auf gesellschaftliche Erwartungen abzustellen sein[1093], weil alle anderen Methoden versagt hätten[1094]. Beide kumulativ würden eine Garantenstellung begründen[1095].

Wie jede andere einfachgesetzliche Norm sei § 13 StGB verfassungskonform auszulegen. Hierbei sei zu beachten, dass jedes strafrechtliche Ge- und Verbot zumindest in die allgemeine Handlungsfreiheit aus Art. 2 I GG eingreife und ein solcher Eingriff der verfassungsrechtlichen Rechtfertigung bedürfe. Nur wer von Verfassungs wegen besonders verpflichtet werden dürfe, könne auch Garant sein.[1096] Bei der Prüfung, ob die Inpflichtnahme als Garant gerechtfertigt sei, seien die sog. Schranken-Schranken einer Grundrechtsbeschränkung[1097] zu beachten[1098]. Bei diesen Schranken-Schranken sei das Hauptaugenmerk auf den Verhältnismäßigkeitsgrundsatz und dort insbesondere auf die Angemessen-

---

1090 *S. v.Coelln,* Das „rechtliche Einstehenmüssen", S. 130 f.

1091 *S. v. Coelln,* Das „rechtliche Einstehenmüssen", S. 129.

1092 *S. v. Coelln,* Das „rechtliche Einstehenmüssen", S. 127 f.

1093 *S. v. Coelln,* Das „rechtliche Einstehenmüssen", S. 133, 233.

1094 *S. v. Coelln,* Das „rechtliche Einstehenmüssen", S. 136.

1095 *S. v. Coelln,* Das „rechtliche Einstehenmüssen", S. 136.

1096 Zu alldem *S. v. Coelln,* Das „rechtliche Einstehenmüssen", S. 139-142.

1097 Unter Schranken-Schranken werden - als eine der Lehren aus der Weimarer Republik - die vom Verfassungsgesetzgeber gesetzten Grenzen der Einschränkbarkeit von Verfassungswerten bezeichnet. Insbesondere die Grundrechte dürfen nicht grenzenlos eingeschränkt werden. Für eine ausführliche Darstellung des Systems der Schranken-Schranken und ihrer Geschichte vgl. *Stern* in: Stern, Das Staatsrecht der Bundesrepublik Deutschland, Band III/2, S. 692 ff.

1098 *S. v. Coelln,* Das „rechtliche Einstehenmüssen", S. 150.

heit[1099] zu richten[1100]. Daher sei eine Garantenstellung im konkreten Einzelfall stets anhand einer Verhältnismäßigkeitsprüfung und im speziellen einer Angemessenheitsprüfung zu ermitteln[1101]. Sofern es verhältnismäßig im verfassungsrechtlichen Sinne sei, jemanden mit einer Garantenstellung in einer konkreten Situation zu belasten, sei dieser Garant[1102]. Die Angemessenheit wiederum sei im Rahmen einer Abwägung in einer zweischrittigen Prüfung zu ermitteln. Zunächst seien abstrakt die betroffenen Rechtsgüter und ihr Verfassungsrang zu vergleichen[1103]. So seien beispielsweise bei einem verletzten Jungen, dessen Leben durch das Herbeirufen eines Notarztes durch eine Frau gerettet werden könnte, das Recht auf Leben des Jungen, Art. 2 II 1 GG, der allgemeinen Handlungsfreiheit, Art. 2 I GG, der Frau einander gegenüber zustellen.

Sodann folge die „eigentliche Abwägung" bezogen auf den fraglichen staatlichen Akt, ein Strafurteil in einem Unterlassungsfall. Es sei gewichtend einerseits zu prüfen, wie stark der potentiell Verpflichtete durch ein Urteil stigmatisiert, im Kern oder nur am Rande seiner Grundrechte berührt werde. Andererseits sei zu bestimmen, inwieweit der zu Beschützende bei Nichtbestehen einer staatlich durch Strafgesetz angeordneten Rettungspflicht in seinen Grundrechten verletzt würde. Gelange man dann im Rahmen der Abwägung zum Überwiegen der „Rechtsgüter" des zu Beschützenden, sei der andere zum Eingreifen verpflichtet; so bejahend in obigem Beispiel mit dem verletzten Jungen.[1104]

Zu beantworten sei dann allerdings noch die Frage, ob sich das Handlungsgebot im konkreten Fall aus § 323c StGB oder § 13 StGB (im Beispiel dann §§ 212, 13 StGB) ergebe. Im Rahmen der Abwägung werden daher die verschiedenen Strafrahmen von der Autorin ebenfalls berücksichtigt[1105]. Entscheidend für das Entstehen einer Garantenstellung sei demzufolge, ob die verfassungsrechtli-

1099 Überwiegend wird angenommen, dass aus dem in Art. 20 III G verankerten Rechtsstaatsprinzip der Verhältnismäßigkeitsgrundsatz folgt, vgl. statt vieler: *Degenhart*, Staatsrecht I, Rn. 398; BVerfGE 19, 342 (348f). Der Staat hat danach bei Grundrechtseingriffen als Schranke zu beachten, dass der Eingriff geeignet und erforderlich zur Erreichung eines verfassungslegitimen Zwecks sein muss. Zudem hat er noch angemessen, d. h. für den Belasteten bei einer Gesamtabwägung zwischen der Schwere des Eingriffs und der Dringlichkeit der ihn rechtfertigenden Gründe zumutbar zu sein, vgl. statt vieler so sinngemäß: *Stern*, in: Stern Staatsrecht der Bundesrepublik Deutschland, Band III/2, S. 782 f.; BVerfGE 83, 1 (19); 102, 197 (220).

1100 *S. v. Coelln,* Das „rechtliche Einstehenmüssen", S. 153.

1101 *S. v. Coelln,* Das „rechtliche Einstehenmüssen", S. 186.

1102 *S. v. Coelln,* Das „rechtliche Einstehenmüssen", S. 234.

1103 *S. v. Coelln,* Das „rechtliche Einstehenmüssen", S. 186.

1104 *S. v. Coelln,* Das „rechtliche Einstehenmüssen", S.187 ff: einschließlich des im Hinblick auf die hier abgewogenen Grund*rechte* wenig glücklichen Terminus „Rechtsgut".

1105 *S. v. Coelln,* Das „rechtliche Einstehenmüssen", S. 189, 234.

che Abwägung, die Angemessenheitsprüfung, ergebe, dass der Unterlassende besonders zum Schutz verpflichtet sei, seine Rechte „noch weiter" als die „aller anderen Bürger" hinter die des Schutzbedürftigen zurückträten[1106] und er folglich in Verbindung mit § 13 StGB und nicht bloß aus § 323c StGB strafrechtlich zur Verantwortung zu ziehen sei. Die besondere Pflichtenstellung des Garanten entstehe, wenn er „sich seiner Rechte (teilw.) selbst begeben" habe. Dann käme man nämlich im Rahmen einer Abwägung zu einem Überwiegen der Rechte des zu Beschützenden. Gemäß der auf *Schünemann* zurückgeführten analogistischen Methode ergebe sich zudem aus dem Vergleich mit dem Begehungsdelikt, dass nur als Garant hafte, wer „etwas getan habe", „eine Handlung vorgenommen" habe.[1107] Daraus entsteht dann die Formel, dass derjenige als Garant hafte, der gegenüber dem Opfer einer Straftat durch eine Handlung (im weitesten Begriffssinne) wenigstens teilweise auf die Ausübung seiner Rechte aus Art. 2 I GG verzichtet habe[1108]. Im weiteren Verlauf der Arbeit wird deutlich, dass „sich seiner Rechte begeben" in einem denkbar weiten Sinne gemeint ist. Allgemein führt die Verfasserin zwei Möglichkeiten dafür an: erstens die Gefährdung eines Rechtsguts durch pflichtwidriges Verhalten[1109] und zweitens den Rechtsverzicht durch Verpflichtung gegenüber einem anderen zu einem „bestimmten Schutzverhalten"[1110].

Darüber hinaus soll das eingangs geschilderte, soziologisch fundierte Instrument der gesellschaftlichen Erwartung (einer Rettungshandlung durch den Unterlassenden) zur Überprüfung[1111] der mittels der verfassungsrechtlichen Abwägung gefundenen Ergebnisse herangezogen werden[1112]. Die Verfasserin nimmt an, dass sowohl in jedem Strafurteil als auch in jeder Strafrechtsnorm gesellschaftliche Erwartungen zum Ausdruck kämen[1113]. Demzufolge sollen die im ersten Teil ermittelten Ergebnisse anhand einer einheitlichen „nicht zu alten" Rechtsprechung, die schließlich die gesellschaftlichen Erwartungen widerspiegele, überprüft werden.

Sollte einmal eine solche Rechtsprechung nicht zur Verfügung stehen, ergebe sich dennoch aus der Bejahung der Verfassungsmäßigkeit einer Garantenstel-

---

1106 *S. v. Coelln,* Das „rechtliche Einstehenmüssen", S. 189 f., 192.

1107 *S. v. Coelln,* Das „rechtliche Einstehenmüssen", S. 190 f., 235.

1108 *S. v. Coelln,* Das „rechtliche Einstehenmüssen", S. 236.

1109 *S. v. Coelln,* Das „rechtliche Einstehenmüssen", S. 192.

1110 *S. v. Coelln,* Das „rechtliche Einstehenmüssen", S. 194.

1111 Wie die Autorin selbst einräumt, können die gesellschaftlichen Erwartungen allein keine Garantenstellungen begründen, *S. v. Coelln,* Das „rechtliche Einstehenmüssen", S. 201.

1112 *S. v. Coelln,* Das „rechtliche Einstehenmüssen", S. 201, 236.

1113 *S. v. Coelln,* Das „rechtliche Einstehenmüssen", S. 198 f.

lung (im ersten Prüfungsschritt), dass das dortige Ergebnis mit den gesellschaftlichen Erwartungen übereinstimmt. Zur Begründung dieser Behauptung findet sich in der Arbeit die folgende Argumentationskette: Das Grundgesetz sei demokratisch legitimiert. Die sich zu diesem Grundgesetz bekennenden Parteien (und so auch das Grundgesetz selbst) erhielten bei jeder Wahl eine breite Mehrheit der Stimmen. Damit entspräche letztendlich das Grundgesetz den Wertvorstellungen des Volkes, der Gesellschaft, und somit entspräche ebenso jedes aus dem Grundgesetz abgeleitete Strafurteil den gesellschaftlichen Erwartungen.[1114]

Die Anwendung dieses zweiteiligen Ansatzes liefert dann unter anderem als Ergebnis – wenig überraschend – eine Garantenstellung der Eltern für ihre Kinder. Diese hätten sich mit der Geburt ihres Kindes ihrer Rechte begeben und seien zudem wegen Art. 6 II 1 GG Garanten für das Kindeswohl[1115]. Hinsichtlich der umstrittenen Garantenstellung des Wohnungsinhabers wird festgestellt, dass er seine Gäste zwar mangels Schutzbedürftigkeit und wegen deren Selbständigkeit nicht vor Straftaten anderer Anwesender aber vor Gefahren, die von der Wohnung selbst ausgingen, wie beispielsweise einer fehlenden Treppenstufe, zu schützen habe. Denn er wisse besser um die Risiken seiner Wohnung als seine Gäste, habe sich somit durch das Einladen seiner Gäste seiner Rechte begeben.[1116] Weiter soll man sich durch pflichtwidriges Verhalten im Vorfeld eines Unglücksfalls seiner Rechte begeben und als Garant zur Beseitigung der geschaffenen Gefahr verpflichtet sein[1117].

3.2.8.4.2 Kritische Würdigung

Völlig zu Recht weist *S. v. Coelln* darauf hin, dass eine Garantenstellung zumindest in die allgemeine Handlungsfreiheit des Verpflichteten aus Art. 2 I GG eingreift und deshalb einer Rechtfertigung bedarf. Dieser Umstand findet allgemein wenig Beachtung. Durch das Erfordernis einer Handlung, mittels derer sich der Garant seiner Rechte begibt, lenkt sie den Blick erfreulicherweise zugleich auf eine mögliche, naheliegende Rechtfertigung: der Garant könnte sich durch sein eigenes Verhalten die Garantenstellung auferlegt haben und bedürfe deshalb nicht des Schutzes des Grundgesetzes vor einer Inpflichtnahme. Leider ist das sehr abstrakte, generelle Verständnis des Sich-seiner-Rechte-Begebens von *S. v. Coellns* wenig ergiebig und praxistauglich – dazu sogleich mehr. Nichtsdestoweniger fördert sie dadurch eine beachtenswerte Problematik, die Notwendigkeit einer verfassungsrechtlichen Rechtfertigung von Garantenstellungen, und

1114 *S. v. Coelln,* Das „rechtliche Einstehenmüssen“, S. 201 f.
1115 *S. v. Coelln,* Das „rechtliche Einstehenmüssen“, S. 196.
1116 *S. v. Coelln,* Das „rechtliche Einstehenmüssen“, S. 223.
1117 *S. v. Coelln,* Das „rechtliche Einstehenmüssen“, S. 230.

andeutungsweise einen Ansatzpunkt für eine Lösung zu Tage, auf die im eigenen Ansatz zurückzukommen sein wird.

Positiv hervorzuheben ist zudem das Bemühen um einen originellen, eigenständigen Ansatz, an Stelle einer in neueren Monographien häufig anzufindenden, eklektischen Rezeption bestimmter materieller Gleichstellungskriterien.

Bedauerlicherweise vermögen weder die von *S. v. Coelln* gefundene Garantenformel noch deren Herleitung zu überzeugen. Bereits die Orientierung an dem von *Schünemann* angewendeten analogistischen Verfahren und die Übernahme seines Herrschaftsprinzips muss verwundern. So lehnt die Autorin selbst *Schünemann*s Verwendung des Begriffs „Natur der Sache" bei der Genese seiner Ergebnisse ab[1118], übernimmt aber gleichwohl eben jene Ergebnisse. Wenn aber der Weg zu einem Ergebnis abgelehnt wird, so hätte es zumindest der Begründung bedurft, warum dieses Resultat dennoch Anspruch auf Richtigkeit erheben soll. Begründen lässt sich die analogistische Methodik auch nicht damit, dass § 13 StGB dieselben – von § 13 II StGB einmal abgesehen - Rechtsfolgen auslöse wie das Begehungsdelikt. Denn die Gemeinsamkeit mit dem Begehen könnte sich genauso gut darauf beschränken, dass das zu bestrafende Unterlassen in seinem Unrechtsgehalt dem Begehen annähernd entspricht, ohne dass man sich an dem Phänotyp Begehen zu orientieren hätte[1119]. Auch der Verweis auf die Entsprechungsklausel in § 13 I StGB rechtfertigt nicht die angegebene Methode[1120]. Denn richtigerweise wird weit überwiegend angenommen, dass in § 13 I StGB das „...rechtlich einzustehen hat,..." der Anknüpfungspunkt für die Garantenstellung ist und die Entsprechungsklausel lediglich Bedeutung bei bestimmten verhaltensgebundenen Delikten besitzt. Beide gemeinsam führen also im Rahmen eines unechten Unterlassungsdelikts zusammen mit weiteren Tatbestandsmerkmalen zu einer begehungsähnlichen Rechtsfolge. Warum aber aus dem einen Tatbestandsmerkmal (Entsprechungsklausel) zwingend eine bestimmte Methode (analogistisches Verfahren) zur Bestimmung eines anderen Tatbestandsmerkmals (Garantenstellung) folgen soll, bleibt unerklärt[1121]. Dies sind bereits beachtliche Einwände gegen *S. v. Coellns* methodischen Ausgangspunkt, die allerdings noch nicht übermäßig schwer wiegen, da weitgehend un-

---

1118 *S. v. Coelln,* Das „rechtliche Einstehenmüssen", S. 128.

1119 Anders ausgedrückt: ähnliche Rechtsfolgen lassen nicht auf phänotypisch ähnliche Delikte schließen, vgl. nur beispielsweise § 242 StGB mit § 315c StGB.

1120 So aber *S. v. Coelln,* Das „rechtliche Einstehenmüssen", auf S. 122 f.

1121 Konkreter formuliert lautet der erhobene Einwand: Warum soll beim Betrug durch Unterlassen der Umstand, dass die Entsprechungsklausel ein bestimmtes den Handlungsmodalitäten des Begehungsdelikts entsprechendes Unterlassen verlangt, dazu führen, dass die Garantenstellung nur durch einen Vergleich mit dem Phänotyp Tun zu bestimmen sein soll?

klar bleibt, inwieweit im weiteren Verlauf der Untersuchung auf das Herrschaftsprinzip und das analogistische Verfahren zurückgegriffen wird. Letzteres findet wohl Anwendung bei der Herleitung des Erfordernisses der Handlung, mit der sich der Garant seiner Rechte begeben haben muss. Zumindest insoweit sind obige Einwände gegen das analogistische Verfahren für den hier diskutierten Ansatz beachtlich.

Noch massiver und zahlreicher sind die gegen den verfassungsrechtlichen Teil zu erhebenden Bedenken. So sind zunächst erhebliche, grundlegende Zweifel anzumelden, ob sich aus der Verfassung tatsächlich konkrete Garantenstellungen positiv herleiten lassen und nicht bloß anhand ihrer eine Aussage darüber getroffen werden kann – im Sinne einer Negativkontrolle -, ob die Annahme einer Garantenstellung im konkreten Fall verfassungswidrig ist oder nicht. Letztere Funktion entspräche in der Terminologie der Grundrechtsdogmatik dem status negativus eines Grundrechts Ersteres hingegen dem status positivus[1122]. Daher müsste in der Notlage - dem status positivus entsprechend - der Schutz bestimmter Grundrechte (des zu Beschützenden) gebieten, zwingend diesen Schutz durch Auferlegen einer Garantenstellung und damit einer Strafdrohung[1123] über § 13 StGB in Verbindung mit einem Begehungsdelikt herbeizuführen. Dass der status positivus das gerade nicht zu leisten vermag, verdeutlichen die anschließenden Beispiele. Lässt jemand trotz Rettungsmöglichkeit eine Fremde ertrinken, so schützt der Staat die Rechtsgüter der Frau, Leben und körperliche Unversehrtheit, indem er in § 323c StGB mit Strafe droht. In der Abwandlung ist der Unterlassende nun der Ehemann der Frau und der Staat schützt deren Rechtsgüter dieses Mal über die Strafdrohung der §§ 13, 212 StGB. In beiden Fällen geht es um den Schutz identischer Grundrechte, Art 2 II 1 GG. Aber das eine Mal wird mit § 323c StGB und das andere Mal mit den §§ 13, 212 StGB operiert. Beide Strafdrohungen sind anerkanntermaßen verfassungsgemäß. Obwohl es also um den Schutz völlig identischer Grundrechte geht, sind zweierlei Schutzmöglichkeiten via Strafrecht verfassungsgemäß. Offensichtlich ist es also mitnichten so, dass die Verfassung stets genau eine Lösung zum Grundrechtsschutz per Strafrecht vorsieht. Andernfalls wäre auch nicht die Streichung oder

---

1122 Unter status negativus als Grundrechtsfunktion ist die Freiheit vom Staat, also Abwehrrechte gegen staatliche Eingriffe in Grundrechte, unter status positivus hingegen die Freiheit nicht ohne den Staat, also Leistungs- und Teilhaberechte, zu verstehen,vgl. nur statt vieler *Pieroth/Schlink*, Grundrechte, Rn. 60.

1123 Dem Staat steht ein erheblicher Spielraum bei der Erfüllung von Schutzpflichten zu, *Pieroth/Schlink*, Grundrechte, Rn. 96, 447; BVerfGE 49, 89 (142); 56, 54 (78). Indessen kann auch die Pflicht bestehen, mit Mitteln des Strafrechts u schützen (vgl. die Rechtsprechung zum Schwangerschaftsabbruch: BVerfGE 39, 1; aber auch BVerfGE 88, 203 (264).

Änderung von Strafrechtsnormen erklärbar[1124]. Dass sich der Ehegatte in der Terminologie dieses Ansatzes durch das Eingehen der Ehe seiner Rechte begeben habe, mag eine höhere Strafe verfassungsrechtlich rechtfertigen. Nur ist eine mögliche Rechtfertigung nicht gleichbedeutend mit einem zwingenden Schluss. Nochmals: Die zu schützenden Grundrechte jedoch sind in beiden Fällen identisch. Warum soll aber der status positivus dieser identischen Grundrechte mal zwingend § 323c StGB und mal zwingend § 13 StGB als ausschließliche Schutzmöglichkeit erfordern, wo doch beide Male dasselbe geschützt wird? Er tut es nicht! Dies liegt daran, dass der status positivus so gut wie nie genau eine rechtliche Lösung erzwingt. Vielmehr steht dem Staat, konkret dem Gesetzgeber, ein Beurteilungsspielraum, eine Einschätzungsprärogative zu, wie er grundrechtsschützend aktiv werden kann. Daher geht bereits die Grundannahme fehl, aus der Verfassung ließen sich zwingende Aussagen darüber treffen, wann eine Garantenstellung vorliegt[1125]. Dies träfe nur dann zu, wenn es in jedem konkreten Fall genau nur eine verfassungskonforme Schutzmöglichkeit via Strafrecht gäbe, was aber gerade nicht der Fall ist. Etwas provozierend könnte man kritisch fragen: Wenn es so „einfach" wäre, aus der Verfassung das einzig zwingend richtige Ergebnis herzuleiten, warum verfährt man dann nicht bei allen rechtlichen Zweifelsfällen so? Die Verfassung bringt also keine konkreten Garantenstellungen hervor, sondern kontrolliert die gefundenen Ergebnisse.

Am Abwägungsvorgang im Rahmen der Verhältnismäßigkeitsprüfung sind daneben Ungenauigkeit und Inkonsequenz zu bemängeln. Zuvorderst versetzt es in Erstaunen, mit der Abwägung präzise Aussagen über die Existenz einer Garantenstellung treffen zu wollen, dabei aber stets beim Verpflichteten „aus Gründen der Vereinfachung"[1126]von der allgemeinen Handlungsfreiheit auszugehen.

1124 Denn niemand wird wohl ernsthaft behaupten, dass bei solchen Gesetzesänderungen stets der status quo ante verfassungswidrig war und deswegen eine Änderung von Verfassungs wegen genau auf eine konkrete Weise zu erfolgen hatte. Sogar Änderungen bloß im Strafrahmen einer Norm würden sich stets und zwingend aus der Verfassung ergeben. Eine solche Annahme verbietet jedoch bereits die Einschätzungsprärogative des Gesetzgebers.

1125 Demselben Einwand sieht sich *Dießner* ausgesetzt, wenn sie ausführt, die verfassungskonforme Auslegung des § 1 III Nr. 3 SGB VIII gebiete die Begründung einer Garantenstellung (in Verbindung mit einer weiteren Voraussetzung) aus dieser Norm, *Dießner*, Die Unterlassungsstrafbarkeit der Kinder- und Jugendhilfe, S. 242f. Man vermisst dabei essentielle Begründungsschritte: Auch wenn den Staat eine Schutzpflicht trifft, *warum* hat dieser Schutz mit den Mitteln des Strafrechts zu erfolgen? *Warum* muss innerhalb des Strafrechts der Schutz über § 13 StGB gewährt werden? Eine Begründung hätte insbesondere vor dem Hintergrund erfolgen müssen, dass das Strafrecht erst die ultima ratio der Sozialkontrolle darstellt.

1126 *S. v. Coelln,* Das „rechtliche Einstehenmüssen", S. 141.

Dabei ignoriert man den möglichen Vorrang der lex specialis. Denn genauso gut kann beim Verpflichteten ein spezielleres Grundrecht tangiert sein[1127]. Eine solche Vereinfachung verbietet sich jedoch, wenn man den Anspruch erhebt, aus der Verfassung präzise auf eine bestimmte Gesetzesauslegung schließen zu können. Ungenauigkeiten und mangelnde Konsequenz zeigen sich weiter, wenn Anknüpfungspunkt für die Abwägung das „Strafurteil" sein soll[1128], bei der Nennung der mit dem Eingriff verfolgten verfassungslegitimen Zwecke auch die Strafzwecke angeführt werden[1129] und schließlich bei der abstrakten Güterabwägung (auch) auf die verschiedenen Strafrahmen abgestellt wird[1130]. Wohl wissend wird nämlich all dies bei den abschließenden Fallbeispielen ignoriert. Knüpfte man tatsächlich an das Urteil und damit selbstverständlich auch an die mit ihm zu verhängende Strafe an[1131] und berücksichtigte man die Strafzwecke bei der Entscheidung über eine Garantenstellung, schüfe man sich unlösbare Probleme. Richtig daran ist, dass ein Richter bei der Verhängung von Strafe durch ein Urteil das Verhältnismäßigkeitsprinzip zu beobachten hat. Die zu verhängende Strafe setzt allerdings einen Schuldspruch voraus. Schuldig in den fraglichen Unterlassungsfällen ist jedoch nur, wem eine Garantenstellung zuzuschreiben ist. Man kann aber schlechterdings (unter anderem) die zu verhängende Strafe und ihre Zwecke bei der Entscheidung über eine Garantenstellung zu berücksichtigen haben, wenn die Strafe selbst von einer Garantenstellung abhängt. Es würde dadurch (im Rahmen der Abwägung) die Rechtsfolge, bestimmte Strafe zu einem bestimmten Zweck, zu ihrer eigenen Tatbestandsvoraussetzung. Im Ergebnis überzeugend aber inkonsequent im Hinblick auf die angestellten abstrakten Erwägungen beschreitet die Arbeit diesen Weg bei den konkreten Falllösungen nicht.

Neben der dogmatischen Herleitung und der Anwendung der verfassungsrechtlichen Grundlagen fordert die gefundene Garantenformel Kritik heraus. Garant sei danach, wer sich durch irgendeine Handlung seiner Rechte begebe, auf deren uneingeschränkte Ausübung verzichte[1132]. In dem von der Autorin gemeinten generellen Sinn stellt dies eine zu unbestimmte Leerformel dar. Den Nach-

1127 Diese Schwierigkeit sieht die Autorin ebenfalls, *S .v. Coelln,* Das „rechtliche Einstehenmüssen", S. 142.

1128 *S. v. Coelln,* Das „rechtliche Einstehenmüssen", S. 187.

1129 *S. v. Coelln,* Das „rechtliche Einstehenmüssen", S. 163 ff.

1130 *S. v. Coelln,* Das „rechtliche Einstehenmüssen", S. 189.

1131 Schließlich verlangt die Autorin, das Urteil dahingehend zu prüfen, inwieweit es den Unterlassungstäter „stigmatisiere" und im „Kern" seiner Grundrechte (körperliche Bewegungsfreiheit beispielsweise) tangiere, *S. v. Coelln,* Das „rechtliche Einstehenmüssen", S. 187.

1132 *S. v. Coelln,* Das „rechtliche Einstehenmüssen", S. 190, 236.

weis dafür liefert die Arbeit selbst in der Anwendung und „Konkretisierung“ der Formel. So wird ad-hoc zunächst konkretisierend festgestellt, es gebe „zwei Möglichkeiten“ für diesen Rechtsverzicht: die pflichtwidrige Gefährdung eines Rechtsguts und die Übernahme einer Schutzpflicht[1133]. Dabei fällt zuerst kritisch auf, dass zumindest nach allgemeinem Sprachverständnis die Gefährdung nur schwer als ein Fall des „Rechtsverzichts“ zu verstehen ist. Wesentlich schwerer wiegt darüber hinaus das Fehlen jedweder Begründung dafür, warum dies *die* beiden Möglichkeiten des Rechtsverzichts sind, die zu einer Garantenstellung führen. Es wird lediglich das Ergebnis der Abwägung festgestellt: In diesen Fällen träten die Rechte des Verpflichteten besonders weit hinter die des zu Schützenden zurück. Damit fehlt aber jegliche begründende Verknüpfung zwischen der allgemeinen Garantenformel und ihrer Konkretisierung! Im Übrigen vermisst man eine Erklärung dafür, warum dies abschließend die beiden einzigen Möglichkeiten eines garantenstellungsbegründenden Rechtsverzichts sein sollen[1134] und vor allem, warum die Abwägung in ihrem Fall immer zu Lasten des potentiellen Garanten ausfällt.

Die Anwendung des Ansatzes im weiteren Verlauf der Arbeit offenbart dann die Inhaltsleere der gefundenen Formel. Dabei wird ausgeführt, ein Wohnungsinhaber habe die von ihm eingeladenen Gäste als Garant vor von der Wohnung selbst ausgehenden Gefahren (beispielsweise einer fehlenden Treppenstufe) zu schützen, weil er besser als die Gäste um diese Risiken wisse. Er habe sich durch die Einladung seiner Rechte begeben.[1135] Hierbei erstaunt zuerst, dass eine mit einem bestimmten Wissen ausgesprochene Einladung als Sich-seiner-Rechte-Begeben verstanden wird. Wenn aber Sich-seiner-Rechte-Begeben irgendeinen bestimmbaren, einheitlichen Inhalt haben soll, so ist er jedenfalls für den Verfasser dieser Arbeit nicht erkennbar, wenn darunter die pflichtwidrige Gefährdung, das Versprechen von Schutz und zugleich das Aussprechen einer Einladung in einem bestimmten Wissen, zu verstehen ist. Die Gemeinsamkeit dieser Fälle scheint allein in der Rechtsfolge zu liegen. In allen Fällen „treten die Rechte des Unterlassenden so weit zurück“, dass dieser Garant ist. Dann aber ist man endgültig bei einer petitio principii angelangt. Denn wenn mit der Formel gerade ermittelt werden soll, ob jemand Garant ist, so darf ihr einzig bestimmbarer, gemeinsamer Inhalt nicht sein, „Garant ist, wer sich seiner Rechte begibt,

1133 *S. v. Coelln,* Das „rechtliche Einstehenmüssen“, S. 193 f.

1134 So zumindest klingt es, wenn zunächst die pflichtwidrige Gefährdung genannt wird und dann von „der zweiten Möglichkeit“, der Schutzverpflichtung, *S. v. Coelln,* Das „rechtliche Einstehenmüssen“, S. 194, gesprochen wird, und weitere Möglichkeiten nicht erwähnt werden bei dieser Aufzählung.

1135 *S. v. Coelln,* Das „rechtliche Einstehenmüssen“, S. 223, deren Lösung im Ergebnis nicht zu beanstanden ist.

was nichts anderes bedeutet, als dass seine Rechte besonders zurückzutreten haben.". Ein solcher Inhalt trägt nichts zur Erhellung des Garantenproblems bei. Daneben ist es wenig überzeugend, wenn zur Lösung eines Falles nicht auf die angeblich abschließenden zwei Möglichkeiten der Konkretisierung des Rechtsverzichts, pflichtwidrige Gefährdung und Schutzverpflichtung, zurückgegriffen wird, sondern ohne diese zu beachten, behauptet wird, auch hier habe sich der Täter seiner Rechte begeben. Das stellt eine Missachtung der eigenen Kriterien dar. Dass die Begründung, der Wohnungsinhaber wusste, besser als die Gäste um die Risiken, dafür fehl geht, bedarf nach einem Hinweis auf eine ebenso mögliche Fahrlässigkeitsstrafbarkeit, bei der der Täter gerade nicht um die Risiken weiß, sondern nur hätte wissen müssen, keiner eingehenderen Ausführungen.

Schließlich scheitern die Formel „sich seiner Rechte Begeben" und ihre Konkretisierung „Verpflichtung zu Schutzmaßnahmen" ebenfalls daran, dass sie zu dem allgemein abgelehnten Ergebnis gelangen müssten, dass jeder zivilrechtliche Vertrag, dessen Nebenpflicht zumindest der Rechtsgüterschutz ist, eine Garantenstellung nach sich zieht. Denn mit jedem Vertrag dieses Inhalts entsteht für die Parteien die Rechtspflicht, den anderen zu schützen und insofern begeben sie sich auch ihrer Rechte. Bezeichnenderweise wird sich damit in der Arbeit nicht befasst, müsste doch - ad hoc – ein weiteres Kriterium aufgetan werden, damit diese Fälle mit dem Eingehen einer Schutzpflicht nicht erfasst werden.

Der zweite Ansatzpunkt *S. v. Coellns* birgt leider gleichfalls mehr Probleme, als er löst. Sie möchte die im ersten Teil gefundenen Ergebnisse anhand von gesellschaftlichen Erwartungen, die sich in der Rechtsprechung manifestiert haben sollen, überprüfen.

Es fehlt bedauerlicherweise bereits an einer grundlegenden, eigenständigen Begründung dafür, warum man beim Garantenproblem auf die soziologisch fundierten gesellschaftlichen Erwartungen zurückgreifen können soll. Damit soll keineswegs generell diesen Ansätzen abgesprochen werden, wichtige Erkenntnisse zur Unterlassungsdogmatik beitragen zu können. Vermisst wird vielmehr, inwiefern die Autorin sich diese Ansätze zu eigen macht. So lehnt sie die von ihr diskutierten soziologischen Ansätze in ihren Begründungen und Ergebnissen weitgehend ab[1136]. Als Begründung für den Erwartungsansatz findet sich nunmehr ein Verweis auf die eigenen vorhergehenden Ausführungen in einer Fußnote[1137]. Das dort in Bezug Genommene befasst sich hingegen ausschließlich mit „rechtlichen Handlungserwartungen" bzw. „Erwartungen der Rechtsordnung", liefert also gerade keine Begründung für ein Abstellen auf tatsächliche Verhält-

---

1136 *S. v. Coelln,* Das „rechtliche Einstehenmüssen", S. 107 ff.

1137 *S. v. Coelln,* Das „rechtliche Einstehenmüssen", S. 134, Fn. 206.

nisse. Die Feststellung, der Erwartungsansatz von *Otto/Brammsen*[1138] könne erklären, wie man überhaupt auf die Idee kommen könnte, Menschen in bestimmten Situation Hilfspflichten aufzuerlegen[1139], belegt ebenfalls nicht den soziologischen Ausgangspunkt der Autorin. Nur weil gesellschaftliche Erwartungen eine Garantenhaftung erklären *können*, ist damit noch nicht bewiesen, dass sie auch die richtige Erklärung *sind.* Allein aus den vermutlich korrekten, getroffenen Feststellungen der Autorin, dass erstens bestimmte Hilfsleistungen gesellschaftlich erwartet werden und zweitens diese Erwartungen sich zum Teil mit den Pflichten eines Garanten decken, kann man nicht zwingend folgern, dass sich aus jenen diese herleiten lassen. Demzufolge fehlt in der Arbeit *S. v. Coellns* eine Begründung für die soziologische Komponente ihres Ansatzes.

Darüber hinaus überzeugt die Kontrolle der im ersten Teil gefundenen Ergebnisse anhand von angeblich in Urteilen manifestierten gesellschaftlichen Erwartungen nicht. Diese Kontrolle geht von der Prämisse aus, jede Strafrechtsnorm und jedes Urteil entspräche den gesellschaftlichen Erwartungen[1140]. Daher führe eine Überprüfung anhand von Urteilen zugleich zu einer Kontrolle am Maßstab der gesellschaftlichen Erwartungen. Bereits diese Prämisse trifft nicht zu. Wenn Urteile und Rechtsnormen stets den gesellschaftlichen Erwartungen entsprechen, wieso kommt es dann immer wieder von den Medien befeuert zu allgemeiner öffentlicher Entrüstung über Rechtsentscheidungen und Rechtssetzungen des Gesetzgebers? Wieso entscheiden dann verschiedene Gerichte nahezu zeitgleich einander vergleichbare Sachverhalte unterschiedlich[1141]? Losgelöst von der fraglichen Annahme, ob Urteile gesellschaftliche Erwartungen widerspiegeln, erscheint eine Kontrolle anhand der Rechtsprechung im Allgemeinen einer dogmatisch überzeugenden Lösung wenig zuträglich, da ein Nutzen voraussetzt, dass die bemühten Urteile stets auch Zustimmung verdienen. Dies ist gerade im Bereich der Unterlassungsdelikte zu bezweifeln[1142].

1138 Siehe dazu eingehend unter Teil 2 B VII 3.

1139 *S. v. Coelln,* Das „rechtliche Einstehenmüssen", S. 109.

1140 *S. v. Coelln,* Das „rechtliche Einstehenmüssen", S. 198 f.

1141 Im Übrigen spricht allein schon die Aufgabe des Staates, im Sinne des Gemeinwohls menschliches Verhalten steuern zu müssen, dafür, dass zumindest auch der Gesetzgeber mit seinen erlassenen Normen und die Gerichte bestimmte Erwartungshaltungen in der Gesellschaft wecken und somit der Wirkungszusammenhang genau umgekehrt der Prämisse verläuft. Rechtsnormen und Urteile führen dann zu Erwartungen. Dem könnte man allerdings entgegen halten, es sei unerheblich, ob die Erwartung die Norm bzw. das Urteil generiert oder umgekehrt, da in beiden Fällen jedenfalls Norm bzw. Urteil sich mit den Erwartungen deckten. Insofern sind die vorstehenden Äußerungen weniger Kritik denn Ergänzung.

Demgegenüber vorzugswürdig erscheint es, zu Kontrollzwecken gesichertes Terrain zu betreten und die eigene Auffassung mittels allgemein anerkannter Garantenstellungen[1143] auf ihre Praxistauglichkeit hin zu überprüfen. Ein solcher Weg wird im weiteren Verlauf dieser Arbeit im Anschluss an den eigenen Ansatz eingeschlagen[1144].

Abzulehnen sind schließlich die Argumentation und das Ergebnis für den Fall, dass noch keine gesellschaftlichen Erwartungen in Form von Urteilen zur Verfügung stehen. Auch dann entspräche die in einem Strafurteil gefundene Entscheidung den gesellschaftlichen Erwartungen[1145]. Der Argumentationskette, per demokratische Legitimierung entspreche ein mit der Verfassung im Einklang stehender staatlicher Akt (wie hier ein Strafurteil) stets den gesellschaftlichen Erwartungen, ist zu widersprechen. Die Gründe für den Widerspruch gleichen denen bei der fraglichen Gleichsetzung von Rechtsprechung und gesellschaftlichen Erwartungen. Es trifft auch hier nicht zu, dass jeder verfassungskonforme staatliche Akt den gesellschaftlichen Erwartungen entspricht. Hier mag erneut der Hinweis auf Proteste weiter Teile der Bevölkerung gegen bestimmte staatliche Akte, seien es Gesetze oder Urteile, genügen. Schließlich entwertet die Herleitung der Erwartungskonformität aus den bereits per verfassungsrechtlicher Abwägung gewonnenen Ergebnissen die zweite Komponente. Wenn bereits die Verfassungskonformität der Abwägung verbürgen soll, dass die Entscheidung den gesellschaftlichen Erwartungen entspricht, warum muss dann überhaupt noch eine Kontrolle mittels Rechtsprechung (die ebenso die gesellschaftlichen Erwartungen in sich tragen soll) erfolgen?

Insgesamt finden sich bei *S. v. Coelln* zwar beachtenswerte Ansatzpunkte, wie der Hinweis auf die verfassungsrechtlichen Dimensionen einer Garanten-

---

1142 Aus einer langen Liste möglicher Beispiele vgl. nur die Kontoverse um die Straftatverhinderungs- und Strafverfolgungspflichten von Polizisten: BGH NStZ 1993, S. 383 f. einerseits und andererseits die diesbezügliche Anmerkung von *Mitsch*, NStZ 1993, S. 384 f.; oder der Streit um die Unterlassungsbeihilfe zum Meineid: vgl. die Nachweise bei *Schünemann*, Grund und Grenzen, S. 199 ff.; oder auch die strittige Garantenstellung von Gastwirten: Nachweise bei *Brammsen*, Entstehungsvoraussetzungen von Garantenstellungen, S. 43, Fn. 38 einerseits und Fn. 39 anderseits; schließlich die strittige Garantenstellung auf Grund von Schwägerschaft oder Verlöbnis: bejahend BGHSt 13, 166 (Schwägerschaft), BGH JR 1955, S. 104 (Verlöbnis), ablehnend statt vieler *Maiwald*, JuS 1981, S. 481.

1143 Bestandteil einer solchen Anerkennung ist dann selbstverständlich auch – soweit vorhanden - die Rechtsprechung.

1144 Siehe Teil 2 C VI.

1145 Siehe dazu und insbesondere zur Argumentationskette die Darstellung bei Teil 2 B VIII 4 a.

pflicht. Ihrer gefundenen Garantenformel hingegen kann ebenso wenig gefolgt werden wie deren Herleitung.

3.2.8.5 Sangenstedt: Herrschaftsgedanke, Jedermannsgarantenstellung für eigene Rechtsgüter und rechtlich institutionalisierte, nicht-übernahmebedingte Garantenstellungen

3.2.8.5.1 Darstellung

In seiner Monographie zur Garantenstellung und Garantenpflicht von Amtsträgern[1146] operiert *Sangenstedt* mit dem Herrschaftsprinzip und macht sich Erkenntnisse *Schünemann*s zu eigen. Allerdings unterscheidet er sich von Letztgenanntem in einigen wesentlichen Punkten, vor allem in einer punktuellen Bezugnahme auf *Jakobs*' Organisationszuständigkeit[1147].

Sangenstedt bedient sich *Schünemann* entsprechend eines analogistischen Verfahrens und orientiert sich deshalb am Begehungsdelikt bei der Herleitung der Haftungsvoraussetzungen des unechten Unterlassungsdelikts. Dazu veranlasst ihn das Zusammenwirken von Entsprechungsklausel und Art. 103 II GG. Die Klausel bilde den normativen Schwerpunkt des § 13 StGB und postuliere, Tun und Unterlassen müssten unrechtsäquivalent sein. Art. 103 II GG und dessen Nullum-crimen-Satz wiederum verböten ein Stützen auf ein unreflektiertes, aus dem Rechtsempfinden gespeistes Judiz bei der Äquivalenzfeststellung, sondern geböten, das Entsprechungspostulat im Sinne einer übereinstimmenden Unrechts*struktur* von Unterlassungs- und korrespondierender Begehungstat zu verstehen.[1148]

In der Folge akzeptiert *Sangenstedt* die von *Schünemann* mittels des analogistischen Verfahrens gewonnene Erkenntnis, die den entscheidenden Zurechnungsgrund bei den Begehungsdelikten in der Herrschaft des Täters über seinen Körper erblickt. Der bedrohliche Kausalverlauf entspringe dem „ureigensten leiblich-psychischen Organisationskreis", den der Handelnde mit absoluter Herrschaft „regiere"[1149]. Der Täter entscheide exklusiv, welchen seiner Handlungsimpulse er in der Realität umsetze. *Sangenstedt* genügt dies allerdings nicht, und er ergänzt und präzisiert weiter dahingehend, dass das hervorstechende Merkmal der Unrechtsstruktur des Begehungsdelikts die Fähigkeit – und Pflicht - des

1146 So der gleichlautende Titel von *Sangenstedt*s Dissertation.

1147 Näheres zu *Jakobs* unter Teil 2 B IX 1.

1148 *Sangenstedt*, Garantenstellung von Amtsträgern, S. 213 ff., 218, 370 ff. (Hervorhebung im Original).

1149 *Sangenstedt*, Garantenstellung von Amtsträgern, S. 293, sich *Schünemann*, *Rudolphi* und punktuell *Jakobs* anschließend.

Menschen sei, destruktiven Impulsen mit der Folge der Verletzung fremder Rechtsgüter, nicht nachzugeben. Er besitze den dominierenden tatsächlichen Einfluss über die Entfaltung seiner Körperkräfte. Daher sei jeder unerlaubten Aktivität ein gewisses Unterlassungsmoment immanent. Wer nach außen drängenden, negativen Handlungsimpulsen folge, den treffe eine strafrechtliche Haftung, weil er diese Antriebe nicht unter Mobilisierung von Gegenkräften wirksam bekämpft habe.[1150]

Die Erkenntnisse hinsichtlich des Begehungsdelikts zeitigen für *Sangenstedt* die Konsequenz, dass eine Überwachungsgarantenstellung das Beherrschen des „Risikopotentials" durch den Täter und das Aufhalten des Risikofaktors in dessen Verfügungskreis erfordere. Der nicht abgebrochene Bedrohungsprozess müsse sich zu dem Zeitpunkt, auf den sich der strafrechtliche Vorwurf beziehe, in einem Bereich befunden haben, in dem der Pflichtige die absolute Entscheidungshoheit und den ungehinderten Zugriff - wie über seinen Körper - innegehabt habe.[1151]

Bei der Herrschaft über einen „sächlichen Gefahrenbereich" distanziert sich der Autor von *Schünemann*. Während dieser den Garanten, der beispielsweise ein Tier oder eine Maschine beherrscht, vom Jedermann, der in bestimmten Fällen ebenfalls tatsächlichen Zugang zu den abzuschirmenden Gefahrenherden haben kann, mittels des Herrschaftswillens unterscheiden möchte, lehnt *Sangenstedt* dies ab. Es komme nicht auf eine faktisch-voluntative Gewalthabe, sondern auf deren rechtliche Anerkennung und Verfestigung an. Dem Überwachungsgaranten müsse die Rechtsmacht eingeräumt sein, andere von der Einwirkung auf das bedrohliche Objekt auszuschließen. Eine solche Haftung sei auch denkbar bei in fremden Organisationskreisen generierten Gefahren, die der Täter nur punktuell von außen beeinflussen könne.[1152]

Die von der Funktionenlehre mit der Beschützergarantenstellung umfassten Konstellationen erfasst *Sangenstedt* auf zweierlei Arten. Dabei lehnt er die der Herrschaftslehre entsprechende Voraussetzung der „Herrschaft über die Hilflosigkeit des Opfers" ab[1153].

Einerseits differenziert der Autor zwischen originären und sekundären Beschützergarantenstellungen. Beiden gemein sei die Rückführung auf den Herrschaftsgedanken. Die originären Schutzpflichten zeichneten sich durch die faktische Entscheidungshoheit über die „verletzbare Funktionseinheit", gemeint ist

1150 *Sangenstedt*, Garantenstellung von Amtsträgern, S. 292 ff., 351, 377 f.

1151 *Sangenstedt*, Garantenstellung von Amtsträgern, S. 379 f., 411.

1152 *Sangenstedt*, Garantenstellung von Amtsträgern, S. 298 f.

1153 *Sangenstedt*, Garantenstellung von Amtsträgern, S. 311 ff.

damit das bedrohte Rechtsgut, aus[1154]. So treffe zum Beispiel eine Schutzpflicht hinsichtlich einer Sache, wer als Entleiher, Mieter oder Pächter oder aus einem „anderen rechtlichen Grund" Besitzer eines ihm nicht gehörenden Gegenstandes sei[1155]. Der Schwangeren komme eine Obhutspflicht gegenüber dem Embryo auf Grund existentiell vorgegebener Herrschaft zu[1156].

Eltern hätten gegenüber ihren Kindern, wie Lehrer gegenüber ihren Schülern eine Schutzpflicht wegen ihrer „personenbezogenen Herrschaft". Diese garantenstellungsbegründende Entscheidungshoheit über Menschen erfordere eine Eingliederung des Beherrschten in einen Komplex (Schule, familiäre Lebensgemeinschaft), der den jederzeitigen, problemlosen Zugriff auf diesen erlaube. Darüber hinaus stehe die Autonomie des Eingegliederten der personenbezogenen Herrschaft nicht entgegen, da jene Einrichtungen nur dann ihre Funktionen erfüllten, wenn die „Fiktion" gelte, dass jeder „Ausbruchsversuch" des beherrschten, eingegliederten Individuums erfolglos bleibt, wenn die Leitungsorgane die innerbetrieblichen Kontrollmechanismen mobilisieren und somit die Autonomie des Eingegliederten negieren können. Eine Schutzpflicht entstehe aus dieser Herrschaftsposition zum einen, weil der Aufsichtsführende in dem Komplex auch in der Lage sei, seine Herrschaft in einer der Unversehrtheit des Eingegliederten dienenden Weise auszuüben. Zum anderen spreche für eine Inpflichtnahme des Beherrschenden ein dringendes, praktisches Bedürfnis wegen der typischerweise verminderten Selbstschutzmöglichkeiten der Beherrschten, der Kinder oder Schüler, in diesen Komplexen. Eltern und Lehrer seien zudem Garanten, weil die Rechtsordnung ihnen einen entsprechenden Auftrag erteile und sie mit den dafür wesentlichen Kompetenzen und Zwangsbefugnissen ausstatte.[1157]

Zur Darstellung der sekundären Garantenstellungen sind einige grundlegende Erläuterungen vorweg zu schicken. Anknüpfend an die bereits geschilderte Feststellung, dass jeder aktiven Begehung ein Unterlassen in Form des Nicht-Unterdrückens schädlicher Handlungsimpulse eigen sei, folgert *Sangenstedt*, jedermann sei ein Überwachungsgarant für die von ihm selbst verkörperte Gefahrenquelle[1158]. Deshalb und wegen der aus der persönlichen Autonomie des einzelnen folgenden Verantwortung sei jeder Schutzgarant für seine eigenen Rechtsgüter. Im Rahmen dieser „Aufgabe" „obliege" ihm die „Pflicht", seine Interessen vor internen und externen Gefahrenquellen zu schützen[1159]. Außenste-

1154 *Sangenstedt*, Garantenstellung von Amtsträgern, S. 436.
1155 *Sangenstedt*, Garantenstellung von Amtsträgern, S. 422 f.
1156 *Sangenstedt*, Garantenstellung von Amtsträgern, S. 424 f.
1157 *Sangenstedt*, Garantenstellung von Amtsträgern, S. 425 ff.
1158 *Sangenstedt*, Garantenstellung von Amtsträgern, S. 296.
1159 *Sangenstedt*, Garantenstellung von Amtsträgern, S. 412 ff

henden sei der Zugang zur Herrschaftssphäre des Bedrohten verwehrt, weshalb nur dieser selbst „kritischen Situationen stets zuverlässig Paroli bieten“ könne[1160]. Diese ursprüngliche Beschützergarantenstellung in eigener Sache könne wiederum auf andere übertragen werden. Deren Garantenstellung leite sich dann von dem genuin Verantwortlichen, dem Rechtsgutsträger selbst, ab und werde deshalb als sekundär bezeichnet. Der Garant ersetze den eigentlichen Selbstschutzgaranten und es komme zur vollwertigen Auswechslung der strafrechtlichen Schutzinstanz. Neben dieser Ableitung der Pflichtenstellung spreche weiter eine „soziale und rechtliche Notwendigkeit“ innerhalb unserer Industriegesellschaft für die Annahme einer solchen Ersatzgarantenstellung. Damit sind ersichtlich die Fälle einer Garantenstellung kraft Übernahme gemeint. Für diese sei neben dem Einverständnis der beiden Beteiligten im Rahmen einer Disposition des genuin Verantwortlichen außerdem eine Verankerung der Übernahme im System der Rechtsordnung erforderlich. Neben den bekannten Kindermädchen- und Gefahrengemeinschaftsfällen falle hierunter auch die nichteheliche Lebensgemeinschaft. Ohne dass es eines formellen Vertragsschlusses bedürfe, schlössen sich bei ihnen Menschen zusammen, um gemeinsam arbeitsteilig bestimmte Aufgaben zu bewältigen.[1161]

Andererseits sollen sich Teile der sekundären Beschützergarantenstellungen nicht aus dem Herrschaftsgedanken ergeben. Vielmehr seien sie auf rechtlich institutionalisierte, nicht-übernahmebedingte Schutzgarantieverhältnisse zurückzuführen. Dabei handele es sich um vor allem gesetzlich verankerte Obhutspositionen, deren Zweck es sei, die Primärzuständigkeit für die Unversehrtheit bestimmter „Funktionseinheiten“ auf Personen oder Institutionen zu verlagern, die nicht Träger einer Garantenherrschaft seien. Solche Positionen könnten beispielsweise bei der Garantenstellung von Amtsträgern gegeben sein.[1162]

3.2.8.5.2 Kritische Würdigung

Weder die ergänzende Legitimation des analogistischen Verfahrens und die zusätzlichen Schlüsse aus ihm noch die von *Schünemann* stellenweise abweichenden Voraussetzungen der Überwachungsgarantenhaftung bei *Sangenstedt* führen dazu, dass seiner Variante der Herrschaftslehre zu folgen ist.

Die Berufung auf die Entsprechungsklausel des § 13 StGB und auf Art. 103 II GG zur Begründung des analogistischen Verfahrens vermag nicht zu überzeugen. Zunächst ist zu bemängeln, dass von einem bestimmten Verständnis der Entsprechungsklausel ausgegangen wird, ohne dass begründet würde, warum die

---

1160 *Sangenstedt*, Garantenstellung von Amtsträgern, S. 421 f.

1161 *Sangenstedt*, Garantenstellung von Amtsträgern, S. 436 ff.

1162 *Sangenstedt*, Garantenstellung von Amtsträgern, S. 446 f.

in weiten Teilen von Literatur und Rechtsprechung vertretene, davon abweichende dogmatische Beurteilung der Klausel[1163] unzutreffend ist. Statt aus der Entsprechungsklausel ergibt sich das Erfordernis der annähernden Unrechtsentsprechung bereits aus der vom Gesetz vorgesehenen annähernd vergleichbaren - § 13 II StGB ändert daran nichts – Bestrafung von Begehungs- und korrespondierendem unechten Unterlassungsdelikt (vergleichbare Schuld[1164] der Einfachheit halber vorausgesetzt). Insofern wäre die Entsprechungsklausel bei *Sangenstedt*s Verständnis redundant. Aber selbst wenn man unterstellte, die Entsprechungsklausel fordere Unwertäquivalenz zwischen Begehungs- und entsprechendem unechten Unterlassungsdelikt, rechtfertigt dies nicht den Schluss auf dem Begehungsdelikt entsprechende „unwertprägende Elemente" beim Unterlassen[1165]. Übergeht man die offenkundige Problematik, was präzise unter solchen Elementen zu verstehen sein soll, fehlt es immer noch am Nachweis der Übertragbarkeit dieser Elemente vom Begehen auf das Unterlassen. Eines solchen bedarf es aber schon in Ansehung des phänotypischen und strukturellen Unterschiedes der beiden Verwirklichungsformen des Unrechts bei Tun und Unterlassen: Hier handelt der Täter und verursacht eine Rechtsgutsverletzung, dort handelt der Täter gerade nicht und wird jedenfalls nicht im Sinne des Begehens ursächlich für den schädlichen Erfolg. Das Argument, Art. 103 II GG untersage zur Äquivalenzfeststellung auf Judiz und nicht verifizierbare Strafwürdigkeitserwägungen zurückzugreifen, weshalb die Entsprechungsklausel so zu verstehen sei, dass sie eine dem Begehen entsprechende Unrechtsstruktur verlange, verfängt ebenfalls nicht. Zwar leitet *Sangenstedt* zutreffend aus Art. 103 II GG ein Verbot, auf Strafwürdigkeitserwägungen abzustellen, ab. Doch gilt diese Vorgabe für jede Garantenlehre unabhängig von der Existenz der Entsprechungsklausel. Dass aber allein die vom Autor präferierte dogmatische Bedeutung der Entsprechungsklausel Art. 103 II GG Geltung verschaffe, ist eine unbelegte Behauptung. Daher stellt sein Hinweis auf die grundgesetzliche Bestimmung kein zwingendes Argument dar, solange er nicht nachweist, dass exklusiv sein Verständnis der Entsprechungsklausel zur Beachtung von Art. 103 II GG führt. So-

1163 Nach diesem abweichenden Verständnis hat die Entsprechungsklausel die Funktion, bei Begehungsdelikten mit bestimmten Handlungsmodalitäten („verhaltensgebundene Delikte"), wie beispielsweise dem Täuschen in § 263 StGB, eine Modalitätsäquivalenz beim unechten Unterlassungsdelikt sicherzustellen; vgl. zur dogmatischen Bedeutung der Entsprechungsklausel nur *Hillenkamp*, JR 1988, S. 303; SK-*Rudolphi*, § 13, Rn. 17 f.; Schönke/Schröder-*Stree*, § 13, Rn. 4; *Fischer*, § 13, Rn. 17.

1164 Dem Umstand, dass beim Unterlassen regelmäßig ein schwächeres voluntatives Element erforderlich ist als bei der aktiven Rechtsgutsverletzung, ist bereits durch § 13 II StGB Rechnung getragen worden.

1165 So aber *Sangenstedt*, Garantenstellung von Amtsträgern, S. 215.

weit *Sangenstedt* weiter ausführt, bei einem anderen Verständnis der Klausel fehle es bislang an sicheren Kriterien für das Entfernen vom Begehungsleitbild[1166], handelt es sich dabei um eine bloße *petitio principii*. Denn ob einem solchen Leitbild irgendeine Relevanz zukommt, ist gerade die offene Frage, wird aber von ihm als zutreffend in seiner Argumentation vorausgesetzt.

Sangenstedt kann weiterhin nicht gefolgt werden, soweit er als Zurechnungsgrund beim Begehen das Nicht-Unterdrücken destruktiver Handlungsimpulse ausmacht. Es handelt sich bei diesem „Zurechnungsgrund" mitnichten um etwas Neues und Erkenntnisförderndes, sondern um die konkrete Anwendung des Gesetzes der klassischen Logik *duplex negatio affirmat*[1167]. Es wird lediglich der Satz „Verletzung eines Rechtsguts" in „Nicht-Unterdrücken der Verletzung" sprachlich umgeformt und damit eine ebenso wahre wie nutzlose Aussage getroffen. Wer Handlung *a* durchführt, unterdrückt *a* nun mal nicht. Mit der gleichen Methode der sprachlichen Umformung ein und derselben Aussage könnte man jedem Unterlassen ein Begehungselement zuschreiben, indem man es als Unterdrücken (logischerweise ein „Begehungselement", da nach *Sangenstedt* das Nicht-Unterdrücken ein Unterlassungselement sein soll) des Rettungsimpulses beschreibt. Beide Umformungen produzieren ersichtlich keinen Erkenntnisgewinn. Für das Abstellen auf die doppelte Negation beim Begehen statt auf die positive Aussage existiert kein sachlicher Grund. Die Gesetzesformulierungen legen statt dessen das Gegenteil nahe, wenn sie in ihren Tatbeständen das positive Tun beschreiben. Auf diese primär das positive Tun erfassende Beschreibung geht schließlich das Dilemma der unechten Unterlassungsdelikte zurück. Während *Schünemann* demzufolge in dem Ergebnis seiner Analyse der Begehungsdelikte – nicht aber in seiner generalisierenden Anwendung auf die unechten Unterlassungsdelikte - noch gefolgt werden kann[1168], sind *Sangenstedts* diesbezügliche Feststellungen aus den obigen Gründen abzulehnen.

Mit dem Wegfall des „Zurechnungsgrundes" Nicht-Unterdrücken verlieren aber *Sangenstedts* weitere Ausführungen in Teilen ihre Grundlage. Aus dem fälschlicherweise in jedem Begehen vermuteten Unterlassungsmoment folgerte er zunächst, dass ein jeder Sicherungsgarant für sich selbst sei, und in der Folge, dass man auch als Obhutsgarant für die eigenen Rechtsgüter fungiere. Beiden Aussagen ist somit die argumentative Grundlage entzogen worden. Sicherlich kann man formulieren, jeder habe sich als Gefahrenquelle abzuschirmen. Nur er-

---

1166 *Sangenstedt*, Garantenstellung von Amtsträgern, S. 371 f., Fn. 12.

1167 Die doppelte Verneinung einer Aussage ist mit deren Bejahung identisch.

1168 Siehe dazu ausführlich im eigenen Ansatz Teil 2 C IV 1 a.

gibt sich dies nicht aus einer sprachlichen Umformung auf Basis eines logischen Gesetzes, sondern aus dem allgemeingültigen Neminem-laede-Prinzip[1169].

Keine Zustimmung verdient zudem die Annahme, jedermann sei Obhutsgarant für die eigenen Rechtsgüter, die ja gleichsam den Ausgangspunkt für die Legitimation von Teilen der sekundären Beschützergarantenstellung bildet. Richtig daran ist allein, dass jedermann wegen des Eigenverantwortlichkeitsprinzips, das aus dem freiheitlichen Urzustand des Menschen folgt, primär selbst für seine Rechtsgüter verantwortlich ist[1170]. Dies beruht aber nicht auf der Pflicht, sich selbst als Gefahrenherd abzuschirmen. Gänzlich verfehlt ist es außerdem, dem Einzelnen eine Beschützergarantenstellung für die eigenen Rechtsgüter und damit eine „Pflicht" und „Obliegenheit" zu deren Schutz zuzuschreiben.

Sangenstedt tritt selbstverständlich nicht für eine offensichtlich unrichtige Pönalisierung des Verletzten-Lassens der eigenen Rechtsgüter ein. Ihm gemäß trifft den Rechtsgutsinhaber eine „bloße Gefahrminderungsobliegenheit", ein „Obhutsgarantenstatus", aber keine strafbewehrte Garanten*pflicht*, da der Garant regelmäßig über die verletzten Rechtsgüter disponieren könne[1171]. Das überzeugt nicht. Eine Bestrafung scheitert nicht am Fehlen der Garantenpflicht. Vielmehr ist die von ihm angenommene Garantenstellung bereits von Verfassungs wegen ausgeschlossen. Nach der üblichen Terminologie, der auch *Sangenstedt* folgt, ist unter einer Garantenstellung die Gesamtheit von Umständen zu verstehen, aus denen sich die besondere strafrechtliche Rechtspflicht zum Rechtsgüterschutz ergibt[1172]. Hinsichtlich seiner eigenen Rechtsgüter ist der Mensch aber gerade nicht in einer Position, die ihn – auch nicht grundsätzlich - zum Schutz *verpflichtet*. Die Verfassung gewährt stattdessen umfassende Freiheitsrechte, die auch die Dispositionsbefugnis über eigene Rechtsgüter beinhalten. Es fehlt also nicht bloß ausnahmsweise an einer Garantenpflicht, sondern bereits an einer Position, die eine strafrechtliche Rechtspflicht nach sich ziehen kann. Die Verfassung kennt keine sprachlich als Gefahrminderungsobliegenheit verklausulierte

---

1169 Dies nur der Vollständigkeit halber als Hinweis an dieser Stelle; ausführlicher zur Bedeutung dieses Prinzips im eigenen Ansatz unter Teil 2 C III und IV.

1170 Näheres im eigenen Ansatz unter Teil 2 C III 1 c.

1171 *Sangenstedt*, Garantenstellung von Amtsträgern, S. 418 ff.

1172 Vgl.. statt vieler *S. Böhm*, Garantenpflichten aus familiären Beziehungen, S. 45, Fn. 195; Schönke/Schröder-*Stree*, § 13, Rn. 7; *Fischer*, § 13, Rn. 5; BGHSt 16, 155 (157).

Pflicht, Schaden von den eigenen Rechtsgütern fernzuhalten[1173]. Sie garantiert hingegen Dispositionsfreiheit hinsichtlich dieser Rechtsgüter.

Die Annahme einer Beschützergarantenstellung wird entgegen *Sangenstedt* auch nicht dadurch gestützt, dass der Täter seine Rechtsgüter ebenso beherrscht wie der Überwachungsgarant die Gefahrenquelle, weswegen beide die gleiche „Unrechtsstruktur" aufwiesen. Beide stützten sich auf die tatsächliche Entscheidungshoheit über die zugleich risikoträchtige wie bedrohte „Funktionseinheit.[1174] Eine vergleichbare „Unrechtsstruktur" ist nicht auszumachen. Denn das Zulassen einer Beeinträchtigung der eigenen Rechtsgüter stellt bereits nach dem Willen der Verfassung und folgerichtig dem Inhalt des materiellen Strafrechts kein Unrecht dar. Folglich ist bloß bei einem der beiden Vergleichsobjekte überhaupt eine Unrechtsstruktur vorhanden und ein Argumentieren mit einer Entsprechung kommt deshalb nicht in Betracht. Im Übrigen muss bezweifelt werden, dass mit der tatsächlichen Entscheidungshoheit über Funktionseinheiten eine Garantenstellung einhergeht. Eine solche Annahme führte zu eigentümlichen Ergebnissen. Man könnte andere dadurch in eine Beschützerposition zwingen, indem man ihnen nur die tatsächliche Entscheidungshoheit über eine Funktionseinheit verschafft. Stellte jemand zum Beispiel wegen des vom Wetterbericht prognostizierten Hagels sein Fahrzeug in eine fremde Garage und ließe zugleich den Schlüssel stecken, geriete der Garageninhaber kraft tatsächlicher Entscheidungshoheit über das Fahrzeug in eine Beschützerposition zu diesem. Wäre nun dieses Fahrzeug deutlich mehr wert als sein eigenes, wäre er auch nicht gerechtfertigt, wenn er das fremde Fahrzeug umparkte, sein eigenes in die Garage führe, und der Hagel das wertvollere Gefährt beschädigte. Dieses offensichtlich unrichtige Ergebnis ist Folge der zu verwerfenden Anknüpfung an die tatsächliche Entscheidungshoheit für das Entstehen von Obhutsgarantenpositionen. Demzufolge ist sie als allgemeine Voraussetzung einer Beschützergarantenstellung ebenso abzulehnen wie als Argument für eine solche Schutzposition eines Menschen zu Gunsten seiner eigenen Rechtsgüter.

Außerdem ist unklar, wie aus der Verpflichtung, sich selbst als Gefahrenherd abzuschirmen, also andere nicht zu schädigen, auf die Selbstzuständigkeit für die eigenen Rechtsgüter geschlossen werden kann. Beides sind zwei völlig unterschiedliche Dinge. Daran ändert auch der Umstand nichts, dass man beides mit dem gleichen – unzutreffenden - Etikett „Garant" versieht und eine Parallele

1173 Auch aus den §§ 216, 228 StGB folgt nichts Anderes. Diese untersagen lediglich bei Strafe Dritten unter bestimmten Voraussetzungen die Verletzung fremder Rechtsgüter trotz Zustimmung des Verletzten, entheben den Rechtsgutsinhaber aber nicht seiner grundsätzlichen Dispositionsfreiheit: Dass Dritte nicht verletzen dürfen, bedeutet nicht, dass der Gutsinhaber nicht auf andere Weise disponieren darf.

1174 *Sangenstedt*, Garantenstellung von Amtsträgern, S. 419.

zwischen beiden zu konstruieren sucht, indem man Letzteres fälschlicherweise – siehe unmittelbar Vorstehendes - als Obliegenheit und Pflicht bezeichnet. Tatsächlich handelt es sich bei Ersterem um eine Rechtspflicht und bei der Schutzzuständigkeit für eigene Rechtsgüter nur um die Zuweisung einer Verantwortungsposition *ohne* konkrete Handlungspflichten daraus. Beide sind ungleichartig: Der Rechtsgutsinhaber *darf* es zu Verletzungen seiner Güter kommen lassen und *muss* diese *keineswegs* verhindern. Derjenige hingegen, der sich selbst als Gefahrenquelle abzuschirmen hat, *darf* gerade *nicht* Rechtsgüter verletzen, muss dies bei Strafe unterlassen. Insgesamt kann deshalb nicht von einer Garantenstellung eines Menschen für seine Rechtsgüter gesprochen werden.

Mit der vorstehenden Ablehnung der Beschützergarantenstellung in eigener Sache ist zugleich der Herleitung der sekundären Garantenstellungen, der Übernahmegarantenstellungen, die Grundlage entzogen. Basierte diese doch auf der Übertragung der Schutzgarantenposition eines Menschen für seine Güter auf einen Dritten. Aber selbst wenn man das Fehlen dieser Prämisse ausblendet, überzeugt es nicht, Übernahmegarantenstellungen als „einvernehmliche Disposition" der Herrschaft des Rechtsgutsinhabers auf den Garanten zu kennzeichnen und damit eine „vollwertige Auswechslung der strafrechtlichen Schutzinstanz" zu verlangen[1175]. Diese Voraussetzungen erweisen sich bei genauerer Betrachtung als deutlich zu eng. Zum einen können gerade diejenigen besonders schutzbedürftig sein, denen die „totale Entscheidungshoheit" über ihre Güter fehlt. Nun stellt die Schutzbedürftigkeit allein kein schlagendes Argument dar[1176]. Hinzu kommt allerdings, dass die restriktiven Voraussetzungen ein *argumentum ad absurdum* liefern. Wendete man sie exemplarisch auf den bewusstlosen Schwerverletzten an, der nach einem Unfall ins Krankenhaus eingeliefert wird, so müsste man eine Beschützergarantenstellung des zuständigen, diensthabenden Arztes ablehnen. Denn mangels Bewusstsein kann der Rechtsgutsträger seine „Schutzgarantenstellung" nicht einvernehmlich auf den Arzt übertragen haben, nicht über sie wie gefordert disponieren. Eine Garantenstellung des Arztes wird aber einhellig, geradezu als Prototyp der besonderen Schutzverpflichtung eines Garanten, angenommen. Folglich zeitigen die von *Sangenstedt* postulierten Voraussetzungen allgemein abgelehnte Ergebnisse und sind deshalb ihrerseits zu verwerfen.

Zum anderen ist das Erfordernis der „vollwertigen Auswechslung" des Rechtsgutsinhabers durch den übernehmenden Garanten erheblichen Bedenken ausgesetzt. Machte man damit ernst, wäre es nicht möglich, eine kumulative Schutzzuständigkeit von Rechtsgutsinhaber und Garant zu begründen, weil eine

1175 *Sangenstedt*, Garantenstellung von Amtsträgern, S. 436 ff.

1176 Siehe zur Kritik an diesem Begründungstopos oben Teil 2 B I 2 b.

vollständige Auswechslung dort gerade nicht erfolgt, sondern bloß ein Hinzutreten des Garanten zum Inhaber. Die Folge dieser an den Bedürfnissen der Realität und den anerkannten Ergebnissen der Unterlassungsdogmatik vorbeigehenden Restriktion ist ein erneutes argumentum ad absurdum. So wird beispielsweise dem Badegast die Verantwortlichkeit für seine Integrität im Zusammenhang mit Badeaktivitäten nicht vollständig vom Bademeister abgenommen, so dass nunmehr diesem die „totale Entscheidungshoheit" über spezifische Rechtsgüter der Badegäste zukäme. Die Badegäste entscheiden weiterhin selbst, wo und wie lange sie schwimmen, von welchen Sprungtürmen sie springen. Sollten sie dennoch einmal in Gefahr geraten, beispielsweise wegen eines Krampfes, so tritt der Bademeister als Schutzgarant *hinzu*. Eine vollwertige Auswechslung hat aber nicht stattgefunden, so dass *Sangenstedt* in diesen Fällen eine Garantenstellung verneinen müsste; ein Ergebnis, das wohl kaum auf Zustimmung stoßen dürfte.

Neben dem Versagen der Voraussetzungen bei anerkannten Fällen der Garantenstellung muss man dem Autor vorhalten, dass sich auch seine von *Schünemann* abweichende Legitimation der Beschützergarantenstellung nicht konsequent mit dem von ihm favorisierten analogistischen Verfahren aus dem Begehungsdelikt herleiten lässt. Beim Begehen beherrscht der Täter seinen Körper und damit die schädigende Gefahrenquelle. Bei der totalen Entscheidungshoheit über das zu beschützende Rechtsgut wird aber nicht die Quelle der Rechtsgutsverletzung, sondern deren Ziel, das Rechtsgut selbst, beherrscht, also etwas völlig Unterschiedliches. Daher kann der Gleichsetzung der Herrschaft über die Gefahrenquelle mit derjenigen über das bedrohte Rechtsgut nicht gefolgt werden. Aus der Parallelität zum Begehungsdelikt lässt sich die Beschützergarantenstellung nicht begründen. Diese Schwierigkeit hat *Sangenstedt* ebenfalls gesehen und versucht ihr mit dem Hinweis entgegen zu treten, dass der schädigende Erfolg nicht nur mit der Gefahrenquelle, sondern auch mit Bedingungen im Organisationskreis des Opfers, dessen Verteidigungsmitteln und deren Einsatz, naturgesetzlich verbunden sei[1177]. In eine ähnliche Richtung zielt *Seiberts* Verteidigung der „Herrschaft über die Hilflosigkeit des Opfers"[1178]. Das gegen *Seibert* unter anderem vorgebrachte Argument, dass der Täter die Verteidigungsmittel im Unterschied zur Gefahrenquelle gerade nicht beherrscht, weshalb er auch nicht die Hilflosigkeit beherrscht, verfängt hier nicht, da *Sangenstedt* auf die Herrschaft des Opfers abstellt. *Sangenstedts* Argumentationskette weist aber an einer anderen Stellen Fehler auf. Zusammengefasst argumentiert er, der Täter

1177 *Sangenstedt*, Garantenstellung von Amtsträgern, S. 416 f., bereits in der Antikritik zu den Einwänden gegen *Schünemann* anklingend, Teil 2 B VIII 1 b cc.

1178 *Seibert*, Betrug durch Unterlassen, S. 143; kritisch dazu Teil 2 C VIII 1 b cc.

beherrsche beim Begehen seinen Körper und damit die Gefahrenquelle, die einen wesentlichen Kausalfaktor für den schädlichen Erfolg darstelle. Einen solchen Faktor bildeten auch die vom Opfer beherrschten Verteidigungsmittel und deren Einsatz. Wegen dieser ebenfalls beim Opfer vorzufindenden Herrschaft über für die Schädigung wesentliche Kausalfaktoren begründe die Herrschaft über das Rechtsgut eine Beschützergarantenstellung. Diese Argumentation ist an – mindestens – zwei Stellen fehlerhaft. Erstens stehen dem Opfer nicht stets von ihm beherrschte Verteidigungsmittel zur Verfügung. In den weitaus meisten Fällen fehlt es daran, da sich die Wenigsten in ihren Rechtsgütern trotz Verteidigungsmöglichkeit verletzen lassen. Ihnen stehen regelmäßig keine wirksamen Abwehrmaßnahmen zu Gebote. Im Unterschied dazu beherrscht der Begehungstäter kraft körperlicher Aktivität den Kausalfaktor stets. Folglich findet die *immer* vorausgesetzte Herrschaft des Täters über seinen Körper keine Entsprechung in der nur *gelegentlichen*, bloß möglichen Herrschaft des Opfers über Verteidigungsmittel. Die Schädigungsmöglichkeit des Täters ist stets notwendige Bedingung des Schadens, die Selbstschutzmöglichkeit des Opfers hingegen nicht. Zweitens setzt der Autor beinahe unmerklich die Herrschaft über einen Kausalfaktor, das Verteidigungsmittel, mit der Herrschaft über das bedrohte Rechtsgut gleich. Diese Gleichsetzung ist nötig, um vom beherrschten Kausalfaktor Körperbewegung des Täters via Herrschaft über den Faktor Verteidigungsmittel auf die Herrschaft über das bedrohte Rechtsgut schließen zu können. Dabei wird verschleiert, dass das bedrohte Rechtsgut gerade nicht identisch ist mit einem Kausalfaktor Verteidigungsmittel, eben keinen Kausalfaktor darstellt, sondern es sich bei ihm um das bloße Ziel des Kausalverlaufs handelt. Dass „soziale und rechtliche Notwendigkeiten", wie von *Sangenstedt* vorgetragen, kein taugliches Argument für eine Garantenstellung bieten, wurde bereits oben ausgeführt[1179].

Wegen dieser gravierenden Mängel ist es auch *Sangenstedt* nicht gelungen, die Beschützergarantenstellung aus dem Herrschaftsgedanken und einer Parallele zum Begehungsdelikt zu legitimieren.

Im Zusammenhang mit den sekundären Beschützergarantenstellungen verdient deren Legitimation über rechtlich institutionalisierte, nicht-übernahmebedingte Schutzgarantieverhältnisse ebenfalls keinen Beifall. Sie stellen in *Sangenstedts* Dogmatik einen Fremdkörper dar. Denn eine Herleitung mittels analogistischem Verfahren lassen sie ebenso vermissen wie eine Rückführung auf das sonst von ihm bemühte Merkmal der absoluten Entscheidungshoheit. Warum aber neben das analogistische Verfahren und dessen Ergebnisse nun plötzlich eine weitere Quelle von Garantenstellungen tritt und in welchem Verhältnis die-

1179 Siehe zur Kritik an diesem Argumentationstopos oben Teil 2 B I 2 b.

se zu jenen steht, wird nicht erläutert. Deshalb kann man sich des Eindrucks nicht erwehren, dass es sich bei den rechtlich institutionalisierten, nicht-übernahmebedingten Schutzgarantieverhältnissen um eine Ad-hoc-Ergänzung handelt, um unerwünschte Strafbarkeitslücken zu vermeiden.

Verfehlt ist zudem, im Rahmen der Überwachungsgarantenstellung eine strafrechtliche Haftung davon abhängig zu machen, dass sich die Gefahr im Zeitpunkt des strafrechtlichen Vorwurfs im „Verfügungskreis" des Überwachers befunden haben muss, über den er absolute Entscheidungshoheit und auf den er ungehinderten Zugriff besessen haben müsse[1180]. Auch diese Erfordernisse produzieren fragwürdige Ergebnisse. Sie privilegieren den besonders Sorglosen, der seinen Gefahrenherd so wenig unter Kontrolle hat, dass er seinen Verfügungskreis verlässt. Im Übrigen hängt es häufig von Zufälligkeiten ab, ob sich die Gefahrenquelle noch in diesem Bereich befindet. Es überzeugt beispielsweise nicht, die Haftung des Hundehalters davon abhängig zu machen, ob sich sein Hund zufällig noch auf seinem Grundstück und damit noch in seinem Verfügungskreis befindet oder bereits auf dem Nachbargrundstück. Ebenso wenig axiologisch überzeugend ist es, denjenigen, der seinen Hund nicht anleint und das Gartentor offen lässt, mit der Befreiung von der Überwachungshaftung zu „belohnen", weil der Hund entlaufen ist und die Gefahr außerhalb des Bereichs liegt, in dem er absolute Entscheidungshoheit besitzt.

Bei der Herrschaft über einen „sächlichen Gefahrenbereich" fordert das Ersetzen des Merkmals Herrschaftswille durch das der Rechtsmacht, andere auszuschließen[1181], Kritik heraus. Beim als Modell dienenden Begehungsdelikt wird die Haftung auf die tatsächliche Macht des Täters über seine Körperbewegungen zurückgeführt. Deshalb hätte es einer Begründung bedurft, warum bei der Sachherrschaft nun plötzlich an eine Rechtsmacht statt an eine tatsächliche Herrschaft angeknüpft wird. Ohne eine solche Erklärung ist dieses Vorgehen unplausibel und inkonsequent. Es überrascht im Übrigen, dass *Sangenstedt* seine Meinung am Besitz exemplifiziert, geht doch die Rechtsmacht des Besitzers grundsätzlich gerade auf dessen tatsächliche Herrschaft zurück. Damit ist dessen Rechtsmacht, andere auszuschließen, aber letztlich nur Konsequenz einer tatsächlichen Machthabe und nicht einer originären Rechtsmacht. Zudem erfordert der Besitz nach überzeugender Auffassung[1182] einen Besitzwillen und damit genau den Herrschaftswillen, den *Sangenstedt* zuvor für unerheblich erklärt hatte.

Es ist wenig überraschend, dass die Ergebnisse der Anwendung von *Sangenstedts* Unterlassungsdogmatik den gewohnten, allgemein befürworteten Fall-

1180 So aber *Sangenstedt*, Garantenstellung von Amtsträgern, S. 379 f., 411.

1181 *Sangenstedt*, Garantenstellung von Amtsträgern, S. 299 f.

1182 Palandt-*Bassenge*, § 854, Rn. 4 m. w. N.; *Schwab/Prütting*, Sachenrecht, Rn. 54 (str.).

lösungen entsprechen. Die konkreten Voraussetzungen und Begründungen einer Garantenhaftung bei ihm sind hingegen erheblichen Einwänden ausgesetzt. Wenn für eine Beschützergarantenstellung über eine fremde Sache die Erlangung des Besitzes dieser Sache aus einem Rechtsgrund postuliert wird, so überzeugt dies bereits in den Voraussetzungen nicht. Genauso wie die Rechtsmacht, andere auszuschließen, lässt sich das Rechtsgrunderfordernis nicht mit dem Begehungsdelikt und der dortigen tatsächlichen Herrschaft in Einklang bringen. Widersprüchlicher- aber zutreffenderweise ist bei der Annahme der Erfolgsabwendungspflicht der Schwangeren zu Gunsten des Embryo von einem Rechtsgrund nicht mehr die Rede.[1183]

Fehl geht die Begründung der Garantenstellung der Eltern und Lehrer. Bereits ihre Ausgangsannahme der absoluten Entscheidungshoheit der Garanten über die zu Beschützenden lässt sich bezeichnenderweise nur mittels einer „Fiktion" aufrecht erhalten. So wird fingiert, dass jeder autonomiebedingte Ausbruch des zu Beschützenden aus dem Herrschaftsverhältnis erfolglos bleibt.[1184] Das Bedürfnis nach dieser Fiktion belegt, dass bereits die Prämisse verfehlt ist. Wird in der Folge als Begründung auf das „praktische Bedürfnis" für eine solche Garantenstellung hingewiesen, ist dies aus den genannten Gründen[1185] abzulehnen. Genauso wenig überzeugt es, die Schutzpflicht der Eltern oder Lehrer damit zu belegen, dass sie ihre Herrschaft in einer rechtsgutsschützenden Weise ausüben könnten. Eine solche Argumentation stellt nichts weiter als den unzutreffenden Schluss[1186] vom Retten-Können auf das Retten-Müssen dar.

Widersprüche treten bei der Garantenstellung kraft Übernahme hervor. Einerseits wird generell für ihr Entstehen eine Verrechtlichung der Übernahme im System der geschriebenen Rechtsordnung verlangt[1187], was nichts anderes heißt, als dass eine tatsächliche Übernahme bei zivilrechtlich nichtigem Übernahmevertrag keine Garantenstellung begründet. Abgesehen davon, dass dieses Ergebnis wohl nur wenig Zustimmung findet, soll es bei Lebensgemeinschaften keines „formellen Vertragsschlusses " mehr bedürfen, sondern ein „schlichtes Zusam-

1183 Siehe diese beiden Konstellationen bei *Sangenstedt*, Garantenstellung von Amtsträgern, S. 422 ff.

1184 *Sangenstedt*, Garantenstellung von Amtsträgern, S. 425 ff.

1185 Siehe Teil 2 B I 2 b.

1186 Dass ein Retten-Können kein Argument für eine Garantenstellung sein kann, ergibt sich – neben dem Wortlaut des § 13 StGB - bereits aus der Existenz echter Unterlassungsdelikte wie § 323c StGB. Das Retten-Können ist vielmehr wegen des *Ultra-posse-nemo-obligatur*-Grundsatzes notwendige Bedingung jedweder – echter oder unechter – Unterlassungshaftung.

1187 *Sangenstedt*, Garantenstellung von Amtsträgern, S. 439.

mentun“ von Personen genügen[1188]. Der Widerspruch zwischen der allgemeinen Voraussetzung und der konkreten Lösung bei der Lebensgemeinschaft ist evident. Im Übrigen kann bei Lebensgemeinschaften, die ein Fall der sekundären Garantenstellungen sein sollen, nicht von einer für diese Schutzpositionen angeblich konstitutiven „vollwertigen Auswechslung“ des Schutzzuständigen die Rede sein.

Aus alldem kann deshalb nur die Ablehnung von *Sangenstedt*s Variation der Herrschaftslehre *Schünemann*s folgen.

3.2.9 Institutionelle und Organisationszuständigkeit

3.2.9.1 Jakobs: Garantenstellung aus institutioneller- und Organisationszuständigkeit

3.2.9.1.1 Darstellung

Um *Jakobs*' Überlegungen zur Unterlassungsdogmatik zumindest in Grundzügen darzustellen, muss zunächst auf seine Deliktssystematik kurz eingegangen werden. Seine materielle Legitimation des Strafrechts fußt nicht auf dem Rechtsgüterschutz, sondern der Garantie von Normen[1189]. In der Folge bricht er mit der herkömmlichen Zweiteilung von Begehungs- und Unterlassungsdelikten und setzt dieser eine andere Systematik entgegen, die sich nicht mehr am Phänotyp des strafbaren Verhaltens, Tun oder Unterlassen, sondern am Haftungsgrund orientiert. Damit verwirft er zugleich die Funktionenlehre. *Jakobs* differenziert dabei angelehnt an die funktional-strukturelle Systemtheorie *Luhmanns* zwischen der Haftung auf Grund Organisationszuständigkeit und auf Grund institutioneller Zuständigkeit. Dabei verläuft die Trennungslinie durch die unechten Unterlassungsdelikte (und zugleich durch die Begehungsdelikte) hindurch. Den beiden Gruppen werden jeweils Teile der Begehungs- *und* Unterlassungsdelikte zugeschlagen. *Jakobs* ordnet folglich sämtliche Delikte, seien sie nun nach der herkömmlichen Systematik Unterlassungs- oder Begehungsdelikte, einer Haftung kraft Organisations- oder institutioneller Zuständigkeit zu[1190].

1188 *Sangenstedt*, Garantenstellung von Amtsträgern, S. 444 f.

1189 *Jakobs*, Strafrecht AT, 2/1 ff.

1190 Unzutreffend daher die Deutung S. v. Coellns, Das „rechtliche Einstehenmüssen“; S. 111, Jakobs präzisiere lediglich die Funktionenlehre. Die Unterschiede treten insbesondere bei den Übernahmegarantenstellungen hervor, die bei *Jakobs* teilweise der Organisations- und teilweise der institutionellen Zuständigkeit zugeschlagen werden.

Der Organisationszuständigkeit lägen sogenannte „negative Pflichten" zu Grunde, denen gemäß man den eigenen Organisationskreis so zu gestalten habe, dass Eingriffe in fremde Organisationskreise unterblieben[1191]. Dieses generelle Eingriffsverbot rühre aus dem „Synallagma von Organisationsfreiheit und Folgenverantwortung" her[1192]. Damit ist gemeint, dass man zwar in unserer freiheitlich verfassten Gesellschaft grundsätzlich frei in der Gestaltung des eigenen Lebens sei, dafür aber für die Folgen dieser Gestaltung einzustehen und dabei auf den Anderen Rücksicht zu nehmen habe, indem man Eingriffe in dessen Freiheitssphäre unterlasse. Eine solche Pflicht bestehe grundsätzlich gegenüber jedermann[1193]. Davon erfasst sind demnach Herrschaftsbegehungsdelikte wie zum Beispiel § 223 StGB. Wer den Körper eines anderen durch positives Tun verletzt, greift damit in dessen Organisationskreis ein. Denkbar sei aber auch, dass ein Organisationskreis nicht wegen eines positiven Tuns Außenwirkungen zeitigt und in andere Kreise eingreift, sondern weil eine aus dem Organisationskreis stammende Gefahr nicht abgeschirmt wurde. Letzteres kennzeichnet die der Organisationszuständigkeit zugeordneten Fälle unechten Unterlassens. Namentlich seien dies das vorangegangene Tun, Verkehrspflichten sowie Teile[1194] der Garantenstellung kraft Übernahme[1195].

Neben der Pflicht, den eigenen Organisationskreis nicht auf Kosten anderer auszudehnen, besteht auch die an Institutionen gebundene Pflicht zur Solidarität, zur „zuwendenden Leistung an einen anderen" und demnach eine „positive Pflicht", um das ordnungsgemäße Funktionieren elementarer Institutionen zu sichern[1196]. Zur näheren Erläuterung der Institutionen führt *Jakobs* aus, der Organisationszuständigkeit lägen die Institutionen Organisationsfreiheit und Folgenverantwortung zu Grunde. Entsprechend müsste bei der institutionellen Zuständigkeit die Haftung Institutionen entspringen, die für den gesellschaftlichen Bestand von demselben elementaren Gewicht sind wie die Haftungsgründe der Organisationszuständigkeit, nämlich Organisationsfreiheit und die Folgenverant-

1191 *Jakobs*, Strafrecht AT, 28/14, 28/28; sinngemäß entsprechend *Sánchez-Vera*, Pflichtdelikt und Beteiligung, S. 60.

1192 *Perdomo-Torres*, Garantenpflichten aus Vertrautheit, S. 158; *Sánchez-Vera*, Pflichtdelikt und Beteiligung, S. 60.

1193 *Jakobs*, Strafrecht AT, 28/1ff; *Pawlik*, Der rechtfertigende Notstand, S. 14; *Perdomo-Torres*, Garantenpflichten aus Vertrautheit, S. 91ff, 158 ff., 231 f.

1194 Der andere Teil wird notwendig der institutionellen Zuständigkeit zugeordnet; zu dieser Verteilung der Übernahmefälle auf die beiden Haftungsgründe sogleich Näheres.

1195 *Jakobs*, Strafrecht AT, 28/13 f., 29/28 ff., 46 ff; *ders.*, Die strafrechtliche Zurechnung, S. 21 ff.

1196 *Jakobs*, Strafrecht AT, 7/1, 70, 28/15, 29/28; *Perdomo-Torres*, Garantenpflichten aus Vertrautheit, S. 158.

wortung[1197]. Zudem müssten als weiteres Erfordernis diese Institutionen zumindest ansatzweise „verrechtlicht“, normativ verfestigt sein. Die aus solchen Institutionen stammenden Pflichten hätten wiederum in Ge- und Verboten, also in unechten Unterlassungs- und Begehungsdelikten, Niederschlag gefunden[1198] und seien in Anlehnung an *Roxin*s Pflichtdeliktstheorie „Sonderdelikte“[1199]. Im Bereich der Begehungsdelikte seien dazu beispielsweise die Beamtensonderdelikte zu zählen. Bei den unechten Unterlassungsdelikten fielen das Eltern-Kind-Verhältnis, die Ehe[1200], Ersatzverhältnisse (für das Eltern-Kind-Verhältnis, wie die Vormundschaft) und besonderes Vertrauen ebenso in die Gruppe der institutionellen Zuständigkeit wie die „genuin staatlichen Pflichten“ aus Institutionen wie der polizeilichen Sorge für elementare Sicherheit[1201]. Zu all diesen gesellschaftlichen Institutionen gebe es keine generelle Organisationsalternative[1202]. Bei jedem Pflichtdelikt bestünde außerdem nach § 13 II StGB die Möglichkeit einer Strafmilderung[1203].

Noch deutlicher wird die Konzeption, wenn man exemplarisch die vorgenommene Zweiteilung der Garantenstellung kraft Übernahme betrachtet. Erkläre sich jemand zur Sicherung von Rechtsgütern oder Gefahrenquellen bereit und verzichte deshalb der Versprechensempfänger auf Schutz oder gehe eine Gefährdung ein, so sei der Versprechende für die „Chancenverschlechterung“ in puncto Rechtsgutsschutz verantwortlich. Als Ausgleich für eine solche Ausdehnung des eigenen Organisationskreises durch die Übernahme treffe den Versprechenden eine Garantenstellung kraft Organisationszuständigkeit. Klassisches Beispiel hierfür sei der Babysitter. Allerdings genüge nicht allein das Leistungsversprechen, sondern der potentielle Beschützer müsse zu erkennen geben, dass er auf Grund seines Versprechens die Preisgabe von Schutz erwartet und für angemessen hält. So in dem Fall, in dem der Schwimmlehrer den schwachen Schwimmschüler auffordert, seine Fähigkeiten im tiefen Wasser zu erproben[1204].

1197 *Jakobs*, Strafrecht AT, 29/57 f.

1198 *Perdomo-Torres*, Garantenpflichten aus Vertrautheit, S. 159.

1199 *Jakobs*, Strafrecht AT, 1/7. Die weitere Differenzierung zwischen Sonderdelikten im engeren und weiteren Sinn, *Jakobs*, Strafrecht AT, 23/24, kann wegen der Zielrichtung dieser Arbeit außer Betracht bleiben.

1200 Anlässlich der erleichterten Scheidungsmöglichkeit durch die Eherechtsreform hat *Jakobs*, später die Ehe aus dieser Liste entfernt, *Jakobs*, Die strafrechtliche Zurechnung von Tun und Unterlassen, S. 35, Anm. 76.

1201 *Jakobs*, Strafrecht AT, 29/59 ff., 63 ff., 66, 67 ff.

1202 *Jakobs*, Strafrecht AT, 29/58.

1203 *Jakobs*, Strafrecht AT, 28/15; also sowohl bei Pflichtdelikten vom Phänotyp Begehung als auch bei der Unterlassung.

1204 *Jakobs*, Strafrecht AT, 29/46 ff.

Im Bereich der institutionellen Zuständigkeit entstünden wegen einer Übernahme besondere Erfolgsabwendungspflichten aus der Institution „besonderes Vertrauen“[1205]. Die Übernahme schaffe hier Vertrauen, ohne zugleich zu einer Chancenverschlechterung zu führen. Der Vertauensempfänger müsse sich auf eine Beziehung einlassen, die ihm die Zuständigkeit für die Rechtsgutssicherung oder Gefahrbekämpfung zuschiebe. Dies sei der Fall, wenn der potentielle Garant nicht nur Hilfe verspreche, sondern Gut oder Gefahr in seinen räumlich-gegenständlich definierten Organisationskreis hineinziehe oder die Lenkung eines fremden Organisationskreises übernehme. Hierunter fielen zum Beispiel das Arzt-Patienten-Verhältnis oder die Aufnahme einer Person zur Pflege. Weiterhin entstünde eine Garantenstellung kraft besonderen Vertrauens als Folge einer Schutzübernahme, wenn Organisationskreise zur gegenseitigen Hilfe verbunden würden, wie beispielsweise bei Gefahren- oder Lebensgemeinschaften[1206].

3.2.9.1.2 Kritische Würdigung

Mit dem Herrschaftsprinzip vergleichbar fordert auch *Jakobs*' ausführliche, grundlegende und originelle Konzeption an vielen Punkten Kritik heraus. Um nicht bloß eine wenig erkenntnisfördernde Wiederholung anzubieten, sei an dieser Stelle auf bereits von anderen Autoren erhobene Einwände verwiesen[1207]. Stattdessen konzentriert sich – wie zuvor – die kritische Würdigung auf die Überprüfung fragwürdiger Gegenargumente und das Aufzeigen bislang – soweit ersichtlich – unbeachtet gebliebener Mängel.

Jakobs' Ausgangsposition, die materielle Legitimation des Strafrechts beruhe auf der Garantie von Normen[1208], ist zu Recht auf Widerstand gestoßen. Zutreffend wird darauf hingewiesen, dass die nahezu unbestrittene Zweckbestimmung des Strafrechts im demokratischen Rechtsstaat der Rechtsgüterschutz sei[1209]. Allerdings erlaubt diese Kritik noch Ergänzungen, da sie einer Konzeption lediglich eine andere, wenn auch allgemein akzeptierte, gegenüberstellt. Trä-

---

1205 Auch hier kann eine weitere Differenzierung *Jakobs*, Strafrecht AT, 29/68, dort zwischen garantiebegründendem und -vermittelndem Verhalten, mangels Relevanz für diese Arbeit außer Betracht bleiben.

1206 *Jakobs*, Strafrecht AT, 29/67 ff.

1207 Vgl. nur die Kritik bei *Brammsen*, Entstehungsvoraussetzungen von Garantenpflichten, S. 141 ff., 170, Fn. 114; 185 ff.; *Sangenstedt*, Garantenstellung von Amtsträgern, S. 351 ff.; *Schünemann*, Madrid-Symposium, S. 51 ff., *ders.*, Roxin-FS, S. 19 f.; *Vogel*, Norm und Pflicht, S. 358 f., 362 f., 368, 372 f.

1208 *Jakobs*, Strafrecht AT, 2/1 ff.

1209 *Schünemann*, GA 1995, S. 201 ff., 218; *ders.*, Roxin-FS, S. 16; *Roxin*, AT / 1, 2/1 ff., 2/28, Fn 69 m. w. N.

fe Jakobs' Auffassung zu, so wäre die Schaffung von Normen bloß ein Selbstzweck im Sinne einer Systemstabilisierung. Sie würden erlassen, um sich selbst zu schützen. Dabei ignorierte man die Tatsache, dass Normen letztlich nur ein gedeihliches Zusammenleben von Menschen ermöglichen sollen. Dies ist der generell formulierte Zweck aller Normen und sollte unabhängig vom Strafrecht allgemein zustimmungsfähig sein. Damit ist Zweck des Strafrechts ebenfalls die Ermöglichung friedlichen Zusammenlebens. Dann aber sind Strafrechtsnormen nicht um ihrer selbst oder irgendwelcher, möglicherweise existierender vorpositiver Normen willen, die ihrerseits ebenfalls nur dem gedeihlichen Zusammenleben dienen würden, erlassen, sondern letztlich, um menschliches Zusammenleben zu ermöglichen. Demzufolge verfehlt Jakobs' Legitimation den Kern der Sache und ist deshalb abzulehnen.

An *Jakobs*' grundlegender Unterscheidung zwischen der Haftung kraft Organisations- und institutioneller Zuständigkeit wird bemängelt, beide seien auf denselben, gemeinsamen Haftungsgrund „Sonderverantwortlichkeit für das drohende, schadensträchtige Geschehen" rückführbar und deshalb die Differenzierung entbehrlich[1210]. Diese Kritik überzeugt nicht. Es wird lediglich *Freund*s Position entsprechend ein abstrakter Oberbegriff, „Sonderverantwortlichkeit", gebildet, unter den eben wegen seiner Abstraktheit beide Zuständigkeitsgruppen fallen. Dass damit aber der eigentliche und präziser kennzeichnende Haftungsgrund gefunden ist, muss schon im Hinblick auf die der „Sonderverantwortlichkeit" fehlende selektive Wirkung verneint werden. Vielmehr kann mit dieser „Methode" jede Systematik für obsolet erklärt werden. Man müsste lediglich einen ausreichend abstrakten, sämtliche bisherigen Unterpunkte umfassenden Oberbegriff bilden und könnte dann behaupten, die bisherigen Gliederungspunkte seien seinetwegen verzichtbar. Mit einer solchen unlauteren „Methode" ist aber weder etwas zu belegen noch zu gewinnen.

Wie bei nahezu allen Ansätzen wird ebenso bei *Jakobs* die Unbestimmtheit seiner zentralen Kategorien bemängelt[1211]. Dieser pauschale Vorwurf soll nun etwas konturiert werden. *Jakobs* erläutert, eine institutionelle Zuständigkeit ergäbe sich nur aus Institutionen, die für den gesellschaftlichen Bestand von demselben elementaren Gewicht seien wie die Institutionen Organisationsfreiheit und Folgenverantwortung, welche zugleich die Haftungsgründe der Organisationszuständigkeit seien[1212]. An dieser Erklärung fällt zunächst auf, dass sie Missver-

1210 *Freund*, Erfolgsdelikt und Unterlassen, S. 274, Fn. 6; ihm zustimmend *Albrecht*, Garantenstellungen in familiären und familienähnlichen Beziehungen, S. 50.

1211 Vgl. nur *Dominok*, Strafrechtliche Unterlassungshaftung von Amtsträgern in Umweltbehörden, S. 96 f.; *Seibert*, Die Garantenpflicht beim Betrug, S. 148.

1212 *Jakobs*, Strafrecht AT, 29/57.

ständnisse bezüglich des Institutionsbegriffs provoziert. Wenn zwischen institutioneller und Organisationszuständigkeit unterschieden wird, wie können dann die Haftungsgründe von Letzterer Institutionen sein? Dies ist entweder widersprüchlich oder zumindest in der Terminologie unglücklich, da nur erklärlich, wenn mit verschiedenen Institutionsbegriffen operiert würde. Die letztgenannte Möglichkeit liegt hier näher[1213].

Darüber hinaus wird an der Konkretisierung der Institutionen kritisiert, sie erläutere nicht, wann genau eine Institution von demselben Gewicht wie Organisationsfreiheit und Folgenverantwortung anzunehmen sei. Es werde hingegen dasselbe Gewicht bei den einschlägigen Konstellationen apodiktisch behauptet[1214]. Im Ergebnis trifft dieser Vorwurf zu. Seinen Ursprung hat er in der problematischen Quantifizierbarkeit des „Gewichts für den gesellschaftlichen Bestand". Die Feststellung desselben Gewichts ist das Ergebnis eines Werturteils. Hat man dies erkannt, muss man die Offenlegung der ihm zu Grunde zu legenden Wertmaßstäbe einfordern. Genau diese Maßstäbe bleibt *Jakobs* hingegen schuldig. Damit sind seine Feststellungen in der Tat apodiktisch, nicht rational nachvollziehbar. So bleibt beispielsweise dunkel, warum das besondere Vertrauen bei der Übernahmegarantenstellung in seinem Gewicht Organisationsfreiheit und Folgenverantwortung gleich stehen soll.

Außerdem steht die Prämisse dieser Präzisierung selbst bei intrasystematischer Betrachtung in Frage. Denn selbst wenn man davon ausginge, Organisationsfreiheit und Folgenverantwortung seien die Haftungsgründe der Gruppe Organisationszuständigkeit, so ist kein Grund ersichtlich, warum diese gegenüber der institutionellen Zuständigkeit Vorrang genießen sollen. Daher erscheint es willkürlich, den Haftungsgrund der Organisationszuständigkeit als Vergleichsgröße für die institutionelle Zuständigkeit heranzuziehen und nicht den genauso denkbaren umgekehrten Weg zu wählen. Wäre ein solch umgekehrter Schluss von der institutionellen zur Organisationszuständigkeit mangels selbständigem Haftungsgrund bei jener gar nicht möglich, müsste man an der Existenzberechtigung der institutionellen Zuständigkeit als solcher zweifeln. Bei beiden Alternativen bestünde ein erheblicher Mangel.

Zur Klärung dessen, was unter institutioneller Zuständigkeit zu verstehen ist, leistet die Feststellung, dass zu den garantenstellungserzeugenden Institutio-

---

1213 So spricht *Jakobs* an einer Stelle, Strafrecht AT, 29/58, von „institutioneller Zuständigkeit im engeren Sinne"; ebenso kritisch bezüglich einer missverständlichen Begriffsverwendung *Albrecht*, Garantenstellungen in familiären und familienähnlichen Beziehungen, S. 50; *Seibert*, Die Garantenpflicht beim Betrug, S. 147.

1214 *Albrecht*, Garantenstellungen in familiären und familienähnlichen Beziehungen, S. 50 f.; *Sangenstedt*, Garantenstellung von Amtsträgern, S. 359; *Seibert*, Die Garantenpflicht beim Betrug, S. 147.

nen keine „Organisationsalternative“ bestehe, ebenfalls keinen Beitrag. Es stellt sich die generelle Frage, wozu eine solche, angeblich nicht existierende Alternative in der Lage sein müsste. Denkbar scheint hier die alternative Erfüllung des mit der jeweiligen Institution verfolgten Zweckes, ein Ersetzen ihrer Funktion innerhalb der Gesellschaft. Nun ist aber unklar, warum die Erreichung der Institutionszwecke mit der ultima ratio der Sozialkontrolle, dem Strafrecht[1215], sicherzustellen ist. Man vermisst diesbezüglich eine Begründung. Um auf die angeblich nicht existierenden Alternativen zur Erreichung der Institutionszwecke zurückzukommen, sei nur folgendes Beispiel genannt. Es entstehe eine Garantenstellung aus institutioneller Zuständigkeit auf Grund der Institution besonderes Vertrauen, wenn man einen Kranken bei sich zur Pflege aufnehme[1216]. Hierzu dürfte keine Organisationsalternative bestehen. Wie ist es aber mit Alten- und Pflegeheimen bzw. Krankenhäusern? Stellen diese nicht sehr wohl eine Alternative dar? Oder ist gar die Alternativlosigkeit genereller auf das besondere Vertrauen zu beziehen? Dann allerdings wäre mangels Erläuterung, was das Besondere ausmacht, die Feststellung der Alternativlosigkeit nichtssagend und unüberprüfbar. Auch hier treten die Unklarheiten der Konzeption *Jakobs*' offen zu Tage und die denkbaren Bezugspunkte der Alternativenlosigkeit sind entweder inhaltlich unrichtig (siehe das vorherige Beispiel) oder unergiebig (bei Bezug auf das „besondere“ [?] Vertrauen).

Dem allgemeineren Vorwurf, der Begriff der Institution sei auf einem zu hohen Abstraktionsgrad angesiedelt[1217], versucht *Sánchez-Vera* in neuerer Zeit mit drei Argumenten zu begegnen. Erstens könne man im Strafrecht nicht mit Begriffen „mathematischer Exaktheit“ operieren. Zweitens spreche für einen abstrakten Institutionsbegriff die Tatsache, dass auch in anderen Fällen mit abstrakten Rechtsbegriffen wie der „Sorgfaltspflichtverletzung“ gearbeitet werde. Schließlich seien die Begriffe wie das Eltern-Kind-Verhältnis oder die staatlichen Pflichten, beides positive Institutionen nach *Sánchez-Vera*, nicht abstrakter als besagter Begriff der Sorgfaltspflichtverletzung[1218]. Die abgelehnte Forderung nach „mathematischer Exaktheit“ stellt nur ein Scheingegenargument dar. Es wird künstlich konstruiert, indem das Verlangen nach größerer Präzisierung überspitzt als Verlangen nach „mathematischer Exaktheit“ formuliert wird, um dann diese übersteigerte, nie erhobene Forderung zurückzuweisen. Auch das Beispiel der Sorgfaltspflichtverletzung verfängt nicht, da diese durch ihren im-

1215 BVerfGE 39, 1 (47); LK-*Jescheck*, Einl. (Bd. 1), Rn. 3; *Arthur Kaufmann*, JuS 1978, S. 365; SK-*Rudolphi*, Vor § 1, Rn. 14.

1216 *Jakobs*, Strafrecht AT, 29/70.

1217 So unter anderem die Kritik in LK-*Schünemann*, § 14, Rn. 16; *Brammsen*, Entstehungsvoraussetzungen von Garantenpflichten, S. 146.

1218 *Sánchez-Vera*, Pflichtdelikt und Beteiligung, S. 85 f.

manenten Verweis auf den jeweils tangierten Lebensbereich inhaltliche Konturen gewinnt. So wird sie beispielsweise im medizinischen Bereich durch die Regeln der ärztlichen Kunst präzisiert. Ähnliches ist für den Begriff Institution nicht ersichtlich. Die schließlich genannten Begriffe Eltern-Kind-Verhältnis und staatliche Pflicht sind in der Tat nicht zwangsläufig zu abstrakt. Allerdings handelt es sich bei ihnen nur um Unterfälle der positiven Institution. Der Begriff der positiven Institution wird aber nicht dadurch weniger abstrakt, dass man zwei unter ihn fallende, konkretere Begriffe anführt. Statt dessen wird das Problem so nur noch deutlicher. Denn man vermisst die Begründung dafür, warum diese beiden Konstellationen unter den abstrakten Oberbegriff positive Institution fallen.

Die Anwendbarkeit von § 13 II StGB bei allen „Sonderdelikten", seien es Begehungs- oder Unterlassungsdelikte[1219], mit der Begründung, in diesem Bereich seien Begehen und Unterlassen „praktisch konvertibel",vermag genauso wenig zu überzeugen. Man mag ihr zugutehalten, dass sie intrasystematisch konsequent ist. Zum einen ist ein solches Vorgehen aber *contra legem*. § 13 II StGB ist seinem eindeutigen Wortlaut und dem Willen des Gesetzgebers nach ausschließlich auf Unterlassungen anwendbar. Zum anderen wären axiologisch fragwürdige Ergebnisse die Folge. So müsste bei einer Mutter, die ihr Kind ertrinken lässt, weil sie sich so größere Chancen bei ihrem Liebhaber verspricht, bei einer Bestrafung wegen Tötung durch Unterlassen die Strafmilderung nach § 13 II StGB erwogen und deren Verneinung im Urteil aufwendig begründet werden. Gleiches würde sogar gelten, wenn sie ihr Kind zu Tode geprügelt hätte. Bei einem Fremden jedoch, der einen anderen trotz garantenstellungsbegründender Übernahme von Schutzaufgaben gegenüber dem Schwimmer ertrinken lässt, weil er irrational um seine Gesundheit fürchtet, wäre die Milderungsmöglichkeit des § 13 II StGB unbeachtlich – ein nicht nachvollziehbares Ergebnis. Deshalb liefert die konsequente Umsetzung der Konzeption *Jakobs*' mit der folgerichtigen Anwendung des § 13 II StGB ein weiteres Argument gegen diese Ansicht[1220].

1219 So aber *Jakobs*, Strafrecht AT, 28/14 f.

1220 *Sánchez-Vera*, Pflichtdelikt und Beteiligung, S. 66 verteidigt im Ergebnis die Ablehnung des § 13 II StGB bei unechten Unterlassungsdelikten kraft Organisationszuständigkeit mit dem Hinweis, dass tatsächliches Unterlassen nur ein anderer Phänotyp der Enttäuschung der entscheidenden Nicht-Einmischungs-Erwartung,dazu unter Teil 2 B IX 2 mehr, sei. Da sowohl Tun als auch Unterlassen die gleiche Nicht-Einmischungs-Erwartung enttäuschten, ließe sich nicht mehr begründen, warum Unterlassen weniger strafwürdig als Tun sei. Dies überzeugt hingegen nicht. Denn es ändert nichts an der Tatsache, dass in der Regel bloßes Nichts-Tun eine geringere Willensanstrengung vom Täter erfordert als die aktive Verletzung eines anderen.

Endgültig zu Fall kommt *Jakobs'* Theorie, wenn man seine Lösungen bei der Garantenstellung kraft Übernahme genauer betrachtet. Ein Teil dieser Übernahmefälle gehöre zu der Gruppe der Organisationszuständigkeit; so beispielsweise das Verhältnis von Schwimmlehrer zu Schwimmschüler. Allgemein bestünde bei dieser Zuständigkeit die Pflicht, schädigende Wirkungen des eigenen Organisationskreises für Dritte zu verhindern. Speziell im Falle der Übernahme habe der Täter „für die Konsequenzen der Gestaltung des eigenen Organisationskreises“ einzustehen[1221]. Der andere Teil der Übernahmefälle wird der institutionellen Zuständigkeit zugeschlagen; so das Arzt-Patienten-Verhältnis. Dies habe seine Ursache darin, dass der Garant „Gut oder Gefahr in *seinen* räumlich-gegenständlich definierten Organisationskreis hineinziehe oder die Lenkung eines fremden Organisationskreises übernehme“[1222]. Stellt man nun die beiden Zuständigkeiten in diesem Fall einander gegenüber, so ist unverständlich, warum Letztgenanntes nicht auch zu einer Haftung kraft Organisationszuständigkeit führt. Wer ein fremdes Gut in den eigenen Organisationskreis „hineinzieht“, organisiert die Wirklichkeit so, dass er nunmehr Rechtsgüter Dritter zu schützen hat, diese sogar nun in seinem Organisationskreis liegen. Wieso ist dann nicht von einer Organisationszuständigkeit auszugehen? Wieso fällt dies nicht unter die geforderte „Gestaltung des eigenen Organisationskreises“? Noch deutlicher werden die Probleme bei der Übernahme der Lenkung eines fremden Organisationskreises, der eine Gefahr enthält. Dies erscheint geradezu als ein Paradebeispiel für die Pflicht, schädigende Außenwirkungen eines Organisationskreises zu vermeiden. Letztgenanntes stellt aber gerade den Inhalt der Pflichten kraft Organisationszuständigkeit dar und nicht der institutionellen. Demzufolge ist eine Zuordnung zur institutionellen statt zur Organisationszuständigkeit gemessen an *Jakobs'* eigenen Beschreibungen dieser Zuständigkeiten inkonsequent und nicht überzeugend begründbar.

Tatsächlicher Grund für die abzulehnende Aufteilung der Übernahmefälle ist die Vermeidung eines *argumentum ad absurdum*. Bestandteil der von *Jakobs* aufgestellten Voraussetzungen für die Übernahmegarantenstellung ist bei der Organisationszuständigkeit, dass das Opfer anlässlich des Schutzversprechens des Garanten auf Schutz verzichtet oder sich einer Gefahr ausgesetzt hat; gleichsam eine Schutzpflicht als Ausgleich einer „Chancenverschlechterung“[1223]. Ungeachtet der abzulehnenden Verwendung eines Gefahrschaffungsmoments[1224] hat Jakobs wohl zutreffend erkannt, dass wegen dieser Voraussetzung nicht alle

1221 *Jakobs*, Strafrecht AT, 29/46.

1222 *Jakobs*, Strafrecht AT, 29/70 (Hervorhebung nicht im Original).

1223 *Jakobs*, Strafrecht AT, 29/46 f.

1224 Zur Ablehnung dieses Element siehe Teil 2 B VI.

anerkannten Übernahmefälle erfasst würden. So fehlt es beispielsweise an einem Gefahrenmoment bei der Einlieferung eines bewusstlosen Schwerverletzten in die Notaufnahme. Eine Ablehnung der Garantenstellung des Arztes in diesem Fall würde aber wohl seinerseits auf Unverständnis stoßen. Diese Lücke schließt Jakobs, indem er den wegen des Gefahrenmoments nicht erfassten Teil der Übernahmefälle kurzerhand auf besonderem Vertrauen beruhen lässt und der institutionellen Zuständigkeit zuordnet. Die Vermeidung von Strafbarkeitslücken ist zwar ein kriminalpolitisch, jedoch nicht dogmatisch überzeugender Grund für die Zweiteilung der Übernahme. Es wird nämlich weder ein sachlich überzeugender Grund für sie angeboten noch ist einer ersichtlich. Warum auch sollte der Haftungsgrund eines Kindermädchens, das sich in Abwesenheit der Eltern um das erkältete Kind kümmert, ein gänzlich anderer sein, als derjenige des Arztes, den die Mutter mit ihrem Kind zur Behandlung der Erkältung aufsucht? Letztlich ordnet demnach Jakobs um der richtigen Ergebnisse willen Teile der Übernahmegarantenstellung sowohl intrasystematisch unschlüssig als auch sachlich – siehe vorstehende Beispiele - unzutreffend verschieden ein.

Daneben muss ein Weiteres an *Jakobs*' Konstruktion der Übernahmegarantenstellung als Fall der Organisationszuständigkeit bemängelt werden. So stellt er die Voraussetzung auf, der Garant müsse zu erkennen geben, dass er vom zu Beschützenden die Preisgabe anderweitigen Schutzes erwartet; so der Schwimmlehrer, der seinen schwimmschwachen Schüler auffordert, seine Fähigkeiten in tiefem Wasser zu erproben[1225]. Hier nun lässt sich das *argumentum ad absurdum* nicht mehr verbergen. Ein Rechtskundiger könnte sich diese Voraussetzung nutzbar machen, um stets eine Garantenhaftung zu vermeiden. Im Übrigen geht diese Voraussetzung an der Wirklichkeit vorbei. So werden sich wohl kaum Fälle finden, in denen der Babysitter die Eltern auffordert, sie könnten nun ruhig die Wohnung verlassen. Ebenso wenig erscheint es lebensnah, dass ein Bademeister die Badegäste unter Hinweis auf seine Anwesenheit auffordert, schwimmen zu gehen, oder ein Bodyguard den zu beschützenden Prominenten animiert, auf andere Bodyguards zu verzichten oder sich an einen gefährlichen Ort zu begeben. In all diesen Fällen dürfte eine Garantenstellung ebenso unstreitig wie nach *Jakobs*' Voraussetzungen unbegründbar sein.

All dies führt insgesamt zur Ablehnung von *Jakobs*' Konzeption und der von ihm gezogenen Folgerungen.

1225 *Jakobs*, Strafrecht AT, 29/48.

3.2.9.2 Sánchez-Vera: Garantenstellung aus negativen und positiven Institutionen

Jakobs' Schüler *Sánchez-Vera* folgt seinem Lehrer in den wesentlichen Punkten. Unterschiede ergeben sich allerdings in der Schwerpunktsetzung und insbesondere in der dogmatischen Herleitung der zwei „Zuständigkeiten“. Auf diese Differenzen wird sich deswegen nachfolgend konzentriert.

3.2.9.2.1 Darstellung

In der Darstellung der Grundlagen seiner Dogmatik streicht *Sánchez-Vera* die Bedeutung der Erwartung für das Recht heraus. So basiere sein Haftungskonzept *Jakobs* entsprechend auf der Garantie normativer Erwartungen. Im Anschluss an Luhmann stellt er in diesem Zusammenhang fest, das Recht repräsentiere die Erwartungen von jedermann[1226]. Speziell im Strafrecht knüpfe die Erwartung nicht an das Individuum, sondern an die „Rolle“ einer Person in der Gesellschaft, deren „soziale Rolle“, an. Was innerhalb des „Systems Person“ passiere, sei hingegen für das Strafrecht nicht von Belang[1227].

Parallel zu den zwei Zuständigkeiten *Jakobs'* macht *Sánchez-Vera* zwei Gruppen von Erwartungen aus, diejenigen aus negativen und positiven Institutionen, welche er im Unterschied zu *Jakobs* um eine dritte Gruppe ergänzt. Zunächst differenziert er zwischen dieser dritten Gruppe, den Tun-Erwartungen und den Nicht-Einmischungserwartungen, denen gemein ist, dass ihr Adressat der Jedermann ist. Die Tun-Erwartungen verlangten die Veränderung eines bestimmten Zustandes, wohingegen die Nicht-Einmischungs-Erwartungen dies genau verhindern wollten. Jene würden zum Beispiel bei echten Unterlassungsdelikten geschützt[1228]. So fordert § 323c StGB ein Tun mit dem Zweck, rechtsgutsbeeinträchtigende Folgen eines Unglücksfalles zu vermeiden. Die Nicht-Einmischungs-Erwartungen hingegen entsprechen *Jakobs'* Organisationszuständigkeit und werden unter Berufung auf verschiedene Rechtsphilosophen[1229] aus dem Prinzip des Neminem-Laede, also der Pflicht, niemanden zu schaden, hergeleitet. Ziel der Nicht-Einmischungs-Erwartungen sei im Unterschied zu den Tun-Erwartungen, dass ein Zustand *nicht* verändert, einem anderen kein Schaden zugefügt, sich nicht in fremde Organisationskreise eingemischt werde. Wegen die-

1226 *Sánchez-Vera*, Pflichtdelikt und Beteiligung, S. 56.

1227 *Sánchez-Vera*, Pflichtdelikt und Beteiligung, S. 60; zur ausführlicheren Auseinandersetzung mit der „sozialen Rolle“ vgl. die Erörterung von *Bärwinkel*s Theorie unter Teil 2 B VII 2.

1228 *Sánchez-Vera*, Pflichtdelikt und Beteiligung, S. 61 ff.; 76 ff.

1229 *Sánchez-Vera*, Pflichtdelikt und Beteiligung, S. 67 ff bezieht sich unter anderem auf *Kant, Pufendorf, Schopenhauer* und *Feuerbach*..

ses Nicht-Veränderungszieles nennt Sánchez-Vera das Neminem-laede-Prinzip auch „negative Institution", aus der sich die Nicht-Einmischungs-Erwartung ergäbe. Diese Erwartung würde sowohl bei Begehungs- als auch unechten Unterlassungsdelikten enttäuscht. Bei den Begehungsdelikten ist dies offensichtlich, da dort jemand aktiv geschädigt wird und deshalb eine unerwünschte Veränderung bzw. Einmischung vornimmt. Auf Grund der vom potentiellen Garanten vorgenommenen „Organisation" könne die Nicht-Einmischungs-Erwartung aber auch durch Unterlassen enttäuscht werden, was dann zu einem unechten Unterlassungsdelikt führe. Setze beispielsweise jemand automatisiert tätige Maschinen ein, die einen anderen zu schädigen drohen, wenn sie nicht deaktiviert werden, so habe er eine Handlungspflicht zu erfüllen, um sich nicht durch seine Maschine in den Organisationskreis eines anderen einzumischen[1230]. Allgemein formuliert habe eine Garantenhaftung aus der negativen Institution neminem-laede, wer „etwas organisiert". Folge dieser „Organisation dürfe nicht die Schädigung eines anderen sein. So sei beispielsweise zur Rettung verpflichtet, wer die Rettungsaufsicht über ein Wettschwimmen übernehme[1231].

Die dritte Gruppe der „positiven Institution", die *Sánchez-Vera* ebenfalls unter Rückgriff auf bestimmte Rechtsphilosophen herleitet[1232], entspricht *Jakobs*' institutioneller Zuständigkeit. Sie werden positiv genannt, weil sie dem „Schutz von durchgeformten Lebensbereichen" dienten und die – dieses Mal positive - Pflicht enthielten, „eine gemeinsame Welt aufzubauen" und zwar auch dann, wenn keine Organisation vorangegangen sei[1233]. In durchgeformten Lebensbereichen bestünden bestimmte Erwartungen, die positive Pflichten nach sich zögen, deren Verletzung durch Tun oder Unterlassen dann zu „Pflichtdelikten" führten. Diese durch Pflichtdelikte geschützten Erwartungen seien nicht wie bei den Nicht-Einmischungs-Erwartungen auf die „allgemeine Rolle" des Jedermann bezogen, sondern auf die von „besonders gewichteten positiven Institutionen" generierten speziellen Rollen[1234]. So sei zum Beispiel der Vater zur erwarteten, tätigen Fürsorge gegenüber seinem Kind wegen seiner Rolle im durchgeformten Lebensbereich „Eltern-Kind-Verhältnis" verpflichtet, und hafte deshalb wegen einer Tötung und nicht wie ein unbekannter Dritter wegen unterlassener Hilfeleistung, wenn er sein Kind ertrinken lasse. Oder es sei beispielsweise jemand

---

1230 *Sánchez-Vera*, Pflichtdelikt und Beteiligung, S. 61 ff., 76 ff.

1231 *Sánchez-Vera*, Pflichtdelikt und Beteiligung, S. 75.

1232 *Sánchez-Vera*, Pflichtdelikt und Beteiligung, S. 80 ff. beruft sich hier weitgehend auf dieselben Rechtsphilosophen, die schon bei der Herleitung des Neminem-laede-Prinzips bemüht worden sind: *Hegel, Pufendorf, Schopenhauer* und *Fries*.

1233 *Sánchez-Vera*, Pflichtdelikt und Beteiligung, S. 84, 87.

1234 *Sánchez-Vera*, Pflichtdelikt und Beteiligung, S. 87, 121 ff.

Garant aus der positiven Institution staatlicher Pflichten wegen seiner Rolle als Polizist[1235].

3.2.9.2.2 Kritische Würdigung

Durch die Differenzierung zwischen negativen und positiven Institutionen vermeidet *Sánchez-Vera* die zuvor bei *Jakobs* bemängelte, missverständliche Begriffsbildung. Die Rückführung seiner Haftungsgründe auf seine Prämisse „Garantie normativer Erwartungen" ist intrasystematisch folgerichtig. Trotzdem kann ihm im Ergebnis eben sowenig wie *Jakobs* gefolgt werden. Bereits der für seinen Ansatz grundlegenden, auf *Luhmann* zurückgehenden Annahme, das Recht repräsentiere die Erwartung von jedermann[1236], kann nicht gefolgt werden. Sie stößt auf ähnlich gelagerte Einwände wie der sozialethisch fundierte Erwartungsansatz *Brammsens*[1237]. Zum einen muss bezweifelt werden, dass tatsächlich eine auch nur annähernd einheitliche Erwartung der Bevölkerung in allen Rechtsbereichen existiert. Allenfalls könnte man annehmen, das Recht spiegele das Minimum dessen wieder, was man von anderen erwarten *darf*. Nur hilft diese Erkenntnis wenig bei der Lösung von Regelungsfragen wie dem Garantenproblem, da gerade die Frage ist, von wem man wann eine besondere Rettungsleistung von Rechts wegen erwarten darf. Zum anderen wird verkannt, dass das Grund-Folge-Verhältnis von Recht und Erwartung häufig umgekehrt ist. Denn häufig wird der Gesetzgeber auf von ihm missbilligte, tatsächliche Entwicklungen mit einer Rechtsetzung in Form von Gesetzen reagieren. Dann aber führt – wenn überhaupt - erst allmählich die konsequente Durchsetzung dieser neuen Rechtslage zu einem Wandel hinsichtlich dessen, was die Rechtsunterworfenen erwarten. Jedenfalls ist es wegen des mitunter auch umgekehrten Grund-Folge-Verhältnisses nicht möglich, stets von der Erwartung auf das Recht zu schließen. Es reagierte beispielsweise der Gesetzgeber auf die gerade unter jüngeren Teilen der Bevölkerung weit verbreitete Praxis, sich Musik in Form komprimierter Dateien über das Internet auf den eigenen Rechner zu laden, mit einer Novellierung des UWG, um die Interessen der Inhaber der Rechte an der Musik zu schützen[1238]. Sowohl vor aber auch nach der Novellierung wird trotzdem von Teilen der Bevölkerung noch erwartet, man dürfe weiterhin Musikdateien kostenlos aus

---

1235 *Sánchez-Vera*, Pflichtdelikt und Beteiligung, S. 84, 87 f.

1236 *Luhmann*, Rechtssoziologie, S. 79; ihm folgend *Sánchez-Vera*, Pflichtdelikt und Beteiligung, S. 56.

1237 Zur dortigen Kritik siehe Teil 2 B VII 3 b.

1238 Am 01.01.2008 trat das am 31.10.2007 verkündete „Zweite Gesetz zur Regelung des Urheberrechts in der Informationsgesellschaft" in Kraft, mit der für Verbraucher hinsichtlich des „Downloads" von Musikdateien entscheidenden Neuerung des § 53 UhrG, siehe BGBl. 2007, S. 2513 ff.

beliebigen Quellen verschaffen, was die weiterhin große Zahl illegaler „Downloads“ belegt. Demnach kann der Ausgangsannahme *Sánchez-Veras* nicht gefolgt werden.

Weiter verwundert die Feststellung des Autors, was innerhalb des Systems Mensch passiere, sei für das Strafrecht nicht von Interesse[1239]. Mit dem Hinweis auf den subjektiven Tatbestand und die §§ 16 f. sowie § 35 StGB dürfte dies in dieser Allgemeinheit widerlegt sein.

An dieser Stelle ist nur kurz darauf hinzuweisen, dass die Herleitung der allgemeinen Voraussetzung „etwas organisiert“ aus der negativen Institution des Neminem-laede-Prinzips nicht zu überzeugen vermag. Dies liegt allerdings weniger an dem Prinzip selbst, dass sich als durchaus fruchtbar erweisen wird, als an dem Schluss auf die Voraussetzung. Eine ausführliche Auseinandersetzung mit dem Prinzip, dem hier gezogenen Schluss und den stattdessen zu ziehenden Schlüssen findet sich im eigenen Ansatz zum Garantenproblem[1240].

Unabhängig von der zu verwerfenden Schlussfolgerung verdient die aufgestellte Voraussetzung, „etwas organisiert“, keine Zustimmung. Sie ist ersichtlich zu unbestimmt und damit in zweierlei Hinsicht zu weit geraten. Erstens erfasst sie auf Grund ihrer Allgemeinheit auch zahlreiche Fälle der Garantenstellungen aus positiven Institutionen. So wird man wohl kaum behaupten können, Ehegatten hätten nicht etwas „organisiert“, wenn sie ihr Zusammenleben und ihre besondere Verbindung durch die Eheschließung sogar rechtlich formalisieren. Hat nicht auch der Polizist mit Übernahme seiner dienstlichen Pflichten etwas organisiert? Wo sind hier die entscheidenden Unterschiede beispielsweise zum Rettungsschwimmer? Dies spricht zwar deutlich gegen die Voraussetzung und die Systematisierung der Haftungsgründe, wäre aber im Ergebnis noch nicht sonderlich tragisch, da nur eine zweifellose Garantenhaftung nicht zweifelsfrei zuordenbar wäre. Doch enden die Probleme hier nicht. Denn zweitens mündet diese Voraussetzung in eine praktisch unlimitierte Gefährdungshaftung[1241]. Der Vergleich mit der Ingerenz macht dies mehr als deutlich. Während man dort noch streitet, ob man die teilweise als zu weit empfundene Haftung durch das Erfordernis einer rechtswidrigen Vorhandlung einschränken soll, jedenfalls aber ein gefährliches Vorverhalten fordert[1242], verlangt *Sánchez-Vera* keine dieser beiden

1239 *Sánchez-Vera*, Pflichtdelikt und Beteiligung, S. 60.

1240 Siehe Teil 2 C III und IV.

1241 Hinsichtlich der von von ihm generell abgelehnten Ingerenz hat dies bereits *Schünemann*, Madrid-Symposium, S. 57 an *Jakobs* Organisationszuständigkeit kritisiert.

1242 Unterschiede im Detail außer Acht lassend wird zumindest die Verursachung einer *nahen, adäquaten Gefahr,* vgl. statt vieler BGHSt 3, 203; 11, 355; *Arzt*, JA 1980, S. 714 ff.; *Herzberg*, JuS 1971, S. 74 ff.; *Welp*, Vorangegangenes Tun, S. 209 ff., 271 ff., wenn nicht sogar ein pflichtwidriges Vorverhalten verlangt, vgl. nur *Brammsen*, GA

einschränkenden Elemente. Bei den meisten menschlichen Verhaltensweisen, die eine körperliche Aktivität beinhalten, könnte man problemlos feststellen, es sei „etwas organisiert“ worden. Erstaunlicherweise ist der Begriff aber zugleich zu eng, da er bestimmte Garantenstellungen, beispielsweise spezifische Überwachungspflichten von Sachherrschaftsinhabern, nicht erfassen kann. So hat der Grundstückseigentümer zwar nichts organisiert, wenn der über sein Grundstück führende Weg, den auch Nachbarn wegen eines Wegerechts benutzen dürfen, mit einer Eisschicht auf Grund überfrierender Nässe bedeckt ist. Trotzdem träfe ihn die (Garanten-) Pflicht, diese Gefahrenquelle in seinem Verantwortungsbereich zu beseitigen. Aus all diesen Gründen ist die obige Voraussetzung zu verwerfen.

Genauso wenig überzeugend ist die Herleitung der positiven Institution unter Berufung auf bestimmte Rechtsphilosophen. Betrachtet man deren in Bezug genommene Äußerungen genauer, fällt auf, dass sie nichts für *Sánchez-Veras* Genese der allgemeinen positiven Institution hergeben. Soweit *Hegel* und *Pufendorf* auf positive Handlungspflichten eingehen, sprechen sie von Pflichten auf der Stufe der „Sittlichkeit“[1243] oder „Pflichten der Menschlichkeit“[1244]. Damit haben diese Pflichten aber anders als die negativen Pflichten bei diesen Autoren gerade nicht die Qualität einer *Rechts*pflicht. Eine solche der negativen Pflicht entsprechende Rechtspflicht möchte *Sánchez-*Vera aber gerade nachweisen. Die ebenfalls bemühten *Fries* und *Schopenhauer* erkennen zwar eine spezielle Rechtspflicht der Eltern zum Schutz ihrer Kinder an[1245]. Doch dadurch ist für *Sánchez-Veras* Ansicht nichts gewonnen, da es nicht mehr besagt, als dass auch diese beiden Autoren eine heute einhellig anerkannte besondere Handlungspflicht kannten. Wie diese spezielle Erkenntnis den Ansatz und die konkrete Genese der generellen, positiven Institution bei *Sánchez-Vera* stützen soll, ist nicht erkennbar. Folglich scheitert er schon bei der Herleitung dieser Institution.

Daneben verdient die inhaltliche Beschreibung der allgemeinen Pflicht aus positiven Institutionen, als „Pflicht, eine gemeinsame Welt aufzubauen“, ebenfalls keinen Beifall. In dem vom Verfasser bemühten Verhältnis des Vaters zu seinem Kind mag diese Beschreibung noch treffend und plastisch sein. Bei der ebenfalls aus einer positiven Institution stammenden Garantenpflicht eines Polizisten wirkt dieser Pflichtinhalt befremdlich und neben der Sache liegend. Dass Polizisten mit den jeweils in ihren Rechtsgütern Bedrohten, ihnen regelmäßig bis dato völlig Unbekannten eine gemeinsame Welt aufzubauen hätten, lässt sich

1993, S. 109; *Samson*, StV 1991, S. 194; *Welzel*, Das Deutsche Strafrecht, § 28 A I 4a.

1243 *Hegel*, Vorlesungsnachschrift Hotho, § 37, S. 194, Rn. 4 ff.

1244 *Pufendorf*, De officio hominis I, 8, 1.

1245 *Fries*, Tugendlehre, § 42, S. 171 f., § 84, S. 316 f..

wohl nur mit einem äußerst pathetisch-metaphorischen Verständnis halten. Man könnte – zugegeben etwas zugespitzt – feststellen, dass die Ordnungshüter eine schier gewaltige Aufgabe übernommen hätten, wenn sie mit den jeweils Bedrohten eine gemeinsame Welt aufzubauen hätten.

Auf den gegenüber *Jakobs* erhobenen Vorwurf der fehlenden Präzisierbarkeit der positiven Institutionen und der daraus folgenden Pflichten, erwidert *Sánchez-Vera*, die Pflichten ließen sich mit seinem Ansatz hinreichend individualisieren. Es erfolge eine Reduktion auf „besondere positive Institutionen" und die Pflichten daraus träfen nur „Angehörige bestimmter Rollen"[1246]. Dass mit dem Begriff der „sozialen Rolle" nichts an Präzision zu gewinnen ist, wurde bereits zuvor bei den sozial-ethisch fundierten Ansichten erörtert[1247]. Solange aber nicht die Maßstäbe offengelegt werden, nach denen sich die Besonderheit der „besonderen positiven Institutionen" bestimmt, ist auch mit diesem zweiten Präzisierungsinstrument keine erhöhte Genauigkeit herbeizuführen. Sicherlich lässt sich die Haftung begrenzen, wenn man nur bestimmte Konstellationen als „besondere positive Institutionen" einstuft. Aber ohne die Nennung des Beurteilungsmaßstabs bleibt diese Selektion rational nicht überprüfbar und damit willkürlich.

Demzufolge muss insgesamt konstatiert werden, dass der Vertiefung von *Jakobs*' Ansatz durch seinen Schüler *Sánchez-Vera* ebenfalls nicht gefolgt werden kann.

3.2.9.3 Perdomo-Torres: Garantenstellung aus Vertrautheit[1248]

Die Dissertation von *Perdomo-Torres*[1249] ist – soweit ersichtlich – noch keiner eingehenderen Analyse unterzogen worden, weshalb ihr hier besondere Aufmerksamkeit geschenkt werden soll.

1246 *Sánchez-Vera*, Pflichtdelikt und Beteiligung, S. 123f.

1247 Siehe dazu die Kritik an *Bärwinkel*, Teil 2 B VII 2 b.

1248 Wie der Titel bereits vermuten lässt, hätte *Perdomo-Torres* wegen seiner Konzentration auf den Vertrauensgedanken bei den diesbezüglichen Ansätzen behandelt werden können. Allerdings ist seine Konzeption so speziell, dass er auch dort gesondert hätte erörtert werden müssen. Da zudem die dogmatische Basis seines Ansatzes auf die Systematisierung *Jakobs'* zurückgeht und seine Herleitung sich wesentlich auf Institutionen stützt, erscheint die Untersuchung am hiesigen Ort sinnvoll.

1249 Aus dem Jahr 2006: *Perdomo-Torres*, Garantenpflichten aus Vertrautheit.

3.2.9.3.1 Darstellung

Bei der Systematisierung der Garantenstellungen ersetzt der Autor im Anschluss an *Jakobs*[1250] die weithin akzeptierte Funktionenlehre[1251] durch die Einteilung in Garantenstellungen aus Organisations- und aus institutioneller Zuständigkeit[1252].

Dabei konzentrieren sich die Anstrengen *Perdomo-Torres'* auf die Garantenstellung in familiären oder familienähnlichen Beziehungen, seiner Systematik zufolge einer Verpflichtung aus der von ihm eingeführten Institution Vertrautheit.

Nach *Perdomo-Torres* lasse sich eine Regelung der Garantenstellung nicht dem positiven Recht entnehmen[1253], sondern entsprechend den soziologisch fundierten Ansätzen aus dem „normativ gesellschaftlich Vorhandenen" ablesen[1254]. Die Wirklichkeit sei die hinter dem positiven Recht stehende Rechtsquelle[1255]. Belegt wird dieses Vorgehen - ähnlich wie bei *Brammsen - mit* dem Hinweis auf die Entwicklung der Garantenstellung in familiären Verhältnissen in der Literatur und Rechtsprechung. Bei beiden gäben wirklichkeitsbezogene Argumente den Ausschlag[1256]. Die Rechtsprechung habe ihre formelle Rechtspflichtenlehre schon bald in Anlehnung an die tatsächlichen gesellschaftlichen Verhältnisse um die Figur der Lebensgemeinschaft ergänzt[1257]. Die Literatur berufe sich zudem immer wieder auf Vertrauen als garantenstellungsbegründenden Gesichtspunkt in den dort untersuchten Sachverhalten[1258]. Auch wenn weite Teile der Literatur Vertrauen nur als allgemein leitenden Gedanken heranzögen, zeige sich trotzdem an dessen häufiger Bemühung, dass ein gesellschaftsorientierter Ansatz nicht auf ihn verzichten könne[1259], weshalb dem Vertrauenselement im weiteren Verlauf der Untersuchung eine zentrale Rolle zuteil wird.

Die Fundierung dieses gesellschaftsorientierten Ansatzes erfolgt auf rechtssoziologischer Seite – wie bei *Jakobs* - unter Inbezugnahme der Systemtheorie

1250 *Jakobs*, Strafrecht AT, 28/13 ff. und ebenso in Die strafrechtliche Zurechnung von Tun und Unterlassen.

1251 Ausführlicher zu dieser Einteilung: siehe oben Teil 2 A II 3.

1252 *Perdomo-Torres*, Garantenpflichten aus Vertrautheit, S. 158 f.; ausführlicher zu dieser Zweiteilung und ihren Problemen siehe unmittelbar zuvor Teil 2 B IX 1.

1253 *Perdomo-Torres*, Garantenpflichten aus Vertrautheit, S. 16.

1254 *Perdomo-Torres*, Garantenpflichten aus Vertrautheit, u. a. S. 16, 59, 62, 138, 151.

1255 *Perdomo-Torres*, Garantenpflichten aus Vertrautheit, S. 156.

1256 *Perdomo-Torres*, Garantenpflichten aus Vertrautheit, S. 62.

1257 *Perdomo-Torres*, Garantenpflichten aus Vertrautheit, S. 21.

1258 *Perdomo-Torres*, Garantenpflichten aus Vertrautheit, S. 37 und 59; Darstellung der vertrauensbezogenen Ansichten auf den S. 37-58.

1259 *Perdomo-Torres*, Garantenpflichten aus Vertrautheit, S.62.

von *Luhmann*[1260] und der Handlungs- und Institutionstheorie von *Schelsky*[1261] sowie auf rechtsphilosophischer Seite durch Bezug auf den deutschen Idealismus, insbesondere *Hegel*[1262]. In starker Vereinfachung dieses gesamten Fundaments beschreibt die Systemtheorie die Gesellschaft als ein Konglomerat von verschiedenen sozialen Systemen, unter anderem beispielsweise dem Rechtssystem. Diese Konzeption überzeuge in der Erklärung von Funktionszusammenhängen in stark arbeitsteiligen Gesellschaften wie der Unsrigen, weise allerdings auch bezogen auf das Strafrecht Unzulänglichkeiten auf, so dass sie der Ergänzung durch die Institutionstheorie bedürfe[1263]. Bei Institutionen handele es sich um enge, strukturelle Einheiten, die von Menschen in einer Gesellschaft zur Befriedigung bestimmter Bedürfnisse[1264] gebildet würden. Innerhalb der Institutionen bildeten sich dann bestimmte normative Erwartungen heraus, welche die sozialen Beziehungen der Beteiligten leiteten[1265] und aus denen sich das Recht ergebe[1266]. Demzufolge entstünden Rechtsnormen aus den in Institutionen gebildeten Erwartungsstrukturen und würden dort ausdifferenziert. Damit generalisiere das Recht die Verhaltenserwartungen und stabilisiere sie für die Zukunft. Die geschriebene Norm sei lediglich die „Werthülle" für die die Erwartungsstruktur widerspiegelnde und allein deshalb bereits geltende tatsächliche Norm[1267]. Der Gesetzgeber müsse sich bei der Konzeption von Tatbeständen von den institutionell gebildeten Normen leiten lassen[1268]. Daneben wird *Hegels* Rechtsphilosophie bemüht, um die Bedeutung und Eingliederung der Freiheit in den hier diskutierten Ansatz zu erläutern[1269]. Universelle Bedeutung erlangt sie zudem bei

1260 *Luhmann*, Soziale Systeme; *ders.*, Recht der Gesellschaft; *ders.*, Rechtssoziologie.

1261 *Schelsky*, Zur soziologischen Theorie der Institution, in: Die Soziologen und das Recht; *ders.*, Systemfunktionaler, anthropologischer und personfunktionaler Ansatz der Rechtssoziologie, in: Die Soziologen und das Recht; *ders.*, Ortsbestimmung der deutschen Soziologie.

1262 *Hegel*, Grundlinien der Philosophie des Rechts (Werke Band 7).

1263 *Perdomo-Torres*, Garantenpflichten aus Vertrautheit, S. 70.

1264 Genauer handele es sich um sogenannte „Kulturbedürfnisse", welche entstünden, wenn grundlegende biologische Bedürfnisse befriedigt seien, weshalb auch von „abgeleiteten Bedürfnissen" gesprochen wird, *Perdomo-Torres*, Garantenpflichten aus Vertrautheit, u. a. S. 75 f., 108 f., 131.

1265 *Perdomo-Torres*, Garantenpflichten aus Vertrautheit, u. a. S. 73, 79, 109, 133.

1266 *Perdomo-Torres*, Garantenpflichten aus Vertrautheit, S. 79, 140 f.

1267 *Perdomo-Torres*, Garantenpflichten aus Vertrautheit, S. 82 ff.

1268 *Perdomo-Torres*, Garantenpflichten aus Vertrautheit, S. 143.

1269 *Perdomo-Torres*, Garantenpflichten aus Vertrautheit, S. 89 ff., so beispielsweise, dass Freiheit erst durch die genannten Institutionen verwirklicht werde, S. 87.

der Herleitung der Organisationszuständigkeit als einer der beiden Haftungsgrundsätze[1270].

Auf dieser Grundlage entwickelt *Perdomo-Torres* die garantenstellungsbegründende Institution Vertraut*heit*. Der Institutionstheorie entsprechend befriedige diese Institution ein Bedürfnis, hier dasjenige nach bestimmter Gestaltung sozialer Lebensbeziehungen bzw. der Intimsphäre[1271]. Zur weiteren Herleitung der Institution zieht er das seiner Ansicht nach in zahlreichen Bereichen grundlegende Vertrau*en*[1272] heran. Die besondere Bedeutung des Vertrauenselements offenbare sich in der häufigen Inbezugnahme durch andere Ansätze und die Rechtsprechung[1273], seiner erkennbar besonderen Signifikanz im zwischenmenschlichen Zusammenleben[1274] sowie dessen gewisses Erscheinen in der *hegelschen* Lehre von der Sittlichkeit[1275]. An der letztlich garantenstellungsbegründenden Institution Vertrautheit konkretisiere sich das Vertrauen. Vertrauen trage wiederum dazu bei, Vertrautheit zu konkretisieren. So sei Vertrautheit das Produkt der Wechselwirkung verschiedener Merkmale, von denen Vertrauen eines sein könne[1276]. Eine Garantenstellung aus Vertrautheit setze nach alldem dreierlei voraus: als Initialzündung eine „Selbstdarstellung" bzw. „Vertrauensnahme" des Garanten, worunter in etwa die Übermittlung der Information, dass man ihm in einer bestimmten Hinsicht vertrauen könne, zu verstehen ist. Hinzukommen

1270 *Perdomo-Torres*, Garantenpflichten aus Vertrautheit, S. 91 ff., 159 ff.: auf *Feuerbach*, *Kant* und besonders *Hegel* zurückgehend, gehe die „ursprüngliche Verbindlichkeit" (*Feuerbach*, Lehrbuch des gemeinen in Deutschland gültigen peinlichen Rechts, § 24, S. 50) nur auf die Unterlassung der Verletzung oder Beschränkung der Freiheit eines anderen, also um eine Abgrenzung von Freiheitssphären. Freiheitsausübung finde ihre Grenze in der Freiheit des anderen.

1271 *Perdomo-Torres*, Garantenpflichten aus Vertrautheit, u. a. S. 229.

1272 Terminologisch folgt der Autor der von *Brammsen*, Entstehungsvoraussetzungen, S. 85b f., vorgenommenen Differenzierung von Erwartungen als der „Vorstellung darüber, was ein Individuum in einer bestimmten Situation tun wird / tun sollte" und Vertrauen als der „sicheren Erwartung von etwas positiv Gutem...und beinhaltet...eine engere innere Verbindung...der Anforderungsaspekt wird...intensiviert durch das innere Verbundenheitsgefühl", so die Inbezugnahme von *Perdomo-Torres*, Garantenpflichten aus Vertrautheit, S. 52 und 64. Diese Definition mit ihrer Wendung „engere innere Verbindung" liefere daneben ein weiteres Argument für die besondere Bedeutung des Vertrauensgedankens in familiären und familienähnlichen Beziehungen.

1273 *Perdomo-Torres*, Garantenpflichten aus Vertrautheit, S.21 ff., 37 ff.

1274 *Perdomo-Torres*, Garantenpflichten aus Vertrautheit, S.112, beispielsweise bei dem Aufbau von Freundschaftsbeziehungen oder dem Zustandekommen von Verträgen.

1275 *Perdomo-Torres*, Garantenpflichten aus Vertrautheit, S. 113 f.

1276 So die konvoluten Ausführungen bei *Perdomo-Torres*, Garantenpflichten aus Vertrautheit, S. 121 f.

müsse die „Vertrauensgabe“ bzw. „Vertrauensanlage“ durch den Informationsempfänger. Er „honoriere“ bzw. „erwidere“ und ignoriere nicht die Information, erkläre also, dass er dem Selbstdarsteller vertraut. Beide sogenannten „Vertrauensleistungen“, welche nicht unbedingt verbal erfolgen müssen, bildeten die „Vertauenslage“. Diese müsse sich schließlich zur Erfüllung der dritten Voraussetzung durch Kooperation der Beteiligten, also wechselseitige Vertrauensleistungen, welche Themenkontinuität (regelmäßig: Schutz des anderen) aufweisen müssten, über einen längeren Zeitraum stabilisiert haben[1277]. So bilde sich die Institution Vertrautheit zur Befriedigung bestimmter Bedürfnisse. In der Regel seien dies neben der oben beschriebenen Gemeinschaftsbildung Schutz und Fürsorge[1278]. Die Stabilisierung biete damit dem Recht das Material zur Erwartungsbildung. Es entstünden positive Pflichten, Garantenpflichten, zur Aufrechterhaltung der in der Institution formierten Gemeinschaft. Inhalt und Grenzen dieser Pflichten ergäben sich aus den in den Vertrauensleistungen enthaltenen Informationen[1279].

Speziell die Garantenstellung im Eltern-Kind-Verhältnis erhalte ihre institutionelle Verbindlichkeit über das *Bedürfnis nach Primärsozialisation* des Kindes, also jedenfalls bis zur Volljährigkeit aus einer eigenen von der Vertrautheit verschiedenen Institution[1280]. Im Rahmen dieser Sozialisationsaufgabe hätten die Eltern denjenigen Schutz und die Fürsorge zu gewährleisten, die für die physische und geistige Entwicklung des Kindes unersetzlich seien[1281]. Das umfasse sämtliche Güter, deren Verwaltung dem Kind von Rechts wegen entzogen ist[1282].

3.2.9.3.2 Kritische Würdigung

Sowohl der von *Perdomo-Torres* gefundene Garantenstellungsansatz als auch dessen Herleitung fordern – auch mangels ihrer bisherigen Untersuchung in der Wissenschaft – eine umfangreiche kritische Auseinandersetzung heraus.

Besondere Schwierigkeiten bereitet dabei die mitunter hermetische Darstellung der rechtssoziologischen und rechtsphilosophischen Fundierung des Ansatzes. Diese erfolgt häufig so verknappt, dass sie unschlüssig, zumindest aber unklar erscheint[1283]. Die gesellschaftlich orientierte Begründung der Garantenstellung begegnet den bereits zuvor gegen soziologische Herleitungen erhobenen

1277 *Perdomo-Torres*, Garantenpflichten aus Vertrautheit, S. 122 ff, 182.

1278 *Perdomo-Torres*, Garantenpflichten aus Vertrautheit, S. 126.

1279 *Perdomo-Torres*, Garantenpflichten aus Vertrautheit, S. 131 ff.

1280 Nach Erreichen der Volljährigkeit könne dann eine Institution Vertrautheit das Garantenverhältnis zwischen Eltern und Kindern begründen, *Perdomo-Torres*, Garantenpflichten aus Vertrautheit, S. 202, 204, 207 ff.

1281 *Perdomo-Torres*, Garantenpflichten aus Vertrautheit, S. 202 f.

1282 *Perdomo-Torres*, Garantenpflichten aus Vertrautheit, S. 207.

Bedenken[1284]. Zudem überzeugen die von dem Autor für ein solches Procedere vorgebrachten Argumente nicht. So spreche angeblich die Thematisierung des Vertrauens in zahlreichen garantenstellungsbegründenden Konstellationen durch die Rechtsprechung und Teile der Literatur für den vorgeschlagenen Gesellschaftsbezug[1285]. Für die Schlüssigkeit dieses Punktes wäre aber unter anderem nötig gewesen darzulegen, dass das Vorgehen von Rechtsprechung und Literatur sachgerecht war. Darüber hinaus belegt das Hinzufügen von zusätzlichen Voraussetzungen wie dem Vertrauen für das Entstehen von Garantenstellungen bzw. neuer Fallgruppen wie der „engen Lebensgemeinschaft" nur die Unfähigkeit der

---

1283 So treten an die Stelle von Argumentationsketten Aneinanderreihungen von vieldeutigen Behauptungen. Aus den zahlreichen Beispielen dafür soll exemplarisch das folgende genügen: „Bei den Institutionen handelt es sich um soziale Synthesen, in denen die Befriedigung der neuen Bedürfnisse die Beziehung der Akteure determiniert und die durch anthropologische Konstanten bedingt sind. Das führt dazu, dass die Stabilität eines Systems und insofern seine Identität durch die Bildung von Erwartungserwartungen gestiftet wird.", *Perdomo-Torres*, Garantenpflichten aus Vertrautheit, S. 76f. Während der erste Satz noch nachvollziehbar ist, ist der anschließende mit einigen Unklarheiten belastet. Soweit Institutionen durch Bedürfnisse bestimmt werden (Satz 1), hegen die „Bedürftigen" wohl die Erwartung, dass ihre Bedürfnisse befriedigt werden. Doch woraus ergibt sich die plötzlich erwähnte konstitutive Bedeutung von „Erwartungserwartungen", einem Terminus der im Übrigen nur bei Kenntnis von *Brammsens* Monographie „Die Entstehungsvoraussetzungen von Garantenpflichten" verständlich ist? Wieso hat der Erwartungsadressat in Institutionen stets Kenntnis von der an ihn gerichteten Erwartung? Eine Antwort darauf bleibt *Perdomo-Torres* schuldig. Weiterhin kann mit „Identität" nicht im eigentlichen Wortsinne Übereinstimmung gemeint sein, fehlen doch die zwei Elemente, um deren Übereinstimmung es gehen könnte, so dass hier wohl „Identität" mit „Wesen" übersetzt werden kann. Sein Wesen, sein kennzeichnendes Charakteristikum, erhält eine Institution im Sinne des Autors, welche zur Befriedigung von bestimmten Bedürfnissen entstehe, jedoch nicht von irgendwelchen Erwartungserwartungen, sondern von den Bedürfnissen, die den Hauptgrund für die Entstehung von Institutionen bilden sollen; beispielsweise in Lebenspartnerschaften durch das zu befriedigende Bedürfnis nach gemeinsamer Gestaltung des Lebens, Intimität und in der Folge Schutz und Fürsorge und gerade nicht durch eine „Erwartungserwartung", also die Erwartung des einen Teiles, dass der andere von ihm diese Bedürfnisbefriedigung erwarte. Inwiefern Erwartungserwartungen stabilitätsstiftend sein können, bleibt ebenfalls im Dunkeln. Naheliegend ist vielmehr eine Stabilisierung einer Institution anzunehmen, wenn die Bedürfnisse befriedigt werden, um derentwillen die Institution gebildet wurde, wofür Erwartungserwartungen eine Voraussetzung sein können. Bezeichnenderweise führt *Perdomo-Torres* selbst an anderer Stelle (S. 109) aus, eine Institution verfalle, wenn sie die Bedürfnisse nicht mehr befriedige.
Neologistische Auswüchse wie „Charaktermaske" (S. 91) – was auch immer das sein mag – tragen ebenfalls nicht zur Verständlichkeit bei.

1284 Näher dazu siehe Teil 2 B VII 1 b aa.

damaligen Dogmatik, die Wirklichkeit zutreffend strafrechtlich einordnen zu können, nicht aber, dass sich die neue Dogmatik aus der Wirklichkeit ablesen lasse. Anders gefasst: Nur weil die damalige Dogmatik bei der Beurteilung der Wirklichkeit als ungerecht empfundene Ergebnisse produziert hat, muss nicht die gesellschaftliche Wirklichkeit mit ihren Erwartungen Quelle der neuen Dogmatik sein.

Ebenso zu bemängeln ist die Art und Weise, wie konkret aus der gesellschaftlichen Wirklichkeit die Garantenpflichten hergeleitet werden. Skizzenhaft beschrieben bildeten sich laut Perdomo-Torres auf Grund von Bedürfnissen Institutionen, innerhalb derer zwischen den Beteiligten Verhaltenserwartungen entstünden. Aus diesen Erwartungen entwickelten sich Rechtsnormen, also auch die Garantenpflichten[1286]. Unzutreffend daran ist zunächst, dass damit das Entstehen von Rechtsnormen universell erklärbar ist und dass die Normen in den Institutionen „ausdifferenziert" werden. Denn wie ist beispielsweise damit die Differenzierung zwischen der strafbaren Sachbeschädigung in § 303 StGB und der nur zivilrechtliche Ersatzpflichten nach § 823 I BGB auslösenden fahrlässigen Eigentumsverletzung zu erklären? Eine mögliche Berufung auf eine diffuse Institution Eigentum gibt für diese Unterscheidung ersichtlich nichts her. Der Gesetzgeber hätte sicherlich auch eine andere Regelung treffen können. Oder wie sollte nach diesem Modell der Normengenese das anfängliche Fehlen und spätere Einfügen der fahrlässigen Körperverletzung in das StGB begründet werden? Welche - geänderte - Institution sollte dem zugrunde liegen? Existiert tatsächlich ein gesellschaftliches Subsystem, eine Institution, in dem sich nunmehr die Erwartung herausgebildet hat, die fahrlässige Körperverletzung sei nicht mehr bloß ersatzpflichtig, sondern strafbewehrt? Die vorstehende Kritik gründet auch keineswegs auf einer unangemessenen Überforderung des diskutierten Ansatzes hinsichtlich der Lieferung von Regelungsdetails, denn die Entscheidung über das generelle „Ob" der Strafbarkeit eines bestimmten fahrlässigen Verhaltensweise kann wohl kaum als besonders feinsinnige Detailregelung bezeichnet werden; zumal bei der Kennzeichnung des strafbaren Bereichs der unechten Unterlassungsdelikte eine entschieden detailliertere Ausdifferenzierung vonnöten ist. Darüber hinaus ist unklar, aus welcher Institution genau die Verhaltenserwartung und damit die Normen in einem bestimmten Lebensbereich zu entnehmen sind[1287]. Selbstverständlich kann wegen der Vielfältigkeit der Realität - man

1285 *Perdomo-Torres*, Garantenpflichten aus Vertrautheit, S. 59 f.

1286 *Perdomo-Torres*, Garantenpflichten aus Vertrautheit, u. a. S. 79 ff, 82 ff, 101, 108.

1287 Dieses Problem versucht beispielsweise *Bärwinkel*, Garantieverhältnisse, der der hier diskutierten Auffassung zumindest in der soziologischen Herleitung ähnelt, durch eine Differenzierung zwischen „gruppenmöglichen" und „gruppennotwendigen" Rollen zu beheben. Siehe ausführlicher zu *Bärwinkel*s Ansatz Teil 2 B VII 2.

denke nur an die verschiedenen praktizierten Formen des zwischenmenschlichen Zusammenlebens – nicht aus einer oder mehreren konkreten Institutionen eine allgemeingültige Verhaltenserwartung entnommen werden. Sinnvoll erscheint nur der Bezug auf eine idealtypische, gesellschaftlich konsensfähige Institution. Die Schwierigkeiten bei der Ermittlung einer solchen sind offensichtlich. Dass nur ein solcher Idealtypus Bezugspunkt einer Normerzeugung aus einer Institution sein kann, findet sich – zumindest ausdrücklich - ebenso wenig bei Perdomo-Torres wie eine daran anschließende verallgemeinerbare Erläuterung der Ermittlung von Institutionen. So ist weithin unklar, wie sich aus Institutionen, man ist reflexartig versucht zu fragen: welcher?, konkrete Rechtsnormen herleiten lassen. Zusätzlich sind Vorbehalte gegenüber der Beschreibung des Entstehens von Institutionen anzumelden. Die Feststellung, zur Befriedigung von „Kulturbedürfnissen" entstünden Institutionen, lässt die notwendige Präzisierung vermissen, da zum einen nicht jedes Bedürfnis über eine Institution schützenswert ist[1288] und zum anderen sich zur Befriedigung desselben Bedürfnisses sehr unterschiedliche Institutionen bilden können, von denen ebenfalls kaum alle über Verhaltenserwartungen Normen erzeugen können[1289]. Da man notwendigerweise Mitglied in verschiedenen Institutionen sein kann, die sich widersprechende Verhaltensanforderungen stellen können, fehlt zumindest ein Hinweis auf diesen Umstand und die Andeutung möglicher Kollisionsregeln.

Die rechtsphilosophische Fundierung anhand des Deutschen Idealismus, hier im Wesentlichen *Hegels*, ist selbstverständlich ein gangbarer Weg. Bedauerlicherweise wird an einigen Stellen von dessen philosophischen Prämissen abgewichen, ohne dass die Gründe dafür ausreichend und überzeugend dargetan wären, was an folgendem Beispiel illustriert werden soll: Bei *Perdomo-Torres*' Arbeit spielt der Vertrauensgedanke eine herausragende Rolle. Dabei beruft er sich unter anderem auf die „überragende Signifikanz" bei der zwischenmenschlichen Interaktion wie dem Aufbau von Freundschaften und dem Zustandekommen von Verträgen[1290]. In der *Hegelschen* Philosophie kommt ihr jedoch nur eine eher am Rande liegende Bedeutung zu. Diesen Umstand versucht Perdomo-Torres zu erklären, indem er behauptet, Vertrauen habe erst in unserer hochkomplexen Gesellschaft „...als geistiges Band, als verknüpfte Kräfte zur Realisierung dauernder Freiheitszwecke..." eine exponierte Bedeutung erlangt[1291], sei ein Phänomen

1288 Man denke nur an das Bedürfnis Einiger, sich als sogenannte „Hooligans" zur gewaltsamen Auseinandersetzung zu Gruppen zusammenzuschließen, um so dem als zu trist empfundenen Alltag etwas Aufregung zuzuführen.

1289 So können sich Menschen zur Befriedigung des Bedürfnisses nach Wohlstand zu unternehmerischen aber auch kriminellen Aktivitäten zusammenfinden.

1290 *Perdomo-Torres*, Garantenpflichten aus Vertrautheit, S. 122.

1291 *Perdomo-Torres*, Garantenpflichten aus Vertrautheit, S. 115.

der Gegenwart[1292]. Wenn aber Vertrauen das entscheidende Element bei der Herleitung einer bestimmten Garantenstellung ist, weil es von elementarer Bedeutung für das zwischenmenschliche Zusammenleben ist, dann trifft dies selbstverständlich auch auf die Zeit *Hegels* zu. Dem Aufbau von Freundschaften und dem Abschluss von Verträgen kommt nicht nur in der Gegenwart, sondern kam ebenso zu *Hegels* Zeit eine besondere Relevanz in der zwischenmenschlichen Interaktion zu. Daher kann der Autor nicht überzeugend erklären, wieso der für ihn entscheidende Vertrauensgedanke in seinem von *Hegel* übernommenen rechtsphilosophischen Fundament nur eher marginale Bedeutung besitzt.

Schließlich soll im Rahmen der kritischen Auseinandersetzung mit der Herleitung des Ansatzes noch auf Mängel in der Begründung der letztlich garantenstellungsbegründenden Institution Vertrautheit hingewiesen werden. Zum Verhältnis von Vertauen und Vertrautheit führt *Perdomo*-Torres aus, die Institution Vertrautheit konkretisiere Vertrauen. Vertrauen trage wiederum dazu bei, Vertrautheit zu konkretisieren. Vertrautheit ist danach das Produkt der Wechselwirkung verschiedener Merkmale, von denen Vertrauen eines sein könne[1293]. Der erste Teil dieser – zugegeben konvoluten – Beschreibung weist noch keine logischen Fehler auf. Es ist logisch denkbar, dass Vertrauen ein mögliches Merkmal von Vertrautheit ist und diese dadurch näher kennzeichnet, sowie, dass Vertrauen dadurch konkretisiert also genauer bestimmt wird, indem es ein Element der Vertrautheit, einer umfassenderen Begrifflichkeit, sein kann. Als fatal für den Begründungsgang erweist sich hingegen, dass Vertrauen nur ein *mögliches* Merkmal der Vertrautheit sein soll. Sämtliche Überlegungen und Argumente bezogen sich nämliche zuvor in der Arbeit auf Vertrauen. Demnach sind die diesbezüglich vorgetragenen Argumente für die Institution Vertrautheit unschlüssig, keinesfalls zwingend, denn schließlich sei Vertrauen nicht immer ein Element von Vertrautheit. Damit kappt der Autor selbst den Begründungszusammenhang in seinem Ansatz. Um so mehr verwundert die Verwendung der Begriffe „*Vertrauen*sleistungen" und „*Vertrauen*slage"[1294] in der detaillierteren Darstellung der Garantenvoraussetzungen – eine offensichtlich unzweckmäßige Begriffsbildung.

Bot bereits die Begründung des hier diskutierten Ansatzes Anlass zu Beanstandungen, so ist es um dessen Ergebnisse nicht anders bestellt.

Die Voraussetzungen für das Entstehen der Institution Vertrautheit und damit für eine Garantenstellung sind so allgemein gehalten, dass dadurch auch Konstellationen erfasst werden, in denen eine begehungsentsprechende In-

1292 *Perdomo-Torres*, Garantenpflichten aus Vertrautheit, S. 112.
1293 *Perdomo-Torres*, Garantenpflichten aus Vertrautheit, S. 121 f.
1294 *Perdomo-Torres*, Garantenpflichten aus Vertrautheit, S. 122 ff.

pflichtnahme äußerst zweifelhaft ist. Gegenseitige (Vertrauens-) Leistungen zwischen Menschen über einen längeren Zeitraum (Stabilisierungsvoraussetzung) erfolgen auch innerhalb eines längerwährenden oder regelmäßigen Geschäftskontakts oder eines Gefälligkeitsverhältnisses im zivilrechtlichen Sinne. Wegen Letzterem lässt sich das Manko der zu allgemeinen Voraussetzungsbildung auch nicht damit beheben, dass der Autor möglicherweise die Institution nur auf private Kontakte angewendet wissen möchte.

Darüber hinaus vermag das Erheben der Stabilisierung zu einer notwendigen Bedingung nicht zu überzeugen. Als Argument für das Fordern einer längerwährenden Erbringung von Vertrauensleistungen bringt *Perdomo-Torres* vor, dass bei seinem Fehlen das Verhältnis unter Bestandsunsicherheit leide, ihm die Reife fehle[1295]. Sicherlich *kann* die wechselseitige, längerwährende Erbringung von Leistungen ein Merkmal für die Ernsthaftigkeit und Verbindlichkeit eines Verhältnisses sein. Eine Verbindlichkeit kann aber auch aufgrund anderer Merkmale entstehen, wie der Bestimmung, die das Verhältnis von den Beteiligten – möglicherweise bereits bei dessen Begründung – erhält. Wenn sich zum Beispiel frisch Verliebte an Bord eines Kreuzfahrtschiffes vom Kapitän trauen lassen, so ist es eine fernliegende unbegründete Behauptung, einem solchen Verhältnis fehle es an Verbindlich- und Ernsthaftigkeit. Mangels Stabilisierung wäre im weiteren Verlauf der Reise der Angetraute[1296] nur wie jeder völlig Fremde zur Rettung seiner Frau vor dem Ertrinken im Meer nach § 323c StGB verpflichtet, die Badeaufsicht hingegen haftete als Garant nach § 13 StGB – ein wertungsmäßig abwegiges Ergebnis.

Große Besorgnis regt sich, wenn im Rahmen der Stabilisierung lediglich eine Verpflichtung der Beteiligten durch den Umfang und die Qualität des bisher Geleisteten bestimmt wird[1297]. Als Konsequenz dieser Ausführungen besteht jedenfalls beim erstmaligen Bedürfnis nach einer Leistung keine Verpflichtung des anderen Teiles zu dieser, hat er doch sich diesbezüglich noch nicht durch vorhergehende Leistungen festgelegt. Überspitzt könnte man formulieren, ein Ehegatte in einer intakten Ehe habe keinerlei Verpflichtung zum Schutze des Lebens seines Partners, wenn er nicht zuvor sich durch eine vergleichbare (Lebensrettungs-) Leistung festgelegt hat.

Zu Ungereimtheiten führt die Stabilitätsbedingung daneben bei der Fallgruppe Gefahrengemeinschaften, worunter ein Personenzusammenschluss zum Zwe-

1295 *Perdomo-Torres*, Garantenpflichten aus Vertrautheit, S. 128.

1296 Richtigerweise wird dem formalen Band der Ehe nicht garantenstellungsbegründende Bedeutung beigemessen, *Perdomo-Torres*, Garantenpflichten aus Vertrautheit, S. 32, 184.

1297 *Perdomo-Torres*, Garantenpflichten aus Vertrautheit, S. 190.

cke der gemeinsamen Gefahrenbewältigung zu verstehen ist. Dort seien zur Stabilisierung – der Autor hat bei dieser Fallgruppe die Unzulänglichkeiten der Stabilisierung offenbar erkannt - keine längerwährenden Leistungen erforderlich, sondern sie ergebe sich aus der „totalen Sicherheit“ darüber, welche Leistungen von den anderen erwartet würden. Es herrsche Gewissheit über den Geschehensablauf; Inhalt und Zeitpunkt des von jedem zu leistenden Beitrags.[1298] Eine so ausgestaltete Stabilisierung hat aber eine ganz andere Qualität als diejenige bei den Lebenspartnerschaften. Eine längerwährende Leistungserbringung verschafft gesteigerte Gewissheit über das „Ob“ der Leistungserbringung. Eine genaue Beschreibung des „Wie“ der und ein offensichtliches Angewiesen-Sein auf die Leistungserbringung, was bei den Gefahrengemeinschaften stabilitätsstiftend sein solle, erzeugt eine vergleichbare Sicherheit aber gerade nicht. Folglich handelt es sich bei den Stabilisierungsvoraussetzungen in Gefahrengemeinschaften um eine Ad-hoc-Modifikation, um den Eigenarten dieser Fallgruppe gerecht zu werden. Diese Modifikation unterscheidet sich aber inhaltlich – wie soeben gezeigt – von den bisherigen Voraussetzungen, ohne dass dafür ein Grund genannt oder ersichtlich wäre.

Ähnliche Probleme tauchen im Eltern-Kind-Verhältnis[1299] mit Erreichen der Volljährigkeit der Kinder auf. Denn ab diesem Zeitpunkt ende die Garantenpflicht der Eltern aufgrund ihrer Elternschaft und es könne sich allenfalls im Anschluss eine Verpflichtung über die Institution Vertrautheit bilden[1300]. Sobald das Kind also volljährig wird, hätten Eltern ihm gegenüber zunächst keinerlei besondere strafrechtliche Verpflichtung mehr. Es müsste erst eine Stabilisierung durch Vertrauensleistungen über einen längeren Zeitraum erfolgen. Die wertwidrigen Ergebnisse, die eine solche Auffassung produzieren würde, sind offensichtlich. Man könnte allen Kindern nur wünschen, dass sie nicht unmittelbar kurz nach

1298 *Perdomo-Torres*, Garantenpflichten aus Vertrautheit, S. 220 f.

1299 Nur am Rande sei hier darauf hingewiesen, dass die strikte Orientierung an Bedürfnissen zur Institutionsgenese – insofern hätte man dies auch bei der kritischen Würdigung derselben thematisieren können – bei der Begründung der Institution Eltern-Kind höchst Bedenkliches zu Tage gefördert hat. Diese Institution entstehe - dem Dogma der bedürfnisbedingten Institutionsgenese folgend - wegen des Bedürfnisses nach Sozialisation der Kinder, *Perdomo-Torres*, Garantenpflichten aus Vertrautheit, S. 202 f. Dass Eltern ihren Kindern gegenüber nur deshalb - und solange - verpflichtet seien, weil diese auf das gesellschaftliche Leben vorzubereiten seien und nun mal der Versorgung bedürften, muss bereits mit einigem Befremden zur Kenntnis genommen werden. Die daran deutlich werdende Entmenschlichung des Verhältnisses erfährt dann ihren demaskierenden und abstoßenden Höhepunkt, wenn ausgeführt wird, S. 205, es sei nun mal ein „Risiko“ der Elternschaft, dass man sich um behinderte Kinder auch über deren Volljährigkeit hinaus zu kümmern habe (sic!).

1300 *Perdomo-Torres*, Garantenpflichten aus Vertrautheit, S. 207 f.

Erreichen der Volljährigkeit zur Rettung vor einer Lebensgefahr auf ihre Eltern angewiesen sind, denn diese wären nicht stärker zur Hilfe verpflichtet als jeder völlig Fremde.

Insgesamt weist der vorstehend analysierte Ansatz erhebliche Mängel auf. Diese beginnen bei der Herleitung der Auffassung und setzen sich bis zu den von ihr festgestellten Ergebnissen fort, weshalb er nicht zustimmungsfähig ist.

3.2.10 Zusammenfassung

Die Versuche von Rechtsprechung und Literatur, die Entstehungsvoraussetzungen von Garantenstellungen aufzuzeigen, und die vorstehende Auseinandersetzung damit haben wichtige Erkenntnisse hervorgebracht. Den herausgearbeiteten Schwierigkeiten ist im eigenen Ansatz Rechnung zu tragen. In aller Kürze zusammengefasst handelt es sich dabei im Wesentlichen um Folgendes:

Nur selten aber zutreffend wird darauf hingewiesen, dass jede Garantenstellung die Freiheit des verpflichteten Garanten – zumindest die allgemeine Handlungsfreiheit aus Art. 2 I GG – einschränkt, und deshalb der verfassungsrechtlichen Rechtfertigung bedarf[1301]. Diese gelingt um so leichter, wenn der Garant sich die Pflicht selbst bewusst auferlegt hat. Große Vorsicht ist hingegen geboten, wenn sehr spezielle Argumentationstopoi zur Legitimation in Einzelfällen herangezogen werden[1302]. Häufig erlauben diese weder eine befriedigende Lösung anderer Konstellationen aus derselben Fallgruppe, noch findet sich – abgesehen von der Begründung des vom Verwender gewünschten Ergebnisses - eine Antwort auf die Frage, warum dieses Argument bedeutsam sein soll. Die Ermittlung eines allgemeinen Garantenstellungsansatzes erscheint deshalb angezeigt. Als problematisch hat sich allerdings die monistische Aufstellung eines allgemeinen Haftungsprinzips - wie dem Vertrauensgedanken oder sozialethisch fundierten Generalklauseln - erwiesen. Ohne eine Spezifizierung in konkreten, materiellen Kriterien ist dadurch eine solche Bandbreite an Ergebnissen rechtfertigbar, dass deren Auswahl und vor allem die Grenzziehung in Problemfällen nur willkürlich und unvorhersehbar erfolgen.[1303] Demnach sind für einen praktikablen und rational überprüfbaren Ansatz über einen allgemeinen Haftungsgrund hinausgehende, konkrete, handhabbare Kriterien unerlässlich. Die Untersuchung hat jedoch gezeigt, dass konkrete, materielle Merkmale keine Garantie für eine rational nachvollziehbare, berechenbare Garantenlehre bieten. Die formell-mate-

1301 *S. v. Coelln,* Das „rechtliche Einstehenmüssen“, S. 139 ff.; Analyse des gesamten Ansatzes unter Teil 2 B VIII 4.

1302 Teil 2 B I 1-4 (ausgewählte Argumentationstopoi) und VI (Gefahrenmoment).

1303 Siehe dazu Teil 2 B V (Vertrauensgedanke) und VII (sozialethische Ansätze).

rielle Garantenlehre zieht zwar näher spezifizierte Merkmale heran, ist aber völlig intransparent hinsichtlich der Frage, wann und warum jeweils bestimmte Kriterien Anwendung finden[1304]. Demzufolge ist mittels einer Rückbindung der konkreten Kriterien an allgemeine Haftungsgründe offen zu legen, wie man zu ihnen gelangt ist und wann sie anzuwenden sind.

Die Kritik an der formellen Rechtspflichtenlehre deutet darauf hin, dass der Gleichstellungsproblematik nicht beizukommen ist, indem man Rechtsquellen benennt, an denen sich die einschlägigen Fälle ablesen lassen sollen[1305]. Vielmehr scheint die Ursache der Problematik ihren Ursprung zumindest auch in der Ungewissheit zu haben, aus welchen Rechtsquellen man die Entstehungsvoraussetzungen gewinnen kann[1306]. Die Analyse der sozialethisch fundierten Auffassungen hat zudem gezeigt, dass es nicht möglich ist, die Einstandspflichtvoraussetzungen dem Sein zu entnehmen[1307]. Gemeinsames Hauptproblem sämtlicher monistischer Ansätze stellt die Lieferung eines *argumentum ad absurdum* und damit die mangelnde Verallgemeinerbarkeit dar[1308]. Auf Grund der Vielfältigkeit der anerkannten Unterlassungskonstellationen sind sie nicht im Stande, alle vollständig zu erfassen. Als Konsequenz daraus erscheint ein monistischer Ansatz wenig erfolgversprechend und eine Exemplifikation des eigenen Ansatzes anhand üblicher Fallgruppen dringend geboten[1309].

Obwohl die Herrschaftslehre – auch in der hier vorliegenden Arbeit – massive Kritik erfahren hat, kann auf einige ihrer Erkenntnisse im eigenen Ansatz mit Ertrag zurückgegriffen werden. Soweit sie im Herrschaftsgedanken einen universellen Haftungsgrund erblickt, der sämtliche unechten Unterlassungsdelikte umfasst, kann ihr nicht gefolgt werden. Das Ergebnis der Analyse des Haftungsgrundes der Erfolgsdelikte ist hingegen zustimmungspflichtig.[1310]

Zusammenfassend kann daher festgestellt werden, dass bedauerlicherweise nach hiesigem Dafürhalten kein Ansatz einer kritischen Überprüfung standhält. Ziel muss demgegenüber deshalb sein, unter besonderer Berücksichtigung des Rechtsquellenproblems allgemeine Haftungsgründe nachvollziehbar herzuleiten

1304 Siehe Teil 2 B IV.

1305 Zur formellen Rechtspflichtenlehre Teil 2 B II.

1306 Ausführlicher zum Rechtsquellenproblem daher bei Teil 2 C II.

1307 Siehe zu diesen Ansätzen und deren Kritik Teil 2 B VII, insbesondere Teil 2 B VII 1 b aa.

1308 Vgl. zu diesem Problem insbesondere die Ausführungen zum Herrschaftsprinzip, Teil 2 B VIII, und zum Gefahrenmoment, Teil 2 B VI.

1309 Zum hier vertretenen *dualistischen* Ansatz siehe Teil 2 C III und zu dessen Exemplifikation siehe Teil 2 C VI.

1310 Zur Herrschaftslehre insgesamt siehe Teil 2 B VIII, insbesondere zum Ergebnis der Analyse der Erfolgsdelikte siehe Teil 2 B VIII 1 b aa.

und aus diesen konkrete, materielle Kriterien zu entwickeln, die eine transparente, rational nachvollziehbare und axiologisch akzeptable Lösung der Fälle unechten Unterlassens erlauben. Die solchermaßen gefundene Garantenlehre ist sodann anhand von Fallgruppen zu verifizieren.

3.3 Eigener Lösungsansatz

3.3.1 Anspruch und Entwicklung des eigenen Ansatzes

Diese Arbeit erhebt nicht den Anspruch, jeden denkbaren Fall unechten Unterlassens mit absoluter Sicherheit und Trennschärfe beurteilen zu können. Ein solches Unterfangen wäre bei der augenblicklichen Gesetzeslage[1311] von vornherein zum Scheitern verurteilt. Vielmehr sollen die Entwicklung von Grundlagen und die daraus folgenden Voraussetzungen für die Haftung aufgezeigt und anhand dieser konkrete Falllösungen und damit zugleich eine rationale Auseinandersetzung mit dem Ansatz ermöglicht werden.

Für die Erarbeitung der Grundlagen der Haftung wegen unechten Unterlassens wird ein deduktiver Weg beschritten. Ein solches Vorgehen gebieten allein schon die bei der Analyse induktiver Ansätze aufgetretenen Probleme[1312]. Zunächst werden das Ausgangsproblem, die Rechtsquelle § 13 StGB, und der hiesige Lösungsweg erläutert, einschließlich einer neuen, die Funktionenlehre verwerfenden Systematisierung (Gliederungspunkt II). Es folgt die Herleitung der dogmatischen Grundlagen der hier verfochtenen, dualistischen Begründung der Garantenhaftung, Verpflichtungserklärung und Herrschaft über die Gefahrenquelle (III).

Das neben der Verpflichtungserklärung aus dem Verletzungsverbot hergeleitete Merkmal der Herrschaft über die Gefahrenquelle hat für die Lösung des Ausgangsproblems der Notwehrrestriktion indes keine beachtenswerte Bedeutung. Daher beschränken sich die Ausführungen hinsichtlich des Herrschaftsgedankens auf die Begründung der eben geäußerten These und ein paar grundlegende Bemerkungen. Die sich anschließenden Ausführungen konkretisieren den Haftungsgrund Verpflichtungserklärung in der Aufstellung allgemeiner Garantenstellungsvoraussetzungen (IV). Abschließend werden die gefundenen Ergebnisse anhand der üblichen Fallgruppen überprüft und weiter konkretisiert (V).

3.3.1.1 Das Rechtsquellenproblem und die Rechtsordnung als Ganzes

Ausgangspunkt für die Beantwortung der Frage nach dem Grund der Garantenhaftung stellt die Suche nach deren Rechtsquelle[1313] dar. Denn wer einen solchen

1311 Vgl. das anschließend diskutierte Rechtsquellenproblem, Teil 2 C II.

1312 Vgl. nur die Ausführungen zu *Dominok*, Teil 2 B IV 3.

1313 Dabei ist vorab klarzustellen, dass der Begriff Rechtsquelle hier im engeren Sinne als Quelle für den Rechtsanwender verbindlicher Rechtssätze im Sinne von Art. 20 III und

Haftungsgrund gefunden zu haben behauptet, muss sogleich die Frage beantworten, woraus er ihn entnommen hat.

Von Verfassungs wegen, Art. 103 II GG, sind besonders strenge Anforderungen an die Rechtsquellen strafrechtlicher Haftung zu stellen. Unter anderem erfordert das Gesetzlichkeitsprinzip das Vorliegen eines lex scripta. Auf den ersten Blick kann die Suche sogleich mit Hinweis auf § 13 StGB für erfolgreich abgeschlossen erklärt werden. Dieser Erfolg trägt bedauerlicherweise nicht sonderlich weit. Viel mehr als die verfassungsmäßige Absicherung der Haftung wegen unechten Unterlassens ist mit § 13 StGB nicht gewonnen[1314]. Er verlangt für den Täter eines unechten Unterlassungsdelikts, dass dieser für das Abwenden[1315] eines zum Tatbestand eines Strafgesetzes gehörenden Erfolges „rechtlich einzustehen“ hat. Damit bringt der Gesetzgeber zumindest zum Ausdruck, dass eine allein sittliche Pflicht nicht genügt[1316]. Wann allerdings jemand für das Ausbleiben eines Erfolges rechtlich einzustehen hat, ist § 13 StGB ebenso wenig zu entnehmen wie der jeweils einschlägigen Norm aus dem besonderen Teil des StGB. Mit Rücksicht auf die diesbezüglich noch im Fluss befindliche Diskussion hat der Gesetzgeber des 2. Strafrechtsreformgesetzes, mit dem § 13 StGB dem Strafgesetz hinzugefügt worden ist, diese Frage bewusst offen gelassen[1317]. Mitunter wird sogar bezweifelt, ob dem Gesetzgeber eine allgemeine Antwort möglich ist[1318]. Daher hat zwar § 13 StGB die strafrechtliche Haftung wegen unechten Unterlassens gesetzlich verankert, aber die eigentlich entscheidende Frage, unter welchen Voraussetzungen eine solche Haftung entsteht, nicht beantwortet. Genau genommen trifft § 13 StGB nur eine Aussage darüber, was für eine Art Pflicht die Einstandsverpflichtung sein muss und nicht, woraus diese zu entnehmen ist. Letzteres wird nur mittelbar eingegrenzt, indem Quellen, die keine Rechtspflichten liefern, auszuscheiden sind. Damit hat aber auch das Rechtsquellenproblem – abgesehen von den ausgeschiedenen sittlichen Pflichten – un-

---

97 I GG und nicht im weiteren, alle Einflussfaktoren auf das objektive Recht erfassenden Sinne zu verstehen ist.

1314 Statt vieler: *Kronseder*, Strafbarkeit von Mitarbeitern des Jugendamtes, S. 55.

1315 Die Formulierung „...Erfolg abzuwenden...“ ist insofern etwas ungenau, als dass ihr Wortlaut nur die Verhinderung zukünftiger, verpönter Erfolge erfasst. Zweifelsohne ist jedoch ebenso bei Dauerdelikten, wie § 123 StGB, die mögliche Fortdauer des Erfolgs vom Verpflichteten zu beseitigen; in diesem Sinne auch *Schöne*, Unterlassene Erfolgsabwendungen, S. 327.

1316 Allgemeine Ansicht, vgl. nur BGHSt 30, 394; *Kronseder*, Strafbarkeit von Mitarbeitern des Jugendamtes, S. 56; SK-*Rudolphi*, § 13, Rn. 19 m. w. N.

1317 BT-Drucks. IV/650, S. 124 f.

1318 *Rudolphi*, Gleichstellungsproblematik der unechten Unterlassungsdelikte und der Gedanke der Ingerenz, S. 86; *Welzel*, Das Deutsche Strafrecht, 11. Aufl., S. 210.

vermindert Bestand. Weiterhin begegnet der Rechtsanwender der Schwierigkeit, wann jemand als Garant haftet und welcher Quelle eine Antwort darauf zu entnehmen ist. Die dem Gesetzgeber vorbehaltene Entscheidung, wann ein strafbares, unechtes Unterlassen vorliegt, hat dieser demnach allenfalls in Grundzügen getroffen. Er erteilt statt dessen der Rechtsprechung und Literatur mit dieser Vorschrift einen Ausfüllungsauftrag. Zutreffend wird deshalb von einer „Ermächtigung zur Rechtsschöpfung“[1319] gesprochen. Nach hiesigem Dafürhalten überschreitet er damit die Grenze des nach Art. 103 II GG Zulässigen nicht. Ein erstes Argument hierfür bietet die Tatsache, dass dem Strafrecht ausfüllungsbedürftige Rechtsbegriffe auch an anderer Stelle nicht fremd sind, ohne dass daran im Hinblick auf Art. 103 II GG Anstoß genommen würde. Zu nennen sind beispielsweise Vorsatz und Fahrlässigkeit oder die Schuld. Eine eingehendere Untersuchung ist allerdings anderen Arbeiten vorbehalten[1320].

Daher stellt sich nunmehr die Frage, mittels welcher Rechtsquelle dem gesetzgeberischen Ausfüllungsauftrag in § 13 StGB zu entsprechen ist. Dabei ist auf die bisher gewonnenen Erkenntnisse zurückzugreifen[1321]. In einer ersten Zweiteilung kann man zwischen rechtlich-normativen und ontischen Quellen differenzieren[1322]. Einer zu Letzteren zählenden sozialethischen Fundierung, die beispielsweise auf die Erwartungen in der Sozietät[1323] oder die soziale Rolle[1324] abstellt, kann aus den bereits dargelegten Gründen nicht gefolgt werden[1325]. In diesem Zusammenhang scheidet ebenfalls ein Rückgriff auf überpositives Naturrecht aus. Dieses bildet lediglich das juristische Instrument zur Bewältigung

---

1319 *Schünemann*, Grund und Grenzen, S. 55, 217; *Vogel*, Norm und Pflicht, S. 25.

1320 Wie hier für eine Verfassungsmäßigkeit: BVerfGE 96, 97; BVerfG NJW 2003, 1030 f.; *Gropp*, AT, § 11, Rn. 7; *Lenckner*, JuS 1968, S. 304 ff.; *Maurach/Gössel/Zipf*, Strafrecht AT, TB 2, § 46, Rn. 40, 42; Schönke/Schröder-*Stree*, § 13, Rn. 5 f.; *Vogel*, Norm und Pflicht, S. 335; dagegen: *Köhler*, AT, S. 213 f., der zu Unrecht auf Schönke/Schröder-*Stree* verweist; *Schöne*, Unterlassene Erfolgsabwendungen, S. 340 ff.; 355 f.; *Schürmann*, Unterlassungsstrafbarkeit und Gesetzlichkeitsgrundsatz, S. 149, 186.

1321 Siehe die Analyse existierender Garantenlehren, Teil 2 B.

1322 In diesem Sinne auch *Schünemann*, Grund und Grenzen, S. 93.

1323 *Brammsen*, Entstehungsvoraussetzungen von Garantenpflichten, S. 99 f., 114 f.; *S. v. Coelln,* Das „rechtliche Einstehenmüssen“, S. 133, 233, die daneben auf das Herrschaftsprinzip abstellt und eine verfassungsrechtliche Abwägung vornimmt; *Otto*, AT, § 9, Rn. 42 ff.; *Otto/Brammsen*, Jura 1985, S. 530, 536.

1324 *Bärwinkel*, Struktur der Garantieverhältnisse bei den unechten Unterlassungsdelikten, insbesondere S. 105 ff.

1325 Siehe die Kritik bei Teil 2 B VII 2 b (an der sozialen Rolle), Teil 2 B VII 3 b (am Erwartungsansatz) sowie insbesondere der allgemein gegen diese Ansätze vorgebrachten Einwände unter Teil 2 B VII 1 b aa.

von Ausnahmesituationen, in denen es eines Maßstabes zur Prüfung bedarf, ob „gesetzliches Unrecht" gegeben ist[1326]. Daher kommt es bereits wegen seiner Zielsetzung hier nicht in Betracht[1327]. Generell ist ein Rückgriff auf ontische Gegebenheiten abzulehnen[1328].

Bei den nun in Betracht zu ziehenden rechtlich-normativen Quellen ist der Blick gemäß der Hierarchie dieser Rechtsquellen zunächst auf die Verfassung zu richten, da supranationale und internationale Regelungen ersichtlich unergiebig sind für das hier interessierende Spezialproblem. Allerdings kann das Unterfangen, das Gleichstellungsproblem auf dem Boden der Verfassung einer konkreten Lösung (im Wege einer einzelfallbezogenen Abwägung) zuzuführen, nach den hiesigen Untersuchungsergebnissen als gescheitert betrachtet werden[1329]. Ebenso muss dem Versuch, auf Richter- oder Gewohnheitsrecht zurückzugreifen, eine Absage erteilt werden. Es ist schon äußerst zweifelhaft, ob sich bei den unechten Unterlassungsdelikten überhaupt einheitliches Richterrecht, geschweige denn, ein von allgemeiner Rechtsüberzeugung getragenes, allgemein geübtes Gewohnheitsrecht ausmachen lässt. Jedenfalls steht beiden der Grundsatz *nulla poena sine lege scripta* aus Art. 103 II GG unüberwindbar entgegen.

Oftmals wird das Rechtsquellenproblem übergangen und stillschweigend davon ausgegangen, dass die für zutreffend erachtete Garantenformel selbst als Rechtsquelle genügt. Eine solche abzulehnende Nicht-Lösung findet sich insbesondere bei den Lehren vom Gefahrenmoment und fallgruppenspezifischen Ansätzen. Ohne zumindest die Nennung einer plausiblen Rechtsquelle fehlt es bereits an dem Fundament, auf dem eine dogmatische Lösung aufbauen könnte. Allein der Umstand, dass eine Garantenformel und ihre Merkmale in einer bestimmten Konstellation eine das Rechtsgefühl befriedigende Lösung ermöglichen, ersetzt nicht eine dogmatisch überzeugende, folgerichtige Herleitung aus einer von § 13 StGB erfassten Rechtsquelle. Unüberwindliche Schwierigkeiten bereitet zudem der Versuch, das rechtliche Einstehenmüssen auf einzelne, ausgewählte, einfachgesetzliche Normen zu stützen. Aufschlussreich hinsichtlich der dabei auftretenden Probleme sind die Lösungsversuche der formellen Rechtspflichtenlehre und der formell-materiellen Garantenlehren. Soweit sie sich überhaupt darum bemühen, ist es ihnen nicht gelungen, – und dies ist sym-

---

1326 Wie zum Beispiel nach dem Ende des Zweiten Weltkriegs oder dem Zusammenbruch der DDR.

1327 Daneben würden sich ihm gegenüber die kritischen Fragen aufdrängen, wer mit welcher Kompetenz über den Inhalt des Naturrechts zu befinden hätte und ob es göttlichen Ursprungs ist oder aus der menschlichen Vernunft zu konstruieren ist; vgl. *Rüthers*, Rechtstheorie, Rn. 265 ff.

1328 Teil 2 B VII 1 b aa.

1329 Siehe die Kritik am Ansatz *S. v. Coellns* unter Teil 2 B VIII 4 b.

ptomatisch für die Bezugnahme auf bestimmte, einfachgesetzliche Rechtsnormen – Kriterien für die Auswahl der garantenstellungsbegründenden Normen zu benennen[1330].

Daher kommt abschließend als Rechtsquelle nur noch die Rechtsordnung als Ganzes in Betracht. In der Tat ist damit der zutreffende Anknüpfungspunkt gefunden[1331]. Allerdings darf man nun nicht der Versuchung erliegen, bestimmte, allgemein anerkannte Rechtsprinzipien herauszugreifen und auf sie die Lösung bestimmter Fallgruppen zu stützen. Ein solches Vorgehen könnte zwar fallgruppenspezifisch zu einer überzeugenden Lösung führen. Indes schüfe man sich so neue Probleme. Man müsste zunächst begründen, warum gerade dieses Rechtsprinzip und nicht ein anderes heranzuziehen ist. Das Argument, dass es axiologisch akzeptable Ergebnisse produziert, wäre hierfür ersichtlich nicht stichhaltig. Die Vielzahl an denkbaren Rechtsprinzipien bedingt aber nicht nur ein Auswahlproblem. Denkbar ist zudem, dass verschiedene Maximen zu widersprüchlichen Ergebnissen führen, so dass Kollisionsregeln erforderlich wären. Im hier interessierenden Fall einer Garantenhaftung kollidieren stets zu Gunsten des Opfers streitende rechtsgutsschützende Prinzipien mit zu Gunsten des potentiellen Garanten streitenden freiheitsschützenden Prinzipien. Daher verbietet es sich, als Rechtsquelle auf aus der Rechtsordnung als Ganzer abgeleitete Prinzipien abzustellen.

Wenn nun aber dem Rechtsanwender auch Letzteres verwehrt ist, wie und mit welchem Ertrag soll er dann überhaupt bei der Rechtsquellenfrage auf die Rechtsordnung als Ganzes zurückgreifen? Die Antwort auf diese berechtigte Frage und die Vermeidung von Auswahl- und Kollisionsproblemen kann nur gelingen, wenn man auf die Ausgangsprämisse unserer Rechtsordnung zurückgeht, gewissermaßen auf das Axiom der Rechtsordnung. Bei der Ermittlung dieser Prämisse ist die Erkenntnis entscheidend, dass der Mensch Ausgangs- und vor allem Zielpunkt des Rechts ist. Er ist zugleich dessen Schöpfer, Adressat und Unterworfener. Es wird vom Menschen für den Menschen geschaffen. Aus diesem Grund ist entscheidend, wie die Rechtsordnung den Menschen sieht. Als Ausgangsprämisse betrachtet unsere Rechtsordnung den Menschen als *freies* Wesen. Ihre gesamte Konstruktion basiert auf der Annahme, dass dem Menschen die *Freiheit* eigen ist[1332].

1330 Siehe die Kritik an der formellen Rechtspflichtenlehre, Teil 2 B II 1 b, und an der formell-materiellen Garantenlehre, Teil 2 B IV 1 b.

1331 Im Ausgangspunkt ebenso *E. A. Wolff*, Kausalität von Tun und Unterlassen, S. 38 f.

1332 Daneben können weitere grundlegende Annahmen ausgemacht werden: Die Gleichheit der Menschen oder auch das Recht und die Pflicht der Eltern, ihre Kinder zu erziehen, zu schützen und zu fördern, vgl. hierzu ausführlicher Teil 2 C V 1.

3.3.1.2 Der freie Mensch als Axiom unserer Rechtsordnung

Die höchstrangige, nationale Rechtsquelle, die Verfassung bietet nicht bloß den ersten und wichtigsten Beleg für dieses Axiom, sie verkörpert ebenfalls als grundlegendes Gesetz, Grundgesetz, die Konturierungen dieses Axioms. Zum Ausdruck kommt dies bereits in der Präambel, die vorab verdeutlicht, dass das deutsche Volk sich „kraft seiner verfassungsgebenden Gewalt dieses Grundgesetz gegeben" hat. Eine solche Selbstgesetzgebung, gesellschaftsvertragliche Staatsgründung und Staatsorganisation, ist aber nur dem freien Menschen möglich. Zugleich wird deutlich, dass es sich bei der Freiheit des Menschen nicht um ein gleichrangiges Prinzip unter vielen anderen handelt. Vielmehr basiert, wie es die Präambel zum Ausdruck bringt, die gesamte Staatsgründung und Selbstgesetzgebung darauf. Der Mensch hat sich entsprechend *Jean-Jacques Rousseaus* staatsrechtlicher Lehre vom Gesellschaftsvertrag kraft der ihm eigenen Freiheit im Staat zusammengeschlossen. Politische Macht einschließlich der Macht zur Gesetzgebung ist das Produkt des allgemeinen Willens („volonté générale" in *Rousseaus* Terminologie).[1333]

In dieselbe Richtung zielt Art. 20 II 1 GG, der grundlegend festlegt, dass alle Staatsgewalt vom Volk ausgehe. Das Volk übe die Macht im Staate aus, was ebenfalls nur denkmöglich ist, wenn man den Menschen als freies Wesen begreift. Der Verfassungsgesetzgeber selbst beschreibt die von ihm verfasste Ordnung als eine freiheitliche Grundordnung in Art. 21 II 1 GG. Eine freiheitliche Grundordnung für in ihrem Wesen Unfreie wäre aber ersichtlich sinnlos. Gegen jeden, der diese (freiheitliche) Ordnung zu beseitigen unternimmt, haben die Bürger gar ein Widerstandsrecht, Art. 20 IV GG, und das Gewaltmonopol des Staates ist im Rahmen des Erforderlichen zeitweise suspendiert.

Zu Beginn des Grundgesetzes findet sich außerdem ein Katalog freiheitssichernder Grundrechte. Er soll den Menschen insbesondere vor Freiheitsbeschränkungen durch den Staat schützen, sog. status negativus der Grundrechte. Daneben ist der Staat aber ebenso verpflichtet, aktiv Einrichtungen zu schaffen und Vorkehrungen zu treffen, die die tatsächliche Freiheitsverwirklichung erlauben, sog. status positivus. Diese verschiedenen, freiheitssichernden und -ermöglichenden Funktionen der Grundrechte, ihre exponierte Stellung am Beginn des höchsten nationalen Gesetzes und ihre sorgfältige Ausdifferenzierung in einzelne Freiheiten lassen nur den Schluss zu, dass die Freiheit des Menschen für den Gesetzgeber oberste Priorität genießt. Etwas vorschnell und oberflächlich könnte man dem gegenüber einwenden, die Rechtsordnung halte den Menschen für

---

1333 Vgl. dazu *Rousseau*, Der Gesellschaftsvertrag oder die Grundsätze des Staatsrechts, insbesondere Kapitel 6 und 8 des ersten Buches.

ursprünglich unfrei, denn sonst müsste sie ihm nicht erst noch Freiheitsrechte einräumen. Dieser Einwand verkennt jedoch, dass Freiheits*rechte* und Freiheitsgarantien statuiert werden. Solche subjektiven Rechte gewähren lediglich die Möglichkeit bestimmter Freiheitsbetätigungen oder den Verzicht darauf (bei Letzterem handelt es sich um den negativen Aspekt des jeweiligen Freiheitsrechts) und sollen die reale, urzuständliche Freiheit vor staatlicher Begrenzung bewahren. Die Gewährung von Möglichkeiten der Freiheitsbetätigung ergibt aber logisch nur gegenüber einem Wesen Sinn, das über die Fähigkeit verfügt, diese auszuüben. Daher setzt die Einräumung von Freiheitsrechten ein freies Wesen als Berechtigten voraus. Es bleibt bei dem Befund: Die Verfassung geht notwendig von einem freien Menschen aus.

Aber auch in den einfachgesetzlichen Regelungen und den diese systematisierenden Teilrechtsgebieten wird deutlich, dass die Rechtsordnung den Menschen als freies Wesen sieht. Genauso wie die Verfassung dient im öffentlichen Recht beispielsweise der im Verwaltungsrecht geltende Grundsatz der Gesetzmäßigkeit der Verwaltung, kein Handeln der Verwaltung gegen oder ohne das Gesetz, zumindest auch dem Freiheitsschutz des Menschen[1334]. Das Zivilrecht wiederum wird in seinen Grundlagen vom Prinzip der Privatautonomie in seinen drei Ausprägungen der Vertrags-, Testier- und Eigentumsfreiheit dominiert. Der Freiheitsschutz beinhaltet sogar, dass gemeinhin als vorteilhafte erachtete Schenkungen nicht gegen den Willen des Beschenkten erfolgen können, § 516 I BGB. Im prozessualen Bereich fällt vor allem die Dispositionsmaxime auf, §§ 306 ff., 269 ZPO. Die Bedeutung der Freiheit geht dort gar so weit, dass das „Ob" des staatlichen Rechtsschutzes von der Disposition der Beteiligten abhängt.

Aus dem Bereich des Strafrechts ist auf das an exponierter Stelle, § 1 StGB, zu findende Garantieprinzip, das über Art. 103 II GG Verfassungsrang genießt, exemplarisch hinzuweisen. Kriminalstrafe stellt eine der gravierendsten Freiheitsbeschränkungen des Menschen dar. Eine solche Freiheitsbeschränkung ermöglichende Regelung und Rechtsanwendung soll nur unter bestimmten, strengen Voraussetzungen möglich sein. Über die Einhaltung dieser Voraussetzungen wacht gar die Verfassung, Art. 103 II GG. Durch die Garantie bestimmter Mindestvoraussetzungen einer strafrechtlichen Freiheitsbeschränkung schützt sie mittelbar die Freiheit selbst.

Strafprozessual basiert zum Beispiel das Prinzip des *nemo tenetur se ipsum accusare* auf der dem Menschen garantierten Freiheit. Selbst um der Wahrheit und des Strafverfolgungsinteresses willen ist der Mensch nicht verpflichtet, sich selbst zu belasten, sondern es steht ihm frei, zu den Vorwürfen gegen ihn zu

1334 *Maurer*, Allgemeines Verwaltungsrecht, § 6, Rn. 4 ff.

schweigen, § 55 StPO. Eine Wahrheitsermittlung um jeden Preis, auf Kosten der Freiheit ist nicht gestattet, § 138 StPO.

Sämtliche dieser Beispiele belegen, dass unsere Rechtsordnung an höchster Stelle, aber auch einfachgesetzlich von dem Menschen als einem Wesen in Freiheit ausgeht. Im Gegensatz zu möglicherweise miteinander kollidierenden, einzelnen Rechtsprinzipien und deren situative Gewichtung dürfte diese Deutung unserer Rechtsordnung allgemein konsensfähig sein. Damit befindet sich diese Arbeit in Übereinstimmung mit der Auffassung des Bundesverfassungsgerichts, das ausführt: „Das Grundgesetz ist eine wertgebundene Ordnung, die den Schutz von Freiheit und Menschenwürde als den obersten Zweck allen Rechts erkennt ...". Daher soll diese aus der Rechtsordnung als ganzer gewonnene Prämisse im weiteren Verlauf der Arbeit zu Grunde gelegt werden.

3.3.2 Dogmatische Grundlagen

3.3.2.1 Rechtsphilosophische Fundierung

Eine rechtsphilosophische Legitimation der Haftungsgründe des unechten Unterlassens kann nur im Rahmen eines Haftungssystems für das gesamte Strafrecht erfolgen. Letzteres stellt ein Vorhaben dar, dem man allenfalls in einer gesonderten, exklusiv darauf konzentrierten Arbeit gerecht werden kann[1335]. Das Schwergewicht dieser Arbeit liegt dagegen im Bereich des Notwehrrechts und der Unterlassungsdogmatik, so dass ausnahmsweise an dieser Stelle in der häufig vorzufindenden Feststellung, dass eine umfassende, rechtsphilosophische Ausarbeitung „den Rahmen der Arbeit sprengen würde“, Zuflucht zu suchen ist. Dessen ungeachtet sollen hier insbesondere wegen des zuvor erörterten Rechtsquellenproblems[1336] die Chancen, die die Rechtsphilosophie bietet, genutzt und eine knappe, dem Hauptanliegen der Arbeit gerecht werdende, rechtsphilosophische Fundierung für die Lösung des Garantenproblems angeboten werden. Der gebotenen Konzentration wegen beschränkt sich die Arbeit auf das Aufzeigen eines nach hiesiger Ansicht allgemein zustimmungsfähigen, aus der Rechtsordnung als Ganzer gewonnenen Ausgangspunktes[1337] und die folgerichtige Entwicklung der Lösung des Haftungsproblems bei den unechten Unterlassungsdelikten aus dieser Prämisse.

1335 Vgl. nur beispielsweise die Arbeit von *Matt*, Kausalität aus Freiheit, insgesamt 245 Seiten.

1336 Siehe oben Teil 2 C II.

1337 Siehe unmittelbar zuvor Teil 2 C II.

3.3.2.1.1 Der freiheitliche Urzustand des Menschen und dessen Streben nach Freiheit

Der Rechtsordnung als Ganzer wurde als deren fundamentaler Ausgangspunkt entnommen, dass der Mensch seiner Natur nach frei ist. Die darin implizierte Annahme, dass der Mensch über Willensfreiheit verfügt, wird folgerichtig auch hier zu Grunde gelegt. Eine Erörterung deterministischer Sichtweisen und deren Vereinbarkeit mit der Willensfreiheit im Sinne des Kompatibilismus würde hier zu weit führen und wenig Gewinn für die interessierenden Sachfragen bringen. Gleiches gilt für die Frage der genauen Definition von Freiheit und der Unterscheidung zwischen positiver und negativer Freiheit. Zumindest im Kernbereich dürfte eine allgemein kongruente Vorstellung davon bestehen, was darunter zu verstehen ist. Da bereits zuvor die Verfassung bemüht wurde, soll hier als Arbeitsgrundlage Freiheit im Sinne (des Schutzbereichs der) der allgemeinen Handlungsfreiheit des Art. 2 I GG verstanden werden.

Da das Anliegen im vorliegenden Teil der Arbeit die Ermittlung der Entstehungsvoraussetzungen von Garantenstellungen *de lege lata* bildet, wäre es legitim, sich mit der Feststellung zu begnügen, dass die Rechtsordnung und insbesondere die Verfassung von einem freiheitlichen Urzustand des Menschen ausgehen und man allein deshalb von diesem Punkt aus weiterzudenken habe. Indes handelt es sich bei dieser Prämisse nicht um eine bloße Festlegung des Gesetzgebers, mit der man sich abzufinden und weiter zu arbeiten hat. Sie lässt sich durch einige weitere Argumente stützen.

Auf den ersten Blick scheint der Mensch alles andere als frei zu sein. Er hat sowohl die für ihn geltenden Rechtsvorschriften zu beachten als auch in der zwischenmenschlichen Interaktion die an ihn gerichteten Erwartungen zu erfüllen, will er sich nicht staatlichem Zwang oder zwischenmenschlicher Missachtung und Isolation aussetzen. Er unterliegt also einer Vielzahl von rechtlichen und sozialen Pflichten. Damit betrachtet man allerdings nur den status quo, nachdem der Mensch sich bereits kraft seiner Freiheit in soziale Systeme und sich seiner Freiheit zu Gunsten des gesetzgebenden Staates im Austausch gegen dessen Schutz begeben hat. Stellt man sich ihn hingegen losgelöst von diesen rechtlichen und sozialen Bezügen im Urzustand auf einer Art *tabula rasa* als Einzelwesen isoliert vor[1338], so gewinnt die Annahme, dass der Mensch in seinem Urzustand frei ist, sogleich größere Plausibilität. Zwar handelt es sich hierbei nicht um einen strengen Beweis. Aber dass der Mensch in solch einem losgelösten Ur-

1338 Ein solches, ein subtrahierendes Verfahren zu Grunde legendes Denkmodell zur Ergründung des Wesens des Menschen verwendet beispielsweise auch *Thomas Hobbes*, Leviathan, Kap. 6.

zustand tatsächlich tun und lassen könnte, was er will, also im ursprünglichsten Sinne frei wäre, ist zumindest gut vorstellbar.

Spätestens seit die Aufklärung die Emanzipation des Menschen in fast allen Bereichen mit dem Instrument der Vernunft vorantrieb, wird er als rationales Wesen angesehen. Wer allerdings dem Menschen die Vernunft zuspricht, kommt nicht umhin, ihm auch die Freiheit zuzusprechen. Denn eine Vernunft ohne Freiheit wäre nutzlos. Die Früchte der Vernunft blieben stets bloße Interna des denkenden Menschen. Was nützte dem Menschen alle Vernunft, wenn er nicht die Freiheit hätte, sie Realität werden zu lassen? Vernunft kann also nur über das Medium der Freiheit Realität erlangen und setzt diese deshalb notwendig voraus. Der vernünftige Mensch ist ein freier Mensch.

Letztlich spricht auch die Existenz von Gesetz und Staat für den freiheitlichen Urzustand des Menschen. Beide verdanken ihre Existenz der Freiheitsbetätigung des Menschen. Dokumentiert wird dies in der Präambel des Grundgesetzes[1339]. Freiheit schließt die Möglichkeit mit ein, sich ihrer zumindest teil- und zeitweise oder dauerhaft zu begeben. Genau dies ist erfolgt, wenn der Mensch sich mit anderen zusammenschließt und um des eigenen Schutzes willen seine Freiheit zu Gunsten des Staates partiell preisgibt. Nach der Staatsgründung wird der Einzelne gewissermaßen in den Schutz des Staates hineingeboren[1340]. Ausdruck der Autonomie des Menschen ist aber genauso dessen Selbstgesetzgebung. Er unterwirft sich kraft seiner Freiheit sich selbst gegebenen Gesetzen. Das dies in der modern verfassten Gesellschaft häufig nur mittelbar geschieht auf dem Wege der Repräsentation ändert nichts an der Tatsache, dass die Gesetzgebung letztlich das Ergebnis einer Freiheitsbetätigung via Wahl von Repräsentanten darstellt.

Mit der nunmehr argumentativ gestützten Ausgangsannahme, dass der Mensch in seinem Urzustand frei ist, ist jedoch die Basis für den weiteren Gedankengang noch nicht vollständig gelegt. Denn damit ist der Mensch nur als etwas Statisches erfasst. Man vernachlässigt die ihm ebenfalls wesenseigene Dynamik, welche sowohl in der Rechtsordnung auffind- als auch historisch nachweisbar ist. Es trifft daher zu, wenn *Thomas Hobbes* ausführt, der Mensch sei ein stets „strebendes" Wesen, dessen oberster Zweck die Selbsterhaltung ist[1341]. Allerdings bedarf dies noch der weiteren Präzisierung. Der Mensch trachtet nach hiesiger Auffassung nicht allein nach der Sicherung seiner Existenz im Sinne seiner körperlichen Unversehrtheit und seines schlichten Überlebens, sondern

1339 „... hat sich das Deutsche Volk kraft seiner verfassungsgebenden Gewalt dieses Grundgesetz gegeben."

1340 *Roxin*, Strafrecht AT, Bd. 2, § 32, Rn. 94.

1341 *Hobbes*, Leviathan, 13.Kap., S. 95.

Selbsterhaltung impliziert für ihn die Erhaltung seines *freien* Wesens. Für diese ist er sogar bereit, jene zu riskieren. Der Mensch möchte nicht bloß existieren, sondern in Freiheit leben.

Dies mag auf den ersten Blick selbstverständlich erscheinen, weil „Freiheit" ein positiv besetzter Begriff ist, und deshalb deren Herstellung und Sicherung intuitiv nahe liegt. Indes gewährt die Freiheit dem Menschen nicht lediglich die Möglichkeit das Naheliegende und Vernünftige zu tun, sondern sie gestattet ihm ebenso, sich für Unvernünftiges, gar Selbstschädigendes zu entscheiden. Die Erfahrung lehrt, dass es ebenso in seiner Natur liegt, mitunter das Fernliegende und Unvernünftige zu wählen[1342]. Auf theoretischer Ebene ist es durchaus denkbar, das der Mensch sich zwar ursprünglich in einem freiheitlichen Zustand befindet, nach dessen Verlust jedoch keine Anstalten unternimmt, diesen wieder herzustellen.

Bei Vorstehendem handelt es allerdings lediglich um eine theoretische Möglichkeit. Tatsächlich verhält es sich so, wie eingangs behauptet: Der Mensch strebt nach der Schaffung und dem Erhalt seiner Freiheit. Um der Freiheit willen ist der Mensch sogar bereit, sein Leben einzusetzen. Die Historie legt darüber ein vielfältiges, beredtes Zeugnis ab, wobei nicht zu leugnen ist, dass jedenfalls auch wirtschaftliche Auseinandersetzungen und Unzufriedenheit mit wirtschaftlichen Motiv gebend waren. Einige prägnante Beispiele hierfür sollen genügen: So befreite sich Frankreich bekanntermaßen im Rahmen der Französischen Revolution vom absolutistischen Ständestaat; der amerikanische Sezessionskrieg entzündete sich im Wesentlichen an der Sklaverei; aus der neueren Zeit sind der Zusammenbruch der totalitären Regime in Osteuropa, mit besonderem Augenmerk auf der weitgehend friedlichen Revolution in der damaligen DDR, sowie die aus jüngster Zeit berichteten Studentenunruhen in China und Umwälzungen in Nordafrika zu nennen. In all diesen Fällen wurde die Rückeroberung der Freiheit bzw. der diesbezügliche Versuch durch Teile der Bevölkerungen auch mit Menschenleben bezahlt. Offensichtlich strebt der Mensch zu allen Zeiten, notfalls unter Einsatz seines Lebens, nach Freiheit.

Einen weiteren Beleg für das Freiheitsstreben liefert die Verfassung. Diese setzt nicht nur wie oben dargestellt[1343] die Freiheit des Menschen logisch voraus, sondern hat zudem ausdrücklich deren Erhalt in ihren vielfachen, in den Grundrechten ausdifferenzierten Erscheinungsformen zum Ziel. Diese Verfassung hat

---

1342 Man denke in diesem Zusammenhang nur an die Vielzahl von Rauchern, obwohl die Schädlichkeit des Rauchens sicherlich nicht mehr zu den letzten großen Geheimnissen der Menschheit zu zählen ist, oder an diejenigen, die sich einer sektiererischen Gruppe anschließen, die ihre Mitglieder ausbeutet und in Unfreiheit hält.

1343 Siehe Teil 2 C II.

sich „das deutsche Volk“ selbst gegeben und wollte somit bewusst auf der denkbar höchsten Gesetzesebene die Freiheit garantieren. Dies erfolgte insbesondere als Reaktion auf die Zeit der Unfreiheit unmittelbar vor Entstehen des Grundgesetzes. Im Versuch der Pointierung könnte man demnach das Grundgesetz als Verfassungsrecht gewordenes Zeugnis des Strebens nach Freiheit bezeichnen.

Abschließend kann daher an dieser Stelle festgehalten werden, dass der Mensch als Prämisse unserer Rechtsordnung frei ist[1344] und danach strebt, reale Freiheit zu schaffen und zu erhalten.

3.3.2.1.2 Die zwei unerlässlichen Grundregeln für die dauerhafte Freiheit des Menschen in Gesellschaft

3.3.2.1.2.1 Erste Grundregel: Neminem laede!

Das Dilemma der grenzenlosen Freiheit in Gemeinschaften

Zum Nachweis des freiheitlichen Urzustandes wurde der Mensch losgelöst von seinen sozialen und rechtlichen Bezügen als Einzelwesen gedacht. Bei der Ermittlung der Entstehungsvoraussetzungen von Garantenstellungen ist dagegen, statt von einem solch rein theoretischen Zustand, von der tatsächlichen Lebenssituation des Menschen auszugehen. Diese Lebenssituation wird im Unterschied zur vorherigen Theoretisierung dadurch charakterisiert, dass der Mensch nicht isoliert existiert, sondern mit anderen Menschen in einer Gesellschaft. Die gemeinsame Existenz von Menschen kennzeichnet allerdings *nicht* das isolierte *Neben*einander aller. Vielmehr leben die Menschen *mit*einander in dem Sinne, dass sie miteinander interagieren und durch diese Interaktion ihre Leben miteinander verflechten. Dieses Miteinander-Leben, die Verbindung und Überschneidung menschlichen Wirkens, hat eine solch immense Bedeutung für die Lebenswirklichkeit des Einzelnen erlangt, dass sich zu ihrer Betrachtung eine eigene Wissenschaft, die Soziologie, herausgebildet hat. Die hiesige Charakterisierung der Lebenswirklichkeit teilt das Bundesverfassungsgericht, indem es ausführt „...; sein [des Grundgesetzes] Menschenbild ist nicht das des selbstherrlichen Individuums, sondern das der in *Gemeinschaft* stehenden und ihr vielfältig verpflichteten Persönlichkeit.“[1345]

1344 Wie hier für einen freiheitlichen Urzustand des Menschen u. a. *Hobbes*, Leviathan, 14. Kap., S. 99; *Jakobs*, Strafrecht AT, 29 / 77d; *Kahlo*, Handlungsform der Unterlassung als Kriminaldelikt, S. 181 f.; *Pawlik*; Unerlaubtes Verhalten, S. 5; *ders.*; ZStW 111, S. 346 f.; *Rousseau*, Der Gesellschaftsvertrag oder die Grundsätze des Staatsrechts, 1. Buch, Kapitel 1 „Der Mensch ist frei geboren...“.

1345 BVerfGE 12, 45 (51); vgl. auch BVerfGE 33, 1 (10 f.).

Sodann sind die Ausgangsprämisse des freien und freiheitsstrebenden Menschen mit dem unmittelbar vorstehenden Befund, des Lebens der Menschen miteinander in Gesellschaft, zusammenzuführen und die Konsequenzen daraus aufzuzeigen. Während die schrankenlose Freiheitsbetätigung eines isolierten Einzelnen noch komplikationslos möglich wäre, wirft eine grenzenlose Freiheitsausübung aller beim Leben in Gesellschaft Probleme auf. Es käme zwangsläufig zu Kollisionen bei den Freiheitsbetätigungen. Es entstünden Zielkonflikte dergestalt, dass die angestrebte Freiheitsausübung mehrerer Menschen im Ergebnis unvereinbar miteinander wäre. Nur ein Teil könnte seine Ziele verwirklichen – und zwar auf Kosten der Freiheit derjenigen, die deswegen ihre Ziele nicht verwirklichen können. Schrankenlos gelebte Freiheit des in Gesellschaft existierenden Menschen stellt demnach ein nicht für alle realisierbares Ziel dar. Das Leben des freien Menschen mit anderen in einer Gesellschaft führt unweigerlich zu einem Widerstreit der Einzelinteressen.[1346] Die Grenze der Freiheit bildet daher die Freiheit des anderen. Pointiert, wenn auch mit einem starken Akzent auf einem negativ-destruktiven Menschenbild, bringt *Thomas Hobbes* dies zum Ausdruck, wenn er vom „bellum omnium contra omnes“ (dem Krieg aller gegen alle) und metaphorisch davon spricht, der Mensch sei des Menschen Wolf („homo homini lupus“)[1347].

Zur Veranschaulichung der Konfliktträchtigkeit der unlimitierten Freiheit sollen drei einfache Beispiele genügen: Beabsichtigen zwei Menschen ihre Freiheit dahingehend zu betätigen, dass sie ein und denselben Ort zur gleichen Zeit körperlich aufsuchen möchten, ist offensichtlich, dass dies nur dem einen auf Kosten des anderen tatsächlich möglich ist. In einem zweiten Beispiel möchten zwei Menschen zeitgleich einen Gegenstand, beispielsweise einen PKW nutzen, um an verschiedene Orte zu fahren. Auch hier kann evident nur der eine seine Freiheit zu Lasten der des anderen ausüben. Schließlich ist noch der Fall denkbar, dass jemand danach trachtet, einen anderen zu verletztzen, dieser aber genau das vermeiden möchte. Beides zugleich ist auch hier nicht verwirklichbar.

Die Konsequenz aus der Zusammenführung des freien und freiheitsstrebenden Menschen und dessen Leben in Gesellschaft ist demzufolge ein Dilemma. Der Mensch befindet sich zwar in Freiheit und möchte sich dementsprechend verhalten. Zugleich ist er mit anderen Menschen in einer Gesellschaft vereint,

1346 Wie hier beurteilen die Folgen unbegrenzter Freiheit: *Hobbes*, Leviathan, 14. Kap., S. 99; *Rousseau*, Der Gesellschaftsvertrag oder die Grundsätze des Staatsrechts, 2. Buch, Kapitel 1.

1347 *Hobbes*, Leviathan, 13. Kap., S. 96 ff., 14. Kap., S. 99 ff., 21. Kap., S. 171, 26. Kap, S. 221.

mit der Folge, dass grenzenlose Freiheitsbetätigungen aller zu Kollisionen führen und deswegen logisch ausgeschlossen sind.

Reglementierung als Lösung des Dilemmas

Da der Mensch seinem Wesen nach stets nach dauerhaftem Erhalt der Freiheit strebt, stellt sich die Frage nach der Lösung des Dilemmas. Gesucht wird ein Modus des Zusammenlebens, der das freiheitliche Wesen des Menschen soweit wie möglich erhält, aber zugleich aus Freiheitsbetätigungen stammenden, freiheitsbeeinträchtigenden Kollisionen Rechnung trägt.

Eine erste, denkbare Lösung wäre ein Zusammenleben in unlimitierter Freiheitsausübung und die dabei unweigerlich eintretenden Kollisionen als unvermeidliche Freiheitseinbußen zu akzeptieren. Prima facie ergäbe sich eine - von diesen unvermeidlichen Einbußen abgesehen - grenzenlose Freiheit. Dieses vorschnelle Ergebnis verkennt jedoch, dass der Mensch für seine Freiheitsausübung auf den Erhalt seiner Güter, allen voran seines Lebens, angewiesen ist. Wenn aber Folge einer Kollision mit der Freiheit eines anderen der Verlust bestimmter Güter ist, so verliert der Mensch damit zugleich die Fähigkeit bestimmter Freiheitsbetätigungen. Im Extremfall führt der Verlust des Lebens zur dauerhaften Unmöglichkeit der Freiheitsentfaltung. Demnach gefährdet die unbegrenzte Freiheitsausübung aller nicht bloß die Freiheit situativ, in actu, sondern ebenso – möglicherweise irreversibel - den zukünftigen Freiheitsgebrauch, so dass auszuschließen ist, dass dieser erste Modus im Ergebnis dem Ziel des weitestgehenden Erhalts des freiheitlichen Wesens des Menschen in Gesellschaft zuträglich ist. Es wird offenbar, dass dauerhafte, auch auf die Zukunft gerichtete Freiheit, nicht ohne den Erhalt der für ihre Verwirklichung notwendigen Medien und damit nicht ohne Sicherheit möglich ist. Folgte man diesem ersten Modus, wären Chaos und Anarchie ohne jegliche Sicherheit die Folge. Das hätte aber einen zweiten, freiheitsbegrenzenden Effekt. Aus Sorge um seine Güter wäre der Einzelne gezwungen, Maßnahmen zu deren Schutz zu ergreifen. Wenn aber alle ständig alles dürfen, müsste jeder allzeit mit Beeinträchtigungen rechnen. Statt also seiner Freiheit gemäß zu tun, was er will, triebe den Einzelnen die permanente Sorge um seine Güter um. Er wäre vor allem mit dem Selbstschutz befasst. Sicherlich ist allein schon wegen des Eigenverantwortlichkeitsprinzips grundsätzlich jeder selbst für den Schutz seiner Güter zuständig[1348]. Allerdings bliebe von der eigentlich anvisierten, maximalen Freiheit nicht viel übrig, müsste man sich stets Gefahren von allen Seiten erwehren. Im Übrigen folgt aus der Selbstschutzverantwortung nicht automatisch die Erlaubnis für andere, fremde

1348 Ausführlich zu diesem Prinzip Teil 2 C III 1 c.

Güter bedrohen oder verletzen zu dürfen. Daher scheidet die unlimitierte Freiheitsausübung als Form des Zusammenlebens in Gesellschaft aus.

Wenn nun aber ein unbegrenzter Freiheitsgebrauch, also das Sich-selbst-Überlassen des in Gesellschaft lebenden Menschen, nicht in Betracht kommt, bleibt als Lösung nur dessen Negation, also die begrenzte Freiheitsausübung[1349]. Allerdings scheint der Mensch nicht in der Lage, sich ohne allgemeingültige Vorgaben, bestimmter Freiheitsbetätigungen zu enthalten. Dem Wesen des im Urzustand freien Menschen widerspricht es begriffsnotwendig, aus sich selbst heraus die eigene Freiheit zu begrenzen. Im Übrigen lehrt die Historie, wenn man so will die Existenz von Straftaten, dass der Mensch selbst durch zwangsweise durchgesetzte Freiheitsbeschränkungen in Form von Gesetzen sich nicht von die Freiheit anderer beeinträchtigendem Freiheitsgebrauch abhalten lässt. Daher wird *a maiore ad minus* eine freiwillige Selbstbegrenzung erst recht keinen Erfolg zeitigen. Außerdem hätte niemand Gewissheit darüber, welches selbstbegrenzende Verhalten er bei anderen erwarten dürfte, so dass erneut die Konsequenz wäre, dass der Mensch überwiegend mit Selbstschutz befasst wäre. Begrenzter Freiheitsgebrauch verlangt demnach nichts anderes als deren verbindliche Reglementierung in irgendeiner Form, die der Mensch dann bei seinem Alltagsverhalten zu Grunde legen kann. Dieses Bedürfnis nach einer regelnden Lösung ist bereits in dem Wesen des Menschen selbst angelegt, der nicht bloß frei ist, sondern zudem sich diese Freiheit auf Dauer zu erhalten trachtet. Letzteres ist aber nur durch eine Regelung erzielbar. Regeln begrenzen daher die Freiheit nicht nur, sondern garantieren – entsprechend dem menschlichen Bedürfnis – ihren Fortbestand.

Betrachtet man dies nun im Lichte der ursprünglichen Fragestellung, könnte die gesuchte Reglementierung gerade die Antwort auf den Ausfüllungsauftrag liefern, dessen Erfüllung § 13 StGB aufgetragen hat. Gesucht werden die Entstehungsvoraussetzungen von Garantenstellungen. Statt nun punktuell praktikable Garantenmerkmale aus dem Nichts zu erschaffen, erscheint es vorzugswürdig, auf den zwei unabweisbaren und konsensfähigen Prämissen der Rechtsordnung als Ganzer, dem freien und freiheitsstrebenden Menschen und dessen Leben in Gesellschaft, aufzubauen. Der Intention des Gesetzgebers entsprechend[1350] stellt dies sicherlich nicht den einzig gangbaren Weg dar, den der hinsichtlich des Ob der Haftung allgemein gehaltene § 13 StGB eröffnet. Aber er bietet die Möglichkeit, aus konsensfähigen, plausiblen Annahmen die Haftungsvoraussetzungen rational nachvollziehbar zu entwickeln.

1349 Zu dieser auf Konfliktfälle begrenzten übrige Handlungsspielräume erhaltenden Freiheitsbeschränkung durch Verbote *Loos*, Samson-FS, S. 87 f.

1350 BT-Drucks. IV/650, S. 124 f.; BR-Drucks. 270/60, S. 117.

Nachdem zuvor der unlimitierte Freiheitsgebrauch erwogen wurde, soll nun kurz die Aufmerksamkeit auf das andere, denkbare Extrem gerichtet werden. Gemeint ist hiermit eine Reglementierung, die Beeinträchtigungen anderer dadurch auszuschließen versucht, indem sie jegliches, potentiell freiheitsverletzendes Verhalten untersagt. Gewiss würden so die Freiheit des Einzelnen schmälernde Verletzungen verhindert. Gleichzeitig wären aber bloß ego-zentrische Aktivitäten gestattet, so dass das eigentliche Ziel der größtmöglichen Freiheit konterkariert würde. Da der Mensch nun mal in Gesellschaft mit anderen Menschen lebt, gesellig ist, verbliebe nur ein zu enger Bereich des Erlaubten. Eine weitgehende Lähmung der sozialen Interaktion wäre die Konsequenz. Folglich handelt es sich bei dieser Regelungsmöglichkeit um keine zieldienliche Variante.

Gesucht wird daher eine Reglementierung menschlichen Verhaltens, die das Gleichgewicht zwischen den beiden genannten Extremen wahrt. Es sind diejenigen Regeln zu ermitteln, die minimalinvasiv die urzuständliche Freiheit in dem Sinne begrenzen, dass sie so viel Sicherheit wie nötig und so viel Freiheit wie möglich gewährleisten. Eine an diesem Programmsatz orientierte Garantendogmatik hat daher nicht bloß das Ziel, die Garantenhaftung im Sinne des Freiheitsschutzes zu begründen, sondern ist im Interesse der Freiheit, da jede Inpflichtnahme als Garant freiheitslimitierend wirkt, auch auf das Notwendige zu begrenzen.

Neminem laede! als Reglementierung

Bestimmt man die Grundregeln des Zusammenlebens unter dem Primat des minimalen Freiheitseingriffs, richtet sich die Konzentration darauf, was bei Freiheitskollisionen tatsächlich die Freiheit des anderen schmälert. Das und – um der Freiheit willen - *nur* das ist mittels Reglementierungen zu unterbinden. Betrachtet man unter diesem Gesichtspunkt das menschliche Wirken, gelangt man zur folgenden Erkenntnis: Freiheitsmindernd wirken nicht die bloßen Tätigkeiten anderer, sondern deren im weitesten Sinne gutsverletzenden[1351] Konsequen-

1351 Wenn im Vorstehenden Guts- und Freiheitsverletzung gelegentlich gleich gesetzt werden, beruht das darauf, dass eine Gutsverletzung, soweit sie nicht ausnahmsweise mit dem Willen des Verletzten erfolgt, stets die Freiheit insofern beeinträchtigt, als das dem Verletzten etwas von ihm nicht Gewolltes widerfährt. Freiheit impliziert aber auch Frei-Sein von unliebsamen Zuständen und Einwirkungen. Darüber hinaus kann eine Gutsverletzung die vorübergehende oder dauerhafte Verhinderung zukünftigen Freiheitsgebrauchs nach sich ziehen, wenn dafür notwendige Güter verletzt oder zerstört werden. Dabei ist Gut nicht in einem gegenständlich-substantiellen Sinne gemeint, sondern beinhaltet ebenfalls immaterielle, im Urzustand mögliche Freiheitsbetätigungen. Folglich wird zum Beispiel nicht nur derjenige verletzt, dessen körperliche

zen. Es erleidet, um ein Beispiel aus der Gegenwart zu bemühen, niemand bereits dadurch einen Schaden an seinen Gütern und damit seiner Freiheit, wenn ein anderer lediglich einen PKW fährt. Der Schaden tritt erst ein, wenn als Folge dieser Aktivität bei einem Verkehrsunfall jemand verletzt wird. Demzufolge ist zum maximalen Freiheitserhalt nicht schon das Autofahren zu untersagen, sondern allein die tatsächliche Verletzung (hier: durch das Fahren). Abstrahierend bedeutet dies, - grundsätzlich - nicht schon potentiell gefährliche Tätigkeiten[1352] zu verbieten, sondern allein eine Verletzung eines anderen. Daher darf man im Sinne der Freiheit grundsätzlich jedes Verhalten an den Tag legen, solange es andere nicht verletzt. Sollte es zu Gutsverletzungen kommen, so hat man wegen des so treffend beschriebenen Synallagmas von Organisationsfreiheit und Folgenverantwortung[1353] die von der Regel in Aussicht gestellte Sanktion für den Fall ihrer Verletzung zu erdulden. Deshalb lautet die erste Grundregel: „Schade niemanden!“ oder auch „Neminem laede!“.[1354]

Dieses Prinzip verfügt über dreierlei Vorzüge. Zunächst unterbindet es offensichtlich freiheitsmindernde Gutsverletzungen und schützt somit die Freiheit. Gleichzeitig, und insofern entspricht es dem Primat des minimalen Freiheitseingriffs, lässt es alles andere an freiheitsausübendem Verhalten zu. Dadurch werden einerseits unzureichender andererseits aber auch überschießender Schutz vermieden und der gesuchte Mittelweg zwischen Freiheit und Sicherheit eingeschlagen. Hinzu kommt, die erforderliche Verbindlichkeit und Durchsetzung der Regel vorausgesetzt[1355], die Entlastung des Einzelnen von der Notwendigkeit, permanent Selbstschutzmaßnahmen treffen zu müssen. Wer sich nicht allzeit um den Schutz der eigenen Güter, zumindest im Hinblick auf deren Verletzung durch andere Menschen, sorgen muss, dem steht ein Mehr an Freiheit für das zur Verfügung, was er eigentlich machen möchte[1356].

Integrität leidet. Genauso liegt eine Beeinträchtigung vor, wenn jemand eingesperrt wird und deshalb einen Ort zeitweilig nicht verlassen kann.

1352 Zu der dazu auf den ersten Blick in Widerspruch stehenden Versuchs- und Gefährdungshaftung näher bei Teil 2 C 3.

1353 Grundlegend *Jakobs*, Strafrecht AT, Abschnitte 28 und 29; ihm folgend: *Perdomo-Torres*, Garantenpflichten aus Vertrautheit, S. 158; *Sánchez-Vera*, Pflichtdelikt und Beteiligung, S. 60.

1354 NK-*Seelmann*, § 13, Rn. 48 ff. rekurriert ebenfalls zur Begründung von Handlungspflichten auf das Neminem-laede-Prinzip, zieht aber daraus bereits zuvor, Teil 2 B VI 2 b, abgelehnte Schlussfolgerungen. Insbesondere die monistische Begründung sämtlicher Garantenpflichten aus dem Prinzip erscheint nicht möglich.

1355 Zur Notwendigkeit des Rechtspflichtcharakters der Regel siehe ausführlicher Teil 2 C III 2.

1356 Dem bereits hier anklingenden Umstand, dass Freiheitsbeeinträchtigungen ebenso außerhalb der Gefahrenquelle Mensch drohen, trägt die im Anschluss erörterte zweite

Obwohl mit der Herleitung und den gezogenen Konsequenzen nicht stets einverstanden, kann sich die hier vertretene Ansicht bei der von ihr ermittelten, ersten Grundegel auf die Übereinstimmung mit anerkannten Philosophen und deren Autorität stützen[1357]. In der lateinischen Fassung der Regel sind bereits die römisch-rechtlichen Wurzeln der Regel angedeutet worden. Nach *Cicero* sei es „Die erste Aufgabe der Gerechtigkeit...“, „...dass keiner dem anderen schadet“[1358]. Nicht explizit aber in der Sache meint *Feuerbach* das Verletzungsverbot, wenn er formuliert, dass „die ursprüngliche Verbindlichkeit des Bürgers nur auf Unterlassungen geht“.[1359] *Pufendorf* äußert in der gleichen Richtung, „Unter den (...) Pflichten (...) ist folgende Pflicht die wichtigste: Niemand soll einem anderen Schaden zufügen“[1360].

3.3.2.1.2.2 Zweite Grundregel: Verbindliche Selbstverpflichtungen

Die Notwendigkeit weiterer Regeln

Die erste gefundene Grundregel, Neminem laede!, ist allein nicht ausreichend für den größtmöglichen Freiheitserhalt. Im wesentlichen führen drei Aspekte zum Entstehen einer zweiten Regel.

Wie bereits oben angeklungen drohen dem Menschen Guts- und damit Freiheitsbeeinträchtigungen nicht allein von Seinesgleichen. Ohne damit das Ziel des allumfassenden Güterschutzes ausgeben zu wollen[1361], sind die nicht von Menschen initiierten Gefahren (im Folgenden erste Gefahr genannt) so zahlreich und in ihren Auswirkungen so massiv, dass zumindest ein fragmentarischer Schutz davor zum Freiheitserhalt unerlässlich ist. Zu denken ist hierbei exemplarisch an Naturkatastrophen wie Überschwemmungen, aber auch an Brände. Beides kann ersichtlich die wirtschaftliche und körperliche Existenz bedrohen. In einem kleineren Maßstab sind weiter Krankheiten oder nicht vom Menschen verursachte Unfälle zu nennen. Stünden Menschen beispielsweise den Gefahren von Feuer, Krankheit und Unfällen schutzlos gegenüber, wären wegen deren nicht selten existenzbedrohenden Charakters gravierende Freiheitseinbußen bis zum Tode die Folge. Für die bereits dargelegte, freiheitsbegrenzende Wirkung von Gutsverletzungen ist es unerheblich, aus welcher Gefahrenquelle, menschlichen oder nicht-menschlichen, sie drohen. Gemein ist den Beispielen, dass den

Grundregel Rechnung.

1357 Namenhafte Mitstreiter verbürgen sicherlich nicht die Richtigkeit der ermittelten Regel, liefern aber zumindest ein Argument für sie.

1358 *Cicero*, De officiis, I 7 und 28.

1359 *Feuerbach*, Lehrbuch, § 24 (S. 50).

1360 *Pufendorf*, De officio hominis, I, 6, 2.

1361 Zur Kritik an diesem Ziel siehe bereits zuvor Teil 2 B I 2 b.

Menschen in weiten Teilen die persönlichen Fähigkeiten und wirtschaftlichen Mittel für den Selbstschutz fehlen. Deshalb steht der Entwicklung einer zweiten Grundregel auf Basis vorstehender Feststellungen auch nicht das Eigenverantwortlichkeitsprinzip entgegen. Das Gros der Gefährdeten ist zum Selbstschutz nicht oder nur sehr eingeschränkt in der Lage.

Hinzu kommt – parallel zur Begründung der ersten Grundregel – der freiheitseinschränkende Effekt, dass der Einzelne sich im Rahmen seiner bescheidenen Möglichkeiten wegen der massiven Bedrohung verstärkt und überwiegend um Selbstschutz mühen würde. Daneben würde vielfach um der Selbst- und Freiheitserhaltung willen aus der mangelnden Selbstschutzfähigkeit die Konsequenz gezogen, sich soweit als möglich Gefahren nicht mehr auszusetzen. Wenn beispielsweise keinerlei wirksamer Schutz vor Krankheiten existierte, müsste man zum Selbstschutz den Kontakt zu anderen Menschen, die als Krankheitsüberträger fungieren könnten, minimieren. Wenn aber der Mensch mangels Schutz gezwungen wäre, in weitgehender Isolation zu leben, und auf jedwede, möglicherweise für ihn gefährliche Aktivität zu verzichten, bliebe von der Freiheit nicht viel übrig. Dies hat zur Konsequenz, dass zum Erhalt der Freiheit zumindest ein fragmentarischer Schutz vor von Menschen nicht beherrschten, in der Regel nur eingeschränkt vom Einzelnen abwendbaren Gefahren unerlässlich ist.

Zum Entstehen einer zweiten Grundregel trägt außerdem der Umstand bei, dass Güter existieren, derer der Mensch zwar zum Freiheitsgebrauch bedarf, die aber nicht einer spezifischen Person zuzuordnen sind. Zu solchen Allgemeingütern zählen beispielsweise Umweltgüter wie die Luft oder die Gewässer, aber in der modernen Gesellschaft ebenso Abstrakta wie die Rechtspflege oder die Sicherheit des Rechtsverkehrs. Diese Güter sind niemand Konkretem zuzuordnen und kaum jemand verfügt über die zum Schutz erforderlichen Mittel, so dass auch die aus dem Eigenverantwortlichkeitsprinzip fließende grundsätzliche Selbstschutzzuständigkeit hier ins Leere läuft. Ließe man die genannten Güter schutzlos, so hätte zum Beispiel niemand mehr gesundheitlich unbedenkliches Trinkwasser zur Verfügung oder könnte sich im Rechtsverkehr auf die Echtheit von Urkunden verlassen. Jenes ginge zu Lasten der körperlichen Integrität, dieses würde – oftmals fruchtlose – Kontrollmaßnahmen nach sich ziehen. Beides würde die Freiheit des Menschen gravierend in Mitleidenschaft ziehen. Die Beeinträchtigung von Allgemeingütern hat zwar vorwiegend aber nicht nur menschliche Aktivität zur Ursache. Wäre dieses der Fall, könnte man den Schutz dieser Güter bereits über die erste Grundregel versuchen herbeizuführen, indem man das Schädige-Niemanden auch in dem Sinne versteht, dass Allgemeingüter nicht verletzt werden dürften. Da aber beispielsweise Gewässerverunreinigungen auch natürliche Ursachen haben können, ist dieser Weg versperrt. Vorstehendes genügt, um zu illustrieren, dass die Schutzlosstellung von Allgemeingütern im Ergebnis erhebliche Freiheitseinbußen zeitigen kann (zweite Gefahr). Zu deren zumindest fragmentarischem Schutz ist deshalb eine zweite Regel notwendig.

Schließlich führt noch ein dritter Gesichtspunkt zum Entstehen einer zweiten Grundregel. Dieser ist eng verbunden mit der Tatsache, dass der Mensch in Gemeinschaft mit anderen Menschen lebt. Das gemeinschaftliche Leben, die technische Entwicklung, vor allem aber ein durch das Freiheitsstreben bedingtes, praktisches Bedürfnis haben zur Folge, dass Menschen gerade, aber nicht nur, im beruflichen Kontext sich spezialisieren, Aufgaben delegieren und die jeweilige Aufgabenbewältigung sich deshalb in Einzelnen oder Gruppen konzentriert. Dieser Zustand ist mit dem viel zitierten Stichwort „Dienstleistungsgesellschaft“ zwar zutreffend angedeutet aber insgesamt nur unzureichend gekennzeichnet. Da niemand in der modernen Gesellschaft autark ist, ist eine Aufgabenteilung unvermeidlich. Niemand ist im Stande, seiner täglichen Arbeit nachzugehen, die zum Überleben notwendigen Lebensmittel zu beschaffen und herzustellen, sich selbst mit Energie zu versorgen und zugleich über die Unversehrtheit seiner Kinder zu wachen und für deren Ausbildung zu sorgen, um nur einige der unzähligen Alltagsaufgaben zu nennen. Auf diese Überforderung antwortet die Gesellschaft mit besagter Aufgabenteilung und Delegation. Im Beispiel hat der Bäcker sich auf die Herstellung des Lebensmittels Brot spezialisiert, verschafft der städtische Versorger die Energie und die Kindergärtner bzw. Lehrer wachen in Zeiten elterlicher Verhinderung über die Unversehrtheit der Kinder. Inhalt delegierter Aufgaben kann selbstverständlich – und so lässt sich die Brücke zum ersten Gesichtspunkt schlagen – auch der Schutz vor menschlichen und vor allem nicht-menschlich generierten Gefahren sein. Solche Aufgaben sind beispielsweise an Feuerwehrleute, Bademeister oder Ärzte übertragen. Unter dem Aspekt des Freiheitserhalts wäre es offensichtlich fatal, wenn sich der Einzelne um all diese Aufgaben selbst in Person kümmern müsste (dritte Gefahr). Er würde ausschließlich von einer Aktivität zur nächsten eilen und könnte mancherlei Aufgaben, wie die ärztlichen oder die der Feuerwehr gar nicht bewältigen. Daher ist er auf die Erfüllung der delegierten Aufgaben angewiesen, soll seine Freiheit nicht auf Grund einer Dauerinanspruchnahme verkümmern. Daneben werden auch jenseits dieser Aufgaben Tätigkeiten übertragen, um einen freiheitsschaffenden Effekt dadurch zu erzielen, dass der Delegierende sie nicht mehr selbst zu erfüllen hat. Ein Beispiel dafür bietet das Kindermädchen, das einspringt, um den Eltern einen Kinobesuch zu ermöglichen.

Selbst die Delegation von Aufgaben hätte aber nicht den gewünschten, entlastenden Effekt, wenn der Delegierende sich nicht sicher sein könnte, dass die Aufgaben auch tatsächlich erfüllt werden. Denn dann wären wieder immense, freiheitsmindernde Kontrollmaßnahmen vonnöten, um über die Erfüllung zu wachen. Dem in diesem Abschnitt beschriebenen, drohenden Freiheitsverlust kann aber ersichtlich nicht mit der ersten Grundregel, dem Neminem-laede-Prinzip, erfolgreich begegnet werden.

Zusammengefasst drohen demzufolge der Freiheit des Menschen aus drei Richtungen gravierende Gefahren, die nicht mittels der ersten Grundregel abzuwenden sind: erstens von nicht-menschlichen Gefahrenquellen (erste Gefahr) – es droht ein Freiheitsverlust nicht bloß aus dem zu befürchtenden Rechtsgutsschaden, sondern auch durch umfassende Selbstschutzmaßnahmen; zweitens droht Gefahr über die Beeinträchtigung freiheitsnotwendiger Allgemeingüter, für deren Schutz niemand konkret zuständig ist und zu dem niemand über die erforderlichen Mittel verfügt (zweite Gefahr); drittens bedroht die Freiheit die Erfüllung sämtlicher zum Leben notwendiger und sonstiger zur Entlastung übertragener Aufgaben oder die Kontrolle Dritter, an die die Erfüllung dieser Aufgaben delegiert worden ist (dritte Gefahr). Zum Freiheitserhalt ist deshalb noch die folgende zweite Grundregel notwendig: Eingegangene Verpflichtungen sind verbindlich! Oder auch: das Prinzip der (verbindlichen) Selbstverpflichtung.[1362]

Gefahrenabwehr und Freiheitsschutz durch verbindliche Selbstverpflichtungen

Im Folgenden ist nun näher zu erläutern, inwieweit das Selbstverpflichtungsprinzip als zweite Grundregel den drei geschilderten, vom Neminem-laede-Prinzip nicht abgewendeten Gefahren entgegentritt.

In dem Moment, in dem diejenigen, die bestimmte Aufgaben übernommen haben, zu deren Erfüllung tatsächlich auf Grund der zweiten Grundregel verbindlich verpflichtet sind, tritt der notwendige, freiheitsschützende und -erzeugende Effekt ein. Der eigentlich Zuständige wird von der Aufgabenerfüllung befreit. Sollte gar Aufgabeninhalt der Schutz vor Gutsverletzungen sein, so würde der zu gewährende Schutz der Freiheit des Beschützten via Gutserhalt und Aufgabenentlastung dienen. Oder weniger hermetisch in ein Beispiel gefasst: Dadurch, dass ein Arzt nach seiner Behandlungszusage verbindlich verpflichtet ist, tatsächlich für die Gesundheit seiner Patienten zu sorgen, dient er den Gütern

1362 Es besteht offensichtlich eine Nähe zum Grundsatz pacta sunt servanda. Allerdings entspricht eine Selbstverpflichtung weder inhaltlich stets einem zivilrechtlichen Vertrag noch entsprechen die aus ihr hergeleiteten Garantenstellungsvoraussetzungen denjenigen des Vertrages. Deshalb wäre die Berufung auf pacta sunt servanda sachlich verfehlt gewesen und hätte zudem zu unzutreffenden Schlussfolgerungen hinsichtlich der Garantenstellungsvoraussetzungen veranlasst.

und damit der Freiheit seines Patienten. Dieser muss sich nicht ausschließlich selbst um seine Gesundung bei Erkrankungen bemühen und wird gleichzeitig in seinen Gütern geschützt. Die Verbindlichkeit der ärztlichen Verpflichtungen entlastet ihn zudem hinsichtlich der Kontrolle der Ärzte. All dies schützt die Freiheit des Patienten. Gleiches gilt für einen Hausmeister, der kraft Arbeitsvertrag verpflichtet ist, im Winter bei Glätte die Haustreppe zu streuen. Ist dieser anlässlich der mit seinem Arbeitsvertrag zugleich eingegangenen Selbstverpflichtung verpflichtet zu streuen, werden die Bewohner des Hauses zum einen in ihren Gütern und damit ihrer Freiheit dadurch geschützt, dass Verletzungen auf Grund von Glätte vermieden werden und zum anderen sind sie von der Aufgabe, selbst Streuen zu müssen, entlastet; verbindlichkeitsbedingt ergänzt durch die Befreiung von Kontrollen.

Vorstehende Beispiele verdeutlichen, dass mit der zweiten Regel zwar vollständig der dritten, beschriebenen Freiheitsgefahr, die mangels Delegation eigenhändige Erfüllung sämtlicher Aufgaben, begegnet ist, den beiden erstgenannten, nicht-menschliche Gefahrenquellen und ungeschützte Allgemeingüter, allerdings nur in Teilen. Zwar ist es denkbar, dass jemand sich zum Schutz vor nicht-menschlichen Gefahrenquellen oder von Allgemeingütern unmittelbar gegenüber einem anderen Menschen verpflichtet. Mangels Schutzmöglichkeit des Einzelnen – wer kann schon beispielsweise vor der Gefahr eines Hausbrandes oder einer Überschwemmung effektiv schützen? – stellt dies jedoch eine Ausnahme dar. Statt dessen erfolgt in aller Regel die Abwendung der beiden Gefahren per Selbstverpflichtung gegenüber dem Staat. Dieser stellt nach hiesiger, bereits dargelegter Ansicht[1363] nichts weiter als das Produkt der Freiheitsbetätigung seiner Bürger dar. In staatsrechtlicher Hinsicht bilden der Schutz vor menschlichen und nicht-menschlichen Gefahrenquellen und der Schutz von Allgemeingütern, also allgemein der Schutzgedanke, den Grund dafür, dass der freie Bürger sich zu Gunsten des Staates seiner Freiheit zumindest partiell begibt. – Insofern greift eine allein auf den *bellum omnium contra omnes* Bezug nehmende Rechtfertigung der Staatsgründung zu kurz.

Vor bestimmten Gefahren hat demnach originär oder zumindest auch, dem Zweck seiner Gründung entsprechend, der Staat zu schützen. Gegenüber dem Staat wiederum verpflichtet sich der konkrete Mensch – häufig entgeltlich - zum Schutz vor nicht-menschlichen Gefahrenquellen oder zum Schutz von Allgemeingütern[1364]. Bedeutung erlangt diese Schutzzuständigkeit des Staates insbe-

1363 Siehe dazu die kurzen Ausführungen unter Teil 2 C III 1 a und das Bekenntnis zur Lehre vom Gesellschaftsvertrag.

1364 Denkbar ist sicherlich auch die Verpflichtung zum Schutz vor Angriffen von Menschen, wie sie beispielsweise Polizisten gegenüber dem Staat eingegangen sein könn-

sondere bei den Amtsträgergarantenstellungen. Ohne bereits späteren Ausführungen vorzugreifen[1365] erklärt sich zum Beispiel der Feuerwehrmann gegenüber dem Staat zur Übernahme von Schutzaufgaben genauso bereit wie der Amtsträger in Umweltbehörden zum Gewässerschutz. Auch diese Zusagen sind gemäß der zweiten Grundregel verbindlich und gewissermaßen mittelbar über den Staat den anderen Menschen gegeben. In diesen Konstellationen, die die ersten beiden Gefahren betreffen, tritt ein Freiheitsschutz via Güterschutz und Entlastung von Schutzmaßnahmen wie bei der ersten Gefahr nur dann ein, wenn die gegebenen Zusagen auch verbindlich, mit anderen Worten Selbstverpflichtungen sind.

Genau so wie das Neminem-laede-Prinzip beschreitet auch das Selbstverpflichtungsprinzip den Mittelweg zwischen Sicherheit und Freiheit. Ihr gemäß sind Selbstverpflichtungen verbindlich, allerdings nur dann, wenn der Betreffende sie sich selbst freiwillig auferlegt hat[1366]. Insoweit schützt das Prinzip der Selbstverpflichtung nicht bloß die Freiheit anderer, sondern dient gleichermaßen der Freiheit des sich Verpflichtenden. Er hat die Freiheit, sicht selbst zu verpflichten und ist grundsätzlich auch nur dann in der Pflicht. Ein Retten-Können oder ein Schutzbedürfnis führt hingegen allein niemals zum Entstehen einer verbindlichen Verpflichtung[1367]. Denn sie sind nicht Ausdruck und Folge einer freiwilligen Selbstverpflichtung und damit der Freiheit selbst, sondern oftmals nur ein situatives Zufallsprodukt.

Theoretisch wäre es möglich gewesen, die zweite Grundregel der ersten einzuverleiben, indem man die freiheitsbeeinträchtigende Vernachlässigung von Selbstverpflichtungen auch als Schädigungen qualifiziert. Bei einem solchen Vorgehen würde man das Neminem-laede-Prinzip jedoch seiner deskriptiven und selektiven Funktion berauben und es unter Verstoß gegen das Gebot der semantisch sinnvollen Begriffsbildung bis zur Unkenntlichkeit verunklaren. Unter Schaden ist bei sinnvoller Begriffsbildung lediglich die Verminderung des aktuellen Güterbestands und nicht das Vorenthalten desjenigen, zu dem man verpflichtet ist, zu verstehen. Letzteres kann nämlich ebenso allein die Vermehrung des Güterbestandes des „Geschädigten" zum Gegenstand haben. Nichtmehrung stellt aber ersichtlich etwas anderes als Verminderung dar. Erfasst man beides dagegen in dem Begriff "Schädigen", widerspricht das dem allgemeinen Sprach-

---

ten. Allerdings ist deren Inpflichtnahme per zweiter Grundregel nicht zwingend erforderlich zum Freiheitsschutz, da die Schädiger bereits durch die erste Grundregel, Neminem laede!, zum Schädigungsverzicht verpflichtet sind; ob diese erste Verpflichtung faktisch hinreichend ist, mag man allerdings bezweifeln.

1365 Siehe unten zur Amtsträgergarantenstellung Teil 2 C V 6.

1366 Die Kompetenz zum Auferlegen kann aber auch partiell daneben an den Staat übertragen worden sein.

1367 Zur Kritik an diesen Begründungstopoi siehe Teil 2 B II 2 b und 3 b.

gebrauch. Die Vorstellung, mit „Schädigen“ beispielsweise die Nichterfüllung eines Schenkungsversprechens, § 516 BGB zu bezeichnen, kann allenfalls bei einem nachhaltig juristisch verbildeten Sprachverständnis keinen erheblichen Widerstand wecken. Folglich verbietet es sich, die zweite Grundregel der Ersten zuzuschlagen.

3.3.2.1.2.3 Freiheitsschutz und die zwei Grundregeln

Zumindest indiziell gestützt werden die Grundregeln außerdem durch das Rechtsgefühl. Wenn man sich fragt, warum zum Beispiel das Kindermädchen oder der Arzt besonders zu tätigem Schutz verpflichtet sind, so lautete die Antwort: „Weil sie sich dazu verpflichtet haben“, was eine recht treffende, erste Beschreibung der Selbstverpflichtung wäre. Zudem erscheint es selbstverständlich, dass das Judiz die Verletzung anderer als verboten charakterisiert.

Insgesamt bieten beide Grundregeln gemeinsam den notwendigen aber auch hinreichenden Freiheitsschutz für in Gesellschaft lebende Menschen. Sie bewahren den freiheitlichen Urzustand des Menschen. Der dafür anlässlich der Reglementierungen zu entrichtende Preis an Freiheit ist so gering wie möglich gehalten. Letzterem dient allein schon die Begrenzung auf zwei Regeln. Auf Basis dieser zwei Grundregeln ist freies und sicheres, also gedeihliches Zusammenleben in Gesellschaft möglich. Gewiss erfordern moderne Gesellschaften mit technischer und rechtsdogmatischer Entwicklung eine Vielzahl an ausdifferenzierten Gesetzesvorschriften – allein schon um der Lebensvielfalt annähernd gerecht zu werden und um nicht bei zu allgemeinen, undifferenzierten und damit dem Einzelfall nicht gerecht werdenden Regelungen stehen zu bleiben. Ein Großteil der Gesetze im materiellen Sinne lässt sich jedoch auf eine der beiden Grundregeln zurückführen[1368]. Indes müssen einem solch generellen Anspruch die beiden Grundregeln noch nicht einmal genügen. Letztlich geht es um die Erfüllung des Ausfüllungsauftrages aus § 13 StGB und damit um den Rechtsgüterschutz (für Fälle des unechten Unterlassens). Zumindest die rechtsgüterschützenden Normen lassen sich aber nahezu vollständig auf eine der beiden Grundregeln zurückführen[1369]. Sie bilden die Minimalvoraussetzungen menschlichen Zusammenlebens unter gleichzeitig maximaler Freiheitserhaltung.

1368 Dies gilt auch für lediglich definierende und organisierende Vorschriften, die zwar unmittelbar keine Pflichten zum Inhalt haben, für diese aber definitorische oder systematisch-dogmatische Aufgaben übernehmen. So setzt der Besitzschutz beispielsweise voraus, zuvor zu klären, was unter Besitz zu verstehen ist, wie das Gesetz seine Erscheinungsformen systematisiert und was in der Folge als Besitz anerkannt wird.

1369 Ausführlich zum Verhältnis der Grundregeln zu Rechts- und Strafrechtspflichten im Speziellen: Teil 2 C III 2; zur Überprüfung der Grundregeln im Lichte des geltenden Strafrechts, Teil 2 C III 3.

Versucht man also dem Ausfüllungsauftrag auf Grundlage der geltenden Rechtsordnung, die vom Menschen als freiem und freiheitsstrebendem Wesen ausgeht, und der Tatsache, dass der Mensch in Gesellschaft lebt, gerecht zu werden, so gelangt man unter dem Primat des maximalen Freiheitsschutzes unweigerlich zu den beiden Grundregeln: „Schade Niemandem!“ und „Selbstverpflichtungen sind verbindlich!"

3.3.2.1.3 Das freiheitsbedingte Eigenverantwortlichkeitsprinzip

3.3.2.1.3.1 Voraussetzungen einer Reglementierung

An dieser Stelle ist zu ergänzen, dass das Aufstellen von Regeln nur unter zwei Voraussetzungen sinnvoll ist, die wegen ihrer Selbstverständlichkeit oftmals unerwähnt bleiben. Zum einen ist erforderlich, dass diejenigen, die durch Regeln verpflichtet werden sollen, sie auch befolgen können. Denn es ist sinnlos, jemanden zu Unmöglichem zu verpflichten – *ultra posse nemo obligatur*. Wenn man den Menschen als freies Wesen charakterisiert, kann dieser grundsätzlich tun und lassen, was er will, und das schließt generell die Fähigkeit mit ein, sich an Regeln zu halten.

Zum anderen ist für eine sinnerfüllte Reglementierung notwendig, dass der Adressat in irgendeiner Form durch sie tatsächlich verpflichtet wird. Ohne diese Verpflichtungswirkung unterscheidet sich die Regel nicht von einer Verhaltensempfehlung oder der Feststellung dessen, was der Regelaufsteller für wünschenswert hält. Folglich ist wesensnotwendiger Bestandteil einer Regel, dass sie ihre Adressaten verpflichtet. In welcher Form, möglicherweise als Rechtspflicht, diese Verpflichtung wirkt und welche Folgen ein Zuwiderhandeln nach sich zieht, ist eine davon zu trennende Frage[1370].

3.3.2.1.3.2 Eigenverantwortlichkeit und Reglementierung des Menschen in Gemeinschaft

Daher stellt sich nunmehr an dieser Stelle die Frage, welche Folgen es hat, den freien, in Gemeinschaft mit anderen lebenden Menschen durch Regeln zu verpflichten. Inwieweit tangiert es den freien Verpflichteten, dass neben ihm noch andere Verpflichtete existieren?

Die Antwort darauf lautet wie folgt: Zwar ist der Mensch nach dem Dargestellten im Stande, sein eigenes Verhalten kraft Freiheit zu steuern. Folge der jedem Einzelnen zustehenden Freiheit ist aber gleichzeitig, dass jeder nur *sein* Verhalten steuern kann und das des Nächsten sich seines Einflusses entzieht, da dieser sonst kein freies Wesen mehr wäre. Gemäß dem wiederholt bemühten Ul-

1370 Siehe dazu unten Teil 2 C III 2.

tra-posse-Grundsatz berühren demnach die Verpflichtung des einen Menschen und dessen mögliche Pflichtverletzungen einen anderen Menschen nicht. Er kann das Verhalten eines anderen und damit dessen Regelkonformität nicht steuern und deshalb geht sie ihn nichts an. Wäre statt dessen der Mensch in irgendeiner Weise verantwortlich für das regelgerechte Verhalten anderer, würde dies erheblich freiheitsbegrenzende Folgen zeitigen. Er hätte den anderen zu überwachen, würde zu dessen ständigem Begleiter und Kontrolleur. Zwingende Konsequenz aus Vorstehendem ist die Herausbildung eines Prinzips der Eigenverantwortlichkeit. Das bedeutet, dass jeder grundsätzlich nur für sein eigenes Verhalten verantwortlich ist und impliziert zugleich, dass grundsätzlich niemanden die Verantwortung für das Verhalten anderer trifft. Dieses Prinzip dient augenscheinlich der Zuschreibung und Abgrenzung von Verantwortungsbereichen. Es ist bereits Gegenstand ausführlicher dogmatischer Untersuchung im Rahmen der Lehre von der objektiven Zurechnung gewesen, so dass hier auf die dortigen Erkenntnisse[1371] zurückgegriffen werden kann und sich im Wesentlichen auf die soeben erfolgte Herleitung aus den Prämissen dieser Arbeit beschränkt werden kann.

Im hier interessierenden strafrechtlichen Kontext führt das Eigenverantwortlichkeitsprinzip dazu, dass demjenigen, der als zeitlich Erster eine Ursache für einen verpönten Erfolg gesetzt hat, dieser möglicherweise nicht zugerechnet wird, wenn ein anderer später seinerseits durch sein Verhalten einen Beitrag zur Erfolgsentstehung leistet. Dieser andere kann auch das Opfer sein, das eigenverantwortlich sich selbst gefährdet oder schädigt und damit die Zurechnung des Erfolgs zum Erstverursacher ausschließt. Zum Beispiel würde der Tod eines Vergifteten nicht dem Arzt zugerechnet, der vergessen hatte, den Arzneimittelschrank abzuschließen, sondern allein der Sprechstundenhilfe, die das Gift dem Schrank entnommen und damit ihre Nebenbuhlerin vergiftet hat. Der Tod eines Unfallopfers würde nicht dem Unfallverursacher zugerechnet, wenn das Opfer freiverantwortlich die rettende Behandlung durch den Arzt ablehnt.

Bestandteil des Eigenverantwortlichkeitsprinzips ist zudem, dass jeder grundsätzlich für seinen Schutz selbst zuständig ist. Hätte sich aber jedermann tatsächlich dauerhaft um seinen Selbstschutz zu bemühen, bliebe nicht mehr viel Freiheit übrig. Daher ist zum Freiheitserhalt – wie zuvor gezeigt[1372] - eine Entlastung des Einzelnen vom Selbstschutz durch Grundregeln nötig. Deutlich her-

1371 Zur Lehre von der objektiven Zurechnung und insbesondere den Zurechnungshindernissen vgl. *Kühl*, AT, § 4, Rn. 36 ff.; *Otto*, AT, § 6; vgl. zum Eigenverantwortlichkeitsprinzip speziell beim Unterlassungsdelikt *Kühl*, AT, § 18, Rn. 104 f. und 117 f.; SK-*Rudolphi*, § 13, Rn. 36b (zur Straftatverhinderungspflicht unter Ehegatten); *Worms*, wistra 1984, S. 128 (zu §§ 263, 13 StGB bei Vertragsschlüssen).

1372 Siehe oben Teil 2 C III 1 b.

vor tritt zum Beispiel die Selbstschutzverpflichtung auf Grund des Eigenverantwortlichkeitsprinzips in einem Unterlassungsfall, in dem ein Grundstück vom Käufer in Bebauungsabsicht gekauft wurde, später jedoch der gemeindliche Bebauungsplan eine Veränderungssperre für dieses vorsah. Der Käufer hatte sich nicht vor Vertragsschluss über die Bebaubarkeit vergewissert. Ein Betrug wegen (unechten) Unterlassens der Aufklärung des Käufers kann dem Verkäufer unabhängig vom Bestehen einer Garantenstellung nicht zur Last gelegt werden, weil der Käufer eigenverantwortlich das Risiko einging, ein Grundstück zu erwerben, das möglicherweise nicht für seine Zwecke geeignet ist.[1373]

Die vorstehenden Ausführungen zum Eigenverantwortlichkeitsprinzip genügen für die Zwecke dieser Arbeit. Es war bereits zuvor und ist im weiteren Verlauf, insbesondere bei der Lösung von konkreten Fällen, von Bedeutung. Daher war zu zeigen, dass es sich ebenfalls unmittelbar aus den Prämissen der hiesigen Garantenlehre ergibt und nicht etwa plötzlich im Bedarfsfall erklärungslos herangezogen wird. Die Rückführbarkeit des Prinzips auf die Ausgangsannahmen unterstreicht zudem die Tragfähigkeit und grundsätzliche Bedeutung der hier angenommenen Prämissen.

3.3.2.1.4 Kein unzulässiger Schluss vom Sein auf das Sollen

Nachdem gegen die sozialethisch fundierten Garantenlehren der grundlegende Einwand erhoben wurde, sie schlössen unzulässigerweise vom Sein auf das Sollen, würden also auf einem naturalistischen Fehlschluss basieren[1374], drängt sich die Frage auf, ob sich die hiesige Herleitung nicht demselben Vorwurf aussetzt, wenn sie als Ausgangspunkt ihrer Überlegungen auf das Wesen des Menschen rekurriert. Ein solcher Vorwurf wäre nicht berechtigt. Es handelt sich bei dem hier zu Grunde gelegten Wesen des Menschen nicht um eine tatsächliche, sinnlich wahrnehmbare Erscheinung des Seins, sondern um eine vom Sein abstrakte, gedankliche Prämisse. Der Mensch wird in der Ausgangsprämisse als ein in seinem Urzustand freies Wesen *gedacht* nicht aber als solches einfach nur im Sein wahrgenommen. Die Charakterisierung als freies, freiheitsstrebendes Wesen geht auf die Rechtsordnung als Ganzes zurück und damit letztlich auf unsere Sollensordnung. Die Betrachtung einzelner historischer Beispiele belegte zudem, dass der freie Mensch und sein Freiheitsstreben nicht bloß ein theoretische

---

1373 Beispiel gebildet nach BGH, wistra 2000, S. 419 ff., in dem der BGH zutreffend die erstinstanzliche Verurteilung unter anderem mit obiger Begründung aufhebt.

1374 Vgl. die Kritik bei Teil 2 B VII 1 b aa; zum Fehlschluss vom Sein auf das Sollen und dem ähnlichen Vorwurf des naturalistischen Fehlschlusses siehe die grundlegenden Werke von *Moore*, Principica ethica, und *Hume*, A Treatise of Human Nature.

Prämisse der Sollensordnung sind, sondern eine Überprüfung am Maßstab der Realität bestehen.

Auf Basis dieser Prämisse wurden deduktiv die zwei für eine dauerhafte Freiheit unerlässlichen Grundregeln ermittelt und werden im Anschluss als Garantenstellungsmerkmale weiter konkretisiert. Ein solch abstrakt-deduktives Vorgehen findet sich bei den sozialethisch fundierten Lehren gerade nicht. Diese versuchen vielmehr, im Sein bestimmte Strukturen, beispielsweise gewisse Erwartungen oder soziale Rollen, aufzuzeigen, bei denen Garantenstellungen vorlägen. Daher sollen die Merkmale dieser Strukturen die Garantenstellungsmerkmale darstellen. Demnach entnehmen sie letztlich die Garantenstellungsvoraussetzungen dem Sein. In der hiesigen Arbeit erfolgen hingegen auf Basis einer gedanklichen Prämisse Schlussfolgerungen und Konkretisierungen, an deren Ende die konkreten Merkmale stehen. Eine Entnahme dieser aus dem Sein findet demzufolge nicht statt.

3.3.2.1.5 Kein unzulässiger Schluss vom Schutzbedürfnis auf Garantenstellungen

Indem zur Begründung der zweiten Grundregel auf die Gefahren für die Freiheit auf Grund nicht-menschlicher Gefahrenquellen und das grundsätzliche Fehlen eines konkret Schutzzuständigen für Allgemeingüter hingewiesen worden ist, könnte man Garantenstellungen auf die Schutzunfähigkeit bzw. auf ein Schutzbedürfnis gestützt haben. Eine solches Vorgehen ist aber zuvor abgelehnt worden[1375], so dass bei einer oberflächlichen Betrachtung der Vorwurf der Widersprüchlichkeit im Raume steht. Ihm kann mit ähnlichen Argumenten wie unmittelbar zuvor begegnet werden. Tatsächlich ist zuvor dem Begründen konkreter Garantenstellungen *in bestimmten Fallgruppen* anhand des Schutzbedürfnisses entgegengetreten worden. Im hiesigen eigenen Ansatz ist dagegen die Schutzunfähigkeit neben anderen Argumenten lediglich zur Begründung des Bedürfnisses nach einer zweiten Grundregel verwendet worden. Erst auf Basis dieser Grundregel werden dann mehrere Garantenstellungsmerkmale hergeleitet, so dass eine konkrete Garantenstellung nicht unmittelbar auf das Schutzbedürfnis gestützt wird.

Bereits die besagte, zweite Grundregel selbst enthält die Schutzbedürftigkeit nicht als Merkmal oder Regelinhalt. Einzig entscheidend ist bei ihr ein anderes Element, nämlich die verpflichtende Zusage eines bestimmten Verhaltens, eine Selbstverpflichtung. Der befürchtete Widerspruch kann deshalb nicht entstehen. Die Schutzbedürftigkeit hat keinen Niederschlag in den konkreten Merkmalen von Garantenstellungen gefunden. Insbesondere die beiden Hauptkritikpunkte

1375 Siehe die Kritik unter Teil 2 B I 2 b.

an dem topos Schutzbedürftigkeit, deren schwierige Quantifizierbarkeit und deren fehlende Selektionsfunktion, treffen auf den hier vertretenen Ansatz nicht zu, da ihr hier nicht die Bedeutung eines Garantenstellungsmerkmals zukommt.

3.3.2.2 Das rechtliche Einstehenmüssen und der gedankliche Schritt von den zwei Grundregeln zur strafbewehrten Rechtspflicht

Nun mag ausgehend von der Prämisse des freiheitlichen Urzustandes des Menschen in Gesellschaft die Einhaltung der beiden herausgearbeiteten Grundregeln sachlich notwendig sein, damit die Freiheit des Menschen bei einem Leben in Gesellschaft von Dauer sein kann. Besinnt man sich aber auf den gesetzlichen Anknüpfungspunkt der Haftung wegen unechten Unterlassens zurück, ist zu beachten, dass § 13 StGB – so mager seine inhaltlichen Vorgaben auch sein mögen – nicht irgendeine Pflicht, sondern eine Rechtspflicht zum Handeln postuliert. Ob die zwei elementaren Grundregeln das menschliche Zusammenleben in Form einer Rechtspflicht reglementieren müssen, ist keineswegs selbstverständlich. Mit den Regeln geht nicht automatisch die Annahme einher, dass es sich bei ihnen um Rechtspflichten handelt. Selbst wenn dies der Fall wäre, müsste zudem noch erläutert werden, warum die Einhaltung dieser Rechtspflichten bei Strafe zu gebieten ist; mit anderen Worten: warum diese Regeln für das rechtliche Einstehenmüssen des § 13 StGB tatsächlich von Bedeutung sind und dessen Ausfüllungsauftrag erfüllen. Dieser Zweischritt wird sogleich gedanklich vollzogen, um anschließend gesondert[1376] die ebenfalls nicht selbstverständliche Anwendbarkeit der Grundregeln im Rahmen der unechten Unterlassungsdelikte zu untersuchen.

3.3.2.2.1 Von den Grundregeln zur Rechtspflicht

Bei dem ersten Schritt von den Grundregeln zur Rechtspflicht bestehen keine Unterschiede zwischen dem Neminem-laede-Prinzip und dem Prinzip der Selbstverpflichtung. Um nicht das für die Fragestellungen dieser Arbeit unerhebliche Problem zu thematisieren, was unter Recht zu verstehen ist[1377], genügt es für die hiesigen Zwecke, als Rechtspflicht die Pflicht einer Person zu einem bestimmten Verhalten zu begreifen, deren Erfüllung notfalls - im Unterschied zu anderen Verhaltensnormen - mit staatlichem Zwang durchgesetzt werden kann.

Nun könnte man meinen, wenn der Mensch empirisch-historisch nachgewiesenermaßen nach der Erlangung und dem Erhalt seines freiheitlichen Urzustan-

---

1376 Unmittelbar im Anschluss, Teil 2 C III 4.

1377 Grundlegend dazu *Alexy*, Begriff und Geltung des Rechts; *Haase/Keller*, Grundlagen und Grundformen des Rechts; *Rüthers*, Rechtstheorie, Rn. 48 ff.

des strebt und für dessen dauerhaften Erhalt die Einhaltung der beiden Grundregeln unerlässlich ist[1378], ergibt sich aus dieser Notwendigkeit automatisch die Einhaltung der Regeln durch den Menschen im eigenen, freiheitserhaltenden Interesse. Bedauerlicherweise belegt die Historie ebenfalls, dass der Mensch nicht immer das Vernünftige und allgemein Nützliche tut. Wenn aber die Aufstellung der Grundregeln sich am freiheitlichen und nach Freiheit strebenden Wesen des Menschen als Prämisse orientiert, ist dessen Wesen ebenso bei der Umsetzung der Regeln zu beobachten. Es liegt in der Natur des Menschen, dass er das Eigen- dem Allgemeinnützigen und Vernünftigen vorzieht und sich nicht immer freiwillig an bestimmte Regeln hält, sondern diese bewusst oder zumindest unbedacht bricht, selbst wenn der Eigennutz nur darin besteht, einer spontanen Emotion nachzugeben. In Anlehnung an *Thomas Hobbes* pointiertes Bild des „homo homini lupus" formuliert *Kahlo* in diese Richtung treffend, der Staat sei die Antwort des Menschen auf seine eigene, unvernünftige Triebhaftigkeit[1379]. Aus der unendlich großen Zahl der denkbaren Beispiele mag der Hinweis auf die zum „Volkssport" avancierte Steuerhinterziehung oder -verkürzung genügen. Jedem vernünftigen Menschen ist klar, dass der Staat zum Erhalt seiner gemeindienlichen Einrichtungen, die jeder täglich in Anspruch nimmt, Geldmittel benötigt. Trotzdem dürfte die Zahl derer, die deswegen freiwillig ihre volle Steuerschuld begleichen[1380], eher gering ausfallen, worüber die große Zahl der Steuerdelikte beredt Auskunft gibt. Daher ist nicht bloß die Einhaltung der Grundregeln zum Freiheitserhalt unerlässlich, sondern ebenfalls auf Grund des Wesens des Menschen deren zwangsweise Durchsetzung vonnöten. Um nun diese erzwungene Durchsetzung nicht in Chaos und Maßlosigkeit eskalieren zu lassen, ist es sinnvoll, über sie einen Unbeteiligten wachen zu lassen: den Staat, welcher vom Menschen zum Schutz vor sich selbst und seiner unvernünftigen Natur konstituiert wurde. Der Staat wacht als neutrale Instanz über die Einhaltung der Grundregeln und verfügt ebenfalls grundsätzlich[1381] über das Monopol ihrer zwangsweisen, notfalls gewaltsamen Durchsetzung. Regeln, die solchermaßen für alle gelten müssen und vom Staat zwangsweise durchgesetzt werden, treten in der Form der Rechtspflicht in Erscheinung. Das Recht mit den in ihm statuierten Pflichten bietet demnach die Antwort auf die Frage, in welcher Form konkurrierende Freiheitsbetätigungen des in Gesellschaft lebenden Menschen zu

---

1378 Siehe zuvor Teil 2 C III 1.

1379 *Kahlo*, Handlungsform der Unterlassung, S. 211 ff.

1380 Ganz abgesehen von dem beklagenswerten Umstand, dass anlässlich der unüberschaubaren Regelungsfülle im Steuerrecht nicht jeder in der Lage ist, seine Steuerschuld ohne professionelle Hilfe *genau* bestimmen zu können.

1381 Beispiele für ausnahmsweise erlaubte Selbstexekution bilden im Strafrecht die Notwehr § 32 StGB und im Zivilrecht die Aufrechnung, §§ 387 ff. BGB.

reglementieren sind.[1382] Das Bundesverfassungsgericht führt dem inhaltlich entsprechend aus, der Einzelne müsse sich „...diejenigen Schranken seiner Handlungsfreiheit gefallen lassen, die der Gesetzgeber zur Pflege und Förderung des sozialen Zusammenlebens...zieht,...“[1383].

Wie bereits zuvor angedeutet ist es auf Basis des freiheitlichen Urzustandes des Menschen naheliegend, sich staatsrechtlich an *Rousseaus* Lehre vom Gesellschaftsvertrag anzulehnen. Die im „Naturzustand“ befindlichen Menschen schließen sich um der Vorteile willen zu einer Gemeinschaft zusammen und geben ihre natürliche Freiheit zugunsten einer gesellschaftlichen Ordnung auf.[1384]

Demnach folgt aus dem Ziel des dauerhaften Freiheitserhalts einerseits und dem damit häufig in Konflikt stehenden menschlichen Verhalten andererseits, dass die Grundregeln Rechtspflichten zu sein haben.

3.3.2.2.2 Die Rechtspflicht als strafbewehrte Pflicht

Beim nunmehr folgenden zweiten Schritt von der Rechtspflicht zur *Straf*rechtspflicht ist zwischen dem Verletzungsverbot und der Selbstverpflichtung zu differenzieren. Zweck des Strafrechts ist nach hiesiger Auffassung in Übereinstimmung mit der ganz herrschenden Meinung[1385] der Rechtsgüterschutz. Im Falle des Neminem-laede-Prinzip mit der Pflicht, niemandem zu schaden, fällt der Übergang zur Strafrechtspflicht leicht. Denn diese Pflicht beinhaltet zumindest, wenn man nicht von Identität sprechen möchte, niemandes Rechtsgüter zu verletzen. Das Strafrecht verwirklicht geradezu monothematisch das Verletzungsverbot.

Als nicht ganz so offensichtlich erweist sich hingegen die Begründung der strafrechtlichen Relevanz von Selbstverpflichtungserklärungen. Deren rechtlicher Schutz scheint zunächst eine Domäne des Zivilrechts zu sein. Sobald eine Selbstverpflichtung die Schwelle der bloßen Gefälligkeit zum Rechtsgeschäft überschreitet, wacht das Recht über die Einhaltung dieser Verpflichtung mit den Mitteln des Zivilrechts. Die Pflichten aus einem Kaufvertrag, zwei wechselseitige Selbstverpflichtungen, stellen Rechtspflichten nach den §§ 433 ff. BGB dar, und zwar *Zivil*rechtspflichten. Oder, um ein im Unterlassungsbereich beliebtes Beispiel aufzugreifen, die Babysitterin ist den Eltern gemäß den §§ 611 ff. BGB

1382 Wie hier u. a. *Hobbes*, Leviathan, Einleitung, S. 5, Kap. 26, S. 203; *Kahlo*, Handlungsform der Unterlassung, S. 219.

1383 In ständiger Rechtsprechung BVerGE 4, 7 (15 f.); 8, 274 (328 f.); 27, 1 (7); 30, 1 (20); 32, 373 (379); 33, 303 (334); 33, 367 (376 f.).

1384 Grundlegend *Rousseau*, Der Gesellschaftsvertrag oder die Grundsätze des Staatsrechts.

1385 Zur abweichenden Position von *Jakobs* und der diesbezüglichen Kritik siehe Teil 2 B IX 1.

*zivil*rechtlich verpflichtet. Daraus folgt allerdings nicht zugleich, dass der Rechtsschutz bei der Selbstverpflichtung sich auf das Zivilrecht beschränkt. Dies lässt sich anhand des Gesetzes und der durch es erfassten Konstellationen belegen. Zu denken ist hierbei zum Beispiel an einen Eingehungsbetrug nach § 263 StGB oder die zumindest für den Treubruchstatbestand konstitutive Vermögensbetreuungspflicht, die sich ausdrücklich auch aus einem Rechtsgeschäft ergeben kann[1386], § 266 StGB.

Mitunter genügt – aus axiologischen aber auch aus kriminalpolitischen Gründen – zwar zivilrechtlicher Rechtsgüterschutz oder meistens genauer: zivilrechtlich beanspruchbare Naturalrestitution oder Kompensation für bereits erlittene Schäden, wie zum Beispiel bei der fahrlässigen Sachbeschädigung. Das Zivilrecht wirkt allerdings überwiegend[1387] kompensatorisch, während das Strafrecht auf tatsächlichen, präventiven Rechtsgüterschutz zielt, sofern man nicht entgegen der ganz herrschenden Meinung absoluten Straftheorien anhängt und die Prävention als Strafzweck ablehnt[1388]. Ziel des Rechts muss aber nicht bloß der Ausgleich von erlittenen Verletzungen, sondern ebenfalls deren Verhinderung sein. Dies gilt um so mehr beim Schutz existentieller Rechtsgüter, wozu man sich ebenfalls mittels Selbstverpflichtung bereit erklären kann. Dort muss vom Staat die denkbar stärkste Verpflichtungswirkung gegenüber den Beteiligten und nicht bloß ein nachträglicher (weitestgehend allein wirtschaftlicher) Ausgleich angestrebt werden. Die stärkste, verpflichtende Wirkung hat aber grundsätzlich das Drohen mit Kriminalstrafe und die mit dieser einhergehende

---

1386 Ausführlicher zu diesen Beispielen und zur Vereinbarkeit der zwei Grundregeln mit dem geltenden (Straf-) Recht bei Teil 2 C III 3.

1387 Das Kompensationspflichtrisiko wirkt allerdings wohl ebenfalls präventiv.

1388 Nach den *absoluten* Straftheorien dient Strafe dem eigentlichen Wortsinn entsprechend *losgelöst* von gesellschaftlichen Auswirkungen rein repressiven Zwecken, also der Vergeltung oder der Sühne. Auf die Tat wird mit der Zufügung eines gerechten Übels reagiert und dadurch „die Rechtsordnung wieder hergestellt" (Vergeltungstheorie) oder der Täter mit der Rechtsordnung versöhnt (Sühnetheorie). Im Idealismus galt der Staat als „Wahrer der irdischen Gerechtigkeit", so dass zum Beispiel *Kant* und *Hegel* dieser Auffassung folgten.
Ebenfalls dem Wortsinne entsprechend soll nach den *relativen* Straftheorien Strafe immer *bezogen auf* den Täter (dann spricht man von Spezialprävention) oder die Gesellschaft (Generalprävention) wirken, wobei zwischen einer abschreckenden (negativen) und einer bestärkenden (positiven) Wirkung unterschieden wird.
Heutzutage wird weitaus überwiegend von präventiven Strafzwecken ausgegangen; entweder im Rahmen von relativen Strafzwecktheorien oder in Form von beide Zwecke in sich aufnehmenden Vereinigungstheorien. Ausführlich zu den Strafzwecken statt vieler: *Streng*, Strafrechtliche Sanktionen, S. 5 ff.; für die Wiedergutmachung des Opferschadens als selbständigen Strafzweck vgl. u. a. *Walther*, ZStW 111, S. 123 ff.

gesellschaftliche Ächtung. Bei lediglich zivilrechtlichen Ausgleichspflichten ist noch nicht einmal sicher gestellt, dass der Verpflichtete diese wird erfüllen können. Im Extremfall des Verlustes von Menschenleben hat zudem zumindest der Betroffene selbst nichts von möglichen Kompensationen. Aber auch für Angehörige und Freunde ist der Verlust eines Menschen ein persönlicher, schwerwiegender irreparabler Verlust und nicht lediglich ein wirtschaftlich zu kompensierendes Unglück. Hinzu kommt, dass im Zivilrecht das - nach strafrechtlicher Terminologie – Handlungsunrecht nur manchmal für das Ob und den Inhalt der Rechtsfolge von Bedeutung ist, vgl. § 826 BGB, aber im Gegensatz zum Strafrecht keineswegs immer, vgl. § 823 BGB. Sollen die Grundregeln aber tatsächliche Gutsverletzungen verhindern und nicht bloß kompensatorisch wirken, ist es unter Präventionsgesichtspunkten unerlässlich, die Rechtsfolge stets auch danach zu bemessen, ob der Regelverstoß vorsätzlich oder fahrlässig erfolgte. Wie gezeigt leistet dies in jedem Fall nur das Strafrecht. Demzufolge genügt das Zivilrecht nicht. Mitunter ist das Strafrecht gefordert, um rechtsgutsschützende Selbstverpflichtungen zu erzwingen.

Daher kann an dieser Stelle festgehalten werden, dass die Einhaltung der Selbstverpflichtung zumindest auch mit Mitteln des Strafrechts erzwungen wird und dass aus beiden Grundregeln sich Strafrechtspflichten ergeben können. Unter welchen Voraussetzungen das genau der Fall ist, wird im Rahmen der Konkretisierung der beiden Haftungsgründe erläutert[1389].

Abschließend gelangt man demnach zu dem Befund, dass die zwei Grundregeln nicht bloß Rechtspflichten, sondern unter Umständen strafbewehrte Pflichten bedingen und damit den Ausfüllungsauftrag von § 13 StGB erfüllen können.

3.3.2.3 Das rechtliche Einstehenmüssen dafür, dass der zum Tatbestand eines Strafgesetzes gehörende Erfolg nicht eintritt und die Überprüfung der Grundregeln anhand des geltenden Strafrechts

Besagter Ausfüllungsauftrag spricht allerdings nicht allein vom rechtlichen Einstehenmüssen. Präzisiert wird dies durch den Passus, dass der Täter eines unechten Unterlassungsdelikts dafür rechtlich einzustehen haben müsse, dass der Erfolg, der zum Tatbestand eines Strafgesetzes gehört, nicht eintrete. Dadurch wird die Erfüllung des Ausfüllungsauftrags insofern erleichtert, als dass nur solche Rechtspflichten für § 13 StGB beachtlich sind, die den Eintritt strafgesetzlich verpönter Erfolge vermeiden sollen. Dies ist insbesondere bei der Ermittlung der Garantenstellungsmerkmale der Selbstverpflichtungserklärung von Be-

1389 Siehe Teil 2 C IV und V.

deutung[1390]. An dieser Stelle ist es außerdem von Interesse, da es den Strafrechtsbezug der Grundregeln herstellt. Die Grundregeln sollen den Ausfüllungsauftrag erfüllen und § 13 StGB stellt klar, dass Bezugspunkt der Grundregeln die Vermeidung strafrechtlich verpönter Erfolge zu sein hat. Damit müssen die Grundregeln im Rahmen von § 13 StGB den vom Strafrecht bezweckten Rechtsgüterschutz[1391] zum Ziel haben. Während die zwei Basisregeln allgemein die Freiheit des in Gesellschaft lebenden Menschen sicherstellen sollen, geht es hier – entsprechend dem Zweck des Strafrechts und den von ihm verpönten Erfolgen - speziell um Freiheitsschutz mittels Güterschutz.

Wenn nun aber die Grundregeln tatsächlich grundlegende Bedeutung für den Freiheitsschutz via Güterschutz haben sollen und § 13 StGB den Bezug zu strafrechtsrelevanten Erfolgen herstellt, müssten sich die beiden Regeln bereits im geltenden Strafrecht wiederfinden. Dagegen wäre es verfehlt, § 13 StGB anhand von angeblich grundlegenden Regelungen ausfüllen zu wollen, die bislang noch keinen Niederschlag im geltenden Strafrecht gefunden haben. Mann könnte dann wohl kaum von *Grund*regeln sprechen. Deshalb soll an dieser Stelle eine zumindest kursorische Prüfung stattfinden, ob die Grundregeln auch im strafrechtlichen Kontext bestehen können, sich also im geltenden Strafrecht auffinden lassen.

Wie bereits erwähnt verwirklicht das Strafrecht den Güterschutz überwiegend, indem es bestimmte Gutsverletzungen generell, zum Beispiel in den §§ 211 ff. oder 223 ff. StGB, oder auf eine bestimmte Weise, zum Beispiel die Vermögensschädigung mittels einer Täuschung in § 263 StGB, unter Strafe stellt. Das Neminem-laede-Prinzip lässt sich demzufolge problemlos im Strafrecht wiederfinden. Dass es nicht sämtliche denkbaren Gutsverletzungen untersagt, widerlegt nicht den Grundregelcharakter. Schließlich ist vollständiger Güterschutz nicht möglich[1392]. Das Strafrecht stellt nur die *ultima ratio* der Sozialkontrolle dar, so dass die Grundregeln ebenfalls in außerstrafrechtlichen Normen die Freiheit schützen. Dies erklärt ergänzend - neben dem aus der Menschenwürde folgenden, entscheidenden Schuldprinzip -, warum nur vorsätzliches und unter Umständen fahrlässiges Verhalten nicht aber jedwede Schädigung mit Strafe bedroht ist.

Die Selbstverpflichtung hingegen genießt nicht so große Verbreitung im geltenden Strafrecht wie das Verletzungsverbot. Eine Berufung auf die unechten

---

1390 Siehe dazu Teil 2 C V 3.

1391 *Joecks*, StGB, § 1, Rn. 4; *Roxin*, AT Bd. 1, 2/1 ff., 2/28, Fn. 69 m. w. N.; *Schünemann*, GA 1995, S. 201 ff., 218; *ders.*, Roxin-FS, S. 16; a. A. *Jakobs*, Strafrecht AT, 2/1 ff. diesbezügliche Kritik Teil 2 B IX.

1392 Siehe dazu die Kritik an dem Schluss von der Schutzbedürftigkeit auf Garantenstellungen, Teil 2 B I 2 b.

Unterlassungsdelikte zum Nachweis würde offensichtlich einen Zirkelschluss darstellen[1393]. Im typischerweise bloß fragmentarisch gewährleisteten strafrechtlichen Vermögensschutz lässt sich dagegen die Selbstverpflichtung ohne Weiteres nachweisen. Zu denken ist hier zum Beispiel an den Eingehungs- oder den Erfüllungsbetrug nach § 263 StGB[1394]. Dort wird unter bestimmten Voraussetzungen schon die Selbstverpflichtung in Form des Vertragsschlusses oder deren (Nicht-) Erfüllung unter Strafe gestellt und zwar unabhängig vom parallel existierenden Zivilrechtsschutz. Ähnlich verhält es sich bei § 266 StGB. Die dort jedenfalls beim Treubruchstatbestand vorausgesetzte Vermögensbetreuungspflicht ergibt sich nach dem Wortlaut der Vorschrift auch aus rechtsgeschäftlichen Vereinbarungen, deren notwendiger Bestandteil eine Selbstverpflichtung des Betreuungspflichtigen ist. Aber auch außerhalb der Vermögensdelikte lassen sich Beispiele für die strafrechtliche Relevanz von Selbstverpflichtungen finden. So kann beispielsweise die Obhuts- und Fürsorgepflicht des § 225 I Nr. 1 StGB ebenfalls auf ihr beruhen.

Als problematisch im Zusammenhang mit den beiden Regeln erweisen sich auf den ersten Blick die §§ 138 und 323c StGB. Dort ist weder ein Schädigen noch eine Verletzung einer Selbstverpflichtung unter Strafe gestellt. Hinsichtlich der hier hergeleiteten zwei Regeln ist dies allerdings unschädlich. Denn die beiden Grundregeln stellen lediglich das Minimum an Reglementierung dar, was unter dem Primat des maximalen Freiheitserhalts unerlässlich ist. Selbstverständlich ist es dem Gesetzgeber unbenommen, von diesem Primat ausnahmsweise abzuweichen und rudimentär strafbewehrte Solidarpflichten zu schaffen. Legitimiert hierzu ist er durch den Zusammenschluss der Menschen im demokratischen Staat zum Zwecke des Schutzes[1395]. Es handelt sich zudem - gemessen an der Strafrechtsordnung insgesamt - ersichtlich um Normen von quantitativ und qualitativ untergeordneter Bedeutung, da sie zum einen eine Rarität in den geltenden Strafgesetzen bilden. Die auf den beiden Basisregeln beruhenden Normen überwiegend zahlenmäßig bei Weitem. Zum anderen weisen sie verglichen mit dem Wert der tangierten Rechtsgüter doch eine recht moderate Strafdrohung.[1396] Demzufolge hindern sie nicht die Ausgangsannahme, die Rechtsordnung gehe von einem freien Menschen aus. Aus dem Primat des Freiheitser-

1393 Ob tatsächlich die Selbstverpflichtung über § 13 StGB zu einer Strafbarkeit wegen unechten Unterlassens führt, ist gerade das *thema probandum*, weshalb ihre Existenz im geltenden Strafrecht nicht unter Berufung auf § 13 StGB nachgewiesen werden kann.

1394 Vgl. dazu statt vieler zum Eingehungsbetrug BGHSt 16, 221; Schönke/Schröder-*Cramer*, § 263, Rn. 125 ff.; *Mitsch*, Strafrecht BT, Teilband 2, S. 458 ff. und zum Erfüllungsbetrug RGSt 16, 10; Schönke/Schröder-*Cramer*, § 263, Rn. 135 ff.; *Mitsch*, Strafrecht BT, Teilband 2, S. 460 ff.

1395 Siehe Teil 2 C I 2, II, 2 a.

halts sind dem Gesetzgeber allerdings Grenzen für die Schaffung von (mitunter auch strafbewehrten) Solidarpflichten gezogen[1397], deren genaue Bestimmung indes für die hiesige Fragestellung nicht erforderlich ist.

Weiter stellt sich die Frage, warum der Versuch, abstrakte (in Gestalt von Tätigkeitsdelikten) und konkrete Gefährdungen, wie zum Beispiel in den §§ 153 ff., 316, 315b, 315c StGB, unter Strafe gestellt sind, wenn das Neminem-laede-Prinzip Verletzungen verbietet. Erklärbar wird dies, wenn man sich vergegenwärtigt, dass beide Strafbarkeiten im Ergebnis Verletzungen und nicht Gefährdungen um ihrer selbst willen verhindern sollen. Um dieses dem Neminem-Laede entsprechende Ziel zu erreichen, hat der Gesetzgeber bei den Gefährdungsdelikten die Entscheidung getroffen, dass bestimmte Verhaltensweisen eine so große Gefahr bergen, dass sie unabhängig vom Verletzungserfolg - entweder zum Zeitpunkt einer abstrakten aber auch erst bei einer konkreten Gefährdung - zu untersagen sind. Aus Präventionsgründen ist aber zum Freiheitserhalt und zugleich von Verfassungs wegen im Sinne eines status positivus bestimmter Grundrechte in Teilen die (vorsätzliche) versuchte Deliktsbegehung ebenfalls unter Strafe zu stellen. Letztlich handelt es sich bei beidem um eine Variante des Verletzungsverbots, in der die Verhaltenspflicht zeitlich vorverlagert wird: Nicht erst die Verletzung, sondern bereits eine Gefährdung ist untersagt. Im Ergebnis dient dies genau dem Ziel des maximalen Freiheitserhalts. Der Schaden für die Freiheit durch mögliche Gutsverletzungen auf Grund von schon erfolgten und zukünftigen gefährlichen Handlungen wäre größer als die Freiheitsminderungen durch das Verbot dieser Handlungen. Da es sich bei den beiden Strafbarkeiten um Ausprägungen des Verletzungsverbots – wenn auch nicht in „Reinform" - handelt, ist jedenfalls ein Widerspruch zu diesem nicht auszumachen.

Der Schutz von überindividuellen Rechtsgütern im Strafrecht wie von Umweltgütern, §§ 324 ff. StGB, und Abstrakta wie der Sicherheit und Zuverlässigkeit des Rechtsverkehrs, § 267 StGB lässt sich wiederum dadurch erklären, dass diese Güter nicht um ihrer selbst willen geschützt sind, sondern wegen ihrer Bedeutung für den Menschen und dessen Freiheit.

Mit der Feststellung, dass die Einhaltung der Grundregeln bei Strafe geboten sein kann, begibt man sich nicht in Widerspruch zum fragmentarischen Charakter des Strafrechts[1398] und dessen Natur als ultima ratio[1399] der Sozialkontrolle. Ebenso wenig droht deswegen ein Verstoß gegen Art. 103 II GG. Dies wäre le-

1396 Für einen „Ausnahmecharakter" u. a. *Grünewald*, Zivilrechtlich begründete Garantenpflichten im Strafrecht?, S. 64; NK-*Seelmann*, § 13, Rn. 50.

1397 Solidarpflichten sind für die Freiheit des Einzelnen von ambivalenter Bedeutung. Einerseits wirken sie über den Gutserhalt mittelbar freiheitsbewahrend. Andererseits begrenzt jede Pflicht die Freiheit.

1398 Siehe dazu *Binding*, BT 1, S. 20 ff.; *Arthur Kaufmann*, Henkel-FS, S. 89 ff.

diglich dann der Fall, wenn die strafrechtliche Haftung allein auf die genannten zwei Grundregeln gestützt würde. Eine solche Strafbegründung *contra legem* oder zumindest *sine lege* findet hingegen gerade nicht statt. Welche Rechtsgüter strafrechtlichen Schutz genießen und wie deren Verletzung zu erfolgen hat, um Kriminalstrafe nach sich zu ziehen, also in welcher Schuldform und Angriffsart, hat der Gesetzgeber bereits in seinen Wertentscheidungen in Form von Gesetzen, unter anderem im StGB, festgelegt. Bei den unechten Unterlassungsdelikten erlangen die Grundregeln durch den Ausfüllungsauftrag des § 13 StGB Relevanz. Sie können aber nur in Verbindung mit den jeweils einschlägigen Normen im allgemeinen und besonderen Teil des Strafgesetzbuches eine Strafbarkeit begründen. Die dort zum Ausdruck kommenden Wertentscheidungen des Gesetzgebers und der fragmentarische Charakter wirken daher auch im Bereich der unechten Unterlassungsdelikte fort und werden nicht über die ergänzend kraft Verweisung heranzuziehenden zwei Grundregeln überspielt oder umgangen. Die zwei Grundregeln treten nicht an die Stelle, sondern neben die bestehenden gesetzlichen Vorgaben und sollen für den speziellen Fall des unechten Unterlassens Auskunft darüber geben, wer als Täter dort in Betracht zu ziehen ist. Es liegt in der Natur dieser Konstruktion, dass eine universelle Strafbewehrung auf Grund von Verstößen gegen das Verletzungsverbot oder Selbstverpflichtungsbrüchen *contra legem* nicht eintritt. Anlässlich der Vorgaben des Gesetzgebers bleibt beispielsweise auch im unechten Unterlassungsbereich die fahrlässige Sachbeschädigung straflos.

Die anlässlich des Bezugs von § 13 StGB auf verpönte Erfolge vorgenommene Prüfung hat also die grundlegende Bedeutung der beiden Regeln für das Strafrecht bestätigt. Die zwei Grundregeln haben die Strafgesetze wesentlich geprägt. Dass daneben Vorschriften existieren, die nicht auf die zwei Grundregeln zurückzuführen sind, ist dadurch bedingt, dass das Strafrecht zwar dem Rechtsgüterschutz und damit der Freiheit dient, mit seinen Sanktionen aber zugleich den Sanktionierten öffentlich tadelt und deshalb auch die Auswirkungen auf ihn schon von Verfassungs wegen - der Mensch darf beim Strafen nicht bloß als Mittel zum Zwecke des Güterschutzes entwürdigt werden – zu beachten sind. Zudem wurde bereits im Zusammenhang mit den Gefährdungsdelikten deutlich, dass eine Variation von den Grundregeln im Ergebnis freiheitsdienlich sein kann. Schließlich ist die Wirklichkeit so vielfältig, dass um der Zweckmäßigkeit und Gerechtigkeit willen Abweichungen von *Grund*regeln diese nicht entkräften, sondern zu erwarten sind.

1399 Zu dieser Natur des Strafrechts vgl. BVerfGE 39, 1 (47); LK-*Jescheck*, Einl. (Bd. 1), Rn. 3; *Arthur Kaufmann*, JuS 1978, S. 365; SK-*Rudolphi*, Vor § 1, Rn. 14.

3.3.2.4 Anwendbarkeit des Haftungsgrunddualismus beim unechten Unterlassungsdelikt

Nachdem das Neminem-Laede- und das Selbstverpflichtungsprinzip als zwingende Voraussetzungen für den Erhalt des freiheitlichen Urzustandes des Menschen in Gesellschaft herausgearbeitet worden sind und zudem der Schritt von den rechtsphilosophisch fundierten Grundregeln zur Strafrechtspflicht gelungen ist, stellt sich nunmehr speziell die Frage, welche Bedeutung den Prinzipien für den primär interessierenden Bereich der unechten Unterlassungsdelikte zukommt, ob sie dort überhaupt zur Anwendung kommen können.

3.3.2.4.1 Anwendbarkeit des Neminem-laede-Prinzips

Auf den ersten Blick scheint das Prinzip für das unechte Unterlassungsdelikt nicht sonderlich ergiebig zu sein. In seiner Herleitung wurde es als das eigentliche, hinter den Begehungsdelikten des Strafgesetzbuch stehende Prinzip identifiziert, so dass es logisch erscheint, ihm auch nur dort Bedeutung beizumessen. Der Wortlaut des Prinzips legt einen entsprechenden Schluss nahe: „Schade niemandem!“ ist scheinbar ebenfalls an den Täter eines Kommissivdelikts adressiert. Denn es liegt nahe, das Schade-Niemandem im Sinne eines „Füge niemandem Schaden zu![1400]“ zu verstehen.

Da bei der Herleitung des Prinzips Verfechter eines im Grundsatz auch hier vertretenen individualistisch-liberalen Rechtssystems bemüht worden sind, ist es nur konsequent, zu ergründen, in welchem Bereich diese den Grundsatz angewandt wissen wollten. Ein kurzer Blick auf diejenigen, die sich zum Neminem-laede-Grundsatz geäußert haben und zum Teil bereits oben bei der Legitimation der Grundregel unterstützend in Bezug genommen worden sind[1401], stützt den bisherigen Befund. Wenn *Feuerbach* ausführt, die „ursprüngliche Verbindlichkeit“ gehe nur auf „Unterlassungen“[1402], wird deutlich, dass er dabei die Begehungsdelikte im Auge hatte. Denn wer eine Unterlassungspflicht verletzt, begeht eine Tat.

Inhaltlich nahezu Identisches findet sich bei *Pufendorf*. Bei ihm heißt es: „Niemand soll dem anderen Schaden zufügen. Das ist die umfassendste aller Pflichten, die alle Menschen als solche trifft. Sie aber ist am leichtesten zu erfüllen, da sie lediglich in der bloßen Unterlassung einer Handlung besteht.“[1403]

1400 So auch die sprachliche Variation des Prinzips bei *Pufendorf*, De officio hominis I, 6, 2; zu diesem sogleich mehr.

1401 Siehe Teil 2 C 1 b aa.

1402 *Feuerbach*, Lehrbuch, § 24 (S. 50).

1403 *Pufendorf*, De officio hominis I, 6, 2.

Deutlicher als im letzten Satz kann man die Zielrichtung, Unterlassungspflicht beim Begehungsdelikt, kaum fassen.

Die Logik scheint das zu bestätigen: Wer unterlässt, schädigt nicht. Sollte also die alte These *Radbruchs* zu Handlung und Unterlassung[1404] in abgewandelter Form hier Aktualität gewinnen, und sich der Inhalt der Neminem-laede-Pflicht („Schade nicht!") zum unechten Unterlassungsdelikt („Rette!") verhalten, wie „a zu non-a"? Da *Radbruch* zwei ontologische Erscheinungen, Handlung und Unterlassung, einander gegenübergestellt hat, ist auch hier der Vergleich von der Ebene des Sollens, „Schädige nicht" bzw. „Rette", auf die Ebene des Seins zu verlegen. Dies gelingt, wenn man nicht die Pflichten miteinander vergleicht, sondern den jeweiligen – hier vorläufig bestimmten - Modus der Pflichterfüllung, also das, was die Pflichten in der Realität an menschlichem Verhalten verlangen. Das Nicht-Schädigen erfordert nun ontologisch – bislang – in der Realität ein Unterlassen. Wohingegen die Garantenpflicht beim unechten Omissivdelikt dahin geht, eine Rechtsgutsverletzung durch ein positives Tun zu verhindern. Unabhängig davon, wie man zu *Radbruchs* gezogenem Schluss steht, kann an dieser Stelle daher festgestellt werden, dass aus dem fraglichen Prinzip und aus dem unechten Unterlassungsdelikt zwei grundlegend verschiedene Modi der Pflichterfüllung folgen, was gegen die Anwendbarkeit von jenem bei diesem spricht.

Bislang deutet demzufolge alles darauf hin, dass dem Nicht-Schädigen-Grundsatz für das Unterlassen nichts abzugewinnen ist. Dennoch werden die nachstehenden Ausführungen belegen, dass auf das Neminem-laede-Prinzip ein wesentlicher Teil der unechten Unterlassungsdelikte zurückzuführen ist.

Eingangs ist festgestellt worden, dass das Prinzip in Delikten Ausdruck gefunden hat, die zumindest ihrem Wortlaut nach ein Begehen zum Gegenstand haben. Dies ist aber mitnichten bei allen diesen Delikten der Fall. Betrachtet man zum Beispiel § 123 StGB, so fällt auf, dass nicht nur derjenige bestraft wird, der ein fremdes Hausrecht dadurch verletzt, dass er in die geschützten Räumlichkeiten gegen den Willen des Hausrechtsinhabers eindringt, sondern auch derjenige sich strafbar macht, der dessen Willen zuwider in den Räumlichkeiten verweilt. Das Gesetz verbietet also nicht bloß, die Verletzung des Hausrechts durch ein positives Tun, sondern verbietet zugleich das hausrechtsverletzende Verweilen in den geschützten Räumlichkeiten. Unabhängig von dem zu vernachlässigendem Umstand, ob der Gesetzgeber ein Ver- oder Gebot *formu-*

1404 *Radbruch*, Handlungsbegriff, S. 104, äußert sich in seiner Habilitationsschrift zum Verhältnis der -wohlgemerkt ontologischen - Erscheinungen „Handlung" und „Unterlassung" mit dem Ergebnis, dass das eine die Negation des anderen sei, und beide deshalb nicht unter einen gemeinsamen Oberbegriff zu bringen seien.

liert hat[1405], fordert das Gesetz *inhaltlich* je nach Situation zwei verschiedene Modi der Pflichterfüllung: einmal die bekannte, negative Form des Nicht-Tuns, des Unterlassens der Verletzung, und einmal die positive Form des aktiven Tuns, konkret das Verlassen der Räumlichkeiten. Es existiert bei § 123 StGB auch nicht etwa ein struktureller Unterschied zu anderen Begehungsdelikten, der diese Einbeziehung einer Handlungspflicht erklären könnte. So handelt es nicht etwa um ein „Pflichtdelikt", bei dem die spezielle Pflichtenstellung des Normadressaten die besondere Pflicht zum Rechtsgutsschutz durch aktives Tun erklären könnte, wie dies beispielsweise bei den Amtsdelikten oder § 266 StGB der Fall ist. Vielmehr kommt bei § 123 StGB bereits ein Umstand zum Ausdruck, auf den später noch näher einzugehen ist: Auf Grund der tatsächlichen Begebenheiten kann die verbotene Schädigung durch ein aktives Tun statt durch ein Unterlassen der Verletzung verhindert werden. Daher liefert diese Vorschrift einen Beleg dafür, dass auch der Gesetzgeber bei auf dem Neminem-laede-Grundsatz basierenden Normen die Möglichkeit prinzipiell nicht ablehnt, dass Pflichtinhalt ein positives Tun ist, sondern sogar einen Bedarf dafür sieht, dies bei Strafe zu fordern.

Ehrlicherweise kommt man allerdings nicht umhin zu konstatieren, dass § 123 StGB eine Ausnahme bildet und in das Strafgesetz die Forderung nach aktivem Tun in aller Regel keinen Eingang gefunden hat. Man kann den „Raritätenstatus" der Handlungspflicht bei der Formulierung der Verletzungsverbote auf dreierlei Ursachen zurückführen:

Erstens war bei der Schaffung des StGB das praktische Bedürfnis für deren Aufnahme wegen der erst später im Zuge der Industrialisierung eingetretenen Technisierung und Automatisierung der Lebenswelt noch nicht so groß wie

---

1405 Zu unterscheiden sind bei allen Strafrechtsnormen die *Formulierung* der Verhaltenspflicht und deren *Erfüllungsform*. *Formulieren* lässt sich jede Verhaltenspflicht sowohl als Ge- als auch als Verbot, solange man als Bezugspunkt bei der Umformulierung den kontradiktorischen Gegensatz der Ausgangsformulierung wählt. So kann man mit identischem Pflichteninhalt formulieren „Es ist verboten zu töten!" und „Es ist geboten, nicht zu töten!", da man als Bezugspunkt beim Gebot den kontradiktorischen Gegensatz des Verbots gewählt hat; aus „Töten" wird „Nicht-Töten". Ein eingängigeres Beispiel bietet § 142 StGB. Statt das Entfernen zu verbieten, hätte der Gesetzgeber in § 142 StGB auch das Verweilen gebieten können. Die *Erfüllungsform* der Pflicht des § 142 StGB ist aber bei beiden sprachlichen Variationen dieselbe: Unter bestimmten Voraussetzungen ist ein tatsächliches Tun, ein Entfernen, untersagt. Von Interesse ist an dieser Stelle die Erfüllungsform einer Pflicht und nicht deren häufig auch von Zufälligkeiten abhängige, sprachliche Fassung im Gesetz.
Von diesen beiden Kategorien, Formulierung einer Pflicht und deren Erfüllungsform, ist eine dritte zu unterscheiden, nämlich der Haftungsgrund; zur Herleitung der beiden maßgeblichen Haftungsgründe siehe Teil 2 C III 1.

heutzutage. Bei der anschließenden Darlegung des axiologischen Arguments wird dies noch eingehender erläutert. Zweitens stellt es ein zeitloses Faktum dar, dass damals wie heute die weitaus überwiegende Zahl der Strafrechtsverstöße durch ein Begehen erfolgt, und deswegen der Gesetzgebers sich auf diese Verwirklichungsform konzentriert. Drittens hat seit jeher in der Praxis und Wissenschaft ein starkes Bedürfnis bestanden, die Verletzungsform des Unterlassens zu erfassen. Während man vor Schaffung des § 13 StGB sich mit formellen Rechtsquellen und später in Abkehr davon mit materiellen Kriterien behalf, hatte man mit § 13 StGB – endlich – zumindest einen positiv-rechtlichen Anhaltspunkt für die Bestrafung der unechten Unterlassung. Jedenfalls sah man sich stets - ungeachtet verfassungsrechtlicher Bedenken - in der Lage, diese Fälle vor und erst recht nach Einführung des § 13 StGB strafrechtlich zu erfassen, so dass es keinen zwingenden Grund für den Gesetzgeber gab bzw. gibt, in die einzelnen Begehungstatbestände eine Handlungspflicht zu integrieren.

Ebenso wenig gebietet die Auslegung[1406] des Neminem-Prinzips eine exklusive Beschränkung auf Begehungsdelikte. Verstünde man unter dem „Nicht schaden" allein das Verbot der Schadensherbeiführung durch positives Tun, so würde man das Prinzip allzu naturalistisch auffassen. Die mittlerweile allgemein akzeptierte Dogmatik zur „Quasikausalität" und die seit Jahrzehnten erfolgende Anwendung von Begehungsdelikten auf tatsächliches Unterlassen belegen, dass auch bei diesem der Täter wegen einer Rechtsguts*verletzung* zu bestrafen ist. Deshalb erscheint es jedenfalls nicht ausgeschlossen, auch ein „Schädigen" durch Unterlassen zuzulassen.

Zudem ist fraglich, ob überhaupt ein exakter Wortlaut des Neminem-Prinzips existiert und seine Essenz nicht vielmehr der von ihm verfolgte Zweck ist. Daher erscheint es gewinnbringender nach dem *telos* des Prinzips zu fragen. Ei-

---

1406 Es soll hier als zulässig vorausgesetzt werden, dass die canones Savignys nicht bloß auf positive Rechtsnormen, sondern ebenso auf Rechtsprinzipien anwendbar sind. Dies bereitet jedenfalls dann wenig Schwierigkeiten, wenn man wie hier als Ziel der Auslegung die Ermittlung des Vernünftigen, rechtlich Zutreffenden akzeptiert und nicht das Gesagte oder Gewollte zu ergründen sucht, was schon mangels manchmal nicht eindeutiger Urheberschaft oder historischem Kontext bei Prinzipien nicht ohne Weiteres möglich wäre.
Für das Abstellen auf das Vernünftige wiederum spricht, dass ein verantwortungsbewusster, zukunftsorientierter Gesetzgeber stets das rechtliche Richtige durch seine Normen verwirklichen will und zwar nicht nur in seinem historischen Kontext, sondern auch in Zukunft. Bei einer solchen Legislative stellt das Gewollte gerade das Vernünftige dar. Die Notwendigkeit für einen so gearteten Gesetzgeber hat *Radbruch* treffend zum Ausdruck gebracht, als er verlangte, „...das Gesetz [...] muss sogar klüger sein als seine Verfasser.", *Radbruch*, Rechtsphilosophie, S. 211.

gentlicher Zweck des Prinzips nach der hiesigen rechtsphilosophischen Fundierung ist die Erhaltung des freiheitlichen Urzustandes des Menschen. Dafür soll der Mensch seiner Rechtsgüter nicht verlustig gehen, was ein Mittel und zugleich ein notwendiges Zwischenziel zur Freiheitserhaltung darstellt. Dieser Zweck, Rechtsgütererhalt, kann aber nicht erreicht werden, wenn man das Schädigungsverbot auf eine Unterlassungspflicht beschränkt. Punktuell kommt dies bereits in einzelnen Normen des Besonderen Teils des StGB zum Ausdruck. In § 123 StGB wird beispielsweise deutlich, dass zur Zweckerfüllung, konkret dort: Schutz des Hausrechts, auch das Statuieren von Handlungspflichten erforderlich ist.

Das entscheidende Argument für eine Anwendbarkeit des Prinzips auf unechte Unterlassungsdelikte liefern axiologische Erwägungen. Abstrakt, im von der einzelnen Norm vorgesehenen Erfüllungsmodus, mag die Unterscheidung der ontologischen Erscheinungsformen Tun und Unterlassen trennscharf möglich sein. Das Gesetz gebietet oder verbietet ein Verhalten[1407]. Im konkreten Fall kann die Unterscheidung jedoch Schwierigkeiten bereiten, wobei die Abgrenzungsschwierigkeiten in beiden denkbaren Bereichen auftreten können: Ebenso wie eine originäre Rettungspflicht mitunter durch eine aktive „Schädigung" verletzt werden kann, ist es möglich, dass ein ursprüngliches Verletzungsverbot durch ein Unterlassen missachtet wird. Für jenes bildet der in der Unterlassungsdogmatik bekannte „Reanimatorfall" ein anschauliches Beispiel. In diesen Fällen kann ein moribunder, irreversibel bewusstloser Patient nur durch den permanenten Einsatz medizinischer Geräte wie einer Herzlungenmaschine am Leben gehalten werden. Nach ihrer Aktivierung halten die Maschinen den Patienten selbsttätig am Leben. Wird nun anlässlich des vom Patienten selbst in einem maßgeblichen Patiententestament geäußerten Wunsches oder aus einem anderen Grund der lebenserhaltende Apparat durch einen Knopfdruck deaktiviert, ist phänotypisch ein Tun gegeben. Ob es sich dabei allerdings um ein Begehungsdelikt, also um eine Tötungsverbotsverletzung durch ein aktives Tun handelt, oder ob stattdessen eine Rettungspflicht verletzt wurde, ist äußerst umstritten[1408]. Während für Ersteres das äußere Erscheinungsbild des Geschehens spricht,

---

1407 Während beispielsweise § 223 StGB seinem Wortlaut nach vom Rechtsunterworfenen ein Unterlassen verlangt, gebietet die gesetzliche Verhaltenspflicht bei § 323c StGB ein Tun, „Leiste Hilfe!".

1408 Zum „Reanimatorfall" im Allgemeinen: *Bernsmann*, JuS 1994, S. 10 f.; *Geilen*, JZ 1968, S. 150 f.; *Roxin*, Engisch-FS, S. 395 ff.; *Stoffers*, Die Formel „Schwerpunkt der Vorwerfbarkeit" bei der Abgrenzung von Tun und Unterlassen?, S. 358 ff.
Für ein Tun vgl. nur: *Bockelmann*, Das Strafrecht des Arztes, S. 125, Fn. 45; *Samson*, Welzel-FS, S. 601 ff.; *Sax*, JZ 1975, S. 135 ff.; für ein Unterlassen u. a.: *Engisch*, Gallas-FS, S. 178; *Geilen*, Heinitz-FS, S. 383; *Herzberg*, JZ 1988, S. 186.

könnte man für Letzteres anführen, die Ärzte hätten, um ihrer Rettungspflicht zu entsprechen, lediglich ihre eigene tätige Rettung durch eine selbsttätige Maschine substituiert, so dass deren Deaktivierung letztlich nichts anderes als Unterlassen weiterer Rettungsmaßnahmen ist. Losgelöst von der hier entbehrlichen Entscheidung der Streitfrage veranschaulicht dieser Fall, dass die Grenzziehung sich mitunter schwierig gestalten kann. Jedenfalls verdeutlicht er, dass ebenso wenig von der Gesetzesformulierung wie vom Phänotyp des erfolgsherbeiführenden Verhaltens ohne Weiteres auf den Pflichttyp, Verletzungsverbot oder Rettungsgebot, geschlossen werden kann.

Für die hiesige Untersuchung ist vor allem die umgekehrte Konstellation von Interesse, der Verstoß gegen ein aus dem Neminem-laede-Grundsatz folgendes Verletzungsverbot durch ein Unterlassen. Die wachsende praktische Bedeutung dieser Fallgestaltung und das damit einhergehende Bedürfnis nach deren strafrechtlicher Erfassung sind wesentlich durch den nachstehend kurz angedeuteten gesellschaftlichen Entwicklungsprozess bedingt: Als Folge technischer Innovationen wie beispielsweise der Erfindung der Dampfmaschine von *Thomas Newcomen* und deren Weiterentwicklung durch James Watt kam es in der westlichen Welt ausgehend von England zur sogenannten „Industrialisierung". In deren Zuge folgten weitere technische Innovationen wie unter anderem die Erfindung des Computers durch *Konrad Zuse*. All dies führt zu einer weitgehenden Automatisierung von Prozessen, die früher von Menschen manuell ausgeführt wurden; die Gießkanne wird zum Beispiel durch automatische Rasensprenger, die Betätigung eines Schalters durch automatisch einen Stromkreis schließende Zeitschaltuhren, die manuelle Beatmung durch eine Herz-Lungen-Maschine ersetzt. Für das Strafrecht ist diese Entwicklung deshalb von Interesse, weil durch die Automatisierung von Vorgängen auf Grund der eingetretenen Technisierung in vielen Bereichen an die Stelle von menschlichem Verhalten der selbsttätige Ablauf von Maschinen als Gefahrenquelle für Rechtsgüter getreten ist. Wo früher Menschen den Straßenverkehr regelten oder von Hand Bahnschranken senkten, sind heute Ampelanlagen oder computergestützte, automatische Bahnanlagen im Einsatz. Häufig hängt es vom Grad der Technisierung eines bestimmten Lebensbereichs und damit vom Zufall, also von einem aus der Perspektive des Strafrechts irrelevanten, sachfremden Kriterium, ab[1409], ob die Gefahr von einem Menschen oder einem automatischen Vorgang droht, für den ein Mensch verantwortlich zeichnet. Es ist jedoch axiologisch inakzeptabel, die Verpflichtung zum Rechtsgüterschutz, die strafrechtliche Haftung für die Verletzung eines Menschen von diesem Zufall abhängig zu machen.

1409 Ebenso *Freund*, Erfolgsdelikt und Unterlassen, S. 79; *Seibert*, Garantenpflicht beim Betrug, S. 19.

Das demonstrieren die folgenden Beispiele. Unstreitig müsste man einen Arbeiter in einem industriellen Fertigungsprozess wegen Verstoßes gegen das Schädigungsverbot der §§ 223 ff. StGB bestrafen, der mindestens sorgfaltspflichtwidrig einen Kollegen mit seinem Schweißgerät das Augenlicht nimmt. Sollen aber die Dinge tatsächlich anders liegen, wenn der Roboterarm einer Maschine die Schweißarbeiten automatisch durchführt, derselbe Arbeiter die Maschine aber nicht gewartet hat und deshalb der Roboterarm einen Kollegen mit denselben Folgen verbrennt? Soll die Grad der Technisierung, der Zufall, zur Straffreiheit bzw. allenfalls zur Haftung nach § 323c StGB bei der zweiten Variante und nicht zu den §§ 223, 13 ff. StGB führen?[1410] Eine unterschiedliche Behandlung dieser Fälle wäre nicht nachvollziehbar. In beiden Fällen hätte der Arbeiter gegen das Verletzungsverbot verstoßen. Die Gerechtigkeit gebietet deren Gleichbehandlung. Ein vergleichbares Ergebnis ist in einem weiteren Beispiel zwingend anzunehmen, wenn der Platzwart einer öffentlichen Sportanlage bewusst eine elektrische, automatische Bewässerungsanlage, bei der mittlerweile Stromkabel freiliegen, nicht deaktiviert, in der Hoffnung, die ihm missliebigen, lautstarken Jugendlichen würden beim Fußballspielen einen Stromschlag versetzt bekommen und sich fortan anderen Orts sportlich betätigen. Er müsste genauso nach den §§ 223 ff. StGB zur Verantwortung gezogen werden, wie beim Vertreiben der Jugendlichen mittels Schläge. Auch unabhängig von besagter technischer Entwicklung lassen sich Beispiele finden, in denen es vom Zufall abhängt, ob gegen ein Verletzungsverbot durch ein Tun oder ein Unterlassen verstoßen wird. Man denke nur an einen Fall, in dem ein Mann seinen bissigen Hund auf seine Nachbarin hetzt. Alternativ dazu stelle man sich eine Situation vor, in der der Hund von alleine die Nachbarin attackiert und der Mann den Hund trotz Möglichkeit dazu nicht zurückruft. Eine unterschiedliche Behandlung des Hundehalters würde nicht überzeugen.

Über die grundsätzliche Gleichbehandlung all dieser Fallvarianten sollte weitgehend Einigkeit bestehen. Sie unterscheiden sich jeweils nur in einer Äußerlichkeit, dem unterschiedlichen Phänotyp der Pflichtverletzung. Eine besondere Pflichtenstellung haben sich die jeweiligen Täter ebenfalls nicht durch eine Verpflichtungserklärung auferlegt. Sie haften lediglich wie der jedermann dafür, dass sie niemanden verletzen. Die strafrechtliche Haftung lässt sich somit letztlich in allen diesen Fällen auf denselben Grund zurückführen: den Verstoß gegen das Neminem-laede-Prinzip. Dessen Anwendbarkeit im Rahmen des unechten Unterlassungsdelikts ist ein Gebot der Gerechtigkeit. Ein demgegenüber von oben beschriebenen Zufälligkeiten abhängiges Ergebnis ist abzulehnen.

1410 Die regelmäßig beim positiven Tun größere kriminelle Energie bildet demgegenüber einen nachvollziehbaren Grund für eine Unterscheidung.

Im Übrigen ist bzw. war auch der Rechtsphilosophie positives Tun als Inhalt des Nicht-Schädigen-Prinzips keineswegs fremd. *Theodor von Schmalz* geht zwar davon aus, dass „juridische Rechte und Pflichten nur negative sein [können], mit Ausschließung aller affirmativen[1411]". Diese Beschränkung auf negative Rechtspflichten und die Absage an „affirmative" scheint zunächst das obige Ergebnis zu stützen. Allerdings fügt er hinzu „Aus der inneren Freiheit aber mögen affirmative Pflichten im Äußeren hervorgehen, so oft nämlich äußerlich etwas geschehen muss um sie, diese innere Freiheit, zu erhalten".[1412] Folglich geht *von Schmalz* davon aus, die Erfüllung des Neminem-laede könne äußerlich auch ein Tun verlangen. In der gleichen Richtung äußert sich *Carl Gottlieb Svarez*. Es bestünde eine allgemeine Pflicht „gegen die Mitbürger überhaupt", niemandem Schaden zuzufügen. Damit ist zunächst einmal bloß die Nichtschädigungspflicht in ihrer engen Fassung gemeint. Er führt sodann aber näher aus, „ein jeder ist schuldig, sein Betragen so einzurichten, dass er weder durch Handlungen noch Unterlassungen anderer Leben oder Gesundheit in Gefahr setzt".[1413] Soweit er fordert, dass Leben Anderer dürfe nicht durch „Unterlassungen" gefährdet werden, verlangt er genau den Pflichterfüllungsmodus, der eigentlich nur bei Unterlassungsdelikten anzutreffen ist. Demnach nimmt auch *Svarez* an, die Erfüllung der allgemeinen Neminem-laede-Pflicht könne in einem positiven Tun bestehen. Schließlich ist noch *Hegel* zu nennen, der der Ansicht ist, „Es gibt daher nur Rechtsverbote, und die positive Form von Rechtsgeboten hat ihrem letzten Inhalte nach das Verbot zugrunde liegen[1414]". Zwar behauptet er damit, dass sämtliche Pflichten auf Rechtsverbote zurückzuführen sind, was der hiesigen Auffassung widerspricht, die daneben auch die Verpflichtungserklärung anerkennt[1415]. Darüber hinaus bringt er jedoch zum Ausdruck, auch die „positive Form von Rechtsgeboten" könne aus Verboten entspringen. Dies mag ausreichen, um zu verdeutlichen, dass die Rechtsphilosophie der Herleitung von positiven Handlungspflichten aus dem Nicht-Schädigen-Grundsatz jedenfalls nicht kategorisch ablehnend gegenüber steht.

Es ist aber einzuräumen, das ein Teil der rechtsphilosophischen Literatur, hier sind nur *Kant* und *Feuerbach* stellvertretend zu nennen, die Begründung einer *Rechts*pflicht – bei den sittlichen Pflichten mögen die Dinge anders liegen,

---

1411 Zum besseren Verständnis: Mit „affirmativen" Pflichten sind hier Rettungspflichten mit dem Inhalt eines positiven Tuns gemeint.

1412 *Schmalz*, Rechtsphilosophie, S. 57 f.

1413 *Svarez*, Unterricht für das Volk über die Gesetze, S. 13, 16.

1414 *Hegel*, Rechtsphilosophie, § 38; *ders.*, Philosophische Propädeutik (Werke 4), S. 234 f.

1415 Siehe zu dem Dualismus von Verpflichtungserklärung und Neminem-laede-Prinzip Teil 2 C III.

nur kommen diese hier nicht in Betracht[1416] - zur aktiven Rettung aus dem Neminem-laede-Grundsatz ablehnt. Die Ursache dafür ist aber nicht zwingend in allen Fällen intrasystematischer Natur. Vielmehr bestand zum Zeitpunkt der Entstehung vieler älterer rechtsphilosophischer Beiträge noch kein verstärktes praktisches Bedürfnis zum Schutz durch aktives Tun, da die vorstehend aufgezeigte Entwicklung, die Technisierung und Automatisierung, noch nicht eingesetzt hatte.

Insgesamt sind die vereinzelt bestehenden Vorbehalte in der Rechtsphilosophie, soweit sie nicht wegen des vorstehenden Arguments obsolet sind, nicht so schwergewichtig, dass sie sämtliche vorstehenden Argumente, insbesondere das axiologische, aufwiegen. So wenig im Übrigen allein die Berufung auf bestimmte Rechtsphilosophen die eigenständige Legitimation zu ersetzen vermag, so wenig bringen einzelne kritische Stimmen dieser Provenienz eine Position zu Fall.

Die vorstehenden axiologischen Überlegungen führen zudem dazu, dass die auf den ersten Blick bestehende Unvereinbarkeit der Erfüllungsmodi von Neminem-laede-Prinzip und unechtem Unterlassungsdelikt nicht mehr besteht. Denn logischerweise richtet sich der Erfüllungsmodus einer Pflicht nach dem Pflichtinhalt. Inhalt der Nicht-Schädigen-Pflicht ist aber auf Basis der axiologischen Erwägungen das Verhindern von Rechtsgutsverletzung durch Unterlassen *und* positives Tun. Der prima facie ausgemachte Widerspruch besteht nicht. Demgegenüber wäre es eine unzulässige petitio principii, wenn man einwendete, der Widerspruch bestünde fort, weil Inhalt der Nicht-Schädigen-Pflicht allein ein Unterlassen von aktiven Verletzungen sei. Denn den Pflichtinhalt galt es gerade zu ermitteln.

3.3.2.4.2 Anwendbarkeit des Prinzips der Selbstverpflichtung

Während beim Verletzungsverbot die Begründung von dessen Strafrechtspflichtcharakter sich gleichsam von selbst ergab und dessen Anwendbarkeit bei Unterlassungen etwas ausführlicher begründet werden musste, liegen die Dinge bei der Selbstverpflichtung genau umgekehrt[1417]. Bei dieser erschloss sich die strafrechtliche Relevanz der verkörperten Rechtspflichten erst auf den zweiten Blick. Dagegen bereitet die Erklärung, warum die Selbstverpflichtungserklärung im Bereich der unechten Unterlassungsdelikte bedeutsam ist, weniger Schwierigkeiten.

Einen ersten Anhalt bietet das bereits zuvor bemühte Beispiel des § 266 StGB. Dieser belegt über die Vermögensbetreuungspflicht nicht bloß die straf-

---

1416 Siehe die Ausführungen zu § 13 StGB bei Teil 2 C II.

1417 Zum Nachweis des Strafrechtspflichtscharakters der beiden Prinzipien siehe Teil 2 C III 2.

rechtliche Relevanz von Selbstverpflichtungen. Darüber hinaus ist überwiegend anerkannt, dass die regelmäßig auf einer Selbstverpflichtung beruhende Betreuungspflicht auch durch Unterlassen verletzt werden kann[1418]. Daher kommt zugleich der Selbstverpflichtung beim Unterlassen Bedeutung zu. Freilich handelt es sich dort nicht um ein unechtes Unterlassungsdelikt, da das Unterlassen im Wortlaut des § 266 StGB miterfasst ist und es deshalb nicht einer Haftungsbegründung über § 13 StGB bedarf.

§ 266 StGB stellt außerdem insoweit eine Besonderheit dar, als dass bei ihm die Selbstverpflichtungserklärung, wie im Übrigen bei den meisten Pflichtdelikten, ebenfalls konstitutiv – zumindest beim Treubruchstatbestand kraft Rechtsgeschäft – für die Strafbarkeit wegen Begehens sein kann. Der weitaus überwiegende Teil der auf einer Selbstverpflichtung basierenden Straftaten liegt jedoch außerhalb der Pflichtdelikte im Bereich der unechten Unterlassungsdelikte. Dies hat seine Ursache darin, dass der Einzelne vor Verletzungen auf Grund positiven Tuns recht umfassend durch die überwiegend darauf zugeschnittenen Straftatbestände geschützt ist und deshalb zum Rechtsgutsschutz vor Tun es nicht noch einer Selbstverpflichtung potentieller Täter, verletzendes Tun zu unterlassen, bedarf. Dagegen besitzt die Pflicht zum Rechtsgüterschutz durch eine Rettungshandlung im Strafgesetz lediglich Ausnahmecharakter. Soll eine solche entstehen, ist daher regelmäßig eine entsprechende vom Täter eingegangene Verpflichtung, eine Selbstverpflichtung, erforderlich. Folglich stellen die unechten Unterlassungsdelikte den Hauptanwendungsbereich der Selbstverpflichtung im Strafrecht dar.

Da der Inhalt und Zweck der Selbstverpflichtung von den Beteiligten, insbesondere vom Verpflichteten selbst, im Sinne ihrer Freiheit festgelegt wird, ist es ihnen selbstverständlich unbenommen, auch Rettungspflichten zu begründen. Wird eine solche Handlungspflicht kraft Selbstverpflichtung aber missachtet, kommt ihr – wenn überhaupt – strafrechtliche Relevanz überwiegend im Bereich der unechten Unterlassungsdelikte zu. Demnach bereitet die Begründung der Anwendbarkeit des Selbstverpflichtungsprinzips – wie auch das nachfolgende, allgemein anerkannte Beispiel belegt – bei den unechten Unterlassungsdelikten keine großen Schwierigkeiten, ist doch regelmäßig kraft freiheitlicher Inhaltsbestimmung Gegenstand der Pflicht gerade eine Handlungspflicht.

Begibt sich beispielsweise ein Patient zu einem Arzt und dieser übernimmt die Behandlung, so darf er selbstverständlich (wie jedermann) den Patienten - abgesehen von kraft Einwilligung gerechtfertigten Heileingriffen – nicht verletzen, muss aber vor allem kraft der von ihm selbst übernommenen Verpflichtung

1418 Vgl. nur BGHSt 5, 190; 36, 227; Schönke/Schröder-*Lenckner/Perron*, § 266, Rn. 35; *Fischer*, § 266, Rn. 38.

durch aktives Tun die Gesundheit des Patienten vor Schaden bewahren. Unterlässt er die notwendige Diagnostik nebst Therapie und der Patient erleidet infolgedessen Gesundheitseinbußen, so haftet der Arzt wegen Körperverletzung durch (unechtes) Unterlassen. Die mit der Handlungsübernahme erfolgende Selbstverpflichtung des Arztes besitzt also Relevanz für die Strafbarkeit wegen unechten Unterlassens.

3.3.2.5 Systematisierung von Garantenstellung: Inhalt oder Entstehungsgrund?

3.3.2.5.1 Merkmale von Garantenstellungen als Ausgangspunkt der Systematisierung

Verschreibt man sich dem Ziel, die Garantenstellungen systematisieren zu wollen, müssen die Einteilungskriterien, sollen sie nicht willkürlich gewählt sein, in irgendeinem Bezug zu den Garantenstellungen stehen, also im weitesten Sinne Merkmale oder Eigenschaften dieser sein. Abstrakt betrachtet ist der Fundus an denkbaren Merkmalen überschaubar. Die Garantenstellung bildet die wesentliche Voraussetzung für die Haftung wegen unechten Unterlassens, kennzeichnet also die Summe der Voraussetzungen einer Pflicht, eine bestimmte Handlung vorzunehmen. Mit dieser abstrakten Beschreibung ist die Bandbreite möglicher Einteilungsmerkmale abgeschritten. Ähnlich dem Tatbestand und der Rechtsfolge einer Rechtsnorm erteilt sie Auskunft darüber, *was* unter *welchen Voraussetzungen* vom Rechtsunterworfenen verlangt ist. Daher kommen grundsätzlich zwei Anknüpfungspunkte für eine Systematisierung in Betracht: die Antwort auf das, was die Garantenstellung vom Menschen verlangt, also der *Inhalt* der Handlungspflicht oder die Antwort darauf, unter welchen Voraussetzungen jemand als Garant haftet, also deren *Entstehungsgrund.*

Beide Wege sind gangbar und bislang eingeschlagen worden. Je nach dem, welcher der beiden grundlegenden Richtungen man den Vorzug gibt, erfolgt dann die eigentliche Einteilung anhand weiterer Differenzierungen.

Orientiert man sich am Inhalt der Handlungspflicht, diktiert die Natur der Sache einen numerus clausus[1419] an Kategorien. Die Handlungspflicht eines Garanten ist abschließend inhaltlich gekennzeichnet durch drei Elemente: *was* (das Rechtsgut) zu schützen, *wovor* (die Gefahrenquelle) zu schützen und *wie* (die

1419 Innerhalb der nachfolgend im Text beschriebenen drei grundlegenden, den Inhalt von Handlungspflichten kennzeichnenden Elemente sind natürlich auf einer niedrigeren Abstraktionsebene weitere Differenzierungen möglich. Dabei bewegt man sich jedoch immer innerhalb der drei Elemente, weshalb von einer geschlossenen Anzahl an Kategorien gesprochen werden kann.

Schutzmaßnahmen) zu schützen ist. Grundsätzlich kann eine Einteilung nach dem Inhalt der Handlungspflicht nur an diese drei Komponenten anknüpfen. Auf zwei davon, das Rechtsgut und die Gefahrenquelle, greift die bereits näher beschriebene Funktionenlehre[1420] zurück.

Die Systematisierung mittels des Entstehungsgrundes von Garantenstellungen besitzt sowohl Tradition als auch Gefolgschaft in der aktuellen Strafrechtswissenschaft. Es liegt wiederum in *ihrer* Natur, dass die Zahl der denkbaren Kategorien offen ist. Abhängig davon, welche Entstehungsgründe man den Einstandspflichten nach § 13 StGB zu Grunde legt, ergeben sich Systematisierungsmöglichkeiten.

Während die formelle Rechtspflichtenlehre nach dem formalen Entstehungsgrund Rechtsquelle unterschied[1421], knüpfen moderne Garantenlehren an materielle Entstehungsgründe an. Die Herrschaftslehre *Schünemanns* differenziert zwischen der Herrschaft über eine wesentliche Erfolgsursache und der Herrschaft über die Hilflosigkeit des Opfers[1422], *Jakobs* dagegen zwischen institutioneller und Organisationszuständigkeit[1423].

3.3.2.5.2 Systematisierung von Garantenstellungen

Die Antwort auf die Frage nach der Systematisierung der Garantenstellungen hängt davon ab, welchen Zweck man mit ihr verfolgt. Nach der hier vertretenen Auffassung sollte die gewählte Einteilung vornehmlich der Rechtsanwendung dienen, indem sie zur Lösung des entscheidenden Problems, wann überhaupt jemand wegen unechten Unterlassens haftet, einen ersten Beitrag leistet. Diesem Zweck ist aber eine Einteilung nach dem Entstehungsgrund[1424] eher dienlich als eine am Inhalt der Handlungspflicht orientierte Einteilung, wie sie die Funktionenlehre vornimmt.

Die Funktionenlehre orientiert sich daran, wie von außen betrachtet der Garant seine Pflicht zu erfüllen hat; ob er schützend vor dem Rechtsgut oder sichernd vor der Gefahrenquelle zu stehen hat. Eine solche am Phänotyp der Handlungspflicht ausgerichtete Einteilung verfügt über den unabweisbaren Vorzug, ein anschauliches Bild von dem zu zeichnen, was vom Garanten erwartet wird. Auf Grund dieser Plastizität ist sie besonders gut für didaktische Zwecke geeignet. Hinsichtlich des hier verfolgten Einteilungszwecks, der Lösung der

1420 Siehe oben Teil 2 A I 3.

1421 Vgl. zur Darstellung und Kritik dieser Lehre Teil 2 B II 1.

1422 Vgl. zur Darstellung und Kritik dieser Lehre Teil 2 B VIII 1.

1423 Vgl. zur Darstellung und Kritik dieser Lehre Teil 2 B IX 1.

1424 So auch die Ausrichtung der Systematisierung von *Jakobs*, Strafrecht AT, Abschn. 28; *Schünemann*, Grund und Grenzen, S. 241 f.

Gleichstellungsfrage, erweist sie sich als wenig zielführend. Statt dessen sollte der Genotyp, der Entstehungsgrund von Garantenstellungen, systembildend sein.

Wenn man mit der Funktionenlehre nach dem Pflichtinhalt systematisiert, erscheint der Verzicht auf eine dritte Kategorie des „Wie" der Handlungspflichterfüllung zweckmäßig. Denn die meisten Strafgesetze, die in Verbindung mit § 13 StGB eine strafrechtliche Haftung konstituieren, äußern sich zwar zum geschützten Rechtsgut und möglicherweise noch zu Motiven des Täters nicht jedoch zur Tathandlung. Beim unechten Unterlassungsdelikt hat mit Letzterer das „Wie" der Pflichterfüllung zu korrespondieren. Da nun aber die meisten Delikte keine Angaben zur Tathandlung enthalten, ist das „Wie" der Pflichterfüllung regelmäßig unerheblich[1425]. So spielt es für die vom Strafrecht gebotene Pflicht der Mutter, ihr ertrinkendes Kind zu retten, keine Rolle, ob sie diese selbst schwimmend erfüllt oder Hilfe Dritter organisiert. Eine Ausnahme bildet dagegen beispielsweise § 263 StGB, der beim unechten Unterlassen, entsprechend der Täuschung beim Begehen, ein Nicht-Aufklären verlangt.

Bereits eingangs muss an der Funktionenlehre bemängelt werden, dass ihre Vertreter, unter anderem ihr Urheber Armin Kaufmann, mitunter ein unzutreffendes Bild vom Pflichtinhalt des Garanten zeichnen. So wird ausgeführt, Beschützergaranten hätten die Aufgabe einer „Rundum-Verteidigung" des ihnen anvertrauten Rechtsguts[1426]. Dies trifft aber allenfalls punktuell zu, wie bei der elterlichen Garantenstellung für das Leben ihres Kindes. Einem Arzt kommt aber keineswegs die Garantenpflicht zu, die Gesundheit seines Patienten gegen jede Gefahr, also auch zum Beispiel gegen Angriffe anderer Menschen, zu verteidigen. Offensichtlich wird auch die Beschützergarantenpflicht durch die Gefahrenquellen, vor denen zu schützen ist, näher bestimmt und begrenzt.

Legt man die herkömmliche Unterlassungsdogmatik mit ihren Termini zu Grunde, teilt die Funktionenlehre die Garanten*stellung* auf Basis der Garanten*pflichten* ein, von denen dann erst auf bestimmte Garantenstellungen zurückgeschlossen wird. Diese Ungenauigkeit ist indes in der Terminologie von Garantenstellung und Garantenpflicht begründet, und spricht deswegen nicht inhaltlich gegen die Funktionenlehre.

Vorstehende Ungenauigkeit offenbart allerdings den Mangel, dass die Funktionenlehre den zweiten vor dem ersten Schritt bei der Bestimmung der Strafbarkeit wegen unechten Unterlassens macht. Sie legt ihrer Einteilung sogleich den

---

1425 Denkbar ist natürlich, dass eine Festlegung allein auf bestimmte Rettungsarten im Rahmen der Selbstverpflichtung erfolgt. Dann obliegt dem Garanten nur die Vornahme der gebotenen Handlungen auf die vereinbarte Weise.

1426 *Henkel*, MschrKrim 1961, S. 190; *Armin Kaufmann*, Dogmatik der Unterlassungsdelikte, S. 282 ff.; sich darauf argumentativ berufend *Rudolphi*, Dünnebier-FS, S. 580.

Inhalt einer Pflicht zu Grunde, ohne die Frage geklärt zu haben, ob überhaupt diese Pflicht besteht. Diese Frage ist jedoch logisch vorrangig, da der Inhalt irgendeiner Pflicht nicht von Interesse ist, solange nicht geklärt ist, ob überhaupt eine Verpflichtung besteht. Genau diesen vorrangigen Schritt vollziehen hingegen Systematisierungen, die sich am Entstehungsgrund orientieren. Im Zivilrecht würde beispielsweise niemand thematisieren, ob Naturalrestitution oder Geldersatz geschuldet ist, ohne zuerst geprüft zu haben, ob ein Schadensersatzanspruch besteht.

Für die Funktionenlehre spreche hingegen der in ihr enthaltene Hinweis auf die „Endpunkte des Gefahrverwirklichungszusammenhangs". An diesen Punkten erhalte der Unterlassende Zugang zu diesem Zusammenhang.[1427] Dass mit dem Hinweis auf die bei jeder Straftat vorhandenen Elemente Ursache und Wirkung des strafrechtlich relevanten Erfolges großer Erkenntnisgewinn verbunden ist, muss aber bezweifelt werden.

Das entscheidende Argument gegen die Funktionenlehre ist jedoch, dass sie keine eindeutige Zuordnung der konkreten Garantenstellungen erlaubt[1428]. Jeder Pflichtinhalt lässt sich sowohl der Beschützer- als auch als Überwachungsgarantenstellung zugehörig formulieren. So kann man den Bademeister ebenso als Beschützergaranten zu Gunsten der Gesundheit und des Lebens der Badegäste wie als Sicherungsgarant für die Gefahrenquelle Wasser und der Gefahr des Ertrinkens einordnen. Der ein Unfallopfer behandelnde Arzt könnte als Beschützergarant seines Patienten aber auch als Sicherungsgarant hinsichtlich der aus dem Unfall herrührenden Gefahren begriffen werden. Bestes Beispiel für die Beliebigkeit der Zuordnung liefert die Einordnung des Bademeisters als Sicherungsgarant von *Busse*[1429], wohingegen dieser üblicherweise von der Funktionenlehre als Beschützergarant betrachtet wird.

Der Nutzen einer Systematisierung ist jedoch gering, wenn die systematisierten Elemente beliebig den Einteilungskategorien zugeteilt werden können. Dies erweist sich insbesondere dann als fatal, wenn an die Einteilung wie bei der formell-materiellen Garantenlehre[1430] rechtliche Konsequenzen geknüpft werden. Bei genauer Analyse stellt die beliebige Zuordenbarkeit der Garantenstellung einen unvermeidlichen, da konstruktiv bedingten Mangel der Funktionenlehre dar. Sie ist darin begründet, dass ihre Einteilungskategorien nicht alternativ, sondern stets kumulativ bei allen Garanten vorhanden sind. Jede Garanten-

1427 *Schulz*, JuS 1985, S. 271.

1428 Ebenso kritisch *Dominok*, Strafrechtliche Unterlassungshaftung von Amtsträgern in Umweltbehörden, S. 103; *Jakobs*, Strafrecht AT, 29/27; *Roxin*, Täterschaft und Tatherrschaft (8. Aufl.), S. 752.

1429 *Busse*, Täterschaft und Teilnahme bei Unterlassungsdelikten, S. 357.

1430 Vgl. zu dieser :Teil 2 B IV.

stellung wird inhaltlich sowohl dadurch bestimmt, *was* zu schützen ist als auch dadurch, *wovor* etwas zu schützen ist. Immer droht notwendig Rechtsgütern Schaden aus einer bestimmten Quelle. Wenn aber bei jeder Garantenstellung die beiden Elemente Gefahrenquelle und bedrohtes Rechtsgut vorhanden sind, rechtfertigen beide die Zuteilung zu einer der beiden Garantengruppen. Unterschiede ergeben sich nur insoweit, als dass diese beiden Elemente bei Garantenstellungen unterschiedlich stark konkretisiert sind. So ist mitunter die Gefahrenquelle überhaupt nicht konkretisiert, sondern ein bestimmtes Rechtsgut soll vor jeder Gefahr geschützt werden, wie dies zum Beispiel bei dem von den Eltern zu schützenden Leben des Kindes der Fall ist. Dies mag der Grund dafür sein, warum die Funktionenlehre auf den ersten Blick eine eindeutige Zuordenbarkeit aufzuweisen scheint und intuitiv für trennscharf gehalten wird.

In der Tat kann man anhand der Konkretisierung der Pflichten einen Rettungsversuch zu Gunsten der Funktionenlehre unternehmen, indem man als Beschützergaranten diejenigen bezeichnet, bei denen der Pflichtinhalt hinsichtlich des zu schützenden Rechtsguts und seines Trägers eindeutig konkretisiert ist und als Überwachungsgaranten diejenigen, die eine bestimmte, konkretisierte Gefahrenquelle abzuschirmen haben. Auf dieser Basis wären Eltern eindeutig wegen der Konkretisierung in dem Rechtsgutsträger Kind und dessen Rechtsgüter Leben und Gesundheit Beschützergaranten, der eine Baugrube zu sichern Verpflichtete dagegen zweifelsfrei wegen der konkreten Gefahrenquelle Sicherungsgarant. Dieses prima facie ermutigende Ergebnis kommt allerdings nur zustande, weil ihm dienliche Beispiele gewählt worden sind. Genauso existieren Fälle, bei denen auch die Orientierung an der Konkretisierung der Pflicht nicht zu einer eindeutigen Zuordenbarkeit führt. Der einen Fahrradfahrer fahrlässig verletzende LKW-Fahrer ist beispielsweise Garant dafür, dass dem Fahrradfahrer aus dem Unfall keine vermeidbaren weiteren Schäden entstehen. In diesem Fall sind aber die Gefahrenquelle, erlittene Unfallschäden und der zu schützende Rechtsgutsträger, der einzelne Fahrradfahrer, konkretisiert, so dass eine eindeutige Zuordnung auf Grund der Pflichtkonkretisierung nicht möglich ist. Erklärt sich jemand auf Bitten seines Freundes bereit, diesem mit einem Boot bei dessen Fluss-Durchschwimmen sicherheitshalber zu begleiten, so sind Gefahr und zu schützende Rechtsgüter und Rechtsgutsträger ebenfalls beide konkretisiert, was eine zweifelsfreie Zuordnung verhindert. Demzufolge ist auch auf diese Weise keine eindeutige Zuordnung mittels der Funktionenlehre zu gewährleisten. Dies ist auch gar nicht möglich, da es letztlich vom Zufall abhängt, ob im konkreten Fall nur ein Element aus dem Paar Gefahrenquelle und zu schützendes Rechtsgut konkretisiert ist oder beide. Im Ergebnis ist deshalb die Funktionenlehre auch wegen ihrer kontingenten Ergebnisse abzulehnen.

Demgegenüber weist die hier vertretene Einteilung den Vorzug auf, dass ihre Einteilungselemente, die Entstehungsgründe, bezogen auf die einzelne Garantenstellung nur alternativ vorliegen können. Entweder es handelt sich um eine auf dem Neminem-laede- oder um eine auf dem Selbstverpflichtungsprinzip basierende Garantenstellung. Dies hat zur Folge, dass auch die Zuordnung eindeutig ist und nicht beliebig zu beiden Entstehungsgründen erfolgen kann. Denkbar ist allerdings wie bei jeder anderen Garantenlehre, dass denselben Menschen verschiedene Garantenstellungen aus verschiedenen Entstehungsgründen treffen können. Hätte in obigem Beispiel der LKW-Fahrer seinen Sohn verletzt, zu besäße er sowohl aus Ingerenz als auch als Vater eine Garantenstellung zu Gunsten seines verletzten Sohnes. Diese beiden Garantenstellungen sind aber jeweils eindeutig einem der beiden Entstehungsgründe zuzuordnen, so dass es bei der eindeutigen Zuordenbarkeit der einzelnen Garantenstellung auf Basis der hier vertretenen Systematisierung bleibt.

Die Einteilung anhand des Entstehungsgrundes weist gegenüber der Funktionenlehre den Vorzug auf, dass sie den logisch vorrangigen Schritt, die Ermittlung des Haftungsgrundes, vor dem zweiten, der Ergründung des Pflichtinhalts, tätigt. Dies ist zudem insoweit vorteilhaft, als Inhalt und Umfang der Garantenstellung von ihrem Entstehungsgrund abhängen.

Die hier verfochtene Systematisierung entspricht außerdem den Grundsätzen wissenschaftlicher Begriffsbildung, nach denen sich die gebildeten Begriffe an dem mit ihnen verfolgten Zweck zu orientieren haben. Wird wie hier der Zweck verfolgt, darüber zu befinden, wann jemand wegen unechten Unterlassens haftet, ist es zweckdienlich, bei der Einteilung der hierfür relevanten Pflichtpositionen auf deren Entstehungsgründe zurückzugreifen.

Konkret bedeutet das für die hier vertretene Auffassung, dass die Garantenstellungen nach ihrem Entstehungsgrund zu systematisieren sind. Daher ist zwischen zwei Gruppen von Garantenstellungen zu unterscheiden: denjenigen auf Grund des Neminem-laede-Prinzips und denjenigen auf Grund des Selbstverpflichtungsprinzips.

3.3.3 Erste Überlegungen zur Garantenstellung auf Grund des Neminem-laede-Prinzips

Anlass für die Beschränkung auf erste, lediglich grundlegende Überlegungen zu auf dem Neminem-laede-Prinzip basierenden Garantenstellungen ist zum einen die notwendige Begrenzung des Inhalts der Arbeit[1431]. Zum anderen der sachnä-

1431 Wie bereits die große Zahl spezialisierter Arbeiten aus diesem Bereich zur Ingerenz zeigt, wäre die Stoffmenge unbeherrschbar angestiegen, hätte die vorliegende Arbeit

here Umstand, dass diesen Garantenstellungen keine besondere Bedeutung hinsichtlich des Ausgangsproblems einer Notwehrbeschränkung auf Grund einer Garantenstellung zukommt. Letzteres wird im weiteren Verlauf dieses Abschnitts näher erläutert (3). Zuvor erfolgen besagte erste Ausführungen zur Konkretisierung des Neminem-laede-Prinzips (1) sowie eine Auseinandersetzung mit möglichen Bedenken gegen diese Konkretisierung (2). Ein paar knappe Andeutungen zu den in diesem Bereich üblichen Garantenstellungen (4) beschließen diesen Abschnitt.

3.3.3.1 Konkretisierung der Garantenstellung auf Grund des Neminem-laede-Prinzips

Frühere Überlegungen in dieser Arbeit[1432] haben gezeigt, dass gemeinsamer Haftungsgrund für Teile der Begehungs- und unechten Unterlassungsdelikte das Neminem-laede-Prinzip ist. Insbesondere axiologische Überlegungen zwingen dazu, das Prinzip ausnahmsweise auch auf diejenigen Unterlassungen zu erstrecken, die das Verletzungsverbot wie ein aktives Tun verletzen. Nur welche Unterlassungen sind dies? Unter welchen Voraussetzungen haftet ein Täter für ein schädigendes Unterlassen wie für positives Tun? Die diesbezüglich noch ausstehende Antwort soll im Folgenden versucht werden.

3.3.3.1.1 Herrschaft

Der hiesige Ansatz weist Parallelen zur bereits diskutierten Herrschaftslehre auf. Allerdings beschränken sich die Gemeinsamkeiten auf die nachstehend näher erläuterten Punkte. Daneben wird sogleich auf einige beachtenswerte Unterschiede eingegangen[1433]. Der stellenweise angestellte Vergleich mit der Herrschaftslehre dient zugleich der Konturierung des eigenen Ansatzes.

3.3.3.1.1.1 Die Herrschaftslehre und das Erfolgsdelikt als Ausgangspunkt

Auszugehen ist bei der Konkretisierung von dem gefundenen, gemeinsamen Haftungsgrund für Teile der Begehungs- und unechten Unterlassungsdelikte, nämlich dem Verstoß gegen das Nicht-Schädigen-Verbot. Nun gewährt dieses Verbot in seiner allgemeinen Formulierung wenig Möglichkeiten, aus ihm kon-

---

sich noch in aller Ausführlichkeit derjenigen Garantenstellungen angenommen, die bei der Funktionenlehre als „Überwachungsgaranten" firmieren.

Zu den Unterschieden zwischen der Funktionenlehre und dem hiesigen Ansatz siehe Teil 2 C III 5.

1432 Teil 2 C III, insbesondere dort 2 a.

1433 Siehe Teil 2 C IV 2.

krete Haftungsvoraussetzungen herzuleiten, ohne sich dem Vorwurf auszusetzen, genau dass aus ihm heraus gelesen zu haben, was man als hilfreich für den eigenen Ansatz ansieht und als rechtlich richtig empfindet. Es ist hingegen nicht erforderlich, in einer solchen, unbefriedigenden Verlegenheitslösung Zuflucht zu suchen. Denn der Gesetzgeber hat bereits zum Ausdruck gebracht, wie er sich die Konkretisierung des Prinzips für den Standardfall vorstellt. Im Typus der Erfolgsdelikte liegt eine Gesetz gewordene Konkretisierung des Neminem-laede-Prinzips vor. Bei diesem Deliktstypus verlangt die Strafrechtsnorm einen von der Tathandlung[1434] gedanklich abgrenzbaren Erfolg in der Außenwelt[1435], wie zum Beispiel bei den §§ 223 ff. oder 211 f. StGB. Bei solchen Delikten führt die Handlung des Täters zu einem Erfolg, dieser „schädigt" das Rechtsgut und verstößt dadurch gegen das Nicht-Schädigen-Prinzip. Offensichtlich soll durch Schaffung dieser Tatbestände genau das erreicht werden, was auch Zweck des Prinzips ist: die Verhinderung der Schädigung von Rechtsgütern durch den Menschen. Deshalb ist es dienlich, sich an diesen Delikten zu orientieren und sie auf ihre charakteristischen Haftungsvoraussetzungen hin zu untersuchen.

Auch die Herrschaftslehre orientiert sich bei ihrer analogistischen Methode an den Erfolgsdelikten. Allerdings erhebt sie den Anspruch, allein aus den Erfolgsdelikten die Haftungsvoraussetzung für sämtliche unechten Unterlassungsdelikte herleiten zu können. Deswegen ist sie zu Recht wegen ihrer unvollständigen Vergleichsbasis kritisiert worden[1436]. Diese Kritik schlägt auf die hiesige Theorie nicht durch, da sie nur im Hinblick auf einen Teil der unechten Unterlassungsdelikte die Erfolgsdelikte untersucht, nämlich den Teil, der auf demselben Haftungsgrund wie die Erfolgsdelikte beruht, dem Neminem-laede-Prinzip.

Es handelt sich dabei auch nicht etwa um eine petitio principii. Denn es sollen nicht die charakteristischen Haftungsvoraussetzungen auf eine bereits feststehende Gruppe von Unterlassungsdelikten übertragen werden. Dann müsste man in der Tat kritisch fragen, woher diese Gruppe stammt und wieso man da-

---

1434 Ohne Bedeutung ist in diesem Zusammenhang die noch anzutreffende Unterscheidung zwischen reinen und gemischten Erfolgsdelikten. Während bei jenen jede beliebige Erfolgsverursachung ausreicht wie zum Beispiel bei § 212 StGB, wird bei diesen eine bestimmte Art der Erfolgsherbeiführung verlangt; § 263 StGB verlangt zum Beispiel die Herbeiführung des Vermögensschadens auf eine bestimmte Weise, durch Täuschung.

1435 Vgl. statt vieler Schönke/Schröder-*Lenckner*, Vorbem §§ 13 ff., Rn. 130 m. w. N.; *Wessels/Beulke*, Strafrecht AT, Rn. 21 ff. Von den Erfolgsdelikten werden die schlichten Tätigkeitsdelikte unterschieden, bei denen allein das Tätigwerden, den Unrechtstatbestand erfüllt (z. B. die Aussagedelikte der §§ 153 ff. StGB, für deren Verwirklichung es unerheblich ist, ob das Gericht sich tatsächlich hat täuschen lassen).

1436 Zu dieser Kritik im einzelnen vgl. Teil 2 B VIII 1 b aa.

von ausgeht, bei ihr handele es sich um Fälle des unechten Unterlassens. Stattdessen wird lediglich von der zutreffenden[1437] Feststellung ausgegangen, dass Konstellationen existieren, in denen das Neminem-laede-Prinzip durch ein Unterlassen verletzt wird. Diese Konstellationen wiederum werden gekennzeichnet, also gewissermaßen konstituiert durch die aus den Erfolgsdelikten, dem Standardfall des Neminem-laede-Grundsatzes, sogleich herauszuarbeitenden Haftungsvoraussetzungen. Fälle der Neminem-laede-Unterlassungen entstehen also erst bei Vorliegen der bei den Erfolgsdelikten vorgefundenen Kriterien. Durch diese Kriterien wird die Gruppe dieser Fälle konstituiert und nicht bereits als bestehend vorausgesetzt.

Es stellen sich auch nicht die gegenüber der Herrschaftslehre gehegten Zweifel[1438], ob man denn alle beim Begehen relevanten Zurechnungsgründe erfasst habe und warum diese auf das Unterlassen übertragen werden könnten. Letzteres lässt sich mit dem Hinweis auf den gemeinsamen Haftungsgrund begründen. Aber auch jene Frage stellt sich für den hier verfochtenen Ansatz nicht, da er der Analyse der Erfolgsdelikte nicht ein universelles Haftungsprinzip für alle unechten Unterlassungsdelikte zu entnehmen versucht, sondern sich auf den Teil beschränkt, der auf demselben Haftungsgrund wie Teile der Begehungsdelikte beruht.

Neben dem Umstand, dass das Erfolgsdelikt den Standardfall des Gesetz gewordenen Neminem-laede-Grundsatzes darstellt, sprechen weitere Gründe für eine Herleitung der Haftungsvoraussetzungen aus diesem Deliktstypus. Wie bereits in der Verteidigung des Herrschaftsansatzes gegen unberechtigte Kritik angedeutet, legt das Gesetz selbst ein solches Vorgehen nahe. § 13 StGB fordert eine dem Begehungstäter entsprechende Bestrafung des Unterlassungstäters unter bestimmten Voraussetzungen und nicht umgekehrt. Daher wählt auch das Gesetz das Begehungsdelikt (wenn auch nicht das Erfolgsdelikt) als Ausgangspunkt. Dieses Ergebnis wird zusätzlich durch die Entsprechungsklausel gestützt, die verlangt, dass das Unterlassen dem Tun entsprechen müsse – und nicht umgekehrt. Für die Bezugnahme auf Erfolgsdelikte streitet außerdem, dass § 13 StGB explizit die Haftung desjenigen verlangt, der einen „...*Erfolg* abzuwenden [hat], der zum Tatbestand eines Strafgesetzes gehört,...". Das hier gewählte Vorgehen scheitert auch nicht etwa daran, dass § 13 StGB sich nicht bloß auf Erfolgsdelikte erstreckt und dass „Erfolg" im Sinne dieser Norm umfassender verstanden wird[1439] als derselbe Begriff bei den Erfolgsdelikten. Denn es geht an

1437 Ausführlicher Nachweis siehe oben Teil 2 C III 4 a.

1438 Siehe Teil 2 B VIII 1 b aa.

1439 So das zutreffende Verständnis von *Baumann/Weber/Mitsch*, Strafrecht AT, S. 263; *Schöne*, Unterlassene Erfolgsabwendung und Strafgesetz, S. 326; Schönke/Schrö-

dieser Stelle der Arbeit nur um die vom Neminem-laede-Prinzip erfassten unterlassenen Erfolgsabwendungen und nicht um sämtliche unechten Unterlassungsdelikte. Daher ist jener Teil jedenfalls zumindest mit umfasst von § 13 StGB und das allgemein für unechte Unterlassungen geltende, von dieser Norm ausgehende Erfordernis der Begehungsentsprechung gilt auch für Erfolgsdelikte. Daneben spricht für das Erfolgsdelikt als Ausgangspunkt dessen großes Überwiegen gegenüber dem Unterlassen in der Praxis. Darüber hinaus ist der Gesetzeswortlaut der überwiegenden Zahl der einzelnen Delikte primär auf die aktive Erfolgsherbeiführung zugeschnitten, so dass eine Orientierung an dieser nahe liegt[1440].

Demzufolge hat man sich bei der Ermittlung der konkreten Haftungsvoraussetzungen am Begehen im Allgemeinen und am Erfolgsdelikt im Besonderen als dem den Nicht-Schädigen-Grundsatz widerspiegelnden Typus zu orientieren, ohne dass man sich dabei den Einwänden der Herrschaftslehre aussetzte. Insoweit entspricht die vorliegende Arbeit der Herrschaftslehre.

Schünemann hat mit seiner Monographie eine treffende, scharfsinnige Analyse der Erfolgsdelikte vorgelegt. Die hiesige Arbeit folgt dem dortigen Ergebnis der Analyse, dem von ihm ermittelten Grund der Bestrafung, dem Grund der Zurechnung des Erfolges. Insofern genügt es, dieses Ergebnis und seine Entstehung nur kurz aufzuzeigen, erforderlichenfalls zu ergänzen und im Übrigen auf die Ausführungen *Schünemann*s zu verweisen[1441]. Zuvor sei noch ausdrücklich darauf hingewiesen, dass sich diese Arbeit lediglich den Befund der dortigen Erfolgsdeliktanalyse zu eigen macht, in ihrem Ausgangspunkt, dort: neukantianische Begriffsbildungsmethode und „Natur der Sache", hier dagegen: rechtsphilosophisch begründetes Neminem-laede-Prinzip, und in den gezogenen Konsequenzen, dort: Generalisierbarkeit hinsichtlich *aller* unechten Unterlassungsdelikte, hier: Ermittlung der Haftungsvoraussetzungen des vom Nicht-Schädigen-Grundsatz erfassten *Teils der Unterlassungen*, sich jedoch deutlich unterscheidet.

Das Erfolgsdelikt weist zwei Elemente auf: die Handlung und der von ihr gedanklich abtrennbare Erfolg in der Außenwelt. Beide stehen offensichtlich in einem Ursache-Wirkung-Verhältnis. Die strafrechtliche Haftung setzt nun voraus, dass der Täter für beide Elemente verantwortlich ist. Dem Täter wird grundsätzlich der Erfolg, die Rechtsgutsverletzung, dann zugerechnet, wenn er ihn mit

der-Stree, § 13, Rn. 3; a. A. LK-Jescheck, § 13, Rn. 2; im Ergebnis einschränkend für abstrakte Gefährdungsdelikte *Geidies*, NJW 1989, S. 821.

1440 Mit einem ähnlichen Argument für die Orientierung am Typus des Erfolgsdelikts: *Schünemann*, Grund und Grenzen, S. 233 f.

1441 Siehe zur Analyse und deren Ergebnis *Schünemann*, Grund und Grenzen, S. 231 ff.

seiner Handlung bewirkt hat und er sich als sein Werk darstellt[1442]. Der Erfolg wird dem Täter also qua Handlung zugerechnet. Es griffe aber zu kurz, diese Zurechnung allein auf die mechanische Kausalität zwischen tätereigener Handlung und Erfolg zurückzuführen. Wäre dies der tatsächliche Zurechnungsgrund, gelangte die Untersuchung an dieser Stelle in eine Sackgasse, da ein Unterlassen niemals mechanisch kausal für den Erfolg sein kann[1443]. Bei diesem verknappten Zurechnungsverständnis bleibt nämlich die Frage unbeantwortet, warum die erfolgsverursachende Handlung dem Täter zugerechnet wird. Die reflexartige Antwort, zu der man neigen könnte, „Weil es seine Handlung war!", weist mit ihrem Possessivpronomen auf den richtigen Kern hin. Dem Täter wird eine Handlung zugerechnet, wenn er sie willentlich steuern kann, sie Ausdruck seiner Willensbetätigung in der Außenwelt ist. Fehlt es an dieser willentlichen Herrschaft des Täters über die Handlung, verneint das Strafrecht dessen Verantwortung[1444]. Zutreffender Anknüpfungspunkt der strafrechtlichen Haftung ist demnach hier die Herrschaft des Täters.

3.3.3.1.1.2 Der Herrschaftswille

Rückt man bei der Untersuchung der Herrschaft des Menschen über seinen Körper die Psyche in den Fokus der Aufmerksamkeit, erkennt man, dass der Mensch Handlungen im Sinne des Strafrechts beherrscht, weil er sie beherrschen will. Eine schädigende Handlung wird dem Täter zugerechnet, weil er sie willentlich ausgeführt hat. Bei einem unwillkürlichen Verhalten hingegen wird eine Handlung mangels Herrschaft verneint. Elemente, über die der Täter hingegen nur Macht ausüben könnte, er aber gar nicht den Willen dazu besitzt, beherrscht er

---

1442 Umstände, die der Erfolgszurechnung entgegen stehen können, wie beispielsweise das Dazwischentreten eines eigenverantwortlichen Dritten, können hier vernachlässigt werden, da sie sowohl beim Begehen als auch beim Unterlassen zum Tragen kommen und bloße Zurechnungshindernisse nicht aber den hier interessierenden Zurechnungsgrund darstellen.
Zur Lehre von der objektiven Zurechnung und insbesondere den Zurechnungshindernissen vgl. Kühl, AT, § 4, Rn. 36 ff.; Otto, AT, § 6.

1443 Von der mechanischen Kausalität zu unterschieden ist die bei den unechten Unterlassungsdelikten vorausgesetzte „Quasikausalität", die dann angenommen wird, wenn die Rettungshandlung des Täters nicht hinzugedacht werden kann, ohne dass der Erfolg entfällt. Damit ist aber ersichtlich nicht eine mechanische Verursachung im naturwissenschaftlichen Sinne gemeint.

1444 So zum Beispiel bei auf den Täter wirkender vis absoluta: Stößt jemand den A, so dass er wiederum gegen den B fällt und dieser bei einem Sturz zu Schaden komm, ist eine strafrechtliche Haftung des A abzulehnen, da er sein Fallen gegen B nicht willentlich beherrscht hat.

nicht. Tatsächliche Machthabe setzt den Willen zur Machtausübung voraus. Ansonsten verfügt ein Mensch lediglich über die theoretische Möglichkeit der Machtergreifung. Zu beachten ist hierbei, dass entsprechend den Erkenntnissen zum Vorsatz beim subjektiven Tatbestand nicht ein ständiges, aktuelles Bewusstsein der Herrschaft zu fordern ist, sondern gedankliches Mitbewusstsein ausreicht. Alles andere wäre lebensfremd und würde vom Herrschaftswillen getragene Herrschaft unmöglich machen. So beherrscht jeder Mensch eine Vielzahl von Sachen, ohne dass er dafür ständig bewusst an seine Herrschaft über diese Sachen denken müsste. – Hier kann man bezüglich der Sachherrschaft eine gewisse Ähnlichkeit zum generellen Sachherrschaftswillen beim Gewahrsamsbegriff des § 242 StGB ausmachen. - Daher ist Bestandteil und Voraussetzung einer faktischen Herrschaft immer auch ein Herrschaftswille.

3.3.3.1.1.3 Bestimmung von „Herrschaft"

Es stellt sich nunmehr die Frage, was genau unter „Herrschaft" zu verstehen ist. Bei der Herrschaftslehre *Schünemann*s bleibt weitgehend im Unklaren[1445], wie der Herrschaftsbegriff zu deuten ist. Er sei zwar als „weitgehend entnormativiert"[1446] aber „nicht deskriptiv" zu begreifen[1447]. Da Ausgangspunkt der Analyse das Erfolgsdelikt war, ist bei der Ermittlung der Voraussetzungen an diesem zu orientieren und nicht der Herrschaftsbegriff seiner selektiven Funktion dadurch zu berauben, dass man ihn begrifflich verunklart. Zu letzterem ist die Herrschaftslehre gezwungen, um sich nicht wegen der von ihr verfochtenen, universellen Geltung des Herrschaftsgedankens einem *argumentum ad absurdum* auszusetzen[1448]. Stattdessen hat die Untersuchung des Erfolgsdelikts ergeben, dass die Zurechnung letztlich auf der Herrschaft des Täters über seinen Körper und damit über die schädigende Handlung beruht. Diese Herrschaft ist aber nicht in irgendeiner Weise rechtlich vermittelt und damit normativ zu bestimmen, sondern faktischer Natur. Der Täter beherrscht mittels seines Willens rein faktisch die erfolgsbedingenden Handlungen. Konsequenterweise ist bei den entsprechenden Unterlassungsdelikten ebenfalls eine faktische Herrschaft im Sinne einer tatsächlichen Machthabe des Garanten zu fordern. Neben der konsequenten Orientierung an der Ausgangskonstellation spricht für dieses Verständnis des Herrschaftsbegriffs als deskriptivem Merkmal die ihm dadurch zukommende selektive Funktion[1449].

1445 Ebenso kritisch *Brammsen*, Entstehungsvoraussetzungen von Garantenpflichten, S. 75.

1446 *Schünemann*, Grund und Grenzen, S. 241; *ders*., ZStW 96, S. 295, Fn. 26.

1447 *Schünemann*, ZStW 96, S. 294 f., Fn. 26.

1448 Siehe zur diesbezüglichen Kritik im einzelnen Teil 2 B VIII 1 b, insbesondere bb.

Nach diesem ersten Ergebnis bedarf es allerdings noch einiger präzisierender Ausführungen, um nicht trotz deskriptivem Verständnisses des Herrschaftsbegriffs dem Vorwurf der Unbestimmtheit ausgesetzt zu sein. Herrschaft ist hier nicht im Sinne einer permanenten und absoluten Machthabe zu verstehen. Dies gibt schon der Ausgangspunkt, die Herrschaft des Menschen über seinen Körper, nicht her. Der Mensch beherrscht seinen Körper nicht permanent und vollständig. Daran fehlt es zu Zeiten des Schlafs. Dennoch spricht man ihm wegen der Tatsache, dass er zeitweise schläft, nicht allgemein die Fähigkeit ab, Herr über sich und seine körperliche Aktivitäten zu sein. *Generell* beherrscht der Mensch seinen Körper[1450]. Zu den Zeiten, in denen vorübergehend keine *aktuelle* Herrschaft besteht, trifft ihn aber grundsätzlich auch keine strafrechtliche Verantwortung. Dies ändert aber nichts daran, dass er allgemein unabhängig von aktueller Herrschaft dafür verantwortlich bleibt, keine schädigenden Handlungen vorzunehmen. Stößt beispielsweise der schlafende Ehemann wegen seines unruhigen Schlafs seiner Frau den Ellbogen ins Gesicht, so haftet er mangels aktueller Herrschaft nicht für das seiner Frau beigebrachte blaue Auge. Zu diesem Ergebnis zwingt allein schon der Grundsatz *ultra posse nemo obligatur*. Evident trifft ihn aber weiter die Pflicht, niemanden und insbesondere nicht seiner Ehefrau Schaden zuzufügen.

Der Ultra-posse-Grundsatz hat zur Folge, dass man zwar grundsätzlich nicht für unwillkürliche Schädigungen haftet. Sind diese aber für den Schädigenden vorhersehbar und vermeidbar, dann kann auch nicht mehr von *ultra posse* gesprochen werden. In diesem Fall kann der Nicht-Schädigen-Grundsatz dem Menschen gebieten, entsprechende Vorkehrungen zu treffen, damit es nicht zu unwillkürlichen Schädigungen kommt. Er darf sich dann nicht darauf zurückziehen, er habe unwillkürlich gehandelt. Andernfalls könnten sich Menschen ihrer

---

1449 Wenn hier die selektive Funktion der gewählten, deskriptiven Merkmale als Vorzug hervorgehoben wird, soll damit keineswegs in Abrede gestellt werden, dass es auch bei der Bestimmung der faktischen Herrschaft und der Unterscheidung zwischen genereller und aktueller Herrschaft im Einzelfall zu Abgrenzungsschwierigkeiten kommen kann. Allerdings haben deskriptive Merkmale wegen ihrer beschreibenden Natur grundsätzlich den Vorzug, regelmäßig zu einer transparenteren Entscheidungsfindung zu führen als normative Merkmale, bei denen es um Werturteile geht, deren Maßstäbe nicht immer offen gelegt werden. Gerade im Unterlassungsbereich erscheint die Gefahr eines Zirkelschlusses bei starker Normativierung der Haftungsvoraussetzungen besonders groß, da § 13 StGB dem Rechtsanwender großen Spielraum bei den Haftungsvoraussetzungen einräumt. Nicht selten findet sich deshalb in Ausführungen, dass eine Garantenstellung wegen einer Rechtspflicht zum Schutze bestehe, also im Sinne einer petitio principii das thema probandum als nachgewiesen vorausgesetzt wird.

1450 Die gilt jedenfalls für den Regelfall, in dem er frei von pathologischen Zuständen ist.

strafrechtlichen Haftung bewusst entziehen, indem sie sich ihrer aktuellen Herrschaft begeben (vgl. die Rechtsfigur der *omissio* bzw. *actio libera in causa*[1451]). Das aber wäre ein axiologisch inakzeptables, mit dem Neminem-laede-Grundsatz unvereinbares Ergebnis. Die in solchen Fällen letztlich bestehende strafrechtliche Verantwortlichkeit wird durch die Überlegungen zur *actio libera in causa*[1452] und die Existenz des § 323a StGB, bei dem der Verletzungserfolg freilich nicht zum Unrecht gehört, belegt. Im obigen Beispiel bedeutet dies für den Fall, dass der Mann auf Grund seiner Erfahrungswerte weiß, dass er zum Schlafwandeln und Muskelzucken neigt, er entsprechende Vorkehrungen zu treffen hat, um unwillkürliche Schädigungen Dritter zu verhindern. Er müsste sich bei einem Ausflug mit einem Freund in einem Einzelzimmer statt aus ökonomischen Gründen in einem gemeinsamen Zimmer einquartieren.

Abstrakt formuliert ergibt sich aus den vorstehenden Überlegungen Folgendes: Es ist zwischen aktueller und genereller Herrschaft zu unterscheiden. Die generelle Herrschaft ist ein konstitutives Element der Haftung bei einem Verstoß gegen den Neminem-laede-Grundsatz (und damit zugleich konstitutives Element der korrespondierenden Garantenstellung – dazu sogleich mehr). Die aktuelle Herrschaft wiederum ist eine weitere notwendige Bedingung der strafrechtlichen Verantwortlichkeit bei einem solchen Verstoß. Die generelle Herrschaft des Menschen ist – jedenfalls bei einem nicht deterministischen Weltbild – in dessen freiheitlichem Wesen angelegt. Deshalb existiert auch straftatsystematisch kein Prüfungspunkt, bei dem diese stets zu prüfen ist. Diesbezügliche Defizite können möglicherweise bei der Schuld über die §§ 20 f. StGB Berücksichtigung finden. Mängel hinsichtlich des Erfordernisses der aktuellen Herrschaft dagegen haben im strafrechtlichen Handlungsbegriff Niederschlag gefunden. Demzufolge sind eine generelle und aktuelle faktische Herrschaft notwendige Bedingungen der Haftung wegen einer Verletzung des Neminem-laede-Grundsatzes. Vom Täter unbeherrschte – für die Schädigung durch positives Tun also unwillkürliche -, ihm aber vorhersehbare und vermeidbare Schädigungen sind gemäß des Neminem-laede-Prinzips vom Täter zu verhindern.

Man könnte nun den etwas oberflächlichen Einwand erheben, durch das Abstellen auf eine generelle Herrschaft normativiere man den eigentlich deskriptiven Herrschaftsbegriff und stelle in der Sache nicht mehr auf die faktische sondern potentielle Herrschaft ab. Dies trifft nicht zu. Die generelle Herrschaft setzt

---

1451 Zu dieser Rechtsfigur vgl. nur statt vieler *Joecks*, StGB, § 13, Rn. 67; *Kühl*, AT, § 18, Rn. 22; *Stoffers*, JA 1992, S. 181

1452 Vgl. zu dieser Rechtsfigur nur BGHSt 17, 333 ff.; 21, 383 ff.; *Hettinger*, Die „actio libera in causa"; *Kuhn-Päbst*, Die Problematik der actio libera in causa; *Rönnau*, JA 1997, S. 599 ff. jeweils m. w. N.

eine faktische Herrschaft (erstes Element) – vor einem etwaigen zeitweiligen Verlust der aktuellen Herrschaft –, einen Herrschaftswillen während des Verlustes (zweites Element) und eine grundsätzlich vom Willen des Herrschaftsinhabers abhängige Wiedererlangung der faktischen Herrschaft (drittes Element) voraus. Bei allen drei Elementen handelt es sich um deskriptive nicht normative Merkmale. Eine Normativierung oder ein Hinwenden zu einer bloß potentiellen Herrschaft findet nicht statt. Zu Letzterem gelangte man allenfalls, wenn man bewusst den Blick verengend die Zeit des Fehlens der aktuellen Herrschaft isoliert betrachtete und sowohl den Herrschaftswillen als auch die faktische, vom Willen des Herrschenden abhängige Herrschaft vor und nach dem vorübergehenden Verlust der aktuellen Herrschaft willkürlich ausblendete. Stattdessen sprechen gewichtige Gründe für die Annahme einer generellen Herrschaft. Zum einen entspricht sie exakt der Vorlage der Herrschaft des Menschen über seinen Körper. Auch dort verliert der Mensch zeitweilig während des Schlafes die aktuelle Herrschaft über seinen Körper, ohne dass ihm deswegen die generelle Herrschaft über ihn abgesprochen würde. Zum anderen widerspräche es der Pflicht zur semantisch sinnvollen Begriffsbildung, nähme man Herrschaft völlig lebensfremd bloß bei unmittelbarer räumlicher Nähe zum beherrschten Objekt an. Im Übrigen hängt die Entscheidung über die Strafbarkeit jedenfalls grundsätzlich gerade auch vom Vorliegen einer aktuellen, faktischen Herrschaft über die Gefahrenquelle ab, so dass eine Normativierung der Haftungsvoraussetzungen in diesem Bereich nicht erfolgt.

3.3.3.1.1.4 Herrschaft beim unechten Unterlassungsdelikt

Diese Erkenntnisse sind nun auf das primär interessierende, unechte Unterlassungsdelikt zu übertragen. Entsprechend dem Vorstehenden ist auch dort keine permanente, faktische Herrschaft zur Begründung einer Garantenstellung notwendig, sondern eine *generelle Herrschaft* ausreichend. Diese ist hier allerdings keineswegs dem Menschen natürlich vorgegeben und deswegen selbstverständlich. Es muss vielmehr für das Vorliegen einer Garantenstellung positiv die generelle Herrschaft über die Gefahrenquelle[1453] festgestellt werden. Bezogen beispielsweise auf eine Sache als Gefahrenquelle bedeutet dies: So wenig der Mensch permanent seinen Körper beherrscht, so wenig muss der Sachherrschaftsinhaber sich ständig in räumlicher Nähe zu den von ihm beherrschten Sachen befinden, um Garant für die Abschirmung von diesen ausgehender Gefahren zu sein.

1453 Im Vorgriff auf den nächsten Abschnitt sei dieser Bezugspunkt der Herrschaft des Verständnisses wegen bereits hier genannt.

Die *aktuelle Herrschaft* (über die Gefahrenquelle) ist nach dem auch für das Unterlassen geltenden Ultra-posse-Grundsatz notwendige Bedingung einer Haftung wegen eines unechten Unterlassungsdelikts. Straftatsystematisch findet sie sich auch bei dem Erfordernis der physisch-realen Abwendungsmöglichkeit wieder. Danach sei vom Normadressaten nur rechtlich zu fordern, wozu er physisch-real in der Lage ist[1454]. Verfügt der Adressat aber nicht über die aktuelle Herrschaft über eine Gefahrenquelle, ist er regelmäßig nicht in der Lage, sie als Gefahrenherd abzuschirmen. Sollte dies allerdings doch ausnahmsweise der Fall sein, ist er wegen Fortbestehens der Garantenstellung auf Grund seiner generellen Herrschaft auch zur Abwendung des Schadens verpflichtet. Denn es gilt hier wie bei der aktiven Schädigung, dass vermeidbare, vorhersehbare Verletzungen anderer aus generell beherrschten Gefahrenquellen auch außerhalb der aktuellen Herrschaft – beispielsweise durch technische Vorkehrungen – zu unterbinden sind. Entsprechend den Erkenntnissen bei der Herrschaft des Menschen über seinen Körper führt die zeitweise fehlende aktuelle Herrschaft auch beim unechten Unterlassungsdelikt nicht zum Erlöschen der generellen Verantwortlichkeit. So wie der Mensch dort weiterhin für seine schädigenden Handlungen verantwortlich bleibt, auch wenn er vorübergehend diese nicht beherrscht, bleibt der Garant verantwortlich für die generell von ihm beherrschten Gefahrenquellen.

Ohne den weiteren Voraussetzungen für eine Garantenstellung aus dem Neminem-laede-Prinzip vorzugreifen, kann Vorstehendes anhand eines Beispiels verdeutlicht werden. So übt der Eigentümer auch dann die generelle, faktische Herrschaft über seine Wohnung aus, wenn er sich an seinem 10 km entfernten Arbeitsplatz befindet. Er besitzt bezüglich dieser Gegenstände eine Garantenstellung unabhängig von der räumlichen Distanz zu ihnen. Kommt es während der Zeit seiner Abwesenheit zu einem Wasserschaden in seiner Wohnung, so ist er strafrechtlich mangels aktueller Herrschaft nicht für Schäden an anderen Wohnungen verantwortlich. Anders lägen die Dinge hingegen, wenn er sich in seiner Wohnung zum Zeitpunkt des Schadens befunden oder er um den gefährlichen Zustand seiner Waschmaschinenschläuche gewusst, aber trotzdem nichts unternommen hätte. Dann hätte ihn jeweils auf Grund seiner generellen Herrschaft (über die Gefahrenquelle) eine Garantenstellung und damit eine strafrechtliche Haftung getroffen. Die fehlende aktuelle Herrschaft im letzten Fall hätte daran nichts geändert, da dort die Neminem-laede-Pflicht Vorkehrungen gegen Schädigungen vor Verlust der aktuellen Herrschaft geboten hätte.

Auf die Rechtmäßigkeit der erlangten Herrschaft kommt es hingegen nicht an. Der Dieb eines Autos oder einer Waffe hat diese als Gefahrenquelle abzuschirmen. Es wäre axiologisch wenig überzeugend, den Eigentümer, Mieter oder

1454 Zu dieser Voraussetzung vgl. *Wessels/Beulke*, Strafrecht AT, Rn. 708.

Entleiher zur Gefahrabschirmung zu verpflichten, aber denjenigen, der freiwillig[1455] eine rechtswidrige Herrschaftsposition einnimmt, von jeder Verantwortung für die Gefahrabschirmung freizusprechen[1456].

Abschließend ist noch zu klären, wie sich Mehrpersonenverhältnisse auf generelle und aktuelle Herrschaft auswirken. Vorwegzuschicken ist in diesem Zusammenhang, dass Herrschaft grundsätzlich teilbar ist und nicht stets exklusiv einem Menschen zukommen muss. Wegen der faktischen Bestimmung der Herrschaft gilt außerdem: Wer über die aktuelle Herrschaft verfügt, hat, möglicherweise neben einem anderen, die generelle Herrschaft. Teilen sich beispielsweise Bruder und Schwester gemeinsam ein Kraftfahrzeug, besitzen beide einen Schlüssel und können grundsätzlich jederzeit auf das Fahrzeug zugreifen, so haben sie gemeinsam die generelle Herrschaft inne. Die aktuelle kommt dann regelmäßig dem jeweiligen Benutzer zu. Es existieren daneben Situationen, in denen der Verlust der aktuellen Herrschaft den Verlust der generellen bedingt. Dies sind Fälle, in denen ein anderer Mensch die aktuelle Herrschaft ausübt und den bisherigen, generellen Herrschaftsinhaber von der Machthabe ausschließt. Dieser neue Machthaber setzt sich an die Stelle des bisherigen und „schneidet" diesen vom Herrschaftsobjekt ab und verfügt deshalb alleine über die aktuelle und zugleich generelle Herrschaft. Die Wiedererlangung der aktuellen Herrschaft hängt dann nicht mehr vom Willen des bisherigen Herrschaftsinhabers ab. In diesen Fällen scheitert eine Haftung nicht bloß am Fehlen der aktuellen Herrschaft, sondern die generelle Herrschaft und damit die Grundlage für eine Neminem-laede-Pflicht erlischt.

Zusammengefasst bedeutet dies, dass die aus dem Neminem-laede-Prinzip folgende Garantenstellung eine **generelle, faktische vom Herrschaftswillen getragene Herrschaft** (über die Gefahrenquelle; dazu gleich Näheres) erfordert. Bei **Fehlen der aktuellen, faktischen Herrschaft scheidet** hingegen grundsätzlich eine **strafrechtliche Haftung aus**, ohne dass davon das Bestehen der Garantenstellung berührt würde. Ausnahmsweise kann sich aber eine Haftung auch im letztgenannten Fall ergeben, wenn eine Schädigung zur Zeit des Fehlens einer aktuellen Herrschaft für den Täter vorhersehbar und vermeidbar war.

3.3.3.1.2 Die Gefahrenquelle als Bezugspunkt der Herrschaft

Des besseren Verständnisses wegen wurde bereits oben postuliert, dass nach der hier vertretenen Meinung zutreffender Bezugspunkt der Herrschaft die Gefahrenquelle bildet. Die dafür noch ausstehende Begründung folgt nachstehend.

1455 Siehe zu diesem weiteren Erfordernis sogleich Teil 2 C IV 1 c.

1456 Vgl. die in eine ähnliche Richtung zielende Kritik an *Sangenstedt*s Rechtsgrunderfordernis oben bei Teil 2 B VIII 5 b.

Beim Erfolgsdelikt, der „Vorlage“ für die Ermittlung der Haftungsvoraussetzungen, bezieht sich die Herrschaft auf die schädigende Handlung des Täters. Eine entsprechende *Handlung* existiert beim Unterlassen regelmäßig nicht. Einzig bei der Herrschaft über eine Gefahrenquelle Mensch erscheint sie denkbar[1457]. Wie aber bereits Beispiele von Sachherrschaft gezeigt haben, handelt es sich dabei nur um *eine* denkbare Konstellation, neben der noch weitere in Betracht kommen. Daher lassen sich unmittelbare Entsprechungen zur Herrschaft über die schädigende Handlung beim unechten Unterlassen regelmäßig nicht ausmachen. Aus diesem Grund ist von der schädigenden Handlung zu abstrahieren. Dies ist schon deshalb erforderlich, weil wegen des technischen Fortschritts häufig menschliche Handlungen durch automatisierte Vorgänge substituiert werden[1458].

Die Herrschaftslehre *Schünemann*s entfernt sich indes in ihrem Bestreben, ein universelles Haftungsprinzip zu ergründen, zu weit vom Ausgangspunkt der schädigenden Handlung. Wie ausführlich erörtert überzeugt weder deren allgemeine Abstraktion „Herrschaft über den Grund des Erfolges“ noch deren Unterfall der „Herrschaft über die Hilflosigkeit des Opfers“[1459]. Stattdessen hat man sich wie bei der Bestimmung des Herrschaftsbegriffs streng an der Vorlage Erfolgsdelikt auszurichten. Die dortige schädigende Handlung ist nichts anderes als die eigentliche Erfolgsursache[1460], die Gefahrenquelle, die sich in der Schädigung realisiert hat. So wie der durch positives Tun Schädigende sich gewissermaßen selbst als beherrschte Gefahrenquelle abzuschirmen hat, besteht diese Pflicht bei anderen beherrschten Gefahrenquellen. Entsprechend muss bei den dem Neminem-laede-Grundsatz zuzuordnenden Garantenstellungen der Garant die generelle Herrschaft über die Gefahrenquelle inne haben.

Neben der konsequenten Orientierung am Ausgangspunkt des Erfolgsdelikts weist der Begriff „Gefahrenquelle“ den Vorzug auf, im Gegensatz zum „Grund des Erfolges“ über einen eindeutigen Bedeutungskern zu verfügen. Beispielhaft zu nennen ist die Herrschaft eines Menschen über Sachen, wie oben die Herrschaft über eine Wohnung. Denkbar sind aber auch Fälle, in denen vom Täter beherrschte Menschen die Gefahrenquelle darstellen, wie die Herrschaft der militärischen Vorgesetzten über ihre Untergebenen oder der Strafvollstreckungsbeamten über Häftlinge.

1457 Siehe dazu Teil 2 C IV 4 c.

1458 Ausführlicher zur Bedeutung der technischen Entwicklung für das Unterlassungsdelikt oben Teil 2 C III 4 a.

1459 Zur Kritik siehe Teil 2 B VIII 1 b, insbesondere cc.

1460 Damit unterscheidet sie sich von *Schünemann*s erheblich abstrakterem „Grund des Erfolges“, siehe Teil 2 B VIII 1.

Dagegen ist die Herrschaft über Rettungsmittel, das Beherrschen einer Rettungsmöglichkeit, für das Entstehen einer Garantenstellung ohne Bedeutung. Denn diese Herrschaft entspringt häufig Zufälligkeiten und kann auf den Jedermann wie auf den Garanten zutreffen. Im Übrigen bietet das Erfolgsdelikt keinen Anlass dafür, ihr beim Unterlassen plötzlich Relevanz beizumessen. Die Zurechnung beim Erfolgsdelikt beruht nicht darauf, dass der Schädiger zugleich über Rettungsmittel verfügt, sondern auf dessen beherrschter, aktiver Schädigung. Zwar könnte man einwenden, etwa im Sinne des von *Herzberg* vertretenen Oberbegriffs des „vermeidbaren Nichtvermeidens", auch bei der Schädigung beherrsche der Täter das Rettungsmittel. Dort sei das Rettungsmittel bloß der Verzicht auf die schädigende Handlung. Doch auch dies beweist nicht die Bedeutung der Herrschaft über das Rettungsmittel. Die eigentliche Erfolgsursache, die Schädigung, wird bei dieser Argumentation bloß sprachlich als doppelte Negation variiert, aus Schädigen wird „Nicht-Verzicht", ohne dass sich dadurch etwas in der Sache änderte. Ohne Bezugnahme auf die Schädigung vermag der „Nicht-Verzicht" allein keine strafrechtliche Haftung zu begründen. Der Schädigungsverzicht scheidet demnach als „Rettungsmittel" a limine aus.

Ebenso wenig begründet die mehr oder weniger zufällige Herrschaft über sonstige Rettungsmittel eine Garantenstellung. Wenn zum Beispiel der T den O von seinem Boot ins Wasser stößt und der O in der Folge ertrinkt, haftet T wegen dieses von ihm beherrschten Stoßes für den Tod des O. Daran ändert weder die Tatsache etwas, dass T an Bord über Rettungsringe verfügte, die er dem O hätte zuwerfen können, noch dass ebenso ein anderer, zufällig vorbeifahrende Bootsführer B mittels Rettungsringe hätten helfen können. T haftet wegen des Stoßes und B allenfalls wegen § 323c StGB.

3.3.3.1.2.1 Kein generelles Gefährdungsverbot

Die Pflicht zur Abschirmung einer Gefahrenquelle verlangt jedoch keineswegs, jede Gefährdung anderer zu unterlassen. Letztlich handelt es sich bei der Verpflichtung um eine Konkretisierung der Nicht-*Schädigen*-Pflicht. Nicht-Schädigen ist aber nicht identisch mit Nicht-*Gefährden.* Zwar wäre zur Maximierung des Rechtsgüterschutzes eine Nicht-Gefährden-Pflicht zweckdienlich. Doch würde man dadurch das eigentliche Ziel des Rechtsgüterschutzes, die Erhaltung der Freiheit des Menschen, konterkarieren, da eine erhebliche Beschränkung der menschlichen Aktivitäten die Folge wäre. Etwas überspitzt könnte man fragen: Was nützte dem Menschen der umfassende Schutz seiner Güter, wenn er sich ihrer nicht mehr zur Entfaltung seiner Persönlichkeit bedienen dürfte, weil er jedwede Gefährdung zu vermeiden hätte? Überall dort, wo Menschen zusammen leben und nicht in Lethargie verharren, sind Gefährdungen unvermeidlich. Daher sind im Sinne des eigentlichen Zieles des Freiheitserhalts Gefährdungen zuzulassen, Schädigungen aber zu vermeiden.

Mitunter ist der Gesetzgeber bemüht, Kompensationsmöglichkeiten für wegen ihrer Sozialnützlichkeit von ihm erlaubte gefährliche Aktivitäten zu schaffen. Eine solcher Ausgleich findet sich beispielsweise beim statistisch äußerst gefährlichen, wegen seiner Nützlichkeit aber dennoch erlaubten Autofahren auf dem Gebiet des Zivilrechts. Dort wurde zum Ausgleich für mögliche Schäden Dritter auf Grund des Autofahrens eine verschuldensunabhängige Gefährdungshaftung des Fahrzeughalters, § 7 StVG, geschaffen.

3.3.3.1.2.2 Gefahrenquelle, schädigender Kausalverlauf und Verschulden hinsichtlich der Gefahrentstehung

Theoretisch kann man zwischen Gefahrenquelle und schädigendem Kausalverlauf differenzieren. In den zuvor genannten Beispielen wurde bereits deutlich, dass unter Gefahrenquelle die Schadensursache im gegenständlichen Sinne zu verstehen ist, also beispielsweise eine Wohnung als Sache oder ein Untergebener in einer befehlsgestützten Hierarchie als menschliche Gefahrenquelle. Der schädigende Kausalverlauf wiederum stellt das konkrete Geschehen dar, das zum Schaden führt, also zum Beispiel das Auslaufen des Wassers von der Wohnung des Garanten in eine Nachbarwohnung oder die Gewaltanwendung des Untergebenen gegen Dritte.

In den meisten Fällen ist die Gefahrenquelle gegenständlich Bestandteil des Kausalverlaufs wie besagter gewalttätiger Untergebener[1461]. Denkbar sind allerdings ebenfalls Gestaltungen, bei denen die Gefahrenquelle einen schädigenden Kausalverlauf initiiert, aber nicht selbst dessen Bestandteil ist; so im Falle des auslaufenden Wassers, das die Gefahrenquelle Wohnung bereits räumlich verlassen hat. Anknüpfungspunkt für eine Garantenstellung und damit Bezugsobjekt der Herrschaft bildet auch hier stets die Gefahrenquelle und nicht der schädigende Kausalverlauf. Der Garant hat aber auch in dem Fall, in dem „seine“ Gefahrenquelle nicht mehr Teil des Kausalverlaufs ist, schützend einzugreifen. Eine solche – oftmals für ihn zufällige – Variation des Geschehens entlastet ihn nicht.

Dies gilt selbst in Konstellationen, in denen dem Garanten die aktuelle Herrschaft über die Gefahrenquelle bei Beginn des schädigenden Kausalverlaufs fehlte, er aber später in den Kausalverlauf noch rettend eingreifen könnte. Um

---

1461 Denkbar ist auch eine Sache als Gefahrenquelle, wie zum Beispiel das Auto des Garanten, welches Mangels ausreichender Sicherung mit der Handbremse in ein anderes Fahrzeug zu rollen droht. Die Sache ist hierbei gegenständlicher Bestandteil des gefährlichen Kausalverlaufs.

bei dem Wohnungsbeispiel zu bleiben: Als der Wohnungsinhaber heimkehrt, stellt er fest, dass es in seiner Wohnung ohne sein Verschulden zeitweise während seiner Abwesenheit zu einem Wasseraustritt kam. Dieses Wasser hat seine Wohnung verlassen, droht nun aber die Wohnung eines Dritten zu beschädigen. Auch hier ist er als Garant zur Rettung jedenfalls aus zweierlei Gründen verpflichtet. Zum einen stellt es für ihn lediglich eine zufällige Variation dar, die ihn aus Rechtsgutsschutzgesichtspunkten nicht zu entlasten vermag. Eine Entlastung wäre axiologisch nicht nachvollziehbar. Wer zur Abschirmung einer Gefahrenquelle verpflichtet ist, wird nicht deshalb von seiner Pflicht frei, weil zufällig die Gefahrenquelle nicht gegenständlicher Bestandteil des gefährlichen Kausalverlaufs ist. Denn es wäre axiologisch nicht überzeugend, den Wohnungsinhaber zwar in die Pflicht zu nehmen, wenn das Wasser unmittelbar von seiner in die angrenzende Wohnung zu laufen droht, nicht aber, wenn er zufällig so spät kommt, dass das Wasser nunmehr über den Hausflur in die Wohnung eines Dritten einzutreten droht.

Zum anderen spielt es für die Rettungspflichten aus dem Neminem-laede-Prinzip keine Rolle, ob den Garanten ein Verschulden, Vorsatz oder Fahrlässigkeit, hinsichtlich der Initiierung des schädigenden Geschehensablaufs trifft. Sobald er es schuldhaft unterlässt, in den schädigenden Kausalverlauf einzugreifen, der von einer ihm als Garanten kraft faktischer Herrschaft zugewiesenen Gefahrenquelle ausgeht, haftet er wegen unechten Unterlassens. So haftet der Wohnungsinhaber auch dann, wenn er bemerkt, dass der Monteur den Waschmaschinenschlauch nicht korrekt angeschlossen hat und deswegen austretendes Wasser von seiner Wohnung das Eigentum eines Dritten zu schädigen droht.

Einen ersten Anhalt hierfür liefert der Umstand, dass oftmals allein Derjenige zum Schutz im Stande ist, der die Gefahrenquelle tatsächlich freiwillig und faktisch beherrscht. Will man also Rechtsgüterschutz vor Gefahrenquellen, so hat man den faktischen freiwilligen „Beherrscher“ dieser Gefahrenquelle in die Pflicht zu nehmen. Indes handelt es sich hierbei mehr um einen ersten Anhalt denn ein Argument, da man sonst Gefahr liefe, unzulässig allein vom Retten-Können auf das Retten-Müssen und vom Bedürfnis auf die Pflicht zu schließen. Nimmt man hingegen das eigentliche Ziel der Neminem-Pflicht, den Freiheitserhalt, in den Blick, wird deutlich, dass der Garant auch für ohne sein Verschulden initiierte Gefahren aus seinen Gefahrenquellen haften muss. Die Neminem-laede-Pflicht soll nicht nur mittelbar via Rechtsgüterschutz der Freiheit dienen, sondern ebenfalls den Menschen davon entlasten, Selbstschutzvorkehrungen zu treffen. Beide Funktionen würden entscheidend beeinträchtigt, wenn der Garant nicht zum besagten Schutz verpflichtet wäre, wenn ihn kein Verschulden hinsichtlich des Ingangsetzens des schädigenden Kausalverlaufs trifft. Die Entlastungsfunktion fehlte, da für Außenstehende nicht erkennbar ist, ob und wen ein Verschulden für das Entstehen des bedrohlichen Verlaufs trifft. Sie müssten sicherheitshalber doch wieder stets für Selbstschutz sorgen, da sie nicht sicher von einer Schutzpflicht des Garanten ausgehen könnten. Um weiter im bisherigen Beispiel zu bleiben: Wenn Wohnungsinhaber nicht für Schutz sorgen müssten[1462], falls der Monteur die Waschmaschine fehlerhaft angeschlossen hat, gäbe es für jeden Nachbarn verstärkt Grund, sich um Selbstschutz zu bemühen, da der Wohnungsinhaber sich darauf zurückziehen könnte, der Monteur habe den schädigenden Kausalverlauf zu verantworten. Nun mag man im konkreten Beispiel noch keine allzu dringende Veranlassung für Selbstschutzvorkehrungen sehen. Nimmt man jedoch die Vielzahl der von Menschen beherrschten Gefahrenquellen hinzu, – man bedenke beispielsweise die Kraftfahrzeuge oder Haustiere – wird die freiheitsnegierende Zahl von nötigen Schutzvorkehrungen offenbar.

3.3.3.1.3 Die Freiwilligkeit der Herrschaftserlangung

Wie oben grundlegend festgestellt befindet sich der Mensch in seinem Urzustand in Freiheit. Dieser Tatsache ist bei der Ermittlung der Haftungsvoraussetzungen Rechnung zu tragen. Wie bei dem Haftungsgrund der Selbstverpflichtung besonders betont ist zu beachten, dass eine Garantenstellung immer freiheitsbeschränkend für den Garanten wirkt, da er in bestimmten Situationen verpflichtet ist, schützend tätig zu werden und so zumindest in diesen Situationen nicht frei in der Wahl seiner Aktivitäten ist. Darüber hinaus kann die Garantenstellung unter Umständen schon bestimmte Schutzvorkehrungen im Vorfeld einer möglichen Notsituation erfordern, was ebenfalls freiheitsmindernde Wirkung zeitigen würde.

Bei der Vorlage Erfolgsdelikt (in der Handlungsform des Begehens) kommt dem Freiheitsaspekt ebenfalls Beachtung zu. Den Blick darauf verstellt die Voraussetzung der aktuellen Herrschaft etwas. Denn dem Fehlen der aktuellen Herrschaft ist ein Fehlen der Freiwilligkeit bei der schädigenden Körperaktivität immanent. Schädigt ein Mensch wie im bereits oben bemühten Beispiel[1463] einen anderen auf Grund von *vis absoluta*, fehlt ihm die aktuelle Herrschaft über die Gefahrenursache. Zugleich handelt er aber auch nicht freiwillig. Beide Voraussetzungen, Freiwilligkeit und aktuelle Herrschaft, sind straftatsystematisch unter anderem[1464] beim Handlungsbegriff beheimatet.

1462 Ein Gewahr-Werden der Gefahr und eine tatsächliche Rettungsmöglichkeit vorausgesetzt.

1463 Siehe dazu oben Teil 2 C IV 1 a.

Demzufolge darf die faktische Herrschaft über die Gefahrenquelle dem Täter nicht zufällig und gegen seinen Willen zufallen, sondern muss freiwillig von ihm erlangt und ausgeübt[1465] werden. Ohne dieses Freiwilligkeitserfordernis könnten Menschen durch andere Menschen in die Verantwortung allein auf Grund einer bewussten Veränderung von Herrschaftsverhältnissen gezwungen werden. Ein solche zwangsweise Zuordnung von Verantwortung ist aber allein dem Staat in den Grenzen, die ihm die Verfassung setzt, vorbehalten. Eine staatlich angeordnete Pflicht, bestimmte Gefahrenquellen abzuschirmen, stellt aber jedenfalls in unserem demokratisch verfassten Staat ebenfalls eine – wenn auch mittelbare – Freiheitsäußerung dar. Denn der Gesetzgeber ist demokratisch legitimiert und somit auf Grund der freien Stimmabgabe der Bürger, also durch deren Freiheitsbetätigung in die Lage versetzt worden, den Bürgern mittels Gesetzen, Pflichten aufzuerlegen. Damit sind diese pflichterzeugenden Gesetze aber zumindest mittelbar auf eine Freiheitsbetätigung der Rechtsunterworfenen zurückzuführen.

Exemplifizieren lässt sich das Freiwilligkeitserfordernis mit einem Beispiel, mit dem *Maiwald* anschaulich die Unbestimmtheit des Herrschaftsbegriffs in der Lehre *Schünemann*s nachgewiesen hat. In diesem Beispiel liefert *Maiwald* ein *argumentum ad absurdum* gegen diese Lehre, indem er ausführt, mit dem faktischen Verständnis der Herrschaft im Sinne *Schünemann*s müsste auch eine Garantenstellung bei der Herrschaft über fremde Vermögensgegenstände entstehen, welche man gegen den Willen in Besitz hat, beispielsweise auf Grund unverlangter Zusendung[1466], was aber ersichtlich abzulehnen ist. Die Herrschaftslehre hat daraufhin die Flucht in die Normativität angetreten und erwidert, *Maiwald* missverstehe den Herrschaftsbegriff, wenn er ihn zu deskriptiv auffasse[1467]. Statt eines deskriptiv-faktischen Herrschaftsbegriffs könne bei unechten Unterlassungsdelikten auch eine „Kontrollherrschaft" zur Haftungsbegründung genügen[1468]. Neben der an anderer Stelle daran geäußerten Kritik[1469] beraubt diese Lehre so den Herrschaftsbegriff seiner selektiven Funktion. Nach der hier vertretenen Auffassung ist dagegen diese selektive Funktion zu erhalten, indem

---

1464 Offensichtlich spielt die freie Willensbildung und -betätigung auch noch an anderen Stellen, § 35 StGB, eine Rolle.

1465 Eine begründete Ausnahme zur freiwilligen Herrschaftsausübung bildet die Unwirksamkeit der Garantenstellungs- und damit Herrschaftsaufgabe zur Unzeit; Näheres dazu bei Teil 2 C IV 1 d sowie Teil 3 B.

1466 *Maiwald*, JuS 1981 S. 480.

1467 *Schünemann*, ZStW 96, S. 294 f., Fn. 26.

1468 *Chen*, Das Garantensonderdelikt, S. 90; *Roxin*, AT Band 2, 32/19 f.; *Schünemann*, Madrid-Symposium, S. 72.

1469 Siehe oben Teil 2 B VIII 1 b.

man eine faktische Herrschaft über die Gefahrenquelle verlangt, die aber *freiwillig* erlangt sein muss. Genau an dieser Freiwilligkeit fehlt es aber bei der unverlangten Zusendung von Waren. Hingegen ist eine solche Pflichtenstellung anzunehmen, wenn jemand freiwillig die Herrschaft über eine Sache übernimmt, also beispielsweise ein Haus bezieht.

3.3.3.1.4 Keine Herrschaftsaufgabe zur Unzeit

Um den inhaltlichen Zusammenhang zu den obigen Voraussetzungen zu wahren und einem naheliegenden *argumentum ad absurdum* zu begegnen, muss an dieser Stelle späteren Ergebnissen vorgegriffen[1470] werden. Dabei geht es um die Frage, unter welchen Voraussetzungen eine Garantenstellung erlischt. Sie stellt sich wegen folgender Problematik: Setzt man wie hier für einen Teil der Garantenstellungen die faktische, freiwillig erlangte und von einem Herrschaftswillen getragene Herrschaft über eine Gefahrenquelle voraus, knüpft also nicht an normative, sondern überwiegend[1471] deskriptive Merkmale an, muss konsequenterweise mit dem Fehlen eines dieser Merkmale auch die Garantenstellung entfallen. Handelte es sich um normative Kriterien, könnten mögliche axiologische Schwierigkeiten bei konkreten Fällen durch Veränderung der Bewertungsmaßstäbe behoben werden. Man könnte – wie die Herrschaftslehre mit ihrem Begriff der „Kontrollherrschaft“ – Fälle fehlender, faktischer Herrschaft, die man aber als Garantenfälle erfassen möchte, mit einem normativen Merkmal zu einer „Herrschaft im Rechtssinne“ erklären. Dieser abzulehnende Weg kann von der hiesigen Auffassung schon wegen der Natur der deskriptiven Merkmale nicht beschritten werden. Fehlt es an der faktischen Herrschaft, scheidet eine Garantenstellung aus.

Betrachtet man nicht die hier vertretene Position insgesamt, könnte dies nach bisherigem Stand der Darstellung zu wenig überzeugenden Ergebnissen führen. Ließe beispielsweise der Freund des Halters eines bissigen Hundes das Tier versehentlich auf die Straße entwischen, könnte der Halter die Gunst der Stunde nutzen und sich des gefährlichen Hundes entledigen, indem er ihn ein-

1470 Die Frage des Erlöschens von Garantenstellungen stellt sich im Sinne des Themas dieser Arbeit erst im Zusammenhang mit der Frage, ob die Notwehrsituation zu einem solchen Erlöschen führen kann. Allerdings spielen die aus dem Neminem-laede-Prinzip folgenden Garantenstellungen keine Rolle für die Einschränkung des Notwehrrechts, siehe Teil 2 C IV 3, so dass zu deren Erlöschen nicht Stellung genommen werden muss. Die Anwendung der allgemeinen Grundsätze zum Erlöschen von Garantenstellungen auf die Neminem-laede-Erfolgsabwendungspflichten erfolgt deshalb hier.

1471 Man könnte erwägen, ob es sich bei der Freiwilligkeit nicht um ein normatives Merkmal handelt. Unabhängig davon überwiegen wegen der deskriptiven Natur des entscheidenden Herrschaftsbegriffs hier aber beschreibende Merkmale.

fach unbeaufsichtigt seiner Wege ziehen lässt und ihn nicht wieder ins Haus holt. Fügte der Hund nun dem auf der Straße spielenden Nachbarmädchen schwere Verletzungen zu, schiede auf den ersten Blick eine strafrechtliche Haftung des bisherigen Hundehalters aus. Eine aktive Schädigung ist nicht ersichtlich. Eine Garantenhaftung käme mangels faktischer Herrschaft und Herrschaftswillens ebenfalls nicht in Betracht. Von einer generellen Herrschaft könnte in diesem Fall auch nicht mehr die Rede sein, da der Halter die Herrschaft aufgegeben hat. Abstrakt gefasst wäre es „Beherrschern" von Gefahrenquellen möglich, sich ihrer Haftung zu entledigen, wenn sie ohne ihr Zutun die Herrschaft über die Gefahrenquelle verlören und diese dann kurzerhand aufgäben.

Wäre dies das endgültige Ergebnis des hier verfochtenen Ansatzes, könnte man ihn wegen eines *argumentum ad absurdum* ablehnen. Um diesen sich aufdrängenden Einwand auszuräumen, ist auf das spätere Ergebnis zu den Voraussetzungen des Erlöschens von Garantenstellungen zu verweisen und hier anzuwenden. Die Arbeit wird zeigen[1472], dass sich der Garant seiner Stellung nicht zur „Unzeit" entledigen kann. Eine solche Unzeit ist unter anderem grundsätzlich dann anzunehmen, wenn bei der Herrschaft über eine Gefahrenquelle der Garant seine Herrschaft aufgibt und die Gefahrenquelle weiterhin ungesichert besteht. Eine Aufgabe der Herrschaft ist dem Garanten grundsätzlich nur gestattet, wenn keine Gefahr mehr besteht oder ein anderer die Gefahrenquelle sichert. Die Anwendung dieser Grundsätze führt bei dem Beispielsfall zu einem akzeptablen Ergebnis. Der Hundehalter hätte sich seiner Garantenstellung zur Unzeit entledigt und wäre deshalb nicht aus der Garantenhaftung entlassen.

3.3.3.1.5 Sánchez-Vera: Garantenstellung auf Grund von Organisation aus der „negativen Institution" Neminem-laede

Entgegen der hiesigen Ansicht möchte *Jakobs*' Schüler *Sánchez-Vera* weitergehende, allgemeinere Voraussetzungen aus dem von ihm – im Anschluss an *Jakobs*' Terminologie – als „negative Institution" bezeichneten Neminem-laede-Prinzip herleiten. Letztlich folgt danach aus diesem Prinzip die Voraussetzung, dass als Garant hafte, wer „etwas organisiert"[1473]. Abgesehen von dieser bereits kritisierten Haftungsvoraussetzung[1474] ist auch deren Herleitung abzulehnen. *Sánchez-Vera* stützt sich bei seiner Begründung im Wesentlichen auf rechtsphilosophische Ausführungen, wie diejenigen *Hegels*. Dieser habe aus dem Neminem-laede-Prinzip – ohne es freilich ausdrücklich zu erwähnen – unter anderem gefolgert, dass „verletzt", wer vorenthält, was (vertraglich) „...stipu-

1472 Siehe unten Teil 3 B.

1473 U.a. bei *Sánchez-Vera*, Pflichtdelikt und Beteiligung, S. 75.

1474 Zur Ablehnung der Voraussetzung selbst siehe oben Teil 2 B IX 2 b.

liert worden ist." Das verallgemeinert *Sánchez-Vera* zu Rettungspflichten „qua Organisation"[1475].

Zunächst einmal kann der Schluss von einer Vertragsverletzung auf eine allgemeine Haftung qua Organisation nicht ohne Weiteres nachvollzogen werden. Wieso eine solche gewaltige Abstraktion möglich sein soll, wird nicht begründet. Konsequent zu Ende gedacht könnte man so aus dem Neminem-laede-Prinzip jeden Fall des Vorenthaltens desjenigen, zu dem man rechtlich verpflichtet ist, als Schädigung auffassen und eine Haftung wegen unechten Unterlassens darauf gründen. Denn die Nichterfüllung einer vertraglichen Pflicht stellt abstrakt nichts anderes dar, als eben jenes Vorenthalten. Diese Pönalisierung sämtlicher Vertragsverletzungen oder gar Rechtspflichtverletzungen im Allgemeinen ist ebenso abzulehnen wie die daraus resultierende, nahezu uferlose Weite der Unterlassungshaftung. Dass Sánchez-*Vera* diese Konsequenzen sicher nicht im Sinn hatte, ändert nichts daran, dass sie sich folgerichtig aus seiner Interpretation der von ihm bemühten, rechtsphilosophischen Quelle ergeben.

Ohne diese fragwürdige Herleitung bleibt unklar, wie sich aus dem Verbot, jemanden zu schädigen, die Haftung dafür, „etwas organisiert" zu haben, ergeben soll. Bereits der Wortlaut beider Formulierungen lässt sich nur schwer in Einklang bringen. Nur wenn man „Organisieren" ganz allgemein als Verhalten, das anderen zum Nachteil gereichen kann, begriffe, ließe sich das Schädigen als Organisieren verstehen. Ein solch unbestimmter Inhalt des Organisationsbegriffs ist aber für die Lösung konkreter Fälle ersichtlich ohne Nutzen. Daher verbleibt es entweder bei der Unvereinbarkeit beider Begriffe oder man gelangt zur Konturenlosigkeit des einen.

Durch ein solches Verständnis des Neminem-laede-Prinzips würde die eigentliche, hinter ihm stehende Intention verfehlt, sogar ihr Gegenteil erreicht. Richtigerweise ergibt sich der Nicht-Schaden-Grundsatz aus dem freiheitlichen Urzustand des Menschen. Er ist eine der beiden Grundregeln, die zum Erhalt der Freiheit des in Gesellschaft lebenden Menschen nötig sind. Er stellt eine der beiden Minimalforderungen dar, um den größtmöglichen Erhalt an Freiheit zu gewährleisten.[1476] Durch das Umwandeln der Minimalforderung Nicht-Schädigen in ein „etwas organisieren" wird daraus eine maximale Beschränkung der Freiheit. Wer nämlich immer schon dann anderen zum Schutz verpflichtet ist, wenn er etwas organisiert, wird in praktisch jeder sozialen Interaktion mit Pflichten belastet.

1475 *Sánchez-Vera*, Pflichtdelikt und Beteiligung, S. 75.

1476 Siehe dazu oben Teil 2 C III 1.

3.3.3.1.6 *Zwischenergebnis*

Als Garant auf Basis des Neminem-laede-Prinzips haftet, wer über die **freiwillig erlangte, von einem Herrschaftswillen getragene, faktische Herrschaft über eine Gefahrenquelle verfügt.** Dabei sind grundsätzlich die generelle und aktuelle Herrschaft erforderlich. Ausnahmsweise kann aber das Neminem-laede-Prinzip auch nur bei Bestehen der generellen Herrschaft eine Haftung begründen. Dabei handelt es sich im wesentlichen der Rechtsfigur der *omissio libera in causa* unterfallende Konstellationen. Die Herrschaftsaufgabe zur Unzeit befreit nicht von der Garantenhaftung.

3.3.3.2 Eigenständige Herleitung im Rahmen eines dualistischen Systems und die Kritik an der Herrschaftslehre

Im Vorstehenden[1477] wurde ein dualistisches Haftungssystem erarbeitet. Neben die Verpflichtungserklärung trat das Neminem-laede-Prinzip. Letzteres führte bei den Unterlassungsdelikten zum Aufgreifen des Herrschaftsgedankens Das ist insofern bemerkenswert, als zuvor das Prinzip sowohl in seiner analogistischen Herleitung als auch in seiner *monistischen* Ausprägung abgelehnt wurde[1478]. Um möglicher Kritik zuvor zu kommen, das Nebeneinander von Verpflichtungserklärung und Herrschaftsprinzip sei weder schlüssig noch im Hinblick auf zuvor geäußerte Kritik konsequent, sondern vielmehr widersprüchlich, seien daher ein paar Erläuterungen gestattet.

Erstens wird der Herrschaftstheorie von ihren Befürwortern die Fähigkeit zugesprochen, allein sämtliche Garantenstellungen im Rahmen eines deswegen monistischen Systems begründen zu können[1479]. Nach hiesiger Einschätzung kann dieser Versuch als gescheitert betrachtet werden[1480]. Das Scheitern beruht insbesondere auf der Unfähigkeit, mit dem Prinzip sämtliche Garantenstellungen begründen zu können. Konkret fehlt eine überzeugende Herleitung der – nach der Terminologie der Funktionenlehre – Beschützergaranten. Damit einher geht das Problem, den Herrschaftsbegriff unbestimmt und weit fassen zu müssen, um sämtliche Konstellationen erfassen zu können. Genau die besagte Lücke schließt

1477 Siehe unmittelbar zuvor Teil 2 C III.

1478 Teil 2 B VIII 1 b.

1479 Vgl. beispielsweise als Vertreter dieses Ansatzes die Arbeiten von *S. v.* Coellns, Das „rechtliche Einstehenmüssen“, *Sangenstedt*, Garantenstellung von Amtsträgern, *Schünemann*, Grund und Grenzen und *Seibert*, Betrug durch Unterlassen; nahestehend: *Wessels/Hillenkamp*, BT 2, Rn. 506.

1480 Siehe ausführlich zur Kritik an der monistischen Ausprägung des Herrschaftsprinzips Teil 2 B VIII 1 b.

der Entstehungsgrund Verpflichtungserklärung. Die hier vertretene Theorie vermeidet zudem durch den zweiten Entstehungsgrund die Schwierigkeit, zu verschiedenartige Fälle, Beschützer- und Überwachungsgarantenstellungen, umfassen zu müssen. Dadurch kann ein zu unbestimmter, der Beliebigkeit preisgegebener Herrschaftsbegriff vermieden werden. Folglich widerspricht die hiesige Meinung nicht der an anderer Stelle von ihr selbst geäußerten Kritik, sondern zieht die Konsequenzen aus ihr.

Zweitens führt die Ablehnung einer generalisierbaren, analogistischen Herleitung des Herrschaftsprinzips[1481] keineswegs zur Unschlüssigkeit des Herrschaftsgedankens in der hiesigen Theorie. Richtigerweise ergibt sich das Herrschaftsprinzip für Unterlassungen nicht allein aus einer zum Begehungsdelikt zu ziehenden Analogie. Zu dieser Analogie verführt die Tatsache, dass sich beim Begehungsdelikt das Herrschaftsprinzip ebenso auffinden lässt wie bei einem *Teil* der Unterlassungsdelikte, nämlich im Wesentlichen bei den nach der Funktionenlehre sogenannten Überwachungsgaranten. Das beruht allerdings darauf, dass beide auf dieselbe übergeordnete Rechtsregel des *Neminem-laede* und nicht sachlich nicht überzeugend, weil verknappt, allein auf das Begehungsdelikt zurückzuführen sind[1482].

Der universellen Geltung stehen die beschriebenen Probleme bei der Begründung von Beschützergarantenstellungen entgegen. Mit der Rückführung auf die grundlegende Neminem-laede-Regel wird nicht nur die analogistische Herleitung entbehrlich. Das Herrschaftsprinzip erhält darüber hinaus eine prinzipielle, an den Zwecken des Strafrechts orientierte Grundlage, statt es mehr oder weniger zufällig beim Begehungsdelikt vorzufinden und kurzerhand zum universellen Prinzip qua Akklamation zu erheben.

Gegen das analogistische Vorgehen der Herrschaftslehre wurde zudem oben eingewendet, sie gehe von einer unvollständigen Vergleichsbasis aus, da sie die Pflichtdelikte ignoriere. Genau diesem Vorwurf muss sich der hiesige Ansatz nicht aussetzen, da er einen zweiten Haftungsgrund, die Selbstverpflichtung, festgestellt hat, der die Pflichtdelikte erklärt. Die übrige Kritik an der Herleitung der Herrschaftslehre ist bereits bei der vorhergehenden Konkretisierung beachtet und ihre Ursachen vermieden worden.

1481 Unter „analogistischer Herleitung" ist die Gewinnung des Entstehungsgrundes von Garantenstellungen durch eine Analyse des Begehungsdelikts und die anschließende Übertragung des gefundenen Entstehungsgrundes, Herrschaft über den Grund des Erfolgs, auf sämtliche unechten Unterlassungsdelikte zu verstehen; detaillierter zu diesem Vorgehen in Teil 2, B VIII 1.

1482 Ausführlicher zu diesen dogmatischen Grundlagen des hier vertretenen Ansatzes bei Teil 2 C III 4 a.

3.3.3.3 Keine Notwehrbeschränkung auf Grund von Garantenstellungen, die auf dem Herrschaftsgedanken basieren

Die auf dem Herrschaftsprinzip basierenden Garantenstellungen sind hinsichtlich des Ausgangsproblems der Notwehrbeschränkung weniger von Interesse. Dabei handelt es sich im wesentlichen um Konstellationen, in denen üblicherweise von Überwachungs- oder Sicherungsgaranten gesprochen wird. Ohne dem dritten Teil dieser Arbeit vorzugreifen ist eine Einschränkung des Notwehrrechts auf Grund solcher Garantenstellungen undenkbar. Dabei kommen zunächst[1483] zwei Fallgestaltungen in Frage: der Angriff durch die abzuschirmende Gefahrenquelle Person und die Verteidigung gegen den Angriff eines Dritten mittels der abzuschirmenden Gefahrenquelle.

3.3.3.3.1 Angriff durch die abzuschirmende Gefahrenquelle Person

Einerseits ist also vorstellbar, dass jemand eine Person als Gefahrenquelle zu überwachen hat, beispielsweise ein Gerichtswachtmeister einen Häftling bei dessen Vorführung bei Gericht. Attackiert nun der Gefangene den Aufseher, eine Notwehrsituation, oder einen Dritten, eine Nothilfesituation, so steht dem Wachtmeister das uneingeschränkte Recht aus § 32 StGB zu[1484]. Denn Ansatzpunkt für eine Notwehrbeschränkung war die aus einer Garantenstellung erwachsene Schutzpflicht für Rechtsgüter des Angreifers[1485]. Schutzpflichten treffen den Garanten aber nur hinsichtlich der Rechtsgüter Dritter, die durch die abzuschirmende Gefahrenquelle bedroht werden. Er hat grundsätzlich nicht die Gefahrenquelle vor sich selbst zu schützen. Demzufolge scheidet in dieser Konstellation eine Notwehrbeschränkung aus.

3.3.3.3.2 Verteidigung mittels der abzuschirmenden Gefahrenquelle

Andererseits ist denkbar, dass der Garant von einem Dritten angegriffen wird und sich gegen diesen mittels der von ihm eigentlich abzusichernden Gefahr verteidigt. Ein solcher Fall wäre zum Beispiel bei der Läuferin gegeben, die zu ihrem Schutz nur gemeinsam mit ihrem Hund läuft. Als sie eines Tages während des Laufens von einem Unbekannten überfallen wird, greift ihr Hund ohne ihr

---

1483 Eine dritte, besondere Konstellation, bei der sich Verpflichtungs- und Herrschaftsprinzip überschneiden, wird zum Schluss dieses Abschnitts erörtert, Teil 2 C IV 3 c.

1484 Ebenfalls aus Vereinfachungsgründen sollen teilweise erwogene Notwehrrestriktionen auf Grund im Vergleich zu § 32 StGB engerer Dienstvorschriften von Amtsträgern außer Acht bleiben; zu diesem Problem: NK-*Herzog*, § 32, Rn. 58, 79; *Rogall*, JuS 1992, S. 556.

1485 Siehe dazu oben Teil 1 C X 3.

Zutun den Aggressor an, weil er sein „Frauchen“ in Gefahr sieht. Es stellt sich nunmehr die Frage, ob ihr ein unbeschränktes Notwehrrecht zusteht, oder ob die Pflicht, andere vor dem Hund als Gefahr zu schützen, zu einer Restriktion des Rechts[1486] führt. Auch hier ist von einem unbeschränkten Notwehrrecht auszugehen. Ein erstes, freilich nur situativ einschlägiges Argument liefert der Umstand, dass bestimmte Gefahrenquellen, wie hier das Mitführen des Hundes, (zumindest auch) gerade zu Verteidigungszwecken geschaffen werden. Nun wäre es aber widersinnig dies zu erlauben, aber die tatsächliche Nutzung zu Verteidigungszwecken zu untersagen.

Da aber nicht jede Gefahrenquelle zu Verteidigungszwecken geschaffen wird, bedarf es eines weiteren generellen Arguments. Ein solches bietet die dogmatische Herleitung des hiesigen Garantenstellungsansatzes[1487]. Es wurde dargelegt, dass die Garantenstellung kraft Herrschaftsprinzip letztlich auf das Gebot des *neminem laede* zurückzuführen ist, welches auch sämtlichen Begehungsdelikten zu Grunde liegt, nämlich: „Schade niemandem!“. Die Relevanz der Grundregel neminem laede für Unterlassungsdelikte beruht unter anderem darauf, dass es häufig vom Zufall abhängt, ob ein anderer in seinen Rechtsgütern durch eine aktive Schädigung oder durch die unterlassene Abschirmung einer vom Täter zu beherrschenden Gefahrenquelle verletzt wird[1488]. Um im Beispielsfall beim „besten Freund des Menschen“ zu bleiben: Eine strafrechtliche Haftung für einen Hundebiss kann nicht von dem Zufall abhängen, ob der Halter den Hund auf jemanden hetzt (dann fraglos ein Begehungsdelikt) oder der Hund von sich aus jemanden angreift, und der Halter in der Hoffnung auf eine Verletzung des anderen nicht einschreitet (dann Unterlassungsdelikt). Ebenso kann aber das Notwehrrecht nicht von dem Zufall abhängen, ob die Frau sich selbst – beispielsweise mittels Kampfsport – verteidigt oder ihren Hund bloß nicht zurück hält. Das Notwehrrecht gestattet gerade als Ausnahme zum Neminem-laede-Prinzip die Schädigung eines anderen unter bestimmten Voraussetzungen. Dabei kann es keine Rolle spielen, ob der Verteidiger seinen Körper als

1486 Um die Konstellation nicht unnötig zu verkomplizieren, soll von der Erforderlichkeit der Verteidigung durch den Hund ausgegangen werden.
Daneben soll ebenso unbeachtet bleiben, dass man zumindest ansatzweise, wenn auch im Ergebnis nicht einschlägig, erwägen könnte, das Notwehrrecht zu beschränken, weil sich die Verteidigerin bewusst „bewaffnet“ in die Notwehrsituation begeben hat. Von einem Begeben in eine Notwehrsituation und einem vorherigen Konflikt kann hier allerdings keine Rede sein.

1487 Natürlich immer vorausgesetzt, man hält das Ergebnis dieses Beispielsfalles, keine Beschränkung des Notwehrrechts der Joggerin auf Grund von Gefahrenherrschaft, für zutreffend.

1488 Siehe ausführlicher unter Teil 2 C III 4 a.

Gefahr nicht abschirmt, sprich sich aktiv physisch verteidigt, oder eine andere von ihm zu beherrschende Gefahrenquelle nicht abschirmt, welche von ihm körperlich getrennt ist, wie ein Hund. In beiden Fällen muss ihm die Abschirmungspflicht erlassen sein.

Zu diesem Ergebnis zwingt auch folgender Erst-recht-Schluss: Wenn § 32 StGB schon die aktive Schädigung des Angreifers durch ein Tun gestattet, so muss er *a maiore ad minus* genauso dessen Verletzung durch ein bloßes Unterlassen erlauben. Denn Letzteres wird in aller Regel – siehe § 13 II StGB – als weniger strafwürdig erachtet als die Verletzung durch positives Tun.

Die obigen Argumente führen ebenso zwingend zur Ablehnung einer Notwehrrechtsrestriktion in Fällen des vorangegangenen Tuns. Schafft jemand durch sein Vorverhalten – sei es ein Tun oder Unterlassen – eine Gefahrenquelle, resultiert aus diesem Vorverhalten und einer grundsätzlichen Gefahrsicherungspflicht nicht eine Einschränkung des Notwehrrechts. Der soeben vorstehend erläuterte Erst-Recht-Schluss hat auch in diesen Ingerenzsituationen Bestand. Wenn das Gesetz über § 32 StGB die intendierte Verletzung des Angreifers im Rahmen einer erforderlichen Verteidigung rechtfertigt, so muss dies erst recht gelten, wenn die Gefahr – häufig zufällig - ohne Verletzungs- und Verteidigungsabsicht durch ein Vorverhalten geschaffen wurde. Lässt also im Beispiel die Joggerin ihren bissigen, eigentlich anzuleinenden Hund, bevor sie angegriffen wird, von der Leine (hier das vorangegangene Tun) und der Hund bildet sodann ihre erforderliche Verteidigung gegen den Angreifer, dann ist sie selbstverständlich genauso gerechtfertigt wie beim Hetzen des Hundes auf den Angreifer ohne Ingerenzvorhandlung. Es wäre zudem axiologisch widersinnig, die zufällig durch eine Ingerenzhandlung „vorgeholte" Verteidigung zu untersagen, aber die zeitlich spätere aktive Verteidigung in der Angriffssituation mit dem gleichen Verteidigungsmittel zu gestatten.

3.3.3.3.3 Schnittmenge von Herrschafts- und Selbstverpflichtungsprinzip: Notwehrbeschränkung auf Grundlage des Neminem-laede-Prinzips?

Wie eingangs dieses Abschnitts angedeutet kommt möglicherweise in einer besonderen Fallgestaltung die Begründung einer Notwehrrechtsbeschränkung aus dem Neminem-laede-Prinzip in Betracht. Es geht um Fälle, in denen jemand die Herrschaft auf Grund einer Selbstverpflichtungserklärung übernimmt und deshalb die Herrschaft über eine Gefahrenquelle in der Folge inne hat. Zweck der eingegangenen Verpflichtung ist in diesen Fällen zumindest auch die Abschirmung einer bestimmten Gefahrenquelle. Beispielsweise übernimmt ein Bauarbeiter im Straßenbau die Sicherung der Baustelle, damit andere nicht zu Schaden kommen. In diesem Fall erfolgt eine Selbstverpflichtung gerade zum Zweck des

Schutzes von noch nicht näher bestimmten Rechtsgütern, der Gesundheit von potentiellen Verkehrsteilnehmern, vor einer konkreten Gefahr, der Baustelle, welche fortan beherrscht wird. Diese Fallgestaltungen bilden die Schnittmenge von Herrschafts- und Selbstverpflichtungsprinzip, denn es erfolgt zwar eine Verpflichtungserklärung aber zugleich entsteht die Herrschaft über eine Gefahrenquelle. Zwei Fragen stellen sich in diesem Zusammenhang: Wie sind solche Fälle in der hier vertretenen Einteilung von Garantenstellungen einzuordnen? Möglicherweise bildet ihre Nichteinordenbarkeit ein Argument gegen die vorgeschlagene Einteilung. Daneben stellt sich die Frage, ob nicht in diesen Konstellationen doch ausnahmsweise wegen der Nähe zum Selbstverpflichtungsprinzip eine Notwehrbeschränkung in Frage kommt.

Die Antwort auf die erste Frage fällt verhältnismäßig leicht. Zwar bedingt die Verpflichtungserklärung die Herrschaft über eine bestimmte Gefahrenquelle. Allerdings basiert die hiesige Einteilung auf dem Entstehungsgrund einer Garantenstellung und nicht auf ihrer Funktion[1489]. Entstehungsgrund ist in diesen Fällen aber stets die Abgabe einer Verpflichtungserklärung. Ohne sie stehen die Gefahr und der potentiell Pflichtige bloß beziehungslos *neben*einander. Erst die Verpflichtungserklärung verknüpft beide *mit*einander. Die Herrschaft über die Gefahrenquelle stellt demgegenüber bloß Folge und Inhalt der für die Garantenstellung konstitutiven Verpflichtungserklärung dar. Deshalb ist es sachgerecht, diese Fallgestaltungen den Garantenstellungen kraft Verpflichtungserklärung zuzuschlagen[1490].

Im Ergebnis zutreffend aber zugleich zu kurz gedacht könnte man vorschnell die zweite Frage bejahen und die Diskussion an dieser Stelle beenden: Es handelt sie bei dieser Konstellation nicht um eine Garantenstellung kraft Herrschaft, weshalb auch dieser spezielle Fall nichts an der Richtigkeit der Feststellung ändert, dass auf diesem Prinzip fußende Garantenstellungen nicht zu Notwehrrechtsbeschränkungen führen. Es wäre aber in der Tat zu kurz gedacht, diese Fälle wegen ihrer Zugehörigkeit zur Gruppe der Verpflichtungserklärungen im weiteren Verlauf der Arbeit zu untersuchen. Die zuvor gewonnenen Erkenntnisse gebieten es, diese Fälle bereits hier auszuscheiden, weil sie für das

1489 Zu den Vorzügen dieser Einteilung siehe oben Teil 2 C III 5.

1490 Einer anderen Garantenlehre folgend in dieser Konstellation im Ergebnis ähnlich eine Garantenstellung aus „freiwilliger Übernahme" annehmend: *Katsanos*, Garantenstellung aus engen Lebensgemeinschaften, S. 26; *Landau*, wistra 1999, S. 50 („freiwillige Übernahme" der Verkehrssicherungspflichten des Bauherrn durch den Bauleiter); Parallelen ebenso bei *Jakobs*, Strafrecht AT, 29/46 ff., der zwar die Übernahmegarantenstellungen auf seine zwei Haftungsgründe Organisations- und institutionelle Zuständigkeit aufteilt, aber bei jener als „Übernahme" die Fälle von konkretem Rechtsgutsschutz- und Gefahrüberwachungsversprechen erfasst.

Ausgangsproblem der Arbeit ohne Bedeutung sind[1491]. Zwar trifft die Einordnung als Fall der Verpflichtungserklärung aus den obigen Gesichtspunkten zu, doch der Inhalt dieser Pflicht entspricht demjenigen bei den Herrschaftsfällen. Demzufolge führen auch die dortigen Gründe[1492] zu einem Ausschluss einer Notwehrbeschränkung in der hier besprochenen Konstellation. Dies lässt sich anhand einer Variation eines vorherigen Beispiels[1493] verdeutlichen. Hätte die Joggerin als Gefälligkeit für eine Freundin den Hund zur Aufsicht während des Urlaubs der Freundin übernommen und ihn mit zum Laufen genommen, änderte sich nichts an dem obigen Ergebnis.

Ein weiter, wesentlicher Grund – insofern ist ein Vorgriff auf den dritten Teil aus arbeitsökonomischen Gründen unvermeidlich – für die Bedeutungslosigkeit solcher Konstellationen in Notwehrsituationen ist, dass es in solchen Fällen grundsätzlich an der Pflicht fehlt, die Rechtsgüter des Angreifers auch im Rahmen einer Notwehrsituation zu schützen. Letzteres kommt praktisch nur vor bei einer Pflicht, bestimmte Rechtsgüter vor jedweder Gefahr zu bewahren wie beispielsweise in engen Gemeinschaftsverhältnissen.[1494]

3.3.3.3.4 Zwischenergebnis

Nach alldem kommt eine Notwehrbeschränkung bei den vom Herrschaftsgedanken erfassten Garantenstellungen nicht in Betracht. Das Gleiche gilt zudem für Garantenstellungen kraft Verpflichtungserklärung, soweit sie den Inhalt haben, vor bestimmten Gefahren zu schützen.

3.3.3.4 Systematisierungsansatz: Gefahrenquellen und Garantengruppen

Mangels Bedeutung für das Ausgangsproblem dieser Arbeit muss an dieser Stelle nicht eine ausführliche Überprüfung der gefundenen Garantenstellungsvoraussetzungen erfolgen, wie sie später bei der Verpflichtungserklärung angezeigt

1491 Denkbar ist allenfalls eine Situation, in der *neben* eine Garantenstellung aus der Selbstverpflichtung zur Gefahrüberwachung eine weitere Garantenstellung auf Grund einer Selbstverpflichtungserklärung tritt, deren Inhalt unmittelbar der Schutz bestimmter Rechtsgüter ist. Praktisch wird so etwas beispielsweise bei einem Krankenpfleger in einer psychiatrischen Anstalt. Dieser übernimmt die Überwachung und regelmäßig auch Versorgung von Patienten, damit diese Besucher nicht verletzen und selbst nicht zu Schaden kommen. Zu der in solchen Fällen zu erwägenden Notwehrbeschränkung siehe Teil 3, A II.

1492 Siehe unmittelbar zuvor Teil 2 C VI 2 a und b.

1493 Ausführlichere Darstellung des Beispiels bei Teil 2 C IV b.

1494 Ausführlicher dazu in Teil 3 A, insbesondere II.

ist. Deshalb ist hier eine Beschränkung auf ein paar knappe Bemerkungen zu den denkbaren Konstellationen und ihrer Erfassung durch den hier vertretenen Ansatz statthaft.

Da Bestandteil der Haftungsvoraussetzungen und Bezugspunkt der Herrschaft die Gefahrenquelle bildet und sich zudem die verbreitete Funktionenlehre bei den Überwachungsgaranten ebenfalls an den unterschiedlichen, abzuschirmenden Gefahrenquellen ausrichtet, erscheint es zweckdienlich, sich bei der weiteren Betrachtung ebenso daran zu orientieren.

3.3.3.4.1 Sachen

Die Herrschaft über eine Sache als Gefahrenquelle kam schon während der Darstellung der allgemeinen Voraussetzungen der Garantenstellungen aus dem Neminem-laede-Grundsatz zur Sprache, sodass man einen ersten Eindruck gewinnen konnte, um welche Fälle es hier geht. Die Voraussetzung der freiwilligen Erlangung der faktischen Herrschaft über die Gefahrenquelle ist prädestiniert dafür, Sachen als Gefahrenquellen zu erfassen. Ergreift jemand freiwillig die faktische Herrschaft über eine Sache, so hat er diese als Gefahrenquelle abzuschirmen. Aktuelle und generelle Herrschaft lassen sich hier häufig recht eindeutig bestimmen, da sie regelmäßig nur hinsichtlich der Sachen anzunehmen sind, die sich in einem dem Garanten zuzuordnenden, räumlich-gegenständlichen Bereich befinden, wobei mit Zuordnung keine normativ-rechtliche gemeint ist. Die aktuelle faktische Herrschaft besteht regelmäßig nur über die in unmittelbarer räumlicher Nähe des Garanten befindlichen Sachen. Denkbar ist aber ebenso die Vermittlung faktischer, aktueller Herrschaft auf technischem Wege oder durch Menschen. Ist jemand in der Lage, von ihm räumlich getrennte Maschinen fernzusteuern, so beherrscht er diese aktuell. Gleiches gilt, wenn die Maschine durch einen Menschen bedient wird, der Anweisungen bezüglich der Maschine vom potentiellen Garanten befolgt. Dabei ist allein der tatsächliche „Gehorsam“ des aktuelle Herrschaft vermittelnden Menschen, nicht aber dessen rechtliche Pflicht dazu entscheidend, da es um faktische Herrschaft geht, welche durch eine rechtliche, wie beispielsweise das arbeitsrechtliche Weisungsrecht, bedingt sein kann, nicht aber muss. Die generelle Herrschaft ist wiederum anzunehmen hinsichtlich der Sachen, die der Garant vor dem zeitweiligen Fehlen der aktuellen Machthabe faktisch beherrscht hat, währenddessen noch beherrschen will, und bei denen die Wiedererlangung grundsätzlich von dessen Willen abhängt. Praktisch sind dies im Wesentlichen die an Wohnort und Arbeitsstelle vom Täter beherrschten Sachen. Folgende Beispiele verdeutlichen diese Fallgruppe:

Der M mietet vom V ein Auto für die Zeit von Montag bis Freitag. Tatsächlich holt A das Fahrzeug erst am Dienstag ab. Es wird ihm von einem Gehilfen des V herausgegeben. Am Montag Mittag hält die marode Feststellbremse das in Hanglage geparkte Fahrzeug nicht mehr und ein Kunde wird deswegen verletzt. Dem V ist der beklagenswerte Zustand seines Fuhrparks bekannt. Er unternimmt aus Kostengründen jedoch nichts dagegen. Obwohl M hier bereits ab Montagmorgen einen vertraglichen Anspruch auf das Fahrzeug hatte und es jederzeit abholen konnte, verfügte bis zur Abholung des Fahrzeugs alleine V über die aktuelle, faktische und damit auch generelle Herrschaft über das Fahrzeug und hatte diese Gefahrenquelle als Garant abzuschirmen. Das rechtliche Verhältnis des M zum Wagen ist irrelevant. Anlass zu Zweifeln an der Freiwilligkeit der Herrschaftserlangung besteht nicht, da V das Fahrzeug freiwillig seinem Fuhrpark hinzugefügt hat. Folglich kommt hier allein eine Haftung des V als Garant in Betracht.

Am Dienstagabend kommt Ms Kind wegen der defekten Bremse zu Schaden. Hier hat M zwar die aktuelle Herrschaft über die Gefahrenquelle inne und ist diesbezüglich Garant. Allerdings scheidet dessen strafrechtliche Haftung mangels Vorhersehbarkeit und damit mangels Sorgfaltspflichtverletzung aus. Eine Begehungstäterhaftung[1495] des V scheidet jedenfalls wegen der Herausgabe des Fahrzeugs durch einen Gehilfen aus. V verfügt zum Schädigungszeitpunkt nicht mehr über die aktuelle wohl aber über die generelle Herrschaft. Er besaß vor Verlust der aktuellen Herrschaft diese, hat während der Vermietungszeit Herrschaftswillen und kann die Laufzeit der Miete und damit den Wiedererlangungszeitpunkt mitbestimmen[1496]. Da V um den Zustand seiner Fahrzeuge und anlässlich des Vorfalls am Montag um die Gefahren weiß, ist die Schädigung für ihn vorherseh- und vermeidbar. Das Neminem-laede-Prinzip verpflichtet ihn als Garanten, solche Schädigungen zu verhindern und er haftet für die Verletzung des Kindes aus einem unechten Unterlassungsdelikt.

Am Mittwoch erleidet ein Arbeitskollege des M Verletzungen wegen des Bremsdefekts. Ein anderer Kollege des M hatte das Fahrzeug wegen der angespannten Parkplatzsituation an der Arbeitsstelle umgeparkt. Hier haftet als aktueller Herrschaftsinhaber allein M. Durch die Vorfälle vom Vorabend kann er sich nicht mehr auf Unvorhersehbarkeit berufen. Die aktuelle Herrschaft über das Fahrzeug hatte er durch die Anmietung freiwillig erlangt. Eine Zurechnung der Verletzungen des Kollegen zu V scheidet hingegen wegen des Eigenverantwortlichkeitsprinzips aus.

1495 Eine eventuell in Betracht kommende mittelbare Täterschaft soll hier der Einfachheit halber nicht weiter verfolgt werden.

1496 Jedenfalls soweit sich die Mieter tatsächlich daran halten.

3.3.3.4.2 Vorgänge

Gefahren für Rechtsgüter können nicht nur aus Sachen, sondern ebenso aus Vorgängen entstehen. So können sich aus dem Durchführen gefährlicher Veranstaltungen Gefahren ergeben. Da es sich bei einem Vorgang jedoch um ein Abstraktum handelt, kann er per se nicht gefährlich sein. Gefahren entstehen bei Vorgängen erst vermittelt durch Personen oder Sachen. Diese bilden die konkrete Gefahrenquelle. Allerdings beherrscht der Täter in diesen Fällen regelmäßig weder die gefährlichen Sachen noch Personen, so dass prima facie eine Garantenhaftung in Ermangelung von Herrschaft ausschiede.

Dies ist hingegen zu kurz gedacht. Denn letztlich ist Ursache der durch Personen oder Sachen vermittelten Gefahr der sie veranlassende Vorgang. Dieser ist die eigentliche Gefahrenquelle. Menschen und Sachen sind nur die konkreten Verwirklichungsmittel. Diesen Vorgang wiederum beherrscht der Täter, indem er ihn freiwillig initiiert hat. Soweit Dritte ebenfalls Sicherungsaufgaben im Rahmen eines Vorgangs übernehmen, ohne diesen zu initiiert zu haben, fallen sie in die Gruppe der Selbstverpflichtungsgarantenstellungen[1497]. Sofern der Täter noch über das Ob der Initialisierung des Vorgangs oder dessen Abbruch befinden kann, kommt ihm eine aktuelle Herrschaft zu. Für den Fall, dass sich der Vorgang verselbständigt und sich dem Einfluss des Täters entzieht und dies für ihn vorherseh- und vermeidbar war, ist der Täter dennoch wegen des Neminem-laede-Prinzips zur Sicherung verpflichtet. Wenn er den Vorgang weiter beherrschen möchte und schließlich beendet, kommt ihm eine generelle Herrschaft zu. Sollte sich der Täter darauf zurückziehen, sich seiner Herrschaft über den Vorgang und eines diesbezüglichen Herrschaftswillens entledigt zu haben, so ist das Verbot der Garantenstellungsaufgabe zur Unzeit[1498] zu beachten. Letzteres bedingt bei Vorgängen regelmäßig den Fortbestand der Pflichtenposition bis zum Ende des Vorgangs.

Genau genommen könnte man erwägen, das Initiieren eines Vorgangs als Fall des vorangegangenen, gefährlichen Tuns einzuordnen. Ob allerdings das Hervorrufen eines Vorgangs als Ingerenzfall zu begreifen ist, hängt davon ab, wie man deren konkrete Voraussetzungen bestimmt, also insbesondere, ob man ein pflichtwidriges Vorverhalten und die Schaffung einer nahen, adäquaten Gefahr fordert. Es existieren jedenfalls Vorgänge, auf die die vorstehenden Voraussetzungen nicht zutreffen, die aber trotzdem eine – beherrschte - Gefahrenquelle darstellen. Daher ist allenfalls bei einem Teil der Vorgänge denkbar, dass sie der Ingerenz unterfallen. Trotz dieser möglichen Überschneidung ist demzufolge

1497 Zu diesen Fällen an der Grenze zwischen Neminem-laede- und Selbstverpflichtungsgarantenstellung siehe Teil 2 C IV 3 c.

1498 Zur Begründung siehe Teil 3 B sowie Teil 2 C IV 1 d.

ihre allgemeine Behandlung getrennt von Fällen des Vorverhaltens an dieser Stelle angezeigt. Um den vorstehenden recht abstrakten Ausführungen etwas konkretere Konturen zu verleihen, seien folgende Beispiele genannt:

Der Eishockeyklub EC aus K trägt im Rahmen seiner Saisonvorbereitung ein Spiel gegen einen rivalisierenden Club aus F aus. Veranstalter dieses Spiels ist der gastgebende Verein aus K, vertreten durch seinen Vorsitzenden V. Auf Grund des – wegen der Rivalität zu erwartenden - Zuschauerandrangs kommt es im Einlassbereich zu einem Menschenauflauf, infolgedessen ein paar Fans Quetschungen erleiden. Das hätte sich durch entsprechende Sicherheitsvorkehrungen wie das Aufstellen von Gittern und Anstellen von Ordnern verhindern lassen. Hier haftet der V als Garant wegen der erlittenen Verletzungen der Fans nach den §§ 229, 13 StGB[1499]. Zwar hat er nicht unmittelbar die „drückende Menschenmasse“ beherrscht, wohl aber den ihr zu Grunde liegenden Vorgang, die Veranstaltung des Spieles. Er hat freiwillig diesen gefährlichen Vorgang initiiert. Unabhängig davon, ob er ihn aktuell beherrscht, wofür spricht, dass er das Spiel jederzeit hätte absagen können[1500], verpflichtet ihn das Neminem-laede-Prinzip zum Treffen von Schutzvorkehrungen gegen diese vorhersehbaren Gefahren.

Von diesen Ereignissen frustriert schaltet V sein Mobiltelefon aus und fährt noch vor Spielbeginn nach hause. Während des Spieles kommt es auf den Stehrängen erneut zu einem Gedränge und Verletzungen von Zuschauern. V hatte versäumt, für ausreichend Ordnerpersonal zu sorgen. Wie zuvor haftet V wegen fahrlässiger Körperverletzung durch Unterlassen. Er beherrscht den Vorgang, die Spielveranstaltung zwar zum Zeitpunkt der Schädigung nicht mehr, da er nicht mehr vor Ort ist und auch über Fernkommunikationsmittel keinen Einfluss mehr nehmen kann, mithin keinen Herrschaftswillen mehr besitzt. Allerdings hat sich V seiner Garantenstellung zur Unzeit entledigt. Die von ihm beherrschte Gefahrenquelle bestand noch ungesichert fort. Deshalb haftet er weiterhin als Garant.

1499 Die Frage, ob hier ein Tun oder Unterlassen anzunehmen ist, wird um der Übersichtlichkeit des Beispiels willen zu Gunsten des Unterlassens beantwortet.

1500 Dann allerdings hätte sich die Frage gestellt, ob die Absage sorgfaltsgemäß und gerechtfertigt wäre, da es zu Ausschreitungen aufgebrachter Fans hätte kommen können. Deren Verhalten wäre zudem nicht zwingend wegen des Eigenverantwortlichkeitsprinzips dem V zuzurechnen.

3.3.3.4.3 Menschen im Allgemeinen und tätereigenes, gefährliches Vorverhalten

Endlich kommen noch Menschen als Gefahrenquellen in Betracht, da bei der Gesetz gewordenen Neminem-laede-Pflicht, dem Erfolgsdelikt, gerade der Täter, also ein Mensch, die schädigende „Gefahrenquelle“ ist. Man stößt allerdings wegen des Eigenverantwortlichkeitsprinzips bei menschlichen Gefahrenquellen ersichtlich auf Schwierigkeiten. Gemäß dieses oben aus der Freiheit des Menschen hergeleiteten Prinzips[1501] ist jeder Mensch grundsätzlich nur für sein Verhalten verantwortlich und damit folglich auch nicht für die durch andere Menschen verursachten Schäden.

Auf Basis dieser Prämisse trifft in der Tat grundsätzlich niemanden die Pflicht, andere Menschen als Gefahrenquellen abzuschirmen. Ausnahmsweise sind aber dennoch Konstellationen denkbar, in denen jemand für fremdes, schädigendes Verhalten haftet. Der Gesetzgeber hat selbst solche Fälle geregelt. So erfasst im allgemeinen Teil des StGB § 25 I 2. Alt. mit der mittelbaren Täterschaft den Fall der Verantwortlichkeit für fremdes menschliches Verhalten und im besonderen Teil beispielsweise § 160 StGB (Verleitung zur Falschaussage)[1502]. Doch betrifft Vorstehendes Begehungsfälle.

Im Unterlassungsbereich ist entsprechend der ermittelten allgemeinen Voraussetzungen die freiwillige Erlangung der freien, faktischen Herrschaft über eine Gefahrenquelle, hier eben den Menschen, zu verlangen. Faktisch beherrscht man im Unterlassungsbereich Menschen, wenn man entweder Befehlsgewalt über sie ausübt oder sie auf Grund tatsächlicher Gewalthabe beherrscht. Von Befehlsgewalt kann ausgegangen werden, wenn Menschen den Anweisungen anderer – meist auf Grund einer Eingliederung in eine formalisierte Hierarchie – bedingungslos Folge leisten. Tatsächliche Gewalthabe ist gegeben, wenn jemand auf Grund physischer Kontrolle das Verhalten anderer lenkt. Eine solche physische Kontrolle üben zum Beispiel Strafvollzugsbeamte über Häftlinge oder die Pfleger und Aufseher von psychisch Kranken aus. Befehlsgewalt existiert beispielsweise im militärischen Bereich, aber auch innerhalb der Hierarchie der Polizei oder im Lehrer-Schüler[1503]-Verhältnis, welches letztlich vom Eltern-Kind-Verhältnis abgeleitet ist. Es erscheint aber ebenso denkbar, bei Letzterem von einer tatsächlichen Gewalthabe auszugehen. In allen diesen Fällen haben die „Beherrscher“ die von ihnen „beherrschten“ Menschen als Gefahrenquelle abzuschirmen. Wegen des Freiwilligkeitserfordernisses, des Prinzips der

1501 Siehe oben Teil 2 C III 1 c.

1502 Bei den Aussagedelikten ist wegen der erforderlichen besonderen Täterqualifikation eine mittelbare Täterschaft nach § 25 I 2. Alt. StGB nicht möglich.

1503 Jedenfalls, soweit es sich um minderjährige Schüler handelt.

Eigenverantwortlichkeit und der Voraussetzung der faktischen Herrschaft besteht eine Garantenstellung auf Grund der Herrschaft über eine Gefahrenquelle Mensch nur in eng umgrenzten Fällen. Entsprechend der Herrschaft über den eigenen Körper oder Sachen müssen die „Beherrschten" Menschen als „verlängerter Arm" des Garanten selbst fungieren. Deshalb kommt eine solche Garantenstellung bei bloßer Weisungsbefugnis und -befolgung, beispielsweise im beruflichen Kontext, grundsätzlich nicht in Frage. Folgende Beispiele veranschaulichen dies:

Die glücklich verheirateten M und F haben den Freund O in der gemeinsamen Wohnung zu Gast. Bei einer günstigen Gelegenheit entnimmt die F von M beobachtet aus dem Jackett des O dessen Portemonnaie. Neben der Strafbarkeit der F wegen Diebstahls scheidet eine Haftung des M wegen Beihilfe durch Unterlassen aus. Die Wohnung kommt hier als Gefahrenquelle nicht in Betracht, es schädigt F. Diese aber beherrscht M nicht faktisch. Weder übt er eine Befehlsgewalt noch eine physische Kontrolle über sie aus. Gegenteiliges wäre im Übrigen mit dem Grundgesetz und der Konzeption der Ehe als gemeinsamer Gestaltung des Lebens durch gleichberechtigte Partner unvereinbar[1504].

Strafvollstreckungsbeamter B führt den inhaftierten S bei einem Gerichtstermin vor. Weil B einen Moment unachtsam ist, gelingt es S, dem ihm verhassten Richter ein paar Faustschläge zu versetzen bis B ihn wieder unter Kontrolle hat. Hier haftet B wegen fahrlässiger Körperverletzung durch Unterlassen. Er übt die physische Kontrolle über S aus und hat diesen als Gefahrenquelle abzuschirmen[1505]. Diese Kontrolle hat er auch mit Übernahme seiner Stelle und dem Dienstantritt an dem fraglichen Tag freiwillig übernommen.

1504 Anders noch bezüglich der Strafbarkeit der Ehegatten BGHSt 6, 323 f.

1505 Neben der tatsächlichen Gewalthabe besteht hier regelmäßig noch eine Garantenstellung auf Grund einer Selbstverpflichtung. Es handelt sich um Fälle im Schnittpunkt zwischen den beiden Haftungsgründen; mehr dazu unter Teil 2 C IV 3 c.

Sonderfall: Ingerenz

Einen Sonderfall des Menschen als Gefahrenquelle stellt die überaus streitige Garantenstellung aus vorangegangenem, gefährlichem Tun dar. Bei dieser auch Ingerenz genannten Konstellation soll derjenige, der durch sein Tun oder garantenpflichtwidriges Unterlassen die Gefahr des Eintritts schädlicher Erfolge geschaffen hat, zur Verhinderung dieser Schäden verpflichtet sein. Neben der grundlegenden Existenzberechtigung[1506] wird um die Qualität des Vorverhaltens gestritten, das zur Erfolgsabwendung verpflichtet. Zum Teil wird ein pflichtwidriges Vorverhalten gefordert[1507], zum Teil lässt man die Begründung einer nahen, adäquaten Gefahr ausreichen[1508]. Die Klärung dieser Streitfragen bedarf einer eigenen Untersuchung.

Ein erstes, im Hinblick auf Art. 103 II GG sicherlich nicht vollends überzeugendes, eher indizielles Argument für die grundsätzliche Anerkennung liefert das fraglos bestehende Strafbedürfnis in den Ingerenzfällen. Selbst deren Gegner erachten § 323c StGB insofern nicht für ausreichend[1509]. Auf Grundlage der hier vertretenen Haftungsvoraussetzungen ist eine Ingerenzgarantenstellung grundsätzlich zu bejahen. Auch bei ihr ist Ursprung der relevanten Gefahr ein Mensch. Allerdings besteht insofern ein Unterschied zu den zuvor in diesem Abschnitt erörterten Fällen, als dass hier die menschliche Gefahrenquelle nicht ein vom Garanten verschiedener Mensch, sondern dieser selbst ist. Sofern ein Mensch freiwillig handelt, übt er die freiwillige faktische Herrschaft über die Gefahrenquelle, nämlich sich selbst, aus und haftet deswegen als Garant kraft Herrschaft für aus seinem Verhalten entstehende Gefahren.[1510] Für die Ingerenz-

1506 Eine Garantenstellung aus Ingerenz lehnen u. a. ab: *Chen*, Das Garantensonderdelikt, S. 97 ff.; *Schöne*, Unterlassene Erfolgsabwendungen, S. 260 ff., 336 (zumindest kritisch); *Schünemann*, Grund und Grenzen, S. 313 ff.; *ders.*; GA 1974, S. 231 ff.

1507 Vgl. nur BGH NStZ 1998, S. 93; BGH NJW 1998, S. 1573; 1999, S. 71; *Brammsen*, GA 1993, S. 109; *Gallas*, Studien zum Unterlassungsdelikt, S. 89 ff.; *Rudolphi*, Die Gleichstellungsproblematik der unechten Unterlassungsdelikte und der Gedanke der Ingerenz, S. 157 ff.; *Samson*, StV 1991, S. 184; Schönke/Schröder-*Stree*, § 13, Rn. 35, wobei freilich noch eingeschränkt wird, das gefährdete Rechtsgut müsse in den Schutzbereich der verletzten Norm fallen.

1508 Vgl. dazu BGHSt 3, 203; 11, 355; BGH VRS 27, 129 ff.; *Arzt*, JA 1980, S. 714 ff.; *Herzberg*, JuS 1971, S. 74 ff.; *Arthur Kaufmann/Hassemer*, JuS 1964, 151 ff.; zum Teil noch eingeschränkt wie beispielsweise von *Freund*, Erfolgsdelikt und Unterlassen, S. 180 ff., der ein gegenüber alltäglichem Handeln gesteigertes Risiko verlangt.

1509 *Schünemann*, Grund und Grenzen, S. 381 und ihm folgend *Chen*, Das Garantensonderdelikt, S. 99 fordern beispielsweise *de lege ferenda* eine Qualifikation zu § 323c StGB.

1510 Um dem Vorwurf der Schaffung einer unangemessenen, allgemeinen Gefährdungshaftung zu entgehen: Welche weiteren, die Ingerenzhaftung begrenzenden Voraussetzun-

haftung spricht, dass sie sogar besonders große Nähe zur Vorlage des Erfolgsdelikts aufweist. Denn der Schritt vom direkt schädigenden Verhalten beim Erfolgsdelikt zu einem Verhalten, das erst nach einer gewissen Zeit zu einem Schaden führt, aber die Gefahr desselben begründet hat, ist nur ein kleiner, häufig von Zufälligkeiten abhängiger. Um dafür zunächst ein schlichtes Beispiel zu nennen: Für die Haftung nach § 212 StGB spielt es keine Rolle, wenn jemand mit Tötungsvorsatz auf einen Menschen schießt, ob dieser sofort stirbt oder erst in drei Tagen im Krankenhaus seinen Verletzungen erliegt. In beiden Fällen haftet der Täter für die von ihm freiwillig beherrschte Gefahr. Bedeutung im Bereich der Ingerenz gewinnen solche Fälle erst, wenn auf die fahrlässige Gefahrschaffung eine vorsätzliche Unterlassung der möglichen Erfolgsabwendung folgt.

Folgendes Beispiel soll die Anwendung der hier vertretenen Haftungsvoraussetzungen auf Ingerenzfälle weiter verdeutlichen:

Auf einer viel befahrenen Autobahn kommt es zu einem Verkehrsunfall. Der A rammt wegen überhöhter Geschwindigkeit den Wagen des B, und schiebt diesen auf den des C, der schwer verletzt in Lebensgefahr schwebt. Aus Angst um ihren Führerschein ergreifen beide, A und B, die Flucht, ohne für die Hilfe zu sorgen, die Cs Leben gerettet hätte. Beide Fliehenden waren sich Cs prekärer, lebensbedrohender Lage und der möglichen Rettung bewusst. Hier hat sich A wegen Totschlags durch Unterlassen strafbar gemacht. Er beherrschte freiwillig die Gefahrenquelle, nämlich sein eigens Verhalten auf der Autobahn. Die dadurch geschaffene Gefahr hätte er als Garant abschirmen und C die mögliche Hilfe leisten müssen. Da er dies vorsätzlich unterlassen hat, ist er nach §§ 212, 13 StGB zu bestrafen. Auch B hat hier eine Gefahr für C geschaffen. Allerdings nicht freiwillig, weshalb eine Garantenstellung ausscheidet. Er haftet allein nach § 323c StGB.

3.3.4 Konkretisierung der Garantenstellung auf Grund des Selbstverpflichtungsprinzips

Das Prinzip der Selbstverpflichtung ist zwar konsequent aus den Prämissen der Rechtsordnung entwickelt worden und bietet eine durchaus plastische und charakteristische Kennzeichnung der erfassten Fallgruppen. Indes handelt es sich wie beim Nicht-Schädigen-Grundsatz um eine Grundregel, die deshalb ihrer Natur nach allgemein gefasst ist und einer weiteren Präzisierung in konkreten Ga-

---

gen das Vorverhalten erfüllen muss, ist hier zwar offen gelassen, aber dass es einer solchen Restriktion bedarf, steht nach hiesiger Einschätzung außer Zweifel.

rantenstellungsmerkmalen bedarf, um in der Rechtsanwendung transparente und rational nachvollziehbare Ergebnisse zu gewährleisten. Dies gilt um so mehr, da eine Notwehrrechtsbeschränkung bei auf dem Selbstverpflichtungsprinzip beruhenden Garantenstellungen wie zum Beispiel in engen Lebensgemeinschaften in Betracht kommt. Ob und unter welchen Voraussetzungen eine Restriktion vorzunehmen ist, lässt sich mit der nötigen Sicherheit aber nicht auf Basis eines allgemeinen Prinzips, sondern nur zugleich unter Rückgriff auf die nachstehend aus diesem Prinzip entwickelten Merkmale feststellen.

3.3.4.1 Freiwilliger, formloser Realakt

3.3.4.1.1 Das Garantenmerkmal: Freiwilliger Verpflichtungsakt

Will man das Prinzip der verbindlichen Selbstverpflichtung in spezifischen Garantenmerkmalen konkretisieren, stellt sich als Erstes die Frage, auf Grund welchen Sachverhalts kann man überhaupt eine Garantenstellung kraft Selbstverpflichtung erwägen? Bezogen auf den potentiellen Garanten existieren hierfür zwei grundlegende Richtungen, die man einschlagen kann: eine autonome, vom Garanten beherrschte Selbstverpflichtung oder eine heteronome, aus dessen Sicht fremdbestimmte Pflichtbegründung.

Ein erstes Indiz[1511] für eine Entscheidung zu Gunsten der Autonomie verschafft der strafrechtliche Handlungsbegriff. Gemein ist den verschiedenen diesbezüglichen Lehren das Fordern eines gewillkürten, vom Menschen beherrschten Verhaltens[1512]. Obwohl der strafrechtliche Handlungsbegriff ebenso für das Unterlassen Gültigkeit besitzt, bietet er nicht mehr als ein Indiz, weil er sich auf das Verhalten bezieht, an das der strafrechtliche Vorwurf geknüpft wird. Dieses ist aber nicht identisch mit dem zeitlich vorausgehenden, garantenstellungsbegründenden Geschehen. Die entscheidenden Argumente für eine täterbestimmte Selbstverpflichtungsbegründung liefern allerdings in der Garantendogmatik bislang wenig beachtete[1513] Umstände: Zum einen schränkt jede Inpflichtnahme ei-

1511 Neben der – zugegeben – relativ beredten Bezeichnung *Selbst*verpflichtung, die auch wegen der Kontinuität und Zweckmäßigkeit der Begriffsbildung bereits bei der Herleitung der zwei Grundregeln eingeführt worden ist.

1512 Zum strafrechtlichen Handlungsbegriff in seinen diversen Varianten vgl. *Hassemer*, Grundlagen des Strafrechts, S. 205 ff.; *Kühl*, AT, § 2, Rn. 1 ff.; Schönke/Schröder-*Lenckner*, Vorbem §§ 13 ff.; Rn. 37; *Welzel*, Das Deutsche Strafrecht, S. 33 ff. ;*Wessels/Beulke*, Strafrecht AT, Rn. 85 ff.

1513 Die Thematik ansprechend dagegen *Birnbacher*, Tun und Unterlassen, S. 327, 334, weist auf die Notwendigkeit der Abwägung von Schutzinteressen des Begünstigten mit den Freiheitsinteressen der Normadressaten hin; ebenso *S. v. Coelln*, Das „rechtliche Einstehenmüssen“, S. 139 ff.; in diese Richtung, aber zurückhaltend formulierend:

nes Menschen als Garant dessen Freiheit ein. Verfassungsrechtlich wird dadurch zumindest in die allgemeine Handlungsfreiheit, Art. 2 I GG, eingegriffen. Ein solcher Eingriff bedarf aber der Rechtfertigung. Nun ist an dieser Stelle keine aufwändige, verfassungsrechtliche Rechtfertigung geboten. Diese ist jedenfalls dann entbehrlich, wenn ein Grundrechtsverzicht vorliegt. Trotz divergierender Meinungen hinsichtlich dessen Zulässigkeit herrscht weitgehend Konsens dahingehend, dass bei vornehmlich der persönlichen Entfaltungsfreiheit dienenden Grundrechten, solange kein Totalverzicht erfolgt, ein Verzicht grundsätzlich möglich ist.[1514] Ein Verzicht setzt aber wesensnotwendig die Herrschaft des Verzichtenden voraus. Daher ist verfassungsrechtlich völlig unbedenklich jedenfalls die als Verzicht begriffene vom Täter beherrschte Garantenstellungsbegründung. Zum anderen gewährt der freiheitliche Urzustand dem Einzelnen auch die Freiheit, sich ihrer zumindest partiell für die Zukunft in Form der Selbstverpflichtung zu begeben; mit grundrechtsdogmatischen Bezügen formuliert: Grundrechtsverzicht ist Grundrechtsgebrauch[1515]. Deshalb ist eine autonome Pflichtbegründung zu fordern.

Beide vorstehenden Argumente leiten zu einem weiteren Merkmal über. Ein wirksamer Grundrechtsverzicht setzt die Freiwilligkeit desselben voraus[1516]. Daher kann eine Selbstverpflichtung nur dann als Ausdruck von Freiheit begriffen werden, wenn sie *frei*willig begründet wird. Zu fordern ist also ein freiwilliger und damit zugleich autonomer Akt[1517] des Verpflichteten. Ein auf Zwang basierender Verpflichtungsakt vermag deshalb keine Garantenstellung zu erzeugen. Zwingt zum Beispiel ein Straftäter einen Arzt, seine erlittenen Verletzungen zu behandeln, so nimmt der Arzt deswegen keine Garantenstellung ein.

Im Hinblick auf das Merkmal der freiwilligen Herrschaftserlangung[1518] ist dies konsequent und dient der Homogenität der Garantenvoraussetzungen insgesamt. Durch dieses Merkmal verbleibt die Verpflichtung nicht mehr im Status

---

Loos, Samson-FS, S. 86 f.

1514 Die Bedeutung eines Grundrechts für den politischen Willensbildungsprozess stellt hingegen ein Indiz für die Unzulässigkeit dar; zur Problematik vgl. *Geiger*, NVwZ 1989, S. 35; *Pieroth/Schlink*, Grundrechte, Rn. 142 ff.; *Pietzcker*, Staat, S. 527 ff.; *Stern*, Staatsrecht, Bd. 3, S. 912 ff.

1515 *Geiger*, NVwZ 1989, S. 35.

1516 Vgl. nur *Stern*, Staatsrecht, Bd. 3, S. 912 ff.

1517 Nach hiesigem Verständnis sind freiwillige Akte zugleich autonom. Umgekehrt gilt dies jedoch nicht, da gewillkürtes, autonomes Verhalten nicht unbedingt, wie im Falle der Nötigung, freiwillig erfolgen muss. Denkbar ist sicherlich aber auch ein die Freiwilligkeit mit einschließender Autonomiebegriff, wie er in Teilen bei § 24 StGB vertreten wird.

1518 Siehe Teil 2 C III 1 c.

einer Handlungsfreiheitsbeschränkung unbekannter Herkunft, die der verfassungsmäßigen Rechtfertigung bedürfte, sondern ist Ausdruck von Freiheit, da sie der Verpflichtete selbst freiwillig herbeigeführt hat.[1519]

Besinnt man sich nunmehr auf die Ausgangsfrage dieses Abschnitts zurück, was eine Selbstverpflichtung begründet, stellt man fest, dass eine vollständige Antwort noch aussteht. Zwar ist mit der Freiwilligkeit schon eine wesentliche Eigenschaft des verpflichtenden Verhaltens aufgezeigt. Dieses bedarf aber noch weiterer Präzisierung. Ausdruck von Freiheit ist eine Selbstverpflichtung nur, wenn sie tatsächlich nach außen *ausgedrückt* wird und nicht bloß im Inneren des Garanten als psychischer Vorgang oder Faktum bleibt. Folglich erfordert die Begründung einer Selbstverpflichtung ein sinnlich wahrnehmbares (freiwilliges) Verhalten, einen Realakt. Nur durch ihn vermeidet man in der Praxis im für die Strafbarkeit wegen unechten Unterlassens entscheidenden Bereich der Garantenstellungsbegründung Beweisprobleme. Außerdem ist dies im Sinne des maximalen Freiheitserhalts, da so vermieden wird, jemandes Freiheit nur auf Grund eines psychischen Faktums wesentlich zu begrenzen und gar dem Risiko einer strafrechtlichen Sanktion auszusetzen. Freiheit beinhaltet aber auch die sprichwörtliche Freiheit der Gedanken. Erst wenn diese Realität werden, sind sie für das Strafrecht von Interesse. Selbst beim recht deutlich auf das Handlungsunrecht und damit auf die rechtsfeindliche Gesinnung des Täters abhebenden Versuch ist eine *Betätigung* des rechtsfeindlichen Willens, mit den Worten des Gesetzes, § 22 StGB: ein „unmittelbares Ansetzen", nötig. Demzufolge ist ein Realakt zur Selbstverpflichtung zu fordern.

Dieser Realakt hat nicht in einer bestimmten Form oder in einem spezifischen Modus zu erfolgen. Für beides spricht zwar die damit einhergehende Selektionswirkung. Dagegen einzuwenden ist aber, dass eine Spezifizierung in diese Richtungen die Freiheit insofern zugleich limitiert, als der Freiheitsgebrauch durch Freiheitsverzicht eingeschränkt würde. Ohne der nachfolgenden Exemplifizierung vorzugreifen, offenbaren allgemein anerkannte Garantenfälle ein unabweisbares, praktisches Bedürfnis nach einer kurzfristigen, formlosen und modus-unabhängigen Einstandspflichtbegründung. Die beispielsweise kurzfristig für Babysitter-Dienste engagierte Nachbarin erlangt zweifellos eine Garantenstellung zu Gunsten des Babys, ohne dass dafür eine bestimmte Form oder eine bestimmte Art der Pflichtübernahme nötig wäre.[1520]. Machte man die Entstehung

---

1519 Im Sinne einer freiwilligen Garantenstellungsbegründung durch den Garanten *Matt*, Kausalität aus Freiheit, S. 206 f.; *Schünemann*, Grund und Grenzen, S. 343 f. (als ein möglicher Begründungsmodus der Garantenstellung der „Herrschaft über die Hilflosigkeit").

1520 Speziell gegen das Postulat eines bestimmten Modus siehe Teil 2 B VIII 1 b ee.

einer garantenstellungskonstituierenden Selbstverpflichtung von bestimmten Formen oder Modi der Begründung abhängig, führte dies bei den Hilfe Zusagenden zum Umkehrschluss, bei nicht diesen Vorgaben entsprechenden Verpflichtungen nicht oder jedenfalls nicht so stark gebunden zu sein. Das hätte wiederum die freiheitsbegrenzenden Effekte, dass der Güterschutz vermindert wäre und der Begünstigte trotz Zusage wieder über deren Einhaltung und den Selbstschutz zu wachen hätte. Der dem gegenüber bei den dann Nicht-Verpflichteten oder zumindest Nicht-strafrechtlich-Verpflichteten entstehende Freiheitsgewinn wäre merklich geringer als der Freiheitsverlust auf Grund des geringeren Gutsschutzes und der Ungewissheit der Begünstigten. Aus diesen Gründen muss der freiwillige Realakt nicht eine bestimmte Form oder spezifischen Modus aufweisen. Daher wird beispielsweise zu Recht allgemein angenommen[1521], dass zur Begründung der Garantenstellung eines Kindermädchens kein wirksamer, zivilrechtlicher Vertrag erforderlich ist.

Ebenso ist nur im Ausnahmefall notwendig, dass der genaue Zeitpunkt, an dem der Realakt vorgenommen wird, bestimmt wird. Gewiss wird die Bestimmung regelmäßig möglich sein. Zum Beispiel lässt sich der Zeitpunkt der Behandlungsübernahme und damit der Zeitpunkt des Verpflichtungsaktes durch den Arzt meist eindeutig ermitteln. Im Falle eines Kindermädchens oder der nicht-ehelichen Lebensgemeinschaft gestaltet sich dies aber schon merklich schwieriger. Ist beim Kindermädchen auf den Zeitpunkt der Vereinbarung oder des tatsächlichen Dienstantritts abzustellen? Obwohl nominell mit der Klassifizierung als Garantenstellung aus „tatsächlicher Übernahme" auf Letzteres scheinbar abgehoben wird, fällt die Antwort je nach Fallgestaltung unterschiedlich aus[1522].

Bei den nicht-ehelichen Lebensgemeinschaften, bei den ehelichen könnte unter Umständen der Zeitpunkt der Eheschließung relevant sein, lässt sich mitunter der die Selbstverpflichtung konstituierende Realakt nur schwer bestimmen, weil dort in aller Regel eine Summe von sukzessiven Verhaltensweisen, Kennenlernen, Begründung von Intimität, Gründung eines gemeinsamen Haushalts usw. im Ergebnis zu einer wechselseitigen Selbstverpflichtung der Partner führt und derjenige Realakt zu bestimmen wäre, ab dem von einer Selbstverpflichtung zwischen den Partnern gesprochen werden muss[1523]. Die auf den ers-

1521 Vgl. zu diesem Standardfall der Unterlassungsdogmatik statt vieler *Blei*, H.-Mayer-FS, S. 121 ff.; *Krey*, Strafrecht AT, Bd. 2, Rn.343 ff.; *Stree*, H. Mayer-FS, S. 148 ff.

1522 Zu den Übernahmegarantenstellung und zur Kritik am Merkmal „tatsächlich" siehe Teil 2 C VI 4 sowie die treffenden, kritischen Überlegungen von *Blei*, H.-Mayer-FS, S. 121 f. und *Maiwald*, JuS 1981, S. 481.

1523 Ausführlicher dazu bei Teil 2 C VI 2; ebenso für eine wechselseitige Pflichtenstellung *Rienen*, „Sozialethische" Einschränkungen des Notwehrrechts, S. 275 f.

ten Blick auftretenden Schwierigkeiten sind jedoch - überwiegend - allenfalls theoretischer Natur. Zum einen wird bei den engen Lebensgemeinschaften in aller Regel der die Garantenstellung begründende Realakt die Gründung eines gemeinsamen Haushalts bilden, so dass der Zeitpunkt eindeutig determinierbar ist. Aber selbst wenn der die Selbstverpflichtung begründende Akt mal nicht zeitlich genau bestimmbar sein sollte, ist dies praktisch unschädlich. Denn es genügt bei der strafrechtlichen Beurteilung allein, ermitteln zu können, ob eine Garantenstellung im Zeitpunkt des Unterlassens bestand. Nur dann, wenn dieser Unterlassungszeitpunkt sich in unmittelbarer zeitlicher Nähe zum begründenden Realakt befindet, müsste der exakte Zeitpunkt bestimmt werden. Immer dann hingegen, wenn die Unterlassung noch zeitlich davor, beispielsweise beim Kennenlernen der Partner, oder schon danach liegt, die Partner wohnen schon geraume Zeit zusammen, ist der exakte Zeitpunkt der Entstehung der Garantenstellung irrelevant für die strafrechtliche Beurteilung.

Die theoretisch große Zahl an in Betracht kommenden Realakte stellt bei lebensnaher Betrachtung für den vernünftigen, vorausschauenden Rechtsanwender kein größeres (Auswahl-) Problem dar. Denn in der Rechtsanwendung sind zwar die Merkmale gedanklich isoliert zu prüfen. Darüber hinaus hat der verständige Anwender aber stets alle Kriterien im Blick und trifft anhand dieser Gesamtschau eine Vorauswahl hinsichtlich der ihn interessierenden Elemente. So prüft beim Begehungsdelikt niemand alle für den Erfolg kausalen Faktoren, sondern trifft bereits eine Vorauswahl auf Grund seiner Erfahrung und vor allem auf Basis der weiteren Strafbarkeitsvoraussetzungen wie beispielsweise des strafrechtlichen Handlungsbegriffs, der objektiven Zurechenbarkeit und des erforderlichen Handlungsunwerts. Konkret für die Garantenstellung kraft Selbstverpflichtung bedeutet dies, dass der Rechtsanwender bei der Untersuchung potentiell relevanter Realakte bereits im Blick hat, dass diese eine Verpflichtung begründen müssen, deren Zweck zumindest auch der Rechtsgüterschutz ist[1524], und auf dieser Grundlage eine Auswahl trifft.

Erstes Merkmal einer Garantenstellung auf Grund einer Selbstverpflichtung bildet demnach der freiwillige, formlose und sinnlich wahrnehmbare Realakt.

3.3.4.1.2 Ablehnung der Voraussetzung: Persönlichen Bezug zu den Rechtsgütern herstellender Realakt

Abweichend vom hier vertretenen Ansatz verlangt *Dießner* – allerdings nicht als generelles Garantenstellungskriterium, sondern beschränkt auf die Fälle, die herkömmlicherweise als „tatsächliche Übernahme“ firmieren – neben einem nor-

1524 Siehe zu diesem Merkmal sogleich Teil 2 C V 3.

mativen[1525] ein tatsächliches Element. Es bedürfe eines Realaktes, der einen persönlichen Bezug des Garanten zu den zu beschützenden Rechtsgütern herstellt.[1526]

Es ist allerdings zweifelhaft, ob es sich wirklich um ein rein tatsächliches Element handelt. Es kann schwerlich beurteilt werden, ob ein „persönlicher Bezug“ hergestellt wurde, ohne dass eine Wertung erfolgt. Reicht bereits ein einmaliger Kontakt mit einer Person aus oder muss er von einer gewissen Qualität oder Quantität sein? Oder ist gar kein Kontakt notwendig, sondern muss das zu beschützende Kind[1527] individualisiert oder bloß individualisierbar sein und wann ist gegebenenfalls Letzteres anzunehmen? All diese Fragen bleiben bei der Autorin notwendig unbeantwortet, weil sie vorschnell von einem rein tatsächlichen Kriterium ausgeht, obwohl es letztlich bei ihr eine Wertungsfrage ist, welche Realakte einen ausreichenden persönlichen Bezug herstellen.

Darüber hinaus erscheint selbst in dieser inhaltlichen Unbestimmtheit die Voraussetzung „persönlicher Bezug“ als zu eng. Wendete man sie konsequent an, schieden einige allgemein anerkannte Garantenstellungsfälle aus. Die Schwierigkeiten ergeben sich in Konstellationen, in denen eine Vielzahl von Personen zu beschützen ist oder in denen der Garant bewusst die Herstellung des persönlichen Bezugs vermeidet. So hat der Kapitän eines Kreuzfahrtschiffes eine Garantenstellung kraft Übernahme seines Dienstes zugunsten der Passagiere[1528]. Man wird aber wohl kaum sagen können, er habe einen persönlichen Bezug zu jedem einzelnen Passagier hergestellt, ohne dass das Merkmal der inhaltlichen Beliebigkeit preisgegeben wird. Oder ein privater Träger übernimmt beispielsweise die Alten- und Krankenpflege. Im Rahmen dessen gibt es die Einrichtung eines sogenannten „Hausnotrufs“, bei dem der Betreute im Bedarfsfall – meist per Knopfdruck unter Nutzung der Telefonleitung – Hilfe anfordert. Was aber, wenn der aktuell Diensthabende des Pflegedienstes, dem die Betreuten persönlich bislang völlig unbekannt sind, da er ein neuer Mitarbeiter ist, einen solchen Notruf, bei ihm als blinkendes Warnsignal ersichtlich, ignoriert und der Betreute verstirbt? Auch hier wird man eine Garantenstellung bejahen nicht aber von einem persönlichen Bezug sprechen können, ohne fern des Wortsinns bereits mit dem Dienstantritt die Herstellung eines solchen Bezugs zu einer Vielzahl von unbekannten und konkret nicht hilfsbedürftigen Personen anzu-

---

1525 Siehe dazu näherTeil 2 B IV 2 und VI 4.

1526 *Dießner*, Unterlassungsstrafbarkeit der Kinder- und Jugendhilfe, S. 294, 429.

1527 *Dießner* diskutiert die Übernahmegarantenstellung im Rahmen der Handlungspflichten von Mitarbeitern der Kinder- und Jugendhilfe.

1528 Unabhängig von der Frage der Delegation bestimmter Pflichten und der Arbeitsteilung auf einem Schiff sowie des konkreten Inhalts der Pflicht wird man allgemein von einer solchen Garantenstellung auszugehen haben.

nehmen. Demzufolge ist das Herstellen eines persönlichen Bezugs beim Realakt der Verpflichtung nicht zu verlangen.

3.3.4.2 Einigung mit einem für den Rechtsgutsschutz Zuständigen

3.3.4.2.1 Der Rechtsgutsschutz-Zuständige und das Bedürfnis nach Delegation des Schutzes

Bevor das zweite Merkmal der Garantenstellung kraft Selbstverpflichtung vollständig näher erläutert werden kann, ist zuvor noch Klarheit über dessen Bezugspunkt, den Rechtsgutsschutz-Zuständigen, herzustellen. Prima facie erscheint dies nicht weiter schwierig. Aus dem auf den freiheitlichen Urzustand des Menschen zurückgeführten Eigenverantwortlichkeitsprinzip ergibt sich unmittelbar, dass jeder für den Schutz seiner Güter selbst zuständig ist. Konsequenterweise soll an diesem Grundsatz auch weiterhin festgehalten werden, so dass der Schutzzuständige grundsätzlich der jeweilige Rechtsgutsträger selbst ist. Mit der prinzipiellen Selbstschutz*zuständigkeit* korreliert in der Realität allerdings nicht stets auch die Selbstschutz*fähigkeit*. Wie schon zuvor punktuell ausgeführt ist der in der Gesellschaft anderer Lebende aus diversen Gründen nicht immer zum Schutz seiner Güter im Stande. Ursache dafür kann die konstitutionelle Schutzunfähigkeit des Rechtsgutsträgers wie zum Beispiel bei Kindern, insbesondere Babys, sein. Ebenso existieren Gefahren, beispielsweise aus Naturkatastrophen, denen wegen ihrer Art und ihres Umfangs der Einzelne nicht wirksam entgegentreten kann. Außerdem sind nicht alle Güter einem bestimmten Träger, sondern allen Menschen gemeinsam zugeordnet. Zu diesen Allgemeingütern zählen beispielsweise Umweltgüter wie die Gewässer. Diese Güter sind mangels konkret Zuständigen und in Ermangelung der Schutzmittel des Einzelnen ebenfalls weitgehend ungeschützt.[1529] Als erstes praktisches Problem kann also die *Selbstschutzunfähigkeit* ausgemacht werden.

Darüber hinaus wäre die permanente, ausschließliche Selbstschutzzuständigkeit nicht im Sinne eines maximalen Freiheitserhalts[1530]. Selbst wenn der Mensch seine bloß unvollständigen Selbstschutzmöglichkeiten weitestgehend nützte, würde sein Dasein nur ego-zentrisch und wenig freiheitlich um den Selbstschutz kreisen. Da dies seinem Wesen widerspricht, will der Mensch sich nicht permanent selbst schützen. Es entsteht also ein zweites praktisches „Problem": die *Selbstschutzunwilligkeit*.

Die Antwort auf die Probleme der Selbstschutzunfähigkeit und -willigkeit liefert die – die zumindest zeit- und teilweise – Delegation des Schutzes. Diese

1529 Siehe zu diesen Schutzlosigkeiten zuvor Teil 2 C III 1 b.

1530 Siehe oben Teil2 C III 1 b.

ist, selbst wenn sie im Falle der Schutzunfähigkeit der Not entspringt, stets auch Ausdruck von Freiheit[1531]. Nur der freie Mensch kann Schutzverantwortung auf andere übertragen. Eine solche Delegation im großen Maßstab und damit der Größe der Aufgabe, zum Beispiel Schutz vor Naturkatastrophen, entsprechend stellt der Zusammenschluss der Menschen im Staate dar. Staatsrechtlich deckt sich dieses Verständnis mit der zuvor angesprochenen Lehre vom Gesellschaftsvertrag[1532]. Der Einzelne begibt sich seiner Freiheit zu Gunsten des Staates und erhält von diesem im Gegenzug Schutz. Demzufolge stellt der Staat nach dem hier vertretenen Modell vor allem die Folge einer Delegation von Schutz dar. Den Beweis dafür, dass es sich dabei nicht lediglich um ein staatsrechtlich-theoretisches Konstrukt handelt, bieten die Verfassung und die aus ihr gezogenen Schlüsse. Insbesondere in den Grundrechten wird der Staat nicht nur zur Achtung der Freiheit des Bürgers im Sinne eines statuts negativus der Grundrechte verpflichtet, sondern ihm obliegt zudem, als status positivus bezeichnet, der Schutz des Menschen. Explizit kommt dies in Art. 1 I GG zum Ausdruck: „Die Würde des Menschen ist unantastbar. Sie zu achten und zu *schützen* ist Verpflichtung aller staatlicher Gewalt."; und zudem in Art. 2 II 1 GG. Jener Schutzauftrag ist sogar so bedeutsam, dass er jeglicher Disposition entzogen ist, Art. 79 III GG.

Konkret erfüllt der Staat die ihm übertragene Schutzaufgabe auf diverse Arten. So schafft er zum Beispiel Gesetze, die bei Gehorsam der Rechtsunterworfenen dem Schutz des Bürgers dienen. Am deutlichsten und themanächsten geschieht dies im Strafgesetzbuch. Allerdings ist dem Staat anheim gestellt, mit welchen Mitteln er seinem Schutzauftrag gerecht werden möchte. – Man spricht deshalb auch von einer Einschätzungsprärogative des Staates.[1533] – Dass das Medium des Schutzes nicht immer das Strafrecht sein muss, kommt bereits in dessen fragmentarischem Charakter und dessen Ultima-ratio-Natur zum Ausdruck.

1531 Für die Möglichkeit der Delegation unter dem Freiheitsaspekt auch Freund, Erfolgsdelikt und Unterlassen, S. 301; zutreffend für die grundsätzliche Übertragbarkeit von Garantenstellungen BGH NStZ 2003, S. 259 f.

1532 Siehe zu dieser *Rousseau*, Der Gesellschaftsvertrag oder die Grundsätze des Staatsrechts, vor allem Kapitel 6 und 8.

1533 Vgl. BVerfGE 49,89 (142); 56, 54 (78). Es kann ein Strafrechtschutz geboten sein, BVerfGE 39, 1 (zunächst für eine Indikationen- statt Fristenlösung für Schutz des werdenden Lebens), auch hier mit beachtlicher Verschiebung zum Schutz durch die Beratung der Schwangeren in der Frühphase der Schwangerschaft in Schwangerschaftskonflikten (Fristenlösung) 88, 203 (264). ebenso hinreichend kann aber ein Schutz über Genehmigungsvorschriften sein, beispielsweise im Atomgesetz oder der Gewerbeordnung (vgl. 53, 30 [55 ff.]; 56, 54 [73 ff.]).

Trotzdem wird dies gelegentlich verkannt[1534]. Zur Beachtung dieser Einschätzungsprärogative zwingt in der hier vertretenen Garantenlehre schon § 13 StGB, der auf die in den Strafgesetzen getroffenen, gesetzgeberischen Wertentscheidungen verweist.

Obwohl die Delegation nicht lediglich theoretischer Natur ist, bleibt der Staat ein Abstraktum, das nicht selbst unmittelbar in der Realität agieren kann. Dazu bedient er sich notwendigerweise seiner Bürger. Dies kann zum einen in der Form geschehen, dass der Einzelne als Amtsträger in seiner Funktion unmittelbar „Teil des Staates" wird. Zum anderen kann sich der Staat zur Erfüllung seiner Schutzaufgabe Privater bedienen. Dies geschieht zum Beispiel bei der Übernahme von Aufgaben der Kinder- und Jugendhilfe durch private Träger. Insofern delegiert der Staat die ihm von seinen Bürgern übertragene Schutzaufgabe an diejenigen weiter, die diese in concreto erfüllen können, nämlich Menschen. Da nicht nur Gefahr von Menschenhand droht und außerdem der Mensch sich nicht immer folgsam den Gesetzen beugt, schafft der Staat außerdem Einrichtungen, die den konkreten Schutz nicht nur mittelbar per Regelung, sondern unmittelbar bewirken sollen. Zu diesen Einrichtungen zählen zum Beispiel die Feuerwehr und das Technische Hilfswerk, die mit den personellen und sachlichen Mitteln ausgestattet werden, um den Schutz vor Feuer oder Hochwasser zu gewährleisten. Die Polizei wiederum soll unter anderem repressiv und präventiv gegen Straftaten vorgehen und dadurch das staatliche Strafverfolgungsinteresse sowie Individualrechtsgüter schützen. Zu den unmittelbaren Schutz bewirkenden Einrichtungen sind weiterhin solche des Gesundheitswesens zu rechnen. Dies können private oder öffentliche Krankenhäuser oder auch der ärztliche Bereitschaftsdienst sein. Die der Allgemeinheit dienenden Umweltgüter erfahren Schutz durch die Umweltbehörden; konkret durch diejenigen Amtsträger, die sich gegenüber dem Staat verpflichtet haben und in den Dienst dieser Behörden treten.

Diese Beispiele verdeutlichen zudem, dass der Staat nicht bloß Schutz gewährt, indem sich ihm gegenüber Menschen zum Schutz von Rechtsgütern freiwillig verpflichten, sondern Gegenstand der Selbstverpflichtung gegenüber dem Staat kann ebenfalls die Übernahme der Abschirmung von Gefahrenquellen sein. Dieser Typ von Selbstverpflichtung ist an anderer Stelle erörtert worden

1534 Zu einseitig auf staatlichen Schutz mit Mitteln des Strafrechts abstellend: *Dießner*, Unterlassungsstrafbarkeit der Kinder- und Jugendhilfe, S. 242f.: die verfassungskonforme Auslegung des § 1 III Nr. 3 SGB VIII gebiete die Begründung einer Garantenstellung; ebenso S. v. *Coelln*, Das „rechtliche Einstehenmüssen", S. 140 ff.

und soll im weiteren Verlauf aus den genannten Gründen[1535] nicht weiter vertieft werden.

Ebenso delegieren Menschen die Schutzzuständigkeit direkt. Gemeint ist damit die Übertragung von Schutzaufgaben bzw. -zuständigkeit, falls der Gutsinhaber delegiert, von einem Menschen auf den nächsten ohne den unmittelbar zuvor skizzierten „Umweg" über den Staat. Anlass einer solchen Übertragung ist auch und vor allem die Schutzunwilligkeit des eigentlich Zuständigen. Ein Beispiel dafür bietet die Übertragung der Sorge (hier originär bereits Pflichten) für das Kind von den Eltern auf das Kindermädchen. Aber auch schutzunfähigkeitsbedingte Delegationen sind in diesem Bereich vorstellbar. Beispielsweise in dem Fall, in dem ein Kaufhausinhaber diverse Detektive engagiert (hier Schutzzuständigkeit, aber nicht Pflicht), um sein Eigentum vor Diebstahl schützen zu lassen, da ihm allein dies nicht möglich gewesen wäre.

Folge der grundsätzlich zulässigen Delegation von Schutz[1536] ist aber keineswegs stets die Befreiung des Delegierenden von jeglicher Verantwortung. Bei ihm verbleiben Auswahl-, Aufsichts- und Überwachungspflichten[1537], deren Umfang sich nach dem jeweiligen Einzelfall richtet. In Verkennung dieser inhaltlich gewandelten Pflichten sieht sich die herrschende Garantendogmatik mitunter zu fragwürdigen Konstruktionen wie der „tatsächlichen Übernahme" veranlasst, um zur zutreffenden Verantwortungsverteilung beispielsweise bei den „Kindermädchenfällen" zu gelangen[1538]. Pauschalurteile über die Verantwortungsbereiche verbieten sich bei der Delegation. So wenig zum Beispiel die Eltern automatisch durch die Beauftragung eines Kindermädchens als Garanten entlastet werden, so wenig bleiben ihre Pflichten in vollem Umfang bestehen, wenn sie über jahrelange, positive Erfahrung mit einem bestimmten Kindermädchen verfügen[1539].

Bereits bei der über den Staat vermittelten Delegation an andere Menschen findet im Ergebnis eine mehrfache Übertragung statt. Der Einzelne überträgt die Schutzaufgabe an den Staat, der wiederum sich unter anderem weiterer Menschen, zum Beispiel Amtsträger, bedient, um den Schutz zu gewährleisten. Im Falle des Staates ist dies dem Umstand geschuldet, dass er als Abstraktum nicht selbst handeln kann. Inwieweit aber eine mehrfache Delegation zulässig ist und

---

1535 Siehe zu diesen Fällen der Gefahrabschirmungspflicht auf Grund von Selbstverpflichtungen Teil 2 C III 3 c. Grund ist die mangelnde Relevanz im Rahmen einer möglichen Notwehrrestriktion.

1536 Ebenso BGH NStZ 2003, S. 259 f.; *Freund*, Erfolgsdelikt und Unterlassen, S. 301.

1537 Im Ergebnis vergleichbar BGHSt 19, 288; *Freund*, Erfolgsdelikt und Unterlassen, S. 302; Schönke/Schröder-*Stree*, § 13, Rn. 26.

1538 Ausführlich kritisch zu dieser fragwürdigen Voraussetzung und Fallgruppenkennzeichnung unter Teil 2 C VI 4 a.

1539 Insofern zu undifferenziert *Roxin*, Strafrecht AT, Bd. 2, § 32, Rn. 66 f.

wie sie sich auf die Haftungsverteilung auswirkt, stellt eine mitunter diffizile Frage[1540] des Einzelfalles dar.

Ohne dieses Problem zu vertiefen, könnte eine mögliche Lösung lauten, die Zulässigkeit weiterer Delegationen davon abhängig zu machen, inwieweit der Delegierende ein schützenswertes Interesse, beispielsweise wegen besonderer Sachkunde, daran hat, dass der Übernehmende den Schutz in seiner Person gewährt[1541].

Soweit von „Delegation" oder „Übertragung" gesprochen wird, darf das nicht zu der Annahme verleiten, dass dies stets im Sinne eines Austauschs der Schutzzuständigen zu verstehen ist. Denkbar ist genauso eine Mehrung der Zuständigen. Zu den zwei Entstehungsmotiven Schutzunfähigkeit und Schutzunwilligkeit kommt in diesem Zusammenhang noch das *gesteigerte* Schutz*bedürfnis* hinzu. Obwohl ein Mensch in diesen Fällen zum Selbstschutz in der Lage ist, ist er um seiner Güter und damit zugleich Freiheit willen bestrebt, zusätzlichen Schutz zu installieren. Die Folge ist eine kumulative Schutzzuständigkeit des Rechtsgutsträgers und Dritter oder aber auch ausschließlich mehrerer Dritter.

In der Praxis sind solche Fälle kumulativer Zuständigkeit recht häufig anzutreffen. Zu denken ist hierbei zum Beispiel an das Engagieren eines Wachdienstes, der zu Nachtzeit auf dem Grundstück patrouilliert, um den Bewohnern zusätzlichen Schutz zu gewähren. Ein Beispiel bietet aber auch der Schwimmbadbesuch eines Kindes mit den Eltern. Wegen der dort vorherrschenden, besonderen Gefahren sind für den Schutz der Badegäste diese selbst aber auch der Bademeister zuständig bzw. im Falle des Kindes dieses im Rahmen seiner eingeschränkten Möglichkeiten aber vor allem die Eltern und der Bademeister. Demzufolge ist bei der Selbstverpflichtung stets die Möglichkeit in Betracht zu ziehen, dass neben dem Verpflichteten noch weitere Schutzzuständige existieren können.

Zusammengefasst bedeutet dies: Der Mensch ist zwar grundsätzlich für den Schutz seiner Güter selbst zuständig. Aus verschiedenen Gründen überträgt er diese Selbstschutzaufgabe auf andere. Diese übernehmen sie kraft freiwilliger Selbstverpflichtung. Eine solche Delegation führt zur Schaffung des Staates, welcher wiederum unter anderem dadurch schützt, dass er Schutzaufgaben auf

1540 Vgl. zum Beispiel die Ausführungen *Dießner*s, Unterlassungsstrafbarkeit der Kinder- und Jugendhilfe, S. 398 ff. und S. 416 ff., zur Strafbarkeit verschiedener Jugendamtsmitarbeiter innerhalb der Amtshierarchie; für eine grundsätzliche Delegierbarkeit BGH NStZ 2003, S. 259 f.

1541 Schönke/Schröder-Stree, § 13, Rn. 26, verneint zutreffend eine Delegationsmöglichkeit, wenn es sich um Pflichten „höchstpersönlichen Charakters" handelt, ohne allerdings – möglicherweise wegen einer stillschweigenden Anlehnung an das Zivilrecht bei der Höchstpersönlichkeit – dies näher zu erläutern.

sich ihm Verpflichtende überträgt. Im Ergebnis hat dies zur Folge, dass Rechtsgutsträger und Schutzzuständiger auseinanderfallen können.

3.3.4.2.2 Die Einigung

Nach dieser klärenden Vorarbeit lautet das weitere Garantenmerkmal der Selbstverpflichtung: *Einigung* mit einem Rechtsgutsschutz-Zuständigen[1542], wobei gemäß dem ersten Merkmal auf Seiten des Garanten ein spezifischer Realakt gegeben sein muss[1543]. Dieses zweite Merkmal bedarf allerdings noch der nachstehenden Begründung und Präzisierung.

3.3.4.2.2.1 Empfangsbedürftigkeit des Realaktes

Es drängt sich nunmehr die Frage auf: Warum bedarf es einer Einigung zwischen Garant und Zuständigem?

Zur Antwort sind zwei gedankliche Schritte nötig. Erstens ist der die Selbstverpflichtung des Garanten zum Ausdruck bringende *Realakt empfangsbedürftig*, muss also in hiesigem, nicht dem zivilrechtlichen Zugangsbegriff entsprechenden Sinne, von dem Rechtsgutsschutz-Zuständigen wahrgenommen werden. Unter dem Primat des Freiheitsschutzes könnte man auf den ersten Blick dagegen erwägen, die Empfangsbedürftigkeit für entbehrlich zu halten. Wenn Freiheitsschutz über Güterschutz erzielt wird, genügt zum Freiheitsschutz allein das Faktum des Schutzes, ohne dass davon jemand Kenntnis erlangen müsste. Wacht zum Beispiel eine Frau über das in Teichnähe im Nachbarsgarten spielende Kind, so bewirkt dieser Güterschutz zugleich zwar auch Freiheitsschutz unabhängig davon, ob die Schutzgewährung dem Kind oder dessen Eltern bewusst ist. Der Verzicht auf die Empfangsbedürftigkeit zöge indes verschiedene Probleme nach sich und verhindert einen weiteren freiheitsschützenden Effekt der Selbstverpflichtung. Die Freiheit wird bei der empfangsbedürftigen Selbstverpflichtungserklärung nicht ausschließlich via Güterschutz bewahrt, sondern zudem durch die Entlastung des Schutzzuständigen gemehrt, welche im Hinblick auf den Freiheitsgewinn regelmäßig gegenüber einem doppelten Schutz vorzugswürdig ist. Der Schutzzuständige hat sich auf Grund der Verbindlichkeit der Schutzzusage teil- und zeitweise nicht mehr selbst im bisherigen Maße unmittelbar um Schutz zu bemühen[1544]. Für das genannte Beispiel bedeutet dies,

---

1542 Ebenso für Fälle der „tatsächlichen Übernahme“: *Freund*, Erfolgsdelikt und Unterlassen, S. 303; *Herzberg*, Die Unterlassung im Strafrecht, S. 354; *Kühl*, AT, § 18, Rn. 71.

1543 Siehe zu diesem Merkmal Teil 2 C V 1.

1544 Der bereits oben erwähnte, zusätzliche Schutzeffekt, dass der eigentlich Zuständige wegen der Verbindlichkeit die Einhaltung der Zusage nicht kontrollieren muss, tritt nur im Vergleich mit der unverbindlichen Zusage ein. Bei mangelnder Kenntnis von ihr ist

dass die Nachbarin die Mutter nur dann überhaupt freiheitserzeugend entlastet, wenn diese darum weiß. Erst wenn sie weiß, dass die Nachbarin zeitweise über ihr Kind wacht, könnte sie beispielsweise kurz die Zeit zu einem Einkauf nutzen.

Weiterhin sprechen gegen einen Verzicht auf die Empfangsbedürftigkeit die daraus folgenden Beweisprobleme und die Unkontrollierbarkeit der Entstehung von Garantenstellungen. Nähme der eigentlich Schutzzuständige die Verpflichtungserklärung nicht wahr, stünde im Falle eines Prozesses – wenn ein solcher überhaupt stattfände – regelmäßig nicht der Zeugenbeweis, sondern lediglich die naturgemäß mit nicht übermäßiger Glaubwürdigkeit ausgestattete Einlassung des Beschuldigten zur Verfügung, soweit eine solche überhaupt erfolgt. Theoretisch genügte dann ein Realakt „im stillen Kämmerlein" des Garanten, was zur Unkontrollierbarkeit der Entstehung führen würde. Praktische Folge wäre außerdem ein in aller Regel geringerer Güter- und somit Freiheitsschutz. Garanten würden eine Selbstverpflichtung als weniger verbindlich ansehen, da die am Schutz primär Interessierten, die Zuständigen, mangels Kenntnis nicht auf eine Sanktionierung des Pflichtbrüchigen hinwirken würden. Ohne diese Sanktionsdrohung wären aber weniger Menschen geneigt, die Verpflichtung einzuhalten, was im Ergebnis zu geringerem Schutz führen würde.

Nur durch eine Erklärung gegenüber dem Schutzzuständigen wird die Verbindung zum kraft freiheitlichen Urzustand eigentlich zuständigen Rechtsgutsträger hergestellt. Ohne eine solche Verbindung ständen der Rechtsgutsträger und seine Güter nur beziehungslos neben dem Garanten. Bei der hier mangels notwehrbegrenzender Wirkung weniger interessierenden Verpflichtung zur Überwachung einer Gefahrenquelle rückte der Garant an oder neben die Stelle des eigentlich zur Abschirmung Verpflichteten. Auch zu diesem und der Gefahrenquelle ist aber nur bei Empfang (und Einigung) eine Verbindung herstellbar. Demzufolge bedarf der Realakt des Empfangs in Form der sinnlichen Wahrnehmung durch den Schutzzuständigen.

3.3.4.2.2.2 Kein Widerspruch des Schutz-Zuständigen

Zweitens ist über diesen Empfang hinaus eine Einigung mit dem Schutzzuständigen erforderlich. Zurückzuführen ist dies ebenfalls auf den Gedanken der Freiheit. Diese impliziert nämlich grundsätzlich zugleich die Freiheit, darüber zu befinden, welchen Schutz die eigenen Güter von wem erfahren. Gegen den Willen des Zuständigen kann ein Schutz grundsätzlich nicht aufgezwungen werden, mag der Schutzverzicht auch unvernünftig sein. Zum Ausdruck kommt dieser

---

er hingegen ausgeschlossen. Insofern bildet dieser Effekt nur ein Argument für die Verbindlichkeit nicht aber Empfangsbedürftigkeit.

Freiheitsaspekt beispielsweise in § 516 I BGB, der die Vertragsnatur des Schenkungsversprechens und damit das Erfordernis der Zustimmung des Beschenkten festschreibt. So erlischt zum Beispiel die Garantenstellung zu Gunsten eines gefährdeten Surfers im Meer, wenn dieser auf Grund seiner „Surferehre" die Hilfe eines Rettungsschwimmers ablehnt.

In den meisten Fällen erfolgt die Zustimmung des Schutzzuständigen ausdrücklich. Da die Schutzzusage vor allem in seinem Interesse liegt, geht oftmals die Initiative von ihm aus: Der Patient, der seinen Hausarzt aufsucht, der Kaufhausinhaber, der den Detektiv einstellt, der Schwimmer, der seinen Freund beim Durchschwimmen eines Flusses um Beistand bittet, stimmen alle der Selbstverpflichtung schon auf Grund ihrer Initiative zu.

Bei der Einigung handelt es sich allerdings ebenso nicht um einen zivilrechtlichen Vertrag, wie bei der Selbstverpflichtung auf zivilrechtliche Wirksamkeitserfordernisse, wie beispielsweise die Geschäftsfähigkeit, verzichtet wird. Das Einigungserfordernis soll hier lediglich sicherstellen, dass dem Begünstigten nicht entgegen seinem Willen und damit seiner Freiheit Schutz aufgezwungen wird. Dies hat zur Konsequenz, dass ein Einverständnis auch stillschweigend zum Ausdruck kommen kann, beispielsweise durch Inanspruchnahme des Schutzes oder Entgegennahme von Hilfe. Es genügt daher, dass es an einem Widerspruch des Begünstigten fehlt. Eine zivilrechtlich wirksame Willenserklärung eindeutigen Inhalts, welche abgegeben werden und zugehen muss, ist nicht erforderlich.

Diese verhältnismäßig geringen Anforderungen ziehen weder eine unangemessene, unkalkulierbare Belastung des Verpflichteten nach sich noch eine ungewollte Belästigung der Begünstigten mit Hilfsleistungen. Letzteres ist nicht der Fall, weil in aller Regel, vor allem im existentiellen Bereich, der konkrete Rechtsgüterschutz im Interesse des Begünstigten ist. Sollte dies ausnahmsweise nicht gegeben sein, ist es ihm unbenommen, sich jederzeit die Hilfe zu verbitten. Der Verpflichtete wiederum ist über die an seine Erklärung gestellten höheren Anforderungen[1545] und insbesondere über die nachfolgend noch näher ausgeführte Zweifelsregel[1546] ausreichend vor unberechtigter Inanspruchnahme geschützt. Zudem besteht für ihn zum einen die Möglichkeit der Nachfrage und zum anderen ist die Verpflichtung grundsätzlich ebenso leicht lös- wie begründbar[1547].

Bei einer Ablehnung von Schutz ist außerdem stets zu prüfen, ob der Ablehnende allein und wirksam über die Rechtsgüter, deren Schutz er sich verbeten hat, disponieren kann. Lehnt zum Beispiel aus kindlichen Stolz ein Sechsjähri-

1545 Vgl. die Ausführungen im gesamten Abschnitt IV bei Teil 2 C.

1546 Siehe Teil 2 C IV 3 a.

1547 Zum Erlöschen von Garantenstellungen siehe ausführlich Teil 3 B.

ger die Hilfe des Bademeisters kategorisch ab, entbindet das diesen nicht von seiner Garantenstellung, da das Kind noch nicht über die geistige Reife verfügt, über seine körperliche Integrität und sein Leben selbständig zu disponieren. An einer Dispositionsbefugnis des Einzelnen fehlt es aber auch bei Allgemeingütern. So kann der Eigentümer eines Grundstücks, von dem giftige Stoffe ins Grundwasser einzudringen drohen, den zuständigen Amtsträger einer Umweltbehörde nicht von dessen Garantenstellung entbinden, wenn er äußert, ihn störe die Kontamination nicht.

Auf Grund der geschilderten Delegation von Schutzzuständigkeiten ist es möglich, dass der Zuständige und der Rechtsgutsträger nicht identisch sind. In solch einer Konstellation ist unter der Voraussetzung der Dispositionsbefugnis grundsätzlich der Wille des Rechtsgutsträgers entscheidend, wenn es um die Einigung geht. Denn letztlich geht es allein um den Schutz seiner Freiheit. Mit seinem Willen kann ebenso entgegen dem Willen des von ihm personenverschiedenen Schutzzuständigen eine Garantenstellung kraft Selbstverpflichtung begründet werden, wie ihre Entstehung trotz Zustimmung des Zuständigen gegen den Willen des dispositionsbefugten Trägers ausgeschlossen ist. Bittet also in einem Beispiel der Surfer seinen Freund um Hilfe, sollte er in Not geraten, und der Freund erklärt sich dazu einverstanden, wird dieser Garant unabhängig davon, ob das dem Willen des anwesenden und zuständigen Rettungsschwimmers entspricht. Im umgekehrten Fall dagegen hat ein Freund des Rettungsschwimmers, der diesem zugesagt hat, ihn heute bei seinen Aufgaben zu unterstützen, trotz dieser Zusage keine Garantenstellung, wenn der in Not geratene Surfer nur vom Rettungsschwimmer gerettet werden möchte, da er allein diesen für ausreichend kompetent erachtet[1548].

Als zweites Garantenmerkmal der Selbstverpflichtung ist deshalb erforderlich, dass der freiwillige Realakt vom Schutzzuständigen sinnlich wahrgenommen wurde, und mit diesem eine Einigung dergestalt erzielt wurde, dass er zumindest dem Schutz nicht widersprochen hat.

1548 Im Übrigen ist in diesem Beispiel äußerst zweifelhaft, ob der Rettungsschwimmer seine Zuständigkeit delegieren dürfte, da er auf Grund seiner Fähigkeiten in Person verpflichtet sein dürfte.

3.3.4.3 Zweck der Selbstverpflichtung: Schutz des in der einschlägigen Strafrechtsnorm geschützten Rechtsguts[1549]

3.3.4.3.1 Das Garantenmerkmal: Rechtsgutsschutz als Zweck der Selbstverpflichtung

Es existieren unzählige Verpflichtungen, deren verbindliche Einhaltung der Freiheit des Einzelnen dient. Im Ergebnis fördert zum Beispiel die Verbindlichkeit jeder rechtsgeschäftlichen Verpflichtung die Freiheit des aus ihr Berechtigten. Er erhält grundsätzlich regelmäßig das von ihm Erwünschte und muss nicht über die Einhaltung der Verpflichtung wachen. Spätestens seit der Kritik an der formellen Rechtspflichtenlehre[1550] ist aber allgemeine Ansicht, dass nicht jede rechtsgeschäftliche Verpflichtung eine Garantenstellung zu erzeugen vermag. Dies trifft selbst dann zu, wenn sich der Verpflichtete selbst verpflichtet hat und die Einhaltung der Verpflichtung – selbstverständlich – der Freiheit des Berechtigten dienlich ist. Eine uferlose Ausdehnung der Garantenstellung, eine Kriminalisierung jeglicher Vertragsbrüche und damit ein Bruch mit dem Ultima-ratio-Charakter des Strafrechts wären andernfalls die Folge.

Es stellt sich demnach die Frage, anhand welchen Kriteriums bzw. welcher Kriterien aus der großen Zahl freiheitsdienlicher Selbstverpflichtungen diejenigen zu ermitteln sind, deren Einhaltung bei Strafe geboten ist. Eine erste Teilantwort darauf gelingt, wenn man sich auf den gesetzlichen Ursprung der Gleichstellungsfrage und die dogmatische Konstruktion des unechten Unterlassungsdelikts besinnt. § 13 StGB verlangt, dass für die Haftung wegen unechten Unterlassens den Täter eine Rechtspflicht treffen muss, die zur Abwendung eines zu einem Strafgesetz gehörenden Erfolges verpflichtet. Nach der hier vertretenen Ansicht bezwecken Strafgesetze den Schutz bestimmter Rechtsgüter[1551]. Nur in Verbindung mit diesen jeweils den Rechtsgüterschutz bezweckenden Vorschriften begründet § 13 StGB eine Haftung wegen unechten Unterlassens. Daher kommen nur Selbstverpflichtungen in Betracht, die den Schutz von Rechtsgütern bezwecken. Diese erste Feststellung lässt sich noch weiter präzisieren: § 13 StGB begründet nämlich nicht selbständig eine allgemeine strafrechtliche Haftung für die Verletzung von Rechtsgutsschutzpflichten, sondern verlangt, dass der Bezug zum konkreten, rechtsgutsschützenden Strafgesetz hergestellt wird. Die Rechtspflicht muss danach genau den Schutz desjenigen Rechtsguts bezwe-

1549 Zu der ebenfalls garantenstellungsbegründenden Selbstverpflichtung mit dem Zweck der Abschirmung einer Gefahrenquelle siehe Teil 2 C III 3 c.

1550 Siehe dazu Teil 2 B II.

1551 *Joecks,* StGB, § 1, Rn. 4; *Roxin*, AT, Bd. 1, 2/1 ff., 2/28, Fn 69 m. w. N.; *Schünemann*, GA 1995, S. 201 ff., 218; *ders*., Roxin-FS, S. 16; a. A. *Jakobs*, Strafrecht AT, 2/1 ff.

cken, das durch diejenige Norm geschützt wird, nach der der Täter in Verbindung mit § 13 StGB strafbar sein soll. Mit anderen Worten: Der Zweck der Selbstverpflichtung muss zumindest teilweise identisch sein mit dem Zweck der konkret durch Unterlassen (i. V.m. § 13 StGB) verletzten Strafnorm. Beide müssen den Schutz desselben Rechtsguts bezwecken.

Soll der Täter beispielsweise wegen Körperverletzung durch Unterlassen gemäß § 13 und § 223 I StGB[1552] strafbar sein, so muss er eine Selbstverpflichtung eingegangen sein, die den Schutz der körperlichen Integrität bezweckt, da deren Schutz auch von der einschlägigen Norm, § 223 StGB bezweckt ist. Übernimmt ein niedergelassener Arzt die Behandlung eines Patienten und unterlässt bewusst aus Faulheit die notwendige Behandlung des Patienten, so dass dieser in der Folge weiterhin unter seiner Erkrankung leidet, so haftet der Arzt nach §§ 223 I, 13 StGB. Er hat die Verpflichtung übernommen, den Patienten nach Möglichkeit zu heilen und dadurch dessen körperliche Integrität zu schützen und wieder herzustellen. Seine Selbstverpflichtung bezweckt also den Gesundheitsschutz ebenso wie der einschlägige § 223 StGB. Deshalb haftet er wegen unechten Unterlassens.[1553]

Es genügt, dass die Selbstverpflichtung *zumindest auch* den Schutz des betreffenden Rechtsguts bezweckt. Nicht erforderlich ist hingegen, dass dieser Schutz ihren alleinigen Zweck bildet. Dagegen spricht zunächst der maßgebliche § 13 StGB. In diesem ist nicht die Rede davon, dass der Täter „ausschließlich" rechtlich dafür einzustehen haben müsse, dass der (zu einem Strafgesetz gehörende) Erfolg nicht eintritt. Dies wäre zudem völlig lebensfremd und unpraktikabel. Denn oft dient eine übernommene Verpflichtung nicht bloß einem, sondern verschiedenen Zwecken. So bezweckt die Tätigkeit von Amtsträgern in Umweltbehörden je nach Aufgabenbereich oft nicht lediglich den Umweltschutz, sondern gleichzeitig auch eine wirtschaftlich angemessene Bewirtschaftung der Umweltgüter[1554]. Folge wäre zudem, dass Rechtsgutsschutz bezweckende Pflichten zu ihrer Strafbewehrung unpraktikabel in eine nur sie erfassende Verpflichtung ausgegliedert werden müssten. Es ist aber kein Grund ersichtlich, warum

1552 Die unkonventionelle Reihenfolge der einschlägigen Rechtsnormen wird hier ausnahmsweise gewählt, um die Präzisierungswirkung der jeweils einschlägigen speziellen Strafrechtsnorm, hier des § 223 StGB, hervorzuheben.

1553 Der Verständlichkeit wegen wird hier auf die Prüfung der problemlos gegebenen, weiteren Garantenstellungsmerkmale verzichtet.

1554 Zum Bewirtschaftungsauftrag *Rudolphi*, NStZ 1984, S. 195; *Schünemann*, wistra 1986 S. 244; die deswegen eine Garantenstellung des Amtsträgers ablehnen; für eine Garantenstellung trotz Bewirtschaftungsauftrag hingegen *v. d. Grün*, Garantenstellung von Amtsträgern im Umweltbereich, S. 60 f.

nur solche monothematischen Verpflichtungen eine Garantenstellung erzeugen sollten.

3.3.4.3.1.1 Inhalt von Selbstverpflichtungen: Die Unterscheidung von geschuldetem Verhalten, dessen Zweck und dessen Folgen

In diesem Kontext ist nunmehr um der Präzision willen zwischen dem geschuldeten Verhalten selbst, dessen Zweck und dessen Folgen, zu unterscheiden. Während mit Zweck die Frage nach dem eigentlichen Grund der Verpflichtung, nach deren finaler Richtung, beantwortet wird, ist mit geschuldetem Verhalten gemeint, welches konkrete, tatsächliche Verhalten die Verpflichtung erfüllen soll. Unter Folgen ist schließlich die tatsächliche Wirkung des geschuldeten Verhaltens – zum Teil über den Rechtsgüterschutz hinaus – zu verstehen. Um dies an einem Beispiel zu verdeutlichen: Ein Dienstvorgesetzter in einer Behörde hat die dienstliche Pflicht, ihm zur Kenntnis gelangte Straftaten seiner Untergebenen zur Anzeige zu bringen. Die Erstattung der Anzeige bildet hier das geschuldete Verhalten. Zweck der Verpflichtung ist die Gewährleistung des ordnungsgemäßen Dienstbetriebs und der Schutz sonstiger behördlicher Belange. Folge ist neben dem vorstehenden Zweck aber zugleich auch der Schutz des staatlichen Strafverfolgungsinteresses.

Wegen des genannten Zweckmerkmals scheidet eine Garantenstellung aus, wenn die Erfüllung einer Selbstverpflichtung zwar im Sinne einer Folge zum Schutz bestimmter Rechtsgüter führen würde, aber von ihr nicht bezweckt ist. Andernfalls würde man eine strafrechtliche Unterlassungshaftung durch Selbstverpflichtungen mit strafrechtsfremden Zwecken begründen. Zudem wäre die axiologisch fragwürdige Konsequenz, dass die Strafbewehrung der Selbstverpflichtung von dem Zufall abhinge, ob eine Pflichterfüllung auch mal den Rechtsgüterschutz zur Folge hat. Verpflichtet sich zum Beispiel der Taxifahrer, die Eltern, deren Pkw nicht mehr fahrbereit ist, zu deren Haus zu fahren, damit sich diese dort um ihr aufwachendes Kleinkind kümmern können, wäre Folge der Erfüllung der vertraglichen Pflichten durch den Taxifahrer der Schutz der Rechtsgüter des Kindes. Indes ist dieser Schutz allein ein dem Taxifahrer unbekanntes Motiv der Eltern, nicht Zweck seiner Verpflichtung, sondern bloß eine zufällige Folge. Der Taxifahrer erlangt also nicht dadurch eine Garantenstellung zugunsten des Kindes, dass seine Fahrt zufällig dem Schutz der Rechtsgüter des Kindes dienlich ist. Ebenso begeht der Dienstvorgesetzte keine Strafvereitelung im Amt durch Unterlassen, wenn er ihm zur Kenntnis gelangte Straftaten seiner Untergebenen nicht anzeigt. Dies gilt selbst für den Fall, indem ausschließlich eine Anzeige ermessensfehlerfrei wäre. Die ihn treffende dienstliche Anzeigepflicht bezweckt allein den ordnungsgemäßen Dienstbetrieb und schützt die Behördenbelange, hat aber nicht den Zweck, das stattliche Strafverfolgungsinteresse zu schützen. Dessen Schutz wäre eine bloße Folge der pflichtgemäßen Anzeige. Daher besitzt der Dienstvorgesetzte in diesen Fällen keine Garantenstellung zu Gunsten der Strafrechtspflege.[1555]

Wie oben differenziert ist der Zweck eine Verpflichtung nicht identisch ist mit dem ihn verwirklichenden Verhalten. So ist in obigem Arztbeispiel Zweck der ärztlichen Behandlung der Gesundheitsschutz. Erfüllt wird dieser Zweck dagegen durch die Verhaltensweisen des Arztes, wie das Verabreichen eines Medikaments, die in der konkreten Situation die Behandlung lege artis bilden.

Diese Unterscheidung zwischen Zweck einer Selbstverpflichtung und dem zweckdienlichen Verhalten kann bei der Bestimmung des hier angesprochenen ersten Merkmals zu Schwierigkeiten führen. Solange eine Selbstverpflichtung gerade dadurch gekennzeichnet ist, welchem Zweck sie dient (im Arztfall: dem Gesundheitsschutz), die Erfüllungsmodi aber offen lässt (dort: die konkrete Therapie), kann in aller Regel problemlos darüber befunden werden, ob es sich um eine garantenstellungsbegründende Selbstverpflichtung handelt, da zumindest eine Aussage über den Zweck getroffen worden ist. Schwieriger liegen die Dinge indessen, wenn die eingegangene Verpflichtung lediglich oder überwiegend durch das Verhalten, zu dem sie verpflichtet, charakterisiert wird. So ist der Taxifahrer dazu verpflichtet, die Eltern von A nach B zu bringen, ohne dass ein bestimmter, über den Transport hinausgehender Zweck vereinbart wäre.

3.3.4.3.1.2 Im Zweifelsfall keine garantenstellungsbegründende Selbstverpflichtung

Wie ist also mit Verpflichtungen zu verfahren, die keine oder keine eindeutige Aussage zu ihrem Zweck beinhalten? Wie ist der Fall zu bewerten, wenn die Eltern gegenüber dem Taxifahrer ihre missliche Lage erwähnen und so ihr persönliches Motiv, wenn man so will, ihren Zweck, offenbaren? Bei der Beantwortung ist zu bedenken, dass jede Garantenstellung den Verpflichteten nicht nur in seiner Freiheit insofern beschränkt, als er zu einem bestimmten Verhalten verpflichtet ist[1556]. Hinzu kämen bei Verletzung dieser Pflicht gravierende Freiheitseinbußen und eine öffentliche Stigmatisierung wegen der Verhängung einer

1555 Wie hier BGHSt 43, 82, 84 ff.; SK-*Samson*, § 258, Rn. 47; Schönke/Schröder-*Stree*, § 258, Rn. 19; für eine Strafvereitelung durch Unterlassen hingegen RGSt 73, 266; 74, 180; BGHSt 4, 170; OLG Hamburg NStZ 1996, S. 102. Ähnlich die Ablehnung einer Garantenstellung zu Gunsten der Strafrechtspflege auf Grund eines privaten Arbeitsvertrages BGH NStZ 1992, S. 541.

1556 Insofern besteht kein Unterschied zwischen einer Verpflichtung zu einem Verhalten a, das den Rechtsgüterschutz bezwecken soll, und einer Verpflichtung, die ohne bestimmte Zwecksetzung zu Verhalten a verpflichtet.

strafrechtlichen Sanktion. Folglich führt jede Annahme einer Garantenstellung zu einem erheblichen Freiheitsrisiko in Form einer drohenden Strafe. *Dieses* Risiko muss sich der Verpflichtete aber auch zugleich mit seiner Verpflichtung freiwillig auferlegt haben.

Wegen des Strafbarkeitsrisikos müsste nicht nur in Zweifelsfällen der potentiell Garantenpflichtige im eigenen Interesse ermitteln, welchem Zweck seine Verpflichtung dient. – Diese Aufklärungsarbeit würde ihrerseits die Freiheit einschränken. – Sondern es ergäbe sich die bereits oben abgelehnte Konsequenz, dass eine Garantenstellung zufällig entsteht, weil eine Tätigkeit ausnahmsweise den Rechtsgüterschutz zur Folge hat.

Zur Vermeidung solcher wertungsmäßig abzulehnenden Ergebnisse und zur Verwirklichung des eigentlichen Zieles des maximalen Freiheitserhalts kann die Konsequenz demnach nur sein, lediglich dann eine garantenstellungsbegründende Selbstverpflichtung anzunehmen, wenn eindeutig der Zweck der Verpflichtung nach deren Inhalt zumindest auch der Rechtsgüterschutz ist. In Zweifelsfällen, in denen der Inhalt der Verpflichtung bloß durch eine – häufig zufällig - rechtsgutsschützende Verhaltenweise gekennzeichnet ist, entsteht dagegen keine Einstandspflicht nach § 13 StGB (hier sogenannte „Zweifelsregel“). Eine garantenstellungsbegründende Selbstverpflichtungserklärung hat immer zumindest auch eine Aussage zu ihrem Zweck zu treffen mit dem sinngemäßen Inhalt „Ich verpflichte mich zum Rechtsgüterschutz...“, möglicherweise präzisiert durch den Passus „..., indem ich Verhalten [a] an den Tag lege“. Hingegen reicht nicht aus „Ich verpflichte mich zu Verhalten [a]“. Auch wenn dem Taxifahrer also die Motive der Eltern bekannt sind, verpflichtet er sich ohne weitere Ausführungen nicht zum Schutz des Kindes durch ein bestimmtes Verhalten. Das Freiheits- und Stigmatisierungsrisiko der Kriminalstrafe ist er nicht freiwillig und bewusst eingegangen. Erst wenn er sich eindeutig zu diesem Zweck bekennt, also eine Verpflichtungserklärung mit dem Zweck des Schutzes des Kindes abgibt, kann eine Garantenstellung erwogen werden.

Daher kann an dieser Stelle festgehalten werden, dass Voraussetzung einer Garantenstellung auf Grund einer Selbstverpflichtung ist, dass die eingegangene Verpflichtung zumindest auch den Zweck und nicht bloß die Folge haben muss, das Rechtsgut[1557] zu schützen, dessen Schutz ebenfalls mit dem neben § 13 StGB im konkreten Fall einschlägigen Strafgesetz bezweckt ist.

1557 Soweit kraft Selbstverpflichtung die Sicherung einer Gefahrenquelle übernommen wird, gelten die hiesigen Ausführungen entsprechend. Im Hinblick auf eine Notwehrrestriktion ist dieser Fall jedoch hier nicht von vorrangigem Interesse, so dass auf die Ausführungen unter Teil 2 C III 3 c verwiesen wird.

3.3.4.3.1.3 Ermittlung des Zwecks von Selbstverpflichtungen

Will der hiesige Ansatz den Ansprüchen des Rechtsanwenders genügen und nicht bloß eine schlüssige Garantendogmatik auf Basis plausibler Prämissen anbieten, muss er zudem Auskunft darüber geben, wie der Inhalt von Selbstverpflichtungserklärungen und insbesondere deren Zweck zu ermitteln sind. Bei zweifelsfrei zu bejahenden Garantenstellungen, wie derjenigen des Arztes, mag sich diese Frage nicht aufdrängen. Nur selten wird allerdings explizit bei einer Verpflichtung deren Zweck thematisiert. Viel häufiger ergibt sich der Zweck stattdessen aus dem Kontext der Verpflichtung, also durch schlüssige Deutung der Verpflichtungserklärung. In diesen weniger eindeutigen oder gar strittigen Fällen, wie der Amtsträgergarantenstellung oder den Garantenstellungen unter Verwandten, muss eine rational nachvollziehbare Entscheidung darüber ermöglicht werden, welchen Inhalt die Selbstverpflichtungserklärung hat. Diese Nachvollziehbarkeit setzt das Offenlegen der Entscheidungsfindung, des „Wie" der Inhaltsermittlung, voraus.

Da nur ausnahmsweise der Zweck einer Verpflichtung ausdrücklich thematisiert wird und außerdem die Lebenswirklichkeit auch bei der Selbstverpflichtung in den vielfältigsten Formen in Erscheinung tritt, ist es letztlich eine normative Entscheidung, welchen Selbstverpflichtungen der Zweck zugeschrieben wird, bestimmte Rechtsgüter zu schützen. Am Ende hat der Rechtsanwender zu bewerten, welchem Zweck eine Verpflichtung dient. Um indessen die angestrebte Transparenz und Berechenbarkeit dieser Entscheidung zu gewährleisten, ist eine einheitliche, rational handhabbare Methode für diese Entscheidung zu benennen.

Bevor eine solche Methode aufwendig neu erschaffen wird, ist zuvor nach bereits existierenden, geeigneten Verfahren zu fahnden. Bei der Selbstverpflichtungserklärung handelt es sich dem Wortlaut des § 13 StGB und den auf ihm fußenden vorstehenden Ausführungen folgend um eine Rechtspflicht. Diese Rechtspflicht entsteht auf Grund einer Selbstverpflichtungserklärung des Garanten, dem Verpflichtungsakt[1558]. Nun ist in der Rechtsdogmatik die Frage nach der Bestimmung des Inhalts und der Bedeutung verpflichtender Erklärungen von Menschen keineswegs neu und unbeantwortet geblieben. Die Rechtsgeschäftslehre des Zivilrechts hat sich ausgiebig mit der Frage nach der Auslegung und Bedeutung von verpflichtenden (Willens-) Erklärungen befasst. Bei der Selbstverpflichtungserklärung handelt es sich aber um nichts anderes als einen Spezialfall der Willenserklärung. Der Garant erklärt seinen Willen, Rechtsgüter vor Schaden zu bewahren. Aus diesem Grund kann hier auf die zivilrechtliche Dog-

1558 Siehe dazu zuvor Teil 2 C V 1.

matik zur Ermittlung des Inhalts von Willenserklärungen zurückgegriffen werden. An deren Erkenntnisse[1559] lehnt sich das Nachfolgende an und konkretisiert sie im Hinblick auf die hiesigen Zwecke.

Zu beachten ist in diesem Zusammenhang, dass für das gesuchte Garantenmerkmal nicht bloß[1560] das auf Grund einer Verpflichtung geschuldete Verhalten von Interesse ist, sondern vor allem der mit ihr verfolgte Zweck. Letztlich ist der verfolgte Zweck aber auch nichts anderes als ein – im Zivilrecht nicht immer aber doch mitunter interessierender, man denke nur an §§ 2078 II, 2079, 2308 BGB oder das Fehlen der Geschäftsgrundlage bei beiderseitigem Motivirrtum – inhaltlicher Aspekt einer Erklärung, der der Auslegung zugänglich ist. Mit dieser lässt sich regelmäßig nicht bloß bestimmen „Wer, was von wem will", sondern ebenso „warum". Sollte das Warum, der Zweck, hingegen mittels Auslegung nicht eindeutig bestimmbar sein, so greift um des Freiheitsschutzes willen die besagte Zweifelsregel ein, dass im Zweifelsfall kein Rechtsgutsschutz bezweckt und keine Garantenstellung begründet ist.

Klarzustellen ist noch, dass nicht die zivilrechtliche Rechtsgeschäftslehre in die Garantendogmatik importiert wird, sondern einzig die naheliegenden, bewährten und interessengerechten Regeln zur Deutung von verpflichtenden Erklärungen heranzuziehen sind.

Analysiert man die Situation, in der ein Mensch etwas erklärt, kann man zwei wesentliche Komponenten ausmachen: das nach außen Erklärte und das vom Erklärenden Gewollte. Im Idealfall, in dem beides kongruent ist und ausdrücklich erklärt wird, bereitet die Ermittlung der Bedeutung einer Erklärung keine Schwierigkeiten. Wenn A äußert, er werde darauf achten, dass sein Freund B bei dessen Schwimmen durch einen Fluss nicht ertrinkt und werde ihn deshalb mit einem Boot begleiten, erklärt er genau das nach Außen, was er will: Bs Leben durch das Begleiten vor dem Tod durch Ertrinken zu schützen.

Möglich ist allerdings ebenso das Auseinanderfallen von Erklärtem und Gewolltem oder zumindest, dass nicht explizit erklärt wird, was geschuldet und bezweckt ist. Es stellt sich die Frage, wie bei nicht ausdrücklicher Erklärung deren Bedeutung zu ermitteln ist und auf was beim Auseinanderfallen abzustellen ist. Genießen die Interessen des Erklärenden Priorität, stellt man auf das Gewollte ab. Räumt man dem Erklärungsempfänger den Vorrang ein, so erachtet man

1559 Vgl. grundlegend nur *Brox*, Allgemeiner Teil des BGB, Rn. 122 ff.; Palandt-*Heinrichs*, Einf v § 116, Rn. 1 ff.; § 133, Rn. 1 ff.; § 157, Rn. 1 ff. jeweils mit zahlreichen weiteren Nennungen.

1560 Wie zuvor bei der Systematisierung von Garantenstellungen erläutert, spielt für die Feststellung, ob eine Garantenpflicht besteht, auch eine mögliche Konkretisierung des geschuldeten Verhaltens eine Rolle. Für dessen Ermittlung gelten die nachstehenden Ausführungen entsprechend.

das objektiv Erklärte als maßgebend. Grundlage der Garantenstellung auf Grund einer Selbstverpflichtungserklärung ist das Ziel des Erhalts der Freiheit des in Gesellschaft lebenden Menschen. Verwirklicht werden soll dieses Ziel durch das Selbstverpflichtungsprinzip, indem Rechtsgüter geschützt werden und der Erklärungsempfänger in seinem Vertrauen auf den zugesagten Schutz und dessen Verbindlichkeit partiell von der Selbstschutzaufgabe und der Kontrolle der Einhaltung der Verpflichtung entbunden wird. Zielführend ist deshalb, den Interessen des Empfängers der Vorrang einzuräumen. Die Erklärungen haben den für ihn objektiv erkennbaren Inhalt. Weiß er nicht um den tatsächlichen Willen des Erklärenden, so ist die objektive Bedeutung der Erklärung zu bestimmen. Es ist auf den objektiven Empfängerhorizont abzustellen und eine Erklärung ist so zu verstehen, wie sie von einem objektiven Dritten unter Berücksichtigung der Verkehrssitte aufgefasst worden wäre. Der Erklärende hingegen muss sich an der Bedeutung festhalten lassen, die seinem Verhalten objektiv zukommt. Das kann zur Folge haben, dass seine Freiheit durch eine von ihm nicht Gewollte aber objektive erklärte Verpflichtung eingeschränkt wird[1561]. Da das Recht aber vor der Wahl steht, entweder die Freiheit des Erklärenden oder diejenige des Empfängers zu schützen, hat es in diesem Kollisionsfall dem Empfänger den Vorrang einzuräumen. Denn das Versäumnis liegt ausschließlich beim Erklärenden. Es fällt in seinen Verantwortungsbereich, sich so zu erklären, dass das von ihm Gewollte auch für einen objektiven Empfänger erkennbar ist. Der Empfänger hingegen hat keine andere Wahl als sich auf das zu verlassen, was objektiv verstehbar ist. Denn von dieser objektiven Bedeutung abzuweichen, hieße, die Erklärung willkürlich zu interpretieren. Demgegenüber ist die Chance, dasjenige zu erfassen, was der Erklärende tatsächlich gewollt hat, grundsätzlich am größten, wenn man ihn so versteht, wie das ein objektiver Dritter getan hätte.

Weiß hingegen der Empfänger ausnahmsweise, welche Bedeutung der Erklärende seiner Erklärung beimisst, so ist allein diese Bedeutung maßgebend und nicht das Verständnis eines objektiven Dritten. In diesem Fall ist der Empfänger nicht schutzbedürftig. Er weiß, was gemeint ist, und kann deswegen nicht schützenswert auf eine andere Bedeutung vertrauen. Letztlich dient aber eine solche Auslegung von Erklärungen nicht bloß dem Schutz des Erklärungsempfängers, sondern ebenfalls dem Erklärenden. Er kann sich darauf verlassen, dass er grundsätzlich nur an dem festgehalten wird, was für einen objektiven Empfänger erkennbar ist und nicht das gilt, was für den Empfänger wünschenswert ist oder dieser subjektiv in die Erklärung hineininterpretiert. Nach alldem ist grundsätzlich auf das Verständnis eines objektiven Empfängers abzuheben, so-

---

1561 Erwägenswert erscheint ein gewisser „Schutz“ des Erklärenden vor strafrechtlichen Konsequenzen über § 16 StGB.

fern nicht der Empfänger das davon Abweichende, vom Erklärenden tatsächlich Gewollte, kennt.

Zu diesem Ergebnis zwingt zudem das erläuterte Eigenverantwortlichkeitsprinzip. Auf dieses geht auch das hier vertretene Garantenmerkmal des *freiwilligen* Verpflichtungsakts[1562] zurück. Der als Garant Verpflichtete erweitert durch seinen Erklärungsakt freiwillig im Sinne des Eigenverantwortlichkeitsprinzips seinen eigenen Verantwortungsbereich um die eingegangene Schutzpflicht. Wer aber ohne Zwang freiwillig initiativ wird und Erklärungen abgibt, den trifft auch die Verantwortung, an diesen Erklärungen festgehalten zu werden, wie sie von einem objektiven Empfänger zu verstehen sind. Andernfalls würde man dem Empfänger die Risiken hinsichtlich der Bedeutung einer freiwilligen Erklärung eines anderen aufbürden. Nach dem Eigenverantwortlichkeitsprinzip ist aber jeder für sein eigenes Verhalten und damit auch für den Bedeutungsgehalt seiner Erklärungen verantwortlich. Er hat diesen zumindest für den konkreten Empfänger eindeutig zu halten, oder sich andernfalls an dem für den Empfänger objektiv Erkennbaren festhalten zu lassen.

Anhand dieser Methode ist zu ermitteln, ob die Selbstverpflichtungserklärung zumindest auch den Zweck hatte, dem Schutz bestimmter Rechtsgüter zu dienen. Wenn für einen objektiven Empfänger erkennbar ist, dass der Verpflichtete sich auch zum Güterschutz verpflichtet hat, ist – immer unter der Voraussetzung des Vorliegens der anderen Merkmale – eine Garantenstellung zu bejahen. Im Zweifelsfall ist der Rechtsgüterschutz nicht bezweckt.

In Fortsetzung des erwähnten Flussschwimmerbeispiels antwortet auf Bs Frage in der nächsten Woche „Fährst du wieder mit dem Boot mit?“ der A mit einem Lächeln in ironischem Tonfall „Nein, ich will natürlich immer noch, dass Du ertrinkst.“. A erscheint dann zum verabredeten Zeitpunkt der Durchschwimmung[1563]. Orientierte man sich ausschließlich am unmittelbar wörtlich Erklärtem, müsste man eine Garantenstellung des A verneinen. Deutet man hingegen sein gesamtes Verhalten aus Sicht eines objektiven Empfängers, der um die gesamten Umstände weiß, so hat A wie beim ersten Mal erklärt, er schütze die Gesundheit des B, indem er ihn mit dem Boot begleitet. Er könnte sich nicht darauf berufen, er habe wörtlich etwas anderes verlauten lassen. Variiert man dieses Beispiel dahingehend, dass der A auf die Frage antwortet „Nein, da habe ich Besseres zu tun.“ und erscheint er nicht zum anvisierten Zeitpunkt am Fluss, entsteht für A auch dann keine Garantenstellung, wenn B meint, der A habe die

1562 Siehe oben Teil 2 C V 1.

1563 Erschiene A degegen nicht, so wäre dies als vorzeitige Beendigung der Garantenstellung durch ihn zu begreifen, welche bei Zugehen vor Beginn des Schwimmens auch nicht zur Unzeit und damit wirksam, vgl. Teil 3 B I 2, erfolgte.

Ablehnung nicht ernst gemeint und werde schon noch erscheinen. Auch hier ist auf den objektiven Empfängerhorizont abzustellen Die objektive Bedeutung von As Erklärung ist aber die Ablehnung von Hilfe.

Für dieses Merkmal einer Garantenstellung auf Grund einer Selbstverpflichtung ist deshalb erforderlich, dass Zweck und nicht bloß Folge der eingegangenen Verpflichtung der Schutz des in der Notsituation tangierten und von der einschlägigen Strafrechtsnorm geschützten Rechtsguts ist. Im Zweifelsfall ist der Rechtsgüteschutz nicht bezweckt. Für die Bedeutung des Verpflichtungsaktes ist ein objektiver Empfängerhorizont maßgebend, es sei denn, der Erklärungsempfänger wusste, was tatsächlich vom Erklärenden gemeint war.

3.3.4.3.2 Keine speziellen, verbindlichkeitserzeugenden Merkmale

Wie bei dem Merkmal des freiwilligen Verpflichtungsakts festgestellt, schränkt eine Inpflichtnahme als Garant die Freiheit des Verpflichteten ein. Daher könnten weitere Voraussetzungen nötig sein, um besagte Freiheitsbeschränkung zu rechtfertigen. Für das Bedürfnis nach zusätzlichen Verbindlichkeitskriterien könnte zudem die vielfache Heranziehung – gerade bei der Garantenstellung aus „tatsächlicher Übernahme“, die eine Selbstverpflichtung in Reinform sein könnte[1564] – spezifischer Merkmale durch andere Autoren sprechen. Zu denken ist hier beispielsweise an ein Gefahrenmoment[1565], ein besonderes Vertrauensverhältnis[1566], die Schutzunfähigkeit des Opfers[1567] oder den Wert des bedrohten Rechtsguts[1568].

1564 Zur Lösung der Fälle der tatsächlichen Übernahme auf Basis der hier vertretenen Garantendogmatik siehe Teil 2 C V 4.

1565 *Arzt*, JA 1980, S. 560, 714 und 717; *Bärwinkel*, Zur Struktur der Garantieverhältnisse bei den unechten Unterlassungsdelikten, S. 122; *Doering*, MDR 1982, S. 665; *Dominok*, Strafrechtliche Unterlassungshaftung von Amtsträgern in Umweltbehörden, S. 121 f.; *Gallas*, Studien zum Unterlassungsdelikt, S. 81 ff.; *Krey*, Strafrecht AT Bd. 2, Rn. 344 ff.; *Rudolphi*, NStZ 1984, S. 150 ff.; *Stree*, H. Mayer-FS, S. 151 ff.; *Tenckhoff*, JuS 1978, S. 311; *Walter*, ZStW 116, S. 568 und S. 581 f.

1566 *Grünewald*, Zivilrechtlich begründete Garantenpflichten im Strafrecht?, S. 138; LK-*Jescheck*, § 13, Rn. 4; *Karakaya*, Doping und Unterlassen als strafbare Körperverletzung?, S. 121 f., S. 137 f. und S. 152 f.; *Maiwald*, JuS 1981, S. 481 f.; NK-*Seelmann*, § 13, Rn. 49; *Stree*, H. Mayer-FS, S. 154; *Wessels/Beulke*, Strafrecht AT, Rn. 720.

1567 BGHSt 7, 212; *v. d. Grün*, Garantenstellung von Amtsträgern in Umweltbehörden, S. 66; *Horn*, NJW 1981, S. 6; *Karakaya*, Doping und Unterlassen, S. 139, 141 und 144; *Laubenthal*, JuS 1993, S. 909; SK-*Rudolphi*, § 13, Rn. 42; im Ergebnis darauf abstellend: *Busse*, Täterschaft und Teilnahme bei Unterlassungsdelikten, S. 360; *Chen*, Garantensonderdelikt, S. 63; *Wollweber*, wistra 2000, S. 338.

1568 OLG Hamburg, NJW 1969, S. 336; *Bärwinkel*, Struktur der Garantieverhältnisse bei den unechten Unterlassungsdelikten, S. 125; *Blei*, H. Mayer-FS, S. 126, 141 Fn, 107;

Gewiss lassen diese Merkmale eine Garantenstellung im Einzelfall besonders plausibel erscheinen. Wer beispielsweise mit seiner Schutzzusage eine Gefahr schafft, der ist an seine Erklärung gebunden. Indessen hat sich herausgestellt, dass diese Merkmale über vielfältige Schwächen verfügen, deren schwerwiegendste die mangelnde Verallgemeinerbarkeit ist. Genau eine solche Generalisierung würde aber vorgenommen, wenn man sie als Verbindlichkeitsmerkmale der Garantenstellung aus einer Selbstverpflichtung zuschlüge. Hinzu kämen die zahlreichen weiteren Einwände, auf die an dieser Stelle verwiesen werden kann[1569]. Aus diesen Gründen kommen sie nicht als zusätzliche Merkmale in Betracht.

Eine weitergehende Rechtfertigung der Inpflichtnahme als Garant ist nicht erforderlich. Insoweit ist der die Selbstverpflichtung konstituierende, freiwillige Verpflichtungsakt ausreichend. Zum einen ist der Garant nur zu dem verpflichtet, was er sich selbst durch diesen Akt auferlegt hat. Er ist nach dem Eigenverantwortlichkeitsprinzip für sein Verhalten verantwortlich und das schließt notwendig freiwillig eingegangene Verpflichtungen mit ein. Zum anderen streitet für eine Garantenverpflichtung allein auf Grund eines freiwilligen Verpflichtungsaktes mit dem Zweck des Rechtsgüterschutzes ein dreifacher Freiheitsgewinn: Durch die Verbindlichkeit dieser Verpflichtung werden im Erfüllungsfalle Rechtsgüter und damit die Freiheit vor Schaden bewahrt; zudem wird der Geschützte von Selbstschutzmaßnahmen und der Kontrolle, ob die Verpflichtung eingehalten wird, entlastet. Schließlich stellt die Verpflichtung auf Seiten des Verpflichteten keine unangemessene Freiheitsbelastung dar, da sie entsprechend ihrer schnellen und formlosen Begründung ebenso rasch und unkompliziert wieder lösbar ist[1570]. Folglich wird ein Selbstverpflichtungsgarant nicht ungerechtfertigt in seiner Freiheit begrenzt. Es bedarf keiner weiteren verbindlichkeitsbegründenden Merkmale.

3.3.4.3.3 Bestimmbarkeit des Merkmals

Unmittelbar an die vorhergehende Ablehnung weiterer Merkmale anknüpfend könnten sich Bedenken gegen die Bestimmbarkeit des hiesigen Zweckmerkmals regen. Zweifel daran nährt die große Zahl und Vielfalt von denkbaren Verpflichtungsakten, aus denen sich eine Selbstverpflichtung ergeben könnte und die deshalb auf ihren Zweck hin zu untersuchen sein könnten. Weiterhin ist bereits the-

---

NK-*Seelmann*, § 13, Rn. 54.

1569 Zur Kritik an diesen Merkmalen siehe: am Gefahrenmoment Teil 2 B VI 1 b, am besonderen Vertrauensverhältnis Teil 2 B V 1 b, 2 a bb und 2 b bb, an der Schutzunfähigkeit Teil 2 B I 2 b und am Wert des bedrohten Rechtsguts Teil 2 B I 4 b.

1570 Ausführlich dazu in Teil 3 B.

matisiert worden, dass in einem Teil der Verpflichtungen keine explizite Aussage zum Zweck getroffen wird, sondern nur zum geschuldeten Verhalten. In solchen Fällen ist der Zweck ein stillschweigend vorausgesetztes, zunächst lediglich in der Psyche der Beteiligten vorhandenes Element, das naturgemäß schwierig zu ermitteln ist.

Im Ergebnis greifen diese Bedenken jedoch nicht durch. Die hiesigen Merkmale der Selbstverpflichtung sind so gehalten, dass sie offen sind für neue Entwicklungen in der Wirklichkeit und auch zukünftige, bisher unbekannte Garantenstellungskonstellationen erfassen können, da es grundsätzlich ausreicht, dass aus der Sicht eines objektiven Empfängers das Garantenverhalten die Bedeutung einer Verpflichtung mit dem Zweck des Rechtsgüterschutzes hat. Wenn nun zukünftig einem bestimmten Verhalten objektiv diese Bedeutung zuzuschreiben wäre, begründete es eine Garantenstellung, sofern die übrigen Voraussetzungen erfüllt sind. Diese Offenheit ist aber nur erzielbar, wenn man auf eine größere Zahl an Merkmalen und eine äußerst konkrete Fassung derselben verzichtet. Sie ist zudem im Sinne des Gesetzgebers des § 13 StGB.

Das auf den ersten Blick bestehende Problem der Vielzahl an denkbaren Verpflichtungsakten wird dadurch erheblich gemindert, dass trotz der Offenheit die bekannten Fallgruppen von Garantenstellungen eine erste Orientierung bieten, wo man zu suchen hat. Hinzu kommt, dass im Bereich potentieller Selbstverpflichtungen von Garanten es geradezu charakteristisch ist, die Pflicht durch ihren Zweck inhaltlich zu bestimmen. Man denke hier nur an das Arztbeispiel oder an ein Kindermädchen, deren Dienst zweifellos den Zweck hat, das Kind vor Schaden zu bewahren, ohne dass zugleich das von ihr geschuldete Verhalten näher spezifiziert würde. Insofern ist eine Situation, in der dem Verpflichtungsakt nur eine ausdrückliche Aussage über das geschuldete Verhalten nicht aber über dessen Zweck zu entnehmen ist, gerade im Garantenstellungsbereich seltener als befürchtet anzutreffen.

Schließlich ist man – vergleichbar der Auslegungssituation im Zivilrecht – bei der Bestimmung der Bedeutung eines Verhaltens nicht ausschließlich nur auf das zu deutende Verhalten selbst angewiesen. Dies stellt zwar Ausgangspunkt und Objekt der Auslegung jedoch nicht ihr einziges Mittel dar. Statt dessen kann man sich bei der Auslegung an der Verkehrssitte, der üblichen Bedeutung eines Verhaltens aus der Perspektive eines objektiven Beobachters, orientieren. Treffen sich zum Beispiel zwei Bergsteiger zufällig am Fuße eines Berges und beschließen, diesen als gemeinsame Seilschaft zu besteigen, ist nicht erforderlich, dass sie sich beide gegenseitig explizit ihrer Hilfe im Notfall versichern. Diese Bedeutung wird ihrem Verhalten aus der Sicht jedes objektiven Empfängers beigemessen. Denn welchen Zweck sollte die gemeinsame Unternehmung sonst haben als den gegenseitigen Beistand? Fragt in einem anderen Fall die Mutter eines spielenden Kleinkindes die ebenfalls anwesende Nachbarin, ob diese ein paar Minuten bei ihrem Kind bleiben könne, ist bei Zustimmung der Nachbarin deren Pflicht sicherlich nicht allein, dem Kind etwas Gesellschaft zu leisten. Zweck der Frage der Mutter und damit Inhalt des Einverständnisses ist aus Sicht eines objektiven Empfängers vielmehr, den Schutz des Kindes sicherzustellen. Obwohl der eigentliche Verpflichtungsakt hier bloß die Zustimmung zum „Bleiben in der Nähe des Kindes“ explizit enthält, ist mittels Auslegung der Zweck der Verpflichtung eindeutig ermittelbar.

Als hilfreich können sich bei der Auslegung außerdem Rechtsvorschriften erweisen. Oftmals ergibt sich der Inhalt einer Verpflichtung aus der Inbezugnahme von Normen. Diese Vorschriften enthalten zwar in aller Regel bloß Aussagen über das geschuldete Verhalten. Häufig lässt sich aber auch der Zweck der Vorschrift bestimmen, von dem dann auf den Zweck der Verpflichtung geschlossen werden kann. Durch diese Zweckorientierung vermeidet man zudem die Probleme der formellen Rechtspflichtenlehre. Bedeutung erlangen diese Rechtsnormen vor allem bei der möglichen Garantenstellung von Amtsträgern. Die §§ 152 II, 170 I StPO und das in ihnen zum Ausdruck kommende Legalitätsprinzip verpflichten zum Beispiel die Staatsanwaltschaft, wegen aller verfolgbarer Straftaten einzuschreiten. Damit ist zunächst nur das geschuldete Verhalten, die Strafverfolgung, beschrieben. Zweck der Vorschrift ist jedoch der Schutz des staatlichen Strafverfolgungsinteresses ohne Ansehung der Person des Beschuldigten. Daher geht derjenige, der eine Stelle bei der Staatsanwaltschaft annimmt, unter anderem die Verpflichtung ein, grundsätzlich wegen aller verfolgbarer Straftaten einzuschreiten. Die mit dem Antritt der Stelle freiwillig erklärte Verpflichtung hat also den Zweck, das in den §§ 258, 258a StGB geschützte Rechtsgut, das staatliche Strafverfolgungsinteresse, zu schützen. Diesbezüglich hat der Staatsanwalt eine Garantenstellung kraft Selbstverpflichtung.

Nun sind sicherlich ebenso Konstellationen vorstellbar, in denen sich nicht eindeutig ermitteln lässt, welchem Zweck die eingegangene Verpflichtung dient, weil sich dieser aus der Sicht eines objektiven Empfängers nicht zweifelsfrei feststellen lässt. Dies kann in der Tat seine Ursache darin haben, dass der Zweck von den Beteiligten stillschweigend mitgedacht wird. Diese Unklarheit geht aber nicht zu Lasten der Bestimmbarkeit in der hier vertretenen Garantenlehre, da wegen der erläuterten Zweifelsregel die Unklarheit über ein Merkmal nicht zur Unklarheit über das Bestehen der Garantenstellung führt. Ist der Zweck einer Verpflichtung nicht eindeutig bestimmbar, ist unter Rückgriff auf die Zweifelsregel eine Garantenstellung eindeutig zu verneinen.

3.3.4.4 Vereinbarkeit der Garantenmerkmale mit dem Primat des Freiheitserhalts

Die vorstehende Konkretisierung der Selbstverpflichtung in bestimmten Merkmalen bedingt keine übermäßige, mit dem Primat des maximalen Freiheitserhalts in Widerspruch geratende Freiheitsbeschränkung. Auf den ersten Blick ist eine solche möglicherweise zu besorgen, wenn man zur Garantenstellungsbegründung eine durch freiwilligen Realakt herbeigeführte Einigung über eine Verpflichtung mit dem Zweck des Rechtsgüterschutzes genügen lässt, statt beispielsweise die „tatsächliche Übernahme" der Schutzaufgabe zu fordern[1571].

Diese Sorge ist indessen unbegründet. Eine strafrechtliche Haftung wegen unechten Unterlassens scheidet auch nach der hier vertretenen Ansicht bei Fehlen der physisch-realen Möglichkeit zur Vornahme der Rettungshandlung aus. Außerhalb der Rechtsfigur der *omissio libera in causa* besteht trotz eingegangener Selbstverpflichtung keine Haftung, wenn der Garant unverschuldet nicht zur Vornahme der Rettungshandlung in der Lage ist. Darüber hinaus ist die Selbstverpflichtung Folge einer Freiheitsbetätigung des Garanten in Form eines freiwilligen Realakts und damit Ausdruck von dessen Freiheit. Die damit einhergehende Freiheitsbeschränkung hat sich der Garant demzufolge selbst freiwillig auferlegt. Im Übrigen werden die Freiheitsinteressen des Garanten ebenfalls dadurch gewahrt, dass die Garantenstellung grundsätzlich, entsprechend ihrer Begründung, kurzfristig und formlos wieder durch den Verpflichteten beseitigbar ist[1572].

3.3.4.5 Zwischenergebnis

Insgesamt ergeben sich daher folgende Merkmale der Garantenstellung kraft Selbstverpflichtung: Der Garant hat sich mittels eines freiwilligen, formlosen Realakts, der vom Rechtsgutsschutz-Zuständigen sinnlich wahrgenommen worden ist, gegenüber diesem zu einem Verhalten verpflichtet, das zumindest auch dem Schutz desjenigen Rechtsguts dient, das durch das einschlägige Strafgesetz geschützt wird. Dabei muss der Garant mit dem Schutzzuständigen zumindest insoweit einig gewesen sein, dass dieser dem Schutz nicht widersprochen hat.

1571 Dies verlangen für eine Übernahmegarantenstellung u. a. *S. v. Coelln*, Das „rechtliche Einstehenmüssen", S. 39 f., *Gropp*, AT, § 11, Rn. 27; *Krey*, Strafrecht AT, Bd. 2, Rn. 343 f.; *Kühl*, AT § 18, Rn. 69; *Otto*, AT, § 9, Rn. 64; *Roxin*, AT, Bd. 2, § 32, Rn. 53; *Seibert*, Garantenpflicht beim Betrug, S. 118 f.; *Fischer*, § 13, Rn. 7 f.; *Wessels/Beulke*, Strafrecht AT, Rn. 720.

1572 Ausführlich dazu in Teil 3 B.

Die etwas eingängigere Kurzfassung lautet: Der Garant ist gegenüber dem Schutzzuständigen mittels eines formlosen Realakts eine den Schutz des verletzten Rechtsguts bezweckende Verpflichtung freiwillig eingegangen.

3.3.5 Anwendung des Selbstverpflichtungsprinzips auf bekannte Garantengruppen

Eine Garantenlehre hat nicht nur in ihrer abstrakten Fassung zu überzeugen, sondern muss vor allem ihrem eigentlichen Zweck dienen, der Lösungen von Fällen unechten Unterlassens. Daher ist es unerlässlich, die hier vertretene Position daraufhin zumindest überschlägig zu prüfen. Diese Prüfung erfordert indes nicht eine Ausarbeitung jeder Garantenstellung im Detail, die wohl auch kaum im Rahmen einer Arbeit leistbar wäre, die sich daneben noch weiteren Problemen widmet. Die anstehende Untersuchung beschränkt sich aus diesem Grund auf die dem Selbstverpflichtungsprinzip unterfallenden Konstellationen, da allein bei ihnen eine Notwehrrestriktion in Betracht kommt[1573] und außerdem die auf dem Neminem-laede-Grundsatz basierenden Fälle zumindest andeutungsweise an anderem Ort bereits untersucht worden sind[1574].

Die Einteilung der Fallgruppen folgt der von der Funktionenlehre vorgenommenen Gruppierung wegen deren Verbreitung in der einschlägigen Literatur. Es ist allerdings darauf hinzuweisen, dass hier weder der Funktionenlehre gefolgt wird, noch eine Einteilung in verschiedene Fallgruppen auf eine ebenfalls jeweils unterschiedliche Begründung von Garantenstellungen hinweist. Bei den Fallgruppen handelt sich statt dessen um anlässlich ihrer ähnlichen tatsächlichen Erscheinungsform zusammengefasste Konstellationen, die jedoch alle – von einer Ausnahme abgesehen – dem Selbstverpflichtungsprinzip unterfallen. Ob im gegebenen Fall tatsächlich eine Einstandspflicht nach § 13 StGB zu bejahen ist, hat die jeweilige, konkrete Prüfung zu ergeben.

3.3.5.1 Eltern und Kinder

Die besondere Schutzverpflichtung der Eltern gegenüber ihren Kindern ist völlig unbestritten[1575]. Einhellig wird angenommen, dass die Eltern als Garanten zumindest zum Schutz des Lebens und der körperlichen Unversehrtheit ihrer Kinder verpflichtet sind[1576]. So haben Eltern selbstverständlich als Garanten die

1573 Siehe vor allem Teil 2 C IV 3.

1574 Siehe Teil 2 C IV 4.

1575 *Loos*, Samson-FS, S. 88: „unzweifelhafteste" Garantenstellung.

1576 Vgl. statt vieler RGSt 66, 74; 72, 374; BGHSt 7, 272; BGH NJW 1954, S. 847; BGH NStZ 1984, S. 164; BGH StV 1996, S. 31 f. BGH NStZ 2004, S. 94 f.; *Baumann/We-*

Pflicht, ihre Kinder zu ernähren oder vor Lebensgefahren wie zum Beispiel dem Ertrinken zu retten. Jedenfalls die Schwangere hat zudem eine Garantenstellung gegenüber der von ihr ausgetragenen Leibesfrucht[1577]. Umgekehrt wird eine Garantenstellung der Kinder zu Gunsten ihrer Eltern zwar ebenfalls bejaht[1578], jedoch keineswegs so einstimmig wie zuvor[1579]. Der Vollständigkeit halber ist an dieser Stelle noch auf die aus dem Neminem-laede-Prinzip stammende Pflicht der Eltern hinzuweisen, ihre Kinder als Gefahrenquellen abzuschirmen[1580].

3.3.5.1.1 Garantenstellung von Eltern zu Gunsten ihrer Kinder

3.3.5.1.1.1 Keine Legitimation mittels Selbstverpflichtungsprinzip

Als für die Selbstverpflichtung erforderlichen Realakt kommen das Austragen das Kindes oder dessen Geburt in Betracht. Bei der Prüfung der weiteren Selbstverpflichtungs-Merkmale stößt man allerdings auf erhebliche Probleme. Es ließe sich vielleicht noch mit viel Mut und Phantasie behaupten, dass der Embryo und später das Baby das Austragen und Gebären bewusst wahrgenommen haben. Spätestens aber an der Einigung scheitert eine Garantenstellungsbegründung. Dem Embryo und Kleinkind fehlen schon konstitutionell bedingt die intellektuellen Fähigkeiten zu einer Einigung im Sinne einer Disposition über die Schutzzuständigkeit für seine Rechtsgüter. Dies lenkt den Blick auf das Fehlen eines weiteren Merkmals. Die Selbstverpflichtung hat stets gegenüber dem Schutzzuständigen zu erfolgen. Offensichtlich sind aber weder ein Embryo noch ein Baby

---

ber/Mitsch, Strafrecht AT, § 15, Rn. 53 f.; *Gallas*, Studien zum Unterlassungsdelikt, S. 92 (Fn. 52), S. 94 f.; *Jakobs*, Strafrechtliche Zurechnung, S. 34 ff.; LK-*Jescheck*, § 13, Rn. 22; *Lilie*, JZ 1991, S. 544; *Otto*, Grundkurs Strafrecht AT, § 9, Rn. 48 ff.; *Ranft*, JZ 1987, S. 908f.; *Fischer*, § 13, Rn. 6.

1577 *Arzt/Weber*, Strafrecht BT, Lehrheft 1, S. 144; Schönke/Schröder-*Eser*, § 218, Rn. 31; SK-*Rudolphi*, § 218, Rn. 15; *Tröndle-Fischer*, § 218, Rn. 7; daneben für eine Garantenstellung des Erzeugers LK-*Jähnke*, § 218, Rn. 33; *Lackner/Kühl*, § 218, Rn. 3; *Mitsch*, Jura 1989, S. 196; SK-*Rudolphi*, § 218, Rn. 18; dagegen *Freund*, AT, § 6, Rn. 91; *Jakobs*, Strafrecht AT, 29/61; *Otto*, Jura 1996, S. 140. Besonderes Augenmerk ist bei einer möglichen Strafbarkeit des werdenden Vaters nach §§ 218, 13 StGB auf die Vermeidung mögliche Wertungswidersprüche anlässlich einer möglichen Straflosigkeit der Schwangeren selbst zu richten.

1578 BGHSt 19, 167; *Ebert*, Strafrecht AT, S. 161; *Lilie*, JZ 1991, S. 545 f.; *Otto/Brammsen*, Jura 1985, S. 538; *Fischer*, § 13, Rn. 6d; *Wessels/Beulke*, Strafrecht AT, Rn. 718.

1579 Wie hier – dazu später mehr – ablehnend: MK-*Freund*, § 13, Rn. 165; SK-*Rudolphi*, § 13, Rn. 49; *Roxin*, AT, Bd. 2, § 32, Rn. 39; *Schünemann*, Grund und Grenzen, S. 357 f.

1580 Ebenso BGH, FamRZ 1958, S. 211; *Gropp*, AT, § 11, Rn. 41a; *Krey*, Strafrecht AT, Bd. 2, Rn. 361; *Otto*, AT, § 9, Rn. 93; *Fischer*, § 13, Rn. 6d; *Wessels/Beulke*, Strafrecht AT, Rn. 724.

im Rahmen des Eigenverantwortlichkeitsprinzips mangels geistiger und körperlicher Fähigkeiten für ihren eigenen Schutz zuständig, so dass es auf ein Verhalten der Eltern ihnen gegenüber nicht ankommen kann. Eine Garantenstellung kraft Selbstverpflichtung lässt sich auf diesem Wege nicht begründen.

Als weiterer Schutzzuständiger kommt außerdem der Staat in Frage, so dass möglicherweise diesem gegenüber die Selbstverpflichtung der Eltern erfolgt. In der Tat ist der Staat für den Schutz des werdenden Lebens und auch der Kinder zuständig. Dies ist das Ergebnis der mit der Schaffung und Aufrechterhaltung des Staates vorgenommenen Delegation[1581]. Bei dieser begeben sich die Menschen nicht nur um ihres eigenen Schutzes willen ihrer Rechte, sondern zugleich auch mit dem Zweck, dass der Staat ihre Nachkommen schützt. Zum Ausdruck kommt diese staatliche Schutzzuständigkeit bereits in der Verfassung. Allgemein ist sie in dem Grundrecht auf Leben und körperliche Unversehrtheit in Art. 2 II 1 GG wiederzufinden. Speziell die Kinder betreffend beschreiben Art. 6 GG und dort insbesondere Art. 6 II 2 GG die staatliche Schutzzuständigkeit.

Folglich ist nunmehr zu klären, ob eine den hier aufgestellten Anforderungen genügende Selbstverpflichtung der Eltern gegenüber dem Staat anzunehmen ist. Als möglicherweise begründende Realakte kommen auch hier wieder das Austragen des Kindes, dessen Geburt oder auch das Anmelden des Kindes beim Standesamt nach der Geburt in Betracht. Im Ergebnis können diese wie alle sonst ersichtlichen Anknüpfungspunkte für die Begründung einer Selbstverpflichtung nicht überzeugen. Dem Austragen oder der Geburt des Kindes könnte möglicherweise ein gewisser Erklärungswert zukommen. Indes erfolgen sie nicht gegenüber dem Staat. Demgegenüber erklärt ein Amtsträger explizit und gezielt mit dem Eingehen seiner Pflichten, regelmäßig in Form des Abschlusses seines Vertrages (und dem Antritt seiner Stelle), gegenüber dem Staat die Übernahme von Schutzpflichten[1582]. Eine dem auch nur annähernd entsprechende Erklärung *gegenüber dem Staat* kann aber in dem Austragen oder Gebären nur schwerlich erkannt werden. Würde man *dafür* das Verhalten der Eltern für ausreichend erachten, verlöre das Merkmal „sinnliche Wahrnehmung durch den Schutzzuständigen“ jegliche Konturen und man gäbe es der Beliebigkeit preis. Denn eine Erklärung gegenüber dem schutzzuständigen Staat erfolgt nicht bereits bei jeder irgendwie an die Öffentlichkeit dringenden Erklärung. Um nicht mehr als das handelt es sich aber bei den beiden Verhaltensweisen. Das Anmelden des Kindes ist dagegen zwar tatsächlich an den Staat adressiert. Zu behaupten, dabei handelte es sich um eine Erklärung, in der zweifelsfrei sich die Eltern zum Schutz des Kindes verpflichten, wäre allerdings eine bloße Unterstellung.

1581 Ausführlicher hierzu bei Teil 2 C III.

1582 Näher dazu und den weiteren Voraussetzungen unter bei Teil 2 C VI 6.

Im Übrigen stünde dann die Garantenstellung zur elterlichen Disposition, was – wie nachfolgend noch erläutert – nicht sachgemäß wäre. Demnach könnte die Garantenstellung der Eltern für ihre Kinder nur äußerst artifiziell konstruiert und unter Preisgabe nachvollziehbarer und inhaltlich konturierter Begriffe als Selbstverpflichtung begründet werden. Mit dem Prinzip der Selbstverpflichtung kann die elterliche Garantenstellung nicht erklärt und dieser Umstand soll auch nicht durch fragwürdige Konstruktionen verschleiert werden.

Es wäre allerdings zu vorschnell, wegen dieses Befundes die hier verfochtene Ansicht wegen eines *argumentum ad absurdum* für gescheitert zu erklären. Denn die Unzulänglichkeit, die elterliche Garantenstellung nicht in den eigenen Ansatz überzeugend integrieren zu können, hat die hiesige Meinung keineswegs exklusiv. Im Gegenteil, diese Schwierigkeit hat sie mit den meisten Theorien gemein, die den Anspruch teilen, eine allgemeine Garantenlehre und nicht lediglich eine das Rechtsgefühl im Einzelfall befriedigende Kasuistik anbieten zu wollen[1583]. Ein Argument *für* den hieisgen Ansatz kann dieser Feststellung freilich nicht abgewonnen werden.

Zwar existieren durchaus Ansichten, in die sich die elterliche Garantenstellung „einfügt“. Diese müssen dafür aber genau den Preis zahlen, den die hier vertretene Auffassung nicht zu entrichten bereit ist. Sie sind in ihren garantenstellungskonstituierenden Merkmalen so unbestimmt gehalten oder so breit angelegt, dass sie die Garantenstellung der Eltern nur deshalb erfassen können, weil sie auch nahezu jedes andere, vom Rechtsgefühl diktierte Ergebnis begründen könnten. Dass beispielsweise die formelle Rechtspflichtenlehre sowohl zu extensiv als auch zu restriktiv angelegt ist, ist hinlänglich bekannt[1584]. Ein Vertrauen-Dürfen[1585] oder eine „soziale Nähe“, „soziale Rolle“ oder „gesellschaftliche Erwartung“[1586] kann problemlos immer genau dort angenommen werden, wo man eine Garantenstellung für angemessen erachtet. Wie wollte man beispielsweise dem subjektiven Urteil eines Rechtsanwenders widersprechen, der in bestimmten Konstellationen eine soziale Nähe ausgemacht zu haben meint oder annimmt, in einer bestimmten Situation dürfe man vertrauen? Mehr, als völlig unplausible Fälle auszuscheiden, leisten diese Merkmale nicht. Gleiches gilt für die Herleitung von Garantenpflichten aus „für den gesellschaftlichen Bestand elementaren Institutionen“[1587]. Bereits der Institutionsbegriff ist schillernd und wenig konturiert. In Verbindung mit dem normativen Merkmal „elementar“ er-

1583 Letzteres ist vor allem der Sammelgruppen- und formell-materiellen Garantenlehre vorzuhalten; ausführlich zur Kritik: Teil 2 B III und IV.

1584 Zur Kritik an ihr mit zahlreichen Nachweisen Teil 2 B II.

1585 Zu diesen Ansätzen siehe Teil 2 B V.

1586 Zu diesen drei sozialethisch fundierten Ansätzen bei Teil 2 B VII.

1587 Zur Kritik an dieser von *Jakobs* begründeten Lehre siehe Teil 2 B IX.

möglicht er ersichtlich eine Fülle von Ergebnissen, ohne dass diese im Einzelfall berechenbar wären. All diesen Ansichten fehlt demzufolge eine rational begründete, nennenswerte Selektionsfunktion. Nur deshalb sind sie im Stande, die elterlichen Einstandspflichten zu erfassen.

Soweit erkennbar wird im Rahmen der Gefahrenmomentansätze nicht der Versuch unternommen, eine Garantenstellung der Eltern zu konstruieren. Es wäre wohl auch eine völlige Verzerrung der tatsächlichen Verhältnisse, das Zeugen und Gebären eines Kindes als dessen Gefährdung zu bezeichnen, würde es doch ohne diese „Gefährdung“ gar nicht existieren. Es ist zudem ausführlich dargelegt worden, dass das Merkmal Herrschaft über die Hilflosigkeit des Opfers gerade bei der Pflichtenposition der Eltern keine nachvollziehbar begründeten Ergebnisse ermöglicht[1588].

3.3.5.1.1.2 Die Sonderstellung, der axiomatische Charakter des Eltern-Kind-Verhältnisses und die Notwendigkeit der elterlichen Garantenstellung

Nun darf gewiss nicht die Unbegründbarkeit der elterlichen Garantenstellung im Rahmen der bekannten dogmatischen Systeme mit ihrer Unannehmbarkeit gleich gesetzt werden. Statt dessen sollte man sich ehrlicherweise zu ihrer Sonderstellung bekennen und nicht in Unbestimmtheit oder „seltsame Konstrukte“[1589] flüchten.

Zu einem solchen wenn auch nicht ausdrücklichen dann doch konstruktiven Bekenntnis zum Ausnahmecharakter sahen sich die Vertreter des Deutschen Idealismus veranlasst. Obwohl sie eine äußerst restriktive Position hinsichtlich Rechtspflichten zu positivem Tun einnehmen, wenn sie äußern, dass die „ursprüngliche Verpflichtung des Menschen nur auf Unterlassungen“, auf das Nicht-Verletzen fremder Freiheitssphären, „geht“[1590], kommen sie nicht umhin, die aus ihrer Sicht extrasystematische Pflichtenstellung der Eltern anzuerkennen. Die Kinder hätten ein ursprünglich-angeborenes Recht auf ihre Versorgung durch die Eltern, deren Entlastung von der Versorgung und Erziehung sich durch die Fähigkeit der Kinder zur Selbsterhaltung vollziehe[1591]. Nach *Hegel* hätten die Kinder als Rechtssubjekte das Recht, aus dem gemeinsamen Famili-

1588 Siehe Teil 2 B VIII 1 b, dort insbesondere dd.

1589 So die Beschreibung der Lösungsversuche bei *Weber*, Theorie der Familie in der Rechtsphilosophie Hegels, S, 37.

1590 Stellvertretend sei hier die *feuerbach*sche Formulierung genannt, *ders.*, Lehrbuch, § 24 (S. 50).

1591 *Kant*, Metaphysik der Sitten, §§ 22 ff., 28 ff.; der letzte Halbsatz entspricht dem hier zum Prinzip der Eigenverantwortlichkeit ausgeführten, Teil 2 C III 1 c.

envermögen ernährt und erzogen zu werden[1592]. Aus diesen Bemühungen kann man zweierlei schließen: Die besondere elterliche Schutzpflicht ist unverzichtbar, offensichtlich selbst in bezüglich Rechtspflichten restriktiven Systemen. Außerdem lässt sie sich kaum bruchfrei und überzeugend in bestehende Systeme integrieren.

Trotz der Sonderstellung der elterlichen Garantenpflichten müssen diese nicht begründungslos akzeptiert werden. Nicht weit zu tragen vermag allerdings das Argument, dass die elterliche Schutzpflicht notwendige Bedingung für den Fortbestand der Menschheit ist. Zumindest während des Austragens, bei der Geburt und im unmittelbaren Anschluss an sie ist die Verbindung zwischen Eltern und Kind von der Natur vorgegeben. Mann könnte argumentieren: Wollte eine Gesellschaft auch in Zukunft existieren und findet die Fortpflanzung auf natürlichem Wege statt, so wäre es unerlässlich, dass sie zum Schutze ihrer Nachkommen diejenigen in die Pflicht nimmt, die dazu auf Grund der Natur der Dinge tatsächlich und effektiv in der Lage sind: die Eltern. Insofern wäre die elterliche Garantenstellung im wahrsten Wortsinne für jede Gesellschaft von existentieller Bedeutung[1593]. Das Argument wäre nur insoweit (vor allem empirisch) überhaupt valide, als eine Gesellschaft nicht bloß unter Geburtenrückgang leidet, was man bezogen auf die deutsche im Hinblick auf die demographische Entwicklung wohl noch annehmen dürfte, sondern zudem auch noch der Entfall einer strafbewehrten elterlichen Schutzpflicht tatsächlich zu einer signifikanten Erhöhung der Kindesvernachlässigung mit Todesfolge führen müsste. Man muss wohl kein Biologe oder Anthropologe sein, um feststellen zu dürfen, dass die Annahme von Letzterem der Natur des Menschen zu wider läuft. Im Übrigen ist es mit dem hier vertretenen die Individualität und die Freiheit des Einzelnen schützenden Ansatz unvereinbar, den Schutz des Einzelnen mit dem Fortbestand der Gesellschaft zu legitimieren.

Die dargestellten Schwierigkeiten sind nicht weiter verwunderlich, wenn man sich die Strukturmerkmale des Verhältnisses Eltern-Kind vergegenwärtigt. Jeder Ansatz, der wie der hiesige in irgendeiner Form auf einer Interaktion zwischen Garant und Rechtsgutsträger oder auch nur auf bewusstem Verhalten von diesem basiert, scheitert bereits daran, dass das Kind jedenfalls anfangs dazu nicht – schon gar nicht der Embryo – konstitutionell in der Lage ist. Es liegt weiter in der Natur dieses Verhältnisses, dass die Eltern über das Rettungsmonopol für das schutzunfähige Kind verfügen. Wie die bisherigen Ausführungen[1594]

1592 *Hegel*, Grundlinien der Philosophie des Rechts, §§ 161 ff.

1593 Mit dieser Argumentation sinngemäß auch *Brammsen*, Entstehungsvoraussetzungen von Garantenpflichten, S. 153; NK-*Seelmann*, § 13, Rn. 135 und 138.

1594 Siehe zu diesen beiden Begründungstopoi Teil 2 B I 2 und 3.

aber auch ein Blick auf Fälle des § 323c StGB[1595] zeigen, sind allerdings weder die Schutzunfähigkeit noch die Monopolstellung für sich genommen grundsätzlich taugliche generalisierbare Garantenmerkmale. Verglichen mit sämtlichen anderen Garantenpositionen ist zudem einzigartig, dass der Garant für die Existenz des Rechtsgutsträgers selbst verantwortlich und, soweit es die Mutter betrifft, mit diesem sogar anfangs körperlich verbunden ist. Zudem scheint es nach hiesiger Beobachtung evident in der Natur des Menschen zu liegen, dass dieser sich grundsätzlich um den Schutz und Förderung seiner Nachkommen bemüht.

Die natürliche, während der Schwangerschaft, im Hinblick auf die Mutter auch tatsächliche, Verbindung zwischen Eltern und Kind und das Bedürfnis jener, dieses zu schützen und zu fördern, sind im Sein zu beobachten. Hierüber reflektiert die Rechtsordnung. Die Pflicht der Eltern zum Schutz (und der Förderung) ihrer Kinder liegen ihr ebenfalls als Axiom zu Grunde. Den Beleg hierfür liefert erneut[1596] das grundlegende Gesetz unserer Rechtsordnung, das Grundgesetz. Zunächst gibt Art. 6 GG dem Staat für den Umgang mit Ehe und Familie, Eltern und Kindern verbindliche Maßstäbe vor. Zugleich ist aber auch unter anderem die rechtliche Beziehung zwischen Eltern und Kindern schon vom Staat rechtlich geregelt.[1597] In Art. 6 II 1 GG heißt es: Pflege und Erziehung der Kinder sind das natürliche Recht der Eltern und die zuvörderst ihnen obliegende Pflicht.[1598] Hierbei handelt es sich nicht lediglich um eine Konturierung des Freiheitsaxioms, Wäre dies der Fall, könnte man den Einwand erheben, dass nun doch einzelne Rechtssätze – willkürlich und ergebnisorientiert – zur Begründung von Garantenstellungen herangezogen würden. Der erste Halbsatz steht indessen gerade in Widerspruch zum Freiheitsaxiom. Denn auch die Kinder sind freie Wesen. Daher wird hier Freiheit nicht (bloß) in einer bestimmten Ausprägung präzisiert und vor staatlichem Zugriff geschützt. Vielmehr wird konkret die Freiheit für beide Elemente des Eltern-Kind-Verhältnisses eingeschränkt. Auf Seiten der Eltern durch die Schutzpflichten und auf Seiten der Kinder durch das im weiten Sinne zu verstehende Erziehungsrecht der Eltern. Die beschriebenen natürlichen Begebenheiten finden in der Rechtsordnung, insbesondere in der Verfassung, ihre Entsprechung. Diese setzt jene Begebenheiten voraus, um ge-

1595 Man denke nur an den Fall, in dem allein der „Jedermann“ einen ihm völlig Fremden vor dem Ertrinken retten kann. Dort ist das Opfer schutzunfähig und der Jedermann verfügt über ein Rettungsmonopol und trotzdem haftet dieser nach einhelliger Ansicht allein aus § 323c StGB und nicht nach §§ 212, 13 StGB.

1596 Siehe Teil 2 C I für die Annahme unserer Rechtsordnung, dass der Mensch seinem Wesen nach frei ist und nach dem Erhalt der Freiheit strebt.

1597 Vgl. den Überblick bei *Pieroth/Schlink* Grundrechte, Rn. 694 ff.

1598 Ergänzend und einschränkend aber auch: Über ihre Betätigung wacht die staatliche Gemeinschaft, Art 6 II 2 GG.

messen an den sonstigen Regelungen in der Verfassung etwas für diese Einzigartiges zu regeln.

Der grundlegende auf ein Axiom zurückgehende Charakter der Vorschrift wird denn auch darin deutlich, dass sie mindestens in dreifacher Hinsicht einzigartig für die Verfassung ist. Erstens spricht die Verfassung an keiner anderen Stelle bestimmten Personen, den Eltern, konkret das Recht zu, die Freiheit anderer Menschen, der Kinder, (durch Erziehung) einzuschränken, also für andere, ebenfalls von Natur aus freie Wesen zu entscheiden. Zweitens werden einzig hier Menschen unmittelbar *konkrete* Pflichten, Pflege und Erziehung, auferlegt. Schließlich wird ausschließlich an dieser Stelle konkret und unmittelbar das Verhältnis von Menschen untereinander thematisiert, im Gegensatz zu den sonst bestimmenden Themen Verhältnis von Staat und Bürger und Staatsorganisation.

Aus dem beobachteten grundsätzlichen Bedürfnis der Eltern, ihre Kinder zu schützen, folgt auch nicht, dass eine entsprechende Reglementierung entbehrlich (weil bereist wesensmäßig gewährleistet) wäre. Den augenscheinlich kommt es auch hier zu bereits genannten Konflikten mit der ebenfalls axiomatischen Freiheit von Eltern und Kind.

Misst man der elterlichen Schutzpflicht axiomatischen Charakter bei, so liegt es nahe, diese trotz grundsätzlicher Einschätzungsprärogative des Staates zum „Wie“ des Schutzes zumindest auch mit Mitteln des Strafrechts umzusetzen – jedenfalls, soweit es um den Schutz existentieller Rechtsgüter wie Leben und Gesundheit geht. Dafür sprechen neben der grundlegenden Bedeutung die beschriebenen Einzigartigkeiten in der Verfassung. Erwägenswert erscheint zudem, zur Begründung ebenfalls auf das Bundesverfassungsgericht zu verweisen, welches, wenn auch später einschränkend, einen Schutz des werdenden Lebens mit Mitteln des Strafrechts für geboten hält[1599]. Es liegt daher nahe, von Verfassungs wegen erst recht – a minore ad maius – einen strafrechtlichen Schutz des aus dem werdenden Leben entwickelten tatsächlichen Lebens nicht bloß aus Art. 2 II 1 GG, sondern auch aus Art. 6 II 1 GG anzunehmen. Dass hierfür neben dem Staat unmittelbar auch die Eltern verpflichtet sind, folgt vor allem aus dem Inhalt des Axioms aber auch aus der Natur der Sache. Es ist nicht erkennbar, wer außer den Eltern praktisch effektiv den Schutz gewähren könnte[1600].

Weiterhin lässt sich anhand des elterlichen Verhaltens ergänzend deren Pflichtenstellung begründen. Etwas knapp spricht die Literatur davon, diejenigen hätten für die Unversehrtheit und das Wohlergehen der Kinder zu sorgen,

1599 BVerfGE 39, 1 (42)); 88, 203 (251).

1600 Damit ist in der Sache der Monopolstellung zwar nicht die verworfene generelle aber eine ergänzend argumentative Bedeutung beizumessen.

die sie ins Leben gerufen haben[1601]; oder auch davon, wer ein Kind gebäre, übernehme auch die Verantwortung für das Kind. Es wird an gleicher Stelle rhetorisch gefragt, „Wer sonst, wenn nicht die Eltern, welche die Entstehung und die Geburt des Kindes verursacht und zu verantworten haben, sollte für das Wohl dieses hilflosen Kindes sorgen müssen?"[1602] Diese Ausführungen deuten in die zutreffende Richtung, haben aber eher konstatierenden denn konstitutiven Charakter. Ausgangspunkt bildet die besagte Tatsache, dass die Eltern für die Existenz des zu schützenden Rechtsgutsträgers verantwortlich sind. Mit dem Austragen und Gebären des Kindes (einschließlich des Unterlassens eines Schwangerschaftsabbruchs) erklären sie konkludent, dass sie wollen, dass das Kind existiert. Dann ist es folgerichtig, dass dies zugleich die Verpflichtung impliziert, für die körperliche und geistige Integrität des Kindes zu sorgen. Denn es wäre widersprüchlich, mit den Worten eines Rechtsprinzips ein venire contra factum proprium, die Existenz des Kindes zwar zu wollen und herbeizuführen, aber sogleich gegenüber dessen zukünftigem Wohlergehen und Existenz völlig gleichgültig zu sein. Um diesen Selbstwiderspruch zu vermeiden, sind die Eltern in besagter Weise in die Pflicht zu nehmen[1603].

Im Übrigen wäre es axiologisch äußerst fragwürdig, wenn die Hilf- und Schutzlosesten einer Gesellschaft gerade nicht geschützt würden. Während der Schwangerschaft und in zeitlicher Nähe zur Geburt gibt es aber zu den Eltern als Schutzzuständigen naturgemäß keine Alternative.Dass hiermit allerdings, obgleich nur flankierend, das in seiner Generalisierbarkeit eher kritisch beurteilte Schutzunfähigkeitsargument bemüht wird, soll nicht verhehlt werden.

Letztendlich führen diese Argumente dazu, unabhängig von der jeweiligen Garantenlehre stets eine Garantenstellung der Eltern für ihre Kinder bzw. den Embryo anzunehmen.

3.3.5.1.1.3 Umfang der elterlichen Garantenpflicht

Anlässlich dieser Argumente lässt sich hier der Umfang der Pflichten andeuten. Die Garantenstellung dürfte nur so weit sachlich und zeitlich reichen, wie sie für die Entwicklung und Existenz des Kindes notwendig ist. Erfasst sind folglich Leben, körperliche Unversehrtheit, welche „rundum", also vor jedweder Gefahr zu schützen sind. Indes muss zu Erziehungszwecken das Risiko von Verletzun-

---

1601 *Freund*, Erfolgsdelikt und Unterlassen, S. 273.

1602 *S. v. Coelln*, Das „rechtliche Einstehenmüssen", S. 196; im Ergebnis ebenso *Kretschmer*, Jura 2000, S. 900.

1603 Dies hat auch für ungewollte Schwangerschaften zu gelten, da ein Fall, indem eine solche erst jenseits der Möglichkeit eines legalen Abbruchs bemerkt wird, wohl kaum praktisch wird.

gen des Kindes eingegangen werden dürfen, sollen die Nachkommen sich zu verantwortlichen Individuen heranwickeln und nicht überbehütet in einer lebensfremden Enklave der Sicherheit aufwachsen[1604].

Es besteht weiter eine elterliche Garantenstellung zu Gunsten des Vermögens des Kindes. Recht und Pflicht zur Pflege und Erziehung umfassen auch das Vermögen des Kindes. Denn dieses bildet mitunter während vor allem aber nach dem Ende der elterlichen Unterstützung die materielle Grundlage für das Wohlergehen des Kindes und dessen Entwicklungschancen. Ein strafbewehrter Schutz wird indessen lediglich – der Natur des Strafrechts entsprechend – fragmentarisch gewährleistet, da ein allgemeiner Vermögensschädigungstatbestand nicht existiert.

In zeitlicher Hinsicht gebietet zwar grundsätzlich das Eigenverantwortlichkeitsprinzip, die Eltern nur solange in die Pflicht zu nehmen, bis das Kind die zum Selbstschutz erforderliche geistige und körperliche Reife aufweist[1605]. Zu beachten ist allerdings der axiomatische Charakter der elterlichen Garantenstellung. Pflege und Erziehung der Kinder sind mit den Worten der Verfassung das natürliche Recht der Eltern und die zuvörderst ihnen obliegende Pflicht. Maßgebend müssen vielmehr die zeitlichen Grenzen dieses Axioms sein. Zwar nicht der Verfassung aber der Rechtsordnung als Ganzes, vor allem §§ 1626 I, 2 BGB, ist zu entnehmen, dass nach ihrem Willen mit der Vollendung des achtzehnten Lebensjahres die elterlichen Erziehungsrechte und Pflichten enden.

Denkbar ist zudem, dass eine Garantenstellung auf Grund einer Selbstverpflichtung der Eltern etabliert wird und über den obigen Zeitpunkt hinaus besteht oder nach diesem erneut begründet wird.

3.3.5.1.2 Kinder zu Gunsten ihrer Eltern

Im umgekehrten Fall wird zum Teil ebenfalls eine Garantenstellung angenommen. Kinder sollen zumindest zum Schutz des Lebens und der Gesundheit ihrer Eltern als Garanten verpflichtet sein[1606]. Dem kann indes nicht gefolgt werden[1607]. Die obigen Gründe, die zum Entstehen der elterlichen Pflichtenposition

---

1604 So auch im Ergebnis *Freund*, Erfolgsdelikt und Unterlassen, S. 276 f.; *Kühl*, AT, § 18, Rn. 51 *Roxin*, AT, Bd. 2, § 32, Rn. 35.

1605 A. A. *Krey*, Strafrecht AT, Bd. 2, Rn. 355, der allein auf die „familiären Bande" abstellen will; dagegen für schwierig zu bestimmende zeitlich Grenzen *Loos*, Samson-FS, S. 88.

1606 BGHSt 19, 167; 40, 266; *Ebert*, Strafrecht AT, S. 161; *Lilie*, JZ 1991, S. 545 f.; *Otto/Brammsen*, Jura 1985, S. 538; *Fischer*, § 13, Rn. 6d; *Wessels/Beulke*, Strafrecht AT, Rn. 718.

1607 Ebenfalls ablehnend: MK-*Freund*, § 13, Rn. 165; Murmann, JuS 1998, S. 633f. (zu Recht bejahend aber, falls das Kind Betreuer eines Elternteils ist); SK-*Rudolphi*, § 13,

geführt haben, kommen hier nicht zum Tragen. Nun ist es nach hiesiger Auffassung die unbestrittene, *moralische* Pflicht der Kinder, in Zeiten der Not und des Alters für ihre Eltern zu sorgen. Eine dies konstituierende Reflektion findet sich indessen gerade nicht in der Verfassung. Die Kinder haben zudem nicht den Eltern zu Ihrer Existenz verholfen, so dass ein Nicht-Schützen dieser durch die Kinder auch keinen Selbstwiderspruch nach sich zöge.

Dies bezieht sich wohlgemerkt einzig auf die Begründung der besonderen Schutzpflicht der Kinder aus Anlass ihres Status als Kinder ihrer Eltern. Daneben ist selbstverständlich eine Selbstverpflichtungsgarantenstellung auf Basis einer anderen tatsächlichen Konstellation, wie einer Lebensgemeinschaft oder einer Übernahme[1608], denkbar.

3.3.5.2 Enge Gemeinschaftsverhältnisse

Neben der elterlichen Garantenstellung besteht ebenfalls weitgehend Einigkeit über das Vorliegen einer solchen besonderen Schutzposition in engen Gemeinschaftsverhältnissen. Welche Verhältnisse damit genau gemeint sind, ob zwischen Lebenspartnern das formale Band der Ehe geknüpft worden sein muss[1609], oder ob statt dessen auf die tatsächlichen Verhältnisse anzuheben ist[1610], wird unterschiedlich beurteilt. Vorliegend sollen allerdings nur die *engen* Gemeinschaftsverhältnisse betrachtet werden. Die „Gefahrengemeinschaften“, also Gruppen, die nur zur gemeinsamen Bewältigung spezifischer Gefahren gebildet werden, werden später separat untersucht[1611]. An dieser Stelle in die Betrachtung einzubeziehen sind hingegen häusliche Gemeinschaften, da sie in aller Regel auch sonst in der Rechtsprechung und Literatur im Kontext der Gemeinschaftsverhältnisse erörtert werden.

3.3.5.2.1 Tatsächliche Verhältnisse statt formaler Bestand der Ehe

Eine Garantenstellung zwischen Ehegatten wird von der Rechtsprechung[1612] und Literatur[1613] allgemein bejaht. Oftmals beruft sich die Begründung auf § 1353

Rn. 49; *Roxin*, T, Bd. 2, § 32, Rn. 39; *Schünemann*, Grund und Grenzen, S. 357 f.

1608 Siehe zu diesen Konstellationen Teil 2 C V 2 und 4.

1609 *Baumann/Weber/Mitsch*, Strafrecht AT, § 15, Rn. 73 und 76; *Jakobs*, Strafrecht AT, 29/66.

1610 So zutreffend: *Freund*, Strafrecht AT, § 6, Rn. 88; *Ingelfinger*, NStZ 2004, S. 411; *Roxin*, AT, Bd. 2, § 32, Rn. 45; *Rudolphi*, NStZ 1984, S. 153; *Stratenwerth/Kuhlen*, AT 1, § 13, Rn. 39; *Wessels/Beulke*, Strafrecht AT, Rn. 718.

1611 Siehe unten Teil 2 C VI 5.

1612 RG LZ 1928, Spalte 1633; RGSt 64, 271; 71, 189; BGHSt 2, 150; 48, 302.

BGB, gelegentlich in Verbindung mit Art. 6 I GG[1614]. Im Streit liegt man darüber, ob dafür das formale Bestehen der Ehe[1615] oder die tatsächlichen Verhältnisse mit einer real existierenden Lebensgemeinschaft[1616] ausschlaggebend sein sollen. Folgt man Letzterem, so scheidet eine Garantenstellung trotz Ehe bei „Zerrüttung" aus. Insofern haben die tatsächlichen Verhältnisse oftmals den Charakter eines Korrektivs gegenüber dem formalen Eheband[1617].

Stellt man auf die tatsächlichen Verhältnisse zwischen den Partnern ab, kann eine Einstandspflicht nicht nur trotz Ehe ausscheiden, sondern zudem auch ohne sie entstehen[1618].

Für das Abstellen allein auf das formale Bestehen der Ehe spricht die Möglichkeit einer klaren Grenzziehung zwischen garantenstellungsbegründenden und nicht garantenstellungsbegründenden Verhältnissen. Weiter wird behauptet, die Anerkennung einer Einstandspflicht bei anderen Intimgruppen zerstöre das Ehemonopol[1619]. Das letztgenannte Argument überzeugt nicht. Der Gesetzgeber selbst nivelliert die Unterschiede zwischen ehelichen und sonstigen engen Lebensgemeinschaften immer mehr, wie man an den weithin gewährten Steuervergünstigungen und insbesondere an der Schaffung des Lebenspartnerschaftgesetzes (LPartG) erkennen kann. Mehr noch, er hält die alleinige Privilegierung der Ehe für diskriminierend, denn die vollständige Bezeichnung des LPartG lautet: „Gesetz zur Beendigung der Diskriminierung gleichgeschlechtlicher Gemeinschaften: Lebenspartnerschaften (LPartG)"[1620]. Zudem muss bezweifelt werden, dass der Schutz der Institution Ehe mit den Mitteln des Strafrechts betrieben

1613 Vgl. nur *Arzt*, JA 1980, S. 650 f.; *Freund*, AT, § 6, Rn. 88; *Krey*, Strafrecht AT, Bd. 2, Rn. 335; *Roxin*, AT, Bd. 2, § 32, Rn. 45; *Schulte*, Garantenstellung und Solidarpflicht, S. 56 und 72; *Wessels/Beulke,* Strafrecht AT, Rn. 718.

1614 RG LZ 1928, Spalte 1633; RGSt 64, 271; 71, 189; BGHSt 2, 150; *Arzt*, JA 1980, S. 650 f.; *Krey*, Strafrecht AT, Bd. 2, Rn. 335; *Schulte*, Garantenstellung und Solidarpflicht, S. 56, 72.

1615 *Baumann/Weber/Mitsch*, Strafrecht AT, § 15, Rn. 73 und 76; *Jakobs*, Strafrecht AT, 29/66.

1616 *Freund*, AT, § 6, Rn. 88; *Ingelfinger*, NStZ 2004, S. 411; *Roxin*, AT, Bd. 2, § 32, Rn. 45; *Rudolphi*, NStZ 1984, S. 153; *Stratenwerth/Kuhlen*, AT 1, § 13, Rn. 39; *Wessels/Beulke,* Strafrecht AT, Rn. 718 a. E.

1617 Vgl. beispielsweise Schönke/Schröder-*Stree*, § 13, Rn. 19. Welche Voraussetzungen genau für ein Erlöschen erfüllt sein müssen, ob also ausschließlich an die „Zerrüttung" als juristischem Terminus oder an andere Kriterien anzuknüpfen ist, ist wegen des Sachzusammenhangs zweckmäßigerweise an andere Stelle, Teil 3 B I 3, zu erörtern.

1618 *Freund*, AT, § 6, Rn. 88; *Roxin*, AT, Bd. 2, § 32, Rn. 51; SK-*Rudolphi*, § 13, Rn. 51; *Wessels/Beulke,* Strafrecht AT, Rn. 718.

1619 *Jakobs*, Strafrecht AT, 29/66.

1620 Gesetz vom 16.02.2001, BGBl. I, 266 ff.

werden muss und ob die Annahme einer Garantenstellung tatsächlich zu einer Privilegierung führt. In Zeiten, in denen besonders junge Menschen nach größtmöglicher Individualität und Freiheit statt Verbindlichkeit streben, wird die Annahme einer strafbewehrten Pflicht *allein* in ehelichen Partnerschaften die Attraktivität dieser gegenüber dann auch strafrechtlich unverbindlicheren nichtehelichen Gemeinschaftsverhältnissen noch mindern.

Eine noch so klare Grenzziehung beschert außerdem wenig Nutzen, wenn sie die Grenze an der falschen Stelle zieht. Die Orientierung am formalen Bestehen der Ehe bedingt axiologisch befremdliche Ergebnisse. Zerstrittene oder gar verfeindete Ehegatten sind sich fremder und stehen sich ferner als einem völlig unbekannten Dritten, wohingegen nichteheliche Partner eine intensivere und engere Gemeinschaft als Ehegatten pflegen können. Sind zum Beispiel beim Ertrinken des M in einem See seine Ehefrau E, mit der er seit Jahren heillos zerstritten ist, seine ebenfalls langjährige Partnerin P, mit der er zwei Kinder hat und seit Jahren in einer intakten, glücklichen Beziehung im gemeinsamen Haushalt lebt und ein dem M völlig fremder Dritter, D, anwesend, hätte allein die E eine Garantenstellung gegenüber dem ihr verhassten M inne, seine tatsächliche Lebenspartnerin P träfe hingegen keine andere Pflicht, den M zu retten, als den ihm fremden D; – ein befremdliches Ergebnis, das den modernen Formen des Zusammenlebens und deren interpersonaler Bedeutung nicht gerecht wird. *Zeitler* bringt den letztgenannten Umstand treffend zum Ausdruck, wenn er äußert, die Wahl dieser Lebensform enthalte nicht die Entscheidung für ein Leben im rechtsfreien Raum und bedeute nicht den Rückzug des Rechts aus einem wesentlichen gesellschaftlichen Teilbereich, wie ihn die nichtehelichen Lebensgemeinschaften darstellen[1621].

Das Abheben allein auf das formale Bestehen der Ehe stellt zudem eine bemerkenswerte und erklärungsbedürftige Inkonsequenz dar. Denn in anderen Fällen wird von den Verfechtern des Eheerfordernisses keine besondere Form der Garantenstellungsbegründung verlangt[1622]. Bei der Fallgruppe der „tatsächlichen Übernahme" wird nahezu kein Autor müde zu betonen, dass – wie im bekannten Kindermädchenfall – das Vorliegen eines wirksamen (Arbeits-) Vertrags unerheblich ist und es allein auf die tatsächliche Übernahme des Garanten ankomme, was nur dann konsequent wäre, wenn man bei Partnerschaften nicht auf das Bestehen der Ehe abhebt.

1621 *Zeitler,* Die strafrechtliche Haftung für Verwaltungsentscheidungen nach dem neuen Umweltstrafrecht.

1622 *Jakobs*, Strafrecht AT, 29/46 ff. und 29/67 ff., fordert für die Übernahmegarantenstellung weder für Fälle der Organisationszuständigkeit noch Fälle der institutionellen Zuständigkeit aus „besonderem Vertrauen" eine besondere Form der Übernahme.

Aus diesen Gründen ist bei der Frage, ob enge Gemeinschaftsverhältnisse Garantenstellungen bedingen, allein auf die tatsächlichen Verhältnisse zwischen den Beteiligten abzustellen[1623]. Dem gegenüber ist das formale Bestehen der Ehe weder hinreichend noch notwendig. Nach hiesiger Auffassung geht die Einstandspflicht nach § 13 StGB in diesen Verhältnissen auf eine Selbstverpflichtung zurück[1624]. Ob und wann diese anzunehmen ist, wird sogleich gesondert untersucht und findet überwiegend zu wenig Beachtung, wenn wenig konkret von tatsächlicher oder praktizierter Lebensgemeinschaft gesprochen wird[1625].

Das Abstellen auf die tatsächlichen Verhältnisse zeitigt außerdem die Konsequenz, dass auch in gleichgeschlechtlichen, engen Lebensgemeinschaften ein garantenstellungskonstituierendes Verhältnis zwischen den Partnern existieren kann[1626].

3.3.5.2.2 Enge Gemeinschaftsverhältnisse als Selbstverpflichtungen

Gemäß der Kurzfassung der Garantenformel[1627] bei Selbstverpflichtungen muss der Garant gegenüber dem Schutzzuständigen mittels eines freiwilligen, formlosen Realakts eine den Schutz des verletzten Rechtsguts bezweckende Verpflichtung eingegangen sein. Es stellt sich somit die Frage, ob und gegebenenfalls wann diese Voraussetzungen in ehelichen und nichtehelichen, engen Gemeinschaftsverhältnissen gegeben sind.

1623 So auch: *Freund*, AT, § 6, Rn. 88; *Ingelfinger*, NStZ 2004, S. 411; *Roxin*, AT, Bd. 2, § 32, Rn. 45; *Rudolphi*, NStZ 1984, S. 153; *Stratenwerth/Kuhlen*, AT 1, § 13, Rn. 39; *Wessels/Beulke*, Strafrecht AT, Rn. 718 a. E.

1624 In dieser Richtung auch *Döring*, MDR1972, S. 664 (Spezialfall der Übernahme); *Ingelfinger*, NStZ 2004, S. 411 („konkludentes Beistandsversprechen"), dessen weiteres Argument, die Garantenstellung ginge in diesen Fällen zudem auf den wegen der Respektierung der Ehesphäre geringeren Schutz durch Dritte zurück, keine Zustimmung verdient. Zum einen ist das Bestehen einer solchen „Ehesphäre" von außen oftmals schwer erkennbar, so dass bezweifelt werden muss, dass ihr im Notfall tatsächlich Beachtung geschenkt werden kann und wird. Zum anderen führt die ungleich leichter erkennbare häusliche Gemeinschaft nach überwiegender Ansicht nicht zu einer Garantenstellung, obwohl jedenfalls dort tatsächlich weniger Schutz durch Dritte existiert. Schließlich bildet eine besondere Schutzbedürftigkeit kein taugliches Argument für das Bestehen einer Garantenstellung, siehe ausführlich Teil 2 B I 2 b.

1625 So beispielsweise *Roxin*, AT, Bd. 2, § 32, Rn. 45; *Fischer*, § 13, Rn. 10.

1626 So zutreffend: AG Duisburg, MDR 1971, S. 1027; Brammsen, Entstehungsvoraussetzungen von Garantenpflichten, S. 169; Krey, Strafrecht AT, Bd. 2, Rn. 356; Otto, AT, § 9, Rn. 54; Roxin, AT, Bd. 2, § 32, Rn. 51; Schönke/Schröder-Stree, § 13, Rn. 25; Fischer, § 13, Rn. 6d.

1627 Zu deren konkreter Herleitung siehe Teil 2 C V und zur Formel selbst Teil 2 C V 6.

Es kann nach hiesiger Ansicht kein Zweifel bestehen, dass in diesen Verhältnissen Garantenstellungen entstehen können. Dafür spricht zunächst, dass dort bei konsequenter Anwendung der ermittelten Merkmale der Selbstverpflichtung diese vollständig vorliegen – dazu im Detail sogleich mehr. Hinzu kommt der Wertungswiderspruch, der sich ergäbe, wenn man eine Einstandspflicht nach § 13 StGB innerhalb dieser Beziehungen ablehnte. Neben der Eltern-Kind-Beziehung sind dies die Verhältnisse, in denen Menschen die intimsten, strapazierfähigsten und dauerhaftesten Bindungen eingehen. Diese Bindungen gehen weit über das hinaus, was in anderen anerkannten Fällen von Garantenstellungen existiert. Daher muss zwangsläufig, *a minore ad maius*, erst recht eine besondere Strafrechtspflicht in diesen engen Beziehungen entstehen. Man ist versucht, rhetorisch zu fragen: wo sonst, wenn nicht dort? Wenn zum Beispiel bereits das Kindermädchen oder der Bademeister bei Strafe das Kind bzw. die Badegäste vor Schaden zu bewahren haben, obwohl sie keinerlei besondere Beziehung zu diesen Rechtsgutsträgern haben müssen, so muss dies erst recht für seit zwanzig Jahren glücklich verheiratete Ehegatten gelten.

Vergleichbar der Garantenstellung der Eltern für ihre Kinder droht bei gegenteiligem Ergebnis ein selbstwidersprüchliches Verhalten der Partner einer engen Gemeinschaft. Es wäre widersinnig, durch das eigene Verhalten die Einzigartigkeit und den besonderen Stellenwert des Partners zu perpetuieren, aber im Übrigen keinerlei Interesse an und Verantwortung für dessen Wohlergehen und Existenz zu haben. Evident sind die Aussagen, „Du bist der wichtigste bzw. einer der wichtigsten Mensch (-en) in meinem Leben!“ und „Mich treffen aber keinerlei besondere Pflichten Dir gegenüber.“ nicht in Einklang zu bringen. Daher scheidet ein ihnen entsprechendes Verständnis enger Gemeinschaftsverhältnisse aus.

Während generell zur Begründung einer Garantenstellung eine Selbstverpflichtung des Garanten gegenüber dem zu Beschützenden genügt, liegt es in der Natur der engen *Gemeinschafts*verhältnisse, dass diese wechselseitiger Art sind[1628]. Wesensmerkmal einer engen Gemeinschaft bildet das wechselseitige Versichern, dass der jeweils andere die besagte exponierte Stellung im eigenen Leben hat. Daher bestehen entweder das Verhältnis und damit beide Garantenstellungen oder das enge Gemeinschaftsverhältnis und zugleich die Garantenstellungen der Beteiligten sind zu verneinen.

Legt man die erarbeiteten Garantenmerkmale der Selbstverpflichtung zugrunde, ergibt sich Folgendes: An sinnlich wahrgenommenen, freiwilligen und formlosen Realakten herrscht in diesen Verhältnissen offensichtlich kein Man-

1628 Im Ergebnis ebenso für Ehegatten *Rienen*, „Sozialethische“ Einschränkungen des Notwehrrechts, S. 275 f.

gel. Zwischen Ehegatten fällt diesbezüglich der Blick sogleich auf das Eheversprechen. Aber auch in nichtehelichen Gemeinschaftsverhältnissen kommen zahlreiche Anknüpfungspunkte wie beispielsweise das ausdrückliche oder konkludente Erklären der besonderen, einzigartigen emotionalen Zuneigung oder das Zusammenziehen und Bestreiten eines gemeinsamen Haushalts in Betracht. Allerdings muss das Verhalten zumindest auch die Bedeutung haben, dass man eine Verpflichtung zum Zwecke des Rechtsgüterschutzes zu Gunsten des Partners eingeht[1629]. Entscheidend ist daher, wann ein Verhalten und damit ein Verhältnis dieses Inhalts zwischen den Partnern anzunehmen ist. Die Garantenmerkmale kraft Selbstverpflichtung sind daher für die Fälle der engen Lebensgemeinschaften zu konkretisieren.

Die Erklärung gegenüber dem Partner in engen Gemeinschaftsverhältnissen, die diese Konkretisierung zum Ausdruck bringt, lautet sinngemäß folgendermaßen: „Du bist mir als Mensch so wichtig, dass ich deine Unversehrtheit möchte und diese notfalls unter Preisgabe meiner Güter schützen werde.“[1630] Wann immer das Verhalten innerhalb dieser Beziehungen zumindest auch diesen Erklärungswert besitzt, ist eine garantenstellungsbegründende Selbstverpflichtung zu bejahen. Dafür ist eine auf Dauer angelegte, außergewöhnlich enge emotionale Bindung an den anderen notwendig. Eine bloße Freundschaftsbeziehung reicht insoweit nicht aus[1631]. Erforderlich ist, dass die Beziehung nicht erst seit Kurzem, also wenige Wochen, sondern bereits für eine gewisse Zeit besteht. Weiter ist nötig, dass das Verhältnis über eine normale Freundschaft hinausgeht, da dort die Aufopferung eigener Interessen zwar vorkommt aber keineswegs obligatorisch ist. Vielmehr muss der zu Beschützende eine exponierte Stellung im Leben des anderen einnehmen, was dazu führt, dass sie Zahl derer, zu denen eine solche Beziehung bestehen kann, gering ist. Eine solche exponierte Stellung kommt zunächst dem Lebenspartner zu, der *der Eine* ist, mit dem man sein Leben teilen und verbringen möchte.

Darüber hinaus sind Verhältnisse denkbar, in denen man nicht mit anderen im Sinne einer einzigartigen, exklusiv intimen Beziehung verbunden ist, der andere aber trotzdem insofern eine hervorgehobene Stellung im Leben besitzt, dass

1629 Ähnlich Schönke/Schröder-*Stree*, § 13, Rn. 25, der ausführt, das Verhältnis müsse „auf gegenseitige Hilfeleistung ausgelegt“ sein; für ein Schutzverhältnis auf Grund eines eine Lebensgemeinschaft begründenden Realakts *Roxin*, AT, Bd. 2, § 32, Rn. 94.

1630 Mit eigenen Gütern ist in diesem Zusammenhang zumindest die allgemeine Handlungsfreiheit aus Art. 2 I GG gemeint, welche bei Auferlegen einer Handlungspflicht stets beeinträchtigt ist.

1631 Ebenso OLG Düsseldorf NJW 1994, S. 272; *Arzt*, JA 1980, S. 649; *Kühl*, AT, § 18, Rn. 63; SK-*Rudolphi*, § 13, Rn. 57; Schönke/Schröder-*Stree*, § 13, Rn. 17; *Fischer*, § 13, Rn. 10.

man mit ihm das Leben teilt. Anders als bei diesen exklusiven Beziehungen ist dafür das Leben in einem gemeinsamen Haushalt in Verbindung mit besagter, besonders enger emotionaler Bindung nötig. Auch hier ist ein längerfristiges Bestehen dieses Verhältnisses Voraussetzung für eine Garantenstellung. Kennzeichen sind zudem häufiger persönlicher Kontakt und Investitionen in das Verhältnis in Form von Zeit, Hilfe in Alltagsdingen wie persönlichen Angelegenheiten oder sachlichen oder finanziellen Mitteln. Ein solches Verhältnis kann beispielsweise zwischen Familienangehörigen bestehen, die im gemeinsamen Haushalt leben und einander besonders zugetan sind und Anteil am Leben des anderen nehmen. Konkret im Falle der Garantenpflicht der Kinder für die Eltern kann dieses Verhältnis darin bestehen, dass die Kinder ihren Eltern für die jahrelange Fürsorge dankbar sind und dies regelmäßig tätig durch Investitionen und persönlichen Kontakt zum Ausdruck bringen. Während in exklusiv intimen engen Gemeinschaftsverhältnissen zwar typisch aber nicht zwingend nötig ist, dass die beiden Partner fürs Leben im häuslicher Gemeinschaft leben, ist dies bei den soeben genannten nicht-exklusiven engen Gemeinschaftsbeziehungen unentbehrlich. Leben in dem Beispiel die Kinder mittlerweile in einem anderen Haushalt, kann man regelmäßig nicht mehr vom Das-Leben-mit-dem-anderen-Teilen und damit einer Garantenstellung kraft Selbstverpflichtung wegen eines engen Gemeinschaftsverhältnisses sprechen. Denkbar ist selbstverständlich allerdings eine Garantenstellung unter einem anderen Gesichtspunkt wie der Übernahme, wenn Kinder Pflege und Betreuung der Eltern übernommen haben.

Bei sonstigen Gemeinschaftsverhältnissen – wie bloßen Zechgemeinschaften, gemeinsamem Drogenkonsum oder gemeinsamer Betriebszugehörigkeit – entsteht allein aus diesem keine Garantenstellung kraft Selbstverpflichtung[1632].

Letztlich handelt es sich um eine normative Entscheidung des Rechtsanwenders, ob er ein Gemeinschaftsverhältnis der geforderten Qualität im konkreten Fall bejaht oder nicht. Anhand der konkretisierenden Kriterien für exklusive und nicht-exklusive, enge Gemeinschaftsverhältnisse, lässt sich diese aber transparent und rational nachvollziehbar treffen. Es liegt in der Natur dieser Entscheidungen und der Rechtswissenschaft insgesamt, dass sie in Grenzbereichen unterschiedlich ausfallen können.

Wann genau der Realakt erfolgt, der ein solches Verhältnis besiegelt und damit die Selbstverpflichtung konstituiert, lässt sich regelmäßig recht gut ermit-

1632 Ebenso: BGH NJW 1954, S. 1047 f.; OLG Düsseldorf NJW 1966, 1175 f. (beide zur Zechgemeinschaft); OLG Stuttgart NJW 1981, S. 182 (zum gemeinsamen Drogenkonsum); *Otto/Brammsen*, Jura 1985, S. 594; *Roxin*,AT, Bd. 2, § 32, Rn. 60; *Wessels/Beulke*, Strafrecht AT, Rn. 719.

teln. Wie bereits erläutert sind diesbezügliche Schwierigkeiten für die Entscheidung im konkreten Einzelfall praktisch unerheblich[1633].

Zum Umfang solcher Pflichtenstellungen lässt sich jedenfalls soviel sagen, dass gemäß der obigen Argumentation[1634] für das Bestehen dieser Garantenstellung, die Pflicht der Partner dahin geht, Leben und körperliche Integrität des anderen „rundum“ vor jeder Art von Gefahr zu schützen. Die besondere Bedeutung des anderen in diesen Verhältnissen bedingt typischerweise zum „Rundum-Schutz“. Wenn der andere tatsächlich eine solch exponierte Stellung einnimmt, will der Garant dessen Integrität unabhängig von der Art der Gefahrenquelle. Diese Bedeutung kommt typischerweise auch seiner Selbstverpflichtungserklärung zu. Nur dann lassen sich Widersprüche axiologischer Art, ein Selbstwiderspruch im Verhalten des Garanten vermeiden. Dagegen tragen diese Argumente eine Pflicht zum Vermögensschutz gerade nicht. Zudem schränkte eine Erstreckung auf den Vermögensschutz die Freiheit der jeweils zum Schutz verpflichteten Garanten übermäßig ein, denn die Zahl der Handlungen mit Vermögensrelevanz im täglichen Leben ist groß.

Hierbei handelt es sich um den typischen Pflichtenumfang, welcher anzunehmen ist, sofern die Beteiligten nicht eine abweichend lautende Selbstverpflichtung eingehen.

Die Partner für das Vermögen als Beschützer auf den Posten zu stellen, widerspräche dem Primat des maximalen Freiheitserhalts. Anders als Kinder genießen die erwachsenen Geschäftsfähigen rechtliche Autonomie in Vermögensangelegenheiten, so dass sich deren Bevormundung verbietet. Ein permanenter Vermögensschutz durch den Partner ist nicht leist- und mit dem Eigenverantwortlichkeitsprinzip auch nicht vereinbar. Es kommt auch keine Beschränkung auf existentielle Vermögensschäden in Betracht, da solche im Hinblick auf das bestehende „soziale Netz“ wohl kaum tatsächlich die physische Existenz bedrohen können und vor allem dem vernünftigen, freien, geschäfts- und erwerbsfähigen Individuum zugemutet werden muss, sich um seine wirtschaftlichen Angelegenheiten selbst zu kümmern und auch sich im Falle des wirtschaftlichen „Totalschadens“ selbst versorgen zu können.[1635]

1633 Siehe dieser Schwierigkeit auch Teil 2 C IV 1 a.

1634 Siehe oben Teil 2 C V 2 a.

1635 Ebenso den Vermögensschutz grundsätzlich ausklammernd: *Jakobs*, Strafrecht AT, 29/63; *Roxin*, AT, Bd. 2, § 32, Rn. 46; a. A. RGSt 64, 278 f.; *Herzberg*, Die Unterlassung im Strafrecht, S. 337 ff.

3.3.5.2.3 Häusliche Gemeinschaft

Zwar ist in nicht-exklusiven, engen Gemeinschaftsverhältnissen eine häusliche Gemeinschaft zu fordern. Allerdings tritt diese neben eine außergewöhnlich enge emotionale Verbindung. Eine häusliche Gemeinschaft allein reicht hingegen nicht für die Annahme einer Garantenstellung kraft Selbstverpflichtung aus. Denn die Begründung solcher Gemeinschaften verkörpert nicht eine Erklärung mit dem Inhalt, dass Zweck dieser Verhältnisse zumindest auch der bis zur Aufopferung reichende Rechtsgüterschutz ist. Statt dessen ist der Zweck häufig rein wirtschaftlicher Natur, wie das Teilen der Kosten der Haushaltsführung. Ein Beispiel dafür sind die typischen studentischen Wohngemeinschaften. Selbst wenn zwischen den Mitgliedern einer solchen Wohngemeinschaft freundschaftliche Bande bestehen, erreichen diese nicht die besondere Qualität einer außergewöhnlich engen emotionalen Verbindung. Sollte zur Hausgemeinschaft ausnahmsweise eine Beziehung mit der Qualität des Leben-Teilens hinzutreten, steht selbstverständlich der Annahme einer Selbstverpflichtungsgarantenstellung nichts entgegen. Wohngemeinschaften freundschaftlich miteinander Verbundener genügen dafür nicht.[1636]

3.3.5.3 Sonstige Garantenstellungen aus „natürlicher Verbundenheit“

Mit den Garantenstellungen aus „natürlicher Verbundenheit“, werden gemeinhin besondere Schutzpflichten in „Familienbeziehungen“[1637] oder in Verhältnissen „enger familiärer Verbundenheit“ gemeint. Maßgeblich seien die „familiären Bande“ zwischen den Beteiligten[1638]. Die ebenfalls darunter fallenden Garantenstellungen zwischen Ehegatten und im Eltern-Kind-Verhältnis sind an dieser Stelle von der Betrachtung ausgenommen, da sie bereits zuvor erörtert worden sind[1639]. Untersucht wird, ob allein die natürliche Verbundenheit ohne Hinzunahme weiterer Faktoren wie beispielsweise einer häuslichen Gemeinschaft eine Garantenstellung zu erzeugen vermag.

Zu den verbleibenden Positionen natürlicher Verbundenheit, in denen eine besondere Einstandspflicht mitunter bejaht wird, zählen das Verhältnis der

1636 Wie hier eine häusliche Gemeinschaft nicht genügen lassen: BGH NStZ 1984, S. 163 f.; BGH NStZ 1985, S. 122; BGH NJW 1987, S. 850 f.; *Döring*, MDR 1972, S. 665; *Gropp*, AT, § 11, Rn. 26; *Kühl*, AT, § 18, Rn. 64. *Otto*, AT§ 9, Rn. 53; *Fischer*, § 13, Rn. 9; *Wessels/Beulke*, Strafrecht AT, Rn. 719.

1637 *Otto*, AT, § 9 Rn. 48.

1638 Beide letztgenannten Formulierungen bei *Krey*, Strafrecht AT, Bd. 2, Rn. 355.

1639 Siehe zu diesen Beiden: Teil 2 C VI 1 und 2.

Großeltern zu den Enkeln[1640], zwischen Geschwistern[1641], bei Verlöbnis[1642] oder auch die Schwägerschaft[1643]. Im Verhältnis von Tanten bzw. Onkeln zu ihren Nichten bzw. Neffen soll hingegen die familiäre Beziehung nicht genügen[1644]. Generell lässt man häufig, sofern dies überhaupt thematisiert wird, allein die familiäre Verbindung zwischen den Beteiligten genügen[1645]. Mitunter aber wird zumindest – wie bei den Nichten und Neffen – ergänzend auf die tatsächlichen Verhältnisse abgestellt[1646]. Gelegentlich wird der Kreis der als Garanten Erfassten auch mittels der Figur der „nahestehenden Person" aus den §§ 241 I, 35 I StGB bestimmt[1647].

3.3.5.3.1 Die sonstigen Garantenstellungen aus „natürlicher Verbundenheit" im Allgemeinen

In den genannten Konstellationen mag die moralische Pflicht existieren, sich gegenseitig Beistand und Schutz zu gewähren. Eine strafbewehrte Garantenpflicht allein auf Grund einer „natürlichen Verbundenheit" besteht indes in diesen Verhältnissen nicht. Es fehlt bereits an einem die Selbstverpflichtung konstituierenden Realakt. Stellt man ausschließlich auf die Verbundenheit ab, verhält sich der Einzelne bei deren Entstehung völlig passiv und wird in dieses Verhältnis ge-

---

1640 RGSt 39, 398; 64, 321; BGH bei Dallinger, MDR 1957, S. 141; LK-*Jescheck*, § 13, Rn. 22; *Krey*, Strafrecht AT, Bd. 2, Rn. 355; *Vogt*, ZStW 63, S. 387.

1641 *Herzberg*, Die Unterlassung im Strafrecht, S. 339 f.; *Jescheck/Weigend*, AT, S. 622; *Krey*, Strafrecht AT, Bd. 2, Rn. 355; *Lackner/Kühl*, § 13, Rn. 10; *Schmidthäuser*, Strafrecht AT, 16/42; Schönke/Schröder-*Stree*, § 13, Rn. 18.

1642 RG JW 1938, S. 3031 (unter dem Endruck des damaligen weltanschaulichen Klimas in Deutschland); BGH JR 1955, S. 104; *Krey*, Strafrecht AT, Bd. 2, Rn. 355; *Wessels/Beulke*, Strafrecht AT, Rn. 718.

1643 RG GA 1936, S. 179; RGSt 73, 389 ff.; BGHSt 13, 162.

1644 LG Kiel, NStZ 2004, S. 157 ff.; *Bärwinkel*, Struktur der Garantieverhältnisse bei den unechten Unterlassungsdelikten, S. 175 (nur in Verbindung mit einer Lebensgemeinschaft); *Brammsen*, Entstehungsvoraussetzungen von Garantenpflichten, S. 172 (nur in Verbindung mit einer Hausgemeinschaft); *Herzberg*, Die Unterlassung im Strafrecht, S. 348; *Hohmann*, JuS 1995, S. 137, Fn. 27.

1645 *Krey*, Strafrecht AT, Bd. 2, Rn. 355; *Otto/Brammsen*, Jura 1985, S. 539 („nahe Angehörige"); Schönke/Schröder-*Stree*, § 13, Rn. 17, 19; *Fischer*, § 13, Rn. 6d; *Wessels/Beulke*, Strafrecht AT, Rn. 718 (jedenfalls bei Verwandten in gerader Linie).

1646 *Bärwinkel*, Struktur der Garantieverhältnisse bei den unechten Unterlassungsdelikten, S. 173; *Brammsen*, Entstehungsvoraussetzungen von Garantenpflichten, S. 17; *Kühl*, AT, § 18, Rn. 53; *Maurach/Gössel/Zipf*, Strafrecht AT, Bd. 2, § 46, Rn. 90; *Roxin*, AT, Bd. 2, § 32, Rn. 44.

1647 *Albrecht*, Garantenstellungen in familiären und familienähnlichen Beziehungen, S.183 ff.; wohl auch *Gropp*, AT, § 11, Rn. 24; *Lilie*, JZ 1991, S. 545 f.

wissermaßen hineingeboren. Der Status des Großvaters bzw. des Enkels, der Nichte bzw. der Tante, des Bruder oder Schwester oder der Schwägerschaft fällt dem jeweils Betroffenen ohne dessen Einfluss zu, so dass sich daraus allein mangels Realakt niemals eine Garantenstellung kraft Selbstverpflichtung ergeben kann. Das Fehlen einer freiwilligen Begründung der Einstandspflicht durch den Garanten führt zudem zu Problemen bei der verfassungsrechtlichen Rechtfertigung der unter Strafdrohung auferlegten Rechtspflicht. Diese ist nicht mehr Ausdruck seiner Freiheit und selbst freiwillig auferlegt, sondern aus seiner Sicht das Ergebnis eines Zufalls. Dass zum Beispiel seine Kinder ihm Enkel schenken, ist für den Großvater regelmäßig erfreulich aber nie dessen bewusste Entscheidung gewesen und bezogen auf sein Verhalten zufällig. Das Entstehen einer Rechtspflicht, deren Erfüllung mit den schärfsten Mitteln, die dem Staat zu Gebote stehen, der Kriminalstrafe, sichergestellt werden soll, darf aber nicht allein vom Zufall abhängen, soll die Inpflichtnahme verfassungsrechtlich nicht zu beanstanden sein.

Mittels dieses Beispiels lässt sich auch veranschaulichen, dass ein Abstellen allein auf familiäre Beziehungen zu axiologisch fragwürdigen Ergebnissen führen würde. So hätte der Großvater, der mit seinem Kind heillos zerstritten ist und seit zehn Jahren keinen Kontakt mehr zu diesem unterhält, gegenüber seinem ihm bisher persönlich völlig unbekannten Enkelkind eine Garantenstellung. Gegenüber dem ihm bei der Gartenarbeit und Einkäufen zur Hand gehenden Nachbarskind, zu dem er eine freundschaftliche Beziehung unterhält, müsste man aber – zu Recht – eine besondere Schutzpflicht verneinen.

Außerhalb des Eltern-Kind-Verhältnisses stellt das Abstellen auf „Blutsbande“ geradezu einen Anachronismus dar. Die elterliche Schutzpflicht ist zum Erhalt der Gesellschaft und zur Vermeidung von Selbstwidersprüchen notwendig[1648]. Diese Gründe streiten jedoch – mittlerweile – nicht mehr für eine Garantenstellung aus „natürlicher Verbundenheit“. Früher war die gesellschaftliche Wirklichkeit durch das Leben in Großfamilien und existentielle Not geprägt. Es lebten häufig mindestens drei Generationen in einem Haushalt und die Nachkommen dienten auch dem Zweck, für den Lebensunterhalt ihrer Eltern zu sorgen, insbesondere wenn diese nicht mehr, meist altersbedingt, zur Selbstversorgung im Stande waren. Zu dieser Zeit war die Garantenstellung aus natürlicher Verbundenheit ähnlich der elterlichen von existentieller Bedeutung für den Einzelnen. Ohne die Versorgung durch die Familie in Zeiten der Not wäre er verhungert oder nicht rechtzeitig und angemessen ärztlich versorgt worden. Mit dem Ausbau des sozialen Netzes und der Schaffung von Einrichtungen zur existentiellen Grundversorgung der Menschen wie den Krankenhäusern oder der So-

---

1648 Ausführlicher zu diesen Gründen oben bei Teil 2 C VI 1 a.

zialhilfe entfiel aber die Notwendigkeit der Versorgung durch die Familie. Die Folge ist die heute vorherrschende Herausbildung von Kleinfamilien und Einzelhaushalten sowie der Wegfall der Garantenstellung auf der Grundlage bestimmter familiärer Verbindungen.

Zudem ist bislang das Problem der Grenzziehung innerhalb der Fallgruppe der natürlichen Verbundenheit nicht überzeugend gelöst worden. Entweder werden dazu gar keine Aussagen getroffen, sondern in bestimmten Fällen eine Pflichtstellung bejaht und in anderen abgelehnt[1649]. Dann rätselt man, welcher Grad der Verwandtschaft warum für die Annahme einer Garantenstellung genügen soll. Trifft zum Beispiel auch die Urenkel gegenüber ihren Urgroßeltern und umgekehrt eine Schutzpflicht? Wie steht es mit Stiefgeschwistern oder -Eltern? Oder es wird zwar ein Maßstab für die Grenzziehung genannt, wie Verwandtschaft in gerader Linie[1650] oder nahestehende Personen im Sinne der §§ 241 I, 35 I StGB[1651], aber dieser wirkt in Ermangelung einer Begründung willkürlich gewählt. Allein der Gewinn an Bestimmtheit ist insoweit nicht ausreichend.

Zur Ablehnung einer eigenständigen Garantenstellung aus natürlicher Verbundenheit gelangt man unabhängig davon, in welcher Variante man diese vertreten wird. Stellt man neben der natürlichen Verbundenheit ergänzend auf tatsächliche Momente wie die Lebensgemeinschaft ab[1652], so setzt man sich der soeben geäußerten Kritik aus. Sind ausschließlich diese tatsächlichen Momente unabhängig von der familiären Beziehung entscheidend, vermeidet man diese Kritik und hat möglicherweise einen zutreffenden Anknüpfungspunkt gefunden. In der Sache handelt es sich dann allerdings nicht mehr um eine Garantenstellung aus natürlicher Verbundenheit, sondern um eine Pflichtposition aus dem jeweils für einschlägig erachteten tatsächlichen Gesichtspunkt wie zum Beispiel der Lebensgemeinschaft. In beiden Fällen scheidet eine eigenständige Garantenstellung aus natürlicher Verbundenheit aus.

Grund für die Verbreitung dieser Garantenstellung trotz der vorstehenden Kritik ist, dass häufig zwar *nicht wegen* der familiären Beziehung aber doch *in diesen* eine Einstandspflicht anzunehmen ist. Regelmäßig findet man innerhalb der familiären Verhältnisse garantenstellungsbegründende Gemeinschaftsverhältnisse oder, in der Terminologie der Funktionenlehre, Fälle der „tatsächlichen Übernahme“, zum Beispiel bei Aufnahme der kranken Mutter zur Pflege durch eines ihrer Kinder. Bei diesen Konstellationen kommt selbstverständlich eine

1649 Wie beispielsweise in RGSt 39, 398; 64, 321; LK-*Jescheck*, § 13, Rn. 22; *Krey*, Strafrecht AT, Bd. 2, Rn. 355; *Vogt*, ZStW 63, S. 387.

1650 *Wessels/Beulke*, Strafrecht AT, Rn. 718.

1651 *Albrecht*, Garantenstellungen in familiären und familienähnlichen Beziehungen, S.183 ff.; wohl auch *Gropp*, AT, § 11, Rn. 24; *Lilie*, JZ 1991, S. 545 f.

1652 Vgl. nur *Hohmann*, JuS 1995, S. 137, Fn. 27.

Garantenstellung kraft Selbstverpflichtung in Betracht. Nur bildet eben diese besondere Fallgestaltung und nicht das zudem bestehende familiäre Verhältnis[1653] den Grund für die Annahme einer Selbstverpflichtung. Deshalb bedingt die hier vertretene Position auch keine Strafbarkeits- oder Rechtsgutsschutzlücken. Sie vermeidet lediglich ausschließlich auf „Blutsbanden" basierende Garantenstellungen. Damit schützt sie vor einer Inanspruchnahme als Garant wegen eines aus dessen Sicht bloßen Zufalls, und verlangt, dass dieser sich die Schutzpflicht selbst freiwillig auferlegt. Insoweit erfolgt auch hier die Rückbindung der Pflichtenstellung an den Gedanken der Freiheit.

3.3.5.3.2 Das Verlöbnis im Besonderen

Etwas anders liegen hingegen die Dinge beim Verlöbnis. Es wird von den Beteiligten in aller Regel freiwillig eingegangen und dessen Begründung erfolgt zugleich in einem vom jeweils anderen sinnlich wahrgenommenen Realakt. Weiter müsste der Realakt zweifelsfrei zumindest auch die Bedeutung haben, dass man sich zum Rechtsgüterschutz verpflichtet, dieser jedenfalls auch mit dem Verlöbnis bezweckt ist. Die tatsächlichen Verhältnisse mögen in diesen Fällen nun in aller Regel so ausgestaltet sein, dass tatsächlich eine Erklärung dieses Inhalts anzunehmen ist. Es besteht regelmäßig zwischen den Verlobten eine enge, emotionale Bindung, sie leben möglicherweise bereits zusammen, haben gemeinsame Kinder und sich zueinander schon als *dem einen Partner* bekannt, mit dem sie ihr Leben teilen möchten[1654]. Betrachtet man aber ausschließlich das Verlöbnis selbst ohne diese eben genannten Merkmale, so kann ihm allein nicht stets zwangsläufig eine Erklärung entsprechenden Inhalts entnommen werden. Wird es ohne emotionale Bindung allein aus wirtschaftlichen oder anderen persönlichen Gründen eingegangen, hat der Realakt der Verlobung keineswegs automatisch die Bedeutung einer Verpflichtung zum Rechtsgüterschutz. Wird die Verlobung beispielsweise allein auf Drängen der Eltern, um diese zu besänftigen, eingegangen, oder weil man dann bevorzugt einen Arbeits- oder Studienplatz an einem bestimmten, verlobten-nahen Ort erhält, begründet die Verlobung keine Garantenstellung. Genauso wenig führt eine Verlobung aus emotionalen Überschwang mit dem gerade erst Kennengelernten ohne Weiteres zu einer besonde-

1653 Wie hier im Ergebnis auf die tatsächlichen Verhältnisse statt auf eine davon abstrahierte natürliche Verbundenheit abstellend: LG Kiel, NStZ 2004, S. 157 ff.; *Bärwinkel*, Struktur der Garantieverhältnisse bei den unechten Unterlassungsdelikten, S. 173; *Brammsen*, Entstehungsvoraussetzungen von Garantenpflichten, S. 170 ff.; *Kühl*, AT, § 18, Rn. 53; *Roxin*, AT, Bd. 2, § 32, Rn. 42 ff.; SK-*Rudolphi*, § 13, Rn. 58; *Stratenwerth*/*Kuhlen*, Strafrecht AT, § 13, Rn. 39.

1654 Zu den konkreten Merkmalen einer Selbstverpflichtung in diesen Fällen siehe Teil 2 C V 2.

ren Einstandspflicht. Hinzu kommen müssen die zuvor geschilderten Merkmale. Dann allerdings wird in den meisten Fällen bereits vor der offiziellen Verlobung eine Garantenstellung zu bejahen sein.

Demzufolge begründet die Verlobung allein noch keine Garantenstellung[1655]. Es müssen die zuvor für Selbstverpflichtungen kraft Lebenspartnerschaft genannten Merkmale gegeben sein[1656]. Oftmals formalisiert dann die Verlobung nur das Verhältnis der Beteiligten und zwischen diesen bestand bereits ein Garantenverhältnis.

3.3.5.4 Tatsächliche Übernahme

Die der Gruppe der „tatsächlichen Übernahme" mitunter zugeschlagenen Fallgestaltungen, wie beispielsweise die Amtsträgergarantenstellungen, bilden bei einigen anderen Autoren eine eigenständige Gruppe. Um der Übersichtlichkeit willen und in Übereinstimmung mit der herkömmlichen Gruppierung im Rahmen der Funktionenlehre werden an dieser Stelle neben den drei zuvor erörterten Gruppen die Amtsträger und Gefahrengemeinschaften ebenfalls gesondert untersucht. Ein grundlegender dogmatischer Unterschied in der Einstandspflichtbegründung besteht nach hiesiger Ansicht zwischen diesen ebenso wenig wie zwischen den übrigen, hier erörterten Konstellationen – ausgenommen die elterliche Garantenstellung[1657]. Die gelegentlich ebenfalls hierunter eingeordnete Übernahme der Sicherung einer Gefahrenquelle ist wegen ihrer Irrelevanz für eine Notwehrrechtsrestriktion und der Nähe zum Neminem-laede-Prinzip bereits an anderer Stelle thematisiert worden[1658].

In der Gruppe der Garantenstellung aus tatsächlicher Übernahme finden sich sehr verschiedene tatsächliche Konstellationen. Erfasst werden von ihr das von

1655 Ebenso: *Albrecht*, Garantenstellungen in familiären und familienähnlichen Beziehungen, S. 86; *Bärwinkel*, Struktur der Garantieverhältnisse bei den unechten Unterlassungsdelikten, S. 177 ff. *Jakobs*, Strafrecht AT, 29/65; *Lackner/Kühl*, § 13, Rn. 10; *Roxin*, AT, Bd. 2, § 32, Rn. 52; *Rudolphi*; NStZ 1984, S. 153.

1656 Siehe Teil 2 C V 2.

1657 Zu deren Sonderstellung siehe oben Teil 2 C V 1 a.

1658 Siehe Teil 2 C III 3 c; da die nach hiesiger Ansicht ebenfalls darunter fallende, mögliche Pflichtenstellung des Wohnungsinhabers häufig im Übernahmekontext genannt wird, wird sie gesondert in diesem Abschnitt untersucht.

den Eltern engagierte Kindermädchen[1659], Ärzte[1660] mit der strittigen Pflichtenstellung von Bereitschaftsärzten[1661], Hebammen[1662], die Aufnahme Pflegebedürftiger in die eigene Wohnung[1663], Wohnungsinhaber im Allgemeinen zu Gunsten ihrer Gäste[1664], Bademeister[1665] oder Gerichtsvollzieher zu Gunsten des jeweiligen Anspruchsgläubigers[1666], um nur einige wichtige Fälle zu nennen; daneben aber auch die außerhalb eines beruflich-entgeltlichen Kontexts übernommenen Pflichten, wie beispielsweise jemanden beim Schwimmen sicherheitshalber mit einem Boot zu begleiten[1667]. Die daneben häufig noch ergänzend herangezogenen Kriterien wie zum Beispiel ein Gefahrenmoment oder ein Vertrauenselement bleiben hier unerwähnt, da auch sie bereits ausführlich zuvor untersucht worden sind[1668].

Obwohl sich dies bereits aus der Voraussetzung ergibt, dass mit der Selbstverpflichtung zumindest auch Rechtsgutsschutz bezweckt sein muss, sei der Klarheit halber wegen der anderen soeben genannten „berufsbedingten" Garantenstellungen an dieser Stelle darauf hingewiesen, dass Berufspflichten nicht au-

---

1659 *Arzt*, JA 1980, S. 652 f., der im Falle einer zivilrechtlich unwirksamen Vereinbarung einen faktischen Vertrag zwischen Eltern und Kindermädchen annimmt; *S. v. Coelln*, Das „rechtliche Einstehenmüssen", S. 39 f., *Krey*, Strafrecht AT, Bd. 2, Rn. 343; *Kühl*, AT § 18, Rn. 69; *Roxin*, AT, Bd. 2, § 32, Rn. 53; *Wessels/Beulke*, Strafrecht AT, Rn. 720.

1660 BGHSt 7, 211; BGH LM Nr. 6 zu § 230; BGH NJW 1979, S. 1258 f.; BayObLG JZ 1973, S. 319; OLG Hamm NJW 1975, S. 604; *Arzt*, JA 1980, S. 653; *Freund*, AT, § 6, Rn. 87; *Kühl*, AT § 18, Rn. 72; Schönke/Schröder-*Stree*, § 13, Rn. 28a; *Wessels/Beulke*, Strafrecht AT, Rn. 720.

1661 Zutreffend eine Garantenstellung bejahend: BGHSt 7, 211; OLG Köln NJW 1991, S. 764; AG Jever MDR 1991, S. 461; *Jakobs*, Strafrecht AT, 29/47 *Kühl*, AT § 18, Rn. 74; NK-*Seelmann*, § 13, Rn. 101; Schönke/Schröder-*Stree*, § 13, Rn. 28a; *Fischer*, § 13, Rn. 7; eine Garantenstellung ablehnend *Schünemann*, Grund und Grenzen, S. 353; vermittelnd: *Ranft*, JZ 1987, S. 914; *Roxin*, AT, Bd. 2, § 32, Rn. 75; SK-*Rudolphi*, § 13, Rn. 61; siehe zudem die hiesige Stellungnahme bei Teil 2 C VI 4 b bb (3).

1662 OLG Düsseldorf NJW 1991, S. 2979; *Otto*, AT, § 9, Rn. 65.

1663 RGSt 74, 309; *Roxin*, AT, Bd. 2, § 32, Rn. 54, 64 f.

1664 Überwiegend nur unter bestimmten Umständen bzw. bestimmten Gefahren: BGHSt 27, 10 30, 391 BGH StV 1999, S. 212; BGH wistra 1993, S. 59; KG NStZ 1998, S. 571; OLG Zweibrücken NStZ-RR 2000, S. 119; MK-*Freund*, § 13, Rn. 144; *Kühl*, AT § 18, Rn. 115 f.; *Roxin*, AT, Bd. 2, § 32, Rn. 120; *Wessels/Beulke*, Strafrecht AT, Rn. 720; ausführlicher dazu bei Teil 2 C VI 4 c.

1665 BGHZ MDR 1980, S. 133; *Arzt*, JA 1980, S. 653; *Freund*, AT, § 6, Rn. 87; *Otto*, AT, § 9, Rn. 64.

1666 RGSt 61, 228 f.; *Otto/Brammsen*, Jura 1985, S. 598.

1667 *Otto*, AT, § 9, Rn. 66.

1668 Vgl. insgesamt Teil 2 B und dort insbesondere V und VI.

tomatisch Garantenpflichten darstellen, wenn sie den Rechtsgüterschutz zur Folge haben. Stets ist am Zweckmerkmal festzuhalten.

3.3.5.4.1 Unzutreffende Kennzeichnung der Gruppe

Auf den ersten Blick scheint die Garantenstellung aus tatsächlicher Übernahme eine Selbstverpflichtung par excellence darzustellen. In der Tat bereiten das Auffinden und die Deutung des die Selbstverpflichtung begründenden Realakts in den von der tatsächlichen Übernahme üblicherweise erfassten Fällen wenig Schwierigkeiten. Übernimmt zum Beispiel ein niedergelassener Arzt die Behandlung eines Patienten auf dessen Bitte hin, so kann problemlos in der Behandlungsübernahme der freiwillige, vom Patienten als Schutzzuständigem wahrgenommene Realakt erblickt werden. Deren einziger Zweck ist der Schutz bzw. die Wiederherstellung der Rechtsgüter Gesundheit und Leben des Patienten, so dass man ohne Weiteres eine garantenstellungsbegründende Selbstverpflichtung konstatieren kann. Ähnlich eindeutig liegen prima facie die Dinge bei dem oftmals bemühten Kindermädchen[1669], das gegenüber den schutzzuständigen Eltern sich freiwillig zum Schutze des Kindes verpflichtet. Indes wecken gerade die Äußerungen zum Kindermädchenfall Zweifel, ob die im Grundsatz relativ einmütig von der Literatur und der Rechtsprechung angenommenen Voraussetzungen der tatsächlichen Übernahme zustimmungsfähig sind und ob in der Konsequenz verneinendenfalls nicht die gesamte Fallgruppe unzutreffend gekennzeichnet ist.

Die Fallgruppe wird als „tatsächliche Übernahme" bezeichnet, um deutlich zu machen, dass es nicht auf die zivilrechtliche Wirksamkeit einer zwischen den Beteiligten getroffenen Vereinbarung, sondern allein auf die „faktische Übernahme der betreffenden Schutzpflicht"[1670], den tatsächlichen „Dienstantritt"[1671] des Garanten ankomme. Zum Kindermädchenfall wird deshalb exemplarisch ausgeführt, das Kindermädchen sei selbst dann nicht Garantin zu Gunsten des zu beaufsichtigenden Kindes, wenn sie mit den Eltern einen zivilrechtlich wirksamen Vertrag mit dem Inhalt abschließt, auf das Kind zu einer bestimmten Zeit aufzupassen, falls es nicht zur vereinbarten Zeit in der elterlichen Wohnung erscheine. Ließen die Eltern trotz vertragswidrigem Nichterscheinen des Kindermädchens ihr Kind alleine in der Wohnung zurück und das Kind komme zu Schaden, weil es unbeaufsichtigt war, hafte nicht das Kindermädchen wegen

1669 Vgl. nur *Arzt*, JA 1980, S. 652 f.; *Blei*, H. Mayer-FS. S. 121 ff.; *S. v. Coelln*, Das „rechtliche Einstehenmüssen", S. 39 f., *Krey*, Strafrecht AT, Bd. 2, Rn. 343; *Kühl*, AT § 18, Rn. 69; *Roxin*, AT, Bd. 2, § 32, Rn. 53; *Wessels/Beulke*, Strafrecht AT, Rn. 720.

1670 So zum Beispiel die Formulierung von *Wessels/Beulke*, Strafrecht AT, Rn. 720.

1671 *Roxin*, AT, Bd. 2, § 32, Rn. 53

Körperverletzung durch Unterlassen, weil es seine vertraglichen Pflichten nicht erfüllt habe. Seine Garantenstellung scheide hier aus, da es die Schutzaufgabe nicht *tatsächlich* übernommen habe. Die Eltern würden im vorliegenden Fall dagegen nicht durch den Vertrag mit dem Kindermädchen entlastet. Sie treffe trotz der geschlossenen Vereinbarung eine Garantenstellung zu Gunsten ihres Kindes und damit eine strafrechtliche Unterlassungshaftung, weil niemand ihre Pflichten tatsächlich übernommen habe. Im umgekehrten Fall, indem der Vertrag mit den Kindermädchen unwirksam sei, beispielsweise mangels dessen Geschäftsfähigkeit, es aber trotzdem zum vereinbarten Zeitpunkt bei den Eltern erscheine und auf das Kind während der Abwesenheit der Eltern aufpasse, hafte das Kindermädchen als Garantin, weil es die Schutzpflicht tatsächlich übernommen habe. Die Eltern hingegen würden zeitweilig von ihrer Pflicht entlastet[1672].[1673] Davon abweichend wird die tatsächliche Übernahme gelegentlich dergestalt konkretisiert, dass kein Dienstantritt nötig sei, sondern statt dessen der Verzicht des Opfers auf anderweitige Schutzmaßnahmen anlässlich der Schutzzusage[1674].

3.3.5.4.1.1 Kritische Würdigung

Die vorstehenden Positionen halten einer genaueren Überprüfung nicht stand[1675]. Die letztgenannte Variation *Stree*s überzeugt schon deshalb nicht, weil nach ihr die tatsächliche Übernahme letztlich vom Opferverhalten abhängt und völlig unabhängig davon ist, ob der Garant seine Aufgabe tatsächlich übernommen hat. Im Übrigen ist das dort als materielles Kriterium verwendete Gefahrenmoment abzulehnen[1676].

Ebenso erscheint der Terminus *Über*nahme etwas unglücklich gewählt. Er ist insofern irreführend, als nicht in jedem Fall, der als tatsächliche Übernahme klassifiziert wird, die Schutzpflicht vom bisher Schutzzuständigen auf den Garanten *übergeht*, sondern ebenso eine kumulative Schutzzuständigkeit von beiden begründet werden kann, der Garant als nur neben und nicht an die Stelle des bisherigen Schutzzuständigen tritt[1677]. Diese ungeschickte Terminologie lässt

1672 Auswahl und Kontrollpflichten bleiben allerdings bestehen.

1673 Wie vorstehend wird die Garantenstellung aus tatsächlicher Übernahme bestimmt von: *S. v. Coelln*, Das „rechtliche Einstehenmüssen", S. 39 f.; *Gropp*, AT, § 11, Rn. 27; *Krey*, Strafrecht AT, Bd. 2, Rn. 343 f.; *Kühl*,AT § 18, Rn. 69; *Otto*, AT, § 9, Rn. 64 *Roxin*, AT, Bd. 2, § 32, Rn. 53; *Seibert*, Garantenpflicht beim Betrug, S. 118 f.; *Fischer*, § 13, Rn. 7 f.; *Wessels/Beulke*, Strafrecht AT, Rn. 720.

1674 Schönke/Schröder-*Stree*, § 13, Rn. 28.

1675 Ebenfalls kritisch: *Blei*, H. Mayer-FS, S. 121 ff.; *Maiwald*, JuS 1981, S. 481; *Stree*, H. Mayer-FS, S. 152.

1676 Siehe die Kritik daran Teil 2 B VI 1 b und 2 b.

1677 Siehe zum kumulativen Schutz Teil 2 C IV 5 a und Teil 2 B VI 1 b.

sich beispielsweise mit dem hier verwendeten Begriff der Selbstverpflichtung vermeiden.

Entscheidend gegen das Kriterium der tatsächlichen Übernahme spricht, dass es zwar zustimmungsfähige Ergebnisse in den genannten Beispielsfällen produziert, aber bei strikter Anwendung auf anerkannte Fälle der Übernahmegarantenstellung zu widersprüchlichen Ergebnissen führt und diese nicht alle zutreffend zu erfassen vermag. Diese Widersprüchlichkeit tritt hervor, wenn man die Beispielsfälle nur geringfügig variiert[1678]: Das Kindermädchen arbeitet in dieser Variante seit Jahren zuverlässig für die Eltern und verfügt deshalb über einen Wohnungsschlüssel. Es vereinbart mit der Mutter, um 19.00 Uhr den Dienst anzutreten und auf das Kind wie sonst auch aufzupassen, da die Mutter nach Arbeitsende noch mal eine Freundin besuchen möchte. Aus Bequemlichkeit tritt das Kindermädchen an besagtem Abend seine Schutzaufgabe nicht an mit der Folge, dass das Kind Medikamente zu sich nimmt und daran stirbt. Die Mutter hat sich direkt von der Arbeitsstelle zu ihrer Freundin begeben. Wendete man die Kriterien der tatsächlichen Übernahme konsequent an, müsste man eine strafrechtliche Haftung des Kindermädchens mangels tatsächlicher Schutzübernahme ablehnen und statt dessen die Mutter zur Verantwortung ziehen. Zu diesem axiologisch inakzeptablen Ergebnis gelangen aber die Vertreter des Kriteriums der tatsächlichen Übernahme nicht, sondern stellen nunmehr allein auf die Schutzzusage ab[1679]. Entsprechend soll beispielsweise bereits die telefonische Behandlungszusage des Arztes eine Garantenstellung erzeugen[1680]. Auch dort ist aber keine faktische Übernahme der Schutzaufgabe ersichtlich. Es werden zwar wertmäßig unsinnige Ergebnisse vermieden, allerdings um den Preis der Inkonsequenz. Eine tatsächliche Übernahme ist in diesen Fällen gerade nicht erfolgt. Diese inkonsequente Handhabung der Merkmale kann auch nicht etwa dadurch verhohlen werden, indem diese Konstellationen kurzer Hand zu „Ausnahmefällen“ deklariert werden und damit der Widerspruch nur nominell beseitigt wird[1681]. Etwas polemisch verkürzt könnte man einwenden, dort werde im Ergebnis eine „tatsächliche Übernahme“ ohne tatsächliche Übernahme festgestellt. Ein weiteres plastisches Gegenbeispiel ist der Bahnschrankenwärter, der eines

1678 Gebildet in Anlehnung an den von den Vertretern der tatsächlichen Übernahme vorgetragenen Fall, *Kühl*, Strafrecht AT § 18, Rn. 70; *Krey*, Strafrecht AT, Bd. 2, Rn. 344 Fall 114a.

1679 Vgl. zum Beispiel *Krey*, Strafrecht AT, Bd. 2, Rn. 344; *Kühl*, Strafrecht AT, § 18, Rn. 70.

1680 *Joecks*, § 13, Rn. 30; *Kühl*, AT, § 18, Rn. 70; *Roxin*, AT, Bd. 2, § 32, Rn. 53, 70.

1681 So aber *Krey*, Strafrecht AT, Bd. 2, Rn. 344, der unzutreffend auf den gegenüber der tatsächlichen Übernahme ebenfalls kritischen *Blei*, H. Mayer-FS, S. 121 ff., verweist; *Kühl*, AT, § 18, Rn. 70.

Tages nach einer durchzechten Nacht nicht zum Dienst erscheint und in der Folge zahlreiche Menschen bei einem Unglück ums Leben kommen. Sollte dieser etwa in Ermangelung der faktischen Übernahme einer Schutzaufgabe straflos sein?

Ebenso wenig überzeugt es, die Ursache für die Übernahme kraft telefonischer Zusage in der „Eigenart" der Garantenstellung des Arztes zu erblicken. Da keine ständige Anwesenheit des Arztes beim Patienten vorausgesetzt werde, liege die tatsächliche Übernahme in der Begründung des Patientenstatus durch die verbale Zusage von Hilfe.[1682] Als „Eigenart" der ärztlichen Garantenstellung wird in der Sache hier der Umstand bezeichnet, dass eine Garantenstellung über einen längeren Zeitraum (hier: Behandlungszeitraum) besteht und die Erfüllung der aus ihr resultierenden Garantenpflicht nur gelegentlichen persönlichen Kontakt (zwischen Arzt und Patient) erfordert. Eine solche „Eigenart" ließe sich aber ebenso beim Kindermädchen ausmachen, das sich für mehrere Monate den Eltern verpflichtet hat und innerhalb dieser Zeit immer mal wieder auf die Kinder aufzupassen hat oder das sich gegenüber den Eltern verpflichtet hat, für die Kinder an bestimmten Abenden in Notfällen telefonisch erreichbar zu sein und erforderlichenfalls zur Hilfe zu eilen. Daher handelt es sich weniger um eine arztspezifische Eigenart, denn um einen bestimmten Erfüllungsmodus von Garantenpflichten, dessen Vorliegen sogar vom Zufall abhängt – selbst in besagtem Arzt-Patienten-Verhältnis. Vereinbart beispielsweise der im Urlaub weilende P mit dem Hausbesuche machenden Arzt A, der nicht bloß Bereitschaftsarzt, sondern als Arzt im Urlaubsgebiet niedergelassen ist, telefonisch, dieser solle vorbeikommen, um den A zu behandeln, erfordert die Erfüllung der ärztlichen Garantenpflicht hier nicht die ständige, sondern einmalige Anwesenheit des Arztes. Daher hängt das Vorliegen der Eigenart von dem Zufall ab, ob der Arzt nur einmalig tätig werden muss oder nicht. Entweder kann man also in diesem Fall axiologisch widersinnig eine Garantenpflicht des Arztes trotz Zusage verneinen, oder aber das Eigenartargument trägt zufällig hier nicht, aber trotzdem nähme man widersprüchlich eine Garantenstellung des Arztes an. Demzufolge bleibt es bei dem Befund, dass das Merkmal „tatsächliche Übernahme" nur punktuell aber nicht konsequent angewendet akzeptable Ergebnisse beschert und deshalb ihre Verfechter zum widersprüchlichen Verzicht auf es gezwungen sind.

Ein weiterer diesbezüglicher Widerspruch tritt offen hervor, wenn man die postulierte Voraussetzung „tatsächliche Übernahme" mit der Lösung des Wandererfalles[1683] durch die herrschende Meinung vergleicht. Dort wird ausdrücklich

1682 *Roxin*, AT, Bd. 2, § 32, Rn. 70.

1683 Ausführlich zu diesem auf *Traeger*, Enneccerus-Festgabe, S. 87, zurückgehenden Spezialfall unten, Teil 2 C VI 4 c.

betont, dass die tatsächliche Übernahme von Hilfe allein nicht ausreiche zur Begründung einer Garantenstellung, ohne ein Wort darüber zu verlieren[1684], dass bei anderen Übernahmefällen wie beim Kindermädchen die gegenteilige Behauptung aufgestellt und die besondere Bedeutung der tatsächlichen Übernahme hervorgehoben wurde. Offensichtlich wird auch hier um der als richtig empfundenen Ergebnisse willen mit der eigenen Voraussetzung gebrochen.

Genauso wenig mit dem Postulat der tatsächlichen Übernahme ist die Rechtsfigur der *omissio libera in causa* vereinbar. Gemäß dieser ist trotz Handlungsunfähigkeit in der akuten Notlage der Rettungspflichtige wegen eines unechten Unterlassungsdelikts strafbar, wenn er für diese Handlungsunfähigkeit selbst verantwortlich ist. So zum Beispiel in dem Fall des Schrankenwärters, der sich betrinkt und deshalb unfähig ist, die Schranke herabzulassen.[1685] Das strafbarkeitsbegründende Vorverhalten kann in diesen Fällen auch dazu führen, dass derjenige, der sich zuvor zu einer Handlung verpflichtet hat, gar nicht am Ort der Pflichterfüllung erscheint, die Schutzaufgabe also faktisch gar nicht übernimmt im Sinne einer tatsächlichen Übernahme. Da eine Haftung aus der Rechtsfigur der *omission libera in causa* aber kaum von dem Zufall abhängen kann, ob der Handlungspflichtige am Ort seiner Pflichterfüllung erscheint, ist auch in diesen Situationen eine Strafbarkeit wegen unechten Unterlassens anzunehmen. Es kann, um bei obigen Beispiel zu bleiben, keine Rolle spielen, ob der Schrankenwärter sich zu Hause betrinkt, und deshalb nicht mehr den Weg zur Dienststelle schafft oder dort zwar ankommt aber sogleich einschläft. Das Merkmal der tatsächlichen Übernahme verneinte also eine Garantenstellung in Fällen, in denen mit der *omissio libera in causa* eine Strafbarkeit wegen unechten Unterlassens anzunehmen wäre.

Stellte man auf die tatsächliche Übernahme als Merkmal ab, ergebe sich zudem die Schwierigkeit, dass der potentielle Garant es trotz eingegangener Verpflichtung danach stets selbst in der Hand hätte, ob tatsächlich eine Garantenstellung für ihn entsteht. Wollte er diese vermeiden, müsste er einfach vereinbarungswidrig seinen Dienst nicht antreten. Es ist offensichtlich, dass ein gedeihliches gesellschaftliches Zusammenleben von Menschen eine solche Unverbindlichkeit gerade im Bereich existentieller Rechtsgüter nicht verkraften könnte. Wären beispielsweise Ärzte, Feuerwehrleute, Polizisten usw. nur dann bei Strafe

---

1684 Positiv hervorzuheben ist insofern *Stree*, H. Mayer-FS, S. 152, der diese Unzulänglichkeit einräumt und unter anderem ihretwegen zum Merkmal des Gefahrenmoments gelangt; ablehnend zu diesem Merkmal oben, Teil 2 B VI 1 b.

1685 Zu dieser Rechtsfigur *Fünfsinn*, Aufbau des fahrlässigen Verletzungsdelikts durch Unterlassen im Strafrecht, S. 27 ff.; *Joerden*, Strukturen des strafrechtlichen Verantwortungsbegriffs, S. 47 ff.; *Kühl*, AT, § 18, Rn. 12, 22 und 32; Schönke/Schröder-*Stree*, § 13, Rn. 144; ablehnend: *Baier*, GA 1999, S. 272.

zur Erfüllung ihrer Aufgaben verpflichtet, wenn sie ihren Dienst tatsächlich anträten und könnten Besagte selbst jederzeit mittels Dienstantritt oder nicht über ihre Pflichtenstellung disponieren, entstünde ein unerträglicher gesellschaftlicher Schaden. Unzählige Rechtsgüter der auf Hilfe Vertrauenden würden verletzt und die Menschen wären permanent primär mit dem Selbstschutz befasst. Eine unangemessene Inpflichtnahme ist dagegen nicht zu befürchten, wenn diese nicht erst bei tatsächlicher Übernahme als Garanten verpflichtet sind[1686].

Letztlich stellt die tatsächliche Übernahme regelmäßig nichts anderes als die Erfüllung einer bereits eingegangenen Verpflichtung dar. So zum Beispiel in dem oftmals bemühten Kindermädchenfall, in dem mit den Eltern eine Beaufsichtigung der Kinder vereinbart wird und das Kindermädchen erst dann als Garantin haften soll, wenn es die Kinder tatsächlich hütet. Mit diesem Abstellen auf die faktische Schutzübernahme begründet die Erfüllung einer Verpflichtung diese zugleich. Indem das Kindermädchen über die Kinder wacht, begründet es seine Garantenpflicht. Nun ist ein solcher Mechanismus dem Recht keineswegs fremd. So kann im Zivilrecht der Eintritt in eine Gesellschaft oder ein Arbeitsverhältnis einen „faktischen Vertrag" begründen. Er bildet allerdings eine nur unter engen Voraussetzungen anzunehmende Ausnahme.[1687] Die tatsächliche Übernahme beseitigt nun – wie sogleich gezeigt wird ohne Not – die bewährte, systematische Trennung von Pflichtbegründung und Pflichterfüllung[1688]. Dies ist im Hinblick auf den noch zu erörternden „Wandererfall" besonders misslich.

3.3.5.4.1.2 Alternative Lösungsmöglichkeiten der eigentlichen Sachprobleme

Analysiert man die zur Begründung der Voraussetzung „tatsächliche Übernahme" vorgetragenen Beispiele, kann man zweierlei Probleme ausmachen, die mit Hilfe dieser Voraussetzung einer Lösung zugeführt werden sollen. Die dabei anvisierten Ergebnisse verdienen Zustimmung, der eingeschlagene Lösungsweg mit dem Erfordernis der faktischen Schutzübernahme hingegen nicht.

Das erste Problem folgt aus der spätestens mit der Emanzipation von der formellen Rechtspflichtenlehre sich durchsetzenden Erkenntnis, dass eine Garantenhaftung nicht von der zivilrechtlichen Wirksamkeit der Pflichtübernahme durch den Garanten abhängen dürfe, will man axiologisch inakzeptable Ergebnisse vermeiden. Das Kind sollte auch dann vom Kindermädchen als Garantin zu beschützen sein, wenn der Vertrag zwischen diesem und den Eltern unwirk-

---

1686 Siehe sogleich Teil 2 C V 4 b.

1687 Vgl. zum „faktischen Vertrag" BGHZ NJW 1992, S. 1501 f.; BAG Betr. 1974, S. 1531 f.; BAG NJW 1986, S. 2133; *Medicus*, Bürgerliches Recht, Rn. 188 ff., 193 ff.

1688 Siehe nur das Abstraktions- und Trennungsprinzip sowie die Ansprüche aus §§ 812 ff. BGB.

sam ist. Dieses zustimmungspflichtige Ergebnis muss indes nicht mit dem Postulat „tatsächliche Übernahme“ herbeigeführt werden. Entscheidend ist allein, sich von der strengen Zivilrechtsakzessorietät zu lösen. Dies kann aber auch mittels anderer Merkmale als der tatsächlichen Übernahme gelingen. Eine Möglichkeit bildet zum Beispiel das – hier freilich abgelehnte[1689] – Gefahrenmoment, welches vor allem *Stree* unter anderem deshalb entwickelt hat, um der Schwierigkeiten der tatsächlichen Übernahme Herr zu werden[1690]. Nach hiesigem Dafürhalten hat die Lösung des geschilderten Problems anhand des Selbstverpflichtungsprinzips zu erfolgen. Dieses vermeidet die genannten Schwierigkeiten der tatsächlichen Übernahme, ohne dabei auf die zivilrechtliche Wirksamkeit der eingegangenen Verpflichtung abzustellen.

Die zweite Schwierigkeit besteht darin, dass man richtigerweise die bisher Schutzzuständigen nicht ohne Weiteres allein auf Grund der Zusage eines anderen aus ihrer Haftung als Garanten entlassen möchte. Zutreffend soll die Eltern auch dann eine Einstandspflicht nach § 13 StGB für ihr Kind treffen, wenn sich ihnen gegenüber ein Kindermädchen verpflichtet hat, dieses aber vertragswidrig nicht erscheint. Die Eltern können dann richtigerweise nicht einfach im Wissen um den fehlenden Schutz ihres Kindes dieses allein lassen und im Haftungsfalle auf das Kindermädchen verweisen. Allerdings kann auch dieses Ergebnis nicht bloß durch das Kriterium der „tatsächlichen Übernahme“ erreicht werden. Handelt es sich bei dem delegierenden Schutzzuständigen nicht um den Rechtsgutsträger selbst[1691], wie im Falle der Eltern, entledigt sich der Delegierende nicht automatisch und sofort mit der Übertragung seiner gesamten Garantenhaftung. Ihn trifft eine Auswahl- und Kontrollpflicht hinsichtlich des Delegationsempfängers[1692]. Im Rahmen dieser Pflichten obliegt es zum Beispiel den Eltern, zumindest bei einem ihnen bislang nicht hinreichend bekannten Kindermädchen zu kontrollieren, ob dieses seinen Dienst tatsächlich antritt. Unterlassen sie dies, haben sie ihre nach wie vor bestehenden, aber zu Auswahl- und Kontrollpflichten modifizierten Garantenpflichten verletzt. Eines Rückgriffs auf das Kriterium der tatsächlichen Übernahme zur Begründung dieses Ergebnisses bedarf es demzufolge nicht. In der Sache handelt es sich also um ein Zurechnungsproblem, die Haftungsverteilung zwischen Kindermädchen und Eltern. Der Fehler der Vertre-

1689 Vgl. die Kritik daran bei Teil 2 B VI 1 b.

1690 *Stree*, H. Mayer-FS, S. 145 ff., insbesondere 152 f.

1691 Überträgt dagegen der Rechtsgutsträger selbst ihn betreffende Schutzaufgaben, entsteht das Problem wegen des Eigenverantwortlichkeitsprinzips und der Selbstschutzzuständigkeit nicht. Es ist allein das Problem des Rechtsgutsträgers selbst, zu seinem Schutz Zuverlässige auszuwählen.

1692 Ebenso BGHSt 19, 288; *Freund*, Erfolgsdelikt und Unterlassen, S. 302; Schönke/Schröder-*Stree*, § 13, Rn. 26.

ter des Merkmals „tatsächliche Übernahme" liegt nun darin, dass sie die Belastung der Eltern über eine Entlastung des Kindermädchens erreichen wollen. Dies ist aber entbehrlich, da eine Entlastung der Eltern aus den genannten Gründen gar nicht ohne Weiteres erfolgt. Jedenfalls ist zur Lösung der Frage nach den Verantwortungsbereichen nicht ein bestimmtes, punktuell einzusetzendes Garantenstellungskriterium wie die tatsächliche Übernahme nötig. Es genügt die Anwendung der Lehre von der objektiven Zurechnung.

Insgesamt kann deshalb festgehalten werden, dass die Anliegen der Vertreter der faktischen Schutzübernahme zwar uneingeschränkte Zustimmung verdienen, sie sich jedoch entbehrlicherweise eines Merkmals bedienen, das zahlreichen Gegenargumenten ausgesetzt ist und Widersprüche zeitigt. Diese Nachteile vermeidet das hier verfochtene Selbstverpflichtungsprinzip mit seinen Kriterien. Es geht nicht um die Frage, ob eine tatsächliche Übernahme oder ein wirksamer Vertrag gegeben ist. Entscheidend ist vielmehr, wann sich jemand bei Strafe zum Rechtsgüterschutz verpflichtet hat. *Das* kann durch einen Vertragsschluss aber auch unabhängig davon durch sonstiges Verhalten geschehen, solange die Kriterien für eine Selbstverpflichtung erfüllt sind.

3.3.5.4.2 Lösungen auf dem Boden der Selbstverpflichtung im Allgemeinen

Statt punktuell und widersprüchlich auf die fragliche tatsächliche Übernahme abzustellen, hat die Lösung sich strikt am hier verfochtenen Selbstverpflichtungsprinzip und seinen Merkmalen zu orientieren. Dies soll im Folgenden an einigen bekannten, ausgewählten Konstellationen veranschaulicht werden.

3.3.5.4.2.1 Kindermädchen und nicht berufsbedingte Selbstverpflichtungen

Das zuvor erörterte Kindermädchen erlangt bereits mit der Verpflichtung gegenüber den Eltern und nicht erst mit Dienstantritt eine Garantenstellung. Die mit den Eltern getroffene Vereinbarung erfüllt alle Merkmale einer Selbstverpflichtung[1693]. Dadurch ist die Garantenstellung nicht von der zivilrechtlichen Wirksamkeit der Vereinbarung abhängig, da die Selbstverpflichtung von eigenen, davon verschiedenen Voraussetzungen abhängt. Zudem behalten die Eltern trotz ihrer Vereinbarung mit dem Kindermädchen ihre Garantenstellung. Der Pflichtinhalt wandelt sich lediglich zu Auswahl- und Kontrollaufgaben.

In dem Schulfall, in dem das Kindermädchen trotz eingegangener Verpflichtung nicht erscheint, die Eltern aber dennoch das Kind allein lassen, ergibt sich die Garantenhaftung der Eltern zwanglos aus deren fortbestehender Garantenpflicht zur Kontrolle des Kindermädchens. Dies gilt jedenfalls in dem Fall, in

1693 Siehe zu diesen hier zweifelsfrei vorliegenden Merkmalen im Detail Teil 2 C IV.

dem das Kindermädchen nicht erfahrungsgemäß zuverlässig ist – beispielsweise, weil es erstmalig engagiert wurde. Inwieweit Kontrollpflichten bei erfahrungsgemäß zuverlässigen Kindermädchen bestehen, ist eine Wertungsfrage im Einzelfall und kann nicht generell beantwortet werden. Bildet man den Fall dahingehend, dass die Eltern noch nicht über entsprechend positive Erfahrungen mit dem Kindermädchen verfügen, hafteten sie als Garanten bei Nichterscheinen des Babysitters. Sie hätten den Dienstantritt des Kindermädchens kontrollieren müssen. Eine Garantenhaftung des Kindermädchens wiederum scheitert nicht an der fehlenden Garantenstellung, sondern beim erstmaligen Engagement daran, dass ihr Vorsatz nicht dahin gehen wird, dass die Eltern ihr Kind trotz ihres Nichterscheinens allein lassen. Geht das Kindermädchen dagegen davon aus, die Eltern verließen sich auf sie, bestehen an ihrem Vorsatz keine Zweifel. Auch die grundsätzlich jederzeit mögliche vorzeitige Beendigung von Garantenstellungen kraft Selbstverpflichtung[1694] scheidet wegen des besonderen Inhalts der Selbstverpflichtung hier aus[1695].

Im nicht-beruflichen-entgeltlichen Kontext sind ebenfalls Garantenstellungen kraft Selbstverpflichtung denkbar. Erklärt sich zum Beispiel der G damit einverstanden, seinen Freund F sicherheitshalber bei dessen Flussdurchschwimmen mit einem Boot zu begleiten, haftet er als Garant kraft Selbstverpflichtung.

3.3.5.4.2.2 Ärzte

Es existiert nicht *die* ärztliche Garantenstellung. Bei ihr ist vielmehr zwischen dem niedergelassenen Arzt, dem Krankenhaus- und dem Bereitschaftsarzt zu differenzieren. Dabei sind insbesondere bei letzterem Bestehen und Umfang der Pflichtposition umstritten. Obwohl alle drei auf der Selbstverpflichtung basieren, unterschieden sie sich in ihrer konkreten Konstruktion.

Niedergelassener Arzt

Die Garantenstellung des niedergelassenen Arztes gegenüber seinen Patienten lässt sich problemlos bejahen. Der Patient bittet den Arzt regelmäßig, indem er diesen in dessen Praxis aufsucht, um seinen fachlichen Beistand. Der Arzt wiederum erklärt durch den freiwilligen Realakt der Behandlungsübernahme seine Pflicht, im Rahmen seiner ärztlichen Aufgaben für die Gesundheit und das Leben des Patienten zu sorgen. Der Zweck des Rechtsgüterschutzes tritt hier offen zu Tage.

1694 Vgl hierzu allgemein Teil 3 B II 2 a.

1695 Siehe zum Ausschluss der vorzeitigen Beendbarkeit bis der ursprünglich Schutzzuständige wieder Schutz gewähren kann Teil 3 B II 2 a aa (3).

Entsprechend der hier vertretenen Ansicht begründet deshalb auch schon die telefonische Behandlungszusage, in der beispielsweise ein Hausbesuch zugesagt wird, eine Garantenstellung. Bereits diese Zusage bildet den freiwilligen Realakt des Arztes einschließlich der Einigung mit dem Patienten. Durch das Abstellen auf die Selbstverpflichtung mit ihren Merkmalen lassen sich die an der tatsächlichen Übernahme kritisierten Widersprüche vermeiden[1696]. Solange allerdings der Arzt die Behandlung des Patienten nicht zugesagt hat, fehlt es am erforderlichen Realakt. Auf Grund des Freiwilligkeitserfordernisses existiert zudem keine strafrechtliche Pflicht des niedergelassenen Arztes, die Behandlung eines Patienten zu übernehmen. Ohne einen die Selbstverpflichtung begründenden Realakt haftet der Arzt nur wie der Jedermann nach § 323c StGB.[1697]

Krankenhausarzt

Auf den ersten Blick scheint die Begründung der Selbstverpflichtung des Krankenhausarztes parallel zu derjenigen des niedergelassenen Arztes zu verlaufen. Mit Beginn der Behandlung des Patienten nehmen die behandelnden Ärzte die garantenstellungskonstituierenden Realakte vor. Tatsächlich erfolgt die Begründung der Garantenstellung hier auf anderem Wege. Ginge man statt dessen entsprechend dem niedergelassenen Arzt vor, ergäben sich mitunter erhebliche Schwierigkeiten.

Wird beispielsweise ein bewusstloses Unfallopfer in das Krankenhaus eingeliefert, kann – ähnlich wie beim Kleinkind – konstitutionell bedingt keine Einigung zwischen Garant und Schutzzuständigem erfolgen. Nähme man eine solche auch hier zwischen behandelndem Arzt und bewusstlosem Unfallopfer an, könnte man zu Recht gegen das Einigungsmerkmal den Vorwurf der Beliebigkeit und Unbestimmtheit erheben. Im Verhältnis zwischen Arzt und Rechtsgutsträger kann in diesen Fällen keine Selbstverpflichtung ausgemacht werden.

Weiter ergäben sich Schwierigkeiten, zu einer axiologisch akzeptablen Lösung zu gelangen, wenn der zum Dienst in der Unfallambulanz eingeteilte Arzt A seinen Dienst wegen einer durchzechten Nacht nicht antritt. Verstirbt nun ein eingeliefertes Unfallopfer, weil es objektiv unmöglich war, rechtzeitig einen Ersatz herbeizurufen, schiede jegliche strafrechtliche Haftung des A aus. In Ermangelung seiner Anwesenheit kann der A keinen eine Selbstverpflichtung be-

1696 Zu dieser Kritik siehe Teil 2 C V 4 a aa.

1697 Einhellig, überwiegend ohne Differenzierung zwischen den verschiedenen Ärzten eine Garantenstellung annehmend: RGSt 74, 35; BGHSt 7, 211; BGH LM Nr. 6 zu § 230; BGH NJW 1979, S. 1258 f.; BayObLG JZ 1973, S. 319; OLG Hamm NJW 1975, S. 604; *Arzt*, JA 1980, S. 653; *Freund*, AT, § 6, Rn. 87; *Kühl*, AT § 18, Rn. 72; Schönke/Schröder-*Stree*, § 13, Rn. 28a; *Wessels/Beulke*, Strafrecht AT, Rn. 720.

gründenden Realakt gegenüber dem eingelieferten Unfallopfer vorgenommen haben. Ein Rückgriff auf die Rechtsfigur der *omissio libera in causa* scheidet ebenfalls aus, da diese das Bestehen einer Garantenstellung voraussetzt, welche hier gerade noch nicht begründet worden ist. Diese völlige Straflosigkeit des A ist axiologisch nicht hinnehmbar[1698].

Die vorstehend illustrierten Schwierigkeiten ergeben sich allerdings nur, weil der Blick ausschließlich auf eine Selbstverpflichtung gegenüber dem schutzzuständigen Rechtsgutsträger, dem Patienten, gerichtet worden ist. Neben diesem nach dem Eigenverantwortlichkeitsprinzip Zuständigen ist zum Schutze der Rechtsgüter des Menschen aber anlässlich seiner zweckgerichteten Konstituierung ebenfalls der Staat zuständig. Die im freiheitlichen Urzustand befindlichen Menschen schließen sich um des staatlichen Schutzes willen zu einer Gemeinschaft zusammen, geben ihre natürliche Freiheit zugunsten einer gesellschaftlichen Ordnung auf[1699]. Daher ist neben dem Rechtsgutsträger selbst immer auch der Staat jedenfalls für den Schutz des Lebens und der Gesundheit zuständig. Um diese Schutzaufgabe zu erfüllen, schafft nun der Staat entweder – im Falle öffentlich-rechtlicher Träger selbst – mit den Krankenhäusern eine schützende Einrichtung oder ihm gegenüber verpflichtet sich bei einem privaten Träger im Rahmen eines Zulassungsverfahrens eine private Einrichtung zum Schutze der Menschen. Mittels der Krankenhäuser gewährleistet der Staat eine medizinische Grundversorgung der Bevölkerung und kommt seiner Schutzverpflichtung nach, da der Mensch generell und die niedergelassene Ärzteschaft nur unzureichenden Schutz zu leisten vermögen. Über die Rückbindung an den Staat sind damit auch die Krankenhäuser für den Gesundheitsschutz zuständig.

Die wiederum in den Krankenhäusern tätigen Ärzte verpflichten sich mit ihrer Anstellung durch einen freiwilligen Realakt gegenüber der schutzzuständigen Einrichtung Krankenhaus, im Rahmen ihrer dienstlichen Obliegenheiten die eingelieferten Patienten zu schützen. Die mit der Anstellung übernommene Garantenstellung wird sodann praktisch konkretisiert, indem der Arzt in der im Dienstplan vorgesehenen Zeit eine Garantenpflicht zum Schutze der in seinen Zuständigkeitsbereich fallenden Patienten hat.

Auf diese Weise ist nicht nur die Garantenstellung von Krankenhausärzten erklärbar, sondern zugleich können die geschilderten Schwierigkeiten bewältigt werden. Im ersten Fall besteht die Garantenstellung des Arztes mit seiner Anstellung und damit im Rahmen des Dienstplans gegenüber dem eingelieferten, bewusstlosen Unfallopfer. Im zweiten Fall trifft den Arzt nun die Garantenpflicht, pünktlich zu den im Dienstplan vorgesehenen Zeiten seinen Dienst zu

1698 Dieses Beispiel spricht zudem gegen das Merkmal „tatsächliche Übernahme".

1699 Grundlegend *Rousseau*, Der Gesellschaftsvertrag oder die Grundsätze des Staatsrechts.

versehen. Kommt er dieser Pflicht nicht nach, haftet er wegen eines unechten Unterlassungsdelikts, konstruktiv möglicherweise über die Rechtsfigur der *omissio libera in causa*. Sollte er dagegen unverschuldet dienstunfähig sein, so scheitert eine strafrechtliche Haftung bereits am Fehlen der physisch-realen Möglichkeit, die geschuldete Handlung vorzunehmen. Im Übrigen kann er, wie jeder andere Selbstverpflichtungsgarant, außer zur Unzeit jederzeit die Garantenstellung völlig unabhängig von dafür bedeutungslosen zivilrechtlichen Kündigungsfristen beenden[1700].

Bereitschaftsarzt

Äußerst kontrovers wird beurteilt, inwieweit ein Bereitschaftsarzt eine Garantenstellung innehat. Dies betrifft die Fälle, in denen der Bereitschaftsarzt sich einer Inanspruchnahme verweigert und die Behandlung des Hilfesuchenden gar nicht erst übernimmt[1701]. Der engsten Ansicht zufolge ist genau ein solcher ausdrücklicher Übernahmeakt zur Begründung einer Einstandspflicht nach § 13 StGB nötig, da es andernfalls an einer konkreten Obhutsbeziehung fehle und ein Rettungsmonopol auch sonst nur zu einer Haftung nach § 323c StGB führe[1702]. Die Gegenposition nimmt dagegen stets eine Garantenstellung des Bereitschaftsarztes für Notfallpatienten an[1703]. Einer dritten, vermittelnden Ansicht zu Folge besitze der Bereitschaftsarzt nur dann eine Garantenstellung, wenn der Hilfesuchende bereits als Patient bei einem anderen Arzt in Behandlung ist. Nur dann übernehme der Bereitschaftsarzt vorübergehend dessen Schutzposition. Wende sich dagegen ein bislang noch nicht in Behandlung Befindlicher an den Bereitschaftsarzt, treffe diesen nur die Jedermannspflicht nach § 323c StGB[1704].

Der ersten, restriktivsten Ansicht ist insofern beizupflichten, dass eine Monopolstellung in der Tat kein tragfähiges Garantenstellungskriterium ist[1705]. Soweit hingegen mit dem Fehlen einer konkreten Obhutsbeziehung argumentiert wird, kann dem nicht gefolgt werden. Der persönliche Kontakt zwischen Garant und Rechtsgutsträger kann damit wegen der gemeinhin angenommenen Garan-

1700 Ausführlich zur Beendigung von Garantenstellungen bei Teil 3 B.

1701 In dem Fall der Behandlungsübernahme entsteht dagegen kein Problem, da bei ihr selbst nach der engsten Ansicht eine Garantenstellung zu bejahen ist.

1702 *Schünemann*, Grund und Grenzen, S. 353.

1703 BGHSt 7, 211 f.; OLG Hamm NJW 1975, S. 604 f.; OLG Köln NJW 1991, S. 764; AG Jever MDR 1991, S. 461; *Freund*, Erfolgsdelikt und Unterlassen, S. 291; *Gropp*, AT, § 11, Rn. 28; *Jakobs*, Strafrecht AT, 29/47; *Jescheck/Weigend*, AT, § 59 IV 3 c; *Kühl*, AT § 18, Rn. 74; NK-*Seelmann*, § 13, Rn. 101; Schönke/Schröder-*Stree*, § 13, Rn. 28a; *Fischer*, § 13, Rn. 7.

1704 *Ranft*, JZ 1987, S. 914; *Roxin*, AT, Bd. 2, § 32, Rn. 75; SK-*Rudolphi*, § 13, Rn. 61.

1705 Ausführlich zu dessen Ablehnung unter Teil 2 B I 3 b.

tenstellung des mit den Eltern (und nicht mit dem Kind) eine Vereinbarung treffenden Kindermädchens ersichtlich nicht gemeint sein. Die insoweit intrasystematisch durchaus konsequent in Bezug genommenen Garantenmerkmale der jeweiligen Autoren stellen kein eigenständiges Argument dar und sind bereits mit der Ablehnung dieser Garantenlehren verworfen worden[1706]. Dass nach deren Ansätzen eine Garantenstellung des Bereitschaftsarztes abzulehnen ist, liefert eher ein Argument gegen eben diese Ansätze, als eines gegen die bereitschaftsärztliche Pflichtenstellung. Denn es wäre doch sehr verwunderlich, wenn den Bereitschaftsarzt, dessentwegen die Pflichten anderer Ärzte erheblich eingeschränkt sind[1707], keine andere strafrechtliche Pflicht träfe, in Notfällen Patienten zu helfen, als einen beliebigen Dritten – der vermutlich wiederum auf den Bereitschaftsarzt mangels eigener Fachkenntnis verweisen wird.

Gegen die vermittelnde Ansicht spricht, dass nach ihr die Garantenstellung letztlich von dem Zufall abhängt, ob der Hilfsbedürftige von einem Leiden heimgesucht wird, dessentwegen er bereits in Behandlung ist oder nicht. Im Übrigen könnte sich der untätig gebliebene Bereitschaftsarzt im Haftungsfall stets einer über die Jedermannshaftung nach § 323c StGB hinausgehenden Vorsatzstrafbarkeit wie der nach §§ 223, 13 StGB entledigen, indem er die Behauptung aufstellte, er sei davon ausgegangen, der Patient sei noch nicht in Behandlung gewesen. Denn mit dieser oftmals schwer zu widerlegenden Behauptung fehlte ihm die Kenntnis der garantenstellungsbegründenden Umstände. Praktisch liefe die Schutzwirkung einer ärztlichen Garantenstellung für Notfälle nach der vermittelnden Ansicht oft leer. Denn Notfälle treten um so seltener ein, wenn der Patient bereits in Behandlung ist und therapiert wird. Bei überraschenden Erkrankungen, die bislang unbekannt und unbehandelt sind, bestünde dagegen keine Garantenpflicht des Bereitschaftsarztes. Daher führt die vermittelnde Ansicht zu dem axiologisch fragwürdigen Ergebnis, dass die bereits behandelten und deshalb in aller Regel besser versorgten Patienten größeren strafrechtlich Schutz genießen als diejenigen, die unerwartet von einer bisher unbekannten Erkrankung heimgesucht werden. Offensichtlich ist aber das Bedürfnis nach Hilfe im letzteren Fall besonders groß. Es ist aber nicht einzusehen, warum die Schutzbedürftigsten am schutzlosesten zu stellen sein sollten. Demzufolge ist mit der Rechtsprechung und der herrschenden Meinung in der Literatur stets eine Garantenstellung des Bereitschaftsarztes anzunehmen[1708].

1706 Zur Kritik an der Herrschaftslehre *Schünemann*s, siehe Teil 2 B VIII 1 b.

1707 So sinngemäß BGHSt 7, 212.

1708 BGHSt 7, 211 f.; OLG Hamm NJW 1975, S. 604 f.; OLG Köln NJW 1991, S. 764; AG Jever MDR 1991, S. 461; *Freund*, Erfolgsdelikt und Unterlassen, S. 291; *Gropp*, AT, § 11, Rn. 28; *Jakobs*, Strafrecht AT, 29/47; *Jescheck/Weigend*, AT, § 59 IV 3 c; *Kühl*, AT § 18, Rn. 74; NK-*Seelmann*, § 13, Rn. 101; Schönke/Schröder-*Stree*, § 13, Rn.

Zur Begründung dieser besonderen Einstandspflicht muss auch nicht auf die wenig überzeugende Schutzbedürftigkeit der Notleidenden und Monopolstellung der Bereitschaftsärzte verwiesen werden. Sie erfolgt vielmehr auf Basis der bisherigen Überlegungen und damit analog zu derjenigen der Krankenhausärzte. Die kassenärztliche Bundesvereinigung und die kassenärztlichen Vereinigungen der jeweiligen Bundesländer sind öffentlich-rechtliche Körperschaften und damit wie die Krankenhäuser vom Staat geschaffene (oder zugelassene) Gebilde, die auch der Gesundheitsfürsorge dienen. Dieser Zweck kommt explizit in den §§ 72 ff. des SGB V zum Ausdruck, wenn es heißt, sie dienten der Sicherstellung der – auch ambulanten – kassenärztlichen Versorgung und der Überwachung der Pflichten der Vertragsärzte. Daher erfüllt der Staat – wie mit den Krankenhäusern – mit den kassenärztlichen Vereinigungen die ihm mit der Staatsgründung übertragenen, im Grundgesetz statuierten Schutzpflichten. Bereitschaftsärzte wiederum haben ihre Pflichten gegenüber den kassenärztlichen Vereinigungen durch einen freiwilligen Realakt übernommen, der zumindest auch den Schutz des Rechtsguts Gesundheit bezweckt. Daher geht der Bereitschaftsarzt letzten Endes gegenüber dem schutzzuständigen Staat, konkret der Kassenärztlichen Vereinigung, eine Selbstverpflichtung ein, die ihn gegenüber hilfesuchenden Patienten verpflichtet. Diese Pflicht trifft ihn konsequenterweise unabhängig davon, ob der Patient bereits in ärztlicher Behandlung gewesen ist und ob ein ausdrücklicher Übernahmeakt im Sinne der engsten Ansicht stattgefunden hat.

3.3.5.4.3 Der Wandererfall im Besonderen

Der auf *Traeger*[1709] zurückgehende Wandererfall spielt in der Unterlassungsdogmatik eine große Rolle. Jede Garantenlehre hat an ihm ihre Verallgemeinerbarkeit zu beweisen oder aber gute Gründe dafür zu liefern, warum von der – soweit ersichtlich – einstimmigen Lösung des Falles abgewichen wird.

3.3.5.4.3.1 Der straflose Wanderer

Der Ausgangsfall wird in zwei identisch zu lösenden Varianten gebildet. Ein Wanderer W stößt an einer einsamen Stelle auf einen Verunglückten. In der ersten Alternative leistet W zunächst Hilfe, bricht diese aber vor ihrem Abschluss ab und überlässt den Verunglückten seinem Schicksal. In der zweiten Alternative verspricht W, Hilfe zu holen, nimmt von diesem Vorhaben aber später Abstand und lässt den Hilfsbedürftigen im Stich. Einstimmig sind Rechtsprechung

28a; *Fischer*, § 13, Rn. 7.

1709 *Traeger*, Enneccerus-Festgabe, S. 87.

und Literatur der Ansicht, weder die tatsächlich zunächst geleistete Teilhilfe[1710] noch die verbindliche Hilfszusage[1711] begründeten eine Garantenstellung des W. Dieser hafte strafrechtlich ausschließlich nach § 323c StGB. Es wird ausgeführt, der W dürfe nicht schlechter stehen als derjenige, der gar nichts unternimmt[1712]. Eine gegenteilige Beurteilung liefe auf die Bestrafung der Andeutung des guten Willens hinaus[1713]. Diese Ergebnisse und die zu ihrer Begründung vorgetragenen Argumente überzeugen.

Als Exkurs sei allerdings folgende kritische Anmerkung gestattet: Erstaunlicherweise wird an dem Merkmal und der Kennzeichnung „Garantenstellung aus tatsächlicher Übernahme" festgehalten, obwohl die tatsächlich geleistete Teilhilfe nichts anderes als eine solche tatsächliche Übernahme darstellt[1714], man dort aber eine besondere Einstandspflicht verneint.

Bei oberflächlicher Betrachtung scheint das Selbstverpflichtungsprinzip hingegen zumindest in einer Variante zu einer Garantenstellung zu gelangen. Bereits bei der Kritik an dem Merkmal „tatsächlicher Übernahme" ist die dogmatisch strikte Trennung von Pflichtbegründung und deren Erfüllung gefordert worden[1715]. Daher kann allein der Beginn einer Hilfeleistung ohne weitere Umstände nicht zur Begründung einer Garantenpflicht führen. Hilfe-Leisten hat nun nicht immer automatisch die Bedeutung, sich zur Hilfe zu verpflichten.

Nicht ganz so einfach liegen die Dinge dagegen bei der Zusage von Hilfe, die zudem in der Praxis wohl regelmäßig eine tatsächliche Hilfeleistung begleiten wird. Diese Zusage bildet einen sinnlich wahrnehmbaren Realakt, mit gerade dem Zweck des Rechtsgüterschutzes. Zwar muss nicht immer ein Verpflichtungscharakter gegeben sein, aber der Fall ist jedenfalls auch so bildbar, dass eine Verpflichtung mit dem Zweck des Rechtsgüterschutzes eingegangen wurde. Auf den ersten Blick wäre das Ergebnis eine garantenstellungsbegründende Selbstverpflichtung.

1710 BGHSt 26, 39; BGH NStZ 1994, S. 84; BayObLG NJW 1953, S. 556; OLG Celle NJW 1960, S. 1940; *Arzt*, JA 1980, S. 713; Schönke/Schröder-*Eser*, § 221, Rn. 10; *Roxin*, AT, Bd. 2, § 32, Rn. 61; *Schünemann*, Grund und Grenzen, S. 351.

1711 *Bärwinkel*, Struktur der Garantieverhältnisse bei den unechten Unterlassungsdelikten; S. 121; *Brammsen*, Entstehungsvoraussetzungen von Garantenpflichten, S. 205, Fn. 309; *Otto*, AT, § 9, Rn. 66; *Roxin*, AT, Bd. 2, § 32, Rn. 61; *Schünemann*, Grund und Grenzen, S. 351; *Stree*, H. Mayer-FS, S. 152 f.

1712 *Roxin*, AT, Bd. 2, § 32, Rn. 61.

1713 *Stree*, H. Mayer-FS, S. 153.

1714 Es sei denn, man versteht unter „tatsächlicher Übernahme" mit dem sachlich richtigen Ergebnis (jedenfalls im Wandererfall) aber terminologisch fragwürdig den Verzicht bzw. Wegfall anderweitigen Schutzes, so Schönke/Schröder-*Stree*, § 13, Rn. 28.

1715 Siehe dazu Teil 2 C V 4 a aa.

Dabei ignorierte man allerdings die Herleitung und das eigentliche Ziel der zwei Grundregeln[1716], von denen die Selbstverpflichtung eine darstellt. Zweck war der Erhalt des freiheitlichen Urzustandes des in Gesellschaft lebenden Menschen. Die zweite Grundregel der verbindlichen Selbstverpflichtung schränkt nun – wie jede Regel – die Freiheit ein. Gerechtfertigt wurde dies aber nicht allein mit dem freiheitsbewahrenden Rechtsgüterschutz. Wäre dieser allein ausschlaggebend, wäre eine allgemeine Solidarpflichtregel die Folge, die dazu verpflichtete, jederzeit im Notfall anderen drohende Schäden abzuwenden. Eine solche umfassende Inpflichtnahme kostete per saldo den permanent zum Altruismus verpflichteten Menschen mehr an Freiheit, als der Rechtsgüterschutz an Freiheitsgewinn eintrüge. Aber auch eine selbst auferlegte Pflicht genügt als Rechtfertigung der pflichtbedingten Freiheitsbeschränkung allein nicht. Die Grundregel der verbindlichen Selbstverpflichtung ist zwar mit den freiheitsschützenden und -gewährenden Effekten des Rechtsgüterschutzes, vor allem aber auch damit zu legitimieren, dass der Zusageempfänger von Selbstschutzmaßnahmen und der permanenten Kontrolle der Einhaltung der Schutzzusagen Dritter entlastet wird. Zum Beispiel wird der Ladeninhaber mit dem Engagieren eines Nachtwächters und dessen darin liegender, verbindlicher Selbstverpflichtung nicht bloß in seinen im Laden befindlichen Gütern geschützt, sondern auch dadurch entlastet, dass er selbst nicht mehr in Person, mittels technischer Maßnahmen oder einem anderen Detektiv für Sicherheit sorgen und den Nachtwächter hinsichtlich der Einhaltung nicht mehr permanent kontrollieren muss. Diese, die Freiheitsbeschränkung durch Regelauferlegung rechtfertigenden Entlastungsfunktionen sind aber im Wandererfall nicht vorhanden. Weder könnte der Verunglückte selbst noch in irgendeiner hilfreichen Weise für sich sorgen, noch ist er in der Lage, die Pflichteinhaltung des Wanderers zu kontrollieren. Daher unterscheidet sich der freiheitsschützende Effekt bei einer Zusage und deren Einhaltung nicht von demjenigen, den die Befolgung der Pflicht aus § 323c StGB hätte[1717]. Wenn unter Freiheitsschutzgesichtspunkten aber kein Unterschied besteht zwischen den Pflichten des Jedermanns und des Garanten, ist auch eine höhere Strafe nicht zu rechtfertigen. Zu Recht spricht *Roxin* von einer „rein situativen Abhängigkeit" des Unglücksopfers[1718]. Letztlich stellt damit die Schutzzusage lediglich die Ankündigung dar, die Pflichten aus § 323c StGB zu

1716 Bezüglich beider siehe Teil 2 C III.

1717 Der zudem verpflichtende § 323c StGB stellt demgegenüber nur eine deutliche engere, weniger strafbewehrte, rudimentäre Regelung einer Solidarpflicht mit Ausnahmecharakter dar. Unter Freiheitsschutzgesichtspunkten ist er allerdings nicht unproblematisch, wohl aber noch hinzunehmen; ausführlicher dazu bei Teil 2 C III 3.

1718 *Roxin*, AT, Bd. 2, § 32, Rn. 62.

erfüllen[1719], und nicht eine darüber hinausgehende Pflichtbegründung. Darüber hinaus könnte man im Zusammenhang mit § 323c StGB genau genommen bezweifeln, ob überhaupt ein *freiwilliger* Realakt gegeben ist, und könnte möglicherweise bereits deshalb eine Selbstverpflichtung ablehnen[1720]. Insgesamt ist demzufolge die freiheitsbeschränkende, besonders strafbewehrte Inpflichtnahme des Wanderers als Garant auf Grundlage der hier vertretenen Garantenlehre abzulehnen.

3.3.5.4.3.2 Der strafbare Wanderer

Daneben wird der Wandererfall dahingehend variiert, dass wegen der zu diesem Zeitpunkt noch von Rettungsabsicht getragenen[1721] Hilfszusage des Wanderers anderweitige Schutzmaßnahmen unterbleiben, also beispielsweise ein anwesender Dritter deswegen seinerseits darauf verzichtet zu helfen, und der W wiederum später nicht hilft. Hier wird nun, soweit ersichtlich ebenfalls einstimmig, eine Garantenstellung des W angenommen[1722]. Obwohl in den Formulierungen durchaus unterschiedlich wird weit überwiegend gefordert, dass das Verhalten des Wanderers ein Element der Gefahrschaffung aufweisen müsse; zumindest insoweit, dass bestimmte Rettungschancen vereitelt würden, beispielsweise durch Verzicht auf Hilfe durch einen Dritten[1723]. Diese Ansicht verdient Zustim-

1719 Ebenso *Herzberg*, Die Unterlassung im Strafrecht, S. 354; *Roxin*, AT, Bd. 2, § 32, Rn. 61.

1720 Allgemein steht § 323c StGB einer freiwilligen Selbstverpflichtung nicht entgegen, da jedenfalls die besonders strafbewehrte, gesteigerte Verpflichtung freiwillig eingegangen wird.

1721 Sollte die Zusage bereits mit dem Vorsatz, nicht zu helfen, getroffen werden, läge ein Begehungsdelikt vor, wobei in diesem Zusammenhang unerheblich ist, ob man konstruktiv unmittelbare oder mittelbare, so *Brammsen*, Entstehungsvoraussetzungen von Garantenpflichten, S. 204, Täterschaft annimmt.

1722 BGHSt 26, 39; BGH NStZ 1994, S. 84; *Arzt*, JA 1980. S. 713; *Bärwinkel*, Struktur der Garantieverhältnisse bei den unechten Unterlassungsdelikten; S. 122; *Brammsen*, Entstehungsvoraussetzungen von Garantenpflichten, S. 204; Schönke/Schröder-*Eser*, § 221, Rn. 10; *Otto*, AT, § 9, Rn. 66; *Roxin*, AT, Bd. 2, § 32, Rn. 62; *Schünemann*, Grund und Grenzen, S. 351; Schönke/Schröder- *Stree*, § 13, Rn. 27.

1723 BGHSt 26, 39 und *Otto*, AT, § 9, Rn. 66 („Verschlechterung der Situation"); *Arzt*, JA 1980. S. 713; *Bärwinkel*, Struktur der Garantieverhältnisse bei den unechten Unterlassungsdelikten; S. 122; Schönke/Schröder- *Stree*, § 13, Rn. 27; *ders.*, H. Mayer-FS, S. 155, 157 (alle drei vorstehenden Autoren: Element der Gefahrschaffung); Schönke/Schröder-*Eser*, § 221, Rn. 10 („wesentliche Veränderung" im Sinne einer Risikosteigerung; *Roxin*, AT, Bd. 2, § 32, Rn. 62 („Preisgabe anderer Rettungsmöglichkeiten"); *Schünemann*, Grund und Grenzen, S. 351 („anfälligkeitsverändernd" im Sinne einer Gefahrerhöhung).

mung. Zwar kommt auch hier aus den oben genannten Gründen[1724] eine garantenstellungsbegründende Selbstverpflichtung nicht in Betracht. Statt dessen ergibt sich richtigerweise eine Einstandspflicht nach § 13 StGB unter dem Gesichtspunkt des gefahrschaffenden Vorverhaltens[1725].

Dagegen vermag der vereinzelt in der Rechtsprechung vertretene Standpunkt, eine „wesentliche Situationsveränderung" genüge zur Annahme einer Garantenstellung, nicht zu überzeugen[1726]. Obwohl dort als Situationsveränderungen der Ausschluss anderer Rettungsmöglichkeiten und die Begründung neuer Gefahren beispielhaft erwähnt („...insbesondere...") werden, ist nicht davon auszugehen, dass es sich bei der Formulierung „Situations*veränderung*" lediglich um eine sprachliche Ungenauigkeit handelt und in der Sache „Situationsverschlechterung" gemeint ist. Der Begriff Veränderung ist in diesem Zusammenhang jedoch zu weit. Wenn schon nicht in einer Hilfszusage eine Veränderung erblickt wird, was aber durchaus möglich erscheint, so ist eine solche zumindest mit Beginn der Hilfeleistung anzunehmen. Dann aber würden genau jene Fälle erfasst, in denen zuvor mit guten Gründen eine Garantenstellung abgelehnt worden ist. Ließe man eine Veränderung genügen, entstünden zudem Wertungswidersprüche mit bestimmten anerkannten Konstellationen aus der objektiven Zurechnung oder – je nach Fallgestaltung – der Rechtfertigungslehre. Dort wird eine Zurechnung des schädlichen Erfolgs verneint oder eine Rechtfertigung angenommen, wenn der Erfolg auf eine vom Täter begründete Gefahr zurückgeht, die aber Folge einer Risikominderung ist. Droht beispielsweise dem Verunglückten der Tod und der Wanderer leistet Erste Hilfe, unterlässt dann aber weitere Hilfsmaßnahmen mit dem Ergebnis, dass dem Opfer lediglich ein Bein amputiert werden muss, ist je nach dem, ob eine neue Gefahr begründet (dann Rechtfertigung nach § 34 StGB oder wegen einer mutmaßlichen Einwilligung) oder das Risiko einer bestehenden Gefahr gemindert worden ist (dann keine objektive Zurechnung), eine Strafbarkeit des W abzulehnen trotz der Situationsveränderung. Mit dem Begriff „Veränderung" würden aber auch solche Risikominderungen erfasst. Daher ist die zweitgenannte Position abzulehnen.

3.3.5.4.4 Der Wohnungsinhaber im Besonderen

Viel diskutiert ist auch die Garantenstellung des Wohnungsinhabers. Dabei sind zunächst zwei unterschiedliche Schadensursachen und damit Aufgaben zu unterscheiden. Da es sich bei der Wohnung um eine Sache handelt, ist relativ unstrei-

---

1724 Siehe unmittelbar zuvor Teil 2 C V 4 c aa.

1725 So auch *Stratenwerth*, Strafrecht AT, Rn. 999; *Stree*, H. Mayer-FS, S. 155, 157; ausführlicher zur Ingerenz bei Teil 2 C III 4 c.

1726 BGH NStZ 1994, S. 84; kritisch dem gegenüber: *Hoyer*, NStZ 1994, S. 85.

tig, dass der jeweilige Wohnungsinhaber die Sache „Wohnung" als Gefahrenquelle abzuschirmen und unmittelbar aus dieser stammenden Gefahren entgegen zu treten hat[1727]. So hat er zum Beispiel dafür zu sorgen, dass niemand in seiner Wohnung auf Grund eines losen Treppengeländers zu Schaden kommt oder dass niemand durch einen von seinem Balkon herabstürzenden Blumenkasten verletzt wird. In all diesen Fällen bildet die Sache Wohnung die abzuschirmende, unmittelbare, sächliche Gefahrenquelle.

Dies deckt sich mit der hier vertretenen Auffassung. Auf Basis des Neminem-laede-Prinzips[1728] verfügt der Wohnungsinhaber über die freiwillig erlangte, von einem Herrschaftswillen getragene, faktische Herrschaft über seine Wohnung und hat diese Gefahrenquelle deshalb als Garant zu sichern.

Deutlich schwieriger liegen die Dinge allerdings, wenn die Gefahr nicht von der Sache „Wohnung" unmittelbar selbst ausgeht, sondern Gästen in der Wohnung Schäden durch Straftaten Dritter drohen. Es stellt sich zum Beispiel die Frage, ob der Wohnungsinhaber G die für eine Nacht in seine Wohnung aufgenommene O davor als Garant zu bewahren hat, von dem zu Besuch kommenden Freund F vergewaltigt zu werden[1729]. Die Meinungen darüber, unter welchen Voraussetzungen und mit welcher dogmatischen Konstruktion eine solche Pflicht des Wohnungsinhabers, Straftaten Dritter gegen einen Gast zu verhindern, anzunehmen ist, gehen weit auseinander.

Eine Auffassung stellt auf den Vertrauensgedanken ab, und führt aus, wer einen Gast in seine Wohnung bitte, schaffe einen Vertrauenstatbestand dahingehend, dass er ihm bei „schwerwiegenden Gefahren" zur Seite stehe und „nicht in eine Räuberhöhle" gerate[1730]. Der Wohnungsinhaber werde zum „Beschützergaranten"[1731]. Eine restriktivere Position nimmt dagegen eine andere Ansicht ein, nach der die Wohnung wegen ihrer besonderen Beschaffenheit, Eigenart und

---

1727 RGSt 14, 362; BGHSt 30, 396; *Kühl*, AT, § 18, Rn. 112; *Schünemann*, Grund und Grenzen, S. 304 f., 362; Schönke/Schröder-*Stree*, § 13, Rn. 47; *Tenckhoff*, JuS 1978, S. 311; *Wessels/Beulke*, Strafrecht AT, Rn. 723.

1728 Ausführlicher zu den auf dem Neminem-laede-Prinzip basierenden Garantenstellungen und ihren der Herrschaftslehre nahestehenden Merkmalen bei Teil 2 C IV, insbesondere dort 1.

1729 Beispiel gebildet in Anlehnung an BGHSt 27, 10.

1730 BGHSt 27, 13; *Krey*, Strafrecht AT, Bd. 2, Rn. 359; *Kühl*, AT, § 18, Rn. 113; *Otto*, AT, § 9 Rn. 89 f.; *Wessels/Beulke*, Strafrecht AT, Rn. 720; noch weitergehend ohne den Passus „schwere Gefahren" die mittlerweile zu Recht aufgegebene Rechtsprechung in RGSt 58, 30; BGH NJW 1966, S. 1763; BGH GA 1971, S. 338; OLG Karlsruhe GA 1971, S. 283.

1731 So ausdrücklich *Krey*, Strafrecht AT, Bd. 2, Rn. 359; *Wessels/Beulke*, Strafrecht AT, Rn. 720 ordnen den Fall dort ein.

Lage eine Gefahrenquelle darstellen müsse, zu deren Sicherung der Inhaber verpflichtet sei. Die Wohnung dürfe nicht ein beliebig austauschbarer Ort zur Tatbegehung sein, sondern müsse zum maßgeblichen Faktor für die Durchführung einer Straftat oder die Sicherung von Taterfolgen werden; zum Beispiel, wenn der Angriff auf das Opfer durch die Gestaltung der Wohnung erleichtert werde oder bestimmte Räumlichkeiten als Beutelager zur Verfügung gestellt werden.[1732] Eine dritte Meinung schließlich zieht die Grenze noch enger und fordert, die Räumlichkeit müsse unmittelbar als Gefahrenquelle fungieren[1733].

Gegen die erstgenannte Position sprechen bereits die ausführlich gegen den Vertrauensgedanken vorgebrachten Bedenken[1734]. Hinzu kommt im hiesigen Fall, dass das Vertrauenselement hier deutlich schwächer ausgeprägt ist, als in anderen anerkannten Garantenstellungskonstellationen. So fehlt es an einem vertrauensschaffenden Gefahrenmoment ebenso wie am intensiven Vertrauen innerhalb enger persönlicher Fürsorge- und Vertrauensverhältnisse wie zwischen Eltern und Kind oder Lebenspartnern oder an einer vertrauensstiftenden, ausdrücklichen Schutzzusage wie der eines Kindermädchens gegenüber den Eltern. Vergleicht man den dort vorhandenen Vertrauenstatbestand mit dem diffusen Vertrauen, in der Wohnung eines anderen irgendwie, notfalls durch den Wohnungsinhaber, geschützt zu sein, kommt man nicht umhin, in letzterem Fall ein deutliches Qualitätsminus hinsichtlich des Vertrauenstatbestandes auszumachen. Vergleicht man außerdem das Vertrauen in den Schutz durch eine Wohnung und deren Inhaber, den der Gast noch nicht mal vorher zu kennen braucht, mit demjenigen, dass einem guten Freund entgegengebracht wird, entstehen unausräumbare Zweifel an der Annahme einer Garantenstellung auf Grund Vertrauens in diesen Konstellationen. Wenn anerkanntermaßen noch nicht mal den guten, langjährigen Freund eine Garantenstellung trifft, muss dies erst recht – *a maiore ad minus* - für den möglicherweise gänzlich unbekannten, sicherlich weniger Vertrauen genießenden Wohnungsinhaber gelten. Zudem stellt die Annahme, dass das Vertrauen hier über § 13 StGB und nicht § 323c StGB zu schützen ist, eine *petitio principii* dar. Zwar steht der Wohnungsinhaber dem Gast nicht wie

---

1732 BGHSt 30, 396; BGH wistra 1993, S. 59; BGH StV 1999, S. 212; OLG Stuttgart, JuS 1981, S. 381 f.; KG NStZ 1998, S. 571 f.; *Reus/Vogel*, MDR 1990, S. 874; *Roxin*, AT, Bd. 2, § 32, Rn. 120; *Schünemann*, Grund und Grenzen, S. 361; Schönke/Schröder-*Stree*, § 13, Rn. 54; *Tenckhoff*, JuS 1978, S. 311; *Fischer*, § 13, Rn. 12; *Wessels/Beulke*, Strafrecht AT, Rn. 720, die bemerkenswerterweise auch diese restriktivere Position einnehmen wollen.

1733 MK-*Freund*, § 13, Rn. 144; *ders.*, Erfolgsdelikt und Unterlassen, S. 239 f.

1734 Siehe Teil 2 B V; zur Kritik am Vertrauensgedanken in diesem speziellen Fall *Tenckhoff*, JuS 1978, S. 309 f.

ein unbekannter Dritter als Jedermann gegenüber. Aber selbiges trifft auch auf gute Freunde zu, ohne dass sich daraus eine Garantenstellung ergäbe.

Aussichtsreicher erscheint demgegenüber der Anknüpfungspunkt der beiden letztgenannten Ansichten, die in der Sache beide auf eine Pflicht zur Abschirmung der Gefahrenquelle Wohnung abstellen. Allerdings kann der zweiten Position und ihrer Einbeziehung des schädigenden Verhaltens Dritter nicht gefolgt werden, selbst wenn dafür die Wohnung einen maßgeblichen Faktor bildete und die Straftatbegehung durch ihre Eigenart begünstigte. Zunächst muss bezweifelt werden, ob tatsächlich eine Differenzierung zwischen Wohnungen, die einen „maßgeblichen" und denjenigen, die einen unmaßgeblichen Faktor zur Straftatbegehung bilden, gelingen kann[1735].

Das entscheidende Gegenargument liefert indes das aus der Lehre von der objektiven Zurechnung be- und weithin anerkannte Eigenverantwortlichkeitsprinzip, das in der vorliegenden Arbeit auf den freiheitlichen Urzustand des Menschen zurückgeführt worden ist[1736]. Diesem Prinzip zufolge ist grundsätzlich jeder Mensch nur für sein eigenes Verhalten nicht jedoch für das eines eigenverantwortlich handelnden Dritten strafrechtlich verantwortlich. Dieses Prinzip gilt offensichtlich auch für Straftaten innerhalb von Wohnungen und ist dort keineswegs suspendiert. Diesem weithin anerkannten Prinzip widerspricht es aber, eine Haftung für eigenverantwortlich handelnde Dritte anzunehmen. Allein die Tatsache, dass eine fremde Wohnung wegen ihrer Eigenart die Tatbegehung „maßgeblich" beeinflusst, rechtfertigt nicht eine Durchbrechung des Prinzips. Dies wird deutlich, wenn man die „fördernde Wohnung" mit Konstellationen vergleicht, in denen sonst ein fremdes, eigenverantwortliches Verhalten einem anderen zugerechnet wird. Ohne im Detail auf deren jeweilige, strittige Voraussetzungen einzugehen, kommen hier als Vergleichsgegenstände die Mittäterschaft, mittelbare Täterschaft kraft „Organisationsherrschaft" und die beiden Teilnahmeformen in Betracht, da auch dort fremdes eigenverantwortliches Verhalten zugerechnet wird. Während die Mittäterschaft generell ein bewusstes und gewolltes Zusammenwirken der Mittäter erfordert, ist bei der Anstiftung die vorsätzliche Weckung des Tatentschlusses eines anderen zu einer vorsätzlichen Haupttat gefordert und bei der Beihilfe die vorsätzliche Förderung einer fremden, vorsätzlichen Haupttat. Als weitere Konstellation kommt zudem die „Organisationsherrschaft" als Fall der mittelbaren Täterschaft trotz voll verantwortlichem Tatmittler in Frage[1737]. Vergleicht man diese Konstellationen nun mit dem Umstand, dass eine Tat durch frei verantwortliche Dritte maßgeblich durch eine

---

1735 Ebenfalls zweifelnd *Freund*, Erfolgsdelikt und Unterlassen, S. 239, unter Hinweis auf die willkürlich wirkende Differenzierung des OLG Zweibrücken, StV 1986, S. 483 f.

1736 Siehe dazu Teil 2 C II 1 c.

Wohnung beeinflusst wird, fallen gravierende, entscheidende Qualitätsunterschiede auf. Eine mit der „Organisationsherrschaft", dem bewussten und gewollten Zusammenwirken oder der vorsätzlichen Hervorrufung des Tatentschlusses vergleichbare Beteiligung des Wohnungsinhabers, der völlig passiv in seiner „fördernden" Wohnung bleibt, während eigenverantwortliche Dritte unabhängig von ihm Straftaten gegen einen Dritten begehen, ist nicht erkennbar. Daher wäre es axiologisch nicht nachvollziehbar, trotzdem den unterlassenden Wohnungsinhaber gleich einem Begehungstäter zu bestrafen. Demzufolge führt das Abheben auf die Eigenart der Wohnung und ihren Beitrag als Gefahrenquelle zu Taten Dritter zu Wertungswidersprüchen. Je nach Fallgestaltung wäre allenfalls eine Beihilfe des Wohnungsinhabers denkbar, dann aber durch Begehen.

Die Ablehnung der zweiten Meinung wird durch einen weiteren Vergleich gestützt. Soweit nicht der Schutz fremder Rechtsgüter auch vor Angriffen Dritter übernommen ist, – zu dieser Möglichkeit der Garantenstellungsbegründung sogleich Näheres – wird eine Haftung als Garant für fremdes, schädigendes Verhalten nur angenommen, wenn man diese „menschliche Gefahrenquelle" kraft Befehlsgewalt in Autoritätsstellungen oder tatsächlicher Gewalthabe beherrscht[1738]. Eine Befehlsgewalt über Gäste lässt sich jedoch nicht allein auf die Stellung als Wohnungsinhaber stützen[1739]. An diesem Befund vermögen aber bestimmte Eigenarten der Wohnung nichts zu ändern. Allein wegen des Umstands, dass durch die Gestaltung der Wohnung der Angriff auf das Opfer erleichtert wird, kommt dem Inhaber noch keine Befehlsgewalt zu. Es wird keine überzeugende Begründung dafür angeboten, warum im Falle von Straftaten in Wohnungen die sonst eingeforderte Voraussetzung der Befehlsgewalt verzichtbar ist und viel weniger, nämlich lediglich eine maßgebliche Erleichterung von Straftaten, für eine Garantenstellung genügen soll. Es wird begründungslos mit zweierlei Maß gemessen.

Bevor nun auf die dritte Position eingegangen wird, ist wie angekündigt zu prüfen, ob den Wohnungsinhaber eine Schutzpflicht dahingehend trifft, die Rechtsgüter seiner Gäste vor Angriffen Dritter zu bewahren. Der für eine auf dem Selbstverpflichtungsprinzip basierende Garantenstellung erforderliche, freiwillige Realakt könnte in dem Einlass der Gäste in die Wohnung erblickt werden. Dieses Verhalten wird notwendigerweise vom Gast sinnlich wahrgenommen. Weiterhin müsste der Realakt eine Verpflichtung zum Ausdruck bringen,

---

1737 Vgl. zu diesem besonderen Fall der mittelbaren Täterschaft BGHSt 40, 236 f; 40, 316; 42, 68 f.; *Roxin*, Täterschaft und Tatherrschaft, S. 242 ff., 677 f. jeweils m. w. N.

1738 RGSt 53, 292; 71, 176; *Brammsen*, Entstehungsvoraussetzungen von Garantenpflichten, S. 224; *Kühl*, AT, § 18, Rn. 116; Schönke/Schröder-*Stree*, § 13, Rn. 51 f.; *Wessels/Beulke*, Strafrecht AT, Rn. 724; *Winkelbauer*, JZ 1986, S. 1119 f.

1739 Ebenso *Kühl*, AT, § 18, Rn. 117; SK-*Rudolphi*, §13, Rn. 37.

die zumindest auch den Schutz der Rechtsgüter des Gastes bezweckt. Nach dem Beurteilungsmaßstab des objektiven Empfängerhorizonts ist bereits äußerst zweifelhaft, ob der Einlass überhaupt eine Erklärung mit Verpflichtungscharakter enthält – man denke hier nur an den klingelnden Hausierer. Selbst wenn man sich entgegen der hiesigen Einschätzung dazu durchränge, könnte dieser Erklärung keinesfalls *zweifelsfrei* eine Verpflichtung besagten Zwecks entnommen werden. Das bloße Hineinbitten in die eigene Wohnung bringt nicht zweifelsfrei zum Ausdruck, dass der Wohnungsinhaber sich zum Schutze der Rechtsgüter des Gastes vor Angriffen Dritter verpflichtet. Eine Deutung über die Erlaubnis, die Wohnung betreten zu dürfen, hinaus im Sinne einer Verpflichtungserklärung, liefe auf eine Unterstellung hinaus. Auf Basis des Selbstverpflichtungsprinzips entsteht für den Wohnungsinhaber folglich keine Garantenstellung.

Denkbar ist deshalb in Übereinstimmung mit der Auffassung *Freunds*[1740] allein eine Garantenstellung hinsichtlich der unmittelbar aus der Wohnung entstammenden Gefahren auf Basis des hier vertretenen Neminem-laede-Prinzips. Nur dadurch erkennt man den Menschen als eigenverantwortliches, freies Wesen an und degradiert ihn nicht zum „Hilfspolizisten in den eigenen vier Wänden"[1741].

Der Wohnungsinhaber hat die freiwillig erlangte, von einem Herrschaftswillen getragene, faktische Herrschaft über seine Wohnung und hat diese Gefahrenquelle deshalb als Garant zu sichern. Diese Sicherungspflicht trifft ihn nicht allein zu Gunsten seiner Gäste, sondern bezüglich Jedermann. Allein der Umstand, dass die Wohnung ein wesentlicher Faktor für die Begehung von Straftaten durch Dritte ist, rechtfertigt nicht, unter Missachtung des Eigenverantwortlichkeitsprinzips und der sonstigen Voraussetzungen für die Zurechnung fremden, schädigenden Verhaltens dem Wohnungsinhaber die Verantwortung für Straftaten Dritter aufzubürden.

3.3.5.5 Gefahrengemeinschaften

Unterschiede ergeben sich nur hinsichtlich der jeweiligen Beschreibung der Gruppe.[1742] Inhaltlich besteht nahezu Einigkeit, welche Fälle von ihr erfasst sein

1740 MK-*Freund*, § 13, Rn. 144; *ders.*, Erfolgsdelikt und Unterlassen, S. 239 f.

1741 So die Formulierung *Stratenwerths*, Strafrecht AT I, 3. Aufl., Rn. 1020 ff.

1742 Die Garantenstellungen in Gefahrengemeinschaften hätten durchaus bei der Gruppe „Gemeinschaftsverhältnisse" oder bei der Übernahme eingeordnet werden können, da sie konstruktiv als Unterfälle dieser Gruppen begriffen werden können (als Gemeinschaftsverhältnis eingeordnet von Arzt, JA 1980, S. 713, als Übernahme von Gropp, AT, § 11, Rn. 25: Schünemann, ZStW 96, S. 306). Allerdings wird weit überwiegend in der Literatur und Rechtsprechung eine eigenständige Gruppe der Gefahrengemein-

sollen. Unter Gefahrengemeinschaften seien Gruppen zu verstehen, deren Mitglieder sich zum Zeck der gemeinsamen Bewältigung zukünftiger Gefahrensituationen zusammengeschlossen hätten. In diesen Situationen schuldeten die Gruppenmitglieder als Garanten einander gegenseitig Beistand.[1743] Darunter fielen zum Beispiel Bergsteigergruppen, Expeditionen[1744], Segeltouren[1745] nicht dagegen Zufallsgemeinschaften beispielsweise nach einem gemeinsamen Unglücksfall wie einem Schiffsbruch[1746], Zechgemeinschaften[1747], Gruppen zum gemeinsamen Drogenkonsum[1748] oder Sportgemeinschaften[1749].

Dem ist zuzustimmen. Bei den Garantenstellungen in Gefahrengemeinschaften erfolgt mit dem Beitritt zur Gruppe und der Mitgliedschaft ein freiwilliger, von den anderen Gruppenmitgliedern wahrgenommener Realakt. Dieser Realakt enthält zwar nicht immer ausdrücklich aber doch stets konkludent die Erklärung, sich zum Zwecke des gegenseitigen Schutzes vor bestimmten Gefahren zusammengeschlossen zu haben[1750]. Genau dieser Zweck wird mit dem Zusammenschluss, so ein solcher überhaupt – zweifelhaft bei Zechgemeinschaften – konstruierbar ist, in den abgelehnten Fällen nicht verfolgt.

Aus dem gleichen Grund ist eine Garantenstellung in Fahrgemeinschaften zu verneinen, in der zum Beispiel der eine Fernfahrer den übermüdeten anderen

---

schaft gebildet. Wegen dieser Verbreitung und nicht etwa auf Grund einer abweichenden dogmatischen Begründung soll hier ebenso verfahren werden.

1743 Sinngemäß *Kühl*, AT, § 18, Rn. 67; *Maiwald*, JuS 1981, S. 481; *Maurach/Gössel/Zipf*, Strafrecht AT, TB 2, § 46, Rn. 92; *Otto*, AT, § 9, Rn. 62; *Otto/Brammsen*, Jura 1995, S. 592; NK-*Seelmann*, § 13, Rn. 104; Schönke/Schröder-*Stree*, § 13, Rn. 23.

1744 Für die beiden vorstehenden Beispiele: *Arzt*, JA 1980, S. 713; *Gropp*, AT, § 11, Rn. 25; *Krey*, Strafrecht AT, Bd. 2, Rn. 356; *Maiwald*, JuS 1981, S. 481; *Otto*, AT, § 9, Rn. 62; Schönke/Schröder-*Stree*, § 13, Rn. 24; *Wessels/Beulke*, Strafrecht AT, Rn. 718.

1745 *Krey*, Strafrecht AT, Bd. 2, Rn. 356; *Maiwald*, JuS 1981, S. 481.

1746 *Jakobs*, Strafrecht AT, 29/71; *Kühl*, AT, § 18, Rn. 67; *Maurach/Gössel/Zipf*, Strafrecht AT, TB 2 § 46, Rn. 92; *Roxin*, AT, Bd. 2, § 32, Rn. 63; NK-*Seelmann*, § 13, Rn. 104; Schönke/Schröder-*Stree*, § 13, Rn. 24; zur a. A. *Arzt*s, JA 1980, S. 713 sogleich mehr.

1747 BGH NJW 1954, S. 1047 f.; OLG Düsseldorf NJW 1966, S. 1175 f.; *Arzt*, JA 1980, S. 713; *Krey*, Strafrecht AT, Bd. 2, Rn. 356; *Otto*, AT, § 9, Rn. 63; *Roxin*, AT, Bd. 2, § 32, Rn. 60; *Schünemann*, ZStW 96, S. 307; Schönke/Schröder-*Stree*, § 13, Rn. 24; *Wessels/Beulke*, Strafrecht AT, Rn. 718.

1748 OLG Stuttgart NJW 1981, S. 182; *Krey*, Strafrecht AT, Bd. 2, Rn. 356; *Otto*, AT, § 9, Rn. 63; *Otto/Brammsen*, Jura 1995, S. 594; *Roxin*, AT, Bd. 2, § 32, Rn. 60; *Wessels/Beulke*, Strafrecht AT, Rn. 718.

1749 *Krey*, Strafrecht AT, Bd. 2, Rn. 356; *Roxin*, AT, Bd. 2, § 32, Rn. 60.

1750 Ausdrücklich diese Zwecksetzung erwähnen ebenso *Maiwald*, JuS 1981, S. 481; *Otto/Brammsen*, Jura 1995, S. 592 f.; Schönke/Schröder-*Stree*, § 13, Rn. 24.

ans Steuer lässt[1751]. Auch dort erfolgte die Bildung einer „Gemeinschaft" nicht zu dem Zweck, sich gegenseitig im Notfall Beistand zu gewähren, sondern um einen effektiven, möglichst pausenlosen Transport zu gewährleisten bzw. aus wirtschaftlichen Gründen, Teilung der Fahrtkosten bei privaten Fahrgemeinschaften[1752].

Abzulehnen ist die Annahme einer Garantenstellung bei zufälligen Unglücksgemeinschaften wie bei einem Schiffsbruch[1753]. Die Schutzbedürftigkeit alleine vermag eine Garantenstellung nicht zu legitimieren[1754]. Auch die Verfolgung gemeinsamer Interessen kann hier eine solche Pflichtenposition nicht begründen. So wenig man in eine Garantenstellung hineingeboren wird[1755] – das Kind wird dagegen in eine Position des durch die Eltern *beschützten* Menschen und somit in eine berechtigende und nicht verpflichtende Stellung hineingeboren –, so wenig kann ein zufälliges Unglück in Verbindung mit der Verfolgung identischer Interessen, Überleben des Unglücks, eine Einstandspflicht nach § 13 StGB bedingen. In beiden Fällen fehlt es an der Freiwilligkeit der Begründung. Daher ist eine Inpflichtnahme unter dem Freiheitsaspekt nicht zu rechtfertigen.

3.3.5.6 Amtsträger

3.3.5.6.1 Untersuchungsumfang

Äußerst kontrovers wird die Frage beurteilt, ob, unter welchen Voraussetzungen und in welchem Umfang Amtsträger eine Garantenstellung innehaben. Die Bandbreite der hierunter fallenden Konstellationen ist sehr groß. Unproblematisch sind insoweit Fallgestaltungen, in denen unmittelbare Rechtsgüter des Staates wie fiskalische Güter, Staats- oder Amtsgeheimnisse durch Amtsträger als Garanten vor Schaden zu bewahren sind[1756].

Strittig ist hingegen zum einen, ob Polizisten eine Einstandspflicht zu Gunsten straftatbedrohter Dritter trifft. Obwohl dies überwiegend von der Literatur und Rechtsprechung bejaht wird[1757], findet sich eine beachtliche Gegenan-

---

1751 Für eine Garantenstellung in diesem Fall aber BGH NJW 1959, S. 1979; zu Recht ablehnend dagegen bei einer Fahrgemeinschaft von Privatpersonen OLG Oldenburg NJW 1961, S. 1938.

1752 Ebenso ablehnend *Otto/Brammsen*, Jura 1995, S. 593 f.

1753 Dafür aber *Arzt*, JA 1980, S. 713.

1754 Siehe ausführlicher dazu Teil 2 B I 2.

1755 Siehe dazu die Ablehnung einer Garantenstellung allein auf Grund „natürlicher Verbundenheit", Teil 2 C V 3 und 1 b (zur Garantenstellung des Kindes gegenüber seinen Eltern).

1756 Vgl. dazu nur BayObLG JR 1989, S. 299; SK-*Rudolphi*, § 13, Rn. 54a Rn. m. w. N.

sicht[1758], die – wenn überhaupt – nur bei ausdrücklicher Übernahme von konkretem Objekt- oder Personenschutz durch Polizisten deren besondere Pflichtenstellung annimmt[1759].

Zum anderen gehen die Meinungen weit auseinander, inwieweit Amtsträger in Umweltbehörden Garanten für die in ihren Zuständigkeitsbereich fallenden Umweltmedien sind[1760], wobei der Streit angestoßen durch die Praxis insbesondere für Wasserbehörden ausgetragen wird[1761].

Daneben soll Beamte der Feuerwehr ebenfalls eine besondere Einstandspflicht treffen[1762]. Hinsichtlich der im Staatsdienst tätigen Mitarbeiter von Jugendämtern herrscht ebenfalls Streit, ob diese Garanten zu Gunsten der von ihnen betreuten Kinder sind[1763]. Dagegen besteht – soweit ersichtlich – Einverneh-

1757 Vgl. statt vieler BGHSt 8, 189; 38, 390 f.; BGH NJW 1958, S. 956; BGH JA 1987, S. 210; BGH NStZ 2000, S. 147; *Brammsen*, Entstehungsvoraussetzungen von Garantenpflichten, S. 195; *Gallas*, Studien zum Unterlassungsdelikt, S. 84; *Otto/Brammsen*, Jura 1985, S. 597; *Roxin*, AT, Bd. 2, § 32, Rn. 93; *Sangenstedt*, Garantenstellung von Amtsträgern, S. 606 ff.; Schönke/Schröder-*Stree*, § 13, Rn. 52; *Wagner*, Amtsverbrechen, S. 251 ff.

1758 *Grünwald*, ZStW 70, S. 425, 428; *Herzberg*, Die Unterlassung im Strafrecht, S. 356; *Mitsch*, NStZ 1993, S. 384; *Ranft*, JZ 1987, S. 914 f.; *Schünemann*, Grund und Grenzen, S. 363; *Winkelbauer*, JZ 1986, S. 1119 f.

1759 SK-*Rudolphi*, § 13, Rn. 54c; *ders.*, JR 1987, S. 336 ff.; *ders.*, JR 1995, S. 168; vermittelnd: *Kühl*, Strafrecht AT, § 18, Rn. 87 ff.

1760 Bejahend: vgl. statt vieler OLG Frankfurt NJW 1987, S. 2757; OLG Düsseldorf MDR 1989, S. 923; Schönke/Schröder-*Cramer/Heine*, Vorbem. §§ 324 ff., Rn. 39 f.; *v. d. Grün*, Garantenstellung von Amtsträgern im Umweltbereich, S. 68, 76 und 211; *Freund*, Erfolgsdelikt und Unterlassen, S. 292, 305; *Kuhlen*, WuV 1992, S. 298; *Otto*, Grundkurs Strafrecht AT, § 9, Rn. 69; *Winkelbauer*, NStZ 1986, S. 151.
Anlehend dagegen: SK-*Rudolphi*, § 13, Rn. 54d; *ders.*, Dünnbier-FS, S. 580; *Schünemann*, wistra 1986, S. 242 ff.

1761 Für eine Garantenstellung der Amtsträger in Wasserbehörden: LG Bremen NStZ 1982, S. 162; OLG Frankfurt NJW 1987, S. 2757; *Dominok*, Strafrechtliche Unterlassungshaftung von Amtsträgern in Umweltbehörden; S. 114 ff.; *Freund*, AT, § 6, Rn. 93; *v. d. Grün*, Garantenstellung von Amtsträgern im Umweltbereich, S. 70 ff.; *Otto/Brammsen*, Jura 1985, S. 597; *ders.*, Jura 1991, S. 315; *Sack*, Umweltschutzstrafrecht, § 324, Rn. 202d; *Schultz*, Amtswalterunterlassen, S. 169 f.; ablehnend: *Jescheck/Weigend*, AT (5. Aufl.), § 59 IV 3 c; *Rudolphi*, NStZ 1984, S. 198 f.; *Schünemann*, wistra 1986, S. 243 f.

1762 *Arzt*, JA 1980, S. 651; *Freund*, Erfolgsdelikt und Unterlassen, S. 294.

1763 Für eine Garantenstellung: OLG Oldenburg StV 1997, S. 134; OLG Stuttgart NJW 1998, S. 3132 ; *Bringewat*, NStZ 1996, S. 440 f.; *ders.*, NJW 1998, S. 946; *St. Cramer*, NStZ 1997, S. 238 f.; *Dießner*, Unterlassungsstrafbarkeit der Kinder- und Jugendhilfe, S. 274; *Otto*, AT, § 9, Rn. 68; *Wessels/Beulke*, Strafrecht AT, Rn. 721; dagegen: LG Osnabrück NStZ 1996, S. 437 f.

men darüber, Staatsanwälte, Richter und Polizeibeamte als Garanten für den staatlichen Strafanspruch in die Pflicht zu nehmen[1764]. Anders liegen die Dinge wiederum bei der Pflicht von Dienstvorgesetzten, Straftaten ihrer Untergebenen zur Anzeige zu bringen[1765].

Das Anliegen dieser Arbeit kann es nun nicht sein, all diese problematischen Konstellationen, wobei Spezialprobleme wie beispielsweise die außerdienstliche Kenntniserlangung von Straftaten durch Amtsträger[1766] sogar unberücksichtigt geblieben sind, einer Lösung zuzuführen. Erstens erfordert der zu betreibende Aufwand gesonderte Untersuchungen, wie sie gerade in jüngster Zeit vorgelegt worden sind[1767]. Zweitens kommt der Amtsträgergarantenstellung, ohne dem Dritten Teil vorzugreifen, für etwaige Notwehrrechtsbeschränkungen keine Bedeutung zu. Soweit Umweltmedien oder Abstrakta wie der staatliche Strafanspruch vor Schaden zu bewahren sind, kann von diesen ersichtlich kein Angriff ausgehen, weshalb eine Notwehrrestriktion ausscheidet. Bei der Garantenstellung von Polizisten zu Gunsten von Rechtsgütern straftatbedrohter Dritter aktualisiert sich die Garantenstellung gerade zum Wohl der zu beschützenden Dritten gegen den straftatbegehenden Aggressor. Nicht gegenüber diesem Angreifer, sondern zu Gunsten jener bestehen in diesen Situationen Garantenstellungen. Daher soll es im Rahmen dieser Arbeit zur Exemplifizierung des hier vertretenen Ansatzes genügen aufzuzeigen, dass die Amtsträgergarantenstellung mittels der Selbstverpflichtungserklärung handhabbar ist und welche Lösungen sich auf ihrer Basis ergeben.

1764 BGHSt 43, 85; *Freund*, AT, § 6, Rn. 92; *Krey*, Strafrecht AT, Bd. 2, Rn. 335 f.; *Kühl*, AT, § 18, Rn. 78; *Mitsch*, NStZ 1993, S. 385; *Roxin*, AT, Bd. 2, § 32, Rn. 93; Schönke/Schröder-*Stree*, § 13, Rn. 31.

1765 Ausführlicher zu diesem Problem bereits unter Teil 2 C IV 3 a und in diesem Abschnitt.

1766 Vgl. zu diesem strittigen Spezialproblem einerseits, z. T. unter bestimmten Voraussetzungen eine strafbewehrte Anzeigepflicht bejahend BGHSt 38, 388; BGH wistra 2000, S. 92; *Fischer*, § 13, Rn. 6f; *Wessels/Beulke*, Strafrecht AT, Rn. 721;andererseits kritisch gegenüber dieser Pflicht *Laubenthal*, JuS 1993, S. 907; *Pawlik*, ZStW 111, S. 352 ff.; *Roxin*, AT, Bd. 2, § 32, Rn. 84; *Seibert*, Garantenpflicht beim Betrug, S. 194; *Wollweber*, wistra 2000, S. 338.

1767 Vgl. beispielsweise die Monographien von *Dießner*, Unterlassungsstrafbarkeit der Kinder- und Jugendhilfe; *Dominok*, Strafrechtliche Unterlassungshaftung von Amtsträgern in Umweltbehörden; *v. d. Grün*, Garantenstellung von Amtsträgern im Umweltbereich.

3.3.5.6.2 Die Amtsträgergarantenstellung als Fall der Selbstverpflichtung

Erforderlich für eine Garantenstellung kraft Selbstverpflichtung ist zunächst ein freiwilliger Realakt gegenüber dem Schutzzuständigen. Grundsätzlich schutzzuständig sind nach dem Eigenverantwortlichkeitsprinzip die Rechtsgutsträger selbst. Bei Rechtsgütern der Allgemeinheit wie den Umweltgütern vermag der Einzelne diesen Schutz offensichtlich nicht zu gewährleisten[1768]. Ihm fehlen zum Beispiel die Mittel, die Gewässer oder die Luft effektiv zu schützen. Unter anderem deshalb hat sich – wie bereits an anderer Stelle ausführlicher erläutert[1769] – der in Gesellschaft lebende Mensch partiell seiner naturzuständlichen Freiheit begeben und im Staat zusammengeschlossen, auf dass dieser ihm und den Rechtsgütern der Allgemeinheit im Gegenzug den nötigen Schutz gewährt[1770]. Mit der Staatsgründung wurde deshalb ein neben den Rechtsgutsträgern zweiter Schutzzuständiger mittels Delegation geschaffen: der Staat. Wenn also eine Amtsträgergarantenstellung erwogen wird, kann der verpflichtende Realakt auch gegenüber dem schutzzuständigen Staat erfolgen.

Nun bereitet die Ermittlung eines freiwilligen Realakts gegenüber dem Staat, dieser in concreto vertreten durch einen Menschen, wenig Schwierigkeiten. Ein solch freiwilliger, sinnlich wahrgenommener Realakt einschließlich einer Einigung wird in aller Regel mit der zur entgeltlichen Tätigkeit für den Staat einhergehen. Dabei ist die verwaltungsrechtliche Ausgestaltung des Beschäftigungsverhältnisses bedeutungslos. Sofern der zukünftige Garant als Angestellter im öffentlichen Dienst beschäftigt, bildet regelmäßig der Abschluss des Arbeitsvertrages den freiwilligen Realakt; bei einer Verbeamtung die Zustimmung zur Ernennung durch Verwaltungsakt. In beiden Fällen ist die zivil- oder verwaltungsrechtliche Wirksamkeit für das mögliche Entstehen der Garantenstellung unerheblich, solange der Akt freiwillig erfolgt.

Von entscheidender Bedeutung ist hingegen, welchen Zweck die dadurch eingegangene Verpflichtung aufweist. Damit eine garantenstellungskonstituierende Selbstverpflichtung zu bejahen ist, muss die eingegangene Verpflichtung zumindest auch den Zweck haben, dasjenige Rechtsgut zu schützen, das der einschlägige Straftatbestand bewahren soll. Es genügt daher nicht bereits das Bestehen einer öffentlich-rechtlichen Pflicht des Amtsträgers, die im Ergebnis zum

---

1768 Ausführlich dazu bei Teil 2 C II 1 b bb.

1769 Siehe Teil 2 C II 1 a und b bb.

1770 Bei der Amtsträgergarantenstellung konstruktiv vergleichbar: *Freund*, Erfolgsdelikt und Unterlassen, S. 293; *Jakobs*, Strafrecht AT, 29/77d, Fn. 156a; *Kühl*, AT, § 18, Rn. 84; *Pawlik*, ZStW 111, S. 346; *Roxin*, AT, Bd. 2, § 32, Rn. 93 und 96; *Seibert*, Betrug durch Unterlassen, S. 194.

Rechtsgutsschutz führt[1771]. Dieser muss vielmehr durch die eingegangene Verpflichtung bezweckt sein.[1772] Entsprechend wird richtigerweise davon ausgegangen, dass die Pflicht von Dienstvorgesetzten, Straftaten ihrer Untergebenen anzuzeigen, die Gewährleistung des ordnungsgemäßen Dienstbetriebs und der Schutz sonstiger behördlicher Belange nicht aber den Schutz des staatlichen Strafanspruchs bezweckt. Daher führt ein diesbezügliches Unterlassen des Vorgesetzten auch nicht zur Strafvereitelung im Amt durch Unterlassen.[1773] Auf dieser Bestimmung des Zwecks der vom Amtsträger eingegangenen Verpflichtung hat demzufolge das Hauptaugenmerk der Prüfung zu liegen. Als wesentliches Hilfsmittel in diesem Zusammenhang sind die Rechtsnormen zu beachten, die die Pflichten der jeweiligen Amtsträger statuieren. Zwar können sie für sich betrachtet keine Einstandspflicht nach § 13 StGB erzeugen[1774], wohl aber der Ermittlung des Zwecks der vom Amtsträger eingegangenen Verpflichtungen dienen.

3.3.5.6.2.1 Finanzbeamte und Steuerfahnder

Dies soll anhand zweier Beispiele näher erläutert werden. Im ersten Fall erlangt ein Beamter des Finanzamts bei der Steuerfahndung im Rahmen seiner dienstlichen Zuständigkeit sowohl von Steuer- als auch nicht-steuerrechtlichen Straftaten, zum Beispiel Konkursstraftaten, Kenntnis. Weder verfolgt er diese noch bringt er sie zur Anzeige. Die Frage, ob er sich dadurch wegen der §§ 258a, 13 StGB strafbar gemacht hat, ist differenziert zu beantworten. Maßgebend für die den Finanzbeamten treffenden Pflichten, die er mit seiner Amtsübernahme übernommen hat, sind im Wesentlichen die gesetzlich festgeschriebenen Aufgaben

1771 So zutreffend OLG Koblenz NStZ-RR 1998, S. 332 f.; Rudolphi, NStZ 1997, S. 600.

1772 In diesem Sinne ebenso: *Dominok*, Strafrechtliche Unterlassungshaftung von Amtsträgern in Umweltbehörden, S. 116; *Freund*, Erfolgsdelikt und Unterlassen, S. 260, 292; *v. d. Grün*, Garantenstellung von Amtsträgern im Umweltbereich, S. 72; *Horn*, NJW 1981, S. 6; *Otto*, AT, § 9, Rn. 67 f.; *Rudolphi*, NStZ 1997, S. 600; *Wessels/Beulke*, Strafrecht AT, Rn. 721; *Winkelbauer*, JZ 1986, S. 1120 (zumindest für überindividuelle Rechtsgüter).

1773 Ausführlicher zu diesem Fall bei Teil 2 C V 3 a; ebenso die Lösung von BGHSt 43, 85; SK-*Samson*, § 258, Rn. 47; *Sangenstedt*, Garantenstellung von Amtsträgern, S. 529 ff. Schönke/Schröder-*Stree*, § 258, Rn. 19; für eine Strafvereitelung durch Unterlassen hingegen RGSt 73, 266; 74, 180; BGHSt 4, 170; OLG Hamburg NStZ 1996, S. 102. Ähnlich die Ablehnung einer Garantenstellung zu Gunsten der Strafrechtspflege auf Grund eines privaten Arbeitsvertrages BGH NStZ 1992, S. 541.

1774 Dagegen spricht bereits die Kritik an der formellen Rechtspflichtenlehre, ausführlicher kritisch zur Legitimation der Amtsträgergarantenstellung auf Grund von Rechtsnormen sogleich bei Teil 2 C V 6 b.

und deren Zweck. Hinsichtlich der Steuerstraftaten gilt für ihn bereits wegen § 385 I AO das Legalitätsprinzip aus § 152 II StPO. Demnach hat er entsprechend der Staatsanwaltschaft die Pflicht, wegen aller verfolgbarer (hier Steuer-!) Straftaten einzuschreiten. Zweck des § 152 II StPO ist zumindest auch – unter Wahrung des Grundsatzes der Gleichheit vor dem Gesetz – die Verwirklichung des staatlichen Strafanspruches. Diesbezüglich besitzt der Beamte folglich eine Garantenstellung und hat sich jedenfalls[1775] wegen §§ 258a, 13 StGB strafbar gemacht.

Etwas schwieriger stellt sich die Rechtslage hinsichtlich der nicht-steuerrechtlichen Straftaten dar. Zum Teil wird unter Berufung auf die §§ 385, 386 AO und Nr. 17 AStBV [Steuer][1776] eine diesbezügliche Garantenstellung angenommen[1777]. Dem ist zu widersprechen. Zweck der Pflichten des Finanzbeamten ist nicht der Schutz des staatlichen Strafanspruchs hinsichtlich sämtlicher Straftaten, die im Zusammenhang mit Steuerstraftaten stehen. Dies ergibt die Analyse der einschlägigen Vorschriften. § 385 I AO nimmt § 152 II StPO nur für das „Strafverfahren wegen Steuerstraftaten" in Bezug, so dass der Finanzbeamte hinsichtlich nicht-steuerrechtlicher Straftaten dem Legalitätsprinzip gerade nicht unterworfen ist. Dass das Prinzip für andere Amtsträger wie Staatsanwälte eine weitergehendere Pflicht festschreibt, führt nicht dazu, dass dieses auch allgemeine Straftaten betreffende Verpflichtung ebenso gilt, wenn die Norm nur hinsichtlich bestimmter Straftaten in Bezug genommen wird. § 386 AO begrenzt zudem die Ermittlungsbefugnis auf Steuerstraftaten. Nun ist bereits dargelegt worden, dass sich ein Schluss vom Recht auf die Pflicht verbietet[1778]. Allerdings ist eine Pflicht ohne die für deren Erfüllung erforderlichen Rechte und Kompetenzen gemäß dem *Ultra-posse*-Grundsatz sinnlos und unverbindlich. Daher scheidet jedenfalls eine Pflicht von Finanzbeamten und damit eine Garantenstellung des Inhalts, nicht-steuerliche Straftaten zu ermitteln, aus.

1775 Regelmäßig werden zudem Steuerstraftaten durch Unterlassen wegen Nichterhebens von Steuern gegeben sein. Der Schutz des Fiskus vor Schäden auf Grund rechtswidrig ihm vorenthaltener Steuern ist offensichtlich mit den Pflichten von Finanzbeamten in diesem Bereich bezweckt; im Ergebnis ebenso für Finanzbeamte Schönke/Schröder-*Stree*, § 13, Rn. 31 m. w. N.

1776 „Nr. 17AStBV [Steuer]" ist die Anweisung Nr. 17 für das Straf- und Bußgeldverfahren in Steuersachen. Sie lautet: „Ergibt sich in einem Strafverfahren der Verdacht, dass innerhalb des einheitlichen Lebensvorgangs, der den Gegenstand der Untersuchung bildet (§ 264 StPO), Straftaten begangen wurden, auf die sich die selbständige Ermittlungsbefugnis der Finanzbehörden nicht erstreckt, so sind die Vorgänge der Staatsanwaltschaft vorzulegen."

1777 Statt vieler *Franzen/Gast/Joecks*, Steuerstrafrecht, § 386, Rn. 17, 53.

1778 Siehe Teil 2 B I 1.

Denkbar wäre allenfalls eine Garantenstellung zu Gunsten des staatlichen Strafanspruchs bezüglich nicht-steuerlicher Straftaten gestützt auf Nr. 17 AStBV [Steuer] dahingehend, diese gegenüber der Staatsanwaltschaft zur Anzeige zu bringen. Bei dieser Vorschrift handelt es sich jedoch lediglich um eine untergesetzliche Bestimmung. Diese ist aber gemäß der Hierarchie der Normen nicht im Stande, die Bezugnahme auf das Legalitätsprinzip beschränkt auf Steuerstraftaten zu konterkarieren. Eine den zur Strafverfolgung Berufenen entsprechende Pflicht einzuschreiten, ist vom Gesetzgeber für nicht-steuerrechtliche Straftaten gerade nicht gewollt, §§ 385 f. AO. Daher handelt es sich bei der Nr. 17 AStBV [Steuer] um eine ausschließlich verwaltungsinterne Anweisung, die nicht zweifelsfrei den Zweck hat, eine Schutzverpflichtung zu Gunsten des staatlichen Strafanspruches bezüglich nicht-steuerlicher Taten zu begründen, wie es die §§ 385 I AO, 152 II StPO ausschließlich für Steuerstraftaten tun. Die Sonderpolizeibehörden sind nur zur Strafverfolgung in ihrem jeweiligen Aufgabenbereich berufen[1779]. Die Finanzbeamte treffenden Pflichten haben demnach nicht den Zweck, eine allgemeine Schutzpflicht und damit Garantenstellung für das Rechtsgut des staatlichen Strafverfolgungsinteresses außerhalb von Steuerstraftaten zu begründen[1780].

3.3.5.6.2.2 Amtsträger in Umweltbehörden

Das Zweckerfordernis eröffnet außerdem die Möglichkeit, in einem zweiten Beispiel auf ein Hauptargument gegen die Garantenstellung von Amtsträgern in Umweltbehörden zu erwidern. Zur Ablehnung einer besonderen Einstandspflicht wird auf den Bewirtschaftungsauftrag der Amtsträger in diesen Behörden hingewiesen. Deren Hauptaufgabe sei es, für eine angemessene Verteilung der natürlichen Ressourcen und damit gewissermaßen für eine kontrollierte, gelenkte Beeinträchtigung der Umweltmedien zu sorgen. Deshalb käme ihnen primär nicht eine Schutzfunktion für die ökologischen Rechtsgüter zu.[1781] Wesentliche Aufgabe von Schutzgaranten sei es aber, eine „Rundum"-Verteidigung der anvertrauten Rechtsgüter gegen alle von außen drohenden Gefahren zu gewährleisten[1782]. Träfe dies zu, müsste man eine Selbstverpflichtung mangels bezwecktem Schutz eines identischen Guts ablehnen. Der vorstehenden Argumentation kann indessen nicht gefolgt werden. Der Hinweis auf die bei Amtsträgern vermisste

1779 So zutreffend LR-Rieß (24. Aufl.), § 163, Rn. 11.

1780 Im Ergebnis ebenso *Chr. Schneider*, wistra 2004, S. 3 ff.

1781 *Rudolphi*, NStZ 1984, S. 195; *Schünemann*, wistra 1986, S. 244; *Kühn*, wistra 2002, S. 44; sinngemäß *Immel*, ZRP 1989, S. 108; gegen eine Identität des strafrechtlich und verwaltungsrechtlich geschützten Gutes *Kirchner*, Unterlassungshaftung, S. 36 ff.

1782 *Rudolphi*, Dünnebier-FS, S. 580, *Geisler*, NJW 1982, S. 13.

„Rundum"-Verteidigung eines Beschützergaranten verfängt nicht, da zahlreiche, anerkannte „Beschützergarantenfälle" wie die des Arztes für seine Patienten existieren, in denen ebenfalls bloß vor bestimmten Gefahrenquellen, beim Arzt: dem zu behandelnden pathologischen Zustand, zu schützen ist[1783]. Nicht sinnvoll erscheint zudem die anklingende, hierarchische Strukturierung in primäre und sekundäre Schutzaufgaben. Damit bürdet man sich ohne Not Differenzierungsaufgaben auf, deren rational nachvollziehbare Lösung im Einzelfall große Schwierigkeiten bereiten wird. Demgegenüber vorzugswürdig ist es, mit der hiesigen Ansicht lediglich danach zu fragen, ob der Schutz des einschlägigen Rechtsguts zumindest auch bezweckt ist. Eine Aussage darüber ist leichter zu treffen. Im Zweifel werden sich der Gesetzgeber oder die im konkreten Fall an der Selbstverpflichtung Beteiligten keine Gedanken darüber machen, in welchem Rangverhältnis die mit der Pflichterfüllung bezweckten Ziele stehen, sondern nur deren Erfüllung sicherstellen wollen.

Im Übrigen stehen der Bewirtschaftungsauftrag und eine Schutzgarantie für Umweltmedien keineswegs unvereinbar einander gegenüber und jener genießt auch nicht stets und eindeutig Priorität. Sicherlich ist eine Kollision der beiden im Einzelfall denkbar. Eine generelle Unvereinbarkeit ist hingegen nicht festzustellen. So existieren zahlreiche Fälle der Beeinträchtigung von Umweltgütern, beispielsweise durch unkontrollierte Müllentsorgung von Privaten, die keinerlei wirtschaftlich förderungswürdigem Zweck dienen und für die folglich kein Bewirtschaftungsauftrag streitet. Dem Bewirtschaftungsauftrag immanent ist zudem, dass der Schutz des bewirtschafteten Gutes gewährleistet sein und eine unkontrollierte Beeinträchtigung vermieden werden muss, damit das Gut auf Dauer existiert und von Nutzen ist. Neben diesen bewirtschaftungsauftrag-internen Gegenargumenten ist zudem der Ausgangsannahme zu widersprechen. Den einschlägigen landesgesetzlichen Vorschriften ist zu entnehmen, dass der Schutz der Umweltgüter mit den eingegangenen Pflichten zumindest auch bezweckt ist. Dies kann man exemplarisch an den auf Grund des § 7 I 3 WHG erlassenen §§ 31a ff. NWG[1784] nachweisen. So verlangt beispielsweise § 31d I NWG, dass „nachteilige Auswirkungen auf die Umwelt soweit wie möglich zu verhindern" seien und „ein hohes Schutzniveau für die Umwelt insgesamt zu gewährleisten" sei[1785]. Nach § 31d NWG sei diesbezüglich eine regelmäßige Überprüfung vor-

1783 Näher zu diesem auch gegen die Funktionenlehre im Allgemeinen zu erhebenden Einwand oben bei Teil 2 C II 5 b.

1784 Niedersächsisches Wassergesetz in der Fassung der Bekanntmachung vom 10.06.2004 (Nds. GVBl. 2004, S. 171), zuletzt geändert durch Gesetz vom 17.12.2004 (Nds. GVBl. 2004, S. 664)

1785 Konkret geht es in dieser Norm um Bestimmungen bei einer möglichen Erlaubnis zur Einleitung von Abwässern.

zunehmen. Noch deutlicher wird der bezweckte Schutz in § 2 NWG, in dem die „Grundsätze“ zum Ausdruck kommen. Nach § 2 I 1 NWG sind die Gewässer „als Bestandteil des Naturhaushalts und als Lebensraum für Tiere und Pflanzen zu sichern.“ Es solle eine insgesamt nachhaltige Entwicklung gewährleistet werden, § 2 I 2 NWG. „Unter Berücksichtigung der Erfordernisse des Klimaschutzes ist ein hohes Schutzniveau für die Umwelt insgesamt zu gewährleisten“, § 2 I 4 NWG. Zweck der Pflichten derjenigen Beamten, die über die Einhaltung dieser Grundsätze zu wachen und erforderlichenfalls konkrete Maßnahmen zu ergreifen haben, ist somit zumindest auch der Gewässerschutz.

3.3.5.6.2.3 Polizisten und die Konkretisierung von Garantenpflichten nach Eingehen einer Selbstverpflichtung

Wesentlicher Bestandteil der beruflichen Pflichten von Polizisten und nicht ein bloßer Reflex des polizeilichen Sicherheitsauftrags ist, Individualrechtsgüter der Bürger vor rechtswidrigen Angriffen zu schützen[1786]. In den Landespolizei- bzw. Gefahrenabwehrgesetzen wird die dienstliche Aufgabe des Schutzes von Sicherheit und Ordnung formuliert. Dies beinhaltet auch private Rechte.[1787]

Im Zusammenhang mit der Amtsträgergarantenstellung lässt sich außerdem ein weiterer Umstand verdeutlichen, der bei den traditionellen Garantenstellungen nicht hinreichend hervortreten kann: Dass die Aufgaben des Garanten nicht stets bei Eingehen seiner Verpflichtung inhaltlich genau bestimmt sind, sondern je nach Art seiner Position auch anschließend noch eine Konkretisierung zu erfolgen hat.

So sind zum Beispiel Krankenhausärzte grundsätzlich nur während ihrer Dienstzeiten als Garanten den Patienten gegenüber verpflichtet. Die genaue Bestimmung dieser Zeiten erfolgt aber in gewissen Zeitintervallen neu und wird nicht bereits konkret mit Annahme der Stelle festgelegt. Gleiches gilt zum Beispiel für Beamte der Feuerwehr, bei denen zudem noch eine räumliche Konkretisierung stattfinden kann. Auch Amtsträger in Behörden werden versetzt und bekommen neue Aufgabengebiete zugewiesen, wodurch eine sachliche Konkretisierung vorgenommen wird. Diese Konkretisierung steht einer Garantenstellung und deren Begründung über die Selbstverpflichtung jedoch nicht entgegen. Da die Selbstverpflichtung letztlich Ausdruck der Freiheitsbetätigung des Menschen ist, hat der Mensch die Freiheit, seine eingegangenen Verpflichtungen inhaltlich frei und an Zweckmäßigkeitsgesichtspunkten orientiert zu gestalten. Das

---

1786 Vgl. statt vieler nur BGHSt 38, 388 ff.

1787 Vgl. dazu nur § 1 I und III HSOG (Hessisches Sicherheits- und Ordnungsgesetz in der Fassung der Bekanntmachung vom 14.01.2005 (GVBl. Hessen I, S. 14 ff.) zuletzt geändert am 19.11.2008 (GVBl. Hessen I, S. 970 ff.)).

beinhaltet selbstverständlich auch die Möglichkeit, sich grundsätzlich als Garant zu verpflichten, aber die genaue Pflichtkonkretisierung später vorzunehmen und dem Schutzzuständigen, dem gegenüber die Selbstverpflichtung erfolgte, anheimzustellen. Diese inhaltliche Gestaltungsmöglichkeit ist Ausdruck von Freiheit und trägt praktischen Bedürfnissen Rechnung. Gerade in Bereichen, in denen vor unvorhergesehenen Bedrohungen zu schützen ist, wie im Katastrophenschutz, lässt sich die konkrete Verpflichtung erst situativ bestimmen. *Dass* aber jemand als Garant Schutz im Falle einer solchen Notsituation zu gewähren hat, ist in diesen Fällen nicht zweifelhaft. Denn die Verpflichtung zum Schutz ist von ihm bereits eingegangen worden. Lediglich ihr Inhalt, das „Wann", „Wo" und „Wen" bzw. „Wovor" bedarf noch der jeweiligen Konkretisierung.

Aus diesem Grund schlägt auch der Einwand gegen die besondere Einstandspflicht von Polizisten im Ergebnis nicht durch, diese hätten, wenn sie tatsächlich Garanten wären, wegen der polizeilichen Generalklauseln alles und jeden zu schützen[1788]. Dabei wird verkannt, dass bei Amtsträgern regelmäßig eine Pflichtkonkretisierung vorgenommen wird. Deshalb haben diese lediglich im Rahmen ihrer örtlichen und sachlichen Zuständigkeit während ihres Dienstes eine Garantenstellung inne[1789]. Nur in diesem konkretisierungsbedürftigen Umfang haben sie sich selbst freiwillig verpflichtet. Der Grundsatz der Einheit der Rechtsordnung gebietet es zudem, dass strafrechtlich nicht verboten sein darf, was verwaltungsrechtlich erlaubt ist. Daher scheidet eine Strafbarkeit des Amtsträgers wegen unechten Unterlassens aus, wenn das Untätig-Bleiben noch Ausdruck einer pflichtgemessen Ermessensausübung ist[1790]. Hinzu kommt, dass das Strafrecht nicht mit einem starren, sachfernen Pauschalurteil und dem Damoklesschwert der Strafbarkeit wieder zunichtemachen darf, was durch das eingeräumte Ermessen an sachnaher Entscheidung und Entscheidungsfreudigkeit gerade ermöglicht werden soll.

1788 *Winkelbauer*, JZ 1986, S. 1120; *ders.*, NStZ 1986, S. 151.

1789 Zutreffend ebenso: BGHSt 38, 392; BGH JR 1995, S. 165 ff.; Krey, Strafrecht AT, Bd. 2, Rn. 336; Laubenthal, Weber-FS, S. 116; Pawlik, ZStW 111, S. 352 ff.; Roxin, AT, Bd. 2, § 32, Rn. 97; Seibert, Betrug durch Unterlassen, S. 194; Schönke/Schröder-Stree, § 13, Rn. 31; Fischer, § 13, Rn. 6f; Wessels/Beulke, Strafrecht AT, Rn. 721.

1790 OLG Rostock NStZ 2001, S. 199; *Baumann/Weber/Mitsch*, Strafrecht AT, § 15, Rn. 56; *Dominok*, Strafrechtliche Unterlassungshaftung von Amtsträgern in Umweltbehörden, S. 194; *Joecks*, StGB, § 13 Rn. 34; *Krey*, Strafrecht AT, Bd. 2, Rn. 339; *Kühl*, AT, § 18, Rn. 82; *Laubenthal*, Weber-FS, S. 114; *Pawlik*, ZStW 111, S. 352 ff.; *Roxin*, AT, Bd. 2, § 32, Rn. 97, 105; *Seibert*, Betrug durch Unterlassen, S. 194.

3.3.5.6.3 *Hierarchien und Aufgabendelegation*

Gerade im Bereich der Amtsträger finden sich häufig hierarchisch abgestufte Verantwortungsbereiche. Regelmäßig ist beispielsweise in Umweltbehörden ein Dezernent oder Sachgebietsleiter mehreren Sachbearbeitern vorgesetzt. Ähnliche Strukturen können innerhalb von Jugendämtern existieren. Eine pauschale Antwort auf die Frage nach der strafrechtlichen Verantwortungsverteilung ist hier nicht möglich. Die Lösung hat sich am jeweiligen Einzelfall auszurichten. Hinzuweisen ist allerdings auf den schon zuvor zur Sprache gekommenen Umstand, dass eine Delegation den Delegierenden nicht automatisch stets von seiner Garantenhaftung befreit, sondern Auswahl- und Aufsichtspflichten bestehen bleiben können[1791].

Daher kann Amtsträger nach der hier verfochtenen Auffassung eine Garantenstellung kraft Selbstverpflichtung treffen[1792]. Bei deren Voraussetzungen ist insbesondere genau zu prüfen, ob Zweck der eingegangenen Verpflichtung zumindest auch der Schutz der jeweils einschlägig strafrechtlich geschützten Rechtsgüter ist, wofür die gesetzliche Beschreibung der jeweiligen Pflichten Hinweise liefern kann. Konkret trifft eine besondere Einstandspflicht nach § 13 StGB jedenfalls Amtsträger in Umweltbehörden, fallzuständige Jugendamtsmitarbeiter, Polizisten zu Gunsten straftatbedrohter Dritter. Demgegenüber weniger problematisch ist außerdem von einer Pflichtenstellung zu Gunsten des staatlichen Strafverfolgungsinteresses bei Staatsanwälten, Richtern und repressiv tätigen Polizeibeamten auszugehen.

3.3.5.6.4 *Ablehnung abweichender dogmatischer Einordnungen*

Abweichend[1793] von der hier vertretenen Meinung wird die Position des Amtsträgers als Sonderform der Garantenstellung aus Gesetz[1794] oder als selbständige

---

1791 Im Grundgedanken entsprechend BGHSt 19, 288; Schönke/Schröder-*Cramer/Heine*, Vorbem, §§ 324 ff., Rn. 39 f.; *Freund*, Erfolgsdelikt und Unterlassen, S. 302; Schönke/Schröder-*Stree*, § 13, Rn. 26.

1792 Konstruktiv ähnlich die Garantenstellung des Amtsträgers – zumindest im Einzelfall - als tatsächliche Übernahme begreifen: OLG Stuttgart NJW 1998, S. 3131 f.; *Brammsen*, Entstehungsvoraussetzungen von Garantenpflichten, S. 190ff.; *Bringewat*, StV 1997, S. 135; LK-*Jescheck*, § 13, Rn. 29; *Jescheck/Weigend*, AT, § 59 IV 3c; *Kühl*, AT, § 18, Rn. 78; *Laubenthal*, JuS 1993, S. 910; *Otto*, AT, § 9, Rn. 69; Schönke/Schröder-*Stree*, § 13, Rn. 30a; wohl auch *Herzberg*, Die Unterlassung im Strafrecht, S. 355 („In der Nachbarschaft des Prinzips der Obhutsübernahme").

1793 Soweit diese Divergenz aus einem von hier abweichenden, allgemeinen Garantenstellungsansatz herrührt, wird auf die vorherigen, diese ablehnenden Ausführungen verwiesen, Teil 2 B.

Garantenquelle[1795] dogmatisch eingeordnet. Diese divergierenden Auffassungen sind abzulehnen.

Soweit von einer Sonderform der Garantenstellung kraft Gesetzes ausgegangen wird, stehen dem die schon gegen die Rechtspflichtenlehren erhobenen Einwände[1796] entgegen. Im wesentlichen scheitert diese Ansicht daran, dass sie nicht darzulegen vermag, nach welchen Kriterien zu bestimmen ist, wann welche Rechtspflichten Garantenstellungen begründen. Denn dass wegen ihrer unüberschaubaren Vielzahl nicht jede gesetzlich statuierte Pflicht eine Garantenstellung begründen kann, ist mit dem weithin angenommenen Scheitern der formellen Rechtspflichtenlehre allgemein anerkannt. Demgegenüber hat die hiesige Ansicht den Vorzug, bei in Frage kommenden Amtsträgergarantenstellungen nicht immer nach Normen suchen zu müssen, aus denen sich mehr oder weniger explizit eine Handlungspflicht des Amtsträgers ergibt, um sogleich klarstellen zu müssen, warum hier ausnahmsweise diese gesetzliche Pflicht eine im Sinne von § 13 StGB nach sich zieht.

Sicherlich finden sich in Gesetzen Ausführungen, wozu ein Amtsträger verpflichtet ist. Die Analyse dieser Normen stellt auch regelmäßig den entscheidenden Ansatzpunkt dafür dar, ob Zweck der übernommenen Verpflichtung zumindest auch der Schutz der Rechtsgüter ist, deren Verletzung durch ein unechtes Unterlassen erwogen wird. Die abstrakte gesetzliche Beschreibung dieser Pflichten eines Amtsträgers allein führt aber nicht dazu, dass eine bestimmte Person diese Pflichten treffen. Es fehlt noch am wesentlichen, entscheidenden Schritt. Pointiert formuliert könnte jeder mögliche Pflichtige fragen, was ihn diese gesetzlichen Pflichten angingen. Dies ändert sich erst mit dem entscheidenden Schritt: dem Eintritt in die Amtsträgerstellung. Erst wenn der Einzelne tatsächlich Amtsträger wird, erlangen Pflichten, die Amtsträger treffen, überhaupt eine Bedeutung für ihn. Denn mit der Annahme der Amtsträgerstellung nimmt er sogleich die einen solchen Amtsträger treffenden Pflichten an. Die abstrakten gesetzlichen Pflichten werden zu seinen persönlichen. Erst die Selbstverpflichtung stellt den Bezug zwischen den abstrakten Pflichten und der konkreten Person her.

Ebenso wenig überzeugt die Annahme, die Amtsträgerstellung sei eine Garantenquelle sui generis. Ihr ist entgegenzuhalten, dass sie nicht in der Lage ist,

---

1794 MK-*Freund*, StGB Bd. I, § 13, Rn. 169 ff.; *Fischer* § 13, Rn. 6; *Krey*, Strafrecht AT, Bd. 2, Rn. 335 f.; *Stratenwerth/Kuhlen*, § 13, Rn. 17; *Arzt*, JA 1980. S. 651.

1795 Schönke/Schröder-*Stree*, § 13, Rn. 31; *St. Cramer*, NStZ 1997, S. 239; *Wessels/Beulke*, Rn. 720, die die Amtsträgergarantenstellung systematisch von der tatsächlichen Übernahme trennen, an anderer Stelle freilich, Rn. 716 a.a.O., allgemein einräumen, Einstandspflichten könnten im Einzelfall ineinander übergehen

1796 Siehe dazu ausführlicher oben: Teil 2 B II.

ein allgemeines dogmatisches System für die Herleitung von Garantenstellungen anzubieten und zu erläutern, wo in diesem System die Amtsträgergarantenstellung einzuordnen ist. Die Garantenstellung als Amtsträger steht beziehungslos neben anderen Garantenstellungen. Demzufolge handelt es sich hierbei allem Anschein nach lediglich um einen Teil einer kasuistischen Lösung. Im Gegensatz dazu fügt sich die Garantenstellung des Amtsträgers in das mit dieser Arbeit vertretene System ein.

Denn wie bereits ausgeführt basiert letztlich die Garantenstellung auf einer Selbstverpflichtung und nicht darauf, dass das Gesetz bestimmte Pflichten festschreibt für den Fall, dass jemand Amtsträger ist, und ebenso nicht darauf, dass jemand beschließt, eine bestimmte Konstellation nunmehr als eigenständige „Garantenstellung kraft Amtsträgerschaft" zu bezeichnen. Vereinfacht könnte man daher sagen, weder der Pflichtinhalt bestimmter Normen noch die bloße Behauptung, Amtsträger seien Garanten eigener Art, begründen eine Garantenstellung. Entscheidend ist vielmehr die Selbstverpflichtung eines Menschen durch die Übernahme eines Amtes.

3.3.5.7 Zwischenergebnis

Das Selbstverpflichtungsprinzip hat sich in der konkreten Anwendung auf bekannte Fallgruppen des unechten Unterlassens bewährt. Seine Ergebnisse decken sich in weiten Teilen mit den in Rechtsprechung und Literatur angenommenen.

Allerdings stellt die Garantenstellung der Eltern zu Gunsten ihrer Kinder einen Sonderfall dar. Die Einzigartigkeit dieses Schutzverhältnisses beruht vor allem darauf, dass der Rechtsgutsträger zunächst – als Embryo und Baby - zu jeglicher Interaktion aber auch Selbstschutz nicht im Stande ist und dass die elterlichen Garanten überhaupt erst den zu Beschützenden zur Existenz verhelfen. Zudem scheint in der Natur des Menschen der Schutz seiner Nachkommen angelegt zu sein. Diese Besonderheiten führen dann auch dazu, dass unsere Rechtsordnung als speziellem Axiom von einer „zuvörderst" den Eltern obliegenden Schutzpflicht ausgeht. Die bewusste Entscheidung der Eltern, einem Menschen zur Existenz zu verhelfen, impliziert darüber hinaus auch die Pflicht, dessen Existenz und körperliche Integrität zu schützen. Denn es ergäbe sich ein Selbstwiderspruch, erst bewusst neues Leben zu schaffen, dann aber jegliche

Verantwortung für dessen Fortbestand zu leugnen[1797]. Zudem wäre es axiologisch befremdlich, die Schutzbedürftigsten schutzlos zu stellen.[1798]

Dagegen ist nicht stets eine Garantenstellung der Kinder gegenüber ihren Eltern anzunehmen. Die soeben genannten Gründe tragen diese „umgekehrte" Schutzpflicht gerade nicht. Die „Blutsbande" allein sind insofern nicht ausreichend, sondern es müssen die Voraussetzungen einer Selbstverpflichtung vorliegen, wie beispielsweise diejenigen eines engen Gemeinschaftsverhältnisses.[1799]

Bei besagten engen Gemeinschaftsverhältnissen sind für das Vorliegen einer Garantenstellung die tatsächlichen Verhältnisse und nicht etwa das formale Bestehen der Ehe oder eines Verlöbnisses[1800] ausschlaggebend. Denkbar sind garantenstellungsbegründende, enge Gemeinschaftsverhältnisse in zweierlei Konstellationen:

Bei ehelichen oder ehe-ähnlichen exklusiv intimen Beziehungen ist erforderlich, dass die beiden Beteiligten ausdrücklich oder konkludent zum Ausdruck bringen, dass der jeweils andere *der eine Mensch* im Leben ist, und dieser so wichtig ist, dass man dessen Unversehrtheit will – notfalls unter Preisgabe eigener Güter und Rechte. Dafür ist eine auf Dauer angelegte, außergewöhnlich enge emotionale Bindung an den anderen notwendig, welche bereits für eine gewisse Zeit besteht. Der zu Beschützende muss eine exponierte Stellung im Leben des anderen einnehmen, die *dem Einen* zukommt, mit dem man sein Leben teilen und verbringen möchte.[1801]

Außerhalb dieser Beziehungen ist eine vergleichbare herausragende Stellung im Leben eines anderen nur zu bejahen, wenn man mit diesem in häuslicher Gemeinschaft lebt und zudem eine besonders enge emotionale Bindung in einem schon länger bestehenden Verhältnis existiert. Hinzukommen müssen weiter häufiger persönlicher Kontakt und Investitionen in das Verhältnis, wie beispielsweise zwischen Familienangehörigen, die im gemeinsamen Haushalt leben, einander besonders zugetan sind und Anteil am Leben des anderen nehmen.[1802] Eine häusliche Gemeinschaft allein reicht hingegen nicht aus für eine Garantenstellung[1803].

1797 Dies gilt jedenfalls für das Austragen des Kindes und die unmittelbare Zeit danach. Dass dann im Wege der Adoption oder der Übergabe des Kindes in staatliche Obhut das Erlöschen der Garantenstellung möglich ist, steht dem nicht entgegen.

1798 Ausführlich zu dieser Fallgruppe bei Teil 2 C V 1 a.

1799 Näheres unter Teil 2 C V 1 b.

1800 Ausführlicher hierzu bei Teil 2 C V 2 a.

1801 Eingehend bei Teil 2 C V 2 b.

1802 Dazu Näheres unter Teil 2 C V 2 b.

1803 Siehe Teil 2 C V 2 c.

Dagegen ist eine Einstandspflicht nach § 13 StGB auf Grund „natürlicher Verbundenheit“, wie zum Beispiel zwischen Großeltern und Kindern, abzulehnen. Diese Verhältnisse sind nicht Ausdruck von Freiheit, sondern zufallsbasiert, man wird in sie hineingeboren, weshalb sie per se keine Garantenstellung begründen. Statt dessen kann in ihnen eine besondere Schutzpflicht nur bei Vorliegen der Voraussetzungen einer Selbstverpflichtung entstehen, so beispielsweise, wenn die Pflege kranker Verwandter übernommen wird.[1804]

Der Garantenstellung kraft „tatsächlicher Übernahme“ ist zwar weitgehend nicht in ihren Ergebnissen, aber in ihren Voraussetzungen und ihrer Kennzeichnung zu widersprechen. Die konsequente Anwendung des Merkmals „faktische Schutzübernahme“ würde zu fragwürdigen Ergebnissen führen und zwingt deshalb zu inkonsequenten Ausnahmeregelungen. Insbesondere die herkömmliche Lösung des „Wandererfalles“[1805] und die Rechtsfigur der *omissio libera in causa* sind mit ihr nicht in Einklang zu bringen.

Diese Unzulänglichkeiten vermeidet das Selbstverpflichtungsprinzip. Eine überzeugende Lösung der mit dem Merkmal der tatsächlichen Übernahme anvisierten Probleme gelingt auch auf anderem Wege: Durch Anwendung eigenständiger Garantenstellungsvoraussetzungen erfolgt die Emanzipation von der zivilrechtlichen Wirksamkeit der eingegangenen Schutzpflicht. Die zutreffende Bestimmung des jeweiligen Pflichtinhalts, der auch in Auswahl und Kontrolle des Schutzaufgaben Übernehmenden bestehen kann, und die Beachtung der Lehre von der objektiven Zurechnung ermöglichen zudem eine axiologisch überzeugende Verteilung von Verantwortungsbereichen. So werden beispielsweise die Eltern nicht zeitweise von ihrer Schutzpflicht gegenüber ihrem Kind bereits dadurch befreit, dass sie ihre Aufgaben einem Kindermädchen übertragen. Sie haben grundsätzlich sicherzustellen, dass das Kindermädchen seinen Dienst auch tatsächlich antritt, wenn sich dieses nicht über einen längeren Zeitraum als besonders zuverlässig erwiesen hat.[1806]

Die konsequente Anwendung der beiden Prinzipien Neminem-laede und Selbstverpflichtung sowie des Eigenverantwortlichkeitsprinzips führt dazu, dass eine Garantenstellung des Wohnungsinhabers nur hinsichtlich der unmittelbar aus der Wohnung selbst entstammenden Gefahren nicht aber eine Pflicht zum Schutz vor Straftaten Dritter innerhalb der Wohnung besteht[1807]. Eine Garantenstellung kraft Selbstverpflichtung trifft beispielsweise Ärzte, insbesondere auch

1804 Näheres zu dieser Fallgruppe unter Teil 2 C V 3.

1805 Ausführlich zu diesem auf *Traeger*, Enneccerus-Festgabe, S. 87, zurückgehenden Standartfall der Unterlassungsdogmatik oben bei Teil 2 C V 4 c

1806 Zur tatsächlichen Übernahme im Allgemeinen siehe Teil 2 C V 4 a.

1807 Siehe Teil 2 C V 4 d sowie das eigentlich in diesen Fällen eine Garantenstellung tragende Neminem-laede-Prinzip, Teil 2 C III, insbesondere 4.

Bereitschaftsärzte[1808]. Ebenso problemlos begründet der Beitritt zu einer Gefahrengemeinschaft eine Garantenstellung auf Grund einer Selbstverpflichtung[1809].

Schließlich können auch Amtsträger Garantenstellungen innehaben. Die Selbstverpflichtung erfolgt in diesen Fällen gegenüber dem Staat, der kraft Delegation der Bürger an ihn schutzzuständig ist. Kurz gefasst begibt sich der Mensch seiner Freiheit teilweise zu Gunsten des Staates, um von diesem im Gegenzug Schutz zu erhalten[1810]. Amtsträger wiederum verpflichten sich dann gegenüber dem Staat mittels eines freiwilligen Realakts, ihrer Zustimmung zum entgeltlichen Dienst. Allerdings schafft nicht jede öffentlich-rechtliche Pflicht, die der Amtsträger übernommen hat, eine Garantenstellung. Entscheidend ist vielmehr, ob nicht bloße Folge, sondern Zweck dieser Pflicht der Schutz der durch das jeweils einschlägige Strafgesetz geschützten Rechtsgüter ist. Für die Ermittlung des Zwecks sind dann ergänzend die jeweils pflichtbeschreibenden Normen heranzuziehen.

Zu beachten ist weiterhin, dass bei der Amtsträgergarantenstellung – wie bei anderen besonderen Einstandspflichten – eine Konkretisierung des Pflichtinhalts zu erfolgen hat. Daher trifft den Amtsträger eine besondere Schutzpflicht nach § 13 StGB nur während seines Dienstes im Rahmen seiner örtlichen und sachlichen Zuständigkeit. Zudem kann verwaltungsrechtlich erlaubtes Verhalten, zum Beispiel ein nicht ermessensfehlerhaftes Unterlassen, nicht strafbar sein. Demzufolge kommt Amtsträgern in Umweltbehörden, fallzuständigen Jugendamtsmitarbeitern, Polizisten zu Gunsten straftatbedrohter Dritter ebenso eine Garantenstellung zu wie Staatsanwälten, Richtern und repressiv tätigen Polizeibeamten zu Gunsten des staatlichen Strafverfolgungsinteresses.[1811]

1808 Zur in diesem Zusammenhang notwendigen Differenzierung gegenüber welchem Schutzzuständigen der verpflichtende Realakt erfolgt und der strittigen Garantenstellung des Bereitschaftsarztes siehe Teil 2 C V 4 b bb.

1809 Siehe Teil 2 C V 5.

1810 Ausführlich zu dieser staatsrechtlichen Konstruktion bei Teil 2 C II 1 a und b bb; konstruktiv vergleichbar für die Amtsträgergarantenstellung: *Freund*, Erfolgsdelikt und Unterlassen, S. 293; *Jakobs*, Strafrecht AT, 29/77d, Fn. 156a; *Kühl*, AT, § 18, Rn. 84; *Pawlik*, ZStW 111, S. 346; *Roxin*, AT, Bd. 2, § 32, Rn. 93 und 96; *Seibert*, Betrug durch Unterlassen, S. 194.

1811 Zur Amtsträgergarantenstellung siehe Teil 2 C V 6.

4 Notwehrrecht und Garantenstellung

Nachdem im ersten Teil der Arbeit die Garantenstellung als dogmatischer Ansatzpunkt für eine Notwehrrechtsbeschränkung herausgearbeitet und sodann im Rahmen des zweiten Teils ein eigenständiger Garantenstellungsansatz hergeleitet und überprüft worden ist, werden nun im vorliegenden dritten Abschnitt beide Teile zusammengeführt. Die geschaffenen Grundlagen ermöglichen es nunmehr zu beantworten, in welchen tatsächlichen Konstellationen eine garantenstellungsbasierte Notwehrrechtsbeschränkung in Betracht kommt (Teil 3 A), wann Garantenstellungen erlöschen (Teil 3 B) und in diesem Zusammenhang vor allem, wie sich die Notwehrsituation, konkreter: der Angriff, auf diejenigen Pflichtenstellungen auswirkt, bei denen eine Notwehrrestriktion möglich erscheint (Teil 3 B II). Dies ermöglicht im Anschluss, eine Aussage darüber zu treffen, unter welchen konkreten Voraussetzungen das Notwehrrecht zu begrenzen ist und wie diese Begrenzung auszusehen hat (Teil 3 C).

4.1 Notwehrrechtsbeschränkende Garantenstellungskonstellationen

Eine Notwehrrechtsbeschränkung kommt nur bei Garantenstellungen auf Basis des Selbstverpflichtungsprinzips in Frage[1812]. Allerdings ist bereits auf den ersten Blick offenkundig, dass nicht jede Garantenstellung kraft Selbstverpflichtung zu einer Einschränkung des Notwehrrechts führt. So bedingt beispielsweise die Garantenstellung in einer Gefahrengemeinschaft wie einer Bergsteigergruppe evident keine Restriktion des Notwehrrechts bei Angriffen eines Gemeinschaftsmitglieds auf ein anderes. Indes hat dies entgegen anderslautender Stimmen[1813] nicht zur Folge, eine garantenstellungsbedingte Notwehrbegrenzung generell abzulehnen. Es zwingt vielmehr dazu, genau zu prüfen, welche Pflichtpositionen tatsächlich zu einer Beschränkung des Verteidigungsrechts führen. Dafür ist es nötig, den für bestimmte Garantenstellungskonstellationen jeweils typischen Pflichtinhalt zu bestimmen und ihn in Bezug zur Notwehrsituation zu setzen.

1812 Siehe dazu Teil 2 C III 3.

1813 *Bitzilekis*, Tendenz, S. 124; *Engels*, GA 1982, S. 113; *Sangviroatjanapat*, Einschränkungen, S. 96f; *Schroth*, NJW 1984, S. 2563; *Wohlers*, JZ 1999, S. 439; ausführlicher zu diesem Einwand: Teil 1 C X 2.

4.1.1 Inhaltliche Konkretisierung von Garantenpflichten

4.1.1.1 Inhalt der Garantenpflicht: Was ist wovor wie zu schützen?

Ein allgemeiner einheitlicher Umfang der Pflichten von Garanten existiert nicht[1814]. Im Rahmen der Untersuchung der Funktionenlehre ist bereits auf die verschiedenen Pflichtinhalte hingewiesen worden[1815]. Inhaltlich wird die Garanten*pflicht* durch dreierlei Daten bestimmt[1816]: das zu schützende Rechtsgut („was" zu schützen ist), die Gefahrenquelle („wovor" zu schützen ist") und die Rettungshandlung selbst („wie" zu schützen ist). Anhand dieser Elemente lässt sich jede Garantenpflicht inhaltlich kennzeichnen und eine Aussage darüber treffen, was der Verpflichtete wovor und wie zu schützen hat. – Eine solche Konkretisierung der Garantenpflicht wird ebenfalls von der Rechtsprechung und Literatur, falls zur Falllösung erforderlich, vorgenommen, häufig allerdings ohne dass explizit das dogmatische Vorgehen, Inhaltsbestimmung und Begrenzung der Garantenpflicht, erläutert wird[1817]. – Zum Beispiel hat ein Bademeister die Gesundheit und das Leben der Badegäste vor Gefahren aus dem Badebetrieb zu bewahren. Er besitzt jedoch nicht die Pflicht, das Eigentum der Gäste vor Diebstählen oder Sachbeschädigungen zu schützen. In diesem Beispiel trifft also den Bademeister nur die konkrete Pflicht, bestimmte Rechtsgüter, Gesundheit und Leben der Badegäste, vor bestimmten Gefahren, des Ertrinkens oder sonstiger Gefahren auf Grund des Badens selbst, zu bewahren. Dergestalt wird seine Garantenpflicht konkretisiert und zugleich begrenzt.

Deutlich wird zudem, dass nicht jedes der inhaltsbestimmenden Elemente konkretisiert sein muss. So ist in aller Regel, wie im genannten Beispiel, die Art der Rettungshandlung offen gelassen, solange nur überhaupt eine Rettung erfolgt. Der Bademeister genügt seiner Garantenpflicht sowohl, indem er Ertrin-

---

1814 So bereits *Nagler*, GS 111, S. 64.

1815 Siehe Teil 2 C II 5.

1816 Zwar stellen die Garantenstellung und ihr Entstehungsgrund, Neminem-laede- oder Selbstverpflichtungsprinzip, Attribute der dogmatisch an sie anknüpfenden Garantenpflicht dar. Dabei handelt es aber um Abstrakta, die dem Garanten keine Auskunft darüber zu geben vermögen, was konkret, gewissermaßen als phänotypische Pflichtbeschreibung, von ihm verlangt ist.

1817 Beispiele aus der Rechtsprechung: BGH JuS 1977, S. 266 f. (der Wohnungsinhaber habe nur vor schweren Gefahren zu schützen); BGH NJW 1983, S. 350 f. (keine Behandlungspflicht des nach den §§ 218 ff. StGB ausschließlich *beratenden* Arztes); aus der Literatur: *Androulakis*, Problematik der unechten Unterlassungsdelikte, S. 209; *Brammsen*, Entstehungsvoraussetzungen von Garantenpflichten, S. 200, Fn. 287; NK-*Seelmann*, § 13, Rn. 34; *Seibert*, Betrug durch Unterlassen, S. 125.

kende selbst als Rettungsschwimmer aus dem Wasser zieht als auch durch das Zuwerfen eines Rettungsringes, den der Bedrohte dann ergreift.

Auch die anderen beiden Daten müssen nicht stets inhaltlich genau gefasst sein. So hat beispielsweise die Mutter die Rechtsgüter Leben und Gesundheit ihres Kindes grundsätzlich[1818] vor jedweder Gefahr zu schützen, so dass das „Wovor" in diesen Fällen nicht genauer bezeichnet ist.

Diese drei inhaltsbestimmenden Daten sind keineswegs abschließend für jede Garantenstellung abstrakt fixiert. Es liegt vielmehr in der Natur des hier vertretenen, auf den freiheitlichen Urzustand des Menschen zurückgehenden Ansatzes, dass grundsätzlich[1819] alle drei Komponenten der Disposition der Beteiligten unterliegen. Der Verpflichtete hat auf Grund seiner Freiheit allein diejenigen Rechtsgüter zu bewahren, zu deren Schutz er sich freiwillig im Rahmen einer Selbstverpflichtung verpflichtet hat. Dasselbe gilt – falls überhaupt konkretisiert in der Selbstverpflichtung – für die Gefahrenquelle und die Art der Rettungshandlung. Die Schutzpflichten erstrecken sich auch dort nur soweit, wie vereinbart. Allgemein ist für die inhaltliche Konkretisierung der Garantenpflicht ausschließlich das maßgebend, zu dem sich der Garant verpflichtet hat.

Teilweise finden sich dazu ausdrückliche Bestimmungen in der eingegangenen Verpflichtung. So geben gerade im Bereich der Amtsträger, beispielsweise in Umweltbehörden, die seine Pflichten benennenden Rechtsnormen darüber Ausschluss, welche Rechtsgüter er vor welchen Gefahren zu bewahren hat. Fehlt es aber an einer solchen ausdrücklichen Festlegung, so ist der Inhalt im Rahmen einer Auslegung zu ermitteln. Die Ermittlung des zu schützenden Rechtsguts ist nun bereits Bestandteil der eingehend erläuterten Voraussetzungen der Selbstverpflichtungsgarantenstellung[1820]. Eine Garantenstellung kraft Selbstverpflichtung kann nur dann entstehen, wenn die eingegangene Verpflichtung zumindest auch den Schutz desjenigen Rechtsguts bezweckt, das ebenfalls mit dem einschlägigen Strafgesetz geschützt werden soll. Die in diesem Zusammenhang getroffenen Ausführungen zur Auslegung[1821] gelten entsprechend für die Bestimmung der Garantenpflicht hinsichtlich der Gefahrenquelle und der Art der Rettungshandlung.

1818 Zu Erziehungszwecken kann eine maßvolle Gesundheitsbeeinträchtigung ausnahmsweise gerechtfertigt sein, siehe Teil 2 C VI 1 a.

1819 Etwas anderes gilt nur für den Sonderfall der elterlichen Garantenstellung wegen der sie tragenden Sachgründe, siehe dazu Teil 2 C V 1 a.

1820 Zu deren Herleitung siehe Teil 2 C IV.

1821 Siehe Teil 2 C IV 3 a cc.

4.1.1.2 Garantenpflichtinhalt und Notwehrsituation

Stellt man den Bezug der drei Garantenpflicht konkretisierenden Elemente (was ist wovor wie zu schützen?) zur Notwehrsituation her, ergibt sich Folgendes:

In der Notwehrsituation droht der Angegriffene die Rechtsgüter des Aggressors durch seine Verteidigung zu verletzen. Besitzt der Angegriffene eine Garantenstellung zu Gunsten des Angreifers, so ist erstens zu ermitteln, ob den Garanten eine Schutzpflicht gerade bezüglich der durch die Verteidigung möglicherweise verletzten Rechtsgüter trifft (*was* ist zu schützen?). Ist dies nicht der Fall, so kann die Garantenstellung nicht zu einer Notwehrrechtsbegrenzung führen. Denn zwischen der aus der Stellung folgenden Garanten*pflicht* und dem Notwehr*recht* bestünde dann keinerlei Zielkonflikt. Die Garantenstellung verpflichtete zum Schutz des Rechtsguts *a* und durch die Verteidigung würde lediglich Rechtsgut *b* verletzt. Pflicht und Recht stünden vereinbar nebeneinander.

Eine Kollision von Recht und Pflicht ist dagegen zum Beispiel denkbar, wenn die Ehefrau den Ehemann[1822] angreift und dieser im Rahmen der erforderlichen Verteidigung die Gesundheit der Ehefrau beschädigen würde. Hier trifft den Garanten, den Ehemann, eine Garantenpflicht gerade bezüglich desjenigen Rechtsguts, der Gesundheit seiner Frau, das er durch seine Abwehr zu verletzen droht. Ersetzt man in diesem Beispiel hingegen den Ehemann durch den Vermögensbetreuer der Frau, so scheidet eine Begrenzung von dessen Notwehrrecht aus. Denn eine Schutzpflicht trifft ihn allein bezüglich des Vermögens und nicht hinsichtlich der durch die Verteidigung möglicherweise beeinträchtigten Gesundheit.

Zweitens ist zu prüfen, ob den Garanten auch eine Schutzpflicht hinsichtlich der in der Notwehrsituation bestehenden Gefahrenquelle trifft (wovor ist zu schützen?). Konkret heißt das, die Garantenpflicht muss zumindest auch dahingehen, den Angreifer vor Verletzungen aus einer Verteidigung gegen dessen Angriffe zu schützen. Andernfalls kommt eine Notwehrrechtsrestriktion nicht in Betracht.

Im erstgenannten Beispiel wäre diese Voraussetzung bei dem Ehemann zu bejahen, da in engen Gemeinschaftsverhältnissen Leben und Gesundheit vor jedweder Gefahr, also auch vor Schäden aus einer Angriffsverteidigung, zu bewahren sind[1823].

Ersetzt man dagegen in einem dritten Beispiel den Mann durch den Arzt der Frau, ist eine Abwehrrechtsbegrenzung abzulehnen. Zwar bestünde die nötige

1822 Ein grundsätzlich intaktes, nicht zerrüttetes Eheverhältnis soll hier der Einfachheit halber vorausgesetzt werden.

1823 Siehe Teil 2 C V 2 b.

Identität zwischen zu schützendem und durch die Verteidigung verletztem Rechtsgut. Denn den Arzt trifft eine Schutzpflicht hinsichtlich der Gesundheit seiner Patienten. Allerdings hat er die Gesundheit bloß vor Gefahren aus der von ihm zu behandelnden Erkrankung zu schützen, nicht aber vor Verletzungen aus Verteidigungen gegen Angriffe seiner Patientin[1824].

Geringe Bedeutung besitzt dagegen im Rahmen der Notwehrsituation das dritte Garantenpflicht bestimmende Element der Art der Rettungshandlung (Wie ist zu schützen?), da dieses oftmals im Interesse des Rechtsgüterschutzes[1825] nicht näher konkretisiert wird. Sollte dies doch ausnahmsweise der Fall sein, so kommt eine Notwehrrechtsbegrenzung nur dann in Frage, wenn auch dieses dritte Element deckungsgleich ist mit dem in der Notwehrsituation Verlangten, also dem „Wie" der Notwehrrechtsbeschränkung. Erforderlich wäre daher, dass die Garantenpflicht dahin geht, im Falle des Angriffs des zu Beschützenden nach Möglichkeit auszuweichen, dann „Schutzwehr" im Sinne einer Verteidigung ohne weitere Gutseinbußen beim Angreifer und schließlich die sonst freiheits-schonenste Verteidigungsvariante – notfalls unter geringfügiger Güter- oder Rechtspreisgabe oder aber durch die erforderliche Verteidigung[1826]. Eine solche Garantenpflichtkonkretisierung ist wohl nur theoretischer Natur. Praktisch existiert wohl nie eine solche konkrete Regelung der „Rettungshandlung" für den Notwehrfall, sondern das „Wie" der Garantenpflichterfüllung wird offen gelassen sein wie im erstgenannten Ehegattenbeispiel.

Ob die inhaltliche Konkretisierung straftatsystematisch bei der Garantenstellung, also im Tatbestand, oder bei der Garantenpflicht, wohl in der Rechtswidrigkeit, zu verorten ist, hat für die Notwehrrechtsrestriktion keine Bedeutung. Im Rahmen einer Prüfung ist lediglich sicherzustellen, dass die – nun bewusst ungenau formuliert – „Verpflichtung" des Verteidigers zumindest auch beinhaltet, als Garant die durch eine Verteidigung möglicherweise verletzten Rechtsgüter des Aggressors vor Schäden aus einer Abwehr von dessen Angriffen zu schützen. Dabei muss die Art seiner Rettungshandlung auch die in den genannten Notwehrrechtsbeschränkungen umfassen, wovon mangels Festlegung des „Wie" der Rettungspflicht des Garanten regelmäßig auszugehen ist. Erst bei Vorliegen dieser Voraussetzungen tangiert die Garantenstellung das Notwehrrecht und es entsteht besagter Zielkonflikt von Verteidigungsrecht und Garantenschutzpflicht.

1824 Dieser Inhalt der ärztlichen Garantenpflicht dürfte wohl unbestritten sein, so dass auf dessen ausführlichere Ermittlung verzichtet werden kann.

1825 Das Rechtsgut ist bis zur Grenze der Zumutbarkeit durch die notwendige Rettungshandlung, welcher Art auch immer, zu schützen.

1826 Eingehender zu den Notwehrrechtsbeschränkungen nach hiesiger Auffassung unter Teil 3 C II.

4.1.2 Konkret notwehrrechtsbeschränkende Garantenstellungen

Gesucht werden demnach diejenigen Konstellationen der Selbstverpflichtung, die die vorstehend beschriebenen Bedingungen erfüllen.

Auf den ersten Blick erscheint es allerdings schwierig, allgemeingültige Aussagen darüber zu treffen, bei welchen Fallgestaltungen dies anzunehmen sein könnte, da der hier verfochtene freiheitliche Ansatz es den Beteiligten ermöglicht, über den Inhalt ihrer Selbstverpflichtung frei zu disponieren. Im Detail sehr unterschiedliche Pflichtinhalte lassen sich vorwiegend in der Fallgruppe der „tatsächlichen Übernahme" ausmachen. Bei zahlreichen anderen Konstellationen, in denen in aller Regel eine ausdrückliche Pflichtfestlegung nicht erfolgt, sind dagegen typische Pflichten durchaus feststellbar. So ist man sich zum Beispiel zu Recht in Rechtsprechung und Literatur darüber einig, dass die Pflichten der Eltern und in engen Lebensgemeinschaften dahin gehen, Gesundheit und Leben der Kinder bzw. Gemeinschaftsmitglieder zu schützen.

Außerdem sind die aus der Notwehrsituation folgenden soeben geschilderten Voraussetzungen so konkret, dass es gelingen kann, eine Abwehrrechtsbegrenzung bei einer Vielzahl von Garantenstellungskonstellationen auszuschließen.

Als wirksamstes Ausschlusskriterium erweist sich in diesem Zusammenhang das Pflichten konkretisierende Element der Gefahrenquelle, also die Frage, vor welchen Gefahren ein Garant das ihm anvertraute Rechtsgut zu bewahren hat. Die Notwehrsituation gebietet es, dass die Pflicht des Garanten zumindest auch umfassen muss, das durch seine Verteidigung bedrohte Rechtsgut des Angreifers vor Schäden aus einer Angriffsabwehr zu schützen. Mit anderen Worten: Der Garant muss auch vor der Gefahrenquelle „seine Verteidigung gegen Angriffe des zu Beschützenden“ zu bewahren haben. Garantenstellungsfälle, in denen diese spezielle Gefahrenquelle explizit erfasst ist, sind praktisch nicht auffindbar. Innerhalb der Fallgruppen der Selbstverpflichtung ist keine Fallgruppe ersichtlich, in denen sich der Garant im Rahmen seiner Selbstverpflichtung konkret dazu verpflichtet, Rechtsgüter des zu Beschützenden vor möglichen Schäden aus seiner Verteidigung gegen dessen Angriffe zu bewahren. Offensichtlicher Grund hierfür ist, dass bei der Begründung der Garantenstellung das Verhältnis zwischen den Beteiligten noch intakt ist, und diese den Fall des Angriffs des Beschützenden auf den Garanten gar nicht erst erwägen.

Dies bedeutet indessen nicht, dass eine garantenstellungsbedingte Notwehrrechtsbegrenzung ausgeschlossen ist. Es existieren Garantenstellungen, in denen der Verpflichtete bestimmte Rechtsgüter des Begünstigten vor jedweder Gefahr zu schützen hat, also ein „Rundumschutz“ zu gewähren ist. Dies impliziert dann selbstverständlich auch Schäden aus einer Verteidigung des Garanten[1827]. In Betracht kommt folglich eine Notwehrrechtsbeschränkung ausschließlich in Fällen, in denen der Garant zu einer Rundumverteidigung bestimmter Rechtsgüter verpflichtet ist.

Daher scheiden Gefahrengemeinschaften und Amtsträgergarantenstellung aus. In beiden Fällen ist keine Rundumverteidigung geschuldet. Dasselbe trifft grundsätzlich auf die Konstellationen zu, die unter dem Begriff „tatsächliche Übernahme“ firmieren. Hebammen, Bademeister, Ärzte, Wohnungsinhaber etc. sind nicht zum Schutze der ihnen anvertrauten Rechtsgüter vor jeder Gefahr zuständig. Der Bademeister beispielsweise hat vor Schäden aus dem Badebetrieb, der Arzt vor denjenigen aus Erkrankungen zu bewahren nicht aber vor solchen aus einer Angriffsabwehr. Denkbar sind allenfalls in diesem Kontext Pflichtpositionen von Ärzten und Krankenpflegern gegenüber stationär behandelten, schwer Geisteskranken, die nicht mehr in der Lage sind, für ihr eigenes Verhalten Verantwortung zu übernehmen. Diesen gegenüber besteht eine umfassende Rechtsgutsschutzverpflichtung und damit ein nur eingeschränktes Notwehrrecht. Eine nähere Untersuchung dieser speziellen Schutzposition, insbesondere die Auswirkung des Angriffs auf sie, kann jedoch unterbleiben, da bei ihnen aus einem anderen Grund[1828] bereits eine Notwehrrechtsbegrenzung vorzunehmen ist.

Das Gleiche gilt partiell für das Notwehrrecht der Eltern gegen Angriffe ihrer Kinder. Zwar haben die Eltern die Garantenpflicht, Leben und Gesundheit ihres Kindes vor jeder Bedrohung - einschließlich einer Angriffsabwehr - zu schützen. Soweit eine elterliche Garantenstellung noch besteht[1829], fehlt es bis zur Vollendung des 14. Lebensjahres des Aggressors entsprechend der vorste-

1827 Inwieweit der Angriff zum Erlöschen von Garantenstellungen führen kann, ist an anderer Stelle zu erörtern, siehe Teil 3 B II.

1828 Das weitgehende Verteidigungsrecht der Notwehr wird unter anderem durch das Rechtsbewährungsinteresse gerechtfertigt, vgl. Teil 1 B II. Mit dem Angriff werden aber nicht bloß Rechtsgüter bedroht, sondern zugleich die Geltung der Rechtsordnung. Ein nicht schuldfähig Handelnder kann aber nicht bewusst und in gleichem Maße die Geltung der Rechtsordnung in Frage stellen, wie dies bei einem einsichtsfähiger, die Gesetze bewusst Missachtenden der Fall ist. Daher trägt das Rechtsbewährungsinteresse in diesen Fällen – wenn überhaupt – nur eingeschränkt das Notwehrrecht. Eine Notwehrrechtsbegrenzung ist unabhängig von der Garantenstellung anzunehmen.
Ebenso im Ergebnis u. a. BGHSt 3, 217; Frister, GA 1988, S. 304; Otto, AT, § 8, Rn. 21; Roxin, AT, Bd. 1, § 15, Rn. 57 f.; Wessels/Beulke, Strafrecht AT, Rn. 344. Ob die Notwehrrechtsbegrenzung beim Angriffsmerkmal oder in der Gebotenheit systematisch verortet ist, stellt wohl eher einen terminologischen denn inhaltlichen Unterschied dar.

henden Ausführungen an einem bewussten, einsichtsfähigen Angriff auf die Geltung der Rechtsordnung durch das Kind, so dass bereits stets unter diesem Gesichtspunkt das Notwehrrecht zu begrenzen ist. Insoweit können sich die Eltern allenfalls auf § 34 StGB berufen. Dies gilt allerdings nur bis zu dem vom Gesetzgeber in § 19 StGB bestimmten Zeitpunkt: Wer bei Begehung der Tat das 14. Lebensjahr vollendet hat, ist zumindest beschränkt schuldfähig – mögen für ihn einstweilen noch besondere Regelungen bis zur Vollendung des 21. Lebensjahres nach dem JGG Anwendung finden. Der daneben bestehenden Restriktion unter dem Gesichtspunkt der Garantenstellung kommt erst ab diesem Zeitpunkt oder dann wieder eigenständige Bedeutung zu, wenn die Garantenstellung der Eltern nicht mehr auf der Elternschaft beruht, weil die Kinder mittlerweile voll verantwortlich zum Selbstschutz im Stande sind, sondern eine Einstandspflicht auf Grund eines engen Gemeinschaftsverhältnisses vorliegt[1830].

Damit ist zugleich die Fallgruppe benannt, in der eine Notwehrrechtsbeschränkung auf Grund einer Garantenstellung eine eigenständige Bedeutung erlangt: die engen Gemeinschaftsverhältnisse. In ihnen schulden die Mitglieder bei typischer Ausgestaltung dieses Verhältnisses[1831] als Garanten einander den Schutz von Leben und Gesundheit vor jeder Art von Gefahr und demnach auch vor Schäden aus einer Angriffsabwehr. Daher sind nachfolgend insbesondere bei diesen Verhältnissen die Angriffsauswirkungen auf die Selbstverpflichtung und ihren Fortbestand zu untersuchen.

Eine Notwehrrechtsbegrenzung scheidet dagegen bei Garanten aus, an die Mitglieder eines engen Gemeinschaftsverhältnisses Schutzaufgaben delegieren. Denn es ist bislang kein praktischer Fall ersichtlich, in dem durch ein Nicht-Gemeinschaftsmitglied via Selbstverpflichtung die Rundum-Verteidigung der Rechtsgüter Gesundheit und Leben übernommen wird. Es werden allenfalls Schutzpflichten hinsichtlich bestimmter Gefahren delegiert, wie beispielsweise an den Hausbesuche absolvierenden Arzt hinsichtlich der zu behandelnden Krankheiten. Die Delegation von Schutzaufgaben durch einen „Rundum-Schutzgaranten" macht den Delegationsempfänger nicht automatisch seinerseits zu einem Garanten, der bestimmte Rechtsgüter vor jedweder Gefahr einschließlich der Verteidigung in Notwehr zu schützen hat. Auch in diesen Fällen ist stets der Inhalt der Selbstverpflichtung darauf zu überprüfen, ob der Schutz in Notwehrsituationen erfasst ist. Praktische Fälle dieses Inhalts sind schwer vorstellbar. Ein-

1829 Ausführlich zu dieser insbesondere im Hinblick auf ihre zeitlichen Grenzen bei Teil 2 C V 1 a.

1830 Zu dieser von der Elternschaft zu trennenden Garantenstellungsbegründung siehe Teil 2 C V 1 a und Teil 2 C V 2.

1831 Siehe hierzu Teil 2 V 2 b.

zig das Kindermädchen übernimmt tatsächlich den Rundumschutz von den Eltern. In diesen Fällen ist aber das Notwehrrecht bereits aus anderen Gründen begrenzt[1832], weshalb sie hier nicht weiter von Interesse sind.

Auf Basis der in diesem Abschnitt erarbeiteten Voraussetzungen kann zudem eine weitere Konkretisierung der notwehrrechtsbeschränkenden Garantenstellungen erfolgen. Erforderlich ist nämlich ebenfalls, dass durch die Verteidigung gerade ein Rechtsgut verletzt zu werden droht, das zu schützen der Garant verpflichtet ist. In den engen Gemeinschaftsverhältnissen erstreckt sich nach hiesigem Dafürhalten die Verpflichtung ausschließlich auf den Schutz von Leben und Gesundheit der Gemeinschaftsmitglieder nicht aber auf das Vermögen. Demzufolge kommt eine Restriktion nur in Betracht, wenn durch die Verteidigung Leben oder Gesundheit des Angreifers beeinträchtigt würden.

4.1.3 Zusammenfassung

Setzt man die jede Garantenverpflichtung inhaltlich bestimmenden Elemente, d.h. das zu schützendes Rechtsgut, die Gefahrenquelle und die Rettungshandlung, in Bezug zur Notwehrsituation, so muss eine notwehrrechtsbeschränkende Selbstverpflichtung auch den Zweck haben, dasjenige Rechtsgut vor Schäden zu bewahren, das durch eine Verteidigung gegen einen Angriff des zu Beschützenden verletzt würde. Zudem muss die Garantenpflicht auch den Schutz vor der Gefahrenquelle „Verteidigung gegen Angriffe des zu Beschützenden" umfassen. Praktisch ist dies nur in den Fällen gegeben, in denen der Garant einen Rundumschutz der in einer Abwehr möglicherweise verletzten Rechtsgüter schuldet. Diese beiden Voraussetzungen sind im Wesentlichen[1833] in Eltern-Kind- und engen Gemeinschaftsverhältnissen erfüllt, wenn die Verteidigung das Leben und die körperliche Integrität beeinträchtigen würde. Nur in den letztgenannten Verhältnissen beruht allerdings die Notwehrrechtsbeschränkung ausschließlich auf dem Selbstverpflichtungsgedanken[1834], so dass ihnen besondere Aufmerksamkeit zu widmen ist.

1832 Gemeint ist die Begrenzung des Notwehrrechts bei Angriffen nicht voll Schuldfähiger, vgl. dazu die Ausführungen zu den Eltern in diesem Abschnitt sowie bei BGHSt 3, 217; NK-*Herzog*, § 32, Rn. 102 ff.; *Otto*, AT, § 8, Rn. 21; Schönke/Schröder-*Perron*, § 32, Rn. 52; *Roxin*, AT, Bd. 1, § 15, Rn. 57 f.; *Wessels/Beulke*, Strafrecht AT, Rn. 344.

1833 Zu dem Sonderfall einer bestimmten Garantenstellung von Ärzten und Pflegepersonal siehe unmittelbar zuvor Teil 3 A II.

1834 Zur Notwehrrestriktion in Eltern-Kind-Verhältnissen – auch – wegen des Aspekts des Angriffs nicht voll Verantwortlicher auf die Rechtsordnung vgl. unmittelbar zuvor Teil 3 A II.

4.2 Erlöschen von Selbstverpflichtungsgarantenstellungen

Bei den Ursachen für das Erlöschen von Garantenstellungen kraft Selbstverpflichtung im Allgemeinen, zu denen die Notwehrsituation zählen könnte, kann man zunächst zwischen denjenigen unterscheiden, die die Beteiligten, Garant und Rechtsgutsträger, selbst setzen (Gliederungspunkt I), und sonstigen Gründen (II). Mit Rücksicht auf den Untersuchungsgegenstand dieser Arbeit liegt der Schwerpunkt auf jenen Ursachen, wobei insbesondere die nicht konsensuale Beendigungen vor und durch die Notwehrsituation von Interesse sind (I 2 und 3).

4.2.1 Beendigung durch den Garanten und bzw. oder den Schutzzuständigen

4.2.1.1 Konsensuales Ende der Garantenstellung und zeitliche Beschränkung der Garantenpflicht

Der Mensch ist in seinem Urzustand frei und freiheitsstrebend[1835]. Im Rahmen dieser Freiheit ist es ihm – im Dienste der Freiheit[1836] – möglich, Selbstverpflichtungen einzugehen und zugleich über deren Inhalt frei zu disponieren. Bestandteil dieses disponiblen Inhalts ist auch die Dauer der Schutzpflicht des Garanten. Ist eine solche vereinbart, endet die Garantenstellung mit Ablauf der vereinbarten Zeitspanne oder des vereinbarten Zeitpunkts.

Erklärt sich beispielsweise ein selbständiger Objekt- und Personenschützer zum Schutz eines Anwesens während der ersten Juni-Woche gegenüber dem Eigentümer bereit, weil dieser in dieser Zeit verhindert ist, so trifft den Objektschützer nur eine Garantenstellung bis zum Ablauf der vereinbarten Zeit, der ersten Juni-Woche. Danach haftet er auch dann nicht mehr als Garant, wenn das Objekt weiterhin vom Eigentümer selbst nicht geschützt wird[1837]. Ein Schutzbedürfnis allein ist für die Begründung einer Schutzpflicht nicht hinreichend[1838].

1835 Siehe Teil 2 C I 2 und II 1 a.

1836 Zur Notwendigkeit rechtsverbindlicher Selbstverpflichtungen für den Erhalt der Freiheit des in Gesellschaft lebenden Menschen siehe Teil 2 C II 1 b bb.

1837 Etwas anderes gilt nur dann, wenn eine Vereinbarung dahingehend getroffen wird, dass der Garant solange haftet, bis der Schutz Delegierende ursprüngliche Schutzzuständige wieder den Schutz übernehmen kann; siehe zu diesen Fällen ausführlicher unter Teil 3 B I 2 a aa (dort am Ende).

1838 Siehe die Kritik an diesem Argument bei Teil 2 B II 2 b.

Ebenfalls denkbar ist in Variation der vorstehenden Konstellation, dass zwar eine bestimmte Dauer in der Selbstverpflichtung vereinbart worden ist, die Beteiligten, Garant und Delegierender jedoch übereinkommen, dass die Schutzpflicht vorzeitig, vor Ablauf der vereinbarten Dauer oder des vereinbarten Zeitpunkts enden solle. In diesem Fall erlischt die Garantenstellung im nunmehr nachträglich konsensual bestimmten Zeitpunkt. Im Sinne der größtmöglichen Freiheit steht dies den Beteiligten unabhängig von der zivilrechtlichen Zulässigkeit der vorzeitigen Beendigung einer möglicherweise parallel zur Selbstverpflichtung gelagerten privatrechtlichen Vereinbarung zu[1839].

Im bereits bemühten Beispiel endet die Garantenstellung des Objektschützers bereits nach drei Tagen, wenn er und der auftraggebende Eigentümer übereinkommen, diese solle dann enden.

Im Rahmen der freien Disposition über den Inhalt von Selbstverpflichtungen ist es den Beteiligten ebenfalls möglich, eine Verpflichtung einzugehen, die eine Schutzpflicht des Garanten nur zu bestimmten Zeiten vorsieht. Da die Garantenstellung aber grundsätzlich besteht, kann in diesen Fällen nicht von einer Beendigung, sondern bloß von einer zeitlichen Beschränkung der Garantenpflicht gesprochen werden. Sieht der Inhalt einer Selbstverpflichtung den Schutz durch den Garanten zu bestimmten Zeiten vor, ist eine Zuwiderhandlung allein in diesen Zeiten als unechtes Unterlassen unter Strafe gestellt. Nur diesbezüglich trifft ihn eine Garantenpflicht. Der Bestand der Garantenstellung bleibt unberührt.

Denkbare Beispiele für solchermaßen inhaltlich begrenzte Garantenpflichten bilden die Beschränkungen der Schutzpflichten von Polizisten, Bademeistern oder Kindermädchen auf ihre Dienst- bzw. Arbeitszeiten[1840].

4.2.1.2 Einseitige Beendigung

4.2.1.2.1 Die Zulässigkeit der (vorzeitigen) Beendigung

Neben der konsensualen ist auch die einseitige Beendigung eines Beteiligten denkbar. Es stellt sich daher die Frage, inwieweit dies zulässig ist, da hier die Freiheit des Garanten mit der Freiheit des zu Beschützenden kollidieren kann.

1839 Regelmäßig wird konsensual - selbst bei befristeten Dauerschuldverhältnissen – auch zivilrechtlich wirksam ein vorzeitiges Ende herbeigeführt werden. Zuvor davon abweichende Vereinbarungen werden übereinstimmend aufgehoben.

1840 Vgl. zu deren Garantenpflicht kraft Selbstverpflichtung Teil 2 C V 6 b cc (Polizisten als Amtsträger-Garanten), Teil 2 C V 4 (Bademeister) und Teil 2 C V 4 b aa (Kindermädchen), bei denen das Ende allerdings an weitere Bedingungen geknüpft sein kann, siehe Teil 3 B I 2 a aa (am Ende des Abschnitts).

Der zu beschützende Rechtsgutsträger darf sich zu jedem Zeitpunkt fremde Hilfe verbitten und muss sie sich nicht gegen seinen Willen aufzwingen lassen. Dies gilt sowohl für den Fall der unbestimmten Dauer einer Selbstverpflichtung als auch dann, wenn der Garant die Selbstverpflichtung für eine gewisse Zeitdauer oder einen bestimmten Zeitpunkt vereinbart hat.[1841] Dies folgt bereits aus dem Einigungserfordernis als Merkmal der Selbstverpflichtung. Danach ist gegen den Widerspruch des Schutzzuständigen eine Selbstverpflichtung nicht begründbar, da Freiheit auch die Freiheit von unerwünschter Hilfe beinhaltet.[1842] Dieses Recht auf Freiheit von unerwünschter Hilfe endet aber nicht mit dem Eingehen der Selbstverpflichtung, weshalb sich der Begünstigte auch danach fremde Hilfe verbitten kann. Die Freiheit des Garanten wird dadurch nur insoweit tangiert, dass ihm nicht mehr erlaubt ist, an einem anderen die versprochene Rettungshandlung vorzunehmen. Der Begünstigte würde hingegen bei einer unerwünschten Hilfe in seiner Freiheit insoweit beeinträchtigt, dass zumindest sein Wille gebeugt wird, möglicherweise gewaltsam. Diese Willensbeugung ist aber dem Garanten schon nach der ersten Grundregel, dem Neminem-laede-Prinzip untersagt. Deshalb haben die Freiheitsinteressen des Garanten hinter denjenigen des Schutzzuständigen zurückzustehen. Dieser kann im Sinne des größtmöglichen Freiheitserhalts jederzeit die Garantenstellung beenden.

Etwas schwieriger fällt die Beantwortung in Teilen bei der einseitigen Beendigung der Selbstverpflichtung durch den Garanten aus. Sofern die Selbstverpflichtung für eine unbestimmte Dauer eingegangen worden ist, ergibt sich die grundsätzlich[1843] jederzeitige Beendbarkeit zwanglos[1844]. Denn andernfalls wäre dem Garanten die Beendigung gar nicht möglich und er wäre auf ewig an zu Beschützenden „gekettet“. Mit dem Eingehen einer Selbstverpflichtung begäbe sich der Garant - für ihn – unwiderruflich eines Teiles seiner Freiheit, was mit dem Ziel des größtmöglichen Freiheitserhalts unvereinbar wäre.[1845]

Größere Schwierigkeiten bereitet dagegen in diesem Zusammenhang, ob der Garant vor dem in der Selbstverpflichtung vereinbarten Zeitpunkt oder der vereinbarten Zeitdauer seine Garantenstellung gegenüber dem Schutzzuständige aufkündigen und damit strafrechtlich wirksam vorzeitig beenden kann.

1841 OLG München JZ 1988, S. 203 f. (für den Patienten gegenüber seinem Arzt).

1842 Teil 2 C IV 2 b bb.

1843 Vgl. aber den Ausschluss der Beendigung zur Unzeit unter Teil 3 B I 2 a bb.

1844 So auch für die Garantenstellung zwischen Ehegatten die neuere Rechtsprechung BGHSt 48, 301

1845 Für eine grundsätzliche Kündbarkeit auch *Otto/Brammsen*, Jura 1985, S. 596.

Bei der Beantwortung ist zum einen zu prüfen, ob die Gründe, die zur Bildung der zweiten Grundregel der verbindlichen Selbstverpflichtung geführt haben[1846], einer vorzeitigen Beendigung durch den Garanten entgegenstehen.

Dem teilweisen Unvermögen, sich selbst vor nicht-menschlichen[1847] Gefahrenquellen zu schützen, und der deshalb im Rahmen des Möglichen betriebene Selbstschutzaufwand (als „erster Gefahr" für die Freiheit) wird weitestgehend durch Gründung eines Staates begegnet. Dieser stellt den Schutz vor nicht-menschlichen Gefahrenquellen durch Schaffung von schützenden Institutionen zur Verfügung. Diesen Institutionen gegenüber verpflichtet sich wiederum der einzelne Mensch zum Schutz via Selbstverpflichtung. Beendete nun einer dieser Garanten einseitig und vorzeitig, aber nicht zur Unzeit[1848] seine Garantenstellung, wäre die Gefahr für die Freiheit des Einzelnen minimal bis nicht existent. Denn der Wegfall eines einzelnen Garanten ließe den Bestand der vom Staat geschaffenen Schutz-Institutionen unberührt. Außerdem könnte der Staat umgehend aus der Vielzahl des ihm zur Verfügung stehenden Personals und Instrumente für Ersatz sorgen. Eine tatsächliche Guts- und dadurch Freiheitsgefährdung durch Verlust eines einzelnen Garanten ist mit Hinblick auf die dem Staat zu Gebote stehenden Mittel zur zeitnahen Kompensation nicht erkennbar. Ob zum Beispiel ein einzelner Polizist oder Angestellter einer Umweltbehörde vor Ablauf seiner Dienstzeit seinen Dienst tatsächlich beendet, führt zu keiner real erhöhten Gefahr für die Freiheit. Im Übrigen obliegt dem Staat im Rahmen seiner Einschätzungsprärogative die Auswahl der Schutzmittel, was einen geringfügig personell reduzierten Schutz einschließt. Auch eine Freiheitseinbuße durch erhöhte Selbstschutzaktivitäten ist nicht zu befürchten, da der Garant unbemerkt von der Allgemeinheit seine Tätigkeit beendet und diese zudem den realen Gefahr-„Zuwachs" zutreffend niedrig einzuschätzen vermag.

Für den zweiten Entstehungsgrund, der Gefahr für Allgemeingüter, weil es für diese keinen konkret Schutzzuständigen gibt, gilt das soeben Ausgeführte, weil deren Schutz nahezu ausschließlich durch den Staat und konkret den Garanten, die sich seinen Schutz-Institutionen gegenüber verpflichtet haben, gewährleistet wird.

Beim dritten Entstehungsgrund, dem aus der allgemeinen Aufgabenteilung und Delegation von Aufgaben an Dritte freiheitsmehrenden Effekt, welcher verbindliche Selbstverpflichtungen erfordert, verläuft die Argumentation ähnlich

1846 Zu den nachfolgend untersuchten Entstehungsgründen, dort insbesondere als „drei Gefahren" aufgearbeitet, der Selbstverpflichtung siehe Teil 2 C II 1 b bb (1) und (2).

1847 Den Gefahren, die von Menschen ausgehen, kann mittels der Neminem-laede-Grundregel begegnet werden, siehe Teil 2 C II 1 b aa.

1848 Zum Ausschluss der Beendigung der Garantenstellung zur Unzeit siehe Teil 3 B I 2 a bb.

wie zuvor. In aller Regel lässt sich auf Grund der Fülle an Anbietern kurzfristig Ersatz für vorzeitig ihre Pflichtenstellung beendende Garanten organisieren. So stellt beispielsweise das Kindermädchen, das den Eltern mitteilt, es stelle seine Dienste ein, obwohl es diese ursprünglich für einen längeren Zeitraum zugesagt hat, die Eltern nicht vor die unlösbare Aufgabe, in absehbarer Zeit Ersatz zu finden.

Insgesamt stehen demnach einer vorzeitigen, einseitigen Beendigung der Garantenstellung durch den Garanten die Entstehungsgründe der Selbstverpflichtung nicht unüberwindlich entgegen.

Zum anderen sind gemäß dem Ziel des größtmöglichen Freiheitserhalts die jeweils bei einer vorzeitigen Beendigung berührten Freiheitsinteressen der Beteiligten einander gegenüberzustellen.

Der Garant profitiert insoweit, als dass er nicht bloß von der Pflicht, im konkreten Fall Hilfe zu leisten, befreit ist. Darüber hinaus muss er sich auch nicht in den vereinbarten Schutzzeiten hilfsbereit halten. Zudem beendet er die erhebliche Gefahr für seine Freiheit, die von der drohenden strafrechtlichen Sanktion für den Fall der Pflichtverletzung ausgeht. Im soeben erwähnten Kindermädchenbeispiel profitiert diese davon, nicht mehr das Kind im Bedarfsfall retten und sich zu den vereinbarten Zeiten dafür bereithalten zu müssen. Ebenso wenig besteht für sie bei einer vorzeitigen Beendigung die Gefahr einer Kriminalstrafe fort.

Dem steht für den Fall einer vorzeitigen Beendigung ein Verlust an Freiheit des aus der Selbstverpflichtung Berechtigten gegenüber. Dieser hat sich wieder selbst um den Schutz seiner Güter zu bemühen. Dagegen läuft er weder deswegen unmittelbar Gefahr, Guts- und damit Freiheitseinbußen hinnehmen zu müssen, da eine vorzeitige Kündigung in einer existierenden oder unmittelbar bevorstehenden Gefahrenlage ausscheidet[1849], noch hat er permanent zu überwachen, ob der Garant seine Pflichten vorzeitig beendet hat, weil die vorzeitige Beendigung analog zur Begründung der Selbstverpflichtung eine sinnlich wahrgenommene Erklärung gegenüber dem Schutzzuständigen erfordert[1850] und deshalb der Berechtigte stets über das Bestehen der Garantenstellung informiert ist.

Vergleicht man nun die jeweils von einer vorzeitigen Beendigung tangierten Freiheitsinteressen der Beteiligten, kann man feststellen, dass der Gewinn an Freiheit für den entpflichteten Garanten den Verlust an Freiheit beim Begünstigten überwiegt[1851]. Während dieser lediglich wieder selbst – früher als ursprünglich vereinbart – für den Rechtsgüterschutz zu sorgen hat, profitiert der Garant

1849 Siehe zum Ausschluss der Beendigung zur Unzeit Teil 3 B I 2 a bb.

1850 Siehe zu den Voraussetzungen einer wirksamen, einseitigen und vorzeitigen Beendigung der Pflichtenstellung durch den Garanten Teil 3 B I 2 b.

dreifach: Er wird von der strafrechtlichen Pflicht zur konkreten Rettungshandlung, zum Aufrechterhalten der Hilfsbereitschaft und der Gefahr einer Strafrechtssanktion befreit[1852].

Gegen eine vorzeitige Beendbarkeit spricht indessen, dass der Garant sich die Schutzpflicht für eine bestimmte Zeit selbst freiwillig auferlegt hat[1853]. Es wäre ihm unbenommen gewesen, sich eine vorzeitige Beendbarkeit auszubedingen. Er wird also zu nichts verpflichtet, was er nicht selbst freiwillig herbeigeführt hat. Insofern ist die Verpflichtung für eine bestimmte Zeit nicht bloß Freiheitsbegrenzung, sondern auch das Ergebnis eines Freiheitsgebrauchs.

Diesem Argument kann zunächst mit dem Bemerken entgegentreten, dass auch der Begünstigte für sich in Anspruch nehmen kann, wie eingangs dieses Abschnitts erläutert, die Garantenstellung vorzeitig zu beenden. Warum also sollte nicht das gleiche Recht auch dem anderen Beteiligten, dem Garanten, zustehen? Ebenso hat der aus der Selbstverpflichtung Berechtigte diese selbst freiwillig für eine bestimmte Dauer vereinbart und erhält folglich nichts, was er nicht im Rahmen seines Freiheitsgebrauchs freiwillig vereinbart hat.

Weiter kann man für eine vorzeitige Beendbarkeit anführen, dass dadurch nur der (Grund-) Zustand hergestellt wird, den das freiheitliche Wesen des Menschen und das aus ihm folgende Eigenverantwortlichkeitsprinzip vorsehen: die Selbstschutzzuständigkeit. Grundsätzlich entspricht diese Selbstschutzzuständigkeit dem freiheitlichen Urzustand des Menschen. Dagegen läuft es diesem grundsätzlich zu wider, für den Schutz fremder Güter zuständig zu sein, weshalb eine Fremdschutzzuständigkeit die Ausnahme bilden sollte. All dies spricht für

---

1851 Dass daneben die Freiheit noch begrenzt oder bedroht sein kann anlässlich etwaiger fortbestehender und nicht vorzeitig beendbarer zivilrechtlicher Pflichten, ist nicht entscheidend. Zum einen fehlt es an ihnen oftmals und zum anderen sollte bloß ein Vergleich des jeweiligen Freiheitsgewinns angestellt und nicht ein absoluter Freiheitszuwachs dargestellt werden.
Zu konzedieren ist allerdings, dass im Falle des Fortbestehens zivilrechtlicher Pflichten der Freiheitsgewinn bei einer vorzeitigen Beendigung der strafrechtlichen Pflichtenstellung geringer ausfällt. Es bleibt aber in jedem Fall beim Freiheitsgewinn auf Grund des Wegfalls der drohenden strafrechtlichen Sanktion.
Die übrigen Argumente für eine vorzeitige Beendbarkeit werden von dem Fortbestehen zivilrechtlicher Pflichten nicht berührt.

1852 Dagegen ist Durchführung der konkreten Beendigungshandlung unbeachtlich für die Freiheit des Garanten. Denn deren Vornahme ist dem Garanten unbenommen, unabhängig davon, ob man als Rechtsfolge dieser Handlung ein vorzeitiges Erlöschen der Garantenstellung befürwortet. Die Freiheit zur *Vornahme* dieser Handlung hat er in jedem Fall.

1853 Zum Freiwilligkeitserfordernis und zum Freiheitsgebrauch durch Pflichtbegründung Teil 2 C IV 1 a.

die Möglichkeit der vorzeitigen Beseitigung des Ausnahme- und die Herstellung des freiheitlich-selbstverantwortlichen Urzustandes.

4.2.1.2.1.1 Exkurs: Unterbrechung des Zurechnungszusammenhangs durch selbstschutzzuständige Opfer

Wie bereits aus der Überschrift ersichtlich ist die in diesem Abschnitt behandelte Problematik bei der Lehre von der objektiven Zurechnung beheimatet. Diese bietet im Rahmen der vorliegenden Arbeit Anlass zu ein paar kurzen Anmerkungen, da zum einen deren Erkenntnisse in der Dogmatik der unechten Unterlassungsdelikte bei der Abgrenzung von Verantwortungsbereichen nicht hinreichend berücksichtigt werden. Eine missliche Folge dieses Versäumnisses trat bereits bei der – fälschlicherweise so gekennzeichneten – Fallgruppe der Garantenstellung aus „tatsächlicher Übernahme“ hervor. In Verkennung der jeweiligen Verantwortungsbereiche in dem „Kindermädchenfall“, wird verbreitet aber unzutreffend für die Übernahmegarantenstellung ein „tatsächlicher Dienstantritt“ bzw. eine „faktische Schutzpflichtübernahme“ verlangt[1854]. Zum anderen besteht ein unmittelbarer Sachzusammenhang zu den hier erörterten Fällen der vorzeitigen Beendigung von Garantenstellungen. Neben dem Erlöschen der Garantenstellung kommt in diesen Fällen unter bestimmten Bedingungen eine Unterbrechung des Zurechnungszusammenhangs durch einen Schutzzuständigen in Betracht. Es stellt sich daher die Frage, ob das hier erwogene Erlöschen von Garantenstellungen anlässlich deren vorzeitiger Aufkündigung mit den Ergebnissen der Lehre von der objektiven Zurechnung in Einklang zu bringen ist.

Aus dem freiheitlichen Zustand des Menschen folgt nach den Erkenntnissen dieser Arbeit unter anderem das Eigenverantwortlichkeitsprinzip[1855]. Ausfluss dieses Prinzips ist, dass ein verpönter Erfolg demjenigen, der die Gefahr des Erfolgseintritts begründet oder gefördert hat, dann nicht zugerechnet wird, wenn zeitlich nachfolgend diese Erstverursachung ein anderer zur eigenverantwortlichen Erfolgsherbeiführung nutzt. Bei diesem vom Erstverursacher verschiedenen Anderen kann es sich um einen Dritten oder aber das Opfer selbst handeln. Im letzteren Fall spricht man von einer eigenverantwortlichen Selbstschädigung oder Selbstgefährdung.[1856] Stößt also beispielsweise der T den O in einen Fluss,

---

1854 Vgl. nur *Roxin*, AT, Bd. 2, § 32, Rn. 53; *Wessels/Beulke*, Strafrecht AT, Rn. 720; zur diesbezüglichen Kritik und hier vertretenen Auffassung unter besonderer Berücksichtigung von Zurechnungsaspekten siehe Teil 2 C V 4 a.

1855 Teil 2 C III 1 c.

1856 Zum Eigenverantwortlichkeitsprinzip im Rahmen der objektiven Zurechnung vgl. nur die mittlerweile gewandelte Rechtsprechung in BGHSt 32, 362; BGH NStZ 1985, S.

damit dieser den Tod in den Fluten findet, kann dem T das Ertrinken des O dann nicht zugerechnet werden, wenn dieser die Hilfe von zufällig mit einem Boot anwesenden Dritten freiverantwortlich ablehnt, weil er selbständig ans Ufer schwimmen möchte. Die sich im Ertrinken realisierende Gefahr wird hier wegen der eigenverantwortlichen Selbstgefährdung, Schwimmen durch den Fluss, obwohl O sich auf das Boot hätte begeben können, dem Opfer O und nicht T zugerechnet, den bloß eine Versuchsstrafbarkeit trifft.

Es stellt sich nunmehr die Frage, ob eine solche Unterbrechung des Zurechnungszusammenhangs in den hier interessierenden Konstellationen ebenfalls möglich ist. Könnte der Zurechnung des Erfolges zu demjenigen, der seine Garantenstellung vor deren ursprünglich vereinbartem Ende aufkündigt, das freiverantwortliche Dazwischentreten eines Dritten, wie dem Opfer, entgegenstehen?

Im Ergebnis ist diese Frage zu bejahen. Allerdings unterscheiden sich die hiesigen Unterlassungsfälle vom Grundfall der Zurechnungsunterbrechung. Bei diesem liegen die Dinge entsprechend dem genannten Beispiel in aller Regel so, dass ursprünglich jemand eine Gefahr durch ein positives Tun, hier das Stoßen in den Fluss, begründet, und das Opfer dann seinerseits durch ein Tun, hier: Ablehnen der Hilfe, sich eigenverantwortlich selbst gefährdet. Denkbar ist aber auch die in den Unterlassungskonstellationen gegebene Variante, dass keine Gefahr durch das Tun eines Dritten, sondern das Opfer begründet wird, nachdem zuvor der Garant seine Hilfe abgesagt hat. Ebenso ist eine Variation beim Opferverhalten dahingehend denkbar, dass dieses sich nicht durch ein aktives Tun in Gefahr begibt, sondern bei bereits existenter Gefahr verfügbare Hilfe nicht aktiviert.

Bei der ersten Variante der nicht aktiven Gefahrbegründung durch den „Täter“ zwingt ein Erst-recht-Schluss dazu, eine Unterbrechung des Zurechnungszusammenhangs anzunehmen. Ein erstes Indiz dafür liefert § 13 II StGB, in dem zum Ausdruck kommt, dass der Gesetzgeber das Unterlassen grundsätzlich für weniger strafwürdig erachtet als das vergleichbare erfolgsverursachende Tun. Mann könnte nun etwas vorschnell argumentieren, wenn die Zurechnung beim positiven Tun verneint wird, müsste dies erst recht beim weniger strafwürdigen Unterlassen gelten. Diese Argumentation verkennt indes den Unterschied zwischen der Frage, ob ein strafrechtlicher Erfolg jemandem zugerechnet wird und derjenigen, mit welcher Strafe auf diese – dann bereits erfolgte – Zurechnung zu reagieren ist. Deshalb kann von der Antwort auf diese nicht ohne Weiteres auf

25; BGH NJW 2000, S. 2286; sowie für die Literatur u. a. *Kühl*, AT, § 4, Rn. 83 ff.; *Otto*, Wolff-FS, S. 398; SK-*Rudolphi*, Rn. 72 vor § 1; Schönke/Schröder-*Lenckner*, Vorbem § 13 ff., Rn. 101; *Wessels/Beulke*, Strafrecht AT, Rn. 185 ff.

die Beantwortung von jener geschlossen werden. Dieser Schluss gelingt hingegen, wenn man das jeweilige tatsächliche Geschehen betrachtet. Wenn die Zurechnung bei der denkbar stärksten Erfolgsbeteiligung, der Begründung der Gefahr des Erfolgseintritts, durch eine eigenverantwortliche Selbstgefährdung des Opfers ausgeschlossen wird, muss dies erst recht *a maiore ad minus* für den Fall gelten, dass jemand bloß passiv Hilfe – entsprechend seiner Aufkündigung des Beistands – unterlässt und die eigentlich rechtsgutsbedrohende Gefahr gerade nicht geschaffen hat.

Um dies in die entsprechende Variation des obigen Beispiels zu kleiden: T sagt dem O zu, diesen bei einem riskanten Fluss-Durchschwimmen an einem bestimmten Tag mit einem Boot zu begleiten. An besagtem Tag erfolgt dann die telefonische Absage des wegen Bequemlichkeit hilfsunwilligen T gegenüber dem bereits am Flussufer schwimmbereiten O. Dieser begibt sich dennoch in die von ihm erkannt gefährlichen Fluten und kommt zu Tode. Dem T wird der Tod des O wegen dessen eigenverantwortlicher Selbstgefährdung nicht zugerechnet. Denn wenn selbst bei einem Stoßen des O durch T in den Fluss der Zurechnungszusammenhang durch eine Selbstgefährdung unterbrochen wird, muss dies erst recht für den Fall gelten, in dem sich O selbst in die Fluten begibt.

Variiert man das Verhalten des kraft Eigenverantwortlichkeitsprinzip selbstschutzzuständigen Opfers dahingehend, dass dieses sich nicht selbst durch ein positives Tun gefährdet, sondern freiverantwortlich auf die Aktivierung von Hilfe verzichtet, also unterlässt, ergeben sich im Ergebnis keine Unterschiede zur bisherigen Lösung. Auch dann ist eine Unterbrechung des Zurechnungszusammenhangs zum vorzeitig die Hilfe Aufkündigenden anzunehmen. Zwar begründet in diesem Fall das Opfer nicht aktiv eine Gefahr für sich, beispielsweise weil es in die Fluten gestoßen wurde. Die auf dem Eigenverantwortlichkeitsprinzip basierende, grundsätzliche Verantwortung für den Selbstschutz eines jeden Menschen hängt indessen nicht davon ab, wie, durch ein Tun oder Unterlassen, *in concreto* der Selbstschutz erfolgen müsste. Denn dieses „Wie“ hängt oftmals von Zufälligkeiten ab. Parallel zur Begründung der Erfassung von Unterlassungen durch das Neminem-laede-Prinzip[1857] wäre es axiologisch nicht nachvollziehbar, wenn man die Zurechnungsunterbrechung kraft freiverantwortlichem Verzicht auf Selbstschutz bzw. Selbstgefährdung von dem Zufall abhängig machte, in welcher tatsächlichen Form er praktisch zu erfolgen hat.

Im Flussschwimmerbeispiel kann es rechtlich nicht entscheidend sein, ob der ins Wasser Gestoßene – durch ein Tun – die Hilfe anderer ablehnt – oder durch ein Unterlassen – darauf verzichtet, deren Hilfe durch ein Herbeirufen zu aktivieren. Es kann für die strafrechtliche Zurechnung keine Rolle spielen, ob

1857 Siehe Teil 2 C III 4 a.

die Insassen eines vorbeifahrenden Boots ihre Hilfe anbieten und der Schwimmer ablehnt oder diese zufällig den Schwimmer in einer solchen Entfernung passieren, dass er sie durch Rufen erst um Hilfe bitten müsste.

Für das hiesige Problem der vorzeitigen Beendbarkeit der Garantenstellung kann demzufolge festgehalten werden, dass jedenfalls die Zurechnung eines Rechtsgutsschadens – unabhängig von der Frage einer Garantenstellung – nach der Aufkündigung des Beistands nicht mehr erfolgt, wenn das Opfer Kenntnis von dem nunmehr entfallenden Schutz und sich bewusst in Gefahr begab oder auf anderweitige Hilfe verzichtete. Dies mag man als Indiz für die vorzeitige Beendbarkeit von Garantenstellungen werten. Denn mit dem Erlöschen der Garantenstellung wird in diesen Fällen nur das Ergebnis herbeigeführt, das auch die Lehre von der objektiven Zurechnung diktiert. Ein axiologisch unannehmbares Ergebnis ergäbe sich demnach bei der Bejahung der vorzeitigen Beendbarkeit von Garantenstellungen – hinsichtlich der Erfolgsstrafbarkeit – nicht. Im Gegenteil, es stünde im Einklang mit der Lehre von der objektiven Zurechnung.

4.2.1.2.1.2 Fortsetzung: Die Zulässigkeit

Anknüpfend an das Vorstehende muss allerdings konzediert werden, dass mit der Entscheidung über die *Erfolgs*zurechnung noch nicht abschließend über die Strafbarkeit des vorzeitig seine Stellung beendenden Garanten befunden ist. Denn erwägenswert ist daneben eine Versuchsstrafbarkeit.

Gerade diese mögliche Versuchsstrafbarkeit liefert aber ein weiteres Argument für die vorzeitige Beendbarkeit in Gestalt eines argumentum ad absurdum. Die Verneinung der vorzeitigen Beendigung und damit der Fortbestand der Garantenstellung würde im Zusammenhang mit der Versuchsstrafbarkeit Ergebnisse zeitigen, die allgemein auf Ablehnung stießen. Variierte man das bemühte Schwimmerbeispiel dahingehend, dass der Garant T seine ursprünglich dem O zugesagte Hilfe beim Durchschwimmen absagt, bevor der dafür vereinbarte Zeitpunkt gekommen ist, käme bei Fortbestand der Garantenstellung – wenn man die vorzeitige Beendigung ausschlösse – eine Versuchsstrafbarkeit des Garanten in Betracht. Wollte T, dass der O beim Durchschwimmen ertrinkt, weil er von dessen Verhältnis mit seiner Frau erfahren hat, wäre der T wegen versuchten Totschlags zu bestrafen. Dies würde sowohl für den Fall gelten, dass der O sich bewusst dem Ertrinkensrisiko aussetzt, als auch für die Konstellation, in der der O gänzlich auf das Schwimmen verzichtet. Falls der T nicht um den Verzicht weiß, müsste man einen strafbaren untauglichen Versuch annehmen. In beiden Fällen ist eine Versuchsstrafbarkeit unhaltbar und bildet ein schlagendes Argument gegen die Ablehnung einer einseitigen vorzeitigen Beendbarkeit von Selbstverpflichtungsgarantenstellungen.

Abstrahiert von diesem Beispiel streitet der hier verfochtene Vorrang des größtmöglichen Freiheitserhalts für eine vorzeitige Kündbarkeit. Über die bereits genannten Belastungen hinaus ist die Freiheit des Garanten auch der Gefahr der strafrechtlichen Sanktion ausgesetzt. Diese würde regelmäßig das Vermögen und im Falle einer vollstreckten Haftstrafe die allgemeine Handlungsfreiheit aber auch die körperliche Bewegungsfreiheit massiv beeinträchtigen. Diese Gefahr der massiven Freiheitseinbuße könnte je nach vereinbarter Dauer der Schutzpflicht für eine sehr lange Zeit fortbestehen und wäre vor allem für den Garanten – jedenfalls hinsichtlich der Versuchsstrafbarkeit – unabwendbar, schlösse man eine vorzeitige Beendigung aus. Die damit verbundene permanente, möglicherweise lang andauernde, massive Freiheitsgefahr ist aber mit dem eigentlichen Ziel des größtmöglichen Freiheitserhalts nicht vereinbar.

Aus all diesen Gründen ist deshalb die vorzeitige, einseitige Beendigung der Garantenstellung auch durch den Garanten zulässig.[1858] Die Verbindlichkeit und der strafrechtliche Schutz von Selbstverpflichtungen, solange sie nicht beendet werden, sowie der aus ihnen folgende Güterschutz ist zwingend notwendig für den dauerhaften Erhalt der Freiheit des in Gesellschaft lebenden Menschen. Der Ausschluss einer vorzeitigen Beendbarkeit ist dagegen der Freiheit wie gezeigt abträglich.

Die vorzeitige Beendbarkeit ist auch nicht gleichzusetzen mit der Unverbindlichkeit von Selbstverpflichtungen. Diese würde dazu führen, dass trotz Selbstverpflichtung der Begünstigte sich weiterhin um den Schutz seiner Güter und die Überwachung der Einhaltung des zugesagten Schutzes kümmern müsste, und hätte deshalb einen massiven Freiheitsverlust zur Folge. Bei der vorzeitigen Beendbarkeit hingegen ist der Berechtigte wegen der Voraussetzungen einer Beendigung[1859] stets über das Bestehen einer Garantenstellung informiert.

4.2.1.2.1.3 Ausschluss der vorzeitigen Beendbarkeit bis der ursprünglich Schutzzuständige wieder Schutz gewähren kann

Die Freiheit der Beteiligten, über den Inhalt und speziell die Dauer einer Schutzpflicht im Rahmen einer Selbstverpflichtung disponieren zu können, beinhaltet auch die Freiheit, eine einseitige Beendigung durch den Garanten solange auszuschließen, bis der ursprünglich Schutzzuständige wieder Schutz gewähren kann.

1858 A.A. *Roxin*, AT, Bd. 2, § 32, Rn. 68, der allerdings bei der konkreten Lösung des von ihm bemühten Babysitterbeispiels mit dem hier vertretenen *Ergebnis* (vgl. nachstehend Teil 3 B I 1 a cc) übereinstimmt.
Für eine grundsätzlich jederzeitige Kündbarkeit wie hier *Freund*, NJW 2003, S. 3385; ihm folgend *Rienen*, „Sozialethische" Einschränkungen des Notwehrrechts, S. 272.

1859 Vgl. Teil 3 B I 2 c.

Insoweit ist eine einseitige Beendigung zeitlich nur eingeschränkt zulässig. Eine Selbstverpflichtung dieses Inhalts wird oftmals konkludent in Fällen getroffen, in denen der Rechtsgutsträger konstitutionell bedingt zum Schutz existentieller Güter selbst nicht in der Lage ist. Hier ist der vereinbarte Schutz von existentieller Bedeutung und der Zusagempfänger möchte eine Schutzlosigkeit des zu Beschützenden ausschließen, sodass der Garant aus seiner Pflicht vereinbarungsgemäß erst dann wieder entlassen werden soll, wenn der ursprünglich Schutzzuständige wieder Schutz gewähren kann.

Typische Selbstverpflichtungen dieses ausnahmsweise restriktiven Inhalts bilden beispielsweise die Schutzübernahmen durch Kindermädchen oder Tagesmütter. Selbst wenn mit diesen grundsätzlich eine bestimmte Arbeitszeit vereinbart ist, endet deren Garantenpflicht erst, wenn die schutzzuständigen Eltern zum Kind bzw. Säugling zurückgekehrt sind und ihrerseits Schutz gewähren können[1860]. Die Eltern wollen ersichtlich eine Schutzlosstellung ihrer Kinder vermeiden. Dies ist gerade der Sinn der Vereinbarung und auch für den anderen Teil erkennbar. Auch wenn mit der Tagesmutter grundsätzlich eine Säuglingsbetreuung von acht bis ein Uhr vereinbart ist, hat sie den Schutz des Säuglings solange aufrecht zu erhalten, bis eines der schutzzuständigen Elternteile das Kind wieder zu schützen vermag. Dies ist - auch für den anderen Teil - ersichtlich von den Eltern gewollt und damit hier Bestandteil der Selbstverpflichtung.

Hinreichend ist bereits das Schützen-Können des Schutzzuständigen. Eine tatsächliche Schutzübernahme ist dagegen nicht notwendig, da andernfalls der ursprünglich Schutzzuständige das zeitweise übernehmende Kindermädchen dauerhaft in die Garantenstellung zwingen könnte, indem er sich weigert, den Schutz tatsächlich wieder zu übernehmen. Dieser Inhalt kann aber evident schon im Interesse der Freiheit des zeitweise übernehmenden Garanten nicht gewollt und damit auch nicht im Rahmen einer Selbstverpflichtung vereinbart sein.

Der hier erläuterte besondere Inhalt der Selbstverpflichtung kann auch nicht im Rahmen einer grundsätzlich zulässigen vorzeitigen Beendigung der Garantenstellung[1861] gleichzeitig mit abbedungen werden. Die Freiheitsaspekte, die zuvor für eine grundsätzliche vorzeitige Beendbarkeit stritten, kommen hier ausnahmsweise nur eingeschränkt zur Geltung. In diesen Fällen möchte der Schutzzuständige, mit dem der Garant eine Selbstverpflichtungsvereinbarung trifft, eine Schutzlosstellung des zu Beschützenden gerade vermeiden. Wenn nun aber der Garant doch vorzeitig die Garantenstellung unter Abbedingung der besonderen Vereinbarung beenden könnte, würde die Selbstverpflichtung ihren Sinn, Vermeidung der Schutzlosigkeit des Schutzbedürftigen, verfehlen. Der Zusage-

1860 Im Ergebnis *ebenso Roxin*, AT, Bd. 2, § 32, Rn. 68.

1861 Vgl. Teil 3 B II 1 a aa und bb.

empfänger wäre freiheitsmindernd gezwungen, entweder auf die Beauftragung von Garanten zu verzichten und ausschließlich selbst für Schutz zu sorgen oder zumindest sich beständig um die Bereitschaft von Ersatz für den möglicherweise vorzeitig kündigenden Garanten mühen – in dem Risiko, das auch der Ersatz vorzeitig seine Dienste beendet.

In der Praxis kommen solche Garantenstellungen vor allem bei Selbstverpflichtungen durch Kindermädchen oder Tagesmütter gegenüber Eltern zu Gunsten von deren Kindern vor. Mit den dortigen Schutzinteressen ist aber nur vereinbar, die vorzeitige Beendigung solange auszuschließen, bis die ursprünglichen Garanten, die Eltern, wieder Schutz gewähren *können*.

Aus diesen Gründen ist ein gleichzeitiges Abbedingen der ausnahmsweise eingeschränkten Beendbarkeit nicht zulässig.

4.2.1.2.2 Unzulässigkeit der Beendigung zur Unzeit[1862]

Die grundsätzliche Möglichkeit des Garanten jederzeit, auch vor Ende der ursprünglich vereinbarten Dauer oder vor Erreichen des vereinbarten Zeitpunkts die Garantenstellung aufzukündigen, gewährt diesem sehr weitreichende Beendigungsmöglichkeiten. Mitunter kann aber das Beenden zu einem Zeitpunkt erfolgen, in dem er unter dem Primat des maximalen Freiheitserhalts nicht mehr zu rechtfertigen ist. Dieser Zeitpunkt, in dem die Beendigung der Garantenstellung insgesamt die Freiheit mehr beschränkt als erweitert, wird in dieser Arbeit stipulatorisch als Unzeit definiert. Zu dieser Unzeit ist wegen des Ausmaßes der mit ihr verbundenen Freiheitseinbußen eine Beendigung der Garantenstellung ausnahmsweise unzulässig und deshalb unwirksam.

4.2.1.2.2.1 Keine Beendigung im Bedarfsfall

Während Menschen abstrakt, losgelöst vom Bedarfsfall, oftmals bereits sind, Pflichten zu übernehmen, nimmt diese Bereitschaft erheblich ab, wenn es „ernst wird“, das heißt, wenn die konkrete, Pflicht erfüllende Handlung tatsächlich zu erbringen ist. Beispielsweise geht dem T die Zusage, seinem Freund O beim Durchschwimmen zu begleiten und im Notfall zu helfen, noch verhältnismäßig leicht über die Lippen. Als der O aber tatsächlich Hilfe benötigt beim Durchschwimmen, scheut der T den Sprung in das kalte Wasser, um dem O den notwendigen Beistand zu leisten. Stattdessen verlässt er das Geschehen und den O.

1862 Für einen Ausschluss der Beendbarkeit von Garantenstellungen zur Unzeit, ohne diese – soweit ersichtlich – inhaltlich näher zu bestimmen, ebenso *Freund*, Erfolgsdelikt und Unterlassen, S. 303; *ders.*, NJW 2003, S. 3387; *Perdomo-Torres*, Garantenpflichten aus Vertrautheit, S. 197.

Das Versagen der vereinbarten Hilfe stellt ein konkludentes Aufkündigen der Garantenstellung dar, mit der Besonderheit, dass die Kündigung im Bedarfsfall, in der Notsituation, erfolgt. Ein Bedarfsfall ist hingegen nicht anzunehmen, wenn der Schutzzuständige sich noch selbst zu schützen, die Gefahr selbst noch abzuwenden vermag, der O also im Beispiel noch selbst mit erheblicher Anstrengung zum rettenden Ufer schwimmen könnte.

Beendigungen zu einem Zeitpunkt, in dem der Schutzzuständige die Gefahr nicht mehr selbst abwenden kann, sind unter Freiheitsschutzgesichtspunkten inakzeptabel, erfolgen unzulässig und unwirksam zur Unzeit. Wäre die grundsätzlich freie Beendigung auch zu diesem Zeitpunkt zulässig, wäre dies gleichbedeutend mit der Unverbindlichkeit der Selbstverpflichtung. Denn dann könnte der Garant durch Versagen der Hilfe ausnahmslos jederzeit zumindest konkludent, falls er es nicht ausdrücklich tut, seine Garantenstellung beseitigen. Eine solchermaßen unverbindliche Selbstverpflichtung hätte aber nahezu keine freiheitsstiftenden Effekte[1863]. Die Rechtsgüter und damit die Freiheit des aus der Selbstverpflichtung Berechtigten würden nicht geschützt. Der Verlust der dann unerwartet ungeschützten Güter stünde unmittelbar bevor. Hinzu kommt, dass der zu Beschützende permanent Ersatz bereithalten müsste, da der Garant möglicherweise im Bedarfsfall doch keinen Schutz gewährt; dies zudem immer in dem Risiko, dass auch der Ersatz im Bedarfsfall absagt. Dann aber hat die Schutzzusage des Garanten keinerlei entlastende, freiheitsstiftende Wirkung mehr.

Im Schwimmerbeispiel drohte dem O der Verlust seiner Rechtsgüter und damit von Teilen seiner Freiheit, wenn der T im Bedarfsfall kündigte. Hinzu träte die Freiheitseinbuße des T dergestalt, dass er permanent die Leistungsbereitschaft des T noch überprüfen und Ersatz für den Fall der Kündigung des T bereithalten müsste, wobei das Risiko bestünde, dass auch dieser Ersatz absagt. Dass in dieser Konstellation noch ein freiheitsstiftender Effekt von der im Ergebnis unverbindlichen Selbstverpflichtung des T ausgeht, ist nicht erkennbar.

Die Beendigung einer Garantenstellung im Bedarfsfall[1864], also zu einem Zeitpunkt, zu dem der Schutzzuständige die konkrete Gefahr nicht mehr abwenden kann, ist demzufolge unwirksam.

Die Notwehrsituation bildet nun lediglich eine Variante des Bedarfsfalls. So müsste man die Ausübung des unbeschränkten Verteidigungsrechts durch den Garanten gegenüber dem schutzberechtigten Angreifer als Beendigung der

---

1863 Siehe zum Erfordernis der Verbindlichkeit von Selbstverpflichtungen im Übrigen Teil 2 C II 1 b bb.

1864 Gegen eine Beendbarkeit in der „Gefahrensituation“ auch *Katsanos*, Garantenstellung aus engen Lebensgemeinschaften, S. 204; *Otto*, AT, § 6, Rn. 64.

Pflichtenposition verstehen. In dem Moment, in dem der Angreifer sich aber nicht mehr durch den Angriffsabbruch selbst schützen kann, sondern ihn nur noch eine zumindest eingeschränkte Verteidigung des Garanten „rettet", bedarf er dessen Hilfe. In diesem Bedarfsfall, welcher nicht bereits stets bei der Gegenwärtigkeit gegeben sein muss, da auch dann, nach Angriffsbeginn, noch die Möglichkeit eines Angriffsabbruchs denkbar ist, darf der angegriffene Garant nicht durch seine Verteidigung seine Pflichtposition aufkündigen. Eine solche Kündigung erfolgte zur Unzeit und wäre deshalb unwirksam.

4.2.1.2.2.2 Keine Beendigung vor Schutzübernahme durch den ursprünglich Schutzzuständigen?

Unter Rechtsgutsschutz- und damit Freiheitsschutzgesichtspunkten erscheint es außerdem erwägenswert, dass eine vorzeitige Beendigung der Garantenstellung nur unter der Voraussetzung zulässig ist, dass der Schutzzuständige selbst oder ein Dritter wieder Schutz gewährt, diesen also gewissermaßen wieder übernimmt. Dies hätte den Vorzug, dass die zu beschützenden Rechtsgüter unabhängig vom Bedarfsfall, also dem Bestehen einer konkreten Gefahr, nicht schutzlos gestellt wären.

Der zum Beispiel mit der Sicherung des Anwesens vom Eigentümer betraute Objektschützer dürfte seine Garantenstellung nicht beenden, solange sein Auftraggeber noch im Urlaub weilt. Erst wenn dieser nach seiner Rückkehr den Schutz seiner Güter wieder selbst übernimmt oder andere delegiert, ist eine Aufkündigung zulässig.

Zuvor wurde bereits festgestellt, dass in der Selbstverpflichtung die vorzeitige Beendbarkeit bis der ursprünglich Schutzzuständige wieder Schutz gewähren kann, ausgeschlossen werden kann[1865]. Eine Verallgemeinerung dieser Regelung dahingehend, dass bei sämtlichen Selbstverpflichtungen eine Beendigung nur erfolgen kann, wenn der ursprünglich Schutzzuständige wieder schützt oder schützen kann, andernfalls die Beendigung unwirksam zur Unzeit erfolgt, ist dagegen abzulehnen.

Für eine Generalisierbarkeit mittels eines Unzeit-Kriteriums spricht einzig der erwähnte gesteigerte Rechtsgüterschutz. Dabei handelt es sich jedoch um ein vergleichsweise schwaches Argument. Ein – auch zeitlich – lückenloser Rechtsgüterschutz ist weder praktisch realisierbar noch ist er mit dem fragmentarischen Charakter des Strafrechts[1866] vereinbar.

Darüber hinaus führte ein solch extensives Unzeit-Merkmal zu erheblichen Freiheitseinbußen beim Garanten. Dieser müsste nicht nur weiterhin Hilfe be-

---

1865 Teil 3 B I 2 a cc

1866 Siehe u.a. *Binding*, BT 1, S. 20 ff.; *Arthur Kaufmann*, Henkel-FS, S. 89 ff.

reitstellen und eine Strafrechtssanktion fürchten. Er könnte zudem vom aus der Selbstverpflichtung Berechtigten über einen sehr langen Zeitraum gegen seinen Willen in die Pflichtenposition gezwungen werden[1867]. Denn solange der Berechtigte den Schutz nicht wieder übernimmt, wäre der Garant verpflichtet. Damit hinge die Fortdauer der Freiheitseinbuße in Gestalt der Garantenverpflichtung einzig vom Willen des Berechtigten ab[1868]. Ein solch fremdbestimmter möglicherweise langwieriger Freiheitsverlust für den Garanten gegen dessen Willen widerspricht dem Vorrang des größtmöglichen Freiheitserhalts und ist durch das Interesse des zu Beschützendem an einem – sowieso nicht leistbaren – zeitlich lückenlosen Güterschutz nicht rechtfertigbar. Dessen Freiheit wird nur insoweit belastet, als dass er sich einen neuen Garanten suchen müsste, so er das bisherige Schutzniveau aufrecht erhalten möchte[1869]. Eine Freiheitseinbuße durch einen Rechtsgutsschaden droht ihm gerade nicht, da im Falle einer konkreten Gefahr die Beendigung unwirksam wäre.

Eine erweiterte Beendbarkeit entspricht zudem dem freiheitsbasierten Eigenverantwortlichkeitsprinzip, da dadurch die Verantwortung für Güter schneller wieder dem Rechtsgutsträger und damit ursprünglich Schutzzuständigen zufällt.

Außerdem hätte die eingeschränkte Beendbarkeit den Effekt, dass weniger Menschen bereit wären, eine solch schwer lösbare Verpflichtung einzugehen. In der Praxis litte dadurch auch die Freiheit der Schutzzuständigen, weil es ihnen schwerer fiele, jemanden für eine garantenstellungsbegründende Selbstverpflichtung zu finden.

Das hier vertretene restriktive Verständnis des Unzeit-Merkmals beschränkt auch nicht die Freiheit der Beteiligten, Selbstverpflichtungen umfassenden Inhalts einzugehen, da es ihnen unbenommen ist, die vorzeitige Beendbarkeit bis der ursprünglich Schutzzuständige wieder Schutz gewähren kann, ausnahmsweise zu vereinbaren. Generell haben Selbstverpflichtungen nicht diesen Inhalt.

4.2.1.2.2.3 Sonderfall der elterlichen Garantenstellung

Der elterlichen Garantenstellung für ihre Kinder kommt insofern eine besondere Rolle zu, als sie nicht auf einer Selbstverpflichtung beruht. Es entspricht dem

---

1867 Mit einem vergleichbaren Argument *Stree*, H. Mayer-FS, S. 163.

1868 Aus dem gleichen Grund genügt beim Ausschluss der vorzeitigen Beendbarkeit bis der ursprünglich Schutzzuständige wieder Schutz gewähren *kann* im Rahmen einer besonderen Selbstverpflichtungsvereinbarung allein die Fähigkeit des Zuständigen, wieder schützen zu können. Dessen tatsächlichen Schutzes bedarf es nicht, Teil 3 B I 2 a cc.

1869 Diese Belastung kann freilich schwerwiegender sein, wenn sie von Dauer ist, weil sich kein Ersatz für den bisherigen Garanten findet.

Wesen der elterlichen Garantenstellung, wenn diese ihre Garantenstellung erst dann aufgeben oder partiell entlastend delegieren können, wenn für sie ein schützender Ersatzgarant zur Verfügung steht.[1870] Gleiches gilt allerdings für diejenigen, die die elterliche Pflichtenposition zeitweise übernommen haben, wie Babysitter[1871].

Den Ersatz können im Falle einer Adoption andere Eltern oder aber auch der Staat stellen, der im Interesse des Kindeswohls mittels seiner Institutionen interveniert. Bis zu einer Übernahme sind die Eltern jedoch in der Pflicht.

4.2.1.2.2.4 Keine Unzeit bei Ankündigung einer erforderlichen Verteidigung vor dem Angriff

Erörterungsbedürftig sind Fälle im Grenzbereich zwischen wirksamen vorzeitigen Beenden der Garantenstellung und dem unwirksamen Beendigungsversuch zur Unzeit. Von besonderer Bedeutung ist hier der in der Notwehrsituation entstehende Grenzfall.

Auf der einen Seite wurde die Beendigung durch die Verteidigungshandlung selbst bereits als unzulässige Beendigung zur Unzeit qualifiziert[1872]. Auf der anderen Seite erlischt die Garantenstellung zweifellos bei einem Beenden entsprechend den obigen Voraussetzungen in zeitlicher Ferne zum Angriff. Doch wie verhält es sich, wenn der Garant, kurz bevor der Angriff erfolgen soll, verbal mitteilt, er werde sich mit den erforderlichen Mitteln verteidigen oder er sich für den Angreifer erkennbar bewaffnet? Wie lautet die Lösung, wenn die Ehefrau[1873] sich mit einem Messer bewaffnet, als ihr Mann sich anschickt, sie zu schlagen, allerdings noch nicht tatsächlich mit den Attacken beginnt?

Die Lösung erschließt sich unter konsequenter Anwendung der in diesem Teil erarbeiteten Merkmale. Soweit die Verteidigungsankündigung oder Bewaffnung vom Angreifer bemerkt wird, ist ein freiwilliger sinnlich vom Schutzberechtigten wahrgenommener Realakt gegeben. Der verbalen Ankündigung, sich zu verteidigen, kommt ebenso zweifelsfrei der Erklärungswert zu, den Angreifer im Falle eines Angriffs nicht zu schonen, wie der Bewaffnung.

Als problematisch mag sich in diesem Zusammenhang erweisen, wie spezifisch die verbale Erklärung, beispielsweise die Verteidigungsankündigung, zu

1870 Gegen eine Beendbarkeit der mütterlichen Garantenstellung für ihre Leibesfrucht zu Recht *Lennartz*, JuS 1994, S. 904.

1871 A. A. *Stree*, H. Mayer-FS, S. 161, der eine Entpflichtung der auf das Baby aufpassenden Nachbarin annimmt, wenn die vereinbarte Zeit der Überwachung des Kindes verstrichen ist.

1872 Siehe unmittelbar zuvor Teil 3 B I 2 b aa.

1873 Als Beispiel für ein enges Gemeinschaftsverhältnis soll aus Gründen der Praxisnähe hier ein grundsätzlich bislang intaktes Eheverhältnis dienen.

fassen ist, um zumindest von den Schutzpflichten des Garanten die Verteidigung auszunehmen.

Entscheidend hierbei ist, dass der beendigende Realakt inhaltlich zumindest auch und zweifelsfrei zum Ausdruck bringt, der Garant sage sich von seinen Pflichten los[1874]. Die darin deutlich werdende Verwendung der Zweifelsregel[1875] dient der Rechtssicherheit und Anwendbarkeit für den Rechtsanwender. Darüber hinaus wird die Freiheit des aus der Selbstverpflichtung Berechtigten geschützt, weil dessen Rechtsgüter im Falle einer möglichen aber zweifelhaften Beendigung weiterhin durch den Garanten zu schützen sind und er in diesem Zweifelsfall davon ausgehen kann, dass die Garantenstellung fortbesteht und er sich nicht um Ersatz bemühen muss. Unklarheiten bei der Erklärung haben auch hier entsprechend dem Eigenverantwortlichkeitsprinzip zu Lasten des Erklärenden zu gehen. Die Bestimmung des Inhalts hat analog zur Begründung der Selbstverpflichtung erfolgen[1876]. Praktisch wird eine verbale Verteidigungsankündigung wohl nur äußerst selten.

Häufiger anzutreffen ist dagegen die konkludente Verteidigungsankündigung. Die Bewaffnung kann im Kontext des bevorstehenden Angriffs nur die Bedeutung haben, die Waffe zur Verteidigung gegen den Angriff zu nutzen. In beiden Konstellationen erklärt der Garant damit gegenüber dem – bislang – schutzberechtigten Angreifer zweifelsfrei, dass er sich zu verteidigen gedenke und damit zugleich notwendig, dass er seine diesbezügliche Garantenstellung beendet, zumindest aber seine bisherige Pflicht zur „Rundum"-Verteidigung in engen Gemeinschaftsverhältnissen[1877] dahingehend begrenzt, nicht mehr die Güter des Angreifers durch eine beschränkte Abwehr zu schonen. Inhaltlich ist damit jedenfalls ein Ausschluss des Schutzes vor der Gefahrenquelle Angriffsabwehr erfolgt. Diesbezüglich besteht zumindest keine Garanten*pflicht* mehr.

Zur Unzeit wäre eine solche partielle Garantenstellungs- oder Garantenpflichtbeschränkung – die Differenzierung zwischen beiden ist hier außerhalb von Irrtumskonstellationen bedeutungslos – nur dann, wenn sie zu einem Zeitpunkt erfolgt, in dem die konkrete Gefahr, vor der Garant zu schützen hat, nicht mehr abwendbar ist. Bezogen auf die Notwehrsituation bedeutet dies: Solange der Angreifer die Gefahr einer Verletzung durch eine Verteidigung noch durch Abbruch des Angriffs bannen kann, erfolgt die Pflichtbegrenzung nicht zur Un-

---

1874 *Freund*, NJW 2003, S. 3385 (hinreichend deutliche Erkennbarkeit für den anderen Teil); sinngemäß für die Beendigung des Arztes gegenüber seinen Patienten BGHZ MDR 1979, S. 569.

1875 Teil 2 C IV 3 a bb.

1876 Siehe dazu Teil 2 C IV 3 a cc.

1877 Nur in diesen besteht überhaupt die Möglichkeit einer garantenstellungsbedingten Notwehrrechtsrestriktion, Teil 3 A I und II.

zeit. Dem Verteidiger steht in diesen Fällen das uneingeschränkte Notwehrrecht zu.

Wappnet sich also die Ehefrau mit einem Messer gegen den bevorstehenden Angriff ihres Mannes, nimmt dieser das wahr, und kann er seinen Angriff noch vor einer Verteidigung abbrechen, darf die Ehefrau in Notwehr die erforderliche Verteidigung üben.[1878] Hat sie sich bereits zuvor ihres Mannes erwehrt, wurde dadurch ebenfalls eine entsprechende beschränkende Erklärung abgegeben. Unerheblich sind dabei der Erfolg und Erfolgsträchtigkeit der früheren Verteidigung. Denn die Tatsache, dass sie sich verteidigt, macht deutlich, dass eine Einschränkung des Verteidigungsrechts auf Grund einer Garantenstellung gerade nicht mehr gewollt ist. Mit dem „Ob“ einer Verteidigung macht der Verteidiger nicht nur deutlich, sich verteidigen zu wollen, sondern stets ebenfalls, dass damit – trotz möglicherweise bisher wenig erfolgreicher Verteidigungsversuche - das jedenfalls abstrakte Risiko einer gravierenden Abwehr verbunden ist.

Diese Lösung befriedigt nicht bloß das Rechtsgefühl, sondern verhindert zugleich, dass mit der Bildung eines engen Gemeinschaftsverhältnisses ein „rechtsfreier Raum“ entsteht, in dem man *unwiderruflich* erhöhten Gefahren ausgesetzt ist, weil man sich seiner unbeschränkten Verteidigungsrechte auf Dauer begeben hat. Sie ermöglicht weitestgehende, grundsätzlich jederzeitige Wiederherstellung des unbeschränkten Verteidigungsrechts gegenüber dem Partner eines engen Gemeinschaftsverhältnisses und schützt damit sogleich die Freiheit der Garanten, über den Umfang des eigenen Verteidigungsrechts zu disponieren. Neben diesem Freiheitsargument wäre es axiologisch fragwürdig, Garanten gegen ihren Willen erst nach Angriffen bestimmter Quantität oder Qualität, welche freilich auch zum Erlöschen führen können[1879], durch den zu Beschützenden aus ihrer Pflichtenstellung zu entlassen.

4.2.1.2.3 Sonstige Voraussetzungen einer wirksamen, vorzeitigen Beendigung durch den Garanten

Ergänzend zu den zuvor erörterten Voraussetzungen der Beendigung einer Garantenstellung ist der Vollständigkeit und praktischen Anwendbarkeit willen

1878 Die Rechtsprechung, BGH NJW 1984, S. 986 f., hat einer schwangeren Frau die erforderliche Verteidigung gegen den angreifenden Ehemann nach einer Bewaffnung mit dem Messer ebenfalls gestattet, freilich unter Voraussetzung, dass sie nicht nur leichte Körperverletzungen zu befürchten hat. Die letztgenannte Einschränkung verkennt die grundlegende Bedeutung der Freiheit und deren Belastung durch eine Garantenstellung. Sie spricht den Menschen die Fähigkeit ab, selbständig über den Umfang von Pflichten zu disponieren, die allein die Beteiligten tangieren, ohne dass ein Grund für diese Einschränkung benannt würde oder ersichtlich ist.

1879 Siehe nachstehend unter Teil 3 B I 3 b aa.

noch zu klären, welche sonstige Anforderungen an eine wirksame Beendigung zu stellen sind, insbesondere wie diese in der Realität in Erscheinung zu treten hat.

Naheliegend und konsequent ist in diesem Zusammenhang die Untersuchung, ob die Garantenstellung kraft Selbstverpflichtung so zu beenden ist, wie sie begründet wurde, ob also ein *actus contrarius* [1880]für eine wirksame Beendigung zu postulieren ist. Dabei ist allerdings zu beachten, ob diese Voraussetzungen mit dem Vorrang des größtmöglichen Freiheitserhalts vereinbar sind.

Für die Begründung wurde als Erstes ein freiwilliger, formloser, sinnlich wahrnehmbarer Realakt verlangt[1881]. Daran ist festzuhalten. Die dortigen Gründe tragen auch hier. Der größtmögliche Freiheitserhalt erfordert evident, dass die Beendigung Ausdruck der Freiheitsbetätigung des Garanten ist, denn die Begründung und das Bestehen der Pflichtposition war ebenso eine Freiheitsbetätigung. Deshalb ist am Freiwilligkeitserfordernis, dem bei der Beendigung freilich keine allzu große praktische Bedeutung zukommen dürfte, festzuhalten.

Der Verzicht auf eine bestimmte Form der Beendigung stellt es der freien Entscheidung des Garanten anheim, wie er beendet. Damit dient sie ebenfalls dessen Freiheit, ohne dabei zu für den Rechtsanwender unpraktikabler Unbestimmtheit zu führen. Eindeutige Entscheidungen ermöglicht die hier ebenfalls anzuwendende – dazu sogleich Näheres – Zweifelsregel. Darüber hinaus entspricht es den praktischen Bedürfnissen, Garantenstellungen formlos beenden zu können. In der Realität werden Garantenpositionen regelmäßig ebenso formlos gelöst, wie sie begründet wurden, weshalb es lebensfremd und unpraktikabel wäre, diesem Geschehen eine besondere Form oktroyieren zu wollen.

Das Verlangen eines sinnlich wahrnehmbaren Realaktes im Gegensatz zu einem rein psychischen Vorgang verhindert Beweisprobleme und dient zugleich der Rechtssicherheit. Daneben schützt es maßgeblich die Freiheit des Berechtigten einer Selbstverpflichtung. Denn dieser kann sinnlich wahrnehmen, ob tatsächlich eine Selbstverpflichtung erfolgte und bejahendenfalls den Nutzen für seine Freiheit, unter anderem Verzicht auf eigene Schutzmaßnahmen, daraus ziehen.

Daran anknüpfend ist entsprechend der Begründung der Selbstverpflichtung[1882] bei dem Beendigungsakt die Empfangsbedürftigkeit zu fordern. Der

---

1880 Für eine von der Begründung abhängige Beendigung in Gestalt eines actus contrarius: *Katsanos*, Garantenstellung aus engen Lebensgemeinschaften, S. 204 (speziell zur Übernahmegarantenstellung); *Rudolphi*, NStZ 1984, S. 152 (zur Übernahmegarantenstellung); *M. Schultz*, JuS 1985, S. 273.

1881 Siehe Teil 2 C IV 1.

1882 Teil 2 C IV 2 b aa.

Schutzzuständige, dem gegenüber die Verpflichtung eingegangen wurde[1883], muss die Beendigung sinnlich wahrgenommen haben. Diese Voraussetzung hat zur Folge, dass er stets über den Bestand der Garantenstellung informiert ist. Andernfalls träte der mit der abgelehnten Unverbindlichkeit freiheitsmindernde Effekt ein[1884], dass er sich des Schutzes nie sicher sein könnte und sich deshalb permanent um anderweitigen Schutz bemühen oder die Tätigkeit des Garanten überwachen müsste.

Wie bereits bei der Zulässigkeit der vorzeitigen Beendigung ausgeführt[1885], ist ein Konsens zwischen den Beteiligten bei der Beendigung im Unterschied zur Begründung[1886] nicht erforderlich.

Eine der Begründung der Selbstverpflichtung entsprechende Differenzierung zwischen dem Zweck der Verpflichtung, dem aus ihr geschuldetem Verhalten und dessen Folgen ist bei der Beendigung weder möglich noch nötig. Was sollte das anlässlich der Beendigung „geschuldete Verhalten" sein? Ein über das Erlöschen der Garantenstellung möglicherweise hinausgehender Zweck wird sich regelmäßig nicht ermitteln lassen für den Berechtigten. Rechtlich sind diese Motive des Garanten allerdings ohne Relevanz. Entscheidend ist, *dass* er die Beendigung erklärt, nicht aber, warum. Ob ein bestimmtes Verhalten das Ende der Garantenstellung zur Folge hat, ist gerade thema probandum. Ob es daneben noch weitere Folgen zeitigt, ist unerheblich, da kein Grund dafür ersichtlich ist, bei einem Beendigungsakt zu verlangen, dieser müsse exklusiv auf das Erlöschen der Garantenstellung gerichtet sein[1887]. Insofern erscheint auch die Betrachtung der Folgen unergiebig. Entscheidend ist hingegen, dass der beendigende Realakt inhaltlich zumindest auch und zweifelsfrei zum Ausdruck bringt, der Garant sage sich von seinen Pflichten los[1888].

Etwaige zivilrechtliche Kündigungsfristen in parallel zur Selbstverpflichtung gelagerten Verträgen sind für die Beendigung bedeutungslos. Ihr Bezugspunkt ist der Vertrag, nicht die Selbstverpflichtung, und ihr Zweck ist nicht der größtmögliche Freiheitserhalt, sondern ein nach Auffassung des Gesetzgebers

---

1883 Ausführlich zur Figur des Schutzzuständigen siehe Teil 2 C IV 2 a.

1884 Zur Notwendigkeit der rechtsverbindlichen Selbstverpflichtung siehe Teil 2 C II 1 b bb.

1885 Siehe zuvor Teil 3 B I 2 a.

1886 Teil 2 C IV 2 b bb.

1887 Vgl. die entsprechenden Einwände gegen solch ein Exklusivitätserfordernis bei der Begründung der Selbstverpflichtung, Teil 2 C IV 3 a.

1888 *Freund*, NJW 2003, S. 3385 (hinreichend deutliche Erkennbarkeit für den anderen Teil); sinngemäß für die Beendigung des Arztes gegenüber seinen Patienten BGHZ MDR 1979, S. 569.; ausführlicher hierzu bereits bei Teil 3 B I 2 b dd.

gerechter Ausgleich der beteiligten Interessen. Auf die Bedeutung für jenen Freiheitserhalt wurde bereits an anderer Stelle hingewiesen[1889].

Möchte zum Beispiel der private Objektschützer nicht mehr das Anwesen seines Auftraggebers überwachen, so endet seine Garantenstellung – unabhängig von seinen vertraglichen Pflichten – nur dann, wenn er gegenüber dem schutzzuständigen Eigentümer von diesem sinnlich wahrgenommen zweifelsfrei erklärt, er werde nicht mehr schützen. Unzureichend ist dagegen der bloße Wille, nicht mehr zu schützen oder die Aufkündigung des Schutzes gegenüber einem Mieter des Anwesens. Im ersten Fall fehlt es an einem Realakt, im zweiten an dessen sinnlicher Wahrnehmung durch den Schutzzuständigen. Lässt der Garant verlauten, er „habe jetzt etwas Besseres“als Arbeitsplatz „gefunden“ so führt dies mehrdeutige Äußerung unter Anwendung der Zweifelsregel nicht zum Erlöschen der Garantenstellung.

4.2.1.3 Erlöschen der Garantenstellungen in Ehe- und engen Gemeinschaftsverhältnissen

Garantenstellungen erlöschen mit dem Entfallen ihrer Entstehungsvoraussetzungen[1890]. Demzufolge ist zu prüfen, ob das Verhältnis der Beteiligten im Allgemeinen und die Charakteristika der Notwehrsituation im Besonderen, der Angriff des zu Beschützenden auf den Garanten, zum Entfall der hier vertretenen Entstehungsvoraussetzung[1891] der Selbstverpflichtung führen. Dabei können die zu untersuchenden Entstehungsvoraussetzungen unter Rückgriff auf frühere Erkenntnisse weiter eingegrenzt werden. Von Interesse sind hier ausschließlich Selbstverpflichtungen, die Garantenstellungen in engen Gemeinschaftsverhältnissen[1892] begründen. Denn nur in diesen ist eine ausschließlich auf der Garantenstellung beruhende Restriktion des Verteidigungsrechts denkbar[1893].

1889 Vgl. zur Zulässigkeit der vorzeitigen Beendbarkeit Teil 3 B I 2 a.

1890 *Ingelfinger*, NStZ 2004, S. 410 und *Katsanos*, Garantenstellung aus engen Lebensgemeinschaften, S. 231, mit dieser ebenso unbestreitbaren wie für sich unergiebigen Feststellung.

1891 Zur Unbeachtlichkeit des zweiten Entstehungsgrundes von Garantenstellungen, dem Neminem-laede-Prinzip, für Notwehrrechtsbeschränkungen siehe Teil 2 C III 3.

1892 Siehe dazu ausführlich Teil 2 C V 2.

1893 Teil 3 A II.

4.2.1.3.1 Das Erlöschen in Ehe- und engen Gemeinschaftsverhältnissen im Allgemeinen

4.2.1.3.1.1 Hier vertretene Auffassung

Rekapituliert man die gewonnenen Erkenntnisse, liegt eine garantenstellungsbegründende Selbstverpflichtung in engen Gemeinschaftsverhältnissen vor, wenn die Partner einander sinngemäß ausdrücklich oder schlüssig erklären: „Du bist einer der wichtigsten Menschen in meinem Leben. Ich werde für deine Unversehrtheit notfalls unter Preisgabe eigener Güter sorgen." Damit versichern sie wechselseitig, dass der jeweils andere im eigenen Leben *die* exponierte Stellung einnimmt. Das erfordert eine auf Dauer angelegte, außergewöhnlich enge emotionale Bindung. Sobald man dieses Bekenntnis einem der Partner nicht mehr zuschreiben kann, erlöschen auf Grund der Wechselseitigkeit sämtliche Garantenstellungen in dem Verhältnis.

Enge Gemeinschaftsverhältnisse in nicht-exklusiven Gemeinschaften setzen ein Leben in einem gemeinsamen Haushalt in einer auf Dauer angelegten, engen emotionalen Bindung, häufigen persönlichen Kontakt sowie Investitionen in das Verhältnis in Gestalt der generellen Hilfe im Bedarfsfall, z. B. in Alltagsangelegenheiten, aber auch sachliche oder finanzielle Unterstützung voraus.[1894]

Nicht immer erfolgt die Beendigung explizit. Es obliegt dann dem Rechtsanwender, in einer normativen Entscheidung über das Bestehen der Garantenstellung zu befinden. Gleichwohl ist es möglich, bestimmte Bedingungen zu benennen, unter denen jedenfalls das Erlöschen festzustellen ist.

In dem Moment, in dem sich einer der Beteiligten zu einem anderen Partner bekennt, endet die Pflichtposition ebenfalls. Allgemeiner gefasst erlischt sie, wenn von einer Seite das Ende des besonderen Verhältnisses mitgeteilt wird (sinngemäß: „Wir trennen uns!" bzw. „Ich trenne mich von dir!"). Schließlich ist die Fortdauer ausgeschlossen, wenn das persönliche Verhältnis nicht bloß vorübergehend gravierend gestört ist, so dass sich die Partner statt besonders nah besonders fern sind, einander grundlegend ablehnend gegenüberstehen. Dies ist jedenfalls bei einer Zerrüttung im Sinne von § 1565 BGB anzunehmen.

Nicht-exklusive enge Gemeinschaftsverhältnisse enden entsprechend mit dem Entfall ihrer Voraussetzungen; das bedeutet: jedenfalls bei einem Getrennt-Leben, bei fehlender Bereitschaft von Investitionen und folglich erst recht zu Schutz unter Gutspreisgabe sowie bei enden des persönlichen Kontakts.

1894 Teil 2 C V 2 b.

In jedem Fall muss mit Rücksicht auf die ermittelten allgemeinen Beendigungsvoraussetzungen[1895] der jeweilige Partner zweifelsfrei die besagten Erlöschensvoraussetzungen erkennen können[1896].

4.2.1.3.1.2 Gegenpositionen

Das Postulieren der förmlichen, rechtswirksamen Scheidung[1897] und damit nicht das Anknüpfen an die tatsächlichen Gegebenheiten überzeugt wie dargelegt[1898] nicht.

Soweit über die Erkennbarkeit für den Partner hinaus eine Manifestation des verfochtenen Merkmals nach außen in der Sozietät, dort: dauerhafte Trennung zwecks Auflösung[1899], gefordert wird, kann dem ebenso wenig gefolgt werden, wie dem zwingenden Voraussetzen einer räumlichen Trennung, eines Getrennt-Lebens der Partner[1900]. Dagegen sprechen zunächst die freiheitsspezifischen Einwände gegen eine bestimmte Form der Beendigung[1901] (oder Begründung[1902]) von Garantenstellungen. Soweit *Brammsen* allgemein eine Manifestation nach außen verlangt, bleibt unklar, woran diese vom Getrennt-Leben abgesehen für Außenstehende festzumachen sein soll.

Aber auch das Merkmal Getrennt-Leben verdient keinen Beifall. Zwar ermöglicht es eine klare Grenzziehung, zeitigt jedoch zugleich axiologisch inakzeptable Ergebnisse. Denn selbst wenn es täglich zwischen noch in einer Wohnung lebenden Ehegatten zu körperlichen Auseinandersetzungen käme, müssten diese als Garanten einander besonderen Schutz gewähren. Eine besondere Rechtspflicht aus einem persönlichen Verhältnis gegenüber demjenigen, zu dem dieses persönliche Verhältnis mittlerweile besonders schlecht ist, erscheint widersinnig.

1895 Teil 3 B I 1 c.

1896 Ebenso *Freund*, NJW 2003, S. 3385.

1897 *Baumann/Weber/Mitsch*, Strafrecht AT, § 15, Rn. 73 und 76; *Geilen*, FamRZ 1961, S.148 f.; *Jakobs*, Strafrecht AT, 29/66; *Welzel*, Dt.Strafrecht, S. 214 und 217.

1898 Teil 2 C V 2 a.

1899 *Brammsen*, Entstehungsvoraussetzungen, S. 162; für eine Erkennbarkeit nach außen für Dritte auch *Ingelfinger*, NStZ 2004, S. 412.

1900 So aber die frühere Rechtsprechung, BGHSt 2, 154 f.; sowie *Androulakis*, Studien zur Problematik der unechten Unterlassungsdelikte, S. 210 f.; *Albrecht*, Begründung von Garantenstellungen in familiären und familienähnlichen Beziehungen, S. 81 f., Fn. 470; *Bärwinkel*, Struktur der Garantieverhältnisse bei den unechten Unterlassungsdelikten, S. 137; *Ingelfinger*, NStZ 2004, S. 412; *Wessels/Beulke*, Strafrecht AT, Rn. 718.

1901 Teil 3 B I 1 c.

1902 Teil 2 C IV 1 a.

Im Übrigen ist es selbst in Zeiten von Frauenhäusern nicht jedem wirtschaftlich gegeben, sofort eine häusliche Trennung herbeizuführen. Unter axiologischen Aspekten aber auch vor allem unter dem Primat des Freiheitserhalts darf es keine Frage der wirtschaftlichen Potenz sein,ob jemand seinem ehemaligen Partner gegenüber trotz gewaltsamer Übergriffe noch als Garant verpflichtet ist. Die regelmäßig verprügelte Ehefrau müsste ihrem Mann als Garantin beistehen, nur weil ihr im Moment das Geld zum Ausziehen fehlt – eine befremdliche Vorstellung.

In der Rechtsprechung ist mittlerweile eine begrüßenswerte aber leider nicht vollständige Lösung von zivilrechtlichen zu tatsächlichen Gesichtspunkten zu verzeichnen. Zunächst nahm sie eine besondere Pflichtenposition an, solange keiner der Ehegatten ein Recht zum Getrennt-Leben hat und die häusliche Gemeinschaft fortbesteht[1903], um später ein getrennt und in Scheidung leben[1904] oder eine Zerrüttung[1905] zu postulieren. In einer neueren Entscheidung lässt die Rechtsprechung hingegen die Trennung in der ernsthaften Absicht, die Gemeinschaft nicht wieder herzustellen, genügen[1906]. Bemerkenswert daran ist vor allem das Absichtsmerkmal. Zutreffend ist an ihm aus hiesiger Sicht, dass es weder einen Konsens zwischen den Partnern noch eine bestimmte Form der Trennung wie das Getrennt-Leben erfordert. Indes beschränken sie die Lösbarkeit von Garantenstellungen übermäßig. Zudem führen subjektive Merkmale erfahrungsgemäß zu Schwierigkeiten in den tatsächlichen Feststellungen, was zumindest gegen die praktische Anwendbarkeit des Absichtsmerkmals spricht. Im Sinne der Freiheitsmaxime sind sowohl eine zeitweilige Pflichtkündigung als auch ein Ausschluss des besonderen Schutzes für den Fall eines Angriffs[1907] wirksam. Aus Gründen der Rechtssicherheit und dem Schutz der Freiheit des Berechtigten ist zudem eine Erkennbarkeit der Beendigung, konkret im Hinblick auf das Urteil[1908]: der Absicht der der dauerhaften Trennung, für den Partner vorauszusetzen[1909].

1903 BGHSt 2, 154 f.

1904 BGHSt 7, 322 und 324.

1905 BGHSt 7, 271 f.; statt vieler in der Literatur für das Zerrüttungsmerkmal, welches nach hiesigem Dafürhalten hinreichend aber nicht stets notwendig ist: *S. Böhm*, Garantenpflichten aus familiären Beziehungen, S. 200.

1906 BGHSt 48, 301 ff., wobei sie mit dem Vertrauensgedanken argumentiert (zur Kritik an diesem Topos siehe Teil 2 B V.

1907 Vgl. Teil 3 B I 1 b dd.

1908 BGHSt 48, 301 ff.

1909 Teil 3 B I 1 c; kritisch gegenüber der Entscheidung diesbezüglich auch *Ingelfinger*, NStZ 2004, S. 410; *Freund*, NJW 2003, S. 3385 f.

4.2.1.3.2 Das angriffsbedingte Erlöschen in Notwehrsituationen im Besonderen

4.2.1.3.2.1 Hier vertretene Auffassung

Konflikte in engen Gemeinschaftsverhältnissen führen nicht nur in der vorstehend thematisierten Weise zu deren Ende. Mitunter kulminieren sie bedauerlicherweise auch in Rechtsgutsangriffen, regelmäßig auf die körperliche Integrität. Denkbar ist nun, dass auch solche Angriffe das Erlöschen von Garantenstellungen bedingen, indem sie zum Entfall von deren Entstehungsvoraussetzungen führen.

Diese Entstehungsvoraussetzungen bilden Selbstverpflichtungen in Gestalt wechselseitiger Versicherungen mit dem sinngemäßen Inhalt: „Du bist einer der wichtigsten Menschen in meinem Leben. Ich werde für deine Unversehrtheit notfalls unter Preisgabe eigener Güter sorgen." Das erfordert eine auf Dauer angelegte, besonders enge emotionale Bindung zwischen den Gemeinschaftsmitgliedern.[1910]

Notwendiges Wesensmerkmal dieser Gemeinschaften ist, dass die Mitglieder diese besondere Verbindung gemein haben, sie *gemeinsam* freiwillig *geschaffen* haben. Die Bekenntnisse zueinander bedingen sich gegenseitig. Diese Wechselseitigkeit[1911] hat zur Konsequenz, dass mit dem Angriff nicht bloß die Garantenstellung des Aggressors erlöschen würde, sondern das enge Gemeinschaftsverhältnis insgesamt und damit zugleich die Garantenstellungen des Angegriffenen enden würden. Für eine garantenstellungsbedingte Notwehrbegrenzung bestünde kein Grund mehr.

Auf der einen Seite wurde bereits festgestellt, dass nicht jedes Handeln gegen die Interessen des Garanten, auch nicht eine bewusste Gutsverletzung, ein Ende der besonderen Pflichtenstellung nach sich zieht[1912]. Auf der anderen Seite überdauern ein Gemeinschaftsverhältnis und die aus ihm resultierenden Garantenstellung auch nicht jedweden Angriff. Denn durch ihn wird die in der Selbstverpflichtung gegebene Zusage in ihr Gegenteil verkehrt: Der Angreifer gibt nun nicht mehr – zusagegemäß – etwas von seinen Gütern preis, um den Partner zu schützen. Er erzwingt vielmehr die Preisgabe der Güter des anderen um der eigenen Freiheit willen. – Aus dem versprochenen Geben wird ein Nehmen.

Garantenstellungsbeseitigende Qualität kommt einem Angriff indessen nur dann zu, wenn er zugleich deren Entstehungsvoraussetzungen beseitigt, das

---

1910 Ausführlicher zur Garantenstellung in engen Gemeinschaftsverhältnissen bei Teil 2 C V 2 b sowie bereits hinsichtlich des Erlöschens oben Teil 3 B I 3 a aa.

1911 Teil 2 C V 2 b.

1912 Teil 1 C X, insbesondere 3 b aa.

heißt, das Gemeinschaftsverhältnis negiert. Das bedeutet konkret, der Angriff muss die gegebene Zusage „Du bist einer der wichtigsten Menschen in meinem Leben. Ich werde für deine Unversehrtheit notfalls unter Preisgabe eigener Güter sorgen.“ widerrufen, die besonders enge emotionale Bindung aufheben[1913]. Das erste Bekenntnis wird nun negiert, wenn man jemanden nicht besonders gut, sondern besonders schlecht behandelt. Von der besonderen positiven Bedeutung des anderen ist dann nichts mehr übrig. Mit dem Willen, die Integrität des anderen möge gewahrt bleiben und dem Hilfsversprechen sind typischerweise erhebliche Rechtsgutsverletzungen unvereinbar. Dabei kann sowohl die Qualität des Angriffs als auch die Quantität der Attacken das enge Gemeinschaftsverhältnis aufheben. Entscheidend ist aber entsprechend der jeweils individuellen Begründung des Verhältnisses durch eine Selbstverpflichtung auch die jeweils konkrete Ausgestaltung des Verhältnisses. Die Gemeinschaftsmitglieder setzen den Maßstab dafür, bei welcher Quantität und Qualität von Angriffen das Gemeinschaftsverhältnis negiert ist. So ist beispielsweise durchaus ein Gemeinschaftsverhältnis denkbar, in dem bereits ein einmaliger körperlicher Übergriff von geringer Intensität das Verhältnis beendet. Allgemeingültige Aussagen lassen sich hier allenfalls hinsichtlich extremer Verhaltensweisen treffen.

Notwendig erlischt das Gemeinschaftsverhältnis, wenn der angegriffene Garant durch die Attacke einer konkreten Lebensgefahr ausgesetzt wird[1914]. Denn mit dem Tod eines Gemeinschaftsmitglieds endet dieses zwangsläufig. Wer aber objektiv durch seinen Angriff die Existenz eines Partners bedroht, will dessen Unversehrtheit gerade nicht mehr, vergeht sich auf die denkbar schwerste Weise am anderen, indem er dessen Existenz riskiert und augenscheinlich am Fortbestand der Gemeinschaft kein Interesse mehr hat.

Zu Recht weist die Literatur darauf hin, auch die Quantität der Angriffe in einem Gemeinschaftsverhältnis könne zur Verneinung einer Notwehrrechtsbegrenzung führen. Eine Restriktion sei bei fortdauernden Misshandlungen abzulehnen.[1915] Dem kann man beipflichten. Ein tatsächliches, intaktes enges Ge-

---

1913 Dogmatisch nicht notwendig von der Garantenstellung ausgehend aber ähnlicher Richtung *Marxen*, Lüderssen/Sack, S. 71; *Wohlers*, JZ 1994, S. 441 (kein Infragestellen des Näheverhältnisses).

1914 Ungeachtet der jeweiligen Begründung gegen eine Notwehrrechtsbeschränkung bei objektiver Lebensgefahr für den Angegriffenen explizit: BGH NJW 1975, S. 63; *Bernsmann*, ZStW 104, S. 305, 321; *Ebert*, Strafrecht AT, S. 72; *Eisele*, JA 2001, S. 925; *Preisendanz*, StGB Lehrkommentar, § 32, II, 2.

1915 Vgl. *Geilen*, JR 1976, 316 f. *Marxen*, „Sozialethische“ Grenzen der Notwehr, S. 52 f.; *Roxin*, AT, Bd. 2, § 15, Rn. 85; *Zenz*, Vom Nutzen, S. 80 f.
Baumann/Weber/Mitsch, Strafrecht AT, § 17, Rn. 41 f. verlangen in ähnlicher Richtung, dass dem Angegriffenen keine erhebliche Verletzung droht und ein „länger

meinschaftsverhältnis verträgt wohl typischerweise allenfalls einmalige, episodenhafte[1916] und geringfügige[1917] Angriffe auf den Partner.

Angriffe der geschilderten Art führen zum Erlöschen der Garantenstellung. Denn die das besondere Verhältnis negierenden Vorkommnisse sind geschehen und verlieren ihre Bedeutung nicht automatisch durch Zeitablauf. Zumindest rechtlich ist kein irreparabler Schaden entstanden, da es den Beteiligten im Rahmen ihrer Freiheit unbenommen ist, ein Pflichtverhältnis neu zu begründen.

Der Angriff und der Vorrang des Freiheitserhalts

Berücksichtigt man zudem den Vorrang des Freiheitserhalts ist zu beachten, dass eine Rettungspflicht in einer bestimmten Situation immer auch die Freiheit des Verpflichteten begrenzt. Wenn nun der zu Beschützende seine Freiheit dergestalt gebraucht, dass er die Freiheit des Garanten zwangsweise einschränkt, indem er ihn ohne Not zu einer Rettung zwingt, kann von Rechts wegen vom Garanten nicht die gleiche Freiheitspreisgabe verlangt werden, wie bei einer unfreiwillig entstandenen Notlage. Dies muss erst recht gelten, wenn er den Garanten angreift. Andernfalls könnte der zu Beschützende seine Freiheit gebrauchen, um die Freiheit das Garanten nicht bloß durch die Notwendigkeit der Rettungshandlung zu mindern, sondern sie darüber hinaus in Gestalt einer nicht bloß leichten Rechtsgutsgefahr unmittelbar anzugreifen. Eine solcher Missbrauch der Freiheit zur Freiheitsverletzung ist unter dem Primat des Freiheitserhalts abzulehnen.

Sonstige Gesichtspunkte

Der Wille des Angreifers ist bei Überschreiten der individuell zu bestimmenden Negationsgrenze bedeutungslos. Selbst wenn dieser den Fortbestand des Gemeinschaftsverhältnisses ungeachtet seiner Attacke will und dies sogar gegenüber dem angegriffenen Garanten kundtut[1918], scheidet eine Begrenzung der Ver-

---

schwelender Konflikt“ besteht, an dem der Angreifer beteiligt ist. Soweit hier ein quantitatives Element zum Ausdruck kommt, ist dies zu begrüßen. Dieses jedoch neben einer weiteren Voraussetzung zur notwendigen Bedingung zu erheben, verkennt die Bedeutung der Angriffsqualität. Konsequenterweise müsste diese Auffassung bei Drohen von lediglich leichten Verletzungen ohne den geforderten Konflikt eine Notwehrrechtsbegrenzung ablehnen, was axiolologisch fragwürdig ist.

1916 In diesem Sinne auch *Joecks*, StGB, § 32, Rn. 31; *Kühl*, AT, § 7, Rn. 202; LK-*Rönnau/Hohn*, StGB, § 32, Rn. 241; *Wohlers*, JZ 1999, S. 441.

1917 Siehe unmittelbar zuvor zur Bedeutung der Angriffsqualität Teil 3 C I 3 b aa (1).

1918 In der Praxis nicht völlig unbekannte Formulierungen des Angreifers sind Einlassungen dahingehend, dass die Geminschaft trotzdem noch bestehe, noch „Liebe“ vorhanden sei; siehe nur BGH NJW 1984, S. 986: „Du tust es ja doch nicht, du liebst mich ja“.

teidigung aus. Der verkündete Wille zum Fortbestand der Gemeinschaft ändert nichts am Entfall von deren Entstehungsvoraussetzungen. Mit Blick auf den Angriff handelt es sich bei der Willensbekundung des Angreifers nur um unbeachtliches venire contra factum proprium. Andernfalls besteht die Gefahr, dass Angreifer bewusst versuchen, solchermaßen das Abwehrrecht und Verteidigungsrisiko zu reduzieren. Im Übrigen scheitert eine solch beabsichtigter Zwang zur Fortdauer an der Freiheit des angegriffenen Garanten, der nicht gegen seinen Willen in ein durch den Angriff negiertes Gemeinschaftsverhältnis gezwungen werden kann.

Nachdem infolge eines Angriffs das garantenstellungsbegründende enge Gemeinschaftsverhältnis erloschen war, kann dieses selbstverständlich anschließend von den ehemaligen Partnern neu etabliert werden. Dies ist Bestandteil der den Beteiligten zustehenden Freiheit und hat unter den dargelegten Voraussetzungen[1919] zu geschehen, wobei der zurückliegende Angriff bedeutsam sein kann. Die durch ihn bedingte Vertauenshypothek kann tatsächlich die Anforderungen für eine erneute wechselseitige Selbstverpflichtung in Gestalt des engen Gemeinschaftsverhältnisses erhöhen. Durch die Wiederbegründung lassen sich etwaige Bedenken wegen der freiheitsbedingt leichten Lösbarkeit von Selbstverpflichtungen möglicherweise zerstreuen. So leicht diese lösbar sind, so schnell lassen sie sich auch wieder begründen.

4.2.1.3.2.2 Gegenpositionen[1920]

Hinsichtlich der Angriffsbedeutung äußerte sich die Rechtsprechung sprachlich verknappt und dadurch Sinn verändernd dahingehend, dass eine für den Angreifer lebensgefährliche Verteidigung (im Ehegattenkonflikt) nur zulässig sei, wenn dieser nach dem Leben trachte mit seinem Angriff[1921]. Dies ist zu Recht[1922]

1919 Teil 2 C V 2 b.

1920 Sofern Gegenpositionen eine Notwehrrechtsbeschränkung in der hier untersuchten Problemstellung schlechthin ablehnen, konnte dem nicht gefolgt werden, Teil 1 C I sowie speziell zur Ablehnung der Kritik am hiesigen Garantenstellungsansatz Teil 1 C X 1 und 2.

1921 BGH NJW 1969, S. 802; ihm folgend *Preisendanz*,StGB Lehrkommentar, § 32, II, 2.

1922 Gegen ein solches subjektives Merkmal sprechen zunächst damit naturgemäß einhergehenden Probleme bei den tatsächlichen Feststellungen in Rechtsanwendungspraxis. Der entscheidende Einwand ergibt sich aus der implizierten Beschränkung („... anderes gilt nur ...“) einer lebensgefährlichen Verteidigung zwischen Ehegatten auf Fälle, in denen der Angreifer nach dem Leben trachtet. Das bedeutet in der Konsequenz, dass der angegriffenen Ehefrau eine letale Verteidigung zu versagen ist, wenn ihr schwerste Rechtsverletzungen aber nicht der Tod drohen. Neben der axiologischen Fragwürdigkeit steht einem solchen Ergebnis die Konzeption der Notwehr entgegen. Es ist unver-

später dahingehend korrigiert worden, dass es auf die objektive Gefahr und nicht auf den Vorsatz des Angreifers ankommt[1923].

Nicht weit genug geht nach hiesigem Dafürhalten eine Notwehrrechtsbeschränkung im Bereich der Angriffsqualität, wenn ausgeführt wird, der Angegriffene dürfe keine tödliche Abwehr üben, falls für ihn nur das Risiko einer leichten Körperverletzung bestünde[1924]. In Ermangelung weiterer Ausführungen der Autoren bedeutet dies, dass weitere Beschränkungen der Notwehr in dieser Fallgruppe nicht anzunehmen sind, mithin schwere Körperverletzungen zur Abwehr leichter Körperverletzungen zulässig sind. Mit der Garantenstellung als dogmatischer Anknüpfungspunkt einer Beschränkung ist das nicht zu vereinen. Denn diese gebietet nicht bloß bei Lebensgefahr ein Eingreifen. Im Hinblick auf den Vorrang des größtmöglichen Freiheitserhalts ist dies ebenfalls nicht akzeptabel, da schwere Verletzungen zum Schutze vor lediglich leichten Beeinträchtigungen gerechtfertigt wären[1925].

Aber selbst wenn man dieser Arbeit nicht folgt und deswegen die zwei genannten Gegenargumente nicht anerkennt, ergeben sich doch schwere axiologische Bedenken gegen den abgelehnten Lösungsweg. So dürfte beispielsweise der Ehemann seine Ehefrau, die ihn mit der flachen Hand zu schlagen droht, zum eigenen Schutze, Erforderlichkeit unterstellt, die Angreiferin mit einem nicht lebensgefährlichen Schuss ins Bein niederstrecken und aufhalten, da keine lebensbedrohliche Abwehr gegen leichte Angriffe geübt würde. Ein Ergebnis, dass so wohl kaum Zustimmung fände.

4.2.2 Sonstige Erlöschensgründe

Obwohl für den Untersuchungsgegenstand nur marginal von Interesse sollen der Vollständigkeit halber in der gebotenen Kürze die sonstigen Erlöschensgründe benannt werden.

---

einbar mit dem Selbstschutzprinzip und der konzeptionellen Risikoverteilung zu Lasten des Angreifers. Weiter ist in höchsten Maße erklärungsbedürftig, warum gerade in diesem Fällen nicht der Erforderlichkeitsmaßstab anzulegen, sondern auf die Absicht des Angreifers abzustellen ist. Der Notwehr kommt nach zutreffender, weit überwiegender Ansicht kein Sanktionscharakter zu, weshalb die Berücksichtigung des Handlungsunrechts des Angreifers erstaunt.

1923 BGH NJW 1975, S. 62 f., wonach eine Beschränkung des Abwehrrechts nur bei der Gefahr „leichterer Körperverletzungen“ in Betracht kommt.

1924 *Jescheck/Weigend*, AT, S. 346; *Kühl*, AT, § 7, Rn. 204.

1925 Siehe zur Abwägung der Folgen für die Freiheit ausführlicher im einzelnen unten Teil 3 C I 1.

4.2.2.1 Ende der Existenz des Rechtsguts oder Rechtsgutsträgers

Existieren der Rechtsgutsträger oder das Rechtsgut nicht mehr, erlöschen ebenfalls etwaige Garantenstellungen zu deren Gunsten.

Beim Existenzende des Rechtsguts ist dieses Ergebnis offensichtlich. Beim Existenzende des Rechtsgutsträgers, regelmäßig in Form des Todes, könnte man dagegen in Anlehnung an § 1922 I BGB erwägen, dass der Garant auch dem Rechtsnachfolger gegenüber verpflichtet ist. Den Nachtwächter könnte beispielsweise als Garant weiter die Pflicht treffen für die Erben, das von ihm zu bewachende Gebäude vor Eindringlingen und Beschädigungen zu schützen. Eine solche strafbewehrte Inpflichtnahme gegenüber dem Rechtsnachfolger erfolgt indes nicht. Auch hier müssen die zuvor erarbeiteten Voraussetzungen einer Selbstverpflichtung vorliegen. Beim Tode des bisherigen Rechtsgutsträgers fehlt es am freiwilligen Realakt gegenüber dem neuen Rechtsgutsträger. Mögliche zivilrechtliche Regelungen über die Rechtsnachfolge entbinden nicht von dieser Voraussetzung. Allerdings kann erneut eine garantenstellungsbegründende Selbstverpflichtung gegenüber dem Rechtsnachfolger eingegangen werden. Regelmäßig kann der die Verpflichtung konstituierende Realakt in der Fortführung der Schutzaufgabe erblickt werden, wenn dem Verhalten des bisherigen Garanten zweifelsfrei objektiv diese Bedeutung beizumessen ist. Tritt also im Beispiel der Nachtwächter im Wissen um den Tode des bisherigen Rechtsgutsträgers weiterhin seinen Dienst an und der neue Rechtsgutsträger nimmt dies sinnlich wahr, wird eine neue Garantenstellung kraft Selbstverpflichtung begründet.

4.2.2.2 Verhalten Dritter

Dagegen führt das Verhalten Dritter nicht zum Erlöschen der Garantenstellung. Ausschließlich die Beteiligten, Garant und Rechtsgutsträger, disponieren – dem Primat der Freiheit entsprechend – über die Garantenstellung[1926]. Dieser Dispositionsfreiheit liefe eine Interventionsmöglichkeit Dritter zuwider. Nur weil zum Beispiel der Bruder des Nachtwächters diesem mitteilt, er übernehme eine „Wache“, wird der Nachtwächter für diese Zeit nicht von seiner Pflicht frei. Dies bleibt allein der freien Entscheidung der Beteiligten vorbehalten.

1926 Allenfalls der Staat könnte per Gesetz ein Erlöschen in bestimmten Fällen anordnen. Allerdings ist dieser nach hiesigem staatsrechtlichen Verständnis kein Dritter, vgl. Teil 2 C I 2, II 1 a, b bb und 2 a.

4.2.2.3 Elterliche Garantenstellung: Erlangung der Selbstschutzfähigkeit und -zuständigkeit

Ebenfalls nicht den bisher erörterten Erlöschensgründen subsumierbar ist das Ende der elterlichen Garantenstellung. Diese endet aus den genannten Gründen[1927], wenn die zu beschützenden Kinder geistig und körperlich zum Selbstschutz in der Lage sind. Die Selbstschutzfähigkeit der Kinder bedingt deren Selbstschutzzuständigkeit.

Jedenfalls eine Orientierung an der Strafmündigkeit überzeugt in diesem Zusammenhang nicht, da die Einsicht, fremde Rechtsgüter nicht zu verletzen, sich von derjenigen unterscheidet, die nötig ist, um über die eigenen Rechtsgüter verantwortlich zu disponieren. Oftmals werden von Jugendlichen Risiken, die sich bislang nicht in ihrem unmittelbaren Umfeld realisiert haben, nicht als real wahrgenommen. Im Übrigen bedingt die Einsichtsfähigkeit noch keine Selbstschutzfähigkeit.

4.2.3 Zusammenfassung

Die Garantenstellung erlischt in dem in der Selbstverpflichtung vereinbarten Zeitpunkt oder nach der dort vereinbarten Zeitdauer. Ein davon abweichendes vorzeitiges Ende kann konsensual durch die Beteiligten herbeigeführt werden. Ebenso kann die Garantenpflicht mit dem Inhalt eines Schutzes nur zu bestimmten Zeiten konkretisiert und begrenzt werden.

Die einseitige Beendigung der Garantenstellung vor deren ursprünglichem in der Selbstverpflichtung vereinbartem Ende ist sowohl dem durch sie Begünstigten als auch dem Garanten jederzeit möglich. Denkbar ist allerdings auch davon abweichend die Vereinbarung des Ausschlusses der Beendigung der Garantenstellung bevor der Schutzzuständige wieder Schutz gewähren kann.

Eine Beendigung der Garantenstellung zur Unzeit ist unzulässig und unwirksam. Zur Unzeit zählt die Zeit, in der der Garant zum Schutze seiner Güter der Hilfe des Garanten bedarf (Bedarfsfall), sich also vor einer konkreten Gefahr nicht mehr selbst schützen kann. Nicht erforderlich ist dagegen, dass der ursprünglich Schutzzuständige nach dem Beenden wieder Schutz gewährt oder gewähren kann.

Die Bewaffnung oder sonstige Ankündigung des Garanten, sich gegen bevorstehende Angriffe zu verteidigen, zu einem Zeitpunkt, zu dem der Angreifer

---

1927 Jedermann ist nach dem Eigenverantwortlichkeitsprinzip grundsätzlich für den Schutz seiner Rechtsgüter selbst zuständig, was auch für Kinder gilt, sobald sie dazu in der Lage sind. Ausführlicher mit weiteren Gründen unter Teil 2 C V 1 a cc.

seinen Angriff noch abbrechen kann, begrenzt jedenfalls die Garantenpflicht mit der Folge, dass dem Garanten das unbeschränkte Notwehrrecht zusteht.

Sonstige Voraussetzung sind in Anlehnung an die Begründung der Selbstverpflichtung ein freiwilliger, formloser Realakt, der vom Berechtigten sinnlich wahrgenommen wird und inhaltlich zweifelsfrei zumindest auch zum Ausdruck bringt, der Garant sage sich von seinen Pflichten los. Zivilrechtliche Kündigungsfristen in möglicherweise parallel zur Selbstverpflichtung gelagerten Verträgen sind hingegen bedeutungslos.

Allgemein erlöschen in Ehe- und engen Gemeinschaftsverhältnissen die Garantenstellungen, wenn die Entstehungsvoraussetzungen der Selbstverpflichtung entfallen sind, das heißt, wenn einer der Beteiligten ausdrücklich oder konkludent für den jeweils anderen wahrnehmbar äußert, dem Partner komme nicht mehr eine solch exponierte Stellung im eigenen Leben zu, dass man bereit ist, diesen unter Gutspreisgabe vor Schaden zu bewahren. Dies ist jedenfalls anzunehmen, wenn ein neuer Partner gewählt wird.

Allgemeingültige Aussagen dazu, welche Angriffe zum Erlöschen der Garantenstellungen führen, lassen sich wegen der individuellen Ausgestaltung des jeweiligen Verhältnisses nur schwerlich treffen. Jedenfalls konkret lebensgefährliche Attacken und dauerhafte Misshandlungen dürften hierzu führen.

Schließlich endet die Garantenstellung, wenn das zu schützende Rechtsgut oder dessen Rechtsgutsträger nicht mehr existiert. Dagegen führt das Verhalten Dritter nicht zum Erlöschen. Gemäß dem Eigenverantwortlichkeitsprinzip werden bei Erlangen der Selbstschutzfähigkeit und damit -zuständigkeit die bisher schutzzuständigen Eltern von Ihren Garantenpflichten gegenüber ihren Kindern frei.

4.3 Notwehrrechtsbeschränkung auf Grund von Garantenstellungen

4.3.1 Notwehrrechtsbeschränkung

4.3.1.1 Vorrang des größtmöglichen Freiheitserhalts

Ausgehend vom Axiom des freien und freiheitsstrebenden Menschen[1928] wurden die beiden Grundregeln, Neminem-laede- und Selbstverpflichtungsprinzip, unter dem Primat des größtmöglichen Freiheitserhalts hergeleitet[1929]. Dieser Vorrang der Freiheitsbewahrung ist auch bei der Frage nach dem „Wie" der Notwehrrechtsbeschränkung für Garanten maßgeblich. Eine andere Zielsetzung wäre inkonsequent und begründungsbedürftig. Denn es wäre nicht erklärlich, zwar die Grundregeln und darauf aufbauend die jeweiligen Garantenmerkmale stets mit dem Ziel des größtmöglichen Freiheitserhalts zu entwickeln und zu rechtfertigen, aber bei der Lösung konkreter Rechtsprobleme diesen Vorrang – dann willkürlich – zu ignorieren.[1930]

Gesucht wird deshalb die Notwehrrechtsbeschränkung, die grundsätzlich unter Beachtung der zwei Grundregeln die Freiheit der beiden Beteiligten, Angreifer und Garant, insgesamt am weitestgehenden erhält. Daher sind stets die Folgen verschiedener denkbarer Notwehrrechtsbeschränkungen für die Freiheit der Beteiligten einander gegenüberzustellen. Die denkbaren Extrempositionen bilden das uneingeschränkte Notwehrrecht, welches allein die Freiheit des Verteidigers schützt, und der Verzicht auf die Notwehr, was einzig die Freiheit des Aggressors bewahrt.

1928 Teil 2 C I 2.

1929 Teil 2 C II 1 b.

1930 Aus diesem Grund kann eine Auseinandersetzung mit Gegenpositionen zum Inhalt, also dem „Wie", der Notwehrrechtsbeschränkung in den hier untersuchten Fällen unterbleiben. Soweit diese dogmatisch begründet und nicht apodiktisch verkündet werden, wurden deren Ansatz und Voraussetzungen bereits im ersten Teil der Arbeit verworfen. Von der hier vertretenen Ansicht abweichende Beschränkungen sind deshalb konsequenterweise bereits wegen deren *Herleitung* abzulehnen. Sollten sich die *Ergebnisse*, die Notwehrrechtsbeschränkung, dagegen gelegentlich decken, so hat dies wegen der unterschiedlichen Begründung für die hier vertretene Meinung keine Bedeutung.

4.3.1.1.1 Bestimmung potentieller Freiheitseinbußen

Klingt die Gegenüberstellung möglicher Freiheitseinbußen abstrakt noch praktikabel, wirft sie im konkreten Fall doch die Frage auf, anhand welchen Maßstabs die Folgenabwägung, welche immer prognostischen Charakter hat, zu erfolgen hat. Sind alle möglichen oder nur sichere Folgen zu berücksichtigen? Auf welchen Zeitpunkt hat die Prognose abzuheben?

Bei der Beantwortung ist neben den genannten Prinzipien vor allem der in den einschlägigen Normen, §§ 32 und 13 StGB, zum Ausdruck kommende gesetzgeberische Wille zu beobachten. Prognosen im Rahmen von Rechtfertigungsgründen im Allgemeinen[1931] und bei einer Notwehrsituation im Besonderen[1932] sind auf Basis eines objektiven ex-ante Urteils zu stellen.

Die Beschränkung auf ausschließlich für sicher gehaltene Folgen überzeugt nicht. Bezogen auf den Verteidiger verlangt § 32 StGB schon seinem Wortlaut nach statt dessen einen „Angriff". *Dieser* hat zur Überzeugung des Rechtsanwenders festzustehen. Ein solcher „Angriff" wiederum impliziert zwar die Gefahr von Rechtsgutseinbußen, nicht aber deren sicheren Eintritt[1933]. Von bestimmten, sicher prognostizierten Folgen des Angriffs weiß das Gesetz hingegen nichts. § 13 gebietet nach übereinstimmender Beurteilung dem Garanten ein Tätig-Werden bei Bestehen einer Gefahrensituation für Rechtsgüter des zu beschützenden Rechtsgutsträgers, hier: des Angreifers[1934]. Danach genügt bei der Gegenüberstellung der potentiellen Freiheitseinbußen die Gefahr einer solchen beim Verteidiger oder Angreifender.

Bei der Ermittlung der jeweiligen Freiheitseinbußen der Beteiligten ist in concreto zu beachten, dass der Gutserhalt immer auch Freiheitserhalt bedeutet[1935], so dass bei der Gegenüberstellung vor allem aber nicht ausschließlich Freiheitseinbußen in Gestalt der Gutseinbußen zu finden sind. Bestandteil der Freiheit bildet das Recht, nicht ungewollt Objekt der Handlungen anderer, wie Angriffen, zu werden und frei von Schmerzen zu sein. Wird beispielsweise die körperliche Integrität des Angegriffenen mit der Konsequenz verletzt, dass er Schmerzen erleidet und zeitweise keiner sportlichen Aktivität nachgehen kann, erleidet er dadurch eine Freiheitseinbuße. Er leidet gegen seinen Willen unter Schmerzen und ist zeitweilig an bestimmten Aktivitäten gehindert.

1931 Vgl. nur Schönke/Schröder-*Lenckner/Sternberg-Lieben*, Vorbem. §§ 32 ff.; Rn. 10a.

1932 Vgl. Schönke/Schröder-*Perron*, § 32, Rn. 34 m. w. N.

1933 In diesem Sinne statt vieler *Fischer*, § 32, Rn. 5; Schönke/Schröder-*Perron*, § 32, Rn. 3.

1934 Schönke/Schröder-*Stree/Bosch*, Vorbem. §§ 13 ff., Rn. 148.

1935 Teil 2 C II 1 b aa (2).

Bestandteil der Freiheit ist darüber hinaus die Möglichkeit der Ausübung spezieller Rechte und der generellen Handlungsfreiheit. Hinsichtlich des Verteidigers hätte jede Form der Notwehrrechtsbeschränkung zur Folge, dass dieser Freiheit in Form seines an sich bestehenden besonderen Verteidigungsrechts einbüßte[1936]. Bei der Bestimmung des Ausmaßes dieses Freiheitsverlusts ist allerdings zu berücksichtigen, dass das Gesetz nicht jedwede effektive Verteidigung gestattet, sondern bloß die erforderliche.

Die Freiheit des Angreifers ist vor allem in Gestalt seiner Rechtsgüter bedroht. Unbeachtlich ist hingegen der Freiheitsverlust, den dieser dadurch erleiden würde, dass mit der Verteidigung er an der Durchführung des von ihm gewünschten Verhaltens, dem Angriff, gehindert wird. Diese Form der Freiheitsbetätigung ist ihm bereits durch die erste Grundregel des Neminem-Laede versagt und damit nicht mehr Bestandteil seiner Freiheit in der Notwehrsituation. Damit wäre zugleich der Bereich abgeschritten, in dem die Notwehrrechtssituation und -beschränkung die Freiheit der Beteiligten tangieren können.

4.3.1.1.2 Die konkrete Notwehrrechtsbeschränkung

Gesucht wird, wie bereits ausgeführt, die Ausübung des Notwehrrechts, die insgesamt, gewissermaßen „per saldo", unter Berücksichtigung des Vorstehenden den größtmöglichen Erhalt der Freiheit der Beteiligten bietet[1937].

Eindeutig fällt die Lösung aus, wenn der angegriffene Garant ausweichen kann, eine Abwehr aber Rechtsgüter des Angreifers, wie die Gesundheit oder das Leben, verletzen würde. Stellt man hier die möglichen Freiheitseinbußen einander gegenüber, gelangt man zu dem Ergebnis, dass der Angegriffene auszuweichen hat. Er verlöre nämlich lediglich die Ausübung seines Notwehr-

---

1936 Am Bestehen des Abwehrechts aus § 32 StGB ist nach der hier vertretenen Ansicht, siehe Teil 1 C X 3 b bb, nicht zu zweifeln. Allerdings hat das Abwehrrecht des Garanten unter den beschriebenen Voraussetzungen hinter der Schutzpflicht des Garanten nach § 13 StGB zurückzustehen.
Wegen der grundsätzlichen Bejahung des Notwehrrechts erliegt man auch nicht einer petitio principii, wenn bei der Prüfung möglicher Notwehrrechtsbeschränkungen bei der Folgengegenüberstellung die bloß eingeschränkte (Notwehr-) Rechtsausübung berücksichtigt wird. Denn das dieses Recht gegeben ist, steht außer Frage. Nur dessen Vorrang gegenüber der Garantenpflicht ist fraglich.
Auf den Freiheitsverlust in Gestalt einer Willensbeugung beim Angegriffenen bei Beschränkung der Notwehr auf ein Ausweichen in bestimmten Konstellationen weist *Loos*, JuS 1985, S. 862, zu recht hin.

1937 Für eine Berücksichtigung der Verletzungsrisiken bei der Entscheidung über eine Notwehrrechtsrestriktion ohne allerdings auf die Freiheit zu rekurrieren *Loos*, JuS 1985, S. 863.

rechts, der Aggressor hingegen erlitte bei Ausübung des Notwehrrechts Rechtsgutseinbußen und damit einen gravierenderen Freiheitsschaden. Kann der Ehemann zum Beispiel der Ohrfeige seiner Frau nur durch ein Schlagen derselben oder durch die kurzzeitige Flucht aus der Wohnung entgehen, ist letztere Alternative – als Notwehrrechtsbeschränkung – zu wählen. Diese erhält die Freiheit in Form der Gesundheit der beiden Beteiligten und schränkt den Mann nur insoweit ein, dass er sein Notwehrrecht nicht ausüben kann und kurzzeitig einen bestimmten Ort nicht aufsuchen kann[1938]. Die Freiheitseinbuße insgesamt wäre deutlich höher, wenn er seine Frau schlagen würde.

Demzufolge hat der angegriffene Garant nach Möglichkeit dem Angriff auszuweichen, wenn eine Verteidigung die Rechtsgüter des Angreifers verletzte.

Die Möglichkeit des Angreifers[1939], fremde Rechtsgüter anzugreifen, ist wegen des rechtsgrundlosen Verstoßes gegen das Neminem-laede-Prinzip, nicht Bestandteil seiner erhaltenswerten Freiheit. Sofern also die Verteidigung lediglich den Angriff ohne weitere Gutseinbußen unterbindet[1940], kommt eine Notwehrrechtsbeschränkung nicht in Frage. Denn diese würde mit der Versagung des Notwehrrechts die Freiheit des Verteidigers, deren Bestandteil das Notwehrrecht ebenfalls ist, begrenzen. Bei der Ausübung des Notwehrrechts unterbliebe hingegen jeder Freiheitsschaden. So dürfte der Mann in dem obigen Beispiel sein Notwehrrecht ausüben, wenn dies allein im kurzzeitigen Festhalten des schlagenden Armes seiner Frau oder dem willensbeugenden Androhen von Gegenwehr bestünde.

Bei jeweils gleichgewichteten Gütern auf Seiten der Beteiligten überwiegt insgesamt die Freiheit des Angegriffenen und dieser darf sich der erforderlichen Verteidigung bedienen. Denn die Übung derselben ist ebenfalls Bestandteil von dessen Freiheit, während - wie dargelegt - bei der Freiheit des Angreifers die Durchführung des Angriffs nicht beachtlich ist. Demzufolge gibt Gelichwertigkeit der jeweils betroffenen Güter die ebenfalls bei der Freiheit des Angegriffenen zu berücksichtigende Notwehrrecht zu dessen Gunsten den Ausschlag.

Denkbar ist zudem eine Notwehrsituation, in der dem Garanten weder ein gefahrloses Ausweichen noch eine lediglich die Angriffsdurchführung unterbindende Abwehr möglich ist, sondern entweder der Angriff seine Güter oder die

---

1938 Anders mögen die Dinge liegen, wenn die Freiheit des Mannes zusätzlich beeinträchtigt wird, indem das Aufsuchen eines bestimmten Ortes, hier der gemeinsamen Ehewohnung, eine längere Zeit nicht möglich ist.

1939 Dem Verteidiger hat der Gesetzgeber mit § 32 StGB diese Möglichkeit um des Selbstschutzes willen ausdrücklich ausnahmsweise eingeräumt.

1940 Sogenannte „Schutzwehr“, als rein defensive Abwehr des Angriffs, BGH MDR/D 1958, S. 12; Schönke/Schröder-*Perron*, § 32, Rn. 30. Bei diesem Verständnis ist die Kategorie „Schutzwehr“ auch nicht zu unbestimmt.

Verteidigung die Güter und damit Freiheit des Angreifers schädigen würde. In solchen Konstellationen fällt die Bestimmung der Abwehr, die die Rechtsgüter und damit Freiheit der Beteiligten am weitestgehenden schützt, schwerer.

Eine abstrakte Antwort mittels Bildung bestimmter Kategorien verbietet sich wegen deren inhaltlicher Unbestimmtheit und der tatsächlichen Vielfalt von Notwehrsituationen und Folgen. Statt dessen ist stets die im Einzelfall freiheitsschonendste Notwehrrechtsausübung bzw. Verhaltensweise im Sinne einer relativen Beurteilung zu ermitteln. Würde beispielsweise die Abwehr der Ohrfeige der Ehefrau durch den Mann die Gefahr einer schwereren - im Sinne einer Relationsbildung - Verletzung bergen, wie eines Armbruches, als der Angriff selbst, hat der Mann seine Verteidigung über das schützende Heben seiner Arme bis hin zur Hinnahme der Ohrfeige zu reduzieren. Denn insgesamt sind dadurch die Guts- und damit Freiheitseinbußen geringer und man entspricht dem Vorrang des Freiheitserhalts.

Ergebnis der Folgengegenüberstellung kann aber ebenso sein, dass die Folgen des Angriffs oder einer nur eingeschränkten Abwehr relativ schwerer wären als die der Ausübung des vollen Notwehrrechts. In diesem Fall steht dem angegriffenen Garanten das uneingeschränkte Notwehrrecht zu. Begründete zum Beispiel der Angriff eines Partners auf den anderen in einem engen Gemeinschaftsverhältnis[1941] die Gefahr eines Armbruchs und nur ein Gegenangriff mit der Folge einer leichten Prellung, verhinderte den Armbruch, so wäre diese – uneingeschränkte – Notwehr gestattet trotz Vorliegens einer Garantenstellung beim Verteidiger. Hier führt die unbeschränkte Notwehr zum größtmöglichen Freiheitserhalt.

4.3.1.1.3 Die Grenze der Zumutbarkeit[1942]

Wendete man die vorstehend beschriebene Gegenüberstellung von Freiheitseinbußen und die daraus folgende Bestimmung des Umfangs des Notwehrrechts unlimitiert an, so hätte dies letztlich selbst dann eine Notwehrrestriktion zur Folge, wenn der Angegriffene durch sie einen massiven Freiheitsverlust erlitte, solange nur die erforderliche Verteidigung einen noch größeren Freiheitsverlust zeitigen würde.

1941 Zu den Voraussetzungen eines garantenstellungsbegründenden engen Gemeinschaftsverhältnis kraft Selbstverpflichtung siehe Teil 2 C V 2.

1942 Zur Zumutbarkeit siehe auch Teil 1 C X 3 b aa, aus den neueren Monographien grundlegend *Schlee*, Die Zumutbarkeit bei Vorsatz-, Fahrlässigkeits und Unterlassungsdelikten.

Dogmatisch beruht die Notwehrestriktion auf der Schutzpflicht des Garanten aus § 13 StGB[1943]. Diesen trifft aber keineswegs eine Schutzpflicht bis an die Grenze der Selbstaufgabe. Vielmehr bildet nach zutreffender überwiegender Ansicht die Zumutbarkeit die maßgebliche Grenze, bis zu der der Garant um der Rettung willen Einbußen hinzunehmen hat. Darüber hinaus trifft ihn keine Garantenpflicht[1944].

Der praktischen Notwendigkeit der Stoffbegrenzung folgend ist im Rahmen dieser Arbeit eine eigenständige Bestimmung der Zumutbarkeitsgrenze nicht leistbar. Daher ist die nach hiesigem Dafürhalten zutreffende Definition zugrunde zulegen: unzumutbar sind diejenigen Handlungen, die billigenswerte Interessen des Garanten in erheblichen Umfang gefährden würden[1945], wobei zwischen drohendem Erfolg, der Rettungswahrscheinlichkeit und dem Gewicht der gefährdeten Garanteninteressen abzuwägen.

Ein davon abweichendes Zumutbarkeitsverständnis wäre ebenfalls vertret- und in die hier verfochtene Notwehrrechtsbeschränkung integrierbar. Entscheidend ist für eine konsequente Dogmatik einzig, die Grenzen der Rechts- und Gutspreisgabe, deren Überschreitung dem Garanten generell – im „Normalfall" einer Rettung außerhalb einer Notwehrsituation – nicht zugemutet wird, auch im Spezialfall der garantenstellungsbegründeten Notwehrrechtsbeschränkung zur Anwendung zu bringen.

Eine garantenstellungsbedingte Notwehrrestriktion ist nahezu ausschließlich innerhalb enger Gemeinschaftsverhältnisse anzunehmen[1946]. Innerhalb dieser Verhältnisse erlischt aber eine Garantenstellung, wenn der Angriff eine Gefährdungsqualität aufweist, die die zugrundeliegende wechselseitige Selbstverpflichtung negiert[1947].

4.3.1.1.4 Vereinbarkeit mit den Prinzipien der Notwehr

Nach den Erkenntnissen der vorliegenden Arbeit hat eine Beschränkung des Notwehrrechts auf Grundlage der Garantenstellung zu erfolgen. Eine immanente, auf den Prinzipien der Notwehr beruhende Restriktion findet hingegen nicht statt. Deshalb genügt es, nachstehend zu prüfen, ob die vorstehende Notwehrrechtsbeschränkung mit den besagten Prinzipien vereinbar ist.

1943 Teil 1 X, dort insbesondere 3.

1944 Richtigerweise begrenzt die Zumutbarkeit die Rechtspflicht, *Fischer*, § 13, Rn. 44, *Schlee*, Zumutbarkeit, S. 305, und stellt keinen Schuldausschließungsgrund dar, so aber BGHSt 2, 204; GrSen 6, 57. Letzterenfalls nähme man widersprüchlich eine Rechtspflicht an, deren Erfüllung von Rechts wegen nicht zuzumuten ist, *Fischer*, aaO.

1945 BGH 1 StR 45/76; *Fischer*, § 13, Rn. 44.

1946 Teil 3 A II.

1947 Teil 3 B I 3.

Dem Rechtsbewährungsprinzip[1948] wird als Argument gegen eine Ausweichpflicht oftmals formelhaft das Postulat entnommen, das Recht brauche dem Unrecht nicht zu weichen[1949]. Der hier verfochtenen dogmatischen Begründung einer Notwehrbegrenzung kann dieser Einwand nicht entgegen gehalten werden. Diese beruht im wesentlichen auf der Geltung des § 13 StGB – auch in Notwehrsituationen. Wenn aber § 13 StGB offensichtlich Bestandteil des „Rechts“ ist, dann weicht mit einer auf ihm beruhenden Notwehrrechtsbegrenzung auch nicht das Recht dem Unrecht. – Etwas polemisch könnte man formulieren: Das Recht braucht dem Unrecht nicht zu weichen, die Pflicht dem Recht aber auch nicht, da sie dessen Bestandteil ist.

Dem Selbstschutzprinzip[1950] wird offensichtlich nicht in vollem Umfang entsprochen, wenn vom angegriffenen Garanten in der hier vertretenen Notwehrrechtsrestriktion ein Ausweichen oder gewisse Gutseinbußen verlangt werden. Dies führt indessen nicht zur Unvereinbarkeit der Begrenzung mit dem Selbstschutzprinzip. Denn des uneingeschränkten Rechts, sich selbst vor Gutsverletzungen zu schützen, hat sich der Garant mit Eingehen der Selbstverpflichtung freiwillig begeben. Unabhängig von der Notwehrsituation ist der Garant bis zur Grenze der Zumutbarkeit zur Preisgabe seiner Güter und Rechte um der Rettung und damit Pflichtbefolgung willen verpflichtet. Bis zu dieser Grenze kann er dem zu Beschützenden die Hilfe nicht verweigern. Daher hat er mit der Begründung seiner Garantenstellung nolens volens zugleich den Umfang seines Selbstschutzrechts freiwillig und bewusst eingeschränkt und kann sich deshalb auch im Notwehrfalle nicht mehr auf dessen uneingeschränkte Geltung berufen.

Die hiesige konkrete Notwehrrechtsbeschränkung steht in Einklang mit den beiden für die Notwehr konstitutiven Prinzipien.

4.3.1.1.5 Die eigenverantwortliche Selbstgefährdung als Schranken-Schranke?

Obwohl bereits zuvor festgestellt worden ist, dass die auf dem Eigenverantwortlichkeitsprinzip basierende Figur der Selbstgefährdung nicht als weiteres Prinzip zur Notwehr*legitimation* herangezogen werden kann[1951], ist ihr eine Relevanz im Rahmen einer Notwehr*restriktion* nicht a limine abzusprechen. Schon im Zusammenhang mit den erwogenen Ansatzpunkten für eine Notwehrrechtsbegrenzung ist nicht ausschließlich notwehrrechtsimmanent argumentiert worden. Viel-

1948 Eingehender unter Teil 1 B II.

1949 Vgl. nur zu dieser Formell RGSt 55, 85.

1950 Siehe dazu ausführlicher Teil 1 B I.

1951 Ausführlicher zum Eigenverantwortlichkeitsprinzip und zur Selbstgefährdung und deren zweifelhafter Nutzen bei der Notwehrlegitimation siehe Teil 1 B III.

mehr ist nach der hiesigen Auffassung[1952] dort auf eine notwehrrechtsexterne Rechtspflicht, die Garantenpflicht, abzustellen. Daher ist es ebenfalls nicht ausgeschlossen, bei dieser Notwehrrechtsbegrenzung auf eine weiteres Element außerhalb der Notwehrdogmatik, wie die eigenverantwortliche Selbstgefährdung, zurückzugreifen.

Denkbar ist demzufolge, in Anlehnung an die Terminologie in der Grundrechtsdogmatik, dass die eigenverantwortliche Selbstgefährdung die Notwehrrechtsschranke Garantenpflicht ihrerseits wieder beschränkt, also gewissermaßen eine Schranken-Schranke bildet. Die diesbezüglichen Überlegungen verlaufen parallel zu den im Rahmen der Notwehrprinzipien angestellten: Die notwehrrechtsbegrenzende Funktion der Garantenstellung könnte entfallen, weil der Angreifer um die Verteidigung weiß oder zumindest wissen müsste. Dadurch hat er zugleich Kenntnis von der ihm durch die Verteidigung drohende Gefahr und er würde sich mit dem Angriff bewusst selbst gefährden.

Im Ergebnis besteht in diesen Fällen tatsächlich ein uneingeschränktes Notwehrrecht. Allerdings nicht auf Grund des Selbstgefährdungsgedankens, sondern weil die Ehefrau durch die Kundgabe ihrer Verteidigungsabsicht jedenfalls für diesen Fall ihre Garantenstellung, die daraus folgende Garantenpflicht und damit auch die dogmatische Grundlage einer Notwehrbeschränkung wirksam beseitigt hat[1953]. Die Selbstgefährdung kommt dagegen – ebenfalls entsprechend den Gedanken bei den Notwehrprinzipien – nicht als Ansatzpunkt einer Restriktion der Restriktion in Betracht. Anhand ihrer lassen sich lediglich Aussagen über die Erfolgszurechnung nicht über die rechtliche Missbilligung einer Handlung treffen. Deshalb kann die Selbstgefährdung auch keinen Einfluss darauf haben, ob die eine ausnahmsweise eingeschränkte oder verbotene Verteidigung doch erlaubt ist.

4.3.1.2 Keine Nivellierung der Grenze zum rechtfertigenden Notstand

Bei der Gegenüberstellung der Freiheitseinbußen im Zusammenhang mit der Ermittlung der konkreten Notwehrrechtsbeschränkung sind neben dem Notwehrrecht des Angegriffenen vor allem die potentiellen Rechtsgutseinbußen zu berücksichtigen[1954]. Eine auf den ersten Blick ähnliche Folgenabwägung erfordert § 34 StGB beim rechtfertigenden Notstand. Dies wirft die Frage auf, ob man da-

1952 Siehe Teil 1 C X.

1953 Eingehender zu diesem Fall bei Teil 3 B I 2 dd.

1954 Teil 3 C II 1 b.

durch nicht die Grenze zwischen § 32 und § 34 StGB einebnet und entgegen dem gesetzgeberischen Willen eine Güterabwägung in die Notwehr integriert.

Daran trifft zu, dass der Wortlaut und die herrschende Dogmatik eine Güterabwägung bei § 32 StGB grundsätzlich[1955] nicht vorsehen. Genauso contra legem wäre es allerdings, § 13 StGB und die den Garanten treffenden Pflichten zu ignorieren[1956].

Ziel der hier vertretenen Lösung ist es deshalb, der Garantenpflicht Rechnung zu tragen, ohne dabei die Besonderheiten der Notwehrsituation und die in § 32 StGB zum Ausdruck kommenden gesetzgeberischen Entscheidungen zu vernachlässigen. Vergleicht man § 34 StGB mit der Position dieser Arbeit, sind allerdings nicht allein die konkrete Notwehrrestriktion, sondern auch deren Voraussetzungen mit Rücksicht auf die Garantenstellung den Voraussetzungen von § 34 StGB gegenüberzustellen. Dies führt im Ergebnis dazu, dass zwischen dem für den Garanten eingeschränkten Notwehrrecht und einer Rechtsfertigung nach § 34 StGB die folgenden entscheidenden Unterschiede bestehen:

Während die hier postulierte Lösung im Wesentlichen[1957] eine Gutsabwägung vornimmt, verlangt der rechtfertigende Notstand eine umfassende Interessenabwägung vom Rechtsanwender, deren *Bestandteil* auch ein Vergleich der betroffenen Rechtsgüter ist. § 34 berücksichtigt daneben auch ausdrücklich den Grad der drohenden Gefahr, also Ausmaß und Wahrscheinlichkeit des drohenden Schadens[1958]. Demzufolge unterscheiden sich bereits die Abwägungsobjekte.

Weiter erfordert § 34 StGB das wesentliche Überwiegen des geschützten gegenüber dem beeinträchtigen Interesses. Dagegen fragt die hier vertretene Ansicht einzig danach, welche Verhaltensalternative die Freiheit am weitestgehenden schützt. Ein wesentliches Überwiegen ist nicht nötig. Bei gleichgewichteten Gütern verschiedener Verhaltensvarianten gibt – wie dargelegt - zu Gunsten der Freiheit des Verteidigers dessen Notwehrrecht den Ausschlag[1959].

Zudem unterscheiden sich der rechtfertigende Notstand und die hiesige Notwehrrestriktion entscheidend in ihren Anwendungsvoraussetzungen. Eine Begrenzung kommt nur dann in Betracht, wenn die das Garantenverhältnis begründende Selbstverpflichtung noch Bestand hat. Das ist unter anderem zu verneinen, wenn der Angriff so intensiv ist, dass er die Selbstverpflichtung in ihren

---

1955 Anders für den Fall des „krassen Missverhältnisses" zwischen durch den Angriff bedrohten und durch die Verteidigung verletzten Rechtsgütern,

1956 Vgl. Teil 1 C X, insbesondere 3 b aa.

1957 Zu beachten ist allerdings zusätzlich der Freiheitsverlust in Gestalt des möglicherweise nur eingeschränkt zustehenden Notwehrrechts, Teil 3 C II 1 a.

1958 Vgl. statt vieler MK-*Erb*, § 34, Rn. 122; SK-*Günther*, § 34, Rn. 44; LK-*Zieschang*, § 34, Rn. 60.

1959 Siehe oben Teil 3 C I 1 b.

Grundlagen erschüttert und negiert[1960]. Eine solche Begrenzung auf eine bestimmte Gefahrenintensität kennt § 34 StGB indes nicht.

Schließlich gebietet die Dogmatik der unechten Unterlassungsdelikte dem Garanten lediglich eine Preisgabe seiner Interessen bis zur Grenze der Zumutbarkeit. Darüber hinaus scheidet eine Notwehrbeschränkung aus[1961]. Eine solche Grenze zieht § 34 StGB für seine Anwendbarkeit gerade nicht. Ein rechtfertigender Notstand ist bei wesentlichem Überwiegen der geschützten Interessen unabhängig vom Ausmaß der betroffenen Interessen zu erwägen.

4.3.1.3 Sonderfall des elterlichen Notwehrrechtes gegenüber ihren zumindest beschränkt strafmündigen Kindern

Bis zur zeitlichen Grenze des § 19 StGB kommt eine Begrenzung des elterlichen Notwehrrechtes gegen ihre Kindern bereits in Ermangelung eines Angriffs i. S. v. § 32 StGB nicht in Betracht[1962]. Ab diesem Zeitpunkt jedoch, der Vollendung des 14. Lebensjahres, bis zum zeitlichen Ende der besonderen Garantenstellung der Eltern für ihre Kinder[1963], stellt sich die Frage, inwieweit die besondere elterliche Garantenstellung[1964] zu einer Notwehrrechtsbeschränkung führt.

Erwägenswert erscheint in diesem Zusammenhang zunächst eine Begrenzung anlässlich der Regelung von Art. 6 II 1 GG. Dieser berechtigt die Eltern nicht nur zur Erziehung ihrer Kinder, sondern statuiert zugleich eine entsprechende den Eltern „zuvörderst" obliegende Pflicht. Den Angriff Jugendlicher gegen ihre Eltern könnte man nun als augenscheinlichen Ausdruck für frühere Verletzungen dieser elterlichen Erziehungspflicht begreifen. So könnte man nun eine Notwehrrechtsbeschränkung annehmen, weil die Eltern gewissermaßen ein „Vorverschulden" für den Angriff auf sich durch ihre Kinder trifft. Sie hätten ihre Erziehungspflichten nicht so erfüllt, dass ihre Kinder sich Angriffe auf ihre Eltern enthalten. Polemisch formuliert erfahren sie am eigenen Leib ihr erzieherisches Versagen. Ganz so einfach liegen die Dinge allerdings nicht. So gelangt man bei dem Nachweis, dass tatsächlich erzieherische Defizite das kindliche Fahlverhalten bedingt haben, über das Stadium einer laienpsychologischen Hypothese schwerlich hinaus. *Warum* die Kinder tatsächlich ihre Eltern angegriffen haben, kann vielfältige von dem Rechtsanwender schwerlich ergründbare Ursa-

1960 Siehe oben Teil 3 B 1 3.
1961 Teil 3 C II 1 c.
1962 Siehe Teil 3 A II.
1963 Teil 3 B II 3.
1964 Teil 2 C V 1 a bb.

chen haben. Jedenfalls[1965] solange aber die Gründe für das aggressive Verhalten der Kinder gegenüber ihren Eltern nicht klärbar sind, verbietet es sich, das Notwehrrecht ähnlich der Rechtsfigur actio illicita in causa bzw. durch eine besondere Variante der „sonstigen schuldhaften Herbeiführung einer Notwehrlage" zu begrenzen.

Ebenso unergiebig ist es im Ergebnis, an das elterliche Erziehungs*recht* bei der Bestimmung des Umfangs der Abwehrbefugnisse gegen Angriffe der Kinder anknüpfen zu wollen. Dafür müssten die strafrechtlichen Befugnisse, die sich aus diesem Recht ergeben, geklärt sein. Diese sind aber nicht bloß in ihrem Umfang, sondern bereits in ihrer grundsätzliche Existenz äußerst streitig. Ob aus dem elterlichen Erziehungsrecht auch ein Recht zur Beeinträchtigung der körperlichen Integrität des Kindes folgt, kann man mit guten Gründen bezweifeln. Darüber hinaus erscheint es zudem schwierig, aus dem Erziehungsrecht konkrete Schlüsse für den Umfang des Notwehrrechtes zu ziehen.

Es verbleibt daher bei der Frage, inwieweit die besondere Garantenstellung der Eltern deren Notwehrrecht gegen Attacken ihrer zumindest beschränkt strafmündigen Kinder einschränkt. Die Voraussetzungen orientieren sich am Entstehungsgrund der Garantenstellung. Diejenige der Eltern geht auf ein weiteres spezielles Axiom unserer Rechtsordnung zurück: Die Pflicht der Eltern zum Schutz (und der Förderung) ihrer Kinder.[1966] Solange diese elterliche Verantwortung rechtlich fortbesteht, sie also das Sorgerecht und die korrespondierende -pflicht haben, solange trifft die Eltern auch – bis zur genannten zeitlichen Grenze[1967] - eine notwehrrechtsbeschränkende Garantenstellung. Auch eine bestimmte Angriffsqualität führt deshalb nicht zum Erlöschen der gesellschaftlich existentiellen Garantenstellung.

Die Beschränkung reicht indes nur soweit wie die Schutzpflichten des Garanten. Diese beinhalten gemessen am Ziel der Schutzposition den Schutz von Leben, Gesundheit und Vermögen der Kinder[1968]. Nur soweit Abwehrhandlungen diese Rechtsgüter gefährden oder gar verletzen würden, sind die Abwehrbefugnisse begrenzt. Diese Rechtsgüter sind indes grundsätzlich[1969] vor jedweder Bedrohung zu bewahren, sodass auch die Verletzung durch eine Verteidigung im Rahmen von Notwehr erfasst ist.

1965 Ob zudem tatsächlich strafrechtliche Konsequenzen zu ziehen wären bei nachweisbarem Versagen der Eltern bei der Erziehung und Zusammenhang mit späterem Fehlverhalten der Kinder erscheint fraglich.

1966 Teil 2 C V 1.

1967 Teil 3 B II 3.

1968 Teil 2 C V 1 a cc.

1969 Anderes mag bei der Erfüllung von Erziehungszielen gelten, Teil 2 C V 1 a cc.

Der Inhalt der Beschränkung wiederum ist nahezu identisch mit derjenigen bei der Garantenstellung kraft Selbstverpflichtung[1970]. So ist der Angegriffene verpflichtet, nach Möglichkeit auszuweichen oder eine ausschließlich abwehrende Verteidigung, also eine Verteidigung ohne weitere Gutseinbußen beim Angreifer, zu üben, bevor er zur schädigenden Abwehr übergeht. Dies gilt aber - wie gesagt - nur für den Fall, dass die Verteidigung die zu schützenden Rechtsgüter, Leben und Gesundheit, gefährden würde. Auch hier bildet das Zumutbare an Einbußen für den Verteidiger eine rechtliche Grenze der Abwehrrechtsrestriktion. Die Bestimmung das Zumutbaren soll zwar auch hier aus arbeitsökonomischen Gründen anderen Arbeiten vorbehalten bleiben. Wegen des schon biologisch bedingten besonderen Verhältnisses und der gleichzeitigen Pflicht der Eltern zur noch nicht abgeschlossenen Erziehung erscheint nach hiesigem Dafürhalten eine großzügig bemessene Grenze des Zumutbaren angezeigt.

4.3.2 Zusammenfassung

Dem Primat des größtmöglichen Freiheitserhalts folgend ist innerhalb von noch bestehenden Garantieverhältnissen diejenige Verteidigung zu wählen, die die Freiheit der Beteiligten, des Angreifers und des angegriffenen Garanten, am weitestgehenden erhält, wobei neben den betroffenen Gütern auch das an sich bestehende Notwehrrecht zu berücksichtigen ist. Demnach hat der Angegriffene nach Möglichkeit auszuweichen oder eine ausschließlich abwehrende Verteidigung, also eine Verteidigung ohne weitere Gutseinbußen beim Angreifer, zu wählen, bevor er zur schädigenden Abwehr übergeht.

Jenseits der Grenze der Zumutbarkeit steht dem angegriffenen Garanten ein unbeschränktes Abwehrrecht zu.

Die elterliche Garantenstellung nimmt auch hier eine Sonderrolle ein. Sie führt auch dann zu einer Abwehrrechtsrestriktion, wenn das angreifende Kind zumindest beschränkt strafmündig ist. Soweit durch die Verteidigung Leben, Gesundheit und Vermögen[1971] gefährdet würden, darf lediglich die erläuterte eingeschränkte Abwehr erfolgen. Auch hier ist eine Notwehrbegrenzung allerdings nur bis zur - großzügiger als in sonstigen Fällen[1972] - zu bestimmenden Grenze des dem verteidigenden Elternteil Zumutbaren vorzunehmen.

1970 Siehe Teil 3 C I 1.

1971 Das Rechtfertigen von Vermögenseinbußen zu Erziehungszwecken liegt jedoch bei Angriffen durch Kinder besonders nahe.

1972 Siehe unmittelbar zuvor unter Teil 3 C I 3.

5 Literaturverzeichnis

Albrecht, Dietlinde: Die Begründung von Garantenstellungen in familiären und familienähnlichen Beziehungen, Köln 1998

Alexy, Robert: Rechtstheorie, Beiheft 1 (1979) zur Zeitschrift "Archiv für Rechts- und Sozialphilosophie" (ARSP)

Ders.: Theorie der Grundrechte, Berlin 1986

Amelung, Knut: Irrtum und Zweifel des Getäuschten beim Betrug. GA 1977, S. 1 ff.

Ders. / Kilian, Ines: Zur Akzeptanz des deutschen Notwehrrechts in der Bevölkerung, Erste Ergebisse der Dresdener Notwehrerhebung, in Festschrift für Hans-Ludwig Schreiber zum 70. Geburtstag, Heidelberg 2003, S. 3 ff.

Androulakis, Nikolaos K.: Studien zur Problematik der unechten Unterlassungsdelikte, München 1963

Arzt, Gunther: Die Garantenstellung beim unechten Unterlassungsdelikt, Teile 1-3, JA 1980, S. 553 ff., 697 ff. 712 ff.

Badura, Peter: Der Sozialstaat, DÖV 1989, 491 ff.

Baier, Helmut: ‚Unterlassungsstrafbarkeit trotz fehlender Handlung- oder Schuldfähigkeit - Zugleich ein Beitrag zur Rechtsfigur der omissio libera in causa, *GA 1999*, 272 ff.

Bärwinkel, Richard: Zur Struktur der Garantieverhältnisse bei den unechten Unterlassungsdelikten, Berlin 1968

Bassenge, Peter: in Bürgerliches Gesetzbuch : mit Nebengesetzen insbesondere mit Einführungsgesetz (Auszug), Allgemeines Gleichbehandlungsgesetz (Auszug), BGB-Informationspflichten-Verordnung, Unterlassungsklagengesetz, Produkthaftungsgesetz, Erbbaurechtsgesetz, Wohnungseigentumsgesetz, Lebenspartnerschaftsgesetz, Gewaltschutzgesetz / (Hrsg. Otto Palandt), 68. Auflage, München 2009

Baumann, Jürgen / Weber, Ulrich / Mitsch, Wolfgang: Strafrecht Allgemeiner Teil, Lehrbuch, 10. Auflage, Bielefeld 1995

Beling, Ernst von: Die Lehre vom Verbrechen ,Aalen 1964

Benfer, Jost: Allgemeines Strafrecht, Köln 1984

Bernsmann, Klaus: Überlegungen zur tödlichen Notwehr bei nicht lebensbedrohlichen Angriffen, ZStW 104, S. 290 ff.

Ders.: Forum: Schwangerschaftsabbruch – zwischen „Töten" und „Sterbenlassen" – Überlegungen zum. „Geiger-Fall", JuS 1994, S. 9 ff.

Binding, Karl: Lehrbuch des gemeinen deutschen Strafrechts, besonderer Teil, Bd. 1, 2. Auflage Leipzig 1902

Birnbacher, Dieter : Tun und Unterlassen, Ditzingen 1995

Bitzilekis, Nikolaos: Die neue Tendenz zur Einschränkung des Notwehrrechts, Berlin 1984

Blei, Hermann: Strafrecht I, 18. Auflage, München 1983

Ders.: Strafrecht I, 17. Auflage, München 1977

Ders.: Garantenpflichtbegründung beim unechten Unterlassen, Festschrift für Hellmuth Mayer, Berlin 1965

Bockelmann, Paul: Notwehr gegen verschuldete Angriffe, in: Festschrift für Richard M. Honig zum 80. Geburtstag, Göttingen 1970, S. 19 ff.

Ders., Das Strafrecht des Arztes, Stuttgart 1968

Ders. / Volk, Klaus: Strafrecht Allgemeiner Teil, 4. Auflage, München 1987

Böhm, Alexander: Die Rechtspflicht zum Handeln bei den unechten Unterlassungsdelikten, Frankfurt 1957

Böhm, Sonja: Garantenpflichten aus familiären Beziehungen: zur Deutung des § 13 Abs. 1 StGB als Blankettvorschrift, Frankfurt 2006

Brammsen, Jörg: Die Entstehungsvoraussetzungen der Garantenpflicht, Berlin 1986

Ders.: Produkt- und Geschäftsherrenhaftung: *GA 1993*, S. 97 ff.

Bringewat, Peter: Anmerkung zu LG Osnabrück, NStZ 1996, S.437 ff., NStZ 1996, S. 440 ff.

Ders.: Zur Garantenstellung von Angehörigen des Jugendamtes für das Leben von Kindern aus vom Jugendamt betreuten sozial schwierigen Familien, StV 1997, S. 135 f.

Ders.: Kommunale Jugendhilfe und strafrechtliche Garantenhaftung NJW 1998, S. 944 ff.

Ders.: Sozialpädagogische Familienhilfe und strafrechtliche Risiken, Stuttgart 2000

Brudermüller, Gerd: in Bürgerliches Gesetzbuch : mit Nebengesetzen insbesondere mit Einführungsgesetz (Auszug), Allgemeines Gleichbehandlungsgesetz (Auszug), BGB-Informationspflichten-Verordnung, Unterlassungsklagengesetz, Produkthaftungsgesetz, Erbbaurechtsgesetz, Wohnungseigentumsgesetz, Lebenspartnerschaftsgesetz, Gewaltschutzgesetz / (Hrsg. Otto Palandt), 68. Auflage, München 2009

Brückner, Carsten: Das Angehörigenverhältnis der Eltern im Straf- und Strafprozeßrecht, Frankfurt 2000

Brüggemeier, Gert: Deliktsrecht : Ein Hand- und Lehrbuch, Baden-Baden 1986

Bruns, Hans Jürgen: Das Recht der Strafzumessung, Köln 1985

Busse,Klaus-Henning: Täterschaft und Teilnahme bei Unterlassungsdelikten, Göttingen 1974

Canaris, Claus-Wilhelm: Funktion, Struktur und Falsifikation juristischer Theorien, JZ 1993, S. 377 ff.

Ders.. Grundrechte und Privatrecht – eine Zwischenbilanz –, Berlin 1998

Ders.: Systemdenken und Systembegriff, 2. Auflage, Berlin 1983

Chen, Jyh-Huei: Das Garantensonderdelikt : zugleich ein Beitrag zur Dogmatik der Unterlassungsdelikte und der Sonderdelikte, München 2003

Cicero, Marcus Tullius: De officiis, 44 vor Christus, Berlin 2011 (Nachdruck)

Coelln, Sibylle von: Das „rechtliche Einstehenmüssen“ beim unechten Unterlassungsdelikt: Die Emanzipation der Garantenstellung von einzelnen Fallgruppen, Berlin 2008

Cramer, Peter: StGB Kommentar, 26. Auflage (Hrsg.: Adolf Schönke und Horst Schröder), München 2001

Ders. / Heine, Günter: StGB Kommentar, 26. Auflage (Hrsg.: Adolf Schönke und Horst Schröder), München 2001

Cramer, Steffen: Anmerkung zu LG Osnabrück NStZ 1996 S. 437, NStZ 1997, S. 238 f.

Dahm, Georg: Bemerkungen zum Unterlassungsproblem, ZStW 59 (1940), S. 133 ff.

Degenhart, Christoph: Staatsrecht I, 11. Auflage, Heidelberg 1995

Dencker, Friedrich: Besprechung von Aufsätzen und Anmerkungen zum Straf- und Strafprozessrecht (hier zu Engels, Der partielle Ausschluß der Notwehr bei tätlichen Auseinandersetzungen zwischen Ehegatten, GA 1982, S. 109-125), NStZ 1983, S. 399

Deubner, Karl G.: Anmerkung zu BGH NJW 1969, S. 802, NJW 1969, S. 1184

Deutsch, Erwin: Allgemeines Haftungsrecht, 2. Auflage, Köln 1996

Dießner, Annika: Die Unterlassungsstrafbarkeit der Kinder- und Jugendhilfe bei familiärer Kindeswohlgefährdung; Berlin 2008

Doering, Detlef: Strafrechtliche Garantenpflicht aus homosexueller Lebensgemeinschaft?, MDR 1972, S. 664 f.

Dominok, Matthias: Strafrechtliche Unterlassungshaftung von Amtsträgern in Umweltbehörden,Hamburg 2007

Ebert, Udo: Strafrecht Allgemeiner Teil, 2. Auflage, Heidelberg 1993

Ders.: Kausalität und objektive Zurechnung,Jura 1979, S. 561 ff.

Eisele, Jörg: § 32 StGB: Notwehr und Fahrlässigkeitsdelikt, JA 2001, S. 922 ff.

Engels, Dieter: Der partielle Auschluß der Notwehr bei tätlichen Auseinandersetzungen zwischen Ehegatten, GA 1982, S. 109 ff.

Engisch, Karl: Tun und Unterlassen, Festschrift für Wilhelm Gallas zum 70. Geburtstag am 22. Juli 1973, S. 163 ff., Berlin 1973

Erb, Volker: in Münchner Kommentar zum Strafgesetzbuch, Band 1 (§§ 1-51), München 2003

Erichsen, Hans-Uwe: Die Drittwirkung der Grundrechte, Jura 1996, S. 527 ff.

Eser, Albin: StGB Kommentar, 26. Auflage (Hrsg.: Adolf Schönke und Horst Schröder), München 2001

Esser, Josef: Grundsatz und Norm in der richerlichen Fortbildung des Privatrechts, Tübingen 1974

ders. /Schmidt, Eike: Schuldrecht, allgemeiner Teil / Teilbd. 1. Entstehung, Inhalt und Beendigung von Schuldverhältnissen, 5. Auflage, Heidelberg 1976

Feuerbach, Paul Johann Anselm von: Lehrbuch des peinlichen Rechts; Giessen 1801 (Nachdruck)

Ders.: Revision der Grundsätze und Grundbegriffe des positiven peinlichen Rechts : In 2 Teilen, Chemnitz 1779 (Neudruck)

Fischer, Thomas: StGB und Nebengesetze, 57. Auflage, München 2009

Frank, Reinhard von: Das Strafgesetzbuch für das Deutsche Reich, 18. Auflage, Tübingen 1931

Franzen, Klaus/ Gast de Haan, Brigitte / Joecks, Wolfgang: Steuerstrafrecht mit Zoll- und Verbrauchsteuerstrafecht, 5. Auflage, München 2005

Freund, Georg: Strafrecht Allgemeiner Teil Personale Straftatlehre, 2. Auflage, Berlin 1998

Ders.: Erfolgsdelikt und Unterlassen, 1992

Ders.: in Münchner Kommentar zum Strafgesetzbuch, Band 1 (§§ 1-51), München 2003

Ders.: Erlöschen strafrechtlicher Garantenpflichten bei Ehegatten, NJW 2003, S. 3384 ff.

Fries, Jakob Friedrich: Schriften zur reinen Philosophie, Band 1: Die allgemeinen Lehren der Lebensweisheit und der Tugendlehre 1818, Leipzig 1969

Frisch, Wolfgang: Tatbestandsmässiges Verhalten und Zurechnung des Erfolgs, Heidelberg 1998

Frister, Helmut: Die Notwehr im System der Notrechte, GA 1988, S. 291 ff.

Fünfsinn, Helmut: Der Aufbau des fahrlässigen Verletzungsdelikts durch Unterlassen im Strafrecht, Frankfurt 1985

Gallas, Wilhelm: Strafbares Unterlassen im Fall einer Selbsttötung, JZ 1960, S. 686 ff.

Ders.: Studien zum Unterlassungsdelikt, Heidelberg 1989

Geiger, Andreas: Die Einwilligung von persönlichen Daten als Ausübung des Rechts auf informationelle Selbstbestimmung, NVwZ 1989, S. 35 ff.

Geidies, Norbert: Betrieb „wilder Müllkippen durch Unterlassen", NJW 1989, S. 821 ff.

Geilen, Gerd: Garantenpflicht aus ehelicher und eheähnlicher Gemeinschaft, FamRZ 1961, S. 148 f.

Ders.: Eingeschränkte Notwehr unter Ehegatten? (zugleich Anmerkung zu BGH NJW 1975, S. 62f), JR 1976, S. 314 ff.

Ders.: Notwehr und Notwehrexzeß, Jura 1981, S. 370 ff.

Ders.: Strafrecht Allgemeiner Teil, 2. Auflage, Bochum 1976

Geisler, Christiane: Die Strafbarkeit von Amtsträgern im Umweltstrafrecht, NJW 1982, S.11 ff.

Graul, : JuS 1995, Notwehr oder Putativnotwehr – Wo ist der Unterschied?, S. 1049 ff.

Grebing, Gerhardt: Die Grenzen des rechtfertigenden Notstandes im Strafrecht, GA 1979, S. 81 ff.

Gropp, Walter:Strafrecht Allgemeiner Teil, 2. Auflage, Berlin 2001

Ders.: Die „Pflichtenkollision“: weder eine Kollision von Pflichten noch Pflichten in Kollision, Festschrift für Hans Joachim Hirsch zum 70. Geburtstag am 11. April 1999, S. 207 ff., Berlin 1999

von der Grün, Ursula-Isabel: Garantenstellung und Anzeigepflichten von Amtsträgern im Umweltbereich; Konstanz 2003

Grünewald, Anette: Zivilrechtlich begründete Garantenpflichten im Strafrecht?, Berlin 2001

Grunsky, Wolfgang: in Münchener Kommentar BGB Bd. 2: Schuldrecht Allgemeiner Teil (§§ 241 – 432), 5. Auflage, München 2007

Günther, Hans-Ludwig: Das viktimodogmatische Prinzip aus anderer Perspektive: Opferschutz statt Entkriminalisierung, Festschrift für Theodor Lenckner zum 70. Geburtstag, München 1998, S. 69 ff.

Ders.: Systematischer Kommentar zum StGB, 8. Auflage, Neuwied 2002

Haas, Robert: Notwehr und Nothilfe, Frankfurt 1978

Haase, Richard/ Keller, Rolf: Grundlagen und Grundformen des Rechts, 11. Auflage, Stuttgart 2003

Hassemer, Raimund: Schutzbedürftigkeit des Opfers und Strafrechtsdogmatik, Berlin 1981

Hassemer, Winfried: Die provozierte Provokation oder über die Zukunft des Notwehrrechts, Festschrift für Paul Bockelmann zum 70. Geburtstag, S. 225 ff., München 1979

Ders.: Einführung in die Grundlagen des Strafrechts, München 1990

Hauf, Claus-Jürgen: Strafrecht Allgemeiner Teil, 2. Auflage, Neuwied 2001

Heinrichs, Helmuth: in Bürgerliches Gesetzbuch : mit Nebengesetzen insbesondere mit Einführungsgesetz (Auszug), Allgemeines Gleichbehandlungsgesetz (Auszug), BGB-Informationspflichten-Verordnung, Unterlassungsklagengesetz, Produkthaftungsgesetz, Erbbaurechtsgesetz, Wohnungseigentumsgesetz, Lebenspartnerschaftsgesetz, Gewaltschutzgesetz / (Hrsg. Otto Palandt), 68. Auflage, München 2009

Henkel, Heinrich: Zumutbarkeit und Unzumutbarkeit als regulatives Prinzip, Festschrift für Edmund Mezger zum 70. Geburtstag 15.10.1953, S. 249 ff., München 1954

Ders.: Das Methodenproblem bei den unechten Unterlassungsdelikten, MSchrKirm 1961, S. 178 ff.

Ders.: Einführung in die Rechtsphilosophie, München 1964

Hegel, Georg Friedrich Wilhelm: Grundlinien der Philosophie des Rechts [Elektronische Ressource] : (Naturrecht und Staatswissenschaft im Grundrisse. Zum Gebrauch für seine Vorlesungen), in Philosophische Bibliothek Band 124, 3.Auflage, Leipzig 1930

Ders.: Vorlesungen über Rechtsphilosophie, Bd. 3., Philosophie des Rechts : nach der Vorlesungsnachschrift von H. G. Hotho 1822/23, Frankfurt 1974

Heinrich, Bernd: Einkausfreuden, Jura 1997, S. 366 ff.

Herzberg, Rolf Dietrich: Die Unterlassung im Strafrecht und das Garantenprinzip, Berlin 1972

Ders.:Garantenpflichten aufgrund gerechtfertigtem Vorverhalten, JuS 1971, S. 74 ff.

Ders.: Straffreie Beteiligung an Suizid und gerechtfertigte Tötung auf Verlangen, JZ 1988, S. 182 ff.

Herzog, Felix: NOMOS-Kommentar zum Strafgesetzbuch, Band 1 (§§ 1-145d), 2. Auflage, Baden – Baden 2005

Hesse, Conrad: Grundzüge des Verfassungsrechts der Bundesrepublik Deutschland, 20. Auflage, Heidelberg 1999

Hettinger, Michael: Die "Actio libera in causa": Strafbarkeit wegen Begehungstat trotz Schuldunfähigkeit? : Eine historisch-dogmatische Untersung, Berlin 1988

Hippel, Robert von: Lehrbuch des Strafrechts, Band 2 Göttingen 1932

Hobbes, Thomas: Der Leviathan, 1651, Köln 2009 (Nachdruck)

Hohmann, Olaf: Der praktische Fall – Strafrecht: Ein Familiendrama, JuS 1995, S. 135 ff.

Hohn, Kristian: in StGB Leipziger Kommentar, Band 2 (§§ 32-55), 12. Auflage, Berlin 2003

Horn, Eckhard: Strafbares Fehlverhalten von Genehmigungs- und Aufsichtsbehörden, NJW 1981, S.1 ff.

Hoyer, Andreas: Anmerkung zu BGH NJW 1993 ,S. 2628, in NStZ 1994, S. 85 f.

Ders.: Strafrecht Allgemeiner Teil, JA Studienskript 1, Berlin 1996

Hume, Alexander Dunlop Lindsay David: A Treatise of Human Nature: Being an attempt to introduce the experimental method of reasoning into moral subjects, Schottland 1739 (Nachdruck)

Immel, Burkhard: Die Notwendigkeit eines Sondertatbestandes im Umweltstrafrecht, ZRP 1989, S. 105 ff.

Ingelfinger, Ralph: Zeitliche Grenzen ehelicher Garantenpflichten, NStZ 2004, S. 409 ff.

Ipsen, Jörn: Staatsrecht 2: Grundrechte, 14. Auflage, München 2011

Jähnke, Burkhard: in StGB Leipziger Kommentar, Band 7 (§§ 211-241), 11. Auflage, Berlin 1994

Jakobs, Günther: Regreßverbot beim Erfolgsdelikt, zugleich eine Untersuchung zum Grund der strafrechtlichen Haftung für Begehung, ZStW 89 (1977), S. 1 ff.

Ders.: Strafrecht Allgemeiner Teil, Die Grundlagen und die Zurechnungslehre, Lehrbuch, 2. Auflage, Berlin 1991

Ders.: Strafrechtliche Zurechnung von Tun und Unterlassen, Opladen 1996

Jarass, Hans D.: Bausteine einer umfassenden Grundrechtsdogmatik, AöR 120 (1995), S. 345 ff.

Ders. / Pieroth, Bodo: Grundgesetz für die Bundesrepublik Deutschland, 9. Auflage, München 2007

Jescheck, Hans-Heinrich: in StGB Leipziger Kommentar, Band 1 (§§ 1-31), 11. Auflage, Berlin 1994

Ders. / Weigend, Thomas: Lehrbuch des Strafrechts Allgemeiner Teil, 5. Auflage, Berlin 1996

Joecks, Wolfgang: StGB Studienkommentar, 3. Auflage, München 2001

Ders. / Franzen, Klaus / Gast, Brigitte :Steuerstrafrecht : mit Zoll- und Verbrauchsteuerstrafrecht ; Kommentar §§ 369 - 412 AO, § 32 ZollVG, 7.Auflage, München 2009

Joerden,Jan C.: Strukturen des strafrechtlichen Verantwortlichkeitsbegriffs : Relationen und ihre Verkettungen, Berlin 1988

Kahlo, Michael: Die Handlungsform der Unterlassung als Kriminaldelikt, Frankfurt 2001

Kamberger,Petra: Treu und Glauben (§ 242 BGB) als Garantenstellung im Strafrecht?, Frankfurt 1995

Kant, Immanuel: Grundlegung zur Metaphysik der Sitten, Berlin 2011 (als elektronische Ressource)

Karakaya, Ilkin: Doping und Unterlassen als strafbare Körperverletzung?, Frankfurt 2004

Kargl, Walter: ZStW 110 (1998), Die intersubjektive Begründung und Begrenzung der Notwehr, S. 38 ff.

Katsanos, Panapiotis: Die Garantenstellung aus engen Lebensgemeinschaften bei den unechten Unterlassungsdelikten, München 2001

Kaufmann, Armin: Die Dogmatik der Unterlassungsdelikte, Göttingen 1959

Ders.: Methodische Probleme der Gleichstellung des Unterlassens mit der Begehung, JuS 1961, S. 173 ff.

Kaufmann, Arthur / Hassemer, Winfried: Der Überfallene Spaziergänger, *JuS 1964*, S. 151 ff.

Kaufmann, Arthur: Subsidiaritätsprinzip und Strafrecht, Festschrift für Heinrich Henkel zum 70. Geburtstag, Berlin 1974, S. 89 ff.

Ders.: Strafrechtspraxis und sittliche Normen, JuS 1978, S. 361 ff.

Kelsen, Hans: Reine Rechtslehre : Einleitung in die rechtswissenschaftliche Problematik, Leipzig 1934

Kindhäuser, Urs: StGB Lehr- und Praxiskommentar, Baden-Baden 2002

Ders.: Strafrecht Allgemeiner Teil, 2. Auflage, Baden-Baden 2002

Kirchner, Heino: Die Unterlassungshaftung bei rechtmäßigem Vorverhalten im Umweltstrafrecht : zugleich ein Plädoyer für eine Einschränkung der Garantenpflicht bei vorsätzlichem Dazwischentreten Dritter, Göttingen 2003

Klein, Eckart: Grundrechtliche Schutzpflicht des Staates, NJW 1989, S. 1633 ff.

Klesczewski, Diethelm: ein zweischneidiges Recht – Zu Grund und Grenzen der Notwehr in einem vorpositiven System der Erlaubnissätze, Festschrift für E. A. Wolff zum 70. Geburtstag am 01.10.1998, Berlin 1998, S. 225 ff.

Koch, Burkhard: Prinzipientheorie der Notwehreinschränkungen, ZStW 104, S. 785 ff.

Köhler, Michael: Strafrecht Allgemeiner Teil, Berlin 1996

Koriath, Heinz: Grundlagen der strafrechtlichen Zurechnung, Berlin 1994

Ders.: Einige Gedanken zur Notwehr, in Festschrift für Hein Müller-Dietz zum 70. Geburtstag, München 2001, S. 361 ff.

Kötz,Hein: Die Haftung für besondere Gefahr, AcP 170 (1970), S. 1 ff.

Krahl, Matthias: Die Rechtsprechung des Bundesverfassungsgerichts und des Bundesgerichtshofs zum Bestimmtheitsgrundsatz im StrafrechtArt. 103 II GG, Frankfurt 1986

Kratzsch, Dietrich: Das (rechts-) Gebot zu sozialer rücksichtnahme als Grenze strafrechtlichen Notwehrrechts, JuS 1975 (zugleich Anmerkung zu BGH, Urteil v. 25.09.1974 – 3 StR 159/74 in NJW 1975, S. 62f), S. 435-441

Ders.: Das „faktische Organ" im Gesellschaftsstrafrecht. Grund und Grenzen einer strafrechtlichen Garantenstellung, ZGR 1985, S. 506 ff.

Ders.: Der „Angriff' - ein Schlüsselbegriff des Notwehrrechts, StV 1987, S. 224 ff.

Kretschmer, Christian: Das Fahrlässigkeitsdelikt, Jura 200, S. 267 ff.

Kronseder, Daniel R.: Die Strafbarkeit von Mitarbeitern des Jugendamtes bei häuslicher Kindeswohlgefährdung, Marburg 2010

Krüger, Herbert: Die Verfassungen in der Zivilrechtsprechung, NJW 1949, S. 163 ff.

Kugelmann, Hermann Wolfgang: Der strafbare Betrug durch Unterlassung, Leipzig 1925

Kühl, Kristian: Sitzblockaden vor dem Bundesverfassungsgericht, StV 1987, S. 122 ff.

Ders.: Angriff und Verteidigung bei der Notwehr, Jura 1993, S. 57 ff.

Ders.: Notwehr und Nothilfe, JuS 1993, S. 177 ff.

Ders.: Die Notwehr: Ein Kampf ums Recht oder ein Streit, der mißfällt?, in Festschrift für Otto Triffterer zum 65. Geburtstag, Wien 1996, S. 149 ff.

Ders.: Strafrecht Allgemeiner Teil, 4. Auflage, München 2002

Kühn, Rolf: Moderne Verwaltung und Strafrecht: Risiko und Chance, wistra 2002, S. 41 ff.

Kühne, Hans-Heiner: Geschäftstüchtigkeit oder Betrug? : Wettbewerbspraktiken im Lichte des § 263 StGB ; zugleich ein Beitrag zur Problematik der unechten Unterlassungsdelikte, Kehl 1978

Kuhn-Päbst, Gisella: Die Problematik der actio libera in causa, Mannheim 1984

Lackner, Karl / Kühl, Kristian: StGB (Kommentar), 24. Auflage, München 2001

Landau, Herbert: Das strafrechtliche Risiko am Bau Beteiligter, wistra 1999, S. 47 ff.

Langer, Winrich: Das Sonderverbrechen. Eine dogmatische Untersuchung zum Allgemeinen Teil des Strafrechts, Berlin 1972

Larenz, Karl: Methodenlehre der Rechtswissenschaft, 5. Auflage, Berlin 1983

Lask, Emil: Gesammelte Schriften, Band 1, Tübingen 1923

Lau, Susanne / Boss, Sieghild / Stender, Ursula: Aggressionsopfer Frau: Körperliche und seelische Misshandlungen in der Ehe, Reinbek bei Hamburg 1979

Laubenthal, Klaus: Strafrechtliche Garantenhaftung von Polizisten und außerdienstliche Kenntniserlangung, JuS 1993, S. 907 ff.

Ders.: Privates Wissen und strafrechtliche Verantwortlichkeit von Polizeibeamten, in: Festschrift für Ulrich Weber zum 70. Geburtstag, Bielefeld 2004, S. 109 ff.

Lenckner, Theodor: Der rechtfertigende Notstand. Zur Problematik der Notstandsregelung im Entwurf eines Strafgestzbuches (E 1962), Tübingen 1965

Ders.: „Gebotensein“ und „Erforderlichkeit“ der Notwehr, GA 1968, S. 1 ff.

Ders.: Wertausfüllungsbedürftige Begriffe im Strafrecht und der Satz "nulla poena sine lege", JuS 1968, S. 304 ff.

Ders.: StGB Kommentar, 26. Auflage (Hrsg.: Adolf Schönke und Horst Schröder), München 2001

Ders. / Sternberg-Lieben, Detlev: StGB Kommentar, 26. Auflage (Hrsg.: Adolf Schönke und Horst Schröder), München 2001

Lilie, Hans: Garantenstellung für nahestehende Personen, JZ 1991, S. 541 ff.

Liszt, Franz von / Schmidt, Eberhard: Lehrbuch des deutschen Strafrechts, 25. Auflage, Berlin 1927

Locher, Horst: Das Recht der bildenden Kunst, München 1970

Loos, Fritz: Zur Einschränkung der Notwehr in Garantenbeziehungen (zugleich Anmerkung zu BGH, Urteil v. 11.01.1984 – 2 StR 541/83 in NJW 1984, S. 986f), JuS 1985, S. 859-863

Ders.: Anmerkung zum Beschluß des BGH vom 16.7.1993 - ZStR 294/93 (Zumutbarkeit und Irrtum beim unechten Unterlassungsdelikt), JR 1994, S. 511 ff.

Ders.: Überlegungen zur strafrechtlichen Haftung für Tun und Unterlassen, in: Recht – Wirtschaft – Strafe: Festschrift für Erich Samson zum 70. Geburtstag, Heidelberg 2010, S. 81 ff.

Luhmann, Niklas: Rechtssoziologie, Reinbek 1972

Maaß, Wolfgang: Betrug verübt durch Schweigen, Gießen 1982

Maiwald, Manfred: Grundlagenprobleme der Unterlassungsdelikte, JuS 1981, S. 473 ff.

Mangoldt, Hermann von/ Klein, Friedrich / Starck, Christian: Kommentar zum Grundgesetz, Bd. 3 (Art. 83 – 146), München 2005

Marxen, Klaus: Der Kampf gegen das liberale Strafrecht. Eine Studie zum Antiliberalismus in der Strafrechtswissenschaft der zwanziger und dreißiger Jahre, Berlin 1975

Ders.: Die „sozialetischen" Grenzen der Notwehr, Frankfurt 1979

Ders.: Die Grenzen der Notwehr bei Auseinandersetzungen in der Ehe, Lüderssen, Klaus / Sack, Fritz: Vom Nutzen und Nachteil der Sozialwissenschaften für das Strafrecht, Bd. 1, Frankfurt 1986, S. 63 ff.

Matt, Holger: Kausalität aus Freiheit : eine rechtsphilosophische Grundlegung zum Bewirken durch Tun und Unterlassen im (Straf-)Recht, Baden-Baden 1994

Ders.: Strafrecht Allgemeiner Teil I, München 1996

Maunz, Theodor / Zippelius, Reinhold: Deutsches Staatsrecht. Ein Studienbuch, 30. Auflage, München 1998

Maurach, Reinhart / Zipf, Heinz: Grundlehren des Strafrechts und Aufbau der Straftat, Teilband 1, 8. Auflage, Heidelberg 1992

Maurach, Reinhart / Gössel, Karl Heinz / Zipf, Heinz: Erscheinungsformen des Verbrechens und Rechtsfolgen der Tat , Teilband 2, 7. Auflage, Heidelberg 1989

Maurer, Hartmut: Allgemeines Verwaltungsrecht, 12.Auflage, München 1999

Mayer, Hellmuth: Strafrecht: Allgemeiner Teil, Stuttgart 1967

Mayer, Ulrich: Die besonderen Tatbestandsmerkmale der unechten Unterlassungsdeilkte, Heidelberg 1933

Medicus, Dieter: Bürgerliches Recht, 18. Auflage, Köln 1999

Merten, Detlef : Anmerkung zu BGH *NJW 1972*, 1414, NJW 1972, S. 1799

Mertens, Hans-Joachim: Der Begriff des Vermögensschadens im Bürgerlichen Recht , Mainz 1967

Meyer-Bahlburg, Hartwig: Beitrag zur Erörterung der Unterlassungsdelikte. Um echte und unechte Unterlassungsdelikte, Hamburg 1962

Mill, John Stuart: Der Utilitarismus, Stuttgart 1995 (Nachdruck)

Mitsch, Wolfgang: Mitwirkung am versuchten Schwangerschaftsabbruch (an) einer Nichtschwangeren im Ausland, Jura 1989, S. 196 ff.

Ders.: Anmerkung zu BGH, Urt. v. 29.10.1992 - 4 StR 358/92 -, NStZ 1993, S. 384 f.

Ders.:Strafrecht Besonderer Teil 2 Vermögensdelikte (Randbereich), Teilband 2, Berlin 2001

Ders.: Rechtfertigung und Opferverhalten, Hamburg 2004

Montenbruck, Axel: Anmerkung zu BGH, Urteil v. 11.01.1984 – 2 StR 541/83, JR 1985, S. 115 ff.

Ders.: Thesen zur Notwehr, Heidelberg 1983

Moore, Georg Edward.: Principia Ethica, London 1903 (Nachdruck)

Mühlbauer, Tilo: Zur Einordnung des „Scalping“ durch Anlageberater als Insiderhandel nach dem WpHG, wistra 2003, S. 169 ff.

Münch, Ingo von: Grundbegriffe des Staatsrechts I, 4. Auflage (zit.: v. Münch, Staatsrecht I, Rn.)

Nagler, Johanness: Die Problematik der Begehung durch Unterlassen, Der Gerichtssaal (GS) 111 (1938), S. 1 ff.

Naucke, Wolfgang: Anmerkung zu Bgh JuS 1977, S. 260 f., JR 1977, S. 290 ff.

Nipperdey, Hans Carl: Grundrechte und Privatrecht, in Festschrift für Erich Molitor zum 75. Geburtstag, 3. Oktober 1961, München 1962, S. 17 ff.

Nolte, Georg: Mangoldt, Hermann von/ Klein, Friedrich / Starck, Christian: Kommentar zum Grundgesetz, Bd. 3 (Art. 83 – 146), München 2005

Nickel, Egbert: Die Problematik der unechten Unterlassungsdelikte imHinblick auf den Grundsatz „nullum crimen sine lege“ (Art. 103 II GG), Berlin 1972

Oetker, Friedrich: Notwehr und Notstand, Festgabe für Reinhard von Frank zum 70. Geburtstag : 16. Aug. 1930, Band 1, Tübingen 1930, S. 359 ff.

Ordeig, Enrique Gimbernat: Das Angehörigenverhältnis der Eltern im Straf- und Strafprozeßrecht ZStW 111 (1999), S.307 ff.

Otto, Harro: Buchbesprechung zu Bernd Schünemann, Grund und Grenzen der unechten Unterlassungsdelikte, und zu Rolf-Dietrisch Herzberg, Die Unterlassung im Strafrecht und das Garantieprinzip, MSchrKrim 1974, S. 123 ff.

Ders.: Rechtsverteidigung und Rechtsmißbrauch im Strafrecht, in Kultur - Kriminalität - Strafrecht. Festschrift für Thomas Würtenberger zum 70. Geburtstag am 7. Oktober 1977, Berlin 1977, S. 129 ff.

Ders. / Brammsen, Jörg: Die Grundlagen der strafrechtlichen Haftung des Garanten wegen Unterlassens, Jura 1985, S. 530 ff., 592 ff., 646 ff.

Ders.: Grundsätzliche Problemstellungen des Umweltstrafrechts, Jura 1991, S. 308 ff.

Ders.: Die strafrechtliche Neuregelung des Schwangerschaftsabbruchs, Jura 1996, S. 135 ff.

Ders.: Kausalität und Zurechnung, in Festschrift für E. A. Wolff zum 70. Geburtstag am 01.10.1998, Berlin 1998, S. 395 ff.

Ders.: Grundkurs Strafrecht Allgemeine Strafrechtslehre, 6. Auflage, Berlin 2000

Ders.: Grundkurs Strafrecht. Die einzelnen Delikte, 7. Auflage, Berlin 2005

Ders.: Die strafrechtliche Beurteilung der Kollision rechtlich gleichrangiger Interessen, Jura 2005, S. 470 ff.

Pawlik, Michael: Der Polizeibeamte als Garant zur Verhinderung von Straftaten, ZStW 111 (1999), S. 335 ff.

Ders.: Das unerlaubte Verhalten beim Betrug, Köln 1999

Perdome-Torres, Jorge F.: Garantenpflichten aus Vertrautheit, Berlin 2006

Perron, Walter: StGB Kommentar, 26. Auflage (Hrsg.: Adolf Schönke und Horst Schröder), München 2001

Petersen, Harald: Die Strafbarkeit des „Scalping“, wistra 1999,S. 328 ff.

Pietzcker, Jost: Der Staatsauftrag als Instrument des Verwaltungshandelns: Recht und Praxis der Beschaffungsverträge in den Vereinigten Staaten von Amerika und der Bundesrepublik Deutschland, Tübingen 1978

Pfeiffer, Gerd / Maul, Heinrich / Schulte, Benno: StGB-Kommentar, Essen 1969

Preisendanz, Holger: StGB Lehrkommentar, 30. Auflage, Berlin 1978

Pufendorf, Samuel von: De officio hominis et civis iuxta legem naturalem, 1673, Frankfurt 1994 (Nachdruck)

Radbruch, Gustav: Grundzüge der Rechtsphilosophie, Leipzig 1914

Ders.: Der Handlungsbegriff in seiner Bedeutung für das Strafrechtssystem : Zugleich ein Beitrag zur Lehre von der rechtswissenschaftlichen Systematik, Darmstadt 1967

Ranft, Otfried: Rechstprechungsbericht zu den Unterlassungsdelikten, Teil 2, JZ 1987, S. 908 ff.

Razum, Kathrin / Scholze-Stubenrecht, Werner: Duden Fremdwörterbuch, 5. Auflage, Mannheim 2010

Rengier, Rudolf: Strafrecht Allgemeiner Teil, München 2009

Rens, Andreas / Vogel, Hansjörg: Zur Garantenstellung des Wohnungsinhabers – mit systematisierter Übersicht in der Literatur und Rechtsprechung, MDR 1990, S. 869 ff.

Rickert, Heinrich: Die Grenzen der naturwissenschaftlichen Begriffsbildung : Eine logische Einleitung in die historischen Wissenschaften, 4. Auflage, Tübingen 1921

Rienen, Rafael van: Die „sozialethischen" Einschränkungen des Notwehrrechts: die grenzen privater Rechtsverteidigung und das staatliche Gewaltmonopol, Baden-Baden 2009

Rogall, Klaus: Das Notwehrrecht des Polizeibeamten, *JuS 1992*, 551 ff.

Rönnau, Thomas: „Grundstruktur und Erscheinungsformen der actio libera in causa", JA 1997, S. 599 ff.

Ders.: in StGB Leipziger Kommentar, Band 2 (§§ 32-55), 12. Auflage, Berlin 2003

Ders./ Hohn, Kristian: in StGB Leipziger Kommentar, Band 2 (§§ 32-55), 13. Auflage, Berlin 2006

Roxin, Claus: Die provozierte Notwehrlage, ZStW 75 (1963), S. 541 ff.

Ders.: Die „sozialetischen Einschränkungen" des Notwehrrechts – Versuch einer Bilanz – , ZStW 93 (1981), S. 68 ff.

Ders.: Die notstandsähliche Lage – ein Strafunrechtsausschließungsgrund?, in Festschrift für Dietrich Oehler zum 70. Geburtstag, Köln 1985, S. 181 ff.

Ders.: An der Grenze von Begehung und Unterlassung, Festschrift für Karl Engisch zum 70. Geburtstag, Frankfurt 1969, S. 380 ff.

Ders.: Strafrecht, Allgemeiner Teil. Bd. 2: Besondere Erscheinungsformen der Straftat, München 2003

Ders.: Srafrecht Allgemeiner Teil, Grundlagen Der Aufbau der Verbrechenslehre, Band 1, 4. Auflage, München 2005

Ders.: Täterschaft und Tatherrschaft, 8. Auflage, Berlin 2006

Rudolphi, Hans-Joachim: Die Gleichstellungsproblematik der unechten Unterlassungsdelikte und der Gedanke der Ingerenz, göttingen 1966

Ders.: Probleme der strafrechtlichen Verantwortlichkeit von Amtsträgern für Gewässerverunremigungen, in Festschrift für Hanns Dünnebier zum 75. Geburtstag am 12. Juni 1982, Berlin 1982, S. 561 ff.

Ders.: Gemeinschaften als Entstehungsgrund für Garantenstellungen?, NStZ 1984, 149 ff.

Ders.: Anmerkung zu BGH St 43, 82, NStZ 1997, S. 599 ff.

Ders.: Systematischer Kommentar zum StGB, 8. Auflage, Neuwied 2002

Rogall, Klaus: Das Notwehrrecht des Polizeibeamten, JuS 1992, S. 551 ff.

Rousseau, Jean-Jacques: Vom Gesellschaftsvertrag oder Grundsätze des Staatsrechts, 1762, Stuttgart 2011 (Nachdruck)

Rüthers, Bernd: Rechtstheorie, München 1999

Ders.: Die unbegrenzte Auslegung, 6. Auflage, Tübingen 2005

Sack, Hans-Jürgen: Umweltschutz-Strafrecht, Berlin 1986

Samson, Erich: Begehung und Unterlassung, in Festschrift für Hans Welzel zum 70. Geburtstag am 25. März 1974, Berlin 1974, S. 579 ff.

Ders.: Probleme strafrechtlicher Produkthaftung, StV 1991, S. 182 ff.

Ders.: Systematischer Kommentar zum StGB, 8. Auflage, Neuwied 2002

Sánchez-Vera, Javier: Pflichtdelikt und Beteiligung – zugleich ein Beitrag zur Einheitlichkeit der Zurechnung von Tun und Unterlassen, Berlin 1999

Sangenstedt, Christof: *Garantenstellung und Garantenpflicht von Amtsträgern, Frankfurt 1989*

Sangviroatjanapat, Surasit: Einschränkungen des Notwehrrechts im Rahmen ehelicher Beziehungen und anderer enger Lebensgemeinschaften nach dem deutschen und thailändischen Recht – Eine rechtsvergleichende Untersuchung, München 2003

Sauckel, Petra: Betrug beim Handel mit Warenterminoptionen, München 1991

Schelsky, Helmut: Ortsbestimmung der deutschen Soziologie, 3. Auflage, Düsseldorf 1967

Ders.: Die Soziologen und das Recht : Abhandlungen und Vorträge zur Soziologie von Recht, Institution und Planung, Oppladen 1980

Scherenberg, Carl-Friedrich von: Die sozialethischen Einschränkungen der Notwehr, Frankfurt 2009

Schlee, Alexander: Zumutbarkeit bei Voratz-, Fahrlässigkeits- und Unterlassungsdelikten, Hamburg 2009

Schlüchter, Ellen: Grundfälle zur Lehre von der Kausalitä, JuS 1976, S. 312 ff.

Schmalz, Theodor von: Handbuch der Rechtsphilosophie, Halle 1807

Schmidt, Claus-Peter: Die strafrechtliche Verantwortlichkeit Betriebsangehöriger für Arbeitsunfälle, Bochum 1987

Schmidhäuser, Eberhard: Über die Wertstruktur der Notwehr, in Festschrift für Richard M. Honig zum 80. Geburtstag, Göttingen 1970, S. 185 ff.

Ders. : Strafrecht Allgemeiner Teil, 3. Auflage, Tübingen 1985

Ders., Die Begrünung der Notwehr, GA 1991, S. 97 ff.

Schmidt, Eberhard: in Niederschriften über die Sitzungen der großen Strafrechtskomission, Band 12, S. 1 ff.

Schmidt, Jürgen: Schadensersatz und Strafe : zur Rechtfertigung des Inhaltes von Schadensersatz aus Verschuldenshaftung, Frankfurt 1973

Schneider, Christian: Zur Anzeigepflicht nichtsteuerpflichtiger Straftaten durch Finanzbeamte als Hilfsbeamte der Staatsanwaltschaft, wistra 2004, S. 1 ff.

Schöne, Wolfgang: Unterlassene Erfolgsabwendungen und Strafgesetz: zur gesetzl. Regelung "unechter" Unterlassungsdelikte, Köln 1974

Schöneborn, Christian: Zum Leitgedanken der Rechtfertigungseinschränkung bei notwehrprovokation, NStZ 1981, S. 201 ff.

Schroth, Ulrich: Die Notwehr bei Auseinandersetzungen in engen persönlichen Beziehungen, NJW 1984, S. 2562 ff.

Schulte, Christoph: Garantrenstellung und Solidarpflicht, Frankfurt 2001

Schünemann, Bernd: Grund und Grenzen der unechten Unterlassungsdelikte – zugleich ein Beitrag zur strafrechtlichen Methodenlehre, Göttingen 1970

Ders.: Die deutschsprachige Strafrechtswissenschaft nach der Strafrechtsreform im Spiegel des Leipziger Kommentars und des Wiener Kommentars, 1. Teil: Tatbestands- und Unrechtslehre, GA 1985, S. 341 ff.

Ders.: Die Unterlassungsdelikte und die strafrechtliche Verantwortlichkeit für Unterlassungen, ZStW 96 (1984), S. 287 ff.

Ders.: Die Strafbarkeit von Amtsträgern im Gewässerstrafrecht, wistra 1986, S. 235 ff.

Ders.: Die Strafbarkeit juritsischer Personen aus deutscher und europäischer Sicht,in Bausteine des europäischen Wirtschaftsrecht. Madrid-Symposium für Klaus Tiedemann, Köln 1994, S. 265 ff.

Ders.: Kritische Anmerkungen zur geistigen Situation der deutschen Strafrechtswissenschaft, GA 1995, S. 201 ff.

Ders.: Methodologische Prolegomena zur Rechtsfindung im Besonderen Teil des Strafrechts, in Festschrift für Paul Bockelmann zum 70. Geburtstag, München 1979, S. 117 ff.

Ders.: Zum gegenwärtigen Stand der Dogmatik der Unterlassungsdelikte in Deutschland, in Internationale Dogmatik der objektiven Zurechnung und Unterlassungsdeilkte. Ein spanisches Symposium zu Ehren von Klaus Roxin, Heidelberg 1995, S. 49 ff.

Ders.: Strafrechtsdogmatik als Wissenschaft, in Festschrift für Claus Roxin zum 70. Geburtstag am 15.Mai 2001, Berlin 2001, S. 1 ff.

Ders: in StGB Leipziger Kommentar, Band 1 (§§ 1-31), 12. Auflage, Berlin 2003

Schultz, Michael: Die Rechtspflicht zum Handeln bei den unechten Unterlassungsdelikten, Berlin 1984

Ders.: Aufhebung von Garantenstellungen und Beteiligung durch Unterlassen - BGH, NJW 1984, 2639, JuS 1985, S. 270 ff.

Schumann, Heribert: Zum Notwehrecht und seinen Schranken – OLG Hamm, NJW 1977, 590, JuS 1977, S. 559 ff.

Schürmann, Hannes: Unterlassungsstrafbarkeit und Gesetzlichkeitsgrundsatz, Berlin 1986

Schwab, Karl-Heinz / Prütting, Hanns: Sachenrecht: ein Studienbuch, 29. Auflage, München 1999

Schwinge, Erich: Teleologische Begriffsbildung im Strafrecht: Ein Beitrag zur strafrechtlichen Methodenlehre, Bonn 1930

Seebode, Manfred: Zur gesetzlichen Bestimmtheit des unechten Unterlassungsdelikts, in *Festschrift* für Günter *Spendel* zum 70. Geburtstag am 11. Juli 1992, Berlin 1992, S. 317 ff.

Seelmann, Kurt: Grenzen privater Nothilfe, ZStW 89 (1977), S. 36 ff.

Ders.: Opferinteressen und Handlungsverantwortung in der Garantenpflichtdogmatik, GA 1989, S. 241 ff.

Ders.: NOMOS-Kommentar zum Strafgesetzbuch, Band 1 (§§ 1-145d), 2. Auflage, Baden – Baden 2005

Seibert, Thomas: die Garantenpflicht beim Betrug, Hamburg 2007

Seier, Jürgen: Die leichtsinnige Silvesterheimfahrt, *JA 1990*, 202 ff.

Sonnen, Bernd-Rüdiger: Anmerkung zu OLG Stuttgart, JA 1982, S. 51, JA 1982, S. 51 f.

Spangenberg, August Gottlieb: Archiv des Criminalrechts Band 3, S. 527 ff.

Spendel, Günter: Keine Notwehreinschränkung unter Ehegatten (zugleich Anmerkung zu BGH, Urteil v. 11.01.1984 – 2 StR 541/83), JZ 1984, S. 507 ff.

Ders.: in StGB Leipziger Kommentar, Band 2 (§§ 32-55), 11. Auflage, Berlin 1994

Starck, Christian: Die Grundrechte des Grundgesetzes: Zugleich ein Beitrag zu den Grenzen der Verfassungsauslegung, JuS 1981, S. 237 ff.

Steffen, Erich: Haftung im Wandel ‚ZVersWiss 82, S. 13 ff.

Stern, Klaus: Das Staatsrecht der Bundesrepublik Deutschland, Band I, 2. auflage, München 1984

Ders.: Das Staatsrecht der Bundesrepublik Deutschland, Band III/1: Allgemeine Lehren der Grundrechte, München 1988

Stoffers, Kristian F.: Die Formel "Schwerpunkt der Vorwerfbarkeit" bei der Abgrenzung von Tun und Unterlassen?, Berlin 1992

Stratenwerth, Günter: Strafrecht - Allgemeiner Teil 1: Die Straftat, 4. Auflage, Köln 2000

Stratenwerth, Günter / Kuhlen, Lothar: Strafrecht Allgemeiner Teil 1, 5. Auflage, Köln 2004

Stree, Walther: Garantenstellung kraft Übernahme , Festschrift für Hellmuth Mayer, Berlin 1965, S.145 ff.

Ders.: StGB Kommentar, 26. Auflage (Hrsg.: Adolf Schönke und Horst Schröder), München 2001

Ders. / Bosch, Nikolaus: StGB Kommentar, 26. Auflage (Hrsg.: Adolf Schönke und Horst Schröder), München 2001

Streng, Franz: Strafrechtliche Sanktionen: Die Strafzumessung und ihre Grundlagen, 2. Auflage, Stuttgart 2002

Svarez, Carl Gottlieb: Unterricht für das Volk über die Gesetze, 1793, Frankfurt 1948 (Nachdruck)

Tenckhoff, Jörg: Anmerkung zu BGH JuS 1977, S. 266 f., Jus 1978, S. 308 ff.

Thomasius, Christian: Fundamenta iuris naturae et gentium, Halle 1718 (Nachdruck)

Tiedemann, Klaus: Die Anfängerübung im Strafrecht, 4. Auflage, München 1999

Traeger, Ludwig: Das Problem der Unterlassungsdelikte im Straf- und Zivilrecht, Marburg 1913

Ders.: Festgabe für Ludwig Enneccerus zum 70. Geburtstage am 10. Juni 1926, 1913, S. 71 ff.

Ulsenheimer, Klaus: Tatbestandsmässiges Verhalten und Zurechnung des Erfolgs, GA 1972, S. 1 ff.

Vogel, Joachim: Norm und Pflicht bei den unechten Unterlassungsdelikten, Berlin 1993

Vogler, Theo: Zur Bedeutung des § 28 für die Teilnahme am unechten Unterlassungsdelikt, in Festschrift für Richard Lange zum 70. Geburtstag, Berlin 1976

Vogt, Alfons: Das Pflichtproblem der kommissiven Unterlassung, ZStW 63 (1951), S. 407 ff.

Wagner, Heinz :Individualistische oder überindividualistische Notwehrbegründung, Berlin 1984

Walther, Susanne: Was soll 'Strafe'? Grundzüge eines zeitgemäßen Sanktionensystems, ZStW 111 (1999), 123-143

Dies.: Anmerkung: Notwehrrecht bei Tötung des Ehegatten, BGH Urt. v. 18.4.2002, 3 StR 503/01, JZ 2003, S. 52 ff.

Weber, Martin: Zur Theorie der Familie in der Rechtsphilosophie Hegels, Berlin 1986

Weber,Ulrich: Strafrechtliche Verantwortlichkeit von Bürgermeistern und leitenden Verwaltungsbeamten im Umweltrecht, Stuttgart 1988

Ders.: Gedächtnisschrift für Rolf Keller

Wehrle, Stefan: Tatbestandsmässiges Verhalten und Zurechnung des Erfolgs, Basel 1986

Wessels, Johannes / Beulke, Werner: Strafrecht *Allgemeiner Teil.* Die Straftat und ihr Aufbau, 33. Auflage, Heidelberg *2003*

Widder, Stefan: Anmerkung zu BGH, Urteil vom 06.11.2003, 1 Str 24/03, BB 2004, S. 15 f.

Winkelbauer, Wolfgang: Die strafrechtliche Verantwortung von Amtsträgern im Umweltstrafrecht, *NStZ 1986*, 149 ff.

Ders.: Zur Garantenstellung aus öffentlich-rechtlichen Amtspflichten, insbesondere aufgrund des Gaststättengesetzes bei Förderung der Prostitution, JZ 1986, 1119 ff.

Wohlers, Wolfgang: Einschränkung des Notwehrrechts innerhalb sozialer Näherverhältnisse, JZ 1999, S. 434-442

Wolff, Ernst Amadeus: Kausalität von Tun und Unterlassen, Heidelberg 1965

Worms, Alexander: Warenterminoptionen: Strafbarer Betrug oder nur enttäuschte Erwartungen, wistra 1984, S. 123 ff.

Zeitler, Stefan: Die strafrechtliche Haftung für Verwaltungsentscheidungen nach dem neuen Umweltstrafrecht, dargestellt an dem § 324 StGB, Tübingen 1982

Wollweber, Harald: Anmerkung zu BGH NStZ 2000, S. 147, wistra 200, S. 338 ff.

Zenz, Gisela: Notwehr unter Ehegatten – psychodynamische Aspekte, in Lüderssen, Klaus / Sack, Fritz: Vom Nutzen der Sozialwissenschaften für das Strafrecht, Band 1, Frankfurt 1980, S. 77 ff.

Zischang, Frank: Einschränkungen des Notwehrrechts in engen persönlichen Beziehungen?, Jura 2003, S. 527 ff.

Ders.: in StGB Leipziger Kommentar, Band 2 (§§ 32-55), 12. Auflage, Berlin 2003

Ders.: NOMOS Kommentar Kapitalmarktstrafrecht: Handkommentar, 2. Auflage, Baden-Baden 2008

SCHRIFTEN ZUM STRAFRECHT UND STRAFPROZESSRECHT

Herausgegeben von Manfred Maiwald und Carsten Momsen

Band 1 Christian-Peter Frees: Die steuerrechtliche Selbstanzeige. Zur kriminalpolitischen Zweckmäßigkeit des § 371 AO. 1991.

Band 2 Norbert Joachim: Der Hörensagenbeweis im Strafverfahren. 1991.

Band 3 Alfred A. Göbel: Die Einwilligung im Strafrecht als Ausprägung des Selbstbestimmungsrechts. 1991.

Band 4 Karl-Heinz Vehling: Die Abgrenzung von Vorbereitung und Versuch. 1991.

Band 5 Heiko Hartmut Lesch: Das Problem der sukzessiven Beihilfe. 1992.

Band 6 Dirk Schwerdtfeger: Besondere persönliche Unrechtsmerkmale. 1992.

Band 7 Stefan Göhring: Polizeiliche Kontrollstellen und Datenverarbeitung. § 163 d StPO und novellierte Polizeigesetze der Länder zwischen Strafverfolgung, Gefahrenabwehr und vorbeugender Straftatenbekämpfung. 1992.

Band 8 Werner Kemper: Horizontale Teilrechtskraft des Schuldspruchs und Bindungswirkung im tatrichterlichen Verfahren nach der Zurückverweisung. §§ 353, 354 Abs. 2 StPO. 1993.

Band 9 Ovvadias Namias: Die Zurechnung von Folgeschäden im Strafrecht. 1993.

Band 10 Jan Zopfs: Unfallflucht bei eindeutiger Haftungslage? Unverzüglichkeitsgebot und Wahlmöglichkeit in § 142 Abs. 2 und 3 StGB. 1993.

Band 11 Stefan Hiebl: Ausgewählte Probleme des Akteneinsichtsrechts nach § 147 StPO. 1994.

Band 12 Ralf Krack: List als Straftatbestandsmerkmal. Zugleich ein Beitrag zu Täuschung und Irrtum beim Betrug. 1994.

Band 13 Henning Radtke: Zur Systematik des Strafklageverbrauchs verfahrenserledigender Entscheidungen im Strafprozeß. 1994.

Band 14 Bernd J. A. Müssig: Schutz abstrakter Rechtsgüter und abstrakter Rechtsgüterschutz. Zu den materiellen Konstitutionskriterien sog. Universalrechtsgüter und deren normentheoretischem Fundament – am Beispiel der Rechtsgutsbestimmung für die §§ 129, 129a und 324 StGB. 1994.

Band 15 Heinz Koriath: Über Beweisverbote im Strafprozeß. 1994.

Band 16 Burkhard Niepoth: Der untaugliche Versuch beim unechten Unterlassungsdelikt. 1994.

Band 17 Karsten Altenhain: Die Strafbarkeit des Teilnehmers beim Exzeß. 1994.

Band 18 Ina Walbaum: Schuldspruch in der Revisionsinstanz nach freisprechendem Urteil des Tatgerichts. 1996.

Band 19 Birgit Dalbkermeyer: Der Schutz des Beschuldigten vor identifizierenden und tendenziösen Pressemitteilungen der Ermittlungsbehörden. 1994.

Band 20 Thomas Hackner: Der befangene Staatsanwalt im deutschen Strafverfahrensrecht. 1995.

Band 21 Hartmut Loritz: Kritische Betrachtungen zum Wert des strafprozessualen Zwischenverfahrens. 1996.

Band 22 Heinz-Hermann Berghof: Therapie und Strafe im Betäubungsmittelrecht. Recht und Wirklichkeit der Behandlung Drogenabhängiger unter besonderer Berücksichtigung der §§ 35 ff BtMG. 1995.

Band 23 Oliver Mertens: Strafprozessuale Grundrechtseingriffe und Bindung an den Wortsinn der ermächtigenden Norm. 1996.

Band 24 Sönke Bahnsen: Das Akteneinsichtsrecht der Verteidigung im Strafverfahren. Dogmatische Grundlagen und Einzelprobleme im Lichte einer rechtsstaatlichen Verfahrensgestaltung. 1996.

Band 25 Dirk Schwieger: Der Vorteilsbegriff in den Bestechungsdelikten des StGB. 1996.

Band 26 Stephanie Meinecke: Die Auswirkungen von Verfahrensfehlern auf die Strafbarkeit nach den Aussagedelikten. 1996.

Band 27 Ute Lambrecht: Strafrecht und Disziplinarrecht. Abhängigkeiten und Überschneidungen. 1997.

Band 28 Carsten Momsen: Verfahrensfehler und Rügeberechtigung im Strafprozeß. Die Strukturen der Revisionsberechtigung unter besonderer Berücksichtigung des Begriffs "Rechtsnormen, die lediglich zugunsten des Angeklagten gegeben sind" in § 339 StPO. 1997.

Band 29 Ursula Epp: Die Abgeordnetenbestechung – § 108 e StGB. 1997.

Band 30 Bernd Scheiff: Wann beginnt der Strafrechtsschutz gegen kriminelle Vereinigungen (§ 129 StGB)? 1997.

Band 31 Ulrike Fontaine: Max Grünhut (1893-1964). Leben und wissenschaftliches Wirken eines deutschen Strafrechtlers jüdischer Herkunft. 1998.

Band 32 Claudia Keiser: Das Kindeswohl im Strafverfahren. Zur Notwendigkeit eines am Kindeswohl orientierten Umgangs mit minderjährigen Opfern und Zeugen, den Möglichkeiten de lege lata und den Erfordernissen de lege ferenda. 1998.

Band 33 Wiebke Schürer-Mohr: Erlaubte Risiken. Grundfragen des "erlaubten Risikos" im Bereich der Fahrlässigkeitsdogmatik. 1998.

Band 34 Stephan Voigtel: Zum Freibeweis bei Entscheidungen der Strafvollstreckungskammer. Eine Untersuchung zu ausgewählten Fragen des Beweisrechts im gerichtlichen Verfahren in Strafvollstreckungs- und Strafvollzugssachen. 1998.

Band 35 Volkmar Wißgott: Das Beweisantragsrecht im Strafverfahren als Kompensation der richterlichen Inquisitionsmaxime. Die Judikatur des Reichsgerichts zum strafprozessualen Beweisrecht. 1998.

Band 36 Susanne Merz: Strafrechtlicher Ehrenschutz und Meinungsfreiheit. 1998.

Band 37 Uwe Schlömer: Der elektronisch überwachte Hausarrest. Eine Untersuchung der ausländischen Erfahrungen und der Anwendbarkeit in der Bundesrepublik Deutschland. 1998.

Band 38 Michael Liedke: Die Vermögensstrafe gemäß § 43a StGB in ihrer kriminalpolitischen Bedeutung. 1999.

Band 39 Danja Domeier: Gesundheitsschutz und Lebensmittelstrafrecht. Zur Konkretisierung der Verkehrspflichten und ihrer Strafbewehrung, insbesondere mit Blick auf §§ 8 ff. LMBG. 1999.

Band 40 Ritva Westendorf: Die Pflicht zur Verhinderung geplanter Straftaten durch Anzeige. Eine kritische Betrachtung der §§ 138, 139 StGB im Kontext der Unterlassungsdelikte. 1999.

Band 41 Hans Theile: Tatkonkretisierung und Gehilfenvorsatz. 1999.

Band 42 Nicole Lange: Vorermittlungen. Die Behandlung des staatsanwaltschaftlichen Vorermittlungsverfahrens unter besonderer Berücksichtigung von Abgeordneten, Politikern und Prominenten. 1999.

Band 43 Tanja Gunder: Der Umgang mit Kindern im Strafverfahren. Eine empirische Untersuchung zur Strafverfolgung bei Sexualdelinquenz. 1999.

Band 44 Sven-Markus Thiel: Die Konkurrenz von Rechtfertigungsgründen. 2000.

Band 45 Jan Schlüter: Die Strafbarkeit von Unternehmen in einer prozessualen Betrachtung nach dem geltenden Strafprozeßrecht. 2000.

Band 46 Detlef Heise: Der Insiderhandel an der Börse und dessen strafrechtliche Bedeutung. Eine Untersuchung des neuen deutschen Insiderrechts speziell unter Bezugnahme auf die strafrechtstheoretischen und strafrechtsdogmatischen Grundlagen. 2000.

Band 47 Hermann Wichmann: Das Berufsgeheimnis als Grenze des Zeugenbeweises. Ein Beitrag zur Lehre von den Beweisverboten. 2000.

Band 48 Rainer T. Cherkeh: Betrug (§ 263 StGB), verübt durch Doping im Sport. 2000.

Band 49 Kristian Hohn: Die Zulässigkeit materieller Beweiserleichterungen im Strafrecht. Eine Untersuchung über Erscheinungsformen und Grenzen der Lösung beweisrechtlicher Probleme im materiellen Strafrecht. 2000.

Band 50 Malte Rabe von Kühlewein: Der Richtervorbehalt im Polizei- und Strafprozeßrecht. 2001.

Band 51 Donata Meinecke: Die Gesetzgebungssystematik der Versuchsstrafbarkeit von Verbrechen und Vergehen im StGB. 2001.

Band 52 Joachim Bock: Begriff, Inhalt und Zulässigkeit der Beweislastumkehr im materiellen Strafrecht. 2001.

Band 53 Gabriele Rose: Grenzen der journalistischen Recherche im Strafrecht und Strafverfahrensrecht. 2001.

Band 54 Wiebke Reitemeier: Täuschungen vor Abschluß von Arbeitsverträgen. Zum Verhältnis zwischen dem Straftatbestand des Betrugs und dem Anfechtungsrecht wegen arglistiger Täuschung (§§ 263 Abs. 1 StGB, 123 Abs. 1 Alt. 1 BGB). 2001.

Band 55 Peter Rackow: Das DNA-Identitätsfeststellungsgesetz und seine Probleme. 2001.

Band 56 Frank Zschieschack: Geiselnahme und erpresserischer Menschenraub (§§ 239a, 239b StGB) im Zwei-Personen-Verhältnis. 2001.

Band 57 Natascha Sëyfi: Das Sicherungsverfahren (§§ 413 - 416 StPO). 2002.

Band 58 Dirk Seiler: Die *Sperrwirkung* im Strafrecht. 2002.

Band 59 Dorothee Sydow: Die actio libera in causa nach dem Rechtsprechungswandel des Bundesgerichtshofs. 2002.

Band 60 Inga Metrikat: Die Unterbringung in einer Entziehungsanstalt nach § 64 StGB – Eine Maßregel im Wandel? Eine vergleichende, empirische Untersuchung zur Entscheidung des Bundesverfassungsgerichts vom 16.03.1994, BVerfGE 91, 1 ff. 2002.

Band 61 Sabine Caroline Bechtoldt: Die Erledigungserklärung im Maßregelvollzug des § 63 StGB. Eine empirische Untersuchung der Erledigungserklärung und zugleich rechtsdogmatische Erörterung ihrer Rechtskraftproblematik. 2002.

Band 62 Sandra Schulte-Nover: Strafrichter in Deutschland und England. Ein systematischer Rechtsvergleich im Hinblick auf die richterlichen Kompetenzen im Strafverfahren. 2003.

Band 63 Tim Schurig: Belehrung und Beratung des Beschuldigten über sein Aussageverhalten. Eine gemeinsame Aufgabe von Gericht und Verteidigung? 2003.

Band 64 Markus Laski: Die strafrechtlichen Bezüge des Bundes-Bodenschutzgesetzes. 2003.

Band 65 Gunnar Lüer: Die Versäumung im Berufungsverfahren. Das strafprozessuale Anwesenheitsprinzip im Spannungsfeld von autonomer Subjektstellung und öffentlichen Interessen am Beispiel des § 329 Abs. 1,2 StPO. 2003.

Band 66 Thomas Grützner: Die Sanktionierung von Submissionsabsprachen. Eine Untersuchung der bestehenden Möglichkeiten einer Bekämpfung von Submissionsabsprachen unter besonderer Berücksichtigung des § 298 StGB. 2003.

Band 67 Bettina Noltenius: Kriterien der Abgrenzung von Anstiftung und mittelbarer Täterschaft. Ein Beitrag auf der Grundlage einer personalen Handlungslehre. 2003.

Band 68 Bettina Kraft: Tendenzen in der Entwicklung des Jugendstrafrechts seit der Jugendgerichtsbewegung. 2004.

Band 69 Jessica Däbritz: Die Bestimmung strafbaren fahrlässigen Verhaltens in der Forschung am Beispiel ärztlicher Humanerprobungen. Ein Beitrag zur methodischen Ermittlung und inhaltlichen Bestimmung von Sorgfaltspflichten in der Humanforschung. 2004.

Band 70 Maike Steenbock: Über die Unfallflucht als Straftat. Eine kritische Untersuchung zum Zusammenhang der Strafbarkeit der Unfallflucht mit den Besonderheiten des Straßenverkehrs. 2004.

Band 71 Holger Mann: Beschleunigungspotential im Jugendstrafverfahren. 2004.

Band 72 Dorothee Krutisch: Strafbarkeit des unberechtigten Zugangs zu Computerdaten und -systemen. 2004.

Band 73 Heinz-Helmut Fuhrmann: Das Begehen der Straftat gem. § 25 Abs. 1 StGB. Unter besonderer Berücksichtigung der sogenannten "eigenhändigen" Delikte. 2004.

Band 74 Gerwin M. Moldenhauer: Eine Verfahrensordnung für Absprachen im Strafverfahren durch den Bundesgerichtshof? 2004.

Band 75 Dirk Busch: Konzernuntreue. Eine Untersuchung spezifischer Untreuestrafbarkeit innerhalb von Konzernverbindungen mit Aktiengesellschaften und Gesellschaften mit beschränkter Haftung. 2004.

Band 76 Mitsuru Iijima: Die Entwicklung des strafrechtlichen Unrechtsbegriffs in Japan. Eine kritische Betrachtung aus strafrechtsdogmatischer und rechtsphilosophischer Perspektive. 2004.

Band 77 Lena Barbara Kötter: Private Elemente in der Strafvollstreckung. Zur Privatisierung von Bewährungshilfe, Gerichtshilfe und gemeinnütziger Arbeit. 2004.

Band 78 Martin Maria Laufen: Der Wucher (§ 291 Abs. 1 Satz 1 StGB). Systematische Einordnung und dogmatische Struktur. 2004.

Band 79 Maike Aselmann: Die Selbstbelastungs- und Verteidigungsfreiheit. Ein Beitrag zu den Garantiewirkungen von Verfahrensrechten im Hinblick auf die Beweiswürdigung, Strafzumessung und Strafbarkeit des Beschuldigten im Strafprozess. 2004.

Band 80 Ingmar Wolf: Graffiti als kriminologisches und strafrechtsdogmatisches Problem. 2004.

Band 81 Misuk Son: Straftatfolgen im deutschen und koreanischen Strafrecht. Ein prinzipieller Vergleich. 2004.

Band 82 Matthias Saal: Die Beteiligung an einer Schlägerei (§ 231 StGB). Ein Plädoyer für die Streichung der schweren Folge. 2004.

Band 83 Michael Stüber: Die Entwicklung des Prinzips der Unmittelbarkeit im deutschen Strafverfahren. 2005.

Band 84 Patrick Gerberding: Das Rechtsmittelsystem im US-amerikanischen Strafverfahren. Eine rechtsvergleichende Betrachtung. 2005.

Band 85 Rouven Seeberg: Aufgedrängte Nothilfe, Notwehr und Notwehrexzess. 2005.

Band 86 Andre Knoerchen: Schadenswiedergutmachung über anwaltliche Schlichtungsstellen. Rechtsökonomische Analyse eines Modellprojekts. 2005.

Band 87 Andreas Quante: Sanktionsmöglichkeiten gegen juristische Personen und Personenvereinigungen. 2005.

Band 88 Gundula Momsen-Pflanz: Die sportethische und strafrechtliche Bedeutung des Dopings. Störung des wirtschaftlichen Wettbewerbs und Vermögensrelevanz. 2005.

Band 89 Klaus Kleinbauer: Rechtsmittelverzicht und Rechtsmittelzurücknahme des Beschuldigten im Strafprozeß. 2006.

Band 90 Manuel Fumagalli: Rechtsprobleme vorgeburtlicher Diagnoseverfahren. Die personenrechtliche Begründung von Pränataldiagnostik und Präimplantationsdiagnostik. 2006.

Band 91 Matthias Dann: Staatliche Tatprovokation im deutschen, englischen und schottischen Recht. Rechtsvergleichende Untersuchung unter besonderer Berücksichtigung europäischer und internationaler Entwicklungslinien. 2006.

Band 92 Shahryar Ebrahim-Nesbat: Die Herausbildung der strafrechtlichen Teilnahmeformen im 19. Jahrhundert. 2006.

Band 93 Christoph Paglotke: Notstand und Notwehr bei Bedrohungen innerhalb von Prozesssituationen. 2006.

Band 94 Sebastian Olk: Die Abgabe von Sacherklärungen des Angeklagten durch den Verteidiger. 2006.

Band 95 Bernadette Pape: Legalverhalten nach Sexualdelinquenz. Eine empirische Analyse der Delinquenzkarrieren nach Sexualstraftaten an Kindern. 2007.

Band 96 Uttam Das: Möglichkeiten der Angleichung materiellen Strafrechts zwischen England und Deutschland im Rahmen des Art. K 31 EUV. 2007.

Band 97 Dennis Miller: Die Beteiligung am Verbrechen nach italienischem Strafrecht. Ein Beitrag zur Geschichte und Gegenwart von Einheits- und Differenzierungsmodellen der strafbaren Beteiligung mehrerer Personen. 2007.

Band 98 Michael Nehring: Kriminelle und terroristische Vereinigungen im Ausland. Auslegung und Analyse des im Zuge der Terrorismusbekämpfung nach dem 11. September 2001 geschaffenen § 129b Strafgesetzbuch. 2007.

Band 99 Bernadette Berger: Das Gesinnungsmoment im Strafrecht. 2008.

Band 100 Peter Rackow: Neutrale Handlungen als Problem des Strafrechts. 2007.

Band 101 Simone Mölders: Bestechung und Bestechlichkeit im internationalen geschäftlichen Verkehr. Zur Anwendbarkeit des § 299 StGB auf Sachverhalte mit Auslandsbezug. 2009.

Band 102 Anke David: Die Entwicklung des Mordtatbestandes im 19. Jahrhundert. 2009.

Band 103 Arne Habenicht: Die Beteiligung an sexuellen Gewalttaten. 2009.

Band 104 Marwan Hamdan: Drittmittelforschung in der Medizin. Eine Gratwanderung zwischen strafbarer Vorteilsannahme und verfassungsgarantierter Forschungsfreiheit. 2009.

Band 105 Carl-Friedrich von Scherenberg: Die sozialethischen Einschränkungen der Notwehr. 2009.

Band 106 Andreas Poppe: Die Akzessorietät der Teilnahme. Eine kritische Analyse der dogmatischen Grundlagen. 2011.

Band 107 Jonathan Burmeister: Die schuldangemessene Bewertung von Ehrenmorden im deutschen Strafrecht. Differenzierte Schuldmerkmale auf Tatbestandsebene bei sonstigen niedrigen Beweggründen. 2011.

Band 108 Philipp Reinhold: Amtsträgerbestechung. Unrechtsgehalt und Grenzen der §§ 331 ff. StGB. 2011.

Band 109 Simone Reiß: Verbotsirrtum und Subventionsbetrug. Unter Berücksichtigung der Besonderheiten bei der betrügerischen Erlangung von EU-Subventionen. 2012.

Band 110 Johannes Altenburg: Die Unlauterkeit in § 299 StGB. Ein Beitrag zur Harmonisierung von Strafrecht und Wettbewerbsrecht. 2012.

Band 111 Christoph Skoupil: Handeltreiben mit Betäubungsmitteln. Strafbarkeitsvorverlagerungen vor und nach der Entscheidung des Großen Senats für Strafsachen vom 26.10.2005. 2012.

Band 112 Frederike Wewerka: Internal Investigations. Private Ermittlungen im Spannungsfeld von strafprozessualen Grundsätzen und Anforderungen eines globalisierten Wirtschaftsstrafverfahrens. Eine Problemanalyse unter besonderer Berücksichtigung des Falles Siemens. 2012.

Band 113 Lena Witzmann: Die gemeinsame Verhandlung. Eine Untersuchung des Öffentlichkeitsgrundsatzes, des Opportunitätsprinzips, des Anwesenheitsrechts und des Fairnessgrundsatzes im verbundenen Verfahren. 2012.

Band 114 Lea Boller: Der unbefugte Gebrauch von Kraftfahrzeugen und Fahrrädern – § 248b StGB. 2013.

Band 115 Nina Wadle: Privatisierung im deutschen Strafvollzug. 2013.

Band 116 Annik Lamshöft: Das Modell des vereinfachten Ablehnungsverfahrens. Ein Gegenentwurf zur strafprozessualen Fristenlösung des Bundesgerichtshofs. 2013.

Band 117 Christine Marie Shavers: Criminal Law Dealing with Hate Crimes. Functional Comparative Law. 2014.

Band 118 Philipp Christoph Kleinherne: Garantenstellung und Notwehrrecht. Zugleich ein Beitrag zum Entstehen und Erlöschen von Garantenstellungen. 2014.

www.peterlang.com